Beiträge zur Geschichte des Parlamentarismus
und der politischen Parteien

Herausgegeben von der
Kommission für Geschichte des Parlamentarismus
und der politischen Parteien

Band 141

Reinhold Weber

Bürgerpartei und Bauernbund in Württemberg

Konservative Parteien
im Kaiserreich und in Weimar
(1895 – 1933)

Mit einer Beilage:
Wahldaten und Wahlkarten
(CD-ROM)

Droste Verlag · Düsseldorf 2004

Das Land Nordrhein-Westfalen fördert
die Kommission für Geschichte des Parlamentarismus
und der politischen Parteien in Bonn.

Copyright © 2004 by
Kommission für Geschichte des Parlamentarismus
und der politischen Parteien e. V., Bonn
www.kgparl.de
Droste Verlag GmbH, Düsseldorf 2004
ISBN 3-7700-5259-5

Vorwort

Die vorliegende Studie wurde im Sommersemester 2003 von der Fakultät für Philosophie und Geschichte der Universität Tübingen als Dissertation angenommen. Den beiden Gutachtern Prof. Dr. Bernhard Mann und Prof. Dr. Dieter Langewiesche danke ich für die rasche Begutachtung, für die Betreuung im Promotionsverfahren und nicht zuletzt für die erfolgreichen Bemühungen um die finanzielle Unterstützung der Arbeit durch die Graduiertenförderung des Landes Baden-Württemberg. Der Kommission für Geschichte des Parlamentarismus und der politischen Parteien gilt der Dank für die Aufnahme in ihre Reihe. Ihr Generalsekretär Dr. Martin Schumacher hat in bekannt kompetenter und umsichtiger Weise die Drucklegung betreut und auch dafür gesorgt, daß die statistischen Grundlagen dieser Arbeit sowie die Wahlkarten auf der beigelegten CD-ROM der Öffentlichkeit zugänglich gemacht werden konnten.

Meine Beschäftigung mit konservativen Parteien hat vor allem Prof. Dr. Bernhard Mann initiiert, gefördert und begleitet. Mit Rat und Tat stand er auch schon bei der Bearbeitung der 2001 veröffentlichten Westarp-Memoiren zur Seite, an der ich mitwirken konnte. Er war es auch, der mir den Kontakt zu dem 1999 verstorbenen Friedrich Freiherr Hiller von Gaertringen eröffnet hat. Gerne erinnere ich mich an die anregenden Gespräche im Gärtringer Schloß und empfinde einen tiefen Dank für seine Gastfreundschaft und Hilfsbereitschaft.

Ein »Dankeschön« geht an die vielen Mitarbeiter in den Archiven in Baden-Württemberg und in Berlin, vor allem an die des Hauptstaatsarchivs Stuttgart sowie an die zahlreichen Stadt- und Kreisarchivare des Landes. Auch die befragten Nachfahren ehemaliger Mitglieder der beiden konservativen Parteien sind hier zu nennen, die mit viel Begeisterung darüber, daß sich eine Forschungsarbeit mit ihren Vorfahren beschäftigt, Material gesucht und gesammelt haben. In erster Linie seien hier die Familien Körner (Stuttgart) und Schöllkopf (Herrenberg) genannt.

Ein herzlicher Dank gebührt meinen Eltern, die mich über die Jahre hinweg nicht nur materiell unterstützt haben. Für anregende Diskussionen, technische Unterstützung und kritisches Korrekturlesen geht ein freundschaftlicher Dank an Dr. Andreas Gawatz. Bei Prof. Dr. Hans-Georg Wehling durfte ich parallel zur Arbeit an meiner Dissertation in der Landeszentrale für politische Bildung Baden-Württemberg manche »Lehrstunde« in Sachen Pragmatismus machen und publizistische Erfahrungen sammeln. Die Zusammenarbeit mit ihm war mir stets ein lehrreiches Vergnügen.

Gewidmet ist die Arbeit Henrina Rother – nicht nur, weil sie unermüdlich Korrektur gelesen hat und sich bisweilen mit viel Geduld mehr über Konservatismus anhörte, als ihr lieb war, sondern vor allem, weil mit ihr mitten in der Arbeit eine wunderbare Zeit für mich begonnen hat.

Stuttgart, im Januar 2004   *Reinhold Weber*

Inhalt

Vorwort 5

Einleitung 13
Forschungsprobleme, Methoden, Fragestellung 16
    Parteien- und Wahlforschung nach der »kulturalistischen Wende« 20
    Der Faktor Region 26
    Fragestellung: Konservatismus im Wandel 27
Gang der Untersuchung 29
Quellen und Forschungslage 31

Überblick
Württemberg 1890–1932/33 36
    Evolutionäre konservative Landespolitik 38
    Von der Monarchie zum Volksstaat 42
    Zwischen Reichspolitik und landespolitischer Eigenständigkeit 49

Erstes Kapitel
Parteipolitische Verdichtungsprozesse 55
1. Konservatismus als innerbürgerlicher Protest 56
    a) Die Anfänge einer konservativen Partei in Württemberg 57
    b) Die »Stillen im Lande«: Pietismus und Politik 61
    c) Gründung der Deutschkonservativen Partei 67
    d) Konfliktdimensionen und Vergemeinschaftungen 74
2. Der Bauernbund: Ländliches Protestpotential 80
    a) Ländliche Vergemeinschaftungen 82
    b) Landwirtschaftliche Interessenvertretung 86
    c) Vom Bund der Landwirte zum Bauernbund 88
3. Resümee: Konservatismus in Stadt und Land 96

Zweites Kapitel
Organisationsbedingungen – vertikale Strukturen 99
1. Der Bauernbund: Bäuerliche Selbsthilfeorganisation 100
    a) Konstanz in Organisation und Führung 100
    b) Mitgliederentwicklung: Das Prinzip der Masse 104
    c) Finanzierung, Bestandssicherung und Dienstleistung 107

2. Die Konservativen vor 1914: Das Prinzip der kleinen Zirkel 113
   a) Organisatorische Malaise 113
   b) Personelle Führung und erste Ansätze zur professionellen Parteiarbeit 118
3. Umgruppierungsprozesse im bürgerlichen Parteienspektrum 1918–1920 . 121
   a) Liberale Fusion 123
   b) Die Bürgerpartei nach 1918: »Sammelpartei der Bürger« 126
   c) Verspätete Anpassung an das reichsweite Parteiensystem 131
4. Bürgerpartei: »Und nun mit Gott hinein in die Arbeit!« 133
   a) Organisatorischer ›take-off‹ und Erweiterung der sozialen Basis . . . 134
   b) Hugenberg oder Bazille? 141
   c) Zentralisierung und Semiprofessionalisierung 144

Drittes Kapitel
Horizontale Vernetzung und parteiinterne Ausdifferenzierung 152
1. Berufe: Die Partei des »werktätigen Bürgertums und der Staatsdiener« . 153
2. Konfession: »Katholischer Weizen« und nationale Katholiken 157
3. Frauen: »Selbstloser Dienst der Liebe im kleinen Kreis« 159
4. Jugend: Die kommende Generation 169
   a) Bismarckjugend 172
   b) Jungbauernbund 178
5. Resümee: Konservative Parteiorganisation in Stadt und Land 182

Viertes Kapitel
Innerparteiliche Partizipations- und Kommunikationsformen 186
1. Versammlungskultur 186
   a) Die »Phalanx der württembergischen Bauern« 186
   b) Konservative elitäre Zirkel 194
2. Presse 201
   a) Funktionen der Presse 201
   b) Presselandschaft Württemberg 203
   c) Konservative Presse 208
   d) Ländliche Presse: »Grüne Heftchen« und »Bauernblatt« 214

Fünftes Kapitel
Vereine und Verbände im Umfeld der Parteien 223
1. Protestantismus 224
   a) Gustav-Adolf-Verein 225
   b) Evangelischer Bund 226
   c) Evangelische Arbeitervereine 232
   d) Evangelischer Volksbund 234
   e) Evangelische Landeskirche 236

Inhalt

2. Ökonomische Interessengruppen 239
   a) Handel und Gewerbe: Mittelstandsbund 240
   b) Deutschnationaler Handlungsgehilfenverband 243
   c) Landwirtschaftliche Vereine und Landwirtschaftskammer 245
3. Nationale Vereine und Verbände 253
   a) Militär- und Kriegervereine 254
   b) Alldeutscher Verband, Flottenverein und Wehrverein 257
   c) Vaterlandspartei 260
   d) Vaterländische Verbände und Stahlhelm 262
4. Resümee: Konservative Milieubedingungen in Stadt und Land 272

Sechstes Kapitel
Kandidaten und Abgeordnete – Rekrutierungsmuster und Sozialprofil ... 278
1. Rekrutierung 278
   a) Bauernbund: Lokalistisches Orientierungsmuster 279
   b) Bürgerpartei: Tendenz zur Zentralisierung 288
2. Sozialprofil und Qualifikation 294
   a) Lokale Verwurzelung 294
   b) Beruf und Konfession 298
3. Resümee: »Einer von uns« und konservative Bürger 309

Siebtes Kapitel
Medien und Mobilisierung in Wahlkampf und Wahlkampfpraxis 313
1. Medien: Von Flugblatt und Plakat zu Ton und Film 314
   a) Zeitungen 314
   b) Broschüren und Parteischriften 317
   c) Flugblatt und Plakat 319
   d) Grammophon, Radio und Film 327
2. Versammlung: Politik vor Ort und Meinungsmanager 329
   a) Versammlungshäufigkeit 330
   b) Versammlungsorte 333
   c) Meinungsmanager in Stadt und Land 335
3. Vom lokalen Wahlkampf zur zentralen Kampagne 342
   a) Wahlkampfdauer 342
   b) »Zum Wählen gehört Geld!« 344
4. Mobilisierung: Hilfsmittel und Agitationsformen 346
   a) Überzeugungsarbeit im Kleinen 346
   b) »Wie ihr wählt, so werdet ihr regiert!« 348
   c) Der »Kampf um die Seele der Menschen« 352
5. Resümee: Intensivierung und Modernisierung 356

Achtes Kapitel
Inhalte: Themen, Selbstbild und Abgrenzung 361
1. Politikfelder und Themengebiete 362
   a) Verfassungsfragen 362
      Die »Macht der Verhältnisse« 363
      Kein »System« in Württemberg 364
   b) Ökonomie 368
      Die notleidende Landwirtschaft 369
      Mittelstand, Inflationsgeschädigte und Beamte 372
   c) Kultur: Konfession und Schule 376
      Konfessionalismus 376
      Schule und Bildung 380
      Konservatismus als moralische Instanz 386
   d) Lokalismus, Gemeindeprotest und Stadt-Land-Gegensatz 389
      Lokalismus und Gemeindeprotest 389
      Stadt und Land, Produzenten und Konsumenten 393
   e) Nationalismus und Antisemitismus 395
      Um die Deutungshegemonie des Nationalen 396
      Mehrfachcodierung der »Judenfrage« 399
2. Fremdbilder: Integration und Abgrenzung 403
   a) Sozialdemokratie: Eine Frage der »politischen Reinlichkeit« 404
   b) Volkspartei und DDP: »Hofdemokraten« und »Internationalisten« . 409
   c) Nationalliberale und DVP: »Jonglieren mit Glaskugeln« 411
   d) Zentrum: Zwischen Modus vivendi und Ablehnung 413
   e) CSVD und Interessenparteien:
      Unheilvolle Zersplitterung des Bürgertums 416
   f) NSDAP: Zwischen Distanz und Annäherung 419
   g) Konservative und Bauernbund: Das Bündnis von Stadt und Land . . 423
3. Resümee: Kontinuität und Wandel im Konservatismus 426

Neuntes Kapitel
Konservative Wahlbündnisse 432
1. Konservatismus als kompetitiver Faktor vor 1914 434
   a) Bündnisformen und Zählkandidaturen 434
   b) Zwischen »Kartell« und »Bülow-Block« 437
   c) Der schwarzblaue Block in Württemberg: Die »gutgesinnten« Wähler 441
2. Stichwahlen, Wahlparolen und ihre Befolgung 447
   a) Stichwahlen und Bündniskonstellationen 447
   b) Wahlparolen und ihre Einhaltung 454

Inhalt

3. Gescheiterte Listenverbindungen und zersplittertes Bürgertum nach 1918   460
   a) Fragmentierung des Parteiensystems durch »Listenfanatiker«   462
   b) Zwischen föderaler Eigenständigkeit und reichspolitischem Sog . . .   465
4. Resümee: Konservatismus zwischen Fragmentierung und
   Einheitssehnsucht   469

Zehntes Kapitel
Konservative Wähler   476
1. Konservativer Protestantismus in Stadt und Land:
   Sozialstrukturelle Faktoren   478
   a) Der Bauernbund: Protestantische Bauernschaft   481
   b) Konservative und Bürgerpartei:
      Protestantismus, Urbanität und Mittelstand   484
   c) Frauen bevorzugen konservative und religiös orientierte Parteien . .   486
2. Bürgertum zwischen Partizipationsverweigerung und Zersplitterung . .   488
   a) Partizipationspostulat und Wahlverweigerung   489
   b) Erosion im bürgerlichen Parteienspektrum: Die Schockwahl von 1928   493
3. Anomalie des Wählerverhaltens: Der späte Aufstieg der NSDAP   497
   a) Anfälligkeit im rechten Parteienspektrum   499
   b) Der Bauernbund als regionaler Puffer   501
4. Resümee: Sozialstrukturelle Segmentierung und kompakte
   Wählersegmente   504

Schlußbetrachtung   511

Verzeichnisse
Schaubilder, Tabellen, Abbildungsnachweis, Abkürzungen   526

Anhang
1. Grundlage und Operationalisierung der quantitativen Daten   529
2. Einteilung der Reichstagswahlkreise bis 1914, der Landtagswahlkreise 1920
   und der Wahlbezirksverbände von Bauernbund und Bürgerpartei
   bei den Landtagswahlen 1924–1932   531
3. Wahltermine und Wahlergebnisse   536
4. Karten   546
5. Abgeordnete   547

Quellen und Literatur   553

Register   599

Beilage: Wahldaten und Wahlkarten (CD-ROM)

Abgeordnete und Funktionsträger des Bauernbundes 1932

Quelle: NL Körner. Die Aufnahme stammt aus dem Jahr 1932 und ist hinter der Geschäftsstelle des Bauernbundes in der Stuttgarter Reinsburgstraße aufgenommen. Sitzend von links nach rechts: Ernst Luckert (MdL u. Landesvorstand), Wilhelm Vogt (MdR, MdL u. Landesvorsitzender) und Wilhelm Ströbel (MdL u. Fraktionsvorsitzender); stehend von links nach rechts: Friedrich Gräb (Geschäftsstelle), Johannes Kugler (MdL u. Landesvorstand), Friedrich Häcker (MdL u. Geschäftsstelle), Heinrich Stooß (MdL u. Landesvorstand), Martin Haag/Unterjettingen (Landesvorstand), Theodor Körner (jg.) (Geschäftsstelle), Gottlob Muschler (MdL u. Landesvorstand), Karl Birk (Jungbauernbund), Heinrich Haag (MdR u. Landesvorstand) und Friedrich Herrmann (MdL u. Landesvorstand).

Einleitung

Der Konservatismus ist das Stiefkind der Parteienforschung. Entsprechend ist die Forschungslage durch starke zeitliche und regionale Ungleichgewichte gekennzeichnet. Überblicksdarstellungen sind von großer Flughöhe und mangelnder regionaler Differenzierung. Die weitgehend unerforschte landespolitische Dimension der konservativen Parteien ist dabei um so erstaunlicher, als gerade ihnen ein stark regionalspezifischer Charakter sowie eine polyzentrische, dezentrale Organisationsstruktur attestiert wird.[1] Eine der Grundforderungen an die deutsche Geschichte – Politik im nationalen Rahmen auch und gerade von den Regionen her zu erklären – wurde bei den konservativen Parteien bislang nicht umgesetzt. In einer Generalisierung wird Konservatismus meist gleichgesetzt mit seiner preußisch-junkerlichen Variante. Definiert wird er dann anhand dessen, was er dort an ›Modernisierung‹ verhindert hat. Für das Kaiserreich steht der Konservatismus unter dem Diktum der »Pseudodemokratisierung«, für die Zeit nach 1918 unter dem der »prä- oder protofaschistischen Sammlung«.[2]

Konservatismus im ›liberalen Musterländle‹ Württemberg – das erscheint auf den ersten Blick als Widerspruch. Daß ›konservativ‹ in Preußen oder Bayern etwas anderes bedeutet als in Württemberg, scheint auf der Hand zu liegen. Daß sich Konservatismus als ausgesprochen vielgestaltig und eben nicht nur rückwärtsgewandt und destruktiv, sondern ebenso anpassungs- und wandlungsfähig gezeigt hat, wird als Bedingung seines Überlebens gewertet.[3] Württemberg weist neben seinen sozialstrukturellen Spezifika auch im Parteiensystem regionalspezifische Besonderheiten auf, die das Land als regionalen Untersuchungsraum auch im Hinblick auf konservative Parteien besonders interessant machen. Vier Punkte stechen dabei heraus: Erstens die im Reichsvergleich späte Etablierung eines parteipolitischen Konservatismus im Land, der zweitens auch noch in einer dauerhaften Trennung zwischen ländlichem Konservatismus in Form des Württembergischen Bauernbundes und in einem städtischen Konservatismus der Deutschkonservativen Partei organisiert war. Drittens ist die regionalspezifische Parteienkonstellation nach 1918 mit der Besonderheit der Bürgerpartei als Sammelpartei der württembergischen Deutschnationalen und der Rechtsliberalen sowie die späte Gründung der DVP im Land zu nennen.

---

[1] Th. Nipperdey, Organisation, 1961, S. 262 ff.; H.-J. Puhle, Interessenpolitik, 1966, S. 288; J. Retallack, Notables, 1988; C. F. Trippe, 1995, S. 15; A. Wirsching, Weimarer Republik, 2000, S. 62.
[2] H. Rosenberg, Pseudo-Demokratisierung, 1958; H.-J. Puhle, Interessenpolitik, 1966; D. Stegmann, Erben Bismarcks, 1970; D. Stegmann, Repression und Manipulation, 1972 u.ö.; J. Flemming, Konservatismus als ›nationalrevolutionäre Bewegung‹, 1983.
[3] J. Retallack, Notables, 1988, v.a. S. 114 ff. u. 193 ff.; A. Schildt, Konservatismus, 1998, S. 16.

4. Viertens ist der späte und im Reichsvergleich schwache Wahlerfolg der NSDAP im Land zu fokussieren.

In der Tat kannte das Land bis in die Mitte der 1890er Jahre keinen parteipolitisch organisierten Konservatismus. Das durch die nationale Frage zwischen Befürwortern des preußisch-hegemonialen Nationalstaates und seiner Gegner bipolar strukturierte Parteiensystem Württembergs blieb bis zum Ende der Bismarckzeit auf dem Stand der Reichsgründungsära eingefroren. Bis in die wilhelminische Zeit fußten die Parteien in Württemberg auf »breitem sozialem Grund und ohne konfessionelle und regionale Beengungen.«[4] Umschrieben als Prozeß der Selbstorganisation der Gesellschaft zeigt sich in den 1890er Jahren ein Politisierungs- und Organisationsschub, der das Vereins-, Verbands- und Parteienwesen tiefgreifend veränderte.[5] Die Jahre um 1895 sind eine Schwellenzeit »politischer Akkumulation«, in der sich das Parteiensystem ausdifferenziert.[6] Erstmals ist hier mit Liberalen, Demokraten, Zentrum, Sozialdemokratie und den beiden konservativen Parteien das dem nationalen Muster entsprechende Fünfparteiensystem auszumachen. Warum also konstituierte sich neben dem Rechtsliberalismus der Deutschen Partei und dem demokratischen Linksliberalismus der Volkspartei ein parteipolitischer Konservatismus erst so spät im Land? Und wie positionieren sich die beiden konservativen Parteien in der veränderten württembergischen Parteienlandschaft?

Die organisatorische Trennung von Bauernbund und Deutschkonservativen ist als ein bemerkenswertes Regionalspezifikum zu werten. Anders als in Preußen und in zahlreichen anderen Ländern des Reiches trat der Bauernbund als württembergischer Ableger des Bundes der Landwirte nicht nur als ›pressure group‹ auf, um den Kandidatenpool und den organisatorischen Unterbau der Deutschkonservativen zu bilden und sie inhaltlich auf die Vertretung seiner Interessen zu verpflichten. Das Organisationsbild des Bauernbundes, seine Werbestrategien und seine Wahlteilnahme entsprachen der Pragmatik und Handlungsräson einer eigenständigen Partei. Württemberg stellt damit ein paradeartiges Beispiel für die organisatorische und inhaltliche Trennung von ländlichem und städtischem Konservatismus und deren Untersuchung dar.

Wie im Kaiserreich, als sich der württembergische Konservatismus lange Zeit unter dem Dach der rechtsliberalen Deutschen Partei befand, zeigt sich auch für die Weimarer Republik eine regionalspezifische Konstellation. Schon die Bezeichnung Bürgerpartei spricht für das Abgrenzungsbemühen von der preußisch dominierten DNVP, der sich die Bürgerpartei erst im November 1920 offiziell als Landesverband anschließt. In Württemberg tritt die Bürgerpartei das gemeinsame Erbe von Konservatismus und Rechtsliberalismus an, um das sie mit der im Land erst 1920 gegründeten Deutschen Volkspartei konkurriert. Die regionalspezifischen Umgruppierungen im bürgerlichen Parteienspektrum nach 1918 werfen die Frage auf,

---
[4] H. Brandt, 1987, S. 176.
[5] A. Gawatz, Wahlkämpfe, 2001, v. a. S. 132 ff.
[6] K. Rohe, Wahlen und Wählertraditionen, 1992, S. 25.

inwiefern die Bürgerpartei überhaupt noch ›konservativ‹ war, ob sie nicht eher eine
Fortführung der rechtsliberalen Deutschen Partei war, und welchem Wandel der
Konservatismus im Übergang vom Kaiserreich zur Weimarer Republik unterlag?
Das im Reichsvergleich späte und schwache Eindringen der NSDAP in die württembergische Wählerschaft ist von besonderem Interesse. Aufgrund der Sozialstruktur des Landes – der protestantischen Dominanz sowie der mittelständischen und landwirtschaftlichen Prägung – schien den Württembergern ein hoher Wahlerfolg der Nationalsozialisten ins sozialstrukturelle Stammbuch geschrieben. Die gewissermaßen widernatürlichen Ergebnisse der Partei in Baden und Württemberg – überdurchschnittlicher Erfolg im dominant katholischen Baden und schwaches Abschneiden in Württemberg – wurden als »nicht sozialstrukturell, sondern historisch-kulturell definiert« gewertet, ohne weitere Erklärungsansätze zu bieten.[7] Neben den sozialstrukturell bedingt abgeschwächten Krisensymptomen der Weltwirtschaftskrise im Land und seinen liberalen Traditionen ist in den beiden konservativen Parteien Württembergs einer der Schlüsselfaktoren für diese Abweichungen vom Reichsdurchschnitt zu sehen. Das Land wurde seit 1924 von einer Koalition aus Zentrum, Bürgerpartei und Bauernbund regiert und verwirklichte vieles von dem, was in den anderen Ländern dem Protestpotential der NSDAP Vehemenz verlieh: Mittelstandspolitik, landwirtschaftsfreundliche Haltung, die Umsetzung ›konservativer‹ Werte in der Schul- und Bildungspolitik und die in der Tradition des Kaiserreichs stehende Fortsetzung einer staatsautoritären und verwaltungszentrierten Regierung ohne großen personellen Bruch in der Verwaltungselite des Landes und in weitgehender Unabhängigkeit von der Parteipolitik in der Weimarer Republik. Reichsweit war die Anfälligkeit des protestantischen Bauern- und Bürgertums für die NSDAP einer der wesentlichen Gründe für ihren Aufstieg. In der langfristigen Analyse der sozialkulturellen Verankerung der beiden württembergischen konservativen Parteien liegt jedoch einer der Schlüssel zum Verständnis der Frage nach den württembergischen Abweichungen von diesem Muster. In welchem Ausmaß und warum können beide Parteien also ihre Wähler an sich binden, zur milieurepräsentierenden Kraft werden und diese länger als anderswo bleiben, so daß die Wählerschaft erst spät eine Alternative in der NSDAP fand? Oder andersherum gefragt: Wieviel an inhaltlichem, terminologischem und organisationsstrukturellem ›Protofaschismus‹ haben die Bürgerpartei und der Bauernbund vorweggenommen, so daß die NSDAP als Protestpartei weniger Angriffsfläche gegen das ›Weimarer System‹ im Land fand?

Die vier umrissenen zentralen Punkte legen eine Disposition der Untersuchung entlang von zwei Achsen nahe. Die erste Achse ist chronologisch angelegt und steht unter dem Topos des Wandels. Wieviel Kontinuität und Wandel haben Weltkrieg und Revolution bedeutet? Um diese zentrale Frage kreist die Forschung zur frühen Zeitgeschichte.[8] Verfassungs- und sozialpolitisch sind Weltkrieg und Revolution als tiefer Einschnitt analysiert worden. Struktur und Politik von Parteien werden für

---

[7] J. FALTER/H. BÖMERMANN, 1991.
[8] D. DOWE/J. KOCKA/H. A. WINKLER, 1999; G. A. RITTER, Kontinuität und Umformung, 1976.

Kaiserreich und Weimarer Republik jedoch meist getrennt behandelt. Zu dieser Epochentrennung in der Parteiengeschichte kommt die inhaltliche und methodische Trennung von Parteien- und Wahlgeschichte, die die vorliegende Arbeit aufheben will. Die Fokussierung auf die soziale Basis der Parteien und die Vermittlungsprozesse zwischen den Eliten und der Wählerschaft öffnet den Blick auf langfristige Entwicklungen. Im Mittelpunkt steht also die Frage nach Kontinuität und Diskontinuität, nach Tradition und Wandel des Konservatismus zwischen Kaiserreich und Republik. Die zweite Achse ist mit dem Vergleich von ländlichem und städtischem Konservatismus dichotomisch angeordnet. Anhand dieser komparativen Struktur sollen nicht nur regionale Spezifika erarbeitet werden, sondern ein Beitrag zum Verständnis des Konservatismus und seiner Vielgestaltigkeit in Deutschland geleistet werden. Neben dem Spannungsfeld von nationaler und regionaler Parteienlandschaft bietet die organisatorische Trennung beider Parteien die Möglichkeit, Konservatismus in Stadt und Land vergleichend zu untersuchen. Bereits die Parteinamen – Bauern/Bürger und Bund/Partei – deuten unterschiedliche Organisationsformen, Interessen und Inhalte an. Zu fragen ist also nach den sozialen Gruppierungen, auf denen beide Parteien im städtisch-bürgerlichen und im ländlich-agrarischen Bereich ›aufsitzen‹ sowie nach milieuadäquaten Unterschieden.

Vor diesem Hintergrund untersucht die Arbeit zwei konservative Parteien im Württemberg des wilhelminischen Zeitalters und der Weimarer Republik: Den Württembergischen Bauernbund als landesspezifischen Ableger des Bundes der Landwirte, der sich 1918 in Württembergischer Bauern- und Weingärtnerbund umbenannte, und die Deutschkonservative Partei Württembergs. Sie ging 1918 in der Württembergischen Bürgerpartei auf, die 1920 offiziell dem Reichsverband der DNVP beitrat und sich dann Württembergische Bürgerpartei (Deutschnationale Volkspartei Württembergs) nannte. Ab 1928 hieß sie offiziell Landesverband Württemberg der Deutschnationalen Volkspartei (Württembergische Bürgerpartei) und trat im März 1933 wie auf Reichsebene auch als Kampffront Schwarz-Weiß-Rot auf. Im zeitgenössischen Sprachgebrauch haben sich die Begriffe Bauernbund einerseits sowie Konservative und Bürgerpartei andererseits durchgesetzt. Sie werden auch hier in der Regel benutzt.

Forschungsprobleme, Methoden, Fragestellung

Warum also die Verknüpfung von Parteien- und Wahlgeschichte? Parteien haben einen internen und einen externen Aspekt. Sie sind per Definition Teile einer Gesamtheit und zeichnen sich durch Zusammengehörigkeit und als sozial verankerte Organisationen aus. Damit bilden sie die »Nahtstelle zwischen politischer und sozialer Bewegung.«[9] Als Bündnisse von sozialen Gruppen und politischen Eliten stellen sie die Verbindung zwischen Wählern und Gewählten dar. Sie aggregieren

---

[9] TH. SCHIEDER, Verhältnis, 1954, S. 56.

und integrieren Interessen und stellen die kommunikativen Netzwerke zu deren Artikulation zur Verfügung. Darüber hinaus sind Parteien soziale Organisationen mit interner Elitenbildung und Postenvergabe. Damit ist der interne und integrative Aspekt umrissen. Parteien haben aber als Akteure in einem System konkurrierender Kräfte auch Konfliktcharakter. Sie nehmen am Konkurrenzkampf um Interessen und Macht teil, versuchen Einfluß auf die Regierung zu erhalten oder diese auszuüben. Und sie agieren mit dem Ziel, ihre ökonomischen, kulturellen und weltanschaulichen Positionen in einer Gesellschaft durchzusetzen. Dazu sind Parteien in erster Linie ›Wahlvereine‹ mit dem Ziel der Stimmen- und Mandatsmaximierung. Sie erfüllen hier eine externe und werbewirksame Funktion zur Legitimation und Umsetzung ihrer Ziele. Zusammen mit Vereinen und Verbänden sind sie die maßgeblichen Gestaltungskräfte beim Austragen gesellschaftlicher Konflikte. Daran änderte sich zwischen dem Kaiserreich und der Weimarer Republik nichts.

Mit der »Fundamentalpolitisierung« und dem Durchbruch des »politischen Massenmarktes«[10] im Kaiserreich wurden Parteien und ihre Vorfeldorganisationen zu Transmissionsriemen zwischen Gesellschaft und Politik. Vor allem seit den 1890er Jahren bedeutete dies eine grundlegende Umgestaltung des Parteiwesens.[11] Mit der steigenden Wahlbeteiligung unter dem allgemeinen, gleichen und direkten Wahlrecht zum Reichstag des Kaiserreichs vollzog sich die Vermittlung der ›großen Politik‹ auf die alltägliche Ebene für einen stetig wachsenden Teil der Bevölkerung durch Parteien und bei Wahlen. Mit der zunehmenden Politisierung der Wählerschaft wurde der Wahlakt zum Bekenntnis in einem öffentlich wirksamen Akt.[12] Parteien als Organisatoren des Wahlgeschäfts und als Akteure auf dem politischen Markt konkurrierender Sinn- und Deutungsangebote sind deshalb von Wahlen nicht zu trennen.[13]

Mit der Ausweitung der Partizipationschancen der Bevölkerung und der Bedeutungssteigerung der Parlamente wurden Wahlen zur zentralen Bühne gesellschaftlicher und politischer Konflikte. In immer stärkerem Maße kam ihnen eine Machtzuweisungs- und Legitimitätsfunktion sowohl für die Regierung als auch für die Opposition zu.[14] Wahlen wurden zum wichtigsten Instrument der Kanalisierung politischer Konflikte in einem geregelten Verfahren, das innergesellschaftliche Konfliktregelung ermöglichte. Wahlen als Austragungsorte von Konflikten sind wiederum Ausdruck politisch-kultureller Prägungen der partizipierenden Bevölkerung. Politische Kultur läßt sich also »dort am reibungslosesten registrieren, wo sie sich in ein partizipatorisches Gewand – wie beim Wahlakt und dem ihm vorangehenden

---

[10] Der Begriff der »Fundamentalpolitisierung« bei K. MANNHEIM, Mensch und Gesellschaft, 1967, S. 52–57 [zuerst 1935], der des »politischen Massenmarktes« bei H. ROSENBERG, Depression, 1967, S. 118ff.
[11] Nach wie vor grundlegend TH. NIPPERDEY, Organisation, 1961.
[12] S. SUVAL, 1985, S. 55–119.
[13] CH. NONN, Parteien und Wahlen, 1996, S. 30.
[14] R.-O. SCHULTZE, Wahlanalyse, 1980, S. 78–80; R.-O. SCHULTZE, Funktionen von Wahlen, 1980, S. 128–131. Vgl. auch den Funktionenkatalog von Wahlen bei D. NOHLEN, 1989, S. 24ff.

Wahlkampf – gehüllt hat.«[15] An ihrem qualitativen Aspekt läßt sich das Wirken von Parteien in einer zweiseitigen Kommunikationsstruktur zwischen Parteien und Wählern untersuchen. In ihrem quantitativen Aspekt offenbaren sie die soziale Verankerung von Parteien und sind der Indikator für politisch relevante Gruppenbildungen. Parteien- und Wahlgeschichte läßt sich von Organisationen, Eliten und Mentalitäten nicht trennen.

In der Forschung zu Parteien und Wahlen lassen sich zwei Ansätze nachzeichnen, die beide Bereiche meist getrennt behandeln. Der erste Ansatz betrachtet Parteien als soziale Gruppen. Im Zentrum steht dabei ihre Analyse als Organisationseinheit und ihre Binnenstruktur. Vorwiegend werden Gründung, organisatorische Strukturen, Finanzierung, programmatische Ziele, das Verhältnis zwischen Führung und Basis sowie der politische, soziale und geographische Kontext untersucht. Eine zentrale Funktion von Parteien bleibt dabei meist ausgeblendet – ihr Agieren mit dem Ziel der Stimmenmaximierung. Ein zweiter, in der verhaltensorientierten angelsächsischen Tradition stehender Ansatz, sieht Parteien als aktive Teilnehmer im Parteienwettbewerb. Dabei rückt die Untersuchung der Interaktionen zwischen den Parteien in das Blickfeld. Zur Erklärung dieser Interaktionsmuster hat sich die Forschung bemüht, brauchbare Typologien und Funktionsbestimmungen zu entwickeln.[16]

In den 1960er Jahren wurden die Traditionen der teils soziologisch und statistisch, teils ideen- und programmgeschichtlich ausgerichteten Wahl- und Parteiengeschichte aufgegriffen. Mit politologisch ausgerichteter Fragestellung wurden Typologien von Parteiensystemen erarbeitet und die Auswirkungen von Wahlsystemen auf die Parteienlandschaft untersucht. Auf der anderen Seite wurden mit regionalhistorischem und wahlsoziologischem Ansatz die ökonomischen, sozialen und konfessionellen Determinanten des Wahlverhaltens analysiert.[17] Die sozialgeschichtlichen Arbeiten seit den 1970er Jahren konzentrierten sich dagegen auf das soziale Profil von Funktionsträgern und Abgeordneten sowie deren Mobilisierungsstrategien. Diese Forschungen standen unter dem Einfluß der Debatte um den »deutschen Sonderweg«, der Kontroverse also um die demokratische Qualität und die Entwicklungsmöglichkeiten des Deutschen Kaiserreichs hin zu demokratischen und pluralistischen Strukturen.[18] Die teleologische Konstruktion aus der Perspektive des Scheiterns der ersten deutschen Demokratie hat die Kontinuitätslinie vom

---

[15] W. Pyta, Politische Kultur, S. 204.
[16] Überblicke bei L. Bergsträsser, 1955 [zuerst 1921]; W. Tormin, 1966; G. Ziebura, 1969; P. Lösche, Kleine Geschichte, 1993; R. Hoffmann, 1993 u. H. Fenske, Deutsche Parteiengeschichte, 1994.
[17] H. Fenske, Wahlrecht und Parteiensystem, 1972 u.ö.; D. Nohlen: Wahlrecht und Parteiensystem, 1989; U. v. Alemann, 1973. Zum Stand der Wahlforschung und ihren Aspekten der Überblick mit Literatur bei Th. Kühne, Wahlrecht – Wahlverhalten – Wahlkultur, 1993 sowie die Beiträge in O. Büsch/M. Wölk/W. Wölk, 1978; O. Büsch, 1980 u. O. Büsch/P. Steinbach, 1983.
[18] Zur Sonderwegs-Debatte: H.-U. Wehler, Das deutsche Kaiserreich, 1973; H. Grebing, 1986; Th. Nipperdey, Wehlers »Kaiserreich«, 1975; Th. Nipperdey, 1933 und die Kontinuität, 1978. Zu den Synthesen die Forschungsberichte von J. Scholtyseck, Deutsches Kaiserreich, 1996; R. Chickering, Drei Gesichter, 1996 u. Th. Kühne, Das Deutsche Kaiserreich, 1998.

Kaiserreich zur Weimarer Republik betont. Bereits in der wilhelminischen Epoche mit ihren grundlegenden Strukturproblemen der obrigkeitsstaatlich orientierten Parteien und ihren zu milieuübergreifenden Kompromissen unfähigen Eliten habe die Weimarer Republik ihren Geburtsfehler empfangen, an dem sie schließlich zugrunde gegangen sei. Die Erbschaft der Weimarer Demokratie war demnach nicht die Revolution von 1918/19, sondern die ihr abgerungene Kontinuität.[19]

Vor allem den Nationalliberalen und Konservativen wurde zur Last gelegt, die Synchronisierung von wirtschaftlichem und sozialem Wandel vom Agrar- zum Industriestaat mit der Demokratisierung von Politik und Gesellschaft und damit den Anschluß an die westeuropäische Verfassungsentwicklung verhindert zu haben. Für die Konservativen stand die Macht der preußischen Junker vor dem Hintergrund von Agrardepression und Wirtschaftskrise seit der Mitte der 1870er Jahre im Mittelpunkt. »Massenpolitik«, Instrumentalisierung des Antisemitismus und »Manipulation von oben«[20] durch »pseudo-demokratische« konservative Eliten wurden als Aspekte der Verteidigung von Standes- und Wirtschaftsinteressen der traditionellen Eliten gesehen. Die ländliche Bevölkerung, so die These der manipulativen Instrumentalisierung der Fundamentalpolitisierung, befand sich im Schlepptau der Agrarier. Die agrarische Massenbewegung seit den 1890er Jahren war zugleich Folge und Instrument der Manipulation und Mobilisierung durch die alten Eliten.[21] Gegen die Manipulationsthese steht die These der Selbstorganisation der Gesellschaft. Die Kritiker der Konzentration auf Preußen und die ›große Politik‹ verlangen mit ihrer Forderung ›Weg von den Junkern, hin zu Bürgern und Bauern, weg von der Manipulation durch Eliten, hin zur Selbstorganisation der Basis‹ eine Geschichte von unten mit dem Blick auf die Parteiorganisationen aus der Gesellschaft heraus. Den Zusammenbruch der traditionellen Honoratiorenstrukturen und ihren Ersatz durch neue Organisations- und Agitationsformen werten sie als Folge des Partizipationsverlangens von Mittelschichten und Bauern.[22]

Die Forschung zum Konservatismus zeigt eine spezifische Problematik. Jenseits aller Versuche einer entwicklungstypologischen Erfassung oder ideengeschichtlichen Verortung[23] ist der Konservatismus in seiner Erforschung ›geschichtslos‹. Zumin-

---

[19] Zur Überkontinuität von 1918/19 in der Nachfolge von A. ROSENBERG, 1955 [zuerst 1928/1934] R. RÜRUP, 1968, S. 5; H. A. WINKLER, Die deutsche Abweichung, 1998. Zusammenfassend: H. A. WINKLER, Weimar 1918–1933, 1993, S. 595 ff. u. die Beiträge in H. A. WINKLER, Weimar im Widerstreit, 2002.
[20] W. MOCK, 1981.
[21] Prononciert mit der Manipulationsthese H.-J. PUHLE, Interessenpolitik, 1966 u. ö.
[22] R. EVANS, Society and Politics, 1978; R. EVANS, Rereading German History, 1997; D. BLACKBOURN/G. ELEY, 1980; G. ELEY, Reshaping, 1991; D. BLACKBOURN, Class, Religion, and Local Politics, 1980 u. D. BLACKBOURN, Peasants and Politics, 1987. Vgl. auch D. LANGEWIESCHE, Entmythologisierung, 1981.
[23] K. MANNHEIM, Konservatismus, 1984 [zuerst 1925]; K. EPSTEIN, 1973; M. GREIFFENHAGEN, 1977; H.-J. PUHLE, Conservatism, 1978; H.-G. SCHUMANN, Konservativismus, 1984; P. KONDYLIS, 1986; W. RIBHEGGE, 1989; K. LENK, 1989; O. DANN, Rechter Nationalismus, 1991; K. SONTHEIMER, 1992; J. STEINLE, 1994; K. DITT, 1996; A. SCHILDT, Konservatismus, 1998; R. v. d. BUSSCHE, 1998; S. BREUER, Grundpositionen, 1999; G. GÖHLER, 1999; S. BREUER, Ordnungen, 2001. Vgl. auch die

dest einer der dafür verantwortlichen Gründe läßt sich als Traditionspflege benennen: Wer sich mit einer Partei beschäftigt, identifiziert sich auch meist mit dieser. ›Nur‹ wissenschaftlich engagierte Arbeiten sind rar. Konservative Parteien mit ihrer aus der Perspektive von 1933 schwierigen Tradition fallen aus diesem Raster heraus.[24] Wenn konservative Parteien untersucht werden, geht es um Personen und Programme. Ihre soziale Verankerung, die gesellschaftlichen Bedingungen ihres Handelns sowie die Vielfalt konservativer Konzepte und Trägergruppen bleiben meist unberücksichtigt. Erst in den letzten Jahren unterliegt der Konservatismus einer Historisierung. Dies dürfte auch durch die Annäherung der Positionen in der »Sonderwegs-Debatte« bedingt sein. Die Konzentration auf die liberalen Defizite des Konservatismus scheint langsam der Betrachtung seines Eigengehalts zu weichen. Konservative Parteien werden unvoreingenommener und nicht mehr nur in der Kontinuitätslinie auf 1933 untersucht. Die jüngst erschienenen Arbeiten belegen: Die Forschung zum Konservatismus kommt nur voran, wenn sie seine historisch-gesellschaftliche Verankerung im Wandel untersucht.[25]

Parteien- und Wahlforschung nach der »kulturalistischen Wende«

Was hat eine moderne Parteiengeschichte zu leisten, die nach der kulturalistischen Wende in der Geschichtswissenschaft die Kulturkategorie ernst nimmt und die »konzeptionellen Stagnationstendenzen« in der Parteien- und Wahlforschung überwinden will?[26] Sie hat vor allem die konzeptionelle Trennung von organisatorischer und programmatischer Parteigeschichte einerseits sowie sozialstrukturell-statistischer Wahlforschung andererseits aufzuheben. Vielmehr gilt es, die parteiinterne und die parteiexterne Ebene in ihrer wechselseitigen Verflechtung zu untersuchen.

Auf die interne Ebene bezogen bedeutet dies, keinen neuen organisationsgeschichtlichen ›Nipperdey‹ zu schreiben, sondern die organisatorische Ausprägung

---

Literaturüberblicke: K. Schmitz, 1976; K. Fritzsche, 1980; D. Stegmann, Literaturbericht, 1984; H.-C. Kraus, 1989. Zur Entwicklungstypologie vor 1848 H.-U. Wehler, Deutsche Gesellschaftsgeschichte, Bd. II, 1996, S. 440 ff. Im Aufriß H. Reif, 2001, S. 16 ff., der sich gegen die Enge der ideen- und staatspolitischen Entwicklungstypologien ausspricht und für die Beachtung der Vielfalt des Konservatismus plädiert. Jenseits aller Definitionsversuche, die eher vom empirischen Gegenstand ablenken, schlägt er vor, als Konservative zu betrachten, wer sich selbst als konservativ bezeichnet. Zur Diskussion der ideengeschichtlichen Ansätze A. Rödder, 2002, S. 41 ff.

[24] Für die CDU als Sammlungsbewegung regionaler Milieus scheint diese Frage in der Erforschung ihrer eigenen Wurzeln mit einem Tabu und der Furcht versehen zu sein, »einige aus der Art geschlagene Verwandte zu entdecken«. Vgl. K. Rohe, Regionale (politische) Kultur, 1991, S. 34 f., mit Betonung der einigermaßen gleichmäßigen Verteilung der »historischen Leichen« unter den Nachkriegsparteien.

[25] V. Stalmann, 2000; H. Matthiesen, Greifswald, 2000; M. Alexander, 2000 u. F. Bösch, 2002.

[26] Th. Kühne, Historische Wahlforschung in der Erweiterung, 1995, S. 40 f. Zur kulturalistischen Wende vgl. W. Hardtwig/H.-U. Wehler, 1996; P. Nolte/M. Hettling/F.-M. Kuhlemann/ H.-W. Schmuhl, 2000, Th. Mergel/Th. Welskopp, 1997; U. Daniel, »Kultur« und »Gesellschaft«, 1993; U. Daniel, Kompendium, 2001 u. Th. Mergel, Überlegungen, 2002.

und die soziale Basis einer Partei im lebensweltlichen Rahmen zu erfassen und nach milieuadäquaten Spezifika zu fragen. Im Fokus der Betrachtung steht also nicht nur die Beschreibung der Organisation von Parteien, sondern deren Zusammenhang mit den lebensweltlichen Organisationsbedingungen in der Anhängerschaft. Im Zentrum stehen auch nicht Parteiprogramme oder die in Satzungen und Grundsatzprogramme gegossenen ideengeschichtlichen und verfassungspolitischen Positionen, auch wenn diese als Faktoren der parteiinternen Konsensbildung zu berücksichtigen sind. Im Mittelpunkt steht vielmehr die Frage nach den sozialen Bindungen, der subjektiven Wertung und der kulturellen Überformung von Parteiorganisationen, die langfristige Mitgliederbindung und somit Bestandssicherung garantieren.

Auf der externen Ebene ist der Zusammenhang von Parteien, Eliten und sozialen Gruppierungen zu betrachten. Die Zielsetzung aller Parteien im Wahlkampf ist die Stimmenmaximierung. Dazu treten sie mit kommunikativen Strategien an. Wahlkämpfe sind somit in erster Linie Kommunikationsgeschehen, das politisches Verhalten beeinflußt. Damit rückt das komplexe Gemisch von Führungspersonal, Programm, Wahlwerbung und inhaltlicher Politik in ihren kulturellen Sinnbezügen in den Blickpunkt als das, was zusammengenommen ausmacht, wofür eine Partei steht.

In der Konsequenz bedeutet dies, die subkulturelle Einbindung von Politik über einen langen Zeitraum hinweg herauszuarbeiten. Dabei wird man sich kaum auf einzelne Wahlen beschränken können. Im Mittelpunkt eines integrierenden Ansatzes, der politische Sozialgeschichte mit moderner Kultur- und Erfahrungsgeschichte im Kontext von Parteien und Wahlen verbinden will, steht vielmehr das vielschichtige Zusammenspiel der Sozialstruktur einer Gesellschaft, der Artikulation ökonomischer Interessen in einer vorgegebenen Wirtschafts- und Agrarverfassung, religiös-weltanschaulichen Dispositionen, Milieubindungen als gelebter Alltagskultur, regionalen politischen Traditionen mit ihren Auswirkungen auf parteipolitische Positionen und politischem Verhalten der Bevölkerung. Unbestritten ist die enge Verbindung von Milieus, Parteien und Politik insbesondere beim Wahlverhalten. Wahlen und Wahlkämpfe dienen als Ausdruck bestimmter Sozialformationen und als Indikator der sozialkulturellen Verfaßtheit einer Gesellschaft. Wahlen eignen sich damit im Zusammenhang mit Parteien als »bevorzugte Untersuchungsgegenstände einer politischen Sozialgeschichte, welche dem Politikgehalt von Sozialformationen auf der Spur ist«.[27]

Mit dem Begriff der »Wahlkultur« liegt eine konzeptionelle Leitlinie vor.[28] Die kulturgeschichtliche Analyse von Parteien und Wahlen erfordert die Berücksichtigung des inhaltlichen Aspektes der Wahlkämpfe in der Wahlverhaltensforschung. Dabei geht es erstens um die Analyse der Struktur, des Verhaltens und der Einstellungen der Eliten als Träger dieser Vermittlungsprozesse. Zweitens ist eine Untersuchung der Techniken und Inhalte der Deutungen vorzunehmen und drittens ist der Blick auf die kulturellen Dispositionen zu richten, die bei den Wählern die Auf-

---

[27] W. Pyta, Politische Kultur, 1997, S. 198.
[28] Th. Kühne, Historische Wahlforschung in der Erweiterung, 1995, S. 49.

nahme der angebotenen Deutungen steuern. Betont wird neben der kulturellen Überformung der Sozialstruktur auch die Meta-Ebene des Wählens in Form formaler Spielregeln unter der Einbeziehung erfahrungsgeschichtlicher Dimensionen des Wahlbewußtseins und der Wahlerfahrung. Thematisiert werden damit die »Modalitäten, in denen gesellschaftliche Konflikte politisch ausgetragen werden«.[29] Nach welchen Mustern werden also Themen besetzt, wie wird integriert und nach außen abgegrenzt, nach welchen Mustern werden Konflikte kultiviert und Feindbilder aufgebaut, und in welchen gesellschaftlichen Gruppierungen werden diese Muster des Konflikt- und Konsensverhaltens angenommen. Parteien im Beziehungsgeflecht von institutionellen, sozialen und mentalitätsgeschichtlichen Dimensionen von Wahlen zu untersuchen, heißt, Sozialmilieus und ihren parteipolitischen Ausdruck nicht auf naturwüchsige Begleitprodukte von Industrialisierung, Klassenbildung oder andere sozialstrukturelle Konflikte zu reduzieren, sondern als Ergebnis eines vielschichtigen Deutungs- und Vergemeinschaftungsprozesses zu sehen.

Die drei grundlegenden Forschungsmodelle von Stein Rokkan, M. Rainer Lepsius und Karl Rohe sind dabei heranzuziehen und zu modifizieren. Nach Rokkan führen die in der Sozialstruktur verankerten Hauptspannungslinien (»Cleavages«) als politisierte Grundkonflikte zu einer organisatorischen Gruppenbildung. In einem Prozeß der Allianz- und Oppositionsbildung schlagen sie sich dann in einem Parteiensystem nieder. Die Cleavages öffnen die Perspektive auf den prinzipiell konfliktorischen Charakter von Parteien.[30] Gleichzeitig ist mit diesen idealtypischen Systematisierungen von gesellschaftlichen Basiskonflikten ein regionalspezifischer Umgang erforderlich.[31] Bei der Untersuchung der gesellschaftlichen Grundlagen von Parteien und Parteiensystemen dienen sie als Suchinstrumente für Basiskonflikte sozialer, ökonomischer oder kultureller Art. Problematisch bleibt die Unterscheidung von kulturell und ökonomisch verankerten Konfliktlagen und die Frage, wel-

---

[29] Th. Kühne, Wahlrecht – Wahlverhalten – Wahlkultur, 1993, S. 543 u. Th. Kühne, Dreiklassenwahlrecht, 1994, S. 26–32.
[30] S. M. Lipset/S. Rokkan, 1967. Vgl. auch die Aufsätze Rokkans in S. Rokkan, 2000. Die vier »Cleavages« sind die Spannungslinien zwischen nationalem Zentrum und regionaler Peripherie, das Verhältnis von Staat und Kirche, das Stadt-Land-Verhältnis und der Gegensatz von Kapital und Arbeit.
[31] Ein regional ausgeprägter Konfessionsgegensatz ist z. B. nicht mit dem Säkularisationskonflikt zwischen Staat und Kirche gleichzusetzen. Meist ist er älter, oder er kann ein kulturell aufgeladener und politisierter Stadt-Land-Gegensatz sein. Auch verlief der Prozeß der Modernisierung nicht geradlinig: Durch die Entstehung eines nationalen Kommunikationszusammenhangs kam es zwar zur Einebnung regionaler Besonderheiten, aber gleichzeitig auch zur Revitalisierung regionalistischer Konfliktebenen. Zur Modernisierungsdiskussion: P. Flora, 1975; Th. Nipperdey, Probleme der Modernisierung, 1986; P. Steinbach, Modernisierungstheorie und politische Beteiligung, 1986 sowie grundlegend H.-U. Wehler, Modernisierungstheorie, 1975. Zur Nationalisierung der politischen Arena: P. Steinbach, Historische Wahlforschung und regionalspezifische Politikrezeption, 1980; P. Steinbach, Politisierung und Nationalisierung, 1982 u. ö. Zur Kontinuität regionalspezifischer Determinanten im Wählerverhalten: S. Immerfall, Wahlverhalten und Parteiensystem, 1989, S. 50 ff. Zur wachsenden regionalen Segmentierung auf Elitenebene der parlamentarischen Führungsgruppen: H. Best, Politische Modernisierung, 1988 u. ö.

che Rolle politische Eliten bei ihrer Übertragung in den politischen Raum spielen. Um zu analysieren, welche Konfliktfelder zu einer parteipolitischen Ausformung führen, ist das Ensemble von Parteien sowie die Art und Weise ihrer Koexistenz zu betrachten. Welche Gruppen agieren also mit welchen Organisations- und Verhaltensformen im gleichen Raum zur gleichen Zeit? Der wahrgenommene Charakter einer Partei wird so zur komplexen Größe von gelebter Organisationsform, von realen und symbolischen Praktiken und von Politikinhalten in ihrer kulturellen Dimension. Der Ansatz ist mit einer Elitenanalyse zu verbinden. Eliten kultivieren Konflikte, indem sie sozialstrukturelle Gegensätze aufgreifen und politisieren. Es ist also zu fragen, wer Ideen produziert, für wen Sinn- und Deutungsangebote gemacht werden, wer in diesem Dialog gesellschaftliche Sachverhalte mit Sinn versieht, wer neue Denk- und Handlungsmöglichkeiten thematisiert und wie andererseits die Führung einer Partei auf ihre Gefolgschaft reagiert.

Die Frage führt zur Diskussion der Milieus, die M. Rainer Lepsius in den 1960er Jahren als Schlüsselbegriff zur sozialen und kulturellen Parteienverortung geprägt hat.[32] Um den Zusammenhang von Deutungsangeboten und Milieus zu erfassen, ist nach der Verankerung der Deutungskultur in der lebensweltlichen Erfahrung von Milieus zu fragen. Milieus bedürfen weniger einer gemeinsamen materiellen Interessenlage, als vielmehr einer geteilten und als wertvoll empfundenen Lebenswelt und Sozialmoral[33], einer effektiven Gemeinschaftsbildung und einer sozialen Verbindlichkeit im Kontext eines kulturell begründeten Zusammengehörigkeitsgefühls, damit es zu einer homogenen Politisierung und Solidarisierung kommen kann. Statt von fertigen sozialkulturellen Einheiten auszugehen, ist der prozessuale Charakter zu betonen. Milieubildungen sind der Vorgang einer Abgrenzung nach außen und der Homogenisierung nach innen in einem Diskurs über die Herausforderungen durch soziale Veränderungen und dadurch hervorgerufene Reaktionsformen, die politisch wirksam werden.[34]

Das Milieu-Modell, so seine Kritiker, trägt der Dynamik der deutschen Gesellschaft nicht genügend Rechnung, weil es die Isolation und Abschottung der einzel-

---

[32] Milieus sind nach Lepsius »soziale Einheiten, die durch die Koinzidenz mehrerer Strukturdimensionen wie Religion, regionale Tradition, wirtschaftliche Lage, kulturelle Orientierung, schichtspezifische Zusammensetzung der intermediären Gruppen gebildet werden« (M. R. LEPSIUS, Parteiensystem und Sozialstruktur, 1993, S. 38). Parteien sind demnach »politische Aktionsausschüsse« dieser in sich höchst komplex strukturierten, vom unterschiedlichen Maß der Koinzidenz der Strukturdimensionen geprägten und hermetisch voneinander abgeschotteten Sozialformationen: für den bürgerlich-protestantischen Bereich die Liberalen, für das Arbeitermilieu die Sozialdemokratie, für das katholische Sozialmilieu das Zentrum und für das agrarisch-protestantische Milieu die Konservativen.

[33] Zum Begriff des sozialkulturellen Lebensweltkonzeptes als kollektive Verhaltensweisen sozialer Gruppen mit Rückgriff auf J. HABERMAS: F.-M. KUHLEMANN, Bürgerlichkeit und Religion, 2001, S. 37ff. Zum Begriff der Sozialmoral mit Verweis auf MAX WEBERS berühmtes Diktum über den Zusammenhang von Ideen und Interessen K. ROHE, Regionale (politische) Kultur, 1991, 17f., der zusätzlich den Begriff des »way of life« einführt. Vgl. auch die Bemerkungen bei S. WEICHLEIN, Sozialmilieus, 1996, S. 15; M. KITTEL, Provinz, 2000, S. 19 u. 356; F. BÖSCH, 2002, S. 11f.

[34] Den Prozeßcharakter der Milieubildungen betont K. TENFELDE, Historische Milieus, 1996.

nen Sozialmilieus betont und ihre osmotischen Beziehungen vernachlässigt. Auch die regionalen Ausprägungen der Sozialmilieus, ihre ökonomischen, konfessionellen und regionalen Traditionen laufen Gefahr, durch die Fixierung auf übergreifende Großeinheiten eingeebnet zu werden.[35] Vor allem aber zeigt das Paradigma der Sozialmilieus eine deutliche Schieflage in der Untersuchung seiner vier Varianten. Im Gegensatz zu den schicht- und konfessionshomogeneren Milieus der städtisch-protestantischen Arbeiterschaft und des Katholizismus wissen wir nur wenig über die heterogeneren Milieus des städtisch-protestantischen Liberalismus und des protestantischen Konservatismus. Hier sind zahlreiche Fragen offen bezüglich der Genese, der Funktionsweise, den Kommunikations- und Interaktionsstrukturen sowie der Milieustabilität und -erosion. Weitere Fragen betreffen ihre Ausdifferenzierung in Teilmilieus, ihre spezifischen Organisations- und Verhaltensformen und das Abschleifen ihrer Milieugrenzen.

Von ›der‹ Milieutheorie ist inzwischen kaum mehr zu sprechen. Besonders deutlich wird das beim meist als bloßes Anhängsel behandelten konservativen Milieu.[36] In fast beliebigen Variationen werden hier fast inflationär neue Begriffe eingeführt.[37] Das konservative Milieu erweist sich als vielfältig gebrochene Großgruppe. Mit dem Schwerpunkt auf den ländlichen Bereich hat sich jedoch die Rede vom agrarisch-protestantischen konservativen Milieu durchgesetzt.[38]

In der Tat lassen sich gewichtige Einwände gegen ein konservatives Milieu erheben. Im Vergleich zu den Zentrumskatholiken und Sozialdemokraten, die als Maßstab milieuhafter Verdichtung und weltanschaulicher Homogenisierung gelten[39], ist die Vermessung von Konservativen anhand von Volkszählungsdaten problematisch.

---

[35] Zur Diskussion über die Frage der Dauer der Milieustabilitäten die Forschungsüberblicke: F. WALTER, Milieus und Parteien, 1995; F. WALTER/H. MATTHIESEN, 1997; P. LÖSCHE/F. WALTER, 2000; O. BLASCHKE/F.-M. KUHLEMANN, 2000, v. a. S. 22–42.

[36] So bei S. WEICHLEIN, Sozialmilieus, 1996; H.-J. SMULA, 1987 und den beiden Großforschungsprojekten zum Bürgertum in Frankfurt und Göttingen, vgl. die Bilanz von P. LUNDGREEN, 2000 u. den Überblick bei TH. MERGEL, Bürgertumsforschung, 2001. Vgl. auch die Forderung von F.-M. KUHLEMANN, Bürgerlichkeit und Religion, 2001, S. 33f., die konservative Variante des bürgerlichen Selbstverständnisses nicht als »bloße Schwundstufe bürgerlicher Welt- und Lebensorientierung« zu betrachten.

[37] P. LÖSCHE/F. WALTER, 2000, S. 474. Jüngst wurde für den Terminus »konservatives Milieu« mit der These der »qualitativen Verdichtung« und »nachholenden Milieubildung« nach 1918 plädiert, gleichzeitig der Begriff aber mit der Neueinführung des »national ausgerichteten bürgerlichen Lagers« relativiert. Vgl. H. MATTHIESEN, Weder konservativ noch Milieu?, 1999 u. F. BÖSCH, 2002, Zitat S. 29. Vom »konservativen Milieuverband im nationalen Lager« spricht H. MATTHIESEN, Greifswald, 2000, S. 693.

[38] Lepsius hat von einer durch Protestantismus, gemeinsame Moralgrenzen, konfessionelle Vorurteile und eine inhaltlich unklar bestimmte nationale Identität verbundene doppelte Ausprägung in eine feudal-agrarische und gouvernemental-bürgerliche Spielart gesprochen (M. R. LEPSIUS, Parteiensystem und Sozialstruktur, 1993, S. 48).

[39] Überblicke bei B. ZIEMANN, Der deutsche Katholizismus, 2000; K.-E. LÖNNE, Katholizismus-Forschung, 2000 u. ö. sowie C. RAUH-KÜHNE, 2002. Kritisch mit Hinweis auf unterschiedliche Gruppenkulturen und regionale Besonderheiten im Katholizismus W. LOTH, Soziale Bewegungen im Katholizismus, 1991 u. ö.

Einleitung

Eine der Begründungen hierfür liegt im fließenden Übergang protestantisch-städtischer Gruppen zwischen Liberalismus und Konservatismus sowie in der innerbürgerlichen Fraktionierung in Klein-, Mittel- und Großbürgertum. Zweitens ist die grundsätzliche Theorieferne und das Fehlen einer zukunftsweisenden gesellschaftlichen Utopie des Konservatismus anzuführen.[40] Als staatstragende politisch-gesellschaftliche Anschauung des 19. Jahrhunderts war er nicht jenen für eine effektive Milieubildung existentiellen Bedrohungssituationen ausgesetzt, wie sie mit Kulturkampf und Sozialistengesetz für den Katholizismus und die Arbeiterschaft gegeben waren. Für die frühzeitige Ausbildung eines konservativen Milieus fehlte offensichtlich der strukturell wichtige Faktor einer Abwehrreaktion und die damit verbundene gegenkulturelle Bindekraft. Drittens gilt das konservative wie auch das liberale Milieu im Gegensatz zu den beiden anderen Großgruppen als subkulturell unbehaust und ohne jenes dichte vereins- und verbandspolitische Netz im Umfeld der Parteien. Die sich stärker überschneidenden Verkehrskreise liberaler und konservativer Bürger, ihre gemeinsame Orientierung an nationalen Idealen und die damit schwächer ausgeprägten Parteibindungen machten einen Wechsel der Wähler zwischen liberalen und konservativen Parteien leichter.

Als die Kernvariablen moderner Vergesellschaftungen haben sich die Faktoren Konfession und Klassenzugehörigkeit erwiesen, während die Begriffe der »kulturellen Orientierung« und der »regionalen Tradition« im Set der Lepsiusschen Determinanten bislang im Hintergrund standen. Im Spannungsverhältnis zwischen regionaler Sozialisation und der Formierung nationaler Milieus stellt sich das Problem der Regionalisierung der Milieutheorie. Wie konstituieren und erhalten sich also auf regionaler Ebene über lange Zeiträume hinweg kohärente sozialmoralische Verhaltensmuster? Und um die politische Seite der Milieus zu betonen: Wie werden diese im politischen Raum wirksam, nachdem sie einen guten Teil ihrer Legitimität durch die Politisierung bestimmter Loyalitäten zu erlangen scheinen?

In einer Modifikation der Paradigmen von Lepsius und Rokkan erklärt Karl Rohe Kontinuitäten und Brüche im Wählerverhalten aus dem Zusammenhang von Sozialstruktur, Parteiaktivitäten und Kultur im regionalen Kontext. Als Interpretationsmodell langfristiger Traditionen und Veränderungen im Wahlverhalten hat Rohe den Begriff des subkulturell unterlegten »Lagers« eingeführt, das mehrere Milieus oder Parteien umfassen kann und stärker von der Abgrenzung gegen andere »Lager« als von positiven Gemeinsamkeiten lebt.[41] Auch sind Parteien nach Rohe nicht Repräsentanten eines national vereinheitlichten Elektorats, sondern ganz unterschiedlicher Regionalkulturen. Der Ansatz ist fruchtbar fortzuführen, weil er die regionale Grundstruktur Deutschlands mit seinen Nord-Süd- und Ost-West-Unterschieden ernst nimmt und langfristige kulturelle Prägungen untersucht. Damit rückt der re-

---

[40] Hierzu der einflußreiche Aufsatz von S. Huntington, Konservatismus als Ideologie, 1984.
[41] K. Rohe, Politische Kultur und ihre Analyse, 1990; K. Rohe, Wahlen und Wählertraditionen, 1992 u.ö. Rohe diagnostiziert drei dieser Lager – katholisches, sozialistisches und nationales – die trotz aller Aufweichungstendenzen im wesentlichen bis 1933 Bestand gehabt hätten.

gional bestimmte Vermittlungsprozeß von Politik in den Blick. Rohe erweitert historische Wahl- und Parteienforschung zur regionalen politischen Kulturforschung.⁴² Durch die Anbindung des ›political culture approach‹ an den Milieuansatz bleibt die Verwobenheit von sozioökonomischer Lage und kultureller Deutung des Milieuterminus erhalten. Stärker akzentuiert wird aber der politisch-kulturelle Kontext und die Deutungs- und Wahrnehmungsdimension. Bezogen auf die prinzipielle Transmissionsaufgabe von Parteien bedeutet dies, daß Parteien an der Wahlurne nur Erfolge erzielen können, wenn sie den politisch-kulturellen Erwartungen bestimmter Milieus gerecht werden und deren Milieu-Codes treffen.

Der Faktor Region

Der skizzierte Forschungsansatz fragt nach dem parteipolitischen Ausdruck regionaler politischer Traditionen, die sich mit der Wahl einer Partei verbinden können. Dieser Zugriff, der die nationale ›Vogelperspektive‹ mit der regionalen ›Froschperspektive‹ verbindet, will vermeiden, Parteien als monolithische Gebilde ohne regionale Differenzierung zu sehen. ›Region‹ ist dabei keine residuale, sondern eine alternative Kategorie mit eigenen Erkenntnismöglichkeiten. Region ist ein Faktor von Gesellschaft und politischer Kultur, der auf der Parteien- und Wählerebene wirksam wird. Die Region ist ein Kommunikationsraum und der Rahmen für politische Beteiligung von Parteien und Wählern sowie der Orientierungs- und Interaktionsrahmen der sozialkulturellen Deutungsprozesse, die Wahlverhalten langfristig prägen.⁴³

Württemberg entspricht der Forderung der Wahlforschung nach kleinräumigen Untersuchungseinheiten.⁴⁴ Das nach Preußen, Bayern und Sachsen, gemessen an der Bevölkerungszahl, viertgrößte deutsche Land hat genügend Bedeutung, um Untersuchungsergebnisse in übergreifende Fragestellungen einbinden zu können. Damit wird die Aussagekraft einer Regionalstudie gesteigert, die regionale politische Besonderheiten mit systematischen Fragestellungen untersucht und in größere Zusammenhänge einordnet. Württemberg bietet einen einheitlichen administrativen und politisch-kulturellen Kontext, um der Wirksamkeit regionaler politischer Kultur nachzuspüren. Das Land hat Überschaubarkeit, klare Abgrenzbarkeit, interne Kleinräumigkeit und ein hohes Maß an regionaler Eigenständigkeit. Die Untersuchung

---

[42] Zur politischen Kulturforschung vgl. die Beiträge in D. Berg-Schlosser/J. Schissler, 1987 u. D. Berg-Schlosser/R. Rytlewski, 1993 sowie M. Kaase, 1983 u. F. U. Pappi, 1986.
[43] Th. Kühne, Region als Konstrukt, 2000 u. Th. Mergel, Milieu und Region, 2000. Grundlegend zur Regionalisierung des Konzeptes der Politischen Kultur K. Rohe, Wahlen und Wählertraditionen, 1992, S. 13; H.-G. Wehling, Regionale politische Kultur, 1985 u. H.-G. Wehling, Bedeutung, 1987 sowie die Beiträge in A. Dornheim/S. Greiffenhagen, 2003.
[44] Neben den Arbeiten von Rohe und Steinbach als den vehementesten Verfechtern des Regionalansatzes vgl. J. Retallack, Politische Kultur, Wahlkultur, Regionalgeschichte, 1995; J. Retallack, Sachsen in Deutschland, 2000. Schon früh mit der Forderung W. Abendroth, 1957 [erweitert 1978].

Einleitung

will damit sozialräumlichen Prozessen und der internen Differenzierung einer Region gerecht werden.[45]

Württemberg bietet mit seiner sozialstrukturellen und politisch-kulturellen Heterogenität genügend Differenzierung, um die Bedeutung des Lokalen herausarbeiten zu können. Die Untersuchungskategorien sind mit den konfessionell, sozialstrukturell und historisch-kulturell signifikant unterschiedlichen Landesteilen operationalisierbar. Die Basiskonflikte im Land sind gut greifbar. Neben dem zentralen konfessionellen Konflikt – bedingt durch die Minderheitsposition des Katholizismus auf Landesebene bei seiner gleichzeitigen Dominanz in den neuwürttembergischen Landesteilen – tritt ein doppelter Konflikt von Zentrum und Peripherie, der sich im Spannungsverhältnis von preußisch-hegemonialem Nationalstaat und föderalistischem Partikularstaat sowie als landesinterner Stadt-Land-Konflikt abbildet, der im wesentlichen ein Konflikt zwischen der Hauptstadt und den peripheren Regionen war. Darüber hinaus stellt Württemberg einen Rahmen dar, der unter forschungsökonomischen Gesichtspunkten Einheit und Kontinuität gewährleistet. Die Wahlkreise und Organisationseinheiten der Parteien entsprechen den Verwaltungseinheiten der Oberämter und bleiben, abgesehen von geringfügigen Veränderungen in den 1920er Jahren, über den gesamten Untersuchungszeitraum hinweg konstant.[46]

Das Ziel der vorliegenden Arbeit ist es, in zeitlich breit und methodisch eng gefaßtem Rahmen die Stränge konservative Parteiengeschichte, historische Wahlforschung und Region zu verbinden. Für Württemberg betritt sie damit neues Terrain. Die Forschungslage zeigt sich hier als ausgesprochen unbefriedigend. Arbeiten zur Parteiengeschichte des Landes müssen auf detaillierte Aussagen über das konservative Parteienspektrum in Kaiserreich und Weimarer Republik verzichten.[47]

Fragestellung: Konservatismus im Wandel

In den Zeitraum der Untersuchung fällt der Wahlsieg der Volkspartei 1895, der Aufstieg der Sozialdemokratie und des Zentrums, der Erste Weltkrieg und der Verfassungsumbruch. Der Zeitraum umfaßt 19 Landtags- und Reichstagswahlen sowie vier Wahlrechtsreformen: das Mehrheitswahlrecht des Kaiserreichs, seine Ergänzung durch die teilweise Einführung des Proportionalwahlrechts 1906 auf Landesebene, das reine Verhältniswahlrecht von 1919 sowie dessen landesspezifische Modifizierungen von 1920 und 1924. Die Untersuchung thematisiert damit auch die meist als Nebenwahlen behandelten Landtagswahlen.[48]

---

[45] Zum Regionalbegriff als alle Politikebenen »unterhalb der nationalen und oberhalb der lokalen Ebenen« umfassende Einheit K. ROHE, Regionale (politische) Kultur, 1991, S. 20 ff. Zur Definition einer eigenständigen Region P. STEINBACH, Politisierung und Nationalisierung, 1982.

[46] Zur Oberamtseinteilung und ihrer Veränderung: M. HOLZMANN, 1979 sowie die Bemerkungen im Anhang unten S. 530. Zur Einteilung der Reichstagswahlkreise bis 1912 siehe unten S. 531.

[47] TH. SCHNABEL, Württemberg, 1986, S. 225 ff. u. W. PYTA, Dorfgemeinschaft, 1996, S. 27 f. zu beiden württembergischen konservativen Parteien als Forschungsdesiderat.

[48] Auf die ebenfalls kaum untersuchten Reichspräsidentenwahlen von 1925 und 1932 sowie auf die Volksbegehren der Weimarer Zeit kann hingegen nur am Rande eingegangen werden.

Neben einer chronologischen Achse ist die Arbeit entlang einer zweiten, komparativen Achse zwischen Bürgerpartei und Bauernbund angelegt, die den Vergleich der politischen Formen, Möglichkeiten und Grenzen des Konservatismus in Stadt und Land ermöglicht. Übergreifend sind die Fragen nach der gesellschaftlichen Grundlage beider Parteien in Württemberg und nach dem Zusammenhang von Sozialstruktur, regionaler politischer Tradition, Milieus und Wahlverhalten.

Die erste zentrale Leitfrage der Arbeit führt ins Zentrum der Debatte um das konservative Sozialmilieu: Ist von ihm als nationaler Vergesellschaftung überhaupt zu sprechen, oder ist nicht vielmehr von einer regionalisierten Vielzahl konservativer Teilmilieus mit jeweils spezifischen Entstehungs- und Funktionsmodalitäten auszugehen? Handelt es sich bei dem Lepsiusschen Theorem nicht um ein regionales Phänomen, dessen »gesellschaftliche Leitbilder, Rollensets und strukturelle Koordinaten nur im ostelbischen Preußen« gelten.[49] Gab es außerhalb des agrarisch-ostelbischen Preußen also kein konservatives Milieu, oder – anders herum gefragt – wie gestaltete sich ein konservatives Sozialmilieu außerhalb des preußischen Idealfalls? Und was ist dann am Konservatismus in Württemberg spezifisch württembergisch?

Die zweite Leitfrage steht unter dem Topos des Wandels und betrifft die grundlegenden Veränderungen des Konservatismus. Der lange Untersuchungszeitraum von annähernd vier Jahrzehnten brachte nicht nur politischen, ökonomischen und gesellschaftlichen Wandel. Eine erste Frage bewegt sich im Spannungsfeld von nationaler und landesspezifischer Politik. Mit den soziokulturellen Strukturen und der staatlichen Verwaltung als Voraussetzung von Politik ist der Entstehungs- und Aktionsrahmen konservativer Parteien im liberalen Württemberg abzustecken und zu fragen, mit wieviel von dem oft beschworenen ›demokratischen Öl‹ die Konservativen im Land gesalbt waren? Wie liberal, wie ›demokratisch‹ und konsensfähig zeigte sich also der Konservatismus vor 1918 in einem junkerfreien Land mit einer bürgerlich nivellierten Gesellschaft und ohne eine ausgeprägte Dichotomie von Adel und Bürgertum?

Die Frage nach den Veränderungen nach 1918 schließen sich an. Der Konservatismus wandelte sich tiefgreifend. In den Erklärungen zum Scheitern der Weimarer Republik nehmen die Deutschnationalen unter der Führung Hugenbergs als Sammelbecken der Steigbügelhalter Hitlers eine zentrale Rolle ein. Systemfeindschaft, Rechtsradikalität und Lernunfähigkeit der geschrumpften Hugenberg-DNVP haben die vorhergehenden Jahre verdeckt, in denen die Partei mit pragmatischer Kooperation als systemintegrierter Konservatismus aufgetreten war. Zu fragen ist also nach den Veränderungen, welche beide Parteien durchlaufen haben. Im Mittelpunkt steht für die Bürgerpartei die Frage nach den fundamentalen Wandlungsprozessen, die die Partei in den 1920er Jahren durchlaufen hat sowie nach den Bedingungen, die auch in Württemberg zur innerparteilichen Machtübernahme Hugenbergs führten.

---

[49] Th. Mergel, Milieu und Region, 2000, S. 268.

Um diese Kernfragen gruppieren sich weitere zentrale Fragestellungen. 1924 werden Bürgerpartei und Bauernbund zur stärksten Kraft im Land und stellen mit Wilhelm Bazille in einer Koalition mit dem Zentrum den ersten deutschnationalen Chef einer Landesregierung der Weimarer Republik. Anhand der langfristigen Analyse der Bündniskonstellationen und ihrer inhaltlichen Seite ist nach den Wurzeln dieser schwarzblauen Kooperation zu fragen. Die für die Weimarer Verhältnisse insgesamt als stabil zu bewertende Kooperation von protestantischem und katholischem Konservatismus ist auch ein Beispiel für die Tatsache, daß in der Weimarer Republik aus der Mitte heraus und mit ›Rechts‹ regiert werden konnte, solange sich vor allem der Konservatismus kooperativ zeigte. Die Machtübernahme Hugenbergs mit ihren Auswirkungen auf die Landesverbände der DNVP ist Ausdruck des Versagens einer kompromiß- und koalitionsfähigen politischen Rechten, die zu demokratischem Wechsel fähig gewesen wäre und nach 1930 auch auf Reichsebene eine Regierungsalternative geboten hätte.

Im Mittelpunkt der Arbeit stehen die sogenannten stabilen Jahre der Weimarer Zeit, die von der Forschung bislang nur wenig untersucht wurden. Gleichermaßen ist aber nach den Ursachen für die Erosion der liberalen und protestantisch-konservativen Parteien zu suchen, die mit der ›Schockwahl‹ von 1928 einsetzte. Nach den vorhergehenden, von Revolution, Versailler Frieden und Inflation geprägten Wahlen, gilt diese Wahl als die erste und zugleich letzte ›normale‹ Wahl der Weimarer Zeit. 1928 setzte ein erkennbarer Auflösungsprozeß des liberalen und konservativen Parteienspektrums ein. Als einer der Faktoren ist hier der im Reichsvergleich überdurchschnittliche Erfolg des Christlich-Sozialen Volksdienstes als betont protestantisch-pietistischer Partei genauso zu untersuchen wie jede Auseinandersetzung mit Parteien und Wahlen der Weimarer Zeit zwangsläufig unter der Perspektive des Aufstiegs der NSDAP steht.[50]

Gang der Untersuchung

Die ersten fünf Kapitel der Studie widmen sich der Organisation beider Parteien und ihrem gesellschaftspolitischen Handlungsrahmen. Dabei werden die Gründungsbedingungen, sozialen Organisationsbedingungen und strukturellen Organisationsformen sowie die Vernetzung der Parteien im vereins- und verbandspolitischen Umfeld behandelt. Die weiteren fünf Kapitel befassen sich mit wahlgeschichtlichen Aspekten.

Nach einem Überblick über die Entwicklung Württembergs zwischen 1890 und 1932/33 stehen im Zentrum des ersten Kapitels die Konfliktdimensionen, die zur parteipolitischen Formierung beider Parteien führten. Warum also konstituiert sich in Württemberg der parteipolitische Konservatismus im Vergleich erst so spät und

---

[50] Für Württemberg v.a. W. BESSON, 1959; TH. SCHNABEL, Württemberg, 1986.

welche sozialen und mentalitätsbedingten Hemmnisse hat er zu überwinden? Und auf welchen sozialen Gruppierungen basieren beide Parteien in Stadt und Land?

Das zweite und dritte Kapitel thematisieren die Organisationsbedingungen beider Parteien. In einer vertikalen Perspektive wird zuerst nach Organisationsstrukturen, Mitgliederentwicklung und sozialer Trägerschaft der Parteien gefragt. Dabei geht es vor allem um Techniken und Strategien der organisatorischen Bestandssicherung. Gefragt wird nach milieuinternen Medien und Dienstleistungen sowie nach der Professionalisierung und Zentralisierung der Parteien. In horizontaler Perspektive wird im dritten Kapitel untersucht, wie es beiden Parteien gelingt, sich organisatorisch auszudifferenzieren und neue gesellschaftliche Gruppen zu inkorporieren. Damit wird ein zentraler Punkt der Anpassungsfähigkeit von Parteien an sich verändernde gesellschaftliche und politische Rahmenbedingungen angesprochen, denn einzubinden waren – spätestens nach 1918/19 – die neuen Segmente des Elektorats: Frauen und Jungwähler zwischen 20 und 25 Jahren. Anhand der Erfolge der verfolgten Strategien und internen Proporzsysteme lassen sich Muster der innerparteilichen Konsensbildung erarbeiten.

In einem vierten Kapitel wird nach den parteiinternen Partizipations- und Kommunikationsformen beider Parteien und nach deren lebensweltlich bedingten Charakteristika gefragt. In einem ersten Schritt werden Versammlungsformen als innerorganisatorische Partizipationsform untersucht. Die Parteipresse als politisches Kommunikationsmittel steht im Zentrum des zweiten Schrittes. Wie gelingt es beiden Parteien, sich auf dem württembergischen Zeitungsmarkt zu positionieren und mit welchem Erfolg praktizieren sie innerparteiliche Kommunikation? Das fünfte Kapitel fragt nach der Vernetzung der Parteien im Umfeld der konfessionellen, ökonomischen und nationalen Vereine, Verbände und gesellschaftlichen Institutionen. Die hier erarbeiteten Ergebnisse können als Grad der jeweiligen milieuhaften Verdichtung beider Parteien gelten.

Im sechsten Kapitel wird das politische Personal beider Parteien thematisiert. Zum einen werden die Muster der Kandidatenrekrutierung analysiert. Wie werden Kandidaten aufgestellt, welche Konflikte entstehen dabei und wie werden diese beispielsweise mit Sozialproporzsystemen beigelegt? Das Spannungsverhältnis von lokalen und zentralinstanzlichen Parteiorganisationen ist anhand eines innerparteilichen Regionalproporzes zu thematisieren. Zweitens erfolgt eine Analyse des Sozialprofils von Kandidaten und Abgeordneten. Damit ist die Frage nach deren lebensweltlicher Verankerung sowie eine Strukturanalyse der parlamentarischen Führungsgruppen verknüpft.

Das siebte Kapitel thematisiert die Wahlkämpfe. Ein zentraler Punkt ist dabei die Anpassung von Wahlkampfmedien an die zeitgemäßen Anforderungen. Wie wird also mobilisiert, was wird als modern empfunden, akzeptiert oder auch abgelehnt? Zu fragen ist auch nach den Veränderungen der Auseinandersetzungsformen und nach dem Einzug politisch motivierter Gewalt. Das achte Kapitel widmet sich der inhaltlichen Ebene. Die Betrachtung der »Issue«-Ebene trägt zur geforderten »Repolitisierung der Wahlforschung« bei, zeigt aber gleichermaßen die Entwicklung politischer Konflikt- und Konsensformen auf.⁵¹ ›Repolitisierung‹ bedeutet hier, primär sozialkulturelle Themen in ihrer politischen Deutungsdimension zu erfassen. Welche Themen werden also nationalisiert oder regionalisiert, ökonomisiert, konfessionalisiert oder auf andere spezifisch kulturpolitische Themen überführt? Welche Themenfelder werden politisiert und (dauerhaft) besetzt, eventuell aber auch entpolitisiert? Untersucht werden auch Selbst- und Fremdbild der beiden Parteien sowie ihre Abgrenzungs- und Annäherungsstrategien gegenüber anderen Kräften. Als Aspekte politischer Deutungskultur stehen im Mittelpunkt diskursiv hergestellte, vermittelte und erneuerte Strategien der milieuinternen Identitätsbildung zwischen Integration und Abgrenzung.

Das neunte Kapitel widmet sich den Bündnissen der beiden Parteien. Im Kaiserreich waren alle politischen Kräfte zu Wahlabsprachen und Wahlbündnissen gezwungen, um erfolgreich zu sein. Gefragt wird, wie sich die beide Parteien in ihrem Bündnisverhalten in das Parteiensystem einfügten, ob und wo sie zu Kompromissen gezwungen waren und ob diese von der Wählerschaft mitgetragen wurden. Nach 1918 verlor dieser Aspekt der Kooperation an Bedeutung. Koalitionen wurden nun über Listenverbindungen oder im Parlament geschlossen. Gerade im Hinblick auf die 1920er Jahre ist aber zu fragen, wo sich die Koalitionsstrukturen bereits im Kaiserreich abzeichnen.

Im Zentrum des letzten und zehnten Kapitels steht der Zusammenhang zwischen den erarbeiteten qualitativ-inhaltlichen Befunden, der Sozialstruktur und dem Wahlverhalten der Bevölkerung. Wo sind also beide Parteien im Elektorat verankert, wo können sie Hochburgen ausbilden und wie lange können sie diese behaupten? Für das Ende der Weimarer Zeit steht dabei die Frage nach den Ursachen für den späten Wahlerfolg der NSDAP in Württemberg im Mittelpunkt.

Quellen und Forschungslage

Die wichtigste Quellengruppe bildet die zeitgenössische Tagespublizistik. Aus Beständen staatlicher, kommunaler und privater Provenienz konnte die Parteipresse Württembergs für den gesamten Untersuchungszeitraum annähernd geschlossen erfaßt werden. Für beide konservative Parteien sind dies die bis 1913 erschienene *Deutsche Reichspost*, danach für den Bauernbund die *Schwäbische Tageszeitung* und für die Deutschkonservativen/Bürgerpartei die in Stuttgart erschienene *Süddeutsche Zeitung*. Ebenso konnten die Mitgliederblätter beider Parteien ausgewertet werden: für den Bauernbund der kontinuierlich erschienene *Schwäbische Landmann* sowie das Jahrbuch *Der Bauernfreund*, für das konservativ-deutschnationale Pendant mehrere Parteiblätter, die meist jedoch nur von kurzem Bestand waren.⁵² Für die gegnerischen

---

⁵¹ Th. Kühne, Historische Wahlforschung in der Erweiterung, 1995, S. 50.
⁵² *Deutsch-Konservativ* für die Jahre 1912/13, ab 1920 die *Mitteilungen der Württembergischen Bürgerpartei*, die – fortgeführt als *Nationale Blätter* – 1922 bereits eingestellt wurden, das Parteiblatt *Der Deutschnationale*, das nur 1924 erschien sowie wenige Nummern der *Umschau* ab 1932.

Parteien wurde das jeweilige publizistische Flaggschiff herangezogen.[53] Die landesweite Tendenzpresse vermittelt ein umfassendes Bild, das auch die Verhältnisse in den Wahlkreisen widerspiegelt. Die Tagespublizistik liefert Informationen zu Parteien, Vereinen und Verbänden und hat darüber hinaus eine wichtige Quellenfunktion in zweierlei Hinsicht: Sie ist wichtigstes Kommunikationsmedium zwischen Parteizentralen, Mitgliedern und Wählern. Und sie ist, weil Wahlkämpfe öffentliche Ereignisse sind, selbst die Bühne des Wahlkampfs. Über die Presse werden Inhalte vermittelt und direkt mobilisiert.

Ergänzend zur Tagespublizistik kommt das Schrifttum beider Parteien: Parteistatuten und -programme, Broschüren, Flugblätter, Wahlhandbücher und Plakate, die aus Bibliotheken, Archiven, Nachlässen und aus dem Bestand der *Kleinen Württembergischen Drucksachen* der Württembergischen Landesbibliothek Stuttgart zusammengetragen wurden. Hinzugezogen wurden auch die Protokolle des Reichstags und des Württembergischen Landtags. Die zweite Quellengruppe umfaßt Archivalien vorwiegend aus den Staatsarchiven Württembergs. Die Überlieferung zu Parteien und Wahlen in Württemberg ist hier als lückenhaft und für die wilhelminische Periode noch besser als für die Weimarer Zeit zu bewerten. Der wichtigste Fundus zu Parteien und Verbänden für die vorliegende Arbeit waren Wahlakten und Bestände des Staats- und des Innenministeriums.[54]

Für die quantitativen Teile der Arbeit wurden die Wahlergebnisse auf Oberamtsebene erfaßt. Auf dieser Ebene stehen auch die Sozialstrukturvariablen zur Erwerbs-, Bevölkerungs- und Konfessionsstruktur zur Verfügung. Neben diesem Wahl- und Sozialstrukturdatensatz konnte über die Erfassung der Archivalien und der Publizistik ein Personaldatensatz von 2400 Personen erstellt werden, der für beide Parteien die Basis der mitglieder-, kandidaten- und abgeordnetensoziologischen Analyse bildet.[55]

---

[53] Der *Schwäbische Merkur* und sein spezifisch württembergischer Teil *Schwäbische Kronik* für Nationalliberale/DVP, der *Beobachter* (nur bis 1920 täglich erschienen), *Stuttgarter Neues Tagblatt* und *Württemberger Zeitung* für Volkspartei/DDP, *Deutsches Volksblatt* für das Zentrum, die lückenhaft überlieferte *Schwäbische Tagwacht* für die SPD sowie ab 1925 das *Evangelisch-soziale Wochenblatt Süddeutschland: Christlicher Volksdienst* für den CSVD. Für die Regierungsseite wurde der offiziöse *Staatsanzeiger für Württemberg* benutzt, für das landwirtschaftliche Vereinswesen das *Württembergische Wochenblatt für Landwirtschaft*. Die Tagespublizistik konnte durch die Bestände der Pressestelle des württembergischen Staatsministeriums im HStA Stuttgart sowie durch das Pressearchiv des Reichslandbundes im BA Berlin ergänzt werden. Selektiv konnten einzelne lokale Blätter hinzugezogen werden.

[54] Problematisch erwies sich die Erfassung der Kandidaten beider Parteien auf Oberamtsebene ab 1918, da sowohl die zentralen Akten im HStA Stuttgart als auch die Bestände auf Kreisebene in den Staatsarchiven Ludwigsburg und Sigmaringen durch Kriegseinflüsse lückenhaft sind. Durch eine Anfrage bei den Kreis- und Stadtarchiven der ehemaligen württembergischen Oberamtsstädte sowie bei Zeitungsverlagen konnten hier empfindliche Lücken geschlossen werden.

[55] Bei Statistiken und Tabellen wird im Quellenverweis auf diese Datensätze verwiesen. Weitere Bemerkungen zu den quantitativen Daten siehe unten im Anhang S. 529 f. Ein Teil des Wahl- und Sozialstrukturdatensatzes sowie Karten zu den Ergebnissen beider Parteien bei ausgewählten Wahlen sind auf der beiliegenden CD-ROM dokumentiert.

Die Quellenlage zur Weimarer Zeit leidet unter den Folgen von Diktatur und Krieg. Auch für die beiden konservativen Parteien gilt: Mitgliederverzeichnisse, Fraktionsprotokolle und parteiinterne Quellen sind größtenteils zerstört worden.[56] Die Suche nach privaten Nachlässen blieb meist erfolglos. Ein für den Bauernbund nützlicher Fundus konnte bei der Familie Körner in Stuttgart gefunden werden.[57] Als zentraler Nachlaß ist aber das Privatarchiv der Freiherren Hiller von Gaertringen zu nennen. Es umfaßt neben dem Nachlaß des deutschkonservativen Politikers Kuno Graf von Westarp[58] auch den seines Schwiegersohnes Berthold Freiherr Hiller von Gaertringen. Der Bestand ist als Glücksfall für die Untersuchung der Bürgerpartei zu werten, denn für kaum einen anderen Landesverband der DNVP dürfte ein Nachlaß in dieser Dichte vorliegen. Berthold Frhr. Hiller von Gaertringen vermittelte als Ansprechpartner konservativer Politiker in Württemberg immer wieder zwischen dem Landesverband und seinem Schwiegervater Westarp. Er hat eine Korrespondenz- und Unterlagensammlung hinterlassen, die bei der generellen Quellenknappheit einen wertvollen Fundus darstellt.[59] Darüber hinaus hat Friedrich Freiherr Hiller von Gaertringen, Enkel Westarps und Sohn von Berthold Freiherr Hiller von Gaertringen, eine umfangreiche Materialsammlung zu konservativen Parteien auf Reichs- und Landesebene zusammengetragen.[60]

Während die Parteien- und Wahlforschung zum Kaiserreich in den letzten Jahren wesentliche Fortschritte erzielt hat, liegen für die Weimarer Zeit keine vergleichbaren Ergebnisse vor.[61] Weder die Reichstags- noch die Landtagswahlen wurden bisher eigens oder auch im diachronen Zugriff analysiert. Eine Studie zur württembergischen Wahlgeschichte der wilhelminischen Zeit hat Andreas Gawatz vorgelegt. Die vorliegende Untersuchung kann hier anknüpfen, einzelne Fragestellungen vertiefen und vor allem in die Weimarer Zeit hinein verlängern.[62] Zu den konservativen Parteien in Deutschland liegen mehrere Arbeiten vor. Das Standardwerk zur Geschichte der Deutschkonservativen Partei ist die Arbeit von James Retallack.[63] Die

---

[56] W. Liebe, 1956, S. 127 sowie F. Frhr. Hiller v. Gaertringen, Deutschnationale Volkspartei, 1960, S. 543. Die Vernichtung der Unterlagen der Reichs-DNVP in einem zentral koordinierten Vorgang im Sommer 1933 scheint sich auch in die Landesverbände hinein fortgesetzt zu haben. Für die Bürgerpartei kommt hinzu, daß ihre Unterlagen, die vom zeitweiligen Geschäftsführer Bruno Roos verwaltet wurden, bei einem Luftangriff auf Stuttgart im Sommer 1944 zerstört wurden (mündliche Auskunft von Friedrich Freiherr Hiller von Gaertringen [†]).
[57] Zitiert als NL Körner. Hier auch der Beleg, daß die Protokolle der Vorstandssitzungen des Bauernbundes 1933 vom Reichsnährstand eingefordert und vernichtet wurden.
[58] Zitiert als NL Westarp. Inzwischen publiziert sind die politischen Memoiren Westarps von 1918–1920: K. Graf v. Westarp, Konservative Politik im Übergang, 2001.
[59] Der Nachlaß wird zitiert als NL Hiller.
[60] Zitiert als Sammlung Gärtringen.
[61] Forschungsüberblicke bei Th. Kühne, Wahlrecht – Wahlverhalten – Wahlkultur, 1993 und Ch. Nonn, Parteien und Wahlen, 1996 sowie die Monographie von M. L. Anderson, 2000. Zur Weimarer Republik vgl. W. Pyta, Politische Kultur, 1997.
[62] A. Gawatz, Wahlkämpfe, 2001. Vgl. auch W. Schulte, Struktur und Entwicklung, 1970 u. ö.
[63] J. Retallack, Notables, 1988, der die Radikalisierung der Partei unter dem Einfluß des BdL und das Scheitern der Partei in zwei wesentlichen Punkten betont: in der Gewinnung städtischer Wählerschichten und in der Bündnisfähigkeit mit den Mittelparteien. In gleichem Interpretament: L. E.

Forschungsliteratur zur DNVP ist vielfältiger, aber mit deutlicher Ungleichgewichtung auf die Gründung der Partei und auf die Hugenberg-Phase nach 1930.[64] Nur in Ansätzen ist der Zeitraum ihrer Regierungsbeteiligung in den sogenannten stabilen Jahren der Weimarer Republik und damit die Frage nach ihren Entwicklungsmöglichkeiten hin zu einer systemloyalen Rechtsopposition untersucht.[65] Zum Bund der Landwirte und seiner Nachfolgeorganisation, dem Reichslandbund, liegen dagegen maßgebliche Arbeiten vor.[66] Die landes- und kommunalpolitische Ebene konservativer Parteipolitik erfassen für Kaiserreich und Weimarer Republik mehrere Einzelstudien zu Sachsen, Baden, Bayern, dem Rheinland, Düsseldorf und Hamburg.[67] Diese Arbeiten thematisieren jedoch nicht den Zusammenhang von Parteien, ihrer sozialen Verankerung und Wahlen. Im milieutheoretischen Kontext stehen die Arbeiten von Frank Bösch, Manfred Kittel, Helge Matthiesen und Wolfram Pyta.[68]

Die Phasen der jüngeren württembergischen Geschichte sind in unterschiedlicher Dichte untersucht. Für Kaiserreich, Weltkrieg, Revolution und Weimarer Republik liegen einschlägige Arbeiten vor.[69] Allerdings fehlt eine Monographie zur gesamten Weimarer Republik ebenso wie eine Untersuchung der Jahre von 1924 bis 1928. Grundlegend für die Endphase der Weimarer Zeit sind nach wie vor die Arbeiten von Waldemar Besson und Thomas Schnabel.[70] Die Forschungsliteratur zur Parteiengeschichte Württembergs weist empfindliche Lücken auf.[71] Weitgehend unbe-

---

[64] Literaturüberblick: F. FRHR. HILLER V. GAERTRINGEN, Deutschnationale Volkspartei in der Weimarer Republik, 1996 u. TH. MERGEL, Tory-Konservatismus, 2003. Verfassungspolitische Positionen der DNVP zwischen 1918/19 und 1920 hat C. F. TRIPPE, 1995 untersucht. Biographisch zu Hugenberg D. GURATZSCH, 1974 u. J. A. LEOPOLD, 1977. Zum innerparteilichen Strukturwandel der DNVP unter Hugenberg die Quellenedition v. H. WEISS/P. HOSER, 1989.

[65] M. STÜRMER, 1967 u. M. DÖRR, 1964.

[66] H.-J. PUHLE, Interessenpolitik, 1966; M. SCHUMACHER, Land und Politik, 1978; D. GESSNER, 1976; J. FLEMMING, Landwirtschaftliche Interessen, 1978; S. MERKENICH, 1998 u. M. MÜLLER, 2001 zur Christlich-Nationalen Bauern- und Landvolkpartei.

[67] J. RETALLACK, Die »liberalen« Konservativen, 1997; J. RETALLACK, Herrenmenschen, 2000; S. WOLF, 1990; M. KITTEL, Zwischen völkischem Fundamentalismus, 1996; G. GEMEIN, 1969; R. BEHRENS, 1973.

[68] F. BÖSCH, 2002; M. KITTEL, Provinz, 2000; H. MATTHIESEN, Greifswald, 2000 u. v. a. W. PYTA, Dorfgemeinschaft, 1996, der den Zusammenhang von Lebenswelt, Deutungskultur und politischer Willensbildung im ländlich-protestantischen Raum thematisiert. Als Lokal- und Regionalstudien: H. MATTHIESEN, Bürgertum und Nationalsozialismus, 1994; P. EXNER, 1997 u. D. V. REEKEN, Ostfriesland, 1991. Eine Monographie zur politischen Sozialgeschichte der DNVP und ihrer Umfeldorganisationen (Stahlhelm, DHV u. a.) steht aus. Zu den Verbänden: V. R. BERGHAHN, Stahlhelm, 1966 und I. HAMEL, 1967. Formen bürgerlicher Sammlungspolitik in der Republik untersuchen P. FRITZSCHE, 1990 u. H.-J. BIEBER, 1992.

[69] E. NAUJOKS, 1992; B. MANN/G. NÜSKE, Königreich Württemberg, 1984; M. SCHECK, 1981; E. KOLB/K. SCHÖNHOVEN, 1976; B. MANN/G. NÜSKE, Württemberg, 1985 sowie die Beiträge in W. GRUBE, Stuttgarter Landtag, 1957 und Von der Ständeversammlung zum demokratischen Parlament, 1982.

[70] W. BESSON, 1959; TH. SCHNABEL, Württemberg, 1986 u. ö.; zur NSDAP: C. ARBOGAST, 1998.

[71] Zu den einzelnen Parteien liegen vor: K. SIMON, Württembergische Demokraten, 1969 u. ö.; J. HUNT, People's Party, 1975; M. CHRIST-GMELIN, Württembergische Sozialdemokratie, 1976; J. MITTAG, Württembergische SPD, 1997; TH. KURZ, 1996; D. BLACKBOURN, Class, Religion, and Local Politics, 1980. Vor allem die Deutsche Partei/DVP harrt einer Bearbeitung.

arbeitet sind dabei die Deutschkonservativen bzw. die Bürgerpartei und der Bauernbund. Neben wenigen älteren und kleineren Arbeiten[72] hat Stefan Biland einen ersten gangbaren Weg durch die Geschichte beider Parteien bis zum Ersten Weltkrieg gelegt.[73] Auch wenn die Arbeit auf moderne kulturgeschichtliche oder milieutheoretische Ansätze verzichtet, weder Wahlen und deren organisatorische Durchführung noch das Verhältnis zu Mitgliedern und Wählern als grundsätzlich reziprokes, sondern in »traditioneller« Weise in erster Linie als ein Problem des manipulativen Umgangs der Parteiführung mit den »Massen« betrachtet und insgesamt einen parteiprogrammatischen und verlaufsgeschichtlichen Schwerpunkt hat: einen ersten »Beitrag« – wie ihn der Untertitel ankündigt – zur Regionalisierung der Geschichte« der konservativen Parteien leistet sie allemal. Die für beide Parteien geltende lückenhafte Forschungslage ist auch für die biographische Literatur zu württembergischen Parlamentariern und Politikern zu konstatieren.[74]

---

[72] In der Landesbibliothek Stuttgart existiert eine maschinenschriftliche, vom Kassenwart der Partei nach ihrer Auflösung verfaßte Skizze zur Gründung der Bürgerpartei (E. MARQUARDT, 1934). Undifferenziert ist H. P. MÜLLER, Bürgerpartei, 2002, der sie zusammen mit der Reichs-DNVP pauschal als »Partei von Antisemiten« aburteilt (S. 396). Zum Bauernbund liegen für die Zeit bis 1914 Zulassungsarbeiten und Aufsätze vor, die sich v. a. seiner Gründung und agrarischen Radikalisierung widmen: A. SCHNEIDER, 1933; A. HÄRLIN, 1960; B. BENDACH, 1975; J. C. HUNT, ›Egalitarianism‹, 1975 und H. P. MÜLLER, Landwirtschaftliche Interessenvertretung, 1994.
[73] S. BILAND, 2002.
[74] Zu den prominentesten Bauernbundsabgeordneten mit politischer Karriere nach 1945 – Heinrich Stooß (Landwirtschaftsminister von Württemberg-Baden 1946–1951) und Friedrich Herrmann (Landwirtschaftsminister von Baden-Württemberg 1952–1953) – liegen biographische Skizzen vor (F. RABERG, Heinrich Stooß, 2000; F. RABERG, Vom Bauernhof ins Ministerium, 1996). Weitere Biographien H. P. MÜLLER, Wilhelm Vogt, 1994 u. Kurzbiographien in F. RABERG, Handbuch, 2001. Modernen Ansprüchen genügen die Biographien von Reinhold Maier und Wilhelm Keil (K.-J. MATZ, 1997 u. J. MITTAG, Wilhelm Keil, 2001). Zu Eugen Bolz mit zeitlicher und persönlicher Nähe M. MILLER, 1951. Ungenügend dagegen J. SAILER, 1994. Der bürgerparteiliche Amtsvorgänger von Bolz, Wilhelm Bazille, ist einer der zahlreichen ›vergessenen‹ Landespolitiker (kurze biographische Skizze bei H. KRÄMER, 1988).

Überblick

Württemberg 1890 – 1932/33

Württemberg weist regionale Spezifika auf, die als elementare Faktoren seiner politischen Kultur zu werten sind. Zu nennen ist eine starke Tradition des Kommunalismus mit dem Gemeindeverband als entscheidendem politischen Handlungsraum.[1] Das Bürgerrecht, an das die politischen Rechte und Partizipationsmöglichkeiten gebunden waren, war in Württemberg weit verbreitet. In der Regel besaß es die Mehrheit der volljährigen Männer in einer Gemeinde. Zudem gab es keine rechtliche Unterscheidung zwischen Stadt- und Landgemeinden. Ein Bauer war damit genauso ›Bürger‹ wie der Bewohner einer Stadt. Ständisch gewählte Kreis- oder Provinzialstände gab es nicht. Württemberg galt als politisch und auch sozioökonomisch nivellierte Gesellschaft mit weniger stark ausgeprägten Gegensätzen. Soziales Leitbild in Stadt und Land war der ökonomisch selbständige Bürger, der weder vom Adel dominiert noch gegenüber den besitzlosen Schichten in der Minderheit war.[2]

Der Adel war in Württemberg weitgehend bedeutungslos. Schon dem alten Herzogtum Wirtemberg hatte als adelsarmer Landschaft ein adliger Herrschaftsstand gefehlt. Erst als Folge von Säkularisation und Mediatisierung hatte das Königreich einen landsässigen Adel bekommen. Zu einer politisch wirksamen Verbindung von Monarchie und Adel war es aber nicht gekommen. Der meist neuwürttembergische und katholische Hochadel blieb dem modernen Staat der protestantischen Stuttgarter Bürokratie eher distanziert gegenüberstehend, den es für den Verlust seiner Privilegien verantwortlich machte.[3] Der niedere grundherrschaftliche und meist protestantische Adel, im Kern die mediatisierte Reichsritterschaft, besaß nur einen Bruchteil der landwirtschaftlichen Fläche. Größter Grundbesitzer war der Landesherr – eine weitere Besonderheit Württembergs. Die quasi-staatliche Grundherrschaft bildete einen Stand von bürgerlichen Domänenpächtern aus dem Hofkammergut heraus, der die für Landesverhältnisse großen Mustergüter mit landwirtschaftlicher Leitfunktion bewirtschaftete.[4] Die Ritterschaft – um die Mitte des 19. Jahrhunderts rund 180 Familien – stand in enger Verbindung zur Verwaltung, konkurrierte dort mit einem Beamtenadel und mußte sich mehr und mehr Einnahmequellen auf den typischen Tätigkeitsfeldern der bürgerlichen Ökonomie erschließen. Der Personaladel, teilweise als Verdienstorden, meist aber abhängig

---

[1] P. BLICKLE, Politische Kultur, 1993; P. Blickle, Kommunalismus, 2000.
[2] B. WUNDER, Der württembergische Personaladel, 1981; B. WUNDER, Adel und Verwaltung, 1996, S. 252 ff. u. W. A. BOELCKE, Sozialgeschichte Baden-Württembergs, 1989, S. 115 f.
[3] P. BLICKLE, Katholizismus, 1968; W.-S. KIRCHER, 1973. Die Zahl der Standesherren verminderte sich von 1819 bis 1918 durch Verkauf oder durch das Erlöschen von Familien von 33 auf 15 (B. WUNDER, Adel und Verwaltung, 1996, S. 244).
[4] E. FRITZ, 1997, v. a. S. 153.

Tabelle 1: Erwerbsstruktur in Württemberg 1895–1933 (in %)

	Württemberg			Reich		
	Landwirt-schaft	Gewerbe u. Industrie	Handel u. Verkehr	Landwirt-schaft	Gewerbe u. Industrie	Handel u. Verkehr
1895	48,8	36,3	7,9	39,9	39,9	11,2
1907	45,7	39,0	9,0	36,8	42,0	13,0
1925	42,8	40,5	10,9	31,5	43,2	17,2
1933	39,7	36,8	12,8	28,9	40,4	18,4

Quelle: Sozialdatensatz. Relativer Anteil der hauptberuflich Erwerbstätigen an der Gesamtzahl aller hauptberuflich Erwerbstätigen in den Gewerbegruppen A–C (A–E = 100%).

vom Dienstrang an eine Spitzengruppe des bürgerlich-akademischen Beamtentums verliehen, war Ausdruck von Adelsreform und Adelspolitik des frühen 19. Jahrhunderts und ließ die Grenzen zwischen Adel und Bürgertum sukzessiv verschwimmen.

Weitere regionalspezifische sozialstrukturelle Faktoren sind anzuführen. Die Industrialisierung setzte in Württemberg nicht zuletzt aufgrund knapper Rohstoffe später als im Reichsvergleich ein – eine der Ursachen für die dezentralisierte und kleingewerblich-mittelständisch geprägte Wirtschaftsstruktur des Landes mit einem hohen Anteil an selbständigen Gewerbetreibenden. Die regionalspezifische Form der Industrialisierung und die lange gewerbliche Tradition mit ihrer Konzentration auf die Herstellung arbeitsintensiver Produkte führte zusammen mit einer durch einen hohen Anteil an Nebenerwerbslandwirtschaft weniger entwurzelten Arbeiterschaft zu einer ausgewogenen Erwerbsstruktur. Gerade diese Ausgewogenheit war ein wesentlicher Faktor der relativen Krisenfestigkeit des Landes.[5] Bestimmendes Merkmal der Berufsstruktur war die Dominanz des primären Sektors. 1925 war der Gleichstand der Beschäftigtenzahlen in Landwirtschaft und Gewerbe noch nicht erreicht (vgl. Tab. 1). Württemberg war also immer noch ein zwar dicht besiedeltes, aber kaum urbanisiertes und von einer Vielzahl städtischer Mittel- und Unterzentren geprägtes Agrarland.

Die historische Vielfalt der württembergischen Regionen ist ein weiteres Element des Landescharakters. Ein eigenständiges sozialstrukturelles und politisch-kulturelles Profil zeigen die altwürttembergischen Kernlande mit ihrer historischen Kleinkammrigkeit, ihrer starken evangelisch-pietistischen Glaubenstradition, der durch das Prinzip der Realteilung erbrechtlich bedingten Besitzerzersplitterung und somit kleinbäuerlichen Agrarstruktur mit einem hohen Anteil an Nebenerwerbslandwirten. Dem stehen die im Zuge der »napoleonischen Flurbereinigung« zu Anfang des 19. Jahrhunderts annektierten neuwürttembergischen Landesteile gegenüber, zusammengesetzt aus einer Vielzahl ehemals unterschiedlicher politischer Herrschaften: weltliche und geistliche Fürstentümer, Graf- und Ritterschaften, Reichs-

---

[5] Zur regionalen Differenzierung der Industrialisierung: K. MEGERLE, Württemberg im Industrialisierungsprozeß, 1982; K. MEGERLE, Regionale Differenzierung, 1979; J. GRIESMEIER, Entwicklung der Wirtschaft, 1954/55 sowie A. HILLIGARDT, 1934.

abteien und Reichsstädte. Im Gegensatz zu Altwürttemberg zeigt die neuwürttembergische Sozialstruktur eine durch das Anerbenrecht bedingte mittel- bis großbäuerliche Struktur und vor allem – abgesehen von Hohenlohe – die mehrheitlich katholische Konfession der Bevölkerung.[6]

Evolutionäre konservative Landespolitik

Neben seiner spezifischen Sozialstruktur zeichnet sich Württemberg durch eine eigenständige Verfassungsentwicklung und das oft zitierte mildere politische Klima im Land der »gemütlichen Gegensätze« aus.[7] Das liberale politische Klima Württembergs wird an der konservativ-evolutionären Verfassungsentwicklung im bürokratischen monarchischen Konstitutionalismus, vor allem an der sukzessiven Demokratisierung des Landtagswahlrechts und der Verfassungsreform von 1906 festgemacht.[8] Weitere Faktoren kommen hinzu: die »präsidiale«[9] Regierungsweise Wilhelms II. in Württemberg, dem ungleich beliebteren und bei allen politischen Richtungen angesehenen Namensvetter des in Preußen und im Reich bis 1918 regierenden Wilhelm II., eine reformorientierte Sozialdemokratie, die unter der Handhabung der Sozialistengesetzgebung in Württemberg weniger litt als in Preußen[10] und das in der kulturkämpferischen »Oase des Friedens«[11] erst 1895 auf Landesebene parlamentarisch repräsentierte Zentrum.

Die Verfassungsrealität und das bürokratische Verwaltungsregieren als Erscheinungsform von Herrschaft sind als weitere Faktoren zu nennen. Die württembergische Verfassung von 1819, Grundlage des Konstitutionalismus mit Bestand bis zum Ende des Ersten Weltkriegs, war kein oktroyiertes Gnadengeschenk, sondern eine auf Vertrag beruhende Konstitution. Mit ihrer Aufteilung der Volksvertretung in zwei Kammern verband sie altständische, konservativ-retardierende mit modernkonstitutionellen, liberalen Verfassungselementen. In der Ersten Kammer, bis 1906 Kammer der Standesherren genannt, waren neben den Prinzen des königlichen Hauses die fürstlichen und gräflichen, ehemals reichsunmittelbaren Standesherren sowie weitere vom König erblich oder auf Lebenszeit ernannte Mitglieder vertreten. Die zweite Kammer des Landtags, die Kammer der Abgeordneten, setzte sich aus 70 seit 1868 direkt vom Volk in den 63 Oberämtern und in den sieben »guten Städten« in geheimer Wahl nach dem Prinzip der absoluten Mehrheitswahl gewählten Abgeord-

---

[6] H. BAUSINGER, 1996; H.-G. WEHLING, Die Genese der politischen Kultur, 1991, H.-G. WEHLING, Vielfalt der Regionen, 2002 u. ö.; B. MANN, Stuttgart und die Neuwürttemberger, 1988; O. BAUSCHERT, 1993.
[7] Zitiert nach Theodor von Holleben, in: G. H. KLEINE, 1969, S. 78, vgl. auch B. MANN, Parlamentarisches »Musterländle«, 1991 u. P. SAUER, Württembergs letzter König, 1994, S. 198.
[8] A. GAWATZ, Wahlkämpfe, 2001, S. 419 f.
[9] D. LANGEWIESCHE, Von Herzog Friedrich Eugen, 1997 u. D. LANGEWIESCHE, Politische Klasse im Kaiserreich, 1999, S. 16.
[10] CH. RIEBER, Sozialistengesetz, 1984 u. ö.
[11] K. BACHEM, Zentrumsbewegung, 1931. Kritisch zur »Oase des Friedens« D. BURKARD, 1996.

neten zusammen.¹² Als Gegengewicht waren 23 »Privilegierte« vertreten, die der Legitimation durch eine Volkswahl enthoben waren. 13 dieser »Privilegierten« waren Angehörige des ritterschaftlichen Adels, die in Wahlen auf der Ebene der vier Landeskreise und aus dem Adelsstand heraus gewählt wurden.¹³ Weitere »Privilegierte« waren die sechs protestantischen Generalsuperintendenten (Prälaten), drei katholische Geistliche (darunter der Bischof von Rottenburg) sowie der Kanzler der Landesuniversität Tübingen.¹⁴

Die Verfassungsreform von 1906 brachte zwar nicht die Abschaffung der Ersten Kammer, wohl aber die Umwandlung der Kammer der Abgeordneten zur reinen »Volkskammer«, der nun nur noch direkt vom Volk gewählte Abgeordnete angehörten. Neben den in den Oberämtern und »guten Städten« nach dem nunmehr romanischen statt dem absoluten Mehrheitswahlrecht¹⁵ gewählten Abgeordneten waren dies sechs nach dem Verhältniswahlrecht mit gebundenen Listen gewählte Abgeordnete der Stadt Stuttgart¹⁶ und für die ausscheidenden »Privilegierten« insgesamt 17 Ersatzabgeordnete, die nach demselben Prinzip in getrennten Wahlen meist wenige Tage nach den Bezirkswahlen in zwei Landeswahlkreisen gewählt wurden.¹⁷ Die erste Kammer wurde, auch um ihre Arbeitsfähigkeit zu erhalten, um acht Mitglieder des ritterschaftlichen Adels, vier Vertreter der evangelischen und zwei der katholischen Kirche sowie um einem Vertreter der Tübinger Landesuniversität ergänzt. Zusätzlich und neu hinzu kamen zu den vormals »Privilegierten« ein Vertreter der Technischen Hochschule in Stuttgart und als »konservatives Element« insgesamt fünf berufsständische Vertreter, die vom König auf Vorschlag der jeweiligen Berufsgruppen ernannt wurden: zwei des Handels und der Industrie, zwei Vertreter der Landwirtschaft und einer des Handwerks.¹⁸

---

¹² Wie bei den Reichstagswahlen errang damit derjenige Kandidat das Mandat, der im ersten Wahlgang mindestens 50% der Stimmen auf sich vereinigte. Andernfalls wurde zwischen den beiden stimmenstärksten Kandidaten eine Stichwahl durchgeführt. Die sieben »guten Städte« waren Stuttgart, Ludwigsburg, Tübingen, Ellwangen, Ulm, Heilbronn und Reutlingen. Zur Herkunft des Titels »gute Stadt« A. GAWATZ, Wahlkämpfe, 2001, S. 36.
¹³ Das entsprach rund 14 Prozent der Gesamtsitze, die 1906/07 von 85 ritterschaftlichen Familien mit 130 Wahlstimmen vergeben wurden (vgl. B. WUNDER, Adel und Verwaltung, 1996).
¹⁴ Vgl. Kap IX: »Von den Landständen«, Verfassungsurkunde für das Königreich Württemberg, 25. Sept. 1819 (Reg.Bl. 1819, S. 623); abgedr. in E. R. HUBER, Dokumente, Bd. I, 1961, S. 171–200.
¹⁵ Im zweiten Wahlgang genügte nun die einfache Mehrheit. Außerdem waren alle Kandidaten des ersten Wahlgangs erneut zugelassen. Die Parteien konnten sogar neue Kandidaten ins Rennen schikken.
¹⁶ Damit wurde der Forderung der größten Stadt Stuttgart nach angemessener Vertretung entgegengekommen, die 1906 rund doppelt so viele Einwohner hatte wie die anderen sechs »guten Städte« zusammen.
¹⁷ Der erste Landeswahlkreis umfaßte den Neckar- und Jagstkreis mit neun Abgeordneten, der zweite Landeswahlkreis den Schwarzwald- und Donaukreis mit acht Abgeordneten.
¹⁸ Zur Verfassungs- und Wahlrechtsreform die wichtigste zeitgenössische Literatur: TH. LIESCHING, 1906; J. HIEBER, 1906 u. B. HEYMANN, 1906. Zum Verfassungsreformprozeß grundlegend R. MENZINGER, 1969; A. E. ADAM, 1919 u. O. BURKART, 1922. Kurz referierend H. FENSKE, Endlich auf neuen Wegen, 1996. Ausführlich zum wahlrechtlichen Aspekt A. GAWATZ, Wahlkämpfe, 2001, v.a. S. 35–45.

Die Partizipationsmacht des württembergischen Landtags beruhte nicht nur auf der Tradition ständischer Vertretung, sondern auf der Zustimmungspflicht beider Kammern zu Gesetzen und ihrem Budgetrecht. In der Praxis bedeutete dies Konfliktlösung durch Verhandlung oder ›non-legislation‹ durch die Verzögerung von Entscheidungen.[19] Regiert wurde konstitutionell-bürokratisch, politisches Reformverlangen wurde bereits vor 1848 mit den Mitteln und innerhalb der Strukturen des politischen Systems konservativ-liberal kanalisiert. Die monarchisch-konstitutionelle Regierung in Württemberg war eine bürokratische Regierung der zumeist aus der hohen Verwaltung rekrutierten Minister in einer Kompromißstellung zwischen Monarch und Parlament.[20]

Die Machtverhältnisse im Parlament zeichneten sich bis zum Ersten Weltkrieg durch mehrere grundlegende Entwicklungen aus. Seit den Landtagswahlen von 1895 waren alle fünf auf Reichsebene etablierten Parteirichtungen im württembergischen Landtag vertreten. Fulminanter Wahlsieger war 1895 die liberaldemokratische Volkspartei, deutlicher Verlierer die in der Bismarckzeit dominierende nationalliberale Deutsche Partei. Erstmals traten im Parlament das katholische Zentrum, die Sozialdemokratie und ein konservativer Abgeordneter auf. In den folgenden Jahren setzte sich der Trend fort: das Zentrum konnte seinen Besitzstand im katholischen Wählersegment bis 1912 stetig ausbauen und mit großer Stabilität bewahren. Auch die Sozialdemokratie gewann kontinuierlich Mandate hinzu und erreichte 1912 mit 17 Abgeordneten ihren Höchststand. Einen schrittweisen Rückgang wies die Volkspartei seit 1895 auf, fast zur Splittergruppe wurde die Deutsche Partei. Die Konservativen und vor allem der Bauernbund verzeichneten demgegenüber einen stetigen Zuwachs. Die Wahlen im Herbst 1912 brachten einen Landtag hervor, in dem der vorwiegend auf kultur- und schulpolitischen Gemeinsamkeiten basierende schwarzblaue Block von Zentrumskatholiken und protestantischen Konservativen genau über die Hälfte der Sitze verfügte. Präsident der Kammer wurde mit Heinrich Kraut erstmals ein Konservativer.[21]

Württemberg war bis 1918 ein Land mit einem konstitutionellen Monarchen, der seit 1864 in großer Selbstverständlichkeit die Verwaltung des Landes den berufenen Kabinetten, dem Staatsministerium und den Kammern des Landtags als kontrollierender und opponierender Instanz überließ. Der Landtag wurde mit wachsender Bedeutung seiner politischen Aufgaben unabhängiger von staatlicher und monarchischer Einflußnahme und gewann auch dadurch an Ansehen. Die Reformlandtage bis 1906 markierten den Übergang von der »alten«, ständischen und honoratiorenpolitischen Zeit in die »neue« Zeit der Parteien und der vom Volk gewählten Parlamente. Augen- und sinnfällig wurde dies in der Sitzordnung der 1906 neugewählten Zweiten Kammer, in der die Abgeordneten nun nicht mehr nach Lebens-

---

[19] M. HETTLING, Freiheit und Ordnung, 1998, S. 61.
[20] B. MANN, Königreich Württemberg 1816–1918, 1980.
[21] Hierzu und zu den folgenden Angaben zu Mandatsverteilung und Wahlergebnissen die Tabellen im Anhang dieser Arbeit, unten S. 537 ff.

alter, sondern nach Fraktionen Platz nahmen. An der Spitze des Landes stand ein König, der sich streng an seine verfassungsmäßigen Grenzen hielt und meist mit Rücksicht auf die Landtagsmehrheit die Minister ernannte. Die Reformperiode um 1900 erfüllte lange gestellte Forderungen: Neben der Demokratisierung des Landtags und der Kommunalverwaltungsreform mit der Stärkung der kommunalen Selbstverwaltung war dies die Steuerreform von 1903 mit dem sozial gerechteren Element einer zusätzlichen progressiven Einkommensteuer, die Volksschulreform von 1909, die die umstrittene geistliche durch eine hauptamtliche und fachmännische Schulaufsicht ersetzte, und die endgültige Aufhebung des Geheimen Rates 1911 als »angeblich krypto-absolutistisches Hindernis einer echten Ministerverantwortlichkeit«.[22] Württemberg schien sich für die Zeitgenossen auf dem Weg in eine Staatsordnung zu befinden, die monarchische und demokratische Elemente zu verbinden versprach. Für diese Entwicklung sprach auch, daß im Gegensatz zum Reichstag keiner der württembergischen Landtage unter Wilhelm II. vorzeitig aufgelöst wurde.[23]

Auch während des Ersten Weltkrieges versuchte Württemberg, im Rahmen der reichsrechtlichen Grenzen einen eigenständigen Weg zu gehen. So wurde während der Mobilmachungsphase nicht der verschärfte Belagerungszustand im Land verhängt. Landespolitische Freiräume wurden auch gegen die zunehmende Konzentration der militärischen, industriellen und ernährungswirtschaftlichen Entscheidungskompetenzen in Berlin genutzt, so beim Schutz der einheimischen Wirtschaft durch die Handhabung des Hindenburg-Programms und des Hilfsdienstgesetzes von 1916. Während des Krieges blieb die Lage in Württemberg verhältnismäßig ruhig, verglichen mit den Streikwellen, die im Frühjahr 1917 und Anfang 1918 weite Teile des Reiches erschütterten. Auch die Ernährungslage wurde insgesamt besser bewertet als im Reich, schon aufgrund der landwirtschaftlichen Struktur des Landes und dem hohen Anteil an Nebenerwerbslandwirten. Zumindest ein Teil der Bevölkerung konnte so auf eigenes Land zurückgreifen und extreme Krisenphasen als ausschließliche oder partielle Selbstversorger überbrücken. Dennoch verschlechterte sich die Grundversorgung vor allem in den Städten zusehends. Staatliche Höchstpreispolitik und eine Vielzahl administrativer Regelungen förderten das Ausweichen von landwirtschaftlichen Produzenten und zahlungsfähigen Konsumenten auf einen florierenden Schwarzmarkt. Insgesamt verschlechterte sich dadurch auch das Verhältnis von Stadt und Land. Die Kriegsmüdigkeit der Bevölkerung und eine allgemein wachsende Unzufriedenheit verdichteten sich im Herbst 1918 zur Krise, aber offensichtlich weniger stark als in anderen Reichsteilen. Zum einen war insgesamt die Akzeptanz der politischen Ordnung höher und der Reformdruck verglichen mit Preußen und seinem Dreiklassenwahlrecht geringer.[24] Zum andern neigten weite

---

[22] B. Mann/G. Nüske, Königreich Württemberg, 1984, S. 742.
[23] Zur Reformperiode und württembergischen Parlamentarisierungstendenzen R. Menzinger, 1969.
[24] Vgl. die Würdigung des Sozialdemokraten Wilhelm Keil zum 25jährigen Regierungsjubiläum des Königs im Okt. 1916, als er schrieb, »daß unter den gegebenen Verhältnissen gar nichts geändert

Teile der Bevölkerung dazu, die Krisensymptome und vermeintliche oder tatsächliche Benachteiligungen der Berliner Reichsleitung anzulasten. Im Land selber verstärkte das auch in der kriegsbedingten Not die Kooperationsbereitschaft zwischen Gewerkschaften, Sozialdemokratie und Regierung innerhalb der bestehenden Staats- und Wirtschaftsordnung.[25]

Von der Monarchie zum Volksstaat

Die politischen Verhältnisse im Land hätten eher ein Fortschreiten auf dem Weg der evolutionären Reform statt des revolutionären Umsturzes erwarten lassen. Der Untergang des preußisch geführten Kaiserreichs führte aber auch in Württemberg zum Ende der Monarchie. Sie konnte auch durch die am Abend des 7. November zu spät erfolgte Parlamentarisierung der Regierung und durch die Aufnahme der SPD in die Regierung nicht gerettet werden. Ihr Sturz erfolgte am 10. November durch die Bildung einer Provisorischen Regierung unter dem reformistischen Sozialdemokraten Wilhelm Blos, die ganz nach dem eingeübten Muster politischer Kooperation bereits am zweiten Tag durch drei bürgerliche Minister nach ›rechts‹ erweitert wurde. Anders als im Reich war sie keine paritätisch aus SPD und USPD besetzte Revolutionsregierung, sondern ein Koalitionsministerium unter Ausschluß der Konservativen.[26] Die Einberufung einer konstituierenden Landesversammlung nach allgemeiner, gleicher, direkter und geheimer Wahl wurde noch am 9. November angekündigt und der Wahltermin auf den 12. Januar 1919 festgelegt.[27] Die Beamten und Offiziere entband der König frühzeitig ihres Treueids und erleichterte damit ihre Mitarbeit am neuen »Volksstaat«. Die Vermögensauseinandersetzung mit dem königlichen Haus wurde noch im November eingeleitet und der Großteil des Hofstaates in den Staatsdienst übernommen. Der König war Volksmann und Bürgerkönig, über alle Parteien hinweg angesehen, »Integrationskern einer württembergischen Identität«[28] und bekundete früh, »niemals ein Hindernis einer von der Mehrheit des Volkes geforderten Entwicklung« zu sein. Mit seiner Thronverzichtserklärung vom 30. November ebnete er die Bahn für eine freiheitliche Entwicklung.[29]

---

würde, wenn morgen in Württemberg an die Stelle der Monarchie die Republik treten würde. Kein zweiter würde, wenn alle Bürger und Bürgerinnen zu entscheiden hätten, mehr Aussichten haben, an die Spitze des Staates gestellt zu werden, als der jetzige König« (W. Keil, Erlebnisse, Bd. I, 1947, S. 378). Zur Popularität des Königs Th. Schnabel, Geschichte von Baden und Württemberg, 2000, S. 59–63.

[25] Zum vorhergehenden Absatz G. Mai, Kriegswirtschaft und Arbeiterbewegung, 1983; G. Mai, »Verteidigungskrieg« und »Volksgemeinschaft«, 1994; M. Scheck, 1981; H. Wicki, 1984; W. v. Hippel, Wirtschafts- und Sozialgeschichte, 1992, S. 767 ff.

[26] In Verhandlungen votierten die Konservativen für die Hinzuziehung von Vertretern aller Parteien zur Beratung der Regierung. Ihr Modell war die Bildung eines Staatsrates mit »unabhängigen Männern«. (Südddt. Ztg. v. 4. Nov. 1918; Schw. Merkur v. 7. Nov. 1918 M.) Vgl. G. Cordes, 1978, S. 78 f.

[27] Staatsanz. v. 3. Dez. 1918 u. v. 12. Dez. 1918.

[28] D. Langewiesche, Von Herzog Friedrich Eugen, 1997, S. 283.

[29] Aufruf der Regierung und Thronverzichtserklärung in Staatsanz. v. 10. Nov. 1918 u. v. 30. Nov. 1918.

Von einem »ruhigen Verlauf der Demokratisierung und Revolutionierung in Stuttgart« berichtete selbst die *Süddeutsche Zeitung* bereits einen Tag nach dem 9. November.[30] Der recht ruhig verlaufene Wandel und die Kontinuität in Administration und auf Regierungsebene ließen eher den Eindruck einer überfälligen Reform statt einer Revolution erwecken. Trotz harter Auseinandersetzungen mit den Arbeiter- und Soldatenräten[31] und nach der Niederschlagung radikaler Unruhen im Januar 1919 blieben Verwaltungsorganisation und -praxis ungestört. Schnell wurde zum geflügelten Wort, statt »bloß Wilhelm« regiere jetzt eben Wilhelm Blos.[32] Selbst von Sozialdemokraten und erst recht von einem großen Teil des Bürgertums wurde die Revolution als unnötige Störung eines kontinuierlichen Prozesses hin zur Demokratisierung und Parlamentarisierung bewertet. Anderen galt sie als nicht im Land gewachsene, ›importierte‹ Revolution[33], während wohl nur eine Minderheit der Meinung war, eine »rücksichtslos eingesetzte Kompagnie hätte vollkommen genügt«, um sie zu beenden.[34]

Der Übergang zur Republik bedeutete für viele Zeitgenossen den Verlust der landespolitischen Eigenständigkeit. Das Reich weitete seine Zuständigkeit erheblich aus. Neben anderen wichtigen Bereichen gingen vor allem die größten Teile der Steuerkompetenz in die Reichsverwaltung über.[35] Die Diskussion über das Verhältnis von Reich und Ländern, Preußen und dem Reich und die Frage, ob die Republik als Einheitsstaat oder als Bundesstaat aufgebaut sein solle, rückte in den Mittelpunkt. Zu einer befriedigenden Lösung des Reich-Länder-Verhältnisses kam es bis 1933 nicht, schon wegen des höchst unterschiedlichen Gewichts der einzelnen Länder. Obwohl der schmale Teil der verbliebenen Landeshoheit vor allem im Bereich der Innen- und Kulturpolitik – Landespolizei, Kultus, Schulen und Wirtschaft – umstritten diskutiert und tatkräftig genutzt wurde, geriet die Politik in steigendem Maße in Abhängigkeit von der reichspolitischen Entwicklung. Trotz großer Vorbehalte im Land und der traditionellen Abneigung gegen alle Zentralisierungsbestrebungen aus Berlin wurde auch das parlamentarische Leben enger mit dem Reich verknüpft. Als Ausdruck davon, aber auch aus Gründen der Vereinfachung der Wahlorganisation und der Kostenminderung, wurden von den vier Landtags-

---

[30] Süddt. Ztg. v. 10. Nov. 1918. Zum Folgenden insgesamt: B. MANN/G. NÜSKE, Württemberg, 1985; E. NAUJOKS, 1992, ???S. S. 422ff.; G. CORDES, 1978; J. MITTAG, Wilhelm Keil, 2001, S. 162ff.
[31] E. KOLB/K. SCHÖNHOVEN, 1976; K. SCHÖNHOVEN, Württembergische Soldatenräte, 1974 u. G. MAI, Sozialstruktur, 1978/79.
[32] Zitiert bei W. KOHLHAAS, Eberhard Wildermuth, 1960, S. 44.
[33] Vgl. die Memoiren der Sozialdemokraten W. KEIL, Erlebnisse, Bd. II, 1948 und W. BLOS, Denkwürdigkeiten, Bd. II, 1919; W. BLOS, Von der Monarchie zum Volksstaat, 1922/23 sowie der ehemaligen königlichen Minister C. v. WEIZSÄCKER, 1919; L. v. KÖHLER, 1930; TH. v. PISTORIUS, Die letzten Tage, 1935, des Generals C. v. EBBINGHAUS, 1928 sowie P. HAHN, 1923. Kritisch dazu L. HEGELMAIER, Beamter u. Soldat, 1937, S. 229 f. u. 241. Vgl. auch W. KOHLHAAS, Der 9. November, 1978.
[34] So K. WELLER, 1930, S. 109.
[35] An die Stelle der württembergischen Heeresverwaltung trat die Reichswehr. Das Kriegsministerium wurde bereits im Juni 1919 aufgelöst, ebenso das Ministerium der Auswärtigen Angelegenheiten. Zum April 1920 gingen Post und Eisenbahn, ein Jahr später auch die Wasserstraßen an das Reich über.

wahlen drei mit Reichstagswahlen zusammengelegt, die vierte von 1932 schließlich mit den Landtagswahlen in Preußen. Schon allein deshalb standen in den Wahlkämpfen die reichspolitischen Themen im Vordergrund.

Kriegsniederlage, Versailler Vertrag, Inflation, Rheinlandbesetzung und Ruhrkampf dominierten die politische Agenda bis 1924. Württemberg war – wie die anderen Länder auch – eine Kriegsfolgengesellschaft. Es war nicht nur die Ordnung der Monarchie zusammengebrochen, sondern es mußten auch die Probleme der ökonomischen und sozialen Demobilmachung sowie der Übergang zur modernen Sozialstaatlichkeit eines daseinsvorsorgenden und daseinssichernden Interventionsstaates bewältigt werden.[36] Dennoch waren auch in dieser Krisenzeit Politik und Administration stabil geblieben. Die Beratungen des von dem Tübinger Professor Wilhelm Blume ausgearbeiteten Verfassungsentwurfs wurden bereits im April 1919 abgeschlossen. Nach Baden war Württemberg das zweite deutsche Land, das sich eine demokratische Verfassung gab. Nach der Verabschiedung der Reichsverfassung im August 1919 wurde die Landesverfassung an diese angepaßt und mit großer symbolischer Kontinuität am 25. September 1919, dem hundertsten Jahrestag der Verfassung des Königsreichs von 1819, unterzeichnet. Von größeren Unruhen blieb das Land auch 1919 und 1920 verschont. Das zeigt auch das Ausweichen der Weimarer Nationalversammlung und der Reichsregierung während des Kapp-Lüttwitz-Putsches im Frühjahr 1920 in das sichere Stuttgart.

Die wirtschaftliche Entwicklung Württembergs litt weniger unter den Folgen des Krieges als etwa die Badens. Der enge Zusammenhang von relativer Krisenfestigkeit und geringem Wandel der Wirtschafts- und Sozialstruktur des Landes zeigte sich auch nach 1918. Der hohe Landwirtschafts- sowie Industrie- und Handwerkeranteil, eine hohe Zahl von eigenbewirtschafteten Handwerks- und klein- bis mittelbäuerlichen Landwirtschaftsbetrieben und damit eine überdurchschnittlicher Anteil an Selbständigen und mithelfenden Familienangehörigen ließen das Land die wirtschaftlichen Probleme besser meistern. Die zentralen wirtschaftlichen Indikatoren wie Arbeitslosenzahlen, Gemeindefinanzen, Wohnungsbau und öffentliche Verschuldung zeigten eine größere Stabilität. Mit Verzögerung ergriff zwar die Weltwirtschaftskrise 1931/32 regional und branchendifferenziert auch Württemberg. Vor allem für das Handwerk und die Landwirtschaft brachte das Jahr 1931 einen Rückschlag. Eine »Insel im Krisenmeer«, wie das Land in der Weltwirtschaftskrise bezeichne wurde, war Württemberg wohl nicht. Doch bis in das letzte Jahr der Weimarer Republik konnte Württemberg vor den schlimmsten Auswirkungen der Krise bewahrt werden. Der Titel eines Artikels des Wirtschaftsministers Reinhold Maier in der *Vossischen Zeitung* vom 25. Dezember 1932 – »Warum geht es in Schwaben besser?« – war sicherlich symptomatisch.[37]

---

[36] Hierzu die Beiträge in W. ABELSHAUSER, 1987.
[37] TH. SCHNABEL, »Warum geht es in Schwaben besser?«, 1982. Hier auch der Artikel von Reinhold Maier, S. 214–218. Eine Monographie zur Weltwirtschaftskrise in Württemberg liegt nicht vor. Weitere Literatur: W. BOELCKE, Sozialgeschichte Baden-Württembergs, 1989, G. KOLLMER, 1979 u. statistischer Überblick bei J. GRIESMEIER, Entwicklung der Wirtschaft, 1954/55 sowie H. LORETH, 1974.

Der Zeitraum von der Mitte der 1890er Jahre bis Anfang der 1930er Jahre brachte trotz aller Kontinuität fundamentale Veränderungen. Vor allem nach 1918 waren die Zeitgenossen und die politischen Akteure mit Phänomenen konfrontiert, die grundsätzlich neu waren: die politischen, sozialen und mentalen Folgen des Kriegserlebnisses – ob an der Front oder in der Heimat –, wirtschaftliche und politische Krisenerfahrungen, die in ihrem Ausmaß zuvor unbekannt gewesen waren, die fortschreitende Industrialisierung im Land sowie die wirtschaftlichen Nöte in Industrie, Handel, Kleingewerbe und Landwirtschaft während der Weltwirtschaftskrise. Grundlegende Veränderungen erfuhren auch die politischen Rahmenbedingungen. In welchem Ausmaß sich der Stil der politischen Auseinandersetzungen veränderte und die politischen Auseinandersetzungen brutalisiert wurden, ist für Württemberg kaum erforscht.[38] Neu war das Aufkommen rechts- oder linksextremer systemfeindlicher Parteien und Bewegungen mit ihren Putschversuchen und ihrer Bereitschaft zur Gewalt. Eine grundsätzlich neue Erfahrung waren die politischen Anschläge und Attentate nicht nur auf die prominenten Politiker wie Matthias Erzberger und Walther Rathenau, sondern auch auf weniger prominente Akteure während Wahlkampfversammlungen im Land. Und schließlich war auch die Zunahme tumultuarischer Auseinandersetzungen im württembergischen Landtag vor allem nach 1932 ein neuartiges Phänomen.

Für die Parteien hatten sich auch die Spielregeln geändert. Bereits im Aufruf des Rates der Volksbeauftragten vom 12. November 1918 wurde festgelegt, alle Wahlen zu öffentlichen Körperschaften im Reich seien nach dem gleichen, geheimen, direkten und allgemeinen Wahlrecht nach dem Proporzsystem durchzuführen. Und allgemein hieß nun nicht mehr nur männlich, sondern eben auch weiblich. Durch das Frauenwahlrecht und die Herabsenkung des Wahlalters auf 20 Jahre vergrößerte sich das Elektorat auf mehr als das Zweieinhalbfache. Waren zu den Reichstagswahlen 1912 in Württemberg 22,5 Prozent der Bevölkerung wahlberechtigt, waren es bei den Wahlen zur Nationalversammlung 53,9 Prozent. Neu war auch die Aufhebung der Wahl nach Oberämtern beziehungsweise Wahlkreisen innerhalb des Landes.[39] Das Reichswahlgesetz vom April 1920 kodifizierte dann das Demokratiepostulat im Proportionalwahlverfahren nahezu in Reinform.[40]

---

[38] Übergreifend: D. SCHUMANN, Einheitssehnsucht, 2000; H. HAGENLÜCKE, Formverwandlungen, 2000 sowie die Beiträge in F. BAJOHR/W. JOHE/U. LOHALM, 1991. Für Sachsen: D. SCHUMANN, Politische Gewalt, 2001. Zur Gewaltakzeptanz im württembergischen Protestantismus M. TRAUTHIG, 1999 sowie insgesamt die Beiträge in G. KRUMEICH/H. LEHMANN, 2000.
[39] Württemberg bildete für die Reichstagswahlen zusammen mit dem preußischen Regierungsbezirk Sigmaringen einen Wahlkreis. Für die Wahl zur Nationalversammlung entfiel auf 150 000 Einwohner ein Mandat. Insgesamt waren so 17 Mandate im Land zu vergeben. Über die Wahlkreise hinaus war keine Reststimmenverwertung vorgesehen, allerdings bestand die Möglichkeit zur Listenverbindung. Die Parteien traten mit starren Listen an. Die Sitzverteilung erfolgte innerhalb der Wahlkreise nach dem d'Hondtschen Höchstzahlverfahren (RGBl. 1918, S. 1353 ff. u. Staatsanz. v. 13. Dez. 1918). Darstellung der Einzelregelungen bei E. SCHANBACHER, Parlamentarische Wahlen 1981, S. 47 ff.
[40] Die Listenverbindung in den Wahlkreisen wurde untersagt und die Mandatsverteilung wurde nicht mehr nach dem d'Hondtschen Verfahren, sondern mit dem automatischen System nach Sainte Laguë ermittelt. Die Stimmenzahl der Parteilisten wurde durch 60 000 geteilt und die Sitze in der

Die vom Reichsrecht vorgegebenen Bestimmungen erfuhren für das württembergische Landtagswahlgesetz eine landesspezifische Anpassung.[41] Sie war bestimmt durch die Abwehr gegen den Berliner Zentralismus und die Orientierung an den eigenstaatlichen Traditionen. Die württembergische Wahlordnung war bereits am 25. November 1918 fertiggestellt.[42] Wahlberechtigt war, wer sich im Besitz der bürgerlichen Ehrenrechte befand und seinen Wohnsitz oder dauernden Aufenthalt im Land hatte. Es galten die Grundsätze der Verhältniswahl. Die 150 Abgeordneten zur Landesversammlung wurden ohne Wahlkreisunterteilung nach starren Listen gewählt. Die Mandatsverteilung erfolgte nach dem d'Hondtschen System. Wie auf Reichsebene war ebenfalls eine Listenverbindung erlaubt. Hinsichtlich der Wahlregelung beschritt Württemberg in der Verwirklichung des Reichsverfassungsauftrags einen eigenständigen Weg. Die wichtigste Neuerung war 1920 die Erhöhung der Einwohnerzahl pro Mandat und dadurch die Verringerung der Gesamtzahl der Sitze auf 101.[43] Die Grundsätze des im April 1920 verabschiedeten Landeswahlgesetzes waren die Einteilung des Landes in Landtagswahlkreise und die landesspezifische Art der Reststimmenverteilung über Landes- und Kreisvorschlagslisten. Wie im Reich herrschte auch in Württemberg das Wahlquotientenverfahren, allerdings nicht nach der automatischen Methode, also der gesetzlichen Festlegung der Mindestzahl an gültigen Stimmen pro Mandat, sondern nach dem Divisoren- und Höchstzahlenverfahren, also der Mandatsvergabe nach Größe der entstehenden Quotienten.[44] Abgeordnete, die sowohl auf der Landesliste als auch auf einer Kreis-

---

Reihenfolge der starren Liste vergeben. Je nach Wahlbeteiligung und Zahl der Wahlberechtigten variierte dadurch die Zahl der Reichstagsmandate in Württemberg zwischen 14 und 25. Hinzu kam eine Reststimmenverwertung auf die jeweils nächsthöhere Verteilungsebene der Wahlkreisverbände und der Reichsvorschlagslisten. Trotz zahlreicher Anläufe zu seiner Reform blieb das Reichswahlgesetz in seinen wesentlichen Teilen bis 1933 in Kraft (RGBl. 1920, S. 627 ff. u. E. SCHANBACHER, Parlamentarische Wahlen 1981, S. 86 ff.).

[41] E. SCHANBACHER, Parlamentarische Wahlen 1981, S. 103 ff. u. 158 ff.
[42] Staatsanz. v. 3. Dez. 1918 u. v. 12. Dez. 1918.
[43] Verfassungsurkunde des freiheitlichen Volksstaates Württemberg v. 20. Mai 1919, Reg.Bl. 1919, S. 85 ff.
[44] Landeswahlgesetz und Wahlordnung in Reg.Bl. 1920, S. 243 ff. u. 258 ff. Das Land wurde in 24 Landeswahlkreise eingeteilt, die mit Ausnahme des einwohnerstärksten Wahlkreises Stuttgart-Stadt aus je zwei bis vier benachbarten Oberämtern und nach Maßgabe der Einwohnerzahl sowie nach geographischen und ökonomischen Gesichtspunkten gebildet wurden (vgl. die Aufstellung im Anhang, unten S. 532). Jede Partei konnte in den einzelnen Wahlkreisen eine Kreisvorschlagsliste mit bis zu sechs, im Wahlkreis Stuttgart-Stadt mit bis zu 18 Kandidaten aufstellen. Die Kreisvorschlagslisten waren an die Landesliste der jeweiligen Partei angeschlossen. Die Landeslisten dienten nicht als Grundlage der Mandatsverteilung, sondern ausschließlich zur Verwertung von Reststimmen. Die Sitzverteilung erfolgte dann in einem recht komplizierten und mehrstufigen Verfahren. Zuerst wurde aus dem Quotienten der landesweit abgegebenen gültigen Stimmen und der Gesamtzahl der Mandate die Wahlzahl ermittelt. Entsprechend dieser Wahlzahl wurden die ›direkt‹ gewonnenen Mandate in den Wahlkreisen vergeben. Die Reststimmen wurden dann über die Landesliste und die Kreisvorschlagslisten verteilt. Allerdings wurde eine Partei nur dann berücksichtigt, wenn sie in einem Wahlkreis die Wahlzahl oder in mindestens drei Wahlkreisen jeweils die Hälfte der Wahlzahl erreicht hatte. Die in den Wahlkreisen über die Wahlzahl hinaus auf eine Partei abgegebenen Stimmen wurden dann aufsummiert und durch die Zahl der verbleibenden Mandate geteilt. Diese erneute Wahlzahl war die

vorschlagsliste gewählt waren, mußten sich entscheiden, welches Mandat sie annehmen wollten. Ein nichtangenommenes Mandat ging dann an den Nächstplazierten auf der jeweiligen Liste. Insgesamt war dies bei zehn Gewählten der Fall, von denen sich mit einer Ausnahme in der Tradition der lokalen Verankerung der Abgeordneten alle für das Wahlkreismandat entschieden. Lediglich beim Bauernbund kam es zu einer Ausnahme, mit der sich ein Ortsverein gegen die Landesleitung durchsetzte.[45]

Das Landeswahlgesetz von 1920 war nur von kurzer Gültigkeit. Bereits 1924, noch vor den Landtagswahlen, erfolgte die Revision und die engere Verbindung von Kandidaten und Wählern.[46] Im Zuge der Sparmaßnahmen in der Staatsverwaltung senkte man die Zahl der Abgeordneten nochmals von 101 auf 80. Damit war der württembergische Landtag ab 1924 einer der kleinsten im Reich. Das neue Landeswahlgesetz kehrte zum Prinzip des Oberamts als Wahlbezirk zurück. Jede Partei konnte in jedem Oberamt bis zu sechs Kandidaten auf einer Bezirksliste aufstellen, für den Stadtbezirk Stuttgart bis zu zehn. Jede Partei hatte auch nach ihren eigenen Vorstellungen die Möglichkeit, bis zu sechs benachbarte Oberämter zu einem Wahlkreisverband zusammenzuschließen. Über die Wahlkreisverbände und Wahlkreise wurden 56 der 80 Mandate nach dem Verfahren der Stimmenhöchstzahlen vergeben. Die restlichen 24 Landessitze wurden nach dem d'Hondtschen Verfahren auf die starren Landeslisten verteilt. Allerdings wurde eine Partei bei der Zuteilung dieser Sitze nur dann berücksichtigt, wenn sie in einem der Wahlbezirke ein Achtzigstel der im Land abgegebenen Stimmen (Wahlzahl) oder in vier Wahlbezirken je ein Achtel der Wahlzahl erreicht hatte (Art. 20,2).

Mit der Reform des Landtagswahlrechts kehrte man zumindest partiell zum Wahlrecht der Vorkriegszeit zurück. Die Abgeordneten der Wahlkreisverbände wurden wieder stärker an die Oberämter gebunden und damit zu lokalen und regionalen Gebietsvertretern. Den Parteien gab es die Möglichkeit zur eigenen Wahlkreisgeometrie. Sie konnten ihre eigenen Wahlkreisverbände so zusammenstellen, daß die Aussicht auf ein Mandat stieg und lokale Bedingungen stärker berücksichtigt werden konnten. Allerdings benachteiligte das Wahlrecht kleine Parteien.[47] Die Voraus-

---

Basis der Mandatsverteilung gemäß den Landeslisten und den Kreisvorschlagslisten. Die eine Hälfte der so über die Reststimmenverwertung zu verteilenden Mandate wurde über die Landesliste vergeben, die andere Hälfte über die Kreisvorschlagslisten. Die Sitzverteilung nach den Kreisvorschlagslisten erfolgte nach der Reihenfolge der Kreiswahlvorschläge mit den höchsten Reststimmenzahlen. Bei der Landtagswahl 1920 wurden von den insgesamt 101 Mandaten 34 über die direkte Erreichung der Landeswahlzahl in den Wahlkreisen vergeben. Von den verbleibenden 65 Mandaten wurden 31 über die Landeslisten verteilt und die restlichen 34 erneut über die Kreisvorschlagslisten (Darstellung des Verfahrens der Mandatsverteilung in Staatsanz. v. 18. Juni 1920).

[45] Die Ausnahme war der Bauernbundsabgeordnete Wolff, der sein Landeslistenmandat annahm und es damit ermöglichte, daß der Kandidat Albert Rapp im Wahlkreis Besigheim nachrückte. Vgl. hierzu auch Südd. Ztg. v. 19. Febr. 1922. Zur Problematik des Mandats von Rapp siehe unten S. 286f.

[46] Wahlgesetz v. 4. April 1924 und Wahlordnung in Reg.Bl. 1924, S. 227ff., 266ff.

[47] Während z.B. die DDP bei den Landtagswahlen 1924 mit 125545 Stimmen neun Mandate erhielt, bekam die DVP mit etwas weniger als der Hälfte (55096) nur drei Mandate. Bei der DDP entsprach

Schaubild 1: Stimmenanteile der Parteien in Württemberg 1919–1933

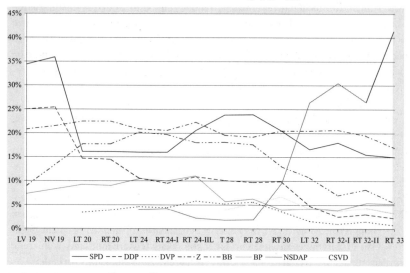

Quelle: Wahldatensatz. Aus Gründen der Übersichtlichkeit wurde auf die Darstellung der Ergebnisse von USPD, KPD und der kleinen Splittergruppen (v. a. Wirtschaftspartei und Volksrechtpartei) verzichtet.

setzung einer Mindeststimmenzahl für die Berücksichtigung bei der Mandatsvergabe stellte eine Hürde für politische Splittergruppen dar, die auch dadurch in Württemberg eine weniger wichtige Rolle spielten als im Reich. Erst die Klage der NSDAP und der Volksrechtpartei vor dem Staatsgerichtshof für das Deutsche Reich führte 1931 zur Streichung des entsprechenden Art. 20,2 des Landtagswahlgesetzes.[48] Trotz der für 1928 angekündigten weitergehenden Reform und der vehementen Forderungen der bürgerlichen Parteien, der Handels- und Handwerkskammern sowie des Beamtenbundes, das Landeswahlgesetz durch eine noch engere Bindung der Kandidaten an die Oberämter zu reformieren und die starren Listen aufzuheben[49], blieb das Gesetz mit Verweis auf die steckengebliebene Verwaltungsreform im Land und die erwartete Reform des Reichswahlgesetzes bis zum Ende der Weimarer Republik in Kraft.

---

der Stimmenanteil von 10,6 % einem Mandatsanteil von 11,3 %, während bei der DVP der Stimmenanteil von 4,6 % einen Mandatsanteil von 3,8 % erbrachte.
[48] Gesetz zur Änderung des Landtagswahlgesetzes vom 1. Dez. 1931 in Reg.Bl. 1931, S. 447.
[49] Schw. Tagesztg. v. 4. Nov. 1927 u. Württ. Ztg. v. 7. Mai 1928. Die württembergischen Gewerbevereine und Handwerkervereinigungen sowie der Beamtenbund hatten sich in einer Eingabe an das Staatsministerium vom 18. Nov. 1927 gegen das »Grenzlinienwirrwarr« der von den Parteileitungen selbstgeschaffenen Wahlkreise ausgesprochen und die Einerwahl in 20 bis 30 Wahlkreisen mit drei Bewerbern je Partei gefordert (HStA Stuttgart, E 130b, Bü 104 u. E 151/02, Bü 153).

Zwischen Reichspolitik und landespolitischer Eigenständigkeit

Die landespolitischen Machtverhältnisse in der Weimarer Republik waren zumindest bis 1932 insgesamt relativ stabil. Auch im Volksstaat wurde keiner der Landtage vorzeitig aufgelöst. Zwischen 1919 und 1933 wurde fünfmal auf Landesebene gewählt, während die Bevölkerung neunmal zu Wahlen auf Reichsebene an die Urne gerufen wurde. Die Wahlen zur National- und Landesversammlung im Januar 1919 brachten ein Ergebnis, das den Reichstrend widerspiegelte: Zugewinne von SPD und USPD, wobei die radikale Linke kaum eine Rolle spielte. Ihre Minister Arthur Crispien und Ulrich Fischer waren bereits vor der Wahl aus der Provisorischen Regierung ausgeschieden. Das Zentrum verbesserte sich im Vergleich zu 1912, die Konservativen konnten sich mit geringen Einbußen behaupten. Als eigentlicher Verlierer galt die DDP, die sich vor allem wegen des Zuzugs eines Großteils der ehemals Nationalliberalen ein besseres Abschneiden versprochen hatte. Sie konnte jedoch nur ein Viertel der abgegebenen Stimmen auf sich vereinen. Im Parlament standen 94 Abgeordnete der bürgerlichen Parteien 56 der beiden sozialistischen Parteien gegenüber. Die drei an der Provisorischen Regierung beteiligten Parteien der Weimarer Koalition verfügten über vier Fünftel aller Mandate. Die Regierung unter dem Mehrheitssozialdemokraten Wilhelm Blos wurde bestätigt und im Oktober 1919 durch den Demokraten Johannes Hieber sowie Eugen Bolz und Eugen Graf vom Zentrum erweitert.

Die gleichzeitig mit den Reichstagswahlen durchgeführten Landtagswahlen vom Juni 1920 brachten die »Massenflucht aus den Reihen der Koalitionsparteien«.[50] Die SPD verlor die Hälfte ihrer Stimmen und ihre Stellung als stärkste Fraktion. Ebenso büßte die DDP deutlich an Stimmen ein, während das Zentrum als einzige Regierungspartei konstant blieb. Einen Zugewinn von über 10 Prozent errang die USPD, während der Sieg des Bauernbundes, der sein Ergebnis verdoppelte, erdrutschartig war. Bis auf eine Ausnahme dominierte der Bauernbund alle überwiegend protestantischen und landwirtschaftlich geprägten Oberämter. Nur unwesentlich steigerte sich die Bürgerpartei. Mit kaum mehr als drei Prozent der Stimmen hatte die erstmals angetretene Deutsche Volkspartei die Verluste der DDP nicht auffangen können. Die SPD zog die Konsequenz aus ihrer Wahlniederlage und trat aus der Regierung aus. Obwohl die Koalitionsparteien noch eine knappe Mehrheit im Landtag hatten, votierte die Mehrheit der SPD wegen der Nichtberücksichtigung der Unabhängigen gegen eine Regierungsbeteiligung. Bis Mai 1923 schwankte die Partei zwischen parteipolitischer Programmatik und staatspolitischer Pragmatik, zwischen Regierungsbeteiligung und Tolerierung.[51] Sie tolerierte die nach den Wahlen von 1920 gebildete Minderheitsregierung von DDP und Zentrum unter dem Staatspräsidenten Johannes Hieber, bis sie wie auf Reichsebene auch im November 1921 zur Regie-

---

[50] So der Kommentar in der Wahlsonderausgabe des Schw. Merkur v. 7. Juni 1920.
[51] J. MITTAG, Wilhelm Keil, 2001, S. 254 ff.; J. MITTAG, Württembergische SPD, 1997 sowie S. GREIFFENHAGEN, Württembergische Sozialdemokraten, 1979, S. 179 ff.

rungsverantwortung zurückkehrte. Bis zum Frühjahr 1923 verfügte damit die Regierung über eine feste parlamentarische Mehrheit. Der Anlaß zum Bruch der Regierungskoalition war dann die Neubesetzung des Innenministeriums, das die bürgerlichen Parteien der SPD verweigert hatten. Nach einer kurzen Phase der erneuten Tolerierung schied die württembergische SPD für die verbleibenden Jahre der Weimarer Republik gänzlich aus der Regierung aus.

Mit der Gemeindeordnung vom März 1919, die die Wahl und Zusammensetzung der Gemeindeparlamente auf eine neue Grundlage stellte[52], mit dem Gesetz über die Errichtung einer Landwirtschaftskammer vom Juni 1919[53], der Verabschiedung des in der Verfassung vorgesehenen Landeswahlgesetzes vom Mai 1920, dem »Kleinen württembergischen Schulgesetz« vom Mai 1920[54] und dem Kirchengesetz von März 1924 waren grundlegende Reformen von der Verfassunggebenden Versammlung und dem ersten Landtag durchgeführt worden. Das Kabinett Hieber scheiterte jedoch im Frühjahr 1924 an der seit langem umstrittenen Frage der Vereinfachung der Staatsverwaltung im Zuge der durch die Inflation nötigen Sparmaßnahmen. Die schon seit 1911 verstärkt diskutierte Frage der Reduzierung der Zahl der Oberamts-

---

[52] Nach der Gemeindeordnung von 1906 war die württembergische Gemeinde Bürger- und nicht Einwohnergemeinde, d.h. das Kommunalwahlrecht war an das Bürgerrecht gebunden (R. WAIBEL, Stadt und Verwaltung, 1990 u. B. PALMER, 2000 an den Beispielen Ulm und Tübingen). Seit März 1919 waren alle Württemberger (seit Okt. 1922 alle Deutschen) über 20 Jahre wahlberechtigt, die seit sechs Monaten in der Gemeinde wohnten. Abgeschafft wurden auch die Bürgerausschüsse als kontrollierendes Kollegialorgan des Gemeinderats. Im Gegenzug wurde die Zahl der Gemeinderäte je nach Gemeindegröße deutlich erhöht (vgl. B. MANN/G. NÜSKE, Württemberg, 1985, S. 573 f.). Weiterhin wurden in der Weimarer Republik bei Kommunalwahlen alle drei Jahre nur die Hälfte der Gemeinderäte gewählt und damit politische Erdrutschwahlen auf lokaler Ebene verhindert (Gemeindeordnung v. 15. März 1919, in: Reg.Bl. 1919, S. 25 ff. sowie A. DEHLINGER, Württembergs Staatswesen, Bd. I, 1951, S. 271 ff.).
[53] Gesetz über die Landwirtschaftskammer, Reg.Bl. 1919, S. 135 ff.
[54] Gesetz über die Abänderung einiger Bestimmungen der Schulgesetze v. 17. Mai 1920 (Reg.Bl. 1920, S. 293 ff.). Württemberg war damit das erste Land, das die Schulfrage regelte und an die Vorgaben der Weimarer Reichsverfassung anpaßte. Wichtigster Punkt war die Schul- und Lernmittelfreiheit. Das »Kleine Schulgesetz« ließ den Religionsunterricht und den christlichen Charakter des Volksschulwesens unangetastet und entschärfte damit die Polarisierung über diese Frage frühzeitig (TH. BREITSOHL, 1978, L. RICHTER, Kirche und Schule, 1996 u. S. MÜLLER-ROLLI, 1999, v.a. S. 59). Die wesentlichen Bestimmungen waren: Religion blieb mit Ausnahme weniger bekenntnisfreier Schulen ordentliches Lehrfach. Die Befreiung durch die Erziehungsberechtigten war möglich. Das Schulaufsichtsrecht stand grundsätzlich dem Staat zu, allerdings wurden Leitung und Prüfung des Religionsunterrichts Geistlichen übertragen. Der allgemeine Unterricht sollte »in Übereinstimmung mit den Grundsätzen der betreffenden Religionsgemeinschaft« erteilt werden. Lehrer konnten zum Religionsunterricht nicht mehr gezwungen werden. Beseitigt wurde das Schulpatronat, also die Ernennung von Lehrern auf ständige Stellen durch Standesherren oder Rittergutsbesitzer, was zuvor bei 148 evangelischen und 258 katholischen Schulen der Fall war (Schw. Tagesztg. v. 12. Febr. 1920). Dem Ortsschulrat gehörten wie bislang auch der Ortsvorsteher, der Ortsgeistliche, der Schularzt und der dienstälteste Lehrer als Vorsitzender an. Die bisherige Trennung der Oberschulbehörden nach Konfessionen wurde aufgehoben. Entsprechend der Reichsverfassung wurde auch die Verpflichtung der Volksschullehrer zum Kirchenmusikdienst aufgehoben.

bezirke trennte DDP und Zentrum.[55] Die Regierung hatte sich auch mit Hilfe der SPD weitreichende, aber bis zur nächsten Wahl begrenzte Vollmachten geben lassen. Als der Landtag kurz vor der Wahl die Maßnahmen ablehnte, traten die Demokraten Hieber und Schall zurück. Der parteilose Staatsrat Edmund Rau wurde zum geschäftsführenden Staatspräsidenten gewählt, der mit zwei Zentrumsministern ein geschäftsführendes Kabinett bildete.

Nach der Landtagswahl von 1924 hätte die Weimarer Koalition keine Mehrheit mehr gehabt. Deutliche Gewinner der Wahl waren die bürgerlichen Rechtsparteien DVP, Bürgerpartei und vor allem der Bauernbund. Erstmals waren mit drei Abgeordneten des Völkisch-Sozialen Blocks auch Nationalsozialisten im Landtag vertreten. Nach dem Scheitern einer großen Koalition der Mitte an der DVP und nach der Absage der DDP an eine gesamtbürgerliche Regierung kam es analog zur Regierungsbildung im Reich zur kleinen Rechtskoalition von Zentrum, Bürgerpartei und Bauernbund. Als erstes deutsches Land wurde Württemberg mit Wilhelm Bazille von einem deutschnationalen Staatspräsidenten regiert, der gleichzeitig das Kultministerium übernahm. Finanzminister war sein Parteikollege Alfred Dehlinger, während Eugen Bolz (Inneres) und Josef Beyerle (Justiz) vom Zentrum die weiteren Regierungsämter übernahmen. Landtagspräsident war Theodor Körner vom Bauernbund. Die dominierenden landespolitischen Themen waren die kulturpolitische Frage der Einführung des achten Volksschuljahres und wirtschaftspolitische Punkte, die im Kompetenzbereich der Landesregierung verblieben waren: Wohnungsbau, Steuer- und Wirtschaftspolitik und dabei die besondere Berücksichtigung von Landwirtschaft sowie mittelständischem Handel und Gewerbe. Seit 1924 spiegelten die parlamentarischen Machtverhältnisse die Sozialstruktur Württembergs wider. Der SPD und der KPD als Vertretung der Industriearbeiterschaft stand als koalitionsstabilisierende Partei das Zentrum und mit Bauernbund und Bürgerpartei eine starke Vertretung der protestantischen Bauernschaft und des Bürgertums entgegen. Vor allem das Zentrum und der Bauernbund bildeten bis 1932 den Kern einer Koalition, die auf der ländlichen Wählerschaft beider Parteien basierte und Württemberg vom ›Land‹ aus regierte.

Nach der wirtschaftlichen Konsolidierung zeigten die Wahlen im Mai 1928 neben dem dramatischen Abfall der Wahlbeteiligung zwei grundlegende Tendenzen. Wie auf Reichsebene auch gewannen die Sozialdemokraten deutlich hinzu, während die Regierungsparteien Einbußen erlitten – geringer noch als die Bürgerpartei das Zentrum und der Bauernbund. Erstmals war mit dem Christlichen Volksdienst die Partei vertreten, die von evangelisch-pietistischen Gemeinschaftskreisen getragen war. Ein Fehlschlag war die Kandidatur der NSDAP, die erstmals unter diesem Namen aufgetreten war. Eine Regierungskoalition nach Muster der Weimarer Koalition wäre möglich gewesen, allerdings lehnte das Zentrum eine Kooperation mit der SPD

---

[55] Vgl. den Überblick über Ansätze und Durchführung der Verwaltungsreform in B. MANN/ G. NÜSKE, Königreich Württemberg, 1984, S. 747 ff. und B. MANN/G. NÜSKE, Württemberg, 1985, S. 575.

ab. Gleichzeitig scheiterte eine gesamtbürgerliche Regierung an der Ablehnung von DDP und DVP, vorwiegend wegen der Person Bazilles. Mit den Stimmen des Zentrums, der Fraktionsgemeinschaft von Bürgerpartei und Bauernbund sowie des Christlichen Volksdienstes wurde Eugen Bolz zum Staatspräsidenten gewählt. An der personellen Besetzung des Viermannkabinetts hatte sich nichts geändert, allerdings hatte das Zentrum durch die Korrektur der Ressortverteilung sein politisches Gewicht deutlich erhöht. Bazille blieb auch nach seinem Austritt aus der Bürgerpartei im Sommer 1930 als Vertrauensmann des Bauernbundes bis März 1933 Kultminister. Beyerle übernahm zusätzlich das neugeschaffene Wirtschaftsministerium. Mit der Stimme des Staatspräsidenten verfügte die Koalition über genau die Hälfte der Stimmen im Landtag. Mehrere Mißtrauensanträge der SPD scheiterten an den Bestimmungen der Geschäftsordnung des Landtags.[56]

Insbesondere nachdem im Juni 1929 der Volksrechtpartei zwei sowie der NSDAP ein weiteres Landtagsmandat vom Leipziger Staatsgerichtshof zugesprochen wurden, hing die schmale Basis des Kabinetts Bolz am seidenen Faden der Tolerierung durch CSVD und DVP.[57] Allerdings gelang es Eugen Bolz Anfang 1930, mit der Einbeziehung von DDP und DVP die Regierungsbasis zu erweitern. Reinhold Maier von der DDP wurde nach der Überwindung heftiger Widerstände in der eigenen Partei das Wirtschaftsministerium übertragen, der DVP-Mann Johannes Rath zog als ehrenamtlicher Staatsrat in das Staatsministerium ein. Während der Reichstag zu dieser Zeit bereits arbeitsunfähig geworden war und die Regierung Brüning mit Notverordnungen agierte, verfügte Württemberg mit der gesamtbürgerlichen Regierung bis 1932 über stabile parlamentarische Verhältnisse.

Bis zu den Landtagswahlen im April 1932 hatte die NSDAP in Württemberg nur wenig Terrain gewinnen können. Nun ging sie mit 23 Mandaten als stärkste Fraktion aus dem Rennen. Stabil geblieben waren die konfessionellen Parteien – das Zentrum und der CSVD. Zerschlagen war die politische Mitte: die DDP mußte eine Halbierung ihrer Mandate hinnehmen, die DVP war im Landesparlament nicht mehr vertreten. Dramatisch verloren hatte der Bauernbund, noch weiter gesunken war nach der Abspaltung der Nationalen Volksgemeinschaft um Bazille im Sommer 1930 die Bürgerpartei von ihrem ohnehin schon niedrigen Niveau. Die SPD zog mit sieben Abgeordneten weniger in den Landtag ein. Auch wenn die NSDAP in Württemberg deutlich unter dem Ergebnis in anderen Ländern blieb, war das Ergebnis ein politischer Erdrutsch. Die Regierung Bolz hatte ihre parlamentarische Mehrheit verloren.

---

[56] Der Mißtrauensantrag gegen die Regierung scheiterte, weil ein Antrag bei Stimmengleichheit als abgelehnt galt. Die Mißtrauensanträge gegen Bazille als Kultminister scheiterten, weil Stimmenthaltungen als Nein-Stimmen gewertet wurden. Eine Klage der SPD wegen verfassungswidriger Bestellung der Regierung und der Verfassungswidrigkeit der Geschäftsordnungsartikel über die Abstimmungsermittlungen der Mißtrauensanträge wurde im Februar 1930 vom Staatsgerichtshof in Leipzig abgewiesen.
[57] Nach einer Anfechtung des Wahlergebnisses von 1928 durch VRP und NSDAP beim Staatsgerichtshof in Leipzig hatte dieser am 6. Juni 1929 sein Urteil gefällt. Je ein Mandat mußten SPD, Zentrum und Bauernbund abgeben (Staatsanz. v. 11. Juni 1929).

Der Nationalsozialist Christian Mergenthaler wurde zum Landtagspräsidenten gewählt. Die Einbeziehung der NSDAP in die Regierung scheiterte jedoch vor allem am Zentrum, das der NSDAP die Ämter des Staatspräsidenten und des Innenministers verwehrte. Nachdem die Wahl eines Staatspräsidenten im Landtag ergebnislos geendet hatte, blieb das bisherige Kabinett Bolz als geschäftsführende Regierung im Amt und arbeitete nach dem Muster der Reichsregierung mit Notverordnungen. Erst 1932 war die politische Stabilität des Landes erodiert, nachdem in den Jahren zuvor das parlamentarische System von Koalitions- und Oppositionsbildung funktioniert hatte. Die beiden Reichstagswahlen von 1932 und vom März 1933 brachten einen weiteren Anstieg der NSDAP, der jedoch bis 1933 deutlich unter dem Reichsniveau blieb.[58] Landtagswahlen fanden in Württemberg nicht mehr statt. Als ein Teil der Zerschlagung der Länder wurde durch das Reichsgesetz vom 31. März 1933 der Landtag aufgelöst und nach dem Landeswahlergebnis der letzten Reichstagswahlen vom März 1933 umgebildet.[59]

---

[58] NSDAP-Ergebnisse in Württemberg, Baden und im Reich in Tab. 27, unten S. 498.
[59] Die Zuteilung der Mandate erfolgte nach Listen, die die Parteigeschäftsführer einzureichen hatten. Festgelegt wurde eine Zuteilungszahl von 25 000 Stimmen, auf die ein Mandat entfallen sollte. Die Stimmen für die bereits verbotene KPD wurden nicht berücksichtigt. Dadurch verringerte sich der Landtag auf 54 Abgeordnete. Der NSDAP wurden 26, der Kampffront Schwarz-Weiß-Rot (Bürgerpartei) und dem Bauernbund jeweils drei, dem Zentrum zehn, der SPD neun, dem CSVD zwei und der DDP schließlich ein Mandat zugeteilt (F. RABERG, Ende des Württembergischen Landtages, 1999).

Quelle: *Landesmedienzentrum Baden-Württemberg*

Erstes Kapitel

Parteipolitische Verdichtungsprozesse

Die Landtagswahlen von 1895 waren eine Wende in der württembergischen Politik. Vor dem Hintergrund der 1894 gescheiterten Verfassungs- und Verwaltungsreform, der Mißernten der beiden letzten Jahre, der Weltagrarkrise, der Militär- und Steuerpolitik des Reiches sowie der Umsturzvorlage Kaiser Wilhelms II. und seiner zerfahrenen Regierungsweise waren sie mit Zündstoff versehen. Mit 73,9 Prozent Wahlbeteiligung hatte der Wahlkampf mobilisiert wie zuletzt bei den Reichsgründungswahlen von 1870. Das Ergebnis brachte einen Erdrutsch bei der Sitzverteilung, denn mit nur 13 Mandaten hatte die Deutsche Partei ihre langjährige Vormachtstellung eingebüßt. Fulminanter Wahlsieger war mit 31 Sitzen die Volkspartei mit ihrer verjüngten Führungsgeneration um Friedrich Payer und die Zwillingsbrüder Conrad und Friedrich Haußmann[1] sowie das auf Landesebene erstmals angetretene katholische Zentrum mit 20 Abgeordneten. Ein weiteres Novum kam hinzu: Die in Württemberg zwar seit 1869 existierende, aber bei Wahlen bislang erfolglose Sozialdemokratie errang nach dem Ende des Sozialistengesetzes zwei Mandate, eines davon in der Haupt- und Residenzstadt Stuttgart. Die württembergische Regierung reagierte auf die neuen Mehrheitsverhältnisse. Bereits in der Thronrede zur Eröffnung der neuen Kammer wurde eine Weiterführung der Verfassungsrevision angekündigt, woraufhin sich die Kammer mit 63 gegen 19 Stimmen für eine reine Volkskammer aussprach. In seiner ersten Rede vor dem neuen Landtag versprach Ministerpräsident Mittnacht, »eine neue Lösung der Frage zu suchen, und zwar auf Grund der jetzigen Situation.«[2] Die katholische und gouvernementale Landespartei um den Ministerpräsidenten, der selbst in seinem Wahlkreis erst in der Stichwahl gesiegt hatte, bestand gerade noch aus fünf Abgeordneten, die sich in der neuen Kammer mit den Privilegierten und anderen »Versprengten« zu einer Freien Vereinigung zusammenschlossen.[3]

Einer dieser Versprengten war Friedrich Schrempf, einziger Abgeordneter der Deutschkonservativen in Württemberg, Parteisekretär und Chefredakteur der *Deutschen Reichspost*. Schrempf war ein weiteres Novum dieser Wahl, denn zum ersten Mal stellten die Konservativen im Land einen Abgeordneten und erstmals war auch der Bauernbund angetreten. In Württemberg zeigte sich damit die auf Reichsebene ausgeprägte Fünfparteienkonstellation mit Sozialdemokratie, Links- und Nationalliberalismus, Zentrum und Konservatismus. Fünf Jahre später berichtete Schrempf

---

[1] Zur Ablösung des alten »Triumvirats« von Ludwig Pfau, Carl Mayer und Julius Haußmann: K. SIMON, Württembergische Demokraten, 1969, S. 17.
[2] Verh. LT 1895/98, Prot.Bd. I, S. 60 (Sitzung vom 5. März 1895).
[3] R. MENZINGER, 1969, S. 141 ff.

über seinen Einzug in die Kammer der Abgeordneten. Als er sich als Abgeordneter der Deutschkonservativen Partei anmelden wollte, habe er die Antwort erhalten, eine solche Partei gebe es gar nicht im Landtag. Daraufhin Schrempf: »Aus einem werden mehrere, und wenn es noch keine konservative Partei im Landtag gibt, so wollen wir mit Gottes Hilfe eine schaffen.«[4] Was heißt konservativ? und Wer sind die Konservativen? sind Fragen, die die Konservativen beantworten mußten und die sich die Zeitgenossen Schrempfs offensichtlich noch um 1910 stellten, als die konservative Partei im Land bereits seit mehr als dreißig Jahren bestand.[5] Konservatismus – eine unbekannte Größe im parteipolitischen Spektrum Württembergs – oder ein preußischer Junkerimport der 1890er Jahre? In diesem Kapitel wird gefragt, warum es in Württemberg erst Ende des 19. Jahrhunderts zu einer relevanten parteipolitischen Organisation des Konservatismus kam und welche gesellschaftlichen Veränderungen zur parteipolitischen Verdichtung beider konservativer Gruppierungen führten. Im Mittelpunkt steht die Frage nach den gesellschaftlichen Bereichen und Basiskonflikten, die politisiert wurden und zur Bildung einer politischen Aktionseinheit führten. Über die organisatorischen Gründungsvorgänge hinaus wird auch gefragt, auf welchen sozialen Vergemeinschaftungen die beiden konservativen Gruppierungen ›aufsitzen‹ konnten.

1. Konservatismus als innerbürgerlicher Protest

Die Geschichte des parteipolitischen Konservatismus in Württemberg bis zum Ende des 19. Jahrhunderts ist eine Geschichte organisatorischer Fehlschläge und programmatischer Disparatheit. Bis weit in die 1890er Jahre hinein blieb er eine lokal begrenzte, programmatisch heterogene und von honoratiorenpolitischen Aktionsausschüssen getragene Gesinnungsgemeinschaft ohne organisatorischen Unterbau. Es war eine schwere Aufgabe, so urteilte 1926 eine Untersuchung über die Anfänge einer konservativen Partei in Württemberg, »streng konservativen Anschauungen bei einem Volke wie dem schwäbischen, das sein Verhältnis zu seinen Fürsten schon früh geregelt hatte, Eingang und Geltung zu verschaffen.«[1] Erst mit dem Hervortreten der Deutschkonservativen in Preußen im Zeichen der konservativen Verstimmung über die Gesetzgebung der liberalen Ära und ihrer »falschen Freiheiten«, so 1884 die *Preußischen Jahrbücher*, seien die Konservativen in Süddeutschland »erweckt« worden.[2] Die sozialstrukturellen, verfassungsrealen und parteipolitischen Rahmenbedingungen standen der Notwendigkeit einer konservativen Partei in Württemberg offenbar entgegen.

---

[4] Dt. Reichspost v. 3. Okt. 1900.
[5] Vgl. das Flugblatt: Die Konservative Partei in Württemberg, ihre Entstehung, ihre politische Arbeit und ihre Ziele, Stuttgart o.J. [1910], WLB Stuttgart, Kl. Württ. Drucks. A 25 C/1, 4804.
[1] F. J. STETTER, 1926, S. 281.
[2] Parteien in Württemberg, 1884, S. 87.

Die Haltung zur deutschen Frage hatte das württembergische Parteiensystem bis in die 1890er Jahre mit propreußischen, kleindeutschen Nationalliberalen und schwäbisch-föderativen Demokraten bipolar strukturiert. Unter dem breiten Dach der politisch und sozial inhomogenen Sammlungsbewegung des württembergischen Nationalliberalismus waren Verfassungsliberale, Nationalliberale, freikonservative Adlige und konservative Pietisten bis über die Reichsgründungszeit hinaus vereint, auch wenn es »außer der Preußendevotion nicht viel Verbindendes zwischen ihnen gab.«[3] Nach der Reichsgründung kam die Landespartei als spezifische Regierungspartei des Ministerpräsidenten Mittnacht hinzu, die nicht nur gouvernementale Politik vertrat, sondern auch konservative katholische Elemente vereinte und dafür sorgte, daß neben ihr und der Deutschen Partei kein Platz für eine konservative Partei war. Mit den gesellschaftlichen und politischen Rahmenbedingungen des Landes war einer Partei der Verteidigung adliger und monarchischer Prärogative die Basis entzogen. Der Konservatismus blieb bis zur Reichsgründung »retardierendes Interessenmoment, das im Landtag nur sporadisch und ohne Resonanz in Erscheinung trat.«[4] Ein Blick auf die Anfänge einer konservativen Partei und ihre Träger in Württemberg ist dennoch geboten.

a) Die Anfänge einer konservativen Partei in Württemberg

Während sich im Preußen der Reaktionszeit nach 1848 eine lokal und ›von unten‹ verankerte Struktur konservativer Vereine ausbildete[5], verlieren sich die Spuren erster solcher Versuche in Württemberg bereits Anfang der 1850er Jahre. Drei Linien einer Sammlungsbewegung der »wahrhaft Konservativen«[6] sind allerdings festzuhalten.

Der im Februar 1850 gegründete Conservative Centralverein Württembergs[7] knüpfte zum einen an die Linie einer konstitutionell-konservativen Richtung um den Journalisten Heinrich Elsner und seine *Ulmer Kronik* als Organ einer württembergischen Partei der Königsrechte an.[8] Elsner, vom Korrespondenten der liberalen *Ulmer Schnellpost* zum Herausgeber und Besitzer der *Ulmer Kronik* avanciert, die sich seit März 1850 *Deutsche Kronik* nannte[9], hatte mit finanzieller Unterstützung der Regierung den Aufbau einer konservativen regierungstreuen Parteipresse versucht, nachdem erste Ansätze gescheitert waren, im katholischen Umland von Ulm lokale

---

[3] H. BRANDT, 1987, S. 766 u. D. LANGEWIESCHE, Württembergische Liberale, 1980.
[4] H. BRANDT, 1987, S. 174.
[5] W. SCHWENTKER, 1988, S. 72–117.
[6] So die Selbstbezeichnung in der Schw. Kronik v. 19. Sept. 1850 M.
[7] Bericht über die Gründungsversammlung in: Staatsanz. v. 13. Febr. 1850.
[8] Dazu detailliert: E. TROX, Heinrich Elsner, 1993.
[9] H. SIMON, 1954, S. 90–98; E. TROX, Bürger in Ulm, 1990; K. WELTIN, 1990. Publizistischer Zwillingsbruder der *Deutschen Kronik* war die seit 1848 in Stuttgart erscheinende *Laterne*, die konservativen Positionen im protestantischen Altwürttemberg Geltung zu verschaffen suchte.

konservative Vereine zu gründen.[10] Bereits im Winter 1849/50 hatte sich in Stuttgart auf Betreiben Elsners eine ›Anonyme Gesellschaft konservativer Männer aus den höheren und gebildeten Ständen‹ konstituiert, aus der wiederum ein ›Privatausschuß‹ hervorging, der die Grundlage für ein gemäßigt konservatives Programm aufstellte.[11] Das Programm war an die »besitzenden und erwerbenden Bürger aller Klassen«, an die »bis jetzt gesetzlich bevorzugten Stände«, an die Geistlichkeit und an die Staatsbeamten gerichtet. Kernpunkte waren die Unantastbarkeit der konstitutionellen Monarchie, eine größere Teilnahme der besitzenden Klasse an der Staatsgewalt, das Verhältnis von Staat, Religion und Kirche und eine Lösung der deutschen Frage im großdeutschen Bundesstaat statt eines Anschlusses Württembergs an die preußische Union.[12]

Der zweite Anknüpfungspunkt des Conservativen Centralvereins war ein konservativ-traditionales Lager, das sich als innerbürgerliche Opposition auf kommunaler Ebene gegen die »Fortschrittsmänner« gebildet hatte. Organisatorisch ging es auf den 1847 gegründeten Stuttgarter Bürgerverein zurück, der in Abgrenzung zu den Wahlgemeinschaften der liberal-demokratischen Volksvereine und den konstitutionell-liberalen Vaterländischen Vereinen Ausdruck einer sozialen Scheidung der Bürger in zwei politische Lager war: die Liberalen der überwiegend akademischen und freien Berufe sowie die Konservativen der Zunftmeister, Gewerbetreibenden und der alteingesessenen Handwerker und Weingärtner der Vorstädte, die sich von der vormärzlichen kryptoparteilichen ›Bürgergesellschaft‹ nicht mehr repräsentiert sahen und den Conservativen Centralverein als »Mittel zur Hebung der materiellen Interessen« sahen. Der Vorsitzende des Bürgervereins und später des Conservativen Centralvereins war das führende Mitglied des Stuttgarter Lokalgewerbevereins, Professor Theodor Plieninger.[13]

Die dritte Komponente der Sammlung war das Bündnis der konservativen Mittelstandsvertretung mit pietistischen Kreisen. Bereits seit Mitte der 1840er Jahre war der Verlagsbesitzer und prominente Pietist Friedrich Steinkopf im Zusammenhang mit dem Stuttgarter Bürgerverein aufgetreten.[14] Die pietistischen Ausdeutungen

---

[10] E. TROX, Heinrich Elsner, 1993, S. 326 f.; F. J. STETTER, 1926, S. 285 ff.; M. TRAUB, 1937, S. 91 f. u. B. MANN, Württemberger, 1975, S. 22 f.
[11] F. J. STETTER, 1926, S. 285.
[12] E. TROX, Heinrich Elsner, 1993, S. 329 ff.; F. J. STETTER, 1926, S. 285.
[13] R. WAIBEL, Frühliberalismus und Gemeindewahlen, 1992, v. a. S. 409 f. und 451 f. Plieninger, der die Gründungsversammlung leitete, hatte selbst den anwesenden Regierungsrat (und späteren Direktor bzw. Präsidenten) der Zentralstelle für Gewerbe und Handel, Ferdinand Steinbeis, als Vorsitzenden vorgeschlagen, der jedoch wiederum Plieninger auf den Schild hob. Die vierzehn durch Akklamation gewählten Ausschußmitglieder des konservativen Zentralvereins waren größtenteils Gewerbetreibende, Weingärtner und Schultheißen der Stuttgarter Vororte, die Steinbeis durch sechs weitere Mitglieder aus dem Stuttgarter Gewerbestand ergänzt wissen wollte (Staatsanz. v. 13. Febr. 1850).
[14] D. LANGEWIESCHE, Liberalismus und Demokratie, 1974, S. 387. Organ der konservativ-pietistischen Kreise war die *Süddeutsche Warte* und der *Christenbote*. Die *Ulmer Schnellpost* bezeichnete den Bürgerverein explizit als »die Pietisten«. Vgl. hierzu und zum Einfluß der Stuttgarter Pietisten auf den Stuttgarter Bürgerverein: R. WAIBEL, Frühliberalismus und Gemeindewahlen, 1992, S. 345 ff.

gesellschaftlicher und theologischer Modernisierungen als beginnender Siegeszug des Antichristen hatten vor allem die städtisch-bürgerlichen Kreise der Pietisten an die Öffentlichkeit getrieben, um den Kampf gegen die »sittliche Laxheit« aufzunehmen. Die revolutionären Ereignisse, empfunden als schwere Erschütterung der weltlichen Ordnung, hatten die Pietisten »bedingungslos in die Arme der konservativmonarchischen Obrigkeit« geführt und die konservative Staatsmacht zum natürlichen Bündnisgenossen gegen die liberalen Fortschrittsideen werden lassen. Die landeskirchlich-konservativen Pietisten wurden über die traditionellen Fragen von Kirche und Schule hinaus mobilisiert und im Bündnis von Kirchenleitung, Pietismus und konservativen Kräften in Staat und Kirche für die Politik des Königs und dessen Summepiskopat aktiviert.[15]

Der Conservative Centralverein war auch das Ergebnis einer Spaltung der konstitutionellen Rechten in eine konstitutionell-konservative Hofpartei und einen konstitutionell-liberalen Flügel. Er war Ausdruck eines konservativen Ausbruchs aus dem »liberal-konservativen Zweckbündnis zur Abwehr demokratisch-republikanischer Bestrebungen« nach dem Abtreten der Märzregierung.[16] Das Programm des Centralvereins war entsprechend einfach: statt wie die politischen Gegner zu »theoretisieren«, begnügte man sich mit einem Entwurf, der sich auf »Mannesworte« statt dem »rasenden Geheul der proletarischen Wölfe« beschränkte: gefordert wurde die Verwirklichung der Lehren des Christentums in der bürgerlichen Gesellschaft, die enge Verbindung von Staat und Kirche, die »Kräftigung der Regierung« und die Förderung des materiellen Wohlstandes, vor allem der gewerblichen Klassen. Das Programm solle wirken wie das »Senfkorn des Evangeliums, mächtig keimen zum gewaltigen Baume« und einer Vielzahl konservativer Vereine zur Gründung verhelfen.[17]

Der Gründungsversuch erfolgte erst dann, als die Revolution schon beendet war und scheiterte an mangelnder Resonanz. Es bestand kein Bedarf mehr an einer antirevolutionären Hofpartei. Die Versuche Elsners blieben publizistische Initiativen ohne organisatorischen Unterbau, die nach der Aufgabe der Rückendeckung durch die Regierung vollends scheiterten.[18] Die wenigen Wahlkomitees traten kaum in Erscheinung[19] und traten bei den nächsten Wahlen im September 1850 erst gar nicht

---

[15] H. LEHMANN, Pietismus, 1969, S. 188–267, Zitat S. 225 f.; G. A. BENRATH, Erweckung, 2000, S. 230 ff. Als Beispiel die Adresse zahlreicher Pietisten an die Regierung gegen die Abschaffung des Königstitels »von Gottes Gnaden« (B. MANN, Württemberger, 1975, S. 264 f.). Im Frühjahr 1849 hatten evangelisch-konservative Kreise um den Stuttgarter Kaufmann Friedrich Chevalier mit Unterstützung der Regierung einen Christlich-politischen Volksverein gegen die »dämonischen Mächte der Revolution« gegründet, der sich jedoch kurz darauf auflöste (H. LEHMANN, Pietismus, 1969, S. 223).
[16] D. LANGEWIESCHE, Liberalismus und Demokratie, 1974, S. 192.
[17] Staatsanz. v. 13. Febr. 1850.
[18] Bereits zum Jahresende 1849 hatte die *Laterne* ihr Erscheinen eingestellt, die *Deutsche Kronik* folgte ihr im November 1852, nachdem sich die Regierung mit dem *Staatsanzeiger* ein eigenes Organ geschaffen hatte. Elsners Versuch, mit dem *Conservativen* in Stuttgart ein Nachfolgorgan zu begründen, scheiterte am Verbot der Regierung (E. TROX, Heinrich Elsner, 1993, S. 333).
[19] In Stuttgart z. B. trat Plieninger gegen zwei Kandidaten an, die er als »Ehrenmänner« bezeichnete, mit denen er nur in der deutschen Frage »dissentiere«, deren Gewerbeförderungsprogramm er aber

mehr an.[20] 1857 erschien ein zweiteiliger historisch-philosophischer Aufsatz, vermutlich von Elsner selbst verfaßt, der in seinem fast resignativen Ton dem Abgesang auf eine konservative Partei in Württemberg glich. Nicht die Massen, sondern Sonderinteressen oder allenfalls die »Angst vor dem Phantome« habe die Konservativen 1849/50 zusammengehalten, die es als in sich geschlossene und organisierte Partei nicht mehr gebe. Die Aristokratie der Bildung, des Besitzes und der Geburt reiche eben nicht aus, um eine lebenskräftige konservative Partei aufzubauen, da die »beati possidentes« noch nie »kühne, ihre ganze Existenz aufs Spiel setzende Kämpfer« gewesen seien und lediglich im »horror vacui« nach der Katastrophe als Kind der Revolution mit größter Aktivität dastünden.[21]

Der Centralverein war neben dem Bündnis von Regierungstreuen, ordnungssuchenden und von wirtschaftlichen Interessen geleiteten Gewerbetreibenden sowie konservativen Pietisten auch das Ergebnis einer Spaltung der konstitutionellen Rechten in der deutschen Frage gewesen, die die Innenpolitik des Landes nach dem Scheitern der Reichsverfassung dominiert hatte. Während sich breite Teile der Liberalen für den Anschluß an die preußische Union ausgesprochen hatten, wollte ein katholisch und großdeutsch orientierter Teil der Konservativen um Elsner den Ausgleich zwischen Preußen und Österreich weiterhin im großdeutschen Bundesstaat suchen. Der Conservative Centralverein hingegen entzog sich einer klaren Stellungnahme und wollte diese Frage der »Weisheit des hochherzigen Königs« überlassen.[22] Erst in den 1860er Jahren näherten sich die partikularistischen Konservativen den propreußischen Nationalliberalen an. Der preußische Sieg von 1866 wurde vor allem auch in pietistischen Kreisen als Gottesurteil interpretiert. Die landeskirchliche Theologie vermittelte den Zugang zum kleindeutschen Nationalstaat unter protestantischen Vorzeichen. Die entscheidenden Taten wurden nun vom preußischen König erwartet.[23] Auch die führenden Stuttgarter Pietisten schlossen sich 1866 der Deutschen Partei an, die die nationale Frage gegenüber ihrem liberalen verfassungspolitischen Reformprogramm in den Vordergrund gestellt hatte. In der Partei vertraten die Pietisten um Chevalier, Wächter, Fetzer und Steinkopf die »streng konser-

---

unterstützte und ihnen gegenüber nur seine religiöse Stellung betonte: »Die Furcht Gottes ist der Weisheit Anfang«, so sein Wahlmotto vor dem Stuttgarter Bürgervereins (Staatsanz. v. 13. Febr. 1850).

[20] Die Konservativen boykottierten die Wahlen zur zweiten Landesversammlung nach dem Gesetz vom 1. Juli 1849, das sie als Sanktionierung der revolutionären Prinzipien betrachteten. Sie begnügten sich mit einer Adresse an das Ministerium Schlayer, die vom liberalen Gegner als »Galgenadresse« abgestempelt wurde und selbst bei der Regierung keine Unterstützung mehr fand (F. J. STETTER, 1926, S. 287f.).

[21] »Die Konservative Partei«, Teil I u. II, Staatsanz. v. 8. u. 9. Okt. 1857.

[22] Die Konservativen bezeichneten sich als weder »schwarz-weiße Vaterländer noch rothe Reichsverfassungsschwärmer«, sondern als »ächtdeutsche Männer«, die für das »Wohl des engeren Vaterlandes« einstünden und jede Parteinahme für »irgendeinen der Sonderbünde in Deutschland für unzeitgemäß« hielten (Staatsanz. v. 13. Febr. 1850).

[23] Vgl. die prominente, im pietistischen Verlag J. F. Steinkopf publizierte Schrift: Preußens gerechte Sache. Ein Wort zur Verständigung von einem Süddeutschen, 1869. Hierzu auch G. SCHÄFER, Württembergische Landeskirche und deutsche Einigung, 1967.

vative Richtung«.[24] Das unter nationalem Vorzeichen erneuerte liberal-konservative Bündnis verdeutlicht die Besonderheit der national motivierten parteipolitischen Dominanz von Deutscher Partei und Volkspartei. Bestimmend war die Spaltung zwischen ›Preußen‹ und ›Anti-Preußen‹, verbunden damit der Zwang zur Suche von Bündnispartnern mit teilweise völlig unterschiedlichen innenpolitischen Zielvorstellungen.

b) Die »Stillen im Lande«: Pietismus und Politik

Während die Wurzeln der konservativen Partei in Sachsen in der Frontstellung gegen die früh organisierte Sozialdemokratie verortet werden[25], werden sie im württembergischen Nachbarland Baden in der dortigen evangelischen Landeskirche und ihren Richtungskämpfen zwischen orthodox-konservativen Kräften und der »liberalen Einheitsfront« gesehen.[26] Die Basis der parteipolitischen Ausdifferenzierung war hier die innerprotestantische kirchenpolitische Parteibildung der 1860er Jahre. Als Schlüsselerlebnis für eine innerkirchliche konservative Oppositionsbewegung gilt der ›Schenkelstreit‹ von 1864/65, der in Baden die erste konservative Partei südlich der Mainlinie entstehen ließ. Bereits seit Ende der 1860er Jahre zeigen sich in Württemberg Bemühungen »bekenntnistreuer« evangelischer Geistlicher und der lose um den pietistischen *Landboten* von Oskar Wächter[27] organisierten Konservativen zu einer Zusammenarbeit mit den badischen Gesinnungsfreunden. Neben der grundsätzlichen Einigkeit über den Erhalt der konfessionellen Volksschule und der Ablehnung des Kulturkampfes bestanden jedoch Differenzen über die sozialpolitische Ausgestaltung eines konservativen Programms und über den Umgang mit dem Zentrum: wahltaktische und parlamentarische Zusammenarbeit zweier christlicher Parteien in Baden, Abwarten dagegen in Württemberg, wo das Zentrum auf Landesebene noch gar nicht bestand, dafür auf konservativer Seite aber die Hoffnung, die Katholiken nach Beilegung des Kulturkampfs in einer christlich-konservativen Partei integrieren zu können.[28]

Während es in Baden vor allem wegen des Volksschulgesetzes und der Einführung der Simultanschule zur Stabilisierung der konservativen Partei kam, blieb der Verlust der konfessionellen Volksschule als »Kleinod des christlichen Volkslebens«

---

[24] Zitiert nach den Erinnerungen des nationalliberalen Wilhelm Lang bei D. LANGEWIESCHE, Liberalismus und Demokratie, 1974, S. 187. Biographische Notizen zu Chevalier, Wächter, Fetzer und Steinkopf bei D. LANGEWIESCHE, Julius Hölder, 1977, S. 45, 98 u. 104.
[25] J. RETALLACK, Anti-Semitism, Conservative Propaganda, and Regional Politics, 1988 u.ö. mit starker Betonung des konservativen Antisemitismus.
[26] S. WOLF, 1990, S. 6, S. 26 ff. u. 384 ff.; F.-M. KUHLEMANN, Protestantisches Milieu in Baden, 2000, S. 324 ff. u. F.-M. KUHLEMANN, Bürgerlichkeit und Religion, 2001, S. 229 ff. u. 307 ff.
[27] TH. SCHOTT, Zeitungen und Zeitschriften in Württemberg, 1877, S. 101. Der *Landbote* war der nicht erfolglose Versuch der Deutschen Partei, die ihr nahestehende Presse über die städtischen Zentren hinaus auszuweiten (D. LANGEWIESCHE, Liberalismus und Demokratie, 1974, S. 351).
[28] S. WOLF, 1990, S. 6, 216 f. u. 390.

in Württemberg eine Drohung von außen.²⁹ Die zur Grundsatzfrage des christlichen Glaubens stilisierte Thematik besaß in Württemberg weniger Vehemenz und konnte noch innerhalb der Deutschen Partei aufgefangen werden. Auch die reichsweit geltenden Kulturkampfgesetze und die preußischen Maßnahmen waren in Württemberg durch die Kirchengesetzgebung seit den 1850er Jahren vorweggenommen worden.³⁰ Während die Konservativen in Baden also eine grundsätzlich andere Parteienkonstellation und mit der Kulturkampfgesetzgebung eine schärfer konturierte Angriffsfläche gegen die liberale Einheitsfront vorfanden, fiel es den württembergischen Konservativen schwer, sich gegenüber dem nationalen Liberalismus der Deutschen Partei zu profilieren.

Der Vergleich mit dem Nachbarland führt zu den konfessionellen und landeskirchlichen Verhältnissen in Württemberg. Der Protestantismus war hier nicht Minderheits-, sondern dominierende Mehrheitskultur. Charakteristisch geprägt war er durch den Pietismus, der seit dem Vormärz das Land mit einer Fülle von Erbauungsliteratur überschwemmt hatte³¹ und sich in der 1848er-Krise als konservatives Bollwerk gegen die liberalen Forderungen nach einer Verselbständigung der evangelischen Kirche vom Staat erwiesen hatte. In der »Ära Kapff« prägte er nach 1850 ein Zeitalter der »Herrschaft des Pietismus im Kirchenregiment«.³² Die politisch quietistischen »Stillen im Lande« hatten sich den »Dingen dieser Welt« zugewandt. Der Pietismus hatte hohe sozialpolitische Gestaltungskraft gewonnen und in der Beeinflussung des öffentlichen Wohles auch in der inneren Erneuerung durch kirchenpolitische Maßnahmen im Einvernehmen mit Ministerium und Konsistorium Erfolge erzielt: in der Neuregelung der Bußtagsordnung 1850/51, der Einschränkung der Kirchweihfeste im Land, der Sonntagsheiligung oder in der Volksschulpolitik.³³

Die politisch-sozialen Ordnungsvorstellungen des pietistisch geprägten Protestantismus gehen in ihrer Bedeutung über das Zählbare weit hinaus.³⁴ Die Proble-

---

²⁹ H. Fenske, Baden 1816 bis 1918, 1992, v.a. S. 174f.; Zitat: Christenbote v. 23. Juli 1876.
³⁰ Gesetz, betreffend die Regelung des Verhältnisses der Staatsgewalt zur katholischen Kirche, v. 30. Jan. 1862 (Reg.Bl. 1862, S. 54ff.), abgedr. in E. R. Huber/W. Huber, Staat und Kirche, Bd. II, 1976, S. 195ff. Das Staatskirchengesetz ging auf das in den 1850er Jahren ausgehandelte Konkordat zurück, das 1857 in der Zweiten Kammer gescheitert war. Lediglich das Reichsgesetz über die Einführung der obligatorischen Zivilehe brachte im Land, wo diese bislang fakultativ eingegangen werden konnte, eine Neuerung (E. Naujoks, 1992, S. 367). Zur Personenstandsgesetzgebung mit der obligatorischen Zivilehe vom 1. Januar 1876 die Einschätzung von H. Hermelink, Geschichte, 1949, S. 425: »[Sie] hat die kirchliche Sitte weder des evangelischen noch des katholischen Volkes im geringsten gelockert.«
³¹ Neben der publizistischen Welle der Erbauungsliteratur v.a. aus dem 1792 gegründeten Steinkopf-Verlag und dem Calwer Verlagsverein (seit 1833) war die am weitesten verbreitete Darstellung der dualistischen Sicht von gottgemäßer und gottferner Lebensweise das um 1860 entstandene, meist als Wandbild präsente Bild »Der breite und der schmale Weg«, abgedr. in: H. Ehmer, 2000, S. 139. Zu Ikonographie und Interpretation des Bildes M. Scharfe, 1980, S. 84ff.
³² H. Hermelink, Geschichte, 1949, S. 397–408 u. G. Schäfer, Kleine württembergische Kirchengeschichte, 1964, S. 140f.
³³ H. Lehmann, Pietismus, 1969, S. 232–235.
³⁴ H. Lehmann, Pietismus, 1969, S. 254, benennt die Zahl der Pietisten zu Anfang des 19. Jahrhunderts mit rund 20 000, in den 1860ern mit 30 000 bis 40 000, die dann für das 19. Jahrhundert

matik der quantitativen Erfassung der Pietisten verweist auf die Vielgestaltigkeit des Pietismus. Sie verbietet den Versuch einer Konstruktion des Normalpietisten und erfordert eine möglichst weit gefaßte Definition.[35] Statt individuellen geistig-theologischen Spitzenleistungen steht die Breitenwirkung pietistischer Vorstellungen und Aktivitäten in Vereinen und Anstalten im Vordergrund. Ein von allen Richtungen anerkanntes System einer pietistischen Theologie hatte es nie gegeben, genauso wie sich sittliche Maßstäbe und pietistischer Lebenswandel der Veränderung sozialer Umstände anpaßten. Dennoch bestand ein über formale Gemeinsamkeiten hinausgehender gemeinsamer Deutungshorizont, der pietistische Denkweisen über unterschiedliche Gesellschaftsformen hinweg überdauern ließ und Wirklichkeit und Wahrnehmung strukturierte. Pietistische Frömmigkeitsäußerungen sind deshalb nicht nur als theologiegeschichtliches Problem, sondern in ihrem sozial- und kulturgeschichtlichen Aspekt zu erfassen:

> »Pietismus ist eine Richtung innerhalb des Protestantismus, die mit dessen organisatorischer Einheit nicht bricht (wie der Separatismus), wohl aber zusätzliche eigene Organisationen und Institutionen bildet, die einen deutlich ausgeprägten subkulturellen Charakter tragen. Dieser Sub-Kultur ist ein Werte-Kosmos beigeordnet, der eine eigene rigide Moral beinhaltet. Diese ist definiert vor allem durch ihre scharfe Abgrenzung zur ›Welt‹; die Definitionen stammen vielfach von theologischen Laien, wobei die Unmittelbarkeit des Individuums zu Gott besonders betont ist, und werden als strenge Auslegung des ›Worts‹ verstanden. Als Garanten der subkulturellen Werte-Kontinuität sind Autoritäten (›Väter‹) wirksam, ein Literaturkanon (Erbauungsliteratur), besondere Zusammenkünfte (Erbauungsstunden), die der Tradierung der Werte dienen, und andere mannigfache Eingriffe in Psyche und Verhalten der einzelnen Mitglieder (Sozialisation, ›Bekehrung‹, Sanktionierung durch ›göttliche‹ Eingriffe).«[36]

Die württembergische evangelische Landeskirche hatte nach 1815 verschiedene religiöse Traditionen aufgenommen, darunter vor allem einen bodenständigen und starken älteren Pietismus. Insbesondere der altwürttembergische Teil wurde zum »klassischen Land des Gemeinschaftswesens«. Neben den an Bedeutung verlierenden Pregizerianern und den durch ein loyales Verhältnis zur Landeskirche geprägten

---

annähernd gleich blieb. Das entspräche rund 2 % der erwachsenen Bevölkerung Württembergs (ähnliche Werte bei P. WURSTER, Kirchliches Leben, 1919, S. 238 ff.). Die lokalen Schwerpunkte lagen in den OA Herrenberg, Böblingen und Leonberg, wo fast jede Gemeinde eine Gemeinschaft aufwies, ebenso im Remstal (v. a. OA Schorndorf), auf den Fildern und im OA Tübingen – in einem fast geschlossenen altwürttembergischen Kern des »Pietistenlandes« also. Kaum vertreten war der Pietismus auf der Schwäbischen Alb und im OA Ulm, stärker dagegen im Schwarzwald um Nagold und Calw, im fränkisch-hohenlohischen Crailsheim und Öhringen, im westfränkischen Heilbronn, Weinsberg und Besigheim, in den ehemaligen Reichsstädten Reutlingen und Esslingen sowie in Stuttgart, wo ihr Anteil teilweise um die 5 % der erwachsenen Bevölkerung betragen haben dürfte. Trautwein geht von 7–8 % der evangelischen Erwachsenenbevölkerung im altwürttembergischen Gebiet aus (J. TRAUTWEIN, 1972, S. 51), eine Zahl, die Lehmann wiederum als zu hoch veranschlagt sieht (H. LEHMANN, Probleme, 1975, S. 174). Auf eine quantitative Erfassung der Pietisten verzichtet L. HÖLSCHER, 2001. Zur Struktur und Ausdifferenzierung pietistischer Gemeinschaftskreise auf der lokalen Mikroebene z. B. R. SCHEFFBUCH, Pietismus im Remstal, 1984 u. ö.

[35] D. NARR, 1958, S. 15 u. M. GRESCHAT, 1977.
[36] M. SCHARFE, 1980, S. 25 f.

Hahnschen Gemeinschaften stand an der Spitze das 1819 gegründete, mit dem Privileg der Sondergemeinde ausgestattete Korntal als Mittelpunkt des Gemeinschaftslebens.[37] Neben diesen Gemeinschaften der altpietistischen Bengelschen Richtung, die sich als innerkirchliche Reformbewegung verstanden, gab es eine starke Erweckungsbewegung innerhalb der Landeskirche selbst: sie stand in einer Frontstellung gegen den theologischen und politischen Liberalismus und war vom Bündnis mit dem Konsistorium und den konservativen Kräften in Kirche und Staat geprägt. Ihr Kennzeichen war der »mittlere Weg«: landeskirchlich-konservativ, aber nicht »fromm«.[38]

Wichtiges Merkmal der pietistischen Gemeinschaften war ihre Entwicklung im Rahmen der Landeskirche und die »freie, auf Geisteszucht an Stelle gesetzlichen Satzungswesens gegründete süddeutsche Art.«[39] Die ›collegia pietatis‹ als Gemeinschaft der bewußten und strengen Christen, als subjektive Scheidung der Gläubigen auf der untersten Ebene der Kirche, kannte keine förmliche Aufnahme oder Mitgliedschaft. Verbunden waren die »Frommen« durch die ›Praxis pietatis‹ in Erbauungsstunden und Konventikeln, lokal und regional meist in langer Familientradition patriarchalisch geführt und in engem Kontakt untereinander in einem persönlichen und kommunikativen Netzwerk der »Stundenmänner« über die ganze Gesellschaft verbunden.[40]

Im württembergischen Pietismus sind zwei Grundströmungen zu unterscheiden: Einerseits eine volkstümlich-separatistische Variante, ländlich verortet, vom Laienelement und einem größerem Mißtrauen gegen das offiziell Kirchliche geprägt sowie kritisch gegen bürgerliche und geistliche Autoritäten. Getragen war er vom bäuerlichen und kleinbürgerlichen Gruppen: Kleinbauern, Webern, Handwerksmeistern und Dorfschultheißen. Andererseits zeigte sich ein landeskirchlich-bürgerlicher, städtisch verankerter Pietismus der Pfarrer, Lehrer, Kaufleute und Beamten, die bürgerlichen Nationalismus, ehrwürdige Herkunft und Hochachtung des offiziell Kirchlichen als notwendigen Teil bürgerlicher Ordnung erachteten und meist im »Vereinschristentum den Weg von halb gemeinschaftsmäßig, halb kirchlich« beschritten. Seit der Mitte des 19. Jahrhunderts zeichnete sich eine markante Organisationstätigkeit der unterschiedlichen Gruppierungen ab. Aus einem Großteil der Gemeinschaften wurden rechtsfähige Verbände mit Organisationsstatuten, die die

---

[37] Zitat: P. WURSTER, Kirchliches Leben, 1919, S. 232 ff. Vgl. auch G. A. BENRATH, Erweckung, 2000, S. 232 ff. Das Korntaler Privileg als Sondergemeinde – vom König als Prävention gegen weitere Auswanderungswellen und mit »Beruhigungseffekt« verliehen, umfaßte v. a. die freie Wahl von Pfarrern, Lehrern und Vorstehern, die Exemtion vom landeskirchlichen Konsistorium und die unmittelbare Unterstellung unter das Ministerium, die Befreiung von der Verpflichtung auf die Liturgie von 1809, von Eidesleistung und Zunftordnung. 1824 wurde die Filiale Wilhelmsdorf in der oberschwäbischen Diaspora bei Ravensburg gegründet, die 1852 selbständig wurde und in ihrem Namen die Verehrung des Königs zum Ausdruck bringt (H. LEHMANN, Pietismus, 1969, S. 196–202 u. W. ROTH, 1994).
[38] P. WURSTER, Kirchliches Leben, 1919, S. 252.
[39] P. WURSTER, Kirchliches Leben, 1919, S. 233.
[40] H. LEHMANN, Pietismus, 1969, S. 15–17 u. 262 f.

Zusammenarbeit untereinander deutlich verstärkten und die einzelnen Konventikel auf eine religiöse und auch politisch konservative Linie festlegten. Kristallisationskern war der 1857 gegründete ›Altpietistische Gemeinschaftsverband‹, der mit seinen *Erbaulichen Mitteilungen* über ein eigenes Publikationsorgan verfügte. Zusammen mit dem älteren und auflagenstärkeren *Christenboten* aus dem Steinkopf-Verlag, dem ersten Blatt dieser Art in Deutschland, waren dies die wichtigsten pietistischen Stimmen, die in ihrer Verbindung von sozialpolitischer Aktivität und konservativem Bekenntnis sukzessiv die separatistischen Kreise von Korntal und um die *Süddeutsche Warte* zurückdrängten.[41]

Der engere organisatorische Zusammenschluß in Gemeinschaftsverbänden, das überlokale und landesweite Wirken in Verlagen und Vereinen, Anstalten, Bibel- und Missionskonferenzen sowie das Hineinwirken in bürgerlich-protestantische Vereine ließ den Pietismus zum lebendigen Teil des Vereins- und Verbandsprotestantismus mit einem eigenen Beitrag zur protestantischen Milieubildung werden. Gleichzeitig trug die Tendenz zur Professionalisierung und überlokalen Aktivität zur Abschleifung der Gegensätze zwischen volkstümlich-separatistischer und landeskirchlich-bürgerlicher Strömung bei. Institutioneller Träger der »Stabilisierung des pietistischen Milieus« als innerprotestantischem Segment blieben die Erbauungsstunden, Konventikel und Anstalten. Tonangebende Elemente in Äußerer und Innerer Mission sowohl des ländlichen als auch des städtischen Pietismus wurden zunehmend Pfarrer und Lehrer.[42]

Ihrer polyzentrischen Struktur und vielfältigen organisatorischen Ausgestaltung entsprechend schwankte die Haltung der landeskirchlich-konservativen und pietistischen Richtungen zu den »Dingen der Welt« zwischen quietistischem Rückzug aus Gesellschaft und Politik, Konzentration auf die karitativ-soziale Arbeit und parlamentarischer Beteiligung.[43] Zentrale Grundlinien sind dabei festzuhalten: Für die

---

[41] H. LEHMANN, Pietismus, 1969, S. 244 ff.; zum *Christenboten* S. 192 f.; P. WURSTER, Kirchliches Leben, 1919, S. 257 f. (Zitat) u. 304.

[42] H. LEHMANN, Die neue Lage, 2000, S. 1–26 u. H. LEHMANN, Pietismus, 1969, S. 256. Exemplarisch ist Christian Dietrich: selbst Lehrer und Rektor des Evangelischen Töchterinstituts in Stuttgart, war er 1865 Mitbegründer des Vereins christlicher Lehrgehilfen (seit 1870 Verein evangelischer Lehrer in Württemberg). Organ des Vereins war der *Lehrerbote*. 1890 hatte der Verein ca. 600 Mitglieder, was einem Achtel der württembergischen Volksschullehrer entsprach. Bis 1919 steigerte sich die Mitgliederzahl jedoch nur auf 700 (vgl. H. LEHMANN, Pietismus, 1969, S. 236; W. KATEIN, 1956; Nachruf auf Dietrich in: Süddt. Ztg. v. 24. Febr. 1919). Außerdem war Dietrich Leiter der Stuttgarter Gemeinschaft der Altpietisten und Vorstand des altpietistischen Gemeinschaftsverbandes in Württemberg sowie Mitglied zahlreicher christlicher Komitees. In Württemberg war er der führende Mann der Gnadauer Gemeinschaftsbewegung, als Herausgeber der Zeitschrift *Philadelphia* die prägende Gestalt der Philadelphiabewegung und wesentlich dafür verantwortlich, daß die neupietistische Erweckungsbewegung und ihre separatistisch-schwärmerischen Flügel in Württemberg bedeutungslos blieben (H. LEHMANN, Pietismus, 1969, S. 276 ff.; H. HERMELINK, Geschichte, 1949, S. 449: »Er hat den altpietistischen Gemeinschaften den Gedanken der neuen Heiligungsbewegung zugeleitet, aber deren Extravaganzen nicht mitgemacht.«) Genannt wurde er deshalb auch der »Reich-Gottes-Bremser«.

[43] Die meisten gewählten prominenten Pietisten seit 1848 hatten sich keiner Partei angeschlossen. Ausnahmen waren der Stuttgarter Kaufmann Friedrich Chevalier (MdR für die Deutsche Partei von

organisatorische Verlängerung in die Parteipolitik hinein blieb der konservative und pietistische Protestantismus bis an die Jahrhundertwende ein schwer zu mobilisierendes gesellschaftliches Teilsegment. Als Deutungsgeber blieb er Sinnstiftungsinstitution in einer Reihe mit der Landeskirche und den staatlichen Obrigkeiten. Als religiöser Deutungshorizont prägte er die Haltung der »Stillen im Lande« mit ihrer Reserve gegen Parlament, Parteien, öffentliche Diskussion über Gesetze und allgemeine Wahlen als Teil einer Gott nicht wohlgefälligen Ordnung. Bestehen blieb das Vertrauen in eine patriarchalische Ordnung, die Ablehnung gegenüber Parteien als Vertreter partikularer Sonderinteressen und gegenüber den »falschen Freiheiten« der neuen Volkssouveränität. Allenfalls eine berufsständische Repräsentation wäre vorstellbar gewesen, nicht aber das von den Liberalen geprägte Parlament und sein frühes Parteiwesen. Als organisationsstrukturelles Credo zeigten sich die patriarchalisch-zentralistischen Ordnungsvorstellungen auch in den kleinen Führungszirkeln der pietistischen Vereine und Anstalten: Während im bürgerlich-religiösen Vereinsbereich zunehmend die Mitgliederversammlung den entscheidenden Einfluß ausübte, ergänzten sich die pietistischen Zirkel meist innerfamiliär, aus sich selbst heraus und nach den Regeln der »Väter« als Paradebeispiel einer Proliferation von Milieustruktur und Milieumentalität neben gemeinsamem Denkhorizont und einer Verhaltensnormierung nach innen.[44]

Als zweite Grundlinie ist die sozialpolitische Tradition des Pietismus zu nennen. Caritas und Seelsorge, christliche Fürsorge und Verantwortung für Arme und Kranke entsprachen der Vorstellung, christlichen Glauben durch soziales Wirken zu beweisen. Die soziale Erneuerung durch die Arbeit der Inneren Mission wurde als Werk für das »Reich Gottes in Württemberg« und gleichzeitig als Prävention gegen revolutionäre Umtriebe verstanden. Seit dem Vormärz überzog ein Netz von pietistischen karitativ-sozialen Vereinen und Anstalten das Land, das im Bündnis mit dem Konservatismus und dem Monarchen so stark mit der Landeskirche verbunden war, daß sie »fast schon zu landeskirchlichen Unternehmen wurden«. Die pietistische Suche nach religiösem, sittlichem und sozialem Einfluß sollte jedoch nicht im Parlament und mit den Parteien verwirklicht werden, sondern in erster Linie im Einvernehmen mit der Regierung und dem Konsistorium. Durch die enge Verbindung von Innerer Mission und Landeskirche wurde die konservativ-pietistische Sozialarbeit zum wichtigsten Werkzeug der landeskirchlichen und der bürgerlich-konservativen Sozialpolitik. Das Aufkommen der sozialen Frage und die neuen Problemlagen der Industrialisierung erforderten neue Strategien, die auf die tiefgreifenden Veränderungen im politischen, wirtschaftlichen und sozialen Leben zugeschnitten waren. In der aufkommenden Gemeinschaftsbewegung ging es nun neben den Erfordernis-

---

1871–1876) und Oskar Wächter (MdL für die Deutsche Partei 1862–1876). Vgl. H. LEHMANN, Pietismus, 1969, S. 22f. u. 261ff. sowie D. LANGEWIESCHE, Julius Hölder, 1977, S. 104.

[44] Beispiele sind der Calwer Verlagsverein, die Hahnsche Gemeinschaft, die Evangelische Gesellschaft und der Evangelische Lehrerverein im Vergleich zu bürgerlich-religiösen Vereinen wie dem Württembergischen Verein zur Fürsorge für entlassene Strafgefangene oder dem Verein für christliche Kunst (H. LEHMANN, Pietismus, 1969, S. 262f.).

sen einer strafferen Organisation auch um neue Herausforderungen: die Gewinnung der Masse statt der Einzelseele, die Frage nach der Stellung zu den sozialen Gegensätzen, die Übertragung der christlichen Gottesidee ins »Irdische« und die Umgestaltung der sozialen Verhältnisse durch Reformen.[45]

c) Gründung der Deutschkonservativen Partei

Der christlich-konservative Deutungshorizont stellt den Hintergrund für den beginnenden Ausdifferenzierungsprozeß des württembergischen Parteiensystems nach 1871 dar. Erst nach der kleindeutsch-preußischen Lösung der deutschen Frage und der Reichsgründung kam es zu ersten Ansätzen einer Auflösungserscheinung des liberal-konservativen Bündnisses. Der Prozeß erweist sich dabei als komplexes Spannungsgeflecht von reichspolitischen Einflüssen, Divergenzen über das Verhältnis von einheitsstaatlichen und föderativen Elementen sowie der schrittweisen Anpassung an das nationale Fünfparteiensystem. Legt man die Rokkanschen Vergleichsachsen von Verteilungs- und Wertekonflikten zugrunde, die in einer historisch-politischen Landschaft absorbiert oder neu institutionalisiert werden müssen, so zeigen sich erste Bruchlinien im Korporationspotential des nationalliberal-konservativen Einheitsdaches, des bipolaren Parteiensystems und seiner Kapazität, eine politische Bewegung mit entsprechendem Wertekonflikt und Wertdramatisierungen aufzufangen.[46]

Die Ausdifferenzierung des nationalliberal-konservativen und protestantischen Bürgertums war eine Mischung aus publizistischer Initiative und organisatorischer Abgrenzung aus einem städtischen Honoratiorengeflecht, das durch einen homogenen Lebensstil geprägt, durch persönliche, familiäre Kontakte verbunden und durch den nationalpolitischen Konsens geeint war.[47] Die Großthemen der 1870er Jahre – Kulturkampf, Verhältnis von Staat und Kirche vor allem im Bereich der Schulpolitik, Aufstieg der Sozialdemokratie, politische und wirtschaftliche Fragen nach dem eintretenden »Klimaumschwung in der Bewußtseinslage« (H. Rosenberg) nach 1873/74 und die konservative Wende der Reichspolitik – wurden von Honoratioren ausgedeutet, vermittelt und in ersten organisatorischen Bestrebungen verfestigt.

Zwei Monate nach der Neuformierung der preußischen Konservativen und der Gründung der Deutschkonservativen Partei in Frankfurt kam es am 20. September 1876 in Stuttgart zur Gründung eines württembergischen Zweigvereins. Hintergrund der Frankfurter Gründung war das Bestreben der preußischen Konservativen, in Bismarcks Koalition mit den Nationalliberalen ein Gegengewicht zu schaffen und sich nach Baden, Württemberg und Bayern auszudehnen. Die Initiative war vor allem bei badischen Konservativen auf Resonanz getroffen. Früher als ihr württem-

---

[45] H. LEHMANN, Pietismus, 1969, S. 203, 226 u. 257 ff.
[46] S. ROKKAN, 2000 u. M. R. LEPSIUS, Parteiensystem, Wählerbewegung, 1980, S. 540.
[47] D. LANGEWIESCHE, Julius Hölder, 1977, S. 34 u. 98. Beispielhaft sind die engen persönlichen und familiären Verbindungen zwischen Hölder und dem Konservativen Karl Fetzer.

bergisches Pendant ›national-konservativ‹, weil kleindeutsch orientiert, wurden sie zum Promotor der Deutschkonservativen in den süddeutschen Ländern und setzten sich vehement für den Anschluß an die norddeutsch-preußischen Konservativen ein.

Unter den Unterzeichnern des im Juni 1876 von Otto von Helldorff-Bedra verfaßten Gründungsaufruf, der am 13. Juli desselben Jahres in den großen konservativen Tageszeitungen veröffentlicht wurde und fortan als das offizielle politische Programm der Deutschkonservativen auch außerhalb Preußens galt, war kein Württemberger zu finden.[48] Die *Schwäbische Kronik*, die die Frankfurter Gründungsvorgänge kritisch begleitet hatte, setzte bereits wenige Tage später zur Abwehrreaktion an: das verfassungs- und nationalpolitisch allgemein gehaltene Programm der neuen Partei könne auch ein Liberaler unterzeichnen, zudem sei kein einziger Freikonservativer auf der Liste zu finden, die Partei sei also eine »Vereinigung der weniger schroffen altkonservativen Elemente Preußens mit mehr oder weniger agrarischem Beigeschmack mit dem orthodoxen Luthertum Süddeutschlands und Sachsens.« Und spätestens bei der Forderung nach der Beendigung des Kulturkampfs werde deutlich, daß sich die Regierung auf eine solche Partei nicht werde stützen können. Bereits am nächsten Tag folgte ein weiterer Angriff: Die Gründungsproklamation trage Unterschriften aus Baden, mit denen das »Schicksal des Aufrufes in unserem Lande zum Voraus bereits entschieden sei.« Mit diesen altkonservativen Elementen bleibe die neue Partei wie bisher auch auf einen kleinen Teil von Männern beschränkt und würde lediglich ein bestehendes, »den mit unseren Verhältnissen Betrauten wohlbekanntes Vorurteil« bestätigen. Die Bildung einer politischen Partei sei, »von der Frage des Bedürfnisses ganz abgesehen, unter dieser Führerschaft für unser Land zur Zeit eine unleugbare Unmöglichkeit.«[49]

Die führenden Württemberger, die den Frankfurter Aufruf zwar nicht unterzeichnet, seiner Aufforderung zur Gründung von konservativen Landesvereinen aber gefolgt waren, waren Stuttgarter Pietisten: der Rechtsanwalt Oskar Wächter, bislang Abgeordneter und Mitglied des engeren Führungskreises der Deutschen Partei und von 1868 bis 1871 Herausgeber des *Landboten*, sowie der Direktor der Stuttgarter Rentenanstalt Karl Fetzer. Dieser hatte bei der auf den 20. September einberufenen Versammlung im Stuttgarter Bürgermuseum den Vorsitz übernommen. Auf der von »zahlreichen Delegierten aus fast allen Teilen Württembergs besuchten Versammlung« – der Termin war symbolisch und praktisch – weil man sich größere Resonanz erhoffte – auf den Besuch des Kaisers in Stuttgart gelegt – wurde ein Württembergischer Verein der Deutschkonservativen gegründet, der sich dem Frankfurter Gründungsprogramm anschloß.[50]

Der Verein war ein reiner Wahlverein für die Landtagswahlen von 1876, bei denen die Konservativen in vier Wahlkreisen durch ihre Kandidatur Protest gegen die »mit-

---

[48] Süddt. Reichspost v. 13. Juli 1876; abgedr. auch in WILH. MOMMSEN, Parteiprogramme, 1960, S. 67 ff.; vgl. auch J. RETALLACK, Notables, 1988, S. 17.
[49] Schw. Kronik v. 16. Juli 1876 u. v. 19. Juli 1876.
[50] Schw. Kronik v. 21. Sept. 1876.

telparteiliche« Tendenz der Deutschen Partei artikulierten, im zweiten Wahlgang dann aber zur Wahlaussage für den nationalen Kandidaten zurückkehrten.[51] Die Abgrenzungsversuche der Konservativen beschränkten sich auf den »liberalisierenden« Einfluß der Reichsgesetzgebung auf Württemberg. Neben dem Unmut über die »Hausierfreiheit«, der Forderung nach Zwangsinnungen, Arbeitsbüchern und bloß fakultativer Zivilehe war dies vor allem der Protest gegen das preußische Unterstützungswohnsitzgesetz, das den Zusammenhang von Gemeindebürgerrecht und Staatsangehörigkeit in Württemberg zu unterlaufen drohte, indem es das althergebrachte »Heimatrecht« und seine rechtliche Bedeutung für den Anspruch auf Armenunterstützung ersetzen sollte.[52] Bei der Reichstagswahl 1878 bewährte sich dagegen nochmals das nationalliberal-konservative Einheitsgebäude. Die Konservativen begnügten sich mit einer Punktation an Hölder, die fünf Grundsatzfragen umfasste, mit deren Zustimmung sich Hölder die konservative Unterstützung und das gemeinsame Auftreten der »Fraktion der reichsgetreuen Wählerschaft« sicherte. Als Kandidat beider Parteien dokumentierte Hölder seine Bereitschaft, nach rechts »flüssig« zu bleiben.[53] Nur in Heilbronn kam es zu einer Kandidatur des gebürtigen Hamburgers Heinrich Geffcken gegen den nationalliberalen Gottlob Egelhaaf. Das Ergebnis war die Stimmenzersplitterung des nationalen Lagers und der Mandatsgewinn eines Demokraten. Die Konservativen hatten ihr Image als Sonderorganisation, als Spalter und »Spielverderber der nationalen« Sache bestätigt.[54]

Dennoch: Die Wahlen von 1878, die ganz im Zeichen der Kaiserattentate und des Sozialistengesetzes standen, waren ein weiterer Schritt im Ausbau der Partei. Der konservative Landesverein gab sich am 12. Juli 1878 ein eigenes württembergisches Programm, das es den Lokalvereinen ermöglichen sollte, sich vorbehaltlos der Landesorganisation anzuschließen. Gleichzeitig sollte es der angestrebten lokalen Ausdifferenzierung gerecht werden. Es enthielt sich konkreter Aussagen zu wirtschaftspolitischen Themen, zum Sozialistengesetz und zur Kulturkampfgesetzgebung, um das gemeinsame nationale Dach mit der Deutschen Partei nicht vollständig zu verlassen:

> »[Der konservative Landesverein] erstrebt: wirksamen Schutz des ruhigen Bürgers gegen die um sich greifende Roheit und Sittenlosigkeit, und des ehrlichen Mannes gegen gewissenlosen Wucher; wirksamen Schutz der einheimischen Gewerbetätigkeit gegen die Über-

---

[51] Schw. Kronik v. 10. Dez. 1876. In Stuttgart-Stadt kandidierte der Hofgürtler und Gemeinderat Karl Stähle als Vertreter des gewerblichen Mittelstandes. Die weiteren Wahlkreise, in denen konservative Kandidaten kandidierten, waren Leonberg, Ludwigsburg-Amt und Marbach (vgl. auch S. BILAND, 2002, S. 45 ff.).
[52] Hierzu H.-O. BINDER, 2001, v. a. S. 108 f., 117 u. 122.
[53] Die Punkte betrafen Zoll- und Handelsgesetzgebung, Nachbesserungen am Unterstützungswohnsitzgesetz, Grundprinzipien der Gewerbefreiheit, Teilnahme der Geistlichen an der Beaufsichtigung und Leitung der Volksschule und die generelle Aussage gegen die konfessionslose Volksschule (D. LANGEWIESCHE, Julius Hölder, 1977, S. 34 u. 113 ff. u. Parteien in Württemberg, 1884, S. 87).
[54] Parteien in Württemberg, 1884, S. 88 u. G. EGELHAAF, 1960, S. 40–42. Egelhaaf charakterisierte Geffcken als Vertrauten des Kronprinzen Friedrich Wilhelm und als Gegner Bismarcks, der »nichts hatte, was den gewöhnlichen Mann in Württemberg hätte anziehen und erwärmen können«.

macht des Auslandes und Schutz der redlichen Arbeit gegen die Verdrängung durch betrügerische Pfuscherei; Lösung der sozialen Frage in christlichem Sinn, und möglichste Sparsamkeit im Haushalt des Staates und der Gemeinden. Er bekämpft: einen angeblichen Freisinn, der nur der Liederlichkeit Raum läßt, zu wachsen, bis sie im Armen- oder Zuchthaus dem sparsamen Bürger zur Last fällt. Nur von diesen Grundsätzen aus ist es möglich, die Sozialdemokratie wirksam zu bekämpfen, welche unleugbare Mißstände in unserem Volksleben durch die völlige Zerstörung seiner Grundlagen, der Gottesordnungen der Familie, der Kirche und des Christentums, heilen zu können meint.«[55]

Bis in die Mitte der 1880er Jahre hinein kam es allerdings nur zu vier Vereinsgründungen in Schwäbisch Hall, Besigheim, Heilbronn und Stuttgart, wo zur Reichstagswahl 1878 erstmals Ortsvereine mit Satzung und organisatorischen Strukturen auftraten.[56]

Der Heilbronner Verein war aus der lokalen Bürgerschaft aus Protest gegen die »nationalliberale Verwässerung« des Sozialistengesetzes entstanden. Führende Männer waren der Landrichter Wilhelm Freiherr von Gültlingen und der Dekan Karl Lechler.[57] Den Vorsitz übernahm der örtliche Holzhändler Eugen Adelmann, der vor allem Mitglieder aus dem Handwerker- und Weingärtnerstand rekrutieren konnte. Von den Aktivitäten des Vereins war nur wenig in Erfahrung zu bringen. Das für zwei Jahre bestehende und dann aus finanziellen Gründen aufgegebene lokale Mitteilungsblatt des Vereins berichtete im April 1879 von einer Zustimmungsadresse an den Reichskanzler zu seinem »patriotischen und nationalen Wirtschaftsprogramm«, vom Engagement bei der Gründung einer Raiffeisenschen Darlehenskasse und von der Anschaffung von Literatur für das Lesezimmer der Heilbronner ›Harmonie‹.[58]

Der Stuttgarter Ortsverein zeigte in seinem Auftreten neben der gewerblich-mittelständischen Interessenvertretung einen noch prononcierteren orthodox-protestantischen Deutungshintergrund. Der pietistische *Christenbote* hatte sich seit 1876 mehrfach gegen den »kirchenfeindlichen Liberalismus« gewandt, die *Reichspost* empfohlen und sich nach den Kaiserattentaten offen für die Unterstützung der Konservativen ausgesprochen.[59] Auf die Frage »Wo stehen wir?« antworteten die Stuttgarter:

---

[55] Abgedr. in Flugblatt der Deutschkonservativen Stuttgart Nr. 1, [1878], WLB Stuttgart, Kl. Württ. Drucks. A25Ca/1, 2048.
[56] Statuten des konservativen Vereins in Heilbronn vom 20. August 1878, WLB Stuttgart, Kl. Württ. Drucks., Bestand Heilbronn; Satzung des Deutschkonservativen Vereins Stuttgart 1878, WLB Stuttgart, Kl. Württ. Drucks. A25C/1, 4675.
[57] G. EGELHAAF, 1960, S. 41.
[58] Mittlg. des konservativen Vereins zu Heilbronn v. 24. Dez. 1878, v. 5. April 1879 u. v. 1. Sept. 1881, WLB Stuttgart, Kl. Württ. Drucks., Bestand Heilbronn.
[59] Christenbote v. 24. Sept. 1876, v. 7. Jan. 1877, v. 19. Mai 1878, v. 9. Juni 1878 u. v. 2. Juni 1878: »Endlich sollte sich kein Christ von der Betheiligung an der konservativen Sache durch den Gedanken abhalten lassen, das Christentum habe mit politischen Dingen nichts zu schaffen. Das mag vielleicht früher einmal richtig gewesen sein; aber es ist nicht mehr richtig heutzutage, da die wichtigsten Angelegenheiten des Reiches Gottes, die Frage der Kirche und Schule, durch politische Parteien auf dem Boden der Volksvertretungen besprochen und gesetzgeberisch geordnet werden.«

»Die beiden Attentate gegen das Leben des Kaisers geben eine ebenso klare als schreckliche Antwort auf diese Frage. Wir stehen vor einem Abgrund, der alles was uns teuer, wert und heilig ist, Vaterland und Kirche, häuslichen Herd und Familie, Treue und Glauben, ja uns selbst zu verschlingen droht. [...] Wo Religion und Glaube mißachtet wird, da wankt auch die öffentliche Ordnung; wo Gott nicht mehr gefürchtet wird, da hört auch die Furcht vor König und Obrigkeit auf; wo das Göttliche im Menschen erlischt, da wacht das Tier in ihm auf, das blutdürstige Tier, das zuerst knurrt, die Augen rollt und die Zähne fletscht, dann aber plötzlich wild aufspringt, beißt und zerreißt, mordet und zerstört. So sind wir dahin gekommen, wo wir jetzt stehen.«

Die Ergebnisse des »falschen Liberalismus« mit seiner »schrankenlosen Freizügigkeit« und der liberalen Gesetzgebung seit der Reichsgründung seien:

»Die Freiheit für jeden arbeitsscheuen Vagabunden, jede Gemeinde im deutschen Reich, die ihm zusagt, mit seiner Niederlassung zu beglücken. Wir haben ein liberales Gesetz über Unterstützungswohnsitz. Die Freiheit für den Niedergelassenen, wenn er eine Zeitlang die Gemeinde mit seiner Anwesenheit beglückt hat, Verpflegungsanspruch an sie zu erheben. Die Wirtshausfreiheit ist geworden zur Freiheit für den nächsten Besten, der nicht mehr ordentlich arbeiten mag, eine Schenke zu errichten, eine Zeitlang andern das Geld aus der Tasche zu ziehen, und zuletzt selbst auf seiner Schenke zu Grunde zu gehen. Die Theaterfreiheit ist geworden zur Freiheit, durch schlechtes Zeug, durch unsittliche Possen, durch zotenhafte Lieder den Geschmack der Leute zu verderben und die Herzen von Jung und Alt ungestraft zu vergiften. Die Wucher- und Aktienfreiheit ist geworden zu einer Freiheit für die Schwindler, durch unsolide Gründungen und Spekulationen den gemeinen Mann um sein Geld zu bringen.«[60]

Vorsitzender des Stuttgarter Vereins und Nachfolger von Fetzer war der Hofgürtler Karl Stähle, langjähriger Gemeinderat, bis 1895 Vorstand des Stuttgarter Gewerbevereins sowie bis 1890 des Landesverbands der Gewerbevereine und engagiert in der Armenpflege tätig.[61] 1881 übernahm er auch den Vorsitz des neugegründeten Landesausschusses der Deutschkonservativen. Der Landesausschuß war der Versuch, auf Anregung der Ortsvereine die »konservativen Bestrebungen im Lande zu organisieren« und die lokalen Mitglieder mit Informationen aus der Residenzstadt und über den Landesverein zu versorgen.[62] Mehr als die vier genannten Ortsvereine und wenige weitere Einzelmitglieder dürfte er kaum umfaßt haben. Dominant innerhalb des Landesvereins war der Stuttgarter Ortsverein, nicht nur wegen seiner Mitgliederzahl, die 1885 bei rund 300 lag[63], sondern auch, weil er mit der *Reichspost*, deren anfängliches Verbreitungsgebiet Stuttgart kaum überschritten haben dürfte, über

---

[60] Flugblatt der Deutschkonservativen Stuttgart Nr. 1, [1878], WLB Stuttgart, Kl. Württ. Drucks. A25Ca/1, 2048.
[61] In Stuttgart war Stähle Vorsitzender der Unterstützungskommission, der Bürgerhospitalkommission und der Kommission für die Verwaltung des Armenhauses und der Armenbeschäftigungsanstalt. Im Deutschen Verein für Armenpflege und Wohltätigkeit war er Ausschußmitglied. Biographische Notiz bei D. LANGEWIESCHE, Julius Hölder, 1977, S. 116 und Nachruf in Schw. Kronik v. 3. Febr. 1905.
[62] Mittlg. des konservativen Vereins in Heilbronn v. 1. Sept. 1881, WLB Stuttgart, Kl. Württ. Drucks., Bestand Heilbronn.
[63] Stuttgarter Vereins-Buch, 1885, S. 128.

ein eigenes Publikationsorgan verfügte.[64] Neben den ersten Ansätzen zu einer lokal ausdifferenzierten und landesweit vernetzten organisatorischen Parteistruktur war mit der ersten konservativen Tageszeitung in Württemberg ein unentbehrliches Mittel der Partei geschaffen, die Ideen und Ziele der Partei zu erläutern, zu verbreiten und neue Anhänger zu gewinnen.

Die *Deutsche Reichspost* war neben den organisatorischen Abgrenzungsbestrebungen das Ergebnis einer publizistischen Initiative von ursprünglich badischen und bayerischen Konservativen, die mit der seit 1872 in Augsburg erscheinenen *Süddeutschen Reichspost* ein gemeinsames Organ gegründet hatten. Bis 1873 wurde es von Hugo Hävernick geleitet, danach von dem Johannes Reimers als Mann der ersten Stunde. Mit Eduard von Ungern-Sternberg stand dem Blatt in den Jahren 1873/74 einer der profiliertesten konservativen Journalisten seiner Zeit zur Verfügung, der aber vor allem aus finanziellen Gründen nicht gehalten werden konnte. 1876 wurde die Redaktion der Zeitung, nun unter dem Titel *Deutsche Reichspost*, nach Frankfurt verlegt und – wie der Untertitel *Konservatives Zentralorgan für Süddeutschland* andeutete – ein neuer Versuch gestartet, nach der Gründung der Deutschkonservativen Partei die Parteifreunde südlich der Mainlinie zu sammeln.[65] Zwar war die Zeitung mit der Verlegung nach Frankfurt aus der Augsburger Nische herausgeholt worden, aber, so ihr Chronist, »die gesammelten Gelder waren nach einem halben Jahr bereits verbraucht.«[66]

Hintergrund der Finanzmisere der Zeitung waren auch die Anpassungsprozesse der konservativen Landesvereine und ihrer Organe an die Erfordernisse einer jeweils eigenen Parteizeitung: Die Badener schufen sich mit der *Badischen Landpost* 1877 ein eigenes Organ, das vor allem ab 1890 mit dem Chefredakteur Adam Röder stark an der Kooperation mit den konservativ-katholischen Kräften im Zentrum orientiert war, während sich die Bayern 1874 mit der *Süddeutschen Landpost* ein konservatives, ländlich-protestantisches und freikonservativ orientiertes Blatt hielten.[67] Nachdem »opferwillige Stuttgarter Freunde Kapital gestiftet hatten«[68], – zu vermuten sind die Kreise um Fetzer und Wächter – erschien die *Deutsche Reichspost* ab Oktober 1880 als Organ der Konservativen in Stuttgart. 1883 wurde sie mit der Gründung

---

[64] Satzung des Deutschkonservativen Vereins Stuttgart 1878, WLB Stuttgart, Kl. Württ. Drucks. A25C/1, 4675. Die Heilbronner Konservativen entschlossen sich erst 1881, nachdem der Plan eines eigenen Organs gescheitert war, »geeignete Exemplare der *Deutschen Reichspost*« zu versenden, um »den auswärtigen Mitgliedern ein Lebenszeichen zu geben« (Mittlg. des konservativen Vereins in Heilbronn v. 1. Sept. 1881, WLB Stuttgart, Kl. Württ. Drucks., Bestand Heilbronn).
[65] Vgl. neben dem Rückblick auf die Geschichte der *Deutschen Reichspost* anläßlich des Erscheinens ihrer letzten Nummer (Dt. Reichspost v. 30. Sept. 1913) auch J. RETALLACK, Notables, 1988, S. 14 u. 38f. sowie S. WOLF, 1990, S. 198f., auch zu Ungern-Sternberg, der in den 1880er Jahren Korrespondent der *Kreuzzeitung*, der *Conservativen Correspondenz* und der *Konservativen Monatsschrift* war.
[66] Dt. Reichspost v. 30. Sept. 1913.
[67] Zu den Verhältnissen in Baden und Bayern: S. WOLF, 1990, S. 326ff.; M. KITTEL, Nationalkonservative, 1998, S. 193 u. J. RETALLACK, Notables, 1988, S. 121, 201ff. u. 241.
[68] Dt. Reichspost v. 30. Sept. 1913.

der Deutschen Reichspost AG endgültig mit der Partei vernetzt und auf eine stabilere finanzielle Basis gestellt.[69]

In ihren ersten Jahren zeigte die *Reichspost* einen starken christlich-sozialen Einschlag. Von 1878 bis 1882 hatte Franz Perrot, prominenter Verfasser der »Ära-Artikel« und Sprachrohr des konservativen Unmuts gegen die liberale Reichsgründungspolitik Bismarcks, die Redaktions- und Geschäftsleitung inne.[70] Er hatte das Parteiblatt auf einen scharfen Kurs gegen die Deutsche Partei gebracht und in christlich-sozialer Stoeckerscher Richtung geprägt. In der Leitung der Redaktionsgeschäfte folgte ihm der ehemalige Pfarrer Schmid-Sonneck, prominentes Mitglied des Evangelischen Bundes und des Gustav-Adolf-Vereins in Stuttgart, der gleichzeitig Herausgeber der *Gustav-Adolf-Blätter* war: ein christlich-sozialer und anti-ultramontaner Protestant, in dem die gegnerischen Blätter einen »württembergischen Stoecker« sahen.[71]

Dennoch: Das christlich-soziale und vehement antikatholische Profil konnte sich weder in der Partei noch in der *Reichspost* durchsetzen. Die Zusammenarbeit zwischen Schmid-Sonneck und dem Blatt war bereits seit 1888/89 wegen seiner aufsehenerregenden antikatholischen Ausfälle im Landtagswahlkampf belastet und wurde 1890 beiderseits aufgelöst.[72] Auch der anfangs erfolgversprechende Versuch der Konservativen, über die Verbindung zur evangelischen Arbeitervereinsbewegung die soziale Basis ihrer Anhängerschaft zu erweitern, war nur von kurzer Dauer.[73] Trotz der sozialpolitischen Aufbruchstimmung und Faszination, die die Stoeckersche Verbindung von sozialem Christentum, Konservatismus und Nationalismus auf weite Teile vor allem der jüngeren württembergischen Theologenschaft ausübte, fand sie keinen Niederschlag in einer organisatorischen Anbindung an die konservative Partei. Die vielfältige württembergische christlich-soziale und evangelisch-soziale Bewegung blieb auch nach der Gründung des Evangelisch-sozialen Kongresses von 1890 entweder christlich-konservative karitative Vereinstätigkeit innerhalb der Landeskirche, oder aber in ihrer liberalen Ausprägung Grundlage der Nationalsozialen um Naumann.[74]

---

[69] Die Statuten der AG bezeichneten ihren Zweck in der Herausgabe einer »politischen Zeitung, deren Richtung durch die Programme der Deutschkonservativen vom 12. Juli 1876 und des deutschkonservativen Vereins für Württemberg vom Jahr 1878 bestimmt sind« (Statuten der Aktiengesellschaft Deutsche Reichspost in Stuttgart nach den Beschlüssen der konstituierenden Versammlung vom 26. September 1883, WLB Stuttgart, Kl. Württ. Drucks. A25C/1, 4676).
[70] Zu Perrot vgl. H. REIF, 2001, S. 28 mit Anm. 8.
[71] Beobachter v. 30. Jan. 1888.
[72] Zu Beginn des Wahlkampfs hatte Schmid-Sonneck erklärt, sein Programm decke sich mit dem Aufruf des deutschkonservativen Vereins (Schw. Kronik v. 29. Dez. 1888.) Nach dem Wahlkampf ließ er durch seinen Rechtsanwalt verlauten, er sei nicht mehr Redakteur der *Reichspost*. Hierzu und zur »konfessionellen Hetze« Schmid-Sonnecks im Wahlkampf Dt. Volksbl. vom 20. Febr. u. v. 13. April 1890.
[73] Zu den evangelischen Arbeitervereinen siehe unten S. 232 ff.
[74] Vgl. H. HERMELINK, Geschichte, 1949, S. 444 ff. u. H. VÖLTER, Evangelisch-soziale Bewegung, 1959.

Die 1880er und frühen 1890er Jahre sind für die Konservativen in Württemberg von organisatorischer Stagnation und fehlgeschlagener Erweiterung der sozialen Basis gekennzeichnet. Es hatte lange gedauert, bis überhaupt von einer in Ansätzen ausgebildeten organisatorischen Struktur die Rede sein konnte: neben dem größten Ortsverein in Stuttgart bestanden nun aber zumindest drei weitere Lokalvereine, ein Landesverein, der in seinem Landesausschuß sowohl die Vertrauensmänner der Ortsvereine als auch die über das Land verstreuten Einzelmitglieder sammelte, und vor allem ein Publikationsorgan, das auf dem Deutungsmarkt der täglich erscheinenden Zeitungen konkurrierte und für die junge Partei neue Anhänger werben konnte. Zur Gründung weiterer Ortsvereine kam es aber bis Anfang der 1890er Jahre nicht. Auch kamen die Konservativen Württembergs über Einzelkandidaturen nicht hinaus, und selbst bei diesen konnten sie nur Bruchteile der Wählerschaft mobilisieren. Beherrschend blieb in den 1880er Jahren das Bündnis im »Kartell«, die gemeinsame Frontstellung gegen die Demokratie und die Einigung zwischen Deutscher Partei und Konservativen auf »national zuverlässige« Kandidaten.[75] Der protestantische Konservatismus in Württemberg blieb peripherer Teil eines städtisch-bürgerlichen, nationalliberal-konservativen Milieus. In der dominanten protestantischen Mehrheitskultur mit ihren landeskirchlich-konservativen und anstaltskirchlichen Strukturen fehlten die Bedrohungs- und Repressionserfahrungen für eine erfolgreiche parteipolitisch konservative Abgrenzung: der bislang in Württemberg nicht politisch organisierte Katholizismus und die schwach organisierte Arbeiterschaft in Württemberg stellte keine Herausforderung an das dominierende protestantisch-konservative Selbstverständnis und das christlich-bürgerliche, von staatlicher Seite unterstützte Prinzip der Fürsorge für Arme – und damit auch Arbeiter – dar.

d) Konfliktdimensionen und Vergemeinschaftungen

Erst die tiefgreifenden Veränderungen der 1890er Jahre führten zu einer Profilierung der Konservativen im Land. Zwei in ihren Grundzügen bereits angelegte Basisprozesse erwiesen sich als wesentliche Momente. Neben der Verschärfung der interkonfessionellen und innerprotestantischen Gegensätze war dies der Durchbruch der Industrialisierung. Der im Reichsvergleich verspätet einsetzende Prozeß[76] wurde vor allem im gewerblichen Mittelstand als krisenhaft empfunden. Im Handwerk und Kleinhandel mit zahlreichen Familienbetrieben zeigten sich in einem in den 1890er Jahren kulminierenden Prozeß stark rückläufige Tendenzen.[77] In der

---

[75] Bericht über die Landesversammlung der Konservativen zu den Landtagswahlen in Schw. Kronik v. 17. Nov. 1882. Bei den Septennats- und Kartellwahlen 1884 und 1887 zeigten die nationalen Parteien ein Bild der Geschlossenheit. 1887 wurden nach Einigung beider Parteien in 13 von 17 Wahlkreisen »aufrichtig nationalgesinnte Männer gewählt«. In der Retrospektive: Wahlaufruf des deutschkonservativen Vereins für Württemberg 1889, WLB Stuttgart, Kl. Württ. Drucks. A 25 Ca/1, 2049. Zustimmend zum »Kartell« der Christenbote v. 5. u. 19. Okt. 1884. Im Überblick: S. BILAND, S. 61 ff.
[76] K. MEGERLE, Württemberg im Industrialisierungsprozeß, 1982.
[77] Die wachsende Zahl von Betriebsaufgaben konnte zwar statistisch durch die im Zuge des städtischen Wachstums expandierenden Handwerksbranchen im Bau- und Metallgewerbe ausgeglichen

Krisenperzeption des traditionellen Handwerks und Einzelhandels, die mit ihren Zwergbetrieben die täglichen Lebensbedürfnisse zu decken pflegten, wurde der Schrumpfungsprozeß als Niedergang empfunden. Angesichts der rasch wachsenden und zunehmend politisch wie gewerkschaftlich organisierten Arbeiterschaft erhielt er zusätzliche Brisanz. Vor dem Hintergrund der Organisationsdynamik im Vereinswesen und der wachsenden Artikulation ökonomischer Interessen wurde die Mittelstandsfrage neben der Arbeiter-, der sozialen und der Agrarfrage zum zentralen Thema der 1890er Jahre.[78]

Daß der Mittelstand als »Schicht zwischen den Fronten« und als staatserhaltende Kraft Förderung verdiene, wurde ihm von allen bürgerlichen Parteien bescheinigt. Seit den 1890er Jahren warben alle Parteien um das Handwerk und den alten Mittelstand, der sich als Abgrenzungsbegriff für das Identitätsbewußtsein der selbständigen Handwerker und Kleingewerbetreibenden herauszubilden begann.[79] Der seit 1848/49 angelegte Konnex von Kleingewerbe und Handel mit den Konservativen erfuhr dabei eine Renaissance durch eine Gruppierung der durch Besitz, wirtschaftliche Selbständigkeit und bürgerliche Rechte in ursprünglich liberalem Sinne potentiell zu politischer Mitwirkung qualifizierten Vollbürger, die sich als Träger des wirtschaftlichen Gedeihens und der gesellschaftlichen Kultur empfanden.[80] Nach der Einführung der Gewerbefreiheit blieben neben der Kontrolle der beruflichen Qualifikation der Schutz vor standesfremder Konkurrenz und eine brancheninterne Wettbewerbsbeschränkung die wesentlichen Anliegen der Handwerker- und kaufmännischen Mittelstandsbewegung zur Absicherung von ökonomischer Selbständigkeit und angemessenem sozialen Status. Ihre spezifischen Interessen – v. a. die protektionistischen Forderungen gegen Hausierhandel und Detailreisen sowie gegen die Konkurrenz von Kauf- und Warenhäusern, gegen die Vertriebsformen von Industrie, Großhandel und Konsumvereinen – wurden zwar weiterhin über die traditionellen Kanäle der berufsspezifischen Zusammenschlüsse, der freien Handels- und Gewerbevereine sowie der in Württemberg als vorbildlich geltenden staatlichen Gewerbeförderung artikuliert.[81] Hinzu kam nun aber der entscheidende Punkt, daß

---

werden, so daß insgesamt ein »Aufschwung im Handwerk« zu beobachten war. Während die Kleinbetriebe bis fünf Personen stark expandierten, ging die Zahl der Alleinbetriebe zwischen 1895 und 1907 jedoch um rund 10 % zurück (W. v. HIPPEL, Wirtschafts- und Sozialgeschichte, 1992, S. 740 ff.; W. BOELCKE, Wirtschaftsgeschichte Baden-Württembergs, 1987, S. 284 ff.).

[78] F. LENGER, 1988 u. D. BLACKBOURN, Mittelstandspolitik, 1988, jeweils mit weiterführender Literatur.

[79] Vor allem die Volkspartei war in Württemberg die traditionelle Vertretung der kleinen Gewerbetreibenden (K. SIMON, Württembergische Demokraten, 1969, S. 25 ff. Zum Zentrum: D. BLACKBOURN, Class, Religion, and Local Politics, 1980, S. 141 ff.).

[80] Zum Mittelstandsbegriff: F. LENGER, 1988, S. 127 u. H.-G. HAUPT, 1998.

[81] Die auf lokaler Ebene organisierten freien Vereine und Interessenorganisationen bildeten den informellen Unterbau der acht württembergischen Handelskammern, die wiederum in nachgeordneter Abhängigkeit zur Zentralstelle für Handel und Gewerbe standen (W. BOELCKE, Wirtschaftsgeschichte Baden-Württem-bergs, 1987, S. 287 ff.; W. MOSTHAF, 1955). Zu Württemberg als »Geburtsland der systematischen Gewerbeförderung«: W. BOELCKE, Sozialgeschichte Baden-Württembergs, 1989, 196 ff.

sich parallel zu dieser »in eigenartiger Weise dreistufig verfaßten«[82] Vertretung des gewerblichen Unternehmertums eine Mittelstands- und Handwerkerbewegung bildete, die auf die politischen Parteien zuging und zunehmend Anbindung an die Konservativen fand. Vorrangig beteiligt waren hier selbständige Gewerbetreibende aus den traditionellen städtischen Innungen der Bäcker, Friseure, Metzger und Schuhmacher, die die in Württemberg seit mehr als fünfzig Jahren bestehende Forderung nach Handwerkskammern und damit zum Abbau der organisatorischen Defizite von Handwerk und Einzelhandel aufgriffen und in den parteipolitischen Raum transportierten.[83]

Die Interessenartikulation und der Prozeß der vereins- und verbandspolitischen Organisation der Mittelstandsbewegung verlief auf lokaler Basis und mit unterschiedlicher Ausprägung. In Ulm, als Garnisonstadt traditionell von einem hohen Anteil an Beschäftigten in Verwaltung und Militär und von geringem Gewerbe- und Industrieanteil geprägt, dennoch aber größter Kornmarkt und wichtigster Handelsplatz für Leder, Wolle und Käse[84], formierte sich um Eugen Nübling und seine *Ulmer Schnellpost* eine antisemitische Vereinigung, die 1891 mit einer eigenen kommunalen Wahlliste der Handwerker- und Mittelstandsinteressen antrat.[85] Nübling, Sproß einer alteingesessenen Ulmer Verlagsfamilie, hatte die *Schnellpost* seit 1878 vom liberalen Amtsblatt zum konservativ-antisemitischen Organ gemacht. 1890 hatte er den Antisemiten Hans Kleemann als Redakteur eingestellt. Die antisemitische Vereinigung, die zeitweise als Deutsch-soziale antisemitische Partei Württembergs auftrat[86], formierte sich erneut im Herbst 1892 auf der Grundlage des Erfurter Programms der deutsch-nationalen antisemitischen Partei vom Juli 1890 mit der *Ulmer Schnellpost* als offiziellem Organ.[87] Unter Kleemann wurde das Blatt zum antisemiti-

---

[82] W. Fischer, 1964, S. 87.
[83] Im Zuge der Reichsgesetzgebung gab es seit 1897/1899 vier Handwerkskammern (Stuttgart, Ulm, Heilbronn, Reutlingen) als Selbstverwaltungskörper und als mittelbare Organe der Staatsverwaltung in staatlicher Abhängigkeit, in denen die Innungen eine wichtige Rolle spielten. Die ersten Wahlen zu den Kammern fanden 1900 statt (W. Mosthaf, 1955; W. Boelcke, Sozialgeschichte Baden-Württembergs, 1989, S. 201 f. u. F. Gerhardt, 1916, S. 874 ff.). Generell ist im Land von einem niedrigen Organisationsgrad der Innungen auszugehen. W. v. Hippel, Wirtschafts- und Sozialgeschichte, 1992, S. 741, schätzt ihn auf ca. 15% (1912) und geht davon aus, daß nur ein Drittel der selbständigen Handwerker in Innungen, Fachvereinen, Handwerker- und Gewerbevereinen organisiert war. Zum notorisch unterorganisierten Kleinhandel auch H. A. Winkler, Rückversicherter Mittelstand, 1979 u. ö. sowie R. Gellately, 1974.
[84] E. Specker, Ulm im 19. Jahrhundert, 1990, S. 153.
[85] Ulmer Schnellp. v. 17. Dez. 1891.
[86] Die Grundsätze der deutsch-sozialen antisemitischen Partei o.J. [1891/92], WLB Stuttgart, Kl. Württ. Drucks. A 25 Ca/1, 2095 u. Weihnachts-Flugblatt der deutsch-sozialen antisemitischen Partei Württembergs o.J. [1891], WLB Stuttgart, Kl. Württ. Drucks. A 25 Ca/1, 2096.
[87] Organisationsbestimmungen der deutsch-nationalen antisemitischen Partei in Württemberg, WLB Stuttgart, Kl. Württ. Drucks. A 25 C/1, 4677. Nachdruck 1893 als Satzungen der Deutschnationalen antisemitischen Partei in Württemberg, WLB Stuttgart, Kl. Württ. Drucks. A 25 C/1, 4678.

schen Hetzblatt degradiert. Das Ergebnis war der Entzug des Titels eines Amtsblatts und der wirtschaftliche Niedergang.[88]

Zur Reichstagswahl 1893 war Nübling noch als landesweit einziger Zählkandidat der Antisemiten in Stuttgart angetreten und verband dort die protektionistischen Mittelstandsforderungen mit einer aggressiven Agitation:

> »Wir wollen: Schutz für Handwerk und gemeinnütziges Gewerbe gegen die Schmutzkonkurrenz, welches alles ehrenhafte Gewerbe lahmlegt, gegen Konkursunfug, Schwindel- und Scheinausverkäufe. Wir verlangen: Befähigungsnachweis, Ordnung des Lehrlings- und Gesellenwesens, Sicherung des fleißigen Arbeiters gegen Ausbeutung, Sicherung des Meisters gegen den Bruch des Arbeitsvertrags, staatliche Regelung der Arbeiterwohnungsfrage, Schutz der gesamten Bevölkerung gegen Ausbeutung durch gewissenlosen, unehrlichen Geschäftsbetrieb, gegen Börsenschwindel, Terminhandel und Gründerunwesen, gegen die feile und verlogene jüdische oder von Juden beeinflußte Presse, gegen den gesamten politisch, wirtschaftlich und sittlich gleich gefährlichen Einfluß des Judentums.«[89]

Die Ausweitung der antisemitischen Partei nach Stuttgart und auf die Landesebene scheiterte. Zum einen hatte Nübling keinerlei Unterstützung von den Konservativen erfahren, die sich für Stuttgart wiederum mit der Deutschen Partei auf einen Kandidaten geeinigt hatten, zum andern stießen seine Agitationsformen auf Ablehnung.[90] Parteiinterne Streitigkeiten innerhalb der Antisemiten dürfen außerdem angenommen werden. Bereits 1894 fungierte die *Ulmer Schnellpost* schon nicht mehr als offizielles Parteiorgan. Der Höhepunkt der antisemitischen Partei war bereits überschritten.[91]

In Stuttgart hingegen wurden die mittelständischen Interessen anders artikuliert. Das mittelständische Protestpotential konnte hier durch die enge Anbindung an die Konservativen aufgefangen werden. Auf die Initiative des Katholiken Albert Treiber, Inhaber des Süddeutschen Korrespondenzbureaus in Stuttgart[92], und Wilhelm Kälberer, Bäckerobermeister, Vorsitzender der Stuttgarter Bäckerinnung, des Württem-

---

[88] 1888 betrug die Auflagenhöhe der *Schnellpost* 5100, 1899 nur noch 3000 (K. WELTIN, 1990, S. 470 ff.). Zur Beobachtung durch das Innenministerium und zu einer Eingabe der israelitischen Gemeinde Ulms, weil Kleemann 1892 den sogenannten »Talmud-Auszug« verbreitet und in der *Schnellpost* die israelitische Gemeinde beschuldigt hatte, sie schächte junge Mädchen: HStA Stuttgart, E130a, Bü 406 (Prozeß gegen Kleemann und Nübling vor dem Ulmer Schwurgericht, in dem beide freigesprochen wurden). Vgl. auch StA Ulm, NL Nübling (»Mein Werdegang«).
[89] »Was wir wollen!«, Flugblatt der Deutsch-nationalen antisemitischen Partei Württembergs o.J. [1893], WLB Stuttgart, Kl. Württ. Drucks. A 25 Ca/1, 2054.
[90] Schw. Kronik v. 14. Juni 1893 A, DT. VOLKSBL. v. 25. Mai 1893. Bei einer Versammlung in Stuttgart betonte Nübling, er sei von Hause aus konservativ, seit zwei Jahren aber Antisemit. In der Versammlung hatte er tumultuarische Gegenreaktionen der Anwesenden und heftigen Protest des Stuttgarter Rabbiners hervorgerufen (Schw. Kronik v. 7. Juni 1893). Weitere Kandidaturen der Antisemiten scheiterten (Schw. Kronik v. 5. Juni 1893 M u.v. 12. Juni 1893 A).
[91] Die von Hugo Goeze geführte Stuttgarter Gruppe beschloß im Herbst 1894, den Mitgliedern die *Berliner Volksrundschau* zuzusenden, bevor mit der nie realisierten *Schwäbischen Volksschau* ein eigenes Blatt zur Verfügung stehen sollte (Beobachter v. 11. Sept. 1894). Zum Zusammenhang der antisemitischen Parteien R. S. LEVY, 1975; G. B. GINZEL, 1991 u. D. DÜDING, Antisemitismus, 1992.
[92] Zu Treiber auch D. BLACKBOURN, Class, Religion, and Local Politics, 1980, S. 220.

bergischen Bäckerinnungsverbandes und früheres Mitglied der Volkspartei[93], wurde 1893 mit dem Schutzverein für Handel und Gewerbe eine Vereinigung von Angehörigen des Mittelstandes aus dem Kaufmanns- und Handwerkerstand gegründet.[94] Was ursprünglich als eigenständige und interkonfessionelle Wirtschafts- und Mittelstandspartei geplant war, entwickelte sich auf der Basis der städtischen Innungen und der freien Gewerbevereine zu einem lautstarken Interessenverband. Nach den anfänglichen Versuchen Treibers, auch im katholischen Bereich neben dem Zentrum Fuß zu fassen[95], unterlag auch dieses Unternehmen der konfessionellen Spaltung des Verbands- und Parteiwesens der 1890er Jahre. Die Tätigkeit des Schutzvereins reduzierte sich zunehmend auf protestantische selbständige Handwerker und Einzelhändler als mittelständische Lokalhonoratioren und auf die Verbindung zur konservativen Partei.[96] Im Gegensatz zum antisemitischen Gewand, in dem die mittelständischen Forderungen in Ulm artikuliert wurden und in Stuttgart auf Ablehnung gestoßen waren, entsprachen sie von Seiten des Treiberschen Schutzvereins dem orthodox-pietistischen Deutungshorizont der Konservativen und spiegelten damit die Sozialmoral der konservativen Mittelständler wider:

»Das ›freie Spiel der Kräfte‹ und der ›Kampf ums Dasein‹ proklamiert den Egoismus. Wir kämpfen gegen Lug und Trug im Wirtschaftsleben, gegen die Unterdrückung der Moral im Wirtschaftsleben mit ihrem demoralisierenden Einfluß auf das gesamte Leben. Mit Lug und Trug erworbenes Geld dient der Verschwendung, der Genußsucht und der Üppigkeit. Es fördert Erbitterung und sozialen Haß und dient damit der Verbreitung der Sozialdemokratie.«[97]

Neben der ordnungs- und interessenpolitischen Orientierung des protestantischen gewerblichen Mittelstandes erweist sich das orthodox-protestantische Moment als weiterer Impetus für den Mobilisierungsschub der Konservativen in den 1890er Jahren. Das ausgehende 19. Jahrhundert wird als »Krise des Pietismus«, als Zeit der Erstarrung und des Traditionalismus gewertet, vor allem weil er sich der modernen Theologie, Wissenschaft und der Parteipolitik gegenüber ablehnend verhielt und keine neuen Antworten auf die veränderte soziale Lage hervorbrachte.[98] Eine mit Baden vergleichbare, durch den Schenkelstreit veranlaßte breite Mobilisierung konservativer Geistlicher, die sich auf eine festgefügte innerkirchliche Parteibildung stützen und in den politischen Bereich hineinreichen konnte, hatte es in Württemberg bislang nicht gegeben. Der orthodoxe Protestantismus blieb beherrschendes Moment in der Landeskirche, in der die »pietisierende Hauptlinie der württembergi-

---

[93] Dt. Reichspost v. 27. Nov. 1906.
[94] Dt. Volksbl. v. 15. Juni 1893.
[95] Als Beispiel die gemeinsamen Auftritte Treibers mit dem Zentrumsmann Julius Bachem für den Schutzverein in Biberach und Ulm (Schw. Kronik v. 4. Sept. 1894 M).
[96] Zur organisatorischen Entwicklung des Schutzvereins siehe unten S. 240ff.
[97] Der Schutzverein zum Gesetzentwurf gegen unlauteren Wettbewerb in Dt. Reichspost v. 11. Jan. 1895.
[98] H. LEHMANN, Pietismus, 1969, S. 268 ff. u. 358 f.

schen Staatskirche«[99] sowie das konsistoriale Element gegenüber dem synodalen tonangebend blieb. Auch nach der Einführung einer Landessynode, der beginnenden Verselbständigung der Landeskirche unter König Karl nach 1870 und der Ausbildung einer ›positiven‹ konservativen und einer liberalen kirchlich-theologischen Richtung standen diese in »größtmöglichem Frieden« zueinander. Das theologische Klima blieb bis in die 1890er Jahre von »fruchtbarer und sich gegenseitig achtender Zusammenarbeit der beiden Richtungen geprägt«, bevor es im »kampfreichen letzten Jahrzehnt des 19. Jahrhunderts« zu einer sehr viel deutlicher ausgeprägten innerkirchlichen Fraktionsbildungen kam.[100]

Auslöser einer fundamentalen Auseinandersetzung innerhalb der Landeskirche war die von 1892 bis 1895 dauernde Diskussion um den ›Fall Schrempf‹. Der Pfarrer Christoph Schrempf hatte 1892 mit seiner Weigerung, bei der Taufe das Apostolikum zu verlesen, eine Bewegung entfacht, die weit über Württemberg hinausreichte und der Frage der Bindung der Pfarrer an das Glaubensbekenntnis grundsätzliche Bedeutung gab. Der reformatorische Eifer Schrempfs hatte vor allem auf orthodoxer Seite eine Gegenbewegung provoziert, die in einer Unterschriftensammlung von 12.000 meist aus Gemeinschaftskreisen kommenden Protestanten kulminierte und die bislang von der Kirchenleitung überbrückten Gegensätze zwischen liberalen und konservativen Theologen offen zutage treten ließ.[101] Obwohl die Auseinandersetzungen konsensual innerhalb der Landeskirche gelöst werden konnten, indem Synode und Konsistorium für Teile des Bekenntnisses eine »strenge Gebundenheit« bestehen ließen und für andere Teile »eine Bewegungsfreiheit« gewährten[102], zeigten die Gärungen in der Theologenschaft Folgen: 1893 in der Gründung der Evangelisch-kirchlichen Vereinigung unter dem Nagolder Dekan Christian Römer, in der sich pietistisch-konservative Geistliche zusammenfanden[103] und sich mit dem *Evan-*

---

[99] M. SCHARFE, 1980, S. 11.
[100] H. HERMELINK, Geschichte, 1949, S. 416–438, S. 420, 434 u. 438. Die Landessynode war 1869 zusammengetreten und erlangte 1888 das Recht der kirchlichen Gesetzesinitiative (E. NAUJOKS, 1992, S. 369 ff.). Zum »mißständigen Verhältnis« des Kirchenregiments aus konservativer Sicht P. WURSTER, Kirchliches Leben, 1919, S. 34 f.; zu Kirchenleitung und Landessynode S. HERMLE, 1995, v. a. S. 65 ff.
[101] Bei der milden Handhabung der agendarischen Bindung in Württemberg, die vor allem von pietistischen Kreisen durchgesetzt worden war, war die Verlesung des Apostolikums nur noch bei der Taufe vorgesehen. Im Mai 1892 wurde Schrempf »wegen Verfehlung gegen die übernommene Dienstpflicht« entlassen. Zum Fall Schrempf: P. WURSTER, Kirchliches Leben, 1919, S. 150 ff.; H. HERMELINK, Geschichte, 1949, S. 434–439; H. HERMELINK, Christentum, Bd. III, 1955, S. 566 ff.; G. SCHÄFER, Zu erbauen, 1984, S. 279 f.; auch: TH. NIPPERDEY, Deutsche Geschichte 1866–1918, Bd. I, 1993, S. 485 sowie E. R. HUBER/W. HUBER, Staat und Kirche Bd. III, 1983, S. 658 ff. Biographisch zu Schrempf: H. HOHLWEIN, RGG, 1961, Sp. 1511–1513 u. H. M. MÜLLER, 1996.
[102] G. SCHÄFER, Zu erbauen, 1984, S. 280 u. H. HERMELINK, Geschichte, 1949, S. 434 f.
[103] Evang. Kirchenbl. für Württ. v. 21. Jan. 1893 mit Bericht über die Versammlung der »mit Entschiedenheit auf dem Boden des biblischen und kirchlichen Glaubens stehenden gleichgesinnten Amtsgenossen der Landeskirche«. H. HERMELINK, Geschichte, 1949, S. 439 gibt die Mitglieder für 1896 mit 188 und für 1917 mit 316 an. Zu den Auseinandersetzungen mit den Anhängern Schrempfs: Evang. Kirchenbl. für Württ. v. 28. Jan. 1893 (»Sechs Sätze zur gegenwärtigen kirchlichen Lage«), v. 8. April 1893 (»Sind wir noch Glieder der evangelischen Landeskirche Württemberg?«) und die Dis-

gelischen Kirchenblatt für Württemberg und dem Wochenblatt *Der alte Glaube* Organe schufen. Hieraus ging 1900 auch der Württembergische Verein für Evangelisation hervor, gegründet gegen »widerkirchliche und widerchristliche Bestrebungen« und für eine innere Erneuerung der Landeskirche. Trotz raschem Aufbau, lokaler Ausweitung und zentralistischer Struktur erreichte der Verein jedoch nur Kreise, die ohnehin schon in Gemeinschaften versammelt waren.[104]

Festzuhalten bleibt: Die kirchlich-konservativen Gruppierungen hatten sich in den 1890er Jahren neue Kanäle zur Vertretung ihrer Interessen geschaffen. In der Vereinstätigkeit und im Bereich der kirchlichen Publizistik traten sie verstärkt in die innerprotestantische Deutungskonkurrenz mit den kirchlich Liberalen ein. Zwar wurde bei der Vertretung evangelischer Interessen der landeskirchliche Rahmen nicht verlassen und das Zusammenwirken von Amtsträgern und Laien, Kirchen und Innerer Mission, Gemeinschaften und Vereinen beibehalten, aber die innerkirchlichen Gruppen hatten sich deutlich voneinander abgegrenzt. Die orthodoxen Gruppierungen nahmen nun zwar lauter vernehmbar in der Öffentlichkeit Stellung, blieben aber weiterhin an der Kulturbedeutung des gesamten Protestantismus orientiert. In der Vertretung dieser Interessen bezogen sie nun aber in der Öffentlichkeit vehementer Position – auch und vor allem für die konservative Partei.[105]

2. Der Bauernbund: Ländliches Protestpotential

Die Jahre 1880 bis 1914 gelten als Phase tiefgreifender Veränderungen im Agrarbereich mit externen und internen Krisenfaktoren, in der die Landwirtschaft ihre Stellung als bedeutendster volkswirtschaftlicher Produktionszweig verlor. Die zentralen Einflüsse waren die sich dynamisierende Industrialisierung, die verbesserten Verkehrsverhältnisse in der zweiten Phase des Eisenbahnbaus sowie die Einflüsse durch die Veränderung des binnenländischen Kräftegefüges: Bevölkerungszunahme und Städtewachstum, Anstieg der nichtlandwirtschaftlichen Arbeitsplätze, Bedeutungsrückgang von Dorfhandwerk und Heimgewerbe, wachsende Kaufkraft der städtischen Bevölkerung mit einhergehenden Veränderungen der Lebens- und Ernährungsgewohnheiten sowie Wandlungen in regional unterschiedlichem Maß innerhalb der Landwirtschaft selbst.[1]

In Württemberg ist der Zusammenhang von Vererbungsformen und Bevölkerungsentwicklung sowie Industrialisierung deutlich ausgeprägt. Während der ge-

---

kussion zur Schrempfschen Theologie in den Ausgaben v. 27. April, 4. Mai, 8. Mai, 15. Juni u. 13. Juli 1895.
[104] Zu Gründung und Organisation: Erbauliche Mittlg. Nr. 9, Sept. 1904. Vgl. auch: H. HERMELINK, Geschichte, 1949, S. 439 f. u. H. LEHMANN, Pietismus, 1969, S. 281.
[105] Als Beispiel: Evang. Kirchenbl. für Württ. v. 20. April 1895 mit der Aufforderung zu einem energischen Auftreten der konservativen Richtung und der Voraussage, irgendwann werde es »nur noch Konservative einerseits und Sozialisten andererseits geben. Dazu noch Zentrumsleute.«
[1] CH. BORCHERDT, 1985, S. 89–134 u. F.-W. HENNING, 1978, S. 63 f.

Tabelle 2: Betriebsgrößenstruktur der württembergischen Landwirtschaft

	1882	1895	1907
0–2 ha	165 135	156 828	167 878
2–5 ha	81 148	84 215	83 752
5–20 ha	53 970	57 670	56 372
20–100 ha	7 724	7 774	6 710
über 100 ha	141	156	117
Betriebe insgesamt	308 118	306 643	314 829

Quelle: Sozialstrukturdatensatz.

schlossene Übergang an einen Alleinerben in den katholischen neuwürttembergischen Landesteilen die Betriebsgröße konservierte, wirkte die Realteilung im protestantischen Altwürttemberg als dynamischer Faktor in der Kausalkette von Betriebsteilung, Bevölkerungszunahme und Siedlungswachstum. Die Folgen waren Flur- und Betriebszersplitterung, Intensivierung der Bodennutzung und eine Vielzahl von Kleinbetrieben unterhalb der Ackernahrungsgrenze. Die Kleinbauern waren zunehmend zu gewerblicher Lohnarbeit gezwungen. Die landwirtschaftlichen Betriebszählungen von 1882, 1895 und 1907 zeigten, daß die Industrialisierung vor allem in den Realteilungsgebieten die Tendenz zum Betreiben von Landwirtschaft als Teil- oder Zuerwerb bewirkte. Hier entwickelte sich eine differenzierte Erwerbs- und Sozialstruktur mit einer starken Durchmischung von Agrarwirtschaft, Kleingewerbe und Industrie.[2] Im Gegensatz zu den mittel- bis großbäuerlichen Strukturen mit einer höheren Anzahl an marktorientiert wirtschaftenden Vollbauern weist die Landwirtschaft in den Realteilungsgebieten andere Charakteristika auf: Neben einer wachsenden Zahl von klein- und kleinstbäuerlichen Betrieben mit wenig rentabler Landwirtschaft, einer Vielzahl von Doppelexistenzen als Arbeiterbauern und einer hohen Zahl an Pendelwanderern vom Land in die Stadt[3], blieben in den Realteilungsgebieten die klein- bis mittelbäuerlichen Eigenbetriebe mit einer Nutzfläche von 2 bis 20 ha gegenüber größeren Pachtbetrieben, staatlichem oder adligem Grundbesitz die dominierende Wirtschaftsform (vgl. Tab. 2).[4]

---

[2] W. v. HIPPEL, Wirtschafts- und Sozialgeschichte, 1992, S. 643f.
[3] Die Zahl der Berufslandwirte nahm von 1895 bis 1907 um 9 172 ab und die der Nebenberufslandwirte um 19 722 zu (H. GRÄTER, 1913, S. 83 u. J. GRIESMEIER, Pendelwanderung in Württemberg, 1929).
[4] 1895 lag die durchschnittliche Betriebsfläche mit 3,8 ha weit unter dem Reichsdurchschnitt von 5,9 ha. Zur Differenzierung innerhalb Württembergs nach Konfession und Erbrecht: Neckarkreis: 2,3 ha, Schwarzwaldkreis: 2,7 ha, Jagstkreis 5,0 ha, Donaukreis: 6,1 ha. (WJb 1897 u. Stat. Handb. f. d. Königreich Württ. 1897, S. 76 f.). Pachtland machte in Württemberg 1907 nur 7,1 % der Nutzfläche aus. Die 141 Fideikommisse umfaßten 6,6 % der Landesfläche (Preußen: 7,3 %). 30 % davon waren landwirtschaftlich, 70 % forstwirtschaftlich genutzt, wobei mit steigender Größe der Waldbesitz zunahm. Nur 12,9 % der Fideikommißfläche waren in Eigenbewirtschaftung, dagegen 87,1 % auf 157 landwirtschaftlichen Hofgütern mit einer Durchschnittsgröße von 61,5 ha verpachtet (Mittlg. d. Württ. Stat. Landesamts 1919, S. 247–253; O. TRÜDINGER, Fideikommisse, 1923/24, S. 62; O. TRÜDINGER, Württembergische Landwirtschaft, 1927, S. 268 u. H. HOFFMANN, 1935, S. 38).

Trotz stimulierender Impulse durch die Vereinheitlichung von Maßen, Gewichten und Zöllen zeigten sich Übergangsschwierigkeiten in der nach 1871 in den Weltmarkt eingebundenen Landwirtschaft. Die Agrarproduktion mußte sich von einem den regionalen Nahrungsmittelbedarf deckenden zu einem den Gesetzen der überregionalen Marktwirtschaft unterworfenen Wirtschaftszweig wandeln. Die sich in den 1880er Jahren verschärfende Agrarkrise, bedingt durch sinkende Einkommen bei steigenden Kosten sowie durch schlechte Ernten und steigende Getreideimporte aus Südosteuropa, wuchs sich in Württemberg zu einer Kreditkrise aus, die die Landwirtschaft mit einer Welle von Zwangsversteigerungen traf. Die Schutzzollwende von 1879 und selbst die 1887 erfolgte Erhöhung der Sätze auf das Fünffache griffen im Land nur langsam und wirkten sich erst Ende der 1890er Jahre positiv auf die Ertragslage aus.

Die Hochphase der Agrarkrise war Anfang der 1890er Jahre mit dem Übergang von der Politik der Finanz- und agrarischen Hochschutzzölle zur Politik der Handelsverträge Caprivis erreicht. Die krisenhaften Anzeichen vermehrten sich in allen Sektoren: im Tiefstand der Getreidepreise, der 1894 erreicht war und 25 bis 30 Prozent unter dem Preisniveau von vor 1890 lag, im Viehbestand, der 1892 wegen Futtermittelnot und einer grassierenden Maul- und Klauenseuche auf dem Niveau von 1865 war, sowie in Mißernten und sinkenden Preisen im Weinbau. Während die Einschätzung in den 1860er Jahren noch recht positiv ausgefallen war und von einer Schuldenfreiheit des ländlichen Grundbesitzes gesprochen wurde, verdüsterten sich die Aussichten in den 1880er Jahren vor allem für die Klein- und Mittelbauern. Eine Erhebung des württembergischen Ministeriums des Innern von 1894 konstatierte eine generelle Zunahme der Verschuldung der Landwirtschaft und eine prekäre Lage der Landwirte und Weingärtner. Davon waren nicht nur die Primärproduzenten betroffen. Auch Handwerk und ländlicher Kleinhandel, die an Überbesetzung, unzureichender Ausbildung und ungenügendem Betriebskapital litten, hingen von der Kaufkraft der Landwirte ab. Die krisenhaften Phänomene wurden nach der Prosperitätsphase bis 1879 besonders hart empfunden und blieben der dominierende Eindruck bis weit in die 1890er Jahre.[5]

a) Ländliche Vergemeinschaftungen

Die Veränderungen in der Landwirtschaft sind als Prozeß des Wandels der ländlichen Lebenswelt zu beschreiben, der auch Verschiebungen der innerdörflichen So-

---

[5] Ch. Borcherdt, 1985, S. 128 f.; W. v. Hippel, Wirtschafts- und Sozialgeschichte, 1992, S. 641 ff.; J. Griesmeier, Entwicklung der Wirtschaft, 1954/55, S. 145 f.; H. P. Müller, Landarbeiterfrage, 1997; V. Hentschel, 1976; H. Loreth, 1974; R. Kellner, 1941; F. Keim, 1930; G. Dehlinger, Entwicklung der Landwirtschaft, 1897. 1886 hatte das Innenministerium eine Enquête über den Zusammenhang von landwirtschaftlicher Verschuldung und Erbrecht mit dem Ergebnis durchgeführt, eine gesetzliche Änderung der Realteilung sei »weder wirtschaftlich geboten noch auch ohne Zwang gegen das vorherrschende Rechtsbewußtsein ausführbar« (H. Gräter, 1913, S. 51). Zur Enquête von 1894 A. Bartens, 1901 (Ergebnisse in WJb 1895, S. 3–64 u. WJb 1900, S. 195–197).

zial- und Wirtschaftsstrukturen einschloß und das traditionelle Gefüge der Beziehungen zwischen Stadt und Land veränderte. Die Industrialisierung wird dabei als eigentlicher Bruch gesehen.[6] Dieser Prozeß führte zu tiefgreifenden Veränderungen des ländlichen Wirtschaftsgefüges, zu einer breiten Politisierung und Mobilisierung der ländlichen Bevölkerung und zu einer Verschärfung des Stadt-Land-Gegensatzes.

Die Agrarkrise war Auslöser für die Durchsetzung des kollektivorganisatorischen Genossenschaftsprinzips in der ländlichen Wirtschafts- und Handelsstruktur. In einer durch die liberalisierte Reichsgesetzgebung begünstigten Gründungswelle entstand in einem Selbstorganisationsschub der ländlichen Bevölkerung ein dichtes Netz von Kredit-, Absatz- und Verkaufsgenossenschaften sowie Versicherungsanstalten. Flankiert wurde die Bewegung durch die Gründung selbständiger Bezugsgenossenschaften, sogenannten landwirtschaftlichen Konsumvereinen und freien Bauernvereinen, deren Tätigkeit vor allem in Bezug und Vertrieb landwirtschaftlicher Betriebsmittel, Futtermittel, Dünger und Maschinen lag. Die Übergänge zwischen Genossenschaften und Konsumvereinen, von denen es allein bis Ende der 1880er Jahre vierzig im Land gab, verschwammen dabei. Ihre Mitgliedschaft umfaßte meist das gesamte Dorf, so daß eher von ländlichen als von landwirtschaftlichen Genossenschaften zu sprechen ist.[7]

Das genossenschaftliche Prinzip war Ausdruck der Mobilisierung der Landbevölkerung im Zeitalter der organisierten Interessen und der kollektiven Selbsthilfe. Es veränderte nicht nur die Produktionsweisen und Wirtschaftsstrukturen der Landwirtschaft, sondern auch die Wirtschaftsbeziehungen zwischen Stadt und Land. Bis in die 1890er Jahre wurde der Getreidehandel in Württemberg über die städtischen Fruchtschrannen oder private Kleinhändler abgewickelt, genauso wie der Viehhandel vorwiegend in der Hand weniger Privatpersonen lag. Auch die ländlichen Kreditgeber waren meist private Landwarenhändler und als »Wucherer« Objekt des Zornes ländlicher Kreditnehmer.[8] Nun wurde der private Landhandel mehr und mehr durch genossenschaftliche Lagerhäuser und stadtnahe Verarbeitungsstätten landwirtschaftlicher Produkte abgelöst. Vorrangiges Ziel war die genossenschaftliche Vermarktung der Produkte und ein besseres Preisniveau bei Bezug und Absatz durch die Ausschaltung des Zwischenhandels.

Durch die Ausschaltung des Zwischenhandels und den Wegfall der persönlichen Verkaufsbeziehung zwischen Landwirt und Konsument wurden die Handelsbeziehungen zwischen Stadt und Land anonymisiert und durch die Aushandlung der Preisbildung zwischen Markt und Genossenschaft politisiert. Das Genossenschafts-

---

[6] Vgl. die Beiträge in C. ZIMMERMANN, 2001 mit Forschungsüberblick und Literatur.
[7] Beispielsweise stieg die Zahl der nach 1890 gegründeten Getreideverkaufsgenossenschaften bis 1904 auf 33. Bei Inkrafttreten des Genossenschaftsgesetzes von 1889 bestanden allein 1262 Darlehenskassenvereine im Land. Bis 1906 hatte mehr als die Hälfte der württembergischen Gemeinden einen Darlehenskassenverein und 63% eine landwirtschaftliche Genossenschaft (vgl. CH. BORCHERDT, 1985, S. 130 ff.; J. SCHRAMM, 1963; K. GRABHERR, 1935, S. 5–28; E. BAIER, 1931; W. DUTT, 1926).
[8] Zeitgenössisch zur Problematik G. DEHLINGER, Wucher auf dem Lande, 1887.

prinzip und die kooperativen Organisationsformen waren Ausdruck einer Reaktion der nun in eine Marktwirtschaft eingebetteten Agrarwirtschaft, deren Funktionsweise außerhalb des Einflusses der Produzenten lag. Sie galten der kollektiven Rückweisung der als ›von außen‹ kommend interpretierten Bedrohungen des traditionellen ländlichen Wirtschaftsgefüges. Das Genossenschaftswesen mit seinen neuen Mitteln wie Rechtsberatung und Versicherungswesen wurde zum festen Bestandteil des ländlichen und landwirtschaftlichen Organisationswesens. Neben seiner Hauptaufgabe der wirtschaftlichen Förderung war es Anknüpfungspunkt für die Aggregation ländlicher Interessen in einer dörflichen Elite von bäuerlichen Vertretern. In der öffentlichen Interessenartikulation waren die Zusammenschlüsse von Landwirten ein wichtiger Kanal, der zum einen die heterogenen und je nach Betriebsweise unterschiedlichen Interessen bündelte, darüber hinaus aber auch politisierbare lokale Strukturen zur Verfügung stellte. Das Genossenschaftswesen führte zu einem drastischen Anstieg der Zahl der in dörflich-landwirtschaftlichem Kontext Lebenden, die in irgendeiner Form in einer genossenschaftlichen oder interessenpolitischen Organisation eingebettet und engagiert waren. Für den ländlichen Zusammenhang stellte es die entscheidende Voraussetzung für die Organisationsbereitschaft ökonomischer, sozialer und politischer Gruppeninteressen dar. Mit neu geschaffenem organisatorischen Rückhalt durch die Übernahme des ursprünglich städtischen Vereinsprinzips wurden auf dörflicher Ebene über die rein agrarischen Bereiche hinaus die rechtlichen, wirtschaftlichen, politischen und lebensweltlichen Unterschiede zwischen Stadt und Land thematisiert und das Dorf als Ausdruck spezifischer sozialer Verhältnisse gegenüber der Stadt verteidigt.

Die Kategorie Agrarprotest wird meist nur in handelspolitischer Diskussion um die Zolltarife thematisiert.[9] Für die Erfassung ihrer Tiefenwirkung als ländlicher Protest ist die kulturelle Überformung eines bislang nicht politisierten Konflikts im Beziehungsgefüge ökonomischer Prozesse, sozialer Zusammenhänge und politischer Verhältnisse zu fokussieren: der Gegensatz also zwischen ländlicher und städtischer Wirtschafts- und Lebensweise im Zuge von Industrialisierung und generellem Strukturwandel im Übergang vom Agrar- zum Industriestaat. Die Zollschutzkampagnen und Diskussionen über die Höhe der Getreidezölle sind eher symbolisch als Maßstab der ländlich-agrarischen Kollektivbefindlichkeit zu sehen. Interessanter als die Beschreibung sozioökonomischer Realität sind die interessengeleiteten Konstruktionen der wahrgenommenen Realität, der Deutungsmuster, Selbst- und Fremdzuschreibungen und das Angebot politisch-kultureller Definitionen. Denn im Kern ging es um die wahrgenommene Bedrohung der landwirtschaftlichen Existenzberechtigung und um die drohende Zerstörung des materiellen Fundaments der ländlichen Lebensweise. Verbunden war damit die Diskussion um den Zentralitätszuwachs der Städte und ihre Orientierungsfunktion für das Umland zwischen struktureller Verstädterung und kultureller Urbanisierung: um die struk-

---

[9] H. POHL, 1987; M. STEINKÜHLER, 1992; J. C. HUNT, People's Party, 1975 u. ö.

Tabelle 3: Bevölkerungsentwicklung in Württemberg 1890–1933

	Einwohner Württemberg	davon in Gemeinden unter 2000 Einwohner in %	Reich (in %)
1890	2036522	1246373	61,2	53,0
1900	2169480	1219251	56,2	45,7
1910	2437574	1213658	49,8	40,0
1919	2526171	1226936	48,6	o. A.
1925	2580235	1207873	46,8	35,6
1933	2713150	1169843	43,1	32,9

Quelle: Sozialdatensatz.

turelle Verflechtung von Städten und Landgebieten etwa durch die Ausrichtung der landwirtschaftlichen Produktion auf den marktvermittelten Absatz, beim Eisenbahnausbau, der Elektrizitätsversorgung oder beim Ausbau der Telefonnetze.[10] Stärker thematisiert wurden dadurch auch die Unterschiede der Siedlungs- und Wohnweise, der Arbeits- und Produktionsbedingungen sowie der Kultur- und Bildungschancen. Im Diskurs der wechselseitigen Wahrnehmungsweisen von Städtern und Dörflern erschienen nun die Interpretationen der Ausbeutung durch die Städter, die Figur des Auswärtigen als Manifestation der Manipulation von außen und die Stadt als Nutznießerin der Industrialisierung, als Symbol von Wohlstand, politischer Macht, administrativer Willkür und moralischem Verfall. Entgegengehalten wurden bäuerliches Autarkiebestreben sowie die sozialen und moralischen Werte der Landbevölkerung mit Betonung der Authentizität des ländlichen Protests, der nur von einem Vertreter der eigenkulturellen Lebenswelt vorgetragen werden könne.[11]

Die überproportionale Zunahme der städtischen Bevölkerung war sichtbares Zeichen der Verstädterung, auch wenn der Prozeß in Württemberg nicht sonderlich rasant verlief. Kennzeichnend für das Land war der hohe Anteil der in Kleinstädten und in einem ländlichem Zusammenhang lebenden Bevölkerung (vgl. Tab. 3).[12] Trotz der schwachen Urbanisierung und der dezentralisierten Industriestruktur Württembergs, seiner engen Verflechtung von gewerblich-industrieller und landwirtschaftlicher Arbeitsweise, den zahlreichen Arbeiterbauern mit professioneller Doppelexistenz und der insgesamt dichten Besetzung des Landes mit Landgemeinden und

---

[10] C. ZIMMERMANN/J. REULECKE, 1999, S. 7 ff.

[11] Zum »self-conscious cult of authenticity«: D. BLACKBOURN, Peasants and Politics in Germany, 1987.

[12] Als ländlich wird hier analog zum statistischen Stadtbegriff (J. REULECKE, 1985, S. 69 f.) die Bevölkerung in Gemeinden mit weniger als 2000 Einwohnern beschrieben. Zur Definition des Dorfes als kleine Gemeinde mit geringer Bevölkerungsdichte, der Dominanz der landwirtschaftlichen Tätigkeit, höherer Homogenität der Bevölkerung, geringer Stratifizierung und Mobilität sowie der Dominanz personaler und informaler Sozialbeziehungen: B. SCHÄFERS, Ländliche Welt als Alternative, 1980, v.a. S. 16.

Kleinstädten, bei der allgemein von einer engen Durchdringung der gegenseitigen Einflußbereiche von Dorf und Stadt, Landwirtschaft und Industrie ausgegangen wird[13], ist für Württemberg – wenn auch in regionalspezifischer Abstufung – von der stärker werdenden Ausprägung einer Stadt-Land-Dichotomie als gesellschaftspolitischem Basiskonflikt auszugehen. Dieser Gegensatz wurde unter der Krisenperzeption der Modernisierung kulturell aufgeladen und durch die ländlichen Interessenvertreter politisiert.[14]

b) Landwirtschaftliche Interessenvertretung

Die wachsende Bedrängnis der Landwirtschaft führte auch zu Veränderungen in der landwirtschaftlichen Interessenvertretung. Um das sich artikulierende Protestpotential im bestehenden staatlich-administrativen Rahmen aufzufangen, hatte die Staatsführung selbst mit einem Reformversuch der landwirtschaftlichen Interessenvertretung reagiert. In der spezifischen Ausprägung der landwirtschaftlichen Behörden und des landwirtschaftlichen Vereinswesens in Württemberg, das auch im Vergleich mit anderen deutschen Bundesstaaten einen Sonderfall darstellte, bestand für den Bauernbund ein politisierbarer Anknüpfungspunkt mit organisatorisch institutionalisiertem Rahmen.

Die 1817 als Zentralstelle des landwirtschaftlichen Vereins gegründete und mehrfach reorganisierte Zentralstelle für die Landwirtschaft nahm eine Zwitterstellung ein: Sie war als zentrale Mittelbehörde dem Innenministerium unterstellt und für Landwirtschaftsverwaltung, Meliorationswesen und beratend für die landwirtschaftliche Interessenvertretung zuständig. Gleichzeitig war sie die Vertretung der landwirtschaftlichen Vereine, die im Gegensatz zu Baden oder Bayern nicht auf private, sondern auf staatliche Initiative gegründet worden waren, auf Zuschüsse angewiesen blieben, im Gegensatz zu den Gewerbe- und Handelskammern auf freiwilliger Mitgliedschaft basierten und eng an die oberste Landesbehörde gebunden waren. Nachdem nach 1900 nach preußischem Vorbild in allen Bundesstaaten Landwirtschaftskammern als öffentlich-rechtliche Wahlkörperschaften mit erweiterten Kompetenzen eingeführt worden waren, blieb Württemberg bis 1919 das einzige Land, das an der engen und mitunter unübersichtlichen Mischung landwirtschaftlicher Interessenvertretung und staatlichem Verwaltungsanspruch festhielt und keine unabhängige landwirtschaftliche Berufsvertretung kannte. In der Agrarkrise, als ein Ende der patriarchalischen Landwirtschaftspflege, eine Stärkung der heimischen Landwirtschaft und eine weitgehendere Partizipation der Landwirte zur Einflußnahme auf Verwaltung und Gesetzgebung – auch angesichts der sich verdichtenden Interessenartikulation

---

[13] W. v. HIPPEL, Wirtschafts- und Sozialgeschichte, 1992, S. 645 ff. mit Rückgriff auf ältere Literatur.
[14] Siehe hierzu die Ausführungen zum Stadt-Land-Konflikt unten S. 389 ff.

der Gewerbe- und Handelskammern[15] – gefordert wurde, wurde der Doppelcharakter der Zentralstelle sogar noch verstärkt.[16]

Die Kennzeichen der landwirtschaftlichen Vereine blieben ihr amtlicher Charakter, ihre Organisations- und Mitgliederschwäche sowie ihre theoretische Ausrichtung und starke Konzentration auf die technische Förderung der Landwirtschaft. In der Regel bedeutete dies amtlich gesteuerte Verteilung staatlicher Fördergelder, nicht aber wirtschaftspolitische und berufsständische Interessenvertretung. Seit ihrer Gründung waren die Vereine Verbindungen landwirtschaftlicher Hofbeamter und Gutsbesitzer. Nachdem die Gründung von Lokalvereinen an mangelndem Interesse gescheitert war, blieb das Vereinswesen auf Oberamtsebene organisiert. Die Versammlung der »Freunde der Landwirtschaft« glich dabei einer Ansammlung von Ortshonoratioren, Beamten und meist nominellen Mitgliedern. Trotz staatlichen Popularisierungsversuchen – etwa durch die jährlich an anderem Ort tagende Wandersammlung der württembergischen Landwirte und die Umgestaltung des *Württembergischen Wochenblattes für Landwirtschaft* von einer theorielastigen und agrarwissenschaftlichen Fachzeitschrift zum Mitgliederblatt für eine breite Bauernmasse – kam es erst in den 1880er Jahren zu einem Zurücktreten des amtlichen Charakters und zu einem Mitgliederzuwachs.[17]

Im landwirtschaftlichen Vereinswesen fanden die Initiatoren des Bauernbundes politisierbare Strukturen vor. Die enge Verbindung von regierungsamtlicher Landwirtschaftsförderung und privatbäuerlicher Initiative in der württembergischen Landwirtschaftsorganisation hatte zwar lange Zeit fundamentale Konfrontationen

---

[15] Anläßlich der Diskussion um den deutsch-russischen Handelsvertrag veröffentlichten z.B. die acht Handels- und Gewerbekammern in Württemberg einen Appell an die württembergischen Reichstagsabgeordneten, dem Vertragswerk zuzustimmen (Schw. Kronik v. 12. Febr. 1894 M u.v. 13. Febr. 1894 M).

[16] K. LANG, 1970, S. 113 ff. u. 132 ff.; F. FACIUS, 1967; S. 305 ff.; im Ländervergleich auch H. WINKEL, Landwirtschaftswesen, 1984, v.a. 507 ff.; Landwirtschaft in Württemberg, 1902. Zum Vorbildcharakter der württembergischen staatlichen Landwirtschaftsförderung: W. v. HIPPEL, Wirtschafts- und Sozialgeschichte, 1992, S. 654 f. u. R. KREIDLER, 1971.

[17] Bereits in den 1860er Jahren wurde geklagt, die Oberamtmänner nutzten die Vereine für Zwecke, die nicht landwirtschaftlicher Natur seien und die Landwirte wollten keine Vereine, denen durch die amtliche Einflußnahme »die Flügel beschnitten« seien. Eine erste Statistik der Bezirksvorsitzenden von 1856 bestätigt dies: unter 59 Vorständen waren 45 Beamte, darunter 33 Oberamtmänner. Die restlichen 14 waren Offiziere, Schultheißen, Gutsbesitzer und Geistliche, aber kein praktischer Landwirt. Ähnlich gestaltete sich die Struktur der Bezirksvereine. Dominierend blieben bis in die 1880er Jahre Beamte, Schultheißen, Ökonomieräte, Handwerker und Kleinhändler, Stadt- und Gemeinderäte, Geistliche, Pächter und Grundbesitzer, teilweise aber nur bis zu 30% praktische Bauern. 1862 waren von 64 Vorständen 37 Oberamtmänner, 1881 noch 35, erstmals aber war ein Landwirt Vorsitzender eines Bezirksvereins. 1902 standen 23 Oberamtmännern 22 praktische Landwirte gegenüber. Erst 1917 war das Verhältnis mit 26 praktischen Landwirten und 17 Oberamtmännern umgekehrt. Bis 1890 war auch trotz Kritik an der Ernennung der Mitglieder der Zentralstelle kein einziger Landwirt als außerordentliches Mitglied in ihrem Gesamtkollegium. Zur Mitgliederentwicklung: 1877: 23 400; 1890: 38 700; 1902: 52 000; 1917: 86 000. Bei 182 000 Landwirten im Hauptberuf (1895) entsprach dies einem Organisationsgrad von nur rund 20%. Noch 1908 wurde geschätzt, bestenfalls die Hälfte der Landwirte, in zahlreichen Bezirken aber nur rund 20% seien in den landwirtschaftlichen Vereinen organisiert (K. LANG, 1970, S. 85 ff. u. 192 sowie F. FACIUS, 1967).

zwischen Bauernschaft und Staat verhindert. Anders als in Baden etwa, als sich bereits 1885 ein staatlich unabhängiger Bauernverein gründete, der sich explizit als Gegenorganisation klein- und mittelbäuerlicher Betriebe gegen den staatlichen Landwirtschaftlichen Verein verstand, blieb Württemberg aber bis nach dem Ersten Weltkrieg ohne eine freie berufsständische Organisation der Bauern.[18] In der strukturell schwachen, organisatorisch mangelhaften und eng in den staatlich-administrativen Rahmen eingebundenen berufsständischen Interessenvertretung der Landwirtschaft liegt einer der wesentlichen Schlüssel für den Erfolg des Bauernbundes. Vor dem Hintergrund der Agrarkrise und der Politisierung der ländlich-agrarischen Bevölkerung konnte er das Protestpotential auf dem Land auffangen und kanalisieren. Die Gründer des Bauernbundes in Württemberg setzten an der organisatorischen und politisch-partizipatorischen Lücke an.

c) Vom Bund der Landwirte zum Bauernbund

Was sich zwischen 1893 und 1895/96 als württembergischer Bauernbund formierte, war die organisatorische Bündelung lokal differenzierter Initiativen und landwirtschaftlicher Interessengruppierungen. Die Gründungsphase der württembergischen Sektion des Bundes der Landwirte, so die anfängliche offizielle Bezeichnung, war erst nach erfolgreichen Abgrenzungsbemühungen gegenüber der Berliner Leitung und nach einem Revirement im württembergischen Führungspersonal abgeschlossen. Ein erster Anknüpfungspunkt zur Gründung war die seit August 1889 bestehende, meist parallel zu den Hauptversammlungen der Zentralstelle für Landwirtschaft monatlich in Stuttgart tagende Vereinigung württembergischer Landwirte. In der Abgrenzung gegen den Regierungscharakter und die Beamtendominanz in den Landwirtschaftsvereinen betonte sie ihre Aufgabe als »korporative Vertretung der württembergischen Landwirte« und als Vereinigung »ausschließlich ausübender Landwirte«. Unter den Ende 1890 mit etwas mehr als neunzig angegebenen Mitgliedern dominierten Landesökonomieräte, Guts- und Hofdomänenpächter sowie ritterschaftliche und standesherrliche Gutsbesitzer: eine Versammlung des landwirtschaftlichen Establishments also, bei der das klein- und mittelbäuerliche Element fehlte.[19] Aus diesem Kreis heraus wurde auf den im Dezember 1892 veröffentlichten Appell des schlesischen Generalpächters Ruprecht-Ransern reagiert, der mit seinem Aufruf zur Politisierung der landwirtschaftlichen Interessenvertretung auf »weltanschaulicher Grundlage gegen die kapitalistische und sozialdemokratische Weltanschauung« und als »natürliche Ergänzung« der Landwirtschaftsvereine zum Gründungsfanal des Bundes der Landwirte wurde.[20]

---

[18] G. Schöck, 1987, S. 167f.; H. Maurer, 1984, S. 14f.; R. Kreisler, 1971 u. C. Seiterich, 1985, S 5.
[19] Wochenbl. f. Landw. v. 1. Sept. 1889, v. 19. Jan. 1890, v. 9. Febr. 1890, v. 9. März 1890, v. 12. Okt. 1890 u. v. 14. Dez. 1890.
[20] Der Aufruf im Original unter dem Titel »Ein Vorschlag zur Besserung unserer Lage« in: Landwirtschaftliche Thierzucht v. 21. Dez. 1892, abgedr. bei O. Kiesenwetter, 1903, S. 14f.

Einig war man sich, daß man auf den Aufruf reagieren und aus württembergischer Perspektive zum deutsch-russischen Handelsvertrag Stellung nehmen müsse, nachdem die Verträge mit Österreich und der Schweiz die Landwirte in Oberschwaben als traditionsreiche Getreideexporteure für den Alpenraum getroffen hatten. Einig war man sich auch, daß man mit den aggressiven Ausführungen Ruprechts nicht einverstanden sein könne. Dissens bestand allerdings darüber, wer als Vertreter der Württemberger nach Berlin reisen sollte. Nach intensiver Diskussion wurde neben den württembergischen Mitgliedern des Deutschen Landwirtschaftsrates, die sowieso in Berlin waren, den Adligen Neurath, Wöllwarth-Hohenroden und Gaisberg-Helfenberg die Vertretung der württembergischen Landwirte übertragen.[21] Hinzu trat, wohlgemerkt auf eigene Kosten, der Tübinger Domänenpächter Otto Krauß als Vertreter der »ausübenden und unabhängigen Landwirte«, für den sich vor allem Rudolf Schmid als einer der Bauernführer der Alb, Nachfolger von Krauß als Gutspächter des Gräflich Degenfeldschen Christophhofes bei Geislingen, vehement eingesetzt hatte.[22] Krauß stand mit denjenigen württembergischen Vertretern, die auf eigene Initiative hin zur Tivoli-Versammlung gereist waren – neben Schmid selbst noch Wilhelm Vogt und Theodor Körner[23] – für eine zweite Gruppe innerhalb der Gründungsinitiatoren. Die ›offiziellen‹ Abgesandten vertraten in deutlicher Zurückhaltung die honoratiorenpolitische Variante des BdL, entweder als landwirtschaftliche Interessenvertretung in kooperativem Verhältnis zur Zentralstelle oder angesichts der wachsenden Tendenzen innerhalb der Deutschen Partei, der Umwandlung der Abgeordnetenkammer in eine reine Volkskammer zuzustimmen[24], allenfalls als Fortsetzung der Landespartei auf landwirtschaftlicher Basis.[25]

Demgegenüber repräsentierte die Gruppe der ›Eigeninitiativler‹ die populistische Variante: Ausbau des württembergischen BdL zum ›Bauernbund‹ als Massenverband mit Parteistrukturen, eigenem Presseorgan, Einflußnahme auf Wahlen sowie mit enger Anbindung an die konservative Partei. Der ›top down-Perspektive‹ stellten

---

[21] Wochenbl. f. Landw. v. 19. Febr. 1893.
[22] Aufforderung Schmids an die Vereinigung württembergischer Landwirte in der *Geislinger Zeitung* v. 16. Febr. 1893, einen unabhängigen Vertreter nach Berlin zu entsenden, abgedr. in Ökonomierat Rudolf Schmid, 1927, S. 33–35. Siehe auch Wochenbl. f. Landw. v. 19. Febr. 1893 u. die Nachrufe auf Krauß in Schw. Landmann v. 15. Febr. 1905 u. Schw. Kronik v. 30. Jan 1905 M.
[23] WIPPERMANN, Dt. Geschichtskalender 1893, Bd. I, S. 141 u. K. HAAG, 1935, S. 8f.
[24] A. GAWATZ, Wahlkämpfe, 2001, S. 86.
[25] Im Rückblick die Stellungnahmen in Schw. Kronik v. 7. Febr. 1894 M u.v. 13. Febr. 1893 M. Die offiziellen und adligen Vertreter – ein Ensemble der Kartellkandidaten der 1880er Jahre – standen meist der Deutschen Partei nahe, hatten bei Wahlen entweder für die jeweiligen Kandidaten der Landespartei verzichtet oder waren als Gewählte der Deutschen Partei im Reichstag der Fraktion der Freikonservativen beigetreten. Im württembergischen Landtag waren sie entweder ritterschaftliche Abgeordnete oder Mitglieder der Kammer der Standesherren. Hervorgetreten sind u.a.: Frhr. Konstantin v. Neurath, Frhr. Hans Ulrich von Gaisberg-Helfenberg, Frhr. Georg v. Wöllwarth-Hohenroden (Lauterburg), Fürst Hermann zu Hohenlohe-Langenburg, Frhr. Benedikt v. Hermann-Wain, Joseph Frhr. v. Ellrichshausen sowie der Katholik Fürst Wilhelm zu Waldburg-Zeil-Trauchburg. Biographische Angaben bei F. RABERG, Handbuch, 2001, S. 173f., 239f., 345, 382ff., 976ff. u. 1028f.

sie die ›bottom up-Perspektive‹ entgegen: Aufgreifen des Unmuts und Partizipationsverlangens der ländlichen Bevölkerung in der Agrarkrise und Politisierung der landwirtschaftlichen Vereinsstrukturen. Praktiziert hatten dies die Protagonisten schon seit längerem: Schmid als Hauptartikler mit rüdem Ton in mehreren Tageszeitungen, Krauß als Vortragsreisender in Sachen Schutzzollkampagnen, in aller Regel im Anschluß an Versammlungen landwirtschaftlicher Bezirksvereine.[26] Als weiterer prominenter Vertreter kam im Ulmer Umland der Langenauer Stadtpfleger und spätere Schultheiß, zugleich Vorsitzender des landwirtschaftlichen Bezirksvereins, Gottlieb Haug, hinzu, der als Mitglied der Deutschen Partei bereits 1884 und 1887 aufsehenerregende Bauernversammlungen organisiert hatte. In dieser Sammlung ländlichen Protestes sah man in der Retrospektive den »Wegweiser für die Gründung des Bauernbundes«.[27]

Die organisatorischen Gründungsvorgänge sind rasch nachvollzogen und bereits mehrfach referiert:[28] Während die adligen Vertreter aus Württemberg im Berliner Tivoli stumme Begleiter der Gründungsveranstaltung waren, trat Krauß als einer der Vertreter der süddeutschen »praktischen Bauern von richtigem Schrot und Korn, mit Lederhosen« auf.[29] Wenige Tage danach berichtete er im kleinen Kreis der Vereinigung württembergischer Landwirte, zeigte sich beeindruckt von der Masse der Landwirte, betonte aber auch in Übereinstimmung mit den Anwesenden, die Beschlüsse in Berlin enthielten eine Reihe von Punkten, in welchen die Interessen der süddeutschen Landwirtschaft wesentlich andere seien als die der östlichen preußischen Provinzen. Beschlossen wurde daraufhin die Bildung eines Ausschusses zum Abfassen eines Aufrufes an die württembergischen Landwirte und die Einberufung einer Massenversammlung im Stuttgarter Bürgermuseum, um dort eine württembergische Sektion des BdL aus der Taufe zu heben.[30] Weiter gediehen waren die Verhältnisse bereits im stärker mittel- bis großbäuerlich geprägten Jagstkreis, wo

---

[26] Vgl. die Artikel Schmids v.a. in der *Deutschen Reichspost*, der *Ulmer Schnellpost* und der *Geislinger Tageszeitung*, gegen die »widerlich aufdringliche Schmeißfliegennatur der demokratischen Blätter« und die »orientalischen Visagen der Demokraten«, abgedr. in: Ökonomierat Rudolf Schmid, 1927, S. 101ff., Zitat S. 111 u. 112. Zu Krauß beispielhaft Schw. Kronik v. 7. Febr. 1894 M.
[27] Nachrufe auf G. Haug in Bauernfreund 1909, S. 76f. und Schw. Landmann v. 1. Febr. 1908. 1877 war Haugs Bruder Friedrich, Vorgänger im Amt des Stadtschultheißen und seit 1876 Landtagsabgeordneter der Deutschen Partei für das OA Ulm-Amt und als solcher 1893 dem Bauernbund beigetreten, einer der vehementesten Verfechter einer effizienteren Interessenvertretung der landwirtschaftlichen Vereine (K. LANG, 1970, S. 94). Die Dominanz der beiden Brüder und ihre »Ämtervererbung« – Gottlieb folgte ihm nicht nur als Stadtschultheiß, sondern 1900 auch als Wahlkreisabgeordneter für den Bauernbund – brachte Langenau den Ruf der »Haugburg« ein (Beobachter v. 11. Juni 1893).
[28] A. SCHNEIDER, 1933, paraphrasiert die während des Krieges verschollenen bundeseigenen Akten des Landesausschusses und dient daher eher als Sekundärquelle. Den manipulativen Charakter der Gründung betont B. BENDACH, 1975, S. 1–31. Ähnlich H. P. MÜLLER, Agrarische Interessenvertretung, 1994, S. 276–171. Detailliert hierzu auch S. BILAND, 2002, S. 107 ff.
[29] Stenogr. Bericht über die konstituierende Versammlung des Bundes der Landwirte am 18. Febr. 1893 im Saale der Tivoli-Brauerei zu Berlin, Berlin 1893. Die Rede von Krauß ist zitiert bei A. SCHNEIDER, 1933, S. 21–23 (Zitat S. 22).
[30] Wochenbl. f. Landw. v. 12. März 1893.

Fürst Hohenlohe-Langenburg bereits am 4. März einen Klub der Landwirte als »ständige Vereinigung der Landwirte des Kreises« gegründet und zum Tivoli-Programm Stellung genommen hatte.[31]

Im März 1893 wurde das Berliner Programm[32] an die Landesverhältnisse angepaßt. Im württembergischen Aufruf wurde dann grundsätzliche Übereinstimmung, aber auch deutliche Distanz zur Bundesleitung demonstriert: betont wurden die fundamentalen Unterschiede der landwirtschaftlichen Verhältnisse, die landwirtschaftsfreundliche Haltung der württembergischen Regierung und ihres Königs als »König unter den Bauern« und »Bauer unter den Königen«, sowie die Autonomie der Landesabteilung. Konsens mit der Tivoli-Resolution bestand in den heißen Eisen der Zoll- und Handelsvertragspolitik Caprivis. Mit Rücksicht auf die heterogenen Interessen der einheimischen Landwirte, auf die Veredelungswirtschaft und die Sonderkulturbetriebe sowie auf das vorherrschende Realteilungserbrecht wurden die restlichen Punkte entschärft, gestrichen oder durch spezifisch württembergische Forderungen ersetzt.[33]

Vier Wochen nach der Tivoli-Versammlung kam es dann am 19. März 1893 zu einer »zahlreich besuchten Versammlung« in Stuttgart – von einer Massenversammlung konnte nicht die Rede sein – und zur offiziellen Gründung der württembergischen Sektion.[34] Den Vorsitz führte der Freiherr v. Herman-Wain, die Referate hielten Krauß, Gaisberg-Helfenberg, der Bundesvorsitzende Gustav Roesicke und Schrempf. Krauß betonte in seiner Rede die regierungsfreundliche Haltung des württembergischen Bundes, ließ die Frage einer Wahlbeteiligung offen und lobte das segensreiche Wirken der Landwirtschaftsverwaltung. Jetzt aber müsse das rein wirtschaftliche Resultat im Vordergrund stehen, weshalb der BdL in Württemberg als reine »wirtschaftliche Vereinigung zur Wahrung der berechtigten wirtschaftlichen Interessen auf berechtigtem Wege« gegründet worden sei. Damit vertrat Krauß die Kompromißlinie der beiden internen Gruppierungen. Schrempf hingegen, der

---

[31] Schw. Kronik v. 6. März 1893 M u. v. 9. März 1893 A; Wochenbl. f. Landw. v. 12. März 1893.
[32] Abgedr. in WILH. MOMMSEN, Parteiprogramme, 1960, S. 87 f. Vgl. H.-J. PUHLE, Interessenpolitik, 1966, S. 73 ff. u. 314.
[33] Konsenspunkte: Ablehnung der Handelsverträge, Zollschutz für Agrarprodukte, steuerliche Schonung der Landwirtschaft und des bäuerlichen Nebengewerbes, Absperrung der Vieheinfuhr aus seuchenverdächtigen Ländern, gesetzliche Vertretung der Landwirtschaft in Kammern und Revision der Arbeiterschutzgesetzgebung. Entschärft wurde die geforderte Einschränkung der Freizügigkeit. Gestrichen wurden die Forderung nach Einführung der Doppelwährung, deren Inflationseffekt die agrarischen Großschuldner entlasten sollte; die Forderung nach staatlicher Kontrolle der Produktenbörse, die den Interessen der auf Futtermittelzukauf angewiesenen Viehwirtschaft widersprach; die Forderung nach gesetzlichen Maßnahmen zur Entschuldung des Grundbesitzes und nach Unteilbarkeit der Güter, was der altwürttembergischen Erbsitte diametral entgegenstand, sowie die Forderung nach Vereinfachung der ländlichen Selbstverwaltung. Spezifisch württembergische Punkte waren: Ablehnung der Staffeltarife der preußischen Staatsbahnen, die die preußischen Getreideproduzenten auf dem innerdeutschen Markt bevorzugten sowie die Forderung nach Beibehaltung des Identitätsnachweises von Getreide (Schw. Kronik v. 9. März 1893 A, v. 11. März 1893 M, v. 16. März 1893 M u. Wochenbl. f. Landw. v. 17. März 1893).
[34] Schw. Kronik v. 20. März 1893 M. Die Ulmer Schnellp. v. 22. März 1893 meldete 150 Teilnehmer.

als Vertreter der Konservativen die Gründungsvorgänge begleitet hatte, betonte den christlichen Charakter der württembergischen Bauern und steuerte mit dem vielzitierten Wort vom »Tritt der Bauernregimenter statt der Arbeiterbataillone« den weltanschaulichen und parteipolitischen Teil bei. Damit demonstrierte er gleichzeitig die Offenheit der Konservativen gegenüber der neuen Gründung. Auf Vorschlag von Gaisberg-Helfenberg wurde die Organisation des württembergischen BdL auf der Basis der vier Kreise des Landes beschlossen und jeweils ein Vorsitzender sowie zwei Stellvertreter gewählt: Gaisberg-Helfenberg selbst übernahm den Landesvorsitz der verheißungsvoll gestarteten Neugründung unter der Führung einer exklusiven Gruppe weniger Großlandwirte und Gutspächter.[35]

Allerdings durchlief der württembergische Ableger bereits zwischen 1894 und 1896 nach mäßigem Mitgliederzuwachs[36] eine erste Krise in Form des schrittweisen Rückzugs beziehungsweise der Ausschaltung der adligen Führungsmitglieder. Vor dem Hintergrund der Reichstagsabstimmung über den deutsch-russischen Handelsvertrag und der Debatte des ersten Antrags Kanitz für ein staatliches Getreidehandelsmonopol mit garantierten Mindestpreisen im Interesse der Subventionierung der Getreidebauern sowie der Einführung der Doppelwährung, den die ritterschaftlichen und standesherrlichen Abgeordneten im Landtag einstimmig abgelehnt hatten, distanzierten sich bereits im Februar 1894 vier adlige Protagonisten der württembergischen Bundesgründung mit einem Appell an das »Interesse der Gesamtwohlfahrt« in aller Deutlichkeit vom BdL, legten ihre Ämter nieder oder traten ganz aus.[37] In einer Position zwischen Vermittlung und Verteidigung betonte Gais-

---

[35] Bericht über die Landesversammlung württembergischer Landwirte zu Stuttgart am 19. März 1893 als Sonderdruck der Landwirtschaftlichen Thierzucht Nr. 25/26 v. 24. März 1893. Vgl. Schw. Kronik v. 20. März 1893 M u. v. 20. März 1893 A. Die Vorsitzenden waren: Im Neckarkreis Frhr. v. Neurath (Stellvertreter Gutsbesitzer Aldinger-Leonberg und Ökonomierat Mayer-Heilbronn); im Schwarzwaldkreis Krauß (Stellvertreter Gutspächter Ruoff-Sindlingen und Kemmler-Geroldseck); im Jagstkreis Pergler von Perglas (Stellvertreter Ökonomierat Stieren-Ludwigsruhe und Domänenpächter Adlung-Kirchheim); im Donaukreis Fürst Waldburg-Zeil-Trauchburg (Stellvertreter Ökonomierat Köstlin-Ochsenhausen und Schmid-Christophshof). Bereits im April 1893 berichtete Neurath von einer Versammlung im Neckarkreis mit rund sechzig Teilnehmern. Hier seien für jedes der Oberämter im Kreis bereits ein Vorsitzender und mindestens ein Vertrauensmann gefunden (Wochenbl. f. Landw. v. 7. Mai 1893). Berichte über ähnliche Versammlungen auch in Horb und Crailsheim.

[36] Für Ende 1895 wurde die Mitgliederzahl mit maximal 1500 angegeben (Bauernfreund 1900, S. 57 u. Schw. Landmann v. 1. Jan. 1897).

[37] Zum Antrag Kanitz vgl. H.-J. PUHLE, Interessenpolitik, 1966, S. 230 ff. u. TH. NIPPERDEY, Deutsche Geschichte 1866–1918, Bd. I, 1993, S. 539 u. 585. Die Erklärung von Hohenlohe-Langenburg, Waldburg-Zeil-Trauchburg, Wöllwarth-Hohenroden und Hermann-Wain verwahrte sich gegen den »Angriff auf die höchsten Reichsbeamten« und gegen die »Art, wie einzelne hervorragende Mitglieder des Bundes sich aussprechen, die weit über das Ziel hinausschießt […].« Sie betonten die Vorteile für Württemberg durch die erwarteten Konzessionen Rußlands im Bereich der Industrie und forderten vom BdL einen »ruhigen und ernsten Ton ohne Mittel zu ergreifen, die gefährliche Erbitterung erregen« (Schw. Kronik v. 7. Febr. 1894 M). Waldburg-Zeil-Trauchburg hatte bereits im April 1893 den Vorsitz im Donaukreis niedergelegt (Beobachter v. 6. April 1893), während die katholische Presse betonte, er sei bei seiner Wahl gar nicht gefragt worden (Dt. Volksbl. v. 6. April 1893). Laut Schw.

berg-Helfenberg, die Haltung der Berliner Leitung in Handelsvertragsfragen werden von den Württembergern »im Prinzip vollkommen gebilligt«, man hafte aber nicht für das »schneidige Verfahren« der Reichsleitung. Auch solle sich die katholische Bevölkerung Württembergs ein Beispiel an Waldburg-Zeil-Trauchburg nehmen und die Berechtigung des Bundes im Land anerkennen.[38]

Nach diesem ersten Rückzug war der zweite Schritt die bewußte Verdrängung der verbliebenen adligen Mitbegründer und die weitere Verselbständigung der Landesabteilung, vehement vorangetrieben durch Schmid, Haug, Nübling und Körner nach den Landtagswahlen 1895. Kulminationspunkt der Bestrebungen Schmids, bäuerlichen und ländlich-mittelständischen Protest zu mobilisieren, waren die Auseinandersetzungen mit der Deutschen Partei im Vorfeld der Landtagswahlen über einen gemeinsamen Kandidaten in Geislingen. Auf Versammlungen ländlicher Wähler wurde Schmid zuerst gegen den Kammerpräsidenten Hohl erkoren, verzichtete aber, nachdem Hohl die »wohlwollende Behandlung der Handelsvertragsfrage« zugesichert hatte.[39] Unterstützt wurde Schmid von den Resten der gescheiterten antisemitischen Partei Nüblings, der sich eine Anzahl freier Schwäbischer Bauernvereine aus dem württembergischen Oberland korporativ angeschlossen hatte[40], als auch von Kleemann, dem »antisemitischen Dauerredner« und Redakteur der *Ulmer Schnellpost*.[41] Nach dem erdrutschartigen Sieg der Volkspartei setzte Schmid nach der Wahl zur Gegenoffensive an: Zum einen in Bestrebungen, zusammen mit Haug, Nübling und Kleemann sowie mit Unterstützung aus Berliner BdL-Kreisen eine Antisemitische volkswirtschaftliche Reformpartei oder eine Deutsche Wirtschaftspartei als »Sammlungspartei des handwerklichen und agrarischen Mittelstandes« zu gründen.[42] Zum andern in einer scharfen publizistischen Initiative gegen die offiziellen landwirtschaftlichen Interessenvertreter sowie die Honoratiorenpolitiker und Kompromißkandidaten der Deutschen Partei und der Landespartei. Ziel war die weitergehende Politisierung der landwirtschaftlichen Interessenvertretung als freie und politisch organisierte Vertretung der Bauernschaft und des ländlichen Mittelstandes im württembergischen Bund der Landwirte:

Kronik v. 13. Febr. 1894 M war er zu diesem Zeitpunkt aber noch Mitglied des württembergischen BdL.
[38] Schw. Kronik v. 13. Febr. 1894 M.
[39] Schw. Kronik v. 10. Dez. 1894 M, v. 13. Dez. 1894 M, v. 10. Jan. 1895 M, v. 15. Jan. 1895 M; Schw. Tagwacht v. 11. Jan. 1895; Beobachter v. 21. Jan. 1895; Dt. Reichspost v. 10. Jan. 1895, v. 19. Jan. 1895 u. v. 19. März 1895; ähnlich im Fall von Krauß, der als Kandidat der Tübinger Bauern von der Deutschen Partei abgelehnt wurde (Ulmer Schnellp. v. 21. März 1895, abgedr. in Ökonomierat Rudolf Schmid, 1927, S. 151).
[40] Organisationsbestimmungen der deutsch-nationalen antisemitischen Partei in Württemberg, WLB Stuttgart, Kl. Württ. Drucks. A 25 Ca/1, 2052.
[41] Schw. Tagwacht v. 29. Nov. 1894.
[42] Schw. Kronik v. 7. Jan., v. 15. Jan. u. v. 24. Jan. 1895, Dt. Reichspost v. 9. März 1895, Ulmer Schnellp. v. 1. März, v. 7. März u. v. 21. März 1895; vgl. auch Ökonomierat Rudolf Schmid, 1927, S. 16. Gaisberg-Helfenberg reagierte im Namen des Bundes der Landwirte mit der Aufforderung, »die Fühlung mit den staatserhaltenden Parteien zu erhalten« (Ulmer Schnellp. v. 1. März 1895). Zum Einfluß der Berliner BdL-Führung vgl. NL Roesicke, BA Berlin, N 2244, 40f.

»Unser Volk ist heute durch zahlreiche demokratische Beamte so zusammenregiert und eingeschüchtert, daß von einer eigenen Meinung und selbständigen Willensbetätigung nächstens keine Rede mehr ist; man macht die Faust in den Sack. Ferner wird der gewöhnliche Mann vielfach von den sogenannten Gebildeten in einer Weise behandelt, die nicht mehr zeitgemäß ist, es herrscht bei uns ein Kastengeist, wie er in China oder Indien nicht viel größer sein kann. Die Beamten- und Gebildetenkaste vermeidet peinlich jeden Umgang mit dem gewöhnlichen Mann. [...] Einen großen Teil der Schuld an dieser Entwicklung tragen die Parteien selbst, auf deren Kosten die Demokratie sich vermehrt, die Deutsche Partei und die Landespartei; sie haben abgewirtschaftet an drei Fehlern. Das Geistesprotzentum, das Geldprotzentum und das Strebertum haben zu sehr die Oberhand gewonnen und dadurch ist die Fühlung mit der Wählerschaft verloren gegangen. [...] Man hat sich auch nicht die Mühe gemacht, mit dem Landvolk und der Masse der Wähler gemeinschaftlich einen geeigneten populären Kandidaten ausfindig zu machen. [...] Als vor zwei Jahren durch den Zeitungsartikel eines Pächters die Bauernbewegung entstand, die unter dem Namen ›Bund der Landwirte‹ auch in Württemberg freudig begrüßt wurde, [...] wurde den Oberamtleuten bedeutet, sie sollen die Finger von der Sache lassen, in den landwirtschaftlichen Vereinen durfte von dieser für den Bauern so eminent wichtigen Bewegung nicht geschnauft werden. Die sog. Autoritäten unter den Landwirten merkten bald, daß man sich mit der Sache nach oben nicht lieb Kind machen konnte, weshalb man ängstlich fern blieb, die landwirtschaftlichen Streber und Ökonomieratsanwärter wichen erst recht erschrocken zurück, den HH. Professoren und Kommerzienräten war die Bewegung von vornherein unheimlich und nicht fein genug, es wirkte der ganze Apparat zusammen, um derselben den Garaus zu machen. [...] Die guten Elemente des Volkes haben sich zu einer Mittelstandspartei zusammenzuscharen und in dieser sind die wirtschaftlichen Fragen hauptsächlich in den Vordergrund zu stellen. [...] Eine Partei, in der es gemütlich zugeht und der schlichte Bürger auch zu Worte kommt, [...] eine Partei wie sie kürzlich in Ulm unter dem Namen ›Deutsche Wirtschaftspartei‹ gegründet wurde.«[43]

Konsequenzen im Prozeß des Strukturwandels des württembergischen BdL erfolgten ein halbes Jahr später auf einer Landesausschußsitzung, bei der das Gros der anfänglich gewählten Kreisvorsitzenden schon nicht mehr anwesend war.[44] Beschlossen wurde – auch angesichts des Hinterherhinkens der Mitgliederentwicklung gegenüber der Reichsorganisation[45] – die organisatorische Straffung und Professionalisierung durch die Einrichtung einer Geschäftsstelle in Stuttgart. Als Geschäftsführer wurde auf Empfehlung Schrempfs zum Oktober 1895 Theodor Körner, Besitzer eines graphischen Betriebes in Stuttgart, eingestellt. Zum zweiten wurde mit dem *Schwäbischen Landmann* die Gründung eines eigenen Organs beschlossen, nachdem Gaisberg-Helfenberg betont hatte, das Berliner Bundesblatt sei »für unsere Verhältnisse nicht passend«.[46] Mit beiden organisatorischen Konsequenzen waren wichtige Schritte getan, um der württembergischen Sektion eine parteiähnliche

---

[43] Ulmer Schnellp. v. 21. März 1895, abgedr. in Ökonomierat Rudolf Schmid, 1927, S. 150 ff.
[44] Anwesend waren Gaisberg-Helfenberg, Pergler von Perglas, Krauß, Tscherning, Dietlen, Weiß von Erlach, Nübling und Körner. Zahlreiche Ausschußmitglieder waren »entschuldigt« (vgl. auch zu den folgenden Ausführungen A. SCHNEIDER, 1933, S. 27 ff. nach dem Protokoll der Sitzung).
[45] Die Mitgliederzahl im Reich gibt H.-J. PUHLE, Interessenpolitik, 1966, S. 309, für 1895 mit 188 000 an.
[46] A. SCHNEIDER, 1933, S. 28 f. Mit Redaktion und Druck des Blattes wurde Körner unter einem ›Presskomitee‹ mit Gaisberg-Helfenberg, Tscherning und Nübling betraut, nachdem ein von Haug

Struktur zu geben und sie weiter von der Bundesleitung zu verselbständigen. Unter der Überschrift »Warum muß auch der schwäbische Bauer dem Bund der Landwirte beitreten?« betonte Schmid im *Schwäbischen Landmann* nochmals die inadäquate Interessenvertretung durch die landwirtschaftlichen Vereine, die zur Gründung des BdL in Württemberg geführt habe, betonte die Selbstorganisation der Landbevölkerung in einer »christlichen, aber nicht konfessionellen Selbsthilfeorganisation« und forderte zur Teilnahme an Wahlen auf.[47]

Durchgesetzt hatte sich damit die populistische Variante der Protagonisten um Schmid, Haug, Nübling und Körner: Ausbau des württembergischen Bundes der Landwirte zum Faktor im württembergischen Parteienspektrum unter enger Anlehnung an die konservative Partei. Eine weitere Konsequenz war der endgültige Rückzug der standesherrlichen Vertreter sowie der in den regierungsamtlichen landwirtschaftlichen Verwaltungsstrukturen eingebundenen Autoritäten. Ab November 1895 ignorierte das *Württembergische Wochenblatt für Landwirtschaft* nach einer heftigen Debatte zwischen Schmid und dem liberalen *Beobachter* über den Antrag Kanitz den württembergischen Bauernbund in seiner Berichterstattung.[48] Die Mitglieder der Zentralstelle für Landwirtschaft und die Landesökonomieräte zogen sich zurück.[49] Letztlich zog im Juli 1896 auch Gaisberg-Helfenberg als einer der letzten adligen Mitglieder mit der Niederlegung des Landesvorsitzes die Konsequenz.[50] Zum Vorsitzenden wurde einstimmig Rudolf Schmid gewählt, zu seinem Stellvertreter der Kleinbauer Julius Hermann. Zur landwirtschaftlichen Hauptausstellung in Cannstatt im selben Monat trat der württembergische BdL mit einer Sonderauflage von 25 000 Exemplaren des *Schwäbischen Landmannes* auf und präsentierte sich dort erstmals unter der Bezeichnung Bauerbund.[51] Der Weg von der interessenpolitischen Vorfeldorganisation zur politischen Partei war schnell zurückgelegt. Mitte

---

gestellter Antrag abgelehnt wurde, die Nüblingsche *Ulmer Schnellpost* zum offiziellen Organ zu erheben.

[47] Schw. Landmann v. 1. Nov. 1895.

[48] Wochenbl. f. Landw., Jgg. 1895 bis 1900, in denen keine Berichte über Stellungnahmen des Bundes zu finden waren. Vgl. zu der Kanitz-Debatte auch Ökonomierat Rudolf Schmid, 1927, S. 122 ff.

[49] Z.B. neben den Landesökonomieräten August Köstlin und Heinrich Schoffer die von den landwirtschaftlichen Gauverbänden gewählten Beiräte der Zentralstelle Bräuninger-Örlingen, Mayer-Heilbronn, Aldinger-Leonberg, Ruoff-Herrenberg und Weiß-Ottenhausen. Ihnen folgte Krauß, als er als Landesökonomierat zum Direktor der Landwirtschaftlichen Schule in Ellwangen ernannt worden war. Aus Sicht des Bauernbundes wurde er wegen »unfreundlicher Haltung der Regierung gegenüber dem BdL zum politischen Rückzug gezwungen« (Schw. Landmann v. 15. Febr. 1905). Zum Rückzug der Landesökonomieräte auch: Bauernfreund 1900, S. 56 f.; Schw. Landmann v. 1. Juni 1901 u. v. 1. Jan. 1903.

[50] In der Retrospektive: »Als sich die Königl. Zentralstelle für die Landwirtschaft und mit ihr eine ganze Reihe von Ökonomieräten gegen die neue Organisation unfreundlich verhielt, wollte auch der Adel nichts mehr von einem Bunde wissen, der in Opposition zur Reichsregierung stand und seine Forderungen für die Landwirtschaft immer entschiedener vertrat« (Ökonomierat Rudolf Schmid, 1927, S. 16). Zur ablehnenden Haltung des Präsidenten der Zentralstelle für Landwirtschaft, Hans Frhr. v. Wachendorf: Bauernfreund 1918, S. 56. Im Kaiserreich war der spätere Landtagsabgeordnete Pergler von Perglas der einzige prominente adlige Vertreter.

[51] Schw. Landmann v. 1. Juli 1896 u. A. SCHNEIDER, 1933, S. 34 ff.

1896 war der Wandlungsprozeß von der honoratiorenpolitischen landwirtschaftlichen Interessenvertretung zur politischen Organisation der klein- und mittelbäuerlichen Landwirte Württembergs vorgezeichnet.

3. Resümee: Konservatismus in Stadt und Land

Bis in die 1890er Jahre hinein war der parteipolitische Konservatismus in Württemberg von organisatorischer Schwäche und fehlender sozialer Basis gekennzeichnet. Die ersehnte nationale Wiedergeburt nach 1871 hatte die ursprünglich stärker partikularistischen und großdeutsch orientierten Konservativen an das kleindeutsch-preußische Nationalstaatsideal unter protestantischem Vorzeichen herangeführt. Das konservative gesellschaftspolitische Leitbild blieb dabei die religiöse, sittliche und soziale Erneuerung durch karitative, christlich-soziale Arbeit in enger Kooperation mit der konservativen Obrigkeit und innerhalb des landeskirchlichen Rahmens. Sozial unterfüttert war dies durch ein engmaschiges Netz von bürgerlich-sozialreformatorischen Vereinen und Anstalten im pietistisch-konservativen Kontext, das aber wegen seiner traditionellen Politikferne nicht in den parteipolitischen Raum verlängert werden konnte.

Grundlegende Spezifika des württembergischen Parteiensystems kamen als Faktoren der konservativen Organisationsschwäche hinzu: Weder hatten politischer Katholizismus noch die im Reichsvergleich unterentwickelte Sozialdemokratie die Organisationsdynamik entwickelt, die sie in anderen Ländern zum reaktionserzwingenden Faktor machten. Zweitens ist das über die Reichsgründungszeit hinaus bis in die 1890er Jahre bipolare Parteiensystem mit Liberalen und Demokraten als politisch und sozial inhomogenen Sammlungsbewegungen von Befürwortern und Gegnern der preußisch-hegemonialen Reichsgründung zu nennen. Als »nationalliberal-freikonservatives Hybrid«[1] und als »Koalition von national engagierten Demokraten bis hin zu konservativen Pietisten«[2] stellte die Deutsche Partei eine regionale Besonderheit dar. Trotz der seit 1876/78 im Zeichen der konservativen Verstimmung gegen die liberale Reichsgründungspolitik erfolgten und auch organisatorisch sichtbar werdenden Abgrenzung gegenüber der nationalen Einheitspartei blieb die kleine konservative Gesinnungsgemeinschaft als innerbürgerliche Protestpartei mit schwachem eigenkulturellem Subsystem auf die Vertretung orthodox-pietistischer Grundpositionen beschränkt.

Erst die fundamentalen gesellschaftlichen Veränderungen der 1890er Jahre und die damit verbundene Selbstorganisation der Gesellschaft, der Aufstieg der Sozialdemokratie und des Zentrums in Württemberg und nicht zuletzt der fulminante Wahlsieg der Demokraten 1895 führten zur erfolgreicheren Selbstabgrenzung der Konservativen. Dabei erwiesen sich zwei aus sozialkulturellen Spannungen erwach-

---

[1] A. GAWATZ, Wahlkämpfe, 2001, S. 116.
[2] D. LANGEWIESCHE, Julius Hölder, 1977, S. 15.

sende Motivationslinien des innerbürgerlichen Protestes als wesentlich für die Anknüpfung der konservativen Partei an soziale Vergemeinschaftungen: Zum einen der bereits angelegte Konnex von Handwerk und Kleinhandel, Gewerbevertretung und Lokalpolitik, der angesichts des rasanten ökonomischen Wandels, aus Furcht vor sozialem Abstieg und dem Verlust bürgerlicher Exklusivität sowie als Reaktion auf die als bedrohlich wahrgenommenen gesamtgesellschaftlichen Entwicklungen revitalisiert wurde. Der parteipolitische Konservatismus in Württemberg erhielt wesentliche Impulse im Hinblick auf die massenorganisatorischen Tendenzen der Zeit aus der Mittelstandsbewegung. Zweitens wurde nun sehr viel deutlicher die Verbindung von orthodox-pietistischem Protestantismus und parteipolitischem Konservatismus als religiös-kirchlichem Erfahrungsraum politischen Handelns sichtbar. Im Unterschied zu früher wurden die theologischen Debatten der 1890er Jahre und die Auseinandersetzungen um die von den Bekenntnissen abweichenden Pfarrer nun nicht mehr als rein innerkirchliches Problem, sondern in einem breiteren gesellschaftlichen Kontext geführt. Die innerprotestantischen Fraktionsbildungen führten zur Mobilisierung und organisatorischen Verdichtung eines »konservativen Kulturluthertums«, das mit einem »eigenständigen gesellschaftskritischen Gegenentwurf zum liberalen Modernisierungskonzept«[3] zwar innerhalb des gesamtprotestantischen und landeskirchlichen Gefüges blieb, nun aber immer offener Stellung für die konservative Partei bezog und hier seine Interessen vertreten sah. Über die wenigen Städte, wo auf honoratiorenpolitische Initiative hin ein konservativer Ortsverein entstanden war, hatte sich die konservative Partei allerdings nicht hinausbewegen können.

Erst die Mobilisierung der ländlichen Bevölkerung im Zeichen der Agrarkrise der 1890er Jahre stellte die Konservativen vor die neue Herausforderung, volkstümlich zu werden. Sie bot ihnen, denen bislang ein agrarischer Flügel gefehlt hatte, ein neues Betätigungsfeld, um der Vormacht von Deutscher Partei und Volkspartei entgegenzutreten. Mit dem Bauernbund bot sich den Konservativen ein adäquater Bündnispartner. Der Bauernbund, gegründet als agrarische Interessenvertretung unter maßgeblicher Beteiligung des landwirtschaftlichen Establishments, das die korporative Vertretung der Landwirtschaft beanspruchte, entwickelte sich rasch zum populistischen und anti-etatistischen Sammelbecken gegen die offiziellen halbregierungsamtlichen Institutionen. Er integrierte einen breitgefächerten ländlichen Protest, der auf dem sich verschärfenden und nun politisierten gesellschaftlichen Basiskonflikt zwischen Stadt und Land beruhte. In der staatsnahen Struktur der württembergischen Landwirtschaftsverwaltung lag einer der Schlüssel für das Verständnis der Gründung als bäuerliche Interessenvertretung und berufsständische Partei. Als Ankopplungspunkt erwies sich das landwirtschaftliche Vereinswesen und eine Solidarisierungs- und Kollektivierungswelle in der Landbevölkerung, die sich in der Durchsetzung des genossenschaftlichen Prinzips und in der Übernahme des städtischen Vereinsprinzips in spezifisch ländlicher Form zeigte.

---

[3] F. W. Graf, 1988, Zitat S. 57.

Beide Gruppierungen – Deutschkonservative und Bauernbund – waren die Reaktion auf reichspolitische Einflüsse. Mit regionalspezifischer Verzögerung und zusammen mit dem Zentrum ergänzten sie das Parteiensystem des Landes zur auf Reichsebene bereits seit längerem ausgeprägten Konfliktkonstellation mit fünf politischen Hauptrichtungen. Vorausgegangen waren jeweils die entsprechenden Gründungen auf Reichsebene, gefolgt waren die spezifischen Anpassungsprozesse an die Landesverhältnisse. Vor allem beim Bauernbund zeigt sich hier recht schnell ein gravierender Abgrenzungsprozeß von der Mutterorganisation des Bundes der Landwirte. Darüber hinaus zwangen Schwäche und städtische Konzentration des parteipolitischen Konservatismus den Bauernbund geradezu, im Gegensatz zum Reichsverband seinen Ausbau zur eigenständigen Partei voranzutreiben. Mitte der 1890er Jahre waren die auf der kulturellen Überformung und Politisierung spezifischer gesellschaftlicher Basiskonflikte beruhenden Parteibildungen von Konservativen und Bauernbund abgeschlossen. Beide Parteien verfügten mit organisatorischen Grundstrukturen und eigenen Publikationsorganen über die zentralen Bedingungen für ihren weiteren organisatorischen Ausbau.

Zweites Kapitel

Organisationsbedingungen – vertikale Strukturen

Die Organisation von Parteien stellt das strukturelle Rückgrat zur Bildung fester politisch-sozialer Gruppierungen dar.[1] Mit dem Durchbruch des »politischen Massenmarktes« waren alle Parteien gezwungen, sich vom honoratiorenpolitischen Zirkel, von der lockeren Gesinnungsgemeinschaft zur Mitgliederpartei mit formalisierter Organisationsstruktur, geregeltem Instanzenzug und Kompetenzabgrenzung zwischen außerparlamentarischer Partei und parlamentarischer Fraktion zu entwickeln.[2] Organisation wurde zum Zauberwort. Nur dort, wo eine Partei über eine lokale Organisation verfügte, konnte sie sich mit erfolgversprechender Aussicht am Wahlgeschäft beteiligen.[3]

Verbunden mit der Organisation einer Partei ist die Frage nach der inneren Kohärenz und der Dauerhaftigkeit der politischen Loyalitäten zwischen ihr und ihren Anhängern. Wichtigste Aufgabe für alle Gruppierungen war es, organisatorische Kon-tinuität zu sichern sowie räumlich und sozial weitere Bevölkerungskreise zu durchdringen. Dies bedeutete, Strategien zur Bestandssicherung und Formen innerparteilicher Partizipation zu entwickeln.[4] Die Art der Kommunikation einer Partei mit ihren Anhängern entschied über das Ausmaß von deren Identifikation und Motivation zur Beteiligung. Gemäß dem sozialkulturellen Lebensweltkonzept, das Kommunikation nicht nur als Deutungsprozeß, sondern als Vorgang sozialer Integration begreift, der die Ausbildung personaler Identitäten und sozialen Handelns impliziert, entspricht eine Partei einem Kommunikations- und Handlungsraum, der durch spezifische Organisationsbedingungen abgesteckt wird.[5] Zu fragen ist also nach der Präsenz von Parteien im lebensweltlichen Raum, denn neben der Koinzidenz verschiedener Sozialstrukturmerkmale ist für die Begründung und den Bestand einer politisch relevanten Gruppenbildung eine dichte Interaktion von politischen Eliten und Mitgliedern notwendig, das Zusammenwirken von Lebenswelt, Organisation und politischem Handeln. Die soziale Praxis im Alltagsleben der Or-

---

[1] Vor allem für die bürgerlich-protestantischen Parteien gilt ihre Organisationsschwäche als zentrale Bedingung der schwächer ausgebildeten parteibezogenen Wähleraffinitäten. (J. R. WINKLER, Sozialstruktur, politische Traditionen und Liberalismus, 1995, S. 280f. u. D. LANGEWIESCHE, Liberalismus in Deutschland, 1988, S. 111ff.).
[2] Hierzu und zum frühen Verhältnis von Partei und Fraktion TH. NIPPERDEY, Organisation, 1961, S. 9ff.
[3] Schw. Kronik v. 31. Dez. 1895; Dt. Volksbl. v. 13. März 1890 u. Dt. Reichspost v. 20. April 1898 mit Hinblick auf den notwendigen Ausbau der Parteiorganisationen.
[4] Vgl. das Bezugsebenenmodell von Parteien bei S. IMMERFALL, Territorium und Wahlverhalten, 1992.
[5] Zusammengefaßt nach J. HABERMAS, Theorie des kommunikativen Handelns, Bd. II, 1999, S. 171–228.

ganisation ist positiv besetzter Erfahrungsraum von Interaktion, sozialem Zusammenhalt und Identität der Mitglieder. Sie ist der Rahmen politischer Partizipation: als lebensweltlicher Begegnungsraum und als Geselligkeitsform. Organisation hat demzufolge reziproke Versicherungsfunktion für Eliten und Mitgliederschaft. Vor diesem Hintergrund werden in den nächsten zwei Kapiteln in vertikaler Perspektive Organisationsstruktur, soziale Trägerschaft und Mitgliederentwicklung sowie in horizontaler Perspektive die organisatorische Ausdifferenzierung der beiden Parteien untersucht.

1. Der Bauernbund: Bäuerliche Selbsthilfeorganisation

Mit der Frage nach der Rationalisierung und Zentralisierung von Parteien sind die Kernpunkte der Modernisierung und des Wandels der Organisationsstrukturen zwischen Kaiserreich und Weimarer Republik umrissen. Verbunden damit ist auch die Frage nach der lebensweltlichen Rückbindung durch milieuadäquate Organisationsformen beider Parteien in Stadt und Land. Parteien gelten als einer der stärksten Kontinuitätsstränge über die Zäsur von 1918/19 hinweg.[1] Die internen Strukturen und langfristigen Bindungen ihrer Anhängerschaft waren trotz der verfassungs- und wahlrechtlichen Einschnitte im Charakter nur schwer zu ändern. Verändern aber mußten sich die Handlungsstrategien der Parteien zur Sicherung ihres organisatorischen Erhalts. Welche Anpassungsleistungen vollbringen sie also, welche Neuerungszwänge lehnen sie ab und mit welchen Dienstleistungen zur Bestandssicherung operieren sie?

a) Konstanz in Organisation und Führung

Die Basis der Organisationsstruktur des Bauernbundes waren die Ortsabteilungen unter Führung eines gewählten Vertrauensmannes. Dieser war Mann des Vertrauens in zweifacher Hinsicht. Zum einen als Organisator der politischen Arbeit vor Ort, als Ansprechpartner für die lokalen Mitglieder und als Kristallisationspunkt von Ortsvereinen ohne kontinuierliche Tätigkeit. Zum zweiten war er Transmissionsriemen der Bundesführung in Stuttgart. Er setzte die politischen und organisatorischen Weisungen vor Ort um, verteilte Parteimaterialien, lieferte Stimmungsberichte und Meldungen über den Zustand der Vereinsarbeit – auch der gegnerischen Parteien – ›nach oben‹, sammelte Mitgliederbeiträge ein und leitete diese an die Zentrale weiter. Vor allem aber leistete er das Gros der Wahlarbeit. Mit seiner Organisationsstruktur vereinte der Bauernbund einen streng hierarchisierten, auf Delegiertenprinzip basierenden Instanzenzug mit einem dezentralisierten, flächendeckenden Organisationsprinzip. Es war eines der erfolgreichen Mittel seiner orga-

---

[1] G. A. RITTER, Kontinuität und Umformung, 1976 sowie immer noch S. NEUMANN, 1965 [zuerst 1932].

nisatorischen Arbeit. Am Vertrauensmännersystem wurde von der Gründung bis zur Auflösung des Bauernbundes im August 1933 festgehalten.

Gemäß den 1898 veröffentlichten Statuten sollten sich die Mitglieder mehrerer, oft abgelegener Ortsabteilungen an einem günstig gelegenen Verkehrsmittelpunkt zu einer Hauptgruppe zusammenschließen. Diese organisatorische Untereinheit setzte sich jedoch nicht durch. Organisatorischer Orientierungspunkt blieb die Verwaltungseinteilung des Landes. Auf der Basis der Oberämter – und damit der Landtagswahlkreise – bildeten die Vertrauensmänner Bezirksausschüsse mit einem aus ihrer Mitte gewählten Vorsitzenden. Die Vorsitzenden bildeten zusammen wiederum das wichtigste beschlußfassende Gremium, den Landesausschuß. Die Größe des Gremiums entsprach also der organisatorischen Durchdringung des Landes und konnte idealiter und analog zur Zahl der Oberämter aus bis zu 64 Personen bestehen. Aus sich heraus wählte der Landesausschuß den Landesvorsitzenden und seinen Stellvertreter. Wie für alle Gremienspitzen galt auch hier eine Amtsdauer von drei Jahren. Ab der Bezirksebene aufwärts mußte der Gewählte ein »praktischer Landwirt« sein.[2]

Insgesamt ist für den Bauernbund ist ein hohes Maß an organisatorischer Kontinuität zu konstatieren. Abgesehen von der Umbenennung in Württembergischen Bauern- und Weingärtnerbund im November 1918, mit der »selbständiges und von jedem anderen Landesverband unabhängiges Vorgehen« demonstriert wurde, änderte sich an der Organisationsstruktur nur wenig.[3] Ab 1920 gab es zwei stellvertretende Landesvorsitzende, von denen einer ein Weingärtner sein mußte. Gestärkt wurde die Integrationsfunktion des Landesausschusses, dem nun auch die stellvertretenden Bezirksvorsitzenden angehörten. Ab 1924, als der Höhepunkt der flächendeckenden Vertretung des Bauernbundes erreicht war und in jedem Oberamt eine Organisation bestand, umfaßte der Landesausschuß über 120 Personen. Gemäß dem Delegiertenprinzip und zum Erhalt der Arbeitsfähigkeit wählte der Landesausschuß nun einen zwölfköpfigen Erweiterten Vorstand. Zusammen mit dem Engeren Vorstand, der eigentlichen Bundesleitung – bestehend aus Landesvorsitzendem, Stellvertretern und Geschäftsführer – bildete der Erweiterte Vorstand, der aus je drei Vertretern der vier Kreise des Landes bestand, den Gesamtvorstand. Neben dem landwirtschaftsinternen Proporzprinzip zwischen Landwirten und Weingärten wurde man damit auch dem seit der Bundesgründung gepflegten innerwürttembergischen Regionalproporz in der Führungsebene gerecht.

Mit dem Erweiterten Vorstand bestand ein flexibleres und effizienter arbeitendes Gremium. Reagiert wurde damit auch auf die Veränderungen in der Fraktion und ihrem Verhältnis zur Partei. Bis 1918 waren fast alle Abgeordneten des Bauernbundes gleichzeitig auch Bezirksvorsitzende ihres Oberamtes.[4] Damit erfüllten sie die

---

[2] Statuten von 1898 u. 1907: Schw. Landmann v. 1. Nov. 1898 u. Bauernfreund 1907, S. 44.
[3] Schw. Tageszitg. v. 20. Nov. 1918. Zur Umbenennung auch Schw. Landmann v. Dez. 1918.
[4] Die Ausnahmen waren der Parteiredakteur Theodor Wolff, der Landwirtschaftsinspektor Wilhelm Ströbel, der Rechtsanwalt Jonathan Roth, Eugen Nübling und der Gutsbesitzer Pergler von Perglas.

per Statut gestellte Bedingung, praktische Landwirte zu sein und waren gleichzeitig über den Landesausschuß in das oberste Parteigremium eingebunden. Ab 1924 konnte der Erweiterte Vorstand über seine zwölf gewählten Mitglieder hinaus zusätzliche Mitglieder kooptieren. 1924 und 1928 waren dies vor allem die auf den Landeslisten gewählten, der lokalen Rückbindung an den Wahlkreis enthobenen Landtagsabgeordneten, in aller Regel keine Landwirte, sondern Parteiangestellte, Redakteure, Vertreter der Landwirtschaftsverwaltung oder aber bei den Wahlen durchgefallene ehemalige Abgeordnete und prominente Bundesmitglieder.[5] Garantiert wurde durch diese 1931 nur geringfügig veränderte Struktur eine langfristige organisatorische und personelle Kontinuität sowie die Identität von oberstem Führungsgremium und parlamentarischer Fraktion. Die strukturellen Veränderungen der 1920er Jahren waren Ausdruck von wachsendem Bedürfnis nach Integration der organisatorischen Basis und die Anpassung an den gestiegenen zentralinstanzlichen Regelungsbedarf.[6]

Parallel zu dem hohen Maß an organisationsstruktureller Kontinuität zeigt sich auch in der personellen Führung des Bundes eine große Konstanz. Der unumstrittene Landesvorsitzende und württembergische »Bauernführer« war von 1896 bis zu seinem Tod im April 1917 der Gutspächter Rudolf Schmid, seit 1908 Ökonomierat und gleichzeitig vom König berufener Vertreter der Landwirtschaft in der Ersten Kammer.[7] Bis zum Ende des Krieges übernahm interimsweise der seit 1914 amtierende Stellvertreter Wilhelm Ströbel, Landwirtschaftsinspektor, Vorstand der landwirtschaftlichen Winterschule in Ulm und ab 1920 Geschäftsführender Direktor der Landwirtschaftskammer, das Amt des Vorsitzenden.[8] Im November 1918 wurde der Landwirt und langjährige Reichstags- und Landtagsabgeordnete Wilhelm Vogt aus Gochsen (OA Neckarsulm) in das Amt gewählt, das er bis 1933 bekleidete.[9]

---

[5] Vorstand von 1924 und 1928 in Schw. Landmann v. 23. Febr. 1924 und Bauernfreund 1928, S. 89 f.
[6] Zum vorhergehenden Absatz: Bauernfreund 1920, S. 66 f. u. 1928, S. 87 ff.; Richtlinien der württ. Bauernpolitik. Zweck, Ziel und Aufgaben des Bauernbundes, 1920, S. 16 ff.; Satzungen des Württ. Bauern- und Weingärtnerbundes v. 7. Okt. 1925 u. v. 8. Febr. 1931.
[7] Nachruf auf Schmid in Bauernfreund 1918, S. 55 ff. u. Württ. Nekrolog 1917, 1921, S. 71–75. 1898 wurde ihm von der Hofkammer der Pachtbetriebes Liebenstein versagt, »weil man keinen Führer der württembergischen Bauern als Hofdomänenpächter wollte« (Schw. Landmann v. 25. Okt. 1924). Bis 1917 war Schmid Pächter der fürstlich Hohenlohischen Domänen Platzhof und Schönau (OA Öhringen).
[8] Schw. Tageszeitg. v. 8. Dez. 1917.
[9] Stellvertreter waren von 1896–1903 Julius Hermann aus Kreßbach (OA Neckarsulm), der Gast- und Landwirt Michael Franck aus Oberaspach (OA Hall) von 1903–1906 sowie der Gutsbesitzer Albert Barth aus Willsbach (OA Weinsberg) von 1906–1914. In der Weimarer Zeit waren die Stellvertreter bis zu seinem Tod im April 1920 der Landwirt Karl Berroth aus Jagstheim (OA Crailsheim), Sohn des Landtagsabgeordneten Ernst Berroth, dem von 1920–1933 der Reichstags- und Landtagsabgeordnete Wilhelm Dingler, Gutsbesitzer in Calw, folgte. Als Vertreter der Weingärtner amtierte von 1920–1933 Karl Haag, dessen Vater Wilhelm bis 1924 als Landtags- und Reichstagsabgeordneter den Wahlkreis Heilbronn vertreten hatte und dessen Bruder Heinrich wiederum das Reichstagsmandat des Vaters übernahm. Angaben neben eigenem Personaldatensatz aus Schw. Landmann v. 1. Juli 1896; Schw. Kronik v. 12. Nov. 1900 M; Dt. Reichspost v. 19. Jan. 1903; Schw. Landmann v. 15. April 1912; Schw. Landmann v. 1. Juli 1914; Bauernfreund 1920, S. 66; Bauernfreund 1928, S. 89.

Ein wichtiger Aspekt der Zentralisierung der Organisation war das Verhältnis zur Berliner Reichsleitung. Zwar war der Bauernbund eine Gründung, die auf reichspolitische Anstöße zurückging, aber seit seiner Gründung unterlag er einem regionalspezifischen Anpassungs- und Verselbständigungsprozeß. Während die anderen Parteien, vor allem die dezidiert württembergischen Gruppierungen Deutsche Partei und Volkspartei, immer enger in die entsprechenden Organisationen auf nationaler Ebene eingebunden wurden, zeigt sich beim Bauernbund die gegenläufige Tendenz.[10] Zwar entsandte der Bauernbund satzungsgemäß seine Delegierten nach Berlin, aber keiner davon ist dort in irgendeiner Weise hervorgetreten.[11] Die bereits durch die Adelsfronde 1895/96 früh eingeleitete Unabhängigkeit erstreckte sich auch auf weitere Gebiete. Zum einen war es wichtiges Element des Selbstverständnisses, die spezifische Vertretung der württembergischen Kleinbauern zu sein. Dadurch wollte man sich auch von den »preußischen Junkern« absetzen, deren Zerrbild in den eigenen Reihen nicht beliebt war und vor allem den gegnerischen Parteien eine Angriffsfläche bot. Diese Tendenz hing eng mit Theodor Körner zusammen, der von Anfang an auf die Unabhängigkeit als bäuerlich-populäre Massenvertretung setzte und diese in Konflikten mit der Reichsleitung auch durchzusetzen wußte. Damit sicherte er gleichzeitig auch die Selbständigkeit ›seiner‹ württembergischen Bauernbundspresse.[12] Zum andern war der Bauernbund im Gegensatz zum Großteil seiner Pendants in anderen Regionen nicht nur wirtschaftliche Interessenvertretung, sondern eigenständige Partei. Diese Tendenz hatte sich nach 1919/20 mit der Lockerung der zentralistischen Struktur im BdL und der noch stärkeren Verselbständigung der Landesverbände im Reichslandbund verstärkt, dem man fast lautlos korporativ beigetreten war.[13] Zentralisierung bedeutete beim Bauernbund

---

[10] Seit 1908 nannten sich die Rechtsliberalen Nationalliberale Partei – Deutsche Partei in Württemberg (A. GAWATZ, Wahlkämpfe, 2001, S. 87). 1910 erfolgte die Fusion der linksliberalen Gruppierungen zur Fortschrittlichen Volkspartei (K. SIMON, Württembergische Demokraten, 1969, S. 72–92).
[11] Der Landesvorsitzende war auch Mitglied des Berliner Gesamtvorstandes. Zusätzlich wurden vom Landesausschuß Delegierte bestimmt. Bis 1918 waren dies Krauß, G. Haug sowie von 1908–1914 Walter Tscherning und Christian Bückle (Schw. Landmann v. 1. Juni 1914). Nach 1919 war neben dem Landesvorsitzenden der Engere Vorstand in Württemberg und weitere sieben Mitglieder im Gesamtausschuß vertreten (Bauernfreund 1920, S. 66). Im NL Roesicke, BA Berlin, N 2244, 40f. u. 82b, endet 1903 die Korrespondenz zwischen Schmid und Roesicke, der für die Betreuung der südwestdeutschen Landesabteilungen zuständig war. H.-J. PUHLE, Interessenpolitik, 1966, S. 64–68 geht unter dem Kapitel »regionale Besonderheiten« auf den württembergischen Bauernbund gar nicht ein.
[12] A. SCHNEIDER, 1933, S. 101 ff. berichtet anhand der Protokolle des Landesausschusses von einem heftigen Konflikt zwischen Roesicke sowie Schmid und Körner. Nach Vorwürfen Roesickes gegen Körner (eigenmächtiges Vorgehen und Weigerung, eine stärkere Beaufsichtigung der Stuttgarter Geschäftsstelle zuzulassen sowie Hintansetzung des Adels auf den Wahllisten, Gegnerschaft gegen Akademiker und Verleumdung des BdL im Wahlkampf) hätten Schmid und Körner ihre Ämter zur Verfügung gestellt.
[13] Mit besonderer Betonung der parteipolitischen Eigenständigkeit des Bauernbundes: Schw. Landmann v. 5. April 1924. Zum Beitritt zum RLB: Schw. Tagesztg. v. 28. Febr. 1921. Zum RLB: J. FLEMMING, Landwirtschaftliche Interessen, 1978; M. SCHUMACHER, Land und Politik, 1978 u. S. MERKENICH, 1998, S. 75 ff. Zur finanziellen Selbständigkeit der Landesverbände: H.-J. PUHLE,

also Konzentration auf Württemberg sowie Bewahrung der Eigenständigkeit gegenüber Berlin.

b) Mitgliederentwicklung: Das Prinzip der Masse

Von Anfang an setzte der Bauernbund als Bewegung mit emanzipatorischem Impetus und als Vertretung einer sich selbst als unterrepräsentiert und benachteiligt wahrnehmenden Bevölkerungsgruppe auf das Prinzip der Masse. Dies war und blieb wichtiger Teil seines Selbstverständnisses. Der Maßstab war die Organisationsdynamik von Sozialdemokratie und Zentrum, die den eigenen Mitgliedern immer wieder vor Augen gehalten wurde.[14] Mit sichtbarem Stolz und als Ausdruck von Stärke und Verbundenheit wurde im Geschäftsbericht und in der eigenen Presse über Mitgliederstand und organisatorische Durchdringung des Landes berichtet. Aber auch die gegnerische Presse kommentierte den Stand der bäuerlichen Organisation detailliert. Für die Zeit bis 1924 läßt sich die Entwicklung gut nachvollziehen.

Die Tätigkeit der neu eingerichteten Geschäftsstelle schlug sich in einem raschen Mitgliederzuwachs nieder. Bereits 1897 hatte sich der Stand mit 4 850 Mitgliedern gegenüber dem Vorjahr mehr als verdreifacht. Und die sprunghafte Entwicklung hielt an. 1900 waren 14 600 Mitglieder in 503 Ortsabteilungen organisiert. In diesem Jahr wurde auch zum letzten Mal der Mitgliederstand nach Kreisen aufgeschlüsselt. Am besten durchdrungen waren die protestantischen Gebiete des Neckar- und Jagstkreises. Deutlich geringer war der Organisationsfortschritt im ebenfalls dominant protestantischen Schwarzwaldkreis und im katholischen Donaukreis.[15] Eine erste Stagnation zeigt sich 1901, als der Zuwachs nur 442 statt wie im Vorjahr 2 500 Mitglieder betrug.[16] Allerdings erfuhr die Entwicklung bereits 1902, dem Jahr der erneuten Zolltarifdiskussion, einen erneuten Aufwind. 1903 wurde erstmals die Marke von 20 000 Mitgliedern übersprungen und 1908 mit 22 480 Mitgliedern der Höchststand vor 1914 erreicht.

Zwischen 1908 und 1912 variierte der Stand zwischen 20 000 und 22 000 Mitgliedern. Obwohl eingeräumt wurde, wegen der Haltung des Bundes zur Reichsfinanzreform sei es vereinzelt zu »Untreue« gekommen und man klagte, der schwäbische Bauer spare wegen der schlechten Ernte seinen Mitgliedsbeitrag, war der

---

Interessenpolitik, 1966, S. 46. Laut den Bilanzen des Bauernbundes von 1924–1934 (NL Körner) führte der Bauernbund zwischen 400 und max. 4 200 Reichsmark pro Jahr an den RLB ab, was etwa 0,5 % der Einnahmen des RLB durch die Provinzialverbände entsprach (mit anderen Zahlen S. MERKENICH, 1998, S. 95).

[14] Schw. Landmann v. 1. Mai 1903: Unter dem Titel »Was können wir von der Sozialdemokratie lernen?« wurde auf die feste Disziplin in den Reihen der SPD, auf den blinden Gehorsam der Mitglieder gegenüber den Weisungen der Führung und auf die Opferwilligkeit der Parteimitglieder hingewiesen, die im Jahr angeblich 40 Mark für Partei, Gewerkschaft und Parteiliteratur aufbrächten.

[15] Mitglieder (Ortsabteilungen) nach Kreisen für 1900: Neckarkreis: 5 620 (157); Jagstkreis: 4 480 (201); Schwarzwaldkreis: 1 690 (56); Donaukreis: 2 830 (89) (Schw. Landmann v. 1. Jan. 1901). Zu den vorherigen Angaben: Schw. Landmann v. 1. Jan. 1897.

[16] Schw. Landmann v. 1. Dez. 1901.

Bauernbund 1912 mit 20 600 Mitgliedern in 1119 Ortsabteilungen und 45 Oberämtern des Landes organisiert.[17] Erst 1910 wurde er an Mitgliederstärke von der SPD überholt und war bis dahin zusammen mit dem in dieser Hinsicht schwer einzuschätzenden Zentrum die mitgliederstärkste Partei des Landes.[18] Der Bauernbund gehörte zu den organisationsdynamischen Kräften in der württembergischen Parteienlandschaft vor 1914.[19] In Organisationsgrad und Mitgliederdichte war er vor allem gegenüber den bürgerlich-liberalen Parteien im Vorsprung und hatte der demokratischen Volkspartei die organisatorische Spitzenstellung auf dem Land abgenommen.[20]

Die organisatorischen Herausforderungen an die Parteien waren nach dem Krieg nicht generell neu. Der Zwang zur Organisation war durch die Bedingungen des Massenwahlkampfs vorgegeben. Durch die Einführung des Proportionalwahlrechts verstärkte sich der Druck, die organisatorische Präsenz möglichst flächendeckend auszubauen. Aber diese Tendenz war seit der Verfassungsreform von 1906 und dem teilweise eingeführten Verhältniswahlrecht bereits vorhanden und wurde nur verstärkt: Organisation mobilisiert Wähler und stabilisiert Wählerverhalten. Für alle Parteien galt es, im sozialstrukturell und vor allem konfessionell fremden Revier wildern zu gehen.

Die Parteitätigkeit war während der Kriegsjahre größtenteils zum Erliegen gekommen. Auch hatte der Krieg »empfindliche Lücken« in die Reihen des Bauernbundes gerissen.[21] Neben den revolutionären Ereignissen erwies sich die Zwangswirtschaft als staatlicher Eingriff in die Verfügungsfreiheit der landwirtschaftlichen Produzenten und als Eingriff in die Selbständigkeit der Bauern[22] als wichtigster Mobilisierungsfaktor für einen gewaltigen Mitgliederanstieg.

1922 wurde verkündet, man sei nun die mitgliederstärkste Partei im Land. Der entsprechende Geschäftsbericht sprach von 300 neuen Ortsgruppengründungen und einem Zuwachs von 12 000, davon 8 000 katholischen Bauern. Für 1924 wurde berichtet, der Mitgliederstand sei, nachdem er nach dem Krieg bei 15 000 gelegen

---

[17] Die jeweiligen Angaben und Berichte über die Landesversammlung in: Schw. Landmann v. 1. März 1903, v. 15. Dez. 1903, v. 15. Mai 1907 u. v. 15. Mai 1912; Bauernfreund 1907, S. 73 sowie Dt. Reichspost v. 21. Nov. 1904, v. 11. Mai 1908 u. v. 6. Mai 1912.
[18] Zur SPD: J. SCHADT/W. SCHMIERER, 1979, S. 316 f. Zu den wenig formalisierten Strukturen des Zentrums und zum Zusammenhang mit dem Volksverein für das Katholische Deutschland A. GAWATZ, Wahlkämpfe, 2001, S. 107 mit weiterer Literatur.
[19] Schw. Landmann v. 1. Mai 1903.
[20] Den Höchststand der Volkspartei gibt K. SIMON, Württembergische Demokraten, 1969, S. 27 mit 15 000 in ca. 2 000 Volksvereinen an. Für die DP sind für 1912/14 8 000 bis max. 10 000 anzunehmen (TH. NIPPERDEY, Organisation, 1961, S. 101 u. A. GAWATZ, Wahlkämpfe, 2001, S. 88). Beim Organisationsgrad als Verhältnis der Mitglieder zu den bei Wahlen erzielten Stimmen ist für 1900, als der Stand analog zu den Oberämtern angegeben wurde, in denen der Bauernbund kandidierte (Schw. Landmann v. 1. Jan. 1901), von über 40 % auszugehen. Die Zahl sank dann mit flächendeckenden Kandidaturen auf Werte von 22–30 %. Zum Vergleich mit den anderen Parteien, v. a. der Organisationsunwilligkeit des liberalen Bürgertums, A. GAWATZ, Wahlkämpfe, 2001, S. 83–118.
[21] Schw. Tagesztg. v. 8. Dez. 1917, v. 26. Febr. 1921 und v. 28. Febr. 1921.
[22] Vgl. B. ZIEMANN, Front und Heimat, S. 317.

Tabelle 4: Mitglieder des Bauernbundes nach Sozial- und Berufsgruppen

	absolut	in %
1. Oberschicht	*103*	*8,5*
1.1 Besitzbürgertum	54	4,4
1.1.1 Agrarischer Sektor	54	4,4
1.2 Großbürgertum	1	0,1
1.2.1 Gewerblicher Sektor	1	0,1
1.3 Bildungsbürgertum	38	3,2
1.3.1 Dienstleistung und Verwaltung	31	2,6
1.3.2 freie akad. Berufe	7	0,6
1.4 Offiziere	1	0,1
1.5 Adel	9	0,7
2. Mittelschicht	*1 110*	*91,4*
2.1 Alter Mittelstand	1 051	86,5
2.1.1 Agrarischer Sektor	822	67,7
davon: Landwirt und Schultheiß	161	13,3
2.1.2 Gewerblicher Sektor	229	18,8
2.2 Neuer Mittelstand	59	4,9
2.2.1 Dienstleistung und Verwaltung	15	1,2
2.2.2 freie nichtakad. Berufe u. mittlere Angestellte	44	3,6
3. Unterschicht	*2*	*0,2*
3.1 Untere Beamte und Angestellte	2	0,2
Summe	*1 215*	*100,0*

Erfaßt wurden nach dem Personaldatensatz 1 215 männliche Personen. Das Schichtungsmodell orientiert sich an P. LUNDGREEN/M. KRAUL/K. DITT, *1988, S. 319–364 u.* R. SCHÜREN, Soziale Mobilität, *1989, S. 313 ff. Zur Erklärung: 1.1.1: Gutsbesitzer, Ökonomieräte, Domänen- und Gutspächter, Gutsverwalter; 1.2.1: Fabrikant; 1.3.1: Leitende Wahlbeamte, Direktoren, Räte, freie akademische Berufe; 2.1.1: Landwirte, Weingärtner, Mühlenbesitzer, Gärtner; 2.1.2: selbständige Handwerksmeister und Kaufleute, Kleinhändler, Gastwirte; 2.2.1: mittlere Beamte; 2.2.2: Verbands- und Parteisekretäre, Redakteure und mittlere Angestellte.*

habe, nun bei 60 000 angelangt.[23] Für die Landtagswahl 1924 verfügte der Bauernbund in allen württembergischen Oberämtern über eine Organisation. Zu diesem Zeitpunkt war der Höchststand seiner organisatorischen Ausweitung erreicht, der mindestens bis 1928 gehalten werden konnte.[24] Der anschließende Schrumpfungsprozeß läßt sich nur schätzen. Anzunehmen ist aber, daß der hohe Stand von ca. 60 000 bis etwa 1931 gehalten werden konnte und selbst 1933 noch bei etwa 40 000 gelegen haben muß.[25] Diese für die Endphase der Weimarer Republik erstaunliche

---

[23] Angaben nach Schw. Landmann v. 1. Juni 1920; Schw. Tagesztg. v. 6. Febr. 1922; Süddt. Ztg. v. 25. Mai 1923 und Schw. Landmann v. 14. Juni 1924. Vgl. zur SPD bei J. SCHADT/W. SCHMIERER, 1979, S. 317. Demnach hatte die SPD ihren Mitgliederhöchststand in der Weimarer Zeit 1920 mit 33 400 erreicht. Andere Angaben in Schw. Tagwacht v. 31. Juli 1919 mit 39 000 männlichen und 4 400 weiblichen Mitgliedern. Für die anderen Parteien liegen keine verläßlichen Angaben vor.
[24] 1926 meldete der Geschäftsbericht 60 000 Mitglieder in 1 800 Ortsgruppen (Sonderausg. der Schw. Tagesztg. v. Sept. 1926). Erst 1928 wurde berichtet, die Stellen der Bezirksvorsitzenden in den katholischen Oberämtern Neresheim, Ravensburg, Spaichingen, Tettnang und Wangen seien nicht mehr besetzt (Bauernfreund 1928, S. 89 f.).
[25] Anhand der Bilanzen des Bauernbundes 1924–1934 (NL Körner) lassen sich unter Zugrundelegung der Mitgliederbeiträge, unter Beachtung der wechselnden Höhe dieser Beiträge und sinkender

Mitgliedertreue führte auch in der Weimarer Zeit zu einem Organisationsgrad zwischen 25 und 35 Prozent. Aufgrund fehlender Angaben ist eine Analyse der Mitglieder nach Betriebsgrößenstruktur oder anhand der Kategorie landwirtschaftlicher Haupt- oder Nebenberuf nicht möglich. Eine repräsentative schicht- und berufsspezifische Untersuchung der Mitglieder bestätigt jedoch den geringen Anteil des landwirtschaftlichen Großbesitzes der Gutsbesitzer, -pächter und -verwalter sowie die Dominanz der Klein- und Mittelbauern (vgl. Tab. 4). Fast abstinent zeigt sich der Adel. Auffallend dagegen ist der hohe Anteil der Landwirte, die als Dorfschultheißen eine führende Rolle im Kommunikationsraum Dorf spielten. Ihre Liste liest sich wie ein »Who's Who« der ländlichen kommunalpolitischen Interessenvertreter, die auch der parteipolitische Gegner zur Kenntnis nahm, nach dessen Meinung beim Bauernbund in der Regel solche Bauern engagiert seien, »welche einen Gemeinderatssitz innehaben und die größte Miste im Dorf haben«.[26] Hinzu kommt die starke Vertretung von Handwerkern, Gewerbetreibenden und Einzelhändlern, darunter auch Gastwirten, die belegen, daß der Bauernbund nicht bloß ein berufsständischer Verband, sondern eine Milieuorganisation der ländlichen Lebens- und Wirtschaftswelt war.

c) Finanzierung, Bestandssicherung und Dienstleistung

Die Mitgliedschaft im Bauernbund war streng formalisiert. In der Verbindung des Prinzips der großen Zahl mit einer zentralisierten und hierarchischen Organisation glich der Bauernbund strukturell der Sozialdemokratie als Partei neuen Typs. Die Mitgliedschaft war mit dem Aufbringen persönlicher Opfer verbunden. In aller Regel waren dies festgelegte Mitgliederbeiträge, aber auch besondere Aufwendungen – vor allem zu Wahlzeiten – und spezifisch ländlich-agrarische Formen der Unterstützung. Die unterschiedlichen Finanzierungsformen gewährleisteten ein hohes Maß an Bestandssicherung auch über die kritischen Phasen von Krieg und Inflation hinweg. Finanzkraft und organisatorische Stärke des Bauernbundes basierten auf dem Prinzip der Selbstfinanzierung. Die Mitgliederbeiträge waren der Grundstock der Finanzierung, wichtiges Element der Mitgliederbindung und gleichzeitig Ausdruck der hohen Identifikation der Mitglieder mit der eigenen Organisation.

Seit 1895 wurde ein Mitgliederbeitrag erhoben, der mit jährlich 50 Pfennig deutlich unter dem der SPD lag.[27] Seit 1900 ging man zu einem System gestaffelter Beiträge auf der Bemessungsgrundlage von Grundbesitz und wirtschaftlicher Lei-

---

Zahlungsmoral vorsichtig folgende Zahlen für die letzten Jahre der Weimarer Zeit schätzen: 1931: 52 000; 1932: 45 000 und 1933: 40 000. Nicht berücksichtigt sind dabei die Mitglieder des Jungbauernbundes.
[26] So die Volkspartei über die Bauern im Bauernbund und im Zentrum (Dt. Volksbl. v. 13. Dez. 1906).
[27] Schw. Landmann v. 1. Jan. 1897 v. 1. Nov. 1898 u. Bauernfreund 1899, S. 53. Die SPD erhob 10 Pfennig pro Monat, die auf die lokalen und regionalen Parteiinstanzen aufgeteilt wurden (Schw. Tagwacht v. 6. Okt. 1908).

stungskraft über.²⁸ Am Vorabend des Ersten Weltkriegs war der Bauernbund mit einem Mindestbeitrag von 1,50 Mark nicht nur die günstigste Partei im Land, sondern zusammen mit der SPD Vorreiter in Sachen effizienter Selbstfinanzierung.²⁹ Im Gegenzug hatte jedes beitragszahlende Mitglied das Recht, an der Wahl des Vertrauensmannes teilzunehmen und die Dienstleistungen des Bauernbundes in Anspruch zu nehmen. Zusätzlich gab es den *Schwäbischen Landmann* als Bundesschrift kostenfrei und vom Vertrauensmann persönlich ins Haus gebracht. Auch diese Versorgungsmuster entsprachen denen der SPD. Nicht ganz zu Unrecht konnte der Bauernbund von sich behaupten, trotz der geringen Beiträge mehr als andere Vereinigungen für seine Mitglieder zu leisten.³⁰

Als besondere Form einer milieugerechten Zahlungsweise ging man in der Hyperinflation, als alle Parteien und ihre Presseorgane unter Mitglieder- und Leserschwund litten, kurzerhand zur Naturalwirtschaft über. Seit Herbst 1921 wurden die Mitglieder zur Abgabe eines »Erntedanks« als außerordentlicher Parteispende in wertbeständigem Getreide aufgefordert.³¹ Für den Mitgliederbeitrag und als Gegenwert für die *Schwäbische Tageszeitung* wurden ebenfalls Naturalien angenommen. Auch die Parteiangestellten wurden in solchen entlohnt.³² Diese besondere Form der Bestandssicherung erschloß sich nur dem Bauernbund und wurde von den anderen Parteien fast neidvoll registriert.³³ Auch hier erwies sich das Vertrauensmännernetz als erfolgreich.³⁴ Als weiteres Beispiel der Selbstfinanzierung ist das ›Körnerhaus‹ in Stuttgart zu nennen, Sitz der Geschäftsstelle und der *Schwäbischen Tageszeitung*. Das

---

[28] Ab einem Grundbesitz von 30 Morgen (ca. 10 Hektar) wurden pro Morgen 5 Pfennige erhoben (Bauernfreund 1900, S. 53; Bauernfreund 1904, S. 58 u. Bauernfreund 1913, S. 44).
[29] Die liberalen Parteien hatten es meist den lokalen Ortsvereinen überlassen, den Beitrag festzulegen. Das Zentrum erhob bis 1906 gar keine Beiträge (Dt. Volksbl. v. 18. Okt. 1906). Zum Parteienvergleich A. GAWATZ, Wahlkämpfe, 2001, S. 220f.
[30] Bauernfreund 1904, S. 67 u. Bauernfreund 1910, S. 40.
[31] Schw. Tagesztg. v. 6. Febr. 1922.
[32] Schw. Tagesztg. v. 17. Jan. 1923 u. v. 30. Nov. 1923. In einem Dossier von 1956 (»Das Körnerhaus in Stuttgart«, NL Körner) berichtet Friedrich Gräb, Schwiegersohn von Körner (alt) und seit 1920 Angestellter der Geschäftsstelle, Sammlung, Erfassung und Verwertung der Naturalien habe zwar viel Aufwand verursacht, die »ungewöhnliche Form der Bezugsgeldentrichtung« habe aber den Leserstand »rapide« erhöht. Aus den Protokollen der Ortsgruppe Möhringen/Fildern (NL Körner) wird deutlich, daß der örtliche Vertrauensmann Lebensmittel und Getreide zur Weiterleitung an die Geschäftsstelle sammelte. Von 39 Abonnenten in Möhringen bezahlten im Aug. 1923 32 mit Getreide. Seit Jan. 1923 bekamen nur noch Abonnenten die Zeitung zugestellt, die mit Getreide bezahlten (Schw. Tagesztg. v. 17. Jan. 1923).
[33] Schw. Tagwacht v. 28. Jan. 1923.
[34] In denjenigen Ortsgruppen, die zur Ablieferung der Naturalien zu weit von Stuttgart entfernt waren, sammelten die Vertrauensmänner das Getreide und verkauften es nach Aufforderung durch die Bundesleitung. Vgl. die Aufrufe, das Getreide bis »auf bessere Zeiten« aufzubewahren (Schw. Tagesztg. v. 6. Febr. 1923), kein »muffiges Getreide« anzunehmen (Schw. Tagesztg. v. 8. Mai 1923) und das Getreide wegen des Geldbedarfs für die nächsten Wahlen zu verkaufen (Schw. Tagesztg. v. 20. März 1924). Die Vertrauensmänner zogen auch den Gegenwert für die Zeitungsabonnements ein (Schw. Tagesztg. v. 23. Nov. 1923). Zum Erfolg der Aufrufe Schw. Tagesztg. v. 16. März 1923, es hätten sich nur 3% der Ortsabteilungen nicht beteiligt, und zwar solche, in denen es derzeit keinen Vertrauensmann gebe.

auf Initiative von Körner erstellte Gebäude war zum Großteil durch »Bausteine« finanziert worden, die die Mitglieder seit 1924 kaufen konnten. Entstanden war damit eine moderne Parteizentrale, die Geschäftsstelle und Parteipresse unter einem Dach vereinte.[35] Durch das eigenwillige und ausgefeilte System der Selbstfinanzierung verfügte der Bauernbund auch in der Weimarer Zeit über konsolidierte Finanzen, zum größten Teil getragen von Mitgliederaufwendungen und dem Vertrieb der eigenen Presseerzeugnisse.[36]

Die Geschäftsstelle in Stuttgart war der Kopf der zentralisierten Organisationsstruktur. In einer Mischung aus Parteizentrale, landwirtschaftlicher Dienstleistungsstelle und patriarchalisch geführtem Familienbetrieb lag sie monopolartig in der Hand der Familie Körner. Theodor Körner (alt) war einer der streitbarsten und umstrittensten, zugleich hochverehrten und meistgehaßten Politiker Württembergs. Obwohl kein Landwirt, galt er als charismatischer und populärer, im landwirtschaftlichen Vereinsgefüge verankerter Bauernführer. In der Personalunion von Geschäftsführer, Landtags- und Reichstabgeordneter sowie Verlagsbesitzer war er die unangefochtene Führerfigur. Als Geschäftsführer war er nicht nur das Rückgrat der Organisation, sondern ex officio auch Mitglied des Engeren Landesvorstandes und damit an allen politischen Entscheidungen beteiligt. Keine Partei in Württemberg, weder das Zentrum mit Eugen Bolz noch die SPD mit Wilhelm Keil, verfügte über ein derart hohes Maß an struktureller Verflechtung und Kontinuität in einer Person, weder im Kaiserreich noch in der Weimarer Republik, vor allem aber nicht über den gesamten Zeitraum hinweg.[37] Auch nachdem Körner wegen seiner Mehrfachbela-

---

[35] Im Gegenzug sollten die Bausteine verzinst oder mit Zeitungsanzeigen und -abonnements vergütet werden. In einem komplizierten Vertragsverhältnis zwischen Bauernbund und der Familie Körner wurde die Schwäbische Tageszeitungshaus GmbH als »Gesellschaft zur Förderung des bäuerlichen Zeitungswesens« gegründet, deren Gesellschafter je zur Hälfte Bundesvorstandsmitglieder und die Familie Körner waren (vgl. die Aufrufe zum Kauf von Bausteinen in Schw. Landmann v. 14. Juni 1924 u. Schw. Landmann v. 24. Jan. 1925), der ebenfalls von den Vertrauensmännern vor Ort umgesetzt wurde (Schw. Tageszg. v. 3. Dez. 1925). Verkauft wurden rund 128 500 Bausteine. Hierzu und zu den »verschwommenen« Bestimmungen über Einlösung und Rückzahlung, deren finanzielle Folgen die Familie Körner bis in die 1950er Jahre trug: F. GRÄB, »Das Körnerhaus in Stuttgart« (NL Körner).

[36] Bilanzen des Bauernbundes 1924–1934 (NL Körner). Der Anteil der Mitgliederbeiträge an den Gesamteinnahmen betrug in diesen Jahren konstant ca. 80%. Größere Spenden von Einzelpersonen sind nur in geringem Maße ausgewiesen. In den Bilanzen ist für die Jahre 1924–1934 nur die Spende von 200 Mark des ehemaligen, nach Bayern verzogenen Abgeordneten Ernst Hornung ausgewiesen. Zur mangelnden finanziellen Unterstützung durch Adel und Grundbesitzerverband Körner (jg.) an Hiller v. 14. April 1921 (NL Hiller) mit der Klage, bisher hätten nur fünf Adlige Unterstützung geleistet: »Alle anderen stehen abseits.« Ähnlich Schw. Tageszg. v. 3. Dez. 1925. Bis 1929 konnten – selbst im Dreifachwahljahr 1924 – laut der Bilanzen insgesamt Überschüsse erwirtschaftet werden. Ein Defizit zeigt sich nur 1930 im Haushaltsjahr der Weltwirtschaftskrise.

[37] Zu Körner: F. FRHR. HILLER V. GAERTRINGEN, in: NDB 12 (1980), S. 389; 150 Jahre Zeitung im Gäu, 1988, S. 43 ff. u. R. JANSSEN, 1999. Vgl. auch die Ausführungen zur Presse unten S. 201 ff. Seit 1918 war Körner Vorsitzender der Milchproduzenten- und Lieferantenvereinigung für Stuttgart und Umgebung, im Vorstand des süddeutschen Schäfereiverbandes und geschäftsführendes Beiratsmitglied des Verbandes Süddeutscher Zuckerrübenpflanzer. Seine parlamentarische Tätigkeit: MdL 1907–1933 (1924–1928 LT-Präsident, 1928–1932 Alterspräsident), MdR 1920–1928. Die hohe Popu-

stungen das Amt des Geschäftsführers 1922 an seinen gleichnamigen Sohn übergeben hatte und in dessen Nachfolge zwei andere Bauernbundsabgeordnete die Geschäfte führten, blieb er Kopf und Lenker des Bauernbundes und der immer enger mit der Familie Körner verflochtenen Geschäftsstelle.[38]

Die Ausweitung der Tätigkeit der Geschäftsstelle erfolgte kontinuierlich. In anfangs enger Anbindung an die Berliner Zentrale wurde den Mitgliedern ein System von Rabatten, Preis- und Bezugsvorteilen angeboten, das von Kunstdünger, Futtermittel und Originalsaatgut bis hin zu Stalldesinfektionsmitteln reichte, aber auch vorteilhafte Versicherungsbedingungen durch Gesamtverträge mit Versicherungsgesellschaften und Vermittlungsdienste beim Kauf von Landmaschinen einschloß. Der Bezug wurde über die 1896 gegründete ›Verkaufsstelle des Bundes der Landwirte GmbH‹ in Berlin abgewickelt.[39] In aller Regel gingen 90% der Rabatte an die Mitglieder, 10% als Bundeseinnahme nach Berlin. Für Württemberg darf der Erfolg des Modells jedoch angezweifelt werden, denn Preisvorteilseffekte stellten sich erst bei waggonweiser Lieferung ein. Die Klagen häuften sich, die Mindestbezugsmengen seien für die Klein- und Mittelbauern des Landes zu groß. Recht früh ging man dazu über, innerhalb der Ortsabteilungen ›Landwirtschaftliche Ortsvereine‹ zu gründen, die auf Oberamtsebene eigenständige Verträge mit Lieferanten im Land abschließen sollten.[40] Auch hier sollte der Zwischenhandel ausgeschaltet und eine funktionierende Parallelstruktur zum landwirtschaftlichen Genossenschaftswesen aufgebaut werden, was die politischen Gegner mit der Rede vom mittelstandsschädigenden »BdL-Warenhaus« auf den Plan brachte.[41]

Attraktiver erwies sich auch das Beratungs- und Hilfeleistungsangebot der Geschäftsstelle, von Anfang an mit der Übernahme »lästiger Schreibereien und Arbei-

---

larität Körners ermißt sich auch aus der Tatsache, daß alle älteren Landwirte, die vom Verfasser nach Materialien befragt wurden, unisono erklärten: »Den Körner, den kannte jedes Kind in Württemberg. Der hat was für die Bauern getan!«

[38] Bereits seit 1920 hatte Körner (jg.) die Geschäfte geführt, war 1928 aber wegen der Kompromißhaltung der Fraktion zur Beamtenbesoldungsreform zurückgetreten (Schw. Landmann v. 4. März 1933 und BA Berlin, R 8034/246, Pressearchiv des RLB.) Die Nachfolge teilten sich Friedrich Häkker, MdL und der Schwiegersohn von Körner (alt), Friedrich Gräb (Bericht an Gesamtvorstand v. 21. Mai 1931, NL Hiller). Letzter Geschäftsführer des Bauernbundes war seit Sommer 1932 Gottlob Muschler, MdL, nachdem Körner (alt) seit Mai 1931 an einer Herzschwäche litt (HStA Stuttgart E 151/02, Bü 156; Rundschreiben Bauernbund v. 30. Sept. 1930, NL Körner u. Schw. Tageszeitg. v. 3. Febr. 1933). In unterschiedlichen Tätigkeiten (als Redakteure, in der Verwaltung der Geschäftsstelle oder als Teilhaber der Familiendruckerei und des ›Körnerhauses‹) waren neben Körner alt und jg. aus der Familie tätig: Der Bruder von Körner (alt), Otto Körner, die Söhne Paul, Wilhelm und Hermann sowie der Schwiegersohn Friedrich Gräb (Personaldatensatz und F. GRÄB, »Das Körnerhaus in Stuttgart«, NL Körner).

[39] H.-J. PUHLE, Interessenpolitik, 1966, S. 45–55. Siehe auch die jährlichen Aufrufe und Erläuterungen im Bauernfreund und z. B. Schw. Landmann 1. Juli 1920.

[40] Schw. Landmann v. 1. Jan. 1896, v. 1. Nov. 1898 u. v. 15. Juni 1905 (Klage über die mangelnde Nutzung des Berliner Angebots).

[41] Die Gegenreaktion des Bauernbundes in Schw. Landmann v. 1. Mai 1911.

Organisationsbedingungen – vertikale Strukturen   111

ten aller Art bei der Selbstorganisation der Bauern« angeboten.⁴² Den Mitgliedern
stand eine kostenfreie Beratungsstelle für alle Angelegenheiten zur Verfügung, von
allgemeinen landwirtschaftlichen und rechtlichen Fragen über Auskünfte zum Genossenschaftswesen bis hin zur landwirtschaftlichen Buchführung. Mit Verweis auf
den von der Stadt aufoktroyierten und immer komplizierter werdenden Verord-
nungsdschungel und die Raffinesse derer, die mit weißem Hemd und sauberen Hän-
den arbeiteten – denn: »wer schreibt, der bleibt!« – wurde das Dienstleistungsangebot permanent erweitert und den aktuellen Erfordernissen angepaßt.⁴³ Im Zeichen
von Zwangsbewirtschaftung, Steuerreform und Reichsnotopfer nach 1918 explodier-
te es geradezu. Flächendeckend wurden nun Auskunftsstellen eingerichtet und
»Sprechtage« auf Märkten und in Gasthäusern abgehalten. Zu Tausenden wurden
Ratgeber und detaillierte Anweisungen für Steuererklärungen verteilt, eine neue
Bauberatungsstelle und eine Vermittlungsstelle für Rechtsanwälte eingerichtet. Die
Vertrauensmänner wurden aufgefordert, in jeder Ortsgruppe Buchführungs- und
Steuerlehrgänge zu halten.⁴⁴ Seit 1922 wurden dann sogenannte Bauernanwälte an-
gestellt, meist Absolventen der landwirtschaftlichen Schulen, denen damit in krisen-
geschüttelten Zeiten ein Arbeitsplatzangebot gemacht werden konnte.⁴⁵ Das
Dienstleistungsangebot wurde nochmals erheblich erweitert und regionalisiert. Aus
der im April 1919 unter Körner (jg.) reorganisierten Stuttgarter Beratungsstelle als
Ein-Mann-Betrieb war ein flächendeckendes Netz von Bauernanwaltsstellen geworden, das auf seinem Höchststand zwischen 1927 und 1929 rund zwanzig Beratungs-
stellen umfaßte, die im Schnitt für jeweils drei Oberämter zuständig waren.⁴⁶

Ein wichtiges Element der Professionalisierung waren die Parteibeamten – hauptberuflich bei der Partei angestellt, von dieser Position ökonomisch abhängig und
demnach auch weisungsgebunden. Zusammen mit den Journalisten der Parteiorgane
stellten sie den Typus des von Max Weber beschriebenen Berufspolitikers dar, der
nicht für, sondern von der Politik lebt.⁴⁷ Neben Körner und dem Konservativen
Schrempf, der anfangs organisatorische und redaktionelle Arbeiten für den Bauernbund übernommen hatte, verfügte die Partei 1898 über zwei, seit 1902 über drei
Parteiangestellte, die gleichzeitig Journalisten der hauseigenen Presse waren.⁴⁸

---

⁴² Schw. Landmann v. 1. Dez. 1895.
⁴³ Bauernfreund 1900, S. 53 ff.; Bauernfreund 1907, S. 44 ff. (Einrichtung einer weiteren Beratungsstelle für Kreditangelegenheiten und Steuern seit der Steuerreform 1906/07).
⁴⁴ Schw. Landmann v. 1. Febr. 1921 u. v. 1. Aug. 1921; Bauernfreund 1920 (Beilage); Schw. Tagesztg. v.
28. Febr. 1921 (Bericht über 7000 Anfragen bei der Bundesgeschäftsstelle).
⁴⁵ Schw. Tagesztg. v. 6. Febr. 1922 u. v. 30. Nov. 1923 mit Stellenausschreibung als »nicht immer
leichte, aber undankbare Aufgabe«, die in Getreide entlohnt werde (Schw. Tagesztg. v. 30. Nov. 1923).
⁴⁶ Zur Entwicklung der Anwaltsstellen Schw. Tagesztg. v. 6. Febr. 1922, v. 25. April 1923, Sonderbeilage Sep. 1926, v. 5. Febr. 1927 sowie Bauernfreund 1928, S. 91 f. Nach den Bilanzen des Bauernbundes 1924–1934 (NL Körner) wurden dafür pro Jahr zwischen 30 000 und 68 000 Reichsmark auf-
gewendet. 1932 wurden sie in 2 Bezirksgeschäftsstellen umgewandelt (Bauernfreund 1933, S. 81 f.).
⁴⁷ M. WEBER, Politik als Beruf, 1988, v. a. S. 513 ff.
⁴⁸ Dies waren: Theodor Wolff, ehemaliger Pfarrer und 1899–1913 einer der Schriftleiter der *Deutschen
Reichspost;* Rudolf Naser, gelernter Kaufmann und Redakteur des *Schwäbischen Landmannes* und des
Bauernfreundes, sowie Johannes Klein, Landwirt aus Vorbachzimmern (OA Mergentheim), der zwi-

In den Jahren vor 1914 war der Bauernbund zusammen mit der SPD die bestorganisierte Partei im Land. Die mit der Einrichtung der Bauernanwaltsstellen beschriebene Ausweitung des organisatorischen Apparats führte in der Weimarer Zeit dazu, daß der Bauernbund teilweise bis zu dreißig besoldete Parteiangestellte hatte. Aus der Sicht der Bundesleitung war aus den ehemals »verspotteten und verlachten Bauernbündlern eine disziplinierte und geschulte Armee« geworden.[49] Die Angestellten sorgten zusammen mit dem Netz der Vertrauensmänner für den persönlichen Kontakt zwischen Bauernbund und Mitgliedern, die Kontinuität der örtlichen Vereins- und Versammlungstätigkeit und die Verbreitung der Parteipresse. Und sie waren die Vorkämpfer der organisatorischen Durchdringung bislang nicht erschlossener Gebiete: in aller Regel waren sie es, die bei Versammlungen geeignete Vertrauensmänner suchten und die Gründung von neuen Ortsabteilungen organisierten. Vor allem bei der nach 1920 erfolgten Ausweitung in die katholischen Gebiete erwiesen sich die Bauernanwälte als unerläßlich, auch wenn sie immer wieder an ihre Grenzen stießen und am politisch und konfessionell homogenen Zentrums-Meinungsklima im Dorf scheiterten.[50] Allerdings war die straffe regionale organisatorische Struktur des Bauernbundes auch eines der Einfallstore anderer Parteien auf dem Land. Durch einen Parteiwechsel konnten Bauernanwälte oder Bezirksvorsitzende ganze Bezirke und ihren organisatorischen Unterbau abtrünnig machen. Vor allem nach 1930 war dies bei der NSDAP mehrfach der Fall.[51]

---

schen Militärdienstpflicht und Übernahme des elterlichen Betriebes für den Bauernbund arbeitete (Schw. Landmann v. 1. Dez. 1902, v. 1. Juni 1913 u.v. 1. Juli 1927; Dt. Reichspost v. 12. Nov. 1900).
[49] Bericht über Landesversammlung und Jahresgeschäftsbericht in Schw. Landmann v. 5. Febr. 1927.
[50] Exemplarisch die Furore, für die der Bauernanwalt Hans Steck in der katholischen Presse sorgte, weil er im katholischen OA Neresheim Ortsabteilungen gründen wollte und damit »Giftkörner im Bezirk säe« (Dt. Volksbl. v. 24. Jan. 1924). Immer wieder mußte der Bauernbund zugeben, daß seine organisatorische Ausdehnung am Zentrum und den dörflichen Pfarrer scheiterte: »Immer wo der Bauernbund auftritt und eine Ortsgruppe gründet (z. B. in Großengstingen), kommt der Zentrumsabgeordnete und der örtliche Pfarrer und redet von dem Stiftern der Zwietracht im Dorfe und der Gefahr für die Religion« (Schw. Tageszeitg. v. 3. April u.v. 22. April 1924).
[51] Beispiele: 1931 trat der Bauernanwalt Geiger in Ebingen (OA Balingen) zum CSVD über. Für Furore sorgte 1930 der Übertritt des Bauernanwalts Eugen Glaser (zuständig für die OA Nagold, Calw, Neuenbürg und Herrenberg) zur NSDAP nach einer heftig geführten Kontroverse mit Körner (alt). Glaser war bereits seit 1925 Doppelmitglied von Bauernbund und NSDAP. Als Geschäftsführer und persönlicher Sekretär des Staatskommissars für landwirtschaftliche Staatsaufgaben, Landesbauernführer und Präsident der Landwirtschaftskammer, Alfred Arnold, machte er dann im agrarpolitischen Apparat der NSDAP Karriere (Schw. Tageszeitg. v. 2. April 1932 u.v. 18. Febr. 1933; Wochenbl. f. Landw. v. 15. April 1933 u.v. 10. Juni 1933). Arnold war in den 1920er Jahren Bezirksvorsitzender des Bauernbundes für das OA Künzelsau und wurde im Jan. 1931 Mitglied und 1932 MdL der NSDAP (Schw. Tageszeitg. v. 14. April 1932 u. Wochenbl. f. Landw. v. 22. Juli 1933; vgl. auch F. Raberg, Handbuch, 2001, S. 14f.).

Organisationsbedingungen – vertikale Strukturen

2. Die Konservativen vor 1914: Das Prinzip der kleinen Zirkel

Während der Bauernbund auf das Prinzip der Masse baute, setzten die Konservativen – notgedrungen und als Teil ihres Selbstverständnisses – auf das Prinzip der Exklusivität. In der Außenwahrnehmung schlug sich dies 1893 mit Ironie im liberalen *Beobachter* nieder: Eigentlich seien sie gar keine Partei, sondern eine »mehr oder minder gemütlich-gesellschaftliche Vereinigung von einigen hundert Männern«. Völlig unklar sei, so das Blatt 1906, ob man sie nun zu den »frommen Konservativen oder zu den konservativen Frommen« zählen müsse. Für das Zentrum war klar: »Die Konservativen sind eben die ›Stillen und Mucker‹ hierzulande«.[1] Das eklatante Organisationsdefizit spiegelte sich im notorischen Lamento auf konservativer Seite wider, das gleichzeitig Aufruf zur verstärkten Organisationstätigkeit war. Zwar habe der Zusammenschluß der Katholiken im Zentrum, der »Ansturm der Sozialdemokratie auf unsere heiligsten Güter«, das Wiedererstarken der »nach 1870 totgeglaubten Volkspartei« und die »lendenlahme Führung des Kampfes um unsere wichtigsten sittlichsten und wirtschaftlichen Interessen [...] seitens der Regierung und der Deutschen Partei endlich auch die ›Stillen im Lande‹ wachgerufen«, aber dennoch sei es schon viel, »daß in gewissen Gegenden die Leute nicht davonlaufen, wenn sie den Namen ›konservativ‹ hören«, denn manche, die sonst nichts vom Kreuze wissen wollten, würden es vor diesem Worte machen. Vor dem »beschränkten Geist des Durchschnittsphilisters« stehe der Konservative als »schreckliche Mißgeburt, halb mittelalterlicher, eisengepanzerter, norddeutscher Junkerritter, halb noch schwärzerer, neuzeitlicher ›Pfaff‹ und ›Mucker‹.«[2]

a) Organisatorische Malaise

Die württembergischen Konservativen hatten drei grundlegende Probleme: Erstens ein Imageproblem, nämlich lediglich württembergischer Abklatsch der »preußischen Vollblut-Aristokraten« zu sein.[3] Zweitens ein Mobilisierungsproblem, denn der »ordnungsliebende Staatsbürger der Bildungsschicht« lehne die Parteiarbeit ab, wie 1912 noch geklagt wurde.[4] Und sie hatten drittens ein Unterstützungsproblem: Womit sie in Preußen in Verbindung gebracht wurden, nämlich die Unterstützung »natürlicher Autoritäten« von Hof, Militär, Bürokratie und Regierung sowie des Adels zu genießen, funktionierte in Württemberg nicht. Regierung, Ritter und Prälaten entzogen sich der »Mithilfe bei der Organisation *sowieso*.«[5] Die letzte, als Unterstützung von Regierungsseite zu interpretierende Stellungnahme kam 1898 vom Ministerpräsidenten Mittnacht in einer Landtagsdebatte über die Notwendigkeit einer

---

[1] Beobachter v. 21. April 1893 u.v. 24. Nov. 1906; Dt. Volksbl. v. 31. Dez. 1900.
[2] Dt. Reichspost v. 3. Okt. 1900 u.v. 13. Sept. 1898.
[3] Dt. Reichspost v. 7. Juni 1898.
[4] Deutsch-Konservativ v. Okt. 1912.
[5] Dt. Reichspost v. 4. Okt. 1900.

konservativen Partei im Land, geführt im Zusammenhang mit der Frage nach einem adäquaten Ersatz für die Privilegierten in der Kammer.[6] Für die Konservativen hatte Schrempf aber bereits zuvor klargemacht, man wolle die Privilegierten gar nicht in der Partei haben, weil der Adel über Jahrhunderte hinweg die einfache Bevölkerung geschunden habe und die Konservativen in Württemberg eine »kleine bürgerliche Partei« bleiben wollten.[7] Die Konservativen mußten sich also auf sich selbst verlassen. Und die Frage wie, wo, in welcher Stärke und durch wen sie bis zum Ende des Kaiserreichs in Württemberg organisiert waren, läßt sich trotz knapper Quellenlage recht deutlich beantworten.

Programmatik und organisatorische Struktur der Deutschkonservativen in Württemberg waren denkbar einfach. »Konservative brauchen keine papiernen Programme« – es genügte: »Ich bin guter Christ und treuer Untertan meines Königs und Kaisers.«[8] Für die gesamte wilhelminische Epoche gab es kein landesweites, allgemein verbindliches und von einem Parteigremium verabschiedetes Programm. Auf der Basis des Programms von 1878, das auch den Programmänderungen der Deutschkonservativen auf Reichsebene nicht angepaßt wurde, genügten »Leitsätze ohne prinzipielle Forderungen.« Konservativ sein hieß: »Hochhaltung von Christentum, Monarchie und Vaterland, Schutz und Förderung jeder redlichen Arbeit, Wahrung berechtigter Autorität.«[9] Mit konkreten politischen Stellungnahmen trat man nur anläßlich von Wahlen auf – das hielt inhaltlich flexibel und entsprach gleichzeitig der Struktur der Partei als losem Verband politisch und organisatorisch selbständiger Ortsvereine, besser gesagt: selten kontinuierlich tätiger, in aller Regel nur zu Wahlen zusammentretender Wahlvereine.

Die Basis der Landesorganisation waren die Ortsvereine, die sich eigene Satzungen geben konnten, je nach Größe des Ortsvereins einen mehrköpfigen Ausschuß bildeten und aus diesem heraus ihre Gremienspitzen wählten. Noch 1910 wurden die Mitglieder explizit »gebeten«, sich dort, wo es überhaupt möglich sei, in Orts- oder wenigstens Bezirksvereinen zu organisieren.[10] Bis dahin kann von maximal 15 Vereinen im Land ausgegangen.[11] Das bedeutet, daß nach einem Organisationsschub

---

[6] Mittnachts Ausführungen zielten auf die Schaffung einer parlamentarisch repräsentierten, interkonfessionellen konservativen Partei als Nachfolge der Landespartei und waren der Zeit der organisierten Interessen und Parteien nicht angemessen. Allerdings hatte er an diejenigen »konservativen Elemente« appelliert, die außerhalb der »kleinen und besonderen Gruppe des Herrn Abgeordneten Schrempf« stünden, sich zu eigenen Wählervereinigungen zusammenzuschließen und die Regierung zu unterstützen. Abdruck der Rede Mittnachts vom 18. März 1898 und Interpretation der *Deutschen Reichspost*, sich den »organisierten Konservativen« anzuschließen, in Dt. Reichspost v. 19. März 1898.
[7] Verh. LT 1895/98, Prot.Bd. VI, S. 3654 (Sitzung v. 4. Dez. 1897).
[8] Dt. Reichspost v. 5. Okt. 1900.
[9] Satzung des Deutschkonservativen Vereins Stuttgart 1904, WLB Stuttgart, Kl. Württ. Drucks. A25C/1, 4675; Die Konservative Partei in Württemberg, ihre Entstehung, ihre politische Arbeit und ihre Ziele, Stuttgart [1910], WLB Stuttgart, Kl. Württ. Drucks. A 25 C/1, 4804 (mit Anhang).
[10] Die Konservative Partei in Württemberg, ihre Entstehung, ihre politische Arbeit und ihre Ziele, Stuttgart o.J. [1910], WLB Stuttgart, Kl. Württ. Drucks. A 25 C/1, 4804.
[11] Zieht man von den 1912 erstmals aufgelisteten Ortsvereinen die ebenfalls notierten Neugründungen seit 1910/11 ab, so waren dies unter Berücksichtigung der zuvor schon in der Presse auftauchenden

zu Beginn der 1890er Jahre ein Teil der Ortsvereine wieder aufgelöst worden war, einen Dornröschenschlaf führte und allenfalls zu Wahlen für kurze Zeit wiederbelebt werden konnte. Die wesentliche Ursache für die schwache Organisationstätigkeit der Konservativen lag in der Tatsache, daß man sich vor allem in der Phase zwischen 1900 und 1909/10 auf die rasch ausgeweitete lokale Präsenz des Bauernbundes verlassen hatte. Mit ritueller Permanenz wurde das enge Verhältnis zur Partei der protestantischen Landbevölkerung und die »sittliche Berechtigung des Bauernbundes« beschworen, das gemeinsame konservative, konfessionelle und nationale Band zwischen Stadt und Land herausgestellt und betont, der Bauernbund sei eine konservative Gründung von konservativen Männern gewesen.[12] Das drückte sich auch in symbolischen Doppelmitgliedschaften aus: Während nur ausgesprochen wenige Bauernbündler auch Mitglieder der Deutschkonservativen waren, waren vor allem die prominenten Konservativen zur Demonstration der Einigkeit auch Mitglied des Bauernbundes.[13]

1900, wenige Jahre nach der Gründung des Bauernbundes, betonte der konservative Landesvorsitzende Kraut auf einer Landesversammlung, es habe sich eine »sehr erfreuliche Beziehung zum Bauernbund« herausgebildet und die konservative Partei stehe »vor dem Wendepunkt«.[14] Der Rückgriff auf das Organisationsnetz des Bauernbundes führte in den folgenden Jahren zur fast völligen Ununterscheidbarkeit der beiden Parteien, die vor allem von den Gegnern immer wieder betont wurde.[15] Erst nach 1910 zeigt sich ein Organisationszuwachs der Konservativen, denn innerhalb dieser recht kurzen Zeit verdoppelte sich die Zahl der Ortsvereine auf rund dreißig, auch wenn teilweise der Bauernbund hierbei noch kräftige Unterstützung leistete.[16]

Drei wesentliche Momente sind für die regere Organisationstätigkeit anzuführen: Zum einen war sie Ausdruck des von den Berliner Deutschkonservativen anvisierten und mit organisatorischen Strukturmaßnahmen begleiteten »Rittes nach Westen«.[17] 1910 sprach mit dem »ungekrönten König von Preußen«, Ernst von Heydebrand,

---

Ortsvereine: Backnang, Esslingen (unklar, ob zu Stuttgart gehörend oder eigenständig), Geislingen, Göppingen, Künzelsau, Ludwigsburg, Mergentheim, Nagold, Ravensburg, Rottweil, Schorndorf, Stuttgart, Waiblingen und Winnenden (Deutsch-Konservativ v. Okt. 1912).
[12] Vgl. z. B. Dt. Reichspost v. 30. Jan. 1907 u. v. 29. Okt. 1910.
[13] In aller Regel waren dies die konservativen Kandidaten, Abgeordneten, Parteiangestellten und Journalisten (Quelle: Personaldatensatz).
[14] Dt. Reichspost v. 17. Mai 1900.
[15] Beobachter v. 28. Jan. 1907; Dt. Volksbl. v. 14. Juli 1908; Schw. Tagwacht v. 30. Nov. 1911. Die SPD verkündete, die Konservativen hätten sich vollends aufgelöst und seien im Bauernbund aufgegangen. Gegendarstellung dazu: Deutsch-Konservativ v. Jan. 1913.
[16] Den konservativen Ortsverein Ulm etwa gründete im Dezember 1911 der Bauernbundsabgeordnete Ströbel, der für den Vorsitz nach »längerer Suche« einen Oberreallehrer finden konnte (Deutsch-Konservativ v. Juli 1913 u. Dt. Reichspost v. 27. Aug. 1912).
[17] K. Graf v. Westarp, Konservative Politik im letzten Jahrzehnt des Kaiserreichs, Bd. I, 1935, S. 403; J. Retallack, Notables, 1988, S. 175 ff. u. 203 ff., der für Württemberg allerdings von einer Stagnation der Organisation in dieser Phase ausgeht, weil er Bauernbund und Konservative zusammen betrachtet.

erstmals ein prominenter preußischer Konservativer vor einer württembergischen Parteiversammlung, der sich »dankbar zur Ausweitung der konservativen Bewegung in Süddeutschland« äußerte und den »hiesigen Charakter der Konservativen als volkstümliche und innere Volkspartei« betonte.[18] Finanzielle Unterstützung aus Preußen kann zumindest für die Pressearbeit in Württemberg nachgewiesen werden, ist aber auch in organisatorischer Hinsicht zu vermuten.[19] Zweitens kam die Erkenntnis hinzu, daß man sich durch die Einführung der Landesproporzwahlen stärker organisieren und auf das dynamische Organisationsverhalten der Konkurrenz reagieren mußte. Diese Tendenz wurde nach dem Schock der »roten Wahlen« von 1912 noch verstärkt.[20] Und drittens waren nach dem Bruch des »Bülow-Blocks« die letzten Gemeinsamkeiten mit den Nationalliberalen weggefallen. Außerdem zeigten sich beim Bauernbund Verselbständigungstendenzen und inhaltliche Differenzen zu den Konservativen: im Pressewesen, in der Verschärfung des Stadt-Land-Gegensatzes und in der Frage der Reichsfinanzreform.[21] Die Konservativen waren gezwungen, ihr städtisches Profil zu schärfen, sich aus der Umklammerung des Bauernbundes zu lösen und sich stärker um ihre Klientel in Gewerbe, Mittelstand und christlich-nationaler Arbeiterschaft zu kümmern.[22]

Die Ergebnisse der verstärkten Bemühungen sind insgesamt als dürftig zu bewerten. In keiner Weise gelang es den Konservativen, an die organisatorische Dynamik der anderen Parteien anzuknüpfen. Die Stimmungsberichte aus den Ortsvereinen in der 1912 gegründeten Vereinszeitschrift *Deutsch-konservativ* vermitteln einen desaströsen Eindruck. Fazit war: »In den Mittel- und Kleinstädten fehlt vielfach jede Organisation«.[23] Und selbst dort, wo Ortsvereine bestanden, sah es nicht viel besser aus. Aus Backnang hieß es, Versammlungen des Vereins, der nur zwanzig zahlende Mitglieder habe, fänden aus Angst vor den »volksparteilichen Herren« erst gar nicht statt. In Bietigheim halte sich der gewerbliche Mittelstand aus Furcht vor geschäftlichen Nachteilen ganz zurück. Im »demokratischen« Schwäbisch Hall wolle man nicht als Reaktionär verschrien sein, hier habe man deshalb nur 22 Mitglieder. In Herrenberg bestehe ein »sehr kleiner Verein«, hier wolle man in »gut christlich-nationalen Familien weitere Werbearbeit leisten« und an den Bekennermut »nicht nur im christlichen Leben« appellieren. Auch in Leonberg habe man Angst vor den »spöttischen Demokraten«, die »mehr Zeit haben, im Wirtshaus zu sitzen, als ihnen

---

[18] Dt. Reichspost v. 29. Okt. 1910.
[19] Siehe hierzu unten S. 210.
[20] Deutsch-Konservativ v. Okt. 1912: »Unsere Gegner rüsten auf der ganzen Linie durch inneren und äußeren Ausbau der Parteien, durch immer straffere Organisation und ständige Werbearbeit im Kleinen und Großen, um sich einen weitgehenden Einfluß im parteipolitischen Leben Württembergs zu sichern. [...] Wie bei einem elektrischen Läutewerk müssen sie nur auf den Knopf drücken, damit bei kommunalen und politischen Wahlen alles fehlerlos und schnell klappt.«
[21] Siehe hierzu unten S. 201 ff., 372f. u. 423 ff.
[22] Deutsch-Konservativ v. Jan. 1913. In Bietigheim versuchte z.B. der Parteisekretär Kleemann gegen die örtliche SPD einen konservativen Ortsverein zu gründen, der bis Anfang 1913 allerdings nur zehn Mitglieder hatte (Dt. Reichspost v. 10. Mai 1912 u. Deutsch-Konservativ v. Jan. 1913).
[23] Deutsch-Konservativ v. Okt. 1912.

gut tut«. Und so ging es weiter: In Schorndorf seien es fünfzig Mitglieder, die aber keine Beiträge zahlten, Tübingen sei ein »förmlicher Fehlbericht«, denn hier habe zwar ein Gemeinschaftsmann Versammlungen abgehalten, aber niemanden erreicht, und in Reutlingen habe man bei der Gründung des Ortsvereins gar nicht gewußt, was konservativ eigentlich sei. Nur in Nagold habe man 25 neue Mitglieder gewinnen können. Von einer organisatorischen Tätigkeit in katholischen Gebieten war erst gar nicht die Rede.[24]

Zusammenfassend bleibt festzuhalten: Die Konservativen waren Hauptstadtkonservative und im Kern auf Stuttgart beschränkt. Die im Land bestehenden Orts- und Bezirksvereine wiesen keine regelmäßige Versammlungstätigkeit auf und waren gar nicht oder nur schwach organisierte Gruppierungen. Die jeweiligen Vorsitzenden waren meist selbstständige Gewerbetreibende und als Handwerksmeister oder Kleinhändler Vertreter des alten Mittelstandes, als solche auch meist im lokalen politischen wie auch kirchlichen Gemeinderat vertreten. Unter 28 ermittelten Vorsitzenden im Jahr 1913 waren nur ein größerer Fabrikbesitzer und zwei Oberreallehrer zu finden. Vertreter der kommunalen oder höheren Verwaltung des Landes waren nicht anzutreffen.[25] Nur wenige der Vereine verfügten über Statuten und geregelte Mitgliederbeiträge, die – wenn sie überhaupt erhoben wurden – nicht an die Parteizentrale abgeführt wurden.[26] Erst 1913 ging man dazu über, die Parteimitglieder überhaupt als solche zu erfassen und einen geregelten Beitrag für die neu gegründete Landesparteikasse einzuführen.[27] Entsprechend dieser organisatorischen Defizite darf auch die Mitgliederzahl als gering eingeschätzt werden. Daß hierüber keine verläßlichen Zahlen vorliegen, erstaunt nicht. Denn während alle anderen Parteien in der Öffentlichkeit mit dem Fortschritt ihrer Organisationstätigkeit zu brillieren versuchten, hielt man sich auf konservativer Seite mit Zahlen bedeckt. Von wesentlich mehr als 2000 konservativen Parteimitgliedern ist aber kaum auszugehen.[28] Von einer organisatorischen Durchdringung des Landes kann nicht die Rede sein. Die Konservativen blieben beschränkt auf die altwürttembergischen, dezidiert protestantisch-pietistisch geprägten Städte und vor allem konzentriert auf Stuttgart, wo am ehesten noch eine ausgebildete Organisation vorhanden war.[29]

---

[24] Berichte aus Deutsch-Konservativ v. Okt. 1912 u. v. Jan. 1913.
[25] Angaben in Deutsch-Konservativ 1912/13 sowie Personaldatensatz.
[26] Lediglich der Stuttgarter Ortsverein verlangte seit 1904 einen Mitgliederbeitrag von drei Mark (Satzung des Deutschkonservativen Vereins Stuttgart, WLB Stuttgart, Kl. Württ. Drucks. A25/C1, 4675).
[27] Deutsch-Konservativ v. April 1913. Der Beitrag sollte so niedrig wie möglich sein, »damit auch der einfachste« Mann beitreten kann«, mindestens aber eine Mark betragen und ansonsten nach Selbsteinschätzung der Mitglieder erfolgen.
[28] Vgl. auch S. BILAND, 2002, S. 103, der die geschätzte Mitgliederzahl an der Auflagenzahl der *Reichspost* ausrichtet, die dann aber zu hoch liegen dürfte, weil sicher nicht jeder Reichspost-Abonnent auch Parteimitglied war (vgl. die biographischen Bemerkungen bei TH. PFIZER, 1979, S. 16).
[29] Vgl. den Aufruf von 1913, nach Stuttgarter Beispiel Ortssatzungen einzuführen, Jahresversammlungen abzuhalten und Kassenberichte anzulegen. Bereits zuvor hatte die Parteizentrale gemahnt, man könne sich nicht länger »nur auf Stuttgart« verlassen, sondern müsse nun die »jeweilige Oberamtsstadt in Belagerungszustand setzen« (Deutsch-Konservativ v. April u. v. Juli 1913).

Die Befunde setzten sich auf den höheren Ebenen der Partei fort. De facto waren die Ortsvereine Glieder der Landespartei und sollten in deren Landesausschuß eine ihrer Größe entsprechende Zahl von Vertretern entsenden. Es ist aber davon auszugehen, daß der Landesausschuß mit dem Ausschuß des Stuttgarter Ortsvereins fast identisch war. Nur selten ist in den Presseberichten von auswärtigen Vertretern im Landesausschuß zu lesen, der insgesamt nur selten und unregelmäßig tagte. Dasselbe gilt für die Landesversammlung der Parteimitglieder, die bis 1914 nur viermal einberufen wurde.[30] Berichte über innerparteiliche Gremienwahlen sind rar, aber die 1903 abgehaltenen Ausschußwahlen für den Stuttgarter Ortsverein können als exemplarisch gelten: Die satzungsgemäß nach zwei Jahren austretende Hälfte der Mitglieder wurde wiedergewählt. Zwei der Mitglieder wurden ersetzt. Für den schwerkranken Kommerzienrat und Verlagsbesitzer Steinkopf trat dessen Schwiegersohn Gustorff ein, für den verstorbenen Schuhmacherobermeister Kessler sein Amtsnachfolger Bär. Die Ämter wurden also innerfamiliär vererbt oder ex officio weitergegeben.[31] Insgesamt ist für die Stuttgarter Gremien und auch die Landesgremien ein höherer Anteil an Beamten festzustellen. Dominierend blieben auch hier neben prominenten Pietisten wie dem Korntaler Schulrektor Decker Freiberufler mit akademischer Bildung, Fabrikanten sowie Gewerbetreibende und Handwerksmeister. Deren Anteil steigt deutlich an, wenn man die Kandidaten der Konservativen für die Stuttgarter Gemeinderatswahlen einbezieht, die teilweise in den Stuttgarter Ausschuß und in den Landesausschuß kooptiert wurden.[32]

b) Personelle Führung und erste Ansätze zur professionellen Parteiarbeit

Vorsitzender des Stuttgarter Ortsvereins war seit Mitte der 1890er Jahre Gustav Gundert, Geschäftsführer einer Stuttgarter Lederfirma, Mitglied des Stuttgarter Gewerbevereins, der Handelskammer und des Gemeinderats. 1906 folgte ihm der Kommerzienrat Reinhold Beringer, der bereits seit 1898 Kassier der Landespartei war. Landesvorsitzender und seit 1897/98 neben Friedrich Schrempf wichtigste konservative Figur in Württemberg war der Stuttgarter Rechtsanwalt Heinrich Kraut, langjähriges Mitglied und Obmann des Stuttgarter Bürgerausschusses, seit 1901 Landtagsabgeordneter, 1907 Zweiter Vizepräsident, 1913 Präsident des Landtags und als solcher nobiliert. Insgesamt ist er als politische Persönlichkeit schwer einzuschätzen. Im Gegensatz zu Schrempf oder Körner polarisierte er weniger und kann eher als gemäßigter und den Rechtsliberalen nahestehender städtischer Konservativer gelten, der natürlich vor allem als Landtagspräsident zur neutralen Amts-

---

[30] Dt. Reichspost v. 20. April 1898, 17. Mai 1900, 29. Mai 1902 u. v. 29. Okt. 1910.
[31] Dt. Reichspost v. 5. März 1903.
[32] Vgl. die Kandidatenlisten der Gemeinderatswahlen, bei denen sich um 1900 die Gruppierung nach Parteien durchsetzte (Dt. Reichspost v. 2. Dez. 1897, v. 5. Dez. 1901, v. 3. Jan. 1908, v. 20. Nov. 1909 u. v. 4. Dez. 1911). Von vierzig ermittelten konservativen Kandidaten waren nur fünf Freiberufler oder Oberlehrer, alle anderen Handwerksmeister und Händler. Die Konservativen kandidierten hier entweder als solche oder auf den Listen des Stuttgarter Bürgervereins.

führung verpflichtet war. Als langjähriger Vorsitzender der Stuttgarter Anwaltskammer, als Mitglied mehrerer Aufsichtsräte und als Vorsitzender der Männerchorgemeinschaft Gudensberg war er fest in das Stuttgarter Wirtschafts- und Vereinsleben eingebunden. 1919 wurde er für die Bürgerpartei nochmals in die Nationalversammlung gewählt, schied 1920 aber fast lautlos aus der Politik. Er blieb zwar Mitglied des Parteivorstands, trat aber in der Öffentlichkeit kaum mehr auf. In den Jahren zuvor war er das Bindeglied der württembergischen Konservativen zu ihrer Mutterpartei. Seit 1900 war er Mitglied des 50er-Ausschusses und als Vertreter Württembergs auch des engeren 12er-Ausschusses der Deutschkonservativen. In beiden Gremien war er ein eher stiller Teilnehmer und galt auch hier gegenüber den preußischen Altkonservativen um Heydebrand als städtischer, moderner Konservativer und als Kritiker der innerparteilichen preußisch-agrarischen Dominanz. Bei der Gründung der DNVP, deren 21köpfigem Vorstand er als einer der wenigen Vertreter eines außerpreußischen Landesverbandes von Dezember 1918 bis Juli 1919 angehörte, war er einer der heftigsten Verfechter der endgültigen Auflösung des Deutschkonservativen Hauptvereins und des Ausbaus der DNVP zur Volkspartei.[33]

Soweit dies aus der Presse ermittelt werden konnte, war er der einzige Württemberger, der auf den Reichsparteitagen der Deutschkonservativen Partei teilnahm. Auf den Versammlungen der württembergischen Parteifreunde war es dann seine Aufgabe, zwar die grundsätzliche Einigkeit mit den Norddeutschen zu bekunden, aber auch in aller Deutlichkeit die Differenzen herauszustreichen: ob 1898 nach dem Dresdener Parteitag, als er betonte, man wolle in Württemberg im Gegensatz zu den preußischen Konservativen die Sozialdemokratie nur mit »geistigen Waffen«, nicht aber mit den Machtmitteln des Staates bekämpfen, oder bei der Betonung der Unantastbarkeit des württembergischen Wahlrechts.[34]

Die zweite Hauptfigur der württembergischen Konservativen und ein grundsätzlich anderer Typus als Kraut war Friedrich Schrempf. Als »Volksmann in des Wortes schönster Bedeutung« und als »Mann von strengem christlichem Charakter«[35] hatte er einen pietistischen und landwirtschaftlichen Hintergrund. Mütterlicherseits kam er aus einem Bauernhaus, verheiratet war er mit einer Landwirtstochter. Zusammen mit seinem jüngeren Bruder, dem Pfarrer Christoph Schrempf, war er bei seinem Onkel, einem »strengen Mann« und Pietisten aufgewachsen, zu dem die Mutter wegen notorischer Trunksucht des Vaters gezogen war.[36] Nach einer Lehrerausbildung und -tätigkeit am evangelischen Privatseminar Tempelhof bei Crailsheim un-

---

[33] Zu Krauts Tätigkeit und Einschätzung auf Reichsebene: J. RETALLACK, Notables, 1988, S. 170; E. MARQUARDT, 1934, S. 12 f.; K. GRAF V. WESTARP, Konservative Politik im Übergang, 2001, S. 27 u. 39; S. BILAND, 2002, S. 94 f. sowie Heydebrand an Westarp v. 18. April 1919 (NL Westarp).
[34] Dt. Reichspost v. 20. April 1898, v. 31. Mai 1898 u. v. 10. Juni 1903. Vgl. auch Verh. LT 1895/98, Prot.Bd. VI, S. 3654 (Sitzung v. 4. Dez. 1897).
[35] Vgl. den Nachruf auf Schrempf in Schw. Landmann v. 15. Jan. 1913.
[36] Mündliche Auskunft des Geschichtsvereins Besigheim nach den örtlichen Kirchenbüchern. Schrempfs Mutter wurde als »fromme Frau, die zwar Stunden besuchte, aber die ›so gar zuckersüßen Frommen‹ nicht leiden konnte«, charakterisiert. Vgl. auch den Nachruf auf Schrempf von seinem Freund und Korntaler Schulrektor Gustav Decker in Württ. Nekrolog 1913, 1916, S. 9.

terrichtete Schrempf seit 1879 am Knabeninstitut und an der Lateinschule in Korntal. Sein Schulvorstand, ein »eifriges Mitglied des Konservativen Vereins und begeisterter Anhänger Stoeckers« sowie seine »entschieden christliche Weltanschauung« führten ihn zu konservativen Kreisen nach Stuttgart. Seit 1889 verfaßte Schrempf die Wochenschau der *Deutschen Reichspost*. 1890, nachdem er den Schuldienst quittiert hatte, wurde er Parteisekretär der Stuttgarter Konservativen, fester Mitarbeiter der *Reichspost* und von 1892 bis 1909 deren Schriftleiter. In den Jahren seiner hauptamtlichen Tätigkeit umgab ihn der Nimbus eines Märtyrers: als »Bahnbrecher der volkstümlichen konservativen Politik« und als »Vorkämpfer der Stillen im Lande«, der seine gesicherte Stellung für die konservative Sache aufgegeben und sich für diese bis zum Tode aufgeopfert habe. 1911 erlitt Schrempf einen Schlaganfall, mußte sich im Herbst 1912 aus der Politik zurückziehen und starb im Januar 1913 nach einer Reihe von weiteren Schlaganfällen.[37]

Als »Mann, der sich im Stall, in der Bauernstube auskennt«, war er Garant der Kooperation zwischen Konservativen und Bauernbund, die er auch gegen Vorbehalte in den Reihen der städtischen Konservativen vorantrieb.[38] Anfangs leistete Schrempf die gesamte Organisationstätigkeit der Konservativen: als Redner und Gründer von Ortsgruppen, der polarisierte[39], als Christlich-Sozialer und Mitglied des Cannstatter evangelischen Arbeitervereins, der letztlich darin scheiterte, diese näher an die konservative Partei heranzuführen[40], als prominentes Mitglied des CVJM, der sich frühzeitig um die »politische Aufklärung junger Männer« bemühte[41] und als Parteimanager, der politischen Nachwuchs rekrutierte und schulte.[42] Schließlich kam noch seine Tätigkeit als Landtags- und Reichstagsabgeordneter hinzu. In mehrerlei Hinsicht stellt Schrempf neben Kraut als städtischem Honoratiorenpolitiker einen zweiten Typus der württembergischen Konservativen dar: aus pietistischem Hintergrund, christlich-sozial geprägt, charakterisiert als »guter Konservativer, aber beilei-

---

[37] Dt. Reichspost v. 17. Jan. 1900, Nachruf in Bauernfreund 1914, S. 74–76 und in Württ. Nekrolog 1913, 1916.
[38] Dt. Reichspost v. 10. Jan. 1895 und seine Rede auf der konservativen Landesversammlung 1898, in der er betonte, der Bauernbund dürfe von Konservativen nicht bekämpft werden (Dt. Reichspost v. 20. April 1898). Sein Eintreten bei der Gründung des Bauernbundes und seine Rednertätigkeit für den BdL würdigte in einem Nachruf auch das Berliner BdL-Organ, die Dt. Tageszgt. v. 12. Jan. 1913.
[39] Vgl. die Polemik der gegnerischen Parteien gegen den »von preußischen Junkern bezahlten Agitator und Reiseprediger«, der als »freischwebende Parteiexistenz jährlich 6 000 Mark vom BdL« beziehe (zitiert in Dt. Reichspost v. 9. Aug. 1900, v. 17. Juni 1903 u. v. 8. Mai 1911).
[40] Dt. Reichspost v. 22. Jan. 1895 u. Württ. Nekrolog 1913, 1916, S. 11.
[41] Dt. Reichspost v. 12. Febr. 1895 mit Berichten über Vorträge in Stuttgart, Cannstatt und Nagold.
[42] 1893 hatte Schrempf einen Verband zur Förderung christlich-konservativer Bestrebungen gegründet, der Flugblätter (*Konservative Blätter*) verteilte und »junge Freunde im Land sammeln und zu politischen Rednern schulen« sollte. 1894/95 entwickelte Schrempf hier rege Aktivität und konnte neben Theodor Körner auch den späteren Parteiredakteur Theodor Wolff und den Arbeitersekretär Paul Krug und den Rechtsanwalt Jonathan Roth gewinnen. Berichte über Versammlungen mit Lehrern und Pfarrern als Rednern in Stuttgart, Leonberg, Böblingen und Vaihingen in Dt. Reichspost v. 27. Nov. 1894 u. v. 12. Febr. 1895. Zu den »Zöglingen« Schrempfs vgl. Württ. Nekrolog 1913, 1916, S. 11 u. 16 f.

be kein Reaktionär, frommer Christ, aber kein engherziger Zelot«, als »fest im schlichten Glauben an das Wort Gottes verankerter Mensch und treuer Sohn der evangelischen Kirche« – was ihn deutlich von seinem Bruder absetzen sollte –, von »volkstümlicher Beredsamkeit« und »gründlicher Bildung, aber ohne Büchermensch zu sein«, von »schwäbischem Humor, aber ernst in der Sache« und »streitbar, aber im Grunde friedfertig und versöhnlich auch gegen den politischen Gegner«. Selbst das liberale *Stuttgarter Neue Tagblatt* bescheinigte ihm postum, im Land und auch in Bauernkreisen eine an »Verehrung grenzende Wertschätzung« genossen zu haben.[43]

Ein wesentlicher Teil des relativen Erfolgs der Konservativen vor 1914 hing von der Arbeit Schrempfs ab. Nach seinem gesundheitlich bedingten Rückzug und im Zuge der verstärkten Organisationstätigkeit vor den anstehenden Wahlen teilten sich seit Anfang 1912 zwei Parteiangestellte die Geschäftsführung: der ehemalige Redakteur der *Ulmer Schnellpost* und Antisemit Hans Kleemann sowie der aus Westpreußen stammende Arbeitersekretär Paul Krug, der seit 1909 als Christlich-Sozialer bemüht war, die evangelischen Arbeitervereine in Württemberg aus dem Naumannschen Fahrwasser herauszuführen.[44] Beide waren bei der Gründung neuer Ortsgruppen beteiligt, gründeten und redigierten 1912/13 das kurzlebige Parteiblatt *Deutsch-konservativ* und bauten eine eigene Geschäftsstelle der Konservativen auf, die bis September 1913 im Haus der Geschäftsstelle des Bauernbundes untergebracht war, wo gleichzeitig die Redaktion der *Reichspost* und die Druckerei Körner untergebracht war. Der Professionalisierungsgrad der Geschäftsstelle, die der liberale *Beobachter* etwas hochtrabend »konservative Hexenküche« genannt hatte, läßt sich an einem parteiinternen Bericht vom April 1913 ablesen: Demnach bestand sie aus zwei Pulten, einer Schreibmaschine und einem Schrank, alles sei noch »jung und in den Anfängen begriffen«, aber man habe immerhin schon begonnen, ein Pressearchiv und eine Wahlkreisregistratur anzulegen.[45]

3. Umgruppierungsprozesse im bürgerlichen Parteienspektrum 1918–1920

Die württembergische Parteienlandschaft war wie auf Reichsebene auch über den Ersten Weltkriegs hinweg von großer organisatorischer Kontinuität geprägt.[1] Vor allem die Milieuparteien konnten schnell und reibungslos an die Vorkriegsstrukturen anknüpfen. Die württembergische SPD hatte 1914/15 mit dem Konflikt über die

---

[43] Nachrufe auf Schrempf: Württ. Nekrolog 1913, 1916, S. 7–18; Bauernfreund 1914, S. 74–76; Schw. Landmann v. 15. Jan. 1913; Adam Röder in Dt. Reichspost v. 13. Jan. 1913; Staatsanz. v. 11. Jan. 1913; Stuttg. Neues Tagbl. v. 9. Jan. 1913 u. Württ. Ztg. v. 10. Jan. 1913.
[44] Dt. Reichspost v. 20. Nov. 1911, v. 10. Mai 1912 u. v. 8. Dez. 1912; auch: H. VÖLTER, Evangelischsoziale Bewegung, 1959, S. 31.
[45] Deutsch-Konservativ v. April 1913.
[1] G. A. RITTER, Kontinuität und Umformung, 1976 u. S. NEUMANN, 1965 [zuerst 1932]. Zu Württemberg die Skizzen bei H. FENSKE, Liberaler Südwesten, 1981, S. 215 ff. sowie A. GAWATZ, Württembergisches Parteiensystem, 2001, S. 212 ff.

Zustimmung zu den Kriegskrediten und den parteiinternen »Tagwacht-Streit« die Spaltung der Partei bereits um zwei Jahre vorweggenommen. Entlastet von den dogmatistischen Kräften der USPD in den radikalen Ortsverbänden der industriellen Zentren konnte sie, die hier früher und stärker als andernorts auf einen kontrollierten Systemwechsel unter Einschluß der bürgerlichen Mittelparteien gedrängt hatte, noch reformistischer und pragmatischer auftreten als vor 1914. Während der Revolutionsmonate spielte sie eine dominierende Rolle als mäßigende Kraft in der Regierung und als Mehrheit in den außerparlamentarischen Kräftegruppierungen der Arbeiter- und Soldatenräte.[2] Das Zentrum konnte bei selbstzugestandener lückenhafter Organisation nahtlos an seine Vorkriegsarbeit anknüpfen und profitierte bei seiner Aufholarbeit von dem breiten Netz der gut organisierten katholischen Vereine.[3] Die starken Kontinuitätsstränge beim Bauernbund wurden bereits aufgezeigt.

»Für keine Partei bedeutet die Revolution eine so schwere Krise wie für den Liberalismus.«[4] So charakterisierte der *Beobachter* kurz nach dem 9. November die Situation der Offenheit im parteipolitischen Vakuum. Mehrere Motivationsstränge liefen bei dem Umgruppierungsprozeß im bürgerlichen Parteienspektrum zusammen. Erstens: Revolutionäre Ereignisse, Zukunftsungewißheit und die Furcht vor der Umgestaltung der gesellschaftlichen Ordnung führten zum vielbeschworenen »Anti-Chaos-Reflex der ordnungsliebenden Kräfte«.[5] Mit irrationaler Bolschewismusfurcht und bürgerlichem Antisozialismus gewannen Sammlungsbestrebungen und das nie völlig in Vergessenheit geratene Modell der liberalen Einigung an Attraktivität. Zweitens: Der Umgruppierungsprozeß betraf vorwiegend das bürgerlich-liberale und konservative Spektrum, das den höchsten Grad an sozialer Heterogenität und gleichzeitig das geringste Maß an milieustabilisierendem Unterbau aufwies. Zudem verfügten diese Parteien über die schwächsten zentralisierten Organisationsstrukturen im jeweiligen Reichsverband. Die Auswirkungen der Revolution auf die Parteien zeigten sich vor allem auf Landesebene. Darüber hinaus wies dieser Teil des Parteienspektrums den höchsten Bestand an Regionalspezifika auf. Die unvollendete Revolution und die frühen Wahltermine mit dem erzwungenen Rückgriff auf die

---

[2] M. SCHECK, 1981, v.a. S. 51–60; S. GREIFFENHAGEN, Württembergische Sozialdemokraten, 1979, 170 ff.; J. MITTAG, Wilhelm Keil, 2001, S. 162 ff. u. 173 ff. Memoiren: W. KEIL, Erlebnisse, Bd. I, 1947, S. 320 ff. sowie die zutreffende Einschätzung des letzten königl. Finanzministers TH. V. PISTORIUS, Die letzten Tage, 1935, S. 72, die SPD habe »den Umsturz von Hause aus nicht gewollt«, sich aber an die Spitze gestellt, um ihn nicht ganz den Radikalen auszuliefern. Zum Gesamtzusammenhang: E. KOLB/K. SCHÖNHOVEN, 1976, S. XLVII–LXX; K. SCHÖNHOVEN, Republikanische Revolution 1918/19, 1998. Zur Rätebewegung: K. SCHÖNHOVEN, Württembergische Soldatenräte, 1974, U. KLUGE, 1973, W. KOHLHAAS, Macht und Grenzen, 1973 sowie die Beiträge in R. BAUMANN/P. HOSER, 1996 u. E. L. KUHN, 1997.
[3] Richtlinien für die Organisation der württ. Zentrumspartei, 1919, WLB Stuttgart, Kl. Württ. Drucks. A 25 C/1, 4907.
[4] Beobachter v. 25. Nov. 1918.
[5] Der Begriff geht zurück auf R. LÖWENTHAL, 1979, S. 11 in Anlehnung an Eduard Bernsteins Einschätzung der Chancenlosigkeit von Revolutionen in hochindustrialisierten Gesellschaften (E. BERNSTEIN, 1998 [zuerst 1921]). Für die Ausweitung dieses Handlungsmotivs über die industrielle Bevölkerung hinaus plädiert D. LANGEWIESCHE, 1848 und 1918, 1998.

bestehenden Apparate stoppten auf Reichsebene den Wandlungsprozeß. Die nationalisierenden Angleichungsprozesse setzten in Württemberg jedoch erst mit deutlicher Verspätung ein. Drittens wurde immer wieder auf die lähmende Wirkung der Revolution auf das Bürgertum und dessen passive Rolle verwiesen.[6] Zum einen aber basierte der Umgruppierungsprozeß bei den bürgerlichen Parteien meist auf der Initiative kleiner Kreise. Zum andern wurde der Mobilisierungsschub auf Seiten der politischen und sozialen Gegenkräfte der Revolution lange zu wenig beachtet. Neben dem Widerstand, den die Kirchen gegen die laizistischen Pläne der Berliner Revolutionsregierung mobilisierten[7], ist hierfür vor allem die teilweise Übernahme proletarischer und gewerkschaftlicher Aktions- und Organisationsformen zu nennen: ob in Bürgerräten und Bürgerstreiks, in Organen der sozialen Verteidigung wie Einwohnerwehren, antibolschewistischen Vereinen oder der Technischen Nothilfe als bürgerlich-gegenrevolutionären Formationen.[8]

a) Liberale Fusion

Das nach der Revolution kurzfristig ventilierte Projekt einer bürgerlichen Sammlungspartei in Württemberg war frühzeitig an den festgezurrten konfessionellen Standpunkten des Zentrums, an der Uneinigkeit über das Maß der Zusammenarbeit mit der Sozialdemokratie und an der Unwilligkeit der Linksliberalen, mit den »annexionistisch belasteten« und diskreditierten Konservativen zu kooperieren, gescheitert. Für die *Schwäbische Kronik* war dies der »Auftakt zum Erwachen des Bürgertums, das nach den Worten der gewählten Führer lechzt.«[9] Für den Liberalismus gab es nun, nachdem die Gründe der Spaltung – Haltung zur Monarchie und Heeresfragen – weggefallen waren, zwei Möglichkeiten, den »Luxus zweier liberaler Parteien«[10] zu beenden: die Fusion beider Gruppen oder die Gründung einer neuen Partei über die Köpfe der beiden alten Parteien hinweg.[11]

---

[6] Vor allem für die Konservativen fallen immer wieder die Begriffe »Lähmung«, »Verwirrung«, »Hilflosigkeit«, »Konfusion« und »allgemeine Panikstimmung« (W. LIEBE, 1956, S. 11; W. KAUFMANN, 1953, S. 53; A. THIMME, 1969, S. 11; W. RIBHEGGE, 1989, S. 165).

[7] J. JACKE, 1976, S. 47–79, K. NOWAK, 1981 u. H. HÜRTEN, 1984, S. 74–101.

[8] Vgl. die Berichte über einen mehrtätigen Bürgerstreik in Stuttgart: »Das Bürgertum sagt der Regierung die Opposition an!« in Südtt. Ztg. v. 5. April 1919 u. v. 12. April 1919. Ähnlich auch Philipp Wieland an Haußmann v. 21. Nov. 1918, NL Haußmann, HStA Stuttgart, Q1/2, Bü 102 zu den Verhältnissen in Ulm und Veranstaltungen der bürgerlichen Parteien: »Es hat sich dabei erwiesen, daß das Ulmer Bürgertum weit davon entfernt ist, gegenüber der Sozialdemokratie die Segel zu streichen.« Zur Reichsebene H.-J. BIEBER, 1992 u. A. WIRSCHING, Vom Weltkrieg zum Bürgerkrieg?, 1999, S. 113ff. u. 299ff.

[9] Bericht über eine Versammlung mit Vertretern aller Parteien in Stuttgart am 13. Nov. 1918 in Schw. Kronik v. 14. Nov. 1918 A.

[10] Hierzu und zur Gründung der Berliner DVP: W. HARTENSTEIN, 1962, Zitat S. 9; L. RICHTER, Von der Nationalliberalen Partei, 1999; L. RICHTER, Deutsche Volkspartei, 2002 u. E. KOLB/ L. RICHTER, 1999. Zur DDP-Gründung: L. ALBERTIN, Liberalismus und Demokratie, 1972; W. STEPHAN, 1973 u. W. SCHNEIDER, 1978. Zum Scheitern der Fusion: L. E. JONES, German Liberalism, 1988, S. 52ff.

[11] Schw. Merkur v. 19. Nov. 1918 M.

Den Takt der Verhandlungen gab von Anfang an die Volkspartei vor. Zwar hieß es am 20. November noch, es herrsche im Süden »völlige Unklarheit über die Vorgänge, die zu einer liberalen Einigung führen sollen«, klar sei aber, daß es keinen Anlaß gebe, von der »alten und erprobten Organisation irgend etwas aufzugeben«.[12] Die Linksliberalen nutzten ihren zeitlichen Vorsprung. Vor allem auf das Drängen von Conrad Haußmann hin schloß sich die Volkspartei nach »telegraphischem und telefonischem Befragen der Mitglieder des Engeren Ausschusses« und ohne Befragung des Berliner Zentralvorstandes am 23. November in corpore der in Berlin gegründeten DDP an.[13] Damit hatte Haußmann, der eine Sammlung gegen die SPD ablehnte und wegen der annexionistischen Vorbelastung der Nationalliberalen die Abwanderung zahlreicher Linksliberaler zur SPD fürchtete, den Verhandlungen vorausgegriffen und demonstriert, wer bei den Fusionsverhandlungen der stärkere Partner war.

Das nationalliberal-freikonservative Hybrid ›Deutsche Partei‹ zerfiel nach der Revolution in drei Teile. Den zahlenmäßig größten Teil führten die ehemaligen Parteivorsitzenden Johannes Hieber und Friedrich List der DDP zu. Als eifriger Verfechter der liberalen Fusion, der die in Berlin bereits präjudizierte Weiterführung der liberalen Spaltung für Württemberg verhindern wollte, hatte sich damit vor allem Hieber gegen den konservativen Flügel seiner Partei um Gottlob Egelhaaf durchgesetzt. Am 25. November beschloß eine Landesversammlung die offizielle Auflösung der Deutschen Partei und faßte die einstimmige Entschließung für die liberale Einigung.[14]

Die Bedingungen für den Zusammenschluß bestimmten die Vertreter der Volkspartei. Am 28. November wurden acht Punkte ausgehandelt.[15] Die wichtigsten davon waren: Mitglieder mit »annexionistischer Vergangenheit« waren auf Drängen Haußmanns und zahlreicher Ortsvereine der Volkspartei aus den Führungsgremien der DDP auszuschließen.[16] Hieber, der als ehemaliger Landesvorsitzender der Vaterlandspartei betroffen war, sollte aber für die Parlamente kandidieren dürfen. Nach einer Probezeit avancierte er neben Haußmann bald zum stellvertretenden Parteivorsitzenden.[17] Der geschäftsführende Ausschuß der Deutschen Partei beschloß kurzerhand und über seine Mitglieder hinweg den korporativen Übertritt und die Über-

---

[12] Beobachter v. 20. Nov. 1918.
[13] Beobachter v. 25. Nov. 1928. Vgl. auch K. SIMON, Württembergische Demokraten, 1969, S. 197 ff. und G. SCHMIDGALL, 1920.
[14] Bericht über die Landesversammlung in Süddt. Ztg. v. 25. Nov. 1918.
[15] K. SIMON, Württembergische Demokraten, 1969, S. 199 mit teilweise anderen Angaben. Abdruck der Vereinbarung bei K. HEGER, 1927, S. 133.
[16] Zu der innerhalb der Volkspartei verbreiteten Stimmung gegen die »Annexionisten« vgl. den Aufruf der Ortsgruppe Göppingen, daß für »neue Mitglieder, die sich der uneingeschränkten Mitarbeit im neuen Staat nicht anschließen« könnten, kein Raum in der Partei sei (Schw. Kronik v. 19. Nov. 1918 A).
[17] Vgl. die biographische Skizze zu Johannes Hieber von E. GEROK, 1977.

schreibung der Mitgliederlisten an die DDP.[18] In den Lokalorganisationen sollte sich der mitgliederschwächere dem jeweils stärkeren Teil anschließen. Weil die »rechtere Hälfte der Natur der Sache nach nachgeben« müsse, wurde für die Besetzung der Parteigremien analog zum letzten Ergebnis der Landesproporzwahl das Verhältnis von 2:1 zugunsten der Volkspartei festgelegt.[19] Zum gemeinsamen Parteiorgan wurde der *Beobachter* bestimmt.

Nach der liberalen Fusion – von manchem Nationalliberalen als Zwangsheirat angesehen und als revolutionsbedingte Kröte geschluckt – und nach gescheiterten Verhandlungen über die Gründung einer bürgerlich-rechtsnationalen ›Deutschen Nationalpartei‹ unter Einschluß von Konservativen, Bauernbund, nicht-fusionierten Nationalliberalen und Zentrum[20], entfaltete sich in der Presse eine angeregte Debatte über die Schuldzuweisung. Die argumentativ abgesteckten Demarkationslinien waren klar: Auf linksliberaler Seite setzte man sich in aller Deutlichkeit von den Konservativen ab. Ehemalige Nationalliberale griffen bis zur Steuerreform von 1909 zurück, um ihren Beitritt zur DDP mit der Inakzeptanz der Interessenpolitik der Konservativen zu rechtfertigen.[21] Die Rechte hingegen setzte auf die bekannten antisemitischen Stereotype: Die DDP sei die Fusion des »von der jüdisch kapitalisierten Presse beeinflußten denkfaulen Spießbürgertums« und des »jüdischen Freisinns«, der die Revolution nach Württemberg gebracht habe und die Sammlung des Bürgertums hintertreibe.[22]

Die Fusion hatte die Demokraten mit nun annähernd 50 000 Mitgliedern schlagartig zur Massenpartei und zum größten Landesverband der DDP gemacht.[23] Ein zweiter, schwer zu quantifizierender, aber nicht zu vernachlässigender Teil der ehemals Nationalliberalen verweigerte der Führung jedoch den Übertritt und schloß sich der Bürgerpartei an. Ein dritter Teil stand vorerst abseits und sammelte sich dann in der Deutschen Volkspartei, die auf Anstöße aus Berlin und auf das Bestreben des Geheimen Regierungsrats im Reichskolonialamt, Hans Sachs, sowie des Stuttgarter Rechnungsrates Georg Schmidgall ab Februar 1919 in Württemberg schrittweise gegründet wurde.

---

[18] Beobachter v. 29. Nov. 1918; Schw. Kronik v. 29. Nov. 1918 M. Vgl. auch den Hinweis der Schw. Kronik v. 7. Dez. 1918 M, daß eingeschriebene Mitglieder »ohne weiteres« in die Mitgliederlisten der DDP übernommen werden und »sich eine besondere Anmeldung« erübrige.
[19] Schw. Kronik v. 7. Dez. 1918 M mit kritischer Bemerkung, die Regelung werde zuungunsten der Nationalliberalen nicht korrekt durchgeführt. Zahlreiche prominente Namen der Deutschen Partei vermisse man und die DDP sei schließlich eine Fusion und »keine kritische Auslese aus beiden Parteien«.
[20] Berichte über die »vertraulich geführten« Verhandlungen in Südd. Ztg. v. 17. Nov. 1918 u. v. 27. Nov. 1918. »Alleinige Alternative« war demnach die zwischen Sozialismus und Nationalismus. Betont wurde allerdings auch, daß eine solche Sammlung, selbst wenn sie in Württemberg realisierbar gewesen wäre, keinen notwendigen Anschluß an eine reichsweite Organisation gefunden hätte.
[21] Beobachter v. 10. Dez. 1918 u. v. 30. Dez. 1918; Schw. Merkur v. 17. Dez. 1918 A; Replik in Süddt. Ztg. v. 18. Dez. 1918.
[22] Süddt. Ztg. v. 24. Nov. 1918 u. v. 7. Dez. 1918.
[23] Während die Partei 1918 noch 189 Ortsvereine hatte, wurde für 1919 von 424 berichtet (Stuttg. Neues Tagbl. v. 7. Jan. 1920). Vgl. K. SIMON, Württembergische Demokraten, 1969, S. 200.

b) Die Bürgerpartei nach 1918: »Sammelpartei der Bürger«

Für die Bürgerpartei bedeutete dies drei unterscheidbare Gründungsgruppen: Parteilose oder in der Öffentlichkeit bislang nicht hervorgetretene Persönlichkeiten sowie die ehemals Konservativen und Nationalliberalen. Die Partei war, abgesehen von der DVP, die letzte der württembergischen Parteien, die nach dem Umsturz an die Öffentlichkeit getreten war. »Die schlechtesten Bürger sind es nicht, die ihren Beschluß langsam fassen, welcher Partei sie sich annähern sollen«, urteilte die *Schwäbische Kronik*, die die Neugründung wohlwollend und die liberale Fusion kritisch begleitete.[24] Die Initiative der ursprünglich breiter konzipierten Sammlungspartei war von zwei Parteilosen ausgegangen: dem Stuttgarter Polizeiamtmann Walter Hirzel und Gustav Beißwänger, Theologe, ehemaligem Stuttgarter Stadtvikar und Militärgeistlichen, seit 1916 zweiten Schriftleiter beim *Staatsanzeiger* und ehemals Nationalsozialer, der für diese aber nicht hervorgetreten war.[25] Nach dem Scheitern der ersten Verhandlungen und nach der Fusion der beiden liberalen Parteien liefen die Verhandlungen mit den Konservativen und dem Rest der Nationalliberalen über diese beiden Personen.

Die Konservativen hatten sich in den ersten Tagen in der Öffentlichkeit zurückgehalten. Die Fäden wurden der Vorkriegsstruktur der Partei entsprechend in Stuttgart gezogen, wo man am 18. November mit einer Mitgliederversammlung an die Öffentlichkeit getreten war. Die Verhandlungsführer mit Beißwänger waren Kraut, der Stuttgarter Ortsvorsitzende Beringer und der bislang kaum in Erscheinung getretene Rechtsanwalt Ernst Schott.[26] Entscheidenden Zulauf erhielten sie aus dem Stuttgarter Bürgerrat, in dem die Vereinigten Bürgervereine Stuttgarts und die Berufsgruppenvertreter der mittelständischen Innungen, Kammern und Interessenverbände dominierten.[27] Der dritte Gründungsanstoß kam mit dem Historiker und Oberstudienrat Gottlob Egelhaaf[28] vom rechten nationalliberalen Flügel sowie von

---

[24] Schw. Kronik v. 11. Dez. 1918.
[25] Beide waren bei der ersten Versammlung aller bürgerlichen Parteien am 13. November anwesend (Beobachter v. 10. Dez. 1918). Zu Beißwänger, dem das Innenministerium bei seinem Amtsantritt beim *Staatsanzeiger* »Liberalismus in der Theologie« und »liberale, aber gemäßigte Grundsätze« attestierte, seine Personalakte in HStA Stuttgart, E 130a, Bü 417 sowie Schw. Kronik v. 1. Dez. 1918 M. Zu seiner Vergangenheit als Nationalsozialer: Bickes an Reichsgeschäftsstelle der DVP vom 17. April 1919: Lagebericht über Parteiverhältnisse in Württemberg, StadtA Crailsheim, NL Sachs.
[26] Bericht über die Versammlung in Schw. Tageszeitg. v. 20. Nov. 1918.
[27] Am 9. Nov. war die Aufforderung ergangen, »energische Vorkehrungen für den Selbstschutz des Bürgertums« zu ergreifen und Bürgerräte zu gründen (Südd. Ztg. v. 9. Nov. 1918). Die Schw. Tagesztg. v. 21. Nov. 1918 berichtete von einem Rat auf Basis der Bürgervereine, der sich am 2. Dez. mit Berufsgruppenvertretern konstituierte (HStA Stuttgart, E 151b, Bü 225, Bürgerrat an Wilhelm Blos v. 12. Dez. 1918; Staatsanz. v. 14. Dez. 1918). In einem Aufruf mit über 100 Unterschriften (Schw. Merkur v. 14. Dez. 1918 M) zeigen sich die prominenten Konservativen des Bundes für Handel und Gewerbe, der Handwerks- und Handelskammern sowie die Innungsobermeister. Beigewähltes Mitglied des Bürgerrates war der Konservative Ernst Schott (HStA Stuttgart E 130a Bü 201 u. 204). Zu den Bürgerräten auch E. KOLB/K. SCHÖNHOVEN, 1976, S. 50 u. 134 u. H. DÄHN, 1975, S. 317 f.
[28] G. EGELHAAF, 1960, S. 138 ff.

zwei Jungliberalen Naumannscher und betont nationaler Richtung:²⁹ Fritz Wider, Besitzer einer chemischen Fabrik in Stuttgart und Wilhelm Bazille, Oberamtmann, einst Vorsitzenden der württembergischen Jungliberalen und 1906 sowie 1912 deren Landtagskandidat. Mit dem ›Fall Bazille‹ hatte er 1910 landesweit auf sich aufmerksam gemacht.³⁰

Am 25. November wurde die Gründung einer ›Schwäbischen Bürgerpartei‹ angekündigt, die all denen eine parteipolitische Heimat geben solle, die bislang keiner Partei angehört hatten oder als Nationalliberale den Übertritt zur DDP nicht mitmachen wollten. Nach der Regelung der Übergangsverhältnisse solle der Anschluß an eine das ganze Reich umfassende Organisation erfolgen.³¹ Die Reaktion kam prompt: Das Zentrum warnte vor dem »Köder«, den die im Hintergrund stehenden alten evangelischen Konservativen mit dem neuen Namen auslegten. Der *Beobachter* sprach von einer »unglaublichen Anmaßung«, sich Bürgerpartei zu nennen, zeigte aber Verständnis dafür, daß man sich wegen der Parteibezeichnung der Berliner DVP nicht anschließen wolle, die den traditionsreichen Namen der württembergischen Volkspartei trage.³²

Am 7. Dezember 1918 wurde die Bürgerpartei als Partei der »Sittenreinheit und des deutschen Christentums«, als Partei der »Bürger, der Handels- und Gewerbetreibenden und der Beamten aller Richtungen und Abstufungen« und als »Partei all derjeniger, die in der christlichen Erziehung die Grundlage deutscher Kultur erblicken« aus der Taufe gehoben.³³ Der am 10. Dezember veröffentliche Gründungsaufruf zeigt die Zentrierung auf Stuttgart, die parteiinternen Gruppierungen als auch das deutlich verbreitete Fundament der neuen Partei gegenüber der alten Deutschkonservativen Partei.³⁴ Die Bürgerpartei war moderat, ›national-liberal‹

---

²⁹ Zu den Jungliberalen: A. GAWATZ, Wahlkämpfe, 2001, S. 93ff. mit weiterer Literatur.
³⁰ Bazille war 1899–1910 Amtmann in Geislingen, Mergentheim und bei der Stadtdirektion Stuttgart. Bis 1914 war er als Oberamtmann beim Landesgewerbeamt, von 1914–1918 Chef der Zivilverwaltung der belgischen Provinz Limburg (vgl. A. KEIM, 1925, S. 205). Der Verwaltungsexperte (vgl. seine Publikationen: J. HIEBER/W. BAZILLE, 1908 u. W. BAZILLE, Staats- und Verwaltungsrecht, 1908 u. in. 2. Aufl. 1912) hatte als jungliberaler Landtagskandidat mit allem gegen die Konservativen und für ein gemeinsames Vorgehen der liberalen Parteien gearbeitet (Dt. Reichspost v. 4. Dez. 1906, v. 5. Dez. 1906 u.v. 19. Dez. 1912; Beobachter v. 12. Nov. 1906; Dt. Volksbl. v. 5. Nov. 1906). Zum Fall Bazille: Mit Angriffen auf das »persönliche Regiment« des Stuttgarter Oberbürgermeisters Heinrich Gauß hatte sich Bazille einen Verweis mit der Aufforderung zur »politischen Enthaltsamkeit« durch den Innenminister eingehandelt. Seine Beförderung ins Landesgewerbeamt wurde als »Strafversetzung« interpretiert (Dt. Reichspost v. 2. März 1910, v. 11. Nov. 1910 u.v. 14. Nov. 1910; Beobachter v. 10. Nov. 1910 u. Staatsanz. v. 9. Nov. 1910).
³¹ Süddt. Ztg. v. 25. Nov. 1918.
³² Dt. Volksbl. v. 26. Nov. 1918; Beobachter v. 27. Nov. 1918, v. 10. Dez. 1918 u.v. 30. Dez. 1918.
³³ Süddt. Ztg. v. 7. Dez. 1918.
³⁴ Aufrufe in Süddt. Ztg. und Schw. Merkur v. 10. Dez. 1918 sowie Schw. Tagesztg. v. 12. Dez. 1918. Von 73 Unterzeichnenden waren nur neun ›Auswärtige‹ (12,3%). Insgesamt waren sieben Frauen vertreten (9,6%). 13 waren vor 1918 hervorgetretene Konservative (17,8%), der größte Teil davon die 1912 gewählten Landtagsabgeordneten. Nur drei waren ehemals Nationalliberale (3,0%), darunter mit dem Staatsrat Heinrich Mosthaf und dem langjährigen Stuttgarter Gemeinderat und Vorsitzenden der Vereinigten Bürgervereine, Wilhelm Weitbrecht, zwei bekannte Honoratioren. Das Gros stellten

und als Partei der Parteilosen aufgetreten, auch wenn die konservativen Namen nicht unbeachtet blieben.[35] Der Parteiname sollte die »alleinige bürgerliche Front gegen die Sozialdemokratie, staatsbürgerlichen Geist und staatsbürgerliches Verständnis« sowie württembergische Eigenständigkeit ausdrücken[36], vor allem aber auch in den Kreisen Vertrauen wecken, die die »Verbindung mit dem in Norddeutschland sehr viel ausgeprägteren Radikalismus verabscheuten«.[37]

In dem Gründungsaufruf ging es prononcierter als im Berliner Pendant[38] um die Verteidigung der »guten Bürgertugenden«, um das Mitwirken in jeder Staatsform, um eine Wirtschafts- und Sozialpolitik auf dem Boden des Privateigentums sowie um die Freiheit des kirchlichen Lebens. Auch in der bürgerlichen Presse des Landes wurde der Gründungsaufruf gewürdigt: Auf das nachdrücklichste wurde Spekulationen entgegengetreten, die Bürgerpartei sei eine Wiederbelebung der Konservativen. Betont wurde der »soziale Sinn« und der »liberale Einschlag« des Aufrufs sowie die Ähnlichkeit der Programme aller bürgerlichen Parteien in verfassungs- und kulturpolitischen Fragen. Alle Forderungen der Bürgerpartei seien bislang nicht Bestandteil der »konservativen Staats- und Lebensauffassung« gewesen. Mit Argusaugen wurde die Wahrung des Proporzes innerhalb der neuen Partei zwischen Nationalliberalen, Parteilosen und Konservativen beobachtet.[39] Einzig der *Beobachter* bemerkte, die »bisher politisch Heimatlosen« und »konservativen Nationalliberalen« nähmen immer noch größte Obacht, ihren »Rockärmel nicht in Berührung mit den Konservativen zu bringen.«[40]

Das änderte sich jedoch recht schnell nach dem Gründungsaufruf, der die prominenten Nationalliberalen ansprechen sollte.[41] In einer zweiten Beitrittswelle do-

---

mit 57 Vertretern (78,1 %) die bisher Parteilosen: darunter befanden sich der Staatsminister a.D. Karl v. Fleischhauer, der Ludwigsburger Dekan und Schriftführer der *Erbaulichen Mitteilungen* Samuel Gauger, der Theologieprofessor Paul Wurster, die Gattin des Stuttgarter Chirurgen Hofmeister und die Sanatoriumsleiterin Adelheid Wildermuth, Tochter der Schriftstellerin Ottilie Wildermuth. 23,3 % der Unterzeichnenden waren höhere und hohe Beamte der Landesverwaltung, 15,1 % selbständige Handwerker und Mittelständler, weitere 15,1 % Freiberufler und Unternehmer, 11,0 % Lehrberufe, 9,6 % niedere Beamte und Angestellte, 5,5 % Pfarrer sowie jeweils ein Adliger und ein hoher Militär (1,4 %). Arbeiter fehlten. Versammelt waren auch die Vorsitzenden der mittelständischen und bürgerlichen Interessenverbände Stuttgarts und Württembergs: Rabattsparverein, Haus- und Grundbesitzerverein, Milchhändlerverein, Handwerkskammer, Metzger-, Schuhmacher-, Bäcker-, Schreiner-, und Friseurinnung sowie Bund für Handel und Gewerbe.

[35] Vgl. dazu Beobachter v. 10. Dez. 1918: »Nun regen sich die Herren auf einmal und kommen aus den Mäuselöchern und Häusern wieder heraus, in die sie sich in schlotternder Angst verkrochen, als es gegolten hatte, das Alte, das ihnen plötzlich so teuer ist, zu stützen!«
[36] Südd. Ztg. v. 19. Dez. 1918.
[37] E. MARQUARDT, 1934, S. 13.
[38] Vgl. den Aufruf in der Kreuz-Zeitung v. 24. Nov. 1918, abgedr. in W. LIEBE, 1956, S. 107f.
[39] Schw. Kronik v. 11. Dez. 1918 M u.v. 12. Dez. 1918 M sowie Südd. Ztg. v. 20. Dez. 1918. Vgl. den Bericht über die erste Versammlung der Bürgerpartei mit Bazille (nationalliberal), Beißwänger (parteilos) und Schott (konservativ): Schw. Kronik v. 19. Dez. 1918 A u. Südd. Ztg. v. 19. Dez. 1918.
[40] Beobachter v. 10. Dez. 1918.
[41] Zum folgenden Abschnitt: Bickes an Reichsgeschäftsstelle der DVP vom 17. April 1919: Lagebericht über Parteiverhältnisse in Württemberg. Anlage: Darlegung über die Entstehungsgeschichte der

minierten nun diese, darunter der Vorsitzende des Stuttgarter Mietervereins Gustav Ströhmfeld und der Stuttgarter Hermann Reihlen.[42] In einem persönlichen Brief hatte Johannes Hieber nochmals versucht, seine ehemaligen Parteifreunde zurückzuhalten.[43] Auf mehreren Seiten rechtfertigte er seinen Beitritt zur DDP: Dem Nationalliberalismus fehle ein »kraftvolles und wirksames politisches Ziel« oder der Zusammenhalt durch Glaubensmotive. Einzig die Auflösung des Zentrums hätte zu einer »gesünderen Gestaltung« des Parteiwesens führen können. Auf der Basis ihres Bestandes – dem Gefühl der katholischen Minderheit – stehe es aber fest wie eh und je zusammen. Voraussetzung sei nun die Vereinfachung des Parteiwesens auf liberaler Seite. Zum einen könne die Deutsche Partei nicht mehr nur vom Kapital der Vergangenheit als Bismarckpartei zehren, zum andern könne sie sich national nicht mehr profilieren und werde zerrieben. Die breiten Volksmassen, die Jugend und die akademischen Kreise seien schon lange unter dem Einfluß Naumanns oder Nietzsches nach links oder nach rechts getrieben worden. Für die Nationalliberalen sei nurmehr eine dünne Schicht gebildeter Kreise und der bürgerliche Mittelstand, vor allem das höhere und mittlere Beamtentum, geblieben. Einerseits könne er sich nicht dem »geistlosen Berliner Bierphilisterfreisinn« um die linksliberalen Nachfolger Eugen Richters zuwenden, die zur DVP gegangen seien, andererseits könne er sich nicht den Konservativen anschließen, die sich zu den »alleinigen Rettern des Christentums aufspielen«, mit der Agitation des Bauernbundes belastet seien und eine »rücksichtslose Interessen- und Klassenpolitik« verfolgten. Darüber hinaus sei eine »spezifisch württembergische Partei« wie die Bürgerpartei »im Moment nicht gefragt«. Zugeben mußte er allerdings, daß in keinem Land so viele Nationalliberale zu den Konservativen übergelaufen seien wie in Württemberg.

Ein zweiter Teil der heimatlosen Nationalliberalen hatte sich jedoch weiterhin zurückgehalten. Zwischen ihnen und den Vertretern der Bürgerpartei mußten erst drei grundsätzliche Punkte geklärt werden: Erstens die Stellung der Bürgerpartei zu den Parteien im Reich. Gewählten Abgeordneten wurde freigestellt, sich im Reichstag der DVP oder der DNVP anzuschließen. Zweitens wurden Doppelmitgliedschaften in der Bürgerpartei und der Reichs-DVP erlaubt. Unter diesem Vorbehalt trat Theodor Bickes, seit 1912 stellvertretender Landesvorsitzender der württembergischen Nationalliberalen, und eine Gruppe ehemals Jungliberaler, die sich als ›Mittwochsgesellschaft‹ oder ›Nationalliberale Wochengesellschaft‹ bislang abseits gehalten hatten, in die Bürgerpartei ein. Innerhalb dieser gründeten sie eine ›Abteilung für das liberale Bürgertum‹.[44] Drittens sollte das Verhältnis zu den antisemitischen Gruppen geklärt werden, indem die Vertreter der Bürgerpartei ihre grundsätzliche Ableh-

---

Bürgerpartei. Anhang: Besprechung am 29. Dez. 1918 in Stuttgart zwischen Nationalliberalen und Bürgerpartei, StadtA Crailsheim, NL Sachs. Auch: G. SCHMIDGALL, 1920.
[42] Aufrufe zum Parteieintritt in Südd. Ztg. v. 13. Dez. 1918 u. Schw. Merkur v. 11. Dez. 1918 u.v. 21. Dez. 1918. Öffentliche Beitrittserklärung in Südd. Ztg. v. 31. Dez. 1918.
[43] Hieber an »Liebe Freunde« v. 20. Dez. 1918 (NL Hiller). Zum Aufsehen, den der Brief erregte: Bickes an Reichsgeschäftsstelle der DVP vom 17. April 1919, StadtA Crailsheim, NL Sachs.
[44] Bickes an Sachs v. 23. Juni 1923, StadtA Crailsheim, NL Sachs.

nung erklärten, antisemitische Ziele zu verfolgen oder dahingehende Bestrebungen zu fördern.

Nach diesen landesweit zur Kenntnis genommenen Signalen erlebte die Bürgerpartei einen enormen Aufschwung, der sich im Übertritt ganzer ehemals nationalliberaler Ortsvereine und vor allem in der Gründung von neuen Ortsgruppen niederschlug. In zahlreichen, darunter vor allem auch den größeren konservativen Ortsvereinen, übernahmen Nationalliberale den Vorsitz.[45] Die Strukturen setzten sich in den obersten Gremien der Bürgerpartei fort. Anfang Februar 1919 war die Konstituierung der Partei mit Annahme der Satzung, Vorstandswahl und Bestellung der Ausschüsse durch einen Vertretertag abgeschlossen.[46] Zum Vorsitzenden wurde Beißwänger gewählt. Unter den vier weiteren Mitgliedern des Engeren Ausschusses war ein Konservativer (Schott), ein Nationalliberaler (Reihlen), ein bislang Parteiloser (Oberstabsarzt Adolf Klett) und die Vorsitzende des Gewerkvereins der Heimarbeiterinnen Württembergs, Josefine Giese. Im 15köpfigen geschäftsführenden Ausschuß waren neben fünf Frauen vier Nationalliberale, fünf bislang Parteilose und nur ein Konservativer.[47]

Der Umgruppierungsprozeß im bürgerlichen Parteienspektrum war unter den besonderen württembergischen Bedingungen vor sich gegangen. Mit dem Bauernbund blieb einer der organisatorischen Regionalismen der Vorkriegszeit erhalten. Beendet war dagegen die Sonderrolle der nationalliberalen und heimlich freikonservativen Deutschen Partei. Für die früh abgehaltenen Wahlen zur Landesversammlung hatten alle bürgerlichen Parteien eigenständiges Vorgehen gegenüber ihren Mutterparteien erklärt, waren aber bis auf Bürgerpartei und Bauernbund fest in eine der Reichsorganisationen eingebunden. Die letztendliche Anpassung an das reichsweite Parteiensystem dauerte lange. Zwar hatte man auf bürgerparteilicher Seite angedeutet, man werde sich der Fraktion der DNVP anschließen, hatte aber bis weit über die Wahlen zur Nationalversammlung hinaus auf die Fusion der DNVP mit der Strese-

---

[45] Bickes an Reichsgeschäftsstelle der DVP vom 17. April 1919, StadtA Crailsheim, NL Sachs, mit der Bemerkung, ganze Ortsgruppen der Bürgerpartei bestünden aus ehemals Nationalliberalen. Prominente Beispiele für Ortsgruppen, in denen Nationalliberale den Vorsitz übernahmen (aus Personaldatensatz): Stuttgart (Fabrikant Wider), Ulm (Prof. Mezger/Fabrikant Herbst), Heilbronn (Prof. Cramer/Schulrat Goller), Tübingen (Prof. Jacob/Rechtsanwalt Jäger), Ludwigsburg (Schreinermeister Siller), Tuttlingen (Fabrikant Sax), Bopfingen (Distriktsarzt Beck), Möhringen (Apotheker Ditterich), Cannstatt (Oberstleutnant Dürr), Freudenstadt (Fabrikant Berblinger), Gmünd (Apotheker Maier).
[46] Süddt. Ztg. v. 6. Febr. 1919 u. v. 8. Febr. 1919; Schw. Kronik v. 4. Febr. 1919.
[47] Frauen: Johanna Beringer (Gattin des Kommerzienrates Reinhold Beringer und Vorsitzende des Deutsch-Evangelischen Frauenbundes in Württemberg), Klara Burkard-Schmid (Medizinalratswitwe), Helene Kern (Sozialbeamtin), Klara Klotz (Oberstenwitwe) und Johanna Michel-Lörcher (o. A.). Nationalliberale: Theodor Bickes, Paul Göz (Landrichter und Präsidiumsmitglied des Württembergischen Kriegerbundes), Alfred Dürr (Oberstleutnant), Friedrich Siller (Schreinermeister). Parteilose: Gustav Gundert (Regimentsarzt), Herrmann (Landrichter), Walter Hirzel (Polizeiamtmann), Ernst Munz (Fabrikant), Friedrich Weitbrecht (Verlagsbuchhändler). Konservativer: Christian Lell (Fabrikant).

mann-Gruppe, zumindest aber auf eine Fraktionsgemeinschaft gehofft.[48] Der offizielle Anschluß der Bürgerpartei an die DNVP erfolgte erst im November 1920, als eine Vertreterversammlung den Antrag der Parteileitung verabschiedete. Die offizielle Parteibezeichnung war nun Württembergische Bürgerpartei – Deutschnationale Volkspartei Württembergs. Vorausgegangen waren langwierige Verhandlungen zwischen Kraut und Westarp, der im Oktober 1920 mit einer Rundreise durch die württembergischen Ortsvereine für den Anschluß geworben hatte. Bedingung war die »Selbständigkeit in Landesfragen«. Betont wurde, daß die Bürgerpartei trotzdem die Fortführung der Deutschen Partei in Württemberg sei.[49] Zusammen mit der Bayerischen Mittelpartei war dies der letzte Anschluß eines Landesverbandes an die Reichsorganisation der DNVP.[50]

c) Verspätete Anpassung an das reichsweite Parteiensystem

Die Parteienumgruppierung und der Anpassungsprozeß an das reichsweite Parteiensystem wurden mit der Gründung der württembergischen DVP abgeschlossen, die unter mehreren Dilemmata litt: die prominenten Namen waren entweder zur DDP oder zur Bürgerpartei abgewandert, der kleine organisatorische Apparat aus der Vorkriegszeit war aufgegeben und der *Schwäbische Merkur* tendierte zur Bürgerpartei. Darüber hinaus bestanden grundlegende Differenzen innerhalb der Gruppierung:[51] Bickes verfolgte die Strategie, die Bürgerpartei in den Reichsverband der DVP zu führen. Schmidgall und Sachs drängten seit Februar 1919 darauf, einen eigenständigen Landesverband der DVP zu gründen.[52] Zwischenzeitlich bestand die Gefahr zweier Ortsgruppenbildungen in Stuttgart: einer DVP-Gruppe unter Schmidgall und einer Nationalliberalen Partei der ›Mittwochsgesellschaft‹ unter Bickes, die innerhalb der Bürgerpartei verbleiben wollte.[53] Verschiedene Aktivitäten blieben bis September 1919 erfolglos. Das Resümee war: »Niemand will den Namen für eine

---

[48] Vor allem Kraut und Wilhelm Vogt arbeiteten in Berlin für die rechtsliberale Fusion, vgl. K. GRAF v. WESTARP, Konservative Politik im Übergang, 2001, S. 375 sowie Heydebrand an Westarp v. 18. April 1919 (NL Westarp). Vgl. auch L. RICHTER, Deutsche Volkspartei, 2002, v. a. S. 76–87.
[49] Westarp an Hiller v. 13. Dez. 1918 (NL Hiller), in dem Westarp über Telefonate mit Kraut berichtet, dieser solle die Bürgerpartei der DNVP zuführen. Berichte in: Südd. Ztg. v. 7./8. Nov. 1920 u. v. 11. Nov. 1920; Schw. Kronik v. 19./20. Sept. 1920 M, v. 8. Nov. 1920 M u. v. 9. Nov. 1920 M. Bericht über Vertretertag in: Jb. der Württ. Bürgerpartei 1921, S. 92–100.
[50] W. LIEBE, 1956, S. 38.
[51] Hierzu: StadtA Crailsheim, NL Sachs sowie G. SCHMIDGALL, 1920. L. RICHTER, Deutsche Volkspartei, 2002, S. 38 geht auf die Gründung der DVP in Württemberg nur kursorisch ein.
[52] Erster Aufruf Schmidgalls, die »alte Partei« fortzuführen und Adressen zu sammeln: Südd. Ztg. v. 2. Febr. 1919. Der *Schwäbische Merkur* hatte die Anzeige sogar abgelehnt. Der Rücklauf bestand aus acht Meldungen. Weitere Aufrufe zum DVP-Beitritt in Stuttgarter Zeitungen blieben erfolglos (Sachs an Schmidgall v. 29. Mai 1919 u. Schmidgall an Sachs Anfang Aug. 1919, StadtA Crailsheim, NL Sachs).
[53] Schmidgall an Sachs v. 22. Juni 1919, StadtA Crailsheim, NL Sachs.

Sache hergeben, die er für aussichtslos hält.«[54] Mitte September wurde dann die Ortsgruppe Stuttgart gegründet, die den Landesverband Württemberg vertrat und deren Vorsitz Egelhaaf übernahm. Geschäftsführender Vorsitzender wurde Schmidgall.[55] Der *Beobachter* kommentierte die Gründung als »Krähwinkelei« und als fehlende Einsicht, daß »Politik nicht vom Honoratiorenkränzchen« aus zu betreiben sei.[56] Allein die kurz zuvor veröffentlichte Unterschriftenliste ehemals Nationalliberaler, die der Bürgerpartei beigetreten waren und ihr auch weiterhin als »Partei der wirklichen liberalen und nationalen Gesinnung« Treue bekundeten, war länger als die Liste der 92 Delegierten, die bei der Gründung der württembergischen DVP anwesend waren. Wenige Monate später bereits legte Egelhaaf aus gesundheitlichen Gründen sein Amt nieder. Sein Nachfolger wurde Bickes.[57]

Die Legitimation für die neue Mittelpartei und die trennenden Punkte zur Bürgerpartei beherrschten wochenlang die Zeitungen. Sie lassen sich in drei Punkten zusammenfassen: Erstens: den agrarisch-konservativeren Zug, den die Bürgerpartei durch die Fraktionsgemeinschaft mit dem Bauernbund auf Landesebene und mit dem sich abzeichnenden Anschluß an die DNVP auf Reichsebene annahm. Zweitens die kirchen- und schulpolitisch konservativen Positionen, die die Fraktionsgemeinschaft in der Landesversammlung vertrat, und drittens die wachsende Nähe der Bürgerpartei zu völkisch-antisemitischen Gruppierungen.[58] Einen geringen Zuwachs erhielt die DVP mit dem Kapp-Lüttwitz-Putsch, nach dem mehrere prominente Bürgerparteiler zu ihr übertraten, aber sie war von Anfang an eine unzeitgemäße Honoratiorenpartei mit großem organisatorischen Defizit.[59]

---

[54] Bis Juni 1919 hatten Egelhaaf, Staatsminister a. D. Theodor Pistorius und General Ebbinghaus die Anfragen nach Übernahme des Vorsitzes abgelehnt. Im *Kirchlichen Anzeiger* hatte Schmidgall einen Aufruf an diejenigen Pfarrer gestartet, die zwar der Vaterlandspartei angehört hatten, aber »kirchlich freier gerichtet sind als die Pietisten«. Der badische Landesverband lehnte es ab, über seine Zeitungen eine »grundsätzliche Auseinandersetzung über Konservatismus und Demokratie« mit der Bürgerpartei zu führen (Sachs an Schmidgall v. 29. Mai 1919; Schmidgall an Sachs v. 12. Juni 1919 u. v. 22. Juni 1919; Rundschreiben Sachs an württembergische Landsmänner v. 30. Juli 1919, StadtA Crailsheim, NL Sachs). Zur Vaterlandspartei siehe die Ausführungen unten S. 260.
[55] Schw. Kronik v. 14. Sept. 1919 M.
[56] Beobachter v. 8. Sept. 1919.
[57] Gründungsaufruf der DVP: Schw. Merkur v. 19. Sept. 1919 M. Gegenaufruf der Bürgerpartei: Schw. Kronik v. 25. Sept. 1919 A. Bericht über Gründungsparteitag der DVP: Schw. Kronik v. 30. Sept. 1919 M. Zum Rücktritt Egelhaafs: Schw. Merkur v. 14. März 1920 M.
[58] Schw. Kronik 9. Sept. 1919 A u. G. Egelhaaf: »Meine Rückkehr zur nationalliberalen Partei« (Schw. Kronik v. 17. Sept. 1919 M.). Als zweiter Vorsitzender der Vaterlandspartei habe er »kein Demokrat mit Maulkorb« sein wollen. Der Bürgerpartei sei er als »zeitweiligem Unterstand« beigetreten und habe sich in ihrem Ausschuß für Schule und Kirche »ungehemmt und nach seiner politischen Auffassung bewegen« können, den Extremen könne er aber keine Gefolgschaft leisten.
[59] Im Dez. 1919 wurden von der Reichsgeschäftsstelle der DVP 10 000 Mark für den Organisationsaufbau zugesagt. Von »trostlosen« Zuständen sprach der Parteisekretär und Schriftleiter der *Tübinger Chronik* noch im Nov. 1920. Auch der Anschluß der Bürgerpartei an die DNVP habe der DVP »gar keinen Gewinn gebracht«, da auch die in der Bürgerpartei Unzufriedenen an Bickes Anstoß nähmen, der nicht geeignet sei, der Partei Auftrieb zu geben. Eine Alternative zu ihm gebe es aber nicht (Reichsgeschäftsstelle DVP an Sachs v. 3. Dez. 1919; Parteisekretariat Württemberg an Sachs v. 9. Nov. 1920, StadtA Crailsheim, NL Sachs). Ortsgruppen bestanden in Stuttgart, Cannstatt, Ulm,

4. Bürgerpartei: »Und nun mit Gott hinein in die Arbeit!«

Monarchismus war in Württemberg kein politisches Privileg und kein explizites Distinktionsmerkmal der Konservativen.[1] Auch der in Preußen entscheidende zweite konservative Mobilisierungsfaktor war in Württemberg entschärft. Einen württembergischen »Zehn-Gebote-Hoffmann« nach Vorbild des preußischen Kultusministers gab es nicht. Der Minister für Kirchen- und Schulwesen, Berthold Heymann, hatte am 10. November in einer erleichtert zur Kenntnis genommenen Erklärung betont, er sehe seine Aufgabe »lediglich in der geordneten Weiterführung der laufenden Geschäfte des Kultministeriums« und wolle »während der Dauer des Provisoriums keine Neuerungen auf dem Gebiete des Schulwesens oder der Kirche in ihrem Verhältnis zum Staat« einführen.[2] Mit dem Religionsreversaliengesetz von 1898 lag die Übergangsregelung für das Ende des landesherrlichen Summepiskopats bereits in der Schublade. Vor seiner Abdankung übertrug der König seine Befugnisse als Bischof der Landeskirche einer Evangelischen Kirchenregierung, die nicht wie in anderen Ländern auf die Träger der Staatshoheit übergingen. Damit war die Rechtskontinuität zwischen der alten und der neuen Kirchenleitung gewährt. Die Landessynode löste sich nach dem Beschluß eines Gesetzes über die Wahl einer verfassunggebenden Landeskirchenversammlung auf.[3] Die Regelung der landeskirchlichen Verhältnisse waren einer gewählten Körperschaft übertragen und damit dem freien Spiel der gesellschaftlichen innerprotestantischen Kräfte überlassen. Die Frage der Ausgestaltung der »Volkskirche« mobilisierte enorm, motivierte aber eher zur Mitarbeit als zur Fundamentalopposition gegen den neuen Staat.[4] Auch der vielbeschworene konservative Schockzustand war rasch beendet. Die *Süddeutsche Zeitung* berichtete am 18. November mit literarischer Verve:

> »Der erste Schnee fiel gestern abend in Stuttgart und breitete sein weißes Linnen über die Stadt. Wie ein Bahrtuch legte es sich über die erstorbenen Hoffnungen und doch uns allen wieder ein Zeichen neuer Hoffnungen, neuen kommenden Lebens, das sich im Schoß des Vergangenen wieder entwickeln wird.«[5]

Zum Geleit für die Bürgerpartei hieß es, als das Unveränderliche müsse sich die »Religion als staatserhaltende Kraft«, das Bürgertum, das Nationalbewußtsein, die

---

Heilbronn, Tübingen, Künzelsau und Aalen. Zur Größe der Ortsgruppen Bickes an Sachs v. 23. Juni 1923, StadtA Crailsheim, NL Sachs: »In Berlin kann man nicht wissen, daß hinter der Stuttgarter Ortsgruppe einschließlich der auswärtigen Herren nur ein Häuflein von etwa 30 Herren steckt.«
[1] Kraut hatte mit Distanzierung von den preußischen Konservativen erklärt, der Kaiser trage »selbst mit Schuld an der Entwicklung«. Was man aus der »alten Zeit mit hinübergenommen« habe, sei die »christliche Lebensanschauung« (Süddt. Ztg. v. 10. Nov. 1918, v. 5. Jan. 1919 u.v. 16. Jan. 1919).
[2] Abgedr. in Staatsanz. v. 12. Nov. 1918 u. Süddt. Ztg. v. 13. Nov. 1918.
[3] Das Religionsreversaliengesetz sah für den Fall eines nicht evangelischen Thronfolgers ein besonderes Gremium für die Ausübung des landesherrlichen Kirchenregiments vor. Vgl. hierzu unten S. 377.
[4] P. WURSTER: Die Not der Zeit und die Hoffnung der Kirche, 1919; P. WURSTER: Was nun mit unserer Kirche?, 1919; P. WURSTER: Zur Trennung von Staat und Kirche, in: Süddt. Ztg. v. 22. Dez. 1918. Vgl. auch TH. WURM, Erinnerungen, 1953, v.a. S. 53.
[5] Süddt. Ztg. v. 18. Nov. 1918.

»feste Ordnung« und die »sittlich-religiöse Grundlage der Sozialpolitik« erweisen: »Und nun mit Gott hinein in die Arbeit!«[6] Mit dem Aufruf zur bürgerlichen Sammlung nach organisatorischem Vorbild der SPD[7] erlebte die Partei einen sprunghaften Mitgliederanstieg. Aus der konservativen Partei der organisationsunwilligen Pietisten und des kirchlich-konservativen Mittelstandes wurde die Bürger-Partei des konservativen Protestantismus, des Mittelstandes, der Beamten und des theologisch-konservativen und nationalen Bildungs- und Besitzbürgertums.[8]

a) Organisatorischer ›take-off‹ und Erweiterung der sozialen Basis

Bilanziert man den Mobilisierungsschub nach 1918, bleibt festzuhalten: Allein zwischen Januar 1919 und März 1920 läßt sich aus der Presse die Gründung von mehr als 50 Ortsgruppen nachzeichnen. Detaillierte Angaben gibt das einzige verläßliche archivalische Dokument über den Mitgliederstand und die Beitragsveranlagung der Ortsgruppen.[9] Demnach hatte die Partei Mitte 1926 125 Ortsgruppen in 59 Oberämtern mit 11690 Mitgliedern. Allein die Stuttgarter Ortsgruppe umfaßte 4000 Mitglieder. Legt man zugrunde, daß für die Beiträge nur Familienvorstände herangezogen wurden, kann der Mitgliederstand mit Frauen und wahlberechtigten Kindern auf rund 16000 geschätzt werden.[10] Die Auflistung deutet auch die partielle Ausweitung in katholische Gebiete an, die für die Konservativen zuvor Terra incognita waren.[11] Rund 96 Prozent der Mitglieder waren jedoch weiterhin in den protestantischen Regionen organisiert.[12]

---

[6] Süddt. Ztg. v. 13. Dez. 1918.
[7] Süddt. Ztg. v. 14. Nov. 1918: »Bürger, schließet die Reihen!« u. Süddt. Ztg. v. 6. Febr. 1919: »Organisiert Euch! Was die Sozialdemokratie immer wieder ihren Massen zuruft, soll künftig auch Mahnung an die bürgerlichen Kreise sein!«
[8] Zur Diskussion der Begriffe Besitz- und Bildungsbürgertum vgl. U. ENGELHARDT, 1986; J. KOKKA, BÜRGERTUM, 1988 u. ö.; M. R. LEPSIUS, Bildungsbürgertum, 1992; K. TENFELDE/H.-U. WEHLER, 1994; L. GALL, 1997; TH. MERGEL, Bürgertumsforschung, 2001.
[9] Beitragsleistung der Ortsgruppen 1925 und Veranlagung 1926, Stand Juli 1926 (NL Hiller). In der Presse hieß es 1926, die Partei habe über 200 Ortsgruppen (Süddt. Ztg. v. 3. Febr. 1926).
[10] Mitgliederlisten für die Ortsgruppe Herrenberg von 1922 und 1927 (NL Hiller). Der Anteil der Männer lag unverändert bei ca. 60%. Dieser wurde der Schätzung zugrundegelegt. Unter Berücksichtigung der Ortsgruppe Herrenberg zeigt sich von 1922–1927 ein Mitgliederrückgang von 30%, der bedingt durch die Gründung neuer Interessenparteien und des CSVD plausibel erscheint. Hochgerechnet auf die Gesamtpartei würde dies für 1922 einen Stand von ca. 21000 Mitgliedern bedeuten. Für die erste Zeit der Partei vor DVP-Gründung und Kapp-Putsch kann von einer höheren Zahl ausgegangen werden (vgl. auch W. LIEBE, 1956, S. 134 ff.). Unglaubwürdig H. P. MÜLLER, Bürgerpartei, 2002, der allein für Stuttgart 30000 Mitglieder angibt. Seine Quelle (Der Deutschnationale v. 20. Sept. 1924) bezieht sich auf die Stimmen, die die Bürgerpartei bei der Landtagswahl 1924 in Stuttgart erhalten hatte.
[11] Ortsgruppen mit 40 bis 150 Mitgliedern bestanden in den katholischen Städten Ellwangen, Gmünd, Riedlingen, Rottenburg, Rottweil, Spaichingen, Wangen und im paritätischen Biberach und Ravensburg. In diesen Städten gab es allerdings auch eine protestantische Minderheit v. a. der Verwaltungsbeamten.
[12] Besonders prägnant hier neben Ulm (650) die größten Ortsgruppen Tübingen (470), Ludwigsburg (360), Schwäbisch Hall (280), Esslingen (220), Heilbronn (210), Schorndorf (160) und Back-

Organisationsbedingungen – vertikale Strukturen

Tabelle 5: Sozialstruktur der Ortsgruppe Herrenberg der Bürgerpartei

	1922		1927	
	absolut	*in %*	*absolut*	*in %*
Männer	*40*	*54,1*	*31*	*59,6*
hohe und höhere Beamte	10	25,0	8	25,8
selbst. Handwerker/Kaufleute	7	17,5	9	29,0
Pfarrer/Dekan	5	12,5	6	19,4
freie Berufe mit akad. Grad	4	10,0	2	6,5
Landwirt/Mühlenbesitzer	4	10,0	1	3,2
höhere Angestellte mit akad. Grad	3	7,5	1	3,2
Lehrer	3	7,5	2	6,5
Gastwirt	1	2,5	–	–
Adel	1	2,5	1	3,2
Student	1	2,5	–	–
Angabe Sohn	1	2,5	1	3,2
Frauen	*34*	*45,9*	*21*	*40,4*
Angabe Gattin	21	61,8	17	81,0
Angabe Witwe	5	14,7	–	–
davon: Pfarrerswitwe	3	8,8	–	–
Töchter	7	20,6	3	14,3
davon: Pfarrerstochter	2	5,9	–	–
ohne Angabe	1	2,9	1	4,8
Summe Mitglieder	*74*	*100,0*	*52*	*100,0*

Quelle: NL Hiller, Mitgliederlisten Ortsgruppe Herrenberg 1922 und 1927 (Stand jeweils Juli des Jahres).

Die Kleinstadt Herrenberg kann als Beispiel für die Sozialstruktur einer auf Oberamtsebene organisierten Ortsgruppe der Bürgerpartei angeführt werden (vgl. Tab. 5).[13] Sowohl hoher Beamten- als auch Mittelstandsanteil und die starke Präsenz der Pfarrer und Lehrer können als typisch für die kleinstädtische Sozialstruktur der Partei gelten. Ebenso der recht hohe Anteil der Frauen. Das Image der Bürgerpartei im Land als Partei der Pfarrer, Pfarrerwitwen, -gattinen und -töchter war sicherlich nicht unbegründet[14], übersieht aber den großen Anteil hoher und gehobener Kommunal- und Landesbeamter sowie die starke Präsenz des gewerblichen Mittelstandes.

Ein Schichtungsmodell der Partei nach Sozial- und Berufsgruppen auf Landesebene läßt folgende Strukturen erkennen (vgl. Tab. 6): Die Bürgerpartei war die Partei der Ober- und Mittelschicht. Jeweils dominant erweisen sich in den beiden Gruppen das hohe und gehobene Beamtentum, darunter vor allem Regierungsbeamte

---

nang (110). Korntal hatte eine Ortsgruppe mit 100, sein oberschwäbischer Ableger Wilhelmsdorf mit 95 Mitgliedern.
[13] Das OA Herrenberg, unweit von Stuttgart gelegen, kann mit 90,5% Protestantenanteil und pietistischer Prägung (u.a. Hahnsche Gemeinschaft) und seiner Erwerbsstruktur (73,0% Landwirtschaft, 19,5% Gewerbe und Industrie, 3,8% Handel und Verkehr) als durchaus repräsentativ gelten. Die Bürgerpartei war hier im kleinstädtischen und der Bauernbund im dörflichen Bereich stark repräsentiert.
[14] J. STRIESOW, 1981, S. 95f.

Tabelle 6: Mitglieder der Bürgerpartei nach Sozial- und Berufsgruppen

	absolut	in %
1. Oberschicht	*450*	*49,7*
1.1 Besitzbürgertum	5	0,6
1.1.1 Agrarischer Sektor	5	0,6
1.2 Großbürgertum	108	11,9
1.2.1 Gewerblicher Sektor	108	11,9
1.3 Bildungsbürgertum	308	34,0
1.3.1 Dienstleistung und Verwaltung	215	23,8
1.3.2 freie akad. Berufe	82	9,1
1.3.3 Angestellte mit akad. Grad	11	1,2
1.4 Offiziere	12	1,3
1.5 Adel	5	0,6
2. Mittelschicht	*414*	*45,7*
2.1 Alter Mittelstand	283	31,3
2.1.1 Agrarischer Sektor	44	4,9
2.1.2 Gewerblicher Sektor	239	26,4
2.2 Neuer Mittelstand	131	14,5
2.2.1 Dienstleistung und Verwaltung	103	11,4
2.2.2 freie nichtakad. Berufe u. mittlere Angestellte	28	3,1
3. Unterschicht	*21*	*2,3*
3.1 Untere Beamte und Angestellte	3	0,3
3.2 Arbeiter	18	2,0
4. Sonstige	*20*	*2,2*
Summe	905	100,0

Erfaßt wurden nach dem Personaldatensatz 905 männliche Personen. Auf die Geschlechterkategorie wurde verzichtet, weil Angaben meist fehlen und der Großteil der Frauen nicht berufstätige Ehefrauen waren. Ihre Aufnahme hätte das Ergebnis kaum verändert. Zum Schichtungsmodell vgl. Tab. 4, oben S. 106. Zur Erklärung: 1.1.1: Gutsbesitzer; 1.2.1: Fabrikanten, Kommerzienräte, Direktoren und Prokuristen; 1.3.1: Leitende Wahlbeamte, Präsidenten, Direktoren, Räte, Professoren, Richter, Pfarrer, Dekane, freie akademische Berufe, Leitende Angestellte mit akad. Grad; 2.1.1: Gutspächter, Landwirte, Mühlenbesitzer; 2.1.2: selbständige Handwerksmeister, Spezialhandwerker und Kaufleute, Kleinunternehmer und Kleinhändler; 2.2.1: mittlere Beamte und Lehrer an niederen Schulen; 2.2.2: Verbands- und Parteisekretäre, Redakteure und mittlere Angestellte; 4.: ohne Angabe oder nicht zuzuordnen, z. B. Angabe »Kirchengemeinderat«.

und Lehrer an höheren Schulen, sowie der mittelständische gewerbliche Sektor. Nur schwach vertreten war der neue Mittelstand der mittleren Beamten und Angestellten. Schwach repräsentiert zeigen sich Berufsmilitär und Adel. Eine bürgerparteiliche Angestellten- und Arbeiterschaft, wie es sie mit dem Deutschnationalen Arbeiterbund auf Reichsebene gab, existierte in Württemberg nicht.[15]

Gegenüber der lockeren Organisationsstruktur der Vorkriegspartei spiegeln sich die Veränderungen in Zusammensetzung und Größe in den tiefgreifenden Neuerungen hin zu einer modernen Parteistruktur wider. Kennzeichnend waren Formalisierungs-, Zentralisierungs- und Professionalisierungstendenzen. Ein Vergleich der Satzungen von 1919/20, 1925 und 1930 zeigt markante Entwicklungen. Zahlrei-

---

[15] Vergleichszahlen auf Landes- und Reichsebene fehlen. G. GEMEIN, 1969, S. 117 ff. konstatiert für Düsseldorf einen höheren Anteil von Angestellten und Arbeitern. Zum DNVP-Arbeiterbund und seiner Konzentration auf das rheinisch-westfälische Industriegebiet A. STUPPERICH, 1982, S. 30 ff.

che organisatorische Neuansätze blieben stecken. Die organisatorische Entwicklung der Partei verlief landesspezifisch und ohne Einfluß der Berliner Parteizentrale. Sie war auch stark von einzelnen Personen geprägt und spiegelt die politische Entwicklung der Partei wider. Organisatorischer Fixpunkt der Partei waren die Ortsvereine, die sich nun landesweit einheitliche Satzungen gaben. Trotz ihrer immens gestiegenen Zahl scheiterte aber die geplante Zusammenfassung zu Bezirksvereinen oder Wahlkreisverbänden. Auch die Einführung einer organisatorischen Mittelebene in Form von Kreisverbänden war geplant, kann aber als gescheitert betrachtet werden.[16]

Als grundlegende Entwicklungen sind festzuhalten:[17] Die anfängliche extreme personelle Erweiterung der Parteiorgane wurde ab 1925 sukzessiv auf kleinere und autokratische Entscheidungszirkel eingeengt. Darüber hinaus erlebten die Gremien eine in satzungsmäßige Form gegossene Zentralisierung auf die Stuttgarter Ortsgruppe. Und schließlich wurde die Kompetenzverteilung zwischen Partei und Fraktion zuungunsten der letzteren verschoben und insgesamt der Einfluß der Abgeordneten in den Gremien geschwächt. Das entsprach der Tendenz, die sich mit der Machtübernahme Hugenbergs auch in der Reichspartei durchsetzte.[18] Das höchste beschlußfassende Gremium war der Vertretertag, der die weiteren Ausschüsse und den Parteivorstand wählte. Durchgesetzt hatte sich dabei das Delegiertenprinzip mit streng formalisierter Stimmkarte auf der Bemessungsgrundlage der lokalen Mitgliederstärke. Der ursprünglich mehrmals jährlich geplante Tagungsrhythmus konnte jedoch genausowenig realisiert werden wie die Vorgabe, den Vertretertag mindestens einmal pro Jahr und in unterschiedlichen Landesteilen abzuhalten: er tagte unregelmäßig und immer in Stuttgart.

Die Veränderungen in der Zusammensetzung der Gremien zeigt Schaubild 2. Der 1920 nach Kollegialprinzip arbeitende und nach Gründungsproporz besetzte Vorstand[19], dem der Landes- und der Fraktionsvorsitzende als Stellvertreter angehörten, wurde 1925 durch eine abgegrenzte Parteispitze ersetzt. Vorstand und Engerer Ausschuß wurden als arbeitsunfähig gewordene Gremien vom Landesvorstand abgelöst, dem die Fraktionsmitglieder nicht mehr und die Regierungsmitglieder nur noch beratend angehörten. Eine besondere Rolle wurde den Stuttgarter Ortsgruppenvorsitzenden sowie der Vorsitzenden des Frauenausschusses eingeräumt. Die durch alle Parteigremien gehende Dominanz der Stuttgarter zeigt sich auch bei den Gremienmitgliedern. Im Hauptausschuß, der das Bindeglied zwischen Parteiführung und Ortsgruppen sein sollte, lag ihr Anteil 1920 bei 28,6 Prozent. Er erhöhte

---

[16] Neben Groß-Stuttgart wurden 1920 die Kreisverbände Oberschwaben (Ulm) und Franken (Heilbronn) mit eigenen Geschäftsstellen gegründet (Südd. Ztg. v. 12. Febr. 1920 u. v. 4. März 1920), die jedoch kaum in Erscheinung traten. Ab 1930 gab es nur noch Kreisvereine in Stuttgart und Ulm.
[17] Die Satzungen und die jeweilige Besetzung der Gremien sind abgdr. in: Jb. der Württ. Bürgerpartei 1921, S. 32 ff.; Jb. der Württ. Bürgerpartei 1922, S. 19 ff.; Satzung des Landesverbands Württemberg der DNVP (Württ. Bürgerpartei) v. 12. Juli 1925 (NL Hiller) sowie Satzung des Landesverbands Württemberg der DNVP v. 16. März 1930, in: Taschenmerkbuch der Bürgerpartei 1932, 1931, S. 57 ff.
[18] Th. Mergel, Tory-Konservatismus, 2003, S. 347.
[19] Zusammensetzung 1920: 5 ehemals Parteilose, 3 Nationalliberale, 1 Konservativer; 1921: 6 Parteilose, 5 Nationalliberale, 2 Konservative.

Schaubild 2: Gremien der Bürgerpartei und ihre Zusammensetzung 1920–1932/33

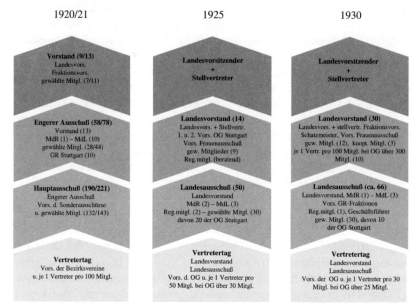

Quelle: Satzungen der Bürgerpartei 1919/20, 1925 und 1930 sowie Jb. der Württ. Bürgerpartei 1921 u. 1922. Beim Landesausschuß 1925 kommt es zu Doppelmandaten und Überschneidungen zwischen Fraktion und Landesvorstand.

sich 1921 auf 31,4 Prozent. Dieser Proporz von einem Drittel wurde 1925 formalisiert. Noch deutlicher war die Stuttgarter Dominanz in den Spitzengremien.[20] Insgesamt aber lag der organisatorischen Umstrukturierung das Auseinanderdriften der politischen Ausrichtung von systemoppositioneller Partei und gouvernementaler Fraktion zugrunde.

Die Auseinandersetzung verlief parallel zur Reichsebene[21], auch wenn in Württemberg die Alternative Mitarbeit im republikanischen Staat oder Fundamentalopposition nicht in der Härte empfunden wie im Reich. Auch die Auseinandersetzung über die Haltung der Reichstagsabgeordneten zum Dawes-Plan wurde hier weniger hart geführt. Zur Spaltung der Partei zwischen Ja- und Nein-Sagern war es nicht gekommen, auch wenn die württembergischen Abgeordneten nicht einheitlich abgestimmt hatten.[22] Anders auch als bei der Reichs-DNVP war es 1922 auch nicht

---

[20] Anteil der Stuttgarter im Vorstand: 1920: 64,3%, 1921: 50,0%, 1925: 60,0% und 1930: 53,0%.
[21] Zur DNVP auf Reichsebene: F. FRHR. HILLER V. GAERTRINGEN, Deutschnationale Volkspartei, 1960 u. F. FRHR. HILLER V. GAERTRINGEN, Deutschnationale Volkspartei in der Weimarer Republik, 1996.
[22] Zugestimmt hatten die RT-Abgeordneten Bazille, Siller, Stauffenberg und Vogt, abgelehnt hatten Haag, Körner und Alfred Roth. Die Stimmen, die die Ablehnung gefordert hatten, kamen weit-

zur Abspaltung der Völkischen gekommen.[23] Die nationalen Vaterländischen Verbände waren in Württemberg schwach organisiert und zersplittert. Mit dem offiziellen Wahlbündnis der Bürgerpartei mit den Vaterländischen Verbänden zur Landtagswahl 1924, dem bis auf die NSDAP alle größeren völkischen Verbände beigetreten waren[24], wurden diese integriert und eine Abspaltung verhindert.

Den Eintritt der Partei in die Regierungskoalition mit dem Zentrum hatte dies nicht verhindert. Aber mit der Regierungsbeteiligung änderte sich die Problemlage. Die aufgestauten Konflikte traten nun offen zutage. Zum ersten sind die Auseinandersetzung über die Zusammenarbeit mit dem Zentrum zu nennen. Die Trennlinie verlief hier nicht klar abgesteckt, weitgehend aber entlang zweier Gruppierungen: eine eher altkonservative Gruppe, die die überkonfessionelle Kooperation als Notwendigkeit erachtete und vor allem in der Zusammenarbeit auf kultur- und schulpolitischem Gebiet die Vorzüge sah. Zu ihr gehörte die Gruppe um Beißwänger und Bazille, der als ehemaliger Jungliberaler in dieser Hinsicht eher eine Ausnahme war. Die zweite Gruppierung waren ehemals National- und Jungliberale und meist Mitglieder des Evangelischen Bundes. Der zweite Problemkomplex war die Frage nach dem Einfluß, den die Vaterländischen Verbände innerhalb der Partei haben sollten. Seit 1924 verstärkten sich Klagen, die gemäßigten Elemente der Partei um Beißwänger und Bazille berücksichtigten diese zu wenig. Dabei ging es auch um die Sicherung der rechtlichen Stellung der Verbände nach der Republikschutzgesetzgebung. Der dritte Bereich war die Dominanz der Stuttgarter Ortsgruppe, die innerhalb der Partei zu Unmut führte. Immer wieder wurden die besonderen Rechte, die Wider als Stuttgarter Vorsitzender in Anspruch nahm und die Behandlung des Landes durch die Parteileitung kritisiert.[25] Viertens kamen die wachsenden reichspolitischen Einflüsse hinzu: Zum einen im Streit um die Besetzung des ab 1928 einzigen Reichstagsmandats der Bürgerpartei, zum andern in der Auseinandersetzung über die engere organisatorische Anbindung des Landesverbands an die Reichs-DNVP im Zuge der Hugenbergschen Machtübernahme.

---

gehend aus den Vaterländischen Verbänden Württembergs (Südd. Ztg. v. 16. Juli 1924 u. v. 1. Sept. 1924).

[23] J. STRIESOW, 1981.

[24] Siehe hierzu unten S. 266f.

[25] Exemplarisch war hier der Sägewerksbesitzer Friedrich Keppler aus Calmbach (OA Neuenbürg), der sich öfters mit verbitterten Beschwerden an B. Hiller v. Gaertringen wandte. Keppler an Hiller v. 8. April 1923 (NL Hiller): »Was mich von Rechtsstehenden der verschiedenen Schattierungen trennt, ist meine Stellung zum Alldeutschen Verband und zum Deutschvölkischen Schutz- und Trutzbund. Ich kann manches Extreme bei beiden nicht mitmachen, trotz ich alter Konservativer bin oder vielmehr, gerade weil ich dies bin.« Keppler an Hiller v. 15. Dez. 1926 (NL Hiller): Wider sei nicht nur Zentrums-, sondern Katholikenfeind und schädige den konfessionellen Frieden innerhalb der Partei und im Land. Desweiteren vertrete er ein »radikales und unverantwortliches Draufgängertum«, das mit »rechts« nichts zu tun habe, während »Besonnenheit und Abwägung der Möglichkeiten« mit »links« nichts zu tun habe. Außerdem nehme Wider besondere Rechte für sich und die Stuttgarter in Anspruch. Kepplers Fazit zu den Vorstandswahlen: »Wir haben niemand, der den verschiedenen Richtungen ganz gerecht werden könnte.«

Den Anfang des Prozesses, der die Partei schrittweise auf Hugenberg-Kurs brachte, machte die de facto-Absetzung des Vorsitzenden Beißwänger. Ende Mai 1924, kurz nach der Landtagswahl, wurde er vom Vertretertag zum »repräsentativen Vorstand« (ab)gewählt, dagegen die Hugenberg-Männer Schott als politischer Beauftragter und Wider als geschäftsführendes Vorstandsmitglied eingesetzt.[26] Das nächste Angriffsziel war der Staatspräsident Bazille. Die Fronde gegen ihn wurde durch einen an die Landesausschußmitglieder versandten Brief des Ulmer Landtagsabgeordneten Walter Hölscher eröffnet. Hölscher, ein aus Elberfeld stammender Militärarzt und Vorstandsmitglied der Vaterländischen Verbände, beklagte, gerade in Württemberg hätten die nationalen Verbände, die der Bürgerpartei die »Kampfkraft« gäben und denen Bazille schließlich seine Position zu verdanken habe, die schlechteste Stellung im Reich. Desweiteren monierte er die mangelnde Bindung an die Reichs-DNVP. Sein Fazit: »Der innere Zwist ist immer schlimmer geworden und muß erledigt werden.«[27]

Der Konflikt wurde nochmals in einem dilatorischen Kompromiß beigelegt. Für den Vertretertag im März 1927 hatte der Kreisverein Stuttgart eine »Liste für Frieden und Arbeit« für die Gremienwahlen vorgelegt. Nach »peinlich genauer Auszählung der Gast- und Stimmkarten« wurde der nunmehrige Personaldezernent der Stadt Stuttgart, Walter Hirzel, als Kompromißkandidat zum Parteivorsitzenden gewählt. Nicht durchsetzen konnte sich Wider mit seinem Vorschlag für den stellvertretenden Parteivorsitz: der Geschäftsführer des Bundes für Handel und Gewerbe, Hermann Hiller, der »einzige wirkliche und überzeugte Antisemit in Stuttgart«[28], fand keine Zustimmung. An seiner Stelle wurde Ernst Schott gewählt. Von der Vorschlagsliste für den Landesvorstand wurden von zwölf Kandidaten zehn gewählt, zum Landesausschuß von 20 vorgeschlagenen Kandidaten nur zehn. Das war ein sichtlicher 50:50-Kompromiß zwischen Stuttgart und den Ortsvereinen. Wider hatte sich als geschäftsführendes Vorstandsmitglied zurückgezogen, behielt per Satzung aber seinen Sitz im Vorstand und hatte sich damit strukturell mit seinem Ortsverein durchgesetzt. Der Bruch war nochmals vermieden worden.[29] Nach der Wahlniederlage von 1928 wurde der Landesvorstand von einem Vertretertag bestätigt. Allerdings zeigt das Wahlergebnis die Spaltung der Partei. Von 262 Stimmen entfielen nur 133 auf Hirzel und eine auf Beißwänger, während 128 leere Stimmzettel

---

[26] Wider in einem Rundschreiben vom 26. Mai 1924 »An unsere Freunde« (NL Hiller).
[27] Hölscher an Bazille v. 25. Okt. 1926 (NL Hiller).
[28] So der Demokrat Fritz Elsas Anfang der 1920er Jahre (F. ELSAS, 1990, S. 183).
[29] Bericht über Vertretertag v. 13. März 1927 und Kandidatenliste der Ortsgruppe Stuttgart (NL Hiller). Die Ortsgruppe Ulm lud kurz danach zu einer gesonderten Versammlung »gleichgesinnter Parteifreunde« ein, um die Ergebnisse des Vertretertags »außerhalb Stuttgarts« zu beraten: »Viele Parteifreunde, insbesondere aus dem Lande, mußten den Vertretertag mit der Befürchtung verlassen, daß das Vorgehen und Auftreten des Ortsausschusses Stuttgart schlimme Folgen für die Partei haben werde.« Außerdem sollte es um das »Verhältnis zwischen Stuttgart und dem Lande bezüglich Beitragsleistung und Vertretung im Vorstand gehen« (Ortsgruppe Ulm an »Parteifreunde« v. 22. April 1927, NL Hiller).

abgegeben wurden.[30] Der Konflikt war früher als auf Reichsebene ausgebrochen, konnte aber noch beigelegt werden. Die Bürgerpartei war aber in zwei Gruppierungen zerfallen: Eine Wider-Gruppe um die Vertreter der Vaterländischen Verbände, die einen systemoppositionellen Kurs verfolgte, und eine Bazille-Beißwänger-Gruppe, die sich auch gegen die Einflüsse aus der Berliner DNVP wehrte.

Von 1927 bis 1933 stand Walter Hirzel der Partei vor, ein aus einer schwäbischen Beamtenfamilie stammender Verwaltungsmann, den, so der Demokrat Fritz Elsas, die Furcht vor der Zurückdrängung der Bürokratie durch die Einführung des parlamentarischen Systems nach »rechts« getrieben habe, den er aber folgendermaßen charakterisierte: »Innerlich und in seinem Wesen, wie in seiner politischen Einstellung, war er so demokratisch wie nur einer sein konnte.«[31] Hirzel blieb als Parteivorsitzender und als Kompomißkandidat der innerparteilichen Gruppierungen blaß. 1932 hatte er zwar das Mandat von Dehlinger übernommen, sein Hauptbetätigungsfeld blieb aber die Stuttgarter Kommunalpolitik.[32] Der heimliche Vorsitzende der Partei war der Industrielle Fritz Wider, der seit 1919 unangefochten die Stuttgarter Ortsgruppe führte und durch die Dominanz der Ortsgruppe seit 1925 die Parteirichtung prägte. Wider, ein »glühender Antikatholik«, Hauptmann der Reserve und Mitbegründer des Württembergischen Offizierbundes, galt als Militarist und als Fürsprecher der Vaterländischen Verbände. Auch wegen seiner autokratischen und rüden Art im Umgang mit Parteikollegen war er umstritten, konnte sich in den Gremien aber immer wieder durchsetzen.

b) Hugenberg oder Bazille?

Spätestens seit der Wahlniederlage von 1928 war Wider die treibende Kraft des Hugenberg-Kurses in Württemberg und Kopf der Fronde gegen Bazille, der sich immer weiter von Partei und Fraktion entfernt hatte. Seit den Auseinandersetzungen um das Volksbegehren gegen den Young-Plan war er in der Partei isoliert.[33] Im Kern ging es um die Frage Hugenberg- oder Landespolitik, um das Reich-Länder-Verhältnis sowie um die Frage nach der Möglichkeit einer Bürgerblockregierung im Reich, die in Württemberg partiell seit 1924, vor allem aber seit der Regierungserweiterung

---

[30] Bericht über Vertretertag der Bürgerpartei v. 7. Okt. 1928 (NL Hiller).
[31] F. ELSAS, 1990, S. 48.
[32] Seit 1924 war er Gemeinderat und Finanzberichterstatter, seit 1930 besoldeter Stadtrat. Im März 1933 wurde er zum ehrenamtlichen Beirat des Staatsministeriums mit der Auszeichnung Staatsrat ernannt, verschwand jedoch im Mai wieder »kommentarlos« aus dem Kabinett. (TH. SCHNABEL, Württemberg, 1986, S. 231; vgl. auch P. SAUER, Württemberg in der Zeit des Nationalsozialismus, 1975, S. 34.) Im selben Monat wurde Hirzel Stadtkämmerer und hauptamtlicher Erster Beigeordneter sowie Stellvertreter des Stuttgarter Oberbürgermeisters (W. NACHTMANN, 1995, S. 87, 103, 108, 175 u. 210). Als Finanzberichterstatter Stuttgarts kam er öfter in Gegensatz zu Finanzminister Dehlinger, so daß ein Teil der Delegierten das Doppelamt als kommunaler Rechtsrat und Parteivorsitzender als schädlich für die Partei betrachtete und 1930 Wider zum Landesvorsitzenden vorschlug. Wiedergewählt wurde jedoch Hirzel (Berichte über Vertretertag im März 1930 in NL Hiller).
[33] W. BESSON, 1959, S. 65 ff.

durch die DDP und DVP im Januar 1930 realisiert war.[34] Die Abstimmung über die Brüningschen Notverordnungen und die Reichstagsauflösung am 18. Juli 1930 brachte den offenen Konflikt und den Bruch Bazilles mit der DNVP, der sich zusammen mit den Bauernbundsabgeordneten Dingler, Vogt und Haag der Westarp-Gruppe angeschlossen hatte.[35] Wider, dem es nun darum ging, das zu erwartende einzige Reichstagsmandat der Bürgerpartei zu bekommen, witterte seine Chance. Auf einem eilig einberufenen Vertretertag, zu dem die oppositionellen Vertreter gegen Hugenberg erst gar nicht eingeladen wurden, sprach sich die Partei mit 197 gegen 7 Stimmen für Hugenberg aus.[36] Gleichzeitig wurde Wider zum Spitzenkandidaten für die Reichstagswahl gekürt. Der reichspolitische Einfluß hatte nun vollends auf den württembergischen Landesverband durchgeschlagen. Hinzu kam, daß auch die Bazille-Beißwänger-Gruppe in sich gespalten war: Zum einen in eine Gruppe, die in Bazille einen »großen Staatsmann« sah und mit ihm die Partei verließ, zum andern in eine zweite Gruppe, die zwar Politik und Führungsstil Widers kritisierte und gegen Hugenberg war, unter dem Kompromißvorsitzenden Hirzel aber unter anderem auch deshalb in der Partei verblieb, weil sie in einer Abspaltung und unter dem württembergischen Wahlrecht, das kleine Parteien benachteiligte, keine landespolitische Alternative sah.[37]

Mit einer mehrseitigen und in zahlreichen württembergischen Tageszeitungen veröffentlichen Bilanzierung des »deutschnationalen Dilemmas« unter dem Titel »Die Tragödie der Deutschnationalen Volkspartei« verabschiedete sich Bazille von DNVP und Bürgerpartei, rechnete mit Hugenberg ab und legte eine Apologie seines Handelns vor.[38] Die persönliche Bilanz ist als zentrales Dokument für das Scheitern

---

[34] TH. SCHNABEL, Württemberg, 1986, S. 62–66 u. W. BESSON, 1959, S. 75–83.
[35] F. FRHR. HILLER V. GAERTRINGEN, Deutschnationale Volkspartei, 1960, S. 551 f.
[36] Schw. Kronik v. 29. Juli 1930 u. Schw. Tagesztg. v. 28./29. Juli 1930. Die Süddt. Ztg. v. 28. Juli 1930 berichtete nur knapp von dem Vertretertag und sprach von »mäßigem Besuch« und »nahezu vollzähliger Anwesenheit« der Delegierten. Zur Resonanz in der württembergischen und reichsweiten Presse vgl. HStA Stuttgart, Pressestelle Staatsministerium, E 132, Bü 119. Begleitet wurde der Vertretertag von öffentlichen Erklärungen der Ortsgruppen Ulm, Reutlingen, Schorndorf und Tübingen für Hugenberg und gegen Bazille (Schw. Kronik v. 23. Juli, 24. Juli, v. 27. Juli u. v. 1. Aug. 1930).
[37] Beispielsweise blieb der altkonservative Keppler trotz seiner Kritik an Wider und guten persönlichen Kontakten zu Hiller v. Gaertringen im Landesausschuß der Bürgerpartei wie auch der Katholik Fürst im Vorstand blieb.
[38] Veröfftl. z.B. in: Schw. Merkur v. 6. Sept. 1930 (Beilage); Schwäb. Tagesztg. v. 12. Sept. 1930; Schwarzwälder Bote v. 5. Sept. u. v. 6. Sept. 1930. Replik von Ernst Schott in Süddt. Ztg. v. 11. Sept. 1930: Es handle sich nicht um eine »Tragödie«, sondern um die »Gesundung« der Partei und darum, das Zentrum von der SPD zu lösen. Dazu die Schw. Kronik v. 13. Sept. 1930: Schott übersehe, daß in Württemberg keine Außenpolitik gemacht werde, daß Bazille in Württemberg Zentrum und SPD getrennt habe und nur hier eine gesamtbürgerliche Regierung bestehe.« Der Aufsatz Bazilles ist weitgehend deckungsgleich mit seinem politischen Testament (HStA Stuttgart, E 130c, Bü 5), das Ende 1932/Anfang 1933 entstand, als Bazille bereits unter starkem medikamentösem Einfluß stand und stärker noch von einem literarischen Stil geprägt ist, den die Süddt. Cons. Correspondenz v. 11. Jan. 1927 als »ästhetisch parfümierte Phraseologie« charakterisiert hatte. Das Testament gliedert sich in die Kapitel »Die deutsche und die europäische Tragödie«, »Die Weltrevolution« und »Ein Beitrag zur Zeitgeschichte«.

der kooperationswilligen Konservativen in Württemberg und generell in der DNVP zu werten. Zugleich ist es Ausdruck des Versagens einer kompromiß- und koalitionsfähigen politischen Rechten, die zu demokratischem Wechsel fähig gewesen wäre und nach 1930 auch auf Reichsebene eine Regierungsalternative geboten hätte. In zwei Hauptpunkten legte Bazille die Dilemmata der Partei dar: Erstens den kaum lösbaren Widerspruch zwischen dem systemoppositionellen Grundcharakter der Partei und dem »praktischen Bedürfnis der Wählerschaft«, der auch ihn in einen »unverschuldeten Zwiespalt« gebracht habe. Zweitens betonte er das strukturelle Defizit der Deckungsungleichheit von Partei und Fraktion, den Widerspruch zwischen der Formulierung fundamentaler Positionen einerseits und dem Zwang der Abgeordneten zu taktischem Handeln andererseits. Die grundsätzlichen Fehler seien bei den Vertreterversammlungen und nicht in den Fraktionen zu suchen. Gerade in einer christlichen Partei könne aber ein Abgeordneter weder Partei- noch Fraktionszwang unterliegen und ertrage keine »Vergewaltigung seines Gewissens.« Bazille konturierte drei Phasen: Eine erste als Oppositionspartei bis 1924, als die »trügerische Blüte der Inflation« die Partei verlockt habe, »bärenhafte Kraft statt geschmeidiger Klugheit des Fuchses« zu zeigen; eine zweite Phase als Regierungspartei zwischen 1924 und 1928, als Dawesgesetze, Aufwertungsfrage, Locarno und Reichsschulgesetz die Differenzen innerhalb der Partei aufgezeigt hätten und schließlich die dritte Phase der »Hugenbergperiode« seit 1928, in der mit einer »Alles-oder-Nichts-Politik« eine gesamtbürgerliche Regierung nach württembergischem Muster unmöglich, dagegen die NSDAP durch das Volksbegehren »salonfähig« gemacht worden sei. Bazilles prophetisches Fazit und seine eigene Absage an eine parlamentarische Demokratie war: »Reformen mit Hindenburg oder Revolution und Krieg.«

Bazille war der Garant der parlamentarischen Zusammenarbeit der Bürgerpartei mit Zentrum und Bauernbund. Dieser wiederum war nicht bereit, seine erfolgreiche landwirtschaftliche Interessenvertretung in der Landesregierung den Zielen Hugenbergs zu opfern.[39] Gleichzeitig war Bazille aber eine Belastung für die junge württembergische Bürgerblockregierung.[40] Als Vertrauensmann des Bauernbundes blieb er bis März 1933 Kultminister. Die DNVP-Fraktion hatte er nach der Sezession im Reichstag am 25. Juli 1930 verlassen. Seine Anhängerschar in Württemberg war klein, aber prominent: eine Ansammlung von Honoratioren, die mit ihm die Partei verließen, anfangs eine Gegengründung unter dem alten Namen Bürgerpartei versuchten und schließlich die Nationale Volksgemeinschaft gründeten, eine »Wählervereinigung staatskonservativer Kräfte« gegen die Hugenbergsche »Katastrophen-

---

[39] Vgl. die Stellungnahme von Körner (alt) zur Spaltung der DNVP: »Wir sind nicht Hugenberg, sondern unseren Wählern verantwortlich« (Schw. Kronik v. 25. Juli 1930).
[40] Während Bazille bei der Regierungsbildung im Jan. 1930 bei der DVP fast keine Rolle mehr gespielt hatte, war er als »reaktionärster Kultminister Deutschlands« ein wesentlicher Grund für das Zögern der DDP, vgl. L. ALBERTIN/K. WEGNER, 1980, S. 525 (Zitat Hieber im Reichsparteivorstand der DDP) sowie TH. SCHNABEL, Württemberg, S. 62 ff. u. W. BESSON, 1959, S. 75 ff.

politik«.⁴¹ Die Partei war als Bestandteil der Volkskonservativen Vereinigung auf Reichsebene der Rückfall in die honoratiorenpolitische konservative Variante. Als »peinlichen Kurswechsel vom Parteikampf zur Überparteilichkeit« charakterisierte sie ihr Vorsitzender Wilhelm Kohlhaas 1932. Sie war »reine Gesinnungsgemeinschaft ohne Organisation«, die »Anhänglichkeit an Bazille« gab ihr eine »besondere württembergische Note« und bis 1932 hatte sie nicht einmal einen Vertreter bei der Mutterorganisation in Berlin.⁴²

c) Zentralisierung und Semiprofessionalisierung

Die Auswirkungen der Abspaltung auf Mitgliederstand und Sozialstruktur der Bürgerpartei lassen sich nur schätzen.⁴³ Ihren Anspruch als bürgerliche Sammlungspartei hatte sie aufgegeben. Nach einem ersten Mitgliederschwund durch die Gründung der DVP 1920 und durch die Gründungen der wirtschaftlichen Interessenparteien wurde sie aufgerieben zwischen Christlich-Sozialem Volksdienst, DVP, Volkskonservativen und NSDAP. Ein anderer Teil der Mitglieder zog sich aus dem Parteileben zurück. Der Bruch ging quer durch die Ortsgruppen. Ein nach ehemaliger Parteiherkunft oder nach sozialstrukturellen Faktoren zu bewertendes Muster läßt sich dabei kaum erkennen. Herrenberg, das im Sommer 1930 gerade noch zwei eingeschriebene Mitglieder der Ortsgruppe meldete, kann eher als Ausnahmefall gelten, weil hier mit Berthold Frhr. Hiller von Gaertringen einer der volkskonservativen Hauptinitiatoren und ein lokaler Meinungsführer Vorsitzender der bürgerparteilichen Ortsgruppe war.⁴⁴ Der Studienrat Sigwart berichtete aus Ulm, einer der am

---

⁴¹ Bericht über eine Versammlung eines Teils der Ortsgruppe Stuttgart, in dem die Idee einer Wiederbelebung der alten Bürgerpartei diskutiert wurde in Schw. Kronik v. 27. Juli 1930. Mit Bazille hatten als Gründungsmitglieder die Partei verlassen: Der ehem. Ministerialrat Konsistorialpräsident Hermann Zeller; der Staatsrat und ehem. Präsident der Zentralstelle für Handel und Gewerbe sowie bis 1933 Vorsitzender des Evangelischen Volksbundes Heinrich Mosthaf; der Staatsrat und Präsident des Verwaltungsgerichtshofes Kern; Oberlandesgerichtsrat Paul Göz; Generalstaatsanwalt und Präsident der Landeskirchenversammlung Hermann Röcker (vgl. Schw. Kronik v. 27. Juli u. v. 29. Juli 1930). Gefolgt waren einige Tübinger Professoren, der Esslinger Oberstudienrat Karl Weller, Konsul Paul Rueff, Gustav Beißwänger und der Staatsanwalt Wilhelm Kohlhaas. Hinzugetreten waren auch die auf konservativer Seite noch politisch aktiven Adligen, darunter Graf Konrad v. Degenfeld und B. Frhr. Hiller v. Gaertringen (Beitrittserklärungen und Stellungnahmen für Bazille im NL Hiller sowie Reichstagswahlzeitung der Nationalen Volksgemeinschaft Nr. 2, Sept. 1930).
⁴² Rundschreiben der Volkskonservativen Vereinigung Württemberg v. 26. Juli 1932 und Wilhelm Kohlhaas: »Darstellung der Verhandlungen über das Abkommen der Volkskonservativen Vereinigung mit der DVP in Stuttgart«, März 1932 (NL Hiller). Insgesamt zu den Volkskonservativen: E. JONAS, 1965.
⁴³ Zahlen über die Mitgliederentwicklung nach 1930 liegen nicht vor. Im Konflikt über die Stellung Bazilles im Landtag nach seinem Parteiaustritt gab der Geschäftsführer der BP an, zwischen Juli und Sept. seien 2,7 % der Mitglieder ausgetreten, was bei Berücksichtigung der Neueintritte einen Verlust von 1,8 % bedeute (Schw. Kronik v. 27. Nov. 1930). Damit sollte nachgewiesen werden, daß es sich um keine Parteispaltung handle und Bazille somit sein Mandat nach dem Landtagswahlgesetz an die Partei zurückzugeben habe. Die Austrittszahlen dürften aber deutlich höher gelegen haben.
⁴⁴ Landesverband DNVP an Ortsgruppe Herrenberg v. 28. Juli 1930 (NL Hiller).

stärksten altnationalliberal geprägten Ortsgruppe der Partei, er habe zwar eine Erklärung für Hugenberg verhindert und Ulm sei nicht so »verhölschert«, wie es den Anschein mache, es fehle den »Nicht-Hugenbergianern« aber an jeder Organisation.[45] In Ludwigsburg, ebenfalls eine der größeren Ortsgruppen, trat der Reichstagsabgeordnete Friedrich Siller, Gemeinderat und Schreinerobermeister, seinen »Irrweg« durch die Parteien an, der ihn 1930 zur Wirtschaftspartei, dann zurück zur Bürgerpartei und schließlich 1932 bei den Volkskonservativen landen ließ.[46] In Tübingen, schon aufgrund seiner universitären Struktur ebenfalls eine starke Ortsgruppe[47], konnten sich weder »Hugenbergianer« noch Volkskonservative profilieren. Zwar war es hier um eine kleine Professorengruppe schnell zur Gründung einer volkskonservativen Ortsgruppe gekommen, die Zustandsberichte waren jedoch eher desillusionierend, durchaus aber symptomatisch:

> »Der von kirchlicher und christlich-gemeinschaftlicher Seite unterstützte CSVD und die Deutsche Staatspartei bestimmen hier das Bild neben Zentrum und natürlich NSDAP (auch in den Kreisen der Universitätsprofessoren, auch Theologen!). Sie wissen ja: die besten weltanschaulich eingestellten Menschen sind keine Parteimenschen, ihre instinktive Abneigung gegen Liberalismus, Kapitalismus, Klassenkampf von oben und unten, und gegen jedwede dogmazistische Reaktion haben zu einer sehr vorsichtigen Zurückhaltung bei aller vorhandenen inneren Aktivität geführt.«[48]

Verstärkt hatten sich durch die Parteiaustritte und die organisatorische Straffung der Partei im Fahrwasser der Hugenberg-Bewegung zwei Tendenzen: Organisatorisch wurde die Partei auf ihre angestammten Kernbereiche zurückgeworfen, die administrativen Ober- und Mittelzentren im protestantischen Altwürttemberg und im fränkisch-hohenlohischen Landesteil. Die größten und wichtigsten »hegemonialen Muttergemeinden« der Partei, wo es ihr gelungen war, Organisationsnetze aufzubauen und wo sie auch kommunalpolitisch Erfolge aufweisen konnte, blieben die durch hohen Verwaltungsanteil, protestantische Konfession und teilweise als Garnisonstädte gekennzeichneten Oberamtsstädte Ulm, Heilbronn, Ludwigsburg, Tübingen, Hall, Schorndorf und Backnang.[49] Eher als Ausnahmen zu werten sind die beiden alten Reichsstädte und industriellen Zentren Reutlingen und Esslingen.[50]

---

[45] Sigwart an Hiller v. 5. Sept. 1930 (NL Hiller). Zum »bürgerlich-militärisch-evangelischen Einschlag« in Ulm vgl. H.-P. JANS, 1994, S. 480. Der Gründer und Vorsitzende der Ortsgruppe, der nationalliberale Prof. Adolf Mezger, hatte im Frühjahr 1920 die Partei verlassen und war der DVP beigetreten (StadtA Crailsheim, NL Sachs). Danach repräsentierten der Textilfabrikant, zweiter Vorsitzender der Handelskammer und Stadtrat Emil Herbst sowie Sigwart als Ortsvorsitzender den gemäßigten Flügel, der Landgerichtsdirektor Otto Kirchgeorg und der Mechanikerobermeister Ernst Mästling den Hugenberg-Flügel.
[46] Vgl. Briefwechsel Siller und Hiller zwischen 1930 und 1932 (NL Hiller).
[47] Der gemäßigte Ortsvorsitzende der Bürgerpartei, Schulrektor Stahlecker, hatte bereits 1928 die Partei verlassen (Schw. Kronik v. 13. Okt. 1928). Die ›Hugenbergianer‹ waren hier sein Nachfolger Rechtsanwalt Jäger, Prof. Jacob, Studienrat Harr und Schulrektor Wankmüller.
[48] Verlagsbuchhändler Reyher/Tübingen an Hiller v. 30. Sept. 1930 (NL Hiller).
[49] Zum Begriff der »hegemonialen Gemeinde« vgl. TH. WELSKOPP, 2000, S. 51f. Zur kommunalen Vertretung der Bürgerpartei vgl. Bericht über Gemeinderatswahlen in Schw. Kronik v. 11. Dez. 1928.
[50] Zu Esslingen H. GLÜCK, 1991 u. ö.

Tabelle 7: Sozialstruktur der Führungsgremien der Bürgerpartei (in %)

	Vorstand		Haupt-/Landesausschuß	
	1921	1931/32	1921	1931/32
Verwaltung	55,8	33,4	55,0	35,9
davon:				
Lehrer u. Pfarrer	23,4	16,7	21,4	17,1
Verwaltung	32,4	16,7	33,6	18,8
Industrie, freie Berufe und Gewerbe	44,2	66,6	45,0	64,1

Zugrunde liegt die personelle Besetzung von Vorstand und Haupt- bzw. Landesausschuß von 1921 und 1931/32 (Jb. der Württ. Bürgerpartei 1922, S. 20ff. u. Taschenmerkbuch der Bürgerpartei 1932, 1931, S. 66ff.).

Deutlich geringer wurde demgegenüber die Repräsentanz von Satelliten-Ortsgruppen in bürgerparteilichen Diasporagebieten in den Führungsgremien der Partei: in Oberschwaben etwa oder in den katholischen Oberämtern Gmünd, Ellwangen und Aalen. Bezüglich der Durchdringung des Landes und der Ausweitung in die katholischen Gebiete zeigt sich ein organisatorischer Krebsgang von Aufblähung und Schrumpfung zwischen 1919 und 1928/30, der die Partei auf ihren Stand von 1912/13 zurückwarf.[51] Verstärkt hatte sich dadurch nochmals der Stuttgarter Zentralismus. Während davon auszugehen ist, daß rund ein Viertel der Mitglieder in Stuttgart organisiert war, zeigt sich im Landesvorstand von 1932 ein Anteil der Stuttgarter Vertreter von 74 Prozent. Die Bürgerpartei war wieder, wie schon vor 1914, die Partei des Hauptstadtkonservatismus geworden.

Die Auswirkungen auf die Sozialstruktur der Partei lassen sich anhand der Führungsgremien deutlicher umreißen (vgl. Tab. 7). Ein Vergleich von Vorstand und Landesausschuß zeigt den Rückgang von Lehrern, Pfarrern und Vertretern der öffentlichen Verwaltung. Dem steht ein Anstieg von Repräsentanten aus Industrie, freien Berufen und mittelständischem Gewerbe gegenüber. Die Partei war nach 1930 zwar weiterhin die Vertretung der protestantischen Verwaltungselite des Landes und der Lehrer an höheren Schulen, aber sie hatte an kulturellem und christlichem Profil verloren und war dagegen deutlich stärker ›ökonomisiert‹ worden.[52] Die spiegelbildliche Tendenz zeigt sich bei den Volkskonservativen: Sie war die Partei der staatskonservativen protestantischen Verwaltungshonoratioren (64,7%), darunter zahlreicher Funktionsträger der landeskirchlichen Organe. Stärker als in der Bürgerpartei war auch das in Württemberg parteipolitisch schwach organisierte hohe Militär (8,4%) und der Adel (5,9%) vertreten. Der Bereich Industrie, freie Berufe und Gewerbe stellte hier nur 21,0%.[53]

Bei den organisatorischen Faktoren Formalisierung, Zentralisierung und Professionalisierung der Parteiarbeit kann für die Bürgerpartei nur von Teilerfolgen ge-

---

[51] Legt man wiederum die Vertretung von Ortsgruppen in Landes- und Hauptausschuß zugrunde, waren hier 1921 insgesamt 84 Ortsgruppen präsent, 1931/32 dagegen nur noch 22.
[52] 1931/32 war in Vorstand und Landesausschuß kein Pfarrer mehr vertreten.
[53] Basis der Auswertung: 128 Personen aus dem Personaldatensatz (Mitglieder und Wahlkandidaten).

sprochen werden. Zwar wurde das Verhältnis von Parteileitung, Ortsgruppen und Mitgliedern durch Satzungsgebung und organisatorische Bündelung vereinheitlicht und formalisiert, aber gerade diese Entwicklungen sorgten für innerparteiliche Konflikte. Die strukturellen Defizite der Vorkriegszeit – Organisationsunwilligkeit, Anspruch auf Dezentralisierung und das Verlassen auf informelle Netzwerke – wirkten nach.

Einer weiteres Organisationsdefizit war die notorische Finanzmisere der Partei. Von einer Selbstfinanzierung durch Mitgliederbeiträge ist kaum zu sprechen. Die defizitären Punkte der Finanzierung lassen sich zusammenfassen: Die Zahlungsmoral der Mitglieder ließ zu wünschen übrig. Das Eintreiben der Beiträge durch die Landesleitung blieb ein permanentes Problem. 1921 hieß es, auf einen Rundbrief zur Beitragserfassung habe nur ein Drittel der Ortsgruppen reagiert.[54] Zur Mitgliederwerbung und gegen das Image der teuren und großbürgerlichen Partei ging man nach Vorbild der SPD dazu über, kleine Monatsbeiträge unter »verständiger Schonung der wirtschaftlich Schwachen« statt hoher Jahresbeiträge zu erheben.[55] In der Inflation wurde seit Herbst 1922 als Index für den Beitrag der Preis eines Gegenstandes des täglichen Bedarfs festgelegt. Für die männlichen und erwerbstätigen Mitglieder war dies das Porto eines Doppelbriefes, für die bislang gar nicht veranlagten Familienmitglieder das Porto eines einfachen Briefes. Für Kleinrentner wurde ein geringerer Beitrag erhoben. Fazit war aber: »Die Inflation macht die Beiträge zunichte. Auch von wohlhabenden Parteifreunden wurden ganz unzulängliche Geldsummen gegeben.« Vor Ostern 1923 wurde um ein »Reichsnotopfer« für die Partei gebeten, wovon allerdings 55 Prozent an die Parteizentrale nach Berlin abgeführt werden mußten. Eine Million [Inflationsmark] blieb für die Stuttgarter Landesleitung, eine weitere wurde auf das Land verteilt. Die Klagen hielten auch nach der Währungsstabilisierung an: Ortsgruppen zahlten ihre Beiträge für Plakate und Werbemittel nicht. Auch würden sie der Partei keine Namen »bessergestellter Mitglieder« für Sammlungen nennen. Im Juli 1926 etwa waren noch über 40 Prozent der Mitgliederbeiträge von 1925 im Ausstand. Im Gegensatz zum Bauernbund waren der Kreativität der Bürgerpartei bei der Finanzierung Grenzen gesetzt. Als neues Mittel der Kostendeckung, aber auch um Störtrupps abzuhalten, verlangte man für öffentliche Auftritte der Partei Eintritt und erntete dafür die Häme der politischen Gegner.[56]

---

[54] Mitgliederrundbrief BP v. 1. April 1921 (NL Hiller).
[55] Mitgliederrundbrief BP v. 23. Mai 1921 (NL Hiller). Darin der Aufruf: »Der sozialistische Arbeiter beschämt die übrigen Volksteile durch seine Opferwilligkeit.« Das Ergebnis war, daß zwar manche Mitglieder »im Monat so viel geben wie sonst im Jahr«, viele aber weiterhin zahlungsabstinent blieben.
[56] Landesleitung BP an Ortsgruppen v. 25. Sept. 1922, v. 3. Mai 1923, v. 11 Juni 1924 u. v. 6. Nov. 1924 sowie Beitragsleistung der Ortsgruppen 1925 und Veranlagung 1926, Stand Juli 1926 (NL Hiller). Zum Vertretertag im Okt. 1921 wurden 2,50 Mark Eintritt verlangt. Dazu Schw. Tagwacht v. 31. Okt. 1921: »Der Eintrittspreis garantiert, daß man unter sich bleibt.« Im Oktober 1926 wurden 50 Pfg. Eintritt für Reden von Tirpitz, Wallraf und Bazille verlangt (Landesleitung BP an Ortsgruppen v.

Hintergrund der Problematik war das konfliktreiche Verhältnis von Landesleitung, Stuttgarter Ortsgruppe und den Lokalorganisationen. Diese führten auch in finanzieller Hinsicht bis 1926 ein Eigenleben. Sie führten ihre Mitgliederlisten eigenständig und veranlagten ihre Beiträge an die Landesleitung selbst. Bei einem Nachhaken der Parteileitung hieß es, die Ortsgruppen fühlten sich »beschnüffelt«.[57] 1922 wurde der Konflikt geregelt, indem die Ortsgruppen 10 Prozent der Beiträge behalten konnten, der Rest dann paritätisch zwischen Ortsgruppe und Landesleitung aufgeteilt wurde.[58] Hier hatte sich erstmals die finanzielle »Begehrlichkeit« der Landesleitung durchgesetzt. Zum offenen Austrag des Konflikts um die Beitragsverteilung und über den Lastenausgleich zwischen Landesleitung und Stuttgarter Ortsgruppe kam es 1926. Auch hier setzte sich die Gruppe um Wider durch: nun wurde eine zentrale Mitgliederliste geführt und festgelegt, daß 60 Prozent der Ortsbeiträge nach Stuttgart abgeliefert werden mußten. Für die Stuttgarter Ortsgruppe, die das Gros der Organisationsarbeit leistete, wurde ein Fixum zur Ablieferung an die Landeskasse festgelegt.[59] Ob sich die Zahlungsmoral der Mitglieder und der Abschöpfungsgrad der Parteileitung damit verbessert hatte, ist fraglich. Für den Finanzbedarf der Partei allein für die Wahlkämpfe kann es schon wegen des Mitgliederrückgangs nicht gereicht haben. Die Etablierung eines funktionierenden vertikalen und horizontalen Finanzierungssystems scheiterte bei der Partei.[60]

Von Anfang an war die Bürgerpartei auf Spenden angewiesen. In welchem Ausmaß diese flossen, ist kaum nachzuzeichnen. Anfangs wurde im »unabhängigen Bürgertum und den besitzenden Klassen« um Spenden geworben. Zumindest beim Adel darf der Erfolg als recht mäßig bezeichnet werden.[61] Wie stark Gelder aus der Industrie flossen, bleibt im Dunkeln. Seit 1920 unterhielt die Partei einen Finanzausschuß unter der Leitung des Stuttgarter Fabrikanten Eugen Hänsler, der 1924 zum Wirtschaftsausschuß der Partei mit Persönlichkeiten aus Industrie, Gewerbe und Handel erweitert wurde.[62] In der Folgezeit übernahm Wider selbst das ›fundraising‹ und 1928 auch den Vorsitz eines Industriellenausschusses in der Partei.[63] Insgesamt wird die Einschätzung des letzten Schatzmeisters der Partei zutreffend

---

6. Okt. 1926, NL Hiller). Dazu die Schw. Tagwacht v. 28. Okt. 1928: »Wer die Zugpferde der Deutschnationalen sehen wollte, mußte Eintritt berappen. So ist das bei der Partei der Herren.«
[57] Landesleitung BP an Ortsgruppen v. 1. April 1921 (NL Hiller).
[58] Landesleitung BP an Ortsgruppen v. 25. Sept. 1922 (NL Hiller).
[59] Bericht über Vertretertag v. 19. Febr. 1926 mit Klage über das »finanzielle Ausbluten« der Ortsvereine, NL Hiller. Stuttgart hätte nach Mitgliederzahl 8 000 Mark abführen müssen, festgelegt wurde ein Fixum von 3 000 Mark.
[60] Vgl. auch die Ergebnisse zur DVP bei L. Richter, Deutsche Volkspartei, 2002, S. 194 ff.
[61] Hektographiertes Schreiben v. 13. Juni 1919 (NL Hiller). 1921 bedankte sich Beißwänger bei Hiller für eine eingegangene Spende von 300 Mark. Jeweils 100 Mark hatten fünf weitere Adlige gespendet (Beißwänger an Hiller v. 11. Juli 1921, NL Hiller).
[62] Wider an Parteifreunde vom 11. Juni 1924 (NL Hiller).
[63] Die Schw. Tagwacht v. 2. April 1928 berichtete von der Gründung eines »Arbeitsausschusses deutschnationaler Industrieller« für die Wahlen 1928. Auf einen »Bettelbrief« hätten aber nur drei Unternehmer reagiert (Heinrich Otto/Stuttgart; Kommerzienrat Scheerer/Tuttlingen und Emil Waibel/Giengen als Direktor der Süddeutschen Baumwoll-Industrie).

sein, wonach es auch in der Hugenberg-Phase nicht gelang, die »Partei straffer zu organisieren und das Beitragswesen einheitlich zu regeln.« Auch verspätete, erst nach 1928 einsetzende Versuche, die Mitglieder ähnlich wie beim Bauernbund durch Dienstleistungsangebote – wirtschaftliche Unternehmungen, Wohlfahrtseinrichtungen oder Versicherungen – zu binden und der Partei einen sicheren organisatorischen Rahmen zu schaffen, scheiterten.[64]

Die beschriebenen Defizite hatten Auswirkungen auf die interne Kommunikationsdichte der Partei, das Pressewesen und auf die Professionalisierung der Parteiarbeit. Für den Bereich der Geschäftsführung kam die Partei über den Status der Semiprofessionalisierung nie hinaus. Julius Glatz, der erste Landesgeschäftsführer, wurde Anfang 1920 eingestellt, kurz darauf aber als »nicht tragbar« entlassen.[65] Seit 1921 führte der Stuttgarter Studienrat Bruno Roos ehrenamtlich die Geschäfte. In seine Amtszeit fiel der größte organisatorische Schub der Partei, der aber weiterhin von ehrenamtlicher Arbeit getragen blieb und zahlreichen Störungen unterlag.[66] Mit dem Gewinn seines Landtagsmandats gab Roos 1924 das Amt auf. Inzwischen hatte Wider als die organisatorische Straffung der Partei übernommen und eigenmächtig einen hauptamtlichen Generalsekretär eingestellt, der allerdings zum Konfliktpunkt in der Partei wurde.

Bodo Kaltenboeck, promovierter Philosoph, Kriegsteilnehmer und Kriegsliterat, kann als symptomatisches Beispiel einer freischwebenden Existenz mit Irrgang durch die nationalen Verbände und Parteien gelten. Nachdem er von 1921 bis Februar 1923 Redakteur der *Schwäbischen Tageszeitung* gewesen war[67], trat er 1923 der NSDAP bei, arbeitete zeitgleich für den Geislinger Fabrikanten und »NS-Altparteigenossen« Heinrich Becker und als Geschäftsführer der NSDAP.[68] Nach persönli-

---

[64] E. MARQUARDT, 1934, S. 93–100. Sowohl die Schaffung eines Vermögensfonds der Partei als auch eine Sterbekasse für Mitglieder blieben demnach in den Anfängen stecken.

[65] Glatz hatte vor einer katholischen Kirche Flugblätter verteilt, in denen zum Boykott des *Deutschen Volksblattes* als »verjudetes Erzbergerorgan« aufgerufen wurde, weil das Blatt eine Anzeige des Deutschvölkischen Schutz- und Trutzbundes abgelehnt hatte. Dem Proteststurm in der Presse (Dt. Volksbl. v. 19. April u.v. 21. April 1920) folgte die Distanzierung der Bürgerpartei (Südd. Ztg. v. 23. April 1920). Glatz war Mitbegründer des Schutz- und Trutzbundes und der NSDAP in Württemberg.

[66] Der Geschäftsführer des Kreisverbands Franken, bei dem unklar ist, ob er »Parteibeamter« war, verließ nach wenigen Monaten die Partei und trat zur DVP über. Seine Arbeit übernahmen ehrenamtlich die Vorsitzenden des Heilbronner Ortsvereins (Roos an Ortsgruppen der BP v. 7. Juli 1921, NL Hiller). Hinzu kamen Beispiele für »unregelmäßige« Geldsammlungen. 1927 wurde vor einem Studenten mit gefälschtem Stahlhelm-Ausweis gewarnt, der im Namen der Partei Geld einsammle (Landesgeschäftsstelle an Ortsgruppen v. 7. März 1927, NL Hiller).

[67] Sperlings-Zeitschriften-Adressbuch 1923; Gäubote Herrenberg v. 22. April 1924; Briefwechsel Haußmann/Kaltenboeck Okt. 1921, NL Haußmann, HStA Stuttgart, Q 1/2, Bü 109.

[68] Zu Becker M. KISSENER/J. SCHOLTYSECK, 1999, S. 364 u. 366f. Die NSDAP versuchte Kaltenboeck im Oktober 1923 erfolglos in den Landesverband der Vaterländischen Verbände Württembergs einzugliedern (Schw. Kronik v. 12. Okt. u.v. 13. Okt. 1923). Nach dem Hitlerputsch wurde er wegen seiner SA-Mitgliedschaft zu zwei Monaten Gefängnis verurteilt. Bereits im Juli 1923 war Kaltenboeck vor der Strafkammer Ulm wegen »Beschimpfung der Republik« zu zwei Wochen Haft verurteilt worden, die allerdings aufgehoben wurde. In einer NS-Versammlung hatte er bemerkt, die Staatsform

chen Streitigkeiten innerhalb der NSDAP wurde Kaltenboeck im Frühjahr 1924 Generalsekretär der Bürgerpartei, der vor allem die Verbindung der Landesleitung zu den Ortsgruppen intensivieren sollte. Vorgestellt wurde er von Wider als »bekannt für sein mutiges Auftreten in der völkischen Sache« und als ein Mann, der wegen seines besonnenen Standpunktes den Bruch mit den Völkisch-Sozialen habe vollziehen müssen.[69] Umstritten war Kaltenboeck von Anfang an: wegen fehlendem organisatorischen Geschick, wegen seines »nervösen Auftretens« – offensichtlich eine Nachwirkung seines Fronteinsatzes – und weil ihn Ortsgruppen als »schneidigen Redner« nicht akzeptierten.[70] Hinzu kamen permanente Streitigkeiten mit Wider, die Mitte 1925 zu einer ersten Beurlaubung führten und 1927 in einer persönlichen Fehde um die Stuttgarter Bismarckjugend kulminierten, die Kaltenboeck zu stark an die völkischen Verbände herangeführt hatte. Es folgte seine Kündigung zum Juni 1927. Die Geschäftsführerfrage war zur Machtfrage geworden: zwischen Ortsgruppen, die gegen Kaltenboeck waren, aber im Vorstand nicht vertreten waren, sowie dem Landesvorstand einerseits, der sich für Kaltenboeck ausgesprochen hatte und der Stuttgarter Ortsgruppe um Wider andererseits, die »mit äußersten Entschlüssen« drohte.[71] Kaltenboeck verließ die Partei, wurde 1930 Schriftleiter der *Nationalen Volksgemeinschaft*, einer kurzlebigen Wahlzeitung Bazilles für die Reichstagswahl, und führte bis 1933 ehrenamtlich und ebenfalls nicht konfliktfrei die Geschäfte der Volkskonservativen in Württemberg.[72]

---

sei ihm egal, eine Monarchie mit einem »Gesindel an der Spitze wie die Judenrepublik« würde er genauso bekämpfen (vgl. Bericht in Gäubote Herrenberg v. 22. April 1924). Zu Kaltenboeck vgl. auch die in vielerlei Hinsicht unscharfen Bemerkungen bei J. GENUNEIT, 1982, S. 133 ff. Von 1924 bis 1933 war er Pressereferent der Bausparkasse ›Wüstenrot‹ in Leonberg, bevor er nach Österreich zurückging und die Wiener Niederlassung der Hohner-Werke leitete. Die Kontakte Kaltenboecks zur Hohner-Fabrik stammten wohl aus der Zeit seiner Geschäftsführertätigkeit für die Bürgerpartei (vgl. auch H. BERGHOFF, Kleinstadt und Weltmarkt, 1997, S. 335 ff. zu Kontakten Ernst Hohners zur Bürgerpartei und Bismarckjugend).

[69] Wider an Parteimitglieder v. 26. Mai 1924 (NL Hiller).
[70] Keppler an Hiller v. 5. Mai 1925 (NL Hiller).
[71] Eingaben von Parteimitgliedern an die Parteileitung im NL Hiller mit Klagen, Kaltenboeck verbringe seine Zeit mit der Schlichtung von Streitigkeiten zwischen Wider und anderen Vorstandsmitgliedern. Fazit war dennoch: »Die Partei hat kein Geld und wird keinen besseren bekommen. Neben oder unter Wider ist es nicht leicht zu arbeiten« (Hiller an Parteileitung mit Unterzeichnerliste von 14 Ortsgruppen v. Mai 1925, NL Hiller). 1927 forderte Wider die Herausgabe von Namen und Beständen der Bismarckjugend. Dabei hatte er Kaltenboeck offenbar mit falschem Titel angeschrieben, der wiederum den Ehrenrat des Stuttgarter Offiziersvereins anrief, Wider zum Duell aufforderte und ihn der »Satisfaktionsverweigerung und der nicht unbedingten Anerkennung des unter Offizieren üblichen Weges der ritterlichen Erledigung einer Ehrenangelegenheit« bezichtigte. Der Offiziersverein sprach sich für Wider aus. Wider dazu: »Die Verhältnisse in der Partei sind nun so zugespitzt, daß es so nicht weitergehen kann« (Kreisverband Stuttgart an »Parteifreunde« v. 9. März 1927, NL Hiller).
[72] Briefwechsel Kohlhaas mit Kaltenboeck 1931 bis 1933 im NL Hiller. Kohlhaas hatte Kaltenboeck vorgeworfen, er wolle sich an den Volkskonservativen bereichern. Weiterer Konflikt war die Forderung Kaltenboecks nach einem ersten Listenplatz, woran das Wahlbündnis mit der DVP wegen Kaltenboecks früherer Parteitätigkeit zu scheitern drohte (vgl. hierzu die Ausführungen unten S. 465).

Das Beispiel belegt das Manko der Bürgerpartei: Geldmangel, persönliche Streitereien, ungeklärte parteiinterne Instanzenwege und tiefgreifende Differenzen über die oszillierende Nähe und Distanz zur völkischen Bewegung. Nach seinem Ausscheiden fiel die Partei in die alten bürgerlichen Muster semiprofessioneller und ehrenamtlicher Parteiarbeit zurück. Zeitweise führte der Stuttgarter Professor Friedrich Weitbrecht die Geschäfte, dann wiederum Roos, bevor sie im Juni 1927 der Hauptmann a. D. Hugo Wiest bis 1933 übernahm.[73] Spätestens seit der Satzungsänderung von 1930 wurde der Geschäftsführer vom Landesvorstand gewählt und nicht wie zuvor vom Vorsitzenden bestimmt. Er war gleichzeitig Mitglied des Landesvorstandes, damit eng in die entscheidenden Gremien der Partei eingebunden und dem Landesvorsitzenden weisungsgebunden. Verhindert war damit die Gefahr eines Eigenlebens der Geschäftsstelle neben der Parteileitung. An der parteiinternen Kommunikationsschwäche und geringen Organisationsdichte konnte allerdings auch dies nichts ändern.

---

[73] Die Muster zeigen sich auf der schwach ausgeprägten organisatorischen Mittelebene der Partei. Die Geschäftsführung der einzigen Kreisverbände der Partei lag Ende der Weimarer Zeit bei dem Studienrat Walter Sontheimer (Stuttgart), der gleichzeitig zweiter Vorsitzender der Ortsgruppe Stuttgart, 1932 aber als Oberstudiendirektor nach Ulm versetzt wurde, sowie dem Major a. D. Eugen Ebelding (Ulm).

Drittes Kapitel

Horizontale Vernetzung und parteiinterne Ausdifferenzierung

Der vertikalen Ausdifferenzierung der Parteiorganisationen in ein mehrstufiges System regionaler und lokaler Gliederungen folgte nach 1918/19 die horizontale Spezifizierung in sozialkulturell differenzierte und partiell konkurrierende Arbeitsgemeinschaften und Ausschüsse entlang der Kategorien Beruf, Konfession, Geschlecht und Generation. Neben die Anforderung eines innerparteilichen Regionalproporzes trat nun die Erfordernis eines Sozialgruppenproporzes. Einer der Indikatoren hierfür war die Einbindung von Vertretern aus dem Vereins- und Verbandswesen. Neu war diese Vernetzung keineswegs. In Württemberg war sie seit der Einführung der Proporzwahlen 1906 deutlich verstärkt worden.[1] Neuartig war aber, daß die sozial- und berufsgruppenspezifische Strukturierung in der innerparteilichen Organisation sichtbar wurde. Sie entsprach der gesellschaftlichen Differenzierung durch zunehmende Industrialisierung, der gestiegenen sozialen Mobilität, den ökonomischer Krisenerfahrungen und dem korporativen Sozial- und Berufsgruppendiskurs der Weimarer Zeit.[2]

Die Schaffung sozialhomogener Binnenräume in Parteiunterorganisationen war eine Folge des gestiegenen gesellschaftlichen Legitimationsdrucks auf die Parteien. Die horizontalen Suborganisationen hatten expressive und integrative Funktion. Schon allein durch die enorme Vergrößerung des Elektorats nach 1918 hatten sie starke Öffentlichkeitsfunktion: sie dienten der politischen Mobilisierung, der Mitgliederwerbung und der Rekrutierung spezifischer Sozialgruppen. Verbunden damit war eine Legitimationsfunktion, denn öffentlich sichtbare Parteiausschüsse demonstrierten die Vertretung spezifischer ökonomischer Interessen und Sozialkulturen. Sie waren Ausweis dafür, daß man dem Anspruch gerecht wurde, Volkspartei für alle Schichten und Stände zu sein. Gegenüber den traditionell sozial- und konfessionshomogeneren Parteien der Sozialdemokratie, des Zentrums und auch des Bauernbundes war dies – abgesehen von den Kategorien Geschlecht und Alter – vor allem eine Herausforderung an die bürgerlich-liberalen und konservativen Parteien. Der Zwang, neue Wählergruppen zu erschließen und die sozial heterogener gewordene Mitgliederschaft zu integrieren, war hier höher.

Integrative Funktion besaßen die Parteiunterorganisationen in mehrfacher Hinsicht: Sie dienten der Intensivierung der Parteiarbeit und der langfristigen Mitglie-

---

[1] A. GAWATZ, Wahlkämpfe, 2001, S. 133 ff.
[2] TH. CHILDERS, Social Language, 1990 u. ö. Zum »post-liberalen Phänomen« der »terminology of professionalization« und ihrer Ausweitung seit 1890 K. JARAUSCH, Crisis of German Professions, 1985 u. ö. sowie übergreifend C. S. MAIER, 1975.

derbindung. Ein aktives, stetiges und lokal verankertes Parteileben konnte sich nur dort entfalten, wo die Partei über diese organisatorischen Binnenräume in den vorpolitischen Raum eindringen und dem politischen Aktivbürger als »multipler Identität«[3] die Vertretung seiner Interessen demonstrieren konnte – sei es als Protestant oder Katholik, als Arbeiter oder Unternehmer, als Hausbesitzer oder Mieter, oder sei es als Mehrfachmitglied unterschiedlicher berufsspezifischer oder kultureller Vereine. Jenseits der politischen Eliten und ostentativer Listenplätze für Vereins- und Verbandsvertreter waren die Parteiausschüsse Faktor von Integration, langfristiger Bindung und der Vertretung innerparteilicher Minderheiten. Stärker noch als in Grundsatzprogrammen, Parlamentsdebatten und breitangelegten Verlautbarungen wurde in ihnen die soziale Identität von Individuen in der politischen Arena definiert. Die Stärke ihrer innerparteilichen Vertretung war der Ausweis erfolgreicher sozialer Vergemeinschaftung und die Basis innerparteilichen Konsenses oder Konfliktes. Darüber hinaus hatten die Ausschüsse spezifische Funktionen: sie bildeten Expertengremien in der Partei, waren Bindeglieder zu den Verbänden und Ressourcenpool für personelle Alternativen und programmatische Innovationen. In welchem Maße und mit welchem Erfolg wurden diese Aufgaben also von beiden Parteien umgesetzt und welche Unterschiede zeigten sich zwischen ihnen?

1. Berufe: Die Partei des »werktätigen Bürgertums und der Staatsdiener«

Die Anforderung, über den ländlich-agrarischen Sektor hinausgehende Berufsinteressen zu vertreten, bestand für den Bauernbund nur in geringem Maß. Der homogene Berufsstand war sein wichtigster Kohäsionsfaktor. Von Bedeutung war der Interessenausgleich nach Betriebsgröße und Wirtschaftsweise. Die über den Parteirahmen hinausgehende Interessenvertretung fand ihren Anknüpfungspunkt im Netz des landwirtschaftlichen Vereinswesens, das der Bauernbund sukzessiv unterwanderte.[1] Eine Ausnahme bildete der Weingärtnerstand, der traditionell stärker volksparteilich orientiert war, im Zuge der Handelsvertrags- und Zolldebatten sowie des Weingesetzes von 1901 sich aber zunehmend bauernbündlerisch ausgerichtet hatte.[2] Dem letzten Versuch der Demokraten, diese Klientel durch die Gründung Demokratischer Bauern- und Weingärtnervereine zu binden, war nur kurzer Erfolg beschieden.[3] Der Bauernbund dagegen hatte durch seine Umbenennung, seine re-

---

[3] L. HUNT/G. SHERIDAN, 1986, S. 831. Zur Konzeptionalisierung der Forschungsstrategie vgl. die Lokalstudien von R. KOSHAR, Social Life, 1986 u. ö.
[1] Siehe hierzu unten S. 245ff.
[2] Die in Württemberg traditionell auf Klein- und Kleinstbetriebsformen, eher gartenähnlichem Anbau wirtschaftenden Winzer wurden und werden heute noch Wengerter oder Weingärtner genannt. Zu Besitzstruktur, Wirtschaftsweise und Standesbewußtsein am Beispiel Heilbronn immer noch lesenswert die Dissertation von TH. HEUSS, 1905 [ND 1950].
[3] Hopf an Haußmann v. 25. März 1920, NL Haußmann, HStA Stuttgart, Q 1/2, Bü 103: »Auf dem Land macht sich eine deutliche Abschwenkung der Weingärtner zum Bauernbund bemerkbar.«

gionale Listen zur Landesversammlung und durch seine Satzungsänderung den Weingärtnern einen besonderen Status eingeräumt.[4]

In der Weiterentwicklung früherer Ansätze war die DDP als erste Partei im Land dazu übergegangen, Arbeitsausschüsse zu bilden und Parteiversammlungen für Berufsgruppen abzuhalten.[5] Die soziale Ausdifferenzierung der bürgerparteilichen Binnenorganisation dauerte entschieden länger. Gründungskonsens der Partei war, die großen Ideale der Nation, des Christentums und des sozialen Gedankens zu vertreten und die Partei der »Gesinnungsfreunde des werktätigen Bürgertums und der Staatsdiener« zu sein.[6] Der Parteiname war Programm: Er war soziales Ausschlußattribut und bürgerlicher Inklusionsfaktor zugleich. Stärker denn als Volkspartei verstand man sich als Partei der Bürger, deren Aufgabe es war, das »durch harte und ehrliche Arbeit erworbene und mühsam ersparte Vermögen« zu schützen und den »Bürger als Träger der deutschen Kultur zum politischen Führer« zu machen.[7] Das widersprach einer sozialen Binnendifferenzierung der Organisation nach interessenpolitischen Gesichtspunkten. Andererseits war die bürgerliche Sozialstruktur der Partei homogener als etwa die der Reichs-DNVP. Schon allein dadurch war der Zwang entfallen, als Gründungskompromiß einzelnen Sozialgruppen wie der Arbeiterschaft einen Eigenraum zu gewähren.

Der verspätete Anfang ging, wie so oft, von Stuttgart aus. Statt »sozialpolitischer Lehrgänge mit Rednern aus Gemeinschaftskreisen« sollten auf Initiative Widers Arbeitsgemeinschaften mit 10 bis 15 Mitgliedern zur Intensivierung der Parteiarbeit und zur »intimen Behandlung« einzelner Themengebiete gebildet werden, in denen die »neue Form von Rede und Gegenrede« einzuführen sei.[8] Über die Hauptstadt hinaus sind die ersten Bemühungen jedoch nicht gekommen. Erst 1921, nach dem Anschluß an die Reichs-DNVP, wurde auf einem Vertretertag diskutiert, nach norddeutschem Vorbild die Partei berufsständisch zu organisieren: Durch die stärkere Verbindung von Partei und Wirtschaftsgruppen, Berufsorganisationen und Gewerkschaften sollten neue Mitglieder gewonnen werden, um dem auseinanderdriftenden Verhältnis von Mitgliederzahl und Stimmenzahl zu begegnen. Die Ortsgruppen wurden angewiesen, ihre Mitglieder nach Berufsgruppen getrennt zu erfassen, lokale Berufsausschüsse zu gründen und auf Landesebene jeweils einen Obmann zu wählen. Geplant waren zehn Ausschüsse, die aber nur teilweise realisiert werden konn-

---

[4] Siehe hierzu oben S. 101f.
[5] Mit der Schwerpunktbildung im Mittelstand und bei den Beamten, bedingt auch durch die Fusion mit der Deutschen Partei, wurden elf Spezialausschüsse gebildet (Beobachter v. 28. Dez. 1918 u.v. 7. Jan. 1919). Vgl. auch K. SIMON, Württembergische Demokraten, 1969, S. 213 ff.
[6] Süddt. Ztg. v. 25. Jan. 1919.
[7] E. MARQUARDT, 1934, S. 93.
[8] Wider an Ortsgruppe Stuttgart v. Febr. 1919 (NL Hiller). Für den Bezirksverein Stuttgart wurden acht Ausschüsse eingeführt: 1. politische und staatsrechtliche Fragen, 2. Behörden- und Beamtenfragen, 3. Berufe (Industrie, Handel und Gewerbe, Mittelstand, Handwerker und Landwirtschaft), Sozialhygiene, Angestellte und Arbeiter, 4. finanzielle Volkswirtschaft, 5. Kultur, 6. Rechtswesen, 7. Gemeindepolitik und Heerwesen sowie 8. Frauenfragen und Jugendpflege (Süddt. Ztg. v. 20. Febr. 1919).

Horizontale Vernetzung und parteiinterne Ausdifferenzierung

ten und mit unterschiedlichem Erfolg arbeiteten.[9] Insgesamt ist der Versuch, die Partei berufsständisch aufzubauen und damit ihre Ausweitung in die sozialen Vergemeinschaftungsräume auf lokaler Ebene zu erreichen, als gescheitert zu bewerten. Schon 1927 appellierte die Leitung an die Ortsgruppen: »Unser Mitgliederstand geht langsam aber sicher zurück.« Es sollten erneut berufsständische Ausschüsse für die Werbearbeit gegründet werden, die bestehenden hätten keine Vertrauensmänner in den Kreisen, geschweige denn in den Ortsgruppen.[10]

Die Arbeit der einzelnen Abteilungen kann rasch zusammengefaßt werden. Der Arbeiterausschuß der Partei wurde erst im Frühsommer 1922 gegründet.[11] Der zwei Jahre später eingestellte Arbeitersekretär Mayer gründete ein Arbeitersekretariat in Stuttgart und hielt im Dreifachwahljahr 1924 ganze drei Versammlungen ab, davon nur eine außerhalb Stuttgarts.[12] Ein Versammlungsbericht spricht Bände:

> »Die fast durchweg von kommunistisch-sozialistischen Arbeitern besuchte Versammlung hörte mit Ausnahme einiger Zwischenrufe den Vortrag in größter Ruhe und Aufmerksamkeit an. Arbeitersekretär Mayer betonte, den Arbeitern könne nur durch Liebe und Gerechtigkeit geholfen werden. Georg [!] Engels ließ sich dagegen vollständig von Marx leiten und predigte Klassenhaß und Klassenkampf. Dagegen gelte es, bei den Arbeitern den Familiensinn wiederzubeleben.«[13]

Ob damit Arbeiter für die »Bürger«-Partei zu gewinnen waren, war wohl auch der Parteileitung mehr als zweifelhaft. Nach der Entlassung Mayers, der sich nicht bewährt hatte und auch noch Geldsammlungen ohne Wissen der Parteileitung durchgeführt hatte[14], versuchte sein Nachfolger Schröder die Revitalisierung des Arbeiterbundes:

> »Ohne daß man hier in Württemberg allzuviel davon gemerkt hätte, ist im Norden unseres Vaterlandes mit dem Deutschnationalen Arbeiterbund innerhalb unserer Partei eine große Arbeiterorganisation entstanden, die heute bereits Hunderttausende von Mitgliedern zählt. Dort oben im Norden ist etwas vor sich gegangen, weite Kreise der Arbeiterschaft haben sich vom Marxismus abgewandt und stehen nun auf dem Boden der deutschnationalen Volkspartei. [...] Wollen wir ihrem Beispiel folgen!«[15]

Für die Reichstagswahlen im Dezember brachte es Schröder auf zwei Versammlungen, eine davon zusammen mit der Frauenerörterungsgruppe der Partei.[16] Für die restlichen Weimarer Jahre war in der Presse der Partei weder von einer lokalen Ar-

---

[9] Die geplanten Ausschüsse: für Beamte, für Lehrer und Geistliche, Privatbeamte, Arbeiter, Mittelstand und Gewerbe, freie Berufe, Handel und Industrie, Rechtsanwälte und Notare, Frauen und für Landwirtschaft (Bericht über Vertretertag in Nationale Blätter v. 4. Dez. 1921 u. Landesgeschäftsstelle an Ortsgruppen v. 17. Nov. 1921, NL Hiller).
[10] Roos an Ortsgruppen v. 7. März 1927 (NL Hiller).
[11] Nationale Blätter v. 18. Juni 1922.
[12] Der Deutschnationale v. 1. April 1924; Süddt. Ztg. v. 8. April 1924, v. 14. April 1924, u. v. 12. Juni 1924.
[13] Süddt. Ztg. v. 15. April 1924.
[14] Wider an Ortsgruppen der BP v. 1. Aug. 1924 (NL Hiller).
[15] Der Deutschnationale v. 20. Sept. 1924.
[16] Süddt. Ztg. v. 14. Nov. 1924 u. v. 25. Nov. 1925.

beiterorganisation noch überhaupt von einer Tätigkeit des deutschnationalen Arbeiterbundes im Land zu lesen. Der 1932 offensichtlich noch bestehende Ausschuß unter dem Esslinger Heinrich Bristle fristete ein Schattendasein. Er war in keinem der oberen Landesgremien der Partei vertreten.[17] Im Gegensatz zur Reichs-DNVP, in der sich der Arbeiterausschuß auf dem Hannoveraner Parteitag 1920 eigene Richtlinien gegeben hatte und seit dem Münchener Parteitag von 1921 als Deutschnationaler Arbeiterbund eine eigenständige Unterorganisation der Partei mit Geschäftsstelle, Organ und mit entsprechendem Einfluß bildete, ist von einer bürgerparteilichen Arbeiterschaft nicht zu reden.[18]

Ähnlich liegen die Verhältnisse beim Angestelltenausschuß. Öffentlichkeitswirksam wurde auch er nur im Wahljahr 1924[19], lokale Organisationen traten nicht in Erscheinung.[20] Den Ausschuß leitete der Stuttgarter Bankbeamte Hermann Ruff. Als Vertrauensmann der Angestellten war er 1932 auch Mitglied des Landesvorstandes. Eine Tätigkeit über Stuttgart hinaus konnte nicht ermittelt werden.

Stärker konnte sich der Landesausschuß für den kaufmännischen und gewerblichen Mittelstand profilieren. Im Februar 1922 gegründet, unterstand er bis 1927 dem Ludwigsburger Schreinerobermeister Friedrich Siller. Sein Nachfolger wurde der Stuttgarter Tapeziermeister und Landtagsabgeordnete Theodor Fischer, stellvertretender Vorsitzender der Handwerkskammer Stuttgart und Mitglied des Reichswirtschaftsrates. 1932 leitete den Ausschuß der Stuttgarter Bäckerobermeister und Gemeinderat Gotthilf Kächele. Zu einer Ausdifferenzierung des Landesausschusses kam es ebenfalls nicht. Die Ausschußleiter verdeutlichen aber als Gemeinderäte und führende Mitglieder des Bundes für Handel und Gewerbe dreierlei: zum einen die Tatsache, daß man die mittelständische Interessenvertretung innerhalb und außerhalb der Partei auch weiterhin dem Bund für Handel und Gewerbe überlassen hatte. Eine organisatorische Doppelung innerhalb der Partei wäre unnötig gewesen.[21] Zweitens, daß sich die Ausschußtätigkeit auf Stuttgart reduzierte. Selbst in den großen städtischen Ortsgruppen der Partei konnte kein Mittelstandsausschuß ermittelt werden. Drittens zeigen sie den engen kommunalpolitischen Zusammenhang: Die Mittelstandsvertreter waren personell meist deckungsgleich mit dem kommunalpolitischen Ausschuß der Bürgerpartei, 1920 gegründet als Vereinigung bürgerparteilicher Gemeinderäte.[22] Bis 1933 wurde sie von dem Stuttgarter Kommunalpolitiker Wilhelm Weitbrecht geleitet und im Landesvorstand vertreten. Von organisatorischer Schwäche waren auch die beiden letzten realisierten Ausschüsse:

---

[17] Taschenmerkbuch der Bürgerpartei 1932, 1931, S. 68.
[18] Zum Deutschnationalen Arbeiterbund und zur Bedeutung von Christlich-Sozialer Partei, Christlichen Gewerkschaften und Evangelischen Arbeitervereinen für die Gründung der DNVP A. STUPPERICH, 1982 (S. 33 ff. zu Württemberg). Zur Auseinandersetzung mit den Arbeitervertretern 1918/19 auch K. GRAF V. WESTARP, Konservative Politik im Übergang, 2001, v. a. S. 119.
[19] Bericht über eine Versammlung in Südd. Ztg. v. 28. April 1924.
[20] Zum DHV und seiner Anbindung an Bürgerpartei und DNVP auf Reichsebene siehe unten S. 243.
[21] Zum Bund für Handel und Gewerbe siehe unten S. 240 ff.
[22] Südd. Ztg. v. 9. Nov. 1920. Mitgliederliste in Jb. der Württ. Bürgerpartei 1922, S. 51 ff.

der für Beamte und Lehrer sowie der Industriellenausschuß. Beide sind nur 1924 in der Öffentlichkeit hervorgetreten. Angesichts der Sozialstruktur der Partei erledigte sich der Beamtenausschuß als gesonderte Interessenvertretung innerhalb der Partei fast von selbst.[23] Der Industriellenausschuß unter Wider trat ebenfalls kaum hervor.[24]

Zusammenfassend läßt sich sagen: Der Gedanke, durch eine berufsständische Organisation die Parteiarbeit auf lokaler Ebene zu intensivieren, scheiterte. Einen Kulminationspunkt hatte die Tätigkeit der Ausschüsse im Jahr 1924. Sie blieb aber auch dann meist auf Stuttgart beschränkt. Die Untermauerung der Parteiarbeit durch das Hineinreichen in den vorpolitischen Raum der lokalen Vereins- und Verbandsstruktur konnte dadurch nicht gelingen und zeigt zweierlei: die soziale Homogenität der Partei und ihre städtische Insellage hatten das Problem der Selbstidentifikation und internen Konsensbildung reduziert. Anderseits zeigt es die Unfähigkeit der Partei, neue Sozialgruppen zu erschließen. Erfolgreicher als die ›harten‹ sozioökonomischen Faktoren erweisen sich für die Organisationsbedingungen die Faktoren Konfession und Geschlecht.

2. Konfession: »Katholischer Weizen« und nationale Katholiken

Es gibt weder »katholischen noch evangelischen Weizen« – Anspruch des Bauernbunds war es, die Berufsvertretung beider Konfessionen zu sein.[1] Natürlich war er in überwiegender Mehrheit die Vertretung der protestantischen Bauern, aber die innerparteiliche Vertretung einer konfessionellen Minderheit hätte seinem Anspruch widersprochen. Um katholische Bauern wurde mit den Dienstleistungsmitteln des Bauernbundes und während der Wahlkämpfe mit katholischen Kandidaten geworben.[2] Ein anderes Bild zeigt sich bei der Bürgerpartei. Um neue Mitglieder- und Wählerreservoirs zu erschließen, mußte sie als Partei, die wie keine andere in Württemberg vor 1918 exklusiv protestantisch und pietistisch gefärbt war, der konfessionellen Minderheit in der Partei eine Vertretung bieten. Ein katholischer Deutschkonservativer vor 1914 wäre fast undenkbar gewesen. Der deutschnationale Katholik nach 1918 wurde zum werbeträchtigen Aushängeschild und zur Vorzeigefigur, mit der Zentrumswähler abgeworben werden sollten. Es ging auch darum zu zeigen, daß die katholische Lebensauffassung in einer nationalen, bürgerlichen und

---

[23] Einziger Bericht über eine Versammlung in Südd. Ztg. v. 25. April 1924.
[24] Einziger Bericht über eine Versammlung in Südd. Ztg. v. 1. April 1926, in der es hieß, viele Wirtschaftsführer hätten sich in den Tagen nach dem Umsturz nicht entscheiden können, der Partei beizutreten. Vgl. auch die Einschätzung von E. MARQUARDT, 1934, S. 94: »Gerade die befähigten und geeigneten Männer stellten sich, um nicht anzustoßen und sich wirtschaftlichen Schädigungen auszusetzen, häufig für politische Aufgaben nicht zur Verfügung.«
[1] Dt. Reichspost v. 30. Jan. 1907 u. Schw. Tagesztg. v. 2. Mai 1924.
[2] Siehe hierzu unten S. 298 ff.

christlichen Sammlungspartei besser aufgehoben sei als im Zentrum: wegen dessen Koalition mit der SPD, wegen des Aufschwungs der katholischen Arbeitervertreter in der Partei, wegen der einheitsstaatlichen Orientierung und des drohenden Verlusts des spezifisch württembergischen Profils der Partei sowie wegen ihrer Unzuverlässigkeit in der nationalen Sache:

> »Alles, was sie [die nationalen Katholiken] am neuen Zentrum vermissen, haben seine überdrüssigen Anhänger in der deutschnationalen Politik gefunden und darum sind sie entschlossen der Partei beigetreten, die in ihrem Programm eintritt für die christliche Staatsauffassung und darum die Deutsche Republik als nur etwas Vorläufiges gelten läßt; die den gleichmachenden Zentralismus ablehnt und den historisch begründeten Föderalismus festhält; die den Marxismus aufs Schärfste bekämpft und die soziale Frage im christlichen Sinne lösen will.«[3]

Dennoch waren der Bürgerpartei hier enge Grenzen gesetzt. Die Entwicklung verlief mit deutlicher Verzögerung zur Reichspartei. Bereits 1919 war in der DNVP auf Initiative des Historikers Martin Spahn ein Katholikenausschuß gegründet worden. Seit August 1920 gab es einen Reichskatholikenausschuß innerhalb der DNVP, der durch den wirkungsvoll inszenierten Übertritt Spahns vom Zentrum auf dem Münchener Parteitag im September 1921, der unter dem Eindruck des Erzberger-Mordes stand, deutlich verstärkt wurde und mit dem Freiherren Landsberg-Vehlen und dem ehemaligen Kölner Oberbürgermeister Wallraf prominente Führer hatte.[4]

Bei der Gründung der Bürgerpartei war kein prominenter Katholik beteiligt. Einen ›württembergischen Spahn‹ gab es erst seit 1920: Joseph Fürst, katholischer Priester und Studienprofessor war im Gefolge Spahns 1920 der Bürgerpartei beigetreten. Er entwickelte sich zum eifrigen Vortragsredner und Ortsgruppengründer in den Diaspora-Gebieten der Partei: 1919 in Rottweil, Ende 1920 nach seiner Versetzung in Ravensburg und schließlich ab 1926 in Ellwangen.[5] 1920 wurde er in den Landtag gewählt.[6] Bis 1924 war es ihm jedoch nicht gelungen, einen Katholikenausschuß in der Partei zu gründen.[7] Die konfessionellen Sphären im Land waren abgeriegelt. Durch die Vaterländischen Verbände hatte der kurzfristig für die 1924er-Wahlkämpfe etablierte Katholikenausschuß Zulauf in Oberschwaben erhalten, wurde aber danach wieder eingestellt. Das *Deutsche Volksblatt* triumphierte 1928: die Bürgerpartei sei zu einem »deformierten Haufen von Ernüchterten« geworden und anders als noch vor vier Jahren traue man sich nun erst gar nicht wieder, im Oberland aufzutauchen.[8]

---

[3] Der Deutschnationale v. 17. Mai 1924.
[4] Zu den nationalen Katholiken: R. Morsey, Deutsche Zentrumspartei, 1966, S. 172f. u. 400ff.; K. P. Reiss, 1963. Zu Martin Spahn: G. Clemens, 1983, S. 145ff. u. 168ff.; zum Reichskatholikenausschuß: K. Graf v. Westarp, Konservative Politik im Übergang, 2001, S. 134–138 mit weiterer Literatur sowie L. E. Jones, Catholic Conservatives, 2000 u. M. Kittel, Konfessioneller Konflikt, 2002, S. 278ff.
[5] Süddt. Ztg. v. 12. Nov. 1920, v. 24. Sept. 1921 u.v. 7. Dez. 1925.
[6] Siehe hierzu unten S. 306f.
[7] Aufruf in Süddt. Ztg. v. 3. Nov. 1922.
[8] Dt. Volksbl. v. 16. Mai 1928.

Fürst hatte sich nach 1924 zurückgezogen, vor allem nach seiner Versetzung nach Ellwangen, als ihm vorgeworfen wurde, er habe die dortige Stelle als Protegé Bazilles bekommen.[9] Als einer der Widersacher Widers war er in der Partei zunehmend isoliert, trat 1930 aber nicht mit Bazille aus, sondern gehörte bis 1933 dem Parteivorstand an.[10] Zwischen 1924 und 1932 war von einem Katholikenausschuß in der Partei nichts mehr zu hören. Das legte zum einen die Zurückhaltung im Sinne einer gedeihlichen Koalitionspolitik von Zentrum und Bürgerpartei nahe, zum andern waren beide Parteien in der Regierung vertreten, so daß die jeweiligen Interessen an ihrem angestammten Platz vertreten waren. Die Führung des 1932 kurzfristig wiederbegründeten Katholikenausschusses hatte der Ehinger Studienrat Georg Rehm übernommen.[11] Insgesamt konnte das Projekt einer innerparteilichen Vertretung der konfessionellen Minderheit nur kurzfristig realisiert werden. Es blieb ohne organisatorischen Unterbau, an einzelne Personen gebunden und es wurde lediglich zu Wahlzeiten praktiziert. Der Versuch, zur gemischtkonfessionellen Sammlungspartei zu werden, war insgesamt, spätestens aber seit 1924 gescheitert. Zahlen über den Anteil katholischer Mitglieder der Partei liegen nicht vor. Er kann aber als verschwindend gering eingeschätzt werden.

3. Frauen: »Selbstloser Dienst der Liebe im kleinen Kreis«

Neu war die politische Betätigung von Frauen keinesfalls, als sie 1918 das Wahlrecht bekamen. Schon zuvor hatten alle Parteien, wenn auch in unterschiedlichem Ausmaß, Frauen in die politische Arbeit einbezogen.[1] Die allgemeine Tendenz zur Politisierung hatte auch vor den Frauen im konservativen Spektrum nicht halt gemacht. Allerdings zeigte sich ein deutlicher Unterschied zwischen Stadt und Land. Die bürgerliche Frauenbewegung – und die sozialistische zumal – waren städtische Angelegenheiten. Für den Bauernbund spielte sie keine Rolle. Die Mehrbelastung der Frau in der Landwirtschaft war seit Ende des 19. Jahrhunderts deutlich gestiegen. Auch aufgrund der landwirtschaftlichen Besitzstruktur und Wirtschaftsweise in Württemberg waren Frauen zur hauptberuflichen Arbeitskraft vor allem der klein- und mittelbäuerlichen Betriebe geworden. Die Bäuerin war berufstätiger Teil der Haus- und Interessengemeinschaft. Bedingt durch den hohen Anteil an landwirtschaftlichen Betriebseigentümerinnen und mithelfenden Familienangehörigen in Württemberg und trotz der traditionellen männlichen und weiblichen Arbeitsteilung ge-

---

[9] Schw. Tagwacht v. 21. Nov. 1925: »Der Kultminister als Schaumschläger.«
[10] Keppler an Hiller v. 15. Dez. 1926 u. Kirchgeorg an Parteifreunde v. 22. April 1927 (NL Hiller).
[11] Taschenmerkbuch der Bürgerpartei 1932, S. 69. Dazu das Dt. Volksbl. v. 23. April 1932: »Die Vertreter des positiven Christentums versuchen wieder Katholiken zu fangen.«
[1] A. GAWATZ, Wahlkämpfe, 2001, S. 57–67.

noß der Beruf der Landfrau hohe gesellschaftliche Anerkennung.[2] Aus der aktiven Parteipolitik blieb sie jedoch ausgeschlossen.

Eine Landfrauenbewegung nach ostpreußischem Muster, 1898 von der Gutsbesitzersfrau Elisabeth Boehm als Selbsthilfeorganisation initiiert, um die hauswirtschaftliche Arbeit auf dem Land als Berufsarbeit anzuerkennen und die jungen Frauen auf ihre Aufgaben im Betrieb vorzubereiten, hatte es in Württemberg bis 1916 nicht gegeben. Wirtschaftliche und soziale Faktoren verhinderten die Integration der mittel- und kleinbäuerlichen Landfrauen. Die organisierte Landfrauenbewegung war eine Angelegenheit der preußischen ›Edelfrauen‹ und Ausdruck der zunehmenden Verbürgerlichung der Arbeits- und Wohnweise in Gebieten mit großbäuerlichem Besitz.[3] Erst im Zuge der Lebensmittelverknappung wurde 1916 auf Initiative der Fürstin Therese zu Hohenlohe-Waldenburg und unter der Kuratel der Zentralstelle für Landwirtschaft ein württembergischer Hausfrauenverein gegründet.[4] Auf Anregung der Ernährungsämter, der Kommunalverbände und der Zentralstelle für Landwirtschaft erwuchs daraus nach dem Krieg ein Netz landwirtschaftlicher Hausfrauenvereine, das 1930 rund 430 Vereine umfaßte und mit der *Landwirtschaftlichen Hausfrau* ein eigenes Organ besaß. Allerdings zeigten sich deutliche Unterschiede gegenüber Preußen: Zum einen war der württembergische Verband neben seiner generell schwächeren Organisation stark in die staatliche Landwirtschaftsverwaltung eingegliedert, blieb näher an seiner ursprünglichen Zielsetzung der parteipolitischen Neutralität und war stärker überkonfessionell orientiert. Zum anderen war er vor 1918 eine Bewegung des städtisch-liberalen Bürgertums und seiner Konsumenteninteressen. Auf dem Land war er erst nach 1918 stärker vertreten und richtete sich dann konservativer aus. Er blieb aber auf die Forderung nach verbesserter haus- und landwirtschaftlicher Mädchen- und Frauenbildung beschränkt. Statt politischer Interessenvertretung war er ländlich-hauswirtschaftliche Selbsthilfeinitiative unter staatlicher und kommunaler Leitung zur Mitgestaltung der veränderten Arbeits-

---

[2] H. SEUFERT, 1914. 1907 war in Württemberg in 54,9 % der landwirtschaftlichen Betriebe die Ehefrau die Hauptarbeitskraft. Zur geschlechtsspezifischen Arbeitsteilung, die während der Kriegsjahre eine Auflockerung erfahren haben dürfte, die Untersuchung von M. BIDLINGMAIER, 1993 [zuerst 1918]. 1925 waren 18,5 % der selbständigen Erwerbstätigen in der Landwirtschaft Frauen. Bei den mithelfenden Familienangehörigen lag ihr Anteil bei 78,9 % (O. TRÜDINGER, Württembergische Landwirtschaft, 1927).

[3] Die Integration der klein- und mittelbäuerlichen Landfrauen gelang erst nach 1945 innerhalb des Deutschen Landfrauenverbandes. Zur Landfrauenbewegung insgesamt: CH. HINKELMANN, 1998; C. SCHWARZ, 1990; R. BRIDENTHAL, 1993; B. GREVEN-ASCHOFF, 1981, S. 112 ff.; B. GUTTMANN, 1989, S. 152–158; B. KERCHNER, 1992, S. 216–220. Sehr schwach war in Württemberg auch der katholische Landfrauenbund organisiert, der erst nach dem Ersten Weltkrieg einen Landesverband begründete (P. GÖZ, 1916, S. 338).

[4] Bericht über Gründungsversammlung mit Vertretern der Zentralstelle in Schw. Landmann v. 15. Mai 1916. Zur Gründung des Vereins 1916 bis 1918: E. KOCH, 2002, S. 584 ff. Vgl. auch die Bestände in HStA Stuttgart E 361 Bü 258 u. Bü 283. Bis 1918 waren 48 Vereine, ausnahmslos in Mittel- und Großstädten, sowie zahlreiche Verkaufsstellen gegründet worden.

Horizontale Vernetzung und parteiinterne Ausdifferenzierung 161

und Lebensbedingungen der Landfrau.[5] Der württembergische Landesverband war strukturell dem landwirtschaftlichen Vereinswesen angeglichen. Organisatorisch reichte er nicht in den Bauernbund hinein. Als korporatives Mitglied war der Landesverband seit 1921 in den Reichslandbund eingegliedert, genoß dort aber weitestgehende organisatorische Selbständigkeit.

Die politische Öffentlichkeit blieb beim Bauernbund vor und nach 1918 fast ausnahmslos männliche Domäne. Anfangs leistete die Frau offensichtlich genug Unterstützung, wenn sie den Ehemann nicht davon abhielt, sich in politischen Versammlungen zu treffen. 1899 wandte sich eine Bäuerin an ihre Standesgenossinnen:

»In unseren Zeiten schließen sich alle Stände zusammen, um ihre Interessen zu vertreten und ihre Lage zu verbessern. Wenn nun der Bauernbund sich zusammengetan hat, um für das Wohlergehen der Landwirtschaft zu sorgen, so sind unsere Frauen dabei sehr stark beteiligt. Das beste und schönste was wir auf Erden haben, ist und bleibt ja doch die liebe traute Heimat, und unsere Männer wollen in ihrem Bauernbund für Haus und Hof, für Herd und Heimat kämpfen und dafür sorgen, daß unsere Landwirtschaft ihren richtigen Schutz und die nötige Hilfe bekommt. Es wäre ein großer Fehler, wenn die Frauen unsere Männer abhalten wollten sich um eine solch wichtige Sache anzunehmen; im Gegenteil, gerade sie sollten die Männern anmuntern, tüchtig mitzuarbeiten damit es bald besser wird.«[6]

Die Bäuerinnen beanspruchten keine geschlechtsspezifische Interessenvertretung innerhalb der Partei. Im Gegensatz zu den städtischen konservativen Frauen, die vor allem im sozialen, karitativen und kirchlichen Rahmen engagiert waren, blieben die Muster der geschlechtsspezifischen Handlungsräume auf dem Land in den tradierten Bahnen. Das bedeutete: Interessenidentität von Bauer und Bäuerin in einer produzierenden Haus- und Arbeitsgemeinschaft. Der Berufene für die politische Auseinandersetzung war der Familienvorstand. Man war sich allerdings bewußt, daß Politik eben auch zuhause gemacht wurde und »die Haltung zum Bauernbund oft von der Haltung der Frauen abhängt, von denen ein freundlicher Zuspruch oft großes bewirkt.«[7] 1910 war erstmals bei einer Landesversammlung die Galerie für Frauen reserviert:

»Sogar die Emporen der Liederhalle waren besetzt und es tat dem prachtvollen Bild einer Männerversammlung keinen Eintrag, daß viele Frauen den Gang nach der Liederhalle nicht gescheut hatten, um dort den Reden zu lauschen, die die Berufenen über die Bauernbundssache und ihre Politik zu halten hatten.«[8]

---

[5] Die anfangs schwache organisatorische Ausbreitung erfuhr erst eine Ausweitung, als die Landesverwaltung die Gründung von Hausfrauenvereinen übernahm (vgl. C. SCHWARZ, 1990, S. 54 u. 213 f.; insgesamt zu Württemberg S. 204 ff. sowie Organisationshandbuch des Reichs-Landbundes 1930, S. 252). Geschäftsführerin und Vorsitzende des Hauptverbandes der landwirtschaftlichen Hausfrauenvereine in Württemberg war von 1916 bis 1928 die Fürstin Hohenlohe-Waldenburg, ihre Nachfolgerinnen waren zwei städtisch-bürgerliche Frauen aus Laupheim und Stuttgart (Schw. Tageszeitg. v. 28. Febr. 1928).
[6] Bauernfreund 1899, S. 35.
[7] Schw. Landmann v. 15. April 1906.
[8] Schw. Landmann v. 1. Juni 1910.

Abgesehen von Wahlkämpfen als weiblichem Partizipationsbereich blieb die Organisation des Bauernbundes männlich dominiert. Frauen waren keine offiziellen Parteimitglieder und wurden in der Mitgliederstatistik nicht geführt. Eine parteiinterne, horizontal nach Geschlecht ausdifferenzierte Vertretung hatten sie nicht.

Von größerer Brisanz war die Frauenfrage für die städtischen Konservativen, auf die sie vor 1914 statt mit positiver Integrationsarbeit mit misogynen Stereotypen reagiert hatten.[9] Die Diskussion über die spezifischen Handlungsfelder konservativer Frauen innerhalb der Partei eröffnete das Reichsvereinsgesetz von 1908, das die männliche Geschlechtsexklusivität der Parteien beendete.[10] Die Frage wurde auch organisatorisch eine Frage von wachsendem Legitimationsdruck auf die konservative Partei.[11] Die ›roten Wahlen‹ von 1912 hatten auf konservativer Seite nicht nur eine Organisations-, sondern auch eine Selbstverständnisdebatte ausgelöst, in der die Frage, wie Frauen in die Parteiarbeit einzubinden waren, eine wichtige Rolle spielte.

Die Frauenbewegung hatte sich Ende des 19. Jahrhunderts ausdifferenziert und konfessionell sowie parteipolitisch positioniert.[12] Neben die sozialdemokratische und liberal-bürgerliche Frauenbewegung war mit dem Deutsch-Evangelischen Frauenbund 1899 eine protestantisch-konservative Gruppierung getreten, gegründet gegen die Unsittlichkeit als Symbol aller negativ empfundenen Modernisierungen. Mit seinem Beitritt zum Bund Deutscher Frauenvereine demonstrierte er seinen Willen, die weitere Entwicklung der bürgerlichen Frauenbewegung mitzugestalten.[13] Mit Verweis auf die bestehenden Frauenvereine und mit deutlicher Abgrenzung der geschlechtsspezifischen Aufgabenfelder konnte die parteiinterne Frauen-

---

[9] Vgl. z.B. Dt. Reichspost v. 30. Okt. 1897 über die Auswirkungen der Industrialisierung: »Sie bedeutet die Gleichstellung von Mann und Frau. Die Frau wird statt der Gehilfin zur Konkurrentin des Mannes. Die Folgen sind: mangelhafte Kost, Unordnung im Haus, Unerzogenheit der Kinder und Launenhaftigkeit der maschinengeschädigten Frau. Die Folgen: das treibt den Mann ins Wirtshaus!« Unter der Überschrift »Wilde Weiber« hieß es in der Dt. Reichspost v. 27. Okt. 1906: »Das Bedürfnis sich lächerlich zu machen, ist bei Vertreterinnen der bürgerlichen Frauenbewegung ebenso vorhanden wie bei den roten Huldinnen und ihren englischen und amerikanischen Vorbildern. [...] Die Gemütsart und das Denken der Frau sind aus natürlichen Gründen so sehr auf den häuslichen Kreis und das Innenleben der Familie hingewiesen, daß sie, sobald dieser Halt ihr schwindet, auch die Selbstbeherrschung zu verlieren pflegt. Zudem ist das weibliche Denken im guten wie im bösen Sinne weit mehr von Empfindung und Phantasie bestimmt, als das männliche, es neigt daher in allen Fragen, die nicht dem engsten und eigentlichen Lebenskreise der Frau angehören, zu Übertreibungen und Maßlosigkeiten.« Hierzu und zum Bund zur Bekämpfung der Frauenemanzipation U. PLANERT, Antifeminismus, 1998.
[10] Das liberale Vereins- und Versammlungsrecht in Württemberg hatte bereits zuvor Frauen aus dem Vereinsleben nicht ausgeschlossen (vgl. B. MANN/G. NÜSKE, Königreich Württemberg, 1984).
[11] Vgl. die Einschätzung bei K. GRAF V. WESTARP, Konservative Politik im letzten Jahrzehnt des Kaiserreichs, Bd. I, 1935, S. 398.
[12] R. EVANS, Feminist Movement, 1976; B. GREVEN-ASCHOFF, 1981; U. FREVERT, Frauen-Geschichte, 1986 u.ö. sowie der Überblick bei U. GERHARD, 1996, S. 170–213.
[13] U. BAUMANN, Protestantismus, 1992, S. 126–137; D. KAUFMANN, 1988, S. 23–42; J.-CH. KAISER, Frauen in der Kirche, 1985, S. 21–68. In Württemberg bestanden bis 1914 vier Ortsgruppen in Stuttgart (1900), Ulm (1903), Tübingen (1906) und Reutlingen (1907).

frage bei den Deutschkonservativen bis 1912/13 dilatorisch behandelt werden. Erst dann öffnete man sich dem Partizipationsdruck der Frauen mit einer parteioffiziellen Stellungnahme, die die tradierte Gratwanderung fortsetzte: Mitarbeit in der Partei, »Vervollkommnung« der Frauenbildung, Förderung der weiblichen Erwerbstätigkeit »in den gegebenen natürlichen Grenzen« und der karitativen Arbeit, aber keine Politisierung der Frau, keine Wahlarbeit, kein Frauenwahlrecht und Ablehnung »jeder Art sogenannter Frauenemanzipation«. Seit 1913 war Frauen die Mitgliedschaft in der Partei erlaubt. Mit der Vereinigung konservativer Frauen hatten sie sich auf Reichsebene eine Vertretung geschaffen, die aber weibliche Honoratiorengruppe ohne Breitenwirkung blieb.[14]

In Württemberg war vor 1918 von einer konservativen Frauengruppe nichts zu hören. Das bedeutet nicht, daß sich die württembergischen Konservativen nicht auch um Frauenbelange gekümmert hätten.[15] Aber sie waren definitiv die letzte unter den Parteien, die sich der Frauenfrage öffneten. 1912 hieß es:

»Jetzt gehen neben den Sozialdemokraten, Freisinnigen und Zentrumsanhängern auch die Nationalliberalen dazu über, die Frau in den politischen Kampf mit hineinzuziehen. Vor wenigen Tagen hat unter der Leitung von Frau Bassermann ein nationalliberaler Frauentag stattgefunden. Die Zeit erscheint uns deshalb nicht allzu fern, wo es auch bei uns wird heißen müssen: Konservative Frauen heraus! Alle andern Parteien sind bereits an die Frau herangetreten, um sich deren Mitarbeit im parteipolitischen Leben zu sichern. Auch wir werden eine Revision unserer Stellungnahme zu diesem Problem auf die Dauer wohl nicht umgehen können.«[16]

Der Erste Weltkrieg hatte den Emanzipationsbestrebungen zum Durchbruch verholfen, hatte dabei aber emanzipatorische als auch konservierende Auswirkungen auf die geschlechtsspezifischen Handlungsbereiche gezeigt. Das Frauenwahlrecht hob die Trennung in einen männlichen und einen weiblichen, einen öffentlichen und privaten, einen staatlichen und einen familiären Bereich keineswegs auf.[17] Frauen waren im Zuge von Nationalisierung, Militarisierung und der Stereotypisierung von Kriegsfront und Heimatfront in den ursprünglich männlich definierten Raum der Nation eingedrungen.[18] Ein Durchlauferhitzer war dabei unter dem Vorzeichen nationaler Partizipationsverheißung die Vaterlandspartei als erster Massenverband,

---

[14] K. HEINSOHN, 2000, v.a. S. 218 ff. (mit dem Wortlaut der parteioffiziellen Stellungnahme) u. U. BAUMANN, Protestantismus, 1992, S. 216.
[15] Im März 1911 etwa hielt Friedrich Schrempf einen Vortrag vor dem Württembergischen Verein für Frauenstimmrecht (Südd. Ztg. v. 4. März 1911).
[16] Deutsch-Konservativ v. Okt. 1912. Zum Stand der Frauengruppen in den anderen württembergischen Parteien E. KOCH, 2002, S. 272 ff. An der Spitze dieser Modernisierungsbestrebungen dürfte die SPD gelegen haben, die mit ihrem Stand der Frauenarbeit, die deutlich unter dem Reichsschnitt lag, aber unzufrieden war. Zu Ursachen und Motiven M. CHRIST-GMELIN, Sozialdemokratie, 1979, S. 129 ff. Im Rückblick der Parteivorstandsbericht auf der SPD-Landesversammlung in Schw. Tagwacht v. 31. Juli 1919.
[17] U. DANIEL, Arbeiterfrauen, 1989 u. B. GUTTMANN, 1989.
[18] Vgl. dazu die Beiträge in FRAUEN UND NATION, 1996; U. PLANERT, Nation, Politik und Geschlecht, 2000; U. FREVERT, Militär und Gesellschaft, 1997; C. TACKE, 1995 u.ö. sowie die Aufsätze in D. LANGEWIESCHE, Nation, Nationalismus, Nationalstaat, 2000.

der explizit »national denkende Frauen« zum Beitritt aufforderte.[19] 1917 waren auf der letzten Landesversammlung der Konservativen vor Kriegsende erstmals auch Frauen zugegen.[20] Im Januar 1918 hieß es in der Presse, alle Parteien in Württemberg, einschließlich der Konservativen, seien nun dazu übergegangen, Frauen zur Parteiarbeit heranziehen.[21]

Die Mobilisierungsmuster weiblicher Parteimitglieder und die Gründungswelle bürgerparteilicher Frauengruppen gleichen den Vorgängen auf Reichsebene der DNVP.[22] Die Frauen erwiesen sich als bestens vorbereitet für den Eintritt in den politischen Tageskampf: sie schufen sich rasch einen bis in die Ortsgruppen hinein ausdifferenzierten eigenen Kommunikationsraum, in dem sie ihre Rolle als konservative Frauen definierten. Als Grundzüge der Frauenarbeit in der Partei lassen sich herausarbeiten: Bei der Rekrutierung der bürgerparteilichen Frauen dominiert ein konnubiales Muster, das der tradierten familiarisierten Mitgliedschaft des städtischbürgerlichen Vereinswesens vor 1914 entsprach. Die Frau war über den männlichen Familienvorstand in die Partei eingebunden. Bei einem Großteil der weiblichen Parteimitglieder kann davon ausgegangen werden, daß sie Ehegattinen männlicher Parteimitglieder waren.[23] Das kann als durchaus naturwüchsiges Phänomen gesehen werden und dürfte auch in anderen Parteien nicht wesentlich anders gewesen sein.[24]

Darüber hinaus sind innerhalb der weiblichen Parteimitglieder zwei Gruppierungen auszumachen: zum einen honoratiorenhafte Bürgerfrauen, die nicht berufstätig, aber auf sozial-karitativem Gebiet und in den konfessionellen Frauenverbänden engagiert waren und sich stärker auf die traditionellen Ziele der Hausfrauenvereine konzentrierten.[25] In der Öffentlichkeit traten sie mit der Berufsbezeichnung ihres Gatten auf. Zum andern eine zweite Gruppe, die erwerbstätige und wirtschaftlich unabhängige Frauen erfaßte, denen wegen ihres Berufs – meist ein Sozial- oder

---

[19] H. HAGENLÜCKE, Deutsche Vaterlandspartei, 1997, S. 154 f., veranschlagt den Frauenanteil in der Vaterlandspartei auf rund ein Drittel. Zahlen für Württemberg liegen nicht vor. Vgl. aber den von sechs Gattinen prominenter württembergischer Deutschkonservativer unterzeichneten Aufruf an Frauen zum Beitritt in Süddt. Ztg. v. 14. Febr. 1918.
[20] Süddt. Ztg. v. 12. April 1917.
[21] Schw. Kronik v. 16. Jan. 1918 A. Die Nationalliberalen hatten zwei Frauengruppen in Stuttgart und Göppingen gegründet.
[22] R. SCHECK, 1997. Zum Reichsfrauenausschuß der DNVP auch: K. GRAF V. WESTARP, Konservative Politik im Übergang, 2001, S. 114 f.
[23] Vgl. den Aufruf zum Parteieintritt in Süddt. Ztg. v. 10. Jan. 1919 u. Schw. Merkur v. 11. Jan 1919 A, den 152 Frauen unterzeichnet hatten. Von 248 Frauen (Personaldatensatz), die in der Partei hervorgetreten sind und sich über die Presse erfassen ließen, war mit 195 Frauen (78,6%) die deutliche Mehrheit Gattinen von männlichen Parteimitgliedern.
[24] Für die SPD: R. EVANS, Sozialdemokratie, 1979, S. 199–209. Das Zentrum verzichtete gänzlich auf eine eigenständige Frauenorganisation (vgl. B. SACK, 1998).
[25] Der Verband Deutscher Hausfrauenvereine sah sein Aufgabengebiet v. a. in ernährungs- und preispolitischen Fragen, in der Ernährungshygiene sowie in der hauswirtschaftlichen Frauenbildung und -beratung (vgl. C. SCHWARZ, 1990. S. 75). Zu den konfessionellen Frauenverbänden vgl. H.-G. JASCHKE, 1990; K. HÖNIG, 1995; U. BAUMANN, Religion, 1992 u. die Beiträge in Ariadne 35 (1999). Zu den konfessionellen und interkonfessionellen Frauenverbänden in Württemberg vor 1916 vgl. P. GÖZ, 1916.

Lehrberuf – eine besondere Fähigkeit für die Sozialpolitik zugesprochen wurde. Zu dieser Gruppe kamen Frauen hinzu, die stärker im Bereich der Berufsorganisation der Hausfrauen organisiert waren. Diese traten stärker für die rechtliche Gleichstellung von Frauen in der Berufswelt ein. Entsprechend traten sie in der Öffentlichkeit mit der ostentativen und zum Berufsstand aufwertenden Bezeichnung Hausfrau auf.[26] Sie traten politisch deutlich aktiver in führenden Stellungen in Vereinen und innerparteilichen Gremien hervor und nahmen dann auch Kandidaturen und Mandate auf kommunaler und landespolitischer Ebene an.

Für die erste Gruppe stehen mit Marianne Kraut, Johanna Beringer und Paula Göz die Gattinen prominenter Parteipolitiker.[27] Für die zweite Gruppe stehen Klara Klotz und Josefine Giese. Klara Klotz, Vorsitzende der Berufsorganisation der Hausfrauen Stuttgarts, war Vorsitzende des Landesfrauenausschusses und die einzige Landtagsabgeordnete der Bürgerpartei. Sie galt als führende Hugenberg-Anhängerin und war als einzige der weiblichen Parteiprotagonisten immer wieder im völkischen Verbandsnetz zu finden. Als Ausdruck der weiblichen Militarisierung nach dem Weltkrieg ist die Tatsache zu werten, daß sie als Witwe eines Offiziers Mitbegründerin und Vorsitzende des Württembergischen Offiziersfrauenbundes war. Josefine Giese, Pfarrerstochter und Pfarrerswitwe, seit 1924 mit einem Arbeiter der Bosch-Werke verheiratet, war Leiterin einer privaten Sozialeinrichtung in Stuttgart, langjährige Gemeinderätin und Vorsitzende des Landesgewerkvereins der Heimarbeiterinnen. Sie kam aus christlich-sozialem Hintergrund und galt als die Vertreterin der schwach organisierten Arbeiterinteressen in der Partei.[28] Als weibliche Galionsfiguren der Partei sind beide mit Käthe Schirmacher und Margarete Behm auf der DNVP-Reichsebene zu vergleichen.[29]

Bei der Gründung von Frauengruppen zeigt sich ein durchgehendes Muster. Die Frauen galten als politische Neulinge und vor allem gegenüber den Frauen in der SPD als politisch ungeschult: »Wir tun also am klügsten, das eigene Urteil der männlichen Führung unterzuordnen«, hieß es kurz nach dem Umbruch.[30] Bereits auf der ersten Frauenversammlung der Partei wurde beschlossen, Frauenerörterungsabende mit geschulten Rednern einzuführen und zu diesem Zweck in jedem Ortsverein eine Frauengruppe zu gründen.[31] Diese Gründungswelle verlief rasch. In

---

[26] Süddt. Ztg. v. 23. Febr. 1926. Die Berufsorganisation der Hausfrauen zählte 1926 ca. 900 Mitglieder, die Arbeitsgemeinschaft evangelischer Hausfrauen Stuttgarts als Hausfrauenabteilung des Deutsch-Evangelischen Frauenbundes und des Evangelischen Volksbundes dagegen rund 15 000.
[27] Exemplarisch: Paula Göz, Witwe des Geheimrats Karl Göz, war Vorsitzende des Württ. Frauenvereins für hilfsbedürftige Kinder, des Vereins für Waisenpflegerinnen, Mitbegründerin des Landesverbands für Jugendfürsorge und während des Krieges im Hauptausschuß des Städtischen Hilfsausschusses und der Beratungsstelle für Kriegswaisen (vgl. ihre Darstellung der »Frauenbestrebungen«: P. Göz, 1916).
[28] Nachruf auf J. Giese in Süddt. Ztg. v. 8. Aug. 1926.
[29] Zu Käthe Schirmacher vgl. A. WALZER, 1991; zu Margarete Behm die Biographie ihrer Parteigenossin M. WOLFF, 1930 und den Artikel in NDB 2 (1955), S. 8.
[30] Süddt. Ztg. v. 4. Jan. 1919 u. Schw. Merkur v. 4. Dez. 1918 A.
[31] Süddt. Ztg. v. 4. Jan. 1919.

aller Regel war ein prominenter männlicher Parteivertreter anwesend, vor allem solche mit christlich-sozialer Prägung wie der Vorsitzende Beißwänger und Theophil Wurm. Hinzu trat meist die Gattin eines lokalen Parteiführers, die dann die Leitung der Frauengruppe übernahm. In aller Regel war dann noch der evangelische Pfarrer anwesend, der den christlich motivierten Hintergrund der Frauengruppe unterstrich.[32]

Zur Koordinierung der Arbeit wurde eine »Mittelstelle« in Stuttgart eingerichtet, die Anweisungen zur weiteren Gründung von lokalen Frauengruppen gab: Zusammen mit dem Vereinsvorsitzenden sollten zuerst geeignete Frauen bestimmt und deren Bereitschaft zur Übernahme eines Amtes geprüft werden, bevor dann eine Versammlung einzuberufen sei. Als Vorsitzende sei eine Frau geeignet, die bereits Erfahrung im Vereinswesen besäße und von der zu erwarten sei, daß sie es verstehe, die Ausschußmitglieder zur Mitarbeit heranzuziehen.[33] Die Vorsitzenden der Frauengruppen waren dann meist auch die Vorsitzenden des örtlichen Deutsch-Evangelischen Frauenbundes, der Hausfrauenvereine, prominente Persönlichkeiten aus dem Bereich der bürgerlichen Sozialreform und Wohlfahrtspflege oder Pfarrers-, Schulrats- und Sanitätsratsgattinnen, die das christliche, kultur- und sozialpolitische Bild der Partei vor Ort prägten.[34]

Innerhalb kurzer Zeit erarbeiteten sich die Frauen in der Partei ein eigenständiges Organisationsgefüge sowie ein parteiinternes Kommunikationsnetz, das in den jeweils lokalen Vereinsbereich hineinreichte. Hier kann von einem organisatorisch und auch inhaltlich eigenständigen Milieu der konservativen Frauen gesprochen werden. Es ist davon auszugehen, daß in jeder größeren Ortsgruppe auch eine Frauengruppe bestand. Wo diese zu klein war, wurde eine Vertrauensfrau bestimmt.[35] Der Landesfrauenverband der Partei verfügte über eine eigene Satzung[36], tagte bei Vertretertagen in eigenen Sektionen und hatte besondere Vertretungsrechte in den Parteigremien. Die Frauengruppen sind unbestritten als der erfolgreichste Teil der horizontalen Ausdifferenzierung der Partei zu sehen. Sie leisteten einen wesentlichen Beitrag zur Mitgliedergewinnung und -bindung, zur Intensivierung und Verstetigung der Parteiarbeit vor Ort. Sie waren stärker noch als vor 1918 Teil der familiären

---

[32] Berichte über die Gründung von Frauengruppen in Stuttgart, Ludwigsburg, Bopfingen, Esslingen, Heilbronn, Waiblingen in Süddt. Ztg. v. 4. Febr. 1919, v. 16. März 1919, v. 6. April 1919 u. v. 8. Mai 1919, v. 28. Mai 1919.

[33] Richtlinien für die Frauengruppen der Württ. Bürgerpartei, Okt. 1919.

[34] Als Beispiele: Paula Göz und Agnes Kiefner als Vorsitzende der Arbeitsgemeinschaft evangelischer Hausfrauen in Stuttgart, die Schriftstellerin Marie Josenhans (»eine der volkstümlichsten Persönlichkeiten Stuttgarts im Bereich der Armenfürsorge, Wohlfahrtspflege und Wohltätigkeit«, Süddt. Ztg. v. 24. März 1926) und die Sanitätsratsfrau Johanna Göller in Ludwigsburg.

[35] Bericht über eine Landesfrauentagung v. 27. März 1927 (NL Hiller), auf der Vertreterinnen von insgesamt 48 Frauengruppen anwesend waren. Die Mindestgröße einer Frauengruppe lag bei 12 Personen. Die Frauengruppe Stuttgart etwa hatte bei ihrer Gründung einen Ausschuß von allein 44 Frauen gewählt (Süddt. Ztg. v. 4. Febr. 1919).

[36] Richtlinien für die Frauengruppen der Württ. Bürgerpartei, Okt. 1919 u. Satzung des Landesfrauenverbands der DNVP (Württ. Bürgerpartei), 1927 (NL Hiller).

Milieubildung, die nun auch in den parteiorganisatorischen Rahmen hineinreichte. Und sie waren ein Faktor politisch-inhaltlicher Innovation. Sie standen für eine neue Qualität modernisierender Effekte in der Partei. In den lokalen Erörterungsabenden und auf landesweiten Frauentagungen wurde weibliche soziale Identität im konservativen Spektrum formiert und programmatisch eingebracht. Zentrale sozialpolitische Positionen der Bürgerpartei wurden von Vertreterinnen der bürgerlichen Frauenbewegung und Frauenvereinsarbeit formuliert. Die Richtlinien der Partei vom Oktober 1919 umschrieben das Ziel der Frauenpolitik:

> »Der zunehmende Verfall der öffentlichen Sittlichkeit und die wachsende Not weisen der deutschen Frau dieselbe Aufgabe zu, die sie nach dem 30jährigen Krieg zu erfüllen hatte. Wie damals das deutsche Haus die Heimstätte deutschen Lebens wurde, so wird auch jetzt das fromme und liebende Gemüt der Frauen der unzerstörbare Quell für die Wiedergesundung des Volkslebens sein. Die Bürgerpartei fördert deshalb die Mitarbeit der Frau an der sittlichen und körperlichen Ertüchtigung des Volkes, insbesondere in der Jugendfürsorge und der Säuglingspflege.«[37]

Im Sinne der tradierten christlichen Werte beschränkten sich die Tätigkeitsfelder der Frauen allerdings auf den Bereich der Sozial- und Bildungspolitik.[38] Innerhalb der Partei besetzten sie dieses Ressort fast vollständig, ob in männlicher Fremdzuschreibung oder in der Selbstdefinition der eigenen Rolle.[39] Die Tätigkeitsbereiche der Frauen entsprachen den bürgerlichen Geschlechtsstereotypen und zementierten die ›vormodernen‹ Orientierungsmuster der polaren Geschlechtscharaktere.[40] Daß dies jedoch keine männliche Strategie war, sondern dem Selbstverständnis der konservativ-bürgerlichen Frauen entsprach, zeigen die Selbstdefinitionen der Parteifrauen. Die Frau galt als besonders interessiert an Kirchen- und Schulfragen, sie galt als die Befähigte, den »kranken Volkskörper« durch die »Wiedererrichtung von Moral und Sitte, Zucht und Ordnung« in der Familie zu heilen, und sie galt als die Berufene für den Interessenausgleich von Konsumenten und Produzenten sowie der gespaltenen »Volksgemeinschaft«.[41]

---

[37] Richtlinien für die Politik der Württ. Bürgerpartei, Okt. 1919.
[38] J.-Ch. KAISER, Frauen in der Kirche, 1985.
[39] Als Beispiel für die männliche Rollenzuschreibung ein Vortrag von Landrichter Paul Göz vor der Frauengruppe Stuttgart: »Frauen sind rascher in der Erfassung neuer Wahrheiten als der Mann. Die Frau gibt diesem die Idee, die eine stärkere Kraft ausführt. Als Trägerin der Sitte muß die Frau uns aus den Irrwegen zurückführen und uns die verlorenen Ideale wieder schaffen. [...] Die Erziehung der Jugend zu nationalem Denken ist ihre wichtigste Aufgabe« (Süddt. Ztg. v. 14. Mai 1920).
[40] Zum Orientierungsmuster der polaren Geschlechtscharaktere K. HAUSEN, 1976.
[41] Süddt. Ztg. v. 4. Jan 1919. Vgl. den Umriß der Aufgeben der Frauen auf einer Tagung des Landesfrauenausschusses im Oktober 1922: »Die Fürsorge für Kranke, Alte, Wöchnerinnen, Kinder, für Erwerbslose und Kriegshinterbliebene ist das gegebene Reich der Frauen wie auch die christliche Erziehung der Kinder. Kampf gegen die Entsittlichung des Volkes, Schmutz und Schund und Alkoholmißbrauch ist das Betätigungsfeld der Frauen« (Süddt. Ztg. v. 3. Okt. 1922). Ähnlich ein programmatischer Aufsatz von Elise Roser, prominente Frauenvertreterin in der Partei und führendes Mitglied des christlich-nationalen Vereins der Heimarbeiterinnen in Blätter der Württ. Bürgerpartei v. 7. Nov. 1920.

Den Aktiva der enormen Mobilisierung von Frauen in den ersten Jahren der Weimarer Republik, dem großen Elan, mit dem viele von ihnen angetreten waren und der insgesamt zu konstatierenden Aufwertung, die sie als Sozialgruppe auch innerhalb der Partei erfuhren, stehen allerdings auch Passiva entgegen. Nach einem anfänglich durchgehaltenen informellen Frauenproporz in den Gremien der Partei wurden diese wieder zunehmend männlich dominiert. Sowohl in den Führungsgremien als auch bei den Kandidaturen und Mandaten ging der weibliche Anteil sukzessiv zurück.[42] Die Tatsache, daß Frauen gemessen an ihrem Anteil der Mitglieder einer quantitativen Diskriminierung unterlagen, war ein permanenter innerparteilicher Diskussionspunkt.[43]

Aus der männlichen Anleitung befreiten sich die Parteifrauen rasch. Seit 1920 tagten die Frauengruppen geschlechtssepariert ohne männliche Beteiligung. Bedingt durch die geschlechtsspezifische Rollen- und Politikfelderzuteilung blieben die Frauen in der Partei allerdings auf die Arbeitsbereiche beschränkt, wo ihre Arbeitsfelder Sozialpolitik und Wohlfahrtspflege umgesetzt wurden: in der Kirchengemeinde, der Kommunalpolitik und der kommunalen Daseinsfürsorge.[44] Neben die quantitative Unterrepräsentanz trat durch die Zuschreibung geschlechtsstereotyper Merkmale an bestimmte Politikbereiche die qualitative Reduzierung auf weibliche Themen und auf die »organisierte Mütterlichkeit« der bürgerlich-konfessionellen Frauenbewegung. Mit dem tradierten Modell der Ernährer-Hausfrau-Familie wurde versucht, die restaurative Vorkriegsgeschlechterordnung wiederherzustellen.[45] Die konservativen Frauen hatten zwar ihren eigenen politischen Identitätsraum, waren aber aufgrund der etablierten geschlechterdefinierten politischen Wertehierarchie aus den männlichen Politikbereichen ausgeschlossen. Organisatorisch genossen sie zwar wie keine andere parteiinterne Gruppierung Selbständigkeit, diese wurde aber zumindest finanziell stark eingeschränkt.[46]

Auch den konservativen Frauen gelang es nicht, neue Sozialgruppen zu erschließen. Der erst 1923 erfolgte Aufruf zur Gründung einer Arbeiterinnengruppe war ein

---

[42] 1920 betrug der Anteil der Frauen im Parteivorstand 16,7 % und im Hauptausschuß 18,9 %. 1931/32 waren die jeweiligen Werte nur noch 13,3 % (Vorstand) bzw. 14,0 % (Landesausschuß).
[43] E. Marquardt, 1934, S. 92: »Die Frauengruppen waren rasch [...] für die Arbeit der Partei unentbehrlich geworden. Trotzdem konnten weite Kreise in der Partei eine Abneigung gegen weibliche Abgeordnete nicht überwinden.«
[44] Zur Kontinuität dieser Tradition und zur höheren weiblichen Beteiligung am kirchlichen Gemeindeleben E. Koch, 2002, S. 216 ff. u. W. v. Hippel, Industrieller Wandel, 1979, S. 109–111. Zur »Feminisierung der Religion« U. Baumann, Protestantismus, 1992, S. 35–37. Vor allem in den größeren Städten Württembergs (z.B. Stuttgart, Ulm, Esslingen und Ludwigsburg) waren Frauen der Partei in den Gemeinde- und Stadträten vertreten.
[45] C. Köhle-Hezinger, »Weibliche Wohltätigkeit«, 1993 sowie die Beiträge in K. Hagemann/ S. Schüler-Springorum, 2002, v.a. von B. Kundrus.
[46] 1919 hieß es: »Für ihre besonderen Zwecke sind die Frauengruppen auf freiwillige Spenden ihrer Mitglieder angewiesen. Für die Reisekosten auswärtiger Redner kommen die Frauengruppen womöglich aus ihren eigenen Mitteln auf, ebenso ist erwünscht ein freiwilliger Jahresbeitrag der Gruppen für die Kosten der Mittelstelle« (Richtlinien für die Frauengruppen der Württ. Bürgerpartei, Okt. 1919).

glatter Fehlschlag.⁴⁷ Die Entwicklung des Frauenanteils in der Partei läßt sich schwer abschätzen. Ob Frauen durch den zunehmenden Einfluß der männlich-militaristischen und völkischen Verbände sowie durch das Einschwenken auf Hugenberg-Kurs und durch die Ökonomisierung der Partei abgeschreckt wurden, kann nicht belegt werden.⁴⁸ Benutzt man die Häufigkeit von Berichten in der Presse über Frauenversammlungen, so dürfte das Engagement der Frauen in der Partei im Verlauf der Weimarer Jahre deutlich zurückgegangen sein. Vom schwungvollen Beginn und dem weitgesteckten Ziel der Volksgesundung blieb 1928 noch der »selbstlose Dienst der Liebe im kleinen Kreis.«⁴⁹

4. Jugend: Die kommende Generation

In der voranschreitenden Fundamentalpolitisierung entdeckten die Parteien die Nachwuchsarbeit unter Jugendlichen. Auf wachsende Mobilität, Auflösung von Traditionen und Familienbindungen, vermeintlich gesellschaftlichen Moralverlust und Vordringen des Sozialismus reagierten Staat, Kirchen, Verbände, Vereine und die Parteien. Die Konservativen in Württemberg setzten 1912 in einem Leitartikel der »sozialdemokratischen Jugendvergiftung« ihre eigene Vorstellung von Jugendarbeit entgegen:

> »Zucht in der Jugend ist die Vorbedingung für späteres gedeihliches Leben und Schaffen. Zur Zucht gehört aber vor allem Gehorsam, die Fähigkeit des Unterordnens und Einordnens in die gegebenen Wirklichkeiten in der Familie, Gemeinde, Gesellschaft und im Staat. Der jugendliche Wille muß von früh auf gewöhnt werden, daß er sich überall zu fügen hat, daß er zuallererst gehorchen lernen muß, den Eltern, den Erwachsenen, den Lehrern, der von Gott und der Geschichte verliehenen Obrigkeit und Ordnung.«¹

Dem gesellschaftspolitischen Großkonzept der institutionellen, staatlichen und von Erwachsenen gelenkten Jugendpflege stand der eigenbestimmte und selbstgesteuerte Entwurf der Jugendbewegung entgegen. Der sozialistischen Arbeiterjugendbewegung begegnete das Bürgertum mit einem breiten Spektrum von Jugendvereinen, die 1911 im Jungdeutschlandbund zusammengefaßt wurden. Der Dachverband staatlicher und halbstaatlicher Jugendarbeit reichte von bürgerlichen Sportvereinen und den kommunalen Jugendpflegevereinen über die Pfadfinderbewegung bis zu den nationalen Jugendorganisationen. Er bündelte die nicht-sozialistische und aus bildungsbürgerlichem Milieu stammende Jugend unter dem Leitaspekt des Freizeitangebots, der Jugendertüchtigung und zunehmend auch im Zeichen des Wehr-

---

⁴⁷ Schw. Kronik v. 24. April 1923. Hier hieß es, die Gruppe sei »für den Sieg der christlichen Weltanschauung gegen Alkoholismus, Luxus und Schlemmerei« gegründet. In Erscheinung getreten ist sie nie. Auch unter den im Personaldatensatz erfaßten Frauen der Partei ist keine einzige Arbeiterin vertreten.
⁴⁸ Vgl. H.-G. JASCHKE, 1990.
⁴⁹ Zitat Klara Klotz auf einer DNVP-Frauentagung in Südclt. Ztg. v. 20. Okt. 1928.
¹ Dt. Reichspost v. 11. Okt. 1912.

gedankens. Ein symptomatischer Bericht über eine Veranstaltung des Jungdeutschlandbundes lautete:[2]

»Nach vorausgegangenen Wanderungen und Geländespielen der einzelnen Gruppen trafen sich diese gestern nachm. von 4 1/2 Uhr ab auf dem prächtig gelegenen Spielplatz des Stuttgarter Turnvereins. Der militärische Vertrauensmann hielt eine Begrüßungsrede an die Jugend, in der er seiner Freude über das Gedeihen und das Verhalten der einzelnen Gruppen Ausdruck gab und die Jungmannschaften ermahnte, durch treue Pflichterfüllung in der Schule und im Beruf, durch Ordnungssinn und Pünktlichkeit, durch gutes Verhalten gegen Eltern, Lehrer und Lehrherrn ihrer Zugehörigkeit zum Jungdeutschlandbund Ehre zu machen, damit dessen Bestrebungen, Schule und Elternhaus in der körperlichen und der geistigen Entwicklung der heranwachsenden Jugend zu fördern, von gutem Erfolg begleitet sein mögen.«

Organisatorische und programmatische Neuanstöße gingen bei den bürgerlichen Parteien vor allem von den Jugendorganisationen der Liberalen aus. Die jungliberale Bewegung war ein Modernisierungselement gegen die Stagnation des Liberalismus. Sie war die betont nationale, sozialpolitisch aufgeschlossene, antiklerikale und gegen Konservative und Zentrum agierende Vertretung der städtisch-bürgerlichen Jugend.[3] Im Gegensatz dazu hatten sich die Konservativen wie bei der Frauenfrage am längsten der Politisierung der Jugend verschlossen. Ein Jungkonservativer Verein wurde in Stuttgart erst im Mai 1912 gegründet, »weil alle Parteien die Jugend heiß umwerben«. Schon an seinem Gründungstag trat der Verein korporativ dem Jungdeutschlandbund bei. Das Ziel des Vereins wurde lediglich in der »schrittweisen Heranführung des kommenden Geschlechts an die politischen Ziele der Partei« gesehen. Von politischer Mitarbeit oder organisatorischer Selbständigkeit war keine Rede.[4]

---

[2] Schw. Kronik v. 21. Okt. 1912 A. 1914 hatte der Jungdeutschlandbund reichsweit ca. 750 000 Mitglieder, was einem Viertel der Jugendlichen zwischen 14 und 20 Jahren entsprach. Vgl. hierzu und zum vorigen Abschnitt: TH. NIPPERDEY, Deutsche Geschichte 1866–1918, Bd. I, 1993, S. 112 ff. u. H.-U. WEHLER, Deutsche Gesellschaftsgeschichte, Bd. III, 1995, S. 1097 ff. Zum Jungdeutschlandbund auch: H. MOMMSEN, Generationskonflikt, 1985 u. S. SUVAL, 1985, S. 165 ff. Der württ. Landesverband wurde 1912 gegründet, fusionierte bald darauf mit der Turnerschaft und erhielt eine eigene Beilage in deren Organ *Turnblatt aus Schwaben*. 1912/13 umfaßte der Verband rund 300 Ortsgruppen mit ca. 15 000 Mitgliedern und stand unter der Schirmherrschaft des Königs (Schw. Kronik v. 26. Okt. 1912 A u. HStA Stuttgart, E 130b, Bü 2945 u. E 150, Bü 180). Auf die Militarisierung der Bewegung reagierten Demokraten (Beobachter v. 19. Juni 1912) und SPD: »Das Ziel der Jungdeutschlandleute ist die Schöpfung einer Art Jugendwehr. Mit militärischem Getue will man die Jugend zu sich herüberziehen und der modernen Arbeiterbewegung den Boden abgraben.« Es folgte die Mahnung an Eltern, ihre Kinder nur »freien Jugendorganisationen« zuzuführen (Schw. Tagwacht v. 4. Mai 1912).

[3] TH. NIPPERDEY, Organisation, 1961, S. 95 ff. u. 126 ff. Für Württemberg: A. GAWATZ, Wahlkämpfe, 2001, S. 93–95. Der Verein der nationalen Jugend der Deutschen Partei wurde 1900 unter Führung des Prof. Mezger aus Ulm (nach 1918 BP) gegründet (Schw. Kronik v. 20. Jan. 1902).

[4] 1903 hatte es noch geheißen, man wolle die Jugend zur Belebung der Ortsvereine heranziehen. Zu diesem Zweck wurde der Werkführer Julius Schelling als Vertreter der »jungen Konservativen« in den Ausschuß des Stuttgarter Ortsvereins berufen (Dt. Reichspost v. 14. Dez. 1903). Gründungsbericht in Dt. Reichspost v. 28. Mai 1912, wo als »Erfolgsmeldung« sechs Neuaufnahmen gemeldet wurden.

Nach dem Ersten Weltkrieg änderte sich das Jugendkonzept der Parteien fundamental. Zum einen brachte der Krieg einen thematischen Bruch in der Jugendbewegung. »Utopien der Jugend« spielten nach der Kriegserfahrung eine entscheidende gesellschaftliche Rolle. Der Krieg galt als Bewährungsprobe der Jugend, aus der ihr Anspruch auf gesellschaftliche Mitwirkung und auf die Gestaltung der Zukunft abgeleitet wurde. Durch Kriegserfahrung, durchgreifende Modernisierung und unterschiedliche Generationserfahrungen wurde die »überflüssige Jugend-Generation« zum kritischen gesellschaftlichen Segment der Weimarer Republik.[5] Parteijugendverbände waren ein Produkt der Zäsur von 1918/19 und der Herabsetzung des Wahlalters. Die 35 bis 40 Jahre als Altersgrenze der Jugendorganisationen der Parteien vor 1918 hatten den Begriff der Parteijugend bereits fragwürdig erscheinen lassen. Jetzt ging es um die organisatorische Einbindung der begrifflich deutlich enger gefaßten Jugend.

Als Teil der horizontalen Vernetzung der Parteien wurden Jugendorganisationen zur Maßnahme des Organisationserhalts, des politischen Überlebens und der Zukunftsgestaltung. Sie hatten zentrale Funktionen: Mitgliederwerbung, organisatorische Erfassung und Aktivierung junger Parteimitglieder sowie deren Interessenvertretung. Außerdem sollten sie Sammelbecken politisch interessierter Jugendlicher sein und Kontakte zu den Jugendverbänden pflegen. Sie galten auch als Rekrutierungs- und Ausbildungsbasis politischen Nachwuchses, als Karrierebasis junger Parteimitglieder und als politische Innovatoren. Gerade bei der Parteijugend galt es als besonders wichtig, einen in diesem Falle generationshomogenen Betätigungsraum zu schaffen, der dort Frustrationen auffangen sollte, wo ältere Mitglieder die Ortsvereine dominierten.[6]

Neben den Funktionen der Jugendorganisationen steht ihr Selbstverständnis und ihre Organisationsprinzipien. In der Weimarer Zeit zeigten sich zwei Typologien von Parteijugendorganisationen: ein autonomer Typus, der stärkere Unabhängigkeit von der Mutterpartei genoß, der seine Führungsspitze aus sich selbst heraus wählte, sich in der Tradition der freien Jugendbewegung als selbstbestimmte Gesinnungs- und Erziehungsgemeinschaft verstand, in autarken Strukturen Selbstverwaltung und demokratische Regeln einüben konnte und stärkere Bereitschaft zur innerparteilichen Opposition zeigte. Er ist vor allem bei dem Nachwuchs der SPD, des Zentrums und der DDP zu finden, wobei die beiden letztgenannten ein höheres Durchschnittsalter aufwiesen. Der zweite Typus, der sich als Parteijugend verstand, aber stärker noch dem politischen Jugendpflegeverband glich und seiner Definition nach auch hierzu gezählt wurde, war organisatorisch abhängiger von der Mutterpartei. Seine Führer bekam er zugewiesen oder er wurde von Parteiausschüssen geleitet, in denen Parteifunktionäre dominierten. Er stand in der Tradition der von Erwachse-

---

Zitat in: Deutsch-Konservativ v. Okt. 1912. Bis 1918 konnte kein weiterer lokaler Verein ermittelt werden.
[5] G. FIEDLER, 1989 u. D. PEUKERT, Weimarer Republik, 1987, S. 25–31 (zu den »politischen Generationen« der Weimarer Republik) u. S. 94 ff. sowie D. PEUKERT, Lost Generation, 1987.
[6] Siehe hierzu den Funktionenkatalog bei H. KAACK, 1971, S. 544.

nen gelenkten Staatsbürgererziehung und Körperertüchtigung mit Affinitäten zu den Jugendorganisationen der nationalen und völkischen Verbände, bei denen die phänotypischen Unterschiede zwischen Jugendpflege und Jugendbewegung zunehmend verschwommen. Die Hindenburgjugend der DVP und die Bismarckjugend der DNVP sind Repräsentanten des zweiten Typus.[7]

a) Bismarckjugend

Auch bei dem sozialtypologischen Faktor Jugend zeigt sich ein deutlicher Stadt-Land-Unterschied. Bei ähnlich schwieriger Ausgangslage nach 1918 hatten DDP und DVP ihre Jugendorganisationen früh gegründet. Die DNVP war die letzte der bürgerlichen Parteien, die sich mit der Bismarckjugend eine Parteijugend schuf.[8] Lange hatte man auf konservativer Seite die Jugendarbeit den Vaterländischen Verbänden überlassen oder erfolglos versucht, den Deutschnationalen Jugendbund des DNHV zu adoptieren.[9] Die Entwicklung der Landesgruppen der Bismarckjugend verlief in unterschiedlicher Intensität: schwach organisiert waren sie dort, wo Söhne und Töchter von Parteimitgliedern rekrutiert oder gänzlich parteifremde junge Erwachsene an die Partei herangeführt werden mußten. Erfolgreicher waren sie dort, wo die Anbindung an die christlich-nationalen Gewerkschaften und den Deutschnationalen Handlungsgehilfenverband enger war. Nach improvisierten Anfängen fand im September 1922 der erste Reichsjugendtag der Partei statt, auf dem die bis dahin existierenden zwölf Landsmannschaften der Parteijugend zum Reichsverband der Bismarckjugend zusammengefaßt wurden. Zum Verbandsgeschäftsführer wurde der prominente Völkische Wilhelm Kube bestimmt. Allerdings unterlag die Bismarckjugend rasch einer ersten Spaltung, als Kube im Zuge der Abspaltung der Völkischen von der DNVP Teile der locker organisierten Bismärcker-Landsmannschaften und vor allem einen Großteil des Berliner Verbandes in seinen neugegründeten Bismarckorden überführte.

Kubes Nachfolger, der ehemalige Oberleutnant Hermann Otto Sieveking, baute seit Herbst 1923 die Bismarckjugend zu einem zentralisierten, militarisierten und völkisch orientierten Wehrverband aus, auch um den steigenden Abwanderungsverlusten zum Jungstahlhelm, zu den Wehrsportverbänden und zur SA zu begegnen. Unter Sieveking entwickelte sich die Bismarckjugend zur Hüterin der reinen Lehre in der fundamentalen Ablehnung der Errungenschaften der Republik: Dawes-Plan und Young-Plan wurden als Manifestationen ›väterlicher Schuld‹ und ›nationaler

---

[7] Hierzu die Beiträge in W. KRABBE, Politische Jugend, 1993; W. KRABBE, »Rekrutendepot«, 2001, S. 280 mit weiterer Literatur zu den Jugendorganisationen der großen Parteien.
[8] W. KRABBE, Bismarckjugend, 1994; W. KRABBE, Die gescheiterte Zukunft, 1995, v.a. S. 171–196.
[9] Erst auf dem Parteitag im Okt. 1920 wurden grundsätzliche Beschlüsse gefaßt, als der Gewerkschaftler Frank Glatzel den Delegierten darlegte, in der Partei fehle die Generation der 20 bis 30jährigen. Das Eintrittsalter wurde auf 18 Jahre gesenkt, ein Jugendausschuß für die 18 bis 25jährigen gegründet und den Landesverbänden die Gründung von Jugendgruppen empfohlen (vgl. K. GRAF v. WESTARP, Konservative Politik im Übergang, 2001, v.a. S. 153–155).

Schmach< scharf verurteilt. Die Distanz zur Mutterpartei hatte sich nach der Wahlniederlage von 1928 deutlich vergrößert. Kritisiert wurde immer wieder das fehlende Verständnis der Parteiführer für die Belange der Jugend, die fehlende Vertretung ihrer Interessen in der Partei und die Kompromißbereitschaft der Partei in zentralen Fragen nationaler Bedeutung.[10] Den Abschluß der Entwicklung zum völkischen Wehrsportverband bildete 1929 die Umbenennung in Bismarckbund der DNVP. Sie symbolisierte Straffung und Homogenität bei engerer Anbindung an die Referenzpartei.

Die Entfremdung der Jugend von der DNVP konnte auch Sieveking nicht aufhalten.[11] Ein letzter Versuch der Parteileitung, die abwandernde Jugend zu binden, war neben der Herabsetzung des Höchstalters auf 20 Jahre die Funktionenteilung in Bismarckbund, Deutschnationale Studentenschaft und Deutschnationale Kampfgruppen im Sommer 1931 sowie die Uniformierung und Paramilitarisierung der Parteijugend im folgenden Jahr.[12] Seit Dezember 1931 stand dem Bismarckbund der fast 50jährige Abgeordnete Herbert von Bismarck vor, der bereits zuvor von Hugenberg zum Reichsjugendführer der DNVP ernannt worden war. Die Attraktivität des Jugendbundes konnte auch er nicht steigern. Symptomatisch war die Tatsache, daß der Bismarckbund sein seit 1925 publiziertes Organ *Deutsches Echo* bereits Anfang 1931 eingestellt hatte.

Die Entwicklung der Bürgerparteijugend zeigt trotz der Parallelen zur Reichsebene deutliche Unterschiede. Abgesehen von einer kurzfristig erfolgreichen Phase von 1923 bis Anfang 1925 kann sie als Fehlschlag bewertet werden.[13] Im Gegensatz zu Berlin war man in Stuttgart rasch dazu übergegangen, sich eine Jugendorganisation zu schaffen. Das stand in der Tradition der in Württemberg stark organisierten Jungliberalen der Vorkriegszeit, die zu einem guten Teil zur Bürgerpartei gestoßen waren.[14] Der Zweck der Gründung stand deutlich in der Tradition der Jugendpflege:

---

[10] NL Westarp, VN 48, Nr. 11 u. 29: »Die Stellung der Bismarckjugend zur DNVP« [1924]. Die Bismarckjugend drohte, sich nach der Dawes-Abstimmung ganz von der DNVP abzuwenden und äußerte sich harsch gegen weitere Kandidaturen von »Ja-Sagern« (vgl. auch Sieveking an Westarp v. 15. Mai 1928, NL Westarp, VN 100, Nr. 12, mit dem Hinweis Sievekings, durch seine Positionierung auf einem aussichtslosen 36. Platz der Reichsliste stoße man »drei Millionen Jungwähler vor den Kopf«).
[11] Selbst seine eigene Hamburger Landsmannschaft war 1926 fast geschlossen zu SA übergewechselt (R. BEHRENS, 1973, S. 112).
[12] Die Aufteilung sollte ermöglichen, sowohl einer Parteijugend als auch einem Kampfverband anzugehören, nachdem Jungstahlhelm und Wehrsportverbände als Konkurrenzorganisationen eine Doppelmitgliedschaft mit der Bismarckjugend ausgeschlossen hatten (vgl. W. KRABBE, Bismarckjugend, 1994, S. 20).
[13] Die folgenden Ausführungen revidieren auch die Einschätzung von W. KRABBE, Bismarckjugend, 1994, S. 15, der Württemberg zu den Hochburgen der Parteijugend rechnet.
[14] Zu den anderen Parteien: Anfang Dez. 1918 hatte sich die Demokratische Jugend der DDP in Stuttgart konstituiert (Schw. Merkur v. 17. Dez. 1918 M). Von erfreulichem Engagement der Jugend sprach der Parteivorsitzende beim Dreikönigstreffen 1920 (Stuttg. Neues Tagbl. v. 6. Jan. 1920 u. Schw. Tagwacht v. 29. Juli 1919). Die SPD verfügte mit der ›Arbeiterjugend‹ seit 1918/19 über einen reorganisierten Jugendverband, der nur Jugendliche zwischen 14 und 18 Jahren aufnahm und seit Dez. 1918 einen eigenen Landesjugendsekretär hatte. Zur Mitgliederentwicklung: 1918: 7 Ortsabteilungen

staatsbürgerliche Belehrung, Förderung des »Heranreifens zu tüchtigen und bewußten Staatsbürgern« und gemeinsame Freizeitgestaltung.[15] Die Entwicklung verlief jedoch langsam. Zwei Ursachen sind anzuführen. In ihrem jugendlich verpackten Gewand kam die Partei bieder und wenig dynamisch daher. Symptomatisch dafür ist der Bericht über die erst im Januar 1921 erfolgte Gründung einer zweiten lokalen Jugendgruppe in Ulm:

> »Der Theaterabend zur Gründung der Deutschnationalen Jugend war mit gutem Besuch beschert. [...] Es folgte ein künstlerisch vorgetragenes Streichquartett von Haydn und eine Rede des Vorsitzenden der Ortsgruppe Dr. Sigwart. Nach der Aufführung einer schwäbischen Komödie und Gesangsvorträgen zu Laute und Liedern, die von Frl. Martha Herbst mit sympathischer Stimme künstlerisch vorgetragen wurden, beschloß den Abend ein rhythmischer Tanz dreier graziöser junger Mädchen und zwei lustige Bauernreigen.«[16]

Die Anziehungskraft solcher Veranstaltungen auf parteipolitisch nicht gebundene Jugendliche und junge Erwachsene darf als gering eingeschätzt werden. Die Jugendarbeit in dieser Form war eher der Versuch, die Töchter und Söhne der älteren Parteimitglieder einzubinden.[17] Statt gezielter Jugendarbeit veranstaltete die Partei Familienabende, bei denen die Parteijugend mit künstlerischen Darbietungen das Rahmenprogramm lieferte. Der Bericht über eine Osterversammlung der Partei in Stuttgarter 1920 lautete:

> »Der Vorsitzende Wider betonte, in unserer Zeit der Genußsucht und des sinnlosen Freudentaumels sei es Aufgabe der Partei, ihren Veranstaltungen ein ernstes Gepräge zu geben. [...] Das Streichquartett der Jugendgruppe umrahmte die Veranstaltung mit einem kunstvoll vorgetragenen Beethoven-Adagio. [...] Nach der Aufführung eines Osterfestspiels verließen die anwesenden Kinder leuchtenden Auges den Saal, während die Alten auseinander-

---

mit 460 Mitgliedern; 1919: 28 Ortsabteilungen mit 2000 Mitgliedern (Schw. Tagwacht v. 5. Juli 1919). Auf der Landesversammlung der Partei im gleichen Jahr hieß es jedoch, das Jugendsekretariat finde in der Partei zu wenig Beachtung und es fehlten geeignete Jugendheime (Schw. Tagwacht v. 31. Juli 1919).

[15] Im Febr. 1919 hatte Wider eine Jugendgruppe in Stuttgart initiiert (Südbt. Ztg. v. 2. Febr. 1919 u. v. 7. Febr. 1919). Parallel dazu hatte die Frauengruppe der Partei mit den Lehrerinnen Luise Schrempf, der Tochter Friedrich Schrempfs, Sophie Bienz und Helene Kern zur Gründung einer weiblichen Jugendgruppe ab dem 16. Lebensjahr aufgerufen und an Schülerinnen, Angestellte, Haustöchter und -frauen appelliert (Schw. Kronik v. 25. Jan 1919 A). Bei der Gründungsversammlung hieß es, die weibliche Jugend als »Pflanzstätte gut deutscher und christlicher Gesinnung« wolle keine Partei-, sondern Gesinnungspolitik treiben« (Schw. Merkur v. 1. Febr. 1919 M). Danach war von der Mädchengruppe nichts mehr zu hören. Unklar ist, ob sie in der Frauengruppe der Partei oder in der Bismarckjugend aufging. Nur im April 1924 war von einer Mädchengruppe der Bismarckjugend in Stuttgart zu lesen, die sich zeitweise »Mädchengruppe Königin Luise« nannte und bezüglich ihrer Größe von »bescheidenem Maße« sprach. Abgehalten wurden Samariter- und Turnkurse sowie »dem deutschen Volkslied gewidmete Teeabende« (Südbt. Ztg. v. 12. April 1924 u. Der Deutschnationale v. 24. Mai 1924).

[16] Südbt. Ztg. v. 11. Jan. 1921.

[17] Frl. Herbst war die Tochter des Ulmer Bürgerparteilers und Textilfabrikanten Emil Herbst. Dazu die SPD: Die auf diese Art erfolgte Gründung der Deutschnationalen Jugend sei für Arbeitereltern Grund genug, ihre Kinder dem Arbeiterjugendbund zuzuführen (Schw. Tagwacht v. 16. Jan. 1921).

gingen mit dem inneren Gelöbnis der Treue zum nationalen Gedanken und in dem Entschluß, mitzuarbeiten an des Reiches Aufstieg.«[18]

Zum zweiten konnte und mußte sich die Bürgerpartei auf den weiterhin stark organisierten Jungdeutschlandbund verlassen, der das Jugendpflegekonzept als vormilitärische Jugendorganisation auf überparteilicher, überkonfessioneller und bürgerlich-nationaler Basis weiterverfolgte.[19] Er ersetzte nicht nur die Parteijugend der württembergischen DVP völlig und die der Bürgerpartei zeitweise, sondern hemmte auch nach den Abgrenzungsbemühungen der Bürgerpartei den Aufbau ihrer Parteijugend.[20]

Seit Sommer 1921 hatte der Studienrat Bruno Roos als Geschäftsführer auch den Ausbau der Parteijugend übernommen. Auf die Konkurrenz der Vaterländischen Verbände mußte reagiert werden. Eingeführt wurden nun nach »norddeutschem Vorbild« Fahnen und Fahnenweihen für die Jugendgruppen, eigene Festveranstaltungen (»Bismarckfeiern«) und Armbinden für die Mitglieder. Im April 1923 fand der erste Landsmannschaftstag statt, auf dem sich die Schwäbische Bismarckjugend konstituierte. Roos betonte, die Jugendorganisation müsse aus ihrem »reinen Zweckverbandsdasein herausgerissen und zum Instrument der Volksgemeinschaft« gemacht werden. Dazu bedürfe es der »Kultivierung der Jugendbewegung im völkischen Sinne«. Gleichzeitig warnte der Hauptlehrer Eberhard Kneller, die Jugendorganisation könne »höchstens Ergänzung und Vervollkommnung der Werte der Familie« sein und dürfe nicht zur »Entfremdung von der Familie« führen. Es gelte, die nationalen Kulturgüter zu pflegen und diese »Gefühlswerte in nationale Wil-

---

[18] Schw. Kronik v. 16. April 1920.
[19] Sein Vorsitzender, der aus pietistischem Hintergrund stammende Lehrer Johannes Thumm, war als Nationalliberaler der Bürgerpartei beigetreten und hatte auch nach der Gründung der DVP in Württemberg öffentlich seine Treue zu ihr bekundet. Erst 1922 war er zur DVP übergetreten und kandidierte für diese zum Stuttgarter Gemeinderat (Schw. Kronik v. 25. Sept. 1919 u. v. 13. Dez. 1922). Im Juni 1919 war Thumm auf »Empfehlung der Gemeinschaftskreise« im Bezirk Esslingen bei den Landeskirchenwahlen angetreten (Südd. Ztg. v. 4. Juni 1919). Zweiter Vorsitzender des Jungdeutschlandbundes in Württemberg war der Bürgerparteiler und Landgerichtsrat Paul Göz (Jungdeutschland v. April 1924).
[20] Aufgabenbeschreibung des Jungdeutschlandbundes: körperliche Ertüchtigung der Jugend durch Wanderungen, Turnen und Rudern; Einwirken auf den Geist der Jugend durch »Heimabende«; Verfolgung »deutscher Ziele« und Überbrückung sozialer Gegensätze bei Überparteilichkeit und Interkonfessionalität (Südd. Ztg. v. 1. Febr. 1924). 1923 organisierte der Bund im Land über 200 Wanderungen und führte im März 1924 »Jungdeutschland-Anzüge und Armbinden als Ausweis der Zugehörigkeit« ein (Jungdeutschland v. Febr. 1924 u. v. März 1924). Nach heftiger Debatte über den Antrag einiger Ortsgruppen auf »Bekenntnis zur völkischen und Rassenfrage« (anwesend war Alfred Roth von den Vaterändischen Verbänden), beschloß man, wie auch seither das satzungsmäßige Ziel der Pflege »vaterländischer Gesinnung« zu verfolgen. Allerdings wurde den Ortsgruppen überlassen, solche Mitglieder auszuschließen, die »sich im bewußten Gegensatz zum Deutschtum befinden« (Jungdeutschland v. April 1925). Trotz permanenter Klagen über die Zersplitterung der vaterländischen Jugend verfügte der Jungdeutschlandbund 1928 noch über 43 Ortsgruppen (Südd. Ztg. v. 1. Mai 1928).

lensimpulse« umzusetzen. Zum Landsmannschaftsführer wurde vom Parteivorstand wenige Tage später Roos bestimmt.[21]

In der Folgezeit wurde die Werbekraft der Bismarckjugend von Parteimitgliedern sogar höher bewertet als die der Mutterpartei.[22] Im Oktober 1923 war die Parteijugend eines der Gründungsmitglieder des Landesverbands der Vaterländischen Verbände.[23] Zum Januar 1924 wurde die Neuorganisation als völkische Jugendgruppe beschlossen und Kneller zum Landsmannschaftsführer gewählt.[24] In dieser Phase entwickelte die Parteijugend ihre größte Aktivität, im Wahlkampf für die Mutterpartei und im Einklang mit den Vaterländischen Verbänden, mit Festveranstaltungen und in der Gründung neuer Ortsgruppen.[25] Ihren Kulminations- und Wendepunkt hatte der Jugendverband im Wahljahr 1924. Das Bündnis mit den Vaterländischen Verbänden hatte sich allerdings als verhängnisvoll erwiesen, weil offensichtlich immer mehr Bismärcker zum völkischen Original überwechselten. Der von Wider geplante großzügige Ausbau der Bismarckjugend mit der Gründung eines organisierten Saalschutzes, ausgebildeten Kampfgruppen und einer zusätzlichen Deutschnationalen Studentenschaft scheiterte.[26]

Die Bismarckjugend, die sich unisono mit den Vaterländischen Verbänden gegen die Annahme des Dawes-Plans ausgesprochen hatte, war zum parteiinternen Konfliktpunkt geworden. Im Juni 1925 wurde der eher zu den ›Ja-Sagern‹ tendierende Kneller, der sie in weitestgehender Autonomie vom Reichsverband geführt hatte[27], gegen den Esslinger Studienassessor Rudolf Frey ausgetauscht. Frey war der letzte Versuch, die Abwanderung zu den völkischen Verbänden zu verhindern und die Führerfrage zu klären, nachdem der neue Geschäftsführer der Partei und gleichzeitige Gauführer der Stuttgarter Bismarckjugend, das »nationale Zugpferd« Kaltenboeck, seine Ortsgruppe den Vaterländischen Verbänden zugeführt hatte.[28] Im Oktober 1926 hieß es aber schon, es gebe keine brauchbare Jugendorganisation mehr. Im

---

[21] Süddt. Ztg. v. 23. April 1923; Schw. Kronik v. 28. Mai 1923 u. Schw. Tagesztg. v. 26. April 1923.
[22] Schw. Tagesztg. v. 29. Mai 1923 und Keppler an Hiller v. 7. Febr. 1924 (NL Hiller).
[23] Süddt. Ztg. v. 13. Okt. 1923 u. Schw. Kronik v. 12. Okt. 1923.
[24] Süddt. Ztg. v. 19. Jan. 1924 u. v. 30. Jan. 1924.
[25] Genaue Mitgliederzahlen waren nicht zu ermitteln. Ortsgruppen wurden 1923 in Esslingen, Ludwigsburg, Tübingen, Gmünd, Ehingen, Cannstatt und Neuenbürg gegründet. Einen Auftritt in Ehingen kommentierte das Dt. Volksbl. v. 2. Febr. 1924 als »Juden- und Jesuitenhetze«, die am Gymnasium nur »Kopfschütteln« hervorgerufen habe. Berichte über Bismarckfeiern zusammen mit Wikingbund und Wehrwolf in Süddt. Ztg. v. 4. März 1924, v. 2. April 1924, v. 3. April 1924, u.v. 17. April 1924.
[26] Wider an Mitglieder v. 26. Mai 1924 u.v. Nov. 1924 (NL Hiller) mit der Aufforderung zur Gründung neuer Bismarckjugendgruppen mit beschriebenen Unterorganisationen. Gleichzeitig führte er Klagen von Ortsgruppen an, älteren Parteimitgliedern fehle immer noch das Verständnis für die Jugendarbeit.
[27] Beispielsweise war kein württembergischer Vertreter auf dem Reichstag der Bismarckjugend Ende März 1924 anwesend (Süddt. Ztg. v. 1. Aril 1924).
[28] Vgl. seine Distanzierung vom Abstimmungsverhalten der Reichstagsfraktion und sein Aufruf an die Ortsgruppen, »rückhaltlos« hinter den neuen Landesführer zu stehen (Süddt. Ztg. v. 8. Juni 1926).

März 1927 beabsichtigte Wider auf Wunsch Sievekings, die »zusammengebrochene« Stuttgarter Gruppe wiederzubegründen, was zu dem beschriebenen Konflikt mit Kaltenboeck über das Inventar der Bismarckjugend führte. Auch einem letzten Versuch, die Parteijugend von Heilbronn aus zu reorganisieren, war ebenfalls kein Erfolg beschieden.[29]

In der Folgezeit fiel die Bürgerpartei wieder in ihr altes Muster der Familienpolitik zurück. Die sich mehrenden Aufrufe, die Jugend wieder stärker zur Parteiarbeit heranzuziehen, waren erfolglos.[30] Das Dilemma der konservativen Jugendarbeit faßte der stellvertretende Stuttgarter Ortsvorsitzende und führende württembergische Hugenberg-Mann, der Studienrat Walter Sontheimer, nach der Wahlniederlage seiner Partei im Oktober 1928 zusammen, die maßgeblich der fehlenden Attraktivität bei der Jungwählerschaft angelastet wurde:

> »Jugend will Ideale, will mitreißende Führerpersönlichkeiten, will Bewegung, will Klarheit statt Familientraditionen in Form papierner Parteiprogramme.«[31]

Gerade die Parteijugendgruppen der bürgerlichen Parteien führten im Vergleich zur SPD ein »Schattendasein«. Besonders bedauerlich sei, daß nach »hoffnungsvollem Anlauf« die bündisch-nationale Bewegung im Land im Stocken sei, »ja sich totgelaufen« habe. Gründe seien der »Fluch des Führerstreites«, der »hohe Hang zur Äußerlichkeit« und der fehlende »tiefliegende Inhalt«. Reagiert wurde innerhalb der Bürgerpartei erst nach dem ersten deutlichen Wahlgewinn der NSDAP in Württemberg, deren Anstieg als angestaute Reaktion in der bürgerlichen Jugend interpretiert wurde. In Kooperation mit dem Stahlhelm wurde ein Deutschnationaler Jugendring als erneute Jugendgruppe gegründet, der als straff organisierter und auf Befehlsstruktur basierender Jugendwehrverband gedacht war. In Erscheinung getreten ist er allerdings bis zur Auflösung der Partei nicht.[32] Nach dem Ende der organisierten Bismarckjugend 1927 wurde die Vertretung der Interessen der Jugend wieder auf einen Jugendausschuß als parteiinterne Arbeitsgemeinschaft reduziert.[33]

Zusammenfassend ist zu sagen: Die Bismarckjugend blieb Kunstform, zwar altersmäßig und wohl auch sozial homogen, aber fremd- und erwachsenenbestimmt, geprägt von der Autorität Erwachsener, symptomatischerweise Lehrer, die den Auftrag der Jugenderziehung in der Partei zugewiesen bekamen. Was der Parteijugend von den ›Alten‹ nicht zugestanden wurde, war das Eigenleben als Sozialgruppe und als selbstbestimmte Sozialisationsinstanz mit eigener Subkultur und als Gegenent-

---

[29] Hölscher an Bazille v. 25. Okt. 1926, Kreisverband Stuttgart an Parteimitglieder v. 9. März 1927 u. Landesgeschäftsstelle an Parteimitglieder v. 20. Juni 1927 (NL Hiller). Zu dem Konflikt Kaltenboeck/ Wider siehe oben S. 149 f.
[30] Bericht über ein Sommerfest der Bürgerpartei in Stuttgart-West in Süddt. Ztg. v. 3. Sept. 1928 und über Parteiversammlung in Aalen in Süddt. Ztg. v. 4. Juli 1928. Zur Bismarckjugend konnte ab 1927 nichts mehr recherchiert werden.
[31] Süddt. Ztg. v. 22. Okt. 1928.
[32] Süddt. Ztg. v. 20. April 1932. In einem Versammlungsaufruf hieß es: »Die wahlberechtigte Jugend Groß-Stuttgarts hat zu erscheinen!«
[33] Geleitet wurde er von den beiden Studienräten Rudolf Frey und Reinhold Sautter.

wurf zu Erwachsenenwelt und Familie. Die Bürgerpartei scheiterte in dem Versuch, junge Parteimitglieder zwischen Generationskonflikt als soziopolitischer und schichtenübergreifender Grundkonstellation der Weimarer Jahre, neoromantischem Aufbegehren gegen alles Bürgerliche und Anpassung an gerade diese bürgerliche Rolle zu binden. Daß der >schneidige< Kaltenboeck als Feldzugteilnehmer attraktiver auftreten konnte als die Studienräte der Partei, erscheint typisch. In welchem Ausmaß die Bismarckjugend der Durchlauferhitzer zu den völkischen Verbänden und zur SA war, die im Kontrast zu den etablierten Parteien sehr viel stärker den Eindruck von Dynamik und Jugendlichkeit vermittelten, kann nur vermutet werden.[34] Tatsache war: die Bismarckjugend war als Teil der familiären Milieubildung sicherlich zeitweise erfolgreich, indem sie Kinder aktiver Parteimitglieder partiell an die Partei band. In der Mitgliederwerbung und in der Ausbildung eines eigenständigen Parteijugendmilieus versagte sie. Dazu war sie anfangs entweder zu weit weg von der Mutterpartei[35] oder durch die zunehmende Militarisierung und Orientierung der Jugend an »utopischen Idealen« zu bildungsbürgerlich und zu erwachsen. Als Rekrutendepot oder Karrierebasis spielte sie keinerlei Rolle.[36]

b) Jungbauernbund

Anders gestalteten sich die Verhältnisse beim Bauernbund und der Landjugend. Der Jugendbegriff war hier anders definiert. Jungbauer und Jungbäuerin waren mithelfende Familienangehörige so lange, bis der Vater zum >Ausdinger< wurde und seinen Hof abgab. Die Adoleszenzphase dauerte so meist länger als in der Stadt, wo sie in der Regel durch Schulabschluß und Berufsausbildung abgeschlossen wurde. Allgemein gilt für die Landjugend die Tradition als mächtiger, die Unterschiede im Verhaltens- und Moralkodex zwischen Heranwachsenden und Eltern weniger kraß und die Bindung an die Familien- und Vaterautorität stärker, an die in aller Regel nicht die Arbeitswelt von Lehre und Betrieb trat. Die Spannung zu den Vätern, der Generationskonflikt im weitesten Sinne, wird als weniger stark eingeschätzt, auch wenn die Abwanderung in die Stadt, der technische Vorsprung und die bessere Ausbildung Anlaß zu Spannungen gaben. Auch das Problem des Erbens war Grund zu Abhängigkeit und Konflikt. Für einen Großteil der Landjugend aber war der Berufsweg und die Standeszugehörigkeit als Hoferbe, mindestens aber als Nebenerwerbslandwirt vorgezeichnet und in der frühzeitigen Übernahme von beruflicher

---

[34] Im Dez. 1929 hatte die SA nur 900 Mitglieder. Vor der Reichstagswahl 1930 waren es 1300, Anfang 1931 dann 2400 (TH. SCHNABEL, Württemberg, 1986, S. 92 u. TH. SCHNABEL, NSDAP in Württemberg, 1982, S. 53ff.). In Heilbronn bildeten im Oktober 1927 Bismarckjugend und Wikingbund zusammen die lokale Stahlhelmgruppe (Südd. Ztg. v. 25. Okt. 1927). Bei dem insgesamt schwachen Organisationsgrad der NSDAP bis 1932/33 fällt das im Reichsvergleich deutlich niedrigere Durchschnittsalter der Parteimitglieder auf (TH. SCHNABEL, NSDAP in Württemberg, 1982, S. 66). Zur Altersstruktur der NS-Organisationen auf Reichsebene M. H. KATER, 1985, S. 230 ff. u. J. FALTER, Jungmitglieder, 1993.
[35] Vgl. die Bemerkungen aus biographischer Persepktive in TH. PFIZER, 1979, S. 50.
[36] Zu Kandidaten und Abgeordneten der Jugendvertreter siehe unten S. 288 u. 292.

Teilverantwortung geprägt. Insgesamt sind auch die Bindungen traditioneller, gemeinschaftlicher und institutioneller Art an Elternhaus, Nachbarschaft, dörflichen Lebenszusammenhang und Kirche als fester zu bewerten.[37]
Der Bauernbund war spät auf die Jugend zugegangen, wohl auch, weil hier kein Interessengegensatz zwischen jung und alt formuliert wurde. Die aus dem Krieg heimkehrenden Jungbauern waren in geringerem Ausmaß Teil der »überflüssigen Generation«: sie wurden in aller Regel in den elterlichen Betrieb integriert oder übernahmen ihn, wenn der Vater gefallen war. Zur Gründung erster Jungbauernbünde kam es erst Ende 1922 und dann in der Hyperinflation 1923 als Selbstschutzorganisationen, in denen die Jungbauern auf Anleitung der Vertrauensmänner Naturalien einzogen.[38] Einen Aufschwung verzeichneten sie ab 1924, interessanterweise gerade als Gegenbewegung zu den Vaterländischen Verbänden.[39] Kultiviert wurden sie als Gegenstück zur städtischen Jugendbewegung und als Abwehrorganisation gegen den städtischen Einfluß mit der Betonung der eigenständigen ländlichen Jugendkultur und Lebensweise:

> »Der Wandervogel ist eine Bewegung gegen die Herrschaft des Asphalts, gegen die Zivilisation und die Unsitten dieser Zeit. Aber die städtische Jugendbewegung verfolgt keine Nützlichkeitszwecke und ist etwas Instinktives. [...] Auch der Jungbauernbund will aus sich selbst heraus Werte schaffen, aber seine Aufgaben sind andere. Es gibt nichts Verheerenderes in seinem wiederkehrenden Einfluß als die tägliche Bahnfahrt zur Arbeitsstätte in die Stadt mit allen möglichen unkontrollierbaren Elementen. So kommt volksfremder, bauernfeindlicher Geist in die Reihe der Jungbauern. Der Jungbauernbund ist ein Schutzdamm gegen die Schmutzflut aus den Fabrikhallen und für die Erhaltung der bäuerlichen Eigenart.«[40]

Seit 1924 hatten die Jungbauern mit der *Schwäbischen Landjugend* ein wöchentlich erscheinendes Organ, nachdem seit 1923 *Der Junge Landmann* als Beilage der *Schwäbischen Tageszeitung* erschienen war.[41] Nun begann man, Sonnwendfeiern zu veranstalten, Winterunterhaltungs- und Leseabende einzuführen, den Ortsgruppen

---

[37] F. H. TENBRUCK, 1965; L. ROTH, 1983; M. MITTERAUER, 1986; G. LEVI/J.-C. SCHMITT, 1996; W. SPEITKAMP, Jugend, 1998. Zu den Ergebnissen der Historischen Sozialisationsforschung vgl. A. GESTRICH, Vergesellschaftungen, 1999, S. 109–116. Als württembergisches Beispiel A. GESTRICH, Traditionelle Jugendkultur, 1986. Zum Generationskonflikt, v.a. in der Weimarer Republik, vgl. die Beiträge in D. DOWE, 1986; TH. KOEBNER, 1985; R. SIEDER, 1987; I. GÖTZ V. OLENHUSEN, 1987; L. E. JONES, Alienation, 1990, L. E. JONES, Generational Conflict, 1992 u. M. H. KATER, 1985.
[38] Im Rückblick: Schw. Landjugend v. 1. Febr. 1929 und Schw. Tageszg., Sonderbeilage Sept. 1926. Bericht über ersten Jungbauerntag in Schw. Tagesztg. v. 15. Juni 1923.
[39] Vgl. die Bemerkungen gegen das »fast zu reichliche Organisationsleben der Wehrorganisationen« und die mangelnde Anerkennung der Landwirtschaft« in ihnen bei Anerkennung des »Endziels der Befreiung Deutschands aus Joch und Knechtschaft« (Schw. Landmann v. 2. Aug. 1924).
[40] Schw. Landmann v. 14. Mai 1927 u. Schw. Landjugend v. 26. Mai 1927. Zur defensiven kulturellen Stereotypisierung von Stadt und Land Schw. Tagesztg. v. 11. Nov. 1924 mit einem Bericht, die SPD hetzte die Stadtjugend gegen das Land auf. »Sie schreibt von glücklichen jungen Arbeitersöhnen, die am Wochenende aufs Land hinausziehen und sich beim Bad im See den Dreck der Großstadt abwaschen und frisch und sauber zurückkehren, während die Landjugend nach Schweiß, Alkohol und Tabak stinkt.«
[41] Bericht über Landesjugendbauerntag in Schw. Tagesztg. v. 23. Mai 1924.

Leihbüchereien zur Verfügung zu stellen, örtliche Schützenvereine zu integrieren sowie Reiter- und Radfahrergruppen zu organisieren, kurz: ein eigenständiges jugendkulturelles Programm im Dorf anzubieten.[42] 1927 erfolgte dann eine grundsätzliche konzeptionelle Änderung des Jungbauernbunds, dem nun in stärkerem Maß ein generationshomogener Eigenraum mit selbstbestimmter Zielsetzung gewährt wurde. Die Schriftleitung der *Schwäbischen Landjugend* übernahm statt Körner (jg.) nun Friedrich Häcker, der 1926 als jüngster Abgeordneter mit 29 Jahren in den Landtag eingetreten war. Den Jungbauern wurde eine eigene Geschäftsstelle mit selbstgewähltem Geschäftsführer gewährt.[43]

Reagiert wurde damit auch auf den Anti-Parteienreflex in der Jungbauernschaft.[44] Seit 1927 bezeichnete man sich als Bewegung mit »Führerprinzip« statt demokratischem Massengedanken, die Ortsgruppenleiter hießen »Führer« und man grüßte sich mit »Heil!«. Man definierte sich selbst als »Bund zur gegenseitigen Erziehung zu gesunden Menschen«, formulierte seine Interessen, hielt eigene, mehrtägige Bundeswochen ab, pflegte dort Standes- und Generationsbewußtsein und ertüchtigte sich bei Sport und Schießübungen zu »Entschlußkraft, Mannesmut und Selbstbeherrschung«.[45] Antisemitisches Auftreten war dabei fast Selbstverständlichkeit.[46] Man hatte die organisatorischen Formen der völkischen Verbände und der NSDAP sowie ihre Rhetorik übernommen und auf den eigenkulturellen, ländlichen Kontext umdefiniert. Die frühe Uniformierung der Jungbauern verdeutlicht dies. Bereits seit Anfang 1927 wurde sie diskutiert. Seit Mitte des Jahres war sie mit dem »Grünhemd« realisiert. Es wurde zum Symbol der jungbäuerlichen Eigenständigkeit und zum Abgrenzungszeichen gegen das NS-Braunhemd. Begründet wurde die Einführung, »weil die raffinierte, oft jedes sittliche und moralische Gefühl verhetzende Kleidung der heutigen Asphaltmenschen immer mehr auf dem Land einbricht.« Für »Jungbäuerinnen gilt dasselbe!«[47]

Der Jungbauernbund war zur Milieuorganisation nicht nur der jungen Bauern, sondern der ländlichen Jugend geworden. 1929 waren 4550 Mitglieder in 38 Bezirken organisiert. Gegenüber dem Vorjahr hatte man nochmals einen Mitgliederzuwachs verzeichnen können. Manche Ortsgruppen umfaßten dabei nicht nur die

---

[42] Berichte in Schw. Tageszeitg. v. 3. April 1924, v. 13. Febr. 1926 und Sonderbeilage Sept. 1926 sowie Schw. Landjugend v. 7. Febr. 1925. 1924 hatte der Bauernbund Fahrräder für den Jungbauernbund angeschafft und in den folgenden Jahren dafür einen eigenen Haushaltsposten für Neuanschaffungen und Instandhaltung angelegt (Bilanzen des Bauernbundes 1924–1934, NL Körner).
[43] Gustav Frey und Wilhelm Ehmann wurden von der Landesversammlung der Ortsgruppenleiter zu ihren Führern gewählt. Mit Anna Rothacker stand ihnen eine Vertreterin der weiblichen Landjugend zur Seite (Schw. Landjugend v. 12. Jan. 1928 u. Schw. Tageszeitg. v. 6. Jan. 1928).
[44] Kritisiert wurde die *Schwäbische Landjugend*, deren Themen den Lesern zu fern seien und der Name Jungbauernbund, weil man keine politische Jugendorganisation und keine »Körner-Abteilung« sein wolle. Zudem habe man zu wenig Einfluß im Bauernbund (Schw. Landjugend v. 3. März 1927).
[45] Exemplarisch: Schw. Landjugend v. 28. April 1927, v. 26. Mai 1927, 12. Jan. 1928, 1. Febr. 1929 sowie Schw. Tageszeitg. v. 6. Jan. 1928 u. v. 28. März 1928.
[46] Bericht über einen Landesbauerntag in Schw. Landjugend v. 6. Okt. 1927: »Der Saal war stubenrein, Juden waren nicht anwesend, denn es gab ja nichts zu verdienen.«
[47] Schw. Landjugend v. 12. Mai 1927.

bäuerliche, sondern die gesamte Dorfjugend.⁴⁸ Die Zufriedenheit über den Jungbauernbund äußerte auch der Bundesvorstand. Wichtigstes Ziel sei, so hieß es 1931, die Landjugend bei der Sache zu halten und zu gewinnen. Die Einrichtung von Wehrsportabteilungen habe sich bewährt und wie jedes Jahr wurde pro 50 Jungbauern eine Bundesfahne gestiftet, bei deren Übergabe eine Festveranstaltung mit Fahnenweihe abzuhalten sei.⁴⁹ Der Jungbauernbund hatte sein Terrain auf dem protestantischen Land abgesteckt. Er war das ländlich-jugendliche Bollwerk gegen das Eindringen der Sozialdemokratie sowie vor allem der NSDAP, die als Einflußversuche aus der Stadt abzuwehren waren. Die dennoch stattfindenden Abwanderungsbewegungen zu den NS-Organisationen sind quantitativ nicht zu belegen. Bereits seit 1928 wurde zwar immer wieder moniert, einzelne Jungbauern brächten »völkischen oder nationalsozialistischen Gedankengängen Interesse entgegen.« Zumindest bis 1932 kann jedoch von einer großen Stabilität der Jungbauernschaft ausgegangen werden.⁵⁰

---

⁴⁸ Mitgliederzahlen: 1928: 4200; 1929: 4500. Auflage der *Schwäbischen Landjugend* 1929: 4000 (Schw. Landjugend 1. Febr. 1922). Der Mitgliederbeitrag der Jungbauern konnte nicht ermittelt werden. Die Einnahmen durch den Jungbauernbund stiegen seit 1927 deutlich an, erreichten einen ersten Höhepunkt 1929 und stiegen nach 1931 nochmals an. Selbst von 1932 auf 1933 war ein Zuwachs von 7779 auf 9588 zu verzeichnen (Bilanzen des Bauernbundes 1924–1934, NL Körner). Besonders gut organisiert waren die Ortsgruppen in stadtnaher Lage. Der ländliche Bezirk um das regionale Industriezentrum Göppingen hatte im September 1929 insgesamt 26 Jungbauerngruppen (Schw. Tagesztg. v. 18. Sept. 1929). Die bei Böblingen liegende Ortsgruppe Darmsheim wurde hervorgehoben, weil sie mit über 50 Mitgliedern eine der größten Ortsgruppen war, von deren Mitgliedern ein Drittel ein Handwerk lernte (Schw. Landjugend v. 1. Dez. 1927). Als weiteres Beispiel der »wahren Volksgemeinschaft« von Bauern und Handwerkern wurde Maichingen bei Böblingen angeführt (Schw. Landjugend. 23. Juni 1927 u. insgesamt Geschäftsbericht des Jungbauernbunds für 1931/33 in Schw. Tagesztg. v. 29. April 1933).
⁴⁹ Vorstandsbericht Bauernbund v. 21. Mai 1931 (NL Hiller) mit Rundschreiben: »Anweisungen zur Einrichtung von Wehrsportgruppen«. Darin hieß es, eine Wehrsportabteilung müsse mindestens 8 Mann stark sein und sei von einem Jungbauernbundführer zu leiten, der »sicherer und treuer Anhänger« des Bauernbundes sei und den geeigneten Einfluß in der Ortschaft habe. Der Leiter der Wehrsportgruppe sei auch »politischer Ortsgruppenführer« und müsse die Mitglieder über die politischen Vorgänge im Land aufklären. Als Wehrsportübungen galten: Schießen mit Kleinkaliber, Werfen von geeigneten Gegenständen auf Ziele, Ordnungs- und Marschübungen, turnerische Freiübungen und Spiele, Nachrichtendienst durch Radfahrer und Staffettenläufer sowie Reiten.
⁵⁰ Schw. Landjugend v. 7. Juni 1928. Im Febr. 1933 wurde dann der spätere Führer der Kreisbauernschaft Backnang, Karl Birk, zum Landesführer gewählt. Auf der letzten Landesversammlung des Jungbauernbundes im April 1933 wurde zwar nochmals die Eigenständigkeit gegenüber »allen Parteien und Verbänden« betont, im Mai dann aber im »kleinen Kreise« zusammen mit der Gauleitung der NSDAP und der SA-Unterabteilung Württemberg die sukzessive Auflösung des Jungbauernbundes beschlossen: der nunmehrige Junglandbund wurde vom Staatskommissar für die Landwirtschaft als Grundlage für die Jugendorganisation der Einheitsbauernorganisation anerkannt. Auf dem Gebiet von Wehrsport und Jugendertüchtigung wurde der Jungbauernbund der SA unterstellt, das »Grünhemd« wurde für drei weitere Monate als Uniform anerkannt. Zusätzlich war die Hakenkreuzarmbinde zu tragen. Die Jungbauernführer traten auf Bezirksebene geschlossen der NSDAP bei (Schw. Tagesztg. v. 27./28. Febr. 1933, v. 25. April 1933 u. v. 16. Mai 1933 u. Wochenbl. f. Landw. v. 22. April 1933 u. v. 13. Mai 1933).

Der Jungbauernbund war, anders als die Bismarckjugend, ein horizontal vernetzter und milieuhaft abgestützter Bestandteil des Bauernbundes. Er stellte einen organisatorisch ausdifferenzierten, autochthonen und sozial- und generationshomogenen Binnenraum mit eigenem Kommunikationsnetzwerk, eigener Organisations-, Versammlungs- und Festkultur dar, der durch seine annähernde Verwechselbarkeit mit den Jugendorganisationen der NSDAP diese lange Zeit als weniger attraktive Alternative erscheinen lassen mußte, vor allem weil er gerade wesentliche Symbole und Diskurselemente vorweggenommen oder übernommen hatte. Im Jungbauernbund wurde gesellschaftliche und politische Identität in einem selbstbestimmten Kommunikationsraum definiert. Darüber hinaus präsentierte er sich als kulturell angepaßter Dienstleister für die Dorfjugend. Dadurch konnte er Mitglieder binden und gewinnen, auch und gerade gegen die städtische Konkurrenz. Außerdem war er Kandidatenpool, Karrierebasis und Sprungbrett in eine voll- oder semiprofessionalisierte Parteiberufstätigkeit.[51] Der Jungbauernbund war Teil eines Organisationsmilieus in einer umfassenden Milieuorganisation.

5. Resümee: Konservative Parteiorganisation in Stadt und Land

Fassen wir die beiden letzten Kapitel unter der Fragestellung der Unterschiede zwischen der Bürgerpartei und dem Bauernbund zusammen, so sind die folgenden Grundlinien festzuhalten. Der Bauernbund verfügte über eine handlungsfähige und den Bedingungen des »politischen Massenmarktes« angepaßte Organisation. Der Parteiapparat war streng hierarchisiert und mit durchgehendem Delegiertenprinzip zentralisiert. Gleichzeitig verknüpfte er diese Strukturmerkmale mit einer dezentralisierten, lokal verankerten und flächendeckend ausgebauten Organisationsweise. Der Erfolg des Modells war auf die überwiegend agrarischen und protestantischen Gebiete begrenzt. Allerdings gelang nach 1918 auch die Erweiterung der organisatorischen Basis in katholische Regionen. Mit seinem effizienten Apparat war der Bauernbund zusammen mit der SPD und dem Zentrum Vorreiter in Sachen organisatorischer Dichte und Professionalisierung. Vor allem den liberalen Parteien, einst die Initiatoren organisatorischer Neuerungen[1], hatte er hierin schnell Terrain abgenommen.

Die milieukonforme Organisationsweise war hierfür ein wesentlicher Grund: Als Dienstleister wußte der Bauernbund Mitglieder zu binden. Nicht nur deshalb zeigte

---

[51] Zu den Kandidaturen der Jungbauern siehe unten S. 288. Die Jungbauernführer wurden frühzeitig in das professionalisierte Organisationsnetz des Bauernbundes eingebunden. Teilweise waren Jungbauern in der Weimarer Zeit Vertrauensmänner oder Bezirksvorsitzende. Für die Jahre seit 1922 konnten insgesamt dreißig Bauernanwälte ermittelt werden, die in aller Regel – sofern Lebensdaten und Zusammenhänge ermittelt werden konnten – der jungen Generation entstammten. 22 davon betitelten sich als »Jungbauer«.

[1] A. BIEFANG, 1994 u. M. HETTLING, Partei ohne Parteibeamte, 1999.

er auch über den Umbruch von 1918/19 hinweg ein hohes Maß an organisatorischer und struktureller Kontinuität. Sein politisches Angebot war lebensweltlich verankert und glich in mancherlei Hinsicht der sozialdemokratischen Solidargemeinschaft mit Betreuungsmerkmalen ›von der Wiege bis zur Bahre‹. Der Bauernbund war eine kollektive Selbsthilfeorganisation einer sich selbst als unterrepräsentiert wahrnehmenden Gruppierung mit einer Organisation, die hohe lebensweltliche Qualität aufwies. In weiteren Bereichen zieht sich dieser Befund durch. Parteiinterne Proporzsysteme sicherten Konstanz und politisch-inhaltliche Deckungsgleichheit von Basis und Führung – ob landwirtschaftsinterner Proporz zwischen Groß- und Kleinbauern sowie Landwirten und Weingärtnern oder innerwürttembergischer Regionalproporz. Das horizontale Multifunktionärswesen[2] stützte die Organisation der Partei lokal ab und wurde zum vertikalen Vertretungssystem, so daß die umfassenden sozialen, ökonomischen und kulturellen Interessen auf jeder Ebene der Entscheidungsfindung vertreten waren.

Als auf dem Prinzip der Masse beruhende Bewegung mit der Mischung aus persönlichem Opfer und parteiorganisatorischer Gegenleistung gelang dem Bauernbund eine finanzielle und organisatorische Bestandssicherung auch über die politischen und ökonomischen Krisen des Ersten Weltkrieges und der Weimarer Zeit hinweg. Die gewissermaßen naturwüchsige Konformität der gemeinsamen bäuerlichen Standesinteressen war ein weiterer Garant der Kontinuität. Die horizontale organisatorische Ausdifferenzierung erfolgte nur dort, wo sie nötig war, dann aber außerordentlich erfolgreich. Der Jungbauernbund war dafür beispielhaft. Den monopolartigen Anspruch der »Hitlerleute auf die Jugend«[3] konnte der Bauernbund durch die Übernahme organisatorischer, inhaltlicher und symbolischer Formen der städtischen völkischen Verbände abwehren. Damit war der generationshomogene und selbstdefinierte Binnenraum der Bauernjugend ein wichtiges Moment der organisatorischen Abstützung des eigenen Apparates und konnte das Eindringen der völkischen Konkurrenz, vor allem der Unterorganisationen der NSDAP auf dem Land lange Zeit verhindern oder zumindest zurückstauen.

Für die konservative Partei vor 1914 bleibt festzuhalten: Mitgliederschwäche, mangelnde Zentralisierung der Parteistrukturen und Professionalisierung der Parteiarbeit, fehlende Formalisierung der Mitgliedschaft, notorische finanzielle Schwäche und fehlende Einbindung in den Reichsverband waren ihre Kennzeichen, die auch der Landesvorsitzende Kraut 1917 im Rückblick auf die organisatorische Malaise der Partei in einem Bericht an den Grafen Westarp bilanzierte.[4] Die Deutschkonservativen waren bis zum Ende des Kaiserreichs mit Abstand die mitgliederschwächste und am schlechtesten organisierte Partei in Württemberg.

Mehrere Begründungsstränge laufen hier zusammen: Anders als dem Bauernbund mit der Masse der Kleinbauern oder dem Zentrum als konfessionshomogener

---

[2] S. WEICHLEIN, Multifunktionäre und Parteieliten, 1999.
[3] M. H. KATER, 1985, S. 229.
[4] Heinrich Kraut an Westarp v. 28. Juli 1917 (NL Kuno Graf v. Westarp, BA Berlin, N 2329, 20).

Partei mit der Abstützung durch den gemeindenahen Klerus fehlten den Konservativen die notwendigen Multiplikatoren und der gesellschaftliche Unterbau. Hinzu kam die meinungspolitische Dominanz der (National-)Liberalen im städtischen Bürgertum sowie eine mentalitätsbedingte Organisationsunwilligkeit und Politikferne der Konservativen. Sie blieben begrenzt auf die Vertretung ›entschieden evangelischer‹ Standpunkte – und das bedeutete lange Zeit dezidiert pietistisch geprägtes Auftreten. Eine nennenswerte Organisation konnte nur dort entstehen, wo diese Grundpositionen mit den ökonomischen Interessen des selbständigen Mittelstandes zusammenfielen. Die fehlende organisatorische Ausweitung der Partei vor 1914 war nicht der bewußte Verzicht darauf. An Versuchen und Bemühungen hatte es nicht gefehlt. Aber für den auf kleiner gesellschaftlicher Basis fundierten Kern der Partei hatten die bestehenden informellen Organisationsmuster offensichtlich genügt.

Eine umfassende Selbstverständnisdebatte hatten die Proporzwahlen und die Wahlerfolge der SPD in der Zeit zwischen 1910 und 1912 ausgelöst. Erst danach fand eine organisatorische Erweiterung der Partei statt, herbeigeführt durch steigenden externen Zwang. Zum Durchbruch kam es erst nach 1918. Mit der durchgreifenden Demokratisierung war der Modernisierungsdruck auf eine konservative Partei, die auch organisatorisch auf dem politischen Massenmarkt bestehen wollte, gestiegen. Der wachsende Stadt-Land-Gegensatz machte es nicht mehr möglich, sich auf die organisatorische Dynamik und lokale Präsenz des Bauernbundes zu verlassen. Allerdings waren der Rationalisierung und Professionalisierung der Parteiarbeit auch nach 1918 Grenzen gesetzt. Die als Sammelpartei des nationalen und protestantischen Bürgertums entstandene Bürgerpartei war in ihrem Charakter und in ihren Organisationsprinzipien in der Tat durch ihre Namengebung beschrieben: sie verstand sich als Partei der ›Bürger‹ im ursprünglichen und engeren Sinne der steuerzahlenden und damit mit den bürgerlichen Rechten versehenen Stadtbürger. Die traditionell große Bedeutung des kommunalen Orientierungsrahmens in Württemberg gab dabei den Bezugspunkt zu den organisatorischen Strukturprinzipien der Partei ab. Im Zentrum standen die Ortsvereine und der lokale Zusammenhang. Entsprechend groß war das Mißtrauen gegenüber der Zentralleitung und der Wille, sich auch unter externem Mobilisierungs- und Professionalisierungszwang einer organisatorischen und inhaltlichen Straffung zu unterwerfen. Symptomatisch hierfür war neben einer inhaltlichen Auszehrung der Partei, wie sie auch in der zunehmenden Fokussierung auf eine engere soziale Basis sichtbar wird, daß sich die Partei in ihrer Organisation durch die Professionalisierungsansätze Mitte der 1920er Jahre nicht effizienter zeigte, sondern im Gegenteil geschwächt wurde.

Die horizontale Ausdifferenzierung und milieuorganisatorische Strukturierung der konservativen Partei scheiterte in weiten Teilen. Für die Bürgerpartei war eine Partei eine »Zweckorganisation zur Versammlung von Interessengemeinschaften«.[5] Im Gegensatz zum Bauernbund mußten dadurch berufliche Sonderinteressen und soziale Teilkulturen in innerparteilichen Binnenräumen und Proporzsystemen stär-

---

[5] Süddt. Ztg. v. 26. Mai 1923.

ker gebunden und deren Unterschiede überbrückt werden. Das scheiterte bei der horizontalen Ausdifferenzierung nach Berufen ebenso wie bei der Ausweitung in den katholischen Bereich hinein und gänzlich bei der Parteijugend. Am erfolgreichsten war hier noch die parteiinterne Repräsentanz der konservativen Frauen, die einen organisatorisch abgesicherten Kommunikationsraum entwickeln konnten. Sie waren ein wichtiger Faktor der familiären Milieubildung in der Partei, aber keiner der sozialen Ausweitung ihrer Basis.

Viertes Kapitel

Innerparteiliche Partizipations- und Kommunikationsformen

Entsprechend dem der Arbeit zugrunde liegenden parteigeschichtlichen Ansatz, wonach eine Partei als Handlungs- und Kommunikationsraum zu betrachten ist[1], untersucht das folgende Kapitel die innerorganisatorischen Partizipations- und Kommunikationsformen beider konservativen Parteien: die spezifischen und zielgruppenadäquaten Versammlungsformen sowie die parteiinternen Kommunikationsmedien. Beide Aspekte waren zentrale Faktoren der organisatorischen Bestandssicherung und wichtige Kriterien der lebensweltlichen Rückbindung der Parteien an soziale Gruppierungen, die in der Versammlung und in den Mitgliedermedien Wissen über sich selbst und als Teile einer Gemeinschaft vermittelt bekamen.

1. Versammlungskultur

Der Begriff der Versammlungskultur greift über das Verständnis als quantitative und zyklische Dichte der Versammlungstätigkeit hinaus. Versammlungskultur steht für das vor Ort präsentierte Selbstverständnis sowie für die Praxis und das Maß der lebensweltlichen Qualität einer Organisation. Verein und Versammlung sind das Scharnier von Organisations- und Versammlungskultur, von sozialen Bedürfnissen sowie gemeinsamen Vorstellungen und Deutungshorizonten. Die Versammlung verknüpft politisches Engagement, soziale Identitätssuche, lebensweltliche Gemeinschaftsbildung und vergesellschaftete Öffentlichkeit. Die Versammlung als face-to-face-Kontakt ist soziale Praxisform, symbolische Welt und diskursives Organisationsmuster. Sie muß milieuadäquat sein, denn einerseits ist sie öffentlich und hat deklamatorische Werbefunktion, andererseits hat sie passive, introspektive Funktion und dient der Integration des Mitglieder- und Sympathisantenspektrums. So wie die Organisationsstrukturen beider Parteien spezifisch sozial aufgeladen sind, so zeigt auch die jeweilige Versammlungskultur spezifische und lebensweltlich bedingte unterschiedliche Charakteristika.

a) Die »Phalanx der württembergischen Bauern«

Auf mehreren Ebenen läßt sich nachvollziehen, wie die vom Bauernbund gepflegte Versammlungskultur passend zur ländlichen Lebens- und Wirtschaftsweise funktionierte. Neben den Wahlversammlungen[1] zeigen sich drei Versammlungstypen:

---

[1] Siehe hierzu die Ausführungen oben S. 99.
[1] Zu Wahlversammlungen siehe die Ausführungen unten S. 329 ff.

die Vereinsversammlung im Dorf, die überlokale Groß- und Festveranstaltung sowie die Demonstrationsversammlung als eine der Formen ländlichen Protestverhaltens.

Die Versammlungstätigkeit der Ortsvereine verlief in ausgeprägten Konjunkturen. Sie konzentrierte sich vor allem auf die Wintermonate. Die Frühjahrs- und Sommermonate, vor allem natürlich die Erntezeit, waren als Hauptarbeitszeit des Bauern die »unpolitischen Monate.«[2] Dieser jahreszeitlich bedingte Zyklus bestimmte das politische Leben des Bauernbundes. Regelmäßig nach der Ernte häuften sich die Aufrufe der Bundesleitung, die »politiklose Zeit der langen Tage der Feldarbeit« zu beenden, den politischen Winter zu eröffnen und möglichst wöchentlich eine Versammlung abzuhalten. Auch für die Parteiangestellten und Zeitungsredakteure als Wanderredner war der Winter mit zahlreichen Versammlungen auf den Dörfern und trotz schwieriger Witterungsverhältnisse die Hauptsaison.[3] Aus den Berichten in der Presse läßt sich in deutlicher Tendenz der Modus der Versammlungsorte und -termine ablesen.[4] Meist wurden die Zusammenkünfte am Wochenende veranstaltet. Weil sich die oft lange und beschwerliche Anreise auch lohnen mußte, fanden sie meist im Zusammenhang mit landwirtschaftlich sinnvollen Terminen wie Markttagen statt, oder aber im Anschluß an Sitzungen der landwirtschaftlichen Vereine und Genossenschaften.[5] Die Versammlungstätigkeit war dicht, zwar saisonal angepaßt, aber konstant und lokal verankert.

Mit der Straffung und der lokalen Konzentration der Organisation nach 1918 nahm diese bereits angelegte Tendenz deutlich zu. Die durch Zwangswirtschaft und Inflation, aber auch durch zahlreiche Mehrfachwahljahre bedingte Politisierungswelle spiegelt sich in der steigenden Versammlungsdichte wider, die nun auch die bislang jahreszeitlich gesetzten Beschränkungen aufhob. Die Verstetigung der Versammlungstätigkeit wurde auch durch die in den 1920er Jahren noch stärker regionalisierte Arbeit der Bauernanwälte vor Ort vorangetrieben. Wesentlicher Faktor aber war das Dienstleistungsangebot des Bauernbundes als Notgemeinschaft in Krisenzeiten. Die Teilnahme an einer politischen Versammlung bekam Selbsthilfezweck und Versicherungsfunktion.

Die Vereinsversammlung im Dorf war vor allem in der Gründungszeit des Bauernbundes eine freie Versammlung. Unter Anwesenheit »Neugieriger«, d.h. vor allem Vertreter anderer Parteien, geschah hier die politische Identitätskonstruktion des Bauern. Unter Anwesenheit eines Redners der Bundesleitung oder als autochthone

---

[2] In aller Regel entsprach dies auch den Wahlzeiten, denn bis auf die Reichstagswahlen von 1893, 1898 und 1903 fanden alle Wahlen der wilhelminischen Zeit in den Wintermonaten statt.
[3] Schw. Landmann v. 1. April 1897, v. 1. Dez. 1901, v. 1. Nov. 1904, v. 15. Okt. 1908 u. v. 15 April 1910; Dt. Reichspost v. 27. Okt. 1902 u. v. 18. Sept. 1904; Schw. Tagesztg. v. 16. Nov. 1913. Zur »politischen Saison« auch Schw. Tagwacht v. 14. Juli 1900. Vgl. auch Berichte über die Versammlungstätigkeit der Angestellten vor 1914, die auch in Jahren, in denen keine Wahlen waren, bis zu 500 Versammlungen pro Jahr abhielten (Dt. Reichspost v. 6. Mai 1912 mit Bezug auf 1910).
[4] Die folgenden Ausführungen basieren auf der Auswertung von rund 300 Versammlungsberichten außerhalb der Wahlzeiten. Als Belege werden exemplarisch einzelne Zeitungsberichte angeführt.
[5] Dt. Reichspost v. 5. März 1903.

Versammlung wurde ein dörflicher Milieuführer bestimmt. Oft war als Milieuvernetzer der Dorfpfarrer anwesend. Im Mittelpunkt des dörflichen Vergesellschaftungsprozesses stand der Bauer als gesellschaftlich nützlicher Produzent und als Teil einer »negativ privilegierten« Gesellschaftsgruppe.[6] Man war Protagonist in eigener Sache und formulierte Idealvorstellungen von einer gerechten Gesellschaft und der Ressourcenverteilung in ihr. Verabschiedet wurden Forderungen und Resolutionen als Sinnbild erfolgreicher Solidarisierungsleistung. Getagt wurde im Gasthaus als dörflichem Kommunikationszentrum: laut, lebhaft, leidenschaftlich, hemdsärmelig und mit »klaren Worten, die auch der einfache Bauer versteht«.[7] Die Volkstümlichkeit symbolisierte den Vorsprung an Mobilisierungskraft und Modernität. Sie wandte sich gegen die Unterrichts- und Klubatmosphäre der bürgerlich dominierten Honoratiorenvereine und gegen »Schulmeisterei und Demokratenschläue«.[8]

Gehuldigt wurde der Kult der Selbstverwirklichung des Bauern. Die Versammlung verkörperte die institutionelle Umsetzung des Anspruchs auf direkte politische Teilhabe. Durchgeführt wurde sie mit Geselligkeit, mit aus dem Volkswillen hervorgegangenen organischen Milieuführern, die den Beamtenhonoratioren aus der Stadt entgegengehalten wurden, und mit eigenständigen Organisations- und Kulturformen. Die Versammlung war geselliger Selbstzweck, gegenseitige Versicherung von Kampfbereitschaft und verdichtetes Gemeinschaftserlebnis. Sie war die zentrale Stätte der lebensweltlichen Vergemeinschaftung auf berufsständischer Basis. Der gepflegte volkstümliche Versammlungsstil war auch ein Bestandteil der Selbst- und Fremddefinition, mit der man sich von der Konkurrenz abzusetzen versuchte. 1928 hieß es vom Christlich-Sozialen Volksdienst, der in den pietistisch geprägten Landgemeinden in den meinungshomogenen Raum des Bauernbundes einzudringen versuchte:

> »Durch Handzettel und Ortsschelle mußten die Bürger, auch die Frauen, zur Versammlung geladen werden. Anwesend sind nur Parteimitglieder und Gemeinschaftsleute, sonst kein Dutzend anderer Bürger. Es zeigte sich ein eigenartiger Charakter der Versammlung: der Saal der ›Sonne‹ mußte gemietet werden, Rauchen und Trinken war strengstens verboten. Eingeleitet wird die Versammlung mit dem Lied ›Die Sache ist Dein, Herr Jesus Christ‹ und einem Schriftwort. [...] Die Bibelsprüche sollten wohl beweisen, daß der Redner es ernst meint.«[9]

Das Selbstverständnis des Bauernbundes als Milieuorganisation auf volkstümlicher Massenbasis drückte sich auch in überregionalen Groß- und Festveranstaltungen aus. Bis auf die Kriegsjahre waren dies in erster Linie die in aller Regel jährlich abgehaltenen Landesversammlungen. Die seit den 1890er Jahren von allen Parteien außer dem Zentrum, das meist im katholischen Oberschwaben tagte, in Stuttgart abgehaltenen Parteitage und die stolz in der Presse verkündeten Besucherzahlen waren der ostentative Maßstab der organisatorischen Stärke einer Partei. In dieses Wetteifern um die Demonstration eines geschlossenen Massenanhangs reihte sich auch

---

[6] Max Weber, Wirtschaft und Gesellschaft, 1976, S. 177–180.
[7] Exemplarisch: Dt. Reichspost v. 24. Dez. 1907.
[8] Schw. Tagesztg. v. 24. Sept. 1913.
[9] Schw. Tagesztg. v. 4. April 1928.

der Bauernbund ein, der 1900 erstmals eine Landesversammlung in die Landeshauptstadt einberief.[10]

Man war bemüht, möglichst viele Bauern nach Stuttgart zu bewegen, um mit ihrer Masse »Eindruck auf die großstädtische Bevölkerung zu machen« und den eigenen Mitgliedern die Bedeutung und die Notwendigkeit einer geschlossenen politischen Organisation zum Bewußtsein zu bringen.[11] Auch dazu waren Anreize zu schaffen: Einerseits fand die Landesversammlung in den Wintermonaten statt, andererseits sollte die Witterung aber nicht zu schlecht sein, so daß der Landmann den Besuch der Landeshauptstadt mit einem Verwandtenbesuch oder der Besichtigung einer Sehenswürdigkeit verbinden könne. Teilweise wich man deshalb – auch wegen der erschwerten Verkehrsbedingungen in strengen Wintern – auf den Mai und dann auf einen Feiertag wie den Pfingstmontag aus.[12] Empfohlen wurde die ortsgruppenweise Anreise mit der Bahn in der der vierten und günstigsten Wagenklasse. Organisiert wurden die dörflichen Gruppenausflüge dann von den örtlichen Vertrauensmännern.[13] Weiterer Anreiz waren Großveranstaltungen im Umfeld der Landesversammlung wie die Landwirtschaftliche Woche oder das Landwirtschaftliche Hauptfest in Stuttgart.[14] Und nicht zuletzt sollte neben diesen positiven Begleiterscheinungen die Präsentation eines prominenten Reichspolitikers den Besuch lohnenswert machen, was allerdings nur dreimal gelang.[15] In aller Regel trat dann noch ein Vertreter der städtischen Konservativen auf, der die Grüße der Stadtbevölkerung übermittelte, die »Landmänner« in der Hauptstadt willkommen hieß und das gemeinsame Vorgehen beider Parteien unterstrich.[16]

Die Mitgliedervollversammlung hatte keine beschlußfassende Funktion.[17] Mit Tagesordnung, festgelegten Referaten prominenter Politiker und vorformulierten

---

[10] Fast hämisch berichtete die Zentrumspresse über die selbsternannte »Volksversammlung« der Demokraten, das Dreikönigstreffen von 1898, das eher einer »politischen Familienzusammenkunft« gleiche. Denn gegenüber dem Ulmer Katholikentag von 1890 mit 20000 oder einer Zentrumsversammlung 1895 in Ravensburg mit 5000 Besuchern habe die »Volkspartei« gerade 1300 Auswärtige in Stuttgart versammelt. Selbst ein einziger sozialdemokratischer Redner locke in Stuttgart mehr Leute an als acht demokratische Größen (Dt. Volksbl. v. 10. Jan. 1898). Entscheidend für die Qualität der Veranstaltung war auch, wo getagt wurde – ob im kleinen, exklusiv bürgerlichen Saal des *Herzog Christoph* oder in den großen Festhallen Stuttgarts. Und von Anfang an benötigte der Bauernbund einen der großen Säle: die schwächste Besucherzahl wurde bei der ersten Landesversammlung mit 250 angegeben (Schw. Merkur v. 10. Nov. 1900 M), ansonsten bewegten sich die Besucherzahlen immer zwischen 1000 und 2500 (z. B. Schw. Landmann v. 1. Jan. 1903, v. 15. Dez. 1903; v. 15. Mai 1907; v. 15. Mai 1909; v. 1. Juni 1910, v. 15. Mai 1912, v. 1. Juni 1913, v. 1. Juni 1914 u. v. 8. Dez. 1917 sowie Schw. Tageszg. v. 28. Febr. 1921, v. 6. Febr. 1922; v. 21. Dez. 1928 u. v. 18./19. Aug. 1930).
[11] Schw. Landmann v. 1. Mai 1907 u. Schw. Tageszg. v. 21. Dez. 1928.
[12] Schw. Landmann v. 15. Mai 1907 u. v. 15. April 1910.
[13] Dt. Reichspost v. 6. Mai 1912.
[14] Dt. Reichspost v. 11. Mai 1908; Schw. Tageszg. v. 6. Febr. 1922 u. v. 14. Aug. 1930.
[15] 1902 Wangenheim (Schw. Landmann v. 1. Jan. 1903), 1912 Roesicke (Dt. Reichspost v. 6. Mai 1912) und 1928 der Präsident des RLB Martin Schiele (Schw. Tageszg. v. 23. Dez. 1928).
[16] Schw. Tageszg. v. 6. Febr. 1922.
[17] Die Landesversammlung verabschiedete per Akklamation nur den Jahresbericht des Geschäftsführers.

Resolutionen wurde den Versammlungen die Ergebnisorientierung vorgegeben. Sie hatten Propaganda- und Kundgebungsfunktion und wurden vor allem in den Weimarer Jahren zur geschlossenen und kontrollierten Veranstaltung.[18] Die Landesversammlungen waren attraktive Integrationsmedien, die eine ganze Reihe organisations- und versammlungskultureller Aspekte bündelten: Geschlossen wie ein Mann – das stand für die politische Parade der Stärke der Landvolkvertretung. Mit Neid schaue man auf die »geschlossene Phalanx der württembergischen Bauern«, hieß es 1910.[19] In der Weimarer Zeit nahm die Größe der Veranstaltungen noch zu: 1921, in der Hochphase der Zwangswirtschaft, reichte die Liederhalle für die Versammlung nicht aus. Es mußte ad hoc eine Parallelveranstaltung im Gustav-Siegle-Haus organisiert werden.[20]

Die Landesversammlungen verbanden lebensweltliche Begegnungsart mit milieuadäquaten Geselligkeitsformen. Durch das musikalisch-deklamatorische Rahmenprogramm wurden die Großveranstaltungen zum Event mit der Faszination prächtiger Spektakel. Sie bekamen den Charakter der Außeralltäglichkeit. Die Versammlung der sich selbst introspektiv wahrnehmenden Masse wurde zum Fest und zum kulturellen Ereignis mit emotionaler Bindung. Der volksfestartige Nachklang war ein wesentlicher Programmpunkt der Versammlungen. Der ›politische‹ Teil dauerte in der Regel nur zwei bis drei Stunden, weil »Bauern lange Bratwürste und kurze Predigten lieben«, danach schloß sich ein »bunter Reigen zahlreicher Musikstücke und Gesänge an.«[21]

Der Bauernbund verfügte nicht nur über einen kultivierten Gründungsmythos als »Notbund der Caprivi-Zeit«, der fast litaneihaft immer wieder als Aufruf zur Solidarität angeführt wurde und Jubiläen schuf. Vor allem in den Weimarer Jahren wurde die Erinnerung an die »Kampfzeit« der 1890er Jahre gepflegt.[22] Er verfügte auch, ähnlich wie die Sozialdemokratie, über ein reiches Repertoire an gruppenintegrativen Symbolen und Liedern. Die Saaldekoration etwa hatte plakative Außenwirkung und war Faktor formeller Selbstinszenierung. Die Rednerbühne war mit Fahnen geschmückt, auf denen Ar und Halm prangten – das Symbol des Bauernbundes, das auch alle Druckerzeugnisse zierte. Weitere Spruchbänder zeigten den Gründungsslogan »Einigkeit macht stark«, der neben dem württembergischen Haus- und Landesspruch »Hie gut Württemberg allweg!« sowie »Furchtlos und treu!« seit 1895 den Bauernbund als griffiges Motto begleitete. Das Singen der »Bauern-Mar-

---

[18] Aufrufe an die Mitglieder, die Mitgliedskarte mitzubringen, die »strengstens kontrolliert« werde (Schw. Landmann v. Febr. 1921 u. Schw. Tagesztg. v. 25. Febr. 1921). Zum einen sollte damit Störungsversuchen gegnerischer Gruppierungen vorgebeugt werden, zum andern kann dies als Neuerung der Weimarer Zeit auch als zunehmende Abschottung der Parteimilieus interpretiert werden.
[19] Schw. Landmann v. 1. Juni 1910.
[20] Schw. Tagesztg. v. 28. Febr. 1921.
[21] Schw. Tagesztg. v. 28. Febr. 1921.
[22] Exemplarisch die Berichte über 20 Jahre Geschäftsstelle (1895) und 40 Jahre Bauernbund in Schw. Tagesztg. v. 1. Okt. 1920 u. v. 24. Febr. 1933. Im gleichen Duktus auch K. HAAG, 1935.

seillaise«, des Bundesliedes »Für Halm und Ar« am Ende der Veranstaltung bildete den inszenatorischen Höhepunkt.[23]
Die Massenveranstaltungen waren verdichtetes Gemeinschaftserlebnis, emotional aufgeladene und symbolisch überhöhte Form der Vergemeinschaftung. Demonstriert wurde Solidarisierungsgefühl und selbstbewußte Eigenkultur. Die mit Hurra-Rufen akklamativ beschlossenen Resolutionen und Einverständniserklärungen mit der Bundesleitung in Stuttgart und Berlin waren das Symbol von landes- und reichsweit erfolgreicher Vergesellschaftung und Zugehörigkeit zu einer politischen Bekenntnisgemeinschaft. Der Bericht über die Landesversammlung von 1922 unterstreicht die vermittelte Selbstwahrnehmung als kollektiv geeinte Masse und die Betonung des zivilisatorischen Unterschieds, den die Bauern nach Stuttgart trugen:

»Tausende strömen dem großen Festsaal der Liederhalle zu, der lange vor Beginn der Versammlung überfüllt ist: Schwäbische Bauern mit ihren Frauen, Söhnen und Töchtern. Darunter das bunte Bild der kleidsamen Tracht, die immer mehr verschwindet. Besonders Bauern aus Betzingen sind es, die mit ihrem sauberen Weiß und ihren hellroten Westen mit den Silberknöpfen auffallen. Durch die Reihen der festlich gestimmten Versammlung gehen fröhliche Grüße hin und her. Die Freude über das Wiedersehen unter sich mischt sich mit dem stolzen Bewußtsein der Zusammengehörigkeit aller. Der Bauernbund: ein Bund aller Bauern für alle!«[24]

Hinzu kam die Entwicklung einer eigenen Festkultur, für die die sogenannten Bauern- oder Heimattage des Bauernbundes das beste Beispiel sind. Allein von 1922 bis 1924 wurden über 25 solcher Sommerfeste veranstaltet, die im Rahmenprogramm der Reden politischer Prominenz das gesamte dörfliche Vereinsleben des Oberamtes vereinten und als Bauernbundsveranstaltung den spektakulären Ersatz für offizielle Stadtfeste darstellten. Der Herrenberger Bauerntag im Sommer 1922 ist eines der Beispiele für die Massenveranstaltungen, die den Hauptrednern eine imposante Kulisse boten:

»Die Bahnhofstraße in Herrenberg hatte wohl noch selten ein solch buntes Treiben und eine solche Menschenmenge gesehen. Mit frohen Mienen und heiteren Gesängen kamen die Gruppen aus den einzelnen Ortschaften an und wurden von den Festordnern in den Zug eingereiht, der sich unter klingendem Spiel der Stadtkapelle in Bewegung setzte. [...] Sämtliche Gemeinden des Bezirks und einige Gemeinden der Nachbarbezirke marschierten geschlossen im Festzug. Die vielen Festreiter auf kräftigen Pferden, die verschiedenen malerischen Trachten, die sinnigen Gruppen, Müllerei, Schäferei und Ernte darstellend, die humoristische Darstellung des Kuppinger Mondfanges und die Radfahrervereine Kuppingen, Reusten und Kayh boten zusammen ein prächtiges Bild und mit Freuden sah alles auch den stattlichen Zug, der durch die Straßen der Stadt marschierte. Der Festplatz war viel zu klein, um die Menge, die auf 6 bis 8 Tausend Menschen geschätzt wurde, zu fassen. [...]

---

[23] Schw. Landmann v. 15. April 1910, v. 15. Mai 1912; v. 1. Juni 1913; Dt. Reichspost v. 19. Mai 1910; Schw. Tagwacht v. 6. Mai 1912.
[24] Schw. Tagesztg. v. 6. Febr. 1922. Demgegenüber sprach die Schw. Tagwacht v. 6. Febr. 1922 von »billigem Triumph«, weil anläßlich der Landwirtschaftlichen Woche die »Massen« nach Stuttgart gelockt worden seien, um die »schmalzige Ansprachen der wichtigtuerischen Manschettenbauern« zu hören.

Nach den Reden begann unsere Stadtkapelle auch sofort mit einem flotten Marsch und nun setzte ein reges Treiben auf dem Festplatz ein. Es wechselten Musikvorträge der Kapellen miteinander ab und forderten einige Tanzlustige auf zum Reigen. Das Preishindernis-Radfahren trug zur Erheiterung bei, bei der Verlosung versuchten manche ihr Glück und auch die durstigen Kehlen kamen zu ihrem Recht. Abends fand sich dann noch die Jugend zum Tanze im Saalbau Schneider zusammen. So schloß der große Bauerntag in schönster Harmonie [...].«[25]

Qualitativ andere politische Versammlungs- und Verhaltensformen praktizierte der Bauernbund in der Phase von Zwangsbewirtschaftung und Inflation sowie in der Agrarkrise nach der Erntekatastrophe von 1927. Die Spannungen zwischen Produzenten und Konsumenten hatten sich zu Ende des Krieges und in dieser Phase deutlich verschärft.[26] Die Phase ab 1920 markiert den Übergang von der Versammlung zur aktivistischen Manifestationsform mit Verweigerungs- und Widerstandsformen sowie teilweise gewalttätigen Auseinandersetzungen. Neben Vereinsversammlungen und Bauernfeste traten nun Notkundgebungen, Demonstrationen und Aktionen gegen »fliegende Markt- und Wuchergerichte«, gegen Pfändungen und Zwangsversteigerungen. »Wir müssen Märkte zu Massenversammlungen benützen«[27], war der Aufruf zur Politisierung des öffentlichen Raumes. Der Unmut über die obrigkeitliche Benachteiligung etwa durch Truppenmanöver in Erntezeiten, die Forderung von staatlichen Hilfeleistungen bei Maul- und Klauenseuchen oder Klagen über überzogen empfundene Steuerforderungen waren zuvor durch die traditionellen interessenpolitischen Kanäle artikuliert worden. Mit dem Modell der kollektiven Selbsthilfe und nach dem Vorbild der organisierten Arbeiterschaft wurde das übereinstimmende Gefühl subjektiver Bedrohung nun in die Mobilisierung wirtschaftlichen Agrarprotestes kanalisiert.

Den Auftakt hatten im Juni 1920 Teuerungsdemonstrationen in Stuttgart und in mehreren anderen württembergischen Städten gebildet, die auch Todesopfer gefordert hatten.[28] Bereits zuvor hatte der Bauernbund zum Selbstschutz der Bauern und zu einem Lieferstreik aufgerufen.[29] Nun ging er dazu über, einen organisierten

---

[25] Schw. Tagesztg. v. 3. Aug. 1922. Weitere exemplarische Berichte über Bauerntage in Ulm, Würtingen, Crailsheim, Rottweil, Neckarsulm, Heilbronn u.a. in Schw. Tagesztg. v. 27. Juli 1922, v. 18. Aug. 1923, v. 10. Juli 1923, v. 12. Aug. 1923 u.v. 2. Sept. 1924.

[26] J. BERGMANN/K. MEGERLE, 1989; M. H. GEYER, 1990 u.ö.; M. GAILUS/H. VOLKMANN, 1994; CH. NONN, Verbraucherprotest, 1996, v.a. S. 318 ff. Typisch die Eingabe des Landwirtschaftl. Hauptverbandes 1920 an das Staatsministerium: »Die Stimmung der Bauern ist auf dem Siedepunkt« (HStA Stuttgart, E 130b, Bü 3138 u. Bü 3139–3142 mit der Übersicht über die Bestimmungen, darunter die Verschärfung der Strafen gegen Schleichhandel, Preistreiberei und verbotene Ausfuhr lebenswichtiger Gegenstände, Richtlinien für Prüfungsstellen und Wucherbekämpfung).

[27] Schw. Tagesztg. v. 23. Febr. 1921 und auch im Rückblick Schw. Tagesztg. v. 18. Aug. 1930.

[28] In Stuttgart, Ravensburg, Aalen und Heidenheim war es zu gewalttätigen Markttumulten zwischen Arbeitern und Bauern gekommen. In Ulm wurde ein Generalstreik der Arbeiter ausgerufen, das Rathaus gestürmt und der Ausnahmezustand ausgerufen. Insgesamt gab es sieben Todesopfer und 26 verletzte Demonstranten (Süddt. Ztg. u. Schw. Kronik v. 24. Juni u.v. 25. Juni 1920).

[29] Aufruf des Bauernbundes zur Bildung von Einwohnerwehren: »Wenn in Stuttgart oder in größeren Industriebezirken des Landes in den nächsten Tagen Unruhen irgendwelcher Art entstehen sollten, so muß diesen Störern der verfassungsmäßigen Ordnung sofort durch den mit voller Kraft

»Marktschutz« zur Verfügung zur stellen.[30] Nach dieser kurzfristigen Renaissance vormoderner Hungerunruhen als Subsistenzprotest mit traditionellem ›food-riot‹-Muster kam es Ende 1923 wiederum zu landesweiten Marktkrawallen, die sich nun gegen die »Landjäger« und Wuchergerichte wendeten.[31] »Der Bauer und Weingärtner hat seinen Bund zum Handeln und Kämpfen gegründet«, reagierte der Bauernbund und hatte mehrmals zu einem kollektiven Lieferstreik aufgerufen.[32] Die Protestmanifestationen und das gegenseitige Einstehen im Schutzbund der Kleinbauern schufen Märtyrer: Theodor Körner (jg.) wurde im Dezember 1923 wegen des Aufrufs zum Lieferstreik mehrere Tage in Schutzhaft genommen und von einem Schwurgericht zu 28 Tagen Haft verurteilt.[33] Mit der »Schmach für Körner jung« als Symbol von Bauernunterdrückung und Willkür wurde noch auf Jahre hinaus mobilisiert.[34]

Nach einer krisenhaften Phase mit stetiger Tendenz zur Verschärfung und Zuspitzung der Aktionsformen und einer ruhigen Phase zwischen 1925 und 1927 bildete als zentral gesteuerte und örtlich konzentrierte Aktion ein Massenauflauf der Landwirte im Februar 1928 in Stuttgart den Höhepunkt der bäuerlichen Protestaktionen. Die Presse berichtete von 40 000 bis zu mehr als 50 000 teilnehmenden Bauern.[35]

»Sie sind da – in hellen Haufen sind sie gekommen, ein riesiges Bauernheer schiebt sich in langen, langen Zügen durch die Stuttgarter Straßen. [...] In 30 Sonderzügen und zahllosen Lastautos, zu Fuß und zu Wagen sind sie gekommen [...] – von überall her, alle Täler und Höhen im Schwabenlande sind vertreten. Der Städter weiß nicht recht, was er für ein Gesicht dazu machen soll. Viele überkommt ein beklommenes Gefühl, wenn sie diese nicht endenwollenden Züge vorbeiziehen sehen. [...] Aus dem Meer der abgerackerten Bauern-

---

einsetzenden Lieferstreik in sämtlichen Nahrungsmitteln der Ernst der Situation klargemacht werden. [...] Alle aufs Land kommenden Hamsterer sind abzuweisen, weil sie Spione sind (Schw. Tagesztg. v. 22. Juni 1920).
[30] Schw. Tagesztg. v. 17. Juni 1920.
[31] Berichte über Marktkrawalle in Stuttgart, Winnenden, Biberach und Reutlingen in Schw. Tagesztg. v. 15. Sept. 1923, v. 5. Okt. 1923. In Winnenden hatte ein Bauernanwalt während des Marktes eine Versammlung geleitet und zur Stürmung eines Lokals aufgefordert, in dem ein »fliegendes Gericht« tagte.
[32] Schw. Tagesztg. v. 16. Sept. 1923, v. 29./30. Sept. 1923 u. v. 7. Dez. 1923.
[33] Schw. Tagesztg. v. 9./10. Dez. 1923, v. 11. Dez. 1923, v. 18. Dez. 1923 u. v. 21. Dez. 1923 sowie Süddt. Ztg. v. 11. Dez. 1923. Vgl. auch W. KOHLHAAS, Chronik 1918–1933, 1964, S. 55.
[34] Schw. Landmann v. 12. April 1924: »Denk an Deinen Steuerzettel und die Gefängnishaft von Körner jung!« Ebenso der Bericht Körners: »28 Tage habe ich die Welt hinter dem vergitterten Fenster gesehen, Wanzen gefangen und dreimal pro Tag aus dem Napf gefressen. [...] In der schamlosesten und gemeinsten Weise wurde ich von der Demokraten- und Zentrumspresse im Dreck umhergezogen. [...] Die Inhaftierung war ein Schlag ins Gesicht des gesamten Bauernstandes. Ich habe mir geschworen, die Bauern zu befreien.« Ähnlich: Schw. Landmann v. 1. Mai 1924, v. 14. Juni 1924 u. v. 25. Febr. 1928.
[35] Berichte zur Demonstration am 25. Febr. 1928: Schw. Landmann v. 3. März 1928; Schw. Kronik v. 25./26. Febr. 1928 A; Süddt. Ztg. v. 25. Febr. 1928; Schw. Tagesztg. v. 15. Febr. 1928, v. 22. Febr. 1928, v. 26. Febr. 1928, v. 28. Febr. 1928 u. v. 31. März 1928; Wochenbl. f. Landw. v. 3. März 1928 u. Württ. Ztg. v. 27. Febr. 1928. Die Demonstration galt als größte dieser Art in Deutschland auf dem Höhepunkt der Agrarproteste 1928 (vgl. J. BERGMANN/K. MEGERLE, 1989).

köpfe ragten schlichte, einfache Tafeln mit den Aufschriften der Bezirksvereine heraus. [...] Wann hat man die schwäbischen Bauern so einig gesehen wie in dieser Stunde? Die Ausführungen der Redner, durch das Wunder des Lautsprechers vermittelt, hatten den stärksten Eindruck gemacht. [...] Zu Zwischenfällen war es nirgends gekommen. Still und ernst, wie die Bauernscharen gekommen, zogen sie wieder auseinander. Es könnte aber einmal anders kommen, das haben die Städter dabei gemerkt und danach mögen sich die maßgeblichen Kreise richten.«[36]

Während der Industriearbeiter das Mittel der Massenaufzüge schon oft angewandt habe, sei es beim Bauern in Württemberg das erste Mal seit Menschengedenken. Erinnert wurde an den Ostermontag 1514, als der ›Arme Konrad‹ aus der Not heraus mit Waffen nach Schorndorf gezogen war, aber die »bäuerliche Massenseele äußere sich ganz anders als eine vom Klassenhaß verhetzte Bewegung«. Die Notkundgebung verlief friedlich, schließlich war der Bauernbund Regierungspartner und die Hauptrede hielt mit Bazille der »Führer der Landwirtschaft«. Sie war massenhaft vorgetragene Protestartikulation als Mittel eines (noch) friedlichen Konfliktaustrags zwischen Städtern und Landleuten. Die Demonstration wurde bestimmt vom »Rhythmus des Schweigens der durch Stuttgart ziehenden Bauernmassen.«[37] Sie war der Kulminationspunkt der bäuerlichen Selbstvergewisserung in einer Massenorganisation.

b) Konservative elitäre Zirkel

Die Konservativen verkörperten auch in ihrer Versammlungskultur das Prinzip der sozialen Exklusivität. Die Organisationszugehörigkeit bedeutete hier in aller Regel nicht gleichzeitig auch die aktive Parteiarbeit. Die lokale Versammlungstätigkeit außerhalb der Wahlkämpfe vor 1912 ist nur schwer nachzuvollziehen, schon allein deshalb, weil in der Presse kaum darüber berichtet wurde. Eine spürbare erste Verdichtung setzte um 1911/12 ein, eine zweite qualitative Stufe dann nach 1918/19.

Dem größten Ortsverein des Landes in Stuttgart hatte um die Jahrhundertwende eine jährlich stattfindende Mitgliedergeneralversammlung genügt, die in aller Regel im Saal des ›Herzog Christoph‹, dem bürgerlichen Stuttgarter Vereinslokal abgehalten wurde. Die Versammlungen waren geschlossene Veranstaltungen, bei denen das »Kreuzen der Klingen« mit den politischen Rivalen vermieden werden sollte.[38] Seit 1906/07 wurde versucht, die Versammlungstätigkeit zu intensivieren und zu verstetigen: Sogenannte Erörterungs- oder Familienabende sollten zweimal pro Monat, seit 1911 wöchentlich, »Freunde der Partei und deren Bekannte« zum Gedankenaustausch zusammenbringen.[39] Gehalten wurden »gediegene Vorträge«, vorwiegend zu volkswirtschaftlichen und kulturpolitischen Themen, an die sich weder Diskussion noch gemeinsame Resolution anschloß. Statt dessen wurde dem Redner für seine

---

[36] Schw. Tagesztg. v. 26. Febr. 1928.
[37] Süddt. Ztg. v. 1. März 1928 u. Schw. Kronik v. 2. März 1928.
[38] Dt. Reichspost v. 5. März 1903; v. 6. April 1904; v. 28. Sept. 1911 u. v. 24. Dez. 1912.
[39] Dt. Reichspost v. 31. Dez. 1907, v. 12. Febr. 1908, v. 27. Febr. 1908 u. v. 16. März 1911.

»vortrefflichen Ausführungen« gedankt. Der Versammlungsstil war nüchtern, von bürgerlich getragener Atmosphäre bestimmt, themenorientiert und ohne geselliges Nebenprogramm. Er ähnelte darin dem der Deutschen Partei, die sich öffentlich darüber beklagte, ihre Ortsvereine pflegten die Geselligkeit als Mittel des Zusammenschlusses nicht.[40]

Von den Lokalorganisationen der Konservativen ist außer Klagen über mangelnde Versammlungstätigkeit vor 1914 wenig zu hören. In der Regel mußte ein Redner aus Stuttgart anreisen, um eine Versammlung zustande zu bringen. Selbst im Jahr der heiß umkämpften Wahlen von 1912 brachte es die Partei landesweit auf ganze 89 Versammlungen außerhalb Stuttgarts. Manche der überhaupt nur wenigen Ortsvereine im Land tagten außerhalb der Wahlen nie. Andere hielten zwar jährliche Versammlungen ab, von denen aber berichtet wurde, sie seien »gewohnt schwach« besucht. Die Gründung mehrerer Ortsvereine nach 1912 sollte auch dazu dienen, der Werbearbeit in »befreundeten Familien und unter Bekannten« organisatorischen Rückhalt zu geben.[41] Es ist davon auszugehen, daß das Vereinsleben vor Ort entweder durch die Vernetzung mit interessenpolitischen Vereine gedoppelt und abgedeckt wurde[42], oder aber außerhalb der Wahlzeiten gar nicht stattfand, weil man sich auf die informelle Balance zwischen Verein und Familiennetzwerken der kleinstädtischen Bürgerschaft verlassen konnte.

»Organisiert und versammelt Euch!« Was die Sozialdemokraten immer wieder ihren Massen zuriefen, wurde nach 1919 zur Mahnung an die bürgerlichen Kreise. Die permanente Politisierung des Lebens erfordere ein Ende der »Partei der Parteilosen«, hieß es nach den ersten Nachkriegswahlen in der Aufforderung zur Intensivierung der Parteiarbeit, die der »eingerissenen Geistesverwirrung und sinnlosen Lebensverwilderung« entgegenwirken sollte.[43] Die Versammlungstätigkeit in den nun auch quantitativ ausgeweiteten Ortsvereinen verdichtete sich deutlich.[44] Bei-

---

[40] WÜRTT. VOLKSZTG. v. 19. Jan. 1903 mit Blick auf das Zentrum: »Namentlich die Ultramontanen verstehen es, die Geselligkeit als Mittel des Zusammenschlusses zu pflegen. Der ultramontane Adelige, höhere Beamte, Großindustrielle, Großkaufmann u.s.w. scheut sich nicht, in der Gesellschaft seiner Parteigenossen bei einer gemeinsamen Festlichkeit zu erscheinen und auch dadurch seine Zugehörigkeit zur Partei zu bekunden, und sie sitzen nicht etwa an abgesonderten Tischen und an hervorragender Stelle. Wie traurig sieht es oft in dieser Beziehung bei nationalliberalen Festlichkeiten aus.«
[41] Deutsch-Konservativ v. Jan. 1913. In dem Geschäftsbericht hieß es, die Partei habe im ganzen 3 968 Einladungen zu Versammlungen an Parteimitglieder versendet. Im Schnitt wären somit pro Veranstaltung rund 45 Personen eingeladen worden.
[42] Beispielsweise stand in Backnang dem lokalen Gewerbeverein und dem Schutzverein der konservative Ortsvorsitzende und Buchdruckereibesitzer Friedrich Stroh vor, der die jeweiligen Versammlungen zur Doppelveranstaltung werden ließ (Schw. Kronik v. 10. Febr. 1894 A u. Dt. Reichspost v. 26. April 1898).
[43] Südd. Ztg. v. 6. Febr. 1919.
[44] Als Beispiele die Berichte über wöchentliche oder monatliche Versammlungen der größeren Ortsgruppen in Südd. Ztg. v. 9. Juli 1919 (Ludwigsburg), v. 8. Mai 1919 (Cannstatt), v. 4. Okt. 1919 (Ulm), v. 15. Juni 1920 (Heilbronn; auch Schw. Kronik v. 8. Jan. 1919 A) u.v. 8. Juli 1920 (Mergentheim).

behalten wurde die Form des Erörterungs- oder Familienabends, angereichert nun durch Geselligkeit und Künstlertum. Eines der bildungsbürgerlichen Distinktionsmerkmale der bürgerparteilichen Versammlungskultur war der Hinweis, »Männer von tiefstem sittlich-religiösem Empfinden« böten in »formvollendeter und geistvoller Weise« und »auf großer Höhe politischer Betrachtung lehrreiche Vortragsabende«.[45] Gelauscht wurde Reden auf »höchstem geistigen Niveau«, womit sich man sich von den proletarischen Versammlungen der Sozialdemokratie abzusetzen gedachte.[46]

Entdeckt hatte man auf konservativer Seite das Rahmenprogramm von Versammlungen auf der Klaviatur der Sinne: musikalisch-deklamatorische Darbietungen, in die der Singchor der Partei einbezogen wurde[47] sowie andere Darbietungen, etwa Theaterstücke und Lesungen, die Heiteres, Ergreifendes und sentimentale Besinnlichkeit boten: Begleitet von einem jugendlichen Geiger gab es Mozart- und Schubertlieder von Frauen, eine Blütenlese aus der Kriegslyrik, und mit Bismarckgedichten wurde in die gute alte Zeit zurückgeführt. In Ulm wurden »allerliebste Musik- und Gesangsvorträge, reizende Volkslieder zur Laute und fesselnde Violin- und Klavierkompositionen« dargeboten. »Prächtigen Gesang auf ganz hervorragender künstlerischer Höhe« bot eine Versammlung in Degerloch mit dem »Parteidichter« Emil Gerok: »Alles war in edle poetische Form gekleidet und das Humoristische geradezu überwältigend wirksam.«[48]

Noch bildungsbürgerlicher ging es bei den Versammlungen der Frauen zu. Das laienhaft-künstlerische Dilettieren war stärker noch Bestandteil der Geselligkeit und des Selbstverständnisses. Die Frauen trafen sich zu »besinnlichen« Teestunden und Leseabenden, bei denen die Vortragende »durch die ihr eigene Herzenswärme die Seelen der Frauen aufs Tiefste zu ergreifen« wußte. Eine andere trug eine Auslese Brahmsscher Lieder vor, mit »entzückender Schalkhaftigkeit, hinreißender Leidenschaft und tiefer Empfindung, je nachdem«. »Im Geiste innerer Erhebung« trug die Vorsitzende der Landesfrauengruppe »herrliche alte Lieder vor« und die Lieder, die »Frau Dr. Göz sang, klangen so süß, als hätten die Waldvöglein sich selbst zum Konzert eingestellt.«[49]

Eine spürbare Spaltung der Versammlungsstile der Partei zeigt sich ab 1924 in der Kooperation mit den Vaterländischen Verbänden. Während ein Teil der Partei an der geschilderten Art der Versammlungen festhielt, veränderten sich die Veranstaltungen bei einem anderen Teil der Partei grundlegend: aus Erörterungsabenden wurden

---

[45] Exemplarisch: Süddt. Ztg. v. 14. Mai 1920, v. 5. Dez. 1924, v. 23. Okt. 1926, v. 11. Mai 1927, v. 25. April 1928 u.v. 24. Sept. 1928.
[46] Süddt. Ztg. v. 14. Mai 1920, v. 18. Juni 1921 u.v. 29. Aug. 1924.
[47] Wider an Ortsgruppenmitglieder Stuttgart v. Juni 1920 (NL Hiller), mit der Aufforderung, den Singchor für diese Zwecke auszubauen. Im Herbst 1920 hieß es, aus den Kreisen der Partei heraus habe sich eine »Vereinigung zur Pflege des deutschen Volksliedes« gebildet (Schw. Kronik v. 15. Okt. 1920 M).
[48] Süddt. Ztg. v. 15. Juni 1920, v. 17./18. Juli 1921 u.v. 25. Okt. 1924.
[49] Süddt. Ztg. v. 24. Mai 1922, v. 19. April 1923, v. 12. April 1927, v. 24. Sept. 1928 u.v. 20. Okt. 1928.

vaterländische, nationale, deutsche oder völkische Abende, an denen man zusammenkam, um »völkische Geschlossenheit« zu zeigen und »Zeugnis vom deutschnationalen und völkischen Glauben abzulegen«. Gehalten wurden »temperamentvolle und schneidige« Reden. Auch das Rahmenprogramm änderte sich fundamental: Gespielt wurden nun Ouvertüren des Rienzi vom »deutschesten aller Musiker«, stramme und flott gespielte Märsche oder Jubelouvertüren, die dann ins Deutschlandlied ausklangen.[50] Die Versammlungen wurde zunehmend militarisiert, aggressiver und emotionaler, mit Symbolen aufgeladen und auch auf die Straße getragen. Das Rahmenprogramm übernahmen sukzessiv die Vaterländischen Verbände, später dann vor allem der Stahlhelm.[51] Aus Ulm, der frühesten Stahlhelm-Gründung in Württemberg, wurde bereits 1924 berichtet:

»Die Mitglieder des Stahlhelms [...] marschieren in Uniformen und Stahlhelmen über den energischen Gesichtern und machen einen ganz ausgezeichneten Eindruck. Der Zug setzt sich unter Trommelklang Richtung Stadt in Bewegung. Die alte Soldatenstadt Ulm hatte einen solchen imposanten und unübersehbaren Zug zu so später Nachtstunde lange nicht mehr gesehen.«[52]

Den Abschluß dieser Entwicklung bildete nach der Spaltung der Partei und der Eingliederung in die Hugenberg-Bewegung die fast völlige Übergabe der Veranstaltungsorganisation an den Stahlhelm. Der württembergische Ableger der Deutschnationalen wurde in seinem Auftreten zunehmend ununterscheidbar von den völkisch-nationalen Gruppierungen, wenn der Stahlhelm »feurige Weisen« und den Fridericus-Rex-Marsch spielte und der Abschluß einer Versammlung lautete: »Wie eine Welle ergriff der Jubel und der Beifall die ganze Versammlung. Heilrufe wurden laut.«[53]

Der Wandel der Versammlungskultur kennzeichnet die inhaltliche und personelle Entwicklung der Partei. In der Ära Beißwänger dominierte das betont evangelische, bildungsbürgerliche und gediegene Auftreten der Partei. In der Phase von 1924 bis 1928/30 zeigte die Partei in ihrer Versammlungskultur zwei Gesichter[54] und spätestens ab 1929 war im Zuge des Volksbegehrens gegen den Young-Plan der Abschluß der Veränderung zur nationalen Bewegung im Frontsoldatengeist gemacht. Die Entwicklung läßt sich parallel auf der Ebene der landesweiten Großveranstaltungen und der Parteifeste nachvollziehen. Im Gegensatz zu den Vorkriegskonservativen hatte die Bürgerpartei versucht, die Masse zu entdecken und auch zu kultivieren.

---

[50] Südd. Ztg. v. 7. April 1923, v. 30. Okt. 1924, v. 18. Nov. 1924, v. 14. April 1927 u. v. 11. Mai 1928.
[51] Zum Stahlhelm und den Vaterländischen Verbänden siehe unten S. 262ff.
[52] Südd. Ztg. v. 5. April 1924.
[53] Südd. Ztg. v. 11. März 1932. Als Auswahl zahlreicher weiterer Beipiele: Südd. Ztg. v. 31. Juli 1928 (Crailsheim), 18. Jan. 1932 (Ludwigsburg), 10. Febr. 1932 (Langenau), 7. April 1932 (Ulm), 20. April 1932 (Gerabronn und Schw. Hall) u. 22. April 1932 (Heilbronn).
[54] Symptomatisch die Klagen Widers auf dem Vertretertag der Partei im Okt. 1928 über das nicht nur inhaltlich »uneinheitliche Auftreten der Partei« und die »still auftretenden Anhänger draußen im Land, die einen Sonderweg gehen« (Südd. Ztg. v. 9. Okt. 1928).

Ähnlich gestaltet sich die Entwicklung bei Großveranstaltungen. Die Landesversammlung hatte von 1895 bis 1918 nur fünfmal getagt. Teilweise war sie unnötig, weil sie auch in der personellen Besetzung deckungsgleich mit der Generalversammlung des Stuttgarter Ortsvereins war. Getroffen hatte man sich nachmittags, an einem Wochentag und in aller Regel hatte der Saal des ›Herzog Christoph‹ gereicht. Lediglich 1910, als man den prominenten Redner Heydebrand präsentierte, mußte man den Stadtgartensaal mieten. Zum ersten Mal wurde vom Charakter eines Parteitages gesprochen. Besucherzahlen wurden in der Presse allerdings nie angegeben. Mit der Größe der Veranstaltung war im Vergleich zu den anderen Parteien keine Werbung zu machen. Man gab sich bedeckt und traf sich fast still und lautlos. Selbst die Berichte in der hauseigenen Presse waren kurz: meist wurden Auszüge der Reden abgedruckt. Der Inhalt des vorgetragenen Geschäftsberichtes wurde geflissentlich nicht widergegeben.[55]

Die landesweiten Versammlungen zeigen eine Zunahme zwischen 1919 und 1926 und einen Rückgang bis 1932/33. In der ersten Phase fanden Landesversammlungen bis auf 1922 jährlich statt. 1928 wurde der letzte Parteitag abgehalten, 1932 begnügte man sich mit einem Vertretertag zur Vorbereitung der Wahlen. In aller Regel fanden die Parteitage nun auch immer kurz nach den Reichsparteitagen der DNVP statt und waren damit Ausdruck der zunehmenden Anbindung an die Reichspartei. Den quantitativen Höhepunkt der Versammlungen hatte man bereits 1919 in der Gründungsphase der Partei erreicht. Mit 900 Besuchern wurde vom komplett gefüllten Stadtgartensaal berichtet. Im September 1924 hieß es, es sei »eine bedeutend kleinere Zahl als gewohnt« anwesend gewesen. 1926 galt der Parteitag mit 300 Teilnehmern als sehr gut besucht. 1928 war noch von einer »kleinen Kämpferschar« die Rede.[56]

Wie stark man sich anfangs in Rhetorik und Symbolik von der Reichspartei unterschied, verdeutlicht ein Blick auf die Darstellung der Parteitage 1920. Vom Reichsparteitag in Hannover hieß es in einem Stimmungsbericht:

»Der Riesensaal der Hannoverschen Festsäle ist bis auf den letzten Platz gefüllt und auch die Tribünen weisen keinen unbesetzten Stuhl mehr auf. Von der Decke hängen Banner in den altdeutschen Farben, die Bühne ist mit einem heraldischen Reichsadler tragenden Banner geschmückt. Unter dem Banner steht Bismarcks Büste. Die Emporen sind mit Teppi-

---

[55] Dt. Reichspost v. 16. April 1898 u.v. 20. April 1898; Schw. Tagwacht v. 20. April 1898; Schw. Kronik v. 20. April 1898 M; Dt. Reichspost v. 17. Mai 1900; WÜRTT. VOLKSZTG. v. 29. Mai 1902; Dt. Reichspost v. 28. Okt. 1810 u.v. 29. Okt. 1910 (mit der Bemerkung, man habe sich zuletzt vor zehn Jahren getroffen), Schw. Landmann v. 15. Nov. 1910; Süddt. Ztg. v. 11. April 1917.
[56] Berichte in Süddt. Ztg. v. 16. Jan. 1919, v. 3. u. 7./8. Nov. 1920 (nach dem Parteitag in Hannover), v. 16. Sept. 1921 (nach dem Parteitag in München), v. 26. Mai 1923, v. 5. März 1924, v. 15. Sept. 1924, v. 3. Febr. 1926, v. 23. Okt. 1926, v. 14. März 1927, v. 4. Okt. 1928, 13. März 1930 u.v. 8. Febr. 1932. 1926 wurde auf programmatische Resolutionen verzichtet und nur betont, die politische Linie der Partei habe der Parteitag in Köln festgelegt (Süddt. Ztg. v. 23. Okt. 1926). Der Landesparteitag im Okt. 1925 in Ulm, der einzige außerhalb Stuttgarts geplante, wurde wegen »Locarno« und dem Reichsparteitag der DNVP auf 1926 verschoben (Landesleitung an Ortsgruppen, Okt. 1925, NL Hiller). Zum »sehr guten Besuch« 1926: Landesleitung an Ortsgruppen v. 19. Febr. 1926, NL Hiller).

chen, Gobelins, Fahnen und Waffen geschmackvoll dekoriert. [...] Auffallend viele Parteimitglieder tragen das Eiserne Kreuz 1. Klasse. [...] Der Parteivorsitzende Hergt sprach vom Neuaufbau eines Reiches, das größer und stärker sein wird als das alte Bismarckreich.«[57]

Weniger militarisiert, gottesdienstähnlich und als Gedenkfeier mit Weiherede im Zeichen der nationalen Trauer präsentierte sich die Bürgerpartei wenige Tage später:

»Wir Überlebenden des Weltkriegs stehen in schwerster Schuld bei denen, die mit ihren Leibern für das deutsche Vaterland schützend auf dem Felde der Ehre geblieben sind. Immer wieder treten die bleichen Gestalten unserer Gefallenen vor unser geistiges Auge, anklagend, richtend, verdammend. Und wir alle müssen wie Kinder vor ihrem strafenden Vater die Augen zu Boden schlagen; uns stocken die Worte, um uns vor unseren Toten von unserer Schuld reinwaschen zu können. [...] Wolfrums Requiem für die Orgel in G-Dur [...] leitete den Abend ein. Es folgte ein ergreifender Chorgesang ›Vergiß, mein Volk, die treuen Toten nicht‹, den der Knabenchor ›Hymnus‹ trefflich zum Vortrag brachte. Nachdem der Trauermarsch aus Beethovens ›Eroika‹ alle Zuhörer tief ergriffen hatte, hielt Dr. Gustav Beißwänger die Weiherede [...].«[58]

Politische Feste waren schon vor 1914 nicht die Sache der Konservativen. Zwar veranstaltete man sporadisch parteieigene Sedanfeiern im kleinen Kreis, setzte sich aber gleichzeitig von den patriotischen Festen der Deutschen Partei ab.[59] Nach 1918 präsentierte die Partei eine doppelte Festkultur: Einerseits setzte sie ihre Tradition der Familien-, Frühjahrs- und Sommerfeste in gewohnt bürgerlicher Manier, geselliger

---

[57] Süddt. Ztg. v. 26. Okt. 1920.
[58] Süddt. Ztg. v. 5. Nov. 1920. Zu dem Vertretertag im Okt. 1921 schrieb die Schw. Tagwacht v. 31. Okt. 1921 vom »unangenehm pastoralen Tonfall des Vorsitzenden Beißwänger« und dem »demokratischen Auftreten« der Bürgerpartei, das ein »Huldigungstelegramm an Severing« hätte erwarten lassen. »Ängstlich duckten sich die braven schwäbischen Gemüter vor dem militärischen Preußenton des Chefstrategen Hergt. Zaghaft erhoben sich die Stimmchen – schon nach wenigen Tönen stockte der Singsang beim Absingen des Deutschlandliedes. Der erste Vers kam mit Ach und Krach zustande.« Eigentlich sei es eine Versammlung »wackerer Pfahlbürger mit ihren zahlreich erschienenen besseren Hälften«.
[59] Vgl. die einzig aufgefundenen Berichte über parteieigene Sedanfeiern in Süddt. Ztg. v. 2. Sept. 1897, v. 3. Febr. 1900 u. v. 2. Sept. 1909. Die Redner waren jeweils der evangelische Stadtpfarrer (bzw. der Hofprediger) und Schrempf. Zur geringen Attraktivität des Sedantags als kollektiver Erinnerung und der damit verbundenen Schwierigkeit, das nationale Identitätspostulat mit regionalen bzw. lokalen Idenitäten in Einklang zu bringen: F. SCHMOLL, 1995 u. A. CONFINO, Nation as Local Metaphor, 1997, v.a. S. 27–93 mit weiterer Literatur. Lokales Beispiel Schwäbisch Hall: R. STEINKE, 2001. Generell zur bürgerlichen Festkultur: M. HETTLING/P. NOLTE, 1993 u. D. DÜDING/P. FRIEDEMANN/P. MÜNCH, 1988. Weiteres Beispiel: Der Staatsanz. v. 3. Sept. 1900 berichtete unter der Überschrift »Den Sedantag nicht vergessen!«, der Tag sei in Stuttgart zwar »wie üblich« gefeiert worden war, in anderen Städten des Landes aber ausgefallen. Der Sedantag als Form der Erinnerungskultur war weitgehend von den Krieger- und Sängervereinen getragen. Die Dt. Reichspost v. 2. Okt. 1900 äußerte sich in dieser Hinsicht kritisch gegenüber der Deutschen Partei: »Wir glauben nicht an die Abnahme patriotischer Gesinnung in unserem Volke, wenngleich wir wohl begreifen, daß die große Mehrzahl unserer Mitbürger nicht fortwährend in der von den Heißspornen der Deutschen Partei verlangten Siedehitze vaterländischer Gesinnung herumlaufen will. Alles zu seiner Zeit: Bismarckverehrung, Sedansfest, Heeres- und Flottenbegeisterung etc. ist eine schöne Sache und auch wir tun zur gegebenen Zeit gerne mit, aber davon allein kann man nicht leben.«

Form und als Medium der Mitgliederbindung fort.⁶⁰ Andererseits hatten gerade die zugezogenen Jung- und Nationalliberalen versucht, das patriotische Feiern in der Partei zu kultivieren. Gereicht hatte es aber lediglich zu einer Feier am 50. Jahrestag von Sedan, mit der man die Gedanken vom »niedrigen Spiel des Steuerstreiks in Stuttgart auf höhere Dinge« zu lenken versuchte.⁶¹ Einen Gutteil des systemoppositionellen Charakters solcher Veranstaltungen hatte das öffentliche Auftreten der Partei nach 1919 weggenommen. Bereits im Januar 1919 hatte Bazille erklärt, diejenigen, die Sedan feierten, hätten »nationalen Sinn, weil die Erinnerung an nationale Taten das Gefühl der nationalen Zusammengehörigkeit stärkt«. Nationaler Sinn aber sei, »wenn man innerhalb jeder Staatsform positive politische Arbeit leistet und jede impotente Kritik ablehnt.«⁶² Bismarckgedenk- und Reichsgründungsfeiern als rückwärtsgewandte Erinnerungsfeiern im Zeichen der emotional aufgeladenen schwarz-weiß-roten und systemoppositionellen Symbolik hatten in den Jahren nach 1924 die Vaterländischen Verbände, vor allem der Stahlhelm für die Bürgerpartei übernommen.⁶³ Eine eigene, einheitliche, positiv besetzte und permanent gepflegte Festkultur konnte die Bürgerpartei nicht ausbilden.

Im Gegensatz zum Bauernbund war es der Bürgerpartei nicht gelungen, über eine gemeinsam entwickelte Versammlungskultur die Einheit und Stabilität ihrer Organisation abzusichern. Mit unterschiedlichen und umstrittenen Formen mußte die Partei unterschiedliche Klientelen bedienen und trug dadurch eher zur Spaltung als zur Identitätsstiftung bei. Was den einen zu christlich, bieder und »lendenlahm« war, war den andern zu militärisch, völkisch und schneidig. Die Partei war beides zugleich, aber durchgesetzt hat sich die zweite Variante. Nach einer Mobilisierungs- und Inklusionsphase zwischen 1918/19 und 1924 war dies auch der Grund dafür, daß die Partei als Bewegung zur Randgruppe wurde. Im Gegensatz zum Bauernbund hatte man weitaus erfolgloser versucht, die nationale Dynamik der Vaterländischen Verbände zu kopieren, war darin aber gegenüber dem Original gescheitert.

---

⁶⁰ Süddt. Ztg. v. 25. Mai 1923 u. v. 3. Sept. 1928, als es zu einem Sommerfest der Partei in Stuttgart hieß: »Die Kleinen wurden mit allerlei reizenden Sächelchen beglückt, die ihnen teils mühelos in den Schoß fielen, teils durch ihre Fertigkeit in Wettlauf und Ringewerfen erworben werden mußten. Dazu drehte sich fleißig und verheißungsvoll das Chokolade spendende Glücksrad. Kein Wunder, daß all die frischen Kindergesichtchen mit der Sonne um die Wette strahlten, und der Widerschein ihrer Freude sich auch den Mienen der Alten bemerkbar machte.«

⁶¹ Süddt. Ztg. v. 6. Sept. 1920.

⁶² Schw. Kronik v. 9. Jan. 1919 M.

⁶³ Berichte über Totenfeiern, Bismarckgedenk- und Reichsgründungsfeiern sowie Frontkämpfertage mit ensprechendem Auftreten und Symbolik in Süddt. Ztg. v. 5. Nov. 1923, v. 1. April 1924 (Ludwigsburg, Heilbronn, Schw. Hall, Cannstatt, Winnenden u. Friedrichshafen), v. 2. April 1924, v. 7. April 1924 (Geislingen, Tübingen u. Ravensburg), v. 9. April 1924 (Künzelsau), v. 2. Febr. 1925, v. 27. März 1928 (Ulm u. Heilbronn), v. 18. Jan. 1932 (Ludwigsburg) u. v. 27. März 1932 (Esslingen, Göppingen, Welzheim u. Ludwigsburg). Anfang 1924 hieß es zu einer Veranstaltung der Vaterländischen Verbände mit Teilnehmern der Bürgerpartei, es sei den »nationalen Kreisen der Stadt ein Herzensbedürfnis, den 109. Geburtstag Bismarcks zu feiern (Süddt. Ztg. v. 2. April 1924).

2. Presse

Presseerzeugnisse, allen voran die Tageszeitungen, wurden im späten 19. und frühen 20. Jahrhundert zum wichtigsten Massenkommunikationsmittel. Trotz des Hinzukommens neuer Medien – des Films und seit der Mitte der 1920er Jahre des Rundfunks – blieb die Zeitung auch über die Weimarer Zeit hinweg das wichtigste Informations- und Kommunikationsmedium.[1]

a) Funktionen der Presse

Welche Funktionen erfüllte die Parteipresse und wie konnten sich die beiden konservativen Parteien in Württemberg auf dem Markt rivalisierender Deutungskonzerne, als welche die Parteien mit ihren publizistischen Großorganen auftraten, positionieren? Die Presse war ein wesentlicher Teil der Parteiorganisation. Ohne publizistischen Rückhalt konnte sich keine Partei behaupten, denn ein zentrales Organ war das wichtigste und flexibelste Informations- und Kommunikationsmedium. Dort, wo eine Partei nicht vertreten war, bildete die Zeitung den organisatorischen Ersatzrahmen. Die Entwicklung der Abonnentenzahlen war für die meisten Parteien gleichbedeutend mit ihrem Organisationsstand. Vor allem diejenigen Parteien, die auf das Prinzip der Masse setzten, präsentierten mit sichtlichem Stolz die Auflagenzahl ihrer Parteipresse auf den jeweiligen Jahresversammlungen. Es ist bezeichnend, daß die Honoratiorenparteien – Nationalliberale und Deutschkonservative – gerade dies nicht taten, auch nicht in der Weimarer Zeit. Darüber hinaus war die Presse gleichermaßen ökonomisches Element. Sie war ein wichtiger Faktor der Parteifinanzierung. Ob das Parteiorgan ein Zuschußbetrieb war, ob es sich trug oder ob es Gewinn erwirtschaftete, war eine Frage der ökonomischen Bestandssicherung einer Partei. Auch und gerade die Parteizeitungen mußten durch erfolgreiche Strategien im politischen Marketing partikulärer Interessen bestehen. In einer Wechselwirkung von Presseerfolg und organisatorischer Effizienz war die Parteipresse außerdem Basis beruflichen Rückhalts des Führungspersonals einer Partei und damit Faktor personeller Stabilität. Wer über ein erfolgreiches Organ verfügte, konnte sich finanziell abgesicherte Parteiangestellte leisten, sich damit einen Professionalisierungsvorsprung erarbeiten und über prominente und mit akzeptiertem Deutungskapital ausgestatte Redner verfügen. Die Redaktionen der Presseorgane bildeten den intellektuellen Stab der Parteien. Sozialdemokratie, Volkspartei und Zentrum waren in dieser Hinsicht die Vorreiter.

Neben der organisatorischen Komponente lag der zweite Komplex der Presse in ihrer Bedeutung als deutungskulturelle Basis. Mit der Zeitung wurde im 19. Jahr-

---

[1] A. Schulz, Aufstieg, 2000; A. Schildt, Von der Aufklärung, 2000 u. A. Schildt, Jahrhundert der Massenmedien, 2001. Zur Pressegeschichte: K. Koszyk, Deutsche Presse im 19. Jahrhundert, 1966; K. Koszyk, Deutsche Presse 1914–1945, 1972. Zu Rundfunk, Film und zum Einsatz der Medien im Wahlkampf siehe unten S. 313 ff.

hundert Öffentlichkeit adressierbar. Über die Presse wurden Informationen ausgewählt, gestreut oder vorenthalten, Zusammenhänge hergestellt und Wertungen vermittelt. Die Presse stellte die veröffentlichte Meinung dar, reflektierte das, was überhaupt wahrgenommen wurde, und spiegelte die öffentliche Meinung wider. Der Kampf um die Meinung wurde durch die Weltanschauungsorgane bestritten. Sie reagierten im polemischen Diskurs aufeinander, lieferten Ereignisinterpretationen und besetzten Themen. Der weltanschauliche Journalismus der Parteiredakteure vertrat damit parteipolitisch etikettierbare Positionen. Die Presse formte damit auch die Spielregeln und Verfahrensweisen des Politischen. Die Printmedien waren konstitutiver Faktor und Form der Gestaltung des politischen Kommunikationsraumes.

Das Veröffentlichte war die Vermittlung von Deutungen, Vorstellungen und Handlungsmöglichkeiten. Das war keineswegs ein einseitiger Vorgang, sondern ein Kommunikationsprozeß reziproker Art.[2] Was die Parteijournalisten in einer publikumsoffenen Elitenkommunikation lieferten, hing in seinem Erfolg von der Rezeptionsbereitschaft des Publikums ab. Die Akteure der Vermittlung mußten ihre Anliegen mediengerecht und kundenfreundlich präsentieren. Dabei war entscheidend, ob ein Blatt den Ton der Klientel traf, volkstümlich oder mit akademisch-bürgerlichem Duktus auftrat, und in welcher Länge und Aufmachung die Informationen verpackt waren. Nicht nur die offiziellen Parteiorgane mußten ihren milieuspezifischen Diskurs mit einer jeweils adäquaten Inklusions- und Exklusionssemantik pflegen, um an der Basis akzeptiert zu werden. Auch die lokalen Blätter wurden vom Leser beeinflußt, sowohl als Leserbriefschreiber und potentieller Inserent, als auch als milieubildender Mehrheitsteil der Gesellschaft, an den sich ein Lokalblatt anpassen mußte.

Die Parteien waren bemüht, vor allem auf dem Land ein homogenes Meinungsklima und eine Deutungshoheit herzustellen. Das Bemühen, die Zeitung des parteipolitischen Rivalen aus dem Bezirk fernzuhalten, war ein wesentlicher Teil der parteipolitischen Auseinandersetzung, nicht nur während der Wahlkämpfe. Mit der lokalen Präsenz von Zeitungen wurde politisches Terrain besetzt. Entsprechend hart verlief auch die publizistische Auseinandersetzung über den Charakter der gegnerischen Presse. Sie war einer der Bestandteile der Formierung von Selbst- und Fremdbild der Parteien. Die Redaktionen der Leitmedien der politischen Gegner galten in der jeweiligen Wahrnehmung als Pars pro toto der rivalisierenden Partei. Die Blätter wurden zum Synonym ihrer jeweiligen Referenzparteien und deren wahrgenommener Erscheinung.

Die Bedeutung der Presse in ihrer integrativen Funktion läßt sich am Beispiel der Versammlungsberichte nachvollziehen. Die Berichte, die die Intensität und die atmosphärische Dichte des Versammlungserlebnisses nachzeichneten, gaben Auskunft über die Leistungskraft einer Partei. Durch die sprachliche Vermittlung der Magie der Versammlungsatmosphäre wurde die Zusammenkunft verstetigt und

---

[2] Vgl. den wissenssoziologischen Ansatz von P. L. BERGER/TH. LUCKMANN, 1980 [zuerst 1966] u. die Beiträge in W. SCHULZ, 1992.

transzendiert. Die Zeitungen erweiterten politische Kommunikation über die Orte hinaus, wo jene Kommunikation real stattgefunden hatte. Damit sollte die Trennung zwischen aktiver Teilnahme und passiv gedachtem Publikum aufgehoben werden. Die Berichterstatterfunktion der Presse war insofern virtuelle Versammlungskommunikation. Die Versammlungsberichte schufen Solidarisierungsgefühl: durch Empörung über das Auftreten des Gegners oder als Ausweis der eigenen Leistungskraft. Durch publizistische ›Feldzüge‹ und berichtete Versammlungserfolge wurde Terrain erobert oder Anhängerschaft an die gedachte Gemeinschaft gebunden. Berichte über schwache Redner als Stimmungstöter und schwach besuchte Versammlungen der Gegner bescheinigten deren mangelnde Mobilisierungskraft.

b) Presselandschaft Württemberg

Die württembergische Presselandschaft zeigte bemerkenswerte Charakteristika. Im 19. Jahrhundert kam die Zeitung auf das Land. In einer ersten Dezentralisationsphase kam es durch die Gründungen von Oberamts- und Gemeindeblättern in den 1830er Jahren zu einer Welle von Zeitungsgründungen. In einer zweiten Periode wurde die Zeitung seit den 1880er Jahren zur Massenerscheinung auf dem Land. Zu unterscheiden ist dabei das Land vom Dorf, denn die Mehrzahl der Zeitungen erschien 1909 in Gemeinden zwischen 2000 und 5000 Einwohnern, während die Dorfbevölkerung in Gemeinden unter 2000 Einwohnern zwar rund die Hälfte der Bevölkerung ausmachte, aber mit 13 Zeitungen nur über 7,2 Prozent der Zeitungen verfügte (vgl. Tab. 8). Auf dem Dorf kam somit eine Zeitung auf mehr als 93 000 Einwohner. Dennoch: Württemberg galt als Land mit überdurchschnittlicher Zeitungsdichte.[3] Die außerwürttembergische Presse spielte auf dem Zeitungsmarkt des Landes eine untergeordnete Rolle. Die großen deutschen Tageszeitungen wurden zwar in den jeweiligen landespolitischen Konkordanzorganen referiert, aber ihr Import war vor 1914 gering.[4]

---

[3] K. MAIER, 1921. Die Entwicklung: 1876: 108 Zeitungen auf 82 Verlagsorte; 1886: 129 Zeitungen auf 94 Verlagsorte; 1909: 169 Zeitungen auf 115 Verlagsorte. 1909 kam auf durchschnittlich 2,6 Einwohner ein Zeitungsexemplar. Damit lag Württemberg deutlich an der Spitze der größeren Bundesstaaten. 1909 hatten 34 Gemeinden in Württemberg mind. zwei Zeitungen. Meist waren dies große, konfessionell paritätische oder Städte in konfessioneller Diasporalage wie Bopfingen (evangelisch im katholischen OA Neresheim), das mit weniger als 2000 Einwohnern zwei Zeitungen hatte. Die Industriegebiete zeigten die größte Zeitungsdichte. Der am stärksten industrialisierte Neckarkreis hatte 37,6%, der Donaukreis 25,5%, der Schwarzwaldkreis 22,4% und der Jagstkreis 14,5% der Zeitungen (vgl. O. GROTH, 1915, S. 21, 26 u. 38). Für die Weimarer Jahre liegen keine ähnlichen Untersuchungen vor.

[4] 1909 wurden z.B. von den nationalen Blättern *Nationalzeitung, Kreuzzeitung, Post* und *Reichsbote* täglich 30 bis 40 Exemplare per Post nach Württemberg gesandt (vgl. O. GROTH, 1915, S. 43).

Tabelle 8: Zeitungen in Württemberg nach Gemeindegrößenklassen 1909/11

Gemeindegröße	Anzahl der Orte	Zeitungsorte	Zeitungen	in %
weniger als 2 000	1 735	12	13	7,2
2 000–5 000	119	60	71	39,2
5 000–10 000	29	28	37	20,4
10 000–20 000	11	11	17	9,4
20 000–50 000	6	6	20	11,0
50 000–100 000	1	1	9	5,0
mehr als 100 000	1	1	14	7,7

Quelle: O. GROTH, *1915, S. 30.*

Die Regionalisierung der Presselandschaft und die Diversifikation der Presseerzeugnisse war das Ergebnis des Wandels zum politischen Massenmarkt und der parteipolitischen Ausdifferenzierung. Spätestens seit Anfang der 1890er Jahre verfügte jede parteipolitische Richtung über ein landesweites offizielles Parteiorgan. Hinzu kamen die Amtsblätter, die offiziösen Charakter hatten und vor allem finanziell vom Wohlwollen der Regierung und der jeweiligen Amtsversammlung abhängig waren. 1894 hatten sich 63,7 Prozent der Zeitungen als amtlich, parteilos oder unabhängig bezeichnet. 1911 und 1920 waren es nur noch 47,0 Prozent. Aber auch sie hatten sich parteipolitisch und weltanschaulich ausgerichtet, je nach parteipolitischer Dominanz im Bezirk. Zu Beginn der Weimarer Zeit stimmte der prozentuale Anteil der Parteien mit dem Anteil ihrer Zeitungen an der Gesamtpresse Württembergs überein.[5]

Eine auch nur kurze Pressegeschichte Württembergs würde den Rahmen der vorliegenden Untersuchung sprengen.[6] Überschaut man aber die Entwicklung, bleibt festzuhalten: Die Parteipresse zeigt auch über den Umbruch von 1918/19 hinweg eine große Konstanz. Als das am straffsten organisierte und am besten ausgebaute Pres-

---

[5] Die Auswahl der Zeitungen für die Amtsnachrichten war Sache der Amtskörperschaft als Selbstverwaltungskörper. Die Zeitungen waren zu unentgeltlicher Aufnahme von staatlichen und körperschaftlichen Bekanntmachungen verpflichtet, nicht aber zu parteipolitischen Inseraten. Amtliche Bekanntmachungen mußten sie ohne finanzielle Unterstützung abdrucken (vgl. hierzu die grundsätzliche Debatte in Verh. LT 1895/98, Prot.Bd. VIII, S. 5231 ff. [Sitzung v. 10. Dez. 1898]). Dennoch war der Status eines Amtsblatts ein wichtiger wirtschaftlicher Faktor für eine Zeitung, der die Auflagenzahl stabil hielt. Exemplarisch dafür die *Ulmer Schnellpost*, vgl. oben S. 77. Zur regierungsamtlichen Beeinflussung vgl. die Bemerkungen bei A. GAWATZ, Wahlkämpfe, 2001, S. 180 f. Zur parteipolitischen Ausrichtung der Blätter vgl. den Überblick bei O. GROTH, 1915, S. 82 f. u. 97 sowie K. MAIER, 1921, S. 145.

[6] Zur Pressegeschichte O. GROTH, 1915; TH. KLAIBER, 1916; K. MAIER, 1921 (als einzige Untersuchung der Weimarer Zeit, die bis 1920 reicht); Pressfreiheit, 1983; W. WELTIN, 1990; H. SIMON, 1954. Mit reichem statistischem Material: TH. SCHOTT, 1877; M. GERSTER, 1910 mit Auflistung der Zeitungen, Auflagenzahl und politischer Ausrichtung S. 251–340. Vgl. auch A. GAWATZ, Wahlkämpfe, 2001, S. 174–190 (mit Angaben zur parteipolitischen Zuordnung) u. E. KOCH, 2002, S. 33–43 (mit Schwerpunkt auf Heilbronn). Wegen fehlender Untersuchungen sind die Auflagenzahlen zur Weimarer Zeit dem Sperlings-Zeitschriften-Adressbuch 1923 und 1933 oder der Tagespresse entnommen, konnten aber auch hier nicht lückenlos erfaßt werden. Zum nur partiell aussagekräftigen Verhältnis von Auflagenziffer und Bedeutung von Zeitungen vgl. P. STEINBACH, Zähmung des politischen Massenmarktes, 1990, S. 70. Entscheidend war die Stellung der großen Parteiblätter als Referenzorgane mit Multiplikatoreffekt.

sewesen galt das des Zentrums mit dem *Deutschen Volksblatt* als offiziellem Landesorgan an der Spitze. Der Partei gelang es naturgemäß in den dominant katholischen Gebieten in Oberschwaben und Ostwürttemberg, eine konfessions- und politikhomogene Presselandschaft aufzubauen, in der die Gründung neuer Konkurrenzblätter immer wieder verhindert werden konnte.[7] Ähnliches gilt für die Sozialdemokratie, die sowohl mit der *Schwäbischen Tagwacht* als auch mit zahlreichen großen Lokalzeitungen wie dem Heilbronner *Neckar-Echo* publizistisches Terrain besetzte. Die SPD-Blätter galten in dieser Hinsicht als Paradebeispiel einer organisatorisch und politisch gebundenen Parteipresse.[8] In der Weimarer Zeit erwuchs ihr mit der *Süddeutschen Arbeiterzeitung* als Organ der KPD ein ernstzunehmendes Konkurrenzorgan.[9]

Der honorige *Schwäbische Merkur* galt neben der *Württembergischen Volkszeitung* (bis 1903) als die Stimme der Deutschen Partei. Er war bis 1914 die einzige Zeitung im Land, die mit zwei Ausgaben pro Tag erschien. Mit seinem zweiten Teil, der *Schwäbischen Kronik*, gab er landesspezifischen, evangelischen und kulturellen Inhalten einen besonderen Raum. Vor allem von 1919 bis 1920 hatte er die Fusion von Volkspartei und Teilen der Nationalliberalen kritisch beobachtet, während er der Tendenz nach in dieser Phase zum Zweitorgan der Bürgerpartei und der in ihr aufgegangenen ehemals Nationalliberalen geworden war. Mit der Gründung der DVP in Württemberg wurde er ihr inoffizielles Parteiorgan, bewegte sich aber weiterhin zwischen den bürgerlichen Parteien DVP, DNVP und auch der DDP. Mit der verheerenden Wahlniederlage der DVP im Frühjahr 1932 wurde er gewissermaßen heimatlos und verlor einen Gutteil seiner traditionellen Grundlage. In den folgenden Monaten versuchte er erfolglos zum Kristallisationspunkt einer gesamtbürgerlichen Partei zu werden.[10]

Bis 1918 war der *Beobachter* das Oppositionsblatt der Volkspartei. Das in vielerlei Hinsicht als Vorläufer der aufkommenden Gesinnungs- und Tendenzpresse im Land zu bezeichnende Blatt, wegen seiner Rolle als Beschwerdenführer auch »Landesspucknapf« genannt[11], war das einzige der traditionsreichen Parteiorgane, das der Inflation zum Opfer fiel. Seit Oktober 1920 erschien er nur noch als wöchentliches Mitgliederblatt und erstand nur zu den Wahlzeiten zu einem täglichen »kurzen Schmetterlingsdasein«, wie das *Deutsche Volksblatt* hämisch bemerkte. Die DDP verzichtete notgedrungen und im Hoffen auf die »große Anzahl demokratischer Tageszeitungen in Stuttgart und den demokratischen Städten des Landes« auf eine parteieigene Zeitung. Den Ersatz bildeten das *Stuttgarter Neue Tagblatt* und die *Württemberger Zeitung*.[12]

---

[7] Auflage des *Deutschen Volksblattes* vor 1914: 5 000; 1933: 17 500.
[8] Auflage der *Schwäbischen Tagwacht* vor 1914: 23 000; 1923: 23 500.
[9] Auflage der *Süddeutschen Arbeiterzeitung* 1923: 24 000.
[10] Vgl. den Kommentar in der Süddt. Ztg. v. 27. April 1932. Der *Schwäbische Merkur* gab in den einschlägigen Statistiken keine Auflagenhöhe an.
[11] TH. KLAIBER, 1916, S. 344 f. Auflage des *Beobachter* vor 1914: ca. 5000.
[12] Dt. Volksbl. v. 25. April 1924. Ähnlich Süddt. Ztg. v. 13. Mai 1924. In der letzten Nummer des Beobachters v. 28. Sept. 1928 begründete Conrad Haußmann das Einstellen mit gestiegenen Papier-

Als einziger der Splitterparteien in Württemberg gelang es dem Christlich-Sozialen-Volksdienst, eine eigene Zeitung zu etablieren. Seit 1924 erschien der *Christliche Volksdienst*.[13] Nach einer Serie von publizistischen Mißerfolgen trat die NSDAP 1930 in Württemberg erst spät mit dem *NS-Kurier* als eigener Tageszeitung auf. Das Fehlen eines Organs bis zu diesem Zeitpunkt war ein Faktor ihrer desolaten Organisation im Land.[14] Zu bemerken bleibt, daß es trotz Ansätzen bei den Evangelischen Gemeindeblättern und Bemühungen des Evangelischen Pressevereins für Württemberg nicht gelang, im Bereich der Tagespublizistik Fuß zu fassen. Die evangelischen Zeitschriften mit regionaler Ausrichtung waren dennoch populäre und vielgelesene Periodika.[15]

Die fehlenden statistischen Erhebungen zu den 1920er Jahren sind Ausdruck der wirtschaftlichen Krisen und politischen Unruhen in den ersten Jahren der Weimarer Republik. Die Presse unterlag weitaus stärker als vor 1914 externen ökonomischen Einflüssen. Steigende Kosten, Materialmangel sowie dramatischer Rückgang der Inserenten und Abonnentenverlust beeinflußten den Zeitungsmarkt. Unter dem Inflationsdruck begaben sich immer mehr Blätter in die Abhängigkeit der Maternpresse oder schlossen sich zusammen.[16] Phasenweise erschienen selbst die großen Zeitungen im Land nur in zwei- bis vierseitigen Notblättern, in einer statt zwei Tagesausgaben und auf minderwertigem Papier. Hinzu kamen Einflüsse der Streikbewegungen. Im Sommer 1920 und im Frühjahr 1924, mitten im Wahlkampf, zwangen Streiks der Stuttgarter Drucker die bürgerlichen Zeitungen, mit den *Neuesten Nachrichten* neun bzw. fünf Tage lang ein gemeinsames Notblatt herauszugeben,

---

und Druckkosten sowie fehlenden Annoncen (vgl. K. SIMON, Württembergische Demokraten, 1969, S. 211f.). Die *Württemberger Zeitung* verstand sich als überparteilich, stand aber zwischen DVP und DDP. Außenpolitisch vertrat sie einen Stresemann-Kurs, die meisten Leitartikel waren aber von Johannes Fischer (DDP) verfaßt. Auflagenzahlen: *Stuttgarter Neues Tagblatt* vor 1914: 55000; 1923: ca. 80000; 1933: 64000. *Württemberger Zeitung* vor 1914: 58000; 1933: 45000. Zur Einschätzung der liberalen Zeitungen durch den Demokraten Fritz Elsas vgl. F. ELSAS, 1990, S. 173f.

[13] Von Aug. 1924 bis 1926 erschien er unter dem Namen *Christlich-Soziale Blätter* wöchentlich und nicht im Zeitungsformat. Seit 1927 erschien er ebenfalls wöchentlich als *Evangelisch-soziales Wochenblatt Süddeutschlands*, seit 1930 als *Organ des Christlich-Sozialen Volksdienstes Deutschlands*. Herausgegeben wurde er von der der Christlich-Sozialen Gesinnungsgemeinschaft Württemberg in Korntal. Die Auflage betrug auf dem Höchststand 1930 als Organ der reichsweiten Partei rund 30000 (Vgl. Christl. Volksdienst v. 3. Mai 1930; auch: G. OPITZ, 1969, S. 162ff.).

[14] TH. SCHNABEL, NSDAP in Württemberg, 1982, S. 61ff., auch zu weiteren lokalen Zeitungen der Partei. 1931 betrug die Auflage 5000, Anfang 1932 rund 12000 und 1933 etwa 65000.

[15] M. TRAUTHIG, 1999, S. 12ff. gibt für 1908 insgesamt 49 protestantische Blätter mit über 850000 Exemplaren und für 1929 91 Zeitschriften mit über 1,3 Mio. Exemplaren an (vgl. auch D. J. DIEPHOUSE, Protestant Church, 1974; D. J. DIEPHOUSE, Mobilization, 1989 u. S. HÖCKELE, 2001).

[16] K. KOSZYCK, Deutsche Presse 1914-1945, 1972, S. 22ff.; H. HOLZBACH, 1981, S. 276ff. zum konservativen Pressespektrum. Zur Preisentwicklung von Zeitungspapier von 1916-1920 K. MAIER, 1921, S. 200. Am erfolgreichsten in Württemberg erwies sich der Zusammenschluß der katholischen Presse nach dem »System Walchner« im Verband oberschwäbischer Zeitungsverleger (VERBO) 1922 mit Sitz in Friedrichshafen (Pressfreiheit, 1983, S. 89ff.). Hier auch Beschreibung der Tendenz zur wirtschaftlichen Abhängigkeit von Inseraten. In der Hyperinflation wurde die *Süddeutsche Zeitung* von den Austrägern berechnet und zum Wochenpreis sofort kassiert (Südd. Ztg. v. 29. Sept. 1923).

während die Zeitungen der SPD und der KPD ungestört weiterarbeiteten.[17] Die Kooperation der bürgerlichen Presse hatte über diese Notzeiten hinaus auch im politischen Anzeigenteil Tradition. Eine Überprüfung fällt hier schwer, aber im Kaiserreich und bis etwa 1924 war es auf Oberamtsebene und in den großen Verlagen durchaus Usus der bürgerlichen Blätter, nicht nur Anzeigen aller bürgerlichen Parteien, sondern auch solche der Sozialdemokratie abzudrucken. Zunehmend aber schotteten sich die Parteizeitungen gegenseitig ab.[18] Hinzu kamen regierungsamtliche Einflüsse durch Zensurmaßnahmen und das Republikschutzgesetz. Die Auseinandersetzungen auf dem Zeitungsmarkt wurden dadurch verschärft.[19] Auch reichspolitische Einflüsse und parteipolitische Auseinandersetzungen wurde verstärkt auf den württembergischen Pressemarkt getragen. Die prominentesten Fälle stellten die mehrmalige Verbote der *Süddeutschen Zeitung* und der *Schwäbischen Tageszeitung* dar, für die sich Bazille kurz nach seinem Amtsantritt mit der Beschlagnahmung des *Beobachters* und der *Schwäbischen Tagwacht* revanchierte.[20]

---

[17] Schw. Merkur v. 30. Aug. 1920; Süddt. Ztg. v. 19. April 1924 u. Schw. Merkur v. 19. April 1924. Beteiligt waren: *Cannstatter Zeitung, Beobachter, Schwäbischer Merkur, Staatsanzeiger, Stuttgarter Neues Tagblatt, Süddeutsche Zeitung, Württemberger Zeitung* und *Deutsches Volksblatt*. Unterstützt wurde die Kooperation durch Erklärungen von BP, Bauernbund, DVP, DDP und Zentrum.
[18] Nach 1924 finden sich keine Anzeigen der SPD mehr in den Zeitungen der DDP und der DVP. Die konservativen und sozialdemokratischen Zeitungen hatten sich schon früher gegenseitig abgeschottet.
[19] Zur Zensur während des Ersten Weltkrieges: K. KOSZYK, Deutsche Pressepolitik, 1968, S. 22 f. Zur Entwicklung des Presserechts nach 1918: K. KOSZYK, Deutsche Presse 1914–1945, 1972, S. 337–346.
[20] Im April 1919 war die *Süddeutsche Zeitung* während des Stuttgarter Bürgerstreiks von Kriegsminister Herrmann für drei Tage verboten worden und stand danach unter Vorzensur (Süddt. Ztg. v. 5. April u. v. 12. April 1919). Vom 1. bis 9. Sept. 1920 wurde sie durch den Reichsinnenminister erneut verboten und dann ein letztes Mal nach der Erzberger-Ermordung und während des Münchener Parteitages der DNVP am 31. Aug. 1921 (wegen Aufruf zur Beseitigung der Verfassung und Verächtlichmachung der Träger der Reichsgewalt) für zehn Tage verboten (Süddt. Ztg. v. 12. Sept. 1921 u. HStA Stuttgart, E 130a, Bü 219 ff.). Dazu die Verteidigung von Schott: »Der Schwabe hat ein sehr feines Gefühl für Recht und Billigkeit und auf die Stimmen der schwäbischen Wähler ist schließlich die Berliner Regierung auch einmal wieder angewiesen. [...] Württemberg ist zur Berliner Provinz geworden. Die württembergische Regierung hätte die *Süddeutsche Zeitung* nicht verboten« (Süddt. Ztg. v. 10./11. Sept. 1921). Während der Zeit des Verbots bekamen die Abonnenten die *München-Augsburger-Abendzeitung* zugestellt (Dt. Volksbl. v. 3. Sept. 1921). Die *Schwäbische Tageszeitung* war seit dem 1. Sept. 1921 für zwei Wochen durch den Reichsinnenminister verboten und erneut im Nov. 1922 durch den württembergischen Innenminister, nachdem sie unter dem Titel »Das Duftigste aus dem Miesbacher Anzeiger« Artikel aus der verbotenen bayerischen Zeitung abgedruckt hatte (dazu die Schw. Tagwacht v. 21. Nov. 1921: »Stinkbomben aus Miesbach«). In der Folgezeit stand die *Schwäbische Tageszeitung* unter Beobachtung des württ. Innenministeriums (vgl. auch zum Vorstehenden: HStA Stuttgart, E 130b, Bü 1941 u. E 151/03). Im Dezember 1924 hatte Bazille wegen Beleidigung des Staatspräsidenten eine Ausgabe des *Beobachters* beschlagnahmen lassen, der einen ironischen Artikel über Bazille veröffentlicht hatte. Nachdem die *Schwäbische Tagwacht* eine »Kostprobe« davon nachdruckte, wurde die entsprechende Ausgabe ebenfalls beschlagnahmt. In der Süddt. Ztg. v. 22. Dez. 1924 betonte Bazille das »grundsätzliche Recht der Opposition zu sachlicher Kritik« und wies auf die Erfahrungen hin, die »die deutschnationale Seite durch die Republikschutzgesetzgebung erfahren hat.«

c) Konservative Presse

Den organisatorischen Defiziten der Vorkriegskonservativen entsprach ihre schwache publizistische Stellung auf dem württembergischen Zeitungsmarkt. Das drängte sie auch in diesem Bereich in eine Minderheitsposition. Untersuchungen gehen davon aus, daß ca. 3,7 Prozent der württembergischen Zeitungsauflage zwischen der Jahrhundertwende und dem Vorabend des Ersten Weltkriegs explizit konservativ im parteipolitischen Sinne waren, wobei die bauernbundsnahen Zeitungen teilweise noch einberechnet wurden.[21] Die Probleme der konservativen Presse lassen sich umreißen mit den Stichpunkten: mangelnde Breitenwirkung, notorische wirtschaftliche Schwierigkeiten und ein lange Zeit nicht klar definiertes Verhältnis zur Partei.

In den ersten Jahren war die *Deutsche Reichspost* eine betont christliche, und das bedeutete vor allem eine orthodox-protestantische Tageszeitung. Sie war die Hüterin der althergebrachten Moral und vertrat konservative theologische und gesellschaftspolitische Positionen mit pietistischem Einschlag. Auch im Land galt sie als das Blatt der Pietisten. In der Eigenwerbung bedeutete dies: sie war und wollte die einzige Zeitung sein, die »durch ihren ausschließlich evangelischen Leserkreis in den Stand gesetzt ist, rückhaltlos evangelische Interessen zu vertreten«.[22] Die pietistische Parteiferne brachte die entsprechenden Probleme mit sich. Es sei ein »schweres Zeitungsunternehmen, auf dem Boden des politischen Lebens die christliche Weltanschauung zur Geltung zu bringen«, hieß es kurz vor der Wende zum 20. Jahrhundert. Es folgte der Aufruf, es den Sozialdemokraten gleichzutun, denn nur, wer die »weltanschaulichen Reihen dicht schließt«, könne bestehen. Durch die Zeitungslektüre sollte »Politik als heilige Pflicht für unser Volkswohl« vermittelt werden.[23] Hinzu kam der Zustand der parteipolitischen Isolation auf Reichsebene: Während alle Parteien im Land sukzessiv in den jeweiligen Reichsverband eingegliedert wurden und die großen, reichsweit erscheinenden Referenzblätter zitieren und abdrucken konnten, fristete die *Reichspost* in dieser Hinsicht ein Mauerblümchendasein: Erst 1902 erschien der erste der auch in Zukunft seltenen Abdrucke eines Artikels aus einer großen konservativen Tageszeitung, in diesem Falle der *Kreuzzeitung*. Mit Rücksicht auf die »eigentümlichen Parteiverhältnisse in Württemberg« habe man dies – »wenn irgend möglich« – bislang vermieden, müsse nun aber auf Angriffe der gegnerischen Parteien reagieren. Der Bezug auf das preußische Referenzblatt galt mit dem damit verbundenen ›Odium der Junkerpartei‹ als kontraproduktiv. Er war eher Diffamierungspotential der rivalisierenden Parteien.[24]

---

[21] Pressfreiheit, 1983, S. 82.
[22] Dt. Reichspost v. 16. März 1898, v. 19. März 1898 u. v. 19. März 1902. Zur Fremdwahrnehmung: Der Beobachter v. 19. Nov. 1894 sah in dem Blatt ein »Hetzpastorenorgan«, für das Dt. Volksbl. v. 19. Febr. 1892 war es die Stimme der evangelischen Altwürttemberger, die die oberschwäbischen Katholiken als »doch mehr geduldete denn als gleichberechtigte Staatsbürger« ansah.
[23] Dt. Reichspost v. 18. Sept. 1897.
[24] Dt. Reichspost v. 10. Okt. 1902. Die *Kreuzzeitung* war von den gegnerischen Parteien immer wieder und vor allem in Wahlrechtsfragen als Beleg für die »undemokratische Haltung« der Konservativen

Erst in der zweiten Hälfte der 1910er Jahre änderte sich die Konzeption der Zeitung. 1907 hatte man als Lektüreempfehlung noch auf das *Evangelische Sonntagsblatt* und den *Christenboten* verwiesen, sich also im spezifisch evangelisch-pietistischen und kirchennahen Bereich der Publizistik bewegt. Erst dann wurde die Zeitung zusehends konservativer und nationaler: zum einen durch die engere Anlehnung an die Partei – erst seit 1910 gab es eine Rubrik »Aus dem Parteileben«, in der nun auch parteiinterne Nachrichten verkündet wurden – und in der Abgrenzung von den Nationalliberalen, was bedeutete, daß man nun sehr viel stärker über die Aktivitäten der nationalen und national-protestantischen Verbände und Vereine berichtete.[25]

Dennoch liest sich die Geschichte der *Deutschen Reichspost*, ihrer Reform- und Popularisierungsversuche als Leidensgeschichte. 1900 hatte man eine publizistische Kooperation mit dem Bauernbund beschlossen. Bis 1907 erschien das Blatt unter dem Titel *Württembergische Landpost* in einer zweiten, nur vier Seiten umfassenden Ausgabe für die Landbevölkerung. Zum Jahreswechsel 1906/07 war das offensichtlich am Rande des Ruins stehende Blatt in den Steinkopf-Verlag überführt worden, was der Zeitung wiederum die »finanzielle Selbstständigkeit« nahm. Nach nur zweieinhalb Jahren übernahm im Juli 1909 der Körner-Verlag das gescheiterte Unternehmen. Fortan erschienen zwei Versionen der *Reichspost:* Eine Ausgabe A für das städtische Publikum, mit täglicher Unterhaltungsbeilage, Mittwochs- und Sonntagsbeilage sowie eine Ausgabe B als vierseitiges Blatt für die Bauern, im Bezugspreis deutlich günstiger, ohne Unterhaltungsbeilage, dafür mit einer landwirtschaftlichen Donnerstags- und einer Sonntagsbeilage. Bis zur Aufkündigung des unrentablen Presseunternehmens durch den Bauernbund im Sommer 1913 funktionierte die publizistische Kooperation beider Parteien leidlich und mit sukzessiver Schwerpunktverlagerung auf den Bauernbund.

Chefredakteur blieb bis 1913 der gemäßigte Konservative Johannes Reimers, der seit 1872 bei der Zeitung war. Seit der Übernahme durch den Körner-Verlag wurde er von Adam Röder flankiert, der sich 1912 als kulturkonservativer Kritiker der preußischen Deutschkonservativen einen Namen machte, zum Oktober 1912 allerdings die Redaktion verließ.[26] Reimers und Röder bedienten die städtische Klientel des

---

zitiert worden. Beispiele: Beobachter v. 26. Febr. 1895, v. 16. April 1903 u.v. 22. Juni 1906; Dt. Volksbl. v. 1. Juni 1893 u.v. 18. März 1898; Schw. Merkur v. 29. Sept. 1902.

[25] Dt. Reichspost v. 22. März 1910 u.v. 2. Nov. 1911. Zum Folgenden auch den Abriss der Geschichte der Dt. Reichspost von Johannes Reimers in der letzten Ausgabe v. 30. Sept. 1913.

[26] Zur Kritik A. RÖDERS am »besitzstandswahrenden preußischen Polizeikonservatismus« als Mitglied der Erneuerungsbestrebung der Kulturkonservativen um Adolf Grabowskys *Neues Deutschland* vgl. sein Leitartikel in Dt. Reichspost v. 19. Mai 1911, seine Publikationen sowie D. MENDE, 1963. Nach seiner Tätigkeit für die *Reichspost* leitete Röder als Mitbegründer mit dem konservativen Katholiken Albert Treiber das *Süddeutsche Conservative Correspondenzbureau* in Karlsruhe, das dort die frühe Kooperation von Zentrum und Konservativen unterstützte und in Württemberg so gut wie keine publizistische Rolle spielte (vgl. die Leitartikel Röders in Dt. Volksbl. v. 20. März 1920 u.v. 21. Mai 1920 sowie S. WOLF, 1990, v.a. S. 326). Röder war Mitglied der Deutschkonservativen und im Dez. 1918 wenige Tage auch der DNVP, bevor er zum Zentrum wechselte und für die Partei von 1924–1928 MdR war.

Blattes, während ein zahlenmäßig stärkerer Stab von Redakteuren, darunter der junge Akademiker Gustav Lang und der ehemalige Pfarrer Theodor Wolff, den ländlichen Teil redigierten. Der publizistische Spagat zwischen Stadt und Land erwies sich bis 1913 jedoch als erfolglos. 1909 wurde die Auflagenzahl mit 3 600 angegeben.[27] Im Juli 1917 berichtete Kraut an Westarp zwar, daß die Auflagenhöhe durch die Kooperation mit Körner auf 4 500 gesteigert werden konnte, umriß aber die desolate Zeitungssituation:

> »Seit ich an der Spitze der konservativen Partei Württembergs stehe, habe ich mir sagen müssen, daß die Zubuße für die Deutsche Reichspost mit jährlich 15–20 000 Mark in keinem Verhältnis zu den Diensten steht, welche die Zeitung mit 2 500–3 000 Lesern für die Partei leistete. Wir haben uns an der Zeitung nahezu verblutet und für die Verbreitung unserer Anschauungen im übrigen, insbesondere für die Agitation, viel zu wenig leisten können.«[28]

Gescheitert war nicht nur die Verbreitung des zentralen Stuttgarter Organs, sondern auch die regionale Tiefenwirkung. Vor 1914 galten in Württemberg lediglich der *Murrtal-Bote* in Backnang (Aufl. 2 900), der *Schorndorfer Anzeiger* (Aufl. 2 500) und der *Kocherbote* in Gaildorf (Aufl. 2 000) als konservativ orientierte Blätter.[29]

Die Gründung der *Süddeutschen Zeitung* als Nachfolgegesellschaft der *Deutschen Reichspost*, als finanziell selbständige und »rechtsgerichtete nationale Zeitung« war ein Teil der engeren Anbindung der württembergischen Konservativen an ihre preußischen Parteifreunde und der generellen Organisationsbemühungen der Partei nach 1912. Die Zeitung wurde enger an die württembergische Partei gebunden, finanzielle Unterstützung gab es aus der Parteikasse der preußischen Deutschkonservativen.[30]

Während des Krieges und stärker noch nach 1918 war die *Süddeutsche Zeitung* zum profiliert nationalen Blatt geworden. In der Zentrumspresse hieß es, das Blatt sei »voller Ergüsse wildgewordener alldeutscher Federhelden und pathologischer Exzesse«, die SPD-Presse sprach von der Diskrepanz des »Sprachrohrs der Judenfresser« und der gleichzeitigen Vertretung der politischen und religiösen Forderungen des strenggläubigen evangelischen Bevölkerungsteils.[31] In der Tat hatte sich auch die personelle Besetzung des Blattes seit 1914 gegenüber der alten *Reichspost* geändert.

---

[27] M. GERSTER, 1910, S. 265. Davon wurden 850 Exemplare innerhalb Deutschlands versandt, der Großteil wohl nach Baden, nachdem man immer noch als ›Zentralorgan der Konservativen Süddeutschlands‹ firmierte. 50 Exemplare wurden außerhalb des Deutschen Reiches versandt.
[28] Kraut an Westarp v. 28. Juli 1917 (NL Kuno Graf v. Westarp, BA Berlin, N 2329, 20).
[29] M. GERSTER, 1910, S. 265 u. 270 f. sowie Pressfreiheit, 1983, S. 81.
[30] Dt. Reichspost v. 30. Sept. 1913 u. Kraut an Westarp v. 28. Juli 1917 (NL Kuno Graf v. Westarp, BA Berlin, N 2329, 20). Zur Finanzierung: Heydebrand an Westarp v. 18. April 1919 (NL Westarp), als es nach der Gründung der DNVP um die Aufrechterhaltung des Deutschkonservativen Zentralvereins und die aus der Fusion zurückzuhaltende Parteimasse ging: »Was Kraut betrifft, mit dessen grundsätzlichen Widerstand wir ja zu tun hatten [...], so wäre daran zu erinnern, daß wir ja noch das Guthaben der seiner Zeit gewährten Unterstützung der Süddeutschen Zeitung haben, welches doch auch *jetzt* wohl noch ein Aktivum der *konservativen* Partei bildet.« (Hervorhebungen i. O.)
[31] Dt. Volksbl. v. 10. Juli 1919 u. ähnlich v. 18. Juli 1919 sowie Schw. Tagwacht v. 8. April 1919.

Mit Anton Rösch, August Horlacher und Wilhelm Ehmer standen Schriftleiter an der Spitze der Redaktion, die alle drei an der Gründung des Deutschvölkischen Schutz- und Trutzbundes beteiligt und bekannte Antisemiten waren.[32] Als ständiger Mitarbeiter kam noch der Professor Hermann Haug hinzu, die »eigentliche Werbekraft der Alldeutschen in Württemberg«.[33] Phasenweise ersetzte die *Süddeutsche Zeitung* das fehlende Organ der völkischen Verbände und auch der jungen NSDAP, der sie immer wieder ihren Anzeigenteil zur Verfügung stellte. Als ein Aspekt der konservativ-nationalliberalen Sammlungspolitik nach 1918 verfügte die Bürgerpartei über zwei Organe: über die *Süddeutsche Zeitung* als nationales Scharfmacherblatt und über den *Schwäbischen Merkur*, der für den gemäßigten Teil der Partei bis zur Gründung und Konsolidierung der DVP in Württemberg und danach den Status einer inoffiziellen Parteizeitung einnahm.

Bis 1922 galt die *Süddeutsche Zeitung* als nicht-parteiamtliches Blatt.[34] Die internen Vorgänge liegen dabei im Dunklen. Gegründet worden war sie als »Gesellschaft konservativ Gesinnter«, wobei unklar bleibt, inwiefern die Gesellschafter auf Inhalt und Personalpolitik Einfluß nehmen konnten. Als *Morgenblatt für nationale Politik und Volkswirtschaft* – so der Untertitel – mußte sie zum einen auf dem Markt der bürgerlichen Stuttgarter Tageszeitungen konkurrieren, zum andern war sie wie andere Zeitungen auch in den Strudel der Inflation geraten. Im Mai 1921 beschloß eine Gesellschafterversammlung die Modernisierung der Zeitung nach Umfang und Inhalt. Sie sollte ab 1922 zweimal täglich erscheinen und durch die Erweiterung der Beilagen den »Bedürfnissen der Kirche, der Schule und der Frauenwelt« mehr Rechnung tragen. Hinter den Bemühungen stand auch das Bestreben der Bürgerpartei, den Einfluß der Partei auf die Zeitung zu sichern, die sich zunehmend völkisch ausrichtete. Unter Parteifreunden sollte Geld zur Erhöhung des Stammkapitals gesammelt und ein Presseverein der Partei gegründet werden, der kollektiv als Gesellschafter auftreten sollte. Den Vorsitz des Pressevereins übernahmen Wider, Schott und mit dem Fabrikanten Hänsler der Leiter des Wirtschaftsausschusses der Partei.[35] Bis 1928 war intern jedoch immer wieder von Klagen zu hören, das Blatt

---

[32] Rösch verließ 1920 Württemberg. Zu seiner politischen Betätigung vgl. Südd. Ztg. v. 18. Dez. 1918. Sein Nachfolger Horlacher war Mitglied des Schutz- und Trutzbundes, des Alldeutschen Verbandes und später des Stahlhelm. Von 1920 bis 1932 war er Hauptschriftleiter der *Süddeutschen Zeitung*, von 1932/33 bis 1945 Schriftleiter des *Staatsanzeigers* und Leiter der staatlichen Pressestelle. Nach 1945 war er bei der *Stuttgarter Zeitung*. Ehmer, ebenfalls Mitglied des Schutz- und Trutzbundes, leitete während der gesamten Weimarer Jahre den Handelsteil der *Süddeutschen Zeitung* (K. STRÖLE, 1967; J. GENUNEIT, 1982, S. 45 ff.; W. KOHLHAAS, Chronik 1918–1933, 1964, S. 297).
[33] Württ. Landespolizeiamt an Innenminister v. 13. Juli 1922, HStA Stuttgart E 151/03, Bü 697.
[34] Landesleitung BP an Mitglieder v. April 1922 (NL Hiller).
[35] Protokoll der Gesellschafterversammlung am 18. Mai 1921 (NL Hiller). Anwesend waren 30 Gesellschafter, darunter 4 adlige Vertreter, sechs Fabrikanten, ein Pfarrer und der Stuttgarter Verlagsbuchhändler Karl Walcker. An ausgewiesenen Parteikonservativen waren nur sechs vertreten. Der *Beobachter* v. 17. Jan. 1919 hatte die *Süddeutsche Zeitung* als »Gründung christlich-konservativer Großkapitalisten und feudaler Ritterguts- und Fideikommißbesitzer« bezeichnet. Zum Presseverein der Bürgerpartei: Parteileitung an Mitglieder v. April 1922 u. v. 11. Okt. 1922 (NL Hiller).

»remple« die Bismarckjugend an, weil diese zu »wenig stramm« auftrete oder drucke Versammlungsberichte der Bürgerpartei nicht ab.³⁶

Zum parteipolitisch gelenkten und mit einheitlicher Stimme auftretenden Parteiorgan wurde die *Süddeutsche Zeitung* erst mit der Spaltung der Partei, nachdem Horlacher den Presseausschuß der Partei leitete. Nicht eindeutig zu beantworten ist jedoch die Frage, wie stark der Pressezar Hugenberg Einfluß auf die Zeitung nahm und zu ihrer Finanzierung beitrug. Seit 1922 war die Hugenbergsche Mutuum und der Scherl-Verlag an der Christian Belser AG in Stuttgart beteiligt, die den Großteil der bürgerparteilichen Flugblätter und Broschüren fertigte. Die Belser AG wiederum war einer der Gesellschafter der *Süddeutschen Zeitung* in Stuttgart. Seit 1920 hatte der in den Hintergrund getretene Heinrich Kraut die Verbindung zu Hugenberg gesucht, auch wenn er kein Hugenbergianer war. In den 1920er Jahren dürfte sich der Einfluß Hugenberg auf die Zeitung verstärkt haben. Zumindest inhaltlich und in ihrer personellen Besetzung war die Zeitung jedenfalls früher auf Hugenberg-Kurs als die Bürgerpartei.³⁷

Insgesamt blieb die Bürgerpartei publizistisch auf die Arbeit der *Süddeutschen Zeitung* und damit auf Stuttgart begrenzt. Die Auflagenstärke des Blattes ist ungesichert. Für 1917 zog Kraut mit der Auflagenhöhe von 17 000 Exemplaren eine positive Zwischenbilanz. Für 1921 wird sie mit 21 000 angegeben.³⁸ Inwieweit die Bürgerpartei nach 1918 ihre publizistische Präsenz regionalisieren konnte, ist schwer abzuschätzen. An der Grundhaltung der bereits vor 1914 konservativ ausgerichteten Zeitungen dürfte sich kaum etwas geändert haben. Zur selbständigen Gründung oder zum Kauf parteieigener Zeitungen kam es nach 1918 jedoch nicht. In den ersten zwei Jahren nach dem Krieg konnte die Partei durch den Zuzug der Nationalliberalen und durch ihr national-liberales Auftreten deutlich an publizistischem Rückhalt gewinnen. Die Untersuchung Maiers für das Erhebungsjahr 1920 geht davon aus, daß die Partei in jedem der zwanzig Wahlkreise über mindestens ein ihr nahestehendes Blatt verfügte.³⁹ Ein Teil davon dürfte sich nach 1920 der DVP zugewendet haben, andere Blätter kehrten der Hugenberg-DNVP nach 1930 den Rücken zu und vertraten eine volkskonservative Linie, wie das *Ulmer Tagblatt* oder der *Kocher- und Jagstbote* in Künzelsau.⁴⁰ Die publizistische Problematik der Partei war Teil ihrer internen Spaltungen und ihres Kommunikationsproblems, das noch deutlicher im Bereich der Mitgliederzeitschrift zu Tage tritt.

Die erste Gründung eines Mitgliederblattes mit parteiinternen Nachrichten war wegen finanziellen Schwierigkeiten schnell gescheitert. Das nur wenige Seiten um-

---

³⁶ Hiller an Keppler v. 7. Febr. 1924 (NL Hiller). 1927 beklagte sich der Geschäftsführer Roos über die mangelnde Bereitschaft des Blattes, lokale Versammlungsberichte abzudrucken (Landesgeschäftsstelle an Ortsgruppen v. 12. Mai 1927, NL Hiller).
³⁷ Zu den wirtschaftlichen Verflechtungen H. HOLZBACH, 1981, S. 275 ff.
³⁸ Kraut an Westarp v. 28. Juli 1917 (NL Kuno Graf v. Westarp, BA Berlin, N 2329, 20); J. GENUNEIT, 1982, S. 46.
³⁹ K. MAIER, 1921, S. 145 ff., der Blätter zusammengefaßt hat, die BP, BB und DVP nahestanden.
⁴⁰ Korrespondenz Hiller mit der Tübinger Ortsgruppe der Volkskonservativen v. 8. Sept. 1930 und der Schriftleitung *Kocher- und Jagstbote* an Hiller v. 11. Sept. 1930 (NL Hiller).

Innerparteiliche Partizipations- und Kommunikationsformen   213

fassende Blatt *Deutsch-Konservativ* war lediglich 1912/13 vierteljährlich erschienen. Erneute Versuche wurden erst 1920 wieder gestartet. Als »vertraulicher Wochenbericht« erschienen seit Mai 1920 hektographierte Rundschreiben an die Mitglieder »in zwangloser Erscheinungsweise«. Abgelöst wurden sie im selben Jahr von den *Mitteilungen der Württembergischen Bürgerpartei.* Erst ab Oktober 1920 erschienen dann die *Blätter der Württembergischen Bürgerpartei* als »Mittel zur Vereinheitlichung des Willens« und zur »Abgrenzung der Konturen gegenüber der neuen Volkspartei in Württemberg«[41], die mit der *Schwabenwarte* von Anfang an über ein Mitgliederblatt verfügte. Die Versuche wurden ausgebaut: Seit November 1920 verteilte die Partei gegen geringen Bezugspreis die halbmonatlich erscheinenden *Nationalen Blätter* an ihre Mitglieder, mußte aber schon wenige Monate später resümieren:

»Auch nach der Umwandlung der *Mitteilungen* in eine periodisch erscheinende Parteizeitschrift findet das Heft nicht die gewünschte Ansprache und Verbreitung. Was gab dem Zentrum und den Sozialisten Stärke? Doch gewiß – neben anderem – eine in jedem Haus gelesene Parteipresse.«[42]

Im Juni 1922 fiel das Blatt der Inflation zum Opfer. Ein letzter Versuch wurde im Mehrfachwahljahr 1924 mit dem *Deutschnationalen* gestartet. Das Mitgliederblatt mit illustrierter Beilage brachte Neuerungen: es berichtet nicht nur aus der Partei und über ihre lokale Versammlungstätigkeit, sondern lieferte Artikel mit kulturellem und unterhaltendem Inhalt. Darüber hinaus versuchte es, parteiinterne Inklusionsmechanismen einzuführen, indem es wöchentlich eine Liste von Einzelhandelsgeschäften abdruckte, deren Inhaber Mitglieder der Partei waren und bei denen als »mittelständische Selbsthilfeaktion« zum Kauf geraten wurde.[43] Gegen eine geringe Beitragserhöhung sollte das Mitgliederblatt kostenlos zugestellt werden. Obwohl der *Deutschnationale* das »einzige Mittel war, um den Kontakt mit den Mitgliedern aufrechtzuerhalten«, war die Resonanz gering. Parteiintern machte man dafür auch den »norddeutsch« klingenden Titel verantwortlich.[44] Das Blatt erschien in 32 Ausgaben und wurde Ende 1924 eingestellt. 1926 hieß es auf dem Vertretertag, die Partei könne sich ein eigenes Mitgliederblatt nicht leisten. Man empfahl mit verbilligtem Bezugspreis *Unsere Partei* von der Reichs-DNVP, scheiterte aber auch damit vollkommen. Nach gut einem Jahr Versuchslaufzeit hieß es erneut, ein eigenes Blatt als Ersatz für das Berliner DNVP-Organ lohne bei rund hundert Beziehern im Land nicht.[45] Lediglich zum Wahljahr 1932 wurde mit der *Umschau* ein neuer Anlauf zu einem Mitgliederblatt unternommen, der es als vierseitiges hektographiertes Parteiblatt aber nur zu wenigen Nummern brachte.[46]

---

[41] Blätter der Württ. Bürgerpartei Nr. 1 v. 10. Okt. 1920. Die Exemplare der Vorläufer sind im NL Hiller erhalten.
[42] Nationale Blätter v. 13. März 1921.
[43] Der Deutschnationale Nr. 1 v. 1. April 1924.
[44] Wider an Parteimitglieder v. 11. Juni 1924 u.v. 1. August 1924 (NL Hiller).
[45] Bericht der Landesleitung über Vertretertag v. 19. Febr. 1926 u. Landesgeschäftsstelle an Ortsgruppen v. 31. Dez. 1927 (NL Hiller).
[46] Wenige Exemplare der *Umschau* im NL Hiller. Zum Scheitern auch E. MARQUARDT, 1934, S. 99f.

Der Aufbau eines parteiinternen publizistischen Kommunikationsnetzes war bei der Bürgerpartei gescheitert. Die Pressearbeit und Mitgliederpflege durch parteiinterne Zeitschriften litt an notorischer Finanznot und mangelndem Interesse der Mitglieder. Die Informationsmedien und -angebote der Parteileitung wurden von einem Großteil der Mitglieder nicht angenommen. Die gedruckten Dienstleistungsangebote der Partei scheiterten immer wieder bereits im Ansatz. Das gilt für die Versuche, durch Jahr- und Taschenmerkbücher ähnlich wie andere Parteien den Mitgliedern nützliche Handbücher mit politischem ›Wegweiser‹ im Taschenformat zur Verfügung zu stellen, die das Mitglied über das Jahr hinweg begleiten sollte, als auch in noch stärkerem Maße für die von der Berliner Zentrale zur Verfügung gestellten Medien.[47] Immer wieder wurde die Partei auf die *Süddeutsche Zeitung* als einziges und zentrales Kommunikationsmedium zurückgeworfen, die wiederum den innerparteilichen Richtungskämpfen unterlag.

d) Ländliche Presse: »Grüne Heftchen« und »Bauernblatt«

Entgegengesetzt zum publizistischen Bemühen der städtischen Konservativen liest sich die Pressearbeit des Bauernbundes als Erfolgsstory eines kommunikativen Netzwerkes mit Breiten- und Tiefenwirkung, das alle wesentlichen Aspekte einer modernen Parteikommunikation abdeckte: Mitgliederblätter, populäre Werbebroschüren, aufklärende Instruktionsschriften und nicht zuletzt eine schlagkräftige Tagespresse. Die Medien des Bauernbundes waren gekennzeichnet durch die steigende Dichte der Erscheinungsweise und eine institutionelle Kontinuität über den gesamten Untersuchungszeitraum hinweg. In der Konsequenz zeigt sich hier auch eine bessere Überlieferungssituation und eine dichtere Informationslage, denn analog zur Volkspartei, zum Zentrum und zur SPD veröffentlichte auch der Bauernbund stolz die Auflagenzahlen seiner Publikationen. Anders als bei den Konservativen galten sie als Indikator des Mitgliederstandes und der Parteistärke. Mit Theodor Körner war seit 1895 ein professioneller Angestellter gefunden, der den Ausbau der nichtamtlichen landwirtschaftlichen und ländlich-evangelischen Presse konsequent vorantrieb und bis zum Ende der Weimarer Republik fast monopolartig beherrschte. Neben seiner Tätigkeit als Geschäftsführer des Bauernbundes war er Drucker, Verleger, Herausgeber, Schriftleiter und Redakteur sämtlicher Wahlwerbemittel, Broschüren, Zeitschriften und Zeitungen des Bauernbundes.

Den Beginn hatte zum November 1895 der *Schwäbische Landmann* als unentgeltliches Mitgliederorgan gemacht. Adressiert war er an »Landleute, Weingärtner, Handwerker und Kaufleute auf dem Lande«.[48] Er entwickelte sich rasch und analog zum Anstieg der Mitglieder zu den legendären, bei der eigenen Klientel beliebten und von den gegnerischen Parteien argwöhnisch beobachteten »grünen Heftchen«,

---

[47] Das Jb. der Württ. Bürgerpartei erschien als politischer Kalender und ABC-Handbuch nur 1921 und 1922, in deutlich verkleinerter Ausführung dann das Taschenmerkbuch der Bürgerpartei, 1932.
[48] Schw. Landmann v. 1. Nov. 1895.

Innerparteiliche Partizipations- und Kommunikationsformen 215

die die Stimme des »Landmannes« in jedes evangelische Bauernhaus tragen sollten. Stolz hieß es 1904, man habe im Jahr fast 600 000 Exemplare im Land verteilt. Anfangs noch wenige Seiten umfassend, erschienen sie seit Januar 1902 im vierzehntägigen Rhythmus, deutlich erweitert und seit April 1921 sogar wöchentlich.[49]

Das Mitgliederblatt war vielseitig: Der *Landmann* war landwirtschaftlich nützlich mit einem Handelsteil, dem Verzeichnis von Produkt- und Marktpreisen sowie fachlichen Aufsätzen zu Problemen des landwirtschaftlichen Betriebs. Er war unterhaltend mit Rätseln, Witzen, Karikaturen, Gedichten, Fortsetzungsgeschichten, teilweise im mundartlichen Dialekt verfaßt und volksnah geschrieben. In humoristischen oder ernsten Geschichten, echten oder fingierten Leserbriefen pflegte er den Topos des Mythos vom »dummen und tölpelhaften Bauern«, der sich gegen den Einfluß des Städt rs oder des demokratischen Beamten wehrt, berichtete von »bekehrten Liberalen«, die sich der Sache des Bauernstandes anschlossen oder er ählte nostalgisch aus alten Zeiten.[50] Der *Landmann* profilierte sich als bäuerliches Aufklärungsblatt. Darüber hinaus war er mit dem Abdruck parlamentarischer Reden, Tätigkeitsberichten der Abgeordneten und natürlich von Wahlwerbung direktes Informationsblatt für die Mitglieder sowie aktueller Wegweiser durch die politischen Ereignisse. Die »grünen Heftchen« waren bis in die Weimarer Zeit hinein das einzige ländliche Medium ihrer Art. Erst spät und mit mangelndem Erfolg versuchten die gegnerischen Parteien sie zu kopieren: das Zentrum 1924 mit dem nur vierseitigen, nicht illustrierten *Schwäbischen Bauern*, aus der Perspektive des Bauernbundes ein »Blatt der gewöhnlichen Sorte«, das sich vor allem an die »religiösen Gefühle der katholischen Bauern« wende. Nach wenigen Monaten mußte es eingestellt werden.[51] Im Winter 1927/28 folgte die Sozialdemokratie mit dem *Schwäbischen Landboten*. Das äußere Erscheinungsbild, das Titelblatt, die Überschriften und das Satzbild glichen exakt dem *Landmann*. Wesentlicher Unterschied aber war, daß er nur in fünf Nummern erschien. Hämisch triumphierte der Bauernbund:

»So zog das Kindlein in die kalte Winternacht hinaus, aber was geschah? Die elenden Bauern ließen den *Schwäbischen Landboten* nicht in ihr Haus hinein und da bekanntlich im Dezember eine sehr starke Kälte auftrat, war es nicht besonders verwunderlich, daß der

---

[49] Schw. Landmann v. Dez. 1901 u. Schw. Tagesztg. v. 6. Febr. 1922. Lediglich von Juli bis Sept. 1920 erschienen die »grünen Heftchen« wegen Papierknappheit nur einmal pro Monat. Zur Entwicklung der Auflagenzahlen nach Angaben der bauernbundseigenen und der gegnerischen Presse: 1896: 6 000; 1900: 15 000; 1902: 20 000; 1903: 21 000 (zur Reichstagswahl wurde die Auflage kurzfristig auf 30 000 erhöht); 1904: 24 000; 1908: 25 000; 1912: 24 000. Einzige Angaben für die Weimarer Zeit: 1920: über 30 000; 1923: 45 000. Die in den Bilanzen des Bauernbundes 1924–1934 (NL Körner) verzeichneten Ausgaben für den *Schwäbischen Landmann* lassen eine Konstanz der Auflagenzahl bis 1932 annehmen.
[50] Schw. Landmann v. 1. Jan. 1903 mit einem mundartlichen »Ratgeber«, wie man sich gegen das »Hänseln des dummen Bauern bei jeder Gelegenheit« wehrt; Schw. Landmann v. 15. Sept. 1910: »Wie ich Mitglied des Bundes der Landwirte wurde – von einem früheren liberalen Redakteur«; Schw. Landmann v. 15. Juli 1914: »Aus alten Zeiten«.
[51] Schw. Landmann v. 26. April 1924. *Der schwäbische Bauer* erschien im Verlag des *Deutschen Volksblattes*.

Schwäbische Landbote, als die Temperatur einmal unter 20 Grad sank, eines raschen Todes verblich.«[52]

War der Bauernbund auf der einen Seite Trendsetter, so war er andererseits auch erfolgreicher Nachahmer. Seit 1897 wurde der *Württembergische Bauernfreund* als *Wegweiser und Jahrbuch für unseren bäuerlichen und gewerblichen Mittelstand* publiziert. Der Vorreiter des politischen Kalenders war seit den 1880er Jahren der *Wegweiser* der Volkspartei gewesen. Die anderen Parteien hatten rasch nachgezogen.[53] Seit 1904 mußte der *Bauernfreund* darüber hinaus noch mit dem exakt gleich aufgemachten *Kalender des landwirtschaftlichen Vereins in Württemberg* konkurrieren, der von der Zentralstelle für Landwirtschaft herausgegeben wurde. Gegen die Konkurrenz konnte er sich aber behaupten.[54] Der *Bauernfreund* war ein »volkstümlicher Begleiter des ländlichen Haushalts«: ihm lag ein Wandkalender bei, der hundertjährige Kalender brachte mit Bauernregeln die Jahreswettervorhersage, die Sonnenauf- und -untergangszeiten, ein Jahreshoroskop, ein Verzeichnis der lokalen Markttage, einen Viehträchtigkeitskalender sowie Zins- und Saattabellen. Dem Kalendarium folgte ein Unterhaltungsteil, ähnlich gestaltet wie im *Schwäbischen Landmann* und letztlich der politische Teil, der über Landes- und Weltpolitik, aus dem Reichstag und aus dem Landtag berichtete. Den Mitgliederblättern und Kalendarien standen politische Instruktionsreihen zur Seite. Die größte Breitenwirkung entwickelten dabei die von Körner herausgegebenen *Volkswirtschaftlichen Flugschriften*, die zwischen 1911 und 1922 in zehn Ausgaben, teilweise in mehreren Auflagen erschienen.[55]

Nur im Bereich der Tagespresse entwickelte der Bauernbund eine verzögerte Dynamik. Die Kooperation mit der *Deutschen Reichspost*, die Herausgabe der *Württembergischen Landpost* als zweites und verbilligtes Blatt, das den Bauern eine Tageszeitung zur Verfügung stellen sollte, war gescheitert. Bereits 1901 hieß es, die *Landpost* habe deutlich weniger Leser als erwartet. Im Rückblick wurde das Dilemma der Pressekooperation deutlich. Die städtische *Reichspost* war von der Landbevölkerung nicht angenommen worden. Hinzu kamen interne Auseinandersetzungen: In der konservativen Partei hätten sich »mehr und mehr liberale Einflüsse« und »Einwirkungen geltend gemacht, die den landwirtschaftlichen Einfluß der Familie Körner in der

---

[52] Schw. Landmann v. 11. Febr. 1928: »Der Schwäbische Landbote gestorben. Nachruf.«
[53] Der *Wegweiser* hatte 1910 mit 50 000 seinen Höchststand. Ob er nach 1918 fortgeführt wurde, konnte nicht ermittelt werden. Der *Tagwachtkalender* der SPD hatte 1912 eine Auflage von 40 000. Unter mehreren Kalendern des Zentrums war der *Christliche Hausfreund* der populärste. Vgl. Bauernfreund 1923, S. 29 u. zu den anderen Parteien A. GAWATZ, Wahlkämpfe, 2001, S. 206.
[54] Auflagenzahlen des *Bauernfreundes*: 1897: 10 000; 1900: 18 000; 1904: 28 000; 1908: 31 000; 1912: 32 000; 1920: 35 000. Auch hier legen die Bilanzen des Bauernbundes 1924–1934 (NL Körner) mit Ausnahme des Jahres 1929 eine Konstanz der Auflagenzahl bis 1932 nahe. Der *Kalender des landwirtschaftlichen Vereins in Württemberg* wurde für 10 Pfg. verkauft und hatte 1907 eine Auflage von 60 000 Exemplaren (vgl. Landwirtschaft in Württemberg, 1908, S. 10 f.). 1924 hatte das nun unter dem Titel *Kalender für die württembergische Landwirtschaft* erscheinende Jahrbuch eine Auflage von 50 000 (vgl. Wochenbl. f. Landw. v. 24. Mai 1924).
[55] Siehe hierzu die Aufstellung im Literaturverzeichnis.

Reichspost mit scheelen Augen ansahen und eine Zeitung mit mehr großstädtischem, industriefreundlichem Einschlag« verlangten.[56] Der Bauernbund hatte schon zuvor versucht, seine Publizistik gegenüber den Konservativen zu verselbständigen und zu regionalisieren. Seit Herbst 1903 besaß Körner den Verlag des *Fränkischen Volksfreundes* in Schrozberg, der für den XII. württembergischen Reichstagswahlkreis in Hohenlohe und Franken erschien.[57] Hinzu kam die Nüblingsche *Ulmer Schnellpost*, die sich allerdings in stetigem Abstieg befand und 1913 eingestellt wurde, sowie seit 1907 die *Süddeutsche Tageszeitung*, die im Zuge des Naumannschen Reichstagswahlkampfes in Heilbronn gegründet worden war. Spätestens seit 1909 erschienen alle drei Zeitungen mit gemeinsamem Kopfblatt, jedoch in wenig erfolgreicher Auflage.[58] Die *Süddeutsche Tageszeitung* war der einzige länger andauernde Versuch einer regionalen Tageszeitung des Bauernbundes vor 1918. Er scheiterte erst 1920.[59] In der Weimarer Zeit kamen zwei weitere Versuche hinzu: Als ausgesprochen erfolgreich erwies sich der Aufkauf des *Gäu- und Ammertalboten* als Herrenberger Amts- und Anzeigenblatt durch Theodor Körner zum Januar 1919. Als einzigem Beispiel war es dem Bauernbund damit gelungen, das dominierende Amtsblatt eines Oberamtes in Württemberg in feste wirtschaftliche und inhaltlich-politische Abhängigkeit zu bringen.[60] Gescheitert war der vom Herrenberger Verlag ausgehende Versuch, 1923 mit der *Tübinger Zeitung* dem Bauernbund, der Bürgerpartei und den nationalen Verbänden ein lokales Organ gegen die beiden vorherrschenden liberalen und DVP-nahen Blätter in der Universitätsstadt zu geben.[61]

---

[56] Schw. Landmann v. 1. Sept. 1899 u.v. 1. Dez. 1901; Dt. Reichspost v. 25. Nov. 1901 (Klagen des Bauernbundes bei seiner Landesversammlung über die »teils gleichgültige, teils feindliche Haltung der Tagespresse«, auch der konservativen, gegen den Bauernbund); Schw. Landmann v. 15. Sept. 1913 sowie Schw. Tagesztg., Sonderausg. Sept. 1926 im Rückblick.
[57] Schw. Landmann v. 1. Okt. 1903.
[58] O. Groth, 1915, S. 82f. Auflagenzahlen nach M. GERSTER, 1910: *Fränkischer Volksfreund*: 670; *Ulmer Schnellpost*: 650; *Süddeutsche Tageszeitung*: 1400.
[59] Die wirtschaftlichen Verhältnisse der *Süddeutschen Tageszeitung* sind ungeklärt. Die Zeitung ist auch für die Heilbronner Pressegeschichte nicht aufgearbeitet (vgl. E. KOCH, 2002, S. 39). Die Kooperation funktionierte offensichtlich so lange, wie der konservative Gustav Lang in der Redaktion war. Im Wahlkampf 1920 hatte sich die Zeitung unter dem Verleger Albert Oscar Müller auf die Seite des Bauernbundskandidaten Albert Rapp begeben, der in Brackenheim eine ›Unabhängige Bauern- und Mittelstandspartei‹ gegen den Bauernbund gegründet hatte. (Siehe hierzu unten S. 286). Müller, der offensichtlich von Körner mehr Geld für seine Zeitung verlangt hatte, druckte im Wahlkampf Angriffe auf Körner und den Bauernbund ab. Dazu eine offizielle Stellungnahme Körners in der Schw. Tagesztg. v. 5. Juni 1920: »Aus rein metallischen Gründen ist Müller gegen den Bauernbund erbost. [...] Die Gehässigkeit der Artikel zeigt, daß dieser Herr einstmals Demokrat war und seine nachherige Bauernfreundlichkeit nur geschäftlicher Natur war. [...] Wir haben gegenüber der Heilbronner *Süddeutschen Tageszeitung* den Trennungsstrich gezogen.« Vgl. auch Beobachter v. 11. Juni 1920 u. Schw. Tagwacht v. 15. Juni 1920, die berichteten, Körner habe von 1908–1912 die Geschäfte der Zeitung geführt und sich dann nach wirtschaftlichem Mißerfolg zurückgezogen.
[60] 150 Jahre Zeitung im Gäu, 1988, S. 39 u. 43ff. Der *Gäubote* hatte 1923 eine für ein Oberamt dieser Größe beachtliche Auflage von 3800, 1933 von 4200 Exemplaren (vgl. Sperlings-Zeitschriften-Adressbuch 1923 u. 1933).
[61] Schw. Tagesztg. v. 11. Jan. 1924. Die *Tübinger Zeitung* erschien nur wenige Wochen.

Mit der Gründung der *Schwäbischen Tageszeitung* zum September 1913, dem Flaggschiff des Bauernbundes, wurden die bislang gescheiterten Versuche gebündelt. Innerhalb kurzer Zeit entwickelte sie sich, auch über die Revolutions- und Inflationswirren hinweg, zum »meistgelesenen Bauernblatt in Württemberg«, auch weil sie im Vergleich zu allen anderen großen Tageszeitungen die billigste war. Für 1924 wurde ihre Auflage mit 36 000 Exemplaren angegeben, was als Höchststand zu werten sein dürfte.[62] Dem Bauernbund galt sie als »freie und unabhängige Bauernpresse gegen die verlogene Asphaltpresse der Großstadt«[63] und als wichtiges Machtmittel:

> »Politik und die politischen Parteien sind heute ohne Zeitungen nicht zu denken. Die Zeitung ist es, welche im Guten und Bösen den Kampf der verschiedenen Anschauungen und Meinungen führt. […] Im öffentlichen Leben, in der Erzeugung von Stimmungen, in der Erregung von Meinungen, in der Beeinflussung und Führung von Massen übt die Zeitung einen solchen Einfluß aus, daß man sie mit Recht als die ›siebte Großmacht‹ bezeichnet.«[64]

Mit der *Schwäbischen Tageszeitung* stieß der Bauernbund rasch in eine publizistische Lücke, indem er die Löcher auf dem protestantischen Land stopfte, in die die anderen großen Tageszeitungen nicht hatten schlüpfen können.[65] Die jahrelang verfolgten Inklusions- und Exklusionsstrategien, vor allem gegen die demokratische und katholische Presse, hatten gewirkt.[66] Der Bauernbund setzte auf die dörflichen Multiplikatoreffekte: Die Vertrauensmänner wurden angewiesen, den Mitgliedern durch Kleinstarbeit die Zeitung nahezulegen und für die Auslage des Blattes in der örtlichen Gastwirtschaft zu sorgen. Falls der Bezugspreis als zu hoch angesehen werde, solle der Vertrauensmann einen gemeinsamen Bezug mehrerer Familien organisieren.[67] Hinzu kamen immer wieder Leserbriefe von Dorfpfarrern unter dem Titel »Warum ich als Pfarrer Mitglied des Bauernbundes bin« oder »Warum ich die *Schwäbische Tageszeitung* halte«.[68]

Das Blatt wurde zur populären Lektüre der bäuerlichen Familie, auch in Konkurrenz und Abgrenzung zum auflagenstarken regierungsamtlichen *Württembergischen*

---

[62] Schw. Landmann v. 14. Juni 1924.
[63] Schw. Tagesztg. v. 5. Febr. 1922.
[64] Körner (alt) in Sonderausg. Schw. Tagesztg. v. Sept. 1926 mit Rückblick auf die Gründung der Zeitung.
[65] Vgl. Tab. 8, oben S. 204.
[66] Schw. Landmann v. 15. Sept. 1908: »Welche Zeitung soll der Landmann lesen? Der eine liest eine liberale Großstadtzeitung, der andere kann nicht von einer seit Jahren gelesenen Annoncenzeitung lassen, ein dritter liest – wegen dem grausig vielen Papier – ein Stuttgarter Blatt, das aber so wenig für die Landwirtschaft übrig hat, wie die demokratischen oder sozialdemokratischen Zeitungen. Die liberalen und freisinnigen Zeitungen sind uns nur feindlich gesinnt, deshalb: Hinaus aus dem Haus mit den Zeitungen, welche uns nur Schaden bringen, aber nichts nützen wollen!« Weitere Beispiele: Schw. Landmann v. 15. Sept. 1910, v. 15. Okt. 1912 u. v. Dez. 1922.
[67] Schw. Landmann v. 15. April 1913, v. 1. Januar 1920 u. v. 1. März 1922.
[68] Schw. Tagesztg. v. 16. April 1921, v. 14. März 1924 u. v. 15. Sept. 1926.

*Wochenblatt für Landwirtschaft.*⁶⁹ Die Bauernbundzeitung parallelisierte das Amtsorgan, indem es die amtlich-landwirtschaftlichen Nachrichten abdruckte und zum Wochenende eine Beilage unter dem Titel *Landwirtschaftliches Wochenblatt der Schwäbischen Tageszeitung* brachte, die gleich aufgemacht war und aus dem landwirtschaftlichen Vereinswesen und der Landwirtschaftskammer berichtete.⁷⁰ Zur Steigerung der Popularität in den Familien kamen Unterhaltungsbeilagen, landwirtschaftliche Sonderblätter, ein Sonntagsblatt und seit 1923 eine Frauenbeilage hinzu. 1916 konnte der letzte Aufruf der Zeitung an die Leser gefunden werden, ihr Abonnement über den Sommer nicht zu kündigen.⁷¹ Dieses Problem der Verlage, das mit dem Lese- und Arbeitsverhalten der bäuerlichen Bevölkerung zu tun hatte, betraf alle Zeitungen. Vor allem in der Weimarer Zeit stellte sich das Problem für den Bauernbund offensichtlich nicht mehr.⁷²

Die *Schwäbische Tageszeitung* war ein Teil des Dienstleistungsangebotes des Bauernbundes. Zwei Beispiele verdeutlichen dies: Als Zeitung einer kollektiven Hilfsgemeinschaft wurden vor allem in der Inflationszeit zahlreiche Aufrufe veröffentlicht, in Not gekommen Landwirten mit Sammlungen zu helfen. Appelliert wurde an die Bauernsolidarität und das gelebte Christentum der Mitglieder:

»Ein Bundesmitglied in Ohrnberg OA Öhringen, hat großen Schaden erlitten. Ein wertvolles, junges Pferd verendete ihm ohne sein Verschulden, trotz Beiziehung von zwei Tierärzten infolge Blutvergiftung. Dieser Verlust ist der zweite innerhalb von zwei Jahren, außerdem hat er durch Maul- und Klauenseuche im Jahre 1920 drei Stück Vieh verloren. Seine Pferde seien, wie der Vertrauensmann mitteilt, immer die schönsten im Ort. Spenden nimmt die Geschäftsstelle in Stuttgart entgegen.«⁷³

Die Zeitung war ein Faktor der bäuerlichen Solidargemeinschaft. Als weiteres Mittel der Mitgliederbindung führte die Zeitung 1928 eine sogenannte Sterbekasse als Leserversicherung ein, mit der jeder Abonnent durch die generelle Bezugspreiserhöhung von 10 Pfennig pro Monat gegen Unfalltod versichert war.⁷⁴

Zur Stärkung der publizistischen Präsenz kam die Einflußnahme auf die lokalen Amtsblätter hinzu. Bereits früh war man dazu übergegangen, die Mitglieder aufzufordern, ein »Auge auf die Amtsblätter zu werfen« und »positiv auf die bauernbundsfeindlichen Bezirksblätter einzuwirken.« Hinweise darauf, welche Stärke ein

---

⁶⁹ Das überkonfessionelle und nach 1919 deutlich modernisierte und populärer gestaltete *Wochenblatt für Landwirtschaft* hatte 1923 eine Auflage von 144 000, 1933 noch von 72 000 (vgl. Sperlings-Zeitschriften-Adressbuch 1923 u. 1933).
⁷⁰ Vgl. den Hinweis von Körner, die *Schwäbische Tageszeitung* sei das »unerläßliche Organ und Stütze der landwirtschaftlichen Organisationen und Vereine« in Schw. Tagesztg. v. 16. Sept. 1926.
⁷¹ Schw. Landmann v. 15. Mai 1916.
⁷² Vgl. M. BIDLINGMAIER, 1993, S. 141 ff. [zuerst 1918], die das Leseverhalten von Bäuerinnen und das meist auf die Wintermonate beschränkte Abonnement von Zeitungen beschreibt.
⁷³ Schw. Tagesztg. v. 8. Aug. 1922.
⁷⁴ F. GRÄB, »Das Körnerhaus in Stuttgart« (NL Körner) berichtet von 101 000 RM Rücklagen, die gebildet wurden. Ausbezahlt wurden für 722 Sterbefälle und 90 tödliche Unfälle 49 100 RM, mit dem Rest wurden Baudarlehen für das Körnerhaus getilgt. Zur Sterbekasse und den Aufrufen, die Zeitung weiter zu beziehen, da sonst die Ansprüche verloren gingen Schw. Tagesztg. v. 10. Juni 1933.

geeinter Bauernstand in einem Oberamt durch die politische Ausrichtung eines Lokalblattes habe, indem Abonnement oder Inserate boykottiert werden konnten, fehlten nicht. Damit sollte der »politischen Brunnenvergiftung der demokratischen Amtsblätter« entgegengewirkt und deutlich gemacht werden, daß der politischen Mehrheit im Bezirk auch eine gerechtfertigte Vertretung im Amtsblatt zustehen müsse.[75] Während vor 1914 die Hälfte der annähernd 200 Zeitungen in Württemberg als parteilos galten und diese meist in Oberämtern mit vorwiegend landwirtschaftlich tätiger Bevölkerung angesiedelt waren, galt die Mehrzahl dieser Blätter nach dem Krieg dem Bauernbund »mehr oder weniger nahestehend«.[76] Die Zufriedenheit mit dieser im Gegensatz zur Vorkriegszeit deutlich gewandelten Situation drückte auch der Bauernbund aus.[77]

Der subjektive Erfolg vor allem der *Schwäbischen Tageszeitung* schlug sich in der Auseinandersetzung über ihren Charakter zwischen den parteipolitischen Leitmedien nieder. Das populistische Auftreten des Blattes als bäuerliches Aufklärungsorgan und seine rasche Ausbreitung innerhalb weniger Jahre auf dem Land, wozu die traditionellen Parteiblätter Jahrzehnte benötigt hatten, forcierte die Polemik. In der Eigenwahrnehmung und -werbung wurde die steigende Beliebtheit des Blattes »seiner ruhigen Sachlichkeit« und zugeschrieben. Hinzu kam ihre »ausgezeichnete Unterrichtung des Bauern in volkswirtschaftlicher und politischer Beziehung.« Allein dadurch, daß sie dem familieneigenen Körner-Verlag und seiner Druckerei gehörte, war sie über alle Fährnisse hinweg – ob Druckerstreik, Ausnahmezustand in Stuttgart oder Inflation – pünktlich und zuverlässig zugestellt worden, im Notfall durch den örtlichen Vertrauensmann. Die Abgrenzung als Gruppenmedium war einfach: »Eine Zeitung, welche so gehässig von den Feinden des Bauernstandes bekämpft wird, muß für den Bauernstand gut sein.« Zwei angeblich von Lesern verfaßte Briefe sollten die Bedeutung des Blattes für Bauernstand und Bauernfamilie hervorheben:

> »Ich kann die Zigarre entbehren, kann Wein und Bier vermissen, aber wenn ich keine *Schwäbische Tageszeitung* habe, dann bin ich unglücklich. So ist mir das Bauernblatt im Lauf der Jahre ans Herz gewachsen. Wenn meine Frau die *Schwäbische Tageszeitung* nicht bekommt, dann ist Feuer im Dach. Wie oft hat sie gesagt, es wäre um uns Bauernfrauen besser bestellt, wenn wir die Zeitung als regelmäßige Beigabe hätten. Ohne diese gute Aufklärung hätte ich an meinem Stand nicht die halbe Freude. [...] Ohne diese gute Zeitung im Haus ist mir die Erziehung meiner Jugend nur ein halbes Werk, was der Mensch liest, das wird er.«[78]

In der Wahrnehmung der Konkurrenten sah das naturgemäß anders aus. Hier galt das Bauernblatt als »gehässiges Hetzorgan«, »Organ der Schieber und Wucherer«, »Mistblatt« oder als ausgestreute »Fäkalienkörner«. Während sich die publizistische

---

[75] Schw. Landmann v. 15. Jan. 1903, v. 1. Juli 1903, v. 1. Juli 1907 u. v. 15. August 1912. Auch: Dt. Reichspost v. 12. Sept. 1912.
[76] K. MAIER, 1921, S. 145.
[77] Schw. Tagesztg. v. 18. Sept. 1916.
[78] Zum vorigen und folgenden Abschnitt vgl. die »Presseschau« im Schw. Landmann v. 1. Sept. 1921.

Konfrontation vor 1914 auf dem Land vor allem zwischen bauernbündlerischer und demokratischer Presse abgespielt hatte, verlagerte sie sich nach 1918 auf die Polarisierung zwischen Bauernbund und Zentrum. Beiden ging es darum, den jeweils publizistisch durchdrungenen territorialen Besitzstand zu wahren und das aufgebaute parteipolitisch gebundene Meinungsklima abzuschotten. Das Zentrum spielte dabei den passiveren Part, der Bauernbund den aktiven Angreifer. Schon allein wegen seiner Argumentation, es gehe um das Zusammenstehen eines auch konfessionell geeinten Bauernstandes, hatte der Bauernbund hier bessere Chancen. Wie stark er mit seiner Presse in katholische Bezirke eindringen konnte, ist quantitativ nicht zu überprüfen. Versuche gab es zahlreiche. Eine wichtige Rolle spielten dabei die Bauernanwälte. Die vehementen Abwehrversuche des Zentrums lassen vermuten, daß die Versuche nicht immer erfolglos waren. 1924 berichtete das *Deutsche Volksblatt* vom »protestantischen jugendlichen Bauernagenten«, der im katholischen Oberamt Neresheim das Bauernblatt verteilt hatte und zum »Rasieren der schwarzen Zentrumsbärte« aufgerufen hatte. Das katholische Blatt reagierte:

> »Sollen katholische Bauern mit ihrem Geld und ihrem Getreide die evangelische Presse bezahlen? Bauern des Härtsfeldes: besinnt Euch auf Euren religiösen Charakter! Kauft und lest nur katholische Zeitungen! Zeigt Euch hart wie Stahl und Granit in Eurer heiligen katholischen Überzeugung!«[79]

In der Zusammenschau läßt sich sagen: Der Bauernbund verfügte über ein milieustützendes und selbstreferentielles Weltanschauungsorgan zur organisationsinternen Kommunikation. Die Gründung und der Erfolg der *Schwäbischen Tageszeitung* war letztlich der Abschluß des Ausdifferenzierungsprozesses der parteipolitisch gebundenen Tendenzpresse. In dieser Hinsicht und in der weltanschaulichen Kohärenz ähnelte die Tagespresse des Bauernbundes am stärksten der Milieupresse des Zentrums und der Sozialdemokratie. Sie war organisatorisch und politisch fest eingebunden und ein wesentlicher Bestandteil des Organisationsapparates der Partei. Anders als bei der städtisch-konservativen Presse stellte sich das Konkordanzproblem von unterschiedlichen Parteiströmungen und dazu inkongruenter Widerspiegelung in der publizistischen Präsenz nicht. Mit seinem Leitmedium und der regionalen Verdichtung seiner Presse konnte der Bauernbund im Gegensatz zu seinem städtisch-konservativen Pendant eine stärkere Breiten- und Tiefenwirkung entfalten. Hinzu kommt, daß die parteiinterne Kommunikation über Mitgliederblätter und publizistische Werbemittel deutlich besser funktionierte und konstanter wirkte. Die diversen Medien erstanden nicht nur zu Wahlzeiten zur kurzen Scheinblüte, sondern waren permanente publizistische Begleiter der protestantisch-agrarischen Landbevölkerung und damit Faktor organisatorischer und weltanschaulich vermittelter Bestandssicherung.

Darüber hinaus war die Parteipresse ein lukrativer finanzieller Faktor des Bauernbundes. Selbst der kostenfrei verteilte *Schwäbische Landmann* konnte sich durch An-

---

[79] Dt. Volksbl. v. 16. Januar 1924.

zeigen größtenteils refinanzieren. Der *Bauernfreund* war durch seinen Verkauf und durch zusätzliche Einnahmen aus Anzeigen durchgehend ein Gewinngeschäft. Auch die *Schwäbische Tageszeitung* war insgesamt ein wirtschaftlich erfolgreiches Unternehmen.[80] Durch die Verschmelzung von publizistischen und ökonomischen Interessen und die Bündelung in der Hand der Familie Körner entstand ein renditeorientiertes Informationsunternehmen. Der Vergleich mit der engen Verbindung des Hugenbergschen Medienimperiums und der DNVP auf Reichsebene liegt nahe, ist aber trotzdem unzutreffend. Während sich im Hugenbergschen Fall in der Umkehrung des Verhältnisses die Presse gewissermaßen eine politische Partei leistete, blieb die Presse des Bauernbundes milieustützender Rahmen ›von unten‹ und finanzierte zumindest teilweise den Bauernbund, nicht aber einen einzelnen Pressezar. Hinzu kommt die Unabhängigkeit der württembergischen Bauernbundspresse vom Reichslandbund und ihre enge Begrenzung auf Württemberg.

---

[80] Bilanzen des Bauernbundes 1924–1934 (NL Körner). Die *Schwäbische Tageszeitung* erwirtschaftete von 1925 bis 1933, wohlgemerkt inklusive der Gehälter der Redakteure, die ja noch andere Funktionen übernahmen, zwischen 1,9 % und 7,6 % Rendite. Lediglich im Krisenjahr 1928 und dann erst wieder 1933 wurden 0,5 % bzw. 2,3 % Verlust verzeichnet.

Fünftes Kapitel

Vereine und Verbände im Umfeld der Parteien

Vereine und Verbände waren in ihrer gesellschaftspolitischen Ausdifferenzierung ein wesentlicher Teil des »politischen Massenmarktes«. Ökonomische, konfessionelle und kulturelle Konflikte fanden ihre organisatorische Auskristallisierung nicht nur im Parteiwesen, sondern in der Formierung einer Vielzahl von gesellschaftlichen Interessengruppen. Die wilhelminischen Jahre waren die Geburtsstunde der modernen Interessenverbände. Aus kleinen Honoratiorenzirkeln heraus stiegen sie zu Massenorganisationen auf, organisierten Interessen und vertraten diese mit wachsender Effizienz in der Öffentlichkeit und im institutionellen Rahmen der politischen Willensbildung.[1] Aktivitäten, Interessenartikulation und Wirkungsweise der Verbände sind für das Kaiserreich besser untersucht als für die Weimarer Jahre, für die der Schwerpunkt der Untersuchungen fast traditionellerweise bei der industriellen Interessenvertretung der Schwerindustrie und bei den Arbeitsmarktparteien liegt.[2]

Das Vereinswesen mit seinen lokal abgestützten kommunikativen Netzwerken gilt als wesentlicher Faktor der sozialkulturellen Unterfütterung der Milieus. Es bestimmte die Reichweite der weltanschaulichen und interessenpolitischen Ansprüche in die Parteien hinein. In der organisatorischen Vernetzung mit den Parteien formierten die Vereine das lebensweltliche Ensemble von weltanschaulichen Axiomen und gemeinschaftsstiftenden Praxisformen. Das Vereinswesen tradierte politisch relevante Deutungsmuster und erfüllte eine Vermittlungsfunktion zu den Parteien. Hier wurden Interessen formuliert, Weltbilder organisiert und die gemeinsame Lebenswelt ausgelegt. Die Vereine definierten eigene Sinnstiftungsmodelle und verlängerten diese in die Sprachregelungen, Bild- und Symbolhaushalte der Parteien hinein. Im gesellschaftlichen Konfliktdiskurs entstanden so Deutungsmuster, die auf den jeweiligen weltanschaulichen Gravitationszentren der Vereine beruhten, meist formuliert als Binärcodes von katholisch oder evangelisch, gottlos oder christlich, national oder international, sozialistisch oder bürgerlich. Während das vereinskulturelle Umfeld des Zentrums und der Sozialdemokratie gut untersucht sind, fehlt es an Arbeiten über das kulturelle Umfeld der liberalen und vor allem der konservativen Parteien. Benötigten sie es bis 1918 überhaupt, oder waren sie in ihren jeweiligen Handlungsräumen dominant genug, um auf die vereinskulturelle Abstützung verzichten zu können? Wie konturenscharf abgegrenzt, wie schroff voneinander abgeschottet waren liberale und konservative vereinsorganisierte Lebenswelten? Wo lie-

---

[1] H.-P. ULLMANN, Interessenverbände, 1988 u. ö.
[2] Für die Weimarer Jahre vgl. den Forschungsüberblick mit weiterer Literatur bei E. KOLB, Weimarer Republik, 1998, S. 185 ff. sowie D. STEGMANN/B.-J. WENDT/P.-C. WITT, Industrielle Gesellschaft, 1978.

gen ihre Schnittstellen und wo sind die Einbruchstellen gegnerischer Parteien zu verorten?[3]

Die bürgerlichen Vereine galten lange als Restkategorie, als überparteiliche, unpolitische und bloß gesellige Verwalter von Wertvorstellungen und Traditionen.[4] Aber auch sie perpetuierten Wertsysteme, Gruppensolidarität und politische Machtansprüche. Ihre wachsende Effizienz war ein Konstanz- und Krisenresistenzfaktor der liberalen und konservativen Parteien. Wie die beiden konservativen Parteien in Württemberg sich im Netz der Vereine und Verbände positionierten, welche langfristigen Affinitäten sie aufbauten und welchen Einflüssen sie ausgesetzt waren, wird im folgenden Kapitel gefragt. Dabei werden drei Kategorien unterschieden: das protestantische Vereins- und Verbandswesen mit Ausblicken auf die pietistischen Gemeinschaften als Teil der protestantischen Milieubildung, der Bereich der ökonomischen Interessengruppen und schließlich die nationalen Vereine und Verbände. In zwei Bereichen werden dabei auch gesellschaftliche Institutionen mit einbezogen: die evangelische Landeskirche und das landwirtschaftliche Vereinswesen. Die Landeskirche ist definiert durch die Wahrnehmung eines gesellschaftlichen Auftrags, das landwirtschaftliche Vereinswesen durch gemeinsame sozioökonomische Interessen auf der Basis berufsständischer Zusammenschlüsse. Sie fließen in die Untersuchung ein, weil sie ein wichtiger Teil der öffentlichen Diskussion waren, die Parteien ihnen gegenüber fest formulierte Positionen einnahmen und versuchten, auf diese großen Interessenvertretungen Einfluß zu nehmen.

1. Protestantismus

Die »Rekonfessionalisierung der Religion«[1] seit den 1830er Jahren und die Verschlechterung des Verhältnisses zwischen den Konfessionen war der Hintergrund der Entstehung eines ausdifferenzierten innerprotestantischen Vereins- und Verbandsnetzes. Die Konfession als eines der großen Deutungssysteme des Lebens gewann erneut an Bedeutung, wobei das Klima zwischen den Konfessionen meist mehr von im Alltagsleben der Bevölkerung verankerten konfessionellen Stereotypen, Vorurteilen und Konflikten geprägt wurde als von theologisch-wissenschaftlichen Positionen.[2] Im Protestantismus entstanden neben dem klassischen Erscheinungsbild protestantischer Kirchlichkeit – den kirchenleitenden Behörden und der kirchlichen

---

[3] Zum vorigen Abschnitt vgl. die Beiträge in H. BEST, Vereine in Deutschland, 1993 sowie S. WEICHLEIN, Sozialmilieus, 1996, S. 15; D. SCHIRMER, Politisch-kulturelle Deutungsmuster, 1989; D. SCHIRMER, Mythos, 1992, v.a. S. 170 ff. u. F. BÖSCH, 2002, S. 57 ff.
[4] K. DUSSEL/M. FRESE, 1993, S. 58.
[1] Hierzu zusammenfassend TH. NIPPERDEY, Deutsche Geschichte 1866–1918, Bd. I, 1993, S. 428 ff.; in gekürzter Fassung: TH. NIPPERDEY, Religion im Umbruch, 1988, O. BLASCHKE, Das 19. Jahrhundert, 2000 u. die Beiträge in O. BLASCHKE, Konfessionen im Konflikt, 2002.
[2] A. LINDT, 1963; W. ALTGELD, 1992. Zu Württemberg: C. KÖHLE-HEZINGER, Evangelisch – Katholisch, 1976, C. KÖHLE-HEZINGER, Konfessionelle Vorurteile, 1984 u. T. DIETRICH, 2002.

Ortsgemeinde – die großen freien Vereine und Verbände als organisierte Sonderinteressen und als »dritte Säule des Protestantismus«[3]: die Innere und Äußere Mission als kirchlich-evangelische »Liebestätigkeit« und vor allem der Gustav-Adolf-Verein und der Evangelische Bund. Beide zeichneten sich durch eine wachsende Organisationsdynamik und Professionalisierung aus.

a) Gustav-Adolf-Verein

Der Gustav-Adolf-Verein für die Pflege der Diaspora[4], 1832 in Leipzig zur Unterstützung hilfsbedürftiger Gemeinden gegründet, war einer der großen Deuter evangelischer Identität in der Abgrenzung gegen die Ultramontanisierung und den Universalitätsanspruch der katholischen Kirche. Der Verein arbeitete mit reichsweiter Orientierung, innerprotestantisch-konfessionsübergreifender Zielrichtung und mit zunehmend antikatholischem Moment, was den sukzessiven Übergang der Vereinsbewegung zur kirchenpolitischen Themen- und Aufgabenstellung markierte. Vor allem im liberalen und (klein-)städtischen Bürgertum konnte er Fuß fassen. Stärker organisiert war er in Mittel- und Süddeutschland, auch weil hier aufgrund der Konfessionsstruktur die Zahl der evangelischen Diasporagemeinden höher war.

Der württembergische Hauptverein, 1843 in Stuttgart gegründet und seit 1890 vom Stuttgarter Stadtdekan und Hofprediger Friedrich Braun, dem »Bannerträger des Gustav-Adolf-Vereins«[5] im Land geleitet, galt vor Ausbruch des Ersten Weltkriegs gemessen an seinen Einnahmen als der stärkste Zweig im Gesamtverein.[6] Mit Familienabenden, Frauengruppen, Wanderjahresfesten, Spendensammlungen und Kirchenbauten in der in- und ausländischen Diaspora war er einer der Faktoren protestantischer Milieubildung und Beispiel für die milieubildende Kraft des Protestantismus in katholischem Umfeld. Mit seinem jährlichen Gustav-Adolf-Fest trug er zur Ausbildung einer öffentlichen protestantischen Festkultur bei. Vom Evangelischen Bund unterschied er sich aber vor allem durch zwei Kennzeichen: Zum einen funktionierte vereinsintern die Zusammenarbeit der innerprotestantischen theologischen Richtungen. Der Gustav-Adolf-Verein blieb gesamtprotestantisches Anliegen.[7] Er orientierte sich an der Förderung evangelischer Interessen innerhalb des amts- und landeskirchlichen Rahmens, blieb stärker seiner ursprünglichen Zielsetzung des Diasporawerks verhaftet und in das große Anstaltswerk der Inneren Mission integriert. Zum zweiten stand er damit deutlicher über den Parteien und war in

---

[3] J.-CH. KAISER, Sozialer Protestantismus, 1989; J.-CH. KAISER, Konfessionelle Verbände, 1992 sowie J.-CH. KAISER, Formierung des protestantischen Milieus, 2000. Neuerer Forschungsüberblick zum Sozialprotestantismus in J.-CH. KAISER/M. GRESCHAT, 1996.
[4] Von der Forschung wurde der Gustav-Adolf-Verein bislang vernachlässigt. Zum Folgenden vgl. D. v. REEKEN, Kirchen im Umbruch zur Moderne, 1999, S. 87 ff.
[5] BBKL Bd. I, 1990, Sp. 733. Vgl. auch Gustav-Adolf-Blätter aus Württemberg 1912, S. 40.
[6] TH. V. HÄRING, 1916, S. 372. Mitgliederzahlen konnten für Württemberg nicht ermittelt werden. In den *Gustav-Adolf-Blättern aus Württemberg* wurden in den jährlichen Berichten zum Gustav-Adolf-Fest, der Jahreshauptversammlung des Vereins, lediglich die eingegangenen »Gaben« veröffentlicht.
[7] Evang. Kirchenbl. für Württ. v. 4. Nov. 1893.

diesem Sinne unpolitischer. Die Vereinsarbeit verlief »meist in der Stille mit verborgener Tätigkeit, besonders in den Frauenvereinen«.[8]

Die abnehmende Tendenz zur Ausbildung einer klar konturierten Parteiaffinität des Gustav-Adolf-Vereins zeigt sich an seiner Verbindung zur konservativen Partei und zur konservativen Presse in Württemberg. So lange der ehemalige Pfarrer Schmid-Sonneck die Redaktion der *Deutschen Reichspost* geleitet hatte, war sie am engsten. Gerade dessen profiliert katholikenfeindliches Auftreten aber war einer der Hauptgründe für sein Ausscheiden aus der Redaktion.[9] In der innerhalb der konservativen Partei geschlossenen Koalition von theologischer Orthodoxie und Pietismus dominierte der positiv-biblische, nicht aber der aggressiv konfessionalistische Standpunkt. In der Folge ist keiner der Protagonisten des Gustav-Adolf-Vereins jemals wieder in so enger Affinität zur konservativen Partei hervorgetreten wie Schmid-Sonneck. Die *Reichspost* unter der Leitung von Schrempf berichtete um 1900 noch ausführlich über die Veranstaltungen und Tätigkeiten des Vereins, jedoch mit deutlich abnehmender Tendenz.[10] Dies signalisierte den sukzessiven Rückzug des Gustav-Adolf-Vereins in die vereinsinterne und kirchlich-evangelische Publizistik. Ein weiterer Grund war auch, daß allein das Auftreten des Vereins oder eines seiner Protagonisten im Parteiumfeld dem Konkurrenten das jeweils gegenkonfessionelle agitatorische Zerrbild lieferte: für das Zentrum den Topos der »konfessionellen Hetze«, für die Sozialdemokratie die Abweisung des »nationalen Gustav-Adolf-Kults«.[11] Auch wegen ihrer zunehmenden Kooperation mit dem Zentrum zogen sich die Konservativen schrittweise von diesem Betätigungsfeld zurück.

b) Evangelischer Bund

Der Evangelische Bund war der politischste unter den freien protestantischen Gesinnungsvereinen.[12] Gegründet wurde er im Oktober 1886 in Erfurt als »Schutz- und Trutzbündnis« zur »Wahrung der deutsch-evangelischen Interessen«. Mit seinem Radau-Protestantismus stellte er eine qualitative Neuerung in der Phase der Rekonfessionalisierung dar. Als schnell wachsende Massenbewegung mit effizienter Organisation und adäquaten Kommunikationswegen pflegte er statt einem elitären Kulturprotestantismus einen national-liberalen und antikatholischen Populismus.

---

[8] Gustav-Adolf-Blätter aus Württemberg 1911, S. 53.
[9] Siehe hierzu oben S. 73.
[10] Dt. Reichspost v. 2. März 1898, v. 14. April 1901 u.v. 31. Dez. 1903.
[11] Schw. Kronik v. 3. Jan 1895 M mit dem Bericht über die Rede eines katholischen Dekans über Adolf Gröber bei einer Zentrumsversammlung: »Es lebe unser Adolf – aber nicht Gustav Adolf!« Weitere Beispiele: Dt. Volksbl. v. 20. Febr. 1890 u.v. 14. Juli 1900. Zur Sozialdemokratie vgl. den Bericht über eine SPD-Versammlung mit Wilhelm Blos im Beobachter v. 19. Okt. 1894.
[12] Zum Evangelischen Bund: A. MÜLLER-DREIER, 1998; W. FLEISCHMANN-BISTEN, 1989; W. FLEISCHMANN-BISTEN/H. GROTE, 1986; G. MARON, 1986; H. W. SMITH, German Nationalism, 1995, v.a. S. 51–61; D. v. REEKEN, Kirchen im Umbruch zur Moderne, 1999, S. 116 ff.; G. HÜBINGER, Kulturprotestantismus und Politik, 1994; H. HÜTTENRAUCH, 1911. Vgl. auch die Beiträge in W. SCHIEDER, Religion und Gesellschaft, 1993. Aus biographischer Perspektive F. v. D. HEYDT, 1936.

Der »organisierte furor protestanticus« stellte nach einer kurzen Anfangsphase um 1900 den Durchbruch des Verbandsprotestantismus als Teil des gesellschaftlichen Modernisierungsprozesses dar. Mit seinem »nationalprotestantischen Wächteramt« erfüllte er eine christlich-protestantische und kulturell-patriotische Doppelfunktion: zum einen mit nationalprotestantischer Konsensbildung, zum andern durch die Stiftung religiöser Identität durch Abgrenzung und Konservierung stereotyper konfessioneller Vorurteile mit entsprechendem Provokationsverhalten.[13]

Auch der Evangelische Bund war mit gesamtprotestantischem Einigungsbestreben angetreten. Er wollte evangelisches Gemeinbewußtsein pflegen und landeskirchlichen Partikularismus sowie innerprotestantische Parteigegensätze überwinden. Dem widersprachen regionale Sondertraditionen und landeskirchlicher Pluralismus. Kritische Distanz wahrten die konfessionellen Lutheraner, die Führer der altpreußischen Positiven Union und die Pietisten. Dort, wo lutherischer Konfessionalismus oder protestantische Orthodoxie dominierten, befürchtete man das Streben des Bundes nach einer uniformierten Nationalkirche und die Nivellierung der Bekenntnisunterschiede. Vertreter dieser Richtungen traten dem Bund dennoch bei, verstärkt aber aus den außerpreußischen Regionen. Die Mitgliederentwicklung verlief in Konjunkturen: rascher Zuwachs in der Gründungsphase der »konfessionellen Hochspannung in Deutschland«[14], sprunghafter Anstieg zwischen 1903 und 1905 als Folge der Aufhebung des §2 des Jesuitengesetzes, Stagnation während des protestantischen »Bülow-Blocks« 1907/08 und der innenpolitischen Isolierung des Zentrums, und erneuter Aufschwung nach der Borromäus-Enzyklika von 1910. Vor dem Ersten Weltkrieg war mit rund 550 000 Mitgliedern einschließlich korporativer Beitritte der Höchststand der Massenorganisation erreicht. In der Weimarer Republik verzeichnete der Evangelische Bund einen kontinuierlichen Mitgliederrückgang, vor allem in den mittleren Jahren der relativen Stabilität. Seit 1924 war der verbliebene Restbestand auf eine völkische Linie eingeschwenkt.[15]

Vor allem in der Anfangsphase zeigte der Verband eine auffallende politische Nähe zur Freikonservativen Partei. In der Folgezeit waren vor allem die Führungsgremien von einer enger werdenden Affinität zum Nationalliberalismus geprägt.[16] In der Tendenz überwog das liberale und nationale Element. Ein distanziertes Verhältnis zeigte sich von Anfang an zu den Deutschkonservativen. Im Spannungsfeld von Bekenntnis und Gesinnung, Kirche und Kultur, Religion und Politik war die Distanz kirchenpolitisch und theologisch begründet: unterschiedliche Beurteilung des Kulturkampfes, innerprotestantische Polarisierung etwa durch die Hammer-

---

[13] Zitate bei D. LANGEWIESCHE, »Volldampf voraus!«, 2001, S. 147 u. D. LANGEWIESCHE, Bildungsbürgertum und Liberalismus, 1989, S. 105.
[14] K. BACHEM, Vorgeschichte, Bd. VII, 1932, S. 332.
[15] Überblick zur Mitgliederentwicklung bei A. MÜLLER-DREIER, 1998, S. 80. Zur Weimarer Republik: J.-CH. KAISER: Evangelischer Bund und Politik, 1986, v. a. S. 183 ff.; W. FLEISCHMANN-BISTEN/ H. GROTE, 1986, S. 85–163 u. W. FLEISCHMANN-BISTEN, 1989.
[16] W. FLEISCHMANN-BISTEN/H. GROTE, 1986, S. 76 f.

steinschen Kirchenanträge von 1886 mit folgendem Dauerstreit zwischen Evangelischem Bund und *Kreuzzeitung*[17], die Konfessionalisierung der Volksschule und die Kooperation der Konservativen mit dem Zentrum in diesem Punkt, generell das immer wieder drohende Ausscheren der Deutschkonservativen aus dem nationalen »Kartell«.[18] Nach einem meist ungestörten Verhältnis in den 1890er Jahren trat im Zeichen der Diskussion um das Jesuitengesetz zu den Reichstagswahlen 1903 der offene Gegensatz zutage, erneut dann im Streit um die Reichsfinanzreform 1908/09.[19] Durch die Annäherung der Konservativen an das Zentrum und wegen der konservativen kirchlich-orthodoxen Kritik am Evangelischen Bund kam es im Mai 1912 zur Gegengründung des Deutsch-Evangelischen Volksbundes und zur ersten Spaltung der protestantischen Massenorganisation. Getragen war die Abspaltung vor allem von Pfarrern, konservativen Pietisten, Christlich-Sozialen und eher ländlichen als städtischen Protestanten. Der Volksbund versuchte eine von den Konservativen und dem Bund der Landwirte geforderte Kooperation mit dem Zentrum in der protestantischen Bevölkerung vorzubereiten. Sein Credo war: Kampf gegen die »antichristlichen Mächte der Gegenwart« statt gegen den Ultramontanismus.[20]

Die Vernetzungen zwischen dem Evangelischem Bund und den politischen Parteien in Württemberg lassen sich deutlich besser nachvollziehen als etwa beim Gustav-Adolf-Verein, schon allein deshalb, weil er als moderne Massenorganisation die politische Öffentlichkeit suchte. Als einer der ersten Landesvereine war der württembergische Hauptverein im Juli 1887 gegründet worden. Ein vielbeachtetes Vorspiel hatte er schon vorab in der Herausgabe der *Mitteilungen über die konfessionellen Verhältnisse in Württemberg* seit 1886 genommen.[21] Detaillierte Berichte über den Zuwachs der katholischen Beamten aus den Reihen der Konviktoren, über schwächere Besteuerung des katholischen Bevölkerungsteils für gemeinsame Landesaufgaben oder über das Anwachsen der Frauenklöster und Ordensniederlassungen sollten den Protestanten die »Augen schärfen«.[22] Sie entsprachen der Abwehrreaktion gegen die katholischen Paritätsforderungen[23] und dem diffusen Bedrohungsgefühl, der Protestantismus stehe trotz seiner Mehrheitsposition dem Katholizismus mit wachsender Machtlosigkeit gegenüber. Ein rascher Zuwachs machte den Landesverein schnell zu einem der mitgliederstärksten Zweige des Gesamtvereins. Die Entwicklung verlief parallel zur reichsweiten Konjunktur und erreichte 1913 mit rund 28 000 Mitgliedern den Höchststand.[24] Im Gegensatz zu zahlreichen anderen protestanti-

---

[17] A. Müller-Dreier, 1998, S. 51f. u. 482.
[18] Th. Nipperdey, Deutsche Geschichte 1866–1918, Bd. II, 1993, S. 332.
[19] Das Handbuch der Deutsch-Konservativen Partei, 1911, S. 377f. kritisierte in seinem Artikel zum Evangelischen Bund dessen Angriffe gegen die »römischen Elemente der protestantischen Orthodoxie«.
[20] H. W. Smith, German Nationalism, 1995, S. 161 u. A. Müller-Dreier, 1998, S. 270 (Zitat).
[21] Bis 1892 erschienen insgesamt 17 Hefte (H. Hüttenrauch, 1911, S. 179).
[22] P. Wurster, Kirchliches Leben, 1919, S. 348.
[23] Vgl. hierzu M. Baumeister, 1987.
[24] Zur Mitglieder- und Organisationsentwicklung des Evangelischen Bundes in Württemberg: 1888: 5207 Mitgl. (Schw. Kronik v. 14. Nov. 1888 M); 1900: 13500 Mitgl. in 49 Bezirks- und 119 Ortsver-

schen Vereinen war der Evangelische Bund volkstümlich geworden: durch sein Auftreten gegen die Zulassung von Männerorden und mit seiner Agitation gegen die Aufhebung des Jesuitengesetzes Anfang der 1890er Jahre, als man allein 123 000 Unterschriften gesammelt hatte, sowie durch eine große Anti-Borromäus-Versammlung 1911 in Stuttgart.[25]

Die Sozialstruktur des württembergischen Verbandes dürfte der des Reichsverbands geglichen haben. Angaben hierzu fehlen. Einzig in der Gründungsphase wurde angegeben, von 5200 Mitgliedern seien 700 Geistliche und 4500 Laien, darunter 380 Beamte, 570 Lehrer, 200 Handwerker und 1800 Landwirte. Vor allem aber die Angabe der Landwirte ist als veröffentlichter Popularisierungsversuch zu werten.[26] In der ländlichen Presse und für den Bauernbund spielte der Evangelische Bund so gut wie keine Rolle, zumal die Zentrale des BdL vor allem seit 1908 auf offene Distanz zum Evangelischen Bund ging.[27] Kennzeichnend war in Württemberg wie im Reich der hohe Anteil der Geistlichen und die Begrenzung auf das städtische Besitz- und Bildungsbürgertum. Das schlug sich auch in den Führungsgremien nieder: 1900 waren im 14köpfigen Vorstand neun Geistliche (Dekane, Stadtpfarrer und Hofprediger) sowie fünf weltliche Vertreter, vor allem hohe Beamte mit akademischer Ausbildung vertreten.[28] Die städtische Einengung zeigt sich auch in den Versammlungsberichten in der Presse: Bezeichnenderweise war der größte Ortsverein des Landes im nationalliberalen und pietismusfreien Ulm und nicht in Stuttgart.[29] Weitere Berichte konzentrierten sich selbst im Antijesuitenjahr 1903 auf die dominant protestantischen, aber weniger stark pietistisch geprägten Städte in Altwürttemberg und im fränkisch-hohenlohischen Landesteil.[30]

---

einen (Schw. Kronik v. 12. Okt. 1900 A); 1905: 20 800 Mitgl.; 1906: 22 800 Mitgl. zzgl. 1378 Mitgl. in 15 korporativ angeschlossenen Vereinen (Schw. Kronik v. 18. Sept. 1906 M); 1911: 27 886 Mitgl. (Schw. Kronik v. 26. Sept. 1911 M). Berichtet wurde von einem Mitgliederzuwachs von 3 800 allein im Borromäus-Jahr 1910. 1913: 27 949 Mitgl., was 1,65 % der evangelischen Gesamtbevölkerung entsprach (A. MÜLLER-DREIER, 1998, S. 89). Die Auflage der *Württembergischen Bundesblätter* betrug 1900 rund 15 000 Exemplare, 1906 dann 20 800 (H. HÜTTENRAUCH, 1911, S. 275).
[25] P. WURSTER, Kirchliches Leben, 1919, S. 348 f. u. H. HERMELINK, Geschichte, 1949, S. 459 f. Beide Arbeiten stehen positiv zum Evangelischen Bund, bewerten seine »Volkstümlichkeit« als positiven Zug und interpretieren die Arbeit des Evangelischen Bundes als »notgedrungene Abwehrtätigkeit« gegen den politischen Katholizismus.
[26] Schw. Kronik v. 14. Nov. 1888 M. Auch der Verzicht auf sozialstrukturelle Angaben in der Folgezeit legt die Vermutung nahe, daß der Evangelische Bund weitgehend auf die Städte begrenzt blieb. A. MÜLLER-DREIER, 1998, S. 91 geht dennoch davon aus, daß es dem Bund in Württemberg gelang, in die Landbevölkerung einzudringen.
[27] A. MÜLLER-DREIER, 1998, S. 511 f.
[28] Bericht über Vorstandswahlen in Schw. Kronik v. 12. Okt. 1900 M.
[29] Bericht über Landesversammlung des Evangelischen Bundes in Dt. Reichspost v. 7. Juli 1897.
[30] Berichte über Versammlungen in Stuttgart, Heilbronn, Ludwigsburg, Nürtingen, Geislingen, Kirchheim, Göppingen, Gerabronn und Öhringen in Dt. Reichspost v. 18. April 1903; Dt. Volksbl. v. 2. April 1903 u. v. 7. April 1903; Württ. Volksztg. v. 2. April 1903; Schw. Kronik v. 25. März 1903 M, v. 17. Sept. 1906 M u. v. 25. Sept. 1911 M.

Die Affinitäten des Bundes zu den Parteien im Land waren deutlich konturiert: Feindliche Haltung natürlich zum Zentrum und Ablehnung der Volkspartei.[31] Von Anfang an stand der Bund in enger Verbindung zur Deutschen Partei und zu denjenigen Nationalen, die sich auf Reichsebene den Freikonservativen angeschlossen hatten, darunter vor allem der Mitbegründer und erste Gesamtbundesvorsitzende Hermann Fürst zu Hohenlohe-Langenburg. Weitere führende Köpfe waren der erste, bis 1897 amtierende Landes- und spätere Ehrenvorsitzende Eduard Elben, personelle Grundlage der traditionell guten Verbindungen des Evangelischen Bundes zum *Schwäbischen Merkur*.[32] Der prominente Deutschparteiler und Religionslehrer Johannes Hieber war von 1897 bis 1910 Vorsitzender. Abgelöst wurde er vom nationalsozialen Stuttgarter Stadtpfarrer Theodor Traub. Beide gehörten auch dem Zentralvorstand des Bundes an.[33]

Die Haltung der Konservativen zu dem Verband war ambivalent. Bereits an der Bekenntnisformel in den Bundesstatuten hatten die Württemberger Kritik geübt und die Einebnung des Bekenntnisstandes der Landeskirchen befürchtet.[34] 1895, nach den Wahlgewinnen des Zentrums, hatte die *Reichspost* noch einen Beitrittsaufruf des Bundes veröffentlicht.[35] Bereits drei Jahre später aber setzten Abgrenzungsbemühungen ein: Das Blatt verwahrte sich gegen die Gleichsetzung von Evangelischem Bund und Pietismus, denn gerade dieser in seinem »aller politischen Tätigkeit grundsätzlich abgewandten Stilleben« sei hierfür der »schlechtestgewählte Sündenbock«. Auch wurde bemerkt, alle Führer des Evangelischen Bundes im Land seien bei der Deutschen Partei.[36] Bis 1912 war außer sporadischen Berichten weder von einem positiven Bekenntnis noch von einer negativen Abgrenzung im konservativen Blatt zu lesen.

---

[31] Als Beispiel das Dt. Volksbl. v. 22. Okt. 1900 zu den Publikationen des Bundes: »Lutherzorn und Romhaß trifft man fast auf jedem Blatt. Nur mit Widerwillen und Ekel bringt der katholische Leser die Lektüre zu Ende.« Ein beliebter Topos in der katholischen Presse war der Hinweis, der »protestantische Hetzbund« mißachte die wirkliche Gefahr und behandle die Katholiken schlimmer als die Sozialdemokraten (Dt. Volksbl. v. 10. Jan. 1912). Der Beobachter v. 17. Nov. 1888 begegnete dem Evangelischen Bund ironisch: »Im frommen Stuttgart tagte die fromme Gesellschaft, welche sich zusammengetan hat, das bedrohte Heiligtum der evangelischen Kirche vor dem giftigen Anhauch und den Krallen des römischen Antichrist zu schirmen und zu retten. Wenn man die gehaltenen Predigten liest, fällt man unwillkürlich in dieselbe Tonart. Ursprünglich im Norden gegründet, hat diese Vereinigung in unserem für religiöse Überschwänglichkeiten allzeit empfänglichen Schwaben bald auch Wurzeln geschlagen: Herr Eduard Elben fährt im Land umher wie Arminius, als ihm die Römer seine Thusnelde geraubt hatten, und begeistert die gläubigen Schäflein zum ›Kampf gegen Rom‹.«

[32] Allein für das Jahr 1888 berichtete das Dt. Volksbl. v. 15. Nov. 1888 von 25 Versammlungen, die Elben im Land abgehalten habe.

[33] H. HÜTTENRAUCH, 1911, S. 177 ff. Zweiter Vorsitzender wurde 1910 in der Nachfolge des Pfarrers Süskind der Heidenheimer Stadtpfarrer und Oberschulrat Hermann Mosapp. Die Redaktion der *Bundesblätter* leitete von 1892 bis 1911 Pfarrer Richard Weitbrecht aus Mähringen bei Ulm.

[34] A. MÜLLER-DREIER, 1998, S. 75.

[35] Dt. Reichspost v. 19. Febr. 1895.

[36] Dt. Reichspost v. 12. März 1898.

Erst zum Wahljahr 1912 und der zunehmenden Polarisierung zum Nationalliberalismus bekam das Thema neue Brisanz. Unter der Parole »Evangelische heraus!« wurde von den Konservativen der eigene »christlich-sittliche Ernst« gegen die von den Liberalen geschaffene »Atmosphäre der Verhetzung und Verbitterung« als »verbrecherische Tat des Bürgertums« gehalten. Als »positiv bauende Arbeit« des Evangelischen Bundes wurde zwar dessen Einsatz im karitativen Bereich in der württembergischen Diaspora, sein Kontakt zu den evangelischen Arbeitervereinen, seine Lutherfeiern und seine Unterstützung der österreichischen Los-von-Rom-Bewegung seit 1901 gewürdigt, vom »Geist der Zügellosigkeit« sei man selbst aber nicht erfaßt. Die Klagen gingen weiter: Immer wieder streue der Evangelische Bund vertrauliche Informationen als Wahlkampfunterstützung für die Nationalliberalen. Sei ein konservativer Kandidat Mitglied des Bundes, so wüßten es sofort die Katholiken; sei er nicht Mitglied, würden sofort die Evangelischen informiert; sei er Mitglied gewesen, aber inzwischen ausgetreten, wüßten es sofort beide Gruppen. Bestes Beispiel war der konservative Reichstagskandidat und Gymnasialprofessor Gustav Lang, seit 1891 Redakteur bei der *Reichspost* und gleichzeitig Mitglied des Bauernbundes. Nachdem sich das Zentrum in der Stichwahl für ihn ausgesprochen hatte, rief er, der aus dem Evangelischen Bund ausgetreten war, kurzerhand die konservativ Gesinnten zum Austritt aus dem »ganz und gar liberalen« Bund auf.[37] Der Vorfall markierte den Höhepunkt des schlechter gewordenen Verhältnisses zwischen Evangelischem Bund und Konservativen. Die protestantische Massenorganisation blieb in der Mehrzahl von politisch und theologisch Liberalen und nur in der Minderheit von Positiven getragen. Trotz vorhandener antirömischer Affekte zogen sich die kirchlich-orthodoxen und pietistischen Kreise stärker auf die allgemeine Formulierung der Vertretung »evangelischer Interessen« zurück. Das erhielt zumindest ein Mindestmaß an Kooperationsbereitschaft mit dem Zentrum.

Während des Weltkrieges wurden die antikatholischen Feindbilder im Zuge des konfessionellen Burgfriedens suspendiert und durch die alliierten Kriegsgegner ersetzt. Der Weltkrieg markierte die Verengung des Synkretismus von Protestantismus und Deutschtum im Evangelischen Bund und die Reduzierung auf deutschnationale und völkische Leitbilder. Zwar muß es in Württemberg mindestens bis 1930 einen Landesverein des Bundes gegeben haben[38], hervorgetreten ist er aber in keinem der ihm nahestehenden Presseorgane. Schon allein durch den Zuzug der Nationalliberalen zur Bürgerpartei galt hier die Vertretung seiner Interessen als gewährleistet. Das antikatholische Moment war zumindest bis 1924 bei der Bürgerpartei am besten aufgehoben, vermischte sich aber auch hier zusehends mit der Agitation der völkischen Verbände. Explizit als Vertreter des Evangelischen Bundes sind keine Protagonisten der Bürgerpartei hervorgetreten. Nach 1924 legte schon allein die Koalition mit dem Zentrum eine gewisse Zurückhaltung nahe. Bis 1924 aber diente der Evangelische Bund noch als Negativfolie für die parteipolitischen Rivalen.

---

[37] Dt. Reichspost v. 10. Jan. 1912, v. 11. Jan. 1912, v. 1. Mai 1912; Schw. Kronik v. 8. Jan. 1912 M.
[38] W. FLEISCHMANN-BISTEN, 1989, S. 125 ff.

Vor allem in der Auseinandersetzung über die katholische Mischehengesetzgebung trat er 1920 hervor. Hier war für das Zentrum klar, die Bürgerpartei stehe ganz unter den Fittichen des Bundes.[39] In der Phase der engen Kooperation mit den Vaterländischen Verbänden hatte sich aus katholischer Perspektive in der Bürgerpartei nun endgültig das »moderne Kulturkämpfertum mit dem neugermanischen Heidentum« verbunden.[40] Der Bürgerpartei blieb als Abwehrreaktion nur der Hinweis auf ihr »ehrliches Streben nach brüderlichem Einvernehmen der beiden christlichen Konfessionen unter der schwarz-weiß-roten Flagge«.[41] Weitere Auftritte des Evangelischen Bundes waren die Reichspräsidentenwahl 1925, bei der zum nationalprotestantischen Konsens gegen den Katholiken Marx aufgerufen wurde[42], sowie nach dem Einschwenken der Bürgerpartei auf Hugenberg-Kurs bei den Wahlen 1932 und der Agitation gegen die schwarz-rote Koalition in Preußen.[43]

c) Evangelische Arbeitervereine

Die evangelischen Arbeitervereine in Württemberg stellten einen Sonderfall dar.[44] Während der deutsche Gesamtverband konservativ und christlich-sozial geprägt war, blickten die evangelischen Arbeitervereine auf eine liberale Sondertradition zurück. Sie hatten sich im Land nur langsam entwickelt und waren vergleichsweise schwach organisiert.[45] Initiator des ersten Vereins in der Schwarzwälder Diasporagemeinde Schramberg war Theodor Traub. Zumindest zu Beginn ging die Gründungsinitiative meist vom örtlichen Pfarrer aus, der dann auch die Leitung des Vereins übernahm.[46] Traub hatte die württembergischen Vereine dem deutschen Gesamtverband zugeführt. Aber bereits Anfang der 1890er Jahre kam es zu ersten Auflösungserscheinungen der Allianz mit den Konservativen. Nach grundsätzlichen

---

[39] Dt. Volksbl. v. 29. Mai 1920.
[40] Schw. Kronik v. 30. April 1924.
[41] Süddt. Ztg. v. 2. Mai 1924.
[42] Schw. Kronik v. 21. April 1925 M.
[43] Süddt. Ztg. v. 1. Juli 1932.
[44] A. HINSCHE, 1989; P. WURSTER, Kirchliches Leben, 1919, S. 316 ff. sowie H. HERMELINK, Geschichte, 1949, S. 446 f.
[45] 1900 bestanden im Land 46 Vereine mit rund 3600 Mitgliedern. Zum Vergleich: Auf Reichsebene waren es zur selben Zeit 381 Vereine mit mehr als 78 000 Mitgliedern. Bei einem Anteil von 3,8 % der Württemberger an der Reichsbevölkerung und einem Anteil der Mitglieder in evangelischen Arbeitervereinen von 4,6 % bezogen auf die Reichsebene waren diese in Württemberg also keinesfalls unterorganisiert. 1905 betrug die Mitgliederzahl bei 50 Ortsvereinen knapp über 4000 gegenüber mehr als 37 000 der freien Gewerkschaften und rund 14 000 der katholischen Arbeitervereine. Vor dem Ersten Weltkrieg war die Zahl der evangelischen Arbeitervereine auf 87 mit 6500 Mitgliedern angewachsen. Angaben bei: P. WURSTER, Kirchliches Leben, 1919, S. 318; A. HINSCHE, 1989, S. 31; Die Arbeiterorganisationen, in: Stat. Handb. f. d. Königreich Württ. 1910/11, S. 136 sowie Dt. Volksbl. v. 13. Aug. 1900 u. Die Hilfe v. 21. Okt. 1906.
[46] Beispiele: Gründung eines Vereins in Neuenbürg nach einem Vortrag von Traub und dem örtlichen Pfarrer über Ehe und Familie, dem die Schw. Tagwacht v. 3. Dez. 1894 entgegenhielt, der Pfarrer habe keinerlei volkswirtschaftliche Kenntnisse. Ähnlicher Bericht über Gründung in Denkendorf (OA Esslingen) in Dt. Reichspost v. 17. März 1898.

Auseinandersetzungen über die sozialen Forderungen der Arbeiter trennte sich als erster der konservative Cannstatter Verein 1893 vom Gesamtverband. 1894 löste Traub die publizistische Kooperation mit der *Reichspost* auf, die seit 1889 unter der Rubrik *Kleine Zeitung für unsere evangelischen Arbeitervereine* über deren Organisations- und Vortragstätigkeit berichtet hatte.[47]

Die Arbeitervereine lösten sich schrittweise von der konservativen Partei und der Dominanz der Pfarrer.[48] Das war auch eine Frage der Glaubwürdigkeit als Vertretung der Arbeiterschaft. Die württembergischen Vereine wurden zunehmend sozialpolitischer und blieben der Tradition der Arbeiterbildung verhaftet, gleichzeitig weniger antikatholisch.[49] Als Charakteristika des Verhältnisses zur konservativen Partei zeigen sich mehrere Punkte. Regionen mit landwirtschaftlicher Erwerbsstruktur versagten als Rekrutierungsfeld. Das Interesse an Arbeiterfragen und an einer aktiven sozialreformerischer Politik bestand hier nicht. Natürlich wurden die Arbeitervereine vom Bauernbund auch nicht thematisiert. Sowohl die agrarischen als auch die pietistisch geprägten Gebiete blieben für die Arbeitervereine unorganisiert. Andererseits blieb die Verbindung zur konservativen Partei dort länger erhalten, wo in den industrialisierten Städten die freien Gewerkschaften stärker organisiert waren und gleichzeitig der Anteil der – wohlgemerkt selbständigen – Handwerker in den Arbeitervereinen höher war. Dies war beispielsweise in Stuttgart mit dem Konservativen Karl Müller als Ehrenvorsitzendem der Fall, ebenso in Esslingen, wo der konservative Gustav Lang prominentes Mitglied des Arbeitervereins war, oder in Cannstatt, wo Friedrich Schrempf Mitglied und bis Mitte der 1890er sogar im Vorstandsausschuß des Landesverbandes war.[50]

Mehrere verbandsinterne und -externe Faktoren waren für die Abwendung der Arbeitervereine von den Konservativen konstitutiv. Zum einen die Spaltung des Evangelisch-Sozialen Kongresses 1895 in einen Stoecker- und einen Naumann-Flügel.[51] Hinzu kam die enger werdende Zusammenarbeit der Konservativen mit dem Bauernbund. Entscheidend waren dann die Naumann-Frage innerhalb des deutschen Gesamtverbands, die Fischer-Mumm-Kontroverse um die Gewerkschaftsfrage und der Austritt des Württemberger Verbandes aus dem Gesamtverband 1902.[52] Späte-

---

[47] Ab 1894 redigierte Traub die eigenständige *Arbeiterzeitung*, die 1901 in *Süddeutsche Arbeiterzeitung* umbenannt wurde und von 1903 bis 1918 als gemeinsames Organ für Württemberg und Baden erschien. 1906 hatte die Zeitung in Baden und Württemberg 7 600 Abonnenten (Die Hilfe v. 21. Okt. 1906).

[48] 1903 wurden 14 der 48 Ortsvereine im Land von Geistlichen geleitet, 9 von Lehrern und 25 von Handwerkern und Arbeitern »im engeren Sinne« (Schw. Kronik v. 2. Juni 1903 M). 1906 waren nur noch 12 der inzwischen 53 Ortsvereine unter geistlicher Leitung (Die Hilfe v. 21. Okt. 1906).

[49] Bis um die Jahrhundertwende hatten noch Theodor Traub und Hermann Mosapp vom Evangelischen Bund in führender Position in den Arbeitervereinen gestanden (A. HINSCHE, 1989, S. 24).

[50] Dt. Reichspost v. 30. Jan. 1895 u. v. 17. Nov. 1895 sowie Schw. Tagwacht v. 24. Juni 1903. Die Sozialstruktur der Arbeitervereine veränderte sich nur langsam: Nur etwas mehr als 50 % der Mitglieder mit leicht steigender Tendenz waren Arbeiter. Der Anteil der selbständigen Handwerker lag zwischen 18 % und 24 % mit leicht abnehmender Tendenz (vgl. A. HINSCHE, 1989, S. 39 f.).

[51] TH. HEUSS, Friedrich Naumann, 1949 [zuerst 1937], S. 96 ff.

[52] A. HINSCHE, 1989, S. 174 ff. Zu Reinhard Mumm N. FRIEDRICH, 1997.

stens 1906/07 war die Trennung von den Konservativen abgeschlossen. Die Arbeitervereine standen nun eindeutig auf der Seite der Volkspartei und unter Naumannschem Einfluß.[53] Vor allem die volksparteiliche Kandidatur des Verbandssekretärs Johannes Fischer zur Landesproporzwahl von 1907 sorgte für die schroffe Abwendung der Konservativen.[54] Die regionalen Spezifika der evangelischen Arbeitervereinsbewegung blieben bestehen: liberale Prägung und kein Anschluß an die christlichen Gewerkschaften.[55] Eine christlich-soziale und nationale Arbeiterbewegung gab es in Württemberg nicht. Diese Tradition blieb auch über den Umbruch von 1918/19 erhalten, auch wenn die Konservativen immer wieder versuchten, in der christlichen Arbeiterschaft Fuß zu fassen.[56] Zu den Wahlen zur Verfassunggebenden Landesversammlung rief der Landesverband der Arbeitervereine zur Wahl der DDP auf, »wegen ihrer kirchlichen Forderungen und wegen der liberalen, freiheitlichen Tradition des Verbandes«.[57] In den konservativen Zeitungen war von den Arbeitervereinen bis 1925 nichts mehr zu hören. Erst 1925 wurde zum 50jährigen Jubiläum des Stuttgarter Evangelischen Handwerkervereins, der Vorgängerorganisation des Arbeitervereins, fast schamhaft daran erinnert, daß die Gründung der Vereine einst auf den konservativen Pfarrer Traub zurückgegangen war.[58]

d) Evangelischer Volksbund

Die Frage, inwieweit Massenorganisationen wie der Evangelische Bund nach 1918/19 in gesamtprotestantische Verbandsneugründungen einbezogen wurden, ist schwer zu beantworten. Während der Evangelische Bund in Preußen etwa durch die kirchenpolitischen Experimente eines Adolph Hoffmann und Konrad Haenisch einen Mobilisierungsschub verzeichnen konnte[59], erwies sich in Württemberg der Evangelische Volksbund als gesamtprotestantischer Laienverband als einer der erfolgreichsten dieser Art in Deutschland. Gegründet wurde er 1919, organisiert war er als freie Vereinigung ohne kirchenamtlichen Charakter und auf demokratischer Vereinsbasis.[60] Unter anderem wurden in der Gründungsphase des Volksbundes auch Verhandlungen mit dem Evangelischen Bund geführt.[61] Inwieweit sie erfolgreich

---

[53] A. GAWATZ, Wahlkämpfe, 2001, S. 120 f.
[54] Der Christlich-Soziale Reinhard Mumm hatte zusammen mit Zentrum und Konservativen die Eingliederung der evangelischen Arbeitervereine in die christlichen Gewerkschaften gefordert (Dt. Reichspost v. 8. Jan. 1907 u. v. 21. Nov. 1907).
[55] H. HERMELINK, Geschichte, 1949, S. 447.
[56] Zum Beispiel durch die Einstellung eigener Arbeitersekretäre. Siehe hierzu oben S. 121.
[57] Schw. Kronik v. 7. Jan. 1919 M.
[58] Süddt. Ztg. v. 6. Mai 1925.
[59] J.-CH. KAISER, Evangelischer Bund und Politik, 1986.
[60] D. DIEPHOUSE, Mobilization, 1989 u. ö.; H. VÖLTER, Evangelisch-soziale Bewegung, 1959 u. S. HÖCKELE, 2001. Den Höchststand erreichte der Volksbund 1924 mit über 225000 Mitgliedern in über 720 Ortsgruppen (Württ. Ztg. v. 3. Mai 1924). Ab 1924 war ein Mitgliederrückgang zu verzeichnen, jedoch waren selbst 1933 noch rund 115000 Mitglieder organisiert.
[61] Vgl. den Aufsatz des Geschäftsführers des Volksbundes H. STRÖLE, 1921. Verhandlungen gab es mit den Evangelischen Gemeindevereinen, dem Deutsch-Evangelischen Frauenbund, den Evangeli-

waren, liegt im Dunkeln. Zurückhaltend gegenüber dem Evangelischen Volksbund waren auch weiterhin orthodoxe Konservative und Pietisten.[62] Vertreter der Bürgerpartei waren dennoch auch im Volksbund an prominenter Stelle vertreten.[63] Wie die württembergische Landeskirche generell, so war auch der Evangelische Volksbund auf die Wahrung parteipolitischer Neutralität bedacht, galt aber als der DDP und der DVP nahestehend.[64] Mit den »Bietigheimer Tagen« versuchte er die abgebrochenen Brücken zur Arbeiterschaft wieder aufzubauen.[65] Zu allen Wahlen trat er als Vertretung der gesamtprotestantischen Laieninteressen mit Aufrufen und Forderungen an alle bürgerlichen Parteien hervor.[66]

Der Evangelische Volksbund ist eines der Beispiele neuer protestantischer Vereinsgründungen in der Umbruchzeit zur Volkskirche. Während nur wenige Sondergruppierungen schon aufgrund der tradierten Affinitäten zum politischen Konservatismus in enger Verbindung zur Bürgerpartei und als ländliches Pendant zum Bauernbund blieben – etwa der Verein evangelischer Lehrer, die Evangelisch-Kirchliche Vereinigung orthodoxer Theologen oder weite Teile der pietistischen Gemeinschaften und freikirchlichen Vereinigungen[67] – galt sowohl für den Evangelischen Volksbund als auch für die Landeskirche ein insgesamt relativ geringer Zwang zur

---

schen Arbeitervereinen, Vertretern pietistischer Gemeinschaften und mit dem Evangelischen Preßverband.

[62] Vgl. den programmatischen Abwehrversuch des Geschäftsführers des Evangelischen Volksbundes, Richard Lempp, gegen Kritik aus den Reihen der Gemeinschaften, abgedr. in: G. SCHÄFER, Landeskirche und Nationalsozialismus, Bd. I, 1971, S. 499 ff.

[63] Beispielsweise Alfred Dehlinger (Schw. Kronik v. 2. Mai 1919 M) mit Bericht über Gründungsversammlung in Stuttgart, die er leitete sowie Heinrich Mosthaf als Vorsitzender des Evangelischen Volksbundes bis 1933 (Schw. Kronik v. 30. April 1920 M).

[64] Für besondere Aufregung hatte die Kandidatur des Geschäftsführers Lempp im Mai 1924 für die DVP zu den württembergischen Landtagswahlen gesorgt, die der Landesausschuß des Volksbundes, dem »einige Vertreter der Bürgerpartei« angehörten, mit nur einer Gegenstimme gebilligt hatte. Vgl. die harsche Kritik an der Parteipolitisierung des Volksbundes in Der Deutschnationale v. 24. Mai 1924.

[65] H. VÖLTER, Evangelisch-soziale Bewegung, 1959.

[66] Typisch waren die Wahlaufrufe des Volksbundes, bei denen dem Stand der Mitglieder die Forderungen »für die Verwirklichung der christlichen Gewissensforderungen« folgten (z.B. Schw. Kronik v. 19. März 1924 u.v. 14. April 1928; Schw. Tagesztg. v. 25. März 1928 u. Südd. Ztg. v. 24. März 1928).

[67] Der Verein evangelischer Lehrer an den höheren Schulen Württembergs war das schwächer organisierte pietistisch geprägte Pendant zum demokratisch dominierten Württembergischen Lehrerverein. In der Weimarer Zeit umfaßte er ca. 700 Lehrer. Vorsitzender war ein Korntaler Studiendirektor (Schw. Kronik v. 11./12. April 1920; Südd. Ztg. v. 15. April 1924 sowie D. DIEPHOUSE, Protestant Church, 1974, S. 211). Unter dem »verwirrenden Mosaik« der Freikirchen in Württemberg als »typischem Land der Sekten« (Schw. Tagesztg. v. 17. Aug. 1930 mit Hinweis auf E. PFLEIDERER über die außerlandeskirchlichen Religionsgemeinschaften in Württemberg in WJb 1929; vgl. auch E. FIEDLER, 1954/55) gelang es sowohl Bürgerpartei als auch Bauernbund, einzelne davon an sich zu binden. Die Bürgerpartei etwa hatte sich in den Verhandlungen zur Landeskirchenverfassung explizit für die Anerkennung der Evangelischen Gemeinschaft (Methodisten) als öffentlich-rechtliche Körperschaft eingesetzt (Südd. Ztg. v. 8. Febr. 1924). Auch gegen den CSVD bekundeten Führer der Evangelischen Gemeinschaft in ländlichen Gebieten ihr »Verbleiben beim Bauernbund« (z.B. Schw. Tagesztg. v. 11. April 1928).

Formierung weiterer konfessioneller Vereinsnetze. Die stark verankerte orthodoxe, evangelisch-lutherische Tradition in Württemberg garantierte fast naturwüchsig eine gesicherte Vertretung der konservativen theologischen und gesellschaftspolitischen Positionen. Ein Blick auf die landeskirchlichen Strukturen verdeutlicht dies.

e) Evangelische Landeskirche

Der Übergang von der Staatskirche zur Volkskirche verlief in Württemberg zügig, konnte früher als in anderen Ländern rechtlich abgeschlossen werden und galt als vorbildlich. Die »klug und vorsichtig neugewonnene Selbständigkeit« der Landeskirche[68], die Verstärkung synodaler Elemente und die Demokratisierung auf Gemeindeebene im festen System von Kirchenleitung, Dekanaten und Pfarrämtern wurde in der Landeskirchenverfassung von 1920 gesichert, die im wesentlichen noch bis heute Gültigkeit hat. Nach ihrer Anpassung an die Vorgaben der Weimarer Reichsverfassung konnte sie nach dem Württembergischen Staatsgesetz über die Kirchen vom 3. März 1924 in Kraft treten. Die Kirche erkannte den demokratischen Staat als Garant der Rechtsordnung an, dieser wiederum verzichtete auf die Dienstaufsicht über die landeskirchlichen Organe und auf Interventionen im originär kirchlichen Bereich. Lediglich landeskirchliche Haushaltsgesetze bedurften der staatlichen Zustimmung.[69] Die Kirche und die Diskussion über ihre Aufgaben blieben dennoch von erstrangiger gesellschaftspolitischer Relevanz. Bei einem Konsens über die Demokratisierung und Pluralisierung der internen Kirchenstrukturen bestanden fundamentale Unterschiede darüber, welche Aufgabe die Kirche im neuen Staat zu lösen habe. Die Predigt des Glaubens nach dem »Wort der Väter« bestimmte die konservativ-orthodox-pietistische Haltung, während die Liberalen die soziale Frage als Mittelpunkt der Kirchenaufgabe definierten.

Das Ergebnis war ein Kompromißmodell mit einem Übergewicht der konservativen Positionen. Gleichzeitig konnten aber innerprotestantische Konsensstrukturen erhalten werden, die eine Kooperation der theologischen Gruppierungen ermöglichten. In der Konsequenz zeigt sich dennoch ein deutlicher Zusammenhang von religiösem und politischem Liberalismus einerseits sowie positiv-orthodoxem Protestantismus und politischem Konservatismus andererseits in einer informellen Allianz von Religion und Politik. Die kirchenpolitische Parteibildung verstärkte sich deutlich. Sie führte aber nicht zur »innerprotestantischen Versäulung« und Aufkündigung der Zusammenarbeit der Gruppierungen bis hin zu den sogenannten »Ekelschranken«, die für das Verhältnis zwischen Katholiken und Protestanten immer wieder angeführt werden.[70]

---

[68] G. SCHÄFER, Landeskirche und Nationalsozialismus, Bd. I, 1971, S. 10.
[69] H. HERMELINK, Geschichte, 1949, S. 462 ff.; D. DIEPHOUSE, Protestant Church, 1974; R. LÄCHELE, 1994; R. LÄCHELE/J. THIERFELDER, 1995; G. SCHÄFER, Zu erbauen, 1984, S. 290 ff. Texte der Kirchenverfassung Verfassung in E. R. HUBER/W. HUBER, Staat und Kirche Bd. IV, 1988, S. 626 ff.
[70] Zur These der »innerprotestantischen Versäulung« G. HÜBINGER, Kulturprotestantismus und Politik, 1994, v.a. 298–302 u.ö. Zur Diskussion der Thesen Hübingers F.-M. KUHLEMANN, Pro-

Zum ersten Punkt der theologischen Gruppierungen: Schon bei den Wahlen zur verfassunggebenden Landeskirchenversammlung konnten sich die Gemeinschaftskreise in den meisten Bezirken durchsetzen. Die *Schwäbische Kronik* wertete dies als Ergebnis einer »lebhaften Wühlarbeit« der Gemeinschaftskreise und einer »eifrigen Agitation aufgrund einer umfassenden Organisation, von deren Existenz die wenigsten bisher eine Ahnung hatten«. Man sei eben »schon immer volkskirchlich gewesen«, erwiderten die Pietisten.[71] Einig war man sich darüber, daß es den Positiven gelungen sei, die Kirchentreuen zu mobilisieren, die liberalen Gruppierungen aber vor allem in den Städten wahlabstinent geblieben seien.[72] In der Versammlung kristallisierten sich zwei große Bündnisse heraus, die behutsam den Charakter organisierter Parteiungen vermieden, dennoch aber auf klarer kirchenpolitischer Basis fußten. Der Gruppe I gehörte etwa die Hälfte der 82 Abgeordneten an. Sie entsprach dem bestehenden Bündnis von Konservativen und Pietisten in der Evangelisch-Kirchlichen Vereinigung und wurde vom Stuttgarter Prälaten und Stiftsprediger Christian Römer geführt. Nur 14 Abgeordnete wurden der liberalen Freien volkskirchlichen Vereinigung der Gruppe II unter Führung des Prälaten Jakob Schoell zugerechnet. Weitere 27 Abgeordnete bezeichneten sich als die Mitte. Schon aufgrund ihres zahlenmäßigen Übergewichts konnte sich die konservative Gruppe I in der umstrittenen Frage der Bekenntnisformel in der Landeskirchenverfassung durchsetzen: Die biblisch-reformatorische Grundlage der Kirche knüpfte nahtlos an den Verfassungsentwurf von 1848 an, vermied die »Bindung an den Buchstaben« und erwähnte die pietistische Forderung des »Erbes der Väter«.[73]

Nach der Verabschiedung der Landeskirchenverfassung verschoben sich die Verhältnisse bei den Wahlen zum Landeskirchentag nochmals etwas zugunsten der Gruppe I.[74] In fast allen Bezirken waren bei der Wahl des geistlichen Vertreters die beiden Gruppen gegeneinander angetreten. Von 65 Vertretern im Landeskirchentag gehörten 35 der Gruppe I und 28 der Gruppe II an, weitere zwei Abgeordnete lehnten eine Einreihung in eine der beiden Gruppen ab.[75] Insgesamt hatten sich die theologisch konservative Präsenz und die parteipolitischen Affinitäten ver-

---

testantisches Milieu in Baden, 2000, S. 317 ff. Der Begriff der »Ekelschranken« geht zurück auf D. LANGEWIESCHE, »Volksbildung« und »Leserlenkung«, 1989, S. 110.

[71] Schw. Kronik v. 6. Juni 1919 M. Gegendarstellung aus Gemeinschaftskreisen in Schw. Kronik v. 17. Juni 1919 A.

[72] Schw. Kronik v. 11. Juni 1919 M. Die Wahlbeteiligung lag auf dem Land zwischen 40 und 45 %, in Stuttgart bei 32 %, was allgemein als niedrig bewertet wurde, im Ländervergleich aber deutlich über dem Durchschnitt lag (D. DIEPHOUSE, Pastors, 1987, S. 117).

[73] H. HERMELINK, Geschichte, 1949, S. 463; G. SCHÄFER, Zu erbauen, 1984, S. 291; H. LEHMANN, Pietismus, 1969, S. 198 ff.

[74] Der Landeskirchentag bestand nun statt aus 82 nur noch aus 65 Vertretern. Davon wurden 40 weltliche und 20 geistliche Abgeordnete gewählt, vier vom Landeskirchentag selbst kooptiert. Einen festen Sitz hatte ein Vertreter der evangelisch-theologischen Fakultät der Landesuniversität Tübingen.

[75] Schw. Kronik v. 18. Febr. 1925 M u. Süddt. Ztg. v. 18. Febr. 1925. 1931 erhöhte sich das Verhältnis nochmals deutlich zugunsten der Gruppe I mit 37 Synodalen gegenüber 20 der Gruppe II (J. THIERFELDER/E. RÖHM, 1982, S. 223).

stärkt.[76] Hinzu kam, daß im Landeskirchentag das Bürgertum unter sich war. Wegen des Mehrheitswahlrechts in Württemberg hatten die religiösen Sozialisten trotz beachtlicher Stimmenanteile kein Mandat bekommen.[77] Die kirchenpolitischen und -verfassungsrechtlichen Standpunkte wurden zunehmend zum Faktor parteipolitischer Abgrenzung. Den Höhepunkt bildete die Vertretung fundamentaler Positionen durch die Bürgerpartei und den Bauernbund: kurz vor den Landtagswahlen von 1924 hatten sie das mit breitem Konsens erarbeitete Kirchengesetz abgelehnt. Obwohl klar war, daß das Gesetz mit breiter Mehrheit angenommen werden würde und obwohl es unter maßgeblicher Beteiligung der Bürgerpartei und in enger Kooperation mit der DVP erarbeitet worden war, stimmten die konservativen Abgeordneten zusammen mit einem Kommunisten dagegen. Als Grund wurde das zu weitgehende Entgegenkommen gegen die »religionsfeindliche SPD« und der »Kuhhandel« des Zentrums mit ihr angegeben.[78] Dominiert hatten jedoch wahltaktische Motive und der Versuch, einen Keil zwischen die Koalitionsparteien zu treiben. Für die DVP und Egelhaaf war es der Anlaß für eine harsche Distanzierung von der Bürgerpartei.[79] Insgesamt war aber erfolgt, was zuvor vermieden worden war: die Parteipolitisierung der kirchenpolitischen Fragen und ihr Hineinziehen in den Wahlkampf.

Zum zweiten Punkt: Trotz der überwiegend konservativen Tendenz in der württembergischen Landeskirche blieben Konsensstrukturen erhalten. Die Kirchenverfassung war das Ergebnis eines breiten Konsenses, dem abgesehen von der Zuspitzung über das staatliche Kirchengesetz Konservative und Liberale gleichermaßen zugestimmt hatten.[80] Weitere Beispiele für das Bemühen um die Integration der kirchenpolitischen Gruppierungen sind anzuführen, etwa mit der Wahl von Johannes Merz zum Kirchenpräsidenten, die ein Kompromiß der Kirchengruppierungen war.[81] Auch die Tatsache, daß bereits vor den Wahlen zum Landeskirchentag von 1925 die Vertreter der Gruppe I freiwillig zwei der sechs Stuttgarter Sitze an die

---

[76] Beispielsweise hatte der Schw. Merkur v. 7. Febr. 1925 offen für die Vertreter der Gruppe II votiert, die Süddt. Ztg. v. 13. Febr. 1925 dagegen für die Gruppe I.
[77] J. Thierfelder/E. Röhm, 1982, S. 223 mit Berufsstruktur des Landeskirchentags 1925/31.
[78] Schw. Tagesztg. v. 12. Febr. 1924. Dazu die Aufsätze von Bazille zur »sachlich und taktisch richtigen Ablehnung« in Süddt. Ztg. v. 11. Febr. 1924 u. v. 20. Febr. 1924. Formal wurde die Ablehnung damit begründet, daß die Befreiung der landeskirchlichen Steuerbeschlüsse von der staatlichen Genehmigung nicht durchgesetzt werden konnten.
[79] Vgl. sein Aufsatz »Der Handstreich der Rechten« in Schw. Kronik v. 11. Febr. 1924 M.
[80] Süddt. Ztg. v. 8. Juni 1923.
[81] Bei der Wahl standen sich als Vertreter der Gruppe I Dekan Theodor Traub und als Vertreter der Gruppe II Prälat Schoell gegenüber, der von der ersten Gruppe schroff abgelehnt wurde. Schoell wurde vor allem angekreidet, daß er als Mitglied der Oberkirchenbehörde die Führung einer Gruppe der Landeskirchenversammlung übernommen hatte und bei der Festlegung der Religionsstunden in den Volksschulen statt vier bzw. fünf nur drei Wochenstunden durchsetzen konnte. Traub wiederum, der zwar nicht den Gemeinschaften angehörte, aber als »bekenntnistreu« galt, wurde niedergestimmt von der Gruppe II abgelehnt, weil er die Anwendung der Verhältniswahlen auf die Stuttgarter Landeskirchenwahlen bekämpft hatte, weshalb die volkskirchliche Vereinigung von den sechs Bezirksmandaten keines erhalten hatte. Nach sieben erfolglosen Abstimmungen konnte der Kompromißkandidat Merz die erforderliche Zweidrittelmehrheit auf sich vereinigen (Schw. Kronik v. 1. März 1924 M).

Gruppe II abgetreten hatten, um einen Wahlkampf zu verhindern, war ein Konsensmodell.[82] 1929, mit der Wahl von Theophil Wurm zum Kirchenpräsidenten, einem konservativen Kirchenmann mit gemäßigtem Antisemitismus[83], hatte sich die konservative Gruppierung durchgesetzt. Er war bis 1921 im Hauptausschuß der Bürgerpartei vertreten und hatte in der Verfassunggebenden Landesversammlung maßgeblich ihre kirchenpolitischen Positionen mitformuliert. Als Kirchenpräsident bemühte er sich um die Wahrung der parteipolitischen Neutralität von Landeskirche und Pfarrerschaft, wandte sich andererseits aber vehement gegen die Arbeitsgemeinschaft völkisch-sozialer Pfarrer, gegen den NS-Pfarrerbund und die NSDAP.[84] Sein Auftreten gegen den Christlich-Sozialen Volksdienst wiederum ist eher als erfolgloser Versuch zu werten, der Bürgerpartei den informellen parteipolitischen Alleinvertretungsanspruch konservativer kirchenpolitischer Positionen zu bewahren.[85]

Die gesamtprotestantischen innerlandeskirchlichen Konsensstrukturen blieben erhalten. Die kirchen- und parteipolitischen Allianzbildungen hielten ebenfalls lange an, wurden aber sukzessiv fragmentiert. Bis 1928 hatte die Bürgerpartei im städtischen und der Bauernbund im ländlichen Bereich ein Quasi-Monopol auf die volkstümlich verankerte kirchliche Orthodoxie und die facettenreichen Lesarten des konservativen Protestantismus. Mit der Gründung des Christlichen Volksdienstes und der Abspaltung der Nationalen Volksgemeinschaft von der Bürgerpartei, deren Protagonisten maßgebliche Vertreter der konservativen Kirchenpositionen waren, ging dieses verloren. Das Integrationsmodell der Volkskirche und der »protestantischen Volksgemeinschaft« stellte jetzt eine der wesentlichen Einbruchstellen für das Werben der NS-Bewegung dar.[86]

2. Ökonomische Interessengruppen

Ökonomische Interessengruppen, ihre regionalen und lokalen Vertreter zählten innerhalb und außerhalb der Parteien zu den aktivsten Akteuren in der sozial heterogener und interessenpluralistischer werdenden Gesellschaft zwischen Kaiserreich und Weimarer Republik. Die Ökonomisierung der Politik rückte die parteipolitischen Affiliationen von berufsspezifischen und wirtschaftlichen Interessengruppierungen immer mehr ins Zentrum der Öffentlichkeit. Keine der Parteien hatte in Württemberg ein Monopol auf eine ökonomisch definierte Sozialgruppe – selbst

---

[82] Schw. Kronik v. 7. Febr. 1925 M.
[83] J. THIERFELDER, »Es lag wie ein Bann über uns«, 1998. Aus biographischer Perspektive: TH. WURM, Erinnerungen, 1953.
[84] G. SCHÄFER, Landeskirche und Nationalsozialismus, Bd. I, 1971.
[85] TH. WURM, Evangelische Politik, 1928. Vor allem als sich der Führer der positiven Gruppe I im Landeskirchentag, Eugen Reiff, dem CSVD anschloß und für diesen zum Landtag kandidierte, entfaltete sich eine rege Diskussion über die Berechtigung der pietistischen Gesinnungspartei. Vgl. hierzu der Aufsatz von TH. WURM: »Christlich-sozial einst und jetzt« in Süddt. Ztg. v. 21. Febr. 1928 und die Erwiderung des CSVD in Christl. Volksdienst v. 28. Jan. 1928.
[86] J. THIERFELDER/E. RÖHM, 1982.

die Sozialdemokratie nicht auf die Arbeiter.[1] Für die beiden konservativen Parteien zeichnen sich die deutlichsten Affinitäten für die folgenden Bereiche ab: mittelständische Vereine und Zusammenschlüsse, Fachinnungsverbände und spezifische ökonomische Sondergruppierungen wie Haus- und Grundbesitzervereine für die städtischen Konservativen; das landwirtschaftliche Vereinswesen und die Landwirtschaftskammer für den Bauernbund.

a) Handel und Gewerbe: Mittelstandsbund

Mit dem 1892 gegründeten Württembergischen Schutzverein für Handel und Gewerbe[2], 1906 in Bund für Handel und Gewerbe und Mitte der 1920er Jahre in Württembergischer Mittelstandsbund umbenannt, bestand ein Partner der konservativen Partei, der als berufsspezifischer Selbsthilfe- und Schutzverband das mittelständische Profil der Partei prägte. Der lautstarke Interessenverband, der seit 1896 mit der *Geschäftswehr* über ein eigenes Organ verfügte, vereinigte Einzelhändler, selbständige Handwerker und Kleingewerbetreibende. Anfangs war er vor allem in den größeren Städten des Landes präsent, zunehmend aber auch im kleinstädtischen Bereich, wo seine wichtigsten Forderungen von Brisanz waren[3]: gesetzliche Maßnahmen gegen Warenhäuser, Versand- und Abzahlungsgeschäfte, Filialgeschäfte und Konsumvereine. Als repräsentative Vertreter zeigen sich in aller Regel führende lokale Persönlichkeiten der Fachinnungen, der Gewerbevereine und auch der Handwerkskammern, die meist gleichzeitig im politischen und kirchlichen Gemeinderat des Ortes auf konservativer Seite vertreten waren.[4] Einem anfänglichen verbandsinternen parteipolitischen Pluralismus[5] wich rasch die Fokussierung auf die

---

[1] M. CHRIST-GMELIN, Württembergische Sozialdemokratie, 1976, S. 13.
[2] Zur Entwicklung des Reichsverbands R. GELLATELY, 1974.
[3] Bei der Generalversammlung des Schutzvereins 1901 waren z.B. nur Vertreter aus Stuttgart und Umgebung sowie Ulm anwesend. Mitgliederzahlen: 1901: 2 476 (Dt. Reichspost v. 2. Juli 1901); 1903: 3 827 (Dt. Reichspost v. 30. Juni 1903). Weitere Mitgliederzahlen konnten nicht ermittelt werden.
[4] 1895 hatte der Kaufmann Karl Müller den Vorsitz des Stuttgarter Gewerbevereins von dem Konservativen Karl Stähle übernommen. 1895 kandidierte Müller, seit »Jahren Mitglied des konservativen Vereins« und der Handelskammer, für die Konservativen in Stuttgart, auch »zur Vertretung evangelischer Interessen« (Dt. Reichspost v. 28. Jan. u. v. 30. Jan. 1895). Weitere prominente Beispiele für die enge Verbindung: Der Stuttgarter Gemeinderat Reinhold Beringer, Vorsitzender des Württ. Verbands der Großhändler mit Kurz-, Weiß- und Wollwaren sowie Kassenwart und Ortsvereinsvorsitzender der Konservativen; der Stuttgarter Kaufmann und Gemeinderat Karl Schleicher sowie der Obermeister der Stuttgarter Metzgerinnung Ludwig Häußermann. Mit der Forderung der Abschaffung der Fleischsteuer hatte sich die Stuttgarter Fleischerinnung und der Württembergische Fleischerinnungsverband 1895 auf das Programm des Schutzvereins festgelegt (Dt. Volksbl. v. 28. Juni 1893, Beobachter v. 29. Juni 1893 u. Dt. Reichspost v. 19. Jan. 1895). Als lokales Beispiel: In Backnang basierte der Schutzverein auf dem örtlichen Gewerbeverein, der Anfang 1894 mehr als 80 Mitglieder hatte und in »ständigem Wachsen begriffen war« (Schw. Kronik v. 10. Febr. 1894 A u. Dt. Reichspost v. 26. April 1898).
[5] Der Landesvorsitzende Adolf Stübler, gleichzeitig Gründer und Leiter des Rabattsparvereins und der Kolonialwarenhändlervereinigung, war langjähriger Stuttgarter Gemeinderat für die Deutsche Partei. Der Vorsitzende des Ulmer Zweigverbands war der nationalliberale Fabrikant Emil Herbst

Deutschkonservativen. Die Partei – und mit ihr der Bauernbund – bekundete 1906 ihr »uneingeschränktes Eintreten« für die Forderungen des Verbands.[6] Der Garant der Zusammenarbeit war der seit 1898 amtierende Verbandsgeschäftsführer und langjährige konservative Abgeordnete Hermann Hiller.

Was sich bis 1914 als Tendenz abgezeichnet hatte, verstärkte sich durch den Zuzug der Nationalliberalen zur Bürgerpartei nochmals: die enge Affinität des Mittelstandsbundes zur Partei und die starke lokale Präsenz, ablesbar auch an den Kandidaturen zu den Gemeinderatswahlen.[7] Bei den Ausschußwahlen der nun fusionierten Verbände Mittelstandsbund und Rabattsparverein von 1921 zeigte sich die enge Verbindung: Beim Mittelstandsbund waren von zehn Ausschußmitgliedern acht Bürgerparteiler, beim Rabattsparverein sieben von zehn. Beide Vereinigungen leitete der Stuttgarter Kaufmann und Bürgerparteiler Richard Knoll.[8] Wie stark die Partei auf den ökonomischen Vereinigungen basierte, zeigt ein Blick auf die Stuttgarter Verbandsstrukturen: die Vorsitzenden des Rabattsparvereins, des Bundes für Handel und Gewerbe, der Fleischer-, Bäcker-, Friseur-, Schreiner-, Schuhmacher- und Tapeziererinnung, der Kolonialwarenhändlervereinigung, der Handwerkskammer, des Haus- und Grundbesitzervereins, des Mietervereins und des Rentnerbundes waren Mitglieder der Bürgerpartei.

Das Sammelsurium der Sonderinteressen konnte bis zum Ende der Inflation an die Partei gebunden werden. Das dann auf Reichsebene einsetzende Ausfransen des Parteienspektrums vollzog sich in Württemberg jedoch in geringerem Maße, auch weil das Landeswahlrecht Splitterparteien benachteiligte. Während für die Landtagswahlen 1924 Sonderkandidaturen einer Beamtenliste, des Hypothekengläubiger- und Sparerschutzverbandes und des Rentnerbundes vermieden werden konnten[9], kam es im Dezember desselben Jahres zu Auflösungserscheinungen. Das Augenmerk galt dabei den Führern der Sondergruppen: Der Kaufmann Jakob Reiner etwa, Geschäftsführer des Landesverbandes der Haus- und Grundbesitzervereine sowie bürgerparteilicher Gemeinderat in Heilbronn, kandidierte 1924 für die Wirtschaftliche Vereinigung des württembergischen Mittelstandes, kehrte 1928 aber wieder zur Bürgerpartei zurück.[10]

Die führenden konservativen Vertreter der Mittelstandsvereinigungen konnten hingegen bei der Bürgerpartei gehalten werden. Allerdings hatte die Partei kein Monopol auf den Mittelstand. Unter den bürgerlichen Parteien verfügte vor allem die DDP mit dem Präsidenten der Handwerkskammer Reutlingen, Otto Henne, über

---

(Dt. Reichspost v. 2. Juli 1901). Mit einem offenen Brief erklärte 1903 in Nagold ein Mitglied der VP seinen Austritt wegen der Agitation des Schutzvereins gegen die Demokraten (Beobachter v. 9. Juni 1903).
[6] Dt. Reichspost v. 27. Juni 1906 u. v. 15. Nov. 1906.
[7] Auf der Wahlliste der Bürgerpartei zu den Stuttgarter Gemeinderatswahlen kandidierten elf Vertreter des Bundes für Handel und Gewerbe. Auf der Liste des Zentrums vier und auf der der DDP sechs Vertreter (Süddt. Ztg. v. 8. Mai 1919).
[8] Bericht über Ausschußwahlen in Süddt. Ztg. v. 2. August 1921.
[9] Süddt. Ztg. v. 15. April 1924.
[10] Siehe hierzu unten S. 291.

einen prominenten Mittelstandsvertreter. Wie stark die protestantischen Selbständigen, die Träger der »Panik im Mittelstand«, zur Radikalisierung in Württemberg beitrugen und die NSDAP als »Volkspartei des Protests« unterstützten, ist schwer zu beantworten.[11] Mehrere Gesichtspunkte sprechen dafür, daß der mittelständische Protest länger als im Reichsvergleich im tradierten Parteienspektrum aufgefangen werden konnte: Zum einen die Wirtschaftspolitik der Landesregierung in der Krise ab 1930, mit der vor dem Hintergrund vergleichsweise günstiger wirtschaftlicher Rahmenbedingungen ein akzeptierter Interessenausgleich zwischen Landwirtschaft, Industrie, Handwerk und Handel bewerkstelligt werden konnte.[12] Hinzu kam die Krisenperzeption innerhalb der Interessenverbände und Kammern. Die Handwerkskammer Reutlingen berichtete 1928 von einer deutlichen Besserung der Lage, wenn auch mit unterschiedlicher Entwicklung der Handwerkszweige.[13] 1932 wurde trotz der Krisensymptome noch konstatiert, die Lage sei nicht so trostlos wie in den Großstädten Nord- und Mitteldeutschlands. Anfang 1933 sprach die Stuttgarter Handelskammer der Landesregierung für ihr Vorgehen bei der Vertretung der Handwerksinteressen im Reich Dank aus.[14]

Interessant ist, daß gerade die Vertreter der besonders stark von der Krise erfaßten Handwerkszweige in den letzten Jahren der Weimarer Republik im Württembergischen Mittelstandsbund vertreten waren und an die Bürgerpartei gebunden blieben. Seit 1925 führte der Stuttgarter Druckereibesitzer und bürgerparteiliche Gemeinderat Heinrich Fink neben Hermann Hiller als Geschäftsführer den Mittelstandsbund. Auch der Stuttgarter Bäckerobermeister Gotthilf Kächele blieb bis 1933 Vorsitzender des Mittelstandsausschusses der Bürgerpartei. Allerdings unterlag auch der Mittelstandsbund einer Spaltung und Radikalisierung. Eines der Ausschußmitglieder, der ehemalige Reichstagsabgeordnete und Vorsitzende des württembergischen Schreinerinnungsverbandes, Friedrich Siller, hatte nach der Hugenberg-Bazille-Spaltung die Partei verlassen und war zur Wirtschaftspartei übergetreten. Für die Radikalisierung des Verbandes spricht die Übernahme der Geschäftsführung durch Max Sternbeck nach dem Tod Hillers im August 1931. Sternbeck war einer der prominenten Antisemiten in Stuttgart, bereits um 1900 Leiter der örtlichen Hammergesellschaft, in den 1920er Jahren Mitglied mehrerer völkischer Verbände und Schatzmeister des Alldeutschen Verbands in Württemberg.[15]

---

[11] Der Topos von der »Panik im Mittelstand« geht zurück auf TH. GEIGER, 1930. Die wichtigsten statistischen Untersuchungen von R. F. HAMILTON, 1982; TH. CHILDERS, The Nazi Voter, 1983 u. J. FALTER, Hitlers Wähler, 1991, S. 364 (Zitat).
[12] TH. SCHNABEL, »Warum geht es in Schwaben besser?«, 1982.
[13] Handwerkskammer Reutlingen, Bericht über die wirtschaftlichen Verhältnisse, 1928. Von einer »befriedigenden Geschäftslage« wurde im Bäcker-, Metzger- und Bauhandwerk berichtet, von »negativen Entwicklungen im Buchbinder-, Friseur und Schusterhandwerk.
[14] TH. SCHNABEL, »Warum geht es in Schwaben besser?«, 1982, S. 206.
[15] Schw. Tagesztg. v. 17. April 1932 sowie HStA Stuttgart, E 151/03, Württ. Landespolizeiamt an Innenminister v. 13. Juli 1922.

b) Deutschnationaler Handlungsgehilfenverband

Ähnlich wie beim alten Mittelstand zeigt sich auch beim neuen Mittelstand, den Angestelltenverbänden mit dem Deutschnationalen Handlungsgehilfenverband an der Spitze[16], kein festgefügtes Muster einer stabilen oder gar exlusiven parteipolitischen Affinität. Auf Reichsebene stellte der nationalistische und gewerkschaftsähnliche Angestelltenverband mit seiner gut ausgebauten Organisationsstruktur den größten Teil des organisatorischen Unterbaus der DNVP. Vor allem das Gros ihrer hauptamtlichen Parteibeamten wurde von dem Verband gestellt, der mit etwa 400 000 Mitgliedern in rund 1 800 Ortsgruppen neben seiner offiziellen nationalen und völkischen Verbandsideologie vor allem auch pragmatische Ziele als kaufmännische Standesorganisation vertrat. Die Interessenvertreter des Verbandes verteilten sich in den Parlamenten auf alle bürgerlichen Parteien, wenn auch vor allem auf die DVP und die DNVP.[17] Die regionale Verteilung der Verbandsvertreter war bei den Deutschnationalen sehr unterschiedlich. Dort, wo es eine Tradition einer christlich-sozialen und nationalen Angestelltenbewegung und eine starke Präsenz der ›gelben‹, wirtschaftsfriedlichen und christlichen Gewerkschaften mit enger Anbindung an die Christlich-Soziale Partei der Vorkriegszeit gab – vor allem im Rheinland, in Westfalen und in den industriellen Zentren Norddeutschlands – sahen die Angestellten ein »besonderes Heimatrecht« in der DNVP und waren entsprechend stark in ihr repräsentiert.[18]

Der größte deutsche kaufmännische Berufsverband – in seiner Mitgliedschaft auf einen Beruf und ein Geschlecht reduziert – war in Württemberg zwar schwächer organisiert als im Reichsvergleich, aber keinesfalls unterorganisiert. Seinen Mitgliederhöchststand erreichte er 1928 mit ca. 18 500 Mitgliedern in über 100 Ortsgruppen im Land.[19] Seine Interessenvertreter verteilten sich auch im Land auf alle nichtsozialistischen Parteien, spielten aber bei den Kandidaturen, in den Gremien und in der organisatorischen Tätigkeit für die Parteien eine marginale Rolle. Der württembergische Zweig des DHV kann eher als paradeartiges Beispiel für die insgesamt schwächer ausgeprägten Querverbindungen zwischen den Interessenverbänden und den Parteien im Land gewertet werden. Das traf auch für die Bürgerpartei zu. Anders als im Reichsverband der DNVP leistete der DHV keinen strukturellen oder personellen Beitrag zur Professionalisierung der Parteiarbeit. Auch wenn Vertreter des Verbandes für die Bürgerpartei auftraten, so war der Bürgerpartei in Württemberg das Tor zum DHV verschlossen, der mit den Deutschnationalen »tatsächlich

---

[16] Insgesamt zum DHV insgesamt I. HAMEL, 1967.
[17] Zur Partei- und Fraktionszugehörigkeit der Abgeordneten des DHV in den Parlamenten des Reiches vgl. A. STUPPERICH, 1982, S. 18 u. I. HAMEL, 1967, S. 190 ff.
[18] Vgl. den programmatischen Artikel des DHV-Geschäftsführers W. LAMBACH: Angestelltenfragen, in: M. WEISS, 1928, S. 226.
[19] Rechenschaftsbericht des DHV 1928, 1929. Zur Haltung des DHV zur Frauenmitgliedschaft und zur »Frauenfrage« vgl. C. HESS, 1996.

nur den Namen gemeinsam hatte«[20] – und genau genommen in Württemberg noch nicht einmal das.

In den ersten Jahren nach 1918 war der Angestelltenverband in der Öffentlichkeit und in Bezug auf die Parteiarbeit kaum hervorgetreten. Forderungskataloge oder Wahlaufrufe für bestimmte Parteien, wie sie alle Interessengruppen vor Wahlen zu veröffentlichen pflegten, waren vom DHV in der Presse nicht zu finden. Eine Parteipräferenz der Verbandsmitglieder ist wie bei allen anderen Verbänden auch kaum festzulegen. Die Nähe zu den rechtsbürgerlichen, konservativen und nationalistisch-völkischen Parteien und Gruppierungen war aber sicherlich gegeben. Vertreter des Verbandes traten auch für die Bürgerpartei auf. 1924 konnte sie damit werben, die einzige Partei im Land zu sein, die einen »berufsmäßigen Angestellten« auf der Kandidatenliste präsentiere.[21] Erwähnt wurde dabei aber nicht, daß es sich mit Albert Neher um ein Vorstandsmitglied des württembergischen DHV handelte. Überhaupt wurde im gesamten Wahlkampf des Jahres der Verband in der parteieigenen Presse nicht genannt. Neher, der zum gemäßigten Flügel zu rechnen war, verließ 1930 mit Bazille die Partei. Neben ihm standen als Vertreter des DHV in der Bürgerpartei der ebenfalls gemäßigte Fritz Behringer[22], Leiter des Gaus Schwaben in den Weimarer Jahren sowie der Antisemit Julius Herrmann, der als Angestelltenvertreter der Vaterländischen Verbände 1924 zur Bürgerpartei gestoßen war. Bis 1930 war er Geschäftsführer des DHV in Württemberg und seit 1928 Mitglied des Landesvorstands der Bürgerpartei. 1930 verzichtete er auf eine Wiederwahl.[23] Sein Nachfolger als Geschäftsführer, der Reutlinger Gemeinderat Eugen Wirsching, gehörte wiederum dem CSVD an, für den er 1930 zum Reichstag kandidierte.[24] Den kaum in Erscheinung getretenen Angestelltenausschuß der Bürgerpartei, der insgesamt als Fehlschlag zu bezeichnen war, leitete der Stuttgarter Bankbeamte Hermann Ruff, der in keinerlei Verbindung mit einem der württembergischen Angestelltenverbände zu bringen war.

Alle Parteien versuchten mit prominenten Angestelltenvertretern für sich zu werben. Zur Bürgerpartei waren neben den Gemäßigten dann vor allem die Vertreter der Vaterländischen Verbände gestoßen. Insgesamt kann aber gesagt werden, daß ihre Präsenz in der Partei gering blieb und diese keinen Alleinvertretungsanspruch auf die Interessen des DHV in Württemberg hatte. Deutlich wurde dies zwischen 1928 und 1930 anläßlich des ›Falles Lambach‹, der die DNVP auf Reichsebene in eine der zahlreichen Parteikrisen stürzte.[25] Die innerparteiliche Diskussion über

---

[20] E. Marquardt, 1934, S. 95.
[21] Süddt. Ztg. v. 24. April 1924.
[22] Schw. Kronik v. 17. April 1923.
[23] Süddt. Ztg. v. 9. Okt. 1928 sowie Bericht über Vertretertag der BP v. 7. Okt. 1928 u. Landesleitung BP an Mitglieder v. 25. März 1930 (NL Hiller).
[24] Christl. Volksdienst v. 15. Dez. 1928.
[25] Der Aufsatz von Walther Lambach mit dem Titel »Monarchismus« ist abgedr. bei M. Dörr, 1964, S. 554 ff. Ebenda, S. 394 ff. generell zum »Fall Lambach« sowie bei E. Jonas, 1965, S. 33 ff., I. Hamel, 1967, S. 218 ff. u. aus zeitgenössischer Perspektive K. Graf v. Westarp, Konservative Politik im Übergang, 2001, S. 101 ff. u. 393 f.

die Aktualität der Wiedererrichtung einer Monarchie in Deutschland als einer der weltanschaulich-ideologischen Kernpunkte des DNVP-Programms, die der Angestelltenvertreter Lambach ausgelöst hatte, galt nur zweitrangig dem Thema an sich, sondern mit der Zielgerichtetheit der Gegenangriffe vor allem den Angestellten- und Arbeitervertretern innerhalb der Partei. Für die Bürgerpartei spielte der Fall keine Rolle und wurde entsprechend beiläufig behandelt. Die *Süddeutsche Zeitung* kommentierte: »Die Frage ist ohne aktuelles Interesse«[26], und meinte damit nicht nur die Monarchismus-Frage, sondern auch die Diskussion um den Status der Angestelltenvertreter in der württembergischen Partei, die hier eine unbedeutende Rolle spielten. Generell unterlag der DHV in Württemberg derselben Spaltung wie seine Mutterorganisation, die einen völkisch orientierten Großteil des Verbandes von der Bürgerpartei weg und hin zur NSDAP trieb, oder aber einen kleiner einzuschätzenden christlich orientierten und kooperationswilligen Teil zum Christlichen-Sozialen Volksdienst oder zu den Volkskonservativen führte.

c) Landwirtschaftliche Vereine und Landwirtschaftskammer

Die Haltung des Bauernbundes zu den landwirtschaftlichen Vereinen im Land veränderte sich nach 1900 fundamental. War er anfangs eine Bewegung, die explizit gegen den regierungsamtlichen Beigeschmack der landwirtschaftlichen Vereine und gegen die Dominanz der Landesbeamten in ihnen gegründet worden war, rief er nun seine Mitglieder und Vertrauensmänner zur verstärkten Teilnahme bei den Wahlen der Vorsitzenden der Vereine auf. Die regierungsamtliche Vereinsstruktur sollte in den Einflußbereich des Bauernbundes kommen, dieser wiederum wollte sich dadurch seinen Einfluß auf die landwirtschaftliche Gesetzgebung sichern. Bei der Prüfung der Ausschußmitglieder habe sich gezeigt, daß »oftmals die schärfsten Feinde unseres Bundes« statt die Anhänger einer »entschiedenen landwirtschaftsfreundlichen Wirtschaftspolitik« vertreten seien. Klage wurde weiterhin auch über die starke Präsenz städtisch-gewerblicher Ausschußmitglieder und Oberamtmänner geführt, aber auch darüber, daß nur zwei Drittel der insgesamt 50 000 Mitglieder der landwirtschaftlichen Vereine praktische Bauern waren. Im Hintergrund stand die absehbare Verfassungsreform und die Diskussion über die Einführung einer Landwirtschaftskammer, deren Mitglieder nach den ersten Entwürfen von den landwirtschaftlichen Vereinen gewählt werden sollten. Die Anweisung an die Bauernbundsmitglieder lautete:

> »Wir betonen nochmals ausdrücklich, daß wir keine Gegner der landwirtschaftlichen Vereine sind und gerne – wie seither – schiedlich, friedlich mit ihnen hausen wollen. Damit soll aber nicht gesagt sein, daß unsere Mitglieder in den landwirtschaftlichen Vereinen etwaige Angriffe auf den Bund ruhig hinnehmen sollen. Hoffentlich findet sich überall ein Mann, der jeden Angriff abwehrt und gebührend zurückweist.«[27]

---

[26] Süddt. Ztg. v. 25. Juli 1928. Ähnlich der Bericht über Versammlung der Bürgerpartei in Stuttgart in Süddt. Ztg. v. 5. Nov. 1928.
[27] Schw. Landmann v. 1. Febr. 1905, auch zum vorhergehenden Abschnitt.

Die Strategie erwies sich als ausgesprochen erfolgreich, wie der diachrone Aufriß zeigt: Bis 1933 konnten insgesamt 73 Bauernbundsmitglieder ermittelt werden, die gleichzeitig auch Vorsitzende eines landwirtschaftlichen Bezirksvereins waren.[28] Der deutliche Schwerpunkt lag dabei in den Weimarer Jahren. Und die Ämterbesetzung war von ausgesprochener Kontinuität. In den Weimarer Jahren kann davon ausgegangen werden, daß fast alle dominant protestantischen Oberämter in Württemberg einen bauernbündlerischen Vorsitzenden im Bezirksverein hatten.[29] War ein Landwirt einmal in dieser Position, so behielt er diese meist über einen langen Zeitraum hinweg. Der prominente Bauernbundsabgeordnete und Landesvorsitzende Friedrich Vogt war hierfür kein Einzelbeispiel: den landwirtschaftlichen Bezirksverein Neckarsulm leitete er seit 1900 als stellvertretender Vorsitzender und von 1912 bis 1933 als Vorsitzender.

Insgesamt zeigt sich bei den Landwirtschaftsvereinen eine deutliche Parteipolitisierung, deren Einsetzen auf die Jahre 1906/07 und die Verfassungsreform zu datieren ist. Der Durchbruch ist dann für die 1920er Jahre zu konstatieren. Durchgesetzt hatte sich ein Parteien- und Konfessionsproporz: war ein Oberamt überwiegend protestantisch, so war sein landwirtschaftlicher Bezirksverein von einem Bauernbündler repräsentiert; war es katholisch, so stand ihm ein Vertreter des Zentrums vor. Letztendlich hatte sich dabei – analog zur konfessionellen Struktur – ein Zweidrittelproporz zugunsten des Bauernbundes herausgeschält. Daß dabei die Affinität zwischen Verein und Partei beim Bauernbund stärker war, ist anzunehmen. In Möhringen (OA Stuttgart) etwa wurden 1926 Bauernbund und landwirtschaftlicher Ortsverein fusioniert. Der Vorgang erregte landesweit Aufsehen, denn in der Ortschaft wurden dadurch die gesetzlich geregelte landwirtschaftliche Interessenvertretung, die politische Partei und die Anfang der 1920er Jahre gegründete örtliche Genossenschaft in einer Organisation gebündelt.[30]

Ähnlich gestalteten sich die Verhältnisse bei der Landwirtschaftskammer. Mit ihrer Einführung wurde 1919 die fachliche Beratungs- und Begutachtungstätigkeit, die Landwirtschaftspflege und das Meliorationswesen von der gesetzlichen berufsständischen Vertretung getrennt. Die Maßnahmen waren ein Einschnitt in der Ge-

---

[28] Quelle: Personaldatensatz.
[29] 1921 waren von 62 Bezirksvereinen 31 (50%) im Vorsitz nachweislich von Bauernbündlern geleitet. 1927 erhöhte sich die Quote noch: Von nunmehr 63 Bezirksvereinen waren es 41 (65,1%). Vgl. Kalender f. d. württ. Landwirtschaft 1921, S. 39 ff. u. Kalender f. d. württ. Landwirtschaft 1927, S. 40 ff. Die tatsächliche Zahl dürfte noch höher gelegen haben, da eine Mitgliedschaft nicht immer nachgewiesen werden konnte. Auch weil die Vorstandswahlen nur alle sechs Jahre stattfanden, konnte hier die NSDAP kaum eindringen.
[30] Protokoll der Ortsgruppe Möhringen des Bauernbundes, Eintrag v. 6. Febr. 1926 (NL Körner). Auch wenn die Vorstandschaft von landwirtschaftlichem Verein und Bauernbund in einer Hand gelegen habe und die Mitgliedschaft deckungsgleich gewesen sei, kritisierte das Zentrum das Vorgehen heftig (Berichte im Wochenbl. f. Landw. v. 8. Mai 1926). Ähnliche Berichte über die geplante Zusammenlegung von landwirtschaftlichem Bezirksverein und Ortsgruppe des Bauernbundes in den katholischen Orten Neresheim, Riedlingen und Rottenburg hatte bereits das Dt. Volksbl. v. 1. März 1924 gebracht.

schichte der landwirtschaftlichen Interessenvertretung. Mit der Landwirtschaftskammer wurde eine lange bestehende Forderung der Landwirte erfüllt. Bis 1918 war sie an der umstrittenen Frage gescheitert, ob man im Land eine oder zwei Kammern einführen solle, um den unterschiedlichen landwirtschaftlichen Wirtschaftsweisen in Altwürttemberg und Oberschwaben gerecht zu werden. Auch als die Frage im Zuge der Verfassungsreform dringlicher wurde, weil die Ernennung der Vertreter von Handel, Handwerk, Industrie und Landwirtschaft in der Zweiten Kammer auf Vorschlag der gesetzlich organisierten Berufskörperschaften erfolgen sollte, diese aber für die Landwirtschaft nicht bestand, konnten sich Regierung und die beiden Kammern des Landtags nicht einigen.[31]

In der Folge dieser organisatorischen Neuerungen gab es im Land drei offizielle landwirtschaftliche Organisationen: die landwirtschaftlichen Orts- und Bezirksvereine, die Landwirtschaftskammer und den Ende 1919 gegründeten Landwirtschaftlichen Hauptverband als freie berufsständische Organisation und politische Vertretung der Landwirte. Der Bauernbund, der die vierte, inoffizielle landwirtschaftliche und politische Berufsorganisation darstellte, hatte gegen die von dem Zentrumsabgeordneten Oscar Adorno initiierte Gründung heftig agitiert, sich aber nicht durchsetzen können.[32]

Die Skepsis des Bauernbundes gegen die neue landwirtschaftliche Organisation wich jedoch schnell dem Bestreben, sich an ihr zu beteiligen. Bereits im Februar 1919 trat der Bauernbund dem Hauptverband bei.[33] Innerhalb kurzer Zeit sicherte er sich zentrale Positionen. Präsident des Hauptverbands wurde Gerhard Maunz vom Zentrum, Stellvertreter der Bauernbündler Ernst Hornung. Mehrere Dissenspunkte führten dann zum Zurechtrücken der Mehrheitsverhältnisse: Zum einen sprachen sich zahlreiche der vom Bauernbund dominierten Bezirksvereine gegen Maunz aus.

---

[31] Zur Entwicklung der Gesetzentwürfe und den parlamentarischen Debatten vgl. Landwirtschaft in Württemberg 1902, S. 416 ff.; Landwirtschaft in Württemberg 1908, S. 26 ff. u. K. LANG, 1970.
[32] Schw. Landmann v. 1. Jan. 1919. Gegründet im Dezember 1918 als Verband württembergischer Landwirte, im April 1919 in Landwirtschaftlichen Hauptverband unbenannt und zum Februar 1923 mit den oberschwäbischen christlichen Bauernvereinen fusioniert, war der Hauptverband anfangs von katholischen Landwirten dominiert. Offiziell war er die Sammlung von Landwirten auf parteipolitisch neutraler Grundlage gegen den halbamtlichen Charakter der landwirtschaftlichen Bezirksvereine und zur »Überbrückung der immer größer werdenden Kluft zwischen Stadt und Land« (zur Gründung und zu dem Protest des Bauernbundes Wochenbl. f. Landw. v. 4. Jan. 1919 u. v. 11. Jan. 1919). Ende 1919 trat der Hauptverband als Spitze der gedachten, aber nie verwirklichten landwirtschaftlichen Einheitsorganisation an die Stelle der alten Zentralstelle für Landwirtschaft. Innerhalb kürzester Zeit hatte er über 100 000 Mitglieder. Bereits zum August 1919 verzeichnete der Hauptverband 48 beigetretene landwirtschaftliche Bezirksvereine. Im Dezember 1919 waren es 61 Bezirksvereine mit 115 000 Mitgliedern (Wochenbl. f. Landw. v. 10. Jan. 1920). Selbst in den schwierigen Zeiten der Inflation hatten die Mitglieder dem Verband im großen und ganzen die Treue gehalten (Wochenbl. f. Landw. v. 24. Mai 1924). Übernommen hatte der Hauptverband auch die Herausgabe des *Wochenblatts für Landwirtschaft*, das Mitte der 1920er Jahre eine Auflage von 145 000 Exemplaren hatte und als das günstigste und meistgelesene Blatt dieser Art im Deutschen Reich galt (H. MAURER, 1984, S. 14). Während der Inflation ging die Auflage auf etwas mehr als 40 000 zurück, stieg danach aber wieder an (Wochenbl. f. Landw. v. 24. Mai 1924).
[33] Schw. Landmann v. 1. März 1919.

Zum andern nutzte der Direktor der Landwirtschaftskammer, der Bauernbündler Wilhelm Ströbel, den gegen Maunz erhobenen Vorwurf der finanziellen Fehlwirtschaft, um ein Revirement im Vorstand durchzuführen. Im Hintergrund standen dabei divergierende politische Stellungnahmen der Landwirtschaftskammer und des Hauptverbandes zur Zwangswirtschaft sowie der Unmut Ströbels über die Herstellung des *Wochenblatts für Landwirtschaft* in Ravensburg statt in Stuttgart. Im Mai 1923 wurde die Wiederwahl von Maunz abgelehnt und der Bauernbündler Karl Dietlen zum Präsidenten gewählt.[34] Die Vorbedingungen für eine »ersprießliche Zusammenarbeit« von Landwirtschaftskammer und Hauptverband seien nun geschaffen, betonte die *Schwäbische Tageszeitung*.[35] Bei der erneuten Vorstandswahl im November 1924 wurde betont, der Hauptverband bilde nun eine »organisatorische Einheitsfront«. Tatsache war, daß sich der in der württembergischen Landwirtschaftspolitik dominierende Konfessions- und Parteiproporz durchgesetzt hatte. Parteipolitisch ungebundene landwirtschaftliche Persönlichkeiten fehlten wegen der »besonderen parteipolitischen Verhältnisse« im Land, so das *Wochenblatt*. Von den 19 Vorstandsmitgliedern neben dem Direktor gehörten acht dem Bauernbund an, weitere sieben dem Zentrum. Allerdings hatte sich auch eine Konsensstruktur ausgebildet: seit mehr als anderthalb Jahren fasse man Beschlüsse nur noch einstimmig, um eine parteipolitische Majorisierung des Hauptverbands zu vermeiden.[36]

Ähnliche Verhältnisse zeigten sich in der Landwirtschaftskammer. In der Verfassunggebenden Landesversammlung hatte man sich im rasch für eine Kammer mit Sitz in Stuttgart entschieden. Heftig umstritten war dagegen die Frage ihrer Zusammensetzung und das Wahlrecht zu ihr. Mehrere grundsätzliche Vorschläge des Bauernbundes und des Zentrums wurden dabei abgelehnt.[37] Auch die landwirtschaftlichen Bezirksvereine blieben bei der neuen Regelung unberücksichtigt. Ihrem Wunsch nach Bezirkswahlen wurde nicht entsprochen. Allerdings waren sie die Ba-

---

[34] Wochenbl. f. Landw. v. 10. März 1923, v. 23. Mai 1923, v. 9. Juni 1923 u. v. 24. Mai 1924; Schw. Tageszeitg. v. 20. Mai 1920, v. 3./4. Juni 1923, v. 9. Juni 1923 u. v. 15. Juni 1923 sowie SCH. LANDMANN v. 26. April 1924.

[35] Schw. Tageszeitg. v. 7. Juni 1923.

[36] Wochenbl. f. Landw. v. 29. Nov. 1924. Der Proporz änderte sich auch bei den weiteren Vorstandswahlen nicht (Wochenbl. f. Landw. v. 13. Febr. 1926 u. v. 6. Febr. 1932).

[37] Einzig das Zentrum hatte weiterhin zwei Kammern mit Sitz in Stuttgart und Ulm gefordert. Seine Hauptbegründung war der befürchtete zu große Einfluß der Ökonomieräte in nur einer und darüber hinaus auch noch in Stuttgart sitzenden Kammer. Der Bauernbund hatte einen Vertreter pro landwirtschaftlichem Bezirksverein gefordert. Abgelehnt wurde auch sein Vorschlag zur Zusammensetzung der Kammer: er hatte 60 Landwirte und 16 landwirtschaftliche Arbeiter gefordert; durchgesetzt hatten sich SPD und Zentrum mit auf der Basis der Verhältniswahl gewählten 48 Landwirten und zwölf landwirtschaftlichen Arbeitern sowie neun durch die Landwirtschaftskammer selbst gewählten Vertretern der Forstwirtschaft (6), des Gartenbaus (2) und der landwirtschaftlichen Angestellten (1). Bis zu elf weitere Mitglieder konnten durch die Landwirtschaftskammer zugewählt werden. Der Antrag des Bauernbundes auf ein aktives Wahlrecht erst ab 21 Jahren und auf ein passives ab 25 Jahren wurde ebenfalls abgelehnt. Ebenso abgelehnt wurde die Forderung, Söhnen und Töchtern im elterlichen Betrieb das Wahlrecht zuzugestehen, die keinen förmlichen Lohn bezogen (»freier Unterhalt gilt als Lohn«). Vgl. Schw. Tageszeitg. v. 26. Mai 1919.

sis der Einteilung der vier Wahlbezirke mit jeweils drei landwirtschaftlichen Gauverbandsbezirken.[38] Gewählt wurde nach dem Verhältniswahlrecht auf Basis der Wahlbezirke, wobei jeder Wähler so viele Stimmen hatte, wie Mandate zu vergeben waren. Das Kumulieren bis zu drei Stimmen war erlaubt, nicht aber das Panaschieren zwischen den Listen.[39]

Im Vorstand der Landwirtschaftskammer galten in fast deckungsgleichem Ausmaß die Proporzverhältnisse des Hauptverbands. Zum größten Teil waren sogar die Personen dieselben. Zum Vorsitzenden der Kammer wurde Oscar Adorno gewählt, Stellvertreter war der Bauernbündler Hornung. Von den weiteren sieben Mitgliedern des Vorstandes waren vier Bauernbündler. Annähernd einstimmig wurde der Regierungsrat Wilhelm Ströbel vom Bauernbund zum Direktor der Kammer gewählt.[40] Auch diese Strukturen änderten sich bis 1932 nur kaum.[41] Die Wahlen zur Landwirtschaftskammer galten als das Messen der Kräfteverhältnisse auf dem Land und als Ausweis der Befindlichkeit der krisengeschüttelten Landwirtschaft zwischen Zwangswirtschaft, Inflation und Weltwirtschaftskrise.[42] Für alle drei Wahlen der Weimarer Zeit zeichnen sich jedoch außerordentlich stabile Strukturen ab, für die mehrere Gründe anzuführen sind: Zum einen wirkten sich die Konsensstrukturen innerhalb des Landwirtschaftlichen Hauptverbands aus. Für alle Wahlen trat er mit einem gemeinsamen Wahlvorschlag der wichtigsten landwirtschaftlichen Organisationen und parteipolitischen Gruppierungen auf. Bei allen drei Wahlen erhielt er auch jeweils alle Mandate der frei zu wählenden 48 Landwirte. Bedeutungslos blieben die mit unterschiedlichen Bezeichnungen auftretenden sozialdemokratischen, kommunistischen und sonstigen Listen.[43]

---

[38] Die Wahlbezirkseinteilung entsprach den Regierungskreisen Württembergs (vgl. Tab. 9, S. 251) und Reg.Bl. 1919, S. 135 ff.

[39] Wahlberechtigt waren männliche und weibliche hauptberufliche Landwirte, Nebenberufslandwirte mit mindestens 300 Mark Grundsteuerkapital und vier Hektar bewirtschafteter Fläche, Güterverwalter mit mindestens 3000 Mark Grundsteuerkapital (ca. 40 ha Fläche) sowie sogenannte »Ausdinger« und Verwalter, die 15 Jahre lang eine der Bedingungen erfüllt hatten. Söhne und Töchter von Landwirten waren nur wahlberechtigt, sofern sie vom Elternhaus Lohn bezogen. Wahlfähig waren alle Personen über 20 Jahren, die Vorsitzenden der landwirtschaftlichen Vereine, sofern sie mindestens sechs Jahre im Amt waren und landwirtschaftliche Beamte im Staatsdienst (Wochenbl. f. Landw. v. 28. Juni 1919).

[40] Die Bauernbundsmitglieder im Vorstand waren Wilhelm Vogt, Jakob Melchinger, Michael Franck und Wilhelm Beißwenger. Von den weiteren Vorständen waren mindestens zwei Mitglieder des Zentrums (Gerhard Maunz und Jakob Hermann). Vgl. Wochenbl. f. Landw. v. 6. März 1920.

[41] Adorno wurde 1926 erneut einstimmig zum Vorsitzenden gewählt. Sein Stellvertreter war nun der Bauernbundsabgeordnete Wilhelm Dingler. BB-Mitglieder des Vorstands waren W. Vogt und J. Melchinger. Neu im Vorstand war allerdings Hugo Herrmann, der einzige prominente landwirtschaftliche Vertreter der württembergischen DDP in der Weimarer Zeit (Wochenbl. f. Landw. v. 24. April 1926). Vorstandsmitglieder des Bauernbundes waren 1932 W. Vogt, J. Melchinger, H. Stooß und J. Kugler. Stellvertreter für den aus gesundheitlichen Gründen verzichtenden Dingler wurde Jakob Hermann vom Zentrum (Wochenbl. f. Landw. v. 5. März 1932).

[42] TH. SCHNABEL, Württemberg, 1986, S. 102 ff.

[43] 1920 wurde eine Einheitliste von Hauptverband und Schwäbischen Bauernvereinen vereinbart, der die Liste der Württembergischen Kleinbauern (SPD), eine Sonderliste der Fideikommißgemeinden Württembergs und im Wahlbezirk II (Neckarkreis) eine gesonderte Bauernbundsliste der Milch-

Von besonderem Interesse waren die Landwirtschaftskammerwahlen Anfang 1932. Das zurückliegende Jahr hatte auch für die württembergische Landwirtschaft einen weiteren Rückschlag gebracht. Während die Getreidepreise dank staatlicher Maßnahmen noch relativ stabil gehalten werden konnten, waren die Preise für Vieh und Milchprodukte ins Bodenlose gefallen. Ähnlich sah es auf dem praktisch zusammengebrochenen Holzmarkt aus. Beide Bereiche galten als wichtige Einnahmequellen der heimischen Landwirte.[44] Allgemein war eine aggressive Agitation der NSDAP und KPD für die Wahlen erwartet worden. Anders als bei der Wahl von 1926 hatten die Bezirksvereine allerdings die Kandidatenlisten vorbereitet, sich bereits zuvor über die Stimmenhäufung geeinigt, die Wahlzettel mit den bereits eingetragenen Kumulationsziffern selbst hergestellt und ihre Mitglieder zur unveränderten Abgabe aufgefordert.

Die Wahl war ein Stimmungstest in den landwirtschaftlichen Vereinen. Gerüchte über NSDAP-Listen kursierten, aber das Ergebnis war überraschend: gegen die ausdrückliche Anordnung ihrer Reichsleitung scheute die württembergische NSDAP das Auftreten bei der Wahl. Der Kommentar von Gauleiter Murr lautete, man sei zu schwach, um gegen den Hauptverband anzutreten, die Wahlen beruhten auf berufsständischer Basis und die eigenen Landwirte besäßen »zu wenig Zugkraft«. Vereinbart wurde deshalb die Aufnahme von neun NS-Kandidaten auf der Einheitsliste des Hauptverbands, deren Wahl als gesichert galt.[45] Das Ergebnis für die NSDAP war jedoch ernüchternd. Versprochen hatte sie sich ein Fünftel der Sitze, durchgefallen waren von ihren neun Kandidaten aber acht. Lediglich in Tuttlingen wurde der spätere Führer der Kreisbauernschaft und stellvertretende Präsident der Landwirtschaftskammer, Martin Kohler, gewählt. Der ehemalige Bauernbündler und Sproß einer alteingesessenen Bauernfamilie in Talheim (OA Tuttlingen) war Schultheiß seiner Heimatgemeinde, hatte 1928 noch für den Bauernbund zu Landtag und Reichstag kandidiert und war seit 1931 Mitglied der NSDAP. Alfred Arnold hingegen, prominenter NS-Landwirt, ehemaliges Bauernbundsmitglied und ab 1933 Staatskommissar für Landwirtschaft und Präsident der Landwirtschaftskammer, war in seinem heimatlichen Oberamt Künzelsau glatt durchgefallen.[46] Der Bauernbund konnte triumphieren: sehr mager sei das Wahlergebnis für die NSDAP aus-

---

genossenschaften und Kleinbauernvereinigung entgegenstanden. Alle Sonderlisten bewegten sich im Ergebnis zwischen 2% und max. 6% (Wochenbl. f. Landw. v. 24. Jan. 1920 u. Schw. Tageszt. v. 23. Jan 1920). 1926 hatte der Hauptverband eine Einheitsliste für das ganze Land aufgestellt, die auf den Vorschlägen der 63 landwirtschaftlichen Bezirksvereine basierte. Erst danach wurden die Vorschläge auf die vier Wahlbezirke verteilt. Damit hatten sich die bei der Wahlordnung ursprünglich übergangenen Bezirksvereine durchgesetzt. Vorausgegangen waren zahlreiche Klagen v.a. katholischer Bezirke, in der Kammer unterrepräsentiert zu sein (Wochenbl. f. Landw. v. 30. Jan. 1926). Lediglich im Wahlbezirk II (Neckarkreis) war es zu einer Sonderliste ›Weinbau‹ und im Wahlbezirk II und III (Schwarzwaldkreis) zur kommunistischen Sonderliste ›Kleinbauern‹ gekomen, die beide max. 1,3% der Stimmen erhielten (WÜRTT. WOCHENBLATT v. 13. Febr. 1923).

[44] Mittlg. d. Württ. Stat. Landesamts 1931, S. 250.
[45] Wochenbl. f. Landw. v. 16. Jan. 1932. Vgl. auch TH. SCHNABEL, Württemberg, 1986, S. 102 ff.
[46] Die Wahlergebnisse auf Oberamtsebene in Schw. Tageszt. v. 13. Febr. 1932.

Vereine und Verbände im Umfeld der Parteien

Tabelle 9: Bauernbund und Landwirtschaftskammerwahlen 1920–1932

	Wahlbeteiligung (in %)			Abg.	Kandidaten Bauernbund (in %)			Gewählte Bauernbund (in %)		
	1920	1926	1932		1920	1926	1932	1920	1926	1932
I	56,6	44,3	43,0	13	8/20 (40,0)	9/17 (52,9)	9/18 (50,0)	7 (53,8)	6 (46,2)	6 (46,2)
II	57,0	41,4	40,5	11	9/16 (56,3)	11/16 (68,8)	9/16 (56,3)	8 (72,7)	9 (81,8)	7 (63,6)
III	59,7	40,8	43,1	12	7/20 (35,0)	9/17 (52,9)	8/19 (42,1)	3 (25,0)	6 (50,0)	5 (41,7)
IV	60,7	48,8	51,5	12	6/18 (33,3)	4/16 (25,0)	4/19 (21,1)	4 (33,3)	3 (25,0)	2 (16,7)
LWK	58,4	43,5	44,2	48	30/74 (40,5)	33/66 (50,0)	30/72 (41,7)	22 (45,9)	24 (50,0)	19 (39,6)

Die Übersicht bezieht sich auf die in den vier Wahlbezirken gewählten Landwirte. Zur Wahlbezirkseinteilung: Bezirk I (Jagstkreis), Bezirk II (Neckarkreis), Bezirk III (Schwarzwaldkreis), Bezirk IV (Donaukreis). Vgl. Württ. Wochenbl. f. Landw. v. 17. Jan. 1920. Alle bei den drei Wahlen zu vergebenden Mandate fielen auf die Gemeinschaftslisten des Landwirtschaftlichen Hauptverbands Württemberg. Zugrunde liegen die Berichte über die Kandidatenlisten und die Wahlergebnisse im Württ. Wochenbl. f. Landw. v. 24. Jan. 1920, v. 14. Febr. 1920, v. 6. Febr. 1926, v. 6. März 1926, v. 16. Jan. 1932 u.v. 13. Febr. 1932. Nicht berücksichtigt sind die elf bei jeder Wahl von der Landwirtschaftskammer selbst zugewählten Vertreter, die Vertreter der Forstwirtschaft sowie die landwirtschaftlichen Arbeiter- und Angestelltenvertreter. Die Parteizuordnung der Kandidaten und Abgeordneten zum Bauernbund erfolgte nach dem Personaldatensatz. Lesebeispiel für Wahlbezirk I: 1920 betrug die Wahlbeteiligung 56,6 %. Insgesamt waren im Bezirk 13 Abgeordnete zu wählen. Von insgesamt 20 Kandidaten waren acht Mitglieder des Bauernbundes (40 %). Von den 13 gewählten Abgeordneten waren sieben Mitglied des Bauernbunds (53,8 %). Zur Erklärung: Die Abkürzung LWK bezieht sich auf die 48 gewählten Landwirte zur Landwirtschaftskammer und auf das Ergebnis auf Landesebene.

gefallen. Es sei ihr nicht gelungen, die »Neidgefühle in der Landbevölkerung gegen Beamten- und Großpensionen« auszunutzen. Der Bauer habe gezeigt, wo die Vertretung seiner Interessen beheimatet sei.[47] Auch der landwirtschaftliche Hauptverband attestierte der Bauernschaft, sie habe sich mit der Wahl selbst ein gutes Zeugnis ausgestellt: das Wahlergebnis zeige

»den besten Willen der Bauern, trotz der großen Not und des immer schwieriger werdenden Kampfes um die nackte Existenz, den Weg der Ordnung und der Pflicht nicht zu verlassen. [...] Wenn der schwäbische Bauer ein solches staatsbürgerlich starkes und unanfechtbares Verhalten an den Tag legt, so ist das keineswegs ein Beweis guten Ergehens, wie man dies vielleicht in bestimmten Kreisen wird auslegen wollen.«[48]

Die Landwirtschaftskammerwahlen und die Strukturen im landwirtschaftlichen Hauptverband zeigen die Stabilität der Verhältnisse und das Vertrauen in die etablierten Vertreter und Organe. Das gilt im katholischen Bereich für das Zentrum und im protestantischen Bereich für den Bauernbund. Die Übersicht der Wahlergebnisse von 1920 bis 1932 (vgl. Tab. 9), die sich nur auf den Bauernbund bezieht, bestätigt dies. Die interkonfessionellen Proporz- und Konsensstrukturen zwischen

---

[47] Schw. Tagesztg. v. 6. Febr. 1932 u.v. 8. Febr. 1932.
[48] Wochenbl. f. Landw. v. 30. Jan. 1932.

evangelischer und katholischer Bauernvertretung hatten aus der landwirtschaftlichen Interessenvertretung einen Raum gemacht, den beide Parteien fast vollständig dominierten und in den das Eindringen der NSDAP verhindert werden konnte. Nach einem Rückgang 1926 konnten die mehrheitlich katholischen Bezirke die Wahlbeteiligung 1932 sogar noch forcieren. Aber auch für den Bauernbund gilt: die Landwirtschaftskammerwahlen in ihrer engen Vernetzung mit landwirtschaftlichem Vereinswesen und politischen Parteien waren Ausdruck einer stabilen milieuhaften Verdichtung im ländlichen Bereich.

Diese Grundlinien zeigten sich auch 1933. Die schrittweise Gleichschaltung der landwirtschaftlichen Organe war nicht von unten vorbereitet, sondern per Dekret erzwungen. Reibungslos verlief sie nicht. Geprägt war sie wie in anderen Bereichen auch von einer Mischung aus Kontinuität und oft nur personellem Wandel an der Spitze:[49] Im April 1933 wurde eine Württembergische Landesführergemeinschaft für landwirtschaftliche Organisationen gebildet, die die »Überorganisierung« in der Landwirtschaft beenden sollte. Bis zum Jahresanfang 1934 sollte mit dem Württembergischen Landbund die Einheitsorganisation hergestellt sein. Der Landwirtschaftliche Hauptverband hatte sich zu retten versucht, indem er Wert auf die Fortdauer einer dreistufigen Organisation legte: staatlich in der Landwirtschaftskammer, genossenschaftlich im Verband der landwirtschaftlichen Genossenschaften und auf freier Basis im Hauptverband. Ähnlich hatte sich Michael Franck für den Bauernbund ausgesprochen, was dessen Aufgehen im Hauptverband vorausgesetzt hätte. Die Mitglieder der Landesführergemeinschaft waren als Vertreter vom Hauptverband der Mitbegründer Otto Jäger – der im Mai 1933 allerdings wieder ausgetreten war – und der stellvertretende Vorsitzende Anton Strahl, beide vom Zentrum. Als Vertreter des Bauernbundes waren Franz Schenk Frhr. von Stauffenberg, Heinrich Stooß und der Jungbauer Karl Birk beteiligt. Ihnen standen fünf Vertreter des agrarpolitischen NS-Apparats entgegen: Neben Arnold, dem Reichstagsabgeordneten Heinrich Grund und Martin Bauer waren dies die zwei ehemaligen Bauernbündler Albert Schüle und Martin Kohler.[50] Im Mai 1933 ordnete Arnold zuerst die Neuwahl der Vorsitzenden der landwirtschaftlichen Bezirksvereine an. Kandidaten durften nur praktische Landwirte sein. Im Ergebnis mußten die Nationalsozialisten aufgrund ihres geringen Mitgliederanteils von geeigneten Landwirten auf alte Kandidaten zurückgreifen: Von 61 Bezirksbauernschaften waren mindestens 34 in Vorsitz oder Stellvertretung von Bauernbündlern geleitet. In Ravensburg, Ulm und Waldsee konnte erst gar kein »bodenständiger Landwirt« gefunden werden.[51] Schrittweise wurden dann die landwirtschaftlichen Organe reorganisiert. Das Ergebnis waren »drei Säulen«, auf denen die Landesbauernschaft

---

[49] TH. SCHNABEL, Württemberg, 1986, S. 226 ff.
[50] Schw. Tageszg. v. 1. April 1933 u. Wochenbl. f. Landw. v. 8. April 1933 u. v. 22. April 1933.
[51] Wochenbl. f. Landw. v. 6. Mai 1933 u. v. 20. Mai 1933. Vgl. auch TH. SCHNABEL, Württemberg, 1986, S. 226 ff. mit niedrigeren Zahlen. Hier auch die prominenten Beispiele Heinrich Stooß, Jakob Wernwag und Heinrich Haag.

Vereine und Verbände im Umfeld der Parteien 253

fußte. An der Spitze aller drei Organisationen stand seit Januar 1934 der Landesbauernführer Arnold.[52]

3. Nationale Vereine und Verbände

Die Nationalismusforschung wandte sich früh und mit Vorliebe den nationalistischen Massenverbänden der wilhelminischen Ära zu. Der organisierte Nationalismus war Anlaß zu grundsätzlichen Kontroversen über den Stellenwert des Kaiserreichs in der deutschen Geschichte: die These vom wilhelminischen Radikalnationalismus als »Mobilisierung von oben« zur Sicherung des Einflusses vormoderner Eliten im Zeitalter der politischen Massen stand gegen die These der »Mobilisierung von unten« mit der Nation als partizipationsfordernde Appellinstanz im wilhelminischen Staat.[1] Als Maßstab galten Organisationsgeschichte, Sozialstruktur, Mobilisierungsmuster und die ideologischen Versatzstücke der nationalen Verbände.[2] Wie für zahlreiche andere Bereiche der Parteien- und Verbandsforschung gilt auch hier ein reichsweiter oder preußischer Bias: über die regionale Morphologie der großen nationalen Verbände weist die Forschungslage nur wenige Erkenntnisse auf.

Auch nach der kulturalistischen Wende in der Geschichtswissenschaft blieb das Interesse am Nationalismus ungebrochen. Die sozial- und kulturgeschichtliche Forschung widmete sich den Repräsentanzformen und -praxen des Nationalen im regionalen, sozialen, kulturellen und geschlechtsspezifischen, nur partiell auch im konfessionellen Kontext. Als Vermittler der kulturellen Nationsbildung einer »imagined community«[3] wurden Sänger, Schützen und Turner, Denkmäler sowie Heimatgedanke und föderativer Nationalismus untersucht.[4] Im Zentrum der Diskussion

---

[52] Stellvertreter in der Württembergischen Bauernkammer war Martin Kohler. Der alte Präsident Adorno war bereits im Mai 1933 »mit Rücksicht auf die durchzuführende Umbildung der landwirtschaftlichen Organisationen« zurückgetreten. Stellvertretende Präsidenten der Landesbauernschaft Württemberg und Hohenzollern mit nunmehriger Zwangsmitgliedschaft waren Schüle und Kohler. Der ehemalige Präsident Dietlen war zusammen mit Adorno zurückgetreten. Stellvertretender Vorsitzender des Württembergischen Landesverbands landwirtschaftlicher Genossenschaften war ebenfalls Schüle. Sein Vorgänger Stauffenberg war »in verständnisvoller Erkenntnis der notwendigen Entwicklung der Dinge« zurückgetreten. Nach der Umbildung der Bauernkammer im September 1933 hatte als letzter der Organisationsspitzen der Direktor der Landwirtschaftskammer, Wilhelm Ströbel, seinen Rücktritt erklärt (Wochenbl. f. Landw. v. 10. Juni 1933, v. 8. Juli 1933 u.v. 2. Sept. 1933).
[1] H.-U. WEHLER, Zur Funktion und Struktur, 1979. Gegenposition: G. ELEY, Some Thoughts, 1981.
[2] Maßgeblich die Studie zum Alldeutschen Verband von R. CHICKERING, We Men, 1984.
[3] B. ANDERSON, 1993.
[4] Vgl. die Aufsätze in D. LANGEWIESCHE, Nation, Nationalismus, Nationalstaat, 2000; S. GOLTERMANN, 1998; S. ILLIG, 1998; C. TACKE, Denkmal im sozialen Raum, 1995; A. CONFINO, Nation as Local Metaphor, 1997; C. APPLEGATE, 1990, J. LINK/W. WÜLFING, 1991; E. FRANÇOIS/H. SIEGRIST/J. VOGEL, 1995 sowie die Beiträge in D. LANGEWIESCHE/G. SCHMIDT, 2000. Weitere Ausführungen hierzu unten S. 396 ff.

stand unverändert der Funktions- und Bedeutungswandel des Nationalismus und sein Wandel von einer Emanzipationsideologie der Linken zu einem aggressiven Kampfbegriff der Rechten nach der Reichsgründung und als Folge der Partizipationskrisen des Kaiserreichs.[5] Die Auftrennung in eine vermeintlich friedliche Früh- und eine aggressive Spätphase verstellt jedoch in vielerlei Hinsicht den Blick auf das komplexe Gemisch des Nationalismus und das Ineinander von Partizipationsverheißung und Gewaltbereitschaft.[6]

Konservatismus und Nationalismus waren ursprünglich Antipoden. Nationalismus als Befreiungsideologie war egalitär, anti-ständisch, reichsweit, dynamisch und ›modern‹. Konservatismus als gesellschaftliche Traditionsideologie galt als Prinzip der Beharrung, der sozialen Exklusivität und war partikularistisch. Im 19. Jahrhundert wurde der Konservatismus schrittweise national, dadurch populistisch erneuert und ›modern‹. Erst dann konnte er Massenresonanz finden. Der Nationalismus wandelte sich von einer linken Emanzipations- zur rechten Integrationsideologie. Der alte Konservatismus gehörte dabei zu den Verlierern. Der neue, nationale Konservatismus war ein anderer: das dynamische Gemisch aus Nationalismus und Populismus ließ ihn vor allem nach dem Ersten Weltkrieg anders aussehen und auftreten. Im Mittelpunkt der Forschungen zum Konservatismus des späten Kaiserreichs und der Weimarer Republik standen deshalb immer schon die Fragen nach Kontinuität und Wandel der nationalen Verbände und ihres Verhältnisses zu den konservativen Parteien sowie nach dem Ursprung »faschistischer Potentiale« im Konservatismus vor und nach dem Ersten Weltkrieg.[7] Die These von der »nachholenden Milieubildung« des Konservatismus basiert zu einem guten Teil auf der milieuhaften Verdichtung der nationalen Verbände und ihrer personellen Vernetzung und Verflechtung mit der DNVP als rechter Sammlungspartei nach 1918/19.[8] Anhand der nationalen Vereine und Verbände in Württemberg soll dies – auch wenn es keine monographische Vorstudien gibt – untersucht werden.

a) Militär- und Kriegervereine

Die Militär- und Kriegervereine des Landes stellten in mehrerlei Hinsicht eine Ausnahme dar. Erstens waren sie mit Abstand die mitgliederstärksten Vereine. Zum zweiten waren sie die einzige Spielart der nationalen Vereine, die sowohl im katholischen als auch im protestantischen Bereich eine Rolle spielten. Und schließlich waren sie das einzige nationale Assoziationswesen, das auf dem Land Resonanz fand. Während alle anderen nationalen Gruppierungen auf das städtische Bürgertum be-

---

[5] H. A. WINKLER, Nationalismus, 1985 sowie O. DANN, Nation und Nationalismus, 1996.
[6] D. LANGEWIESCHE, Nationalismus im 19. und 20. Jahrhundert, 1994; D. LANGEWIESCHE, Nation, Nationalismus, Nationalstaat: Forschungsstand, 1995. Generell zur Nationalismusforschung: P. ALTER, 1985, die Literaturangaben bei D. LANGEWIESCHE, Nation, Nationalismus, Nationalstaat, 2000 sowie die Beiträge in U. PUSCHNER/W. SCHMITZ, J. H. ULBRICHT, 1996.
[7] G. ELEY, Conservatives and Radical Nationalists, 1990 u. ö.
[8] H. MATTHIESEN, Greifswald, 2000; F. BÖSCH, 2002.

grenzt blieben, waren die Kriegervereine stärker in den nichtindustrialisierten und weniger urbanisierten Gegenden vertreten.[9] Der Großteil der Militärvereine war im 1877 gegründeten Württembergischen Kriegerbund organisiert. Die Mitgliederentwicklung war rasch und kontinuierlich verlaufen, auch über den Umbruch von 1918 hinweg.[10] Im Kriegerbund herrschte ein breiter Konsens: man war national, indem man den Landesherrn und den Kaiser verehrte, den monarchischen Gedanken pflegte und das Nationalbewußtsein förderte. Konsens bestand auch in der Bekämpfung der Sozialdemokratie, auch wenn sich die Ausschlußklausel über eine nicht zu vereinbarende Mitgliedschaft in der SPD und im Kriegerbund nicht durchsetzen ließ.[11] Der Antisozialismus war ein Kohäsionsfaktor des Bundes. Jedes darüber hinausgehende parteipolitische Engagement sollte jedoch vermieden werden. In der Folge bedeutete dies: der Kriegerbund unterstützte die nationalen Parteien in toto, den Demokraten und – je nach reichspolitischer Konstellation dem Zentrum – stand er skeptisch entgegen. Das prominenteste Beispiel des »Mißbrauchs« des Kriegerbundes für parteipolitische Zwecke war bei der Kandidatur des konservativen Grafen von Leutrum vorgefallen, das sowohl einzelne Bezirksvorstände als auch das Präsidium scharf kritisierten.[12]

Die Kriegervereine waren Teil des lokalen Vereins- und Honoratiorengeflechts. Während die Bezirksvorstände meist hohe Militärs, Adlige oder hohe Beamte waren, waren die dörflichen Vereine von Vorzeigebauern getragen. Das galt im pro-

---

[9] A. GAWATZ, Wahlkämpfe, 2001, S. 128 ff. Wegen der hier erfolgten Untersuchung der Militärvereine im Kaiserreich kann sich die vorliegende Arbeit auf Ergänzungen beschränken.

[10] Bei der Gründung 1877 waren 25 Vereine beteiligt. Bereits 10 Jahre später waren es 766 Vereine mit 29 200 Mitgliedern. 1891 verzeichnete der Bund 44 000 Mitglieder und 1905 rund 96 000. (Dt. Volksbl. v. 24.5.1893 u. A. GAWATZ, Wahlkämpfe, 2001, S. 128. Höhere Zahlen bei TH. ROHKRÄMER, 1990, S. 271). Zwischen 1907 und 1911 stieg die Mitgliederzahl von 104 000 auf 116 000 an (Geschäfts- und Rechenschafts-Bericht des Württ. Kriegerbundes, 1908 ff.). Im Gegensatz zum reichsweiten Mitgliederrückgang nach 1918, bedingt auch durch Neu- und Gegengründungen ähnlicher Art (vgl. C. J. ELLIOTT, 1975), stieg die Mitgliederzahl in Württemberg kontinuierlich an: 1920: 126 600; 1920: 130 400 in 1830 Vereinen (Württ. Krieger-Kalender 1921 bzw. 1922). 1928 wurden 157 400 Mitglieder in 1 648 Vereinen angegeben, was einem Anstieg zum Vorjahr um weitere 5 700 Mitglieder entsprach (Schw. Kronik v. 23. April 1928). Mitte der 1920er Jahre entsprach dies rund 10 % der männlichen Bevölkerung. Hinter dem preußischen, bayerischen und sächsischen Kriegerbund lag Württemberg seiner Bevölkerungszahl entsprechend an vierter Stelle im Reich.

[11] TH. ROHKRÄMER, 1990, S. 41 ff. Vgl. das Zirkular des Württ. Kriegerbundes zu den Stichwahlen der RT-Wahl 1903 in Dt. Reichspost v. 24. Juni 1903: »Angesichts der Tatsache, daß in sieben Wahlkreisen die Erwählung eines Sozialdemokraten in Frage steht, würde das Präsidium einer Versäumnis sich schuldig machen, wenn es die Kameraden der genannten Wahlkreise nicht ernstlich daran erinnern würde, wie die Satzung unseres Bundes jedem einzelnen Mitgliede in erster Linie zur Pflicht macht: Die guten Gesinnungen für Kaiser und Reich, für König und Vaterland in Treue und Liebe wach zu halten, zu befestigen und zu betätigen. [...] Jedes Mitglied unseres Bundes, welches für einen Sozialdemokraten eintritt oder einem solchen seine Stimme gibt, verletzt diejenigen Pflichten, welche es bei dem Eintritt in unseren Bund übernommen hat.« Weitere Beispiele bei A. GAWATZ, Wahlkämpfe, 2001, S. 128 ff.

[12] Dt. Reichspost v. 21. Nov. 1906. Leutrum hatte bei der Reichstagswahl 1903 sein Programm in einer Vorständeversammlung der Kriegervereine dargelegt (Beobachter v. 28. Febr. 1903 u. v. 11. April 1903; sowie Schw. Kronik v. 11. April 1903 M). Zur Kandidatur Leutrum siehe unten S. 282.

testantischen Bereich auch für den Bauernbund. Der ›klassische‹ bauernbündlerische Vorsitzende eines Kriegervereins war hier in aller Regel Vorstand von Genossenschaft, Darlehenskasse und landwirtschaftlichem Verein, Vorsitzender weiterer landwirtschaftlicher Spezialvereine, zumindest im Gemeinderat vertreten, meist aber Dorfschultheiß.[13] Darin unterschied er sich in nichts von seinem katholischen dörflichen Pendant. Die patriotischen Feiern – Fahnenweihen, Umzüge, Feiern aus Anlaß des Geburtstages des Landesherrn u.ä. – waren Standardprogramm in Dorf und Stadt, zunehmend auch Ausdruck der Militarisierung der Gesellschaft.[14] An diesen Strukturen änderte sich auch nach dem Ersten Weltkrieg nur wenig. War der frühere Schutzherr des Kriegerbundes der König gewesen, so war er als nunmehriger Herzog von Württemberg bis zu seinem Tod Ehrenmitglied. Bei den Bundestagen war in aller Regel der Staatspräsident anwesend, der fast formelhaft die konfessionelle und parteipolitische Neutralität der Vereine betonte.[15]

Die Popularität der Kriegervereine über den Umbruch hinweg erklärt sich auch aus den nun deutlich veränderten Aufgaben des Kriegerbundes: seine »vornehmste Aufgabe« sah er in der Kriegsopfer- und Kriegshinterbliebenenfürsorge sowie in der Sammlung für Kriegerdenkmale und Denkmalspflege. Vor allem die Witwen- und Waisenkasse sowie der Bau von Kriegererholungsheimen standen im Mittelpunkt und waren ein wesentlicher Faktor seiner Attraktivität.[16] In den Kriegervereinen wurden in der Weimarer Zeit sicherlich keine republikanischen Leitbilder gepflegt. Sie galten dem rechten Parteienspektrum nahestehend.[17] Insgesamt aber sind sie eher als Teil der sozialen Bewältigung und der gesellschaftlichen Erinnerungskultur an das Weltkriegsgeschehen zu bewerten.[18]

---

[13] Als Beispiele: Der Bauernbundsabgeordnete Johann Karle aus Westernach (OA) Öhringen war Vorstand des örtlichen Kriegervereins, Vorsitzender des Obstbauvereins und Dorfschultheiß. Gottlieb Schmid, Gutsbesitzer, Gemeinde- und Bezirksrat, Vorstand der Darlehenskasse und des Bienenzüchtervereins, war 1888 mit dreijähriger Dienstzeit »zum Militär ausgehoben worden« und hatte 1902 in seiner Heimatgemeinde Schöckingen (OA Leonberg) einen Kriegerverein gegründet, dem er mindestens bis 1928 vorstand (Schw. Landmann v. 30. Juni 1928). Der Katholik Peter Schweizer, Landwirt und Obstbauer in Rohrdorf (OA Horb), führte das Ortssteueramt seiner Heimatgemeinde, war über 30 Jahre landwirtschaftlicher Versicherungsagent im Oberamt (Feuer- und Hagelversicherung), Vorsitzender des Obstbauvereins und hatte ebenfalls 1897 den örtlichen Kriegerverein gegründet (Schw. Landmann v. 10. Mai 1924).
[14] D. DÜDING, Kriegervereine, 1986.
[15] Beispiele: Staatspräsident Hieber 1920 (Süddt. Ztg. v. 6. Aug. 1921; Schw. Kronik v. 19. Sept. 1920 M) u. Staatspräsident Bazille 1928 (Süddt. Ztg. v. 23. April 1928).
[16] Süddt. Ztg. v. 23. April 1928. In den 1920er Jahren finanzierte der Kriegerbund drei Kriegererholungsheime in Württemberg (Heiligkreuztal, Niedernau und Herrenalb). Vgl. z.B. Bericht über Herrenalber Kriegererholungsheim in Württ. Krieger-Kalender 1921.
[17] Vgl. hierzu die Bemerkungen bei L. HEGELMAIER, Beamter und Soldat, 1937, dem zweiten Vorsitzenden des württembergischen Kriegerbundes in der Weimarer Zeit hinter den Generälen Gerok und Maur.
[18] M. TRAUTHIG, 1999 sowie die Beiträge in G. HIRSCHFELD/G. KRUMEICH/D. LANGEWIESCHE, 1997 u. J. DUPPLER/G. P. GROSS, 1999.

b) Alldeutscher Verband, Flottenverein und Wehrverein

Schon von ihrer Zielsetzung her unterschieden sich die Kriegervereine als Teil des Vereinswesens von den großen Agitationsverbänden. Für die nationalen Verbände[19], die ihre Ableger auch in Württemberg hatten, gilt festzuhalten: Sie waren eine fast ausschließliche Angelegenheit der bildungs- und besitzbürgerlichen städtisch-protestantischen Honoratioren. Auf dem Land spielten sie keine Rolle. In ihrer parteipolitischen Affinität waren sie deutlich von Vertretern der Deutschen Partei oder von Parteilosen getragen. Die württembergischen Nationalliberalen mit ihrem freikonservativen Einschlag waren traditionell die Träger des nationalen Gedankens. Das veränderte sich erst in den letzten Jahren vor dem Ersten Weltkrieg und deutlicher noch nach 1918 durch den Zuzug der Nationalliberalen zur Bürgerpartei. Wie stark sich die Affiliationen veränderten, soll beispielhaft an den großen nationalen Verbänden herausgearbeitet werden. Drittens waren sie im reichsweiten Vergleich schwach organisiert. Das hierfür verantwortliche Ursachengeflecht ist komplex: demokratische Tradition im liberalen Südwesten, der generell niedriger einzuschätzende Stellenwert des Militärischen in der württembergischen Gesellschaft, weniger stark ausgebildete gesellschaftliche Konfliktstrukturen, eine Abneigung gegen alles ›Norddeutsche‹ und eine ausgeprägte Organisationsunwilligkeit in Vereinen und Verbänden, die polarisierten und mit der man sich im lokalen und im landesweiten bürgerlichen Honoratiorennetz marginalisierte, auch wenn man oft stillschweigend die ›gute Sache‹ durch seine Mitgliedschaft unterstützte.

Für den Wehrverein wurde als einzigem dieser Verbände einiges davon herausgearbeitet.[20] In der Sozialstruktur zeigt sich ein hoher Anteil an Militärs und hohen Beamten, in der lokalen Präsenz eine Konzentration auf die jeweiligen administrativen Zentren, also vor allem Stuttgart und die dominant protestantischen Oberamtsstädte. Hinzu kommt ein rasches Anwachsen der Mitgliederzahlen nach der Gründung von 1912 – terminlich auf die Reichstagswahlen sowie vor allem die anstehende Militärvorlage von 1913 zu datieren – mit sofort einsetzender Stagnation und anschließendem Mitgliederrückgang, nachdem das Hauptanliegen erledigt war. Statt öffentlicher Agitation blieb die Mitgliederwerbung im persönlichen Umfeld und in der hohen Verwaltung dominant. Die Führung stand den Nationalliberalen nahe, die engste Verbindung bestand zum *Schwäbischen Merkur* als Honoratiorenblatt.[21] Als

---

[19] Hierzu der Überblick bei H.-P. ULLMANN, Interessenverbände, 1988, S. 104–113 mit weiterer Literatur sowie G. ELEY, Reshaping, 1991. Mit Schwerpunkt auf die Reichstagswahlen von 1903 und 1907, allerdings ohne regionale Differenzierung A. GRIESSMER, 2000.
[20] M. SHEVIN-COETZEE, Mobilization of the Right?, 1985. Zum Wehrverein insgesamt: R. CHICKERING, Der »Deutsche Wehrverein«, 1979 u. M. SHEVIN-COETZEE, German Army League, 1990.
[21] Ehrenmitglied war mit Karl Elben einer der Besitzer des *Schwäbischen Merkurs*. Vgl. auch Schw. Kronik v. 26. Jan 1912 M: »110 Sozialdemokraten im Reichstag! Mehr als ein Viertel aller Reichstagssitze! Bürger organisiert Euch! Wahret den Frieden im Innern des Reichs, wie nach außen! Tretet ein in die nationalen Vereine!« Die *Deutsche Reichspost* schloß sich erst zum Landtagswahlkampf im Nov. 1912 an und veröffentlichte einen Aufruf des Landesverbands: »Bald wird wahrscheinlich die Zeit

einziger Parteikonservativer war im Landesausschuß der Leonberger Rechtsanwalt Jonathan Roth vertreten.[22]

Ähnliches gilt für den Flottenverein. Seine Entstehung verdankte er den Auseinandersetzungen um den Ausbau der Hochseeflotte Ende der 1890er Jahre. Als einzigem der Verbände gelang ihm reichsweit die Entwicklung zur Massenorganisation. In Württemberg stand er unter dem Protektorat des Königs, Vorsitzender war zuerst Fürst Carl von Urach, Graf von Württemberg, als Nachfolger dann Ernst Fürst zu Hohenlohe-Langenburg. Das angestrebte »Volksvereins«-Prinzip konnte im Land trotz eines Mitgliedzuwachses nicht umgesetzt werden.[23] Der Verband blieb Honoratiorenverein, weil und solange er die offizielle Förderung von Regierung und Verwaltung genoß.[24]

Dem Reichsverband gegen die Sozialdemokratie hingegen stand mit Ernst Schott ein Konservativer vor.[25] Während der Verband bereits 1904 gegründet worden war, kam es erst 1911 zu einer Ortsgruppe in Stuttgart.[26] 1907, als der Internationale Sozialistenkongreß das einzige Mal zwischen 1890 und 1914 auf deutschem Boden in Stuttgart getagt hatte, war die Berliner Zentrale des Reichsverbands mit einer Eingabe an die württembergische Regierung gescheitert, den Kongreß verbieten zu lassen.[27] Bei der Gründung des Verbands in Stuttgart war es 1911 zu Tumulten gekommen: anwesende Sozialdemokraten hatten die »Arbeitermarseillaise« angestimmt, der die Reichsverbändler das Deutschlandlied entgegenhielten. Der *Beobachter* kommentierte süffisant, die »Bekämpfung der Irrlehren« müsse wohl doch vom Norden ausgehen.[28] Auch die Landesregierung hatte kein Interesse an einer Kooperation mit dem Verband.[29]

---

kommen, in der Hab und Gut, die Größe des Deutschen Reiches, mit dem Schwert zu verteidigen sein wird« (Dt. Reichspost v. 6. Nov. 1912).
[22] M. SHEVIN-COETZEE, Mobilization of the Right?, 1985, S. 441.
[23] Zur organisatorischen Entwicklung: 1903: 6256 Mitglieder in 93 Ortsgruppen; 1912: 14258 Mitglieder in 282 Ortsgruppen; 1913: 14347 in 270 Ortsgruppen; 1917: 13048 in 268 Ortsgruppen (vgl. Rechenschaftsberichte 1903, 1912 u. 1914/17 in WLB Stuttgart, Kl. Württ. Drucks. A 26 C/259). Im Gegensatz zum Reichsverband fand ein relativer Mitgliederschub erst deutlich nach 1900 statt. Jedoch entsprach auch der Höchststand 1912 lediglich 1,3 % der reichsweiten Mitglieder. Zur Änderung der Konzeption des Flottenvereins vom »Regierungsverein« zum »Volksverein« um 1900 und seiner anschließenden Radikalisierung H.-P. ULLMANN, Interessenverbände, 1988, S. 111 ff.
[24] Bericht über eine Versammlung des Flottenvereins in Stuttgart in Beobachter v. 24. Jan. 1907: »König und Königin erschienen pünktlich. Die Rede [Dernburgs] war nicht agitatorisch gedacht.«
[25] Schw. Kronik v. 26. Jan. 1912 M.
[26] Dt. Volksbl. v. 20. Okt. 1911.
[27] HStA Stuttgart, E 130a, Bü 1018 u. 2047. Vgl. M. CHRIST-GMELIN, Sozialdemokratie, 1979, S. 119 f.
[28] Bericht über Gründung in Schw. Kronik v. 31. Okt. 1911 M u. Beobachter v. 31. Okt. 1911.
[29] Als der Reichsverband sich zu den anstehenden Landtagswahlen 1912 an alle Oberamtmänner im Land gewandt hatte, ihre Amtsstellung in den Dienst den Ausdehnung der Verbandsorganisation zu stellen, reagierte der Innenminister Pischek, es sei nicht Aufgabe der Oberamtmänner, dieser Bitte zu entsprechen (StA Ludwigsburg, E 179 II, Bü 6949).

Als der schlagkräftigste der nationalen Agitationsverbände gerierte sich der Alldeutsche Verband.[30] Er verstand sich als Pionierorganisation der nationalen Rechten: lautstark, öffentlichkeitswirksam und zentral organisiert. In seiner Aktivität und Radikalität übertraf er alle anderen Spielarten der nationalen Verbände. Seine Wurzeln lagen ursprünglich in der Kolonialbewegung der 1880er Jahre. Einen ersten Zenit hatte er 1902 im Zuge der Burenagitation bereits überschritten. 1908, nach der Übernahme des Vorsitzes durch Heinrich Claß und protegiert von Persönlichkeiten der rheinisch-westfälischen Schwerindustrie, profitierte der Verband von der Verschärfung des außen- und innenpolitischen Klimas. Spätestens seit der Daily-Telegraph-Affäre stand er in offener Opposition zur Regierung, gewann dadurch an Gewicht innerhalb der nationalen Verbände und nahm stärker noch als zuvor rassenantisemitische Züge an.

In Württemberg führte der Verband ein Schattendasein, aber es gab seit 1898 Ortsvereine in Ulm und Stuttgart.[31] Für Stuttgart läßt sich anhand eines erhaltenen Jahresberichts genaueres sagen: Anfang 1901 hatte der Ortsverein, unbestritten der größte im Land, 128 Mitglieder. Anfang 1902 waren es dann 135. Allerdings war ein Teil davon durch den akademischen Liederkranz, den Germanenbund und die Burschenschaft Ghibellinia korporativ beigetreten. Die *Alldeutschen Blätter* wurden von 43 Mitgliedern im Land gehalten. Man treffe sich in vierzehntägigem Abstand im kleinen Kreis, so der Jahresbericht. Der Kassenbericht vermeldete einen Verbandsschatz von 110 Mark, von dem 20 Mark für den Aufbau einen »kleinen alldeutschen Bücherei« bereitgestellt wurden. Das Mitgliederverzeichnis wies in deutlicher Dominanz freiberufliche Akademiker, Fabrikanten, Professoren und Beamte auf. Prominente Vertreter der Deutschen Partei waren Johannes Hieber, der Apotheker Hermann Reihlen und der Geheime Kommerzienrat und Fabrikant Gustav Siegle. Aber auch Konservative waren zu finden: Friedrich Schrempf als Reichstagsabgeordneter, Theodor Wolff und Hermann Hiller vom Schutzverein für Handel und Gewerbe.[32]

Verbandsinterna der Alldeutschen in Württemberg liegen im Dunkeln. Auch in der Presse wurde nur selten über den Verband berichtet. Zu vermuten ist jedoch, daß er im Land stärker als sein Reichspendant an seiner ursprünglichen Zielsetzung der Kolonialpolitik festhielt – und in Württemberg bedeutete dies vor allem das Engagement für die Donauschwaben in Ungarn und für die Ausgewanderten in Deutsch-Südwestafrika.[33] Auch in der Hochphase der Burenagitation war diese eine gesamtbürgerliche Angelegenheit: Für die »mannigfache Unterstützung seiner Bu-

---

[30] Generell zum ADV: R. CHICKERING, We Men, 1984; H. BERDING, 1988, S. 133 ff.; A. KRUCK, 1954 u. M. S. WERTHEIMER, 1971 [zuerst 1924] sowie M. GRIESSMER, 2000.
[31] Bericht über Vertretertag der süddeutscher Ortsgruppen in Ulm in Schw. Kronik v. 12. Juli 1898 M.
[32] 4. Jahresbericht der Ortsgruppe Stuttgart des Alldeutschen Verbands 1901 nebst Mitgliederliste in WLB Stuttgart, Kl. Württ. Drucks. A 26 C/201.
[33] Berichte in Dt. Reichspost v. 22. April 1903 (Stuttgart) und Schw. Kronik v. 15. Jan 1907 A (Vortrag in Nürtingen mit der Deutschen Kolonialgesellschaft) sowie Schw. Kronik v. 17. Jan. 1907 M (Versammlung in Göppingen mit einer Farmersfrau über ihre »Erlebnisse im Hererolande«).

rensammlung« dankte der Verband allen bürgerlichen Blättern in Stuttgart: *Schwäbischer Merkur, Neues Tagblatt, Württembergische Volkszeitung, Reichspost* und *Beobachter*.[34]

Im selben Jahr, 1901, wurden zwei Männer in den Ausschuß der Ortsgruppe Stuttgart gewählt, die in den folgenden Jahren das Gesicht des Verbandes im Land prägen sollten. Die beiden Zwillingsbrüder Heinrich und Christian Calmbach galten als persönliche Freunde des späteren Verbandsvorsitzenden Claß. Heinrich Calmbach war Gymnasialprofessor in Cannstatt, sein Bruder Christian Gymnasialvikar in Ludwigsburg. Der aktivere unter ihnen war Heinrich, was zur Folge hatte, daß sich die Aktivitäten des Alldeutschen Verbands auch weiterhin auf Stuttgart konzentrierten. Zu einem landesweiten Verbandstag war es nur 1904 gekommen. In den folgenden Jahren bestanden die Veranstaltungen der Alldeutschen in aller Regel aus einem Vortrag eines auswärtigen Redners. Die *Deutsche Reichspost* lud bis auf eine Ausnahme zu den Veranstaltungen weder ein noch berichtete sie anschließend darüber: die Berichterstattung war Angelegenheit des *Schwäbischen Merkurs*.[35] Neben den erwähnten Städten konnte nur noch eine Ortsgruppe in Tübingen ermittelt werden. Der Vorsitzende war hier 1911 der nationalliberale Universitätsbuchhändler.[36] Es kann als wahrscheinlich gelten, daß die Alldeutschen in Württemberg in den Jahren 1911/12 ihren organisatorischen und auch öffentlichkeitswirksamen Höhepunkt erreicht hatten. Die Marokkofrage und die anstehende Wahlen mobilisierten auch hier.[37]

c) Vaterlandspartei

Das Bild der Vaterlandspartei ist von ihrer imposanten Mitgliederzahl und ihrem Versammlungsbetrieb bestimmt. Ihre Interpretation schwankt zwischen der Versinnbildlichung konservativ-reaktionärer Kontinuitäts- und Traditionslinien, einer protofaschistischen Massenbewegung und dem letzten honoratiorenpolitisch organisiertem Versuch, die ›alte Ordnung‹ der wilhelminischen Epoche zu retten. Für Württemberg erwies sich die Sammlungspartei, die die Struktur- und Organisationselemente der nationalen Verbände mit denen einer Partei vereinen wollte, als »völliger Fehlschlag«.[38] Man war Mitglied der Vaterlandspartei, weil es zum guten nationalen Ton gehörte. Das galt sowohl für Nationalliberale als auch für Konser-

---

[34] 4. Jahresbericht der Ortsgruppe Stuttgart des Alldeutschen Verbands 1901 nebst Mitgliederliste in WLB Stuttgart, Kl. Württ. Drucks. A 26 C/201.
[35] Die Vortragstätigkeit des Verbands konnte anhand der Chronik der Stadt Stuttgart ermittelt werden: 1904: 1; 1905: 4; 1906: 2; 1907: 4; 1911: 2 und 1912: 3.
[36] Handbuch des Alldeutschen Verbandes, 1911, S. 14.
[37] Zu einem Vortrag über »Marokko als Ehr- und Machtfrage für das Reich« sollen sich rund 400 Besucher in Stuttgart versammelt haben (Dt. Reichspost v. 16. Sept. 1911).
[38] H. HAGENLÜCKE, Deutsche Vaterlandspartei, 1997 mit Diskussion der älteren Interpretationen S. 402 ff. sowie S. 244–247 zu Württemberg. Den Mitgliederhöchststand im Land gibt er für Mai 1918 mit 13 200 (mit korporativen Mitgliedern) an. Den Landesverband hat H. P. MÜLLER, Deutsche Vaterlandspartei, 2000, untersucht, der allerdings in die alte Kerbe der ›protofaschistischen Massen-

vative, auch wenn die Nationalliberalen in der deutlichen Mehrheit waren. Ansonsten hielt man sich eher zurück und war »stiller Freund« des Unternehmens: »Einverständnis in der Sache, Fernbleiben aber der Form wegen mit Rücksicht auf die zum höheren und engeren Kreis der Regierung gehörende Stellung.«[39] Eine der Ursachen für die Zurückhaltung der Beamten im Land wurde auch in der Unterstützung des Ministerpräsidenten Weizsäcker für Bethmann Hollweg und der Ablehnung von Tirpitz gesehen. Überhaupt, so ein interner Stimmungsbericht aus der Vaterlandspartei, zeige sich die »württembergische Schwerfälligkeit« und das »Mißtrauen gegen alles, was nicht innerhalb der schwarzroten Grenzpfähle gewachsen« sei.[40] Symptomatisch war auch, daß den Vorsitz nicht der Hauptinitiator der Vaterlandspartei in Württemberg, Johannes Hieber, übernommen hatte, sondern der Tübinger Jura-Professor und Nicht-Württemberger Philipp von Heck.[41] Nach einem relativ raschen Mitgliederanstieg im Spätherbst 1917 wurde es bereits im Frühjahr 1918 ruhig um die Vaterlandspartei. In der Presse hatte sie kaum mehr eine Bedeutung.

Auf lokaler Ebene zeichnen sich folgende Muster ab: organisiert war die Vaterlandspartei dort, wo die nationalen Parteien verankert waren: in den überwiegend protestantischen Oberamtsstädten und mit dem größten Ortsverein natürlich in Stuttgart. Dabei war es von zweitrangiger Bedeutung, ob im Ort ein nationalliberaler oder ein konservativer parteipolitischer Verein dominierte.[42] Im Zeichen des Burgfriedens und der Kriegszielpolitik stellte die Vaterlandspartei die gemeinsame Basis für ein Zusammenarbeiten des nationalen Bildungs- und Besitzbürgertums dar. Desweiteren zeigt sich in der Zusammenschau, daß die Mitgliedschaft in der Vaterlandspartei die Parteizugehörigkeit nach 1918/19 keineswegs präjudizierte. Die Bürgerpartei war trotz des Zuzugs zahlreicher Nationalliberaler keine Fortsetzung der Vaterlandspartei, auch wenn sie den ›nationalen Gedanken‹ sukzessiv zu monopolisieren versuchte.[43] Das zeigen nicht nur die prominenten Beispiele wie Johannes Hieber als führender Kopf der DDP. Für die DVP sind der zweite Vorsitzende der württembergischen Vaterlandspartei, Gottlob Egelhaaf anzuführen oder der Stuttgarter Vorsitzende, der Esslinger Seminarrektor Albert Wetzel, der sich der Bürgerpartei nicht, der Deutschen Volkspartei aber sofort nach ihrer Gründung angeschlossen hatte.

Die Vaterlandspartei in Württemberg kann also nur sehr eingeschränkt als Katalysator zur nationalen Amalgamierung im Parteiensystem nach 1918/19 gesehen wer-

---

bewegung‹ schlägt und mit der Vaterlandspartei die »Vorgeschichte des Faschismus« in Württemberg beginnen läßt.
[39] So im Rückblick die Südd. Ztg. v. 23. Febr. 1921 (»Herr Hieber und die Vaterlandspartei«).
[40] Zitiert bei H. HAGENLÜCKE, Deutsche Vaterlandspartei, 1997, S. 247.
[41] Hieber hatte wegen Wolfgang Kapp und dem Namen ›Vaterlandspartei‹ auf den Vorsitz des ursprünglich als Allparteienbündnis geplanten Unternehmens verzichtet (Südd. Ztg. v. 23. Febr. 1921). Zu Heck vgl. M. BIASTOCH, 1996 S. 20 u. 38 sowie NDB 8 (1969), S. 176 f.
[42] Gründungsberichte in Ludwigsburg (Schulrat Wilhelm Haller), Tübingen (Prof. Johannes Haller), Freudenstadt, Nagold (Seminaroberlehrer Köberle), Cannstatt, Kirchheim und Hall in Schw. Kronik v. 15. Jan. 1918 M u. v. 16. Jan. 1918 M. Vgl. auch H. P. MÜLLER, Deutsche Vaterlandspartei, 2000.
[43] Siehe hierzu unten S. 396 ff.

den. Aufgrund der Tatsache, daß in allen bürgerlichen Nachkriegsparteien Mitglieder der Vaterlandspartei vertreten waren, fand nach dem Umsturz in der öffentlichen Diskussion in Württemberg auch so gut wie keine Auseinandersetzung darüber statt. Mit der Mitgliedschaft in der Vaterlandspartei konnte ein parteipolitischer Gegner nicht diskreditiert werden, zumindest nicht innerhalb der bürgerlich-protestantischen Parteien.[44] Im Zentrum hingegen dominierte das tradierte Verurteilungsmuster. Die Vaterlandspartei galt als Hort der konfessionellen Hetze: »Protestantische Redner reden vor protestantischem Publikum protestantisch!« Dieses Delegitimierungsmuster änderte sich auch in der Rückschau nach 1918 nicht.[45]

d) Vaterländische Verbände und Stahlhelm

In der Nachkriegszeit entstanden auch in Württemberg neue Organisationen, die sich mit Exklusivitätsanspruch selbst als national und vaterländisch bezeichneten. Trotz großer interner sozialer, organisatorischer und inhaltlicher Differenzierung waren sie dem rechten Parteienspektrum zuzurechnen. Die Selbstetikettierung als national umfaßte ein breites Spektrum und unterlag einer inhaltlichen Wandlung. Was vor dem Krieg als national galt, hatte zwar oft harsche Kritik an der Regierung geübt, aber den Boden der Staatsordnung nicht verlassen. Erhalten blieb der antisozialistische Impetus als Basiskonsens, allerdings galt nun die Hauptaufgabe der Vaterländischen Verbände der Bekämpfung der Republik. Unter dem breiten Dach nationaler Konsensvisionen sammelte sich ein alter Nationalismus der wilhelminischen Epoche, der die Weimarer Republik wegen ihrer demokratischen Strukturen bekämpfte und zumindest partiell die Wiederaufrichtung der Monarchie anstrebte. Der jüngeren Frontgeneration ging es um die geistige Erneuerung, die in ein idealisiertes neues »Drittes Reich« führen sollte. Ein völkischer Nationalismus mit wüstem Antisemitismus bekämpfte die Republik mit besonderer Schärfe und strebte eine wie auch immer geartete Diktatur an.[46]

Hinzu kamen paramilitärische Organisationen und Kampfverbände, die als Folge des Fronterlebnisses soldatische Werte und Führergehorsam kultivierten. Ein »militaristischer Radikalismus« fand hier seinen organisatorischen Niederschlag, der als »Phänomen eines staatlich nicht mehr integrierten Militarismus« auftrat.[47] Die paramilitärischen Gruppierungen übertrugen militärische Organisationsformen und Orientierungsmuster auf den Bereich des zivilen Lebens und in die Politik. Gemeinsam war ihnen die Bereitschaft, den Kampf gegen die Republik mit militärischer Gewalt zu führen. Das unterschied sie von den traditionellen Agitationsverbänden,

---

[44] Einem solchen Versuch des Beobachter v. 17. Jan. 1919 folgte der Kommentar in der Süddt. Ztg. v. 25. Jan. 1919: »In der Demokratie selbst sind zahlreiche Mitglieder der Vaterlandspartei.«
[45] Dt. Volksbl. v. 3. Febr. 1918 u. v. 16. Juli 1919.
[46] K. Sontheimer, 1992. Überblick bei H.-P. Ullmann, Interessenverbände, 1988, S. 163 ff.
[47] K. Rohe, Reichsbanner Schwarz Rot Gold, 1966, S. 113. Auch R. Bessel, Militarismus im innenpolitischen Leben der Weimarer Republik, 1978; H.-J. Mauch, 1982; R. Bessel, Krise der Weimarer Republik, 1991 sowie die Beiträge in V. R. Berghahn, Militarismus, 1975.

Vereine und Verbände im Umfeld der Parteien   263

ließ sie an Gewicht gewinnen, weil sie ›dynamischer‹ und kompromißloser auftraten, und führte sie in den Sog des Nationalsozialismus.

Württemberg galt Anfang der 1920er Jahre als bevorzugter Tummelplatz radikaler Antisemiten und nationalistischer Gruppen, schon allein deshalb, weil keiner der annähernd hundert Verbände, der auf Reichs- oder Länderebene unter die Bestimmungen des Republikschutzgesetzes gefallen war, in Württemberg einem Verbot unterlag.[48] Im Sommer 1922 hatten die Zentrumsminister Eugen Graf (Inneres) und Eugen Bolz (Justiz) vom württembergischen Landespolizeiamt zwei Dossiers über die Lage der rechten Verbände im Land anfertigen lassen. Fazit war trotz der wenig restriktiven Haltung der Landesregierung, es gebe aus polizeilichem Standpunkt keinen hinreichenden Anlaß zum Verbot eines Verbandes. Allerdings, so wurde bemerkt, bestehe die Gefahr, daß in den anderen Ländern »verbotene Agitatoren« nach Württemberg kommen und dort verstärkt auftreten könnten.[49] War der radikale Nationalismus Anfang der 1920er Jahre in Württemberg ein Importprodukt? Wie fruchtbar war der Nährboden für die radikalen antirepublikanischen und antisemitischen Verbände im Land? Gab es ein »nationales Milieu« und wenn ja, wie war es mit den konservativen Parteien vernetzt? Der Bericht des Landespolizeiamts kann zusammen mit aus der Presse erarbeiteten Informationen als Grundlage eines Überblicks darüber dienen, wie stark diese Organisationen vertreten waren, von denen bislang keine auf regionaler Basis untersucht wurde.[50]

Die Einordnung der Verbände ist nicht leicht, denn sie traten sie mit unterschiedlicher Zielsetzung und mit unterschiedlichem Maß an Radikalität auf. Außerdem hing ihr Erfolg ganz entscheidend von ihrer personellen Führung ab. Keinem der Verbände war es gelungen, ein funktionierendes und lokal ausdifferenziertes Verbands- und Vereinsnetzes aufzubauen. Insgesamt blieben sie zersplittert, auf einzelne Personen zentriert und stark auf Stuttgart begrenzt. Darüber kann auch die publizistische Resonanz nicht hinwegtäuschen, die manche von ihnen erzielten. Andere geplante Massenverbände scheiterten hingegen schon im Ansatz. So gab es beispielsweise in Württemberg, anders als in Preußen, keinen organisierten monarchistischen Verband.[51]

Um den Alldeutschen Verband im Land war es nach dem Ersten Weltkrieg ruhig geworden. 1922 wurde seine Mitgliederzahl mit maximal 300 angegeben. Zurück-

---

[48] HStA Stuttgart, E 151/03, Bü 698 mit Liste der im Reich verbotenen Gruppierungen. Das Republikschutzgesetz hatte restriktive Anwendung nur bei Versammlungen zur Erörterung der Annahme des Friedensvertrags oder damit zusammenhängender Fragen gefunden. Besonderes Augenmerk galt dem Schutz- und Trutzbund, dem Verband nationalgesinnter Soldaten und der NSDAP. Zum Republikschutzgesetz G. JASPER, 1963 u. CH. GUSY, 1991.
[49] Die Dossiers v. 13. Juli 1922 und v. 3. Aug. 1922 in HStA Stuttgart, E 151/03, Bü 571 u. 697 ff. Sofern nicht anders angegeben, beziehen sich die folgenden Angaben hierauf.
[50] Als Gesamtüberblick U. LOHALM, 1970.
[51] Vgl. die Gründungsaufrufe des Konservativen Friedrich Keppler zur Gründung eines Landesverbands Württemberg des Bundes deutscher Männer und Frauen zum Schutze der persönlichen Freiheit und des Lebens Wilhelms II., die ohne Resonanz blieben (Südd. Ztg. v. 14. Febr. 1919 u. v. 6. Febr. 1919).

geblieben war offensichtlich analog zu seiner stark bildungsbürgerlichen Tradition im Land ein gemäßigter Kern, während sich der radikale Teil dem Deutschvölkischen Schutz- und Trutzbund zugewandt hatte. Der ADV-Vorsitzende Ludwig Pilgrim wurde vom Innenministerium als »zurückhaltende Persönlichkeit« bewertet.[52] Der zweite Vorsitzende, Hofrat Alfred Sachs, einer der frühen Förderer der NSDAP im Land, galt als bekannt wegen »eigenartiger radikaler Ideen«, bei denen es sich aber um nicht mehr als »theoretischen Radikalismus« handle. Im April 1923 war Sachs gestorben.[53] Neben Max Sternbeck als Schatzmeister waren die führenden Köpfe Heinrich Calmbach[54] und Hermann Haug. Das Ausmaß, in dem Haug als Vernetzer mehrerer Verbände und der Bürgerpartei fungierte, ist schwer zu bestimmen. Bis Ende 1918 war er einer der Schriftleiter beim *Staatsanzeiger* gewesen[55], war dann zur *Süddeutschen Zeitung* gewechselt und prägte hier die alldeutschen und antisemitischen Kommentare des Blattes mit seinem Signet »H. H.«. 1922 war er Mitglied des Engeren Ausschusses der Bürgerpartei und hatte für diese politische Lehrgänge gehalten. Bereits im Frühjahr 1924 war er jedoch im Zuge der Aufwertungsdiskussion zum Volksbund der entrechteten und betrogenen Sparer abgewandert.[56] Den endgültigen Trennungsstrich zur Bürgerpartei hatte er nach der Dawes-Abstimmung mit einer aggressiven Kampfschrift gegen Bazille gezogen.[57] Gautage des Alldeutschen Verbands fanden zwar von 1924 bis 1932 im zweijährigen Turnus statt, dürfen aber eher als kleine Veranstaltungen betrachtet werden, über die selbst in der *Süddeutschen Zeitung* nur noch am Rande berichtet wurde. 1928 konnten noch Ortsgruppen in Stuttgart, Ulm und Tübingen ermittelt werden. Hier saßen auch die prominenten Vertreter der Alldeutschen, die maßgeblich den Hugenberg-Kurs der Bürgerpartei nach 1928/30 bestimmten.[58]

Geringer Einfluß wurde den zahlreichen kleinen Splittergruppen attestiert. Der Verband nationalgesinnter Soldaten etwa habe im Reich rund 200 000 Mitglieder, in Württemberg aber gerade zwischen 200 und 400, wovon der Großteil in Stutt-

---

[52] Der ehemalige Oberreallehrer war nach dem Krieg Leiter der meteorologischen Abteilung des Statistischen Landesamts Württemberg (HStA Stuttgart, E 151/03).
[53] Im Sept. 1919 hatte Sachs den Deutschen Bund zur Bekämpfung fremden und zur Förderung des deutschen Wesens gegründet, den er korporativ dem Schutz- und Trutzbund zuführte (vgl. U. LoHALM, 1970, S. 85, 91 u. 312 f.). Im Mai 1920 hatte er Hitler zu einem Vortrag eingeladen, der im Tumult endete (Schw. Kronik v. 29. Mai 1920 M). Berichte und Nachruf zu Sachs in Süddt. Ztg. v. 18. April 1923, v. 19. April 1923 u. v. 21. April 1923.
[54] Sein Zwillingsbruder Christian war 1921 in Heilbronn ums Leben gekommen, als er seinen psychisch kranken Schwiegersohn davon abhalten wollte, vor einen fahrenden Zug zu laufen und dabei erfaßt wurde (Süddt. Ztg. v. 24. Mai 1921).
[55] HStA Stuttgart, E 130a, Bü 417.
[56] Für diesen kandidierte er 1924 zum Landtag und zum Reichstag, 1928 dann für die Volksrechtpartei.
[57] Die Replik in Der Deutschnationale v. 7. Okt. 1924, mit der sich das Parteiblatt von der »unerhörten Unduldsamkeit« Haugs distanzierte.
[58] Berichte über Gautage in Süddt. Ztg. v. 16. Mai 1924, v. 18. Mai 1926, v. 3. Juli 1928 u. v. 24. März 1932. Den Ulmer Ortsverband z. B. leitete der Bürgerparteiler und Gemeinderatskandidat Professor Georg Seuffer zusamen mit Walter Hölscher (Süddt. Ztg. v. 28. Nov. 1928).

gart organisiert sei. Außerdem stehe er wegen interner Streitigkeiten und wegen der Radikalisierung der Reichsleitung kurz vor der Spaltung.[59] Weitere Gruppierungen wie der Nationalverband deutscher Offiziere[60] oder der Jägerbund[61] seien im Land ohne Bedeutung, der Jungdeutsche Orden[62] noch nicht einmal organisiert. Erfolgreicher hingegen sei der überparteiliche und den nationalen Verbänden nicht beigetretene Schwabenbund[63]

Das größte Augenmerk galt dem Deutschvölkischen Schutz- und Trutzbund, der bis auf Württemberg und Bayern im ganzen Reich verboten war.[64] Mit 1200 bis 1400 Mitgliedern wurde ihm eine »nicht unerhebliche Mitgliederzahl« bescheinigt, gleichzeitig aber ein Mangel an Agitatoren. Die Werbetätigkeit erfolge im Land nur mit auswärtigen Rednern. Auch sei eine Hausdurchsuchung beim Gauvorsitzenden Karl Wißmann im Sommer 1922 ohne Beanstandungen geblieben. Allerdings wurde vermutet, daß dieser in nächster Zeit durch einen aus Hamburg kommenden Bundessekretär ersetzt werde. Derzeit gebe es aber wegen interner Reibereien und erhöhter Mitgliedsbeiträge eine Austrittsbewegung. Mit dem prominenten Antisemiten Alfred Roth siedelte in der Tat der Mitbegründer und bis zum Verbot des Bundes auch dessen Hauptgeschäftsführer im September 1923 von Hamburg nach Stuttgart über. Seit dem November 1918 hatte ihm die *Süddeutsche Zeitung*, deren Schriftleiter Horlacher und Rösch die Begründer des anfangs selbständigen Landesverbands waren, die Spalten für antisemitische Hetztiraden geöffnet.[65]

---

[59] Der Landesvorsitzende und Stuttgarter Ortsgruppenleiter, der Fabrikdirektor Otto Pfälzer, hatte offensichtlich erst einige radikale Mitglieder ausgeschlossen, dann aber selbst auf den Stuttgarter Ortsvorsitz verzichtet. Pfälzer selbst wurde als »gemäßigte« und »harmlose Persönlichkeit« eingeschätzt, der »stundenlange langweilige Reden nationalen Inhalts« halte (HStA Stuttgart, E 151/03, Bü. 697).
[60] U. LOHALM, 1970, S. 212.
[61] Der Jägerbund war aus dem oberschlesischen ›Freikorps Heydebreck‹ hervorgegangen und hatte in Württemberg 70 Mitglieder.
[62] Der Jungdeutsche Orden war in Württemberg kaum in Erscheinung getreten. In der Presse war erst im April 1924 von einer »schwach besuchten Veranstaltung« in Stuttgart zu lesen (Süddt. Ztg. v. 2. April 1924). Die Festrede hatte der Antisemit Karl Rohm gehalten. Komtur der Ballei Schwaben war derzeit der Stuttgarter Schunck, in seiner Nachfolge Max Busse. Erst 1927 kam von der Bürgerpartei die Anweisung, in allen Ortsgruppen, wo ein Jungdeutscher Orden bestehe, »kameradschaftliche Fühlung« zu diesem aufzunehmen (Landesgeschäftsstelle an Ortsgruppen v. 7. März 1927, NL Hiller).
[63] Der Schwabenbund wurde im Dez. 1921 gegründet. Sein Vorgänger war die Schwäbische Liga zum Schutz der deutschen Kultur (Gründungsaufruf in Süddt. Ztg. v. 29. Okt. 1919). Ziel war die Sammlung »vaterländisch gesinnter Männer und Frauen zur Überbrückung der künstlich geschaffenen Partei- und Klassengegensätze«. Im Mittelpunkt seiner Programmatik stand der Reichsgedanke auf bundesstaatlicher Basis, der Kampf gegen den Versailler Vertrag und seine wirtschaftlichen Folgen, das »Sorgen für Ruhe und Ordnung im Staat« sowie explizit der Schutz der Verfassung (Gründungsbericht in Süddt. Ztg. v. 17. Dez. 1921, kritisch dazu Schw. Tagwacht v. 17. Dez. 1921). Mit korporativen Beitritten hatte der Verband im Juli 1922 eine beachtliche Mitgliederzahl von rund 200 000 Mitgliedern.
[64] U. LOHALM, 1970, S. 275 ff. u. 312 ff. (zu Württemberg) sowie H. BERDING, 1988, S. 178–188.
[65] Süddt. Ztg. v. 25. Sept. 1919 (Auseinandersetzung mit Gottlob Egelhaaf über die Gründung der DVP); v. 22. Dez. 1919 (unter dem bekannten Pseudonym Otto Arnim: »Die Juden an der Front, in

Mit im Reichsvergleich halbjähriger Verspätung realisierte Roth als Hauptinitiator den württembergischen Landesverband der Vereinigten Vaterländischen Verbände als Dachverband der nationalen Organisationen.[66] Bei der konstituierenden Versammlung am 7. Oktober 1923 waren insgesamt 25 Vereine und Verbände vertreten, darunter der Alldeutsche Verband, die Bismarckjugend, der Deutschvölkische Schutz- und Trutzbund, der Jungdeutsche Orden, der Nationalverband Deutscher Offiziere, der Verband nationalgesinnter Soldaten, der Württembergische Offiziersbund, der deutschvölkische Turnverein Jahn und weitere Splittergruppen. Anfangs beteiligt war auch die württembergische NSDAP.[67] Von jeweils einem der angeschlossenen Verbände wurde ein Mitglied in den Landesausschuß gewählt. Die Vorsitzenden waren Alfred Roth, Bodo Kaltenboeck, Heinrich Calmbach, der Verleger Karl Rohm, Oberstleutnant Arthur Göz und der Geheimrat de Bary. Den wichtigsten lokalen Vorsitz in Stuttgart übernahm der General a.D. Arthur von Bopp.

Im Frühjahr 1924 fanden auf maßgebliche Anstöße von Fritz Wider, Vorsitzender des Ludwigsburger Offiziersbundes, und Walter Hölscher, führender Alldeutscher in Ulm, die Verhandlungen über die Bildung einer Einheitsliste von Bürgerpartei und Vaterländischen Verbänden in Württemberg statt. Von den verbliebenen 23 Verbänden hatten sich 21 für die Kooperation ausgesprochen. Innerhalb der Bürgerpartei hatten lebhafte Diskussionen über das Verhältnis zu den Völkischen stattgefunden. Im Ergebnis zeigte sich mehr als ein Kompromiß: in Württemberg als einzigem Land im Reich kam es zu einer Listenverbindung. Die Bürgerpartei war sogar so weit gegangen, als »größtes Opfer« im gemeinsamen Entgegenkommen ihren Namen kurzfristig aufzugeben und als Vaterländisch-Völkischer Rechtsblock zu kandidieren. Dafür konnte sie triumphieren: nur hier habe sich die völkische Bewegung zur Schaffung einer parlamentarischen Mehrheit gegen den regierenden Liberalismus ausgesprochen. Zwar herrsche in der Partei keine »lebhafte Genugtuung« darüber, aber das Bündnis sei ein wesentlicher Grundstein für den zu erwartenden Wahlerfolg.

Allerdings waren die Vaterländischen Verbände alles andere als ein einheitlicher Block. Einen rapiden Mitgliederrückgang im Deutschvölkischen Schutz- und Trutzbund, dem zu dieser Zeit größten Verband innerhalb des Bündnisses, hatten weder Roth noch der neue Landesvorsitzende Hugo Kroll verhindern können. Zwischen dem Hitlerputsch und der Neubegründung der NSDAP als Völkisch-Sozialer Block

---

der Etappe und in der Heimat«); v. 12. Mai 1920 (Bericht über Versammlung der Ortsgruppe Stuttgart mit Alfred Roth) u.v. 21. Jan. 1921 (Leitartikel: »Deutschland braucht Männer«).
[66] Insgesamt hierzu J. N. DIEHL, Von der »Vaterlandspartei« zur »Nationalen Revolution«, 1985 u. J. N. DIEHL, Paramilitary Politics, 1977.
[67] Berichte über Gründungsversammlung in Schw. Kronik v. 12. Okt. 1923 sowie Süddt. Ztg. v. 13. Okt. 1923. Später stießen hinzu: Stahlhelm, Andreas-Hofer-Bund und Bund Südmark, Altherrenvereinigung des Hochschulrings deutscher Art, Bund für deutsche Kirche, Bund Oberland, Deutsche Adelsgenossenschaft, Deutscher Befreiungsbund, Wehrwolf, Wikingbund und Verband der Landesschützen Württembergs. Zusammenstellung in Landesverband DNVP an Mitglieder v. 29. Juli 1929 (NL Hiller).

im März 1924 hatte der Schutz- und Trutzbund für zahlreiche Nationalsozialisten in Württemberg als zeitweiliger Unterschlupf gedient. Die Kooperation mit einer Partei, die die Spielregeln des Parlamentarismus einzuhalten und umzusetzen trachtete und in den Wahlkampf eintrat, um Regierungspartei zu werden, ließ den Großteil der radikalen Mitglieder schnell abwandern. Das Ausscheren des Völkisch-Sozialen Blocks aus dem Bündnis sei zwar zu bedauern, so die *Süddeutsche Zeitung*, aber es sei »einvernehmliches Vorgehen« im Wahlkampf vereint worden. Mit Zustimmung der NSDAP kandidierte ihr Mitglied, der Eisenbahnobersekretär Josef Bulling aus Leutkirch, für die Vaterländischen Verbände im katholischen Oberschwaben.[68] Die zweite Problematik war, daß sich ein Teil der Vaterländischen Verbände vehement gegen die parteipolitische Instrumentalisierung und die enge Anbindung an die Bürgerpartei wehrte. Der Württembergische Offiziersbund etwa ließ im April 1924, kurz vor der Wahl verlauten, er sei kein offizielles Mitglied der Vaterländischen Verbände mehr, auch wenn er sich an einzelnen Veranstaltungen beteilige.[69] Andererseits mußten sich die Verbände gegen die aufkommende Kritik in den eigenen Reihen wehren, die das Bündnis mit einer Partei ablehnten. Widersprüchlich wurde von der Leitung argumentiert, es handle sich nur um ein Wahlabkommen mit der Bürgerpartei, der »eigentliche Träger des völkischen Gedankens« seien aber weiterhin die Vaterländischen Verbände.[70] Der *Schwäbische Merkur* wiederum beklagte das Betreten des parteipolitischen Parketts und die Aufgabe der Überparteilichkeit durch die Verbände, weil damit allen anderen Parteien der nationale Gedanke abgesprochen werde.[71] Der Bauernbund dagegen, der zuvor immer wieder in Verbindung mit der NSDAP und anderen völkischen Verbänden gebracht worden war[72], distanzierte

---

[68] Süddt. Ztg. v. 5. März 1924, v. 17. März 1924, v. 18. März 1924, v. 22. März 1924, v. 28. März 1924 u. v. 2. Mai 1924 sowie Schw. Kronik v. 6. März 1924 u. v. 17. März 1924.

[69] Schw. Kronik v. 26. April 1924. Der Offiziersbund war als Landesverband im Dez. 1918 zur »Wahrung der wirtschaftlichen Interessen des Offiziersstandes« gegründet worden. Vorstandsmitglied und Geschäftsführer war Wider. Hölscher vermittelte den Beitritt der Ulmer Ortsgruppe (Satzung und Werbeschreiben vom Dez. 1918, NL Hiller). In der Mehrheit handelte es sich um Offiziere im Beurlaubtenstand (L. HEGELMAIER, Beamter und Soldat, 1937, S. 235). Vor allem bis zum Offiziersabfindungsgesetz fand der Verband Zuspruch, schon allein deshalb, weil bis April 1920 von rund 1500 Offizieren im Land nur 200 beibehalten werden durften (Schw. Kronik v. 30. Juli 1919 A). Der Offiziersbund stand in deutlicher Nähe zur Bürgerpartei und zur DVP, betonte aber immer wieder seinen überparteilichen und karitativen Charakter, v. a. im Hinblick auf die Hinterbliebenenfürsorge (z. B. Süddt. Ztg. v. 20. Nov. 1928).

[70] Süddt. Ztg. v. 2. Mai 1924.

[71] Schw. Kronik v. 14. April 1924. In einem Aufruf an die Mitglieder und Freunde der DVP in den Vaterländischen Verbänden forderte G. Schmidgall dazu auf, in den Verbänden zu bleiben und deren spätere Haltung abzuwarten: »Die gemeinsame Liste mit der Bürgerpartei bedeutet eine schwere Schädigung für die auch von uns aufs wärmste unterstützte vaterländische Bewegung, wenn die überparteiliche nationale Sache auf einseitige Parteipolitik festgelegt wird.« Er selbst zählte dann seine Mitgliedschaften auf: Deutscher Schulverein zur Erhaltung des Deutschtums im Ausland, Deutsche Kolonialgesellschaft, Andreas-Hofer-Bund, Deutscher Seeverein und ADV (Schw. Kronik v. 24. April 1924).

[72] Beispielsweise wurde dem Bauernbund vom Zentrum vorgeworfen, die Körner-Familie habe den Nationalsozialisten verbilligt 100 000 Flugblätter gedruckt und Jungbauern zu gemeinsamen Veranstaltungen (Sonnwendfeiern) mit Nationalsozialisten eingeladen (Schw. Tageszg. v. 3. April 1924).

sich öffentlich von dem Bündnis, schon allein deshalb, weil er bäuerliche Stimmen in den katholischen Landesteilen sammeln wollte, hierfür christlich und nicht »völkisch-neuheidnisch« auftreten mußte und weil die nationalen Verbände eine städtische Angelegenheit waren. Nachdem man auf Seiten der Bauernbundsleitung bis 1924 alles unterstützt hatte, was als national dahergekommen war, weil es versprach, die sozialdemokratische und liberale Vorherrschaft im Land und im Reich zu brechen[73], distanzierte man sich nun:

> »Um endlich einmal reinen Tisch zu machen, teilen wir mit, daß der Württembergische Bauern- und Weingärtnerbund und alle seine Mitarbeiter in einem entschiedenen Gegensatz zur derzeitigen nationalsozialistischen Bewegung in Württemberg und ihren Führern stehen. Wir verurteilen aufs schärfste die von Herrn Rohm in Lorch und verschiedenen ›auchvölkischen‹ und ›auchhakenkreuzlerischen‹ Elementen getriebene konfessionelle Verhetzung und haben weder mit der sogenannten Arbeiterpartei, noch mit dem völkisch-sozialen Wahlblock, noch mit den Vereinigten Vaterländischen Verbänden des Herrn Alfred Roth etwas zu tun.«[74]

Nach dem Wahlausgang wurde das Bündnis der Bürgerpartei mit den Vaterländischen Verbänden kritisch beurteilt. Von vornherein sei klar gewesen, so Wider, daß »Hoffnungen auf eine starke Absplitterung vom Zentrum ins Reich der Utopien gehörten«. Zwar habe man wohl »intellektuelle Kreise der katholischen Mitbürger«, nicht aber die breiten Massen gewinnen können. Auch ob der für die Wahl akzeptierte Sammelname richtig gewesen sei, werde von großen Kreisen in der Partei bezweifelt.[75] Zwar hatte die Bürgerpartei das organisierte nationale Element im Land an sich binden können, aber bereits nach der Abstimmung über den Dawes-Plan fand der offene Bruch statt.[76] Im Endeffekt war der nationale und völkische Impetus, den die Partei im Frühjahr 1924 entwickelt hatte, der Beginn ihrer Spaltung und der schrittweisen Reduzierung ihrer sozialen Basis. In der Folge des vaterländischen Bündnisses verlor sie zunehmend an Unterstützung. Zum einen durch die Konkurrenz der kleinen Parteineugründungen, die ihre ökonomischen Sonderinteressen über das allgemeine nationale Interesse stellten. Zum andern durch den Verlust der Attraktivität des Nationalen mit stark antirepublikanischem Impetus in der Phase der Stabilisierung nach 1924 sowie durch die anschließende Radikalisierung des verbliebenen Restbestandes der Vaterländischen Verbände, die sich sukzessiv der

---

[73] Vgl. die zahlreichen Leitartikel v. a. von Körner (jg.) über die Nationalsozialisten und das Verhältnis des Bauernbundes zu ihnen in Schw. Tagesztg. v. 22. Dez. 1922 (»Zwar haben auch wir an dieser neuen Partei einiges zu beanstanden, aber es ist ein politischer Fehler, der neuen Partei irgendwelche Schwierigkeiten zu machen.«); v. 8. Mai 1923 u. v. 16. Mai 1923 (»Wir freuen uns, wenn die deutschen Arbeiter wieder deutsch denken und Ehrbewußtsein zeigen«).
[74] Schw. Tagesztg. v. 26. März 1924.
[75] Süddt. Ztg. v. 13. Mai 1924.
[76] Die Landesversammlung der Vaterländischen Verbände hatte sich im Juli 1924 einstimmig gegen die Annahme des Dawes-Plans ausgesprochen (Süddt. Ztg. v. 16. Juli 1924). Nach der Abstimmung drückten sie ihre Enttäuschung über die Bürgerpartei aus: »Das Vertrauen ist erschüttert« (Süddt. Ztg. v. 12. Sept. 1924). Für die Reichstagswahl im Dez. 1924 gaben die Vaterländischen Verbände nur noch die Losung aus, »völkisch zuverlässige« Parteien zu wählen (Süddt. Ztg. v. 12. Nov. 1924).

NSDAP näherten. Gescheitert waren die wesentlichen Ziele der Partei mit dem Bündnis: die Gewinnung katholischer Wählerstimmen durch das plakative, überkonfessionelles Interesse demonstrierende völkische Auftreten sowie die Gewinnung der nationalen Arbeiterschaft.

Der einzige nationale Verband, der für die Bürgerpartei bis zum Ende der Republik von Bedeutung blieb, war der Stahlhelm. Allerdings war der Bund der Frontsoldaten[77] im Land spät in die Gänge gekommen. Eine Stuttgarter Ortsgruppe wurde erst Mitte des Jahres 1924 gegründet.[78] Die offensichtlich einzige zuvor bestehende, 1919 bereits gegründete Ortsgruppe in Ulm gehörte zum bayerischen Landesverband.[79] Im Rückblick konstatierte der letzte Führer des Stahlhelm-Landesamtes: »Die Gründung von Stahlhelmgruppen stieß in Württemberg auf eisige Ablehnung.« Als Gründe führte er an, Württemberg sei nicht in den Maße wie andere Länder nach dem Krieg »vom Fieber des roten Wahnsinns geschüttelt worden«, lange habe der Stahlhelm gegen das Vorurteil ankämpfen müssen, eine preußische Angelegenheit zu sein, und die Arbeit sei durch »Gleichgültigkeit und Feigheit des Bürgertums« behindert worden.[80] Erst 1927 wurde nach dem Verbot des Wiking-Bundes ein Landesverband unter der Führung des Generals von Bopp gegründet, um die zersplitterten Vaterländischen Verbände zusammenzuführen.[81] Nach erfolgloser Organisationstätigkeit und weil nach dem Tode Bopps ein geeigneter Führer fehlte, wurde 1928 der württembergische mit dem badischen Landesverband unter dem Badener Georg von Neufville zusammengelegt. Stark beeinträchtigt wurde der Stahlhelm durch die Verschärfung des Aufmarschverbotes sowie durch Uniform- und Abzeichenverbot im September 1931. Erst 1932 setzte zu den Reichspräsidentenwahlen eine stärkere Organisationstätigkeit ein.

Der Landesverband Württemberg gliederte sich in vier Gaue. Im »Gau Württemberg« kam es außer dem Zentrum Stuttgart erst im Lauf des Jahres 1931 zu mehreren Ortsgründungen. Ende des Jahres bestanden 18 Ortsgruppen, Ende 1932 waren es dann 34.[82] Hervorgegangen waren sie aus versprengten Angehörigen der Organisation Escherich, der Brigade Ehrhardt und teilweise auch unter Beteiligung des Jungbauernbundes.[83] Eine der stärksten Ortsgruppen war die in Ludwigsburg, die

---

[77] V. R. BERGHAHN, Stahlhelm, 1966; I. GÖTZ VON OLENHUSEN, Jugendreich – Gottesreich – Deutsches Reich, 1987; I. GÖTZ VON OLENHUSEN, Vom Jungstahlhelm zur SA, 1993 sowie J. TAUTZ, 1998.
[78] Süddt. Ztg. v. 20. Okt. 1924.
[79] TH. SCHNABEL, Württemberg, 1986, S. 233 ff.
[80] H. STEISS, 1936, S. 10, 15, 18 u. 328. Soweit nicht anders vermerkt, beziehen sich auch die folgenden Ausführungen zur Organisation des Stahlhelm in Württemberg hierauf.
[81] Vgl. hierzu ein undatiertes, wohl aus 1927/28 stammendes Werbeschreiben des Stahlhelm »An den württembergischen Adel« (NL Hiller). Beigetreten waren zu diesem Zeitpunkt der Verband nationalgesinnter Soldaten und der Wiking-Bund (HStA Stuttgart, E 131b, Nr. 3511).
[82] H. STEISS, 1936, S. 39 f. Für Ende 1929 wurde der Mitgliederstand in der größten Ortsgruppe Stuttgart mit 25 bis 30 ›Stahlhelmern‹ angegeben. Weitere größere Ortsgruppen bestanden in Herrenberg, Freudenstadt, Böblingen, Calw und Nagold.
[83] Im September 1927 hatte in Stuttgart eine Versammlung von Stahlhelm und Jungbauernbund stattgefunden (Schw. Tageszt. v. 20. Sept. 1927). H. STEISS, 1936, S. 12 konstatierte im Rückblick

der örtliche Vorsitzende der Bürgerpartei und Studienrat Paul Weigand leitete.[84] Im zweiten Gau des Landes, wenig präzise »Gau Alt-Württemberg« genannt, obwohl es weite Teile des historischen Neuwürttembergs umfaßte, bestanden lediglich Ortsgruppen in den NS-Hochburgen Göppingen und Geislingen, die hier aus dem Wiking-Bund hervorgegangen waren, sowie kleine Ortsgruppen, die Diasporaprotestanten des Bauernbundes und der Bürgerpartei in Gmünd und im katholischen Umland von Aalen gegründet hatten.[85] Einen schweren Stand hatte der Stahlhelm auch im »Gau Ulm-Oberschwaben«. Die 1919 gegründete Ortsgruppe Ulm unterstand bis 1927 dem bayerischen Verband. Erst 1932 war es durch den Bürgerparteiler Hölscher zu weiteren Ortsgruppengründungen in Riedlingen und Langenau gekommen.[86] Ein weiterer Gau bestand für Ravensburg, Tettnang und Biberach, also in Städten mit nennenswert protestantischem Bevölkerungsanteil in katholischem Umland. Auch hier ging der Stahlhelm aus dem Wiking-Bund hervor und erlebte einen ersten Aufschwung nach dem Volksbegehren 1929. Ende 1931 bestanden hier mindestens sieben Ortsgruppen. Am erfolgreichsten war der Frontsoldatenbund im fränkisch-hohenlohischen Landesteil. 1928 hatte ein aus Preußen kommender Haller Studienrat eine Ortsgruppe mit zehn Mann gegründet. Es folgten Crailsheim, Öhringen, Gerabronn und Kirchberg/Jagst, teilweise auf Initiative des Landesführers Neufville, der eine Stahlhelm-Kapelle aus dem bayerischen Ansbach engagiert hatte, um den Gründungsveranstaltungen einen festlichen Rahmen zu liefern.[87] Anfang 1930 hatte der Stahlhelm in der Region 519 Mitglieder, Ende des Jahres waren es 820. Die größte Ortsgruppe war Heilbronn, auch weil es hier im Herbst 1930 zu einem Freundschaftsabkommen zwischen Jungbauernbund und Stahlhelm für gemeinsamen Wehrsport gekommen war.[88] Insgesamt aber war der Stahlhelm nur punktuell organisiert und zahlenmäßig relativ schwach. Während er 1930 auf Reichsebene rund 500 000 Mitglieder hatte, werden für Württemberg für dieselbe Zeit nur zwischen 5 000 und maximal 6 800 Mitgliedern angegeben.[89]

Der Stahlhelm trat in Württemberg in sehr unterschiedlicher lokaler Ausprägung auf. Teilweise war er aus paramilitärischen Kampfverbänden wie dem Wiking-Bund hervorgegangen. Hier war er Rivale und Verbündeter der NSDAP, manchmal auch

---

auf die Veranstaltung ein »Versagen des Bauernbundes«. Die Schw. Tagwacht v. 18. März 1929 interpretierte die Veranstaltung im Rückblick als »Pleite«. Eine im März 1929 stattfindende Versammlung beschrieb das Blatt als noch jämmerlicher: »Rund 200 Stahlhelmleute verkrümeln sich ums Schillerdenkmal herum. [...] Unter einem Regen von Spottworten und Pfuirufen kam der ›Fackelzug‹, bestehend aus 210 Uniformierten und ebensoviel Schutzpolizisten in die Liederhalle. [...] Das Schmerzenskind aller deutschen Faschistenorganisationen ist Südwestdeutschland.« Der Veranstaltung folgte eine Eingabe an das Staatsministerium wegen Verunglimpfung der Republik. In der Folge wurde der Stahlhelm von offiziellen Totengedenkfeiern ausgeschlossen (HStA Stuttgart, E 131b, Nr. 3509).

[84] Süddt. Ztg. v. 18. Jan. 1932.
[85] Schw. Tagesztg. v. 30. Okt. 1932.
[86] Süddt. Ztg. v. 10. Febr. 1932.
[87] Süddt. Ztg. v. 31. Juli 1928.
[88] Schw. Landjugend v. 15. Nov. 1930.
[89] V. R. BERGHAHN, Stahlhelm, 1966, S. 286 f.

beides gleichzeitig. Das gilt vorrangig für die frühen Hochburgen der NSDAP in Württemberg. Vor allem für die Jungstahlhelmer bildete er den Übergang zur SA. In anderen Städten war er im bürgerlichen Kleid dahergekommen, gegründet meist von einem bildungsbürgerlichen Ortshonoratior, der die nationale Fahne vorantrug. Hier waren auch die engsten Verbindungen zur Bürgerpartei. Ein Teil der Ortsgruppengründungen ging auf ihre Vertreter zurück. Hier waren die »besseren Leute« im Stahlhelm organisiert, die militärische Machtdemonstration zelebrierten und »Zapfenstreiche in die Städte brachten, die diese lange nicht mehr gesehen hatten.«[90] Allerdings stand der Stahlhelm hier eher im Gegensatz zur NSDAP, zum einen weil er weniger kampfbereit auftrat, um der Republik gewaltsam den Garaus zu machen – schließlich war man immer noch Regierungspartei und stellte einen angesehenen Finanzminister –, zum andern, weil man gegenüber der SA eben den bürgerlichen Standesdünkel verkörperte. Das uneinheitliche Auftreten des Stahlhelms entsprach seiner internen Spaltung in einen kompromißbereiten und einen radikalen Flügel, der ihn auch auf Reichsebene bis 1933 ziellos zwischen den nationalen Parteien und der NSDAP herumirren ließ. In Württemberg war er mit dem Volksbegehren 1929, mit der »Harzburger Front« und mit der Reichspräsidentschaftskandidatur Duesterbergs gescheitert.

Die Vernetzung der Bürgerpartei mit dem Stahlhelm war nur teilweise urwüchsig in dem Sinne, daß aus einer klar zu definierenden lokalen Parteianhängerschaft heraus eine örtliche Stahlhelmgruppe entstanden wäre. Das war nur der Fall in Ulm und bei den Ortsgruppengründungen in Oberschwaben durch Walter Hölscher, teilweise auch im Hohenlohischen.[91] Meist war der Prozeß jedoch andersherum verlaufen, indem Mitglieder und Kandidaten der Bürgerpartei im nachhinein dem Stahlhelm beigetreten waren, um den als notwendig erachteten Anschluß an die nationale Bewegung nicht zu verlieren. Insgesamt war der Frontsoldatenbund unabhängig von der Bürgerpartei entstanden und mußte erst durch Parteieliten mit ihr vernetzt werden, als er an Stärke gewonnen hatte. Das war etwa im Oberamt Gerabronn der Fall, wo seit 1930 der Bürgerparteiler und Oberförster Otto Wulz die Aktivitäten der lokalen Stahlhelmgruppen in den umgebenden Oberämtern mit der Bürgerpartei zu koordinieren begann.[92] Auch der örtliche Parteivorsitzende und Stahlhelmführer Weigand in Ludwigsburg repräsentierte einen neuen personellen Zusammenhang der Partei. In der lokalen Organisation der Partei hatte er vor 1928 keine Bedeutung gehabt. Als Stahlhelmer wurde er ihr Ortsvorsitzender und symbolisierte eine grundlegende Änderung der von der bürgerlichen Sammlung zur nationalen Bewegung geschrumpften Restpartei.

In der Konsequenz bedeutete dies allerdings lokal und auch auf Landesebene den Ausverkauf der Partei, die keine attraktive Alternative zu den radikaleren Positionen vor allem der NSDAP bieten konnte und diesen letztlich erlag. Möglich war das erst

---

[90] H. STEISS, 1936, S. 69 u. TH. SCHNABEL, Württemberg, 1986, S. 234.
[91] Siehe hierzu die Lokalstudie zu Schwäbisch Hall von A. MÜLLER, 1993.
[92] H. STEISS, 1936, S. 69 sowie Süddt. Ztg. v. 22. April 1932.

nach der Abspaltung der Volkskonservativen von der Partei und nach dem Einschwenken auf Hugenberg-Kurs. Auf dem organisatorischen Höhepunkt des Stahlhelms in Württemberg, zu den Landtagswahlen 1932, hieß es nun: »Das neue Bürgertum wählt DNVP!«[93] Das ›alte‹ Bürgertum, wenn man darunter den gemäßigten Teil verstand, der weiterhin auf die Problemlösungskompetenz der Parteien und des Parlamentarismus setzte, hatte man offensichtlich schon aufgegeben. Während die DVP sich bereits 1928 in aller Entschiedenheit von den antiparlamentarischen Tendenzen des Stahlhelm distanziert hatte, als dieser in Württemberg organisatorisch noch in den Kinderschuhen steckte[94], hatte die Bürgerpartei 1932 dem Frontsoldatenbund auch in der Ausgestaltung der eigenen Veranstaltungen das Feld überlassen. Während die *Süddeutsche Zeitung* jubilierte, die »feurigen Weisen der Stahlhelm-Kapelle« und die »lautgewordenen Heilrufe beim Einmarsch der Stahlhelm-Eskorte« bei einer Wahlveranstaltung zeigten die »ewigen Kulturwerte des alten Deutschland«, so sah das *Deutsche Volksblatt* darin nur die »krampfhafte Nachahmung nationalsozialistischer Versammlungsmethoden« und den »geistigen Niedergang der DNVP«.[95] Was der Bürgerpartei jedoch nicht gelungen war, konnte die NSDAP ihren Mitgliedern bieten, nämlich paramilitärischer Verband und antiparlamentarische politische Bewegung gleichzeitig zu sein.

4. Resümee: Konservative Milieubedingungen in Stadt und Land

Die Zusammenschau des ersten Arbeitsbereichs dieser Untersuchung, der parteiorganisatorischen Aspekte im Vergleich von Bauernbund und konservativer Partei respektive Bürgerpartei sowie die Gegenüberstellung ihrer sozialkulturellen Bedingungen in Stadt und Land läßt in der diachronen Perspektive folgende Grundlinien erkennen:

Mit der Mischung aus Partei, ländlicher Interessenvertretung und Berufsverband, als agrarischer Dienstleister und als kollektive Selbsthilfe- und Solidargemeinschaft war der Bauernbund eine Milieuorganisation in umfassender Weise. Er verfügte über ein Organisationsmilieu mit Alltagsfunktion, in dem individuelle Politisierung und vereinsförmige Organisation zusammenfielen. Das Organisationsleben und die Lebenswelt der Mitglieder wiesen in vielen Bereichen Deckungsgleichheit auf. Durch die fortschreitende Professionalisierung des Organisationsmilieus und politiknaher Lebensbereiche verfügte er über ein dichtes Netz von Milieumanagern. Beispielhaft wurde dies an den Vertrauensmännern, Parteiredakteuren und Bauernanwälten herausgearbeitet. Das Organisationsmilieu zeigte Ansätze zum professionalisierten Parteimilieu als intensivste Bindungsform, als deren Maßstab die Sozial-

---

[93] Süddt. Ztg. v. 22. April 1932.
[94] Süddt. Ztg. v. 23. Sept. 1928. Vgl. auch V. R. BERGHAHN, Stahlhelm, 1966, S. 115 ff.
[95] Süddt. Ztg. v. 10. März 1932 u. Dt. Volksbl. v. 12. März 1932.

demokratie gilt.[1] Der Bauernbund basierte auf einer sozialstrukturell homogenen Trägerschaft, die auf Verunsicherungen durch gesellschaftliche Transformationsprozesse reagierte und langfristig gebunden werden konnte. Die sozialökonomisch und -kulturell enge Begrenzung ermöglichte jedoch in der Reduzierung auf das gemeinsame berufsständische und ländliche Interesse auch die Erweiterung in dörfliche Kontaktmilieus – im gegenkonfessionellen Bereich und im Kontext der dörflichen Lebenswelt. Beispielhaft hierfür sind die typischen Dorfkommunikatoren und -multiplikatoren wie Gastwirte und Schultheißen.[2] Der Bauernbund war dörfliche Milieupartei.

Als solche zeigte er alle wesentlichen Aspekte eines Aktionsausschusses in festgefügtem milieuorganisatorischen Rahmen. Als Bund der Bauern speicherte er inhaltlich und organisatorisch den Primärkonflikt der 1890er Jahre. Dieser Konflikt als subjektiv wahrgenommene Bedrohungssituation im Rahmen des Stadt-Land-Konflikts wurde intergenerationell vererbt, inhaltlich tradiert und organisatorisch verfestigt. Er stellte die permanent revitalisierbare Bedrohungssituation – auch über die Zäsur von 1918 hinweg – dar und sicherte dem Bauernbund Konstanz, Krisenresistenz und anhaltende Treue seines Trägermilieus. Als politisch-lebensweltliche Organisation eines ländlich-konservativen Milieus basierte der Bauernbund auf einer spezifischen Weltanschauung. Sie war die Basis der Abgrenzung nach außen und der Kohäsion nach innen.[3] Diese Weltanschauung als Milieuwertekodex ist als Ensemble lebensweltlicher Axiome zu sehen – als Bündel berufsständischer Interessen, mentalitätsbedingter und religiöser Prägungen im dörflichen und alltagsweltlichen Zusammenhang. Als solcher fand er seine Sozialisierung und Tradierung in organisatorischen Vernetzungen und gemeinschaftsstiftenden Prinzipien im Rahmen der milieukonformen Organisationsweise als Solidargemeinschaft. Untermauert war dieses Organisationsmodell durch funktionierende kommunikative Strukturen sowohl im Bereich der nicht-personalen Kommunikation, also vor allem der Presse und der organisationsinternen Mitgliederkommunikation, aber auch durch das bestehende ländliche Vereinswesen.

In vielerlei Hinsicht war der Bauernbund nicht nur Partei und Interessengemeinschaft, sondern lebensweltlich verankerte Institution. Das amtliche landwirtschaftliche Vereinswesen, das einen Großteil der bäuerlichen Alltags- und Arbeitswelt strukturierte und bestimmte, wurde vom Bauernbund beeinflußt, dominiert, zu großen Teilen organisationsintern parallelisiert und teilweise komplett ersetzt. Gerade der in den 1920er Jahren enger werdende Zusammenhang mit dem landwirtschaftlichen Vereinswesen und den Landwirtschaftskammerwahlen konnte dies zeigen. Der Bauernbund hatte sich zu einer der tragenden Säulen der amtlichen und der nicht-amtlichen, politischen Interessenvertretung der Landwirtschaft entwickelt. Dort, wo eine bauernbündlerische Hegemonialkultur herrschte, war es gewisserma-

---

[1] Vgl. hierzu die Ausführungen bei TH. WELSKOPP, 2000, S. 49 ff.
[2] Zum dörflichen Kommunikationszusammenhang H. BAUSINGER/E. MOSER-RATH, 1976.
[3] Siehe hierzu die inhaltliche Analyse in Kap. 8 dieser Arbeit.

ßen gleichgültig, ob ein Landwirt dem offiziellen Landwirtschaftsverein angehörte oder der Ortsgruppe des Bauernbundes. Meist war wohl beides der Fall. Darüber hinaus verfügte der Bauernbund über eine eigene Fest- und Symbolkultur, die quantitativ und qualitativ kontinuierlich gewachsen war. Auch hier war er eine Institution auf dem Land, indem er (politische) Feste, Freizeit und die Jugend organisierte und betreute. Vor allem in der Weimarer Zeit machte ihn dies lange Zeit resistent gegenüber der neuerwachsenen städtischen Konkurrenz der völkischen Verbände und der NSDAP. Eigenkulturelle Subsysteme wie das landwirtschaftliche Vereinswesen oder etwa der Jungbauernbund konnten so länger erhalten und an die eigene Organisation gebunden werden. Dies war weniger der Fall, weil der Bauernbund eine inhaltlich grundsätzlich andere Alternative angeboten hätte, sondern weil er im eigenen Milieurahmen Organisationsprinzipien und wesentliche Bestandteile der NS-Symbolik und ihrer Terminologie übernommen hatte. Gegen Ende der Weimarer Republik erodierten diese Strukturen nicht, sondern wurden vom neuen Milieuwirt Nationalsozialismus übernommen, ja mußten übernommen werden, weil die NSDAP in die Milieustrukturen bis Ende 1932 nie wirklich eingedrungen war.

Von grundsätzlicher Andersartigkeit zeigten sich die Verhältnisse beim städtischen Konservatismus. Bis kurz vor dem Ersten Weltkrieg war er ein Randphänomen – quantitativ und in der Bedeutung, die er aufgrund seiner Organisation entwickeln konnte. Sozial und organisatorisch verankert konnte er nur dort sein, wo bestimmte soziale, kulturelle und religiöse Strukturmerkmale zusammentrafen: in den größeren Städten wie Stuttgart, Ulm und Heilbronn sowie im dezidiert pietistisch und orthodox-konservativ geprägten lokalen Zusammenhang der altwürttembergischen Mittelzentren. Hier konnte er im lokalen Zusammenhang Fuß fassen, vor allem im Bereich des selbständigen Mittelstandes, untermauert durch die enge Vernetzung mit der organisierten Vertretung mittelständischer Positionen im Bund für Handel und Gewerbe sowie in den Gewerbevereinen – und nur bedingt im Beamtentum. Als Teil der protestantischen Bürgerschaft konnte er sich hier durch die Vertretung politischer und kultureller Fundamentalpositionen nur langsam, aber sukzessiv profilieren.

Die wesentlichen Aspekte einer aus einem festgefügten Milieu erwachsenen und auch landesweit vernetzten Organisation konnte der städtisch-protestantische Konservatismus nicht verwirklichen. Dazu fehlte ihm die Durchschlagskraft seiner organisatorischen und kommunikativen Netzwerke. Aber auch mentale Dispositionen sprachen dagegen: der württembergische Konservatismus wurde nur langsam national, langsamer noch als etwa sein preußisches Pendant. Dafür sprachen – wenn man national als reichsweite Orientierung betrachtet – die tiefsitzenden partikularstaatlichen Traditionen, aber auch Hemmnisse in der Vertretung nationalistischer Positionen. In den Jahren nach 1910 etwa konnte er hierin zwar mit dem Druck der wachsenden Sozialdemokratie im Rücken gegenüber der nationalen Dominanz der Deutschen Partei Terrain gewinnen, daraus aber keine wirkliche Dynamik entfalten.

Auch die nationalen Agitationsverbände, deren Charakter als Massenverbände für Württemberg stark anzuzweifeln ist, zeigen dies: sie blieben zum größten Teil national-liberal dominiert, wie etwa der Alldeutsche Verband, oder waren schlichtweg Fehlschläge. Das gilt auch für die Vaterlandspartei und vor allem in den letzten Monaten des Ersten Weltkrieges. Eine letztlich nur regional und politisch-kulturell zu begründende Abneigung gegen das Preußische und Nationale kann hier sicherlich angeführt werden, aber auch die im Konservatismus verankerte Organisationsunwilligkeit, die in der Konsequenz zwar nicht Politik-, meist aber Parteiferne bedeutete.

Ähnlich gestalteten sich die Verhältnisse im konfessionellen Vereinswesens. Die landeskirchlichen Strukturen waren vor 1914 so in konservativem Sinne gestaltet, daß eine Verlängerung der vereinskonfessionellen Strukturen in den parteipolitischen Rahmen hinein nicht nötig war. Das galt vor allem für die Bereiche der Inneren Mission und den Gustav-Adolf-Verein. Dieser Teil des im landeskirchlichen Rahmen verorteten konfessionellen Vereinswesens befand sich nicht im vorpolitischen, sondern eher im apolitischen Raum. Andererseits bedeutete die Vertretung entschieden evangelischer Positionen für den orthodoxen Protestantismus nicht gleichzeitig auch aggressiven Antikatholizismus. An diese Dynamik konnte und wollte sich der protestantische Konservatismus nicht anschließen, schon weil er grundsätzliche kulturpolitische Gemeinsamkeiten mit dem Zentrum teilte und diese in Württemberg auch nur mit der Partei des Katholizismus verwirklichen konnte. Das zeigte sich in der schwachen Affiliation der Konservativen zum größten der konfessionellen Agitationsverbände, dem Evangelischen Bund.

Das Ende des nationalliberal-freikonservativen Hybrids der Deutschen Partei hatte sich bereits vor 1914 angedeutet. Nach 1918 zerfiel es durch die spezifischen Parteiverhältnisse und die jeweils unterschiedlich strukturierten Beziehungen der neuen Parteien zu ihrer Reichsorganisation vollends. Das Ergebnis war eine konservative Sammelpartei als Hybrid von ehemals Konservativen, nicht-fusionierten Nationalliberalen und ehemals Parteilosen, auf deren Initiative hin das regionale Spezifikum der Bürgerpartei gegründet worden war. Die Anpassung an das nationale Parteiensystem dauerte lange. Abgeschlossen war sie erst Ende 1919 beziehungsweise zur Landtagswahl im Juni 1920. Neben politisch-inhaltlichen Fragen war die Frage über die Ausgestaltung des Verhältnisses zur Mutterpartei auf Reichsebene dann auch für die offiziell der DNVP beigetretenen Bürgerpartei einer der Spaltungsgründe. Die Frage war auch einer der Faktoren der Zentralisierung der Parteiarbeit. Ihre Lösung führte nicht zur Straffung der Partei, sondern im Gegenteil zur Spaltung.

In weiteren Bereichen zeigt sich eine ähnliche Entwicklung. Was nach 1918/19 in der Bürgerpartei an Modernisierung und Professionalisierung durchgeführt werden konnte, führte nicht zur Steigerung der Effizienz der Partei, sondern zu ihrer Schwächung. Die konservativen Traditionsüberhänge einer honoratiorenbedingten Organisationsunwilligkeit aus der Zeit vor 1914 wirkten hier fort. Ein Teil der Partei verstand sich weiterhin als Gesinnungsgemeinschaft ohne das Bedürfnis nach einem straffen Organisationsaufbau. Ein anderer Teil beschritt den Weg hin zur autokratisch geführten und von einem Stuttgarter und zunehmend auch Berliner Zentralismus bestimmten ›nationalen Bewegung‹.

Ihrer organisatorischen Entwicklung entsprechend läßt sich die Partei auch periodisieren. Vor 1918 war sie als Deutschkonservative Partei ein Randphänomen im württembergischen Parteiensystem, auf einer schmalen sozialen Basis beruhend, organisatorisch schwach und auf die Allianz mit dem ländlichen Konservatismus des Bauernbundes angewiesen. Nach dem Krieg war sie die Sammlung der sich selbst als konservativ definierenden Bürger in einer Abwehrhaltung gegen die drohenden Neuerungen nach dem Systemwandel: antisozialistisch, kapitalistisch im Sinne der Verteidigung von Besitz und freier Wirtschaft, christlich-protestantisch und national in einem neuen Kontext, der Skepsis und auch offene Feindschaft gegen die neue Republik ein-, gleichzeitig aber die grundsätzliche Bereitschaft zur Kooperation nicht ausschloß. Als solchermaßen definierte Bürgerpartei kann sie bis etwa 1924 bezeichnet werden. Mit der ökonomischen und politischen Stabilisierung in den mittleren Jahren der Republik begann bereits ihre Erosion durch das Aufbrechen interner fundamentaler Gegensätze und durch den zunehmend stärker werdenden Sog der Mutterpartei. Was sich seit 1924 bereits andeutete, war 1928 mit der endgültigen Entmachtung der gemäßigten Parteiführer und spätestens 1930 mit der Abspaltung der Nationalen Volksgemeinschaft um Bazille sowie mit dem Einschwenken auf den fundamentaloppositionellen Hugenberg-Kurs abgeschlossen. Spätestens dann war aus der württembergischen Bürgerpartei die DNVP Württembergs geworden.

Die nationalen Verbände als Basis einer milieuhaften Verdichtung versagten in Württemberg. Die Vaterländischen Verbände waren ein Fehlschlag. Sie machten die Bürgerpartei weder handlungsfähiger noch dynamischer, sondern waren eher der Grund für die Aufkündigung der Kooperation mit der DVP und für die schrittweise Marginalisierung der Bürgerpartei. Gleiches gilt für den Stahlhelm als größter Teilverband unter ihnen. Eine »Flurbereinigung im nationalen Lager«[4], die die organisatorische Basis erweitert oder gar vereinheitlicht hätte, konnte ihm genauso wenig gelingen, wie er als nationaler Milieuverband fungieren konnte, schon deshalb, weil er vor 1930 im Land praktisch keine Rolle spielte. Die nationalen und militaristischen Verbände gab es wohl, aber sie waren eher ein Phänomen der lokalen parteiinternen Ausdifferenzierung als eines der landesweiten Verdichtung. Es erscheint symptomatisch, daß sie neben Stuttgart vor allem in den alten Garnisonstädten des Landes – Ludwigsburg, Ulm und Heilbronn – Fuß fassen konnten und dort auch eng mit der Bürgerpartei vernetzt waren. Hier sah die Partei anders aus als in vielen kleinen Städten des Landes: sie war militaristischer, nationalistischer und fundamentaloppositionell. Ähnliches gilt für die Universitätsstadt Tübingen und auch für die Oberamtsstädte im fränkisch-hohenlohischen Landesteil, wo ein tradierter Anti-Stuttgart-Affekt und eine historisch verankerte größere Empfänglichkeit für das Nationale in den ehemals reichsunmittelbaren Territorien bestand. Hier konnten die nationalen Verbände und in ihrer Nachfolge der Stahlhelm das bis zum Ende der Weimarer Zeit nicht etablierte eigenkulturelle und organisatorisch vernetzte Sub-

---

[4] So H. MATTHIESEN, Greifswald, 2000, S. 117 ff. zum Stahlhelm.

system ersetzen. Allerdings war auch der Stahlhelm und seine Affiliation zur Bürgerpartei nur ein Bündnis von Eliten, nicht aber eine milieuhaft abgestützte Vernetzung. Es erodierte gerade dort, wo es Ende der Weimarer Republik überhaupt noch bestand, am schnellsten und wurde vom Nationalsozialismus aufgesogen.

Insgesamt blieb der parteipolitische Konservatismus in Württemberg länger honoratiorenpolitisch-individualistisch organisiert. Von der Existenz eines verdichteten und organisatorisch verfestigten städtisch-konservativen Milieus kann im Gegensatz zum ländlichen Pendant nur eingeschränkt gesprochen werden. Die traditionelle konservative Organisationsunwilligkeit wirkte länger nach, beeinträchtigte aber seine Kooperationsbereitschaft und den Zuspruch, den er fand, keineswegs. In der Tat zeigt sich genau das Gegenteil: seine Arbeits- und partielle Mehrheitsfähigkeit sowie seine Kapazität zum Funktionieren als koalitionsfähige Rechtspartei im parlamentarischen Konsensrahmen verlor er genau dann, als auf das Drängen der nationalistischen Parteigruppierungen hin die Prinzipien der milieuhaft verdichteten Organisation wenigstens ansatzweise durchgeführt wurden: straffe, effiziente Organisation und damit parteiinterner inhaltlicher und organisatorischer Zentralismus, der ganze Ortsverbände und letztlich auch den volkskonservativen Parteiteil abfallen ließ.

Sechstes Kapitel

Kandidaten und Abgeordnete – Rekrutierungsmuster und Sozialprofil

Ein zentraler Punkt des Wahlgeschäfts war die Auswahl der Kandidaten durch die Parteiinstanzen. An dieser Tatsache änderte sich auch über die verfassungs- und wahlrechtlichen Änderungen hinweg nichts. In welchem Maße sich der Modus der Kandidatenkür als mehrstufiger Prozeß innerhalb eines soziopolitischen Systems wandelte, ist im folgenden Kapitel herauszuarbeiten.[1] Die Kandidatenaufstellung, die Präsentation der Mandatsbewerber und das Sozialprofil als Qualifikation der politischen Eliten stehen dabei im Mittelpunkt. Gefragt wird neben den spezifischen Rekrutierungsmustern auch nach der sozialen Symmetrie zwischen Mitgliedern, Kandidaten und Abgeordneten einer Partei. Wer stellte die Kandidaten auf, wie wurden diese präsentiert und wie präsentierten sich diese selbst? Wie stark waren dabei die lokalen Parteiorganisationen beteiligt und wie veränderte sich ihr Einfluß auf den Rekrutierungsprozeß? Dabei wird auch nach der Formalisierung und der wachsenden Zentralisierung gefragt.

Mit dem personalpolitischen Profil kam »das Wesen einer Partei am besten zur Geltung«.[2] Die zielgruppengerechte Personalauswahl war eine Herausforderung an alle Parteien. Die Kandidaten und späteren Abgeordneten wiederum waren die Macher, Manager und Moderatoren des Wahlgeschäfts. Sie betrieben Politik und deuteten diese vor Ort aus, um auf dem sich wandelnden Markt der konkurrierenden Deutungsangebote bestehen zu können. Einen großen Teil ihrer Legitimation zogen sie aus der Präsentation ihres sozialen Profils – Herkunft, Beruf, Konfession, Alter und nach 1918 auch Geschlecht. Durch Kandidaturen wurden aber auch parteiinterne Sozialgruppierungen gebunden und deren Partizipations- und Repräsentationsforderungen entsprochen.

1. Rekrutierung

Die Modi der Kandidatenrekrutierung waren von den jeweiligen Bestimmungen des Landtags- und Reichstagswahlrechts abhängig. Abgesehen von den Proportionalwahlen in den beiden württembergischen Landeswahlkreisen bestanden bis 1918 keine Bestimmungen darüber, wie die Kandidaten aufzustellen waren.[1] Amtliche Wahl-

---

[1] D. Herzog, 1982, v.a. S. 86 ff. u. das BIOSOP-Projekt zusammenfassend W. H. Schröder, 1999.
[2] Schw. Landmann v. 1. Juni 1903.
[1] A. Gawatz, Wahlkämpfe, 2001, S. 137 ff.

zettel gab es bis 1918 ebenfalls nicht. Ihre Erstellung und ihre Verteilung war Aufgabe der Parteien. Ein Wähler konnte demnach den Namen eines beliebigen oder eines von einem Wahlkomitee oder einer Partei aufgestellten Kandidaten auf einem weißen Zettel eindeutig vermerken oder aber zur Stimmabgabe einen von einer Partei gedruckten Stimmzettel abgeben. Nach 1918 setzte sich die streng formalisierte Kandidatur nach Parteizugehörigkeit und auf straffen, vom Wähler unveränderbaren Wahlzetteln durch. Auch dies war Ausdruck der gestiegenen Steuerungskompetenz der zentralen Parteileitungen: für die Wahlkreislisten zum Reichstag und für die Landeslisten reichten sie nun nach streng vorgegebenen Kriterien und Fristen ihre Vorschläge an den Landeswahlleiter ein. Diese wurden dann im *Staatsanzeiger* veröffentlicht. Bei den Landtagswahlen mußten die Bezirksvorschlagslisten von den lokalen oder regionalen Parteiorganisationen beim Bezirkswahlleiter eingereicht werden, die dann im jeweiligen Oberamtsblatt veröffentlicht wurden. Aber auch hierauf übten die Landesleitungen der Parteien Einfluß aus, nicht zuletzt deshalb, weil sie ab 1924 aus mehreren Wahlkreisen eigene Wahlkreisverbände festlegen konnten und damit auch Einfluß auf die Anordnung der Kreisvorschlagslisten nahmen. Auseinandersetzungen zwischen lokalen Parteiorganisationen und Landesleitungen der Parteien gab es über den gesamten Untersuchungszeitraum hinweg, genauso wie es Konflikte darüber gab, in welchem Ausmaß die Aufstellung eines Kandidaten demokratisch legitimiert, also von einem größtmöglichen Teil der Mitgliederbasis bestimmt sein sollte. Wie agierten also Bauernbund und Konservative in dieser Hinsicht und wie wurden eventuelle parteiinterne Konflikte gelöst?

a) Bauernbund: Lokalistisches Orientierungsmuster

Die wichtigste Entscheidungsebene beim Bauernbund war die Vertrauensmännerversammlung im Wahlkreis. Entgegen der zentralisierten Organisationsform des Bundes hatte hier die dezentrale Entscheidungsebene den Vorrang. Das galt vor allem für die Landtagswahlen. Hier wurde von der örtlichen Organisation beschlossen, ob überhaupt kandidiert wurde, um dann einen geeigneten Kandidaten ausfindig zu machen. Absagen von Wunschkandidaten waren vor allem in den ersten Jahren nicht selten. Die Gründe wurden meist nicht genannt. Der Bauernbund war jung und eine neue Kraft im Parteiensystem. Von vielen wurde er als Störfaktor angesehen, entweder weil er dort auftrat, wo es vormals nur einen Honoratiorenkandidaten gegeben hatte, weil er die tradierte Zweierkonstellation von Volkspartei und Deutscher Partei anfocht oder weil seine Kandidatur als Störung des konfessionellen Friedens im Bezirk galt. Immer wieder wurden für die Nichtannahme einer Kandidatur auch familiäre und berufliche Gründe angegeben, auch weil durch den Auftritt als Parteimann und der daraus resultierenden Polarisierung geschäftliche Nachteile befürchtet wurden.[2]

---

[2] So erhielt die jeweilige Vertrauensmännerversammlung zu den Landtagswahlen 1900 Absagen von angefragten Wunschkandidaten in insgesamt sieben Oberämtern (Dt. Reichspost v. 23. Okt.

Vor allem in den ersten Jahren seines Auftretens mußte der Kandidat nicht unbedingt Mitglied des Bauernbundes sein. Das Parteiprinzip hatte sich noch nicht durchgesetzt. Auch war die Organisation des Bauernbundes noch zu schwach und zu wenig flächendeckend. Ein anderes Problem war, daß bis 1906, bis zur klar getrennten Einteilung der Abgeordneten in Fraktionen, Unklarheit darüber herrschte, welcher Gruppe im Landtag sich ein Kandidat im Falle seiner Wahl anschließen sollte oder auch wollte. Bei der Kandidatenauswahl vor Ort wurde deshalb versucht, den Kandidaten möglichst früh auf eine Parteizugehörigkeit festzulegen. In aller Regel gelang dies auch, vor allem dann, wenn der Kandidat gewählt wurde und sich durch die Anbindung an eine Partei für eine eventuelle Wiederwahl höhere Erfolgschancen ausrechnete.[3] Eine andere Möglichkeit, einen Bewerber an die Partei zu binden, war, anderen Parteien ihren Kandidaten abspenstig zu machen.[4] Allerdings funktionierte dieses Muster nicht immer: Zu den Landtagswahlen 1900 und 1906 hatte der Bauernbund im Oberamt Hall den nationalliberalen Schultheißen und Ziegeleibesitzer Karl Förstner unterstützt, der auch Bauernbundsmitglied war. Beide Parteien, so der *Beobachter*, »streiten sich um die politische Seele von Förstner«[5], der im Landtag Hospitant der Fraktion der Deutschen Partei war. Als Förstner bei der Abstimmung über eine Wahlanfechtung, bei der es um ein Mandat für den Bauernbund ging, mit seiner Fraktion und damit gegen den Bauernbund votierte, wurde ihm vom Bauernbund die Unterstützung entzogen. 1912 kandidierte er nicht mehr, weil die örtliche Organisation des Bauernbundes eine verpflichtende Erklärung von ihm gefordert hatte, bei einer erneuten Wahl der konservativen Fraktion beizutreten.[6]

Konflikte zwischen den Wahlkreisorganisationen und der Stuttgarter Bundesleitung waren beim Bauernbund selten. Meist wurde die Entscheidung der Lokalvereine akzeptiert und auf die Bedingungen und personellen Konstellationen vor Ort Rücksicht genommen. Wenn es zu einem Konflikt kam, so blieb der Bundesleitung meist nichts anderes übrig, als die Entscheidung der Lokalorganisation zu respek-

---

1900, v. 1. Nov. 1900, v. 5. Nov. 1900, v. 9. Nov. 1900, v. 12. Nov. 1900, v. 14. Nov. 1900 u. v. 15. Nov. 1900).
[3] Zur Ersatzwahl im OA Crailsheim im Nov. 1899 waren 20 Vertrauensmänner an den Landwirt Ernst Berroth mit der Bitte um eine Kandidatur herangetreten – ein Vorgang mit demonstrativem Charakter, denn zum ersten Mal trat der Bauernbund in diesem Wahlkreis an. Berroth hatte jedoch erklärt, trotz »konservativer Grundgesinnung« parteilos bleiben zu wollen. In der Stichwahl gewann er gegen die VP. Bereits bei den Einerwahlen ein Jahr später trat er als Parteikandidat des Bauernbundes an (Dt. Reichspost v. 16. Nov. 1899, Schw. Landmann v. 1. Okt. 1899, v. 1. Nov. 1899 und v. 1. Dez. 1899).
[4] Als Beispiel der Ökonom Friedrich Gebert im OA Öhringen. Zur Landtagswahl 1895 war er noch als »Mischmaschkandidat« (Schw. Tagwacht v. 16. Jan. 1895) von VP und Deutscher Partei angetreten. Nach seiner Wahl war er als Hospitant der Fraktion der Deutschen Partei beigetreten und kandidierte 1900 im gleichen Oberamt erfolgreich als Kandidat des Bauernbundes. Der *Beobachter* kommentierte: »Das politische Chamäleon Gebert, das vor fünf Jahren demokratisch rot schillerte, dann blau anlief und zuletzt das bauernbündlerische Gelb annahm, ist gewählt worden« (Beobachter v. 8. Dez. 1900).
[5] Beobachter v. 10. Dez. 1900.
[6] Dt. Reichspost v. 24. Juni 1905, Schw. Landmann v. 1. Juli 1905 u. Schw. Tagwacht v. 19. Okt. 1912.

tieren. Im Oberamt Herrenberg etwa mußte erst der Tod des langjährigen Abgeordneten und Gutsbesitzers Heinrich Guoth abgewartet werden.[7] Als dann die Deutsche Partei einen Nachfolgekandidaten mit den gleichen Merkmalen eines Integrationskandidaten – also einer Doppelmitgliedschaft in Deutscher Partei und Bauernbund aufstellte – wehrte sich die Ortsgruppe des Bauernbundes. Man lasse sich keinen »liberalen Kandidaten aufzwingen« und schon gar keinen Ökonomierat, der sich als Großbauer »wie gewohnt« dem Aufbau der Bauernbundorganisation entziehe, lautete die Stellungnahme der örtlichen Bauernbündler. Sie setzten sich mit einem eigenen Kandidaten durch, der bereits vor der Wahl zugesagt habe, sich der konservativen Fraktion anzuschließen, auch gegen den Willen der Stuttgarter und der Berliner Bundesleitung, die die Einflußnahme auf die Deutsche Partei befürwortet hatten.[8]

Konnte sich bei einem Konflikt über die Kandidatenaufstellung die Bundesleitung durchsetzen, so spielte die lokale Organisation ihr Verweigerungspotential auf andere Art und Weise aus. Zur Reichstagswahl 1907 hatte die Vertrauensmännerversammlung im Oberamt Göppingen beschlossen, die Kandidatur ihres Bezirksvorsitzenden, des Landwirts und Dorfschultheißen Andreas Lemppenau, zurückzuziehen und im ersten Wahlgang bereits einen volksparteilichen Schreinermeister gegen die SPD zu unterstützen. Lemppenau hatte dies damit begründet, eine reine Zählkandidatur des Bauernbundes sei im »industriereichen Bezirk« nicht angebracht. Gegen den Beschluß der Lokalorganisation druckte die Bundesleitung dennoch Wahlzettel mit dem Namen Lemppenaus, um den Wählern wenigstens im ersten Wahlgang die Möglichkeit zu geben, den Bauernbund zu wählen. Das Ergebnis war, daß die Wahlzettel für Lemppenau von den örtlichen Vertrauensmännern einfach nicht verteilt wurden und in Göppingen bei der Wahl nur wenige zersplitterte Stimmen auf ihn entfielen.[9]

Die geschilderten Fälle waren wenige Ausnahmen, bei denen sich eine Ortsgruppe gegen die Landesleitung durchsetzen mußte. In aller Regel mußte sich diese an die Beschlüsse halten, die vor Ort getroffen wurden. Auf der Wahlkreisebene wurden die Kandidaten ausgewählt und auf das Programm und die Parteizugehörigkeit zum Bauernbund festgelegt, oder aber Wahlaussagen für Kandidaten anderer Parteien beschlossen. Die Landesleitung segnete diese Beschlüsse dann in aller Regel ab und teilte sie über die Presse den Mitgliedern mit. So hieß es zu den Landtagswahlen 1906:

»In einigen Bezirken ist noch kein endgültiger Beschluß gesetzt; in einer Reihe von anderen Bezirken werden wir uns mit Zählkandidaturen begnügen müssen. Da wo die Vertrauens-

---

[7] Guoth war Mitglied der Deutschen Partei und des Bauernbundes, im Landtag ebenfalls Hospitant der Deutschen Partei. Er war zweimal, bei der Landtagswahl 1900 als parteiloser Kandidat und 1906 als Kandidat der Deutschen Partei, vom Bauernbund unterstützt worden, dem er 1906 offiziell beigetreten war. Allerdings hatte er sich geweigert, dessen Fraktion beizutreten.
[8] Schw. Landmann v. 1. Juli 1909 u. v. 1. Nov. 1909; Dt. Reichspost v. 3. Juli 1909 u. v. 11. Nov. 1909.
[9] Dt. Reichspost v. 16. Jan. 1907 u. v. 22. Jan. 1907; Dt. Volksbl. v. 22. Jan. 1907; Beobachter v. 23. Jan. 1907; Schw. Merkur v. 21. Jan. 1907 A u. v. 22. Jan. 1907 M.

männer beschlossen haben, die Kandidaturen der DP zu unterstützen, hat es damit sein Bewenden, und wir bitten unsere Mitglieder den Beschluß der Vertrauensmänner, auch wo er ihnen nicht ganz entspricht, zu achten und zu befolgen.«[10]

Mit wenigen Ausnahmen wurden die Entscheidungen über einen Kandidaten vor Ort einmütig gefällt. Eine dieser Ausnahmen war die Kandidatur bei der Landtagsersatzwahl von 1904 im Oberamt Mergentheim – ein intensiv beobachteter Bezirk, weil er der langjährige Wahlkreis des ehemaligen Ministerpräsidenten Mittnacht gewesen war und weil es ein konfessionell paritätischer Bezirk war, in dem ein konfessioneller Kompromißkandidat aufgestellt werden mußte. Der Bauernbund reagierte auf diese Situation und stellte gegen einen evangelischen deutschparteilichen Forstrat den katholischen Weinhändler und Privatier Valentin Mittnacht auf, auch um damit einer Kandidatur des Zentrums vorzukommen. Dieses reagierte allerdings mit einem eigenen Kandidaten, einem landwirtschaftlichen Ökonomen, der letztlich aber zurückzog. Die Kandidatur Mittnachts als Katholik war innerhalb der Vertrauensmännerversammlung umstritten. Sie war der einzige ermittelte Fall, bei dem die Entscheidung in geheimer Abstimmung getroffen wurde.[11] In der Stichwahl gewann Mittnacht mit der Unterstützung des Zentrums gegen die Deutsche Partei. Der Fall ging als »Mergentheimer Vertrag« durch den württembergischen Blätterwald.[12] Allerdings wurde das Mandat wegen einer Wahlanfechtung kassiert. Bei der Nachwahl im August 1905 wurde vom Bauernbund wiederum einmütig der evangelische Landwirt Karl Ulshöfer nominiert, der allerdings chancenlos einem deutschparteilichen Regierungsrat unterlag.

Auch Doppelkandidaturen in einem Wahlkreis – wie sie vor allem beim Zentrum vorkamen[13] – waren beim Bauernbund die Ausnahme. Allerdings war der einzige dieser Sonderfälle symptomatisch: es handelte sich um die adlige »Freischärlerkandidatur« des Grafen Gerhard Leutrum von Ertringen. Der Graf hatte zur Landtagswahl 1906 im Oberamt Vaihingen mit einem eigenen Wahlkomitee gegen den Bauernbund seine Kandidatur mit konservativem Programm vorangetrieben und im ersten Wahlgang fast 20 Prozent der Stimmen erreicht. Bei den Verhandlungen zwischen ihm und der Bundesleitung forderte er Genugtuung »mit Rücksicht auf seine Standesgenossen«, verzichtete auf den zweiten Wahlgang und wurde als Kompensation auf die dritte Stelle der Proporzliste für den Neckar- und Jagstkreis aufgenommen. Allerdings rächten sich die Bauernbündler. Zum einen wurden offenbar unterschiedliche Wahlzettel gedruckt: solche mit Leutrum, die nur im Oberamt Vaihingen verteilt werden sollten – was wiederum von den Vertrauensmännern verweigert wurde, die auf eigene Kosten Wahlzettel ohne seinen Namen druckten oder diesen einfach ausstrichen – und solche, auf denen Leutrum nicht erwähnt war und die dann in den restlichen Oberämtern des Landeswahlkreises verteilt wurden. Die

---

[10] Schw. Landmann v. 15. Nov. 1906.
[11] Dt. Reichspost v. 6. Okt. 1904; Bauernfreund 1906, S. 75.
[12] Siehe hierzu unten S. 443 ff.
[13] A. Gawatz, Wahlkämpfe, 2001, S. 140 ff.

lokale Macht der Basis hatte sich durchgesetzt: eine adlige Sonderkandidatur war gegen die Widerstände der Basis nicht durchzuboxen. Allerdings hatte Leutrum mit seinem »törichten Ehrgeiz und herostratischem Eifer« die Wahl im Einerwahlkreis »verpfuscht«.[14]

Die Kandidatenrekrutierung zu den Landtagseinerwahlen erfolgte beim Bauernbund von Anfang an nach festgelegten Regeln: ein Kandidat wurde nur dort aufgestellt, wo die Partei auch organisiert war. Vorrang hatte die lokalistische Orientierung und vor allem in den ersten Jahren die Person vor der Partei. Die Verpflichtung auf die Parteizugehörigkeit und ein festgelegtes Programm setzte sich nur sukzessiv, letztlich dann mit den Landtagswahlen von 1906 durch. Bis dahin gab es auch noch eine große programmatische Offenheit der Kandidaten, die sich an den Bedürfnissen des jeweiligen Oberamts orientierten. Jeder Kandidat trat mit einem eigenen und persönlich gehaltenen Programm an. Noch 1900 rief der Bauernbund seine Kandidaten in den Oberämtern zu einer Versammlung nach Stuttgart zusammen, um gemeinsam zu einer »Festlegung politischer Forderungen« zu kommen. Als Resolution hieß es dann: »Wir legen den Nachdruck auf die gesunde Entwicklung unseres Erwerbslebens und geben die Stellungnahme der Kandidaten zu den rein politischen Angelegenheiten frei.«[15]

Insgesamt aber stieg die Zentralisierung und die Regelungskompetenz der Parteileitungen. Bei den Reichstagswahlen war sie schon immer höher. Hier wurden Kandidaten und Bündnisse früher, landesweit und parteiübergreifend zwischen Deutscher Partei, Bauernbund und Konservativen koordiniert.[16] Bei den Landtagswahlen war die zentrale Parteikompetenz vor allem durch die Einführung der Proporzwahlen, der damit verbundenen Durchsetzung des Parteiprinzips und durch die parteipolitische Ausdifferenzierung in den Wahlkreisen gestiegen. Das Rekrutierungsmuster der parteipolitisch »wilden« und parteiübergreifenden Integrationskandidaten wurde im Zuge dieser Entwicklungen vollends aufgegeben. Die Proportionalwahlen galten als »reine Parteiwahlen«.[17] Vor allem für die im Land schwach vertretenen Konservativen war dies die Möglichkeit, einen Kandidaten über die landesweit verstreuten Stimmen durchzubringen und die Wähler des Landes, die »außerhalb der Organisation stehen«, zur Urne zu bringen.[18] Ähnliches galt für die Proporzwahlen im Stadtbezirk Stuttgart: dieser war eine reine Domäne der Konservativen, in der der Bauernbund nichts zu suchen hatte und wo er auch gar keinen Anspruch auf eine Kandidatur stellte.

Die Landeswahlkreislisten wurden zwischen den Landesleitungen von Bauernbund und Konservativen ausgehandelt, beim Bauernbund auf Vorschlag der Bezirks-

---

[14] Dt. Reichspost v. 19. Dez. 1906 (Zitat), v. 27. Dez. 1906 u.v. 21. Jan. 1907; Schw. Landmann v. 1. Jan. 1907; Schw. Kronik v. 20. Nov. 1906 M u.v. 14. Dez. 1906 M; Dt. Volksbl. v. 23. Nov. 1906 u.v. 14. Dez. 1906; Beobachter v. 4. Febr. 1907.
[15] Dt. Reichspost v. 17. Okt. 1900 u.v. 8. Nov. 1900.
[16] Siehe hierzu die Ausführungen in Kap. 9 dieser Arbeit.
[17] Schw. Kronik v. 4. Jan. 1907; Dt. Reichspost v. 5. Jan. 1907.
[18] Dt. Reichspost v. 2. Jan. 1907.

organisationen.[19] Die Listen erfüllten mehrere Zwecke. Zum einen mußte zugkräftige Parteiprominenz an der Spitze stehen. Für beide Proporzwahlen waren dies paritätisch besetzt der Vorsitzende der Konservativen und der Landesgeschäftsführer des Bauernbundes. Darüber hinaus bot sich die Liste als Kompensationsangebot für Konflikte in den Einerwahlkreisen an. Bei beiden Parteien war dies nur im Falle des Grafen Leutrum notwendig. Vor allem aber bot die Landesliste die Möglichkeit, Kandidaten durchzubringen, die in einem Wahlkreis nicht vermittelbar waren oder die sich dem Wahlkampfgefecht vor Ort nicht aussetzen wollten. So präsentierten die Konservativen mit Wilhelm Freiherr Pergler von Perglas den einzigen Adligen aller Proporzkandidaten der Parteien an erfolgreicher zweiter Stelle im Neckar- und Jagstkreis. Entrüstet kommentierte die *Schwäbische Tagwacht*, so brächten die Konservativen den einzigen Adligen in die »neue reine Volkskammer.«[20] Auch Interessenvertreter waren über die Listen leichter zu vermitteln. Vor allem aber wurden mit ihnen Signale über den Charakter der Partei ins Land gesandt. Die Konservativen klagten, bei allen Parteien nähmen die Professionellen sowie die Berufs- und Interessenverbandsvertreter zu. Bei der Volkspartei seien statt Handwerksmeistern Parteisekretäre vertreten. Auch habe die Partei durch die Aufstellung von Vertretern der Lehrerschaft sowie der mittleren und unteren Beamten ganze Berufszweige »vor ihren Wagen gespannt«. Überhaupt habe man sich den Ersatz der Privilegierten anders vorgestellt. Die Kandidaten seien weder losgelöst von der Kirchturmpolitik, noch von Parteizwang und Parteipolitik. Erhofft habe man sich »tüchtige, landesweit bekannte und erfahrene Männer mit Rücksicht auf deren Qualifikation.«[21] Allerdings spiegelten auch die Listen der beiden konservativen Parteien ihre berufsspezifischen und konfessionellen Zusammenhänge wider.[22]

Der Zentralisierungsanspruch der Parteileitungen nahm mit den fundamentalen Veränderungen des Wahlrechts nach 1918/19 deutlich zu. Dafür sorgte schon der deutlich gewachsene zentralinstanzliche Steuerungsanspruch durch die quantitative Ausweitung der Kandidaturen: im Vergleich der Zeitabschnitte vor 1918 und der zwölf Jahre nach 1918 verzehnfachte sich die Zahl der Kandidaten bei beiden Parteien.[23] Durch den Zwang zur Aufstellung von Landeslisten zu allen Wahlen erhöhte sich das parteiinterne Konfliktpotential und die Einflußnahme von Interessenverbänden. In vielen Bereichen hatte sich der Sozial- und Berufsgruppendiskurs durchgesetzt. Abgeschwächt wurden die Phänomene durch die besonderen Bestimmungen

---

[19] Schw. Landmann v. 1. Dez. 1906.
[20] Schw. Tagwacht v. 19. Jan. 1907 u. Dt. Reichspost v. 21. Jan. 1907.
[21] Dt. Reichspost v. 5. Jan. 1907 u. v. 20. Dez. 1912.
[22] Unter den 27 bei beiden Poroporzwahlen aufgestellten Kandidaten waren 14 Landwirte, zwei Adlige, zwei Schulrektoren und ein Professor, zwei Fabrikanten, ein selbständiger Kaufmann und ein Handwerksmeister, ein Rechtsanwalt und ein Schultheiß sowie zwei Parteiangestellte zu finden. Mit dem Schulrektor des Knabeninstituts Wilhelmsdorf, Johannes Ziegler, hatte man auch einen landesweit prominenten Pietisten präsentiert (Quelle: Personaldatensatz).
[23] Für die Konservativen waren es vor 1918 bei allen Wahlen 64 Kandidaten, für Zeit nach 1918 konnten 518 ermittelt werden. Beim Bauernbund war das Verhältnis 85 zu 608 (Quelle: Wahldatensatz). Siehe hierzu auch die Übersicht in Tab. 10, unten S. 298.

des württembergischen Landtagswahlrechts ab 1920 und 1924, die mit ihrer parteiinternen Wahlkreisgeometrie allerdings neuartige Konfliktquellen schufen.
Über alle Landeslisten entschieden die zentralen Parteiorgane. Daran änderte sich in den Weimarer Jahren nichts. Die Rekrutierung der politischen Elite hatte sich deutlich auf die zentralen Parteiinstanzen verlagert. Beim Bauernbund war dies für die Reichstagswahlen der Stuttgarter Bundesvorstand.[24] Allerdings waren hier die Konfliktpunkte gering. Zum einen ging es um die Vergabe von zwei bis höchstens vier Mandaten, die in großer personeller Kontinuität besetzt waren. Die unangefochtenen Spitzenkandidaten waren Theodor Körner als Geschäftsführer und Wilhelm Vogt als Bundesvorsitzender. 1930 ersetzte ihn der stellvertretende Bundesvorsitzende Wilhelm Dingler. Für die restlichen aussichtslosen Plätze wurden in aller Regel die Bezirksvorsitzenden der örtlichen Organisationen herangezogen. Streng gewahrt wurde der regionale und berufsinterne Proporz nicht nur bei den aussichtslosen Plätzen. Neben den ersten beiden sicheren Plätzen wurde der dritte Platz an einen Weingärtner vergeben. Bis 1924 war dies der Heilbronner Winzer Wilhelm Haag, Vorstand des örtlichen Weingärtnerverbands und einer der größten Winzer in der Stadt. Nach seinem altersbedingten Rücktritt wurde der Listenplatz und das Mandat innerfamiliär vererbt. Bis November 1933 war sein Sohn Heinrich Reichstagsabgeordneter, ein Vorkämpfer des »nationalen und völkischen Gedankens«.[25] Der vierte und unsicherste Platz war an einen oberschwäbischen Vertreter vergeben. Die Diaspora-Bauernbündler im katholischen Oberland genossen hier einen besonderen Status: sie ernannten den Mann ihres Vertrauens in einer besonderen Versammlung selbst. Seit 1924 war dies der katholische Franz Schenk Freiherr von Stauffenberg. Zu Konflikten über die Reichstagslisten kam es nur selten. Dann setzte sich meist auch die lokale Organisation durch.[26]

Für die Landtagswahlen war die Aufstellung der Kandidaten komplizierter. Sie erforderte auch ein deutlich höheres Maß an Koordination. Für den Bauernbund war klar: die Einführung von Bezirkslisten war ein Vorteil für die ländliche Bevölkerung, die sich durch die zentralen Landeslisten der ersten Wahlen benachteiligt sah. »Parteigrößen gehören auf die Landesliste, Lokalgrößen auf die Bezirkslisten.«[27] In einer Vorarbeitsleistung der Lokalorganisationen fanden rund drei Monate vor den jeweiligen Landtagswahlen in allen Wahlbezirken Vertrauensmännerversammlungen statt, um die Kandidaten für die Bezirkslisten zu benennen. Die regional tätigen Bauernanwälte erstatteten bei den Versammlungen Bericht über die Stellungnahme

---

[24] Z.B. Schw. Landmann v. 29. März 1924.
[25] Vgl. die Denkschrift des Bruders von Heinrich Haag, KARL HAAG, 1934 über den Bauern- und Weingärtnerbund in Heilbronn.
[26] Einziges ermitteltes Beispiel war die Aufstellung der Landesliste zur Reichstagswahl 1930. Auf einer Landesversammlung hatte der Vorstand um die Zustimmung der von ihm zentral aufgestellte Landeslisten gebeten. Dabei hatten sich die Vertreter der hohenlohischen Bauern gegen den Vorstand durchgesetzt und in einer Abstimmung ihren Kandidaten Johannes Klein auf den vierten Listenplatz gebracht (Schw. Tageszg. v. 18./19. Aug. 1930).
[27] Schw. Tageszg. v. 24. Dez. 1918 mit der Forderung nach Bezirkslisten.

des Landesvorstandes und erklärten vor allem das komplizierte Wahlverfahren. Die Bewerber wurden von den Vertrauensmännern gewählt. Die so nach Stuttgart gehenden Vorschläge wurden von einem vierköpfigen Ausschuß des Landesvorstands sortiert und letztendlich von einer Landesausschußsitzung verabschiedet, die auch über die Landesliste und die Wahlkreisverbindungen entschied. Die parteieigene Wahlkreisgeometrie, die seit den Landtagswahlen von 1924 möglich war, war beim Bauernbund unumstritten und konfliktfrei. Abgesehen von kleinen Änderungen entsprachen seine Wahlkreisverbände zwischen 1924 und 1932 der ursprünglichen Einteilung von 1920, die die sozioökonomischen und konfessionellen Gegebenheiten des Landes berücksichtigt hatte und dem Bauernbund entgegengekommen war. Vor allem aber war die Hochburgenbildung der Partei klar und konstant ausgeprägt.[28]

Immer wieder wurde betont, trotz des komplizierten Aufstellungsverfahrens werde von der Bundesleitung alles getan, um die Wahlvorbereitungen im Einverständnis mit den Vertrauensmännern und unter »möglichster Berücksichtigung der eingegangen Wünsche« vorzunehmen.[29] Das Verfahren funktionierte im allgemeinen gut. Klagen wurden kaum bekannt, vor allem weil das System ein hohes Maß an Kompensationsmöglichkeiten bot. Selbst wenn für einen Wahlkreisverband sechs Oberämter zusammengeschlossen wurden, so konnte für jedes Oberamt eine gesonderte Liste erstellt werden. In aller Regel stand so in jedem Wahlkreis ein lokaler Vertreter an der Spitze. Die Kandidaten und die Abgeordneten waren örtliche und regionale Gebietsvertreter und in ihren Wahlkreis eingebunden. Auch scheinen die Wünsche der lokalen Organisationen meist berücksichtigt worden zu sein. Nur selten gab es darüber Auseinandersetzungen. Der prominenteste Fall, bei dem sich eine Ortsgruppe gegen die Landesleitung durchsetzen mußte, war der Brackenheimer Albert Rapp, der gegen den Willen der Bundesleitung bereits 1919 für die Landesversammlung und 1920 auf die Kreisvorschlagsliste gesetzt wurde, obwohl er kurz vor der Wahl mit seiner ›Unabhängigen Bauern- und Mittelstandspartei‹ eine lokale Gegengründung gegen den »autokratisch geführten Körnerbund« initiiert hatte. Weil Brackenheim »stets ein guter bauernbündlerischer Bezirk war«, wurde dem Wunsch entsprochen, obwohl die Geschäftsstelle des Bundes mit allem Nachdruck gegen eine erneute Kandidatur Rapps gearbeitet hatte.[30]

---

[28] 1924 war der Bauernbund in zwölf, 1928 in vierzehn und 1932 wieder in zwölf Wahlkreisverbänden mit drei bis sechs Oberämtern angetreten. Siehe hierzu die Zusammenstellung der Wahlkreisverbände im Anhang dieser Arbeit, unten S. 533.
[29] Schw. Landmann v. 29. März 1924 u. v. 14. April 1928, Schw. Tagesztg. v. 11./12. April 1932.
[30] Süddt. Ztg. v. 19. Febr. 1919, Stuttg. Neues Tagbl. v. 19. Febr. 1920, Schw. Tagwacht v. 10. Dez. 1921. Rapp, der 1920 ein Landtagsmandat nur erhalten hatte, weil der auf Landes- und Wahkreisliste doppelt gewählte Wolff gegen die Gepflogenheit des Bauernbundes statt des Wahlkreismandats sein Landeslistenmandat annahm und somit Rapp auf Wahlkreisebene nachrücken konnte (vgl. oben S. 47), wurde im November 1921 von der Strafkammer Heilbronn wegen Betrugs in sieben vollendeten und eines versuchten Falles zu einer Gefängnisstrafe verurteilt. Rapp hatte als Geschäftsführer einer fingierten Zentralgenossenschaft mit Großhändlern Verträge abgeschlossen und sich Vorschüsse bezahlen lassen. Zum April 1921 legte Rapp sein Amt als Stadtschultheiß nieder, im Dez. 1922

Immer wieder wurde dem Bauernbund vorgeworfen, er werde zentral von der Körnerschen Geschäftsstelle geleitet, wo ganz nach persönlichem Gusto der beiden Körner – alt und jung – Kandidaten ernannt und »abgesägt« würden. Eine Beurteilung darüber fällt schwer, weil parteiinterne Unterlagen fehlen. Insgesamt ist aber davon auszugehen, daß der Bauernbund zwar zentralistisch von der Familie Körner geführt wurde, deren Machtanspruch aber nur begrenzt in die Lokalorganisationen hineinreichen konnte, wo die jeweiligen Kandidaten und Abgeordneten im Konfliktfall über eine Hausmacht verfügten, die in der Regel durch die landwirtschaftlichen Vereine abgestützt war.[31]

Die lokale Orientierung hatte beim Bauernbund Vorrang gegenüber dem Zentralen. Auf den Landeslisten kandidierte die Parteiprominenz, allen voran Theodor Körner (alt). Die Prominenz war mit wenigen Ausnahmen allerdings auch lokal in einem Wahlkreis abgesichert. Symptomatisch war bei einer Doppelwahl die Annahme des Wahlkreismandats, das offensichtlich höher bewertet wurde. Die in der Parteizentrale in Stuttgart festangestellten Mitarbeiter und Redakteure kandidierten alle auf den Landeslisten. Sie waren lokal nicht verankert, entstammten nicht dem Bauernstand und waren mit teilweise akademischer Bildung eher milieufremde Kandidaten. Andererseits füllten sie eine Lücke, indem sie in den städtischen Wahlkreisen wie Stuttgart und Esslingen kandidierten, wo der Bauernbund vor 1918 gar nicht und nach 1918 nur teilweise kandidiert hatte. Mit der Reduzierung der Abgeordnetenzahl von 101 auf 80 im Jahr 1924 verloren zwei von ihnen trotz des guten Wahlergebnisses ihr Mandat. Sie waren auf den Landeslisten nicht gut »positionierbar« und in den Wahlkreisen nicht vermittelbar, wo ihnen offenbar ein gewisses Maß an Mißtrauen entgegengebracht wurde, weil sie als hauptberufliche Repräsentanten der Partei die soziale und berufliche Deckungsgleichheit zwischen Repräsentanten und Repräsentierten gefährdeten.[32]

---

verzichtete er auch auf sein Mandat, nachdem er aus dem Bauernbund ausgeschlossen worden war. Einen rechtlichen Ausschluß aus dem Landtag lehnte der Württembergische Staatsgerichtshof ab, weil Rapp die bürgerlichen Ehrenrechte nicht aberkannt worden waren (Dokumentation des Falles in HStA Stuttgart, E 151/02, Bü 160).

[31] Die prominentesten Vorwürfe des Zentrums, das die Kandidatenaufstellung des Bauernbundes immer besonders aufmerksam verfolgte, waren die Abgeordneten August Müller, Wilhelm Taxis, Christian Zentler und Tobias Heege, die laut Dt. Volksbl. v. 8. Mai 1928 u. Rottenburger Ztg. v. 10. Mai 1928) von Körner (jg.) »abgesägt« worden seien. Allerdings kandidierte August Müller 1928 aus gesundheitlichen Gründen nicht mehr. Er befand sich bereits während des Wahlkampfs 1928 auf einem Erholungsurlaub und starb kurz nach der Wahl (Schw. Kronik v. 25. April 1928 M und Nachruf in Schw. Tageztg. v. 19. Juni 1928). Ähnlich war der Fall bei W. Taxis, der ebenfalls aus gesundheitlichen Gründen nicht mehr kandidierte und dann im April 1931 starb (NL Hiller). Ein politischer Disput stand bei Zentler und Heege im Hintergrund. Beide hatten bei der Verabschiedung der Regierungsvorlage über die Erhöhung der Beamtenbesoldung vor der Abstimmung den Saal verlassen (Schw. Tagesztg. v. 25 März 1928 u. Südd. Ztg. v. 31. März 1928). Heege etwa kandidierte 1928 erneut auf einem erstrangigen Wahlkreislistenplatz, errang aber wegen des schlechten Wahlergebnisses des Bauernbundes, und nicht weil Körner ihn abgesägt hatte, kein Mandat.

[32] Schw. Tagesztg. v. 6. Mai 1924. Betroffen waren Jonathan Roth und Rudolf Naser.

Das Problem, auf die Forderungen von Interessenverbänden und Parteiunterorganisationen nach Kandidatenplätzen zu reagieren, stellte sich dem Bauernbund nicht. Er war die Vertretung eines geschlossenen Berufsstandes und rekrutierte seine Kandidaten organisch aus diesem heraus. Während das Zentrum, das sehr viel mehr Rücksicht auf die gleichmäßige Vertretung unterschiedlicher Berufsgruppen nehmen mußte, 1924 etwa klagte, der Landwirtschaftliche Hauptverband und die landwirtschaftlichen Vereine nähmen in den katholischen Bezirken massiven Einfluß auf die Aufstellung von Kandidaten, konterte der Bauernbund: er begrüße die Vorschläge seitens der landwirtschaftlichen Organisationen »freudig«, die beim Bauernbund »stets ein offenes Ohr und volle Bereitwilligkeit« fänden.[33]

Ähnlich verhielt es sich bei der Frage der Einbeziehung der horizontalen Parteiunterorganisationen. Bei den Frauen zeigte sich ein Problem erst gar nicht. Forderungen nach einer Kandidatur wurden offenbar nicht gestellt. Weibliche Kandidaturen gab es beim Bauernbund nicht. Von weitaus größerer Bedeutung war dagegen die Integration der Bauernjugend. Und sie gelang: vor allem bei den Landtagswahlen 1928 und 1932 traten Jungbauern entweder unter dieser Bezeichnung, als ›Sohn‹ oder mit dem Anhängsel ›jung‹ auf, nicht nur um im Falle des gleichen Namens mit dem Vater Verwechslungen zu vermeiden oder um als Sohn eines Dorfbauern die Verwurzelung im Dorf zu belegen, sondern auch um die Zugehörigkeit zum Jungbauernbund zu demonstrieren. Dieser hatte seine Forderungen klargemacht: »Den heute politisch Führenden ist der Brückenschlag zur Jugend fast unmöglich, weil ihre ganzen Vorstellungen und Empfindungen überwiegend im Vorkriegserleben wurzeln.«[34] Bei beiden Landtagswahlen, teilweise auch bei den Reichstagswahlen, kandidierten insgesamt 52 Jungbauern in den Wahlkreisen.[35] Allen voran war ihrem Vertreter Friedrich Häcker bei allen Wahlen ein sicherer Listenplatz garantiert. Er war 1926 als Bauernbunds-Benjamin und mit 29 Jahren bis dahin als jüngster Abgeordneter überhaupt in den Landtag eingetreten und blieb hier der Jungbauernvertreter bis 1933.

b) Bürgerpartei: Tendenz zur Zentralisierung

Ähnlich wie beim Bauernbund, aber dennoch mit graduellen Unterschieden, verlief die Kandidatenkür bei den Deutschkonservativen bis 1912. Das Muster des ad hoc gebildeten Wahlkomitees von Honoratioren, das außerhalb der Parteiorganisation gebildet wurde und nur für die Zeit des Wahlkampfs bestand, herrschte hier länger vor. Meist war dies ein Komitee von namhaften lokalen Honoratioren aus dem Handwerkerstand oder den Gewerbevereinen, das den Wunsch nach einer Kandidatur an eine auserwählte Persönlichkeit herantrug. Diese betonte dann, die Kandida-

---

[33] Zur Landtagswahl hatte das Zentrum ausweichend erklärt, es nehme Vorschläge der landwirtschaftlichen Vereine gerne an und gebe diese an den Parteivorstand weiter. Dt. Volksbl. v. 18. Mai 1920 u. v. 24. April 1924 sowie Schw. Landmann v. 29. März 1924.
[34] Schw. Landjugend v. 7. Juni 1928.
[35] Quelle: Wahl- und Personaldatensatz.

tur »auf dringende Bitte« hin und als »christliche Pflicht« angenommen zu haben.[36] Schwerer als für den Bauernbund war es für die Konservativen jedoch, überhaupt geeignete Kandidaten zu finden.[37] Vor allem in den ersten Jahren betonten die Kandidaten dann, zwar auf dem »Boden des christlich-konservativen Programms« zu stehen, vermieden aber den Auftritt als Parteimänner. Seit 1900 stellten Bauernbund und Konservative ihre Kandidaten gemeinsam auf. Faktisch bedeutete dies, daß die Konservativen die Rekrutierung dem Bauernbund überließen und den jeweiligen Kandidaten unterstützten.[38] Diese Praxis war auch Ausdruck der schwachen Verankerung der Konservativen vor Ort.

Nach 1918 gestaltete sich die Kandidatenrekrutierung bei der Bürgerpartei deutlich problematischer als beim Bauernbund, schon allein weil die Konfliktpotentiale aufgrund der innerparteilichen Struktur größer waren. An erster Stelle stand der parteiinterne Zentralismus und die Gegenwehr der lokalen Organisationen. Hinzu kam die deutlich schwächere lokale Verankerung der Partei und damit die Problematik, überhaupt Kandidaten zu finden. Schließlich war im Vergleich zur Vorkriegszeit der Druck gewachsen, innerparteiliche Proporzsysteme bei der Kandidatenauswahl zu etablieren: zwischen den Fusionsparteien der alten Nationalliberalen und Konservativen, zwischen den Berufsgruppen und Interessenverbänden als Ausdruck der Umsetzung des Anspruchs einer alle Bürger repräsentierenden Volkspartei, und nicht zuletzt zwischen den parteiinternen horizontalen Unterorganisationen, also vorwiegend den Frauen, der Parteijugend und auch den völkischen Verbänden.

Bei den ersten Nachkriegswahlen auf Landes- und Reichsebene profitierte die Bürgerpartei von der rechtlich kodifizierten Zentralisierung der Kandidatenauswahl durch die Parteileitung. Als neue Partei mußte sie sich vor Ort erst etablieren. Das System der landesweiten Listen kam ihr hierbei entgegen. Die jeweils erforderlichen Proporzsysteme nach Vorkriegsparteizugehörigkeit oder Parteilosigkeit waren ›zentral‹ leichter umzusetzen. Im Vordergrund stand, landesweit prominente Persönlichkeiten auf den Listen unterzubringen. Die Landeslisten verdeutlichen den Gründungszentralismus der Partei und ihre Rückbindung an die wenigen traditionellen Hochburgen. Auf den Listen zu den Landeswahlen von 1919 und 1920 waren fast 50 Prozent der Kandidaten aus Stuttgart. Insgesamt waren annähernd 70 Prozent aller Kandidaten aus den größeren Städten des altwürttembergischen Kernlandes sowie aus Heilbronn und Ulm.[39]

In den ersten Jahren nach 1918 wurde zur Verabschiedung der Landeslisten ein besonderer Vertretertag einberufen.[40] Seit 1928 wurde von diesem ein Wahlausschuß eingesetzt, der zusammen mit dem Landesvorstand Beschlüsse faßte und die-

---

[36] Dt. Reichspost v. 10. Jan. 1895, v. 28. Jan. 1895 u. v. 5. Nov. 1897.
[37] Dt. Reichspost v. 18. Jan. 1895 u. v. 16. Mai 1897, v. 9. Mai 1898 u. v. 16. Mai 1898.
[38] Zur zahlenmäßigen Verteilung der Kandidaturen zwischen Bauernbund und Deutschkonservativen siehe unten S. 435.
[39] Dies waren Stuttgart, Ludwigsburg, Tübingen und Schorndorf (Quelle: Wahldatensatz).
[40] Südd. Ztg. v. 18. März 1920 u. v. 14. Febr. 1924.

se dann mit »verbindlicher Wirkung« den Ortsgruppen nur noch »mitteilte«.[41] Die Entscheidungsgremien wurden kleiner, zentralisierter und autokratischer, der Spielraum der lokalen Organisationen dagegen deutlich eingeschränkt. Vor allem die innerparteilichen Auseinandersetzungen um das einzige nach 1928 zu vergebende Reichstagsmandat zwischen Wider und Bazille hatten dies gezeigt. Die anfangs in der Partei ausgebildeten Ansätze zu einer parteiintern demokratisch legitimierten Kandidatenauswahl waren der autokratischen Führungsstruktur unter Wider gewichen – im Zweifel mit Geschäftsführungstricks und durch die ergebnisorientierte Verteilung der Stimmscheine.[42]

Die Bürgerpartei hatte Schwierigkeiten, im Zuge der schrittweisen Wiedereinführung der Wahlkreiskandidaten solche überhaupt zu rekrutieren. Da ab 1920 die Landesliste nicht mehr die Grundlage der Stimmenermittlung war, galt es, flächendeckend und auch in aussichtslosen Bezirken mit Kandidaten anzutreten.[43] Der Kandidatenpool der Bürgerpartei war hierbei begrenzt. 1924 forderte die Landesleitung die Ortsgruppen auf, bei der Kandidatensuche auf Personen zuzugehen, die eine führende Position in den lokalen Kriegervereinen, im Evangelischen Volksbund, in den Frauenvereinen, Bürgervereinen oder Turnvereinen innehatten.[44] Ein weiterer Versuch der stärkeren Lokalisierung der Kandidaturen war ein parteiinterner Beschluß, wonach kein Bewerber gleichzeitig auf einer anderen Bezirksliste des gleichen Wahlkreisverbands stehen solle.[45] Eine Vorgabe, die nicht durchgesetzt werden konnte: 1928 mußte sich Bazille als Spitzenkandidat der Partei nach offensichtlich längeren Verhandlungen bereit erklären, in solchen Bezirken, in denen keine zugkräftigen Kandidaten gefunden werden konnten, an erster Stelle zu kandidieren. Betroffen waren hiervon 24 Wahlkreise. Unter veränderten Bedingungen war dies beinahe der Rückschritt zur Zählkandidatur der Vorkriegszeit, mit dem Unterschied, daß die in den Diaspora-Gebieten gesammelten Stimmen nicht unter den Tisch fielen. Zu den Landtagswahlen 1932 war dieser Prozeß abgeschlossen. Die Partei war zur charismatischen Personalisierung der Kandidaturen übergegangen. Dehlinger trat als Spitzenkandidat nicht nur an erster Stelle der Landesliste auf, sondern in weiteren 22 Wahlkreisen auf dem ersten Platz, darunter in acht als einziger Kandidat. Weitere dreizehn Wahlbezirke deckte Hölscher ab.[46]

Der Mangel an Kandidaten hatte mehrere Gründe. Mit der zunehmenden Marginalisierung der Partei bezüglich ihres Stimmenerfolgs einerseits und der autokratischer werdenden Zentralisierung andererseits zogen sich die Kandidaten offensichtlich eher aus dem politischen Geschäft zurück. Das entsprach der tradierten konservativen Mentalität, sich aus der »Hetzarbeit« der Wahlkämpfe und auch bei

---

[41] Landesverband BP an Ortsgruppen v. 18. Febr. 1928 (NL Hiller).
[42] Siehe hierzu oben S. 140.
[43] Landesleitung BP an Ortsgruppen v. 14. Febr. 1924 (NL Hiller).
[44] Landesleitung an Ortsgruppen, Nov. 1924 (NL Hiller).
[45] Merkblatt der Landesleitung der BP für die Landtagswahl 1928 (NL Hiller).
[46] Quelle: Wahldatensatz.

parteiinternen Konflikten eher zurückzuziehen.[47] Neben der grundsätzlichen politischen Umorientierung der Partei nach Hugenbergschem Führungsmuster standen dabei auch parteiinterne Konflikte im Hintergrund. Hatten sich die Lokalorganisationen der Partei bis 1928 im Zweifel noch gegen die Landesleitung durchgesetzt, reagierten sie in den folgenden Jahren eher mit einem Rückzug.[48]

Die parteieigene Wahlkreisgeometrie war für die Bürgerpartei von zentralerer Bedeutung als für den Bauernbund, vor allem weil der Hochburgenausbau schwächer ausgeprägt war. Zur Festlegung der Wahlkreisverbände begann bereits Monate vor den Wahlen die interne Parteiarithmetik, wie durch die neue Zusammenlegung von Wahlbezirken zu erwartende Stimmen zur Mandatsmaximierung hin- und hergeschoben werden konnten. Das Problem war einer der zentralen Konfliktpunkte zwischen der Landesleitung und den Lokalorganisationen, denn im Zweifel ging es darum, einer Region ein Mandat zu sichern und damit einer anderen die Chance auf einen Abgeordneten zu nehmen. 1928 klagte der Neuenbürger Friedrich Keppler, der die Wahlarbeit im nördlichen Schwarzwald koordinierte, es sei »Ausdruck der anmaßenden Behandlung des Landes durch die Landesleitung«, einem gut arbeitenden Wahlkreisverband wie seinem den Bezirk Böblingen zu nehmen und im Gegenzug den stimmschwächeren Bezirk Sulz zu geben. Im Vergleich zu den Wahlen von 1924 bedeute dies rund 800 Stimmen weniger und nehme damit dem Schwarzwälder Verband die Chance auf ein Mandat. Der Wahlkreisverband entsandte daraufhin zwei Vertreter nach Stuttgart, die sich nochmals durchsetzen konnten, danach aber mit ihrem Rückzug reagierten.[49] Nicht durchgesetzt hatte sich beispielsweise der Wahlbezirk Gmünd, der aufgrund seiner Lage und seiner ökonomischen Struktur traditionell eher am Remstal und nach Stuttgart orientiert war. Er wurde im Gegensatz zu 1924 bei den folgenden Landtagswahlen dem Wahlkreisverband Blaubeuren-Geislingen-Heidenheim-Münsingen-Ulm zugeschlagen, was nach den Zahlen von 1924 rund 260 Stimmen mehr und damit die Sicherung des Ulmer Mandats bringen sollte. Von der Landesleitung hieß es, »nach Klärung einiger offener Fragen« habe die Landesleitung die Wahlverbandseinteilung nach Vorgabe der 1924er Zahlen beschlossen und die Spitzenkandidaten nominiert. Wegen dieser »Kleinigkeiten« sei ein neuer Vertretertag nicht nötig, die Beschlüsse gälten als »verbindlich« und seien vor Ort umzusetzen, sofern binnen dreier Tage keine Einwendungen in Stuttgart

---

[47] Mehrere Klagen, in den Wahlbezirken lehnten die Kandidaten ein öffentliches Auftreten für die Partei ab, im NL Hiller.
[48] Der bis 1924 amtierende zweite Vorsitzende der Ortsgruppe Heilbronn, Kaufmann Jakob Reiner, hatte sich im Dezember 1924 für die Reichstagswahlen der Wirtschaftlichen Vereinigung des Württembergischen Mittelstandes angeschlossen und für diese kandidiert. Deshalb sollte er nach Beschluß der Landesleitung von der Partei ausgeschlossen werden. Allerdings wurde er für die Landtagswahlen 1928 gegen den Willen der Landesleitung von den Wahlkreisen Hall, Öhringen, Gaildorf, Künzelsau, Welzheim und Heilbronn aufgestellt, und zwar »von ortsansässigen angesehenen Bürgern« unterstützt wurde (Süddt. Ztg. v. 2. Mai 1928 u. v. 11. Mai 1928). 1932 kandidierte er erfolgreich für die NSDAP.
[49] Keppler an Hiller v. 9. Febr. 1928 (NL Hiller).

einträfen.⁵⁰ Die parteiinterne Wahlkreisgeometrie war innerhalb der Bürgerpartei umstrittener als beim Bauernbund. Umgesetzt wurde sie mit weniger Rücksichtnahme auf die lokalen Organisationen. Die Maßgabe der Stimmenkalkulation war die Erringung der sowieso wenigen Wahlkreismandate, die erneut die Zentralisierung der Partei zeigte, denn alle Wahlkreismandate der Partei wurden in den Weimarer Jahren in Stuttgart und Ulm gewonnen.⁵¹

Dieser Struktur entsprechend war die Einflußnahme von Verbänden und parteiinternen Unterorganisationen auf die Landesliste wichtiger, weil die wenigen vor Ort zu vergebenden Mandate in der Hand der Parteigrößen lagen. Allerdings waren die Mandatspfründen klein: 1924 errang die Bürgerpartei zwei Mandate über die Landesliste, bei den nachfolgenden Landtagswahlen jeweils nur noch eines. Die Kandidaturen der Berufsgruppenvertreter hatten größtenteils demonstrativen Charakter oder waren Makulatur. Prominente Listenplätze waren für die Reichs- und Landtagswahlen immer an Vertreter des selbständigen Mittelstandes und der Handwerkskammern vergeben. Auf diese Weise war auf den Listen für die Landtagswahlen eine sichere Kandidatur für einen Vertreter des Mittelstandsbundes gewährleistet, die bis 1930 mit großer Konstanz dessen Geschäftsführer Hermann Hiller inne hatte. Einen Alleinvertretungsanspruch auf die mittelständischen Interessen hatte die Bürgerpartei jedoch keinesfalls. Die Gewerbevereine etwa gingen auf alle Parteien zu und forderten abgesicherte Kandidaturen ihrer Vertreter.⁵² Die Mittelstandsvertretung war insgesamt die stärkste bei den Kandidaturen der Partei. Als bedeutend wurde die Kandidatur von herausragenden Vertretern des Rentnerbundes, des Haus- und Grundbesitzerverbandes sowie des Hypothekengläubiger- und Sparerschutzverbandes angesehen.⁵³ Die Präsenz von Vertretern der Beamten hingegen war per se schon durch die Sozialstruktur der Partei gesichert. Andererseits gelang es der Bürgerpartei nicht, prominente Kandidaten der Angestellten und Arbeiter aufzustellen. Dieses Feld blieb ihr verschlossen.⁵⁴

Unterschiedlich gestaltete sich das Problem, die horizontalen Parteiorganisationen in die Kandidaturen einzubinden. Bei der Parteijugend scheiterte dies fast völlig.

---

⁵⁰ Landesverband BP an Ortsgruppen v. 18. Febr. 1928 (NL Hiller). Insgesamt war die Zuteilung von sieben Wahlkreisen zu den jeweiligen Wahlkreisverbänden strittig.

⁵¹ Die Einteilung der Wahlverkreisverbände der Bürgerpartei unterlag im Vergleich zu den jeweiligen Wahlen zuvor erheblichen Veränderungen (vgl. die Zusammenstellung im Anhang, unten S. 533. Wahlkreismandate errang die Partei 1924 in Stuttgart-Stadt (3) und in Ulm (1), 1928 in Stuttgart-Stadt (2) und in Ulm (1) sowie 1932 nur noch in Stuttgart-Stadt (2).

⁵² 1928 hatte der Landesausschuß des Verbandes Württembergischer Gewerbevereine ein eigenes Mittelstandsprogramm aufgestellt und von allen Parteien die Zustimmung sowie gesicherte Kandidaturen gefordert. Zugesagt hatten Bürgerpartei, DDP, DVP und Zentrum (Süddt. Ztg. v. 24. März 1928).

⁵³ Süddt. Ztg. v. 3. Nov. 1924.

⁵⁴ 1924 präsentierte die Partei mit Albert Neher das einzige Mal einen professionellen Vertreter der Angestelltenverbände (Süddt. Ztg. v. 24. April 1924). Siehe hierzu auch die Ausführungen zum DHV oben S. 243. Bezüglich der Vertretung von Arbeitern war symptomatisch, daß der Pfarrerswitwe Josefine Giese, die in zweiter Ehe mit einem Arbeiter verheiratet war, die Vertretung der Arbeiterinteressen in der Partei zugesprochen wurde (Süddt. Ztg. v. 25. Nov. 1924).

Als ihr Vertreter wurde 1924 Bruno Roos mit einem sicheren Wahlkreislistenplatz in den Landtag gewählt. 1928 mußte er mit der Kandidatur in einem wenig aussichtsreichen Wahlkreisverband Vorlieb nehmen und verlor sein Mandat.[55] Im Gegensatz zum Bauernbund war die Kandidatur des Studienrats als Berufsparteijugendlicher symptomatisch. Unter allen Kandidaten der Bürgerpartei in der Weimarer Zeit war kein eigentliches Mitglied der Parteijugend zu ermitteln. Ein permanenter Anlaß zu innerparteilichem Dissens war auch die Kandidatur von Frauen. Von 518 Kandidaten, die für die Bürgerpartei nach 1918 auftraten, waren lediglich 36 oder 6,9 Prozent weiblichen Geschlechts.[56] Gemessen an der von Frauen für die Partei abgegebenen Stimmen war dies auch nach Einschätzung der Parteileitung gering. Dem Anspruch nach einer besseren Vertretung der Frauengruppe der Partei wurde aber kaum nachgegeben. Sowohl in den Wahlkreisen als auch auf den Landeslisten waren sie zwar immer vertreten, meist aber auf den unsicheren Ersatzplätzen und in deutlich abnehmender Tendenz. 1928 sollte auf massive Forderung des Landesfrauenausschusses die Vorsitzende Klara Klotz auf einen sicheren Landeslistenplatz gesetzt werden, was offensichtlich an der Parteileitung scheiterte. Allerdings hatte sie im Wahlkreis Stuttgart einen als sicher geltenden dritten Listenplatz erhalten, konnte aber wegen des schlechten Wahlergebnisses erst für wenige Monate in den Landtag einziehen, nachdem der vor ihr plazierte Abgeordnete Hermann Hiller im August 1931 gestorben war.[57]

Die Problematik, Parteiangestellte auf Landeslisten unterzubringen, stellte sich bei der Bürgerpartei wegen ihrer ehrenamtlichen Parteiorganisation nicht. Auch konnte in der Presse oder in den parteiinternen Mitteilungen kein Fall ermittelt werden, bei dem die Landesliste als Kompensation für einen Konflikt im Wahlkreis nötig gewesen wäre. Allerdings mußten auf ihr auch Kandidaten untergebracht werden, die in den Wahlkreisen keine Vertretung hatte. 1924 etwa galt dies vor allem für die Vertreter der Vaterländischen Verbände. Die Vorgehensweise spricht – von wenigen Ausnahmen abgesehen – für die These eines Elitenbündnisses zwischen der Bürgerpartei und den Vertretern der völkischen Gruppen, nicht aber für deren milieuabgestützte Verankerung. Auf der Landtagslandesliste von 1924 kandidierten die zwei prominentesten Vertreter Arthur von Bopp und Walter Hölscher, allerdings auf den Plätzen neun und elf. Nur wenige der Vertreter der Vaterländischen Verbände kandidierten in den Wahlkreisen. Für die Reichstagswahlen im Mai 1924 hatte Alfred Roth als Koordinator der Vereinigten Vaterländischen Verbände in Württemberg noch auf der Reichstagslandesliste an dritter Stelle kandidiert. Wenn auch in Stuttgart geboren, so galt er doch als Hamburger Import. Für die Reichstagswahl im Dezember 1924 verzichtete er auf eine Kandidatur, nachdem auch auf Reichsebene das Bündnis zwischen den Völkischen und der DNVP nach der Dawes-Abstimmung

---

[55] Keppler an Hiller v. 9. Febr. 1928 (NL Hiller).
[56] Vgl. hierzu Tab. 10 und 12, unten S. 298 u. 305.
[57] Südd. Ztg. v. 14. Febr. 1928 u. Landesverband DNVP an Mitglieder v. 22. Febr. 1928 (NL Hiller). Zu den nicht erfüllten Forderungen der Frauen in der Partei vgl. auch E. MARQUARDT, 1934, S. 98.

zerbrochen war. Als »erprobter Völkischer« war er auch auf Wunsch Widers auf der Reichsliste der DNVP nicht unterzubringen, auf der in den ganzen Weimarer Jahren kein Württemberger kandidierte.[58]

2. Sozialprofil und Qualifikation

Die dominanten sozialen Merkmale eines Kandidaten und späteren Abgeordneten waren die örtliche Herkunft, die berufliche Stellung und die Konfession. Abgesehen von der quantitativ geringen Parteiprominenz, die als landesweit bekannte Persönlichkeiten kandidierten, standen diese Distinktionsmerkmale im Vordergrund der Diskussion um die Qualifikation eines Kandidaten. Daran änderte sich auch mit den Wahlrechtsänderungen nach 1918 nur wenig. Das Sozialprofil der Kandidaten und Abgeordneten bestimmte das Image der Partei. Es gab Aufschluß über ihre soziale Verankerung und ihre Wählerzielgruppen. Das soziale Profil einer Partei war ein wesentlicher Teil ihrer programmatischen Ausrichtung und der Interessen, die sie in den Parlamenten zu vertreten gedachte. Alle Parteien standen mit dem Mitgliederzuwachs und der zunehmenden sozialen Ausdifferenzierung unter dem Zwang, ein möglichst breites Spektrum an sozialen Gruppierungen zu repräsentieren. An alle Parteien wurde dabei auch die Meßlatte einer sozialen Homogenität angelegt – einer möglichst großen sozialstrukturellen Deckungsgleichheit von Mitgliederschaft, Kandidaten und Abgeordneten. Dieser Anspruch war die Forderung der Parteibasis, von Vertretern repräsentiert zu werden, die sozial mit der repräsentierten Basis übereinstimmen und möglichst lebensweltlich mit ihr verbunden sein sollten. Er war auch Maßstab für die Glaubwürdigkeit einer Partei.

a) Lokale Verwurzelung

Die lokale Verankerung eines Kandidaten war eines der wichtigsten Merkmale eines Kandidaten. Schon aufgrund des Wahlrechts waren die Abgeordneten des Landes nicht nur »Vertreter des ganzen Volkes«, wie sie die Verfassung charakterisierte, sondern vor allem auch Abgesandte der jeweiligen Wahlkreise und Oberämter, die die materiellen und infrastrukturellen Interessen des Bezirks vertreten sollten. Der Nachweis der heimatlichen Verbundenheit mit einem Wahlkreis galt neben dem Beruf als wesentliches Kriterium der lebensweltlichen Verankerung eines Kandidaten und war ein entscheidender Faktor seiner Wahlchancen. Waren die politisch-inhaltlichen Argumente in einem Wahlkampf verbraucht oder war bei einer Stichwahl ein knapper Wahlausgang zu erwarten, so wurde nicht selten in letzter Minute die Karte des »Ausländers« gespielt.[1] Die Erfordernis von heimatlicher Verbundenheit mit

---

[58] NL Westarp, VN 48, Nr. 1 und Wider an Ortsvorsitzende der Partei im Nov. 1928 (NL Hiller).
[1] Als z.B. Friedrich Schrempf zu den Landtagswahlen 1900 nach seinem Wahlgewinn von 1895 erneut im OA Schorndorf kandidierte und gegen den volksparteilichen Kaufmann Carl Hahn in der

dem Wahlkreis erschwerte das Wahlgeschäft für »importierte« Prominenz, die vor 1918 eher in den größeren Reichstagswahlkreisen antrat. Als 1907 Friedrich Naumann im Wahlkreis III (Heilbronn, Brackenheim, Besigheim und Neckarsulm) kandidierte, war seine norddeutsche Herkunft eines der wesentlichen Wahlkampfargumente der konservativen politischen Gegner, die diesen Topos, der sonst meist gegen sie selbst als Partei der »norddeutschen Junker« vorgebracht wurde, gerne aufnahmen. Mit »norddeutschem Geld« bestreite Naumann seinen Wahlkampf, hieß es, und von sechzig Unterzeichnern eines Naumannschen Wahlaufrufs seien gerade einmal zwei aus Heilbronn.[2]

Die Ortsansässigkeit der Kandidaten war für alle Parteien ein wichtiges Kriterium, wobei die lokale Verwurzelung der Kandidaten bei den Reichstagswahlen generell geringer war. Überregionale Prominenz spielte eine größere Rolle als bei den Landtagswahlen. Auch waren Zählkandidaturen wichtiger und letztlich wurden die sozialstrukturell homogeneren Oberämter als Grundlage der Landtagswahlen stärker als lebensweltlicher Bezugsrahmen empfunden. Das lokalistische Rekrutierungs- und Qualifikationsmuster der Kandidaten blieb bei den Landtagswahlen länger erhalten, auch wenn diese – je länger je mehr – dem Muster der Reichstagswahlen folgten. Die volksnahen Parteien waren hier die Vorreiter: allen voran die Volkspartei als Partei der »kleinen Leute« – wenn auch mit abnehmender Tendenz –, das Zentrum und auch die Nationalliberalen. Am schwächsten war dieses Muster bei den Sozialdemokraten ausgeprägt. Hier dominierten Stuttgarter Vertreter, überregionale Parteiprominenz war stärker vertreten und letztlich war die Sozialdemokratie auch die Vorreiterin bei den Zählkandidaturen.[3]

Die »Einer-von-uns«-Mentalität war beim Bauernbund am stärksten ausgeprägt. Als Milieupartei der ländlichen Bevölkerung war bei ihm die Anforderung nach der lebensweltlichen Verbundenheit eines Kandidaten am größten. Sie verband sich mit mehreren Konnotationen: mit der Ansässigkeit vor Ort, mit der Beherrschung der örtlichen Gepflogenheiten in Brauchtum und Sprache und nicht zuletzt mit der Vertretung »schwäbischer Eigenart«. Die lokale Qualifikation eines Bauernbundkandidaten war damit auch Teil des vom Bauernbund kultivierten Stadt-Land-Gegensatzes. Wichtig für einen Kandidaten war, daß er »Sohn des schwäbischen Stammes« war, am »schwäbischen Volksleben« teilnahm, als eventueller Abgeordneter im Parlament – vor allem in Berlin – die »schwäbische Art« zu verteidigen wußte und auf »Du-und-Du mit dem schwäbischen Bauern« stand.[4] Bei der Kandidaten- und Abgeordnetenpräsentation wurde immer wieder betont, der Bewerber sei auf dem elterlichen Hof aufgewachsen und seit Jahrzehnten in seiner Heimatgemeinde verwurzelt. Gerade beim Bauernbund, wo aufgrund der landwirtschaftlichen Struktur die

---

Stichwahl unterlag, hieß es, in letzter Minute sei der »Einheimische« gegen den »Fremden« ausgespielt worden (Dt. Reichspost v. 7. Dez. 1900).
[2] Dt. Reichspost v. 16. Jan. 1907 u. v. 22. Jan. 1907.
[3] A. GAWATZ, Wahlkämpfe, 2001, S. 147ff.
[4] Dt. Reichspost v. 23. Jan. 1895 u. v. 4. Jan. 1907; Schw. Tagesztg. v. 4. Febr. 1920, v. 5. März 1924 u. v. 14./15. April 1927.

berufsbedingte Mobilität sehr gering war, konnte dies auch hervorgehoben werden. Ein gängiges Charakterisierungsmuster war dabei auch die Betonung, ein Bewerber habe Erfahrungen in der Fremde gesammelt, sei aber natürlich wieder in seine Heimatgemeinde zurückgekehrt: entweder nach einer Lehre auf einem anderen Hof, nach dem Besuch einer Landwirtschaftsschule oder nach dem Militärdienst.[5] Teil der lokalen Qualifikation war auch der oft benutzte Verweis, ein Kandidat sei der Sohn des langjährigen dörflichen Gastwirtes oder aber mit einem ehemaligen Abgeordneten verwandt oder verschwägert. Damit wurde der Nachweis geführt, daß der Bewerber zu einer oft über mehrere Generationen hinweg ausgebildeten dörflichen und ortschaftsprägenden Familienelite gehörte. Der Vergleich mit anderen Parteien fehlt, aber es kann davon ausgegangen werden, daß die innerfamiliäre Vererbung von Kandidaturen und auch Mandaten beim Bauernbund mit am höchsten war. Die langjährigen Abgeordnetenfamilien Haag in Heilbronn, Berroth in Crailsheim und Haug in Langenau sind als Beispiele anzuführen.

Ein weiteres oftmals herausgehobenes Kriterium war die Volksverbundenheit eines Kandidaten: den Ton der Einheimischen zu treffen, die richtigen Worte zu finden – und das durften gemäß der rustikalen Art des Bauern auch Kraftausdrücke sein – war genauso wichtig wie »volkstümlich« und »für alle verständlich« zu reden. Natürlich beinhaltete dies das Reden im lokalen Dialekt. Es war ein Teil der schwäbischen, schwäbisch-fränkischen oder oberschwäbischen lokalen und regionalen Identität der Kandidaten. Als es 1903 hieß, die *Schwäbische Tagwacht* verunglimpfe einen Bauernbundskandidaten, weil er schwäbisch zu den Wählern rede, lautete die Antwort: »Ihr Bauern Schwabens! Laßt's nur auf solche Narrheit an der gut schwäbischen Antwort nicht fehlen!«[6] Vor allem den Demokraten hatte der Bauernbund mit dem Image der bodenständigen und lokal verankerten Vertretung Terrain abgenommen, was auch in der Benutzung des politischen Vokabulars zum Ausdruck kam. 1928 präsentierte sich der Bauernbund als die nunmehr einzige »bodenständige schwäbische Volkspartei«.[7]

Die Anforderung der Ortsansässigkeit eines Kandidaten bestand auch bei den Konservativen, allerdings in deutlich geringerem Ausmaß und verbunden mit anderen Konnotationen. Zum einen hatten die Konservativen bis 1912 nur in wenigen Wahlkreisen kandidiert und dabei größere Schwierigkeiten gehabt, geeignete Kandidaten zu finden. Wegen der Zurückhaltung von konservativen Mitgliedern, sich in die Wahlarbeit zu stürzen, mußten immer wieder ortsfremde »Vorkämpfer der konservativen Sache« aus Stuttgart in den Wahlkreisen antreten. Von Anfang an hatten dies vor allem die Redakteure der *Reichspost* übernommen, allen voran Schrempf und Wolff. Aber auch die Parteiprominenz mußte bisweilen einspringen. Als zur Reichstagswahl 1898 in Leonberg kein Kreisangehöriger gefunden werden konnte, sprang Heinrich Kraut gegen seinen ursprünglich erklärten Willen ein.[8] Zu

---

[5] Vgl. z.B. die Präsentation der Abgeordneten von 1928 im Schw. Landmann v. 7. Juli 1928.
[6] Dt. Reichspost v. 15. Juni 1903.
[7] Schw. Tagesztg. v. 1. Juni 1928.
[8] Dt. Reichspost v. 16. Mai 1898.

den Landtagswahlen 1900 hatte man im Wahlkreis Kirchheim zunächst ebenfalls Kraut aufgestellt, weil kein anderer Kandidat zu finden war, in letzter Minute aber noch den Stuttgarter Stadtgartenverwalter Hermann Hiller überzeugen können, der als gebürtiger Kirchheimer wenigstens einen gewissen lokalen Bezug aufweisen konnte.[9]

Die heimatliche Verbundenheit eines Kandidaten war für die Konservativen von weniger großer Bedeutung. Das entsprach bis zum Ersten Weltkrieg zum einen der Arbeitsaufteilung mit dem Bauernbund, dem die Vertretung des ›Landes‹ bei den Kandidaturen überlassen wurde, zum andern aber auch der geringen organisatorischen Präsenz der Konservativen und ihrer Fokussierung auf die altwürttembergischen Städte. Bei der Qualifizierung der Kandidaten standen andere Faktoren im Vordergrund: ihre Person, ihr Rang, ihr Ansehen sowie ihre Qualifikation im Beruf und als Christ. Auch waren die Anforderungen an die lebensweltliche Verbundenheit mit der Wählerschaft andere. Fragen wie die Beherrschung des regionalen Dialektes waren weniger wichtig. Ein konservativer Kandidat mußte sich gepflegt und distinguiert ausdrücken können, das politische Vokabular beherrschen und in seinem Auftreten standesgemäß erscheinen. Wie bereits oben gezeigt wurde, war auch die Versammlungsatmosphäre bei den Konservativen eine andere. Das Gebaren eines Kandidaten mußte den bildungsbürgerlichen Anforderungen der Versammlungskultur entsprechen.

Die Übersicht in Tab. 10 zeigt die Unterschiede bei beiden Parteien. Mit der Ausweitung der Kandidaturen durch die Wahlrechtsänderungen nach 1920/24 und dem flächendeckenden Auftreten ging auch die Bürgerpartei anders als die Vorkriegskonservativen zur Rekrutierung von Kandidaten vor Ort über. Allerdings erreichte sie nie den Grad des Bauernbundes, der die durch das Wahlrecht gegebene Möglichkeit der lokalen Rückbindung der Kandidaten stärker nutzte. Berücksichtigt man dabei noch die Tatsache, daß einige wenige Kandidaten nur auf Landeslisten antraten, so erreicht die lokalistische Orientierung beim Bauernbund mit 88,9 Prozent annähernd die Ausschließlichkeit. Bei den Konservativen erreichte sie über den gesamten Zeitraum hinweg nur etwas mehr als die Hälfte. Der Kandidatenlokalismus schlägt sich auch in der Konstanz der Kandidaturen und damit des Personals der Parteien sowohl im Bereich der Kandidaten als auch der Abgeordneten nieder. Bei beiden Parteien war die Kontinuität über den Umbruch von 1918 hinweg hoch. Rund ein Viertel beziehungsweise ein Drittel der Kandidaten der Vorkriegszeit kandidierte auch nach 1918 wieder. Bei den Mandatsträgern lag der Anteil bei der Hälfte beziehungsweise bei den Konservativen leicht darüber. Betrachtet man die Konstanz der Kandidaten, also die Anzahl der Kandidaturen, die ein Bewerber bei aufeinanderfolgenden Wahlen übernommen hatte, so zeigt sich bei beiden Parteien ein hohes Maß an Kontinuität, generell etwas höher beim Bauernbund. Die personelle Fluktuation der Kandidaten war hier niedriger, ein Bewerber und stärker noch ein Man-

---

[9] Dt. Reichspost v. 29. Okt. 1900.

Tabelle 10: Lokalismus und Kontinuität bei Kandidaten und Mandatsträgern

	Deutschkonservative/Bürgerpartei				Bauernbund			
	Kandidaten		Mandatsträger		Kandidaten		Mandatsträger	
	abs.	in %	abs.	in %	abs.	in %	abs.	in %
insgesamt	565	100,0	25	100,0	651	100,0	56	100,0
Kandidatur vor Ort	324	57,3	10	40,0	579	88,9	49	87,5
Kandidatur								
vor 1918	51	9,0	7	26,9	64	9,8	23	41,1
davon vor und nach 1918	13	25,5	3	42,9	21	32,8	12	52,2
nur nach 1918	505	89,4	19	76,0	587	90,2	32	57,1
Anzahl der Kandidaturen pro Kandidat								
1	410	72,6	5	19,2	406	62,4	7	13,0
2	96	16,5	4	15,4	134	20,6	13	24,1
3	30	5,3	2	7,7	52	8,0	13	24,1
4	14	2,5	4	15,4	26	4,0	7	13,0
5	6	1,1	3	11,5	10	1,5	3	5,6
mehr als 5	12	2,1	8	30,8	23	3,5	16	29,6

Quelle: Wahl- und Personaldatensatz. Die Operationalisierung der Ortsansässigkeit berücksichtigt die Angabe des Wohnortes zum Zeitpunkt der Kandidatur, nicht aber den Geburts- oder früheren Berufs- bzw. Wohnort, der nicht für alle Kandidaten ermittelt werden konnte. Als Kandidat gilt, wer mindestens 3 % der Wahlberechtigten an Stimmen erhalten hat. Damit sind nur Kandidaturen berücksichtigt, die von einem gewissen Gewicht waren, nicht aber aussichtslose Zähl- und Doppelkandidaturen. Nicht berücksichtigt sind parteilose (>wilde<) Kandidaten. Die Bezugsebene ist jeweils der Landtags- bzw. Reichstagswahlkreis.

datsträger blieb in aller Regel über viele Jahre hinweg der Vertrauensmann seines Wahlbezirks.

b) Beruf und Konfession

Das soziale Profil der Kandidaten war das zentrale Programm des Bauernbundes. Das erscheint bei einer berufsständischen Partei nicht sonderlich außergewöhnlich, beinhaltet aber dennoch wichtige Punkte. Ein Bewerber mußte aus dem bäuerlichen Stand kommen oder zumindest mit der Landwirtschaft verbunden sein. Die Verwirklichung dieses Anspruchs, einen aus dem ländlich-agrarischen Milieu entstammenden Repräsentanten aufzustellen, übte Druck auf die gegnerischen Parteien aus. Als 1899 zur Ersatzwahl im Oberamt Crailsheim mit dem Landwirt Ernst Berroth erstmals ein Bauernbündler antrat, mußten die Gegner reagieren: die Deutsche Partei präsentierte einen Landwirtschaftsinspektor, die Demokraten einen Landwirt und Schultheißen.[10] In einem Oberamt, in dem fast 60 Prozent der Erwerbstätigen in der Landwirtschaft tätig waren, hatte der Bauernbund Standards gesetzt. Hatten 1895 noch ein Landrichter und der Stadtschultheiß der Oberamtsstadt kandidiert, so war der Wahlkreis bis 1906 bezüglich der Kandidaturen in der Hand von Land-

---

[10] Dt. Reichspost v. 18. Nov. 1899 u. Schw. Landmann v. 1. Okt. 1899.

wirten. Das Beispiel aus der frühen Zeit des Bauernbunds belegt mehrere grundsätzliche Tendenzen: sowohl den Druck, den er mit der Aufstellung von Kleinbauern gegen das landwirtschaftliche und regierungsnahe Establishment aufbauen konnte als auch den als Teil des Stadt-Land-Gegensatzes zu bewertenden Trend, profilierte dörfliche Kandidaten gegen die Städter zu präsentieren.

Mit der Präsentation von Eigentümern kleiner und mittlerer landwirtschaftlicher Betriebe mußte der Bauernbund seinem Anspruch gerecht werden, eine Vertretung genau dieser Klientel zu sein. Hier war er »Graswurzelbewegung«. Bis zum Ersten Weltkrieg wurde mit dem bauernbundseigenen landwirtschaftlichen Establishment eher hinter dem Berg gehalten. Ökonomieräte und landwirtschaftliche Inspektoren galten als Regierungsvertreter, als »durch und durch von der Regierung abhängig«, vor allem wenn sie auch noch aus Stuttgart kamen.[11] Das änderte sich erst nach 1918 grundlegend: Der Bauernbund war selbst zum Establishment geworden, war nach 1924 Regierungspartei und seine prominenten Abgeordneten wie Wilhelm Vogt trugen den Titel eines Landesökonomierats. Auch die landwirtschaftlichen Vereine waren zumindest in den dominant protestantischen Gebieten fast ausschließlich in der Hand des Bauernbundes. Präsentieren konnte man nun auch herausragende Mitglieder der Landwirtschaftskammer und mit Wilhelm Ströbel ihren Direktor. Ein weiterer Aspekt des Stadt-Land-Gegensatzes war, daß man mit der Aufstellung eines Bauern den Willen demonstrieren konnte, die Kandidatur eines Städters zu verhindern. Eine Beamtenkandidatur komme nicht in Frage, hieß es 1895 im Wahlkreis Böblingen.[12] Dieses Muster als Inklusions- und Abgrenzungsstrategie blieb über den gesamten Zeitraum hinweg bestehen: Beamte und die Vertreter freier Berufe galten als Repräsentanten der Nationalliberalen und der Demokraten. Geheim-, Hof- und Kommerzienräte, Regierungsdirektoren, Oberbürgermeister und Studienräte sowie die »Advokatenschläue« der Rechtsanwälte aus der Stadt hatten auf dem Land nichts zu suchen.[13]

Der Bauernbund konnte dem Anspruch, Vertreter der Landwirtschaft zu präsentieren, natürlich auch am leichtesten gerecht werden, schon weil er als einzige Partei keine Rücksicht auf einen weiteren Berufsproporz nehmen mußte. Während bis 1918 der Anteil der Kandidaturen von Landwirten insgesamt und bei allen anderen Parteien – auch beim ländlich verankerten Zentrum – kontinuierlich zurückging, blieb er beim Bauernbund konstant hoch.[14] Die Partei der Bauern hatte damit ein soziales Feld fast monopolartig besetzt. Zu den Landtagswahlen 1912 stellte der Bauernbund 24 landwirtschaftliche Kandidaten auf, davon sechs Weingärtner. Noch krasser war das Verhältnis bei Reichstagswahlen. Die Volkspartei präsentierte 1903 vier Rechtsanwälte, einen Lehrer und einen Professor, zwei Kaufleute, einen Konsumvereinsdirektor, einen Ratschreiber und einen Verbandssekretär, während die Deutsche Par-

---
[11] Dt. Reichspost v. 14. Nov. 1900.
[12] Dt. Reichspost v. 12. Jan. 1895.
[13] Dt. Reichspost v. 4. Dez. 1900 u. v. 21. Nov. 1906; Schw. Tageszg. v. 16. Mai 1920 u. v. 14. April 1924.
[14] Vgl. die Zusammenstellung bei A. GAWATZ, Wahlkämpfe, 2001, S. 156f. u. 164f.

tei mit zwei Professoren, zwei Rechtsanwälten, zwei Staatsbeamten und zwei Kommerzienräten auftrat. Die einzigen sechs Landwirte stellte der Bauernbund auf. Bei den Reichstagswahlen von 1912 sah es ähnlich aus: im Ergebnis entsandte der Bauernbund mit Wilhelm und Friedrich Vogt die beiden einzigen landwirtschaftlichen Abgeordneten des Landes nach Berlin.[15]

Während vor 1914 die Auseinandersetzung auf dem Land zwischen den beiden liberalen Parteien und dem Bauernbund verlief, verlagerten sich die Pole nach 1918 auf den Dualismus von Bauernbund und Zentrum, teilweise auch auf den CSVD. Ab 1930 stand für den Bauernbund dann die Auseinandersetzung mit der NSDAP im Vordergrund. Das Legitimierungsmuster der Bauernbundskandidaten blieb dasselbe: sie waren die angestammten und alten Vertreter der Bauernschaft. Der Vorwurf, das Zentrum vernachlässige die Interessen der Landwirtschaft, war an deren Kandidaten und Abgeordneten leicht abzulesen. Der Vorstand des Verbandes württembergischer Landwirte, Oscar Adorno, hatte für die Wahl zur Landesversammlung auf einem aussichtslosen 35. Listenplatz des Zentrums kandidiert. Auch bei der DDP stand der Syndikus des Verbands nur auf Rang 61.[16] Zwar reagierte das Zentrum und brachte 1920 insgesamt sieben Landwirte in den Landtag, in der Bilanz stand es aber deutlich hinter dem Bauernbund. Dieser konnte dann nach seinem Wahlerfolg von 1924 triumphieren, er präsentiere eine fast lupenrein landwirtschaftliche Fraktion: von seinen 17 Abgeordneten waren zwölf »praktische Landwirte«, zwei Ortsvorsteher und gleichzeitig Vorsitzende des jeweiligen landwirtschaftlichen Vereins, der Direktor der Landwirtschaftskammer und letztlich mit Körner und Wolff zwei »landwirtschaftliche Berufspolitiker«.[17] Auch dem CSVD, dessen Anhänger unter den ländlichen Gemeinschaftskreisen verortet wurden, konnte der Bauernbund mit der beruflichen Qualifikation seiner Kandidaten entgegentreten. Der CSVD war in den Augen des Bauernbundes eine Beamtenpartei. In allen Wahlkreisen, in denen er 1928 antrat, stelle er mit einer Ausnahme Beamte auf – und diese Ausnahme sei der hochbetagte August Simpfendörfer in Neckarsulm, der allerdings 1920 noch der Bürgerpartei angehört habe. Verschwiegen wurde die Kandidatur des Mitglieds des Landeskirchentags und der Landwirtschaftskammer Gottlieb Braun aus Freudenstadt, der 1920 noch für den Bauernbund kandidiert hatte und nach 1926 ausgetreten war, weil ihn die »Lügenhaftigkeit des Bauernbundes anekle«.[18]

Gegenüber der NSDAP konnte das Argument der standesgerechten Interessenvertretung nur bis zu den Reichstagswahlen 1930 angeführt werden. Bis dahin konnte der Bauernbund der Partei regelmäßig vorwerfen, sie sei die Partei der »städtischen NS-Beamten« sowie der »Professoren- und Beamtenpolitik«, die NS-Kandidaten seien nicht von örtlichen Vertrauensmännern gewählt sondern von der Parteileitung bestimmt und im Landtag sei die Partei gerade einmal mit einem Pro-

---

[15] Schw. Landmann v. 1. Febr. 1912, v. 1. Juni 1903 u.v. 1. Nov. 1912 sowie Wahldatensatz.
[16] Schw. Landmann v. 1. März 1919.
[17] Schw. Landmann v. 1. Juni 1920; Schw. Tagesztg. v. 6. Mai 1924.
[18] Schw. Landmann v. 12. Mai 1928; Flugblatt des Bauernbundes zur Landtagswahl 1928 (NL Hiller). Vgl. auch G. OPITZ, 1969, S. 114.

fessor vertreten.[19] Doch selbst nach den Landtagswahlen von 1932 waren unter den 23 NS-Abgeordneten nur zwei Landwirte vertreten, auch wenn die NSDAP zuvor auf die Krisenlage in der Landwirtschaft reagiert und verstärkt Landwirte aufgestellt hatte. Von 360 Wahlkreiskandidaturen waren 96 oder 26,7 Prozent mit einem Landwirt besetzt. In elf Wahlkreisen kandidierte ein landwirtschaftlicher Vertreter an erster Stelle.[20]

Wie wurden nun die Kandidaten und Abgeordneten des Bauernbundes präsentiert? Den Vorrang hatte die berufliche Qualifikation: Der Kandidat war »gut ausgebildeter Landwirt«, entweder im elterlichen Betrieb oder auf einer Landwirtschaftsschule. Präsentiert wurde er als Vorzeigebauer, als »tüchtiger und praktischer Landwirt«, der einen Betrieb selbständig führe und diesen über alle Krisenlagen hinweg zu einem Musterbetrieb ausgebaut habe. Betont wurde die »freie Tätigkeit auf eigenem Besitz« und die »bäuerliche Weltanschauung«. Gefragt waren »Bauern von Schrot und Korn«, Männer, die »mit großer Liebe an der Scholle hängen« und solche, die wissen, wo dem »einfachen Bauern der Schuh drückt«. An diesen Qualitätscharakteristika eines Kandidaten oder Abgeordneten änderte sich über den gesamten Zeitraum hinweg nichts. Die Ankündigung der Kandidaten für die Landtagswahlen 1928 war symptomatisch:

»Unsere Männer sind tüchtige, zuverlässige, bewährte Kandidaten aus der praktischen Arbeit, mit guter Lebenserfahrung und festem Charakter.«[21]

Mit der beruflichen Qualifikation war die Betonung des hohen Ansehens eines Kandidaten verbunden. Ausweis dafür war die Vernetzung im Vereins- und Verbandswesen, vor allem in den landwirtschaftlichen Vereinen und Genossenschaften, aber auch die Erfahrung als langjähriger Ortsvorsteher. Die Aufzählung der landwirtschaftlichen Verdienstmedaillen hingegen kam erst in den 1920er Jahren hinzu, denn schließlich mußte ein Kandidat vor 1914 ein »nach oben unabhängiger Mann« sein. Diese Argumentation veränderte sich mit der Regierungsbeteiligung nach 1924. Jetzt stand die »Grundsatztreue in politischen Fragen« im Vordergrund und die Bereitschaft, »Haß und Feindschaft der Gegner« auf sich zu laden. Insgesamt galt: War ein Kleinbauer Kandidat, so war er »erfahrener und einfacher Bauer«, ein Mann von Lebenserfahrung und »fester konservativer Gesinnung«. War es ein Gutsbesitzer, so war es ein Mann von »höchster landwirtschaftlicher Fachkenntnis« und »wärmstem Empfinden« für die Kleinbauern. Allesamt waren sie natürlich Vorkämpfer der gemeinsamen Sache und konnten jahrelanges parteiorganisatorisches

---

[19] Schw. Tageszeitg. v. 19. April 1928, besondere Wahlbeilage v. Mai 1928 u. v. 25. Mai 1930; Schw. Landmann v. 28. April 1928.
[20] Für die Landesliste stellte die NSDAP von 23 Kandidaten vier Landwirte auf (17,4 %), darunter die Überläufer Arnold und Kohler als ehemalige Bauernbundsmitglieder (Wahlkreisvorschläge der NSDAP in NS-Kurier v. 11. April 1932). Auch das Zentrum hatte 1932 den Anteil der Landwirte erhöht (Dt. Volksbl. v. 14. April 1932 u. v. 19. April 1932): Während auf der Landesliste nur ein Landwirt auf Rang 8 kandidierte, waren es in den Wahlkreisen 14 von 145 Kandidaturen, die mit einem Landwirt besetzt waren (9,7 %). In sieben Wahlkreisen stand ein Landwirt an erster Stelle.
[21] Schw. Tageszeitg. v. 19. April 1928.

Engagement nachweisen. Und letztlich mußten sie bereit sein, das »Opfer« eines Mandats für die Interessen der Standesgenossen auf sich zu nehmen.[22] Die Abkömmlichkeit war vor allem für die kleinen Bauern ein wichtiger Punkt, denn die Arbeit auf dem Hof mußte von Familienangehörigen übernommen werden. Die finanzielle Unabhängigkeit und ein höheres Maß an Mobilität war vor allem für die Reichstagsabgeordneten vor 1906 ein Kriterium.[23]

Die Präsentation der konfessionellen Charakteristik der Kandidaten erfuhr über den Zeitraum hinweg eine Veränderung. In der Weimarer Zeit überlagerte die landwirtschaftlich-ökonomische Befähigung der Bewerber ihr konfessionelles Profil. Die Kandidaten vor dem Ersten Weltkrieg wurden noch als »entschiedene Christen« oder als Männer von »christlichem Volkscharakter« präsentiert.[24] Ausgewiesen wurde damit ihre Bindung an ein lokales pietistisches oder orthodox-protestantisches Milieu. Das Mitglied der Hahnschen Gemeinschaft, Karl Immendörfer, wurde 1899 als »frommer Stundenvater« auf »christlich-evangelischer Grundlage«, aber auch mit »Duldsamkeit gegenüber Andersdenkenden« beschrieben. Nach seiner Wahl hieß es: »Der Landtag ist um einen stillen Mann reicher.«[25]

Nach 1918 wurde die im Prinzip sowieso feststehende protestantische Konfessionszugehörigkeit nur noch in Randnotizen festgehalten, etwa in der Bemerkung, ein Kandidat habe die »evangelische Volksschule« besucht. Um so deutlicher wurde dagegen hervorgehoben, wenn man einen katholischen Kandidaten präsentieren konnte. Getreu dem Motto, wonach es »keinen Unterschied zwischen katholischen und lutherischen Kartoffeln«[26] gebe, war die Präsenz katholischer Kandidaten und Abgeordneten für den Bauernbund der wichtigste Ansatzpunkt, um im Revier des Zentrums zu wildern. 1924 ließ die Partei verlauten, sie sei zu den Landtagswahlen mit insgesamt fünfzig katholischen Kandidaten angetreten, was allerdings nur schwer nachprüfbar war.[27] Aber unter den 17 Landtagsabgeordneten des Bauernbundes waren tatsächlich drei Katholiken, darunter der Horber Peter Schweizer, dessen Bruder Adrian von 1912 bis 1920 für das Zentrum Landtagsabgeordneter gewesen war.[28]

Die Zusammenstellung der Kandidaten und Abgeordneten des Bauernbundes in Tab. 11 belegt: Das Problem der sozialen Homogenität stellte sich der Partei nicht. Dem Anspruch, die württembergischen Klein- und Mittelbauern zu vertreten, wurde der Bauernbund auch in der Repräsentanz dieser Klientel bei Kandidaten und Abgeordneten gerecht, auch wenn fast naturgemäß die Besitzer größerer Betriebe bei den

---

[22] Zum gesamten Absatz: Dt. Reichspost v. 17. Nov. 1900, v. 18. Mai 1903, v. 2. Nov. 1906 u.v. 15. Dez. 1912; Schw. Landmann v. 15. Okt. 1906, v. 15. Dez. 1906, v. 1. Febr. 1912, v. 1. Nov. 1912, v. 1. Mai 1920, v. 29. März 1924, v. 7. Juli 1928; Schw. Tageszig. v. 8. Jan. 1928 u.v. 19. April 1932.
[23] Im Gegensatz zu den Landtagsabgeordneten bezogen Reichstagsabgeordnete erst ab 1906 Diäten (vgl. P. Molt, 1963, S. 38ff.; C. Jansen, 1999 u. H. Butzer, 1999).
[24] Dt. Reichspost v. 30. Okt. 1902, v. 28. Nov. 1906 u.v. 15. Dez. 1911.
[25] Schw. Landmann v. 1. Nov. 1899; Dt. Reichspost v. 5. März 1902 u.v. 14. März 1902. Zu Immendörfer auch H. Lehmann, Pietismus, 1969, S. 283.
[26] Schw. Landmann v. 1. Febr. 1921.
[27] Schw. Tageszig. v. 27. April 1924; Replik im Dt. Volksbl. v. 2. Mai 1924.
[28] F. Raberg, Handbuch, 2001, S. 853.

Tabelle 11: Geschlecht, Konfession, Alter, Mandatsdauer und Sozialprofil
der Kandidaten und Abgeordneten des Bauernbundes

	Kandidaten abs.	in %	Abgeordnete abs.	in %
insgesamt	651	100,0	56	100,0
männlich	651	100,0	56	100,0
nachweislich katholisch	8	1,2	6	10,7
Alter bei Mandatsantritt				
20–30 Jahre			3	5,3
über 30–40 Jahre			10	17,9
über 40–50 Jahre			15	26,8
über 50–60 Jahre			23	41,1
über 60 Jahre			5	8,9
Dauer der Abgeordnetentätigkeit				
bis 4 Jahre			17	30,4
über 4–8 Jahre			18	32,1
über 8–12 Jahre			12	21,4
über 12 Jahre			9	16,1
1. Oberschicht	94	14,4	17	30,4
1.1 Agrarischer Sektor	54	8,3	7	12,5
1.2 Gewerblicher Sektor	1	0,2	1	1,8
1.3 Dienstleistung u. Verwaltung	28	4,3	5	8,9
1.4 freie akad. Berufe	7	1,1	2	3,6
1.5 Offiziere	1	0,2	–	–
1.6 Adel	3	0,5	2	3,6
2. Mittelschicht	545	83,7	39	69,6
2.1 Alter Mittelstand	521	80,0	35	62,5
2.1.1 Agrarischer Sektor	509	78,2	35	62,5
2.1.2 Gewerblicher Sektor	12	1,8	–	–
2.2 Neuer Mittelstand	24	3,7	5	8,9
2.2.1 Dienstleistung u. Verwaltung	14	2,2	1	1,8
2.2.2 freie nichtakad. Berufe u. mittlere Angestellte	10	1,5	4	7,1
3. Unterschicht	1	0,2	–	–
3.1 Untere Beamte u. Angestellte	1	0,2	–	–
4. ohne Angabe	21	3,2	–	–

Quelle: Wahl- und Personaldatensatz. Zur Kategorisierung der Berufsgruppen vgl. Tab. 4, oben S. 106. Die Zahl katholischer Kandidaten dürfte höher sein, da die Konfession bei den Kandidaten nicht durchgängig zu ermitteln war.

Mandaten stärker vertreten waren als bei den Kandidaturen. In dieser Hinsicht gab es jedoch kaum Unterschiede zwischen der Selbstdarstellung der Partei und der tatsächlichen Sozialstruktur der Kandidaten und Abgeordneten. Die Proporzsysteme im Bauernbund funktionierten, wurden kultiviert und auch von der Basis überwacht: in regionaler Hinsicht und mit Blick auf den parteiinternen Ausgleich zwischen Groß- und Kleinbauern. Diese Tatsache ist als eine der wesentlichen Grundlagen für die Konstanz des Bauernbundes als Milieupartei zu werten. Die große Kontinuität zeigt sich auch in der Dauer der Abgeordnetentätigkeit der Gewählten. Schließlich war der Anteil der Katholiken zumindest bei den Abgeordneten nicht unerheblich und deutet eine Ausweitung in das katholische Wählerspektrum an.

Bei den Konservativen stand der Beruf als Merkmal der Kandidatenqualifikation vor 1918 eher im Hintergrund. Das hatte mehrere Gründe: Bei den Reichstagswahlen wurden mindestens bis 1907, teilweise auch noch 1912, die Kandidaten in großem Einvernehmen mit der Deutschen Partei nominiert. Man stellte gemeinsam »Sammelkandidaten der nationalen Rechten«, einen »Kartellkandidaten« oder eine »gemeinsame bürgerliche Kandidatur« auf. In erster Linie ging es um die gemeinsame nationale und bürgerliche Sache, bei der von vornherein klar war, daß ein Vertreter des gehobenen Bürgertums kandidierte – ein Mann von »hohem und allseits geschätztem Ansehen«.[29]

Bei den Landtagswahlen wurde bei den Kandidaten stärker die weltanschauliche und konfessionelle Charakteristik des Bewerbers herausgehoben. Der Kandidat war »entschiedener Christ« – im Falle des Konservativen Ernst Bernecker stellte er damit eine »Ausnahme unter den Volksschullehrern« dar. Auch bei Versammlungen präsentierte Bernecker seine Qualifikation als Geschichte der Bekehrung. Aufgrund seiner Erfahrung halte er sich für geeignet: er habe das Schmiedehandwerk gelernt, sei mit 20 Jahren ins Basler Missionshaus eingetreten und nach einem dreijährigen Dienst in Brasilien in den württembergischen Volksschuldienst eingetreten. Da der »Bibelglaube im Schwinden« sei, habe er die Kandidatur angenommen.[30] Die Betonung des christlichen Charakters und des Verteidigungswillens der »christlichen Weltordnung« stand in aller Regel im Mittelpunkt. 1898 hieß es noch in der konservativen Presse, die Kandidaten der Partei bekämen »Stimmen nicht weil, sondern trotzdem sie sich als konservativ« bezeichneten. In den Anfangsjahren präsentierte man sich lieber als »christlich-sozial«: bei der Böblinger Ersatzwahl 1897 kandidierte der Sindelfinger Bürgermeister unter dieser Fahne und betonte, er habe die Kandidatur nur angenommen, weil sein volksparteilicher Gegenkandidat vom Oberreallehrer zum Schulrektor mit entsprechender Gehaltserhöhung befördert worden sei. Die etwas dünne Begründung richtete sich gegen die »Beamtenkandidatur« und den volksparteilichen »Geist des Mammons«.[31]

Erst mit der sukzessiven Etablierung der Partei in Württemberg genügte der konservative Parteistempel zur Charakterisierung der Kandidaten: er stand für »Erhalt und Ausbau der christlichen Weltordnung und der bestehenden Staatsordnung«. Der Kandidat war nun »durch und durch konservativer Mann« und »für die autoritären Mächte« – was weltlichen und geistlichen Bereich zugleich bezeichnete.[32] Abgesehen von den spezifisch mittelständischen Kandidaturen, bei der die Angabe des Berufs und die Mitgliedschaft im Bund für Handel und Gewerbe der Qualifikationsausweis war – man war hier Kaufmann, Schreinermeister oder »Mann der

---

[29] Dt. Reichspost v. 23. Mai 1898, v. 2. Juni 1898, v. 23. Jan. 1907, v. 13. Mai 1911 u.v. 1. Dez. 1911. Zur Struktur der Kandidaturen und Wahlbündnisse vgl. unten Kap. 9 dieser Arbeit.
[30] Dt. Reichspost v. 15. Nov. 1911, Schw. Kronik v. 8. Dez. 1911 M und Versammlungsbericht in NL Haußmann, HStA Stuttgart, Q 1/2, Bü 11.
[31] Dt. Reichspost v. 5. Nov. 1897 u.v. 13. Sept. 1898.
[32] Dt. Reichspost v. 17. Okt. 1906 u.v. 15. Dez. 1912.

Tabelle 12: Geschlecht, Konfession, Alter, Mandatsdauer und Sozialprofil der Kandidaten und Abgeordneten der Konservativen

	Kandidaten abs.	in %	Abgeordnete abs.	in %
insgesamt	565	100,0	25	100,0
männlich	529	93,6	24	96,0
weiblich	36	6,4	1	4,0
nachweislich katholisch	5	0,9	2	8,0
Alter bei Mandatsantritt				
20–30 Jahre			–	–
über 30–40 Jahre			3	12,0
über 40–50 Jahre			12	48,0
über 50–60 Jahre			7	28,0
über 60 Jahre			3	12,0
Dauer der Abgeordnetentätigkeit				
bis 4 Jahre			12	48,0
über 4–8 Jahre			5	20,0
über 8–12 Jahre			3	12,0
über 12 Jahre			5	20,0
1. Oberschicht	*244*	*43,2*	*17*	*68,0*
1.1 Agrarischer Sektor	1	0,2	–	–
1.2 Gewerblicher Sektor	66	11,7	3	12,0
1.3 Dienstleistung u. Verwaltung	116	20,5	11	44,0
1.4 freie akad. Berufe	49	8,7	3	12,0
1.5 Angestellte mit akad. Grad	12	2,1	–	–
1.6 Offiziere	2	0,4	–	–
1.7 Adel	1	0,2	–	–
2. Mittelschicht	*269*	*47,6*	*7*	*28,0*
2.1 Alter Mittelstand	184	32,6	5	20,0
2.1.1 Agrarischer Sektor	37	6,5	–	–
2.1.2 Gewerblicher Sektor	147	26,0	5	20,0
2.2 Neuer Mittelstand	85	15,0	2	8,0
2.2.1 Dienstleistung u. Verwaltung	65	11,5	1	4,0
2.2.2 freie nichtakad. Berufe u. mittlere Angestellte	20	3,5	1	4,0
3. Unterschicht	7	1,2	–	–
3.1 Untere Beamte u. Angestellte	–	–	–	–
3.2 Arbeiter	7	1,2	–	–
4. Sonstige	*42*	*7,4*	*1*	*4,0*

Quelle: Personaldatensatz. Zur Kategorisierung der Berufsgruppen vgl. Tab. 6, oben S. 136. Die Zahl katholischer Kandidaten dürfte höher sein, da die Konfession der Kandidaten nicht durchgängig zu ermitteln war. Zum Vergleich auf Reichsebene das Kandidaten- und Abgeordnetenprofil der Deutschkonservativen bei J. BERTRAM, *1964, S. 156.*

Bismarckschen Wirtschaftspolitik«[33] – mußte ein konservativer Kandidat durch »offene, charaktervolle und christliche Weise« überzeugen. Während er beim Bauernbund »nach oben« unabhängig sein sollte, präsentierten sich die Konservativen als »nach oben und unten« unabhängig – als prinzipientreu und trotz Anerkennung des

---

[33] Dt. Reichspost v. 18. Dez. 1911.

Wahlrechts »dem Haufen nicht hörig«.[34] Schwer tat man sich auf konservativer Seite als Partei des »entschiedenen Protestantismus« mit katholischen Kandidaturen. Vor 1918 war unter den Bewerbern kein Katholik zu finden. Als die Volkspartei zu den Proporzwahlen 1912 auf der einen Wahlkreisliste den als »aufrechten Protestanten« anerkannten Pfarrer Albert Esenwein und auf der anderen den katholischen Verbandssekretär Eugen Roth präsentierte, kommentierten dies die Konservativen als »Gipfel der politischen Charakterlosigkeit.«[35]

Während die Kandidatenpräsentation beim Bauernbund vor und nach 1918 keiner wesentlichen Veränderung unterlag, wandelten sich die Muster bei der Bürgerpartei. Sie war zur Partei des gesamten Bürgertums geworden und mußte eine möglichst große soziale Breite repräsentieren. Bei den ersten Wahlen nach 1918 war dies wegen des Zeitdrucks und der fehlenden Parteiorganisation kaum möglich. Zunächst ging es allen Parteien darum, möglichst prominente Namen auf den Listen zu präsentieren. Weil vor allem die Kirchenfrage eines der wichtigsten Themen war, präsentierten alle bürgerlichen Parteien herausragende Kirchenvertreter. Mit Albert Esenwein und Eduard Lamparter auf liberaler sowie Paul Wurster und Theophil Wurm auf konservativer Seite traten prominente Vertreter der beiden protestantischen theologischen Positionen dann auch in die Landesversammlung ein.[36] Für das Zentrum wurde der Weihbischof Johann Baptist Sproll Abgeordneter. Auf konservativer Seite kamen der Vorstand der Evangelischen Kirchenregierung, Konsistorialpräsident Hermann Zeller, und sein Stellvertreter Heinrich Mosthaf hinzu, die im Wahlkampf mit landesweiter Kenntnisnahme für die Bürgerpartei auftraten.[37] Nach 1920 spielten Pfarrer und Theologen bei den Kandidaten und Abgeordneten der Bürgerpartei keine Rolle mehr.

Nach 1918 war der Druck gestiegen, deutschnationale Katholiken aufzustellen, schon allein weil darin die einzige Möglichkeit lag, in katholisches Gebiet einzudringen.[38] Allerdings war der Erfolg dürftig: insgesamt konnten mit Sicherheit nur fünf katholische Kandidaten der Bürgerpartei ermittelt werden. Drei davon waren Vertreter der Vaterländischen Verbände, die nur im Landtagswahlkampf 1924 eine Rolle spielten. In der Landesversammlung war mit Wilhelm Benkert ein Katholik vertreten, bei dem sein Amt als Vorsitzender des Eisenbahnerverbandes jedoch im Vordergrund stand. Der prominenteste katholische Kandidat war der Geistliche und Studienprofessor Joseph Fürst. Weil er den seit 1910 für alle katholischen Kleriker in Seelsorge und Lehrtätigkeit vorgeschriebenen Antimodernisteneides nicht gelei-

---

[34] Dt. Reichspost v. 30. Juni 1903 u. v. 5. Nov. 1906.
[35] Dt. Reichspost v. 16. Dez. 1912.
[36] Allerdings entsprach es der Gepflogenheit innerhalb der Landeskirche, daß Theophil Wurm nach seiner Ernennung zum Dekan im September 1920 sein Mandat niederlegte. Auch Paul Wurster war bereits im Mai 1919 nach der Verabschiedung der wichtigsten kirchenpolitischen Gesetze aus der Landesversammlung ausgetreten (HStA Stuttgart, E 151/02, Bü 159 u. E 130b, Bü 77).
[37] Mosthaf und Zeller hatten wegen ihrer Stellung in der Landeskirche auf eine Kandidatur verzichtet, obwohl z. B. Mosthaf von Kraut der erste Listenplatz angeboten worden war (Sachs an Schmidgall v. 6. Mai 1919, StadtA Crailsheim, NL Sachs).
[38] Zu den deutschnationalen Katholiken siehe oben S. 158 ff.

stet hatte, war er bereits 1914 seiner seelsorgerischen Funktionen enthoben worden und hatte als Lehrer eine Laienstelle inne. Nach dem Kirchenrecht war er dennoch verpflichtet, vor der Annahme einer politischen Kandidatur den Bischof um Erlaubnis zu fragen. Nach seiner Wahl von 1920 hatte er diese erst nachträglich erhalten. Seine erneute Kandidatur 1924 wurde dann zur Kraftprobe zwischen der Bürgerpartei und dem Bistum. Kurz vor der Wahl verweigerte der Rottenburger Bischof Keppler die Erlaubnis, die Fürst erst gar nicht erbeten hatte. Die *Rottenburger Zeitung* sprach von »verwirrendem und ärgniserregendem« Auftreten und von einer »Pflichtverletzung gegenüber seiner Kirche«. Die Bürgerpartei berief sich auf die Reichsverfassung. Die katholische Presse konterte, das Kirchenrecht gelte auch für die Verfassung und Fürst sei in den »Augen der katholischen Bevölkerung gerichtet«, wenn er sich nicht an die Weisung seines Bischofs halte. Die *Schwäbische Kronik* sprach von einem »Rückfall ins Mittelalter«. Letztlich kandidierte Fürst auf der Landesliste und in zwei Wahlkreisverbänden im überwiegend katholischen Gebiet, wurde allerdings nicht gewählt.[39] Durchgesetzt hatte sich die Strategie des Zentrums und die Abgrenzung der jeweiligen konfessionellen Einflußbereiche: Fürst kandidierte nach 1924 nicht wieder, nachdem ihm für die Reichstagswahl Ende 1924 der zugesicherte Platz auf der DNVP-Reichsliste in Berlin nicht gewährt wurde. Während der Regierungskoalition ab 1924 war sein Rückzug eine unausgesprochene Bedingung für den konfessionellen Frieden in der Koalition. Nach 1924 spielten katholische Kandidaturen bei der Bürgerpartei keine Rolle mehr.

Insgesamt hatte das bürgerparteiliche Personalangebot nach 1920 und verstärkt nach 1924 an christlich-protestantischem Profil verloren. Die ökonomischen und nationalen Merkmale der Bewerber überwogen nun. 1924 wurde als einzige landesweit bekannte Vertreterin der positiv-christlichen Kreise die Pfarrerswitwe Josefine Giese präsentiert. Allerdings mußte sie gleichzeitig noch mehrere andere Charakteristika parteiinterner Minderheiten repräsentieren: sie war Vertreterin der Frauen, der Heimarbeiterinnen, der Arbeiterinteressen überhaupt und als Mitglied im Rentnerbund »Vorkämpferin der Entrechteten und Enterbten«.[40] Mit ihrem Tod entfiel 1926 der Partei eine ihrer wichtigsten Frauenvertreterinnen. Generell sank der Frauenanteil kontinuierlich. Bei den Wahlen zur Landesversammlung 1919 hatte er noch 9,5 Prozent betragen. 1932 zu den Landtagswahlen lag er mit 2,6 Prozent auf dem Tiefstand.[41]

Die Einengung des Profils an den Rändern des sozialen Spektrums der Partei steht beispielhaft für ihre monothematische Begrenzung auch in ihrem Kernbereich.

---

[39] Berichte über den landesweit aufsehenerregenden Fall in Süddt. Ztg. v. 26. April 1924, v. 2. Mai 1924, v. 12. Mai 1924 u. v. 13. Mai 1924; Schw. Tageszg. v. 4. Mai 1924, v. 16. Mai 1924 u. v. 21. Mai 1924; Schw. Kronik v. 25. April 1924, v. 26. April 1924, v. 28. April 1924 u. v. 2. Mai 1924; Dt. Volksbl. v. 25. April 1924 u. v. 29. April 1924.
[40] Süddt. Ztg. v. 3. Nov. 1924.
[41] Quelle: Wahldatensatz. Allerdings dürfte dieses Phänomen alle Parteien betroffen haben. In der Landesversammlung waren 1919 noch zwölf Frauen (8,0%) vertreten, 1920 nur noch fünf (5,0%). 1924 war mit der einzigen Abgeordneten Luise Rist vom Zentrum der Tiefstand erreicht (1,3%), während 1928 und 1932 wiederum drei Frauen im Parlament vertreten waren (3,8%).

1924 war es der Partei gelungen, das größte soziale Spektrum zu präsentieren: es dominierten Beamte, Lehrer und Professoren, die freien akademischen Berufe – vor allem Rechtsanwälte und Ärzte –, Vertreter der Industrie und des selbständigen Mittelstandes aus Handel und Gewerbe. Ebenso waren wichtige Interessenvertreter eingebunden, die die Mobilisierungskraft der Partei nach der Inflation signalisierten: der Gläubiger- und Hypothekenschutzverband, der Sparerschutzverband, der Haus- und Grundbesitzerverein, der Rentnerbund, die prominenten Vertreter des Mittelstandsbundes und nicht zuletzt zahlreiche Innungsmeister und Repräsentanten der Handels- und Handwerkskammern. Vertreten war auch das einzige Mal ein Verbandsfunktionär der Angestellten.[42]

»Klangvolle Vertreter der vaterländischen Kreise« hatte die Bürgerpartei nach 1918 präsentiert. Sie war die Partei des nationalen Bürgertums, der gegenrevolutionären Kräfte des besitzenden Standes und all derer, die sich nach Umsturz und Inflation als reale oder vermeintliche Verlierer empfanden. Unter den zahlreichen Konnotationen, die die Chiffre national beinhaltete, war die besitzverteidigende eine der zentralen. Der schillernde nationale Code, der von antisozialistisch, antikatholisch, antidemokratisch und systemoppositionell über militärisch bis hin zu antisemitisch reichte, war einer der Gradmessser der inhaltlichen und auch personellen Verarmung der Partei. Der Prozeß war vor allem ab 1928 zu beobachten: die »national gesinnten« Kandidaten und Abgeordneten ersetzten ihre ökonomischen Qualitäten als Vertreter unterschiedlicher Berufsstände und vor allem protestantischer Interessen. Jetzt wurden Kandidaten zur Verteidigung des »nationalen Privatbesitzes« präsentiert. Zur Reichstagswahl 1930 hieß es als innerparteiliche Anweisung und auch in der Presse, »harte, unbeugsame und kompromißlos denkende Männer« seien in den Reichstag zu entsenden.[43] Die verbale Verengung der Kandidatenpräsentation stand für die Monothematisierung der Partei und die Einengung ihrer sozialen Bandbreite. In der Folge zeigt sich bei den Bewerbern ein deutlicher Rückgang der Beamten und Kirchenvertreter schon allein durch den Übertritt der landeskirchlichen Prominenz zur Nationalen Volksgemeinschaft Bazilles. Die Nominierung von Finanzminister Dehlinger zum Spitzenkandidaten der Landtagswahl 1932 war der Versuch, neben der charismatischen Personalisierung durch die Zuspitzung auf einen Namen auch die wirtschaftliche Kompetenz der Partei zu profilieren. Symptomatisch war aber die Nichtannahme des Mandats durch den sich selbst als Fachminister und Verwaltungsmann verstehenden Politiker.[44]

---

[42] Süddt. Ztg. v. 30. April 1924, v. 3. Mai 1924 u. v. 3. Nov. 1924.
[43] Süddt. Ztg. v. 18. August 1930. Landesleitung an Mitgl. v. 22. Aug. 1930 (NL Hiller). Randkommentar B. Hiller v. Gaertringen: »Scheiß!«.
[44] Siehe hierzu unten S. 368.

3. Resümee: »Einer von uns« und konservative Bürger

Der diachrone Überblick über beide Parteien und ihre Gegenüberstellung bezüglich der Modi der Kandidatenrekrutierung und des sozialen Profils von Kandidaten und Abgeordneten zeigt die folgenden wesentlichen Ergebnisse und Unterschiede: Trotz der zentralistischen Organisationsstruktur des Bauernbunds überwogen bei ihm die dezentralen und lokalistischen Orientierungsmuster bei der Kandidatenrekrutierung. Was in den Anfangsjahren des Bundes aufgrund seiner noch schwach ausgebauten Organisation Bedingung war, wurde auch mit der sukzessiven Durchsetzung des Parteiprinzips spätestens seit 1906 beibehalten: Im Konfliktfall konnten sich in aller Regel die lokalen Organisationen gegen den Machtanspruch der zentralen Landesleitung durchsetzen. Das Votum der Vertrauensmänner im Wahlkreis blieb die entscheidende Instanz bei der Auslese des Kandidatenpersonals. Im Zweifel war das Verweigerungspotential der lokalen Ebenen gegenüber der Zentrale größer. Die regionale Herkunft und lokale Verwurzelung der Kandidaten und Abgeordneten waren funktionierende innerparteiliche Proporzsysteme. Die lebensweltliche Rückbindung von Kandidaten und Abgeordneten war die »Einer-von-uns«-Bedingung für die Kandidaten des Bauernbundes. Die Möglichkeiten zur Regionalisierung der Kandidaturen durch das württembergische Landtagswahlrecht ab 1920, verstärkt noch ab 1924, wurden vom Bauernbund genutzt und waren die Grundlage seiner Kontinuität.

Eine stärkere Tendenz zur Zentralisierung zeigt sich demgegenüber bei der Bürgerpartei. Sie war eine der Veränderungen gegenüber den Vorkriegskonservativen, bei denen schon aufgrund ihrer schwachen Organisation das Lokale und Dezentrale Vorrang hatte. Der wachsende Zentralisierungsdruck mit dem Übergang zur Mitgliederpartei nach 1918 stellte auch einen zentralen innerparteilichen Konfliktpunkt dar. Ein Regionalproporz und die lokale Rückbindung der Kandidaten und Abgeordneten gelangen hier nie wirklich. Mit der teilweisen Einführung der Proporzwahlen bei Landtagswahlen 1906 war der Übergang zum Parteiprinzip abgeschlossen. Honoratiorenpolitische Rekrutierungsmuster wurden durch formalisierte und von Parteizentralen geregelte Prozesse abgelöst. Bei den Konservativen war die honoratiorenpolitische Orientierung von längerer Dauer. Das Ansehen der einzelnen Person stand länger im Mittelpunkt als die Partei – auch noch nach 1918/19. Abgelöst wurde diese Orientierung letztlich erst ab 1924, verstärkt dann noch mit der Spaltung der Partei nach 1928/30.

Bei der Rekrutierung des politischen Personals hatte sich seit 1906 auch der Sozial- und Berufsgruppendiskurs deutlich verstärkt. Das soziale Profil und die Interessenstruktur der Kandidaten, repräsentiert durch berufliche oder verbandspolitische Tätigkeit, standen zunehmend im Mittelpunkt der Präsentation. Als Teil des sozialen Profils kamen aber auch andere Charakteristika hinzu: in erster Linie die Konfession, verstärkt durch die wahlrechtlichen Veränderungen nach 1918 auch das Alter und Geschlecht. Die sozialen Merkmale eines Kandidaten wurden zunehmend zum Ausweis seiner Legitimität. Der gemeinsame Beruf oder Stand, die gemeinsame lebensweltliche Erfahrung, waren neben der lokalen Verankerung die wichtigste Legitimationsbasis. Der lokale und soziale Konnex von Wählern und Gewählten war die Forderung der Basis an eine Partei und gleichzeitig der Ausdruck ihres Vermögens, möglichst breite soziale Schichten an sich zu binden.

Der Sozialproporz als Kandidatenparadigma stellte sich beim Bauernbund nur eingeschränkt als Problem dar: er war eine berufsständisch orientierte Partei und insofern monothematisch. Allerdings mußte er sich der Herausforderung anderer Proporzforderungen stellen: dem Ausgleich zwischen Groß- und Kleinbauern, unterschiedlichen landwirtschaftlichen Interessen durch diversifizierte Betriebsstrukturen und Anbauarten, etwa Ackerbauern, Obstbauern und vor allem dem quantitativ nicht unerheblichen Weingärtnerstand. Diese Proporzsysteme wurden kultiviert, gehütet und von der Basis überwacht. Die Kandidatenrekrutierung erfolgte beim Bauernbund organisch aus einer bestehenden Milieuorganisation heraus. Die Mitglieder-, Kandidaten- und Abgeordnetenstrukturen zeigen eine große Deckungsgleichheit, auch wenn die agrarische Oberschicht bei den Mandaten stärker vertreten war. Dies entsprach jedoch auch den Erfordernissen nach Abkömmlichkeit, finanzieller Unabhängigkeit und damit höherer Mobilität für die Ausübung eines Mandats. Der Prototyp eines bauernbündlerischen Kandidaten oder Abgeordneten war ein Vorzeigelandwirt, in der lokalen landwirtschaftlichen und ländlichen Vereinswelt und Gemeindestruktur verankert und ausgezeichnet durch eine längere innerorganisatorische Tätigkeit im Bauernbund. Der württembergische Adel spielte hierbei nur eine marginale Rolle. Die wechselseitige milieuhafte Verzahnung von Repräsentierten und Repräsentanz war eine der Bedingungen für die Kontinuität des politischen Personals bei Kandidaturen und Abgeordneten – auch über die Zäsur von 1918 hinweg.

Das Wunschparadigma des Sozialproporzes blieb bei der Bürgerpartei eine unerfüllte Forderung. Vor 1918 hatte sich dieses gar nicht gestellt – nach 1918 war es Bedingung auf dem komplexer gewordenen Markt der Massenpolitik. Die soziale Erweiterung der Partei vor allem in die Angestellten- und Arbeiterschaft gelang mit dem Kulminationspunkt 1924 nur ansatzweise, kann aber insgesamt als gescheitert betrachtet werden. Die Bürgerpartei blieb die Partei der Oberschicht, des Bildungs- und Besitzbürgertums. Das spiegelte auch die Sozialstruktur ihrer Abgeordneten wider. Während der Mittelstand, vor allem der alte Mittelstand der selbständigen Gewerbetreibenden, bei den Kandidaturen noch angemessen vertreten war, sank sein Anteil bei den Mandatsträgern überproportional ab. Eine annähernde Deckungsgleichheit konnte bei der Mitglieder- und Kandidatenstruktur erreicht werden, nicht aber bei der parlamentarischen Repräsentanz.

Neben die regionale Herkunft sowie die berufs- und standesmäßige Zugehörigkeit als Merkmale der politischen Charakteristik beider Parteien treten die Konfessions-, Alters- und Geschlechtsstruktur als weitere Determinanten politischer Karrieren. Das christlich-protestantische Profil war bei beiden Parteien vor 1918 ein zentrales Merkmal der politischen Eliten. Etwas abgeschwächt stellte sich dies beim Bauernbund dar, wo die landwirtschaftlichen Interessen naturgemäß immer im Vordergrund standen. Der christliche Charakter war hier stärker Teil der Volkstümlichkeit und Ausdruck der Verbundenheit mit der ländlichen Mentalität. Deutlicher ausgeprägt war die konfessionelle Determinante bei den Konservativen. Sie waren die dezidierten Vertreter der theologischen Orthodoxie und des pietisierenden Protestantismus. Beide Parteien waren nach 1918 die Stützen des kirchlichen Konservatismus innerhalb der Landeskirche. Allerdings hatte die Bürgerpartei mit dem Einschwenken auf den monothematischen nationalen Diskurs an innerprotestantischem Konsensprofil eingebüßt. Beide Parteien hatten nach 1918 versucht, mit katholischen Kandidaten und Abgeordneten innerkonfessionelle Brücken zu schlagen. Erfolgreicher war hierbei der Bauernbund mit dem Integrationspotential der ländlich-agrarischen Interessenvertretung.

Auch die Integration der Jugend gelang dem Bauernbund besser. Der Jungbauernbund war vor allem in den letzten Jahren der Weimarer Republik in die Kandidatenrekrutierung eingebunden und in der Fraktion vertreten. Das war erstaunlich, denn allgemein hatte der Bauernbund das Image einer ›alten‹ Partei als »Vertretung der greisen Landmänner mit grauen Bärten«.[1] In der Tat war das Erstwahlalter der Mandatsträger beim Bauernbund höher als bei der Bürgerpartei. Die Tatsache, daß der Bauernbund mit Hermann Spröhnle und Friedrich Häcker mit 28 bzw. 29 Jahren zwischen 1926 und 1928 jeweils den jüngsten Abgeordneten im Landtag stellte, spricht jedoch für ein höheres Maß an Zirkulations- und Regenerationsfähigkeit der Partei. Auch war die Zahl der Erstmandate des Bauernbundes in den Weimarer Jahren höher. Ein Blick auf die Altersstruktur der Abgeordneten zeigt, daß sich die Mandatsträger des Bauernbundes eher verjüngten, während die bürgerparteilichen Abgeordneten zusehends älter wurden. Mit der jugendlichen Dynamik der württembergischen NSDAP-Abgeordneten ab 1932 konnten jedoch beide Parteien nicht konkurrieren.[2]

Die Erfordernis, Frauen bei der Rekrutierung und parlamentarischen Präsenz zu berücksichtigen, stellte sich beim Bauernbund nicht. Bei der Bürgerpartei war sie einer der zahlreichen parteiinternen Konflikte. Die Anzahl der weiblichen Kandidaturen war generell gering und sank schrittweise. Das war ein Phänomen bei allen Parteien. Weibliche Abgeordnete waren im württembergischen wie in anderen Parlamenten der deutschen Länder – und auch im Reichstag – insgesamt selten vertreten.[3] Ihr Anteil ging nach der Verfassunggebenden Landesversammlung rapide zu-

---

[1] Schw. Tagesztg. v. 28. April 1928.
[2] Ein Vergleich innerhalb der württembergischen Parteien ist hier wegen fehlender Vorarbeiten nicht zu leisten. Leider hat F. RABERG, Handbuch, 2001, auf die sozialstrukturelle Auswertung der Daten zu den württembergischen Abgeordneten verzichtet. Ein partieller Vergleich zeigt folgende Ergebnisse: Das Durchschnittsalter der Landtagsabgeordneten des Bauernbunds jeweils zu Beginn der Legislaturperiode entwickelte sich wie folgt: 1919: 56,4; 1920: 51,3; 1924: 51,6; 1928: 50,5; 1932: 52,6. Die Bürgerpartei weist auf: 1919: 50,6; 1920: 47,9; 1924: 48,6; 1928: 55,5; 1932: 53,7. Zum Vergleich die Zahlen für 1932 bei der SPD: 52,6; Zentrum: 48,2 und NSDAP 38,1 (Berechnungen nach Personaldatensatz u. Handbüchern des Württembergischen Landtags).
[3] Der Anteil von Parlamentarierinnen lag in Württemberg zwischen 1919 und 1933 bei 5,7%. Zum Vergleich der Anteil weiblicher Mandatsträger in ausgewählten Ländern: Baden: 6,2%; Preußen: 6,0%

rück. Nur eine der insgesamt 19 Parlamentarierinnen des württembergischen Landtags zwischen 1919 und 1933 wurde von der Bürgerpartei gestellt. Allerdings war die Bürgerpartei zumindest in dieser Hinsicht nicht >konservativer< als andere Parteien. Ob die zurückgehende Vertretung von Frauen als ein Ergebnis der schrittweisen Restauration der komplementären Geschlechterdichotomie nach dem Ersten Weltkrieg, als eine Folge der Restitution männlicher Hegemonie oder als der Ausdruck eines Rückzugs der Frauen aus der Politik durch die zunehmende Polarisierung, Militarisierung und auch Brutalisierung des politischen Geschäfts zu werten ist, muß hierbei offenbleiben.

Sachsen: 5,5 % und Bayern 3,2 % (Ergebnisse nach W. H. SCHRÖDER/W. WEEGE/M. ZECH, 2000, S. 208 ff.). Zum Vergleich mit dem Reichstag der Weimarer Zeit und zur langsamen Trendwende dieser Unterrepräsentation Ende der 1960er bzw. Anfang der 1970er Jahre die Angaben bei G. A. RITTER, Frauen als Wähler, 1988, S. 451 ff.

Siebtes Kapitel

Medien und Mobilisierung in Wahlkampf und Wahlkampfpraxis

Wahlkämpfe sind ein zentraler Bestandteil der Parteiarbeit. Hier lassen sich brennglasartig die die parteiinternen und parteiexternen Aspekte fokussieren: der Zusammenhang von organisatorischer Stärke und dem Maß an Zugang zu Öffentlichkeitsressourcen, die Veränderungen in den Strukturen und Funktionen der Wahlkampfmedien als Frage nach der ›Modernität‹ und Konkurrenzfähigkeit einer Partei sowie schließlich die in den Wahlkämpfen vermittelten Inhalte und Umgangsformen. Die Veränderungsprozesse stehen für Wandlungen dessen, was gemeinhin als politischer Stil und in weiterem Sinne als politische Kultur verstanden wird. In diesem ersten Kapitel steht zunächst die mediale und technische Seite der Wahlkämpfe im Mittelpunkt, bevor im nächsten Kapitel die inhaltliche Seite und die Meta-Ebene der Wahlkämpfe als Konflikt- und Konsensstrategien behandelt werden.

Wahlkampf war und ist Konkurrenzkampf um Öffentlichkeitsressourcen sowie Wettbewerb um zeitgemäße und zielgruppenadäquate Medien. Dabei sind zwei wesentliche Teilbereiche zu unterscheiden: Wahlkämpfe waren auch im Kaiserreich und in der Weimarer Zeit medial vermittelte Ereignisse, symbolisch unterlegt und überhöht, in vielen Bereichen ritualisiert und inszeniert.[1] Die wachsende Pluralität des Angebotes sowie die Ausdifferenzierung der Mittel der Mediennutzung und der Informationskanäle stehen dabei im Mittelpunkt: von der Zeitung über das Flugblatt und das Plakat bis hin zu Grammophon, Radio und Film als den grundlegenden Neuerungen der 1920er Jahre. Gefragt wird hier also nach den strukturellen Veränderungsprozessen aus der Perspektive der beiden konservativen Parteien.

Der zweite Bereich betrifft den face-to-face-Kontakt von Meinungsmanagern und Wählern in der »Versammlungsöffentlichkeit« mit interaktivem Charakter.[2] Das unmittelbare Aufeinandertreffen in der Versammlung blieb das von allen Parteien als wichtigste Form der Wahlwerbung erachtete Mittel. Beharrung und Wandel in Form, Struktur und Funktion stehen auch hierbei im Vordergrund der Fragestellung. In einem dritten Unterkapitel werden strukturelle Veränderungen der Wahlkämpfe analysiert: Dauer und Intensität der Wahlwerbung, Kosten und Finanzierung sowie der Trend zur parteizentralinstanzlich organisierten Kampagne. Schließlich wendet sich ein vierter Abschnitt der Mobilisierung der Wählerschaft zu. Sie war eine zentrale Aufgabe der Parteien seit es Wahlen mit Beteiligung der

---

[1] U. SARCINELLI, Symbolische Politik, 1987 u.ö.; M. EDELMAN, 1976; A. DÖRNER, Politischer Mythos, 1995 sowie die Beiträge in A. DÖRNER, Wahl-Kämpfe, 2002 mit weiterführender Literatur. Die Zunahme symbolischer Integrationsmittel interpretiert hingegen E. BENDIKAT, Politikstile, 1989 u.ö. eher als inhaltliche Entleerung und Angleichung der Angebote.
[2] F. NEIDHARDT, 1994, S. 10.

Bevölkerung gab. Die Überzeugung Unentschiedener, bislang Parteifremder und die Mobilisierung der eigenen Anhängerschaft waren die Kernpunkte der parteipolitischen Werbearbeit. Die Agitationsformen und die Veränderungen der Mobilisierungsmuster sind dabei herauszuarbeiten.

Die Wahlkämpfe verliefen prozeßartig und fanden ihren Kulminationspunkt am Wahltag. In der Presse wurde tagesaktuell und im Anschluß an die Ereignisse als Analyse vergangener Kampagnen berichtet. Die Berichte vermitteln dabei auch einen Eindruck über das zugrunde liegende Wahlverständnis. Im Zentrum des Kapitels stehen Wandlungsprozesse: die quantitative Ausweitung und die qualitative Veränderung von Kommunikation sowie Darstellungstechniken und Argumentationsmuster. Für das Württemberg der wilhelminischen Periode sind zentrale Punkte mit dem Ergebnis einer kumulativen Modernisierung bis 1912 bereits herausgearbeitet.[3] Vieles jedoch, was die Zeitgenossen des Kaiserreichs als neu und modern wahrgenommen hatten, wurde nach 1918 fortgeführt und weiterentwickelt, anderes als veraltet und überkommen aufgegeben. Manche Neuerungen der Weimarer Zeit hingegen wurden als fundamentale Veränderung empfunden. Erkenntnisleitend ist in diesem Zusammenhang nicht die deskriptive Aufarbeitung der von beiden Parteien benutzten Medien und Muster, sondern die Frage, wie ›modern‹ und anpassungsfähig Konservative und Bauernbund als ›Spieler‹ im Ensemble der konkurrierenden Parteien auftraten, wie stark sie an den Veränderungen partizipierten, sich auf neue Bedingungen einzustellen vermochten und welchen Beitrag sie selbst zu den grundlegenden Veränderungen leisteten.

1. Medien: Von Flugblatt und Plakat zu Ton und Film

Die Entwicklung der medialen Wahlkampfmittel war von Elementen der Konstanz und des Wandels geprägt. Von zentraler Bedeutung blieben die Printmedien. »Die Waffen sind Versammlung, Presse und Flugblatt«, postulierte das *Deutsche Volksblatt* 1919 und fuhr fort: »Die Zeitung kommt täglich und wird von Tausenden gelesen, der einzelne Redner erreicht nur wenige.«[1] Als langfristige Trends zeigten sich jedoch die Diversifizierung der Medien, grundlegende Veränderungen in Form und Inhalt sowie die massive Ausweitung der eingesetzten Mittel.

a) Zeitungen

Der wichtigste Kommunikationskanal blieb in der Tat außerhalb und während der Wahlkampfzeiten die parteipolitisch gebundene Tagespresse. Sie war Faktor organisatorischer und ökonomischer Stärke, das wichtigste deutungskulturelle Medium

---

[3] A. Gawatz, Wahlkämpfe, 2001, S. 224 ff. Dünner ist der Ertrag der Forschung zur Weimarer Zeit. In Ansätzen hierzu D. Lau, 1995.
[1] Dt. Volksbl. v. 2. Jan. 1919.

sowie eine der Säulen von Milieubildung und -erhalt. Die wesentlichen Aspekte wurden hierzu bereits herausgearbeitet:[2] die Steigerung der Kopfblätter- und Auflagenzahl, die schrittweise parteipolitische Durchstrukturierung der Presselandschaft sowie die Unterschiede im innerkonservativen Vergleich. Gegenüber den Konservativen hatte der Bauernbund nach der publizistischen Trennung seit 1913 einen strukturellen und quantitativen Vorsprung, indem er den ländlich-protestantischen Bereich fast monopolartig besetzte und neben einer großen, fest an die Partei gebundenen Zeitung mit zunehmendem Ausbau zur Milieupartei auch über tendenziell an ihm orientierte lokale Blätter in einem stärker meinungshomogenen dörflichen Raum verfügte. Die Konservativen hingegen blieben auf den städtischen Bereich begrenzt, mußten dort mit den großen (nationalen) Blättern konkurrieren und hatten immer, wenn auch mit graduellen Schwankungen, mit dem Dilemma zu kämpfen, daß ihre Presse parteiinternen Auseinandersetzungen und Flügelkämpfen unterlag. Kommunikationstheoretische Ansätze haben ergeben, daß für den gesamten Bereich der Wahlwerbung – für publizistische und Versammlungsdichte – der Zusammenhang von Quantität und zählbarem Wahlerfolg kaum zu fassen ist.[3] Für das Selbstverständnis der Konkurrenten war es aber wichtig, im Wahlgeschäft als publizistische Deutungsanbieter präsent zu sein. Verfügte eine Partei über keine Tageszeitung, so wurden kurzfristige Wahlzeitungen gegründet, wie 1930 das volkskonservative Organ *Nationale Volksgemeinschaft*.[4]

Die Intensität der Wahlkampfberichterstattung steigerte sich permanent. Das ging mit der zunehmenden Dauer der Wahlkämpfe und mit der Verschärfung der Auseinandersetzungen nach 1918 einher. Die Weimarer Jahre waren geprägt von Ausnahmewahlen, Ausnahmezuständen sowie Doppel- und Mehrfachwahljahren. In der Konsequenz bedeutete dies den permanenten publizistischen Wahlkampf. Die Berichterstattung nahm zusehends mehr Raum in den Blättern ein, auch auf lokaler Ebene. Während in den 1890er Jahren die Berichte etwa zwei, maximal aber vier Wochen vor den Wahlen einsetzten, sich auf wenige Versammlungsberichte und kurze Wahlanzeigen beschränkten, setzten sie seit 1912 – und verstärkt noch nach 1920 – schon ein Jahr vor der Wahl ein. Sie nahmen nun oft ein Drittel des Zeitungsumfangs ein. Ähnlich verhielt es sich bei den Wahlanzeigen. Anfangs erschien oft nur eine pro Kandidat oder bis zu drei auf lokaler Ebene und entsprechend mehr in den Zentralblättern, während sie in den 1920er Jahren mehrere Seiten der Inseratenteile füllten. Ein weiteres Phänomen der quantitativen Ausweitung waren Son-

---

[2] Siehe hierzu die Ausführungen zum Pressewesen in Kap. 4 dieser Arbeit.
[3] D. Ohr, Nationalsozialistische Versammlungspropaganda, 1997. Zum wenig überzeugenden Zusammenhang von publizistischem Aufwand und Wahlerfolg auch D. Lau, 1995, jeweils mit weiterer Literatur. Zur wohl verstärkenden, aber nur kaum verändernden massenmedialen Wirksamkeit auf die Dispositionen der Wähler vgl. die klassische Studie von P. F. Lazarsfeld, 1944 und sein Modell des »Two-Step Flow« zwischen Medien und Wählermeinungen sowie die Nachfolgestudie von B. R. Berelson/P. F. Lazarsfeld/W. N. McPhee, 1954. Widerlegung der Thesen v.a. bei K. Merten, 1988 u. Überblick zur einschlägigen Forschung bei H.-D. Klingemann/K. Voltmer, 1998.
[4] Wenige Exemplare der Zeitung in der Sammlung Gärtringen u. im NL Hiller.

derblätter der Zeitungen vor und zu den Wahlen. Sie waren nicht neu – es gab sie bereits seit den 1890er Jahren –, aber sie nahmen an Zahl und Umfang deutlich zu.[5] Auch der Horizont der Berichterstattung änderte sich. Die Zentralblätter hatten schon immer für die landesweite Zusammenschau der Verhältnisse gesorgt. Aber die Berichterstattung intensivierte sich in der Dichte der Berichte aus den Oberämtern und in der Erweiterung über die Landesgrenzen hinaus. Vor allem bei Reichstagswahlen wurde verstärkt über andere Länder im Reich berichtet. Auf lokaler Ebene, wo in den 1890er Jahren nur selten über die Grenzen des Heimatbezirks hinaus berichtet wurde, hielten mit einem deutlichen Schub nach 1918 landes- und reichsweite Wahlnachrichten Einzug. Die beschriebenen Tendenzen waren das Ergebnis der verbesserten Kommunikationsbedingungen, der zunehmenden Zentralisierung der Parteiarbeit und des generellen Politisierungsschubs nach 1918 mit stärkerer reichspolitischer Orientierung. An ihnen nahmen beide konservative Parteien genauso teil wie alle anderen Parteien.

Die Berichterstattung unterlag Veränderungen auch in Inhalt und Qualität, abhängig von den generellen Wandlungen im Wahlgeschäft. Als ein wichtiger Aspekt zeigte sich eine zunehmende inhaltliche Zentralisierung. In den ersten Jahren entfalteten die Kandidaten persönliche und lokal geprägte Programme.[6] Dem Trend zu zentralen Parteiprogrammen und ihrer Verteilung folgte der Bauernbund früher als die Konservativen. Erste verpflichtende Grundsätze erschienen 1900, die Deutschkonservativen folgten 1906.[7] In der Folgezeit wurde die lokalistische Orientierung zusehends von quantitativ breiten, inhaltlich aber reduzierten zentralen Programmen ersetzt, wobei ›zentral‹ hier die Orientierung an der Landesebene bedeutete. Vor 1918 spielten die Berliner Programme der Deutschkonservativen in der württembergischen Berichterstattung so gut wie keine Rolle.[8] Eine stärkere Zentralisierung zeigte sich nach 1918. Zwar waren die Novemberereignisse insofern eine föderalistische ›Stunde Null‹, als die Berliner DNVP-Programmatik für die Bürgerpartei keine Rolle spielte beziehungsweise eher die Rechtfertigung für die eigene regionale Sondergründung ablieferte, aber die programmatische Festlegung auf Berlin nahm ab 1928 und verstärkt dann in der Hugenbergphase ab 1930 zu und fand ihren Höhepunkt 1932. In den Wahlkampfmedien des Bauernbundes hingegen spielten die Verlautbarungen der Berliner Mutterorganisation von Anfang an keine große Rolle und verloren zunehmend an Bedeutung.

Als zweiter Aspekt spiegelte sich in der Presse die neue Qualität der Auseinandersetzung wider. Während Teile der Veränderungen naturwüchsige Begleiterscheinungen der Ausweitung des politischen Massenmarktes, der Pluralisierung der Richtun-

---

[5] Aus arbeitsökonomischen Gründen wurde auf eine quantitative Auswertung zugunsten einer allgemeinen Tendenz verzichtet. Herangezogen wurden die großen parteinahen Zeitungen und einige Lokalzeitungen.
[6] Noch 1900 wurden die konservativen Kandidaten aufgerufen, ihre Forderungen an die Redaktion zu senden, um zu einer landesweiten Darstellung zu kommen (Dt. Reichspost v. 8. Nov. 1900).
[7] Dt. Reichspost v. 17. Okt. 1900 u. v. 15. Nov. 1906.
[8] Reichsweites Programm und Wahlaufruf der Partei nur 1911 in Dt. Reichspost v. 8. Dez. 1911.

gen und der Mittel waren, lag hier ein Feld, das die Weimarer Jahre deutlich von der Vorkriegszeit absetzte. Die Zeitungen wurden stärker zur Bühne von Hetzartikeln, vermeintlicher Beweisführung von ›Lug und Trug‹ der Konkurrenten sowie persönlichen Fehden und juristischen Auseinandersetzungen der Parteiprominenz. Der Ton wurde rüder, gehässiger und aggressiver, die besonnenen und kompromißbereiten Stimmen gerade auch auf konservativer Seite stiller. Die Entwicklung wurde so auch von den Zeitgenossen auf allen Seiten wahrgenommen, nur selten aber wurde ihr entgegengesteuert. In negativer Hinsicht waren die Konservativen und der Bauernbund hier Trendsetter.[9]

Drittens erlebte die Presse eine stärkere partei- und milieugebundene Verengung. Sie wurde mehr noch als im Kaiserreich Mittel zur Abgrenzung und Abschottung der Parteien. Die bekannten Methoden aus dem Kaiserreich wurden auch in den Weimarer Jahren praktiziert: Kampf um die Meinungsdominanz im Dorf etwa durch die Auslage einer Zeitung im Wirtshaus und die Androhung entsprechender Konsequenzen bei Ablehnung. Allerdings war dies eher ein Thema für den Bauernbund. Die Konservativen gingen spät zu diesen Mitteln über, etwa durch den Druck spezieller Wahlzeitungen, die mit kleinerem Umfang im städtischen Raum auf der Straße leichter zu verteilen waren, mit der Auslage der *Süddeutschen Zeitung* in Geschäften oder mit dem Verkauf der Zeitung an belebten Plätzen.[10] Neu waren in den 1920er Jahren die von der Parteiprominenz geführten Kämpfe über das Medium der Zeitung in der Form landesweiter Boykottaufrufe, Verleumdungsklagen und gegenseitiger juristischer Verbotsanträge.[11]

b) Broschüren und Parteischriften

Den publizistischen Kräfteverhältnissen entsprach das Vermögen beider Parteien, ihre Mitglieder mit Schriften und ausführlichen Handreichungen zu versorgen. Diese Broschüren – Streitschriften, Rechenschaftsberichte, detaillierte Abhandlungen, sogenannte »Wegweiser« und »ABC-Bücher« sowie programmatische Reden der Parteiprominenz – waren eine Neuerung der wilhelminischen Zeit. Sie hatten mehrere Funktionen: Rechtfertigung der Parteiarbeit in der abgelaufenen Legislaturperiode, argumentative Überzeugung der Wählerschaft und Handreichung für die eigenen aktiven Mitglieder zur Agitation. Sie wurden zunehmend umfangreicher, detaillierter und boten vorstrukturiertes Argumentationsmaterial zu komplexen

---

[9] Siehe hierzu die Ausführungen zu den Auseinandersetzungsformen unten S. 352 ff.
[10] Landesleitung BP an Mitglieder v. Nov. 1924 (NL Hiller), mit dem Aufruf, auch zu solchen Maßnahmen überzugehen. Exemplare der Sonderzeitung *Schwäbische Kunde* in der Sammlung Gärtringen.
[11] Als Beispiele die Prozesse des früheren Innenministers Heymann gegen Paul Körner (Mitbesitzer und Schriftleiter der *Schwäbischen Tageszeitung*) wegen antisemitischer Verleumdung (Schw. Tagesztg. v. 10. Sept. 1920 u. v. 18. Febr. 1921) sowie die Beleidigungsklagen Bazilles gegen Schriftleiter und Redakteure der *Schwäbischen Tagwacht* und des *Beobachter* (Schw. Tagesztg. v. 6. Juli 1923 u. Südd. Ztg. v. 7. Jan. 1924, v. 15. Mai 1924, v. 8. April 1925, v. 9. April 1925 u. v. 3. Juni 1925).

Problemkreisen vor allem der Wirtschafts- und Steuerpolitik. Allerdings wurde mit diesen Medien vorwiegend die aktive Mitgliederschaft erreicht. Die Publikationen waren verglichen mit einem Flugblatt kostspielig, wurden Passanten sicherlich nicht unüberlegt in die Hand gedrückt und allein ihre zielgruppensichere Verteilung – meist wohl per Post – war ein Kostenfaktor. Die Broschüren waren beliebt und wurden aufbewahrt: sie boten in zeitgemäßer und technisch aufwendiger Machart mehr als nur ein flüchtig gelesenes Flugblatt. Sie waren anschauliche Hefte oder dünne Bücher, mit denen gearbeitet werden konnte und mußte.

Auch in diesem publizistischen Segment unterschieden sich die Produkte beider Parteien in Quantität, Form und Inhalt. Am Anfang wurde noch mit einem gemeinsamen Rechenschaftsbericht der Abgeordneten von 1906 gearbeitet – detailliert und recht ausführlich, aber noch eher im Randbereich zum Flugblatt angesiedelt.[12] Danach trennten sich die Wege, schon weil unterschiedliche Zielgruppen zu bedienen waren. In der Vielfalt der Publikationen und der Quantität der Exemplare hatte der Bauernbund einen deutlichen Vorsprung: wegen der größeren verlegerischen Potenz im Hause Körner – die Konservativen mußten auf ›freie‹ Verlage wie Steinkopf oder Belser in Stuttgart zurückgreifen – und schon allein deshalb, weil mit den Vertrauensmännern ein Vielfaches an Agitatoren versorgt werden mußte. Hefte wie die *Volkswirtschaftlichen Flugschriften* von Vater und Sohn Körner sowie die *Wahlhandbücher* des Bauernbundes wurden zu parteiinternen Periodika mit steigendem Umfang.[13] Sie waren vielfältig, spezialisiert und meist enzyklopädisch angelegt. Im Fokus stand als Zielgruppe der politisch ungeschulte Bauer, ohne wirtschaftliche oder juristische Vorbildung, dem vorwiegend ökonomische und steuerrechtliche Problemstellungen, aber auch Auseinandersetzungen über den eigenen und gegnerischen Parteicharakter volksnah an die Hand gelegt werden sollten, damit dieser dann als Multiplikator wirken konnte.

Bei den Konservativen dominierten Broschüren in deutlich kleinerem Umfang, ohne lexikalisch-schulenden Charakter und in aller Regel mit Reden prominenter Parteiführer mit eher weltanschaulichem Inhalt, die stärker noch den Charakter des Flugblatts behielten. Die Zielperson war der politisch aufgeklärte und geschulte Bürger mit akademischer Bildung oder wirtschaftlichem Grundwissen, was dem Sozialprofil der Partei entsprach.[14] Bei beiden Parteien war das Informations- und Überzeugungsmaterial regionalisiert. Die korrespondierenden Produkte aus den jeweiligen Parteizentralen in Berlin wurden gar nicht oder nur schwach beworben, nach vorhandenen Quellenbelegen von parteiamtlicher Seite auf Landesebene nur selten verteilt und offensichtlich von den Parteimitgliedern dann auch nicht rezipiert.

---

[12] Bericht über die Tätigkeit der Abgeordneten des BdL und der konservativen Partei im 35. und 36. Landtag 1901 bis 1906, Stuttgart o.J. [1906], WLB Stuttgart, Kl. Württ. Drucks. A 26 Ca/272.
[13] Siehe hierzu die Zusammenstellung der Titel im Quellenverzeichnis.
[14] Vgl. die Broschüren: W. BAZILLE: Demokratischer Parlamentarismus und soziale Monarchie, 1919; A. DEHLINGER, Vier Jahre Württembergische Finanzpolitik, 1928 u. HEINRICH GRABERT: Das Reichsschulgesetz und wir [1928] (NL Hiller). Weitere Titel im Quellenverzeichnis.

Das Angebot der Mutterorganisationen war preußenzentriert und zu wenig auf die Landesverhältnisse anwendbar.[15]

c) Flugblatt und Plakat

Eine größere Veränderungsdynamik als bei den traditionellen Printprodukten war bei den Medien Flugblatt und Plakat zu sehen. Das Flugblatt – das bedruckte kleinformatige Blatt, aus aktuellem Anlaß hergestellt und zur politischen Information vertrieben – war kostengünstig und leicht zu verteilen. Ihm wurden besondere Charakteristika zugesprochen: milieufremde Kreise, die mit Zeitung und Versammlung nicht erreicht werden konnten, waren mit dem Flugblatt ›greifbar‹. Es sollte punktuell und zugleich flächendeckend wirken. Bei der Verteilung konnten Passanten im Gespräch überzeugt werden. Im Gegensatz zum Plakat war es auch ein sicheres Medium, das vom Gegner nicht von der Wand entfernt werden konnte und das Zielobjekt direkt erreichte. Es galt auch als das beste Mittel, um Vorhutgefechte in organisatorisch nicht erschlossenen Gebieten zu führen, bevor dort Zeitungsabonnenten gefunden oder Ortsgruppen gegründet werden konnten. Aufgrund seiner Tendenz zur Verkürzung, Pointierung und Stilisierung galt es andererseits als besonderes Mittel der Hetze. Entsprechend aufmerksam wurden die Flugblätter der Gegner beobachtet, kommentiert und Verleumdungen in der Presse richtiggestellt. Vor allem für das Zentrum und die beiden konservativen Parteien war das revierfremde Wildern per Flugblatt im gegenkonfessionellen Bereich ein Thema, das in den 1920er Jahren die Zeitungen füllte.[16] Entsprechend veränderten sich auch die Verteilungsmethoden. Wurden in den 1890er Jahren die Flugblätter noch den Zeitungen beigelegt und damit bereits parteinahe Kreise erreicht, verlagerte sich die Verteilung zunehmend auf die Straße und auf unkonventionelle Punkte wie Züge, Fabriktore und öffentliche Veranstaltungsorte.[17] Als besonders anstößig galt noch in den 1920er Jahren, wenn konservative Flugblätter nach katholischen Gottesdiensten verteilt wurden oder auf der anderen Seite ein Meßner nach dem katholischen Gottesdienst Flugblätter des Zentrums unter das Volk brachte.[18] Als revolutionär galt 1928

---

[15] Die *Agrarischen Handbücher* des BdL in Berlin wurden in der Publizistik des württembergischen Bauernbundes weder beworben noch referiert. Im Agrarischen Handbuch 1911 hatte z.B. der Bayerische Bauernbund im Gegensatz zum württembergischen Pendant einen eigenen Eintrag. Ähnlich sieht das Ergebnis für die entsprechenden *Konservativen Handbücher* und die bekanntesten Parteipublikationen der Weimarer Zeit aus (z.B. H. v. ARNIM/G. v. BELOW, Deutscher Aufstieg, 1925; M. WEISS, Der nationale Wille, 1928 u. M. WEISS, Politisches Handwörterbuch [Führer-ABC], 1928). Symptomatisch die Klage der Bürgerpartei, das von Berlin angebotene Material werde auch bei günstigster Weitergabe nicht genutzt (Landesgeschäftsstelle BP an Mitglieder v. 7. Juli 1928, NL Hiller).
[16] Beispiele für die zeitgenössische Wahrnehmung der Flugblätter und ihrer Funktionen in Süddt. Ztg. v. 18. April 1920; Schw. Tagesztg. v. 12. April 1924 u. Dt. Volksbl. v. 17. April 1920.
[17] Süddt. Ztg. v. 16. März 1920; Schw. Tagwacht v. 24. Jan. 1919.
[18] Dt. Volksbl. v. 19. April 1920 u.v. 7. Juni 1920; Schw. Tagesztg. v. 23. April 1924.

der Flugblattabwurf aus einem Flugzeug, den in Württemberg die Sozialdemokratie vorexerziert hatte. 1930 wurde er verboten.[19]

Die Flugblattagitation veränderte sich mit der massenwirksameren Verteilung auf der Straße. Die Tendenzen hierzu waren bereits im Kaiserreich angelegt und verschärften sich nach 1918 nochmals deutlich. Das Bild von der »Flugblatt-Sintflut« wurde zum Standardkommentar von Wahlbetrachtungen, zusammen mit der Versicherung, das Phänomen in diesem Ausmaß noch nicht erlebt zu haben. Der Schrittmacher der Entwicklung waren dabei die Plebiszite und Reichspräsidentenwahlen. Die Themen waren monothematisch, stark personalisiert und emotionalisiert. Gleichzeitig war der Mobilisierungsdruck höher, vor allem wenn Quoren erreicht werden mußten. Auch wurde die Chance höher bewertet, bei einzelnen Fragen wie der Fürstenenteignung parteifremde Kreise überzeugen zu können.[20] Der Vergleich zwischen den Parteien fällt schwer. Als Vor- und Spitzenreiter der Papiermassen galten SPD und Zentrum, später dann die NSDAP. Die Konservativen galten als eher zurückhaltend und schwach an Mitteln.[21] Auch im innerdeutschen Vergleich dürfte Württemberg der Entwicklung hinterhergehinkt haben. Der Bezugspunkt der Kommentatoren war die Reichshauptstadt: »Berlin ist mit Flugblättern übersät – kein Fleck auf den Straßen blieb vom papiernen Regen verschont«, hieß es 1930, während im Land ein durch »Geldknappheit verursachter Burgfrieden der Parteien« in Sachen Flugblattverteilung notiert wurde.[22]

Mit der Ausweitung der Flugblattverteilung veränderte sich auch der organisatorische Anspruch an die Parteien. Wahlkampfstoßtrupps mußten gebildet werden, um die Papiermassen unter das Volk zu bringen. Vorteile wurden dabei den Parteien zugeschrieben, die über eine starke Parteijugend oder Unterorganisationen wie das Reichsbanner verfügten. Die Einbeziehung Jugendlicher in die Agitation war eine Neuerung der Weimarer Zeit. Von der Bürgerpartei wurde sie kritisiert und schon aufgrund der Schwäche ihrer Bismarckjugend kaum praktiziert.[23] Die Mittel der Partei blieben hier traditioneller: Flugblattverteilung durch Parteiangestellte, Mitglieder und vor allem auch durch Frauen im Bekanntenkreis. Die Politisierung des öffentlichen Raumes, vor allem die Wahlagitation auf der Straße, galt länger als unstatthaft gegenüber der Mund-zu-Mund-Aufklärungsarbeit im persönlichen

---

[19] Alb-Bote v. 8. Mai 1928 mit Bericht über Flugblattabwurf der SPD über Münsingen u. Schw. Kronik v. 10. Sept. 1930. Zu den rechtlichen Maßnahmen auch HStA Stuttgart, E 130b, Bü 1841.
[20] Zum Volksentscheid über die Fürstenenteignung wurden z.B. von der Bürgerpartei allein für Stuttgart 120 000 Flugblätter hergestellt, für 36 Oberamtsstädte im Land weitere 300 000. Die Zahlen überstiegen alle bis dahin genannten Angaben der Partei (Landesvorstand BP an Ortsgruppen v. 8. Juni 1926, NL Hiller). Ähnlich war auch die Wahrnehmung der Papierflut bei der Reichspräsidentenwahl von 1925.
[21] Schw. Tagesztg. v. 31. März 1925 sowie Landesleitung BP an Ortsgruppen zur Wahlkampftaktik v. 16. April 1925 (NL Hiller) mit Berichten über Hunderttausende von Flugblättern der SPD und des Zentrums, mit denen man finanziell nicht mithalten könne.
[22] Schw. Tagesztg. v. 4. Sept. 1930 u. Schw. Kronik v. 2. Sept. 1930.
[23] Süddt. Ztg. v. 30. April 1924 mit Klagen über Wahlhelfer anderer Parteien im Schulalter.

Kreis.²⁴ Anders dagegen der Bauernbund, der mit Vertrauensmännern und Jungbauern über ein dichtes Netz von Helfern verfügte und dieses in den oft weit verstreuten Dörfern auch einsetzte.²⁵ An den Veränderungen des Straßenbildes nahmen beide konservative Parteien jedoch nur bedingt teil. Die Bürgerpartei wegen einer Mischung aus Abneigung und materieller Schwäche, der Bauernbund deshalb, weil die Phänomene meist (groß-)städtischer Natur waren. Als Vorreiter der Neuerungen – »Papierschlacht in den Straßen« und flugblätterabwerfende Stoßtrupps auf Lastkraftwagen – galten die SPD, die KPD und wegen ihrer organisatorischen Schwäche mit Verzögerung die NSDAP. Den Höhepunkt sah man 1932, als am Wahltag allein in der Stuttgarter Königstraße 62 Flugblattverteiler gezählt wurden.²⁶

Auch Inhalt und Form des Mediums veränderten sich. Inhaltlich ging der Trend vor allem ab 1918 zur Herstellung von zentralen, landesweit gültigen Flugblättern mit zunehmender Bedeutung reichspolitischer Fragen.²⁷ Im Kaiserreich waren die Flugblattinhalte noch auf die Person des Kandidaten sowie auf die Konstellation im Wahlkreis zugeschnitten.²⁸ Das änderte sich mit dem flächendeckenden Auftreten der Parteien, der Einführung der Landeswahlkreise 1906/07, den damit größer gewordenen Agitationseinheiten und vollends dann nach 1918. Das Lokale und die Person traten gegenüber den großen nationalen Fragen in den Hintergrund. Hinzu kam die charismatische Personalisierung des Politischen in der Weimarer Zeit. ›Köpfe‹ wurden zur metonymischen Repräsentation einer Partei. Auf den Flugblättern standen nun Stresemann oder Hugenberg, Dehlinger oder Keil zur Wahl. 1932 bemerkte der Bauernbund, auf den Plakaten der Gegner »prangen in grellen Farben die Köpfe der Minister und Parteiführer«. Beim Bauernbund hingegen dominierte das Stilmittel der Synekdoche mit dem Bauer, dem Dorf und dem Pflug als Pars pro toto der Landbevölkerung.²⁹

---

[24] Landesleitung BP an Mitglieder mit Anweisungen zur Wahlarbeit v. 28. April 1920 (NL Hiller) sowie Antwortschreiben des Landesfrauenausschusses v. 8. Juni 1926 auf die Frage, welche Aufgaben und Pflichten eine Frau in der Partei habe (NL Hiller).
[25] Schw. Tagesztg. v. 30. Nov. 1924.
[26] Südd. Ztg. v. 25. April 1932, v. 26. April 1932 u. Schw. Tagesztg. v. 25. April 1932. Im selben Jahr bemerkten die bürgerlichen Zeitungen, die beschriebenen Erscheinungen seien am Wahltag selber nur noch von SPD und KPD zu beobachten gewesen (Südd. Ztg. v. 25. April 1932; Schw. Kronik v. 25. April 1932 u. Württ. Ztg. v. 26. April 1932). 1930 hingegen waren in Stuttgart rechtliche Maßnahmen gegen die Papierflut getroffen worden. Auf Anweisung des Stuttgarter Polizeipräsidiums war das Abwerfen von Flugblättern von Lastwagen ebenso verboten wie die Verteilung den Straßenverkehr nicht behindern durfte (Schw. Kronik v. 2. Sept. 1930).
[27] Auf die Einzelerfassung der konservativen Flugblätter und auch Plakate wurde aus Platzgründen verzichtet. Für den gesamten Zeitraum und auch für den Vergleich mit anderen Parteien wurden folgende Bestände herangezogen: NL Hiller, Sammlung Gärtringen, die Bestände im HStA Stuttgart (J 150), die Flugblatt- und Plakatsammlung der Bibliothek für Zeitgeschichte sowie der Kl. Württ. Drucks. in der WLB Stuttgart, einzelne Nachlässe (NL Westarp; NL Haußmann, Q1/2, Bü 104 u. 109) sowie die Beilagen in den jeweiligen Tages- und Wahlzeitungen.
[28] Dt. Reichspost v. 19. Jan. 1895 mit der Bemerkung, man drucke nur für diejenigen Bezirke Flugblätter, in denen auch ein Kandidat aufgestellt sei.
[29] Schw. Tagesztg. v. 24./25. April 1932.

Die Entwicklung verlief im Trend der Zeit, im Takt der printtechnischen Innovationen und parallel zur Entwicklung des Plakats, das die Standards setzte: Visualisierung, symbolpublizistische Sichtagitation und Wandel von der verbalen zur verbo-visuellen Kommunikation in der komprimierten Verbindung von graphischen Chiffren, Symbolen und kurzen Textpassagen.[30] Das graphische Medium mit persuasivem Charakter hielt Einzug. Flugblatt und Plakat wurden zu Bildmedien. Der Vorgänger des Plakats war das Flugblatt. Als rein verbales Medium wurde es anfangs vergrößert und hatte die Funktion der klassischen Affiche als Schriftplakat ohne visuelles Lasso. Es diente als Aufruf und zur Ankündigung von Veranstaltungen. Schrittweise wurde es durch den Schnelldialog der Plakatpropaganda und ihren Regeln ersetzt: Emotionalisierung durch Illustration, Vereinfachung, Wiederholung, werbende Überhöhung und denunzierende Unterstellung. Das Plakat arbeitete nun sinnlich mit Farbe und Schriftgestaltung. Schwarz-weiß-rot und die nationale Frakturschrift wurden zur visuellen Wertmetapher, zum visuellen Code und zum integrativen Zeichenvorrat der Konservativen. Einzug hielten auch politische Symbolik und Antisymbolik, die visualisierte Antithese von Gut und Böse und die kulturelle Stereotypisierung. Das politische Plakat folgte den formalen Ansprüchen der Produktwerbung: Häufung, Blickfang und Impression durch Größe. Die bestmögliche Plazierung sollte die Wirkung am Zielobjekt Passant garantieren: lückenlose Erfassung, große Reichweite, Allgegenwart und Unentrinnbarkeit.

Graphische Darstellungen waren nicht neu. Seit den 1890er Jahren wurden sie eingesetzt. Erinnerungsfotos an die 1848er-Führer und Fotopostkarten der Landtagsfraktion waren gang und gäbe bei den Demokraten. 1902 folgten Ansichtspostkarten mit Liebespaaren, spielenden Kindern und Hunden. Die konservativen Parteien hingegen taten sich schwer mit den Neuerungen: mit allen Mitteln arbeite die Demokratie und mit »judenähnlicher Aufdringlichkeit« versende der Gegner die Karten. Die Argumentation ähnelte der des Zentrums: es handle sich um »pornographische Schmutzkarten« und »Personenvergötterung«.[31] Schneller als die Konservativen folgte der Bauernbund dem Zug der Zeit. 1903 präsentierte er seine Selbstdarstellung als edler Hirsch, der von den gegnerischen Parteien und ihren Zeitungen, dargestellt als Jagdhunde, gehetzt wurde (vgl. Abbildung). Den Versand illustrierter Postkarten kopierte der Bauernbund 1911.[32]

---

[30] Im Gegensatz zum Flugblatt, das in der historisch-politischen Semantik- und Rhetorikforschung kaum untersucht ist (zusammenfassend M. Opp de Hipt/E. Latniak, 1991), steht das politische Plakat stärker im Fokus der Forschung: H. Reimann, 1961; die Beiträge in Politische Kommunikation durch das Plakat, 1975; M. Hagen, 1978; G. Müller, 1978; F. Kämpfer, 1985; U. Zeller, 1988 u. J. Kamps, 1999. Kataloge mit Abdrucken von Plakaten: Anschläge 1900–1971, 1972 u. ö.; Stuttgart im Dritten Reich, Bd. I, 1982; H. Bohrmann, 1984; Plakate als Spiegel der politischen Parteien, 1996. Parteiorientierte Monographien: D. Janusch, 1989 u. D. Lau, 1995. Wegweisend: G. Paul, Aufstand der Bilder, 1990 u. G. Paul, Krieg der Symbole, 1992.
[31] Dt. Volksbl. v. 7. Jan. 1898, v. 10. Jan. 1898 u. v. 12. Nov. 1906; Beobachter v. 7. Juni 1902; Dt. Reichspost v. 12. März 1902, Bauernfreund 1903, S. 61.
[32] Entsprechend reagierten die gegnerischen Parteien: z.B. der Vorwurf der SPD, der Bauernbund habe die Postkarten in Amerika statt von der heimischen Wirtschaft herstellen lassen sowie die stan-

Wahlplakat des Bauernbundes zur Reichstagswahl 1903   323

Die wilde Jagd, ein Reichstagswahlbild.

Quelle: »Die wilde Jagd«, in: Ulmer Schnellp. v. 15. Juni 1903 u. Schw. Landmann v. 15. Juni 1903; Stadtarchiv Ulm. Verglichen mit den 1920er Jahren steckte die Darstellungsweise noch in den Kinderschuhen und mußte mit einem Begleittext erklärt werden: der Hirsch als »freier König des Waldes«, der Beobachter als von vorne angreifender Bullenbeißer, die Tagwacht als laut bellender Schnauzer von hinten, das »Stuttgarter und Beamtenblatt« Schwäbischer Merkur als »zarter Windhund«, der nicht so recht in die »struppige Gesellschaft« passe und schüchtern an der Seite der Volkspartei stehe, das Zentrum als schwarzer Hund, der auf die abfallenden Brocken warte und im Hintergrund der Handelsvertragsverein. Den Innenminister Pischek müsse man sich als Jäger dazudenken.

Bei den Konservativen war die Abneigung gegenüber den visuellen Neuerungen größer. Flugblätter und Plakate blieben länger den traditionellen Mustern verhaftet: Schriftplakate als Verweilplakate mit intellektueller Anstrengung und Flugblätter mit langem Text, gestaltet als Punkte- und Fragenkatalog. Vor allem in den ersten Jahren der Republik unterschieden sich diese Medien nicht von denen der Kaiserzeit. Auch in der zeitgenössischen Betrachtung hieß es, man habe es nicht verstanden, die Wahlfeldzüge mit der neuzeitlichen Propaganda durchzuführen. Mit den neuen Mitteln seien vor allem SPD und DDP vorangegangen, während die Arbeit der bürgerlichen Parteien die »Bleigewichte hohlgewordener Vorstellungen« aus dem »Bereich der höheren Bildung« trage und am »Papierdeutsch« kranke. Die bürgerlich-protestantischen Schichten mit ihrer Wortgläubigkeit galten als zaghaft im Umgang mit den visuellen Neuerungen.[33] Auch Satire und Karikatur galten als

---

dardisierte Klage, der Bauernbund mache mit den Karten Geld, indem er ein Paket von sechs Karten gegen Nachnahme von 3 Mark versende (Schw. Landmann v. 1. Nov. 1911 u. v. 1. Dez. 1911; Schw. Tagwacht v. 3. Jan. 1912 u. Dt. Reichspost v. 10. Jan. 1912).
[33] Zeitgenössisch: E. C. BAUER, 1919, S. 64 f. u. Zitate bei G. PAUL, Aufstand der Bilder, S. 26 f. Vgl. auch F. KÄMPFER, 1985, S. 47.

Stilmittel der linken Parteien, während die Bürgerlichen an der »epischen Wucht« festhielten.[34]

Verzögert traten die Konservativen mit modernen Plakaten an die Öffentlichkeit. 1924 kamen Klagen aus der *Süddeutschen Zeitung*: zu ernst, zu tragisch seien die Flugblätter und Plakate der Partei. Während sich die anderen Parteien des drastischen Bildes bedienten, die SPD ihre Lügen farbig illustriere und das zerlumpte Kind die Mutter zur sozialistischen Wahl mahne, reite der ernste, mit schwarz-weiß-rotem Schild bewehrte deutschnationale Ritter im Kampf für die nationale Sache durch die Lande. Man tat sich schwer mit den Stilmitteln des Witzes, der Karikatur und der Ironie. 1920 hatte die Zeitung eine politische Satire des ›Faust‹ gebracht: der »deutsche Genius« als Faust, Mephisto als »Geist der Demokratie« und das verführte deutsche Volk als Gretchen, mehrseitig, bildungsbürgerlich gereimt und persönlich verletzend mit Anspielungen auf das Badehosen-Bild Eberts.[35] Karikaturen von Ebert und Hieber aber habe man 1924 gebraucht, kritisierte das Parteiblatt. Erfahrungsgemäß sorge nicht die Tragödie, sondern die Komödie für vollbesetzte Häuser, auch präge sich ein guter Witz besser ein, zumal bei guter Bebilderung.[36] 1928 zog man die Konsequenzen. Ein Mehrfaches an Flugblättern und Plakaten sei zu verteilen, hieß es in der internen Wahlkampfvorbereitung. Zwei spezifisch landespolitische Plakate wurden präsentiert, auch weil das von Berlin angebotene Material von den Ortsgruppen nicht angenommen wurde: »Württembergs Ende« und »Der Feldzug der Unitarier«, das letztere mit satirischem Einschlag, das somit »besonders gut« für Gemeinden mit Arbeiteranteil geeignet sei.[37]

Der Verzögerung im Einsatz der Medien entsprach die Kritik der Konservativen an der Plakatierungspraxis. Manche Mittel hatte man selbst erst spät entdeckt und dann kopiert. Etwas holprig kam etwa der Hinweis an Parteimitglieder daher, besonders wirksam sei das Anbringen von Plakaten in Kaufläden vor Feiertagen.[38] Was für die SPD und andere Vorreiter der medialen Neuerungen kein Thema war, wurde von den Konservativen heftig kritisiert: Klebetrupps der gegnerischen Parteien sowie verklebte Hauswände und Litfaßsäulen.[39] Die visuelle Propaganda der Bürgerpartei blieb verhalten, stärker an traditionellen Mitteln orientiert, inhaltlich nur langsam

---

[34] Schw. Kronik v. 7. Juni 1920.
[35] Verfasser der Sonderbeilage der Süddt. Ztg. v. 29. Mai 1920 und des als Broschüre vertriebenen Textes war vermutlich Bazille. Hierzu und zur Resonanz der Schmähschrift über Württemberg hinaus A. PHILIPP, 1952, der in der Schrift den Grund für Bazilles raschen Aufstieg zum führenden Parteimann in Württemberg sieht. Zu dem Manuskript von Albrecht Philipp siehe unten S. 424.
[36] Süddt. Ztg. v. 1. Mai 1924, v. 3. Mai 1924 u. v. 5. Mai 1924.
[37] Landesgeschäftsstelle BP an Ortsgruppen v. 7. März 1927; Landesleitung BP an Mitglieder v. Mai 1928 (NL Hiller).
[38] Landesgeschäftsstelle BP an Mitglieder v. 9. Dez. 1929 (NL Hiller).
[39] Süddt. Ztg. v. 10. Dez. 1928, v. 25. April 1932 u.v. 26. April 1932. Entsprechend groß war auf konservativer Seite die Bereitschaft, Initiativen des Einzelhandels zu unterstützen, die das Überkleben von Schaufenstern und Firmenschildern verbieten sollten (vgl. HStA Stuttgart, E 130b, Bü 77 mit Eingabe der Hauptgemeinschaft des Deutschen Einzelhandels an den Innenminister von Reich und Ländern v. 4. Jan. 1928 u. Süddt. Ztg. v. 8. Jan. 1928).

und nachhinkend in der Anpassung an die Konkurrenz, rückwärtsgewandt und ohne Visionen. Am »Plakatkrieg« im Alltag des Wahlkampfs der Weimarer Republik nahm sie nur zaghaft teil. Entsprechend gering war ihr Potential im »symbolpublizistischen Bürgerkrieg« und in der Abwehr des »visuellen Sturmangriffs« auf die in ihrer ästhetischen Praxis unterentwickelte Republik durch die NSDAP.[40]

Für den Bauernbund stellten sich in mehrerlei Hinsicht andere Bedingungen. Plakatierte Hauswände und Litfaßsäulen waren Phänomene der Stadtkultur. Das farbige und großflächige Plakat kam mit Verspätung auf das Land. Andererseits konnten hier dann leichter Vorreiterpositionen besetzt werden. 1924 wurde erstmals ein Plakat präsentiert, das in manchen Dörfern das erste seiner Art gewesen sein dürfte. Auch die organisatorischen Herausforderungen waren für die bäuerliche Partei neu. Die Anweisungen an die Mitglieder lassen keine große Vertrautheit mit dem neuen Medium vermuten. Große Papprollen wurde in die Dörfer versandt mit Begleitschreiben, wie diese zu öffnen seien, ohne den Inhalt zu zerreißen und wie sie anzuschlagen seien. Drahtstifte und Pappunterlagen zum Anbringen wurden mitgeliefert. Jungbauern- und Jungbäuerinnen sollten die Blickfänger an Scheunentoren und Zäunen annageln, um so die Wahlfaulen aufzurütteln. Die Gestaltung von guten Künstlern und die Vielfalt der Motive sei garantiert: ein Plakat für die Weinbauern, ein spezielles für das junge Landvolk und ein weiteres gegen den Zank unter den Bauern, eines gegen die Wahlfaulheit und eines für die Volksgemeinschaft. Und um die »Bauernfeinde« richtig zu treffen, habe man ein Plakat mit dem Titel »Bauer, schlag zu!« entworfen. Wie man die Feinde erkenne, sei einem weiteren zu entnehmen, auf dem sich zwei Bauern um eine schöne Kuh stritten, während Hilferding als der lachende Dritte die Kuh melke.[41]

Spätestens 1928 war das Plakat auf das Land gekommen. Ein lokales Beispiel mag genügen. Der Münsinger *Alb-Bote* berichtete: Während die Großstadt das Sammelbecken der unterschiedlichsten Interessen sei, gehe es auf dem Land noch gemütlicher zu. Zusammenstöße von hitzköpfigen Klebekolonnen gebe es hier nicht, wohl aber habe die geschickte Propaganda und das Werben mit Plakaten das Dorf erobert. Beigefügt war eine graphische Darstellung des Wahlkampfs in Stadt und Land: nächtliche Klebekolonnen mit hinterherjagenden Polizisten, Leuchtschrift und Lautsprecher auf der einen Seite, die fröhliche Landjugend, die im Wahllokal das Tanzbein schwingt und Dorfbewohner, die erstaunt vor einer Wand mit Wahlplakaten stehen andererseits.[42]

In der Gestaltung der Plakate näherte sich der Bauernbund der nationalsozialistischen Konkurrenz an. Seit 1928 und bis 1933 dominierten zwei Darstellungen seine Flugblätter und Plakate. Das eine Plakat zeigte Bauer und Bäuerin mit abwehrender Handhaltung gegen den Ansturm der Gegner auf die Schutzburg Dorf: Rot-Front, »Daitsche Demokratie« (mit Anspielung auf den jüdischen Ak-

---

[40] G. Paul, Aufstand der Bilder, 1990, S. 149 u. ö.
[41] Schw. Tagesztg. v. 30. Nov. 1924 u. v. 4. Dez. 1924.
[42] Alb-Bote v. 8. Mai 1928 u. v. 14. Mai 1928.

Wahlplakat des Bauernbundes zur Landtagswahl 1932

Quelle: NL Hiller, Gärtringen.

zent), Sozi-Demokratie, Zentrum und Nazi-Sozi. Das zweite Plakatmotiv zeigte den Jungbauern im Grünhemd, der die Bundesfahne mit Ar und Halm vor einer Dorfidylle voranträgt. In der Physiognomie war er von der zeitgenössischen Darstellung des jungen Nationalsozialisten kaum zu unterscheiden. Die Grablege auf dem Wirtemberg als Symbol für das alte Königreich Württemberg unterstrich den landestypischen und verteidigenden Charakter des Bauernbundes. Das aufziehende Gewitter von ›rechts‹ sollte den Ansturm der Nationalsozialisten auf Württemberg und das Dorf symbolisieren (vgl. Abbildung).[43] Auch die Wirkungen von Ironie, Karikatur und Satire, den Gegner durch propagandistische Mittel der Lächerlichkeit auszusetzen und ihn zu disqualifizieren, hatte der Bauernbund früher verwendet. Seit 1919 zierten Karikaturen von Wilhelm Keil, Berthold Hey-

---

[43] Beide Plakate und Flugblätter der Jahre 1928–1933, die die Motive aufgriffen, im NL Hiller.

mann und Kurt Schumacher die visuelle Auseinandersetzung mit der Sozialdemokratie.[44]

d) Grammophon, Radio und Film

»Das Grammophon als Wahlagitator!« titelte die *Schwäbische Tagwacht* im Wahlkampf 1928 – zur Belebung der Wahlkämpfe diene es, denn besondere Beachtung fänden Veranstaltungen, die man mit den modernsten Hilfsmitteln abhalte: Lautsprecher, Musik, Grammophon und Lichtbilder. Demokratisch seien die Medien, beliebig oft und überall abspielbar in Parteiversammlungen, Lokalen und Arbeiterheimen. Politische Sprechplatten und Filme trügen die Reden der Parteiführer ins Land und erstmals, nachdem es bisher nur Musikplatten mit »ausgesprochen bürgerlicher Tendenz« gegeben habe, seien auf der Rückseite der Platten auch sozialistische Freiheitslieder zu hören. Das gesprochene und das gedruckte Wort genüge nicht mehr, die unmittelbare Anschauung im Bild müsse dem begrifflichen Denken zu Hilfe kommen und die beste Wirkung erziele dabei der Film. Was in einer langen Wahlrede nicht zu vermitteln sei, zeige der Wahlfilm in einer halben Stunde. Der Film »hafte zäher«, könne mit Gegensätzen das wesentliche einer Idee einhämmern und finde ganz unmittelbar den Weg zu »jedem Gehirn und jedem Herz«.[45] Das Jahr 1928 markierte den Einbruch der Weimarer Medienrevolution in den Wahlkampf. Ton und Film waren länger schon Bestandteile der Volksbildungsarbeit und natürlich der Unterhaltung gewesen.[46] Auch Lichtbildervorträge wurden seit der Jahrhundertwende von den Parteien eingesetzt[47], aber die Sprech- und Musikplatte sowie das laufende Bild waren gänzlich neu. Sie galten als Medien mit besonderer suggestiver Kraft und massenmedialer Wirksamkeit.

---

[44] Die Karikaturen zeigten die »Revolverschnauze« Schumacher, den Juden Heymann mit stereotyper Nase und den »preußischen Hessen« Keil im Stile Lenins. Als Beispiel für den Umgang mit Ironie auch die Diskussion um das Landeswappen nach 1918: Während sich die Bürgerpartei in den Streit um seine heraldische Korrektheit einschaltete und den »konservativen Sinn« des Wappens mit der Beibehaltung der Hirschstangen lobte (Südd. Ztg. v. 13. April 1921), ging der Bauernbund ironisch auf das Thema ein: Das Wappenschild zeige nicht etwa eine zerknitterte Krone, sondern ein rotes, schwarzgerändertes Band, das für die »Zick-Zack-Verfahrenheit der Verhältnisse« stehe. Falls Württemberg nach der Entlassung der letzten Kommunisten aus der Tübinger Heilanstalt Räterepublik werden sollte, müsse man auch den schwarzen Rand übermalen und fertig sei der »rote Lappen« (Schw. Tagesztg. v. 16. April 1921).
[45] Schw. Tagwacht v. 5. April 1928, v. 7. April 1928, v. 13. April 1928 u. v. 18. April 1928. Vorgestellt wurde der Wahlfilm »Dein Schicksal« mit den stereotypen Figuren des Deutschnationalen, der in »Liebe und Sekt praßt«, während die Arbeiterfrau die Milch mit Wasser verdünnt, des Gutsarbeiters, der »schlechter haust als die Schweine seines Gutsherrn«, des »schlemmenden Großindustriellen« der DVP und des Demokraten, der die Republik schützt und »gleichzeitig seine Hand zu Schund- und Schmutzgesetz gibt, die Löhne kürzt und Arbeiter aussperrt«.
[46] D. LANGEWIESCHE, Das neue Massenmedium, 1994; D. LANGEWIESCHE, »Volksbildung« und Leserlenkung, 1989 sowie D. LANGEWIESCHE/H.-E. TENORTH, 1989, S. 337–352 u. 371 ff.
[47] Beispiele für Konservative, Bauernbund und Demokraten in Schw. Kronik v. 17. Jan. 1907 M; Schw. Landmann v. 1. Juni 1914 u. Beobachter v. 10. Okt. 1910.

Auf der Höhe der Zeit war hier die Bürgerpartei, auch wenn sie wie bei allen medientechnischen Neuerungen argumentierte, man müsse eben der Konkurrenz folgen. Wie bei allen Parteien wurden von der Parteizentrale Schallplatten und Filme hergestellt.[48] Die DNVP präsentierte zwei Sprechplatten mit Reden des Fraktionsvorsitzenden im Reichstag, Westarp, des Reichsinnenministers Keudell sowie fünf Wahlfilme, darunter Reden von Westarp, Tirpitz und Hindenburg mit einer Länge zwischen zwei und 25 Minuten.[49] Die Sprechplatten und Filme waren bei den Ortsgruppen begehrt. Wartelisten wurden verschickt und Filmgeräte zur Verfügung gestellt, um den flächendeckenden Versand der Filme zu garantieren.

Der Wahlfilm kam in die Provinz.[50] Das Medium war neu und erklärungsbedürftig. Anweisungen für den Umgang mit den Filmgeräten wurden verschickt und vor allem die Vorzüge der Mittel gepriesen. Die Sprech- und Musikplatten seien gut für kleine Städte, in die die Parteiprominenz nicht komme. Die Musik ersetze dort das festliche Rahmenprogramm, wo keine Kapelle zu finden sei – und kostensparend sei das zumal. Und schließlich sollten Wahlfilme volle Versammlungslokale garantieren. Um die Attraktion des Neuen auch voll zu nutzen und um die Besucher bei der Stange zu halten, solle man einen kurzen Film zu Beginn und einen langen am Ende der Veranstaltung zeigen. Und letztlich wurde vermerkt, die Filme steigerten die Spendenbereitschaft der Anwesenden oder rechtfertigten Eintrittsgelder, denn schließlich bekam man etwas geboten.[51] Im medialen Funkschatten lag der Bauernbund. Wahlfilme und Sprechplatten waren für ihn kein Thema. Der mediale Einsatz beschränkte sich weiterhin auf nichtbewegte Lichtbildervorträge mit landwirtschaftlicher Thematik, Musik und Unterhaltungsfilmen, denen begeisternde Wirkung auf die Landjugend zugesprochen wurde.[52]

Auch das Radio war als neues Medium der 1920er Jahre kein Thema für die ländliche Bevölkerung.[53] Für die städtischen Parteien wurde es seit der Mitte der 1920er

---

[48] M. Weiß (Geschäftsf. der DNVP/Berlin) an Westarp v. 26. März 1928, NL Westarp, VN 71, Nr. 33.
[49] Exemplare der Sprechplatten in der Sammlung Gärtringen. Landesverband BP an Ortsgruppen v. 11. Febr. 1928 (NL Hiller) mit Auflistung der Filme: »Wie wähle ich« (15 min.), »Wohin treiben wir« (23 min.), »Westarp« (3 min.), »Tirpitz« (2 min.) u. »Hindenburg« (15 min.).
[50] Zahlreiche Berichte über Versammlungen mit Filmen, z. B. in Südd. Ztg. v. 12. Mai 1928 (Waiblingen), v. 14. Mai 1928 (Backnang), v. 16. Mai 1928 (Freudenstadt) u.v. 18. Mai 1928 (Ravensburg).
[51] Landesverband BP an Ortsgruppen v. 2. Mai 1928 (NL Hiller).
[52] Schw. Landmann v. 12. Mai 1928 zur Ablehnung von Schallplatten: »Bei Wahlversammlungen werden Reden der Berliner Parteiführer angekündigt. Anstatt den Redner anzutreffen, wird der neugierige Wähler enttäuscht und sieht nur einen Grammophonkasten, in den eine Schallplatte eingelegt wird und nun schnurrt aus dem großen Trichter eine Rede herunter, von der man kaum die Hälfte versteht und die andere Hälfte inhaltloses Gefasel ist. Es gibt keine Möglichkeit mehr, dem Politiker Auge in Auge gegenüberzustehen. Das ist Wählerbetrug, denn hinter den Ankündigungen steht nur Schall. [...] Das Landvolk schüttelt erst den Kopf und denkt dann: Jetzt erscht recht net.« Zur Wirkung auf die Landjugend: Schw. Landmann v. 1. Febr. 1919; Schw. Tageszeitung. v. 15. Febr. 1928 u.v. 14. April 1932.
[53] Mit dem ähnlichen Ergebnis einer »verspäteten Modernisierung« der ländlichen Regierung in Bezug auf die Massenmedien auch D. MÜNKEL, »Der Rundfunk geht auf die Dörfer«, 2000. Zur Rundfunkgeschichte W. B. LERG, 1980; W. B. LERG/R. STEININGER, 1975. Zu Württemberg:

Jahre zusehends interessanter. Das Radio war keine frei zugängliche Öffentlichkeitsressource, weil es der Rundfunkpolitik unterlag. Die Parteien versuchten, darauf Einfluß zu nehmen.[54] Das Radio schuf neue Kommunikationsräume und erreichte größere Kreise. Es konfrontierte Bevölkerungsgruppen mit bislang fremden Weltbildentwürfen.[55] Die Haltung der Bürgerpartei zum *Süddeutschen Rundfunk* war positiv: man legte in Übereinstimmung mit den anderen Parteien Wert auf ein regionales Rundfunkprogramm. Der Sender war Teil der Heimatbewegung und der Regionalkultur.[56] Er war zudem bürgerlich-konservativ geprägt: in der Abwehr gegen die Arbeiterschaft[57], in der Isolierung der NSDAP, ihrer Rundfunkpolemik und durch die respektvolle Thematisierung der jüdischen Religion im Sender. Gleichzeitig war der Sender interkonfessionell auf Verständigung ausgerichtet. Spätestens 1932 war die rechtlich-organisatorische Fixierung auf den »volksgemeinschaftlich-autoritären Staatsfunk« abgeschlossen. Der Sender war ein gut bürgerliches Medium und das freundliche Verhältnis zur Bürgerpartei war gewährleistet, schon weil der Aufsichtsratsvorsitzende Parteimitglied war.[58] In den Wahlkämpfen spielte der Rundfunk seit den Reichspräsidentenwahlen von 1925 eine schwer einzuschätzende Rolle. Mit Genehmigung der Reichsregierung und über die Vermittlung von Fernsprechleitungen waren erstmals Hindenburg und Marx zu hören.[59] Insgesamt kann aber davon ausgegangen werden, daß die parteipolitische Werbung im Programm des Senders eine untergeordnete Rolle spielte.[60]

2. Versammlung: Politik vor Ort und Meinungsmanager

Neben der medialen Werbung blieb die Versammlung über den gesamten Zeitraum hinweg das wichtigste Wahlkampfmittel. Sie garantierte persönlichen Kontakt und direkte Auseinandersetzung im außerfamiliären und außernachbarschaftlichen

---

S. GRUBE, Staatliche Programmüberwachung, 1975; S. GRUBE, Rundfunkpolitik, 1976 u. TH. PENKA, 1999.
[54] Beispielsweise NL Westarp, VN 84, Nr. 12 v. 4. Aug. 1929 mit dem Hinweis, auch die DNVP und ihre Landesverbände versuchten, auf die *Deutsche Welle* als nationalem Sender Einfluß zu nehmen.
[55] In diesem Zusammenhang die These von D. LANGEWIESCHE, Freizeit und »Massenbildung«, 1980 zur Beschleunigung der Auflösung der Sozialmilieus durch die neuen Freizeitangebote der Massenmedien.
[56] Süddt. Ztg. v. 29. Febr. 1928 über den Sender, der mit ca. 80 000 Geräten etwa 200 000 Hörer erreiche.
[57] Triumphierend die Schw. Kronik v. 13. April 1928 über die Abweisung einer SPD-Wahlwerbung: »Es wäre die Vorstufe zum völlig zentralisierten Einheitsstaat gewesen, einen Herrn Schumacher durch Lautsprecher dem ganzen Volk zu Gehör zu bringen.« Dagegen klagte die Schw. Kronik v. 3. Sept. 1930 über einen Frankfurter Beitrag von Arbeiterdichtern und einen SPD-Vortrag im Sender.
[58] Vgl. TH. PENKA, 1999, S. 368–398, Zitat S. 413.
[59] Klage der Süddt. Ztg. v. 24. April 1924, Marx sei in Württemberg zu hören, weil er von Nürnberg aus spreche, während Hindenburg von Hannover aus nicht zu hören sei.
[60] Zumindest die Presseresonanz läßt darauf schließen. Während ausführlich über kulturelle Beiträge des Senders berichtet wurde, war von Wahlkampfsendungen erst 1932 die Rede, als notiert wurde, Hugenberg sei von Königsberg aus über alle Sender zu hören gewesen (Süddt. Ztg. v. 29. Juli 1932).

Kommunikationsraum. Jede der Parteien pflegte ihre spezifische Versammlungskultur, die auch im Wahlkampf praktiziert wurde.[1] Im Mittelpunkt des folgenden Abschnitts stehen Veränderungen in der Form der Versammlungen und ihrer Organisatoren aus der Perspektive der beiden konservativen Parteien.

a) Versammlungshäufigkeit

Als zentraler Faktor des Erfolgs der Versammlungsagitation galten Häufigkeit und flächendeckender Einsatz. »Riviera-Wahlkreise«, deren Gewinn auch ohne das Abhalten von Versammlungen garantiert war, gehörten spätestens seit der Jahrhundertwende der Vergangenheit an.[2] Erachtete sich ein Kandidat als zu schade für die Auseinandersetzung in der Versammlung, war er der Kritik der Partei ausgesetzt.[3] Mit der quantitativen Ausweitung der Kandidaturen und der Ablösung der Zweiparteienkonstellation in den Wahlkreisen nahm auch die Versammlungshäufigkeit zu.

Bauernbund und Konservative verhielten sich dabei in unterschiedlicher Weise. Die Oberamtsstädte waren für den Bauernbund weitgehend Terra incognita. Im Fokus seiner Versammlungstätigkeit lag das Dorf.[4] Schneller war der Bauernbund auch dazu übergegangen, die Bezirke vor der Wahl möglichst flächendeckend mit Versammlungen zu überziehen. Trotz widriger Wetterbedingungen und weiter Wege habe es der Kandidat 1902 im Oberamt Vaihingen geschafft, an einem Tag fünf Orte zu besuchen. 1911 hieß es, im Oberamt Leonberg seien vor der Wahl 50 Versammlungen abgehalten worden.[5] Die Negativfolie im Parteienvergleich blieb das ›moderne‹ Verhalten der Demokratie: so wie sie die meiste Druckerschwärze habe, prasse sie auch mit Versammlungen, Benzin und Geld. Massenversammlungen führe sie durch und popularitätsheischend fahre sie mit dem Automobil übers Land, was ihr volle Häuser und mehr Versammlungen pro Tag garantieren solle, während der Kandidat

---

[1] Vgl. hierzu die Ausführungen in Kap. 4 dieser Arbeit.
[2] Als Beispiel die Mitteilung des ehemaligen Ministerpräsidenten Mittnacht 1900 an seine Mergentheimer Wähler: »Damit es nicht den Anschein gewinnt, als sei mir die persönliche Begegnung mit den Wählern unerwünscht, erkläre ich, daß ich im Falle einer Wiederwahl im Frühjahr nächsten Jahres im Bezirk erscheinen, die Anliegen der Wähler entgegennehmen und über die von mir einzunehmende Haltung mich aussprechen würde« (Dt. Reichspost v. 29. Nov. 1900). Ähnlich Frhr. v. Gültlingen bei der Reichstagsersatzwahl 1895 im WK VII, weil er krankheitsbedingt keine Veranstaltungen abhalten konnte: »Im übrigen bin ich der alte geblieben« (Dt. Reichspost v. 24. April 1895).
[3] Der Gutsbesitzer Metzger in Backnang hatte beispielsweise 1906 aus angeblich gesundheitlichen Gründen auf die persönliche Vorstellung verzichtet und dafür harsche Kritik geerntet (Dt. Reichspost v. 21. Nov. 1906; Schw. Kronik v. 20. Nov. 1906 A). 1912 wurde seine Kandidatur vom Ortsverein abgelehnt (Deutsch-Konservativ v. Jan. 1913). Ähnlich die Kritik an den Kandidaten 1903 in Schorndorf und 1908 in Gerabronn (Dt. Reichspost v. 2. Juni 1903 u. v. 20. Jan. 1908).
[4] Vorexerziert hatte dies 1895 als zwar konservativer Kandidat Friedrich Schrempf, der aber auf dem Land gleichzeitig als Kandidat des jungen Bauernbundes angetreten war. Von 28 Teilorten des OA Schorndorf hatte er 17 besucht. In der Oberamtsstadt war er zusammen mit einem ortsansässigen konservativen Fabrikanten aufgetreten (vgl. Dt. Reichspost v. 10. Jan. 1895, v. 11. Jan. 1895 u.v. 14. Jan. 1895). Entsprechend kamen bei der Hauptwahl 82,5 % seiner Stimmen aus den Teilorten, bei der Stichwahl 86,6 % (OA-Ergebnisse nach Teilorten in Dt. Reichspost v. 15. Febr. 1895).
[5] Dt. Reichspost v. 30. Okt. 1902 u. Schw. Landmann v. 1. Mai 1911.

des Bauernbundes mit der billigsten Wagenklasse übers Land fahre oder den Kutschbock nehme.[6] Allerdings veränderte sich auch beim Bauernbund durch die Zunahme der Versammlungen deren Organisation. Die Anhänger wurden aufgefordert, auch nachmittags Versammlungen zu besuchen. Die Wahlkampfredner wurden angewiesen, als Versammlungsort im Falle der Anreise per Bahn gleich die Bahnhofsgaststätte zu wählen.[7]

Zurückhaltend waren die Konservativen. »Demagogische Versammlungspolitik« sei nicht konservative Art. So undankbar die Arbeit auch sei, so müsse man sich in den Städten doch rühren, denn, so hieß es 1910 mit Blick auf die nächsten Wahlen: »Arbeit hält die Wähler zusammen!« 1912 war die Bilanz jedoch ernüchternd. Noch immer, so das Parteiblatt, lehnten es die konservativen Männer ab, »im Versammlungsleben die geistigen Klingen mit den politischen Gegnern zu kreuzen«. Manche wollten zwar gute Konservative sein, aber »nur hinter dem Ofen, im stillen Kämmerlein mit der Schlafmütze über den Ohren, nur wenn es nicht in Verlegenheit bringt und man seine Ruhe behalten kann.« Für den anstehenden Wahlkampf von 1912 hatten sich gerade sechs Redner zur Verfügung gestellt, die auch über ihren Heimatort hinaus bereit waren, eine Wahlkampfversammlung abzuhalten. Nach den Wahlen hieß es dann, nur 89 Veranstaltungen habe die Partei außerhalb Stuttgarts abgehalten.[8]

An dem Grundmuster der Arbeitsteilung zwischen den beiden konservativen Parteien änderte sich auch nach 1918 nur wenig. Die ländlichen Gebiete eines Oberamtes waren das Revier des Bauernbundes, die jeweilige Oberamtsstadt das der Bürgerpartei.[9] Wie stark sich die Zahl der Versammlungen nach 1918 veränderte, ist nur zu schätzen. Für die Bürgerpartei liegt die deutliche Zunahme im Vergleich zu den Vorkriegskonservativen auf der Hand, schon weil die Partei nun flächendeckender organisiert war. Die Versammlungsberichte der Partei weiteten sich nun auch in der regionalen Durchdringung des Landes deutlich aus. Die Bürgerpartei schaffte hier den Anschluß an die anderen bürgerlichen Parteien und dürfte diese sogar überrundet haben, auch wenn sie dem Zentrum und der SPD noch hinterherhinkte.

Verläßliche Zahlen liefert eine Untersuchung des Statistischen Landesamtes über die Jahre 1931 und 1932.[10] Die Notverordnung des Reichspräsidenten zur Bekämpfung politischer Ausschreitungen vom 28. März 1931 mit ihrer Anmeldepflicht für öffentliche politische Versammlungen hatte erstmals die Möglichkeit geboten, die

---

[6] Dt. Reichspost v. 16. Jan. 1907 u. v. Nov. 1911.
[7] Schw. Landmann v. 15. Dez. 1912.
[8] Dt. Reichspost v. 22. März 1910; Deutsch-Konservativ v. Okt. 1912 u. v. Jan. 1913.
[9] Als Beispiel die Versammlungsberichte zur Reichstagswahl im Dezember 1924 im OA Böblingen. Während die Bürgerpartei zwei Versammlungen in Böblingen abhielt, hatte der Bauernbund mindestens sieben Versammlungen in den unmittelbar um Böblingen liegenden Dörfern organisiert (Südd. Ztg. v. 5. Dez. 1924 u. Schw. Tageszrg. v. 6. Dez. 1924). Die folgenden Ausführungen basieren auf der Auswertung von ca. 800 Presseberichten über Wahlkampfversammlungen, anhand derer eine deutliche Tendenz herausgearbeitet werden kann. Als Belege werden exemplarische Zeitungsberichte angeführt.
[10] Mittlg. d. Württ. Stat. Landesamts v. 1. Aug. 1932, S. 241–246.

Tabelle 13: Versammlungshäufigkeit der Parteien in Württemberg 1931/32

	Kommunalwahlen absolut	in %	RP-Wahlen absolut	in %	Landtagswahlen absolut	in %	Summe absolut	in %
NSDAP	2548	40,2	2940	40,2	1395	27,6	6883	36,7
KPD	1809	28,5	1358	18,5	692	13,7	3859	20,6
SPD	603	9,5	841	11,5	815	16,1	2259	12,1
Bauernbund	235	3,7	578	7,9	639	12,7	1452	7,8
Zentrum	239	3,8	461	6,3	522	10,3	1222	6,5
Bürgerpartei	156	2,5	211	2,9	252	5,0	446	3,3
CSVD	137	2,2	205	2,8	239	4,7	581	3,1
DDP	85	1,3	109	1,5	252	5,0	446	2,4
DVP	40	0,6	30	0,4	91	1,8	161	0,9
Andere	489	7,7	589	8,0	151	3,0	1229	6,7
Summe	6341	100,0	7322	100,0	5050	100,0	18713	100,0

Berechnungen nach Angaben in Mittlg. des Württ. Stat. Landesamts v. 1. Aug. 1932, S. 241–246. Die Wahltermine: Kommunalwahlen: 6. Dez. 1931; Reichspräsidentenwahlen: 10. April 1932 (2. Wahlgang); Landtagswahlen: 24. April 1932. Die Rubrik »Andere« umfaßt die zahlenmäßig im einzelnen nicht relevanten Werte für Verbände (Stahlhelm, Eiserne Front, Reichsbanner, ADV, Gewerkschaften u. a.) und Vereine (Haus- und Grundbesitzer, Bürgervereine, landwirtschaftliche Vereine, etc.).

Versammlungstätigkeit der Parteien statistisch zu beleuchten. In dem turbulenten Zeitraum von April 1931 bis April 1932 mit Kommunalwahlen, Reichspräsidentenwahlen und Landtagswahlen fanden insgesamt 18713 politische Versammlungen im Land statt. Die Zahl wurde von den Zeitgenossen als die höchste in der Geschichte der Wahlkämpfe des Landes erachtet.[11] Allein in dem kurzen Zeitraum von nur zwei Wochen im April 1932 sah das Land 5050 politische Versammlungen zu den Landtagswahlen. Die Zusammenstellung in Tab. 13 zeigt dabei die Unterschiede der Parteien. Die größte Versammlungsdynamik zeigten die Parteien auf dem rechts- und linksextremen Rand des Parteienspektrums. Auf NSDAP und KPD entfielen allein fast 60 Prozent der Versammlungen.[12] Der Bauernbund bewegte sich deutlich hinter der SPD, aber noch vor dem Zentrum, während die Bürgerpartei mit knappem Vorsprung die Reihe der bürgerlichen Parteien anführte, bei denen die beiden liberalen Parteien DDP und DVP fast bedeutungslos geworden waren.

Bemerkenswert war die Konzentration der Parteien auf die jeweiligen Wahlen. NSDAP und KPD organisierten etwa doppelt so viele Versammlungen zu den Reichspräsidentenwahlen als zu den Landtagswahlen, während bei den anderen Parteien die landespolitische Ebene der Wahlen im Vordergrund stand. Die jeweils regionale Aufteilung der Versammlungen innerhalb der einzelnen Parteien richtete sich stark nach den konfessionellen, wirtschaftlichen und sozialen Gegebenheiten des Bezirks sowie der organisatorischen Präsenz der Parteien (vgl. Tab. 14). Die Versammlungstätigkeit deutet hier an, daß die bürgerlichen Parteien, allen voran das Zentrum, auf dem Rückzug in ihre angestammten Gebiete waren, während sich die

---

[11] Schw. Kronik v. 4. Aug. 1932.
[12] Zum Zusammenhang von Versammlungshäufigkeit und Wahlerfolg der NSDAP vgl. D. OHR, NSDAP-Propaganda, 1994 u. ö. mit dem Ergebnis eines Interaktionseffekts nur bei bereits vorhandener nationaler Prädisposition der Zielgruppen.

Tabelle 14: Regionale Verteilung der Parteiversammlungen
in Württemberg 1931/32

	Neckarkreis		Schwarzwaldkreis		Jagstkreis		Donaukreis	
	absolut	in %	absolut	in %	absolut	in %	absolut	in %
NSDAP	2309	33,5	1717	24,9	1375	20,0	1482	21,5
KPD	2038	52,8	919	23,8	452	11,7	450	11,7
SPD	918	40,6	610	27,0	335	14,8	396	17,5
Bauernbund	400	27,5	343	23,6	457	31,5	252	17,4
Zentrum	116	9,5	253	20,7	252	20,6	601	49,2
Bürgerpartei	245	39,5	134	21,6	141	22,7	101	16,3
DDP	175	39,2	176	39,5	36	8,1	59	1,3
DVP	73	45,3	64	39,8	13	8,1	11	6,8

Berechnungen nach Angaben in Mittlg. des Württ. Stat. Landesamts v. 1. Aug. 1932, S. 241–246.

NSDAP als aggressiv angreifende Kraft zeigte. Im katholischen Oberschwaben etwa präsentierte sich die NSDAP mehr als dreieinhalbmal so oft als das Zentrum. Auch wenn die Zahlen keine Auskunft über die anwesenden Besucher geben und die Menge der Veranstaltungen nicht mit dem Wahlerfolg der einzelnen Parteien korreliert, wie das gerade der Fall der NSDAP im württembergischen Oberland zeigt, legen die Ergebnisse doch bestimmte Grundlinien dar. In der Versammlungsdichte hatten vor allem NSDAP und KPD die württembergische Wahlkampflandschaft umgewälzt. Zieht man die Zahlen für diese beiden Parteien ab, so mutet die Versammlungstätigkeit der restlichen Parteien fast ruhig und behäbig an. Als eine der dominierenden Parteien hatte sich der Bauernbund erwiesen. Seiner organisatorischen Potenz entsprach hier auch die Rührigkeit im Wahlkampf. Die Bürgerpartei hingegen hatte innerhalb der bürgerlichen Parteien aufgeholt, die Konkurrenten im liberalen und rechtsbürgerlichen Lager sogar deutlich überrundet.

b) Versammlungsorte

Die richtige Wahl des Ortes einer Wahlkampfveranstaltung war eine der Bedingungen ihres Erfolgs im Hinblick auf die Besucherzahlen. Die Wahlkampfversammlung unterschied sich von der Parteiversammlung außerhalb der Wahlzeiten funktional: bei der einen sollten in einer öffentlichen Veranstaltung möglichst Parteifreunde und -fremde versammelt werden, während bei der anderen meist organisatorische Parteiinterna unter Mitgliedern besprochen wurden. Dennoch waren auch bei der Wahlkampfversammlung die lokalen Kommunikationszentren Ort der politischen Auseinandersetzung: Gasthaus, Rathaus und in den Städten die großen Veranstaltungshallen.[13]

Mit der Art der Versammlungen unterstrichen die Parteien ihren Charakter. Für den Bauernbund war klar: im meinungshomogenen Dorf war der Versammlungsort

---

[13] Zum Kaiserreich A. GAWATZ, Wahlkämpfe, 2001, S. 191 ff.

das Gasthaus. Oft war der örtliche Wirt selbst Mitglied oder Kandidat, stellte sein Haus unentgeltlich zur Verfügung und dürfte dabei auch noch sein Geschäft gemacht haben. Die Wirtschaft garantierte geselligen Rahmen und alles andere als bierernste Atmosphäre. Der Unterschied zum Städter konnte vor allem dann profiliert werden, wenn das bäuerliche Treffen in Stadtnähe abgehalten wurde. 1924 wurde von Bauern und Städtern berichtet, die in der Gaststätte eines Winzerdorfes bei Stuttgart gleichzeitig tagten. Während der Klavierspieler für die »essenden Städter« ein Couplet vorgetragen habe und der Städter vom »herausgefressenen Bauernlackelparlamentarier« singe, habe sich der Bauer im kargen Nebenraum beim Weinschoppen versammelt.[14]

Mit dem Wirtshaus als oftmals einzigem Versammlungsort im Dorf ging als gängige Methode der Sperrtechnik die »Saalabtreiberei« einher. Es gab sie auch in der Stadt, aber vor allem auf dem Land war sie gang und gäbe.[15] In der Weimarer Zeit war sie mit dem Rückzug der Demokraten vom Land zumindest in der Presse fast nur noch ein Thema der Auseinandersetzung zwischen Bauernbund und Zentrum. Für beide Konkurrenten war es das weiterhin praktizierte Mittel, das gegnerische Deutungsangebot aus dem eigenen konfessionell bestimmten Raum fernzuhalten.[16] Der Bauernbund, in dieser Hinsicht der aggressivere Angreifer im gegenkonfessionellen Raum, war in der Wahl der Ausweichmöglichkeiten jedoch offensichtlich ideenreicher. Unter der »Flagge des landwirtschaftlichen Vereins«, so das *Deutsche Volksblatt*, halte er auf offener Straße an Markttagen Versammlungen ab und geriere sich dort als Interessenvertreter der katholischen Bauern, wo er nichts zu suchen habe.[17]

Ähnlich gestalteten sich die Verhältnisse bei den Rathäusern. Der Rathaussaal verlieh einer Veranstaltung den Anstrich des Offiziellen. Vor allem Anfang der 1890er und um die Jahrhundertwende waren es meist die Deutsche Partei und die Volkspartei, die je nach lokalem Meinungsklima in den Städten in den Genuß des Privilegs gekommen waren.[18] In den frühen Jahren war die Vergabe oder die Verweigerung des Rathaussaals auch noch ein Mittel amtlicher Wahlmache, die vor allem gegen die Sozialdemokratie gerichtet war. Sie verlor aber zusehends an Bedeutung.[19] In den 1920er Jahren tauchte das Rathaus als Ort des Wahlkampfs in der städtischen Presse nicht mehr auf. Das dörfliche Schultheißenamt blieb nur für Bauernbund und Zentrum ein Thema.

Für die Konservativen gestalteten sich die Verhältnisse anders. In den ersten Jahren ihres Auftretens, als das pietistische Profil noch stärker herausgestellt wurde,

---

[14] Schw. Tagesztg. v. 19. Nov. 1924.
[15] Als Beispiel die Klage des Zentrum im paritätischen Ravensburg, wo der protestantische Besitzer des größten Gasthaussaales den Katholiken die Benützung verweigert habe (Dt. Volksbl. v. 8. Jan. 1890). Generell zur »Saalabtreiberei« auch A. GAWATZ, Wahlkämpfe, 2001, S. 200 ff.
[16] Schw. Tagesztg. v. 26. Febr. 1924 mit der Klage des Bauernbundes, Schultheißen, Pfarrer und Gastwirte der katholischen Orte behinderten massiv den Wahlkampf des Bauernbundes.
[17] Dt. Volksbl. v. 27. Febr. 1924 mit Bericht über das katholische Rottenburg.
[18] Dt. Volksbl. v. 14. Juni 1893; Beobachter v. 20. Mai 1903 u. Schw. Kronik v. 8. Jan. 1895.
[19] Beobachter v. 18. Febr. 1890 u. v. 10. Mai 1893. Vgl. A. GAWATZ, Wahlkämpfe, 2001, S. 199 f.

befand man sich in Sachen Wirtshaus in einem gewissen Dilemma. Einerseits mußte man Versammlungen in der Wirtschaft abhalten, wollte man Publikum gewinnen und ansprechen[20], andererseits stellte man sich an die Spitze der Anti-Alkoholbewegung, monierte die »Gefahr für das Volksleben durch Wirtshaus und Alkohol« und wetterte gegen den »Wirtschaftsliberalismus« der Demokraten, der die Männer ins Wirtshaus treibe.[21] Das Wirtshaus als Versammlungsort konnte man nicht umgehen, aber die Zahl der Berichte darüber in der Presse war insgesamt geringer als bei den anderen Parteien. Eine Abschleifung dieser Zurückhaltung zeigt sich bei der Bürgerpartei nach 1918, aber wenn bei einer Veranstaltung Bier floß und gar noch Jungwähler angesprochen werden sollten, so wurde das vor allem vom christlich-sozialen Konkurrenten argwöhnisch kommentiert.[22] Deutlich öfter wurden bei Berichten über konservative Wahlkampfveranstaltungen die offiziellen Veranstaltungsräume der Städte genannt: die Säle der Bürgervereine und Bürgergesellschaften, Turnhallen und die großen Veranstaltungshallen in Stuttgart, Heilbronn oder Ulm. Vor allem für die Parteifrauen war es unschicklich, sich im Wirtshaus zu treffen. Hier wurden die Räume der Vereine und Verbände genutzt, in denen prominente Mitglieder engagiert waren: des Gewerkvereins der Heimarbeiterinnen, des Frauenbundes oder die Räume der kirchlichen Gemeinde.[23]

c) Meinungsmanager in Stadt und Land

Wer trat bei beiden Parteien als Veranstaltungsorganisator und -moderator auf? Meist präsentierte sich ein Kandidat bei einer Veranstaltung nicht allein. Die Versammlung wurde von einem Vorsitzenden geleitet, der diese eröffnete und moderierte. Außerdem versuchten Kandidaten, sich die Unterstützung angesehener lokaler Persönlichkeiten zu verschaffen. Die Unterstützung durch Personen, die eine herausgehobene Stellung im lokalen Kontext einnahmen oder durch ihr Amtscharisma als »Zugpferde« für Mobilisierungs- und Überzeugungskraft galten, war eine Frage des Parteicharakters, des Rückhalts einer Partei in der Bevölkerung und auch der amtlichen Wählerbeeinflussung. Bestimmte Personenkreise stachen dabei als Milieumanager heraus.

Zuerst sind die Parteiangestellten zu nennen. Einen deutlichen Vorsprung bei den reisenden Politikmachern hatte der Bauernbund gegenüber den Konservativen. Das entsprach seiner organisatorischen Stärke. Bereits 1903 ging das Diktum der »besol-

---

[20] Als Beispiel eine Einladung zur Wahlversammlung mit Schrempf in einem Gasthaus im pietistisch geprägten Altensteig (Dt. Reichspost v. 31. Mai 1898).
[21] Dt. Reichspost v. 30. Okt. 1897 (Zitat). Ähnlich Dt. Reichspost v. 4. Jan. 1895: »Die übermäßig große Anzahl von Wirtschaften, wie sie in Württemberg besteht, ist ein Unikum im deutschen Reich und erklärt vieles, was dem Fremden an unserem schwäbischen Volksleben, unseren Wahlen usw. unbegreiflich erscheint« Vgl. auch die Einschätzung von P. WURSTER, Kirchliches Leben, 1919, S. 275.
[22] Christl. Volksdienst v. 5. Febr. 1928 über eine Versammlung Bazilles mit Tübinger Studenten: »Warum muß dieser Abend ›Bierabend‹ heißen? Gibt es kein anderes Vorbild edler Geselligkeit?«
[23] Südd. Ztg. v. 8. Jan. 1919, v. 16 Mai 1924 u. v. 12. Mai 1928.

deten Wortführer, die die Bauern zu immer neuen Begehrlichkeiten aufhetzten«, durch die Landespresse.[24] Die gegnerischen Parteien und auch die Regierung beobachteten kritisch das dichte Netz von Meinungsmachern, das der Bauernbund in Wahlkampfzeiten mobilisieren konnte. Es reichte von den Stuttgarter Parteiangestellten, die sicherlich den Großteil der Veranstaltungen organisierten und leiteten, bis zu den lokalen Vertrauensmännern im Dorf. In den 1920er Jahren wurde es durch die Bauernanwälte auf regionaler Basis ergänzt. Die Organisation und Durchführung von Wahlkampfversammlungen war dadurch flächendeckend garantiert. Bei den Konservativen war dies vor 1914 und auch nach 1918 eines ihrer organisatorischen Defizite.

An zweiter Stelle sind die Ortsgeistlichen anzuführen. Der Auftritt von Geistlichen beider Konfessionen für eine Partei war eines der ›heißen Eisen‹ über den gesamten Zeitraum hinweg. Vor allem beim Zentrum spielte die Geistlichkeit eine wichtige Rolle, egal ob ein katholischer Geistlicher nun eine Versammlung leitete, als Redner auftrat oder nur anwesend war. Sein Amtscharisma galt als wegweisend für die anwesende Wählerschaft. Mehrmals war im Kaiserreich die Wahlbeeinflussung durch Geistliche Anlaß zu Wahlanfechtungen gewesen. Zuletzt war sie 1908 Auslöser einer mehrtägigen Debatte im Landtag.[25] Danach und auch in der Weimarer Zeit war sie kein Gegenstand wahlrechtlicher Auseinandersetzungen mehr. Praktiziert wurde sie weiterhin.

Das Verhältnis des Bauernbundes zu den Ortspfarrern war unterschiedlich, je nach der theologischen Ausrichtung des Pfarrers. Die Berichte über Wahlkampfversammlungen des Bauernbundes, bei denen der Dorfpfarrer als Redner oder als stiller Besucher auftrat, waren Legion. In den Zeitungsberichten wurde die geistliche Unterstützung besonders hervorgehoben. Ein zugezogener Pfarrer anderer theologischer Ausrichtung mußte sich den dörflichen Verhältnissen vertraut machen und sich wohl meist auch anpassen. Als Beispiel berichtete 1907 ein nationalsozialer Pfarrer, der kurz zuvor noch einen öffentlichen Wahlaufruf für Naumann in Heilbronn unterzeichnet hatte, über seine Versetzung in eine pietistisch geprägte Gemeinde im Remstal:

---

[24] Geprägt hatte das Bonmot der Innenminister Pischek auf der Wanderversammlung der württembergischen Landwirte 1903 in Geislingen. Abgemildert wurde es im *Staatsanzeiger* durch »besoldete Geschäftsführer« (Dt. Reichspost v. 9. Juni 1903, v. 11. Juni 1903 u. v. 3. Juli 1903 sowie Beobachter v. 4. Juni 1903 u. Schw. Kronik v. 6. Juni 1903 M).

[25] 1908 war es zur Wahlanfechtung im Wahlkreis Geislingen durch Conrad Haußmann gekommen, weil der katholische Pfarrer in Wiesensteig vor der Wahl gesagt haben soll: »Wenn ihr schon gestorben sein werdet und droben zusammenkommt, werdet ihr belohnt werden, wenn ihr die Partei wählt, die für Religion und Frömmigkeit eintritt.« Haußmann begründete seine Klage damit, der Pfarrer habe als beamteter Seelsorger gesprochen. Im Landtag sprach sich Schrempf von den Konservativen für die Gültigkeit der Wahl aus, weil wie in anderen Fällen zuvor auch schon die Frage der politischen Agitation von Geistlichen nicht gelöst worden sei und auch nicht gelöst werden könne, solange das Wahlgesetz zur Anfechtung einer Wahl eine strafbare Handlung fordere. Letztlich wurde die Wahl mit den Stimmen von Zentrum, SPD und Konservativen gegen die VP für gültig erklärt (Dt. Reichspost v. 14 Mai 1908 u.v. 16. Mai 1908).

»Pfarrer und Gemeinde gehören zusammen, viel enger als früher, je lockerer die äußeren staatskirchlichen Bande mit der Zeit werden [...]. Der Pietismus hier ist schwach an Zahl, stark an Charakter und treu auf Seite des Pfarrers in allen kirchlich-ethisch-praktischen Fragen; aber ganz einseitig, ja fast borniert und mißtrauisch in biblisch-dogmatischen. All diese tausend Menschen, lebhaft im Geist, mit guter Auffassungskraft, gewandt zu reden, erregt durch das Erbe von Most und Wein, kritisch bis dort hinaus und noch nie von einem Theologen unserer Art bedient. Endlich die Gemüter erregt durch Landtags- und Reichstagswahl; besonders durch den Mißerfolg des bisherigen bauernbündlerischen Reichstagsabgeordneten Wolff in Heilbronn, an dessen Platz Naumann getreten war. Und in diesen Hexenkessel muß ich nun hereinplatzen [...]. Gleich in der ersten Kirchengemeinderatssitzung darf ich ihre Bannflüche mit anhören. [...]«[26]

So mancher Pfarrer mag sich dem Meinungsklima angeschlossen haben und trat offen als Unterstützer des Bauernbundes auf. 1926 berichtete ein Pfarrer unter der Überschrift »Warum ich als Pfarrer Mitglied des Bauernbundes bin«, er sei davon überzeugt worden, daß die Sache des Bauernbundes eine gute Sache für die Landbevölkerung sei und auch sein Bezirk, der einst ganz in demokratischer Hand gewesen war, sei durch den »Capriviunfug« zum Bauernbund gekommen.[27] Aber ungetrübt war das Verhältnis des Bauernbundes sowohl zu den Ortspfarrern als auch zu anderen kirchlichen Amtsträgern nicht. Im Zweifelsfalle galten sie als Städter oder als Zugezogene. Auch ein evangelisches Zentrum wollte man nicht sein. Im Konfliktfall lehnte man es in öffentlichen Verlautbarungen ab, »politische Geschäfte« mit der Konfession zu machen. Man setzte auf die ökonomischen Argumente und die Stimmkraft der Standesgenossen:

»Sollen die Bauern, die ungehalten über die Besoldungsverordnung der Beamten waren, noch weitere Beamte in den Landtag schicken? Mögen die Herren Oberamtsbaumeister, Schulräte, Reallehrer, Oberamtsrichter, Pfarrer, Eisenbahningenieure und Rektoren doch von ihresgleichen in den Landtag gewählt werden!«[28]

Drittens sind schließlich die Schultheißen als dörfliche Meinungsmacher zu nennen: In den ersten Jahren des Auftretens des Bauernbundes galten sie als regierungsfreundlich und der Deutschen Partei nahestehend.[29] Das änderte sich mit der Entwicklung des Bauernbundes hin zur milieurepräsentierenden Kraft. Schon durch den hohen Anteil von Schultheißen unter seinen Mitgliedern war die Verknüpfung von Parteipolitik und Dorfoffiziellem gewährleistet.[30] Berichte über den bauernbündlerisch gesinnten Schultheißen, der eine Versammlung im Rathaus organisierte und zur Einladung die Rathausglocke läuten ließ, waren keine Seltenheit und wurden vom politischen Gegner entsprechend angeprangert.[31] Bisweilen überschritt

---

[26] Zitiert nach einem Pfarrbericht von 1907 bei H. VÖLTER, Evangelisch-soziale Bewegung, 1959, S. 14f.
[27] Schw. Tagesztg., Sonderbeilage v. Sept. 1926.
[28] Schw. Tagesztg. v. 9. Mai 1928.
[29] Schw. Landmann v. 1. Nov. 1899.
[30] Vgl. die Zusammenstellung in Tab. 4, oben S. 106.
[31] Dt. Volksbl. v. 17. Nov. 1906 (Knittlingen) u. v. 18. Mai 1924 (Württingen).

die Wahlkampfunterstützung der Schultheißen auch die Grenze des Legalen hin zur Wahlbeeinflussung.[32]

Die Organisation und Leitung von Wahlkampfveranstaltungen durch Parteiangestellte spielte bei den Konservativen ihrer schwachen Organisation entsprechend eine untergeordnete Rolle. Lediglich in den ersten Jahren ragte der einzige frühe Parteiprofessionelle Schrempf als unermüdlicher »Reiseprediger« hervor.[33] Die Geschäftsführer Roos und Kaltenboeck traten in dieser Hinsicht nach 1918 kaum in Erscheinung. Die in den Berichten erwähnten Versammlungsleiter entsprachen in ihrer Berufsstruktur dem bereits herausgearbeiteten sozialen Profil der Partei.[34] In der Regel waren es örtliche Honoratioren, deren Bandbreite von Fabrikbesitzern, selbständigen Mittelständlern über Beamte – darunter vor allem Professoren und Lehrer – bis zu den Ortspfarrern reichte. Nur ausgesprochen selten – und das galt auch für den Bauernbund – traten Adlige hervor. Veränderungen zeigen sich jedoch bei den einzelnen Berufsgruppen. Die Präsenz von Theologen wurde in den Jahren des Kaiserreichs oft erwähnt[35] und nahm in den ersten Monaten nach dem Weltkrieg noch deutlich zu. Den Wahlkampf zu den Verfassunggebenden Versammlungen prägten Stadtpfarrer und prominente Theologen wie der spätere Landesbischof Wurm und der Stuttgarter Stadtdekan Theodor Traub entscheidend mit.[36] Allerdings waren nach 1918 auch auf liberaler Seite verstärkt Theologen aufgetreten. Das Engagement des Berufsstandes entsprach der Mobilisierung durch die Kirchen- und Schulfrage sowie der innerprotestantischen Gruppenbildung und ihrer jeweiligen parteipolitischen Affinität.[37]

Der Anteil der Theologen an den Organisatoren nahm nach 1924 deutlich ab. Symptomatisch war die Anweisung der Bürgerpartei, man müsse für den Wahl-

---

[32] Der prominenteste Fall war ein Schultheiß im OA Künzelsau, der gleichzeitig Vertrauensmann des Bauernbundes war und bei der Reichstags- und Landtagswahl 1920 nur Wahlzettel des Bauernbundes verschickt hatte. Lediglich dem bürgerparteilichen Ortspfarrer und dem Dorflehrer (DDP) hatte er zur Wahrung des Anscheins der Richtigkeit die Zettel aller kandidierenden Parteien zugesandt. Zur folgenden Wahlanfechtung HStA Stuttgart, E 151/02, Bü 160 u. StA Ludwigsburg, E 175 I, Bü 5637 sowie die Resonanz in der Presse in Dt. Volksbl. v. 12. Juni 1920 u. Stuttg. Neues Tagbl. v. 25. Febr. 1921. Ähnlicher Fall eines Schultheißen in Endersbach (OA Waiblingen), der bereits ausgefüllte Wahlzettel verändert hatte, in HStA Stuttgart E 151/02, Bü 64.
[33] Dt. Reichspost v. 9. Aug. 1900 mit Rückgriff auf eine Bezeichnung Schrempfs durch die Volkspartei.
[34] Vgl. die Ausführungen zu Tab. 4 und 6, oben S. 106 u. 136.
[35] Dt. Reichspost v. 3. Nov. 1897 u. v. 13. Nov. 1911.
[36] Als Beispiele die Berichte über Wahlkampfversammlungen unter der Leitung des jeweiligen Stadtpfarrers in Südd. Ztg. v. 2. Jan. 1919, v. 7. Jan. 1919 u. v. 9. Jan. 1919 (Winnenden, Welzheim, Gschwend, Waiblingen, Esslingen u. Tübingen). Zu Wurm und Traub Südd. Ztg. v. 2. Jan. 1919 u. v. 4. Jan. 1919 (Stuttgart, Ravensburg, Heilbronn, Ludwigsburg).
[37] Seltener war der Auftritt von Pfarrern für die SPD. Die Partei griff hier zu anderen Mitteln bzw. benötigte Schützenhilfe. 1924 warnte ein parteiinterner Bericht der Bürgerpartei in der oberschwäbischen evangelischen Diaspora vor einem Badener, der als evangelischer Geistlicher übers Land reise, aber eingeschriebenes Mitglied der SPD sei (Landesleitung BP an Ortsgruppen v. 20. Mai 1924, NL Hiller).

kampf 1928 verstärkt wieder Geistliche heranziehen.[38] Mehrere Gründe sind für den Rückgang anzuführen. Zum einen die Konkurrenz des Christlichen Volksdienstes, für den sich zahlreiche Pfarrer, darunter der prominente Theologe Eugen Reiff als Führer der positiven Gruppe im Landeskirchentag, einsetzten. Hinzu kam zweitens die Konkurrenz durch die Arbeitsgemeinschaft Völkisch-Sozialer Pfarrer als Vorläufer des NS-Pfarrerbundes. Die beiden Mitbegründer Wilhelm Rehm und Karl Steger hatten sich zuvor im Umkreis der Bürgerpartei bewegt.[39] Drittens ist schließlich die Haltung der evangelischen Landeskirche mit ihrer zunehmend schärfer werdenden Einschränkung der Wahlagitation von Pfarrern seit 1931/32 zu nennen. Die Versuche der Landeskirche führten die Theologen, zumal die Berufsvertreter auf völkisch-nationaler Seite, sicherlich nicht zur politischen Enthaltsamkeit, dürften aber das parteipolitische Engagement von Pfarrern insgesamt begrenzt haben.[40]

Mit dem Wandel zum berufsständischen Diskurs der Weimarer Zeit veränderten sich auch die Organisatoren der Wahlkampfveranstaltungen. Sie wurden zunehmend interessen- und berufsgruppenbezogener. Der Prozeß hatte bereits im Kaiserreich mit der engen Verknüpfung von Mittelstandsbund und Konservativen eingesetzt. Einen guten Teil ihrer – wenn auch im Parteienvergleich schwachen – Versammlungsdynamik hatten die Vorkriegskonservativen aus der Unterstützung durch die mittelständischen Interessenvertreter gezogen.[41] Der Trend verstärkte sich deutlich zwischen 1918/19 und 1924. Ein wesentlicher Teil der Wahlkampfversammlungen fand nun als »Mittelständische Notversammlung« oder als offizielle Veranstaltung des Bundes für Handel und Gewerbe statt.[42] Ergänzt wurde der berufsständisch geführte Wahlkampf durch spezielle Beamten-, Angestellten- sowie Soldaten- und Offiziersversammlungen mit prominenten Vertretern der jeweiligen Berufsgruppen.[43] Diese Art der organisatorischen Wahlkampfunterstützung nahm

---

[38] Landesleitung BP an Mitglieder v. 16. April 1928 (NL Hiller).
[39] R. LÄCHELE, 1994 u. M. TRAUTHIG, 1999, S. 18f. Steger war nach seiner Wahl für den Völkisch-Sozialen Block noch 1927 im Landtag der Fraktion der Bürgerpartei und Bauernbundes beigetreten, wobei unklar blieb, ob er auch einer der Parteien beigetreten war (unterschiedliche Angaben seiner Parteizugehörigkeit in Schw. Tageszeitg. v. 9. Febr. 1928 u. Schw. Landmann v. 12. Mai 1928). Nach 1928 trat er für beide Parteien nicht mehr hervor. Zum ›Fall Steger‹ und zu seiner Auseinandersetzung mit Mergenthaler Südwestdeutscher Beobachter v. 2. Febr. 1927 u. Südd. Ztg. v. 10. Nov. 1927. Vgl. auch HStA Stuttgart, Ea 3/152, Bü 67 (Fraktionsaustritt NSDAP) u. BA Berlin, R 1517, Bü 243/2, Reichskommissar für Überwachung der öffentlichen Ordnung: Lagebericht zu Wahlen in Württemberg v. 21. März 1928 sowie M. KISSENER/J. SCHOLTYSECK, 1999, S. 456.
[40] Erlasse des Oberkirchenrates in G. SCHÄFER, Landeskirche und Nationalsozialismus, Bd. I, 1971.
[41] Berichte über die »gute Wahlunterstützung« des Gewerbevereins bei der Ersatzwahl 1902 in Leonberg sowie über die »fast komplette« Wahlkampfführung der Konservativen 1906 in Stuttgart durch den Bund für Handel und Gewerbe (Dt. Reichspost v. 10. März 1902 u. v. 27. Nov. 1906).
[42] Beispiele für Einladungen des Bundes für Handel und Gewerbe mit Rednern der Bürgerpartei in Südd. Ztg. v. 10. Jan. 1919, v. 12. April 1920, v. 2. Mai 1924 u. v. 17. Nov. 1924.
[43] Südd. Ztg. v. 29. Mai 1920, v. 28. März 1924 v. 25. April 1924 (Beamte), v. 17. Mai 1920 u.v. 13. Mai 1924 (Angestellte) sowie v. 7. Jan. 1919, v. 16. Mai 1920 u.v. 3. Dez. 1924 (Soldaten und Offiziere).

seit der Mitte der 1920er Jahre deutlich ab und wurde ab 1930, verstärkt noch ab 1932 durch »nationale Abende« des Stahlhelm ergänzt.[44]

Zwei entscheidende Veränderungen im Vergleich von Kaiserreich und Weimarer Zeit sind bei der Organisation und dem Ablauf von Wahlkampfveranstaltungen festzuhalten. Der erste Trend betrifft den Wandel zur zentral organisierten Großveranstaltung mit reichsweiter Prominenz. Sie war ein Thema der Städte und insofern wenig relevant für den Bauernbund. Hinzu kam, daß der Bauernbund nach dem Austritt seiner Abgeordneten aus der DNVP-Fraktion und dem Beitritt zur Fraktion Deutsches Landvolk im reichsweiten Zusammenhang obdachlos geworden war und keinen reichsweiten Parteiführer präsentieren konnte.[45] Früher war hierzu die Bürgerpartei übergegangen. Vor 1914 spielte die außerwürttembergische und vor allem preußische Parteiprominenz in den Wahlkämpfen der Konservativen keine Rolle. Nach 1920 hingegen mußte der Beitritt in den reichsweiten Zusammenhang der DNVP gerechtfertigt werden. Generell galt die Prominenz zunehmend als Zugpferd im Wahlkampf.[46]

Mit der Zuspitzung der Wahlkämpfe auf eine Person – vor allem im Sommer 1930 verkürzten sich die Parolen auf bürgerparteilicher Seite auf die Alternative »Hugenberg oder Brüning« – wurde der Auftritt des DNVP-Parteivorsitzenden in Württemberg wichtiger, aber zugleich auch zum Dilemma. Als »geschlossene Front in der Hugenberg -Bewegung«[47] bezeichnete sich die Bürgerpartei, wehrte sich gleichzeitig aber gegen den Begriff der »Hugenbergianer«, der den politischen Gegnern die Möglichkeit gab, der Bürgerpartei das württembergische Profil abzusprechen. Eine Sprachschöpfung zur »Abfütterung der Massenpsyche« sei die Bezeichnung, die lediglich dem »effektvollen Spiel auf dem Instrument der Massenseele« diene.[48] Aber verzichten wollte man auf die Auftritte des Parteiführers nicht. Selbst im Landtagswahlkampf 1932 trat Hugenberg in Ulm auf.[49] Von mehreren tausend Besuchern war bei den Veranstaltungen die Rede. »Bewunderung, ja Hochachtung ge-

---

[44] Süddt. Ztg. v. 8. April 1932 u.v. 10. April 1932. In dem Untersuchungszeitraum des Statistischen Landesamts von April 1931 bis April 1932 hielt der Stahlhelm insgesamt 195 Versammlungen ab, was annähernd einem Drittel der Veranstaltungen der Bürgerpartei (621) entsprach (Mittlg. d. Württ. Stat. Landesamts v. 1. Aug. 1932, S. 241–246).

[45] Die einzige Großveranstaltung dieser Art hielt er im September 1930 mit dem Reichsernährungsminister Martin Schiele in Ulm und Ludwigsburg ab (Schw. Tagesztg. v. 9. September 1930).

[46] Als Beispiele die Auftritte des Grafen Westarp in Stuttgart (Süddt. Ztg. v. 11. März 1920 u. Schw. Kronik v. 16. Mai 1928).

[47] Süddt. Ztg. v. 8. Febr. 1932 u.v. 17. Febr. 1932.

[48] Süddt. Ztg. v. 16. März 1932.

[49] Erster Auftritt Hugenbergs in Stuttgart am 4. Sept. 1930 (Schw. Kronik v. 6. Sept. 1930). Bei den folgenden Auftritten verzichtete die *Schwäbische Kronik* auf Berichte. Die Schw. Tagesztg. v. 6. Sept. 1930 sprach von rund 10 000 Besuchern, »bedingungslose Anhänger, Bürgerparteiler, die noch zwischen Hugenberg und Bazille schwanken und Neugierige, die den Bestgehaßten« und »vielumstrittenen Diktator seiner Partei« persönlich sehen wollten, dem »rhetorische Künste völlig fern« lägen und der sich vor allem durch »Unduldsamkeit« auszeichne. Weitere Veranstaltungen mit Hugenberg in Ulm (Süddt. Ztg. v. 7. April 1932) und Stuttgart (Süddt. Ztg. v. 23./24. Juli 1932).

genüber der ungeheuren Aktivität« Hitlers sprach man demgegenüber aus, als dieser nicht in Stuttgart, sondern im kleineren Reutlingen in einem Zelt 18 000 Menschen versammelt hatte und während seiner Rede ein Flugzeug mit Hakenkreuzwimpel über der Menge kreisen ließ.[50]

Der zweite Trend betrifft den Wandel zur geschlossenen Veranstaltung. Wahlkampfversammlungen waren der Ort politischer Auseinandersetzung, in der gegnerische Gruppen aufeinanderstießen, Rede und Gegenrede gehalten wurden und der Kontrahent auch versuchte, Veranstaltungen zu sprengen. Das lag in der Natur der Sache und war im Kaiserreich wie auch in der Weimarer Zeit der Fall. Kam es vor dem Ersten Weltkrieg zu Tumulten bei Versammlungen, so waren in erster Linie Sozialdemokraten oder Anhänger der Volkspartei beteiligt, deren Störtrupps als die effizientesten galten. Über solche Fälle, wie die »Radau- und Erdbebennacht« 1911 in Urach, wurde landesweit berichtet.[51] Sie waren jedoch die Ausnahme. Andere Phänomene der Wahlkampfführung gehörten hingegen nach 1918 der Vergangenheit an. Dazu gehörte die gemeinsame Organisation von Veranstaltungen, die in den 1890er Jahren vor allem noch zwischen der Deutschen Partei und den Konservativen festzustellen war.[52] Die Parteien schotteten ihre Veranstaltungen nach dem Ersten Weltkrieg zusehends gegen parteifremde Besucher und gegnerische Störtrupps ab. 1920 riet das *Deutsche Volksblatt*, Versammlungen anderer Parteien nicht mehr zu besuchen, Diskussionen bei eigenen Veranstaltungen zu unterbinden, »energische Selbsthilfe mit dem Hausrecht« auszuüben und einen Saalschutz zu organisieren.[53] Der Hintergrund der Ratschläge waren Übergriffe von Anhängern der Bürgerpartei auf Matthias Erzberger während einer Versammlung in Esslingen, bei der eine Handgranate in den Saal geflogen war. Die »Verhetzungsarbeit« der *Süddeutschen Zeitung* feiere Triumphe, der Vorfall sei das Ergebnis der neuen Kampfmittel der »deutschnationalen Helden« und überhaupt werde der Wahlkampf ganz neuartig geführt, so das katholische Blatt, das eine Vereinbarung unter den Parteien zu Verhinderung solcher Ausschreitungen forderte.[54] Von einer »Knallbombe« ohne Schaden sprach die *Schwäbische Tageszeitung*, und schließlich habe der Esslinger Vorfall sein Gegenstück bei einer Tübinger Versammlung mit Bazille gefunden, bei der es nicht nur zu wüsten Schlägereien mit Stöcken und Stuhlbeinen gekommen sei, sondern auch ein Schuß zu hören gewesen sein soll.[55] Geschlossene Veranstaltungen,

---

[50] Süddt. Ztg. v. 1. Aug. 1932 u. v. 2. Aug. 1932.
[51] Zu einer Versammlung des Bauernbundes in Urach waren Handwerkskammersekretäre und der Chefredakteur der Reutlinger Zeitung angereist und hatten die Versammlung gesprengt (Dt. Reichspost v. 20. Nov. 1911 u. Schw. Landmann v. 1. Dez. 1911). Als Beispiel auch eine Radauversammlung der SPD in Heilbronn, die laut Dt. Reichspost v. 26. Juni 1903 die Wähler der Deutschen Partei bewogen haben soll, in der Stichwahl für den konservativen Kandidaten zu votieren.
[52] Dt. Reichspost v. 23. Jan. 1895.
[53] Dt. Volksbl. v. 20. Mai 1920.
[54] Dt. Volksbl. v. 15. Mai 1920 u. v. 20. Mai 1920.
[55] Schw. Tagesztg. v. 8. Juni 1920.

teilweise nur mit Zutritt bei Vorlage einer Eintrittskarte[56], Saalschutz[57] und als Folge davon die Verlagerung der Zusammenstöße auf die Straße waren in ihrer neuen Qualität Erscheinungen der 1920er Jahre. Manch »anständigen Bürger« hielten sie sicherlich vom Besuch einer Versammlung ab.[58]

3. Vom lokalen Wahlkampf zur zentralen Kampagne

Wahlkämpfe veränderten sich in dem Zeitraum von fast vierzig Jahren in der Art und dem Einsatz der Medien, in Versammlungsstil und -dichte sowie in den Agitations- und Mobilisierungsformen. Grundlegenden Veränderungen unterlagen auch die Dauer und die Organisation der Wahlkämpfe, die neue Anforderungen an die Parteien stellten. Das betraf vor allem die Finanzierung und den Wandel von der lokal und kleinräumig organisierten Stimmenwerbung zur zentral organisierten und gelenkten Kampagne.

a) Wahlkampfdauer

Die Forschungen zum Kaiserreich lassen sich zusammenfassen, um daran anknüpfend nach den Veränderungen im Übergang zur Weimarer Republik und nach der Einbettung der beiden konservativen Parteien in die Entwicklungsstränge zu fragen.[1] Die 1890er Jahre markierten die Ablösung honoratiorenpolitischer Wahlkampfmuster und die Abkehr von einem vormodernen Wahlverständnis, das den Wahlkampf um die einzelne Stimme ablehnte.[2] Ein Wahlkampf im ›modernen‹ Sinne als konkurrierendes Auftreten unterschiedlicher Anbieter mit einer intensivierten Werbephase vor dem eigentlichen Gang zur Urne hatte es nur selten gegeben. Teilweise war der Prozeß der Kandidatenkür mit der Wahl zusammengefallen. Die Annahme einer Kandidatur war dann beim Fehlen eines ernstzunehmenden Gegenkandidaten gleichbedeutend mit dem Gewinn des Mandats. Entsprechend kurz und minimalistisch war der Wahlkampf. In zahlreichen Fällen genügte die Präsentation des Bewerbers in der lokalen Zeitung. Bis auf wenige Ausnahmen dauerte die Wahlwerbung in aller Regel sieben bis zehn Tage.

Der Veränderungskatalysator waren die Reichstagswahlkämpfe, die früher zentral gesteuert und von überregionalen Wahlabsprachen geprägt waren, und insofern auch einer längeren Vorbereitungsphase bedurften. Hier steigerte sich mit Ausnah-

---

[56] So hatte die Bürgerpartei 1924 für ihre »Vaterländischen Abende« im Wahlkampf Eintrittskarten verkauft und den Mitgliedern empfohlen, diese im Bekanntenkreis zu verteilen (Landesleitung BP an Mitglieder v. 12. April 1924, NL Hiller).
[57] Die Bürgerpartei ging seit 1924 dazu über, mit Schützenvereinen und der Bismarckjugend einen Saalschutz zu organisieren (Landesvorstand BP an Mitglieder v. Nov. 1924, NL Hiller).
[58] Schw. Kronik v. 14. April 1932. Zum Verlauf der Wahlkämpfe siehe auch unten S. 352 ff.
[1] A. GAWATZ, Wahlkämpfe, 2001, S. 213 ff. u. TH. KÜHNE, Dreiklassenwahlrecht, 1994.
[2] Zum vormodernen Wahlverständnis M. WÖLK, 1984, v. a. S. 323 f.

me der Wahlen nach einer Reichstagsauflösung die Wahlkampfdauer bereits um die Wende zum 20. Jahrhundert auf bis zu vier Wochen.[3] Einen Einschnitt markierten die Wahlen von 1912, als die Parteien mit ihren Vorbereitungen so früh wie nie zuvor begannen. Rund ein Jahr vor der Wahl ergingen die ersten Aufrufe der Berliner Parteien zur Vorbereitung der Agitation.[4] Der eigentliche Wahlkampf setzte allerdings Mitte Dezember 1911 ein und dauerte somit rund einen Monat.

In den Weimarer Jahren verloren die Wahlen ihren zyklisch repetitiven Charakter. Wahlkämpfe waren nicht mehr regelmäßig wiederkehrende intensivierte Werbephasen der Parteien wie im Kaiserreich, als sie noch den Charakter des Außeralltäglichen hatten. Sie wurden nun zu Intensivierungen dessen, was ohnehin den politischen Alltag der zeitgenössischen Gesellschaft bestimmte. Die Weimarer Republik war geprägt von der Dauerkonkurrenz um Wählerstimmen. Ob Reichstags-, Landtags- und Reichspräsidentenwahlen oder Plebiszite, mit Ausnahme der ohnehin problematischen Inflationsjahre 1921 bis 1923 sowie der Jahre 1927 und 1931 stand jährlich mindestens ein großpolitisches Wahlereignis auf der Agenda. Den Höhepunkt markierte das Jahr 1932, als die württembergischen Wähler einschließlich der Kommunalwahlen sechsmal zur Urne gerufen wurden. Die Wahldichte und der Verlust der zyklisch wiederkehrenden Legitimierung der Parlamente trug zur Delegitimierung der Republik bei und verhinderte die Herausbildung eines »demokratischen Mythos«.[5]

Für die Parteien veränderten sich die Herausforderungen: die Wahlkämpfe wurden zu zentral geplanten Kampagnen, deren Organisation bereits deutlich mehr als ein Jahr vor dem Urnengang begonnen wurde.[6] Auch der eigentliche Wahlkampf verlängerte sich, wurde nun drei bis vier Monate vor den Wahlen meist durch einen zentralen Parteitag eröffnet und kulminierte in einer »heißen Phase« von vier bis zu acht Wochen vor dem Wahltag.[7] Eine Ausnahme bildeten die Wahlkämpfe zu den Verfassunggebenden Versammlungen 1919 sowie zu den durch Reichstagsauflösungen bedingten Wahlen vom Dezember 1924 und vor allem ab 1930. Aber auch hier betrug die durchschnittliche Dauer der kurzfristig organisierten Kampagnen mindestens vier Wochen.

Beide konservative Parteien hatten sich den vorgegebenen Mustern anzupassen, sowohl im Kaiserreich als auch in den Weimarer Jahren. Die Vorgehensweise der Deutschkonservativen unterschied sich vor 1914 nicht von der anderer Parteien.[8] In

---

[3] Kurz wurden dadurch die Reichstagswahlkämpfe von 1893 und 1907, nachdem am 13. Dez. 1906 der Reichstag aufgelöst worden war und die Neuwahl zudem zwischen den ersten und zweiten Wahlgang der württembergischen Landtagswahlen fiel. Der Reichstagswahlkampf begann damit in Württemberg mit dem Tag der Proportionalwahlen am 9. Jan. 1907 und dauerte nur rund zwei Wochen.
[4] Zum Beispiel der zentrale Aufruf »Klar zum Gefecht« des deutschkonservativen Parteivorstands vom Febr. 1911 (vgl. J. BERTRAM, 1964, S. 36).
[5] Vgl. hierzu v.a. die Beiträge in A. DÖRNER, Wahl-Kämpfe, 2002, v.a. S. 27 ff. zu »demokratischem Mythos« und »Ritual«.
[6] Vgl. die »Dreipfeil«-Kampagne der SPD ab 1930, dargestellt bei B. BUCHNER, 2001, S. 288 ff.
[7] Berichte der Südd. Ztg. v. 30. Jan. 1924 (Eröffnung) u. v. 5. Mai 1924 (Beginn der »heißen Phase«).
[8] Vgl. die Berichte über Kandidatenvorstellung und Wahleröffnung in Dt. Reichspost v. 21. Jan. 1895, v. 19. Nov. 1906 u.v. 2. Nov. 1912.

den ersten Jahren erschien der Bauernbund jedoch als die dynamischere Kraft, der mit seiner Initiative Tempo und Dauer der Wahlkämpfe in den eigenen Wahlkreisen vorgab. Vor allem dort, wo er erstmals kandidierte, prägte er den Wahlkampfverlauf durch die frühe Präsentation eines Kandidaten, der damit das Feld besetzte und auf den die gegnerischen Parteien reagieren mußten.[9] Nach dem Umbruch von 1918/19 hatten diejenigen Parteien den größten zeitlichen Vorsprung, deren Organisation den geringsten Veränderungen unterlag. Mehrheitssozialdemokratie und Zentrum traten bereits im November 1918 mit Wahlaufrufen an die Öffentlichkeit und präsentierten auch als erste ihre Kandidaten. Als letzte Partei trat mit den entsprechenden Bekanntmachungen erst Anfang Januar 1919 die Bürgerpartei auf den Plan.[10] In den folgenden Jahren der Weimarer Republik glichen sich die Parteien in dieser Hinsicht an. Die Organisation der Wahlkämpfe zu regulären Wahlen begann mindestens ein Jahr vor der Wahl, rund sechs bis acht Wochen vor dem Wahltag wurden die Kandidaten präsentiert und damit die heiße Phase eingeläutet. Markante Unterschiede waren hier zwischen Stadt und Land beziehungsweise zwischen Bürgerpartei und Bauernbund nicht festzustellen.[11]

b) »Zum Wählen gehört Geld!«

»Zum Wählen gehört dreierlei, nämlich Geld, Geld und nochmals Geld!« rief der Bauernbund 1928 seinen Anhängern zu.[12] Die finanzielle Potenz beider Parteien entsprach ihrer organisatorischen Stärke. Bei den Konservativen funktionierte ein vertikales und horizontales Finanzierungssystem nur in geringem Ausmaß. Die permanent desolate Finanzlage wurde darüber hinaus noch durch die schlechte Zahlungsmoral der Mitglieder verschärft. Im Gegensatz dazu gelang dem Bauernbund eine moderne Finanzierung durch laufende Mitgliederbeiträge und geregeltes Abgabensystem, durch wirtschaftlich arbeitende Parteiunternehmen und durch die Spendenwilligkeit der Mitglieder.

»Wahlkämpfe sind mit erheblichen Kosten verbunden.«[13] Mit der Ausweitung des politischen Massenmarktes wurde dies zum Kernsatz der Parteiarbeit. In den 1890er Jahren waren alle Parteien dazu übergegangen, spezielle Wahlfonds für die entstehenden Kosten der medialen und persönlichen Agitation anzulegen, die in der

---

[9] Als Beispiel die Ersatzwahl 1902 im Wahlkreis Leonberg mit der Kandidatur Immendörfers, der vier Wochen vor der Wahl an die Öffentlichkeit getreten war. Dazu Beobachter: »Die Deutschparteiler dürfen jetzt nur noch so mittun« (Dt. Reichspost v. 14. Febr. 1902 u. v. 5. März 1902).
[10] Schw. Kronik v. 28. Nov. 1918, v. 4. Dez. 1918 u. v. 4. Jan. 1919.
[11] Landesleitung BP an Mitglieder v. 3. Juli 1927 (NL Hiller) mit Aufforderung zum Beginn der Wahlkampforganisation. Entsprechend für den Bauernbund Schw. Tageszeitg. v. 2. Febr. 1924, v. 25. März 1924 u. v. 3. April 1928.
[12] Schw. Landmann v. 12. Mai 1928.
[13] Beobachter v. 26. Nov. 1894. TH. NIPPERDEY, Organisation, 1961, S. 91 mit dem Ergebnis der Steigerung der Kosten pro Wahlkreis und Partei von 1880 bis 1912 von ca. 1000 auf rund 20000 bis 30000 Mark (vgl. auch A. GAWATZ, Wahlkämpfe, 2001, S. 222).

Regel von Spenden natürlicher oder juristischer Personen gespeist wurden.[14] Allerdings waren die Wahlkampfkosten ein heikles Thema, das auch wegen der Gefahr einer zu vermutenden Einflußnahme von Verbänden oder Einzelpersonen vertraulich behandelt wurde. Finanzkräftiger war im Zweifel immer der politische Gegner. Entsprechend dünn gesät sind deshalb auch die verfügbaren Angaben.

Zusammengefaßt sind folgende Grundlinien zu erkennen: Bei den Deutschkonservativen vor 1914 wurde länger an dem honoratiorenpolitischen Muster der persönlichen Wahlkampffinanzierung durch den Kandidaten festgehalten. Zwar war man auch hier frühzeitig zur Bildung von Wahlkampffonds und zur Spendensammlung übergegangen, was angesichts der Mitgliederschwäche geradezu eine Überlebensbedingung der Partei war[15], aber das zentrale Finanzierungsmuster konnte erst spät Fuß fassen. Selbst zum letzten Wahlkampf der wilhelminischen Ära klagte die Partei, anstatt das Geld vorab an die Partei zu überweisen, werde der örtliche Wahlkampf noch immer aus der eigenen Tasche der Kandidaten bezahlt. Das sichere den »Resonanzboden« im Wahlbezirk, schädige aber letztlich die Partei wegen der ungleichmäßigen landesweiten Gelderverteilung.[16] Die tradierte Vorstellung eines Kandidaten, der zur Selbstfinanzierung seines Wahlkampfs in Lage sein sollte, war noch nicht abgeschliffen. Mit dem Ausweis wirtschaftlicher Potenz bezeugte ein Kandidat seine Unabhängigkeit vom Parteiapparat und schärfte sein bürgerliches Profil.

Konkrete Angaben zur Bürgerpartei fehlen. Die vorliegenden Informationen beziehen sich lediglich auf die Darstellung der Defizite. Bereits im Januar 1923 hieß es, die anstehenden Wahlkämpfe des kommenden Jahres seien nicht gedeckt. Vor allem die Doppelwahljahre rissen tiefe Löcher in die Parteikasse. Im November 1924, kurz vor der dritten Wahl des Jahres, sollte eine Sammlung in den Ortsgruppen die »vollkommen leere Parteikasse« sanieren.[17] Der Appell der Parteileitung an die Mitglieder zur »Opferwilligkeit für die nationale Sache« wurde zum Standardtext der Wahlvorbereitung.[18] Ohne Zweifel arbeitete die Partei defizitär. Unbeantwortet muß allerdings die Frage bleiben, inwiefern dies ihre Wahlkampfarbeit im Vergleich zu den anderen Parteien beeinträchtigte und wie stark diese Defizite durch Spenden von Mitgliedern oder Unterstützungsmaßnahmen der Berliner Mutterpartei ausgeglichen wurden.

In mancherlei Hinsicht gestalteten sich die Bedingungen für den Bauernbund anders. Ein Teil seines Selbstverständnisses war es, als kostengünstige Selbsthilfeorganisation aufzutreten, die nicht als Kostgänger der Mitglieder erscheinen, sondern für diese etwas erreichen sollte. Teil des spezifisch württembergischen Selbstverständnisses war auch der sparsame Umgang mit Ressourcen. Nicht nur aus einem

---

[14] Vgl. Dt. Volksbl. v. 22. Febr. 1890 u. v. 27. Dez. 1906; Beobachter v. 3. Nov. 1900. Auch TH. NIPPERDEY, Organisation, 1961, S. 152 zu den Wahlfonds der liberalen Parteien.
[15] Dt. Reichspost v. 7. Juni 1898 u. v. 21. Juni 1898.
[16] Deutsch-Konservativ v. Jan. 1913.
[17] Landesleitung BP an Mitglieder v. 23. Jan. 1923 u. v. Nov. 1924 (NL Hiller).
[18] Landesleitung BP an Mitglieder v. 5. Febr. 1928, v. Aug. 1930 u. v. Juli 1932 (NL Hiller).

Anti-Parteieneffekt heraus, sondern eben auch aus diesem Selbstverständnis abzuleiten war 1930 das Auftreten des Bauernbundes mit einem Wahlplakat mit dem Schlagwort »Wahlen kosten Geld«.[19] Die in der vollen Breitenwirkung durchgesetzte Mitgliederfinanzierung des Bundes und die hohe Spendenbereitschaft der Anhänger sicherte jedoch geregelte Finanzen auch in Wahlkampfzeiten. Hinzu kamen die grundsätzlich anderen Bedingungen des Wahlkampfes: unentgeltlich arbeitende Vertrauensmänner und Mitglieder des Jungbauernbundes, der Wegfall großer zentraler Parteiveranstaltungen mit teuren Saalmieten in den Städten und statt dessen kleine, kostengünstige und von den Mitgliedern selbstfinanzierte Versammlungen im Dorf. Im Verlauf der Weimarer Jahre gingen beim Bauernbund sowohl die Wahlspenden als auch die Ausgaben für die Wahlkämpfe zurück. Allerdings konnte in den Jahren von 1924 bis 1930 im Wahlkampf ausgeglichen gewirtschaftet oder sogar kleine Überschüsse erwirtschaftet werden.[20]

4. Mobilisierung: Hilfsmittel und Agitationsformen

Neben den Medien und der Versammlung bemühten sich die Parteien, ihre Anhänger mit weiteren Hilfsmitteln zu mobilisieren. Zwei Bereiche sind dabei zu unterscheiden: Zum einen die Mittel von ›Attraktion‹, Sozialdruck und den legalen Möglichkeiten der Wahlbeeinflussung. Der jeweilige Kulminationspunkt war dabei der Wahltag, denn es ging darum, den Wähler zur Urne zu bringen. Zum andern geschah die Mobilisierung zur Stimmabgabe vornehmlich über die Presse. Der Kernpunkt dabei war die argumentative Überzeugung zur Wahlbeteiligung. Die Argumentationsmuster geben Aufschluß über Wahlkampfwahrnehmung und Wahlverständnis. Mit der Veränderung der Wahlkämpfe wurden diese selbst nun stärker auch zum Thema der Auseinandersetzung.

a) Überzeugungsarbeit im Kleinen

»Schlepperdienste« am Wahltag waren seit etwa 1912 gang und gäbe bei allen Parteien.[1] Die Mittel der Überzeugung in der Kleinstarbeit wurden wichtiger. Die Kon-

---

[19] Abdruck in Schw. Tageszte. v. 22. April 1932.
[20] Die Bilanzen des Bauernbundes 1924–1934 (NL Körner) weisen folgende Zahlen (in Reichsmark) auf: 1924: Wahlspenden: 74 237, Ausgaben: 59 888, was trotz der Anschaffung eines großen Fahrradbestands für Wahlkampfhelfer von 14 744 RM nur ein Defizit von 325 RM im Doppelwahljahr 1924 bedeutete. 1928: Wahlspenden: 81 980, Ausgaben: 79 618; 1930: Wahlspenden: 25 613, Ausgaben: 21 633; 1932: Wahlspenden: 37 402, Ausgaben: 40 014; 1933: Wahlspenden: 14 139, Ausgaben: 18 980.
[1] Schw. Tagwacht v. 27. Aug. 1912 über den »bei uns bisher wenig bekannten Schlepperdienst«: »Den Gegnern standen dabei in allen größeren und auch in vielen kleineren Orten Automobile in großer Zahl zur Verfügung und mancher einfache Mann des Volkes hatte an diesem Tag Gelegenheit, auch einmal in Automobil des Herrn Fabrikanten oder einer sonstigen Ortsgröße zu fahren. Die Gegner wußten, was auf dem Spiel stand, und sie verschmähten es darum nicht, selbst Schwerkranke und geistig Minderwertige zur Rettung des Vaterlandes an die Wahlurne zu schleppen.«

servativen taten sich vor 1914 schwer damit. Auch die von anderen Parteien angewandten Methoden der materiellen Überzeugung durch Wahlwerbegeschenke wurde kritisiert und selbst nur selten angewandt. Sie galten noch 1920 als »demagogische Maulwurfsarbeit«.[2] Es gab konservative Vorbehalte gegen die persönliche Bearbeitung. Sie galt als unstatthafte Beeinflussung und widersprach dem Selbstverständnis des politisch gebildeten Bürger-Individuums, das seine Wahlentscheidung aus freien Stücken und nach rationaler Abwägung treffen sollte. Daß man sich damit gegenüber den konkurrierenden Parteien im Mobilisierungsdefizit befand, war allerdings auch klar. »Wann lernen die Bürgerlichen endlich von den Sozialdemokraten, daß man jeden einzelnen Mann zur Urne schleppen muß?«, fragte die *Deutsche Reichspost* bei den Stichwahlen 1903 und kritisierte die »vornehm-aristokratische Zurückhaltung der Gebildeten«. Ein Beispiel solle man sich auch an der jungen Bauernbundsbewegung nehmen, die zeige, wie man Einfluß auf die Massen gewinne.[3] Erst spät gingen die Konservativen dazu über, die Mittel der politischen Arbeit an der Haustüre zu nutzen. Man müsse den anderen Parteien folgen: Schlepperdienste sollten die Mitglieder organisieren. Besonders gefragt seien Besitzer von Automobilen, die Alte und Gebrechliche zur Urne bringen sollten, hieß es in einer internen Anweisung 1924.[4] Auch das Mittel persönlicher und adressatenbezogener Anschreiben zu speziellen Themen wurde erst spät ergriffen.[5]

Ideenreicher war demgegenüber der Bauernbund, der sich allerdings auch auf einem Terrain mit anderen Gegebenheiten bewegte.[6] Die kleinräumige Siedlungsstruktur im überschaubaren dörflichen Raum bot bessere Möglichkeiten, in der politischen Einzelbearbeitung zu überzeugen, persönliche Gefolgschaft zu bilden und Sozialdruck auszuüben. Zur Verfügung stand das dichte Netz der Vertrauensmänner und des jungen Landvolks. Gängige Methode war beispielsweise das Aufstellen von »Wachposten« am Wahllokal. Sie sollten überprüfen, ob auch alle Bauern im Dorf zur Wahl erschienen. Wer zwei Stunden vor Schließung der Wahllokale noch säumig sei, so die Anweisung, solle von Frauen und Jungbauern herbeigeholt werden. In jedem Dorf sei auch mindestens ein Fuhrwerk bereitzustellen, um kränkliche und ältere Leute zur Urne zu bringen. Generell, so die Anweisung an die Mitglieder, liege der Schwerpunkt der Arbeit nicht in der Abhaltung vieler oder möglichst großer Versammlungen, sondern auf der Arbeit am eigentlichen Wahltag sowie in der

---

[2] Südd. Ztg. v. 12. Mai 1920.
[3] Dt. Reichspost v. 23. Juni 1903.
[4] Landesleitung BP an Mitglieder v. Nov. 1924 (NL Hiller).
[5] 1928 etwa, als es im Zuge der Steuerdiskussion um eine Ausnahmeregelung für Hundebesitzer ging, wurde der hohe Beamtenanteil in der Partei genutzt. Wo es möglich sei, solle sich ein örtliches Mitglied Einblick in die Listen von Hundesteuerzahlern verschaffen und adressierte Briefumschläge nach Stuttgart schicken, um Hundebesitzer persönlich anschreiben zu können (Landesleitung BP an Mitglieder v. 2. Mai 1928, NL Hiller).
[6] Erste Berichte mit der Anweisung des Bauernbundes an die Vertrauensmänner, zwei Tage vor der Wahl und am Wahltag von Haus zu Haus zu gehen und die Bewohner zur Wahl »aufzumuntern«, auch wenn man bisweilen ausgelacht werde. Auch sollten in stark parzellierten Gemeinden Kranke und Ältere zum Wahllokal begleitet werden (Dt. Reichspost v. 5. Jan. 1907).

»aufklärenden und kontrollierenden Tätigkeit« der Vertrauensleute und Mitglieder.[7] Hinweise zur Ausnutzung der Möglichkeiten bis an die Grenzen des Legalen fehlten nicht. Die Reichswahlordnung habe man sich genau angesehen, hieß es 1924. Gebrechlichen und Älteren sei es gestattet, sich im Wahllokal von einer Vertrauensperson bedienen zu lassen. Und mit »gebrechlich« seien auch die Kurzsichtigen gemeint. Also folgte die Anweisung: »In jedem Wahllokal hat sich ein Bundesmitglied zu solchem Vertrauensdienst bereitzuhalten, damit kein Wahlversehen vorkommt.«[8]

Die Bedingungen im persönlichen Zusammenhang des Dorfes waren andere als in der Stadt. Manches wurde dadurch erleichtert, aber es gab auch Erschwernisse. Automobile etwa waren Phänomene der Stadt. Diese Attraktion konnte der Bauernbund seinen Wählern auch in der Weimarer Zeit nicht bieten. Auto und Motorrad blieben Abgrenzungssymbole gegen die Städter, die damit auf das Land gezogen kamen, um die dörflichen Wähler zu beeindrucken.[9] Auch wurde die Agitation durch andere Erschwernisse behindert. Während des Wahlkampfs 1920 etwa grassierte in Teilen Württembergs eine Maul- und Klauenseuche, die nicht nur besondere wahlorganisatorische Maßnahmen auf Regierungsseite erzwang, sondern auch die Arbeit des Bauernbundes beeinträchtigte.[10] Letztlich konnten für den Bauernbund auch andere Mittel der ideenreichen Wahlwerbung nicht ermittelt werden. Wahlwerbegeschenke etwa galten als verpönt und als Ausdruck der »Geldprasserei« anderer Parteien, vor allem der Liberalen und der SPD.[11] Im Mittelpunkt der Agitation des Bauernbundes stand das traditionelle »canvassing« im persönlichen Kontakt.

b) »Wie ihr wählt, so werdet ihr regiert!«

Beide Parteien hatten Mobilisierungshemmnisse in ihrem Wählersegment zu überwinden, die mentaler, genuin politischer und auch sozialstruktureller Art waren. Mit adäquaten Argumentationsmustern galt es, die eigene Potentialmobilisierung zu unterstützen und dem Wähler die entscheidende Rolle im Wahlgeschehen zuzuweisen. Dem wurde der inhärente Mobilisierungsimpetus von Zentrum und Sozialdemokratie entgegengehalten, die aus konservativer Perspektive über »blind ergebene Wählermassen« verfügten.[12] Die Schranken bei der eigenen Anhängerschaft bestimmten die kommunikativen Strategien der Mobilisierung zum Urnengang.

---

[7] Schw. Landmann v. 26. April 1924.
[8] Schw. Tagesztg. v. 3. Dez. 1924.
[9] Schw. Tagesztg. v. 5. Juni 1920 u. v. 14./15. Sept. 1930. Der Hinweis auf den Einsatz der mobilen Mittel wendete sich anfangs v. a. gegen die DDP, dann gegen NSDAP, KPD und SPD.
[10] Staatsanz. v. 26. Mai 1920 zur Schaffung besonderer Abstimmungsbezirke während der Seuche. Schw. Tagesztg. v. 28. Mai 1920 mit Anweisung des Bauernbundes, keine Wahlversammlung in verseuchten Ortschaften zu besuchen und von Schlepperdiensten zwischen verseuchten und seuchenfreien Ortsteilen abzusehen.
[11] Bericht in Schw. Landmann v. 19. Mai 1928 über die »Einseifung« der Wählerschaft durch die SPD, die Frauen am Wahltag in den Städten kleine Seifen geschenkt hatte.
[12] Dt. Reichspost v. 1. Okt. 1900.

Der politisch-partizipative Quietismus des pietisierenden Elements im konservativ-orthodoxen Luthertum stellte für beide Parteien die höchste Hürde dar. Man war vor allem in den ersten Jahren des Auftretens die Vertretung der »Stillen im Land« und der positiven evangelischen Christen mit ihrer Zurückhaltung in parteipolitischen Angelegenheiten. Das kam in mehrerlei Hinsicht zum Ausdruck, etwa im Partizipationsverständnis der Wähler. Bei der Reichstagswahl 1903 zierte im Wahlkreis Herrenberg ein Gedicht einen Stimmzettel für Schrempf:

> »Die Wahl ist doch ein großes Übel, ein schweres angenehmes Joch. Sie kommt mir vor wie eine Zwiebel, man weint dabei und ißt sie doch!«[13]

Die Begründung des Aufrufs zum Urnengang paßte sich an und wurde entsprechend christlich ausgedeutet. Es war »christliche Pflicht«, sich in den Kampf um die »Dinge der Welt« zu begeben, auch wenn betont wurde, es gebe neben der Politik und dem allgemeinen Wahlrecht »andere und höhere Autoritäten«.[14] Analog zum Wahlverständnis zwischen Übel und Weltverbesserung verlief das Verständnis der Annahme einer Kandidatur oder eines Mandats. Als Schrempf 1895 zum ersten Mal ein Landtagsmandat errang, dankte er seinen Wählern, wies aber vor allem »auf den hin, der die Herzen der Menschen lenkt« und dem der eigentliche Dank gebühre: Gott.[15]

Die christliche Argumentation blieb das erstrangige Mobilisierungsmuster und gleichzeitig das zentrale Hemmnis in der Wählerschaft. Es wurde nach 1918 noch verstärkt, denn die Sonntagsruhe genoß nun zwar Verfassungsrang, gleichzeitig aber wurde der »siebte Tag« zum Wahltag. Das galt nicht nur als Vorteil der Sozialdemokratie, sondern vor allem als eigener Mobilisierungsnachteil.[16] Hinzu kam die Verschärfung der Auseinandersetzungen zwischen den Parteien, die als Mobilisierungshindernis der eigenen Anhänger gesehen wurde, die sich aus dem weltanschaulich-politischen Kampf zunehmend zurückzögen. Ein Wahlaufruf für Bauernbund und Bürgerpartei von 1924 unter dem Titel »An unsere Stillen im Lande«, verfaßt von »einem, der zu ihnen gehört«, verdeutlichte die Problematik:

> »Es ist ein Ärgernis, daß durch die Verlegung der Wahl auf einen Sonntag das dritte Gebot verletzt wird. Die teuflische Absicht derer, die dafür verantwortlich sind, ist es, uns von der Wahl fernzuhalten. Sie spekulieren: wenn die ›Frommen‹ zu Hause bleiben, verliert die rechtsgehende Politik Stimmen, und die linke Seite, die dem göttlichen Wesen und Reich feindselige Seite, gewinnt dann um so mehr die Oberhand. Aber so wie unser Herr sich nicht gescheut hat, am Sabbat arme Kranke zu heilen, so wollen auch wir unserem armen, kranken Volk und Vaterland den Liebesdienst tun, am Sonntag zur Wahlurne zu schreiten.

---

[13] StA Ludwigsburg, E 177 I, Bü 253.
[14] Dt. Reichspost v. 29. Okt. 1910.
[15] Dt. Reichspost v. 15. Febr. 1895.
[16] Vgl. z.B. der Aufruf im Bezirk Freudenstadt von 1920, die Sonntagswahlen für Ortschafts- und Gemeinderäte abzuschaffen, »weil sie einem Bedürfnis in den meisten Gemeinden nicht entsprechen und die religiösen Gefühle der Bevölkerung verletzen« (Schw. Kronik v. 8. April 1920 A). Ebenso wurde die geringe Wahlbeteiligung bei den Gemeinderatswahlen 1919 in Stuttgart dem Sonntag als Wahltag zugerechnet (Schw. Kronik v. 20. Mai 1919).

[...] So manchen mag der Gedanke beschäftigen: unser Volk und Staat ist so gottentfremdet, daß es uns widerstrebt, in politischen Dingen überhaupt etwas zu tun. Es ist wahr: Gottes Kinder leben im jetzigen Deutschland wie in der Verbannung. Aber auch in einem schlecht regierten Land müssen Gottes Kinder ihre Pflicht tun, und diese Pflicht heißt, durch richtiges Wählen für eine Gott wohlgefälligere Obrigkeit zu sorgen suchen. Es ist die Absicht der Feinde des Kreuzes Christi, daß sie durch Ermüden der Wähler Herr werden wollen. [...] Wählt gerade weil es euch weh tut, daß ihr wählen müßt [...].«[17]

Bis weit über den Umbruch von 1918/19 hinweg war die Stimmabgabe »heilige Pflicht«.[18] Zum Wahlsonntag 1924 hieß es: »Alles was Ihr tut, das tut von Herzen als dem Herrn und nicht den Menschen.«[19] Vor allem zur Mobilisierung der Frauen wurde nach 1918 christlich argumentiert[20], aber auch für die Jungwähler, die erst vor kurzer Zeit das »christliche Glaubensbekenntnis vor dem Altar« abgelegt hatten, wurde der Wahltag zum »Bekenntnistag«, zur »staatlichen Konfirmation« und damit zur »Kulturprobe«.[21] Das christliche Schema wurde sukzessiv mit dem nationalen Motiv gekoppelt und schließlich von ihm ersetzt. Die Stimmabgabe wurde zur »heiligen nationalen« und zur »vaterländischen Pflicht«.[22] Dabei wurde die positive Argumentation des Wählens für etwas durch die negative Stigmatisierung der Abstinenten ergänzt. »Wer nicht wählt, ist ein Schwächling!«, hieß es 1924, »Wahlmüdigkeit ist Wahldesertion« und wer am Wahlsonntag zuhause blieb, war ein »Vaterlandsverräter«.[23]

Vor allem für die Konservativen und nur eingeschränkt für den Bauernbund kam als Mobilisierungspunkt und politisch-institutioneller Faktor die Verfassungsreform von 1906 und der Ersatz der Privilegierten in der Zweiten Kammer hinzu. Getröstet habe man sich bisher und die Zurückhaltung bei den Wahlen damit begründet, daß durch die »konservativen Elemente in der Zweiten Kammer im Verein mit der Regierung« die Interessen des christlich und konservativ gesinnten Teils der Bevölkerung nicht zu kurz kämen. Dieser Entschuldigung sei nun der Boden entzogen, nur die Ausübung des Wahlrechts biete künftig die Möglichkeit, für die Vertretung konservativer Anschauungen zu sorgen. Die Einführung der Proportional-

---

[17] Schw. Tageszrg. v. 5. Dez. 1924.
[18] Dt. Reichspost v. 18. Sept. 1897. 1906 wurde der Befehl Pauli in Römer 13,1 zitiert und erläutert: »Jeder wahlberechtigte Christ, der sich absichtlich von den Wahlen fernhält, verletzt nicht nur sein Recht, sondern seine Pflicht. Er hilft mit, eine unwahre Auffassung der wirklichen Volksmeinung zu schaffen. Es ist leicht, mehr oder weniger gewohnheitsmäßig für seine Obrigkeit zu beten und schließlich ihren Befehlen zu gehorchen, [...] aber damit allein hat der gläubige Christ bei dem jetzigen Stand der Volksrechte seine Pflicht noch nicht getan. Er muß um seines christlichen Gewissens willen sich an den Wahlen beteiligen. [...] Ist die straffe Parteidisziplin der anderen eine stärkere Triebfeder als das christliche Gewissen bei uns?«
[19] Süddt. Ztg. v. 6. Dez. 1924 (Zitat nach Paulus an die Kolosser, 3,23).
[20] Als Beispiel der Theologe Paul Wurster bei einer Versammlung der Bürgerpartei über die Wahlpflicht der Frau (Schw. Kronik v. 5. Jan. 1919). Ähnlich Süddt. Ztg. v. 30. Dez. 1918 und v. 21. Nov. 1924: »Darum ihr lieben Frauen, rafft euch auf und tut am Wahltag eure Pflicht! Es geht nicht nur um unser deutsches Vaterland, sondern wir gefährden auch das Bürgerrecht in der oberen Heimat.«
[21] Schw. Tageszrg. v. 16. Jan. 1919 u. Schw. Kronik v. 17. April 1928.
[22] Süddt. Ztg. v. 18. Mai 1928 u. v. 15. Juli 1932.
[23] Süddt. Ztg. v. 15. Mai 1928 u. v. 23. April 1932; Schw. Kronik v. 25. April 1925 M.

wahlkreise war ein Mobilisierungsimpetus, der das demokratische und repräsentative Wahlverständnis verstärkte: »So viele Stimmen ihr abgebt, so viele Abgeordnete habt ihr!«[24]

Das Prinzip der großen Zahl war beim Bauernbund im Wahlverständnis und in der Mobilisierungsargumentation früher und stärker verankert. Neben das christliche Motiv war von Anfang an das wirtschaftliche und nutzenkalkulierende Element getreten. Der Stimmzettel in der Hand des Bauern war die einzige Waffe gegen die »Schlafhauben im Bürger- und Bauernstand«. Wahlrecht und Stimmabgabe wurden als die einzigen Mittel gewertet, um Einfluß auf die Regierung zu nehmen.[25] Das wahldemokratische Verständnis verdichtete sich nach 1918 zur standardisierten Wahlparole: »Wahltag ist Zahltag!« und »Wie wir wählen, so werden wir regiert!«[26]

Solidarisierungseffekt und Binnenintegration, Ausnutzung der »großen Zahl« und Nutzenabwägung wurden zur Mobilisierung oft in zuweilen nicht gerade flüssig gereimte Verse verpackt. Zur Reichstagswahl 1898 erging der »Aufruf«:

»Auf, auf, Du wack'rer Bauernstand / Tritt her auf uns're Seite! Allüberall im ganzen Land / Erschallt das Horn zum Streite. Wenn Du nicht willst, daß Haus und Gut, / Im Kampf Dir werd' vernichtet, Dann wappne Dich, sei auf der Hut, / Sei selbst zum Kampf gerichtet!

Allüberall im ganzen Land / Verbünden sich die Feinde. O Thoren, die kein gleiches Band / Mit ihren Freunden einte! Ihr Bauern, drum zusammensteht / Und reichet Euch die Hände, Auf daß, wenn Ihr zusammengeht / Sich Euer Los bald wende. [...]

Es liegt für Euch der Zukunft Heil / im festgefügten Bunde. Ein ein'ger Bund, das ist der Keil / In Eurer Feinde Runde. Was bisher sie zusammenhielt, / War Euer Trennung Schwäche. Drum gebt fortan der Einheit Bild, / Daß sich kein Feind erfreche! [...]

So schart Euch denn zu uns'rem Bund, / Zum deutschen Bauernbunde, Zur Einigkeit auf deutschem Grund, / Mit Herz, mit Hand und Munde! Und seid Ihr unter Euch vereint, / Um Pflicht und Recht zu hegen, Dann schadet Euch hinfort kein Feind; / Dann winkt Euch Gottes Segen!«[27]

Hemmnisse sozialstruktureller Art stellten sich dem Bauernbund vor allem durch die ländlichen Arbeitsverhältnisse. 1920 wurde geklagt, während der städtische Bürger die Sonntagsruhe pflege, bei der dem Kirchgang das Mittagessen folge und vor dem Spaziergang noch der Wahlgang eingefügt werden könne, sei der Wahlsonntag für den Bauern gegebenenfalls eben auch Arbeitstag.[28] Entsprechend waren die Klagen in Mehrfachwahljahren oder bei Wahltagen in Zeiten der Ernte- und Feldarbeit, in der der Bauer seine Arbeitsökonomie über das politische Beteiligungspostulat stellte.[29] Simpler hingegen als bei der Bürgerpartei erschien die Mobilisierung der Landfrau. So wie die Arbeiterfrau mit dem Stimmzettel über den Fleisch- und Brot-

---

[24] Dt. Reichspost v. 15. Nov. 1906 u. v. 20. Dez. 1912.
[25] Schw. Landmann v. 1. Jan. 1903 u. v. 15. Mai 1903.
[26] Schw. Tageszig. v. 20. Dez. 1918 u. v. 27. April 1924.
[27] Schw. Landmann v. 1. Juni 1898 als eines von zahlreichen Beispielen.
[28] Schw. Tageszig. v. 18. April 1920.
[29] Schw. Tageszig. v. 6. Nov. 1924, v. 25. Juli 1930 u. v. 14. April 1932.

preis abstimme, so müsse auch die Bäuerin mit der Wahl den Preis für Vieh, Milch, Obst und Wein machen. Außerdem gehe sie sowieso gemeinsam mit dem Gatten zur Wahl und könne sich dem Urteil »erfahrener Bauernfreunde beruhigt anschließen«. Auch in weltanschaulichen Dingen käme nur die Wahl des Bauernbundes in Frage, nachdem die Bürgerpartei als zweite Alternative die Interessen der städtischen Bevölkerung vertrete.[30]

c) Der »Kampf um die Seele der Menschen«

Wahlkämpfe hatten seit den 1890er Jahren ihr Gesicht grundlegend verändert. In der ansteigenden Spirale der Kampagnenführung und deren Wahrnehmung durch die Zeitgenossen flossen mehrere Elemente zusammen. Unter dem Topos der Amerikanisierung wurden die Veränderungen vor allem von den rechtsbürgerlichen Parteien kritisiert. Wahlkämpfe wurden länger, intensiver und emotionaler geführt. Die Presseberichte der Kommentatoren auf konservativ-bürgerlicher Seite spiegeln die Wahrnehmung der Kampagnen wider. Analysiert wurden die innerwürttembergischen Entwicklungen und ihr Vergleich mit der Reichshauptstadt. Zwei der zentralen Erscheinungen waren dabei die Verschärfung der Auseinandersetzungen und das Phänomen politisch motivierter Gewalt. Aber es gab auch überparteiliche Konsensstrukturen.

Mit dem Eintritt der Massen in die Politik wurden die amerikanischen Wahlkämpfe zur Meßlatte der Modernität des Wahlkampfgeschehens. In einem antithetischen Konstrukt wurde dem deutschen Wahlkampf, der von Ernsthaftigkeit und vom rationalen Argument geprägt galt, der ›american way of campaigning‹ gegenübergestellt. Die Kritikpunkte waren dabei die Personalisierung der Auseinandersetzungen, der intensivierte materielle und finanzielle Einsatz und die Unterhaltungsorientierung bestimmter Wahlkampfelemente mit aus heutiger Perspektive harmlos wirkenden Stilmitteln des Politainments. Die an den Regeln der Werbung und des Massenkonsums orientierten unterhaltenden Momente hatten mobilisierende Wahlkampffunktion. Sie sollten zur politischen Partizipation motivieren, soziale Interaktion schaffen und ästhetische Erfahrung vermitteln. Als Argumentations- und Darstellungsmuster galten sie der Legitimation der Anbieter und Kandidaten.[31] Der Vorwurf der Amerikanisierung des Wahlkampfs war immer mit dem Verdacht verbunden, den vermeintlich passiven Politikkonsumenten durch professionalisierte und mediale Steuerung zu manipulieren. Er richtete sich vor und nach dem Ersten Weltkrieg vornehmlich gegen die Linksliberalen und wurde vor allem von Konservativen und Nationalliberalen, vereinzelt auch vom Zentrum vorgebracht. Der Vorwurf wurde lauter und intensiver, je stärker sich die kritisierten Veränderungen durchgesetzten. Die Linksliberalen galten als Modernisierer der Wahlkampfführung

---

[30] Schw. Tagesztg. v. 19. Mai 1928 u. v. 19. April 1932.
[31] Vgl. das Modell nach Bruce Gronbeck bei M. G. MÜLLER, 2002, S. 199.

und »Rädelsführer der Wahlkampfmache«.[32] Einen ersten Höhepunkt bildete 1907 die Reichstagskandidatur Naumanns im Wahlkreis Heilbronn. Die Charismatisierung Naumanns, der intensivierte Mitteleinsatz sowie Elemente des Entertainments wie das Automobil riefen die Kritiker auf den Plan. Der »wohlgespickte Geldbeutel des Berliner Tiergarten-Freisinns« habe die »solide Grundlage für den nach amerikanischem Brauch geführten Wahlkampf« gelegt. »Riesenreklame«, »Wahlmache in amerikanischer Dimension« und ausgelegter »Wahlspeck« der »amerikanischen Automobil-Apachen« wurden moniert.[33]

In den ersten Nachkriegsjahren wandte sich der Amerikanisierungsvorwurf weiterhin gegen die Linksliberalen, von konservativer Seite nun verstärkt ergänzt durch das Stereotyp der »jüdisch finanzierten Demokratie.«[34] Zunehmend aber verschob sich der Fokus der Kritik auf die Veränderung der visuellen Medien. Der Vorwurf der amerikanischen Reklame bezog sich nun auf den Modernitätsvorsprung der Gegner in Sachen graphischer und symbolischer Repräsentation.[35] Den Abschluß bildeten die stark personalisierten Reichspräsidentschaftswahlen. Fast wertfrei und mit Verweis auf das eigene Vorgehen mit Schwarz-Weiß-Rot konstatierte die *Süddeutsche Zeitung*: »Die Amerikanisierung der Werbearbeit hat seit der letzten Wahl Fortschritte gemacht.«[36] Nach 1925 fand der Topos der Amerikanisierung keinen Niederschlag mehr in der Presse. Alle Parteien hatten sich den veränderten Bedingungen angepaßt.

Wie reagierten die konservativen Kommentatoren auf die Intensivierung der Wahlkämpfe und auf die Veränderungen der Auseinandersetzungsformen? Gab es ein spezifisch württembergisches Profil der Wahlkämpfe und wie wurde dem Prozeß der wachsenden Konfliktträchtigkeit durch die Parteien begegnet? Für die Zeitgenossen der wilhelminischen Ära hatten die Wahlen von 1912 den Höhepunkt einer kontinuierlichen Entwicklung dargestellt. Neben der »Materialschlacht« habe der Landtagswahlkampf im Winter 1911/12 einen »noch nie zuvor erlebten Charakter« gezeigt, den »Verlust jeglicher gemeinbürgerlicher Tugenden«, eine »noch nie gesehene Roheit des Benehmens« und die Vorherrschaft »ordinärer Instinkte ohne sittliche Überzeugung«.[37] 1932 hingegen analysierte das *Schwarzwälder Volksblatt* einen Tag vor den württembergischen Landtagswahlen von 1932 die zurückliegenden Jahre:

»Politik ist ein Kampf um die Seelen der Menschen. Deshalb werden auch politische Kämpfe mit einer Leidenschaft ausgefochten, wie sie in dieser Heftigkeit Auseinandersetzungen auf anderen geistigen Gebieten fremd zu sein pflegt. Ihren Höhepunkt aber erreicht die politi-

---

[32] Dt. Reichspost v. 6. Febr. 1907.
[33] Dt. Reichspost v. 6. Febr. 1907 u. v. 8. Febr. 1907; Dt. Volksbl. v. 4. Febr. 1907; Schw. Tagwacht v. 13. Febr. 1907 u. v. 28. Nov. 1906; Schw. Kronik v. 27. Nov. 1906 A. Vgl. auch den Wahlaufruf des Naumannschen Gegenkandidaten Wolff (Bauernbund) gegen den »amerikanischen Wahlkampf« seines Kontrahenten in NL Naumann, BA Berlin, N 3001, Bü 211.
[34] Süddt. Ztg. v. 19. Jan. 1919 u. v. 22. Jan. 1919 mit Hinweis auf die Finanzierung durch die »Firma Mosse«.
[35] Süddt. Ztg. v. 18. April 1920 u. Stuttg. Neues Tagbl. v. 8. Dez. 1924.
[36] Süddt. Ztg. v. 27. April 1925.
[37] Dt. Reichspost v. 11. Jan. 1912.

sche Leidenschaft, der Kampf um die Seele des Einzelnen, bei einer Wahl. So bekannt auch diese Zusammenhänge sind, so wenig hat sich bisher doch mit der Frage beschäftigt, wie sich denn die Seele des Wählers zu diesem Kampf verhält, welche Veränderung sie im Laufe einer solchen Wahl erfährt, und wie diese Veränderungen das Wahlergebnis zu beeinflussen geeignet ist. [...] Es gibt drei Wählertypen: den erregten, den seelisch ausgeglichenen und den gleichgültigen Wähler. Der gleichgültige Wähler betrachtet den Wahlakt als eine äußerliche Pflicht, deren er sich entledigt, wie man viele Zeremonien ausführt, ohne an ihnen innerlich irgendwie beteiligt zu sein. Der erregte Wähler begleitet die Wahlvorbereitungen mit wachsender Leidenschaft, der ausgeglichene dagegen mit großem Ernst und voller Besinnung der Entscheidungen, um die es geht. [...] Im Deutschland der Nachkriegszeit tritt der erregte Wähler besonders stark hervor, während dem Vorkriegsdeutschland der ausgeglichene Wähler seine Note gab.«[38]

Der Übergang vom tradierten Wahlkampf zum »Parteiringen um die Seele des deutschen Wählers«[39] zeigte Elemente der Kontinuität und des Wandels. Wahlkampfsprachliche Bellizismen, Begriffe wie die »Wahlschlacht« und der »Wahlkampffeldzug«, waren bereits im Kaiserreich Bestandteile der sprachlichen Auseinandersetzung, die deutlich machten, daß Wahlkämpfe Konfliktcharakter hatten und daß es Sieger und Verlierer gab. Wahlkampf wurde mit Kriegführen verglichen. Er war »Waffengang«, in dem die Parteien ihre »Schlachtreihen« formierten. Die Kriegsmetapher war gängiges Mittel aller Parteien in der aufsteigenden Spirale von Emotionalisierung, Affektivierung und Dramatisierung des Politischen.[40] Nach dem Ersten Weltkrieg verdichtete sich der Einsatz der kriegssprachlichen Figuren nochmals. Er war Teil der Kultur des Krieges in der Nachkriegsgesellschaft. Das Führen einer »Wahlschlacht« wurde immer öfter mit der Emotion Haß gekoppelt.[41] Die konnotativen Verknüpfungen entsprachen dem partiellen Zusammenbruch herkömmlicher Sinnangebote und dem Spannungsverhältnis zwischen tatsächlichem und propagandistisch überhöhtem Kriegserlebnis. Unter dem Einfluß der zunehmenden Massenmobilisierung und der Stilisierung der Volksgemeinschaft zur ›nationalen Kampfgemeinschaft‹ veränderte und verschärfte sich die herkömmliche politische Repräsentation. Der Militarisierung der Gesellschaft durch die Kriegserfahrung entsprach die latente und offene Militarisierung und Brutalisierung des politischen Verhaltens. Gewaltakzeptanz und der aktive Einsatz von Gewalt waren Folge von Krieg, Revolution, bürgerlichem Anti-Bolschewismus und Reaktion auf den wahrgenommenen Verlust der inneren Einheit des Bürgertums.[42]

---

[38] Schwarzwälder Volksbl. v. 23. April 1932.
[39] Gäubote Herrenberg v. 3. Mai 1924. Ähnlich auch Schw. Landmann v. 19. Mai 1928; Schw. Kronik v. 2. März 1928; Süddt. Ztg. v. 4. April 1924 u. v. 11. April 1928.
[40] Von S. SUVAL, 1985, S. 18f. und B. FAIRBAIRN, Democracy in the Undemocratic State, 1997, S. 37ff. wird der Einsatz der Kriegsmetapher nicht als Ausdruck der Militarisierung der Gesellschaft, sondern als Ausweis des steigenden Stellenwertes von Wahlen gewertet.
[41] Als eines von zahlreichen Beispielen die Süddt. Ztg. v. 1. April 1924 mit dem Bismarckzitat zur Wahlkampfvorbereitung: »Ich habe nicht schlafen können, ich habe die ganze Nacht gehaßt.«
[42] Vgl. hierzu die Beiträge in H. MOMMSEN, Der Erste Weltkrieg, 2000, v.a. D. SCHUMANN, Einheitssehnsucht, 2000 u. B. WEISBROD, Die Politik der Repräsentation, 2000 sowie M. TRAUTHIG, 1999.

Die zunehmende Aggressivität und die wachsende Emotionalisierung der Auseinandersetzungen, vor allem aber politisch motivierte Gewalt bei Versammlungen nach 1918 waren Phänomene, die den Zeitgenossen neu waren. Vor 1914 waren sie die Ausnahme gewesen.[43] Die Weimarer Jahre stellten im Vergleich zur Vorkriegszeit nochmals eine im doppelten Sinne ›gewaltige‹ Veränderung dar.

Insgesamt gesehen verliefen die Wahlkämpfe in Württemberg jedoch ruhiger als im Reich, zwar nicht gewaltfrei, aber im Vergleich deutlich friedfertiger. Auch wenn man Wahlpolitik definieren könne als »Ausnützung der Suggestibilität der Massen bis zur äußersten Grenze«, trotz »Papierschlacht« und »Propagandarekorden«[44], urteilte die *Schwäbische Kronik* 1930: »Württemberg ist wirtschaftlich und geistig noch gesünder und daher auch politisch besonnener als andere Reichsteile.« Der Vergleich zwischen Stuttgart und Berlin zog sich über die gesamten Weimarer Jahre hinweg und endete immer wieder mit dem Resümee eines überraschend ruhig verlaufenen Wahlkampfes im eigenen Land.[45] Ein größeres Ausmaß an politischer Gewalt wurde erst Ende 1932 und zu den Reichstagswahlen 1933 beobachtet, die einen »beispiellos scharfen und bis zur Siedehitze gestiegenen Wahlkampf« brachten, der wie kein anderer zuvor »die Volksseele in Wallung« gebracht habe und an die »zur Wahrung der Staatsautorität berufenen Organe die größten Anforderungen« gestellt habe. Als verantwortlich galt die in Württemberg erst spät organisatorisch gefestigte NSDAP.[46]

Es gab parteiübergreifende Konsensstrukturen zur Eindämmung der negativen Erscheinungen. Die Legitimationsgrundlage der Übereinkünfte waren das gemeinsam gelebte Christentum – ob evangelisch oder katholisch. Auf protestantischer Seite leistete der überparteiliche Evangelische Volksbund mit seinen Aufrufen zur sach-

---

[43] A. GAWATZ, Wahlkämpfe, 2001, S. 196. Zur politischen Gewalt in der Weimarer Republik v. a. B. WEISBROD, Gewalt in der Politik, 1992 u. D. SCHUMANN, Politische Gewalt, 2001.
[44] Stuttg. Neues Tagbl. v. 21. Mai 1928.
[45] Keine Vorkommnisse in 187 Stuttgarter Wahllokalen hieß es im Januar 1919, Verletzte und Ausschreitungen aber in Berlin (Schw. Kronik v. 13. Jan. 1919). Als »überraschend ruhig« wurde auch der Wahlkampf 1920 bewertet (Schw. Kronik v. 7. Juni 1920; Südd. Ztg. v. 7. Juni 1920). Von einer »Verschärfung der Wahlleidenschaften«, von einer »persönlich gehässigen, hetzerischen und unwahrhaften Wahlkampagne« war 1924 die Rede, aber »nirgends war es zu Störungen irgendwelcher Art gekommen« (Schw. Tageszeitung. v. 6. Mai 1924; Südd. Ztg. v. 5. Mai 1924 u. Schw. Kronik v. 5. Mai 1924). Der Dezemberwahlkampf 1924, der nach der Reichstagsauflösung als dritter Urnengang des Jahres vor allem von Konservativen und Zentrum als unnötig bewertet wurde, war in Württemberg ruhig verlaufen, während es in Berlin zu blutigen Zusammenstößen gekommen war (Schw. Tageszeitung. v. 9. Dez. 1924; Südd. Ztg. v. 8. Dez. 1924 u. Schw. Kronik v. 12. Dez. 1924). Von einem ruhigen Wahltag anläßlich der Reichspräsidentenwahlen wurde 1925 gesprochen, während aus Berlin Tote gemeldet wurden (Schw. Tageszeitung. v. 28. April 1925). Das selbe galt für die Wahlen 1928 (Südd. Ztg. 21. Mai 1928 u. Schw. Kronik v. 21. Mai 1928). Bei »Anpöbelungen« sei es 1930 in einem insgesamt als ruhig einzuschätzenden Wahlkampf geblieben, während im Reich fast täglich neue Todesopfer zu vermelden waren (Schw. Kronik. v. 6. Sept. 1930 u. v. 14. Sept. 1930 u. Schw. Kronik v. 15. Sept. 1930).
[46] Schw. Tageszeitung. v. 13. Juli 1932 mit Berichten über Versammlungen in Heilbronn (»politischer Kampf mit Steinen und Messern«) sowie über Messerstechereien zwischen der SA und der KPD in Heidenheim; v. 31. Juli 1932 (mit Berichten über gewalttätige Zusammenstöße in Stuttgart zwischen Anhängern der NSDAP und der KPD sowie in Göppingen) u. v. 5. März 1933.

lichen Wahlkampfführung seinen Beitrag, der ab 1928 allerdings verstummte.[47] Zu einem parteiübergreifenden Stillstandsabkommen in Sachen Wahlagitation war es 1924 gekommen. Bereits vor Zustandekommen einer reichsrechtlichen Regelung waren Bürgerpartei und DVP übereingekommen, sich gemeinsam für eine Wahlkampfruhe während der Karwoche einzusetzen.[48] Einer schriftlichen Bitte des Staatspräsidenten Hieber schlossen sich in Württemberg alle Parteivorsitzenden an, um »die Wahlleidenschaften zu entschärfen«.[49] Der letztlich auf reichsrechtlicher Basis zustande gekommene »Osterburgfriede«[50] galt für alle Wahlen bis 1932[51], wurde aber zunehmend zum Lippenbekenntnis. Bereits 1924 hatte der Bauernbund dem Zentrum vorgeworfen, am Palmsonntag habe es nach dem Gottesdienst von Geistlichen Flugblätter verteilen lassen, konnte aber keine Belege dafür beibringen.[52] Die Bürgerpartei hingegen hatte selbst das Abkommen gebrochen, als sie am 14. April 1924 Delegierte zur Landesversammlung der Vaterländischen Verbände entsandte.[53] Während die Vereinbarung 1928 dann offensichtlich eingehalten wurde, hieß es 1932 von der Bürgerpartei nur noch lapidar, der von der »fürsorglichen Reichsregierung notverordnete Osterfriede« sei nun »endlich vorbei«. Bereits zwei Tage zuvor hatte die Partei ihre Landtagskandidaten präsentiert.[54] Das Beispiel steht symptomatisch für den Verlust konsensualer Vorgehensweisen und parteiübergreifender Vereinbarungen am Ende der Weimarer Republik.

5. Resümee: Intensivierung und Modernisierung

Die Veränderungen in der Wahlkampfführung lassen sich als Ausweitung und Intensivierung der Mediennutzung einerseits sowie als Technisierung, Rationalisierung und Zentralisierung andererseits zusammenfassen. Auch die Wahlwerbung zeigte einen fundamentalen Modernisierungsprozeß, der alle Parteien zwang, sich den veränderten Bedingungen anzupassen, die durch die medientechnischen Entwicklungen vorgegeben wurden. Wahlkämpfe wurden zu Phasen intensivierter Produktwerbung. Die Jahre um die Wende zum 20. Jahrhundert stellten den Übergang zur medialen Moderne dar. Das Aufkommen der Massenmedien trug den Charakter eines »Strukturwandels der Öffentlichkeit«[1] mit dem grundlegenden Prozeß des tendenziellen Zusammenfallens von der Darstellung und der Herstellung von Politik in den Medien. Politische Deutungsanbieter waren gezwungen, Profilbildung

---

[47] Aufrufe in Schw. Kronik v. 19. März 1924 u.v. 25. März 1928; Süddt. Ztg. v. 17. März 1924 u.v. 24. März 1928; Schw. Tagesztg. v. 19. März 1924 u.v. 25. März 1928.
[48] Schw. Kronik v. 27. März 1924 u. Süddt. Ztg. v. 27. März 1924.
[49] Schw. Kronik v. 17. April 1924.
[50] Württ. Ztg. v. 5. Mai 1924.
[51] Süddt. Ztg. v. 11. April 1928 u. Stuttg. Neues Tagbl. v. 12. April 1928.
[52] Schw. Tagesztg. v. 23. April 1924. Replik in Dt. Volksbl. v. 27. April 1924.
[53] Schw. Kronik v. 17. April 1924.
[54] Süddt. Ztg. v. 1. April 1932 u.v. 2./3. April 1932.
[1] J. HABERMAS, Strukturwandel der Öffentlichkeit, 1990 [zuerst 1962].

und Legitimitätssuche durch professionalisierte politische Kommunikation und mediale Darstellung vorzunehmen. Wer dabei einen Modernitätsvorsprung hatte, war dem Verdacht des Populismus ausgesetzt.

Die Entwicklung verlief in medialen Konjunkturen und mit deutlichen Einschnitten 1912 und 1928. Die gewaltige Ausweitung des Mitteleinsatzes bei den traditionellen Printmedien war im Grunde 1912 abgeschlossen. Die Intensivierung in den 1920er Jahren basierte auf den Strukturen, die im Kaiserreich bereits angelegt waren. Sie entsprach der Modernisierung und Pluralisierung der Medien und der politischen Öffentlichkeit. Eine Neuerung stellte der Übergang zur politischen Visualisierung im Bereich der Bildmedien und der Einsatz der neuen Medien von Ton und Film dar. Die Wahlkämpfe selbst wurden zur Modernisierungsinstanz, indem sie den institutionellen Rahmen abgaben, innerhalb dessen sich Wahlwerbung und Politikstil veränderten. Die visuellen politischen Wahrnehmungsprogramme veränderten Struktur und Inhalte der Wahlkampfmedien. Sie dienten der politischen Selbstbildpflege der Parteien und entsprachen der inhärenten Reduktionsneigung der Produktwerbung. Vor allem die Bildplakate führten zur selbstreferentiellen Identitätsdarstellung der Parteien und zu neuen Identifikationsstrategien der Komplexitätsreduzierung und Kohärenzmaximierung.[2] Katalysatorische Schrittmacher waren dabei die Reichspräsidentenwahlen 1925 mit ihrer personalisierten und auf Chiffren reduzierten Wahlwerbung. Das Jahr 1928 markierte dann den Übergang zum neuen medientechnischen Zeitalter. Alle Parteien waren zur verstärkten Visualisierung ihrer Inhalte übergegangen und hatten das modern gestaltete Plakat in den Dienst ihrer Arbeit gestellt. Grammophon und Wahlwerbefilm, eingeschränkt auch das Radio, rundeten diese zweite Modernisierungsphase ab.

Alle Parteien waren im Wahlkampfgeschäft gezwungen, mit einem erweiterten Kommunikationsarsenal und mit erhöhter Kommunikationsintensität dem Mobilisierungsbedarf zu begegnen. Dennoch blieb die traditionelle Versammlung und die interpersonale Kommunikation von großer Bedeutung. Die Politikvermittlung durch Milieumanager blieb eine zentrale Größe im Geschehen. In erster Linie waren dies die (semi-)professionellen Parteikräfte und die örtlichen Meinungsführer: Schultheißen, Geistliche und die Verbands- und Vereinsvertreter. Ihr Profil entsprach dem Sozialprofil der jeweiligen Partei. Ein Kriterium im Entwicklungstrend war die wachsende Versammlungsdichte. Aber die Versammlungen selbst und der Versammlungsstil veränderten sich zur Massenversammlung und zur geschlossenen Veranstaltung.

Legt man die typologische Unterscheidung zwischen vormodernen, modernen und postmodernen Wahlkämpfen zugrunde[3], so zeigen sich die 1920er Jahre als Übergangsphase zur modernen Wahlkampfführung mit Traditionsüberhängen aus dem Kaiserreich und zukunftsweisenden Phänomen, die bis in die Frühzeit der Bun-

---

[2] N. LUHMANN, Komplexität und Demokratie, 1969.
[3] Vgl. das Modell von P. NORRIS, 1997 und die Ausführungen in A. GEISLER/U. SARCINELLI, 2002, S. 56f.

desrepublik hineinreichen.[4] Die Wahlkämpfe veränderten sich von der lokalen und dezentralen Organisation hin zum zentral koordinierten Vorgehen. Die Vorbereitungsphase und die heiße Phase wandelten sich vom ad-hoc geführten Wahlkampf zur langfristig geplanten und intensiv geführten Kampagne. Das tradierte persönliche »canvassing« blieb als Rückkopplung erhalten, wurde aber durch die massenmedial vermittelte Mobilisierung ergänzt. Lokale und überregionale Presse, Handzettel und Plakate blieben die wichtigsten Medien, denen aber Ton und Film an die Seite gestellt wurden. Einem Modernisierungszwang unterlag auch die finanzielle Absicherung der Kampagnen. Sie wandelte sich von der lokal und von Einzelpersonen getragenen Kostendeckung zur zentral koordinierten Finanzierung von Wahlkampfbudgets der Parteiorganisationen.

Beide konservative Parteien mußten sich der Entwicklung anpassen. Dabei stellten sich den städtischen Konservativen und dem Bauernbund sowohl gemeinsame als auch spezifisch unterschiedliche Bedingungen. Der Bauernbund war in mehrfacher Hinsicht eine ›moderne‹ und dynamische Kraft: in seiner medialen Potenz, in seiner professionalisierten und von der Basis selbst organisierten Versammlungsaktivität sowie in seinem Mobilisierungspotential, dem das Partizipationskriterium als Bewertungsmaßstab zugrunde lag. Das entsprach seinem Selbstverständnis als Emanzipationsbewegung und war Teil seines Beitrags zum »populistischen Wandel« der Politik. Partizipation bedeutete nicht nur praktische Teilhabe an der Politik, sondern schloß von Anfang an die Nutzung des allgemeinen Wahlrechts, Mobilisierung und Massenintegration, Solidarisierung und Anti-Elitismus sowie die Artikulation sozialer, ökonomischer und politischer Interessen mit ein.[5] Einen Modernisierungsvorsprung gegenüber den Konservativen hatte er außerdem in monetärer Hinsicht, garantiert durch ein funktionierendes System der Mitgliederfinanzierung und durch die hohe Spendenbereitschaft seiner Anhänger. Auf dem Land konnte der Bauernbund als dynamische Kraft auftreten und Standards setzen. Andererseits war er gar nicht gezwungen, bestimmte Neuerungen im Wahlkampfverhalten mitzumachen. Die Forderung nach dem Übergang zur virtuellen Politikvermittlung via Ton und Film stellte sich ihm nicht. Ähnlich wie andere Mittel der Attraktion – etwa das Automobil – dienten diese stärker der Selbstabgrenzung. Die traditionellen Printmedien, die graphische Darstellung und die face-to-face-Interaktion in der Versammlung blieben die wichtigsten Wahlkampfmittel.

Die Konservativen hingegen hielten länger an tradierten und honoratiorenpolitischen Mustern fest. Das partizipative Hemmnis im pietistisch geprägten württembergischen Protestantismus stellte sich auch dem Bauernbund, wirkte sich aber bei den Konservativen gravierender aus. Tradierte Vorstellungen von Politikvermittlung und Politikorganisation, die dem herkömmlichen bildungsbürgerlichen Honoratio-

---

[4] Hierzu J. NIEMANN, 1994, der den ersten Bundestagswahlkampf 1949 in der Tradition der Wahlkämpfe der Weimarer Zeit verortet.
[5] Zum Konzept des »populistischen Wandels« und seiner Elemente vgl. B. Fairbairn, Democracy in the Undemocratic State, 1997, S. 25 u. ö. Zur »Populismus«-Diskussion siehe auch unten S. 430.

renideal eines rational-aufklärerischen Diskurses entsprachen, zeigten sich länger als bei den Konkurrenten: Im medialen Auftreten und im Festhalten am Wort, in der Abneigung gegen die visuelle Reduzierung von Inhalten, in der Versammlungspassivität und nicht zuletzt in der nie funktionierenden Schaffung einer adäquaten finanziellen Basis. Die Phänomene entsprachen dem Bereich der Parteiorganisation: Vorrang des Persönlichen und des Lokalen gegenüber dem Kollektiven der Masse und den zentralisierten Strukturen. Hier zeigten sich die Konservativen als reagierende Kraft auf Neuerungen. »Den konservativen Gedanken unter der Wucht der Tatsachen in populärer Form an die Massen bringen«[6], war ein Erfordernis, das sich den Konservativen mit zunehmender Dringlichkeit stellte. Die letztlich nur mentalitätsgeschichtlich zu begründenden Hemmnisse wirkten bis weit in die Weimarer Jahre hinein fort. Mit dem Impetus der mittelständischen Interessenvertretung und nach 1918 verstärkt durch das Nationale konnte die Bürgerpartei ab 1924 aufschließen. Das unterschied sie in aller Deutlichkeit von den Vorkriegskonservativen. Danach war sie zumindest in der Auswahl ihrer Mittel genauso ›modern‹ wie ihre Konkurrenten, aber organisatorisch und vor allem finanziell weiterhin schwach.

Die negative Wahrnehmung der Entwicklung der Wahlkämpfe wurde vor allem von denjenigen Kräften artikuliert, die sich selbst im Hintertreffen sahen. Die bürgerlichen Kommentatoren waren die Träger der Amerikanisierungsdebatte, die dann beendet war, als sie selbst zu den kritisierten Mitteln griffen. Aber auch die Auseinandersetzungen hatten sich verändert. Im Vergleich zur Vorkriegszeit wurden sie aggressiver und emotionaler geführt. Politik in der Weimarer Republik war gegenüber dem Kaiserreich auch Politik im Dauerwahlkampf. Die Veränderungen wurden abgesehen von den extremen Kräften von allen Seiten kritisiert, aber von allen wurde auch dazu beigetragen. Im Reichsvergleich nahmen sich die württembergischen Wahlkämpfe der Weimarer Zeit verhältnismäßig ruhig aus. Fundamentale Veränderungen waren jedoch der Einzug erhöhter Aggressivität und politisch motivierter Gewalt vor allem ab 1932. Dem entsprach der Legitimitätsverlust gemeinsamer und parteiübergreifender Konsensstrukturen. Die Wahlkampfführung selbst wurde zum Thema der politischen Auseinandersetzung, Politik- und Konfliktstile zum Abbild der Parteiencharakteristika.

Wahlkämpfe waren Ausnahmesituationen und Phasen von erhöhtem Legitimationsbedarf. Der erhöhte Konkurrenzdruck motivierte alle teilnehmenden Kräfte zum Einsatz von als manipulativ abgestempelten kommunikativen Strategien und Marketingmethoden. Polarisierung und Stereotypisierung, Irrationalismus und Reduktion, Inszenierung und Effekthascherei waren prägende Komponenten der Massenagitation. Sie waren Begleiterscheinungen der Modernisierung einer pluralistischen und massendemokratischen Gesellschaft. Im Vergleich zum heutigen Sprachgebrauch erschien der politische Diskurs der Weimarer Jahre als pathetisch und hypertroph. Sprachliche Maximalismen und die Dramatisierung der politischen Rhetorik – exemplarisch am Einsatz der Kriegsmetapher abzulesen – verleiten dazu, die

---

[6] Dt. Reichspost v. 2. Nov. 1911.

affektive Dichte der Sprache zu überschätzen. Dennoch: Die strukturellen Veränderungen der Wahlkampfführung waren nicht die Ursache für die Verschärfung der Auseinandersetzungen. Konflikt- und Konsensstrategien, Kompromißbereitschaft und geteilter Wertebestand von Parteien und Sozialgruppen wurden vor allem inhaltlich und sprachlich vermittelt.

Achtes Kapitel

Inhalte: Themen, Selbstbild und Abgrenzung

Im Zentrum des folgenden Kapitels stehen Inhalte. Im Wetteifer der Parteien um Stimmen und Mandate standen immer Themen im Mittelpunkt, die von den politischen Deutungsanbietern vertreten wurden, auf die sie zu reagieren hatten oder die sie im politischen Agenda-Setting-Prozeß einbrachten.[1] Die Analyse der Issue-Ebene ist somit ein unerläßlicher Bestandteil der Parteienforschung und trägt zur geforderten »Repolitisierung der Wahlforschung« bei.[2] Der Konkurrenzkampf der Parteien ging um Macht und um die Durchsetzung von Interessen ökonomischer, sozialer, kultureller und ideeller Art. Diese wurden offensiv formuliert, waren aber mehr als nur die Vertretung nackter Interessenstandpunkte. Sozialstrukturelle Variablen wie soziale Schichtzugehörigkeit oder Konfession wurden ausgedeutet, kulturell aufgeladen und als Pakete vermittelt. Diese Deutungs- und Vermittlungsdimension hat einen Inhalts-, Ausdrucks- und Prozeßaspekt.[3] Wofür standen also die beiden württembergischen konservativen Parteien? Welche Themen wurden von ihnen eingebracht, besetzt, politisiert oder auch entpolitisiert? Und welche Issues wurden ökonomisiert, konfessionalisiert oder auf andere Themenbereiche übergeführt?

Die Frage nach Themenfeldern und ihrer Ausdeutung legt den Blick frei auf die Konflikt- und Konsensformen von gesellschaftlichen Gruppen. Wahlkampf war auch der Kampf um Themen und Begriffe, um ihre strategische Besetzung und ihre sprachliche Vermittlung.[4] Mit der politischen Sprache wurden Konflikte eingeführt, ausgetragen, vermieden oder auch Konsens signalisiert. Anhand von Themen wurde polarisiert, Einzelfragen mit weltanschaulichen Differenzen aufgefüttert, Sachthemen mit Personen verquickt und Themen affektiv aufgeladen. So wurde integriert oder die politische Auseinandersetzung durch einen formalisierten Schlagabtausch und vorstrukturierte Denunziationen stigmatisiert und ritualisiert. Die diskursiv hergestellten, vermittelten und permanent erneuerten Themen dienten der Identitätsbildung der Parteien, der eigenen Legitimierung und der Delegitimierung des Gegners. Sie prägten das Selbstbild und definierten die Fremdbilder.

---

[1] F. Neidhardt, 1994.
[2] Th. Kühne, Historische Wahlforschung in der Erweiterung, 1995, S. 50.
[3] K. Rohe, Wahlen und Wählertraditionen, 1992 u. K. Rohe, Politische Kultur und ihre Analyse, 1990. Rohe geht davon aus, daß ein Milieu einer stützenden, institutionalisierten Deutungskultur bedarf. Er unterscheidet zwischen einer Soziokultur als der gelebten, »selbstverständlichen« und einer Deutungskultur als der diskursiv hergestellten und immer wieder zu erneuernden Kultur.
[4] Zur Semantik- und Rhetorikforschung und ihrer »defizitären Bilanz« die Beiträge in M. Opp de Hipt/E. Latniak, 1991, v.a. H.-G. Schumann, Semantik- und Rhetorikforschung, 1991 sowie W. Bergsdorf, 1977; D. Busse, 1987; D. Busse/F. Hermanns/W. Teubert, 1994; D. Emig/Ch. Hüttig/L. Raphael, 1992 u. A. Reimann, 2000.

Das Kapitel gliedert sich in zwei Abschnitte. In einem ersten Teil werden anhand von zentralen Politikfeldern die konservativen Positionen und deren Vermittlung herausgearbeitet. Die Grundlage dazu sind Wahlprogramme, Stellungnahmen im Parlament sowie das über die Presse vermittelte Gemenge des alltäglichen politischen Diskurses. Die Analyse ist diachron angelegt und hat einen situativen Kontext, in dem immer wieder auf ereignisgeschichtliche Aspekte eingegangen werden muß, weil bestimmte Themen erst durch konkrete Ereignisse gesellschaftliche Relevanz erlangten. Im zweiten Abschnitt werden Selbstbild und Fremdbild der Parteien, ihre Abgrenzungsbemühungen von und ihre Annäherungsstrategien an die Konkurrenten untersucht. Im Fokus stehen die soziokulturelle Segmentierung der Gesellschaft, die Fragmentierung der Parteien und der politischen Öffentlichkeit sowie die Strategien im Konflikt- und Konsensverhalten, die sich in der Darstellung von Themen zeigen.

1. Politikfelder und Themengebiete

Die Themengebiete gliedern sich in die Bereiche Verfassung, Ökonomie, Konfession und Kultur, Lokalismus und Stadt-Land-Gegensatz sowie in die nationale Thematik. Die Bereiche sind dabei nicht immer trennscharf zu unterscheiden, schon weil sie als Paket vermittelt wurden und Begriffe mehrfach codiert waren. Eine weitere Unterscheidungsebene zwischen reichspolitischen und spezifisch landespolitischen Themen kann ebenfalls nicht durchgängig berücksichtigt werden, schon weil die Parallelität von einzelstaatlichen und nationalen Wahlen vor allem in der Weimarer Zeit die Themenstruktur stark beeinflußte. Die Landtagswahlen gerieten immer mehr in den Sog der Reichstagswahlen und der reichspolitischen Themenvorgabe. Diese Entwicklung, die bereits im Kaiserreich eingesetzt hatte[1], setzte sich in der Weimarer Zeit durch den weitergehenden Kompetenzverlust der Landespolitik fort. Dennoch blieben landesspezifische Punkte vor allem in Wirtschafts- und Kulturfragen von zentraler Bedeutung.

a) Verfassungsfragen

Im Zentrum der Reformdiskussion der wilhelminischen Ära stand die große württembergische Verfassungs- und Verwaltungsreform, die nach den Landtagswahlen von 1895 vom Parlament und der Regierung auf den Weg gebracht worden war. In einem ersten Anlauf war sie 1898 an den Privilegierten in der Zweiten Kammer und am Zentrum gescheitert, das seine Zustimmung mit konfessionellen Forderungen verknüpft hatte. Erst 1906 konnte das Reformpaket mit breiter Mehrheit und gegen die Stimmen des Zentrums verabschiedet werden.[2]

---

[1] A. GAWATZ, Wahlkämpfe, 2001, v. a. S. 230 ff. u. 317 ff.
[2] Zum gesamten Reformprozeß R. MENZINGER, 1969.

Die »Macht der Verhältnisse«

Drei Argumentationsstränge bestimmten die Haltung der Konservativen zur Umwandlung der Zweiten Kammer in eine reine Volkskammer sowie zur Einführung der beiden Proportionalwahlkreise: die konfessionelle Konfliktlinie zum Zentrum, das Anwachsen der Sozialdemokratie und das Argument der weitergehenden Politisierung der Bevölkerung. Als einziger konservativer Mandatsträger hatte Schrempf 1897 bereits seine grundsätzliche Zustimmung erklärt, vor allem weil die Reform der Ersten Kammer die dortige katholische Mehrheit beseitigen werde.[3] Vorbehalte gab es allerdings gegen die vom Zentrum geforderten Proportionalwahlbezirke auf der Basis der vier Verwaltungskreise und gegen das Festhalten am Privileg der »Guten Städte«, das im Falle Ellwangens das Zentrum bevorzugte.[4] Gegen die Majorisierung durch die Arbeiterschaft forderte Heinrich Kraut als Sprecher seiner Fraktion den Ersatz der Privilegierten durch Abgeordnete, die aus den Berufsständen Landwirtschaft, Gewerbe und Handel sowie Handwerk gewählt werden sollten.[5] Im Gegenzug einer Zustimmung zu den Proporzwahlen forderten die Konservativen wegen der dann notwendigen drei Wahlgänge und mit »Rücksicht auf die Wähler« eine Abschaffung der Stichwahlen.[6]

Am Ende stimmten die Konservativen der Verfassungsreform geschlossen zu. Auch bei den weiteren zentralen Punkten, die Erste Kammer nicht zu stärken und am Budgetrecht der Zweiten Kammer uneingeschränkt festzuhalten, signalisierten sie Einverständnis.[7] Eine Abneigung gegen die »Wechselfälle des allgemeinen Wahlrechts« und gegen die Abschaffung der »konservativen Elemente« in der Zweiten Kammer sowie ein berufsständisches Vertretungsideal wurden zwar formuliert, aber symptomatisch war die Aussage des Abgeordneten Immendörfer wenige Tage vor der Abstimmung:

>»Ich füge mich der Macht der Verhältnisse. [...] Daß die Verhältnisse unserer Zeit auf die reine Volkskammer hinweisen, das ist auch mir klar, meine Herren, und ich werde deshalb einer solchen zustimmen, aber als Allheilmittel für die Schäden unseres Volkes kann ich sie nicht betrachten.«[8]

Die Gegnerschaft zur Reform war durch die Brisanz der Frage und den öffentlichen Druck der Reformer tabuisiert. Die Konservativen fügten sich der Entwicklung und

---

[3] Schrempf im Landtag: »Auch das Zentrum wird zugeben, daß eine katholische Zweidrittelmehrheit des Volkes in keinem Land der Welt sich eine Erste Kammer gefallen lassen würde, welche eine andere Mehrheit hätte als die ihrer katholischen Konfession. Wenn die evangelische Bevölkerung Württembergs achtzig Jahre lang diesen Zustand geduldet und ertragen hat, so ist das ein Beweis für ihre Gutmütigkeit und konfessionelle Verträglichkeit« (Verh. LT 1895/98, Prot.Bd. VI, S. 3655, Sitzung v. 4. Dez. 1897).
[4] Dt. Reichspost v. 7. Febr. 1898.
[5] Verh. LT 1904/06, Prot.Bd. V, S. 3081 (Sitzung v. 25. Jan. 1906).
[6] Dt. Reichspost v. 24. Jan. 1906.
[7] Bericht über die Tätigkeit der Abgeordneten des BdL und der konservativen Partei im 35. und 36. Landtag 1901 bis 1906, Stuttgart o.J. [1906], WLB Stuttgart, Kl. Württ. Drucks. A 26 Ca/272.
[8] Verh. LT 1904/06, Prot.Bd. V, S. 3106 (Sitzung v. 26. Jan. 1906).

konnten mit dem erreichten Kompromiß, vor allem bezüglich der berufsständischen Vertreter in der Ersten Kammer, leben.[9]

Für Furore innerhalb der mit breitem Konsens durchgeführten Verwaltungsreform sorgte die Abschaffung der »Lebenslänglichkeit« der Ortsvorsteher. Das Thema der lebenslänglichen Ämterbesetzung in der kommunalen Selbstverwaltung wurde in den 1890er Jahren von den Reformkräften auf die politische Agenda gesetzt, allen voran von der Volkspartei. Ihm konnte sich keine Partei entziehen, weil es als »Beamtenwillkür« und »Regierungseinfluß« leicht zu popularisieren war. Für die Konservativen hatte das Thema »häusliche Bedeutung«:[10] die Wahl des Ortsvorstehers bedeute den Sieg des Parteiwesens und unberechtigten Einfluß auf die kommunale Verwaltung. Obwohl die Haltung der Kandidaten uneinheitlich war[11], handle es sich für die Partei um eine »Prinzipienfrage«: eine Schultheißenwahl setze ganze Landgemeinden »erbitterten Partei- und Familienkämpfen« aus und führe zu »jahrelanger tödlicher Verfeindung ganzer Ortschaften«. Und letztlich gehe es darum, der Regierung das Rückgrat zu stärken, »damit sie nicht erstirbt in der Angst vor den Demokraten«.[12] Aber das Thema war heikel und konnte nur auf den Plan gebracht werden, wenn es die Konfliktkonstellation zuließ.[13] Ab 1900 wurde es auf konservativer Seite zunehmend marginalisiert. Ein letzter Vermittlungsversuch war das Angebot, einer Regelung zuzustimmen, die die Beseitigung eines schädlichen Ortsvorstehers rechtlich regeln solle.[14] Die Haltung der konservativen Parteien in der Verwaltungsreform ähnelte der in der Verfassungsfrage. Man glich sich der vorherrschenden Meinung an, versuchte dem Konkurrenten möglichst wenig Angriffsfläche zu bieten und stimmte den Reformvorhaben im Rahmen der kontrollierten Modernisierung im Land letztlich unter Formulierung der eigenen Minderheitsposition zu, ohne diese zur kompromißlosen Maximalforderung zu erheben.

Kein »System« in Württemberg

Bei beiden konservativen Parteien gab es nach 1918 wie bei der Reichs-DNVP keine klare verfassungspolitische Leitlinie, sondern eine heterogene Mischung von Ziel-

---

[9] Dt. Reichspost v. 2. Febr. 1906. Ähnlich die Haltung des Bauernbundes, der die »erfreuliche Stärkung der Ersten Kammer« hervorhob und sich bei den Proporzwahlen selbst Vorteile ausrechnete (Schw. Landmann v. 15. Juli 1906 u. v. 1. Sept. 1906). Zur Haltung der anderen Parteien und zu den Auswirkungen des Proportionalwahlrechts A. GAWATZ, Wahlkämpfe, 2001, S. 50 ff. u. 235 ff.
[10] Dt. Reichspost v. 10. Febr. 1898.
[11] Eindeutig für die Abschaffung der Lebenslänglichkeit hatten sich die Kandidaten Schrempf (Dt. Reichspost v. 29. Jan. 1895) und Berroth (Schw. Landmann v. 1. Nov. 1899) ausgesprochen. Seine generelle Haltung gegen die Lebenslänglichkeit formulierte der Bauernbund 1905 im Hinblick auf die bevorstehenden Wahlen (Bauernfreund, 1905, S. 12).
[12] Dt. Reichspost v. 5. Okt. 1900.
[13] Beispielsweise bemerkte die Dt. Reichspost v. 30. Okt. 1902, die »Lebenslänglichkeit« des konservativen Kandidaten Reichert bei der Ersatzwahl im OA Vaihingen habe ihm nur deshalb nicht geschadet, weil auch sein volksparteilicher Gegenkandidat Ortsvorsteher war.
[14] Dt. Reichspost v. 10. Febr. 1898.

Politikfelder, Selbstbild und Abgrenzung 365

vorstellungen, die zwischen antirepublikanisch-reaktionär und reformkonservativ-etatistisch oszillierten.[15] Das Charakteristikum war die Uneinheitlichkeit, keineswegs jedoch waren beide Parteien generell auf Fundamentalopposition gepolt. Die verfassungspolitische Kompromißlinie des württembergischen Konservatismus setzte sich in den 1920er Jahren fort: realistischer Pragmatismus, dilatorische Behandlung der Systemfrage, konservativ-evolutionäre Umformung der parlamentarischen Demokratie hin zu einem wie auch immer gearteten autoritären System und plebiszitäre Korrektur der republikanischen Verfassungen. Ein Monarchismus als Delegitimierungsmuster der Republik spielte in Württemberg eine marginale Rolle.[16] Ein vom Volk gewählter Präsident, wie ihn Bürgerpartei und Bauernbund auch für Württemberg gefordert hatten[17], prägte Verfassungsvorstellungen von Liberalen und »Vernunftrepublikanern«. Auch berufsständische Vertretungskonzepte wurden quer durch alle Parteien diskutiert.[18]

Die württembergischen Konservativen waren als kooperationsbereite Oppositionspartei angetreten. Entsprechend war ihr Abstimmungsverhalten zur neuen Landesverfassung. Württemberg war eines der Länder, in denen die konservative Opposition trotz »schwerster Bedenken« mehrheitlich der demokratischen Verfassung zustimmte.[19] Bürgerpartei und Bauernbund waren von Anfang an mit dem Ziel einer Regierungsbeteiligung angetreten. Von allein sei man zur Opposition geworden, betonte Bazille zu den Landtagswahlen 1920, nachdem man bereits im Januar 1919 in der Landesversammlung ein Angebot zur Mitarbeit gemacht habe und mißachtet worden sei. Ziel der Partei sei es zwar, die Verfassung zu ändern, aber nur auf rechtlichem Wege. Im Rahmen der Reichs- und Landesverfassung sei man auch bereit, an einer Regierung unter Einschluß der Sozialdemokratie mitzuarbeiten.[20] In seiner Regierungserklärung betonte Staatspräsident Bazille 1924 dann ostentativ, es gebe keinen Anlaß zur »gesetzesmäßigen Änderung der Verfassung«, im Gegenteil: es seien Maßnahmen zum Schutz der bestehenden Verfassung zu ergreifen.[21] Zumin-

---

[15] Zu den verfassungspolitischen Positionen der DNVP in den Konstituanten der Länder und in der Nationalversammlung C. F. TRIPPE, 1995.
[16] Als Beispiel: W. BAZILLE: Demokratischer Parlamentarismus und soziale Monarchie, 1919. Zum Monarchismus-Problem und seinen Facetten vgl. F. FRHR. HILLER V. GAERTRINGEN, Zur Beurteilung, 1976.
[17] Verh. LT 1919/20, Beil.Bd. II, Beilage Nr. 211, S. 675.
[18] Bester Überblick über die Beratungen in der Weimarer Nationalversammlung immer noch bei W. ZIEGLER, 1932 u. W. APELT, 1946. Zum berufsständischen Aspekt G. A. RITTER, Entstehung des Räteartikels, 1994 u. G. A. RITTER, Repräsentation durch Berufsstände, 1998.
[19] Erklärung der BP zum Verfassungsentwurf in Süddt. Ztg. v. 17. April 1919. Die Bedenken bezogen sich auf das Wahlalter von 20 Jahren, die »ausgesprochene Vergesellschaftung der Wirtschaft« (§ 18 der vorläufigen Verfassung) und die »schrankenlos eingeführte parlamentarische Regierungsweise«. Zu den Abstimmungen: Verh. LT 1919, Prot.Bd. I, S. 459 (Sitzung vom 26. April 1919) u. Verh. LT 1919, Prot.Bd. II, S. 1285 (Sitzung vom 25. Sept. 1919). Von der Bürgerpartei hatten neun der elf Abgeordneten zugestimmt (abgelehnt hatten Th. Fischer und H. Hiller), von den 14 Abgeordneten des Bauernbundes haben vier abgelehnt (W. Haag, Th. Körner, J. Roth und A. Rapp).
[20] Süddt. Ztg. v. 19. Juni 1920.
[21] Schw. Tageszeitg. v. 4. Juni 1924.

dest im Parlament also trat die Bürgerpartei als systemintegrierter Konservatismus auf. In mancherlei Hinsicht waren sie als Tory-Konservative zu sehen: in ihrem pragmatischen Republikanismus mit weitgehender Systemakzeptanz, in der Anerkennung von Kapitalismus und Wirtschaftsliberalismus, in der Akzeptanz der parlamentarischen Spielregeln und in der Anerkennung des neuen Wahlrechts als erweiterte Legitimationsbasis der Politik.[22]

Sicherlich machte dies die württembergischen Konservativen weder zu Demokraten noch zu Gralshütern der republikanischen Verfassung. Ihre Haltung zum Kapp-Lüttwitz-Putsch war genauso zweideutig wie die der Kollegen in Berlin, auch wenn es im Gegensatz zur preußischen DNVP keine direkte Beteiligung gab.[23] Mit der Verfassungsfrage wurde polarisiert, vor allem in den Jahren bis zur Regierungsbeteiligung 1924. Als Legitimationsbezugspunkt der württembergischen Konservativen im Meinungskampf um die Republik kann die Behandlung der Verfassungsfeiern herangezogen werden. Sie gelten als Maßstab einer konsensualen politischen Kultur und als Integrations- und Abgrenzungsmechanismus einer politischen Teilkultur.[24] Positive Identifikation mit den Verfassungstagen war von beiden Parteien nicht zu erwarten. Daß man sich in der Presse kritisch zum Verfassungstag äußerte, war gewissermaßen selbstverständlich und eine der Strategien der Partei zur Delegitimierung der politischen Gegner. Insgesamt aber dominierte das Ignorieren der Gedenktage. Die *Süddeutsche Zeitung* etwa ging in den gesamten 1920er Jahren auf den württembergischen Verfassungstag am 25. September und auf den Reichsverfassungstag am 11. August so gut wie gar nicht ein. Der Jahrestag des 9. November wurde lediglich 1920 und 1924 ›gewürdigt‹.[25] Ähnlich sah es in der *Schwäbischen Tageszeitung* aus, die 1922 zum Reichsverfassungstag resümierte:

»Das Volk in seiner Gesamtheit geht in vollkommener Gleichgültigkeit an diesem Feiertag vorüber. Wirkliche Feiern werden nicht von oben herunter angeordnet, sie entsprechen einem Bedürfnis.«[26]

---

[22] Zur Charakterisierung des Tory-Konservatismus zusammenfassend A. RÖDDER, 2002 sowie die Bemerkungen bei TH. MERGEL, Tory-Konservatismus, 2003.
[23] Süddt. Ztg. v. 13. März 1920 u. v. 18. März 1920 mit Erklärung von Bürgerpartei und Bauernbund zum Putsch, man stehe den Vorgängen »vollkommen fern« und sei »überrascht« worden, könne aber nur schwer hinter der Reichsverfassung stehen und begrüße das »Reformprogramm« der »neuen Regierung in Berlin«. Zum Kapp-Lüttwitz-Putsch J. ERGER, 1967 u. mit neuem Material zur Beteiligung von DNVP-Politikern K. GRAF V. WESTARP, Konservative Politik im Übergang, 2001, S. 200 ff. u. 211 ff.
[24] Vgl. v. a. die Einleitung bei D. LEHNERT/K. MEGERLE, Politische Identität, 1989.
[25] Süddt. Ztg. v. 9. Nov. 1920 u. v. 14. Aug. 1924.
[26] Schw. Tagesztg. v. 11. August 1922. Berichte in der *Schwäbischen Tageszeitung* zum Reichsverfassungstag gab es lediglich 1922, 1923, 1927 und 1928. 1923 wurde ein Leitartikel des Kapp-Vertrauten Gottfried Traub abgedruckt: »Juden und Judengenossen benötigen wieder einmal einen religionsfreien Feiertag, deshalb den 11. August als Feiertag.« Der 9. November fand in der Zeitung nur in den ersten Jahren bis 1923 Erwähnung (Schw. Tagesztg. v. 9. Nov. 1923) Der württembergische Verfassungstag wurde völlig verschwiegen.

Eine demokratische Festkultur gab es in Württemberg nur eingeschränkt. Sie wurde auch von den Verfassungsparteien nicht geschaffen.[27] Die Haltung der Konservativen zur Republik war ab 1924 dann durch ihre Regierungsbeteiligung geprägt, die der fundamentaloppositionellen Kritik den Wind aus den Segeln nahm. Was Eugen Bolz 1932 konstatierte, steht symptomatisch für das von Zentrum und Konservativen gemeinsam regierte Württemberg: »Das Schlagwort vom ›Kampf gegen das System‹ versagt in Württemberg, weil es das ›System‹ gar nicht gibt.«[28] Die Aussage bezog sich auf das relativ schwache Abschneiden der NSDAP im Land, aber auch auf die rechtsstehenden Kräfte in der Bürgerpartei und im Stahlhelm, die in Württemberg, das konservativ regiert wurde und wo die Sozialdemokratie nicht an der Regierung war, keine Angriffsfläche gegen das ›Weimarer System‹ gefunden hatten.

Anders waren die Verhältnisse in Bezug auf die außerwürttembergische Ebene. Die Kritik gegen die Weimarer Verfassung wurde vorwiegend mit der Antithese von Föderalismus und Unitarismus geführt. Die Reichsverfassung galt in dieser Hinsicht als »bösartige Mißgeburt« des »wurzellosen Kathedermannes« Preuß.[29] Hier lag eines der Hauptprofilierungsfelder der Konservativen: die Vertretung der »entschiedenen Heimatpolitik«.[30] Gleichzeitig war dies auch eines der zentralen Dilemmata der Partei. In dem Maße, in dem sie den ›Kampf gegen das System‹ auf die Zertrümmerung der Koalitionsregierungen in Preußen und im Reich fokussierte, verlor sie an landesspezifischem Profil. Im Gegensatz zum Bauernbund, für den die Landesebene der wichtigste Bezugspunkt blieb, mußte die Bürgerpartei mit Rückschlägen rechnen, als sie 1932 mit der Parole »Die Entscheidung fällt in Preußen!« in den Landtagswahlkampf zog.[31]

›Weimar‹ als Chiffre der Verfassungsfrage diente den württembergischen Konservativen zur Polarisierung, zur Artikulation ihrer Wertorientierungen und zur Stigmatisierung der politischen Gegner. Unüberwindliche Hindernisse zur kooperativen Beteiligung im System stellte dies jedoch nicht dar. Der Staat galt als eine der Gesellschaft und den Parteien vorgelagerte Ordnungsstruktur und wurde von der Staatsform als zeitgebundenes Epiphänomen getrennt.[32] Auf Landesebene waren die Konservativen systemimmanente Opposition mit Distanz zur Republik, aber auch mit einer die Prinzipien des neuen Staates akzeptierenden Haltung, die sich am politi-

---

[27] Vgl. z. B. die Verlautbarung des Zentrums 1924: »Das Zentrum ist eine Verfassungspartei. In ihr muß Platz für Republikaner und Monarchisten sein. Die Staatsform ist für das Volkswohl nicht entscheidend« (Süddt. Ztg. v. 1. Okt. 1924). Ähnlich wenig Niederschlag wie in den konservativen Zeitungen fanden die Verfassungstage auch im *Deutschen Volksblatt*. 1928 hatte die Regierung Bolz/ Bazille eine Verfassungsfeier geschlossen abgelehnt und 1929 nur auf Druck des Reichsministers Severing durchgeführt (vgl. W. BESSON, 1959, S. 72).
[28] Dt. Volksbl. v. 23. April 1932.
[29] Süddt. Ztg. v. 30. Jan. 1919.
[30] Schw. Tagesztg. v. 1. Okt. 1920. Zum Reich-Länder-Problem in Württemberg nach 1918 vgl. auch J. HEIDEKING, 1981.
[31] Süddt. Ztg. v. 8. Febr. 1932, v. 17. Febr. 1932, v. 23./24. April 1932 u. v. 27. April 1932 zu den gleichzeitig stattfindenden Wahlen in Württemberg und Preußen.
[32] Süddt. Ztg. v. 1. März 1919.

schen Pragmatismus orientierte. Systemkonformes Verhalten und eine Regierungsbeteiligung auf Landesebene vertrugen sich auch nach 1928 durchaus mit der Unterstützung der Hugenbergschen Obstruktionspolitik im Reich. Württembergisches Staatswohl, Eigenständigkeit und schwäbischer Etatismus, bei dem die Innenverwaltung des Landes als Inkarnation des Staates galt, hatte bereits über den Systembruch von 1918/19 hinweg eine meßbare Zäsur in der Zusammensetzung des regionalen Verwaltungskorps verhindert und zu einem hohen Maß an Kontinuität der administrativen Eliten geführt.[33] »Bürokratisierung der Politik und vorparlamentarische Verwaltungsideologie«[34] ermöglichten es etwa Alfred Dehlinger als typischem Repräsentanten der protestantischen Verwaltungselite des Landes, von 1924 bis 1942 allen Regierungen als Finanzminister anzugehören. Der »Ultrafiskalist«[35] schaffte ab 1929/30 den politischen Spagat zwischen einer Regierungsbeteiligung im Land und strikter Loyalität zum Brüningschen Sparkurs sowie der Unterstützung Hugenbergs beim Volksbegehren 1929 unter Einschluß der NSDAP und der Spitzenkandidatur für die Bürgerpartei 1932 in Württemberg.[36]

b) Ökonomie

Die Vertretung ökonomischer Interessen war ein zentrales gesellschaftliches Problem, in dessen Zentrum die Lastenverteilung zwischen Besitz und Konsum, Landwirtschaft, städtischem Gewerbe, Handel und Industrie stand. Ein Kernpunkt auf dem Weg in den »politischen Massenmarkt« war die Ökonomisierung der Politik. Wirtschaftliche Interessen von Sozialgruppen – Bauern, dem Mittelstand, Beamten, und Arbeitern, unterfüttert mit den Konfliktlinien zwischen Stadt und Land sowie Produzenten und Konsumenten – hatten die tradierten politischen Konfliktlinien ergänzt. Die wilhelminische Periode wurde zur Ära der »unverhüllt ausgetragenen Interessenkonflikte«.[37] In dem Maße, wie die Gesetzgebung in wirtschaftlichen Fra-

---

[33] M. RUCK, 1996; A. DEHLINGER, Württembergs Staatswesen, Bd. I, 1951, S. 174 u. L. V. KÖHLER, 1930.
[34] M. RUCK, 1996, S. 29.
[35] M. RUCK, 1996, S. 178 u. W. BESSON, 1959, S. 210 ff. u. 217–250. Zu Dehlinger auch: TH. SCHNABEL, Württemberg, 1986, S. 231 ff.
[36] Symptomatisch war 1932 Dehlingers Verzicht auf sein Landtagsmandat. Abdruck des Begründungsschreibens an den Landtagspräsidenten in Schw. Tagesztg. v. 10./11. Okt. 1932: »Als verantwortlicher geschäftsführender Leiter der württembergischen Finanzpolitik habe ich im Widerstreit der Volksmeinung in verstärktem Grade die Belange des Staats, des ganzen Volks und der Gesamtheit der Steuerzahler zu vertreten. Bei Erfüllung dieser Pflicht und im Bestreben, den bisher guten Kredit dem Staat auch für die Zukunft zu erhalten, können sich daraus für mich Verwicklungen ergeben. Das veranlaßt mich, mich von parlamentarischen Bindungen freizumachen, die aus einer Landtagsmitgliedschaft entstehen können.« Vgl. auch HStA Stuttgart E 151/02, Bü 162 u. E 130b, Bü 77 u. Personalakte Dehlinger in E 130c, Bü 19: Dort berichtete Dehlinger in einem Brief an Reinhold Maier v. Jan. 1952 über sein Entnazifizierungsverfahren, in dem ihn Theophil Wurm entlastet hatte. In dem Brief betonte er, »daß ich nach meiner evangelischen Weltanschauung wie als Berufsbeamter, die Interessen des Staates, nicht einer Partei zu wahren hatte, auf meinem Posten ausharren mußte.«
[37] H.-U. WEHLER, Deutsche Gesellschaftsgeschichte, Bd. III, 1995, S. 646.

gen im Reich stattfand, wurde das Gesamtpaket Ökonomie das wichtigste Einfallstor zur Abschleifung regionalspezifischer Politikinhalte. Alle Parteien waren auf Landesebene gezwungen, sich an den Konfliktkonstellationen auf Reichsebene zu orientieren. Dennoch blieb das Spannungsfeld zwischen föderativer und nationaler Ebene erhalten, auch in der Weimarer Zeit, die einen weiteren Zentralisierungsschub der Kompetenzen erlebte. Zwangswirtschaft, Hyperinflation, Reparationen und Weltwirtschaftskrise dominierten die politische Agenda, aber vor allem der Teil der im Kompetenzbereich der Länder verbliebenen Steuerpolitik bot Gelegenheit zum Gegensteuern.

Die notleidende Landwirtschaft

Neben der SPD war der Bauernbund die treibende Kraft bei der Ökonomisierung der Politik. Er bündelte die ökonomischen Interessen der Landwirtschaft. Das Normalinteresse der Bauern war: Schutz der Landwirtschaft und Aggregation der Vielfalt bäuerlicher Interessen im »Notbund der Caprivi-Zeit«, dessen Existenzberechtigung in der Krisenintegration des Landes gegenüber Stadt und Industrie lag und der dieses agrarische Interesse über alle landwirtschaftlichen Standesunterschiede von Besitz, Produktionsweise und Lebensstil hinweg zusammenschloß. Zolltarife und Handelsverträge waren die ›großen Mittel‹ der Agrarier. Sie wurden zu Chiffren der Befindlichkeit der notleidenden Landwirtschaft über den gesamten Zeitraum hinweg: ob 1893/94 unter Caprivi, ob 1902/03, als die Zolltarife erneut zur Disposition standen, ob im Rahmen der Handelsvertragspolitik ab 1924, als vor allem die Verträge mit Spanien in Württemberg eine neue »Winzernot« schufen, oder in der Agrarkrise ab 1928/30.[38]

Hinzu kam die Fülle der ›kleinen Mittel‹ und Detailforderungen nach protektionistischen Maßnahmen und Subventionen. Im Mittelpunkt stand der Schutz gegen den Kapitalismus und die Selbststilisierung als Modernisierungsgeschädigte in der langfristigen Strukturkrise im Übergang vom Agrar- zum Industriestaat. Hierzu gehörten Steuererleichterungen und Schutz vor »Wucher« im Getreidetermin- oder beim Grundstücks- und Viehhandel[39], Importrestriktionen bei landwirtschaftlichen Erzeugnissen als Zoll- und Seuchenschutz[40] sowie gesetzliche Maßnahmen gegen den Detail-, Hausier- und Warenhaushandel, die bisweilen bizarre Formen annahmen.[41] Darüber hinaus ist der Kampf gegen Surrogate, die Bekämpfung aller »Ver-

---

[38] Schw. Tageszeitg. v. 27. Febr. 1926 u. v. 11. März 1926. Zu den reichsweiten Protestwellen ab 1924 J. BERGMANN/K. MEGERLE, 1989. Zur Zoll- und Handelspolitik in der Weimarer Zeit vgl. D. GESSNER, 1976; die Beiträge in H. POHL, 1987 u. H. BECKER, 1990.
[39] »Die Tätigkeit der Landtagsabgeordneten des BdL und der Konservativen Partei in der Landtagsperiode 1907 bis 1912«, in Dt. Reichspost v. 31. Okt. 1912.
[40] Schw. Tageszeitg. v. 6. Juni 1924.
[41] So hatte der Bauernbund z. B. 1895 zehn Mark Eintrittsgeld für Warenhäuser verlangt, um damit gegen den »übermäßigen Wettbewerb« vorzugehen (Dt. Reichspost v. 11. Jan. 1895). 1912 wurde dann eine gestaffelte Umsatzsteuer für Warenhäuser unter Einbeziehung der Konsumvereine gefordert (Dt. Reichspost v. 31. Okt. 1912).

fälschungen von Nahrungs- und Genußmitteln« wie Kunstwein, Kunstbutter (Margarine) oder Kunsthonig zu nennen.[42] Schließlich umfaßten die Forderungen eine Vielfalt an steuerlichen Zugeständnissen, staatlichen Zuschüssen und gesetzlichen Maßnahmen zur Erleichterung der landwirtschaftlichen Tätigkeit.[43] Die Forderungen wandten sich anfangs vor allem gegen die Liberalen, die hier zwischen den Stühlen saßen. Die landwirtschaftlichen Interessenposition war leicht festzuklopfen, entweder in Zahlen oder in einem schlichten ›ja‹ oder ›nein‹: Zolltarif ›ja‹ oder ›nein‹ zu Zolltarifen oder Handelsverträgen. Bereits 1900 konnte der Bauernbund triumphieren: wenn es zum Schwur komme, »wandeln sich Demokraten zu Bauernbündlern«.[44]

Der Bauernbund besetzte monopolartig das landwirtschaftliche Themenfeld. Den Höhepunkt dieses Prozesses markierte die Phase der Zwangswirtschaft nach dem Ersten Weltkrieg. Die staatliche Marktreglementierung war einer der wesentlichen Mobilisierungspunkte des Bauernbundes. »Freier Markt und freier Hof« war die zentrale Parole.[45] Der Konflikt zwischen Produzenten und Konsumenten lebte unverändert in die Friedenszeit hinein fort und wurde ergänzt durch die Selbstwahrnehmung der Produzenten als Verlierer der Inflation und als von der Regierungspolitik vernachlässigter Stand.[46] Hinzu kamen extrem emotionalisierbare Konflikte wie die Milchpreisdebatte. Hier konnte der Bauernbund sein ganzes Protestpotential ausspielen.[47] In den Landtagswahlkampf 1920 war er als einzige Partei mit der Forderung nach vollständiger und sofortiger Aufhebung der behördlichen Bewirtschaftung von Lebensmitteln gegangen, während alle anderen Parteien mit Rücksicht auf

---

[42] Wahlaufruf des Bauernbundes zur Landtagswahl 1906 in Dt. Reichspost v. 27. Juni 1906.
[43] Als Blütenlese seien erwähnt der Dauerstreit um die Kosten und rechtliche Regelung der Fleischbeschau, Maßnahmen gegen den Arbeitermangel auf dem Land und weitgehende Beurlaubungsregelungen für Sodaten während der Erntezeit, staatliche Zuschüsse zur landwirtschaftlichen Hagel- und Unfallversicherung sowie Subventionen für Sonderkulturanbau und Geflügelzucht. Die Detailforderungen reichten bis hin zum Schutz der Vogelwelt, denn auch »die Hauskatze ist für die Landwirtschaft nützlich« (Bericht über die Tätigkeit der Abgeordneten des BdL und der konservativen Partei im 35. und 36. Landtag 1901 bis 1906, Stuttgart o.J. [1906], WLB Stuttgart, Kl. Württ. Drucks. A 26 Ca/272).
[44] Dt. Reichspost v. 17. März 1900.
[45] Schw. Landmann v. 1. Jan. 1919.
[46] R. G. Moeller, Winners as Losers, 1982 u.ö.; J. Osmond, German Pesant Farmers, 1982 u.ö.; R. Evans/W. R. Lee, 1986. Generell zur Landwirtschaft in der Inflationsphase: M. Schumacher, Thesen zur Lage, 1978; G. D. Feldman, Great Disorder, 1993 sowie die Beiträge in O. Büsch/G. D. Feldman, 1978 u. G. D. Feldman/C.-L. Holtfrerich/G. A. Ritter/P.-C. Witt, 1982.
[47] Als Beispiel für die emotionalisierte Debatte: 1921 wurde Körner als »Kindermörder« bezeichnet, weil er die Milchpreisverhandlungen für den Bauernbund führte (Schw. Tagesztg. v. 21. Febr. 1921). Dazu die Schw. Tagwacht v. 17. Febr. 1921: »Die Bauern schütten Milch in den Sautrog, statt die vorgeschriebene Milchablieferung zur Kinderernährung zu leisten.« An der Milchpreisfestsetzung im Ernährungsbeirat zwischen 1919 und 1923 waren neben der Regierung alle gesellschaftlichen Gruppen, Parteien und landwirtschaftliche Vereine beteiligt (Schw. Kronik v. 9. März 1921). Der Druck des Bauernbundes und der katholischen Bauernvereine wurde allgemein für den Rückzug des Ernährungsministers Eugen Graf im Sommer 1920 verantwortlich gemacht, der wegen seines konsumentenfreundlichen Verhaltens als »Erzberger Nr. 2« bezeichnet worden war (Schw. Kronik v. 2. Juli 1920).

ihre städtischen Wählerschichten Kompromißbereitschaft signalisieren mußten.[48] Spätestens ab 1920 hatte der Bauernbund vor allem die Demokraten vom Land verdrängt. Im protestantischen Bevölkerungsteil war er die maßgebliche Stimme der ländlichen Bevölkerung.

»Weil wir auf gesetzlichem Boden stehen, sind wir gezwungen, mit der bestehenden Verfassung uns abzufinden, mit ihr zu leben und zu regieren.«[49] Der Bauernbund war seit 1924 Regierungspartei im Land und mußte seiner Wählerschaft Erfolge präsentieren. Das Hauptbetätigungsfeld war hier die im Rahmen der Landeskompetenz verbliebene Steuerpolitik.[50] Neben Detailregelungen wie der Absenkung der Hundesteuer für Landwirte oder die Abschaffung der Wegsteuer für Zugtierbesitzer als einer der »Revolutionssteuern«[51], stellte die weitgehende Freistellung der Landwirtschaft von der Gebäudeentschuldungssteuer den größten Erfolg dar. Sie war der dickste Steuerposten, den der Bauernbund aus dem »demokratischen Steuersystem« herausbrechen konnte.[52] Hinzu kamen Sonderregelungen für die Landwirtschaft bei der Grund- und Gewerbesteuer, die der schwarzblauen Landesregierung den Vorwurf der städtefeindlichen Politik einbrachten.[53]

Den Bruch der zwischen 1924 und 1932 funktionierenden steuerpolitischen Kooperation zwischen Bürgerpartei, Bauernbund und Zentrum machte der Reichstagswahlkampf im Herbst 1932 offenbar. Bereits im Mai hatte Wirtschaftsminister Reinhold Maier die Einführung einer Schlachtsteuer angekündigt.[54] Gegen den lautstarken Protest des Bauernbundes angesichts eines Tiefstandes der Viehpreise setzte sie Finanzminister Dehlinger als Teil eines Notverordnungspakets zur Stabilisierung des Landeshaushaltes im September 1932 durch. Unausgesprochen kündigte er damit die Kooperation mit dem Bauernbund.[55] Die Frage der Schlachtsteuer als weitere Belastung der Landwirtschaft in der nun auch in Württemberg durchschlagenden Agrarkrise lieferte dem Bauernbund ein griffiges Wahlkampfthema, mit dem

---

[48] Stuttg. Neues Tagbl. v. 24. April 1920. Die Milchpreisfrage sei die »Quadratur des Zirkels«, lamentierte die Schw. Kronik v. 19. März 1921, hatte sich aber eindeutig auf die Seite der Konsumenten gestellt: »Die Höhe des Preises hat sich niemals nach irgendwelchen Erzeugungskosten zu richten, sondern nach Umfang und Dringlichkeit des Bedarfs« (Schw. Kronik v. 9. März 1921).
[49] Schw. Tageszeitg. v. 20. März 1925.
[50] Schw. Tageszeitg. v. 22. Dez. 1926.
[51] In einer Ausnahmeregelung wurde es den Gemeinden erlaubt, ab 1924 bei Landwirten die Hundesteuer nur zu einem Viertel des eigentlichen Betrags zu erheben. Völlig beseitigt wurde die von Zentrum, SPD und DDP eingeführte Wegsteuer (Sonderbeilage der Schw. Tageszeitg. v. Sept. 1926).
[52] Schw. Tageszeitg. v. 20. März 1925. Die Gebäudeentschuldungssteuer war eine Geldentwertungssteuer auf bebauten Grundbesitz im Zuge der 3. Steuernotverordnung des Reiches vom 14. Febr. 1924, die zum größten Teil zur Deckung des allgemeinen Finanzbedarfs der Länder und Gemeinden erhoben wurde. Mit Wirkung vom 1. Jan. 1925 wurden bis auf die Wohnräume hauptberuflicher Landwirte alle Gebäude der württembergischen Landwirtschaft von der Steuer befreit. Ganz befreit wurden in aller Regel Klein- und Mittelbauern, mit der Begründung, diese bräuchten alle Räume zur Bewirtschaftung ihres Betriebes (Schw. Tageszeitg. v. 16. Febr. 1926 und im Vergleich der Länder A. DEHLINGER, Vier Jahre Württembergische Finanzpolitik, 1928, S. 11 ff.).
[53] Schw. Tageszeitg. v. 7. Juli 1925.
[54] Südd. Ztg. v. 31. Mai 1932.
[55] W. BESSON, 1959, S. 267 f.

er sich als landespolitische Kraft profilierte. Bemerkenswert war dabei erstmals die inhaltliche Abweichung von Bürgerpartei und Bauernbund sowie die Übereinstimmung von Bauernbund und NSDAP, die vehement gegen die neue Steuer aufgetreten war.[56]

Mittelstand, Inflationsgeschädigte und Beamte

Der Großteil der wirtschaftlichen Positionen der Vorkriegskonservativen wurde vom Bauernbund formuliert. Das war eine der Bedingungen der konservativen Kooperation zwischen Stadt und Land. Unter dem Topos des »Schutzes der nationalen Arbeit« dominierte der Dreiklang Mittelstand, Gewerbe und Landwirtschaft die Haltung beider Parteien. Seit der Existenz des Bauernbundes war die Gleichberechtigung der Landwirtschaft auch die ständig wiederkehrende Beschwörungsformel der Konservativen.[57] Einen »besitzstandswahrenden Polizeikonservatismus«, wie er bei den preußischen Konservativen kritisiert wurde, konnte es in Württemberg kaum geben.[58] Er hätte der sozialen Basis der Partei widersprochen.

Zwei Beispiele mögen ausgeführt werden. Die Ergänzung der indirekten Steuern durch eine allgemeine Einkommensteuer war ein fiskalpolitischer Dauerbrenner seit den 1890er Jahren. 1905 kam das Reformwerk nach langjähriger Debatte und auf Grundlage eines Gesetzes von 1903 zum Abschluß. Die Einkommensteuer bildete fortan die Stütze des direkten staatlichen Steuersystems.[59] Die Meinungsführer in der Steuergerechtigkeitsthematik waren die Volkspartei und die Sozialdemokratie.[60] Von Anfang an hatten die Konservativen das Thema in den Wahlkämpfen eher vermieden oder aber, wenn nötig, eindeutig ihre Zustimmung signalisiert[61]: Freistellung des Existenzminimums, degressive Besteuerung der kleinen und mittleren Einkommen und vor allem progressive Besteuerung der Spitzeneinkommen bis 200 000 Mark mit einem Höchstsatz von bis zu 5 Prozent für darüberliegende Einkommen. Auch als die Standesherren in der Ersten Kammer 1898 bei Einkommen über 100 000 Mark eine Erhöhung der Progression über 4,5 Prozent hinaus ablehnten, konterten die Konservativen: »Im Moment sind davon in Württemberg 16 Großindustrielle betroffen.«[62]

Ähnlich gestalteten sich die Verhältnisse beim reichsinnenpolitischen Großproblem der Finanzreform 1909. Ihren Kernpunkt, die Ausdehnung der Erbschaftsteuer auf bislang steuerfreie Ehegatten und Kinder, hatten die Konservativen auf

---

[56] Schw. Tagesztg. v. 3./4. Okt. 1932; v. 10./11. Okt. 1932 u. v. 13. Okt. 1932.
[57] Erstmals im Wahlaufruf der Deutschkonservativen Württembergs (Dt. Reichspost v. 31. Mai 1898).
[58] A. Röder, Konservative Zukunftspolitik, 1918, S. 151.
[59] Th. Pistorius, Steuerreform 1903, 1904 u. O. Trüdinger, Finanzen und Steuern, 1916. Eine Vermögensteuer wurde erst 1915 während des Ersten Weltkrieges eingeführt.
[60] A. Gawatz, Wahlkämpfe, 2001, S. 239 ff.
[61] Dt. Reichspost v. 23. Jan. 1895 u. v. 5. Nov. 1897.
[62] Dt. Reichspost v. 23. Dez. 1898.

Reichsebene zur »Enteignung« und zur »Waisen- und Witwensteuer« stilisiert.[63] Die Haltung der württembergischen Konservativen hierzu war jedoch uneinheitlich. In toto war der Bauernbund gegen die Nachlaßsteuer. Allerdings sprachen sich einzelne Kandidaten auch dezidiert für die Erbsteuer aus.[64] Die Deutschkonservativen versuchten das Thema möglichst von der Agenda fernzuhalten. Die Haltung der Partei formulierte Heydebrand 1909 in einem Leitartikel in der *Deutschen Reichspost*.[65] Ansonsten gaben sich die Konservativen in der Steuerdebatte bedeckt: das Thema war extrem emotionalisierbar, polarisierte und bot den Gegnern Angriffsfläche für den Vorwurf, lediglich Ableger der preußischen Junker und Großgrundbesitzer zu sein.

Meist entzogen sich die Deutschkonservativen vor 1914 konkreter Aussagen zu wirtschafts- und steuerpolitischen Problemen. Den Reichstagswahlkampf 1903 etwa versuchte man gegen den Trend bei den anderen Parteien dezidiert zu ›entökonomisieren‹. Wirtschaftliche Fragen, so das Parteiorgan, »stehen für uns Konservative nicht im Vordergrund, sondern weit höhere Güter: die christliche Welt- und Lebensanschauung.«[66] Die Vertretung des Ensembles wirtschaftspolitischer Positionen hatte man spätestens seit 1906 der Mittelstandsorganisation des Bundes für Handel und Gewerbe überlassen. Im Kern bedeutete dies »uneingeschränktes Eintreten« für die traditionellen protektionistischen Forderungen des Verbandes.[67]

Nach 1918 mußte die Bürgerpartei Position beziehen. Das enge Verhältnis zum Bauernbund war Bedingung der gesamtkonservativen Sache, aber der Bauernbund hatte sich zunehmend verselbständigt. Andererseits mußte die Bürgerpartei in der städtischen Klientel mit den anderen bürgerlichen Parteien konkurrieren. Die Ökonomisierung der Politik vor allem durch die Auswirkungen von Kriegsfolgelasten und Inflation sowie der Berufsgruppendiskurs zwang die Partei zur Stellungnahme. Alter und neuer Mittelstand sowie Beamte und Freiberufliche mußten integriert werden. Eine starke Kontinuitätslinie war die mittelständische Interessenvertretung der selbständigen Gewerbetreibenden.[68] Der Mittelstand, der sich durch das Zusammenspiel von Gewerkschaften und industriellem Unternehmertum in den ersten Jahren der Republik der Gefahr ausgesetzt sah, als sozialer Puffer zwischen Arbeit und Kapital unter die Räder zu kommen, mußte seine politische Isolierung den liberalen Parteien ankreiden. Bis 1924 führte ihn dies fast mit innerer Konsequenz ins Lager der Bürgerpartei.

Diese hingegen konnte bis 1924 als Oppositionspartei mit Maximalforderungen auftreten. Sie trug keine Verantwortung und für Koalition oder Integration gab es

---

[63] TH. NIPPERDEY, Deutsche Geschichte 1866–1918, Bd. II, 1993, S. 739 f. mit weiterer Literatur.
[64] Schw. Landmann v. 15. Mai 1909, v. 1. Nov. 1909 u. v. 31. Dez. 1912; Dt. Reichspost v. 8. Jan. 1912, v. 11. Jan. 1912 u. v. 12. Jan. 1912. Offen für die Erbschaftsteuer sprachen sich die Kandidaten Schmid (Herrenberg) und Roth aus (Dt. Reichspost 3. Juli 1909 u. 8. Mai 1911).
[65] Dt. Reichspost v. 14. Juli 1909.
[66] Dt. Reichspost v. 10. Juni 1903.
[67] Vgl. die Programme und Wahlaufrufe der Deutschkonservativen in Dt. Reichspost v. 27. Juni 1906, v. 15. Nov. 1906, v. 30. Jan. 1907 u. v. 15. Dez. 1911.
[68] Siehe hierzu die Ausführungen zu dem Verband oben S. 240 ff.

keinen Preis. Bis 1924 konnte auch deswegen das Auftreten der ökonomisch definierten Splitterparteien in Württemberg verhindert werden. Ihren Wahlerfolg bei den Landtags- und Reichstagswahlen von 1924 verdankte die Bürgerpartei auch ihrem uneingeschränkten Eintreten für die Interessen der Inflationsgeschädigten, der Invaliden- und Kleinrentner[69] sowie für die Wiederherstellung der Gläubigerrechte. Zusammen mit dem Zentrum war sie die einzige Partei, die die dritte Steuernotverordnung vom Februar 1924 und die Aufwertungsbestimmungen von 15 Prozent ohne Ausnahme kategorisch ablehnte und eine durchgreifende Revision versprach. Mit einem populistischen Erfolgskonzept war die Partei in den Wahlkampf gezogen und hatte der schematischen Aufwertung mit starrem Einheitssatz die individuelle Aufwertung nach der Leistungskraft des Schuldners bis zu hundert Prozent entgegengesetzt.[70]

Als Regierungspartei konnte sie ab 1924 dabei nur an Profil verlieren. Als die DNVP auf Reichsebene im Sommer 1925 dem Aufwertungskompromiß zwischen Regierung und Interessenverbänden beitrat, mußte auch die Bürgerpartei ihr Versagen in dieser Frage eingestehen.[71] Der mittelständische Protest gegen den »Aufwertungsbetrug« hatte hohe symbolische Bedeutung und nagte am Image der Partei als Sachwalter der protestantischen Eigentumsethik. An diesem Legitimitätsverlust bürgerparteilicher Politik änderte auch die ein Jahr später mit großem Aufwand und mit Rückenwind durch die evangelische Landeskirche durchgeführte Agitation gegen den Volksentscheid zur Fürstenenteignung nichts. Vor allem der inflationsgeschädigte Mittelstand stimmte für die Fürstenenteignung.[72] Aufwertung und Fürstenenteignung, zur »zweiten Revolution« und zur staatlich legitimierten Enteignung stilisiert, waren das Vorspiel zur Auflösung des traditionellen Parteienspektrums und der Herauslösung der heterogenen Gruppe der Inflationsgeschädigten aus ihren tradierten Parteibindungen.[73]

Württemberg wurde ab 1924 schwarzblau und damit auch mittelstandsfreundlich regiert. Aber alle Beteiligten mußten Kompromisse hinnehmen. Die beiden Landessteuergesetze von 1925 verdeutlichten dies. Sie brachten Verbesserungen vor allem

---

[69] K. C. FÜHRER, 1990.
[70] Süddt. Ztg. v. 15. April 1924, v. 16. Nov. 1924, v. 28. Nov. 1924. Zur Aufwertungsfrage O. JUNG, 1989 u. TH. KLUCK, 1996 mit weiterer Literatur.
[71] Süddt. Ztg. v. 16. Mai 1925, v. 15. Mai 1928 u. v. 16. Mai 1928.
[72] U. SCHÜREN, 1978, S. 234 u. A. MILATZ, 1965, S. 121.
[73] Beispiele für die Agitation von Bürgerpartei und Bauernbund: Süddt. Ztg. v. 4. März 1926 (»Sturm auf das Privateigentum«), v. 17. Juni 1926 (»Raubstaat oder Rechtstaat«) u. Schw. Tagesztg. v. 13. März 1926 (»Nach den Fürsten kommt die Kirche dran!«). Bis auf die DDP, die die Abstimmung freigegeben hatte, hatten sich alle bürgerlichen Parteien gegen eine Beteiligung an dem Volksentscheid ausgesprochen (Süddt. Ztg. v. 29. Mai 1926). Für das Zentrum hatte Bischof Keppler zum Fernbleiben aufgerufen (Süddt. Ztg. v. 15. März 1926). Mit vehementen Aussagen gegen den Volksentscheid waren auf evangelischer Seite vor allem der Konsistorialpräsident a.D. Zeller und Kirchenpräsident Merz an die Öffentlichkeit getreten (Süddt. Ztg. v. 9. Juni 1926). Mit 34,3 % der Stimmberechtigten lag die Beteiligung in Württemberg im innerdeutschen Vergleich am unteren Ende. 27,8 % hatten sich für die Fürstenenteignung ausgesprochen (Ergebnisse auf OA-Ebene in Schw. Tagesztg. v. 22. Juni 1926).

für die Landwirtschaft, dagegen weitere steuerliche Belastungen für Handel und Gewerbe sowie für die Gemeinden. Hinzu kam die Beamtenbesoldungsreform des Landes, die die Beamtenverbände gegen die Regierung auf den Plan rief. Zwischen 1925 und 1928 sah sich die konservative Regierungspartei mit der vehementen Kritik eines Gutteils ihrer Stammklientel konfrontiert.[74] Die *Schwäbische Tagwacht* resümierte vor den Landtagswahlen 1928 über den Zustand der Bürgerpartei: Der Stamm der Partei bestehe nur noch aus den Überbleibseln der alten Zeit, aus einem geschrumpften Bestand der Hausbesitzer, Handwerker und sonstiger Mittelständler sowie einem Teil der Beamtenschaft. Vor allem aber der städtische Mittelstand wende sich »bitterst enttäuscht« und wegen der »Wasserbruderschaft« mit dem Bauernbund von der Partei ab. Und außerdem hätten, wie das Landesorgan *Südwacht* lautstark beklagte, nun auch die Angestellten im Deutschnationalen Handlungsgehilfenverein erkannt, daß die unsoziale Haltung der Regierung Bazille nicht nur dem Haß gegen die Sozialdemokratie, sondern einem Desinteresse an der Sozialpolitik überhaupt entspringe.[75] Auch die Bürgerpartei selbst mußte nach ihrem Wahldebakel von 1928 eingestehen, dieses sei im wesentlichen auf das Versagen in der Aufwertungsgesetzgebung sowie auf die Unzufriedenheit in Mittelstand und Beamtenschaft zurückzuführen.[76]

Die Erschütterung der Existenzbasis des Mittelstandes und seiner Wertvorstellungen, empfunden als Unterbrechung bürgerlicher Proliferation der Vermögen durch Vererbung, als Destabilisierung der bürgerlichen Erfahrungswelt[77] und verschärft noch durch die – wenn auch landesspezifisch abgeschwächten – Folgen der Weltwirtschaftskrise, führte zur Diskreditierung der Partei und zur Auflösung ihres Integrationspotentials, das sie bis 1924 als Oppositionspartei besessen hatte. Das Aufkommen der Splitterparteien ab 1928 war Ausdruck der Unzufriedenheit unter Handwerksmeistern, Einzelhändlern sowie Hausbesitzern und ihrer enttäuschten Hoffnungen auf eine effektive staatliche Protektionspolitik. Die Enttäuschungen waren kurz zusammenzufassen als ein wahrgenommenes Versagen in all dem, wofür die Bürgerpartei gezeichnet hatte. Das Jahr 1928 markierte auch in Württemberg die Auflösung des tradierten Parteienspektrums, unter dem die Bürgerpartei im Vergleich der bürgerlichen Parteien am meisten litt.[78] Sie wurde selbst zur Splitterpartei. Die wirtschaftliche Komponente in der Stabilisierungskrise der Republik ab

---

[74] Vgl. Stellungnahme der Gemeindevertreter und der mittelständischen Verbände gegen die Reformgesetze in Süddt. Ztg. v. 21. Nov. 1925 u.v. 23. Nov. 1925. Vor allem die gesetzlichen Vertretungskörperschaften von Industrie, Handwerk und Handel hatten sich offen gegen die Regierungsvorlage ausgesprochen (Süddt. Ztg. v. 8. Dez. 1926 mit Bericht über Protestversammlung des Industrie- und Handelstags in Ulm). Zur Beamtenfrage vgl. die Stellungnahme der Landesgruppe des Reichsbundes der höheren Beamten und des Vereins württembergischer höherer Verwaltungsbeamter in Süddt. Ztg. v. 24. März 1928 sowie des württembergischen Lehrervereins (Süddt. Ztg. v. 10. April 1928).
[75] Schw. Tagwacht v. 15. Mai 1925.
[76] Süddt. Ztg. v. 9. Okt. 1928.
[77] Vgl. hierzu K. TENFELDE, Stadt und Bürgertum, 1994, S. 320.
[78] Vgl. hierzu übergreifend M. SCHUMACHER, Mittelstandsfront, 1972; L. E. JONES, The »Dying Middle«, 1972 u.ö. sowie zur DNVP A. CHANADY, 1967.

1924 war eine der Hauptursachen für das Scheitern des bürgerparteilichen Sammlungskonzeptes.

c) Kultur: Konfession und Schule

Neben der Ökonomisierung der Politik war die zweite große Konfliktlinie der 1890er Jahre die Konfessionalisierung. Der Katalysator war die Gründung der Landesorganisation des Zentrums, deren Initialzündung das mit hoher Emotionalität befrachtete Jesuitengesetz gewesen war, der rasch und kontinuierlich verlaufende Wahlerfolg der Katholikenpartei und die innerprotestantische Ausdifferenzierung in Liberale und Orthodoxe. Der Konfessionalismus als übersteigertes religiöses Bekenntnis führte zur binnenkirchlichen Konstruktion kollektiver Identitäten und zur intrakonfessionellen Abgrenzung. Konfessionsintern bedeutete dies für den Protestantismus die Antithese von Orthodoxen und Liberalen, religionsintern die Abgrenzung gegen den Ultramontanismus und religionsextern die Besetzung außerreligiöser Bereiche mit konfessionellen Leitbildern. Die konfessionellen Deutungsmuster wurden auf Politik, Wirtschaft und Gesellschaft übertragen. Für die wilhelminische Gesellschaft wurde die Konfession als Schlüsselprädikat gewertet und entsprechend konfessionalistischen Deutungsmustern ein hoher Stellenwert in der gesellschaftlichen Auseinandersetzung zuerkannt. In der Forschung zur Weimarer Zeit scheint die Konfession unter dem Leitstern der weitergehenden Säkularisierung der Gesellschaft zu unrecht an Erklärungskraft gegenüber den großen nationalen Problemkomplexen und der Wirtschaftskrise eingebüßt zu haben.[79]

Ganz im Gegenteil aber machte die Kulturhoheit der Länder und die Eigenständigkeit der protestantischen Landeskirchen die Konfession, das Verhältnis von Staat und Kirche und die Bildungspolitik zum klassischen landespolitischen Thema. Das gilt auch für die Weimarer Republik. Auf diesem landespolitisch herausragenden Feld profilierten sich die Parteien als landesspezifische Kräfte und hier gab es Gestaltungsraum und Abgrenzungsmöglichkeit gegen die Mutterparteien. Die konfessionelle Thematik gliedert sich in drei Unterbereiche: in kirchenrechtliche Fragen, in Fragen der Schul- und Bildungspolitik und in Fragen der gesellschaftspolitischen Moral, mit der die Parteien ihren spezifischen Charakter unterstrichen.

Konfessionalismus

Zuerst also der innerprotestantische Bereich: Hier galt der Einfluß des konservativorthodoxen Elements in der Landeskirche als gesichert. Politischer und theologischer Konservatismus, Monarchie und landesherrliches Kirchenregiment bildeten eine Einheit und garantierten einen weitgehend ›politikfreien‹ innerkirchlichen Raum.[80] Die Konfliktpunkte waren gering: die Verselbständigung der Landeskirche

---

[79] Hierzu Einleitung und Beiträge in O. BLASCHKE, Konfessionen im Konflikt, 2002.
[80] Siehe hierzu oben S. 236 ff.

gegenüber dem Ministerium, dem Parlament und gegenüber etwaigen katholischen Hofkreisen war auch ein Anliegen der konservativen Kirchenkräfte. Wenn auch gegen manche Stimme aus freikirchlichen Kreisen wurde beispielsweise das Religionsreversaliengesetz von 1898 mit großer Mehrheit verabschiedet.[81] Nach 1918 veränderten sich die Verhältnisse fundamental. Trotz der Rückgewinnung kirchenpolitischer Sicherheit schon kurz nach der Revolution war die Bürgerpartei diejenige politische Kraft gewesen, die die innerkirchliche Verfassungsfrage gegen die parteiübergreifende Tradition einer Entpolitisierung der Kirchenangelegenheiten in den Wahlkampf von 1924 getragen hatte. Die Vertretung der evangelischen Interessen war einer ihrer wichtigsten Mobilisierungsfaktoren zwischen 1918 und bis zur Verabschiedung des Württembergischen Staatsgesetzes über die Kirchen vom März 1924.[82]

Zweitens ist der Bereich des innerkonfessionellen Verhältnisses zum Katholizismus zu nennen. Der württembergische Konservatismus der Vorkriegszeit war stark pietistisch, antikatholisch, aber nicht aggressiv konfessionalistisch geprägt. Das zeigte sich vor allem im distanzierten Verhältnis der Partei zum Evangelischen Bund.[83] Die Jesuitenfrage, die vom Zentrum unter dem Topos der konfessionellen Gleichberechtigung und der Freiheit der Religionsausübung zur Überlebensfrage von katholischer Kirche und Glauben stilisiert worden war, wurde von den Konservativen ab 1900 erstaunlich stiefmütterlich behandelt. Zwei Ursachenbündel sind hierfür zu sehen. Erstens zeichnete sich seit der Jahrhundertwende die gemeinsame schwarz-blaue Frontstellung gegen Liberalismus und die anwachsende Sozialdemokratie ab.[84] Aus zaghaften Anfängen entwickelte sich in den folgenden Jahren eine evangelisch-katholisch-konservative Bündnisstruktur, die neben der antisozialistischen Gemeinsamkeit vor allem auf gemeinsamen schul- und kulturpolitischen Vorstellungen basierte.[85]

Nach der Verabschiedung der Volksschulreform von 1909 fehlten auf landespolitischer Ebene die kirchenrechtlichen Gesetzesvorhaben, die zur Polarisierung zwischen katholischem und evangelischem Konservatismus hätten führen können. Das bedeutete nicht, daß Politik nun konfessions- oder religionsfrei vermittelt worden wäre. Aber die Konfliktkonstellation hatte sich verändert: Auf der einen Seite standen Zentrum und Konservative in der Verteidigung des christlichen Glaubens gegen

---

[81] Die Dt. Reichspost v. 8. Febr. 1897 betonte die »insgesamt positive Haltung« zu dem Gesetz, das eine »freiere Kirche« schaffe, aber das Band zum Staat nicht zerschneide. Das Gesetz sah für den Fall eines katholischen Thronfolgers eine evangelische Kirchenregierung aus zwei Staatsministern, dem Konsistorialpräsidenten, dem Landessynodalpräsidenten und einem Generalsuperintendenten vor (Text bei E. R. HUBER/W. HUBER, Staat und Kirche Bd. III, 1983, S. 576 ff.). Zur Entstehung und Anwendung des Gesetzes nach 1918/19 vgl. TH. HÄRING, 1916; P. WURSTER, Kirchliches Leben, 1919, S. 26 ff.; W. LEMPP, 1959; H. VOELTER, Revolution von 1918, 1962.
[82] Siehe hierzu die Ausführungen oben S. 236.
[83] Siehe hierzu oben S. 226 ff.
[84] Dt. Reichspost v. 29. Juni 1898: »Wo es sich um den Kampf um die Sozialdemokratie handelt, sind wir der Bundesgenossenschaft des Zentrums gewiß.«
[85] Siehe hierzu die Ausführungen zu den Bündnisstrukturen bei Wahlen in Kap. 9 dieser Arbeit.

die »Modernisierer« und »Gottlosen«. Auf der anderen Seite formierten sich Demokraten und Liberale sowie die Sozialdemokraten gegen die »Kräfte der Beharrung«. Keineswegs jedoch verlor konfessionalistisches Denken in der Weimarer Zeit an Relevanz.[86] Einem politisch und theologisch zersplitterten Protestantismus ohne landesherrliches Kirchenregiment stand ein selbstbewußter Katholizismus entgegen. Das Zentrum galt als Achse der Weimarer Koalition, damit als Sachwalter der Revolution und mit der Sozialdemokratie im Bündnis mit den »Gottlosen«.[87] Aus konservativ-protestantischer Sicht mußte das die mentalen Reservationen gegen den politischen Katholizismus und ›Weimar‹ verschärfen. Hinzu kam auf katholischer Seite die »milieuegoistische Blickverengung« des Zentrums, das die Binnenintegration durch den katholischen Glauben in der Diskussion um Kriegs- und Revolutionsursachen wiederbelebte.[88]

Konfessionelle Antagonismen prägten die Wahlkämpfe der Weimarer Zeit. Einen Höhepunkt stellten dabei die Wahlen von 1924 dar. Die anhaltenden Wirkungen des konfessionalistischen Denkens zeigten sich an der Basis der Bürgerpartei. Ihr Anspruch, Volkspartei zu sein, umfaßte grundsätzlich auch den katholischen Bevölkerungsteil. Allerdings hatte der Schwäche des Katholikenausschusses in der Partei die Kluft zwischen überkonfessionellem Anspruch und konfessionalistischer Wirklichkeit an der Basis offengelegt.[89] Als Parteien gegen den »Irrwahn des gottlosen Internationalismus«[90] zogen Bürgerpartei und Bauernbund in den Wahlkampf und versuchten mit »Wahlkatechismen für Katholiken« in die Milieusphäre des Zentrums einzudringen. Das Einvernehmen der Konfessionen unter schwarz-weiß-roter Flagge sollte katholische Wählerstimmen bringen und das Zentrum aus der Koalition mit der Demokratie zwingen.[91] Der Bauernbund versuchte zudem, das gesamtagrarische Interesse über die konfessionellen Unterschiede zu stellen und damit das Zen-

---

[86] W. PYTA, Dorfgemeinschaft, 1996, S. 312 u. 390 sowie M. KITTEL, Konfessioneller Konflikt, 2002.
[87] Vgl. die Stimme eines Katholiken in der Süddt. Ztg. v. 17. Juli 1919 mit Klage über das »Herrgöttchen von Biberach« [Matthias Erzberger] und die Zusammenarbeit von Zentrum und SPD, »nachdem man uns seither die Religionsfeindseligkeit und Gottlosigkeit dieser Partei gelehrt und sie wohl doch seit den Revolutionstagen in abschreckender Weise bestätigt gefunden hat.«
[88] Zum »Milieuegoismus« durch die Dramatisierung der Konfessionsgrenze vgl. G. PAUL/K.-M. MALLMANN, 1995, S. 57 u. 532. Im Sommer 1919 präsentierte das *Deutsche Volksblatt* einen Leitartikel unter dem Titel »Die Weltgeschichte ist das Weltgericht«, der mit einem ganzen Arsenal an antiprotestantischen Stereotypen eine landesweite Protestwelle der Gegenseite provozierte (Dt. Volksbl. v. 16. Juli 1919. Die »politischen Gedanken zum Bonifatiusjubiläum« gipfelten in den Sätzen: »Wir müssen darum im Werk Luthers ein Unglück sehen, ja das größte Unglück, das Deutschland jemals betroffen hat. [...] Der Weltkrieg hat ein Gericht über den Protestantismus herbeigeführt, wie es vernichtender nicht sein konnte. [...] Denken wir aber gar an die Revolution und ihre Folgen, so ist diese erst recht im Gefolge von dem Werke Luthers.«) Zur Gegenreaktion: Süddt. Ztg. v. 19. Juli 1919 (»Eine konfessionelle Kriegserklärung«) u. Süddt. Ztg. v. 20. Juli 1919 sowie Schw. Kronik v. 27. Juli 1919 M.
[89] Zum Katholikenausschuß der Bürgerpartei siehe oben S. 158 ff.
[90] Süddt. Ztg. v. 5. April 1924.
[91] Vgl. z. B. die Rubriken »Wahlkatechismus für Katholiken« in Süddt. Ztg. v. 28. April 1924, v. 29. April 1924, v. 1. Mai 1924 u. v. 3. Mai 1924.

trum in die Defensive zu drängen.[92] Dieses reagierte gegenüber der Bürgerpartei mit dem »gottlosen Neuheidentum der vaterländischen Wotansanbeter« und gegenüber dem Bauernbund mit den tradierten konfessionellen Vorurteilsmustern.[93] Dennoch war die Drohung des Bauernbundes aufgegangen: »Wir werden so lange unsere oberschwäbischen Berufsgenossen aufrütteln, bis das Zentrum wieder rechts orientiert ist.«[94]

Einen »konfessionellen Frieden« auf Landesebene gab es ab 1924. Das Vorgehen ist ein Beispiel für die Entdramatisierung eines Konfliktes durch die politischen Eliten. Sie war Grundlage und Bedingung der Regierungskoalition im Land und wurde gegen alle reichspolitischen Belastungen gewahrt. Eine »pikante Note« hatte etwa der Reichstagswahlkampf im Herbst 1924, als das Zentrum im Reich nach der Reichstagsauflösung im Oktober einen harten Wahlkampf gegen die DNVP führte, auf Landesebene aber die Koalition nicht in Frage stellte.[95]

Eine Wiederauflebung des konfessionellen Antagonismus zeigten die Reichspräsidentenwahlen von 1925. Für die Protestanten war klar: am Zentrum war die gesamtbürgerliche Kandidatur des Katholiken Geßler gescheitert, dem die Bürgerpartei noch hätte zustimmen können.[96] Marx als Zentrumsmann an der Reichsspitze konnte man sich jedoch beim besten Willen nicht vorstellen.[97] Allerdings wurde der reichsweit konfessionalistisch unterlegte Reichspräsidentenwahlkampf in Württemberg nicht unter der Antithese Hindenburg als »neuer Luther« und »Ersatzmonarch« einerseits und Marx als »päpstlicher Vasall« andererseits geführt. Der in Württemberg nur schwer zu vermittelnde Preuße Hindenburg, der im Wahlkampf kein einziges Mal persönlich im Land aufgetreten war, wurde als »Bürger« dargestellt:

---

[92] Schw. Tagesztg. v. 4. Mai 1924. Vgl. auch die Ausführungen von T. DIETRICH, 2002 zur konfessionellen Gegnerschaft auf dem Land, der vor allem wegen der wirtschaftlichen Verflechtungen in der dörflichen Engräumigkeit eine stärkere Kooperation der Eliten über die Konfessionsgrenzen hinweg sieht. Allerdings liegen insgesamt zu wenig Forschungen zur Agrarprovinz der Weimarer Zeit vor. Anzunehmen ist, daß diese Kooperationsbereitschaft stärker in mehrkonfessioneller Umgebung ausgeprägt war, konfessionelle Vorurteilsmuster aber in monokonfessionellem Umfeld ihre Persistenz behielten.
[93] Schw. Landmann v. 21. Juni 1924 mit einem Rückblick auf Wahlglossen des Zentrums (»Wenn Bauernbund gewählt wird, werden katholische Kinder nicht zur Kommunion zugelassen.«) u. Dt. Volksbl. v. 22. April 1924 (»Wer Bauernbund wählt, ist nicht mehr katholisch, denn man kann am Sonntagmorgen nicht katholisch und nachmittags bei der Wahl katholikenfeindlich sein«). Dazu die Schw. Kronik v. 30. April 1924: »Die Flugblätter werden erbitterter und nehmen die Gestalt an, an die ihre Väter, wenn sie dann zusammenarbeiten müssen, nicht mehr gerne erinnert werden.«
[94] Schw. Kronik v. 13. Mai 1924.
[95] Schw. Tagesztg. v. 25. Okt. 1924. Die beiden konservativen Parteien und das Zentrum sprachen sich auf Landesebene harsch gegen die Reichstagsauflösung aus. Die Bürgerpartei mußte im Wahlkampf den thematischen Spagat ausführen und argumentierte, es gehe nicht um den Kampf gegen das »alte Zentrum«, für das Württemberg stehe, sondern gegen den linken Reichsflügel des Zentrums (Süddt. Ztg. v. 21. Okt. 1924 u. v. 8. Nov. 1924).
[96] Süddt. Ztg. v. 15. April 1924.
[97] Süddt. Ztg. v. 26. März 1925 u. Schw. Tagesztg. v. 28. März 1925.

»Hindenburg: nicht der Vertreter des Geldsacks, nicht der Mann des Krieges, nicht der Platzhalter der Monarchie – nein! Der Bürger ruhiger und steter Fortarbeit an dem Werke des sozialen Ausgleichs, des wirtschaftlichen und nationalen Wiederaufstiegs, der Bürger für Sauberkeit in der Verwaltung, für Zucht und Ordnung in deutschen Landen.«[98]

Für den Bauernbund war Hindenburg der »Mann des Friedens und der steuerlichen Gerechtigkeit für alle schaffenden Stände«, Marx hingegen »Vertrauensmann der vaterlandsfeindlichen Bauernfresserpartei«, der SPD.[99] Politisch-religiös unterfüttert war der Wahlkampf dennoch, aber die Konfliktlinien verliefen zwischen Zentrum einerseits sowie Liberalen und Sozialdemokraten andererseits.[100] Auch das Wahlergebnis war nicht nur eine »Lagerwahl«, sondern eben auch eine von konfessionellen Gesichtspunkten dominierte Abstimmung.[101] Zwischen den Konservativen und dem Zentrum wurde die Auseinandersetzung auf außerkonfessionelle Problemfelder übertragen. Der von den jeweiligen Parteieliten vermittelte konfessionelle Friede zwischen der katholischen und den konservativen Parteien funktionierte bis zur Spaltung der Bürgerpartei und ihrem Kampf gegen das »System Brüning«.

Schule und Bildung

Die Frage des konfessionellen Charakters der Volksschulbildung war eine Kernfrage der einzelstaatlichen Kultur- und Bildungspolitik. Blicken wir zurück auf die Entwicklung der Volksschulfrage vor 1914. Mit wachsender Brisanz hatte neben der Verfassungs- und Verwaltungsreform die Diskussion um die geistliche Schulaufsicht und die Beibehaltung des konfessionellen Charakters der Volksschule seit 1900 die Landespolitik dominiert. Die Frage verknüpfte die konfessionelle Thematik mit der Vertretung von berufsständischen Interessen der Lehrerschaft, die in konfessionell getrennten Lehrervereinen organisiert war. Die treibenden Kräfte einer Reform und der Einführung der Simultanschule waren die Volkspartei und die Sozialdemokratie.[102] Während das Zentrum mit dem Junktim von Schul- und Verfassungsfrage eine strikte Haltung eingenommen hatte, signalisierten die Konservativen von vornherein Kompromißbereitschaft, sofern ihre Kernforderungen berücksichtigt blieben: Erhalt der konfessionellen Volksschule, des Schulzwangs für Religionsunterricht und die Ablehnung fakultativer Simultanschulen. Unter diesen Prämissen konnten sie der Abschaffung der geistlichen Schulaufsicht, der Einführung der fachmännischen Schulaufsicht auf Bezirksebene und der Einrichtung einer evangelischen

---

[98] Süddt. Ztg. v. 18. April 1925.
[99] Schw. Tagesztg. v. 25. April 1925.
[100] Die antiultramontanen Stereotype des Evangelischen Bundes druckte die Schw. Kronik v. 21. April 1925 ab, nicht aber die konservativen Organe.
[101] K. HOLL, 1969 u. O. BLASCHKE, Konfessionen im Konflikt, 2002, S. 47f. Vor allem die DDP-Anhänger der Kandidatur Hellpachs schwangen nach dessen Verzicht im zweiten Wahlgang und trotz seiner Aussage für Marx vorwiegend aus konfessionellen Motiven zu Hindenburg um. Zur Bedeutung der Wahlen als »Lager-Votum« J. FALTER, Two Hindenburg Elections, 1990.
[102] Das Volksschulgesetz in Reg.Bl. 1909, S. 178 ff. Zu den Detailregelungen W. KATEIN, 1956 u. G. FRIEDERICH, 1978.

Oberschulbehörde zustimmen.[103] Ihren Wählern konnten sie nach der Verabschiedung der Reform garantieren: »Das Volksschulgesetz hat weiterhin konfessionellen Charakter.«[104] In der Folgezeit verkürzte sich die Haltung zur Schulpolitik bei den Konservativen und beim Zentrum auf die »Wahrung der christlichen Schule«.[105] In dieser Thematik war man sich der Unterstützung vor allem der ländlichen und kleinstädtischen Wähler sicher.[106]

»Die Kirche gehört in Schule und Haus«, darin lag eine der zentralen Gemeinsamkeiten mit dem Zentrum.[107] Das Thema war Dreh- und Angelpunkt der schwarzblauen Kooperation. Gleichzeitig sicherte es in der gemeinsamen Ablehnung der Simultanschule die konfessionelle Sphärenabgrenzung. Die Frage der christlichen Schulerziehung wurde nach 1918 zur »Kernfrage der Gegenwart«. Das *Deutsche Volksblatt* sprach von einem »Schulkrieg in Württemberg«, der vor allem von DDP und SPD geführt werde.[108] Für die Konservativen hatte die Kirchen- und Schulfrage existentielle Bedeutung. Die Schulfrage war ein vorrangiger Mobilisierungsfaktor der Bürgerpartei, auch für die weibliche Wählerschaft.[109] Sie wurde zum Definitionskern der neuen Republik erhoben: christlicher Bildungscharakter oder säkularisierte Demokratie auch im Bildungsbereich war die dualistische Verengung des Problemkomplexes. Die hohe emotionale Wertigkeit der Frage ist daraus zu erklären, daß die christliche Schulerziehung als Kernpunkt der milieuinternen Proliferation von elementaren Wertvorstellungen galt. Auf konservativer Seite wurde die Frage nicht nur christlich aufgeladen, sondern im Diskurs der Gesellschaftspathologie diskutiert. Die Lösung der Schulfrage wurde zum Lösungsansatz für die »moralische Gesundung des kranken Volkskörpers« nach dem Krieg erhoben.[110]

Die Errungenschaften des »Kleinen württembergischen Schulgesetzes« vom Mai 1920 basierten auf der schwarzblauen Zusammenarbeit: Religion blieb ordentliches Unterrichtsfach, der christliche Charakter der Volksschule blieb erhalten. Dem hatte auch die Sozialdemokratie zugestimmt.[111] Die Schulfrage war ein Ankerpunkt der

---

[103] Vgl. die Stellungnahmen in Dt. Reichspost v. 27. Juni 1906, v. 15. Nov. 1906 u. v. 30. Jan. 1907.
[104] Dt. Reichspost v. 29. Okt. 1910.
[105] Als Beispiel der Wahlaufruf von Deutschkonservativen und Bauernbund in Dt. Reichspost v. 15. Okt. 1912.
[106] Vgl. die Bemerkung der Dt. Reichspost v. 30. Jan. 1907, die Volkspartei habe die Frage der Simultanschule während des Wahlkampfes überall dort »im Sack lassen müssen«, wo sie gegen eine starke konservative Partei angetreten war. Eine Bauernbundskandidatur gegen die DP in Herrenberg wurde 1909 mit dem Druck der Wählerschaft in der Volksschulfrage begründet (Dt. Reichspost v. 3. Juli 1909).
[107] Dt. Reichspost v. 1. Okt. 1900.
[108] Dt. Volksbl. v. 3. Jan. 1919, v. 21. Jan. 1919 u. v. 7. Jan. 1920 u. Südd. Ztg. v. 5. Jan. 1919 u. v. 11. Jan. 1919 (»Jetzt geht es um die christliche Erziehung«).
[109] Südd. Ztg. v. 1. Jan. 1919.
[110] Südd. Ztg. v. 5. Jan. 1919. Zum Diskurs des »kranken Volkskörpers« und der »Volkshygiene« M. FÖLLMER, 2001 u. TH. MERGEL, Parlamentarische Kultur, 2002, S. 284f.
[111] Zu den Einzelbestimmungen siehe oben S. 50. Zur Haltung der SPD die Südd. Ztg. v. 31. Mai 1919: »Die Sozialdemokratie hat eingelenkt: das Schwabenvolk hätte gerade auf diesem Gebiet einen Gewaltfrieden am wenigsten ertragen.«

Regierungskoalition ab 1924 und eine der Ursachen für die Trennung des Zentrums von der Weimarer Koalition auf Landesebene.[112] Die Schulfrage auf landes- und auch auf reichspolitischer Ebene ist ein weiteres Beispiel für die Entdramatisierung konfessionell unterfütterter Themen in der Zusammenarbeit von katholischem und protestantischem Konservatismus. Die langjährige Debatte um das Reichsschulgesetz, einer der aufgeschobenen Kompromisse der Republik, der den Bestand der Konfessionsschule zu gefährden schien, ist anzuführen. An der Frage war auf Reichsebene der bürgerliche Rechtsblock des Reichskanzlers Marx unter Einschluß der beiden protestantischen Parteien DVP und DNVP gescheitert. Die württembergischen Regierungsparteien waren demgegenüber geschlossen für den Keudellschen Schulkompromiß eingetreten, der die rechtliche Gleichbehandlung von überkonfessioneller Gemeinschaftsschule (Simultanschule) und Bekenntnisschule vorsah und damit den im Weimarer Schulkompromiß festgelegten Vorrang der Simultanschule aufheben sollte.[113]

Die Haltung zum Reichsschulgesetz wurde auch auf Landesebene zum »Kennwort der künftigen Wahlen und Koalitionsverhältnisse« erhoben. Zentrum, Bürgerpartei und Bauernbund gaben im Landtag ein einheitliches Votum für den Reichsschulgesetzentwurf ab.[114] Die konfessionelle Distanz zwischen den beiden konservativen Parteien und dem Zentrum war das Maß der Koalitionsstabilität im Land. Unter Druck wurden demgegenüber DDP und DVP gesetzt. Vor allem die DVP wurde durch diese Frage marginalisiert, die einer der Gründe für das Scheitern einer gesamtbürgerlichen Koalition nach den Landtagswahlen 1928 war.[115] Trotz »antiultramontaner Restgefühle« bei der Bürgerpartei, so das Zentrumsblatt, habe die Schulfrage gezeigt, daß es zur Koalition der Konservativen mit dem Zentrum keine Alternative gebe.[116]

Auf Landesebene blieb der Bestand der christlichen Bekenntnisschule gesichert. Dennoch blieb die Volksschulfrage ein Hauptpolitikum der zweiten Hälfte der

---

[112] Vgl. im Rückblick auf die Regierungsbildungen von 1924 und 1928 das Dt. Volksbl. v. 14. Juni 1928. Für die Wahlniederlage der DDP machte das Dt. Volksbl. v. 8. Juni 1920 deren Haltung in der Schulfrage verantwortlich.
[113] G. GRÜNTHAL, 1968, S. 206 ff., der das Reichsschulgesetz als Hauptmotiv des Zentrums für die Koalition mit der DNVP bewertet. Anders K. RUPPERT, Im Dienst, 1992, S. 252, der es als nicht »ausschlaggebend« sieht, aber betont, es habe den Weg des Zentrums »nach rechts erleichtert«.
[114] Südd. Ztg. v. 4. Febr. 1928: »Die christliche Bekenntnisschule ist die Wesensfrage der Kulturpolitik. Sie ist die wirkliche Schule des Volkes und betrifft die tiefsten Gefühlsfragen des kleinen Mannes.« Zur Haltung der Bürgerpartei zum Reichsschulgesetz vgl. auch die als Flugblatt gedruckte Rede des Ludwigsburger Schulrats HEINRICH GRABERT, Das Reichsschulgesetz und wir [1928] (NL Hiller).
[115] Wegen der Haltung ihrer Reichsparteileitungen standen vor allem DDP und DVP in Württemberg unter Rechtfertigungsdruck, u. a. weil Johannes Hieber als kulturpolitischer Kopf der DDP 1909 noch wesentlich dazu beigetragen hatte, im württembergischen Volksschulgesetz die christliche Bekenntnisschule zu verankern (Südd. Ztg. v. 8. Febr. 1928). Vgl. auch Beißwänger zur Haltung der DVP nach dem Scheitern des Gesetzes: »Ein Egelhaaf bei der DVP hätte sich für den Erhalt der Konfessionsschule eingesetzt« (Südd. Ztg. v. 15. Febr. 1928). Zur vehementen Abgrenzung des Zentrums von DDP und DVP vgl. Dt. Volksbl. v. 18. Mai 1928.
[116] Dt. Volksbl. v. 16. Mai 1928.

1920er Jahre. Allerdings wurde sie entkonfessionalisiert, im Gegenzug ökonomisiert, vom Bauernbund fast hegemonial besetzt und auf den Konfliktbereich zwischen Stadt und Land übertragen. Sie wurde zum klassischen Beleg dafür, wie einzelne Themen unterschiedlich aufgeladen und in kulturell anders besetzte Kanäle überführt werden konnten. Bei den konfessionellen Bedingungen im Land und den politischen Konstellationen war hier für alle Parteien mehr zu holen. Der Konflikt verlagerte sich auf den Dualismus von städtischen Modernisierern und ländlichen Traditionalisten.

Im Kultministerium Bazille war seit 1924 ein Reform des Landesschulgesetzes in Bearbeitung. Die Kernpunkte waren dabei die Einführung des achten Volksschuljahres einerseits und eine Reform der Lehrerausbildung und -besoldung andererseits. Darüber hinaus waren beide Fragen mit der Schullastenverteilung zwischen Land und Gemeindekörperschaften verquickt. Das achte Schuljahr wurde dem württembergischen Schulgesetz von der Reichsverfassung »aufgedrängt«, allerdings hatten sich alle Parteien mit der schrittweisen Einführung bis 1928 einverstanden erklärt.[117] Auch die Bürgerpartei hatte sich vollmundig für die Verlängerung der Volksschulzeit ausgesprochen. »Konservativ und fortschrittlich zugleich« sei man, indem man an der christlichen Schulerziehung festhalte, die in den Städten zur Armenschule verkomme Volksschule aber großzügig ausbauen wolle. Zu ihrer Aufwertung wolle man die Höchstschülerzahl herabsetzen, die Schulpflicht auf acht Jahre ausdehnen und den Schulabgängern danach bessere Aufstiegsmöglichkeiten bieten.[118] Bis 1924 hatte das Thema wegen der inflationsbedingten Zerrüttung der öffentlichen Kassen nicht auf der Agenda gestanden. Seit 1924 wurde von Bazille eine Lösung erwartet, der allerdings erst im Mai 1927 im Hinblick auf die Wahlen des nächsten Jahres eine Zwischenlösung präsentierte. Eine Ausnahmeregelung sollte es Landgemeinden ermöglichen, einen vom Kultministerium zu prüfenden Befreiungsantrag zu stellen. Zusätzlich wurde dort, wo das achte Schuljahr bereits eingeführt war, die Unterrichtszeit beträchtlich gekürzt. Für Bazille war die Ausnahmeregelung die berechtigte Rücksichtnahme auf die Wirtschaftsinteressen der Landwirtschaft. Nach Meinung der DDP und der DVP hatte er das Schulgesetz so weit ausgehöhlt, daß nur noch von einem »Trümmerhaufen« zu sprechen sei. Mit seiner Schulpolitik, so die städtischen Kritiker, mache Bazille das Land zum Gespött des ganzen Reiches und verhelfe den Bauern dazu, ihre Kinder mit 13 Jahren zu »Arbeitstieren« zu machen, während man im selben Alter in der Stadt noch keine Ausbildungsstelle bekomme.[119]

---

[117] Schw. Kronik v. 9./10. Mai 1920 u. Stuttg. Neues Tagbl. v. 11. Febr. 1920. Für SPD und DDP war dies neben der Durchsetzung der Lernmittelfreiheit und der Aufhebung der Schulpatronate der wesentliche Grund zur Zustimmung zum Schulgesetz von 1920 (Schw. Tagwacht v. 6. März 1920).
[118] Süddt. Ztg. v. 17. Mai 1919.
[119] Stuttg. Neues Tagbl. v. 1. März 1928; Schw. Kronik v. 2. Jan. 1928 M u. Württ. Ztg. v. 28. April 1928. Hier auch die Einzelregelungen der Erleichterungen für Schulgemeinden mit achtem Schuljahr: Die Wochenstunden wurden im Sommer auf 15 und im Winter auf maximal 18 Stunden gekürzt, während das achte Schuljahr in den Städten 30 bis 32 Wochenstunden umfaßte. Mit Ausnahme der

Die Auseinandersetzung über das Schulgesetz dominierte den landespolitischen Wahlkampf 1928. Die Blöcke standen sich unversöhnlich gegenüber. Auf der einen Seite SPD, DDP, DVP und der Württembergische Lehrerverein, die die akademische Lehrerausbildung, Korrekturen am Besoldungsgesetz und das achte Schuljahr mit Verweis auf die gestiegenen Anforderungen in Handel, Gewerbe und Industrie forderten. Die Haltung Bazilles war für sie Ausdruck seines vollständigen Versagens, seiner Überforderung als Staatspräsident und Kultminister in Personalunion, seiner städtefeindlichen und landwirtschaftsfreundlichen Politik und damit seiner Abhängigkeit vom Bauernbund. Auf der Seite der »Reformer« stand auch die württembergische NSDAP.[120] Zwischen den Stühlen saß die Bürgerpartei mit Bazille, der im Gegenzug die Resonanz auf die Ausnahmeregelung als Plebiszit wertete, denn schließlich wisse die Landbevölkerung am besten, was für sie gut sei. Gerade weil Württemberg Rücksicht auf die Notlage der Landwirtschaft nehme, stehe es an der Spitze des Reiches.[121]

Die Meinungsführerschaft im konservativ-klerikalen Block hatte in Übereinstimmung mit dem Landwirtschaftlichen Hauptausschuß der Bauernbund übernommen.[122] Die Argumentationslinien waren klar abgesteckt und leicht vermittelbar: Der erste Punkt betraf die Schullastenfrage der Gemeinden. Das achte Schuljahr hätte rund 180 Junglehrer und in zahlreichen Gemeinden Baumaßnahmen erfordert. Die Begründung lag auf der Linie eines traditionellen ländlichen Gemeindeprotestes, die der Bauernbund vertreten hatte, seit es ihn gab und seit Schulgesetze diskutiert wurden: Übernahme der materiellen und vor allem der persönlichen Schullasten durch das Land, wenn schon die eigenen Söhne später zur Arbeit in die Stadt abwanderten.[123] Die weiteren Punkte, die dann in den Vordergrund rückten, wurden an der eigenkulturellen Beschaffenheit des Dorfes festgemacht. Wie die ländlichen Vertreter beim Zentrum argumentierte auch der Bauernbund, die Schulfrage könne nicht durch die »Stuttgarter Brille« betrachtet werden. Mit einer akademischen Ausbildung seien die Lehrer keine »Volkslehrer« mehr, weil sich ein Bauer die Ausbil-

---

Handarbeit für die Mädchen mußte der Unterricht auf den Vormittag beschränkt bleiben, wobei die Schüler im Sommer nicht nach 9.30 Uhr und im Winter nicht nach 11.00 Uhr entlassen werden durften.
[120] Württ. Ztg. v. 5. Mai 1928 u. v. 7. Mai 1928; Schw. Kronik v. 10. April 1928 M, v. 5. Mai 1928 M, v. 5./6. Juni 1928 A u. v. 12./13. Mai 1928 M. Zum Württ. Lehrerverein und zur NSDAP Süddt. Ztg. v. 10. April 1928 u. Schw. Tagesztg. v. 19. April 1928.
[121] Schw. Tagesztg. v. 9. Febr. 1928. Bazille sprach von 15 000 Gesuchen, die auch aus Arbeiterkreisen in seinem Ministerium eingegangen seien (Schw. Tagesztg. v. 5. Febr. 1928). Bis März 1928 waren laut Stuttgarter Neues Tagbl. v. 1. März 1928 rund 1 500 der annähernd 2 000 Landgemeinden befreit worden. Mit ähnlichen Angaben die Schw. Kronik v. 8. Febr. 1928. Selbst in stark von Pendelbauern und der stadtnahen Industrie geprägten Bezirk Stuttgart-Amt (vgl. N. BACK, 1998) hatten sich 15 von 36 Gemeinden gegen das achte Schuljahr ausgesprochen (Württ. Ztg. v. 14. Mai 1928).
[122] Schw. Tagesztg. v. 8. April 1924: »Wir können uns kein achtes Schuljahr leisten.« Zum Beschluß des Landwirtschaftl. Hauptausschusses mit den Vertretern des Zentrums Süddt. Ztg. v. 20. Mai 1924.
[123] Schw. Landmann v. 10. Dez. 1927 u. Schw. Tagesztg. v. 4. Nov. 1927. Zum Problem der Gemeindeschullasten vor 1914 auch Dt. Reichspost v. 10. Juni 1906 u. v. 27. Juni 1906.

dung seines Sohnes zum Lehrer nicht mehr leisten könne, der Lehrernachwuchs dann aus der Stadt komme und die »studierten Herren« entweder nicht mehr auf dem Dorf unterrichten wollten oder aber das Verhältnis zwischen Eltern und Lehrer gestört sei. Den Stadt- und Konsumentenkreisen sowie den »liberalen Bildungsfanatikern« hielt man entgegen, die beste Schule sei das praktische Leben. Die Schule habe keine Theorie, sondern »Geistes- und Herzensbildung« zu vermitteln, was wiederum auch in sieben Jahren zu leisten sei, und schließlich säßen etliche Abgeordnete mit nur sieben Jahren Schulbildung im Stuttgarter Landtag.[124] Wie stark die Frage mobilisierte, zeigten die zum Schuljahresbeginn 1928 vom Bauernbund organisierten Schulstreiks, die in den Wahlkampf fielen. Hier konnte der Bauernbund das gesamte Protestpotential seiner organisierten Mitgliederbasis mobilisieren.[125]

»Woher kommt der Haß gegen Bazille?« fragte der *Schwäbische Landmann* nach den Wahlen und lieferte die Antwort gleich mit: von den »liberaldemokratischen Industrie- und Handelsherren« wegen des Landessteuergesetzes, von der Beamtenschaft wegen der Besoldungsreform und vor allem aus den städtischen Kreisen und den Lehrern wegen seines Entgegenkommens in der Volksschulfrage.[126] Bazille und seine Partei waren zweifellos die Verlierer bei diesem Thema und mußten erneut an Profil verlieren. In schulpolitischer Hinsicht wurde die Landespolitik vom Zentrum und vom Bauernbund geprägt. Nach seinem Austritt aus der Bürgerpartei war Bazille auch wegen dieser Frage der Vertrauensmann des Bauernbundes in der Landesregierung, nachdem der Fraktionsvorsitzende Ströbel bereits zur Regierungserklärung von 1928 betont hatte, für seine Partei gebe es nur drei Gründe für die Regierungsbeteiligung: Steuerfragen, Bekenntnisschule und achtes Volksschuljahr.[127] Bis 1930 verlief die kulturpolitische Aktivität des unter Reformdruck stehenden Kultministers Bazilles ergebnislos, bevor sie im Zeichen der Wirtschaftskrise vollends im Sand verlief.[128]

---

[124] Schw. Tagesztg. v. 14. Mai 1927, 9. Febr. 1928, v. 27. Sept. 1928 u. v. 9. Febr. 1929.
[125] Berichte über Schulboykotte z. B. in Wendlingen und Marbach sowie über Petitionen an Ortsvorsteher und Gemeinderäte in Schw. Tagwacht v. 20. April 1928; Schw. Kronik v. 19. April 1928 M u. v. 21. April 1928 M. In Wendlingen hatten sich von 139 Vätern schulpflichtiger Kinder 116 auf Betreiben des Bauernbundes an einem Schulstreik beteiligt (Württ. Ztg. v. 21. April 1928).
[126] Schw. Landmann v. 16. Juni 1928.
[127] Schw. Tagesztg. v. 22. Juni 1928.
[128] Die gesetzliche Einführung des achten Schuljahres wurde 1928 auf vier Jahre verschoben (Schw. Tagesztg. v. 22. Juni 1928 u. 10. Aug. 1930). Erneut vertagt wurde sie 1932, nachdem es zum heftigen Konfliktfall zwischen den Ministern Bazille und Dehlinger geworden war (W. BESSON, 1959, S. 48 ff. sowie zur Entwicklung der einzelnen Gesetzesvorhaben HStA Stuttgart, E 130b, Bü 221, 222, 1466 u. 1480. Im Ergebnis war das achte Schuljahr nur in 262 von 1701 evangelischen und in 105 von 763 katholischen Schulgemeinden eingeführt worden (Schw. Tagesztg. v. 13. Okt. 1932).

Konservatismus als moralische Instanz

Die Konservativen waren in den 1870er Jahren als wertaufgeladene und religiös motivierte Protestpartei gegen die »falschen Freiheiten« des Liberalismus angetreten. Der »entschieden evangelische« Standpunkt entsprach der pietisierenden Prägung des württembergischen Konservatismus, der als Verteidiger der christlichen und ›alten‹ Moral auftrat[129]. Im Gegensatz zum Bauernbund war dies stärker ein Thema für die städtischen Konservativen, denn in der städtischen Kultur fanden die grundlegenden Veränderungen auf dem Weg in die gesellschaftliche und kulturelle Moderne statt.[130]

Einer der konfessionell unterlegten moralischen Dauerbrenner war das Auftreten gegen das karnevalistischen Treiben in den katholischen Gebieten, gegen die Störungen des evangelischen Landesbußtages am ersten Sonntag der Passions- und Fastenzeit und für die Wahrung der Sonntagsruhe.[131] Der Leitartikel der *Deutschen Reichspost* zum Landesbußtag 1903 brachte das Paket an Ressentiments gegen die Neuerungen der Zeit auf den Nenner:

> »Unsere Zeit will die Sünde und die Schuld nicht mehr kennen. Unsere moderne Literatur mit ihren schlüpfrigen, sittlich oft im höchsten Grade anstößigen Erzeugnissen, die laxe Beurteilung sittlicher Vergehen durch die öffentliche Meinung, die Verflachung der Moral durch die Politik, die Börse mit ihren den Charakter vergiftenden Einflüssen, die ganze materialistische Weltanschauung unserer Tage mit der Leugnung des freien Willens sind klare Beweise dafür.«[132]

Spätestens um 1900 hatte die »Schmutz- und Schund-Debatte« eingesetzt, in der die Konservativen die Speerspitze im Land bildeten. Die Debatte um Massenkultur, ›Moderne‹ und Sittenreinheit erlebte nach 1918 eine zusätzliche Verschärfung und war eingebettet in die Diskussion um das »moralische Übel« der Gesellschaft als Ursache von Krieg und Revolution.[133] Die Kontroversen wurden härter geführt und die Themenbereiche erweiterten sich: Sexualität und Pornographie in der Ge-

---

[129] Flugblatt der Deutschkonservativen Stuttgart Nr. 1, [1878], WLB Stuttgart, Kl. Württ. Drucks. A25Ca/1, 2048. Siehe hierzu auch die Ausführungen zur Parteigründung oben S. 56ff.
[130] K. Ditt, 1996; K. Maase, 1997 u. K. Maase/W. Kaschuba, 2001.
[131] Dt. Reichspost v. 21. Febr. 1901 mit der Klage, die Hoftheaterintendanz komme der Fasnachtsstimmung des Publikums entgegen und spiele am Landesbußtag Schwänke. Vgl. auch die Aufrufe in Schw. Tageszig. v. 7. Febr. 1921: »Weite Kreise geben sich in vollständiger Verkennung unserer Lage dem Karnevalstreiben hin. Wir halten dieses Gebaren für unwürdig und bitten alle Kreise unseres Volkes dringend, aus Gründen der Selbstachtung sich von allen derartigen Veranstaltungen fernzuhalten.« Im Januar 1926 wurden vom Innenministerium wegen der »Not der Zeit« Faschingsumzüge und -bälle sowie das Tragen von Masken bei geschlossenen Veranstaltungen verboten (Südd. Ztg. v. 4. Jan. 1926 und ebenso Schw. Tageszig. v. 1. Jan. 1928). Zur Sonntagsruhe vgl. die Interpellation von Schrempf zur Ausdehnung der Sonntagsruhe auf die Angestellten im Post- und Eisenbahnwesen und für die Verschärfung der Sonntagsruhe als Schutzmaßnahme von Handel und Gewerbe (Dt. Reichspost v. 29. Jan. 1895 u.v. 20. Nov. 1906).
[132] Dt. Reichspost v. 28. Febr. 1903.
[133] Schw. Tageszig. v. 7. März 1922. Zu Zensur sowie Schmutz- und Schund-Debatte der Weimarer Zeit K. Petersen, 1995 u. W. Speitkamp, Jugendschutz, 1999.

sellschaft, in Literatur und Film, Geburtenkontrolle und Geschlechtskrankheiten, Prostitution, das Bild der ›Neuen Frau‹ mit Bubikopf, geschminktem Gesicht, modischer Kleidung und Zigarettenspitze und nicht zuletzt der Alkoholmißbrauch traten nun in den Vordergrund.[134]

Die Bürgerpartei war als moralische Instanz aufgetreten und hatte sich damit vor allem auch an die weibliche Wählerschaft gewandt. Als »Partei der deutschen Sittenreinheit« war sie angetreten gegen den »Mangel an Moral und Sitte«.[135] Fassen wir den spannungsreichen Bogen der moralischen Forderungen zusammen: Als einzige Partei hatte die Bürgerpartei eine Anfrage des Württembergischen Landesverbands gegen den Mißbrauch geistiger Getränke im Januar 1919 mit einem bedingungslosen ›Ja‹ beantwortet.[136] Die Forderung nach gesetzlichen Regelungen »gegen die moralische Gesunkenheit des Volkes« und zur Bekämpfung der »Volksseuche« Alkoholismus war einer der Kernpunkte der Volksgesundungsargumentation der Partei. Allerdings mußte man zugeben, daß es auch unter eigener Regierungsbeteiligung bis 1928 immer noch nicht zu einer Reform des Reichsschankstättengesetzes gekommen war.[137] Uneingeschränkt hatte man sich auch den Forderungen verschiedener Verbände nach gesetzlichen Maßnahmen gegen Geschlechtskrankheiten und Prostitution angeschlossen.[138] Ein weiterer sozial- und moralpolitischer Dauerbrenner war die Frage des »gewollten Geburtenrückgangs« und der Streichung des § 218, die ein vorrangiges Thema für die Frauen in der Partei war.[139] Hier war die Übereinstimmung zwischen den beiden Kirchen sowie zwischen dem Zentrum und den konservativen Parteien gesichert. Eine Debatte im Landtag hatte bereits 1922 die grundsätzlichen Gegensätze der Parteiblöcke gezeigt.[140]

Die diffusen Ängste gegen die Auswüchse der Moderne in Gesellschaft und Kultur waren auf konservativer Seite permanent aktivier- und revitalisierbare Mobilisierungspunkte. Meist wurden sie in einem Argumentationskonglomerat von christlichen Werten, Haus, Familie und Ehe vorgebracht. Einsetzbar waren sie fast beliebig

---

[134] D. PEUKERT, Weimarer Republik, 1987.
[135] Beitrittsaufrufe der Bürgerpartei in Südded. Ztg. v. 7. Dez. 1918 u.v. 4. Jan. 1919.
[136] Schw. Kronik v. 9. Jan. 1919 A u.v. 6. Mai 1919 M. Lediglich bei der Frage der Konzessionspflicht für den Flaschenbierhandel hatte sie »ausweichend« geantwortet. Die USPD hatte gar nicht reagiert, die SPD sicherte »generelle Unterstützung« zu, das Zentrum stimmte »im wesentlichen« zu, die DDP äußerte »mancherlei Bedenken« und der Bauernbund teilte mit, die Fragen seien »zur Zeit gegenstandslos.«
[137] Südded. Ztg. v. 2. Jan. 1919, v. 3. Okt. 1922, v. 11. April 1924, v. 18. Nov. 1924, v. 21. Nov. 1924 u.v. 19. Mai 1928 u. Schw. Kronik v. 24. April 1923.
[138] Gegen »Genußsucht und Prostitution« hatten sich die Konservativen bereits 1897 ausgesprochen (Dt. Reichspost v. 30. Okt. 1897). 1928 schlossen sie sich den Forderungen des Evang. Volksbundes nach einem Gesetz gegen Geschlechtskrankheiten an (Südded. Ztg. v. 14. April 1928) sowie der Forderung des Württ. Landesausschusses zur Bekämpfung sittlicher Not nach »besserer Straßenbeleuchtung« zur Bekämpfung der Prostitution (Südded. Ztg. v. 9. Juli 1928).
[139] Protokoll der Landesfrauentagung der Frauengruppe der Bürgerpartei v. 12. März 1927 (NL Hiller) u. Südded. Ztg. v. 19. Mai 1928.
[140] Schw. Tageszg. v. 7. März 1922. Vgl. Verh. LT 1920/22, Prot.Bd. IV, S. 2759 ff. (Sitzungen vom 22. Febr. u.v. 23. Febr. 1922).

gegen Liberalismus, Sozialismus oder Bolschewismus. Allerdings war auch hier eine Entchristlichung der Argumentation der Bürgerpartei zu sehen. In zunehmendem Maße wurde die Frontstellung gegen den »Schlammstrom der modernen Kultur« auf die binäre Codierung zwischen »nationaler Kultur« und »planmäßige Abtötung der deutschen Seele« durch die Linke überführt.[141]

Nach der Kriegserfahrung prallten in der Weimarer Republik die Politik-, Gesellschafts- und Kultur-Deutungsmuster frontaler aufeinander, als es in der wilhelminischen Epoche der Fall gewesen war. Viele der Themen waren bereits vor 1914 gesellschaftliche Konfliktpunkte gewesen, aber die »unsichtbare Herrschaft der konsensualen Kulturbürger«[142], die die Einheit im Ästhetischen und den Ausgleich im Politischen im monarchischen Konstitutionalismus gewährleistet sahen, war zerbrochen. Ihr größtes kulturkonservatives Potential hatte die Bürgerpartei als Instanz der ›alten Moral‹ zwischen 1919 und 1924 entfaltet. Sie war fast monopolartig der Verwalter der protestantisch-orthodoxen Moral und des protestantischen Kampfes gegen die ›Moderne‹. In dem Maße, wie sie einerseits nach 1928 stärker reichspolitisch orientiert und national motiviert wurde und andererseits in der Regierungsbeteiligung die Unübersetzbarkeit fundamentaler Wertorientierungen in gesetzliche Maßnahmen hinnehmen mußte, erwuchs ihr im Christlich-Sozialen Volksdienst eine ernsthafte Konkurrenz.

Dessen überdurchschnittlicher Erfolg im reichsweiten Vergleich ist nur aus dieser Konstellation heraus zu erklären. Der Volksdienst war als »christliche Gesinnungs- und Tatgemeinschaft« angetreten, als »Partei mit anderem Sittenkodex« und mit dem Ziel der moralischen Erneuerung des öffentlichen Lebens.[143] Ab 1927/28 übernahm er von der Bürgerpartei in fast deckungsgleichem Diskurs die Position der evangelischen Moralinstanz im Land.[144] Die Spaltung der DNVP und die Übernahme des Parteivorsitzes durch Hugenberg, dessen Medienprodukte bei kirchenfrommen Protestanten zumindest als moralisch zweifelhaft angesehen werden und entsprechende Bedenken gegen die Partei schüren mußten, ließ sie nach einer neuen protestantischen Vertretung Ausschau halten. Der württembergische CSVD hatte auf die Spaltung sofort reagiert und sukzessiv ein wichtiges Profilierungsfeld der Bürgerpartei besetzt.[145]

---

[141] Süddt. Ztg. v. 15. Mai 1928 (Klara Klotz gegen die »Bolschewisierungsbestrebungen der Linken« in Sitten und Ehe sowie Süddt. Ztg. v. 15. Juli 1932 (Zitat).
[142] G. BOLLENBECK, 1999, v.a. S. 194ff.
[143] Christl. Volksdienst v. 11. Mai 1927 u.v. 26. Nov. 1927. Zur Gründung des CSVD vgl. G. OPITZ, 1969. Aus biographischer Perspektive P. BAUSCH, 1969 sowie zur generellen Einordnung der Partei K. RUPPERT, Einfluß, 1988.
[144] Vgl. die programmatischen Aussagen des CSVD gegen »innere Volksschäden«, »Vergnügungsstätten und Festlichkeiten«, »Trunksucht und Sittenlosigkeit«, »Schmutz und Schund in Literatur und Kunst«, für die Sonntagsruhe und die Einhaltung des Landesbußtags in Christl. Volksdienst v. 11. Mai 1927, v. 25. Febr. 1928 u.v. 17. März 1928.
[145] Vgl. die Stellungnahme zur »Hugenberg-DNVP«: »Man kann nicht Gott und dem Mammon dienen, ein christliches Parteiprogramm haben und sein Geld mit dem Vertrieb schmutziger Zeitungen und schmieriger Filme verdienen. [...] Die DNVP ist eine gottlose Partei, die sich immer noch christlich nennt« (Christl. Volksdienst v. 26. Juli 1930).

d) Lokalismus, Gemeindeprotest und Stadt-Land-Gegensatz

Die agrarökonomisch-thematische Dominanz war das Gründungsmotiv und die Existenzgrundlage des Bauernbundes. Ergänzt wurde sie als weiterer zentraler Bestandteil der Parteicharakteristik durch die lokalökonomische und lokalistische Interessenvertretung, durch die Artikulation eines traditionellen Gemeindeprotestes gegen das nächstliegende Zentrum beziehungsweise das Landeszentrum Stuttgart, sowie durch den Gegensatz zwischen Stadt und Land, der im Kern ein kulturell-lebensweltlicher Antagonismus und ein Gegensatz zwischen Produzenten und Konsumenten war. Nur aus dieser Motivgemengelage ist der langfristige Erfolg des Bauernbundes zu verstehen. Die Konfliktlinien überlagerten und bedingten sich gegenseitig genauso wie die kulturell aufgeladenen Argumentationsmuster. Es war die Artikulation ländlichen sozialen Protestes[146], der ökonomisch, konfessionell oder mit der Differenz zwischen ländlicher und städtischer Lebenswelt legitimiert werden konnte.

Lokalismus und Gemeindeprotest

Die lokalistische Perspektive war ein zentraler Faktor der Kandidatenrekrutierung und der Selbstdarstellung des Bauernbundes. Entsprechend waren die Anforderungen der Wählerschaft an einen Mandatsträger, in Stuttgart das beste für seinen Wahlkreis herauszuholen.[147] Die Lokalökonomie war auch ein Primärfaktor der inhaltlichen Standpunkte der Partei. Die Kandidaten des Bauernbundes traten mit einem ganzen Sammelsurium wirtschaftlicher und infrastruktureller Forderungen ihres jeweiligen Wahlkreises an. An vorderster Front standen die Eisenbahnfragen. Nach 1890 bedeutete dies vor allem den Ausbau der Nebenstrecken.[148] Streckenausbau und örtliche Anbindung waren traditionell Themen der Volkspartei gewesen, die zunehmend der Bauernbund übernahm.[149] Zur Eisenbahnfrage gehörte die Einführung der vierten und billigsten Wagenklasse, die der Bauernbund jahrelang gefordert hatte und deren Realisierung er sich als Erfolg auf die Fahne schrieb.[150] Weitere infrastrukturelle Forderungen kamen hinzu: die Ausdehnung und Verbilligung des Telefonnetzes für die Landbevölkerung, Maßnahmen zur regionalen Wasserversorgung und in den 1920er Jahren der Ausbau der Elektrizitätsversorgung.[151] Darüber hinaus waren die Forderungen nach der Übernahme finanzieller Belastungen der Gemeinden durch den Staat lokalistische Dauerthemen, ob bei den Oberamtstier-

---

[146] R. v. FRIEDEBURG, Ländliche Gesellschaft und Obrigkeit, 1997 u.ö.
[147] TH. KÜHNE, Dreiklassenwahlrecht, 1994, S. 315 ff. mit dem inhärenten Hang dieser Imagekomponente zum »imperativen Mandat«.
[148] P. BEYERLE, 1926.
[149] Dt. Reichspost v. 13. März 1902, v. 15. Okt. 1912 und TH. KÖRNER, Wahl-Handbuch, 1912, S. 61.
[150] Dt. Reichspost v. 30. Jan. 1907 u. v. 29. Okt. 1910.
[151] Bericht über die Tätigkeit der Abgeordneten des BdL und der konservativen Partei im 35. und 36. Landtag 1901 bis 1906, Stuttgart o.J. [1906], WLB Stuttgart, Kl. Württ. Drucks. A 26 Ca/272, Programm des Bauernbundes in Dt. Reichspost v. 15. Okt. 1912 u. Schw. Tagesztg. v. 9. Mai 1928.

ärzten, den Kosten der Fleischbeschau oder bei den Wegebau- und Straßenunterhaltskosten.[152] Umgekehrt sahen die Stellungnahmen zu Baumaßnahmen von landesweiter Bedeutung aus, die hauptsächlich Stuttgart oder die städtischen Zentren betrafen. In der Diskussion um den Um- und Neubau des Stuttgarter Hauptbahnhofs nach 1910 betonte der Bauernbund im Wahlkampf, dies sei in erster Linie eine Angelegenheit der Stadt Stuttgart.[153] Als 1905/1906 der Wiederaufbau des abgebrannten Hoftheaters in Stuttgart anstand, war auch hier für den Bauernbund klar: wer ein Theater will, soll dafür bezahlen, aber aus der Landeskasse könne man so viel Geld nicht dem »Theatermoloch« opfern.[154] Ein weiterer jahrelanger Streitpunkt war das ehrgeizige Vorhaben eines Neckarkanals zwischen Rhein und Donau.[155] Er galt als Projekt der Demokraten und Sozialdemokraten und sollte vor allem die Industrieroute zwischen Heilbronn, Stuttgart und Esslingen schiffbar machen und mit Wasserkraftwerken versehen. Der Bauernbund hatte von Anfang an seinen Widerstand erklärt.[156] Als 1922 per Landesgesetz die Veräußerung von Grundstücken einen Kilometer rechts und links des Neckars verboten werden sollte, machte der Bauernbund mobil. 1924 konnte er triumphieren, mit dem Kanal seien auch zehn Jahre demokratischer Parteigeschichte »ins Wasser gefallen«. Zwar habe das Unternehmen Tausende von Arbeitskräften vom Land abgezogen, aber durch den Protest der betroffenen Gemeinden und des Bauernbundes sei die staatliche Enteignung der Anrainer verhindert worden.[157]

Einen Höhepunkt der lokalistischen Interessenvertretung erlebte das Jahr 1924 mit der Debatte um die Reduzierung der Oberämter. Gemeinde und Oberamt waren die wichtigsten Bezugspunkte der Bürger im Verwaltungsalltag. Die Oberämter waren die unterste Ebene der Staatsverwaltung und als Kommunalverband gleichzeitig Genossenschaft der Gemeinden. Die Verringerung der Oberämter als Maßnahme zur Verwaltungsvereinfachung wurde seit 1906 diskutiert. Sie bedeutete einen tiefgreifenden Einschnitt in den historisch verankerten Selbstbestimmungs- und Selbstverwaltungsgrundsatz der Gemeinden und Bezirke. Vor dem Ersten Weltkrieg war eine durchgreifende Reform nicht zustande gekommen. In der finanziellen Notlage während der Inflation wurde sie von der Regierung Hieber 1924 erneut angestoßen.[158]

---

[152] Bericht über die Tätigkeit der Abgeordneten des BdL und der konservativen Partei im 35. und 36. Landtag 1901 bis 1906, Stuttgart o. J. [1906], WLB Stuttgart, Kl. Württ. Drucks. A 26 Ca/272.
[153] Dt. Reichspost v. 20. Nov. 1911. Vgl. auch TH. KÖRNER, Wahl-Handbuch, 1912, S. 61.
[154] Bauernfreund 1905, S. 66 u. Bauernfreund 1906, S. 73. Zum Hoftheater auch B. JANZEN, 1995.
[155] Zum Neckarkanal-Projekt W.-I. SEIDELMANN, 1988.
[156] Schw. Landmann v. 1. Dez. 1906.
[157] Bauernfreund 1922, S. 53f. und Bauernfreund 1924, S. 63; Schw. Tagesztg. v. 26. Mai 1920 u.v. 20. Dez. 1922. Betroffen waren vor allem wertvolle Weinlagen von Gemeinden in den Oberämtern Besigheim, Brackenheim, Cannstatt, Esslingen, Heilbronn, Ludwigsburg, Marbach, Neckarsulm, Stuttgart-Amt und Waiblingen, also mehrheitlich Hochburgen des Bauernbundes.
[158] B. MANN/G. NÜSKE, Königreich Württemberg, 1984, S. 747ff. (auch zur Verwaltungsreform-Denkschrift von 1911) u. B. MANN/G. NÜSKE, Württemberg, 1985, S. 574f. jeweils mit weiterer Literatur.

Sparsamkeit in der Verwaltung und die Stärkung des Selbstverwaltungsrechts der Gemeinden waren Forderungen, die seit jeher auf dem Panier des Bauernbundes standen. Als die Regierung Hieber mit einem ministeriellen Erlaß und unter Ausschaltung des Landtags neben der Aufhebung der vier Kreisregierungen und des Landgerichts Hall die Aufteilung von sieben Oberämtern auf die jeweils benachbarten Bezirke verkündete, trat die Allianz von Zentrum, Bauernbund und Bürgerpartei mit aller Vehemenz gegen das Vorhaben auf den Plan.[159] In der *Schwäbischen Kronik* verteidigte Leopold Hegelmaier als Vorsitzender der Abbau-Kommission die Maßnahme: es gehe um Personalabbau in der Landesverwaltung, um die Reform der Strafgerichtsgerichtsorganisation und vor allem seien lediglich Zwergoberämter mit Einwohnerzahlen deutlich unter 25000 betroffen. Allerdings sah er auch die Punkte der Kritiker: die enge Beziehung der Beamten zur Bevölkerung könne gestört werden, die ›aufgelösten‹ Oberamtsstädte verlören eventuell ihren Mittelpunktcharakter, wobei dieser »ideelle Verlust« durch andere größere Gemeinden ausgeglichen werden könne. Auch müsse die Bevölkerung weitere Wege zum Bezirksamt in Kauf nehmen und schließlich könne die Gastronomie und das Geschäftsleben in den Städten Schaden nehmen.[160]

Damit hatte er auch schon die Punkte der Gegner umrissen. Bürgerpartei, Bauernbund, Zentrum und Teile der DVP hatten im Parlament zwar der Abschaffung der ungeliebten Kreisregierungen und der Verringerung der Ministerien zugestimmt, aber ihre Ablehnung der Oberamtsreduzierung mit aller Deutlichkeit kundgetan.[161] Bazille an der Spitze der Bürgerpartei argumentierte plebiszitär gegen die »diktatorische Regierungsentscheidung« und sah in der Frage den Hebel zur Spaltung der Koalition. Unter korporativen Gesichtspunkten wandte er sich gegen die Auflösung, weil erst Körperschaften zur Selbstverwaltung der Berufe als Grundlage eines neuen Staates geschaffen werden müßten, bevor dann eine »organische Reform« der Bezirkseinteilung möglich sei.[162] Unter wirtschaftlichem und kulturellem Aspekt hatte er sich der Linie des Bauernbundes angeschlossen und kritisierte die Erschwernisse für die Landbevölkerung.[163]

Schwere Geschütze fuhr der Bauernbund auf: Zwar hatte auch er sich mit der Auflösung der Kreisregierungen sowie des ungeliebten Ernährungs- und Arbeitsministeriums einverstanden erklärt, aber alles andere sei eine Vergewaltigung der

---

[159] Erlaß v. 21. März 1924 (Schw. Tageszeitg. v. 26. März 1924). Betroffen waren die dominant katholischen Oberämter Neresheim und Spaichingen sowie die mehrheitlich protestantischen Oberämter Blaubeuren, Brackenheim, Sulz, Weinsberg und Welzheim. Ursprünglich waren zur Auflösung zwanzig, dann zwölf Oberämtern vorgesehen (L. HEGELMAIER, Staatsvereinfachung, 1928).
[160] Schw. Kronik v. 7. Febr. 1924.
[161] Süddt. Ztg. v. 1. Febr. 1924 u. v. 6. Febr. 1924.
[162] Die Argumentation bezog sich auf eine Verordnung vom 29. März 1924, nach der drei der sechs Bezirksräte aus Gewerbe, Landwirtschaft und Arbeitnehmerschaft aus der Mitte der Amtsversammlung zu wählen waren und somit auf der Ebene der Oberämter ein berufsständisches Element eingeführt wurde, das Bazille als Basis einer weitergehenden berufsständischen Umstrukturierung der Gebietskörperschaften sah (vgl. hierzu B. MANN/G. NÜSKE, Württemberg, 1985, S. 574).
[163] Süddt. Ztg. v. 8. Febr. 1924, v. 21. Febr. 1924 u. v. 26. Febr. 1924.

Landbevölkerung. Die neue Bezirkseinteilung nehme keine Rücksicht auf ökonomische und konfessionelle Verhältnisse[164], in größeren Bezirken habe die Landbevölkerung gegenüber der Industriearbeiterschaft nichts mehr zu sagen, die Bauernschaft zahle sowieso die Sozialkosten der Städter und lieber solle man »Revolutionsbeamte« abbauen als Oberämter. Unter dem Motto »Landvolk werde hart!« rief der Bauernbund zum Boykott von Städten wie Stuttgart und Heilbronn und zum »passiven Widerstand« gegen Staat, Finanzämter und andere Behörden auf.[165] Persönliche Polemik fehlte nicht: von den Herren Heymann aus Polen, Keil aus Hessen und »anderen Herren unterschiedlichster Herkunft«, die der gutmütige Schwabe gewählt habe, könne man sich einen derartigen Eingriff in die Landesgeschichte schon gar nicht gefallen lassen.[166]

Die steckengebliebene Verwaltungsreform, die bis 1938 abgesehen von der Auflösung des Oberamts Weinsberg nicht durchgeführt wurde[167], hatte gezeigt, daß gegen das Lokalinteresse der Gemeinden und Bezirke keine Mehrheit zustande zu bringen war. Und dieses Interesse war beim Bauernbund und beim Zentrum beheimatet. Die Verschiebung der Oberamtsreduzierung war ein weiterer wesentlicher Punkt der schwarzblauen Annäherung von 1924. An ihr war nicht nur die Regierung Hieber gescheitert, sondern mit ihr war auch der »Schwenk des Zentrums nach rechts« abgeschlossen.[168] Die *Schwäbische Kronik* resümierte im Rückblick auf das Wahljahr 1924, es habe kein Umschwenken der Bevölkerung gegeben, wohl aber der Parteien. In erster Linie betraf dies das Zentrum wegen der erzwungenen Rücksichtnahme auf die »übellaunigen« katholischen Oberämter.[169] Die erste Tat der neuen Regierung war die Ankündigung, der Abbau der Oberämter werde nicht durchgeführt.[170]

---

[164] Vgl. den Artikel »Nöte aus Gerabronn« (Schw. Tagesztg. v. 27. Febr. 1924), einem der auflösungsbedrohten Oberämter. Die Vertreter des Oberamts argumentierten, es stehe hinsichtlich der landwirtschaftlichen Betriebe an erster Stelle im Land, habe einen großen und nicht aufzulösenden landwirtschaftlichen Bezirksverein, außerdem sei es Grenzbezirk zu Bayern und durch die Zusammenlegung mit dem OA Crailsheim werde es infrastrukturell vernachlässigt und somit der »Verwaisung« ausgeliefert.
[165] Schw. Tagesztg. v. 27. Febr. 1924, v. 12. März 1924, 15. April 1924.
[166] Schw. Landmann v. 12. April 1924.
[167] Erst 1938 wurden die 61 Oberämter auf 34 Land- und drei Stadtkreise reduziert, nachdem der Reichssparkommissar Friedrich Saemisch bereits 1930 die Auflösung von 38 Oberämtern empfohlen hatte (vgl. B. MANN/G. NÜSKE, Württemberg, 1985, S. 575 f.). Vgl. auch W. GRUBE, Vogteien, 1960, S. 80 ff.
[168] Einer Protestversammlung der sieben Oberämter in Stuttgart war Eugen Bolz ferngeblieben, während Bazille als Hauptredner aufgetreten war (Schw. Tagesztg. v. 5. April 1924). Laut der Schw. Kronik v. 5. April 1924 beugte sich die Parteileitung des Zentrums dann kurz vor den Wahlen dem Druck der Oberämter. Zur Anerkennung der Konservativen gegenüber dem Zentrum Süddt. Ztg. v. 6. April 1924 (»Wir haben unsere Auffassung in der Frage der Oberamtsaufteilung beim Zentrum eindeutig bestätigt gefunden«) und Schw. Landmann v. 12. April 1924.
[169] Schw. Kronik v. 2. Jan. 1925.
[170] Süddt. Ztg. v. 4. Juni 1924 (Regierungserklärung Bazille).

Stadt und Land, Produzenten und Konsumenten

Der Gegensatz zwischen Stadt und Land, die kulturell-lebensweltliche Distinktion zwischen städtischer und ländlicher Lebensweise, war das zentrale Integrations- und Abgrenzungsmittel des Bauernbundes. Der ländliche soziale Protest war landwirtschaftliche Interessenartikulation, hatte konfessionelle Signaturen und war eben auch traditionalistisch geprägt gegen die Neuerungen der Stadt. Der verbands- und parteigeschichtliche Aspekt stößt an seine Grenzen, wo er die mentalitätsgeschichtliche Tiefendimension der ländlichen Lebensweise nicht einbezieht. Die Dichotomie beruhte auf dem diskursiv vermittelten Konstrukt des Städters und des Bauern, der Industriearbeitsweise und der ländlichen Produktion.

Jeder Industrieort sei wie ein »Heizofen, in welchem die gesunde, vom flachen Land ihm zugeführte Bevölkerung nur allzu schnell verbrannt und verbraucht« werde, in der Arbeiter vom Lande ihr »blühendes Aussehen und ihre kraftstrotzende Gestalt« verlören. Der Beweis seien die vernichtenden Urteile der Ärzte über »skrofulöse und tuberkulöse Arbeiterkinder«, während das Land der »Jungbrunnen des Volkes« sei.[171] Immer größer werde auch die Kluft zwischen Stadt und Land, klagte der Bauernbund: Der Landmann sei das Symbol der »Rückständigkeit und der Flegelhaftigkeiten«. Vor allem die Liberalen mißachteten die Bauern. Als Beispiel wurde Conrad Haußmann kolportiert, der der Deutschen Partei bescheinigt haben solle, nach dem Wahlbündnis und der »Umarmung« mit dem Bauernbund habe sie »Kuhdreck am Ärmel«.[172] Immer wieder wurde das karge Leben auf dem Lande dem brausenden Leben in der Stadt entgegengesetzt: Einfachheit in der Lebensweise auf dem Dorf gegen Vergnügung, Luxus, »Parfum aus Frankreich« und »Pralinen aus Belgien« in der Stadt.[173]

Der Kernpunkt des Gegensatzes zwischen Stadt und Land bestand jedoch in der Unterschiedlichkeit der Konsumenten- und Produzentenmentalität. Grundlage der bäuerlichen Wirtschaftsmentalität war die vorindustrielle Wirtschaftsform des ganzen Hauses und die Einheit von Produktions- und Konsumsphäre. Der Faktor Arbeit war keine ökonomisch meßbare Einheit, sondern eine moralische Größe, die die generationenübergreifende Konservierung der bäuerlichen Autonomie sicherte: eigenverantwortliche Arbeit, Autarkie und Selbstversorgung sowie Skepsis gegenüber den Marktprinzipien Arbeitsteilung und Differenzierung.[174] Sie stand der Konsumentenmentalität der Städter gegenüber: abhängige Lohnarbeit, Freizeitbedürfnis und städtisch-industrielle Lebenswelt. Nach 1918 konzentrierte sich die ländliche Abgrenzung auf den Achtstundentag und die »Errungenschaften der Revolution« wie den 1. Mai.[175]

---

[171] Dt. Reichspost v. 5. Mai 1897.
[172] Schw. Landmann v. 1. Jan. 1907 u. v. 15. Febr. 1912.
[173] Schw. Tagesztg. v. 20. Sept. 1927 u. v. 22. Dez. 1926.
[174] A. WIRSCHING, Arbeitsethos, 1990 u. die Beiträge in D. MÜNKEL, Abschied vom Agrarland, 2000.
[175] Schw. Tagesztg. v. 2. Nov. 1919, v. 9. Nov. 1920 u. v. 30. April 1924. Während der 1. Mai für den Arbeiter darin bestehe, jegliche Tätigkeit zu unterlassen, die er als Arbeit empfinden könne, habe der

Eine deutliche Dramatisierung des Gegensatzes zwischen Produzenten und Konsumenten erlebten die Inflationsjahre nach 1918. Den Konsumentenprotest artikulierte die liberale Seite in der *Schwäbischen Kronik* 1923 in einem Leitartikel über die Wanderung eines Städters auf der Schwäbischen Alb:

> »Überall sieht man saubere Dörfer und reiche Höfe mit neuen, schmucken Häusern, Ställen und Scheunen, die den reichen Erntesegen erwarten. [...] Kein Wunder, wenn den Städter ein Gefühl des Neides anwandelt! Draußen Wohlhabenheit und Reichtum, in der Stadt Mangel und Armut.«[176]

Anders dagegen die Beschreibung der »Nöte des Bauern« auf Bauernbundsseite:

> »Die Bauern bringen ihre Waren in Stuttgart selbst auf den Markt, um die hohe Gewinnspanne des Händlers zu umgehen. [...] Für das unter Lebensgefahr gepflückte Pfund Kirschen bekommt man dann nicht einmal ein Glas Bier und wird dann noch Saubauer, Wucherer und Galgenstrick genannt.«[177]

Die Inflationsjahre mit Wuchergerichten und Teuerungsprotesten sowie Marktkrawallen, Lieferstreiks und Boykottdrohungen stellten den Höhepunkt im Konflikt zwischen Produzenten und Konsumenten dar.[178] Erwartete oder bereits eingetretene Preissteigerungen in immer kürzer werdenden Intervallen gaben dem Konflikt Breite und Intensität, der bereits seit der Jahrhundertwende an oberster Stelle auf der Wahlkampfagenda gestanden hatte. Die Artikulation des Verbraucherprotestes lag traditionell bei der Sozialdemokratie: »Brotwucher« und »Fleischnotrummel« dominierten die sozialdemokratische Wahlkampfargumentation mit einem ersten Höhepunkt bei den Wahlen von 1912. Das Thema war emotional besetzt, führte zu einer Welle von Teuerungsprotesten in den Städten und ließ die Unterschiede unverhüllt aufeinanderprallen.[179] Lange vor der Einführung des Frauenwahlrechts waren die Lebensmittelpreise ein Konfliktpunkt, der auch Frauen mobilisierte und politisierte.[180]

Die Interessenvertretung auf Produzentenseite besetzte der Bauernbund mit zunehmender Verschärfung des Gegensatzes monopolartig. Die Agitation gegen die »reine Konsumentenpolitik«, die man seit 1914 noch verstärkt sah, schweißte zusam-

---

Bauer ihre Ernährung sicherzustellen und das Gastgewerbe dafür zu sorgen, daß sich die »Herren Proletarier ihre notwendigen Begeisterungsräusche« kaufen könnten (Schw. Tagesztg. v. 30. April 1922).

[176] Schw. Kronik v. 16. Aug. 1923.
[177] Schw. Tageszt. v. 27. Juli 1923.
[178] Siehe hierzu die Ausführungen oben S. 192 ff.
[179] Dt. Reichspost v. 4. Okt. 1901, v. 10. März 1902, v. 17. Juni 1903 (hier wurde Schrempf von der SPD als »Brotwucherer und Fleischverteurer« stigmatisiert), v. 15. Okt. 1910 u. Schw. Landmann v. 1. Okt. 1912 (»Während der Landmann Hafer schneidet und das Oehmd einbringt, druckt die SPD Flugblätter mit Fleisch- und Brotwuchergeschrei und bereitet die Revolution in den Städten vor«).
[180] Ch. Nonn, Arbeiter, Bürger und »Agrarier«, 1993 u. ö.; M. H. Geyer, Teuerungsprotest, 1990; K. Tenfelde, Stadt und Land, 1990 sowie die Beiträge in H. Berghoff, Konsumpolitik, 1999. Zu Württemberg vor 1914 vgl. A. Gawatz, Wahlkämpfe, 2001, S. 277 ff. Zur Geschlechterperspektive B. Davis, 1998.

Politikfelder, Selbstbild und Abgrenzung 395

men und härtete das Selbstbild des »Landvolks«.[181] Die anderen Parteien – auch das Zentrum – saßen zwischen den Stühlen, weil sie Rücksicht auf ländliche und städtische Kreise nehmen mußten.[182] Wirtschaftsbürgertum und Arbeiterschaft waren zwar Kontrahenten – etwa im Tarifkonflikt –, aber gleichzeitig Verbündete im gemeinsamen Kampf um billige Nahrungsmittel. Das zeigte sich in Württemberg als einem der Hauptländer der Konsumvereinsbewegung auch an der landesspezifischen Sozialstruktur der Konsumvereine mit einem hohen Anteil an Freiberuflichen und Beamten.[183] Eine Entschärfung der Polarisierung zwischen Produzenten und Konsumenten fand sicherlich nach den Inflationsjahren und in der wirtschaftlichen Stabilisierung statt.[184] Dennoch blieb die Abgrenzung gegenüber den städtischen Konsumenten eines der zentralen Integrationsmittel des Bauernbundes, auch gegen die Nationalsozialisten im Land.[185]

e) Nationalismus und Antisemitismus

Auf den Politikfeldern Ökonomie, Konfession und Stadt-Land-Gegensatz gab es zwar Phasen von Ver- und Entschärfung, letztlich aber eine »1918« überdauernde Kontinuität der Themen. Die Bereiche Nationalismus und Antisemitismus hingegen zeigen einen entscheidenden inhaltlichen Wandel des württembergischen Konservatismus. Beide Integrationsideologien drückten der Bürgerpartei und dem Bauernbund nach 1918 den Stempel einer fundamentalen Veränderung gegenüber dem Vor-

---

[181] Schw. Tagesztg. v. 25. Aug. 1925 u. v. 5. Febr. 1928.
[182] Eine Anfrage einer Kommission der württembergischen Konsumvereine an die Reichstagskandidaten im Land, ob sie bereit seien, diese zu schützen und gegen ihre Ausnahmebesteuerung einzutreten, hatten nur die SPD-Kandidaten bejaht, vier hatten direkt abgelehnt (darunter neben drei Konservativen auch Erzberger) und 17 hatten sich einer Antwort entzogen (Schw. Tagwacht v. 4. Jan. 1912).
[183] M. Prinz, 1996, v. a. S. 238 ff. u. 281. 1904 betrug der Anteil der Freiberuflichen und Beamten in den Konsumvereinen des Landes 17,9% und sank bis 1914 auf 13,9% (Bayern: 7,1%/6,1% und Deutscher Zentralverband: 6,1%/3,4%). Der Geschäftsbericht der württembergischen Konsumvereine für 1927 (Württ. Ztg. v. 25. April 1928) sprach von 60 Vereinen und 744 Verkaufsstellen mit etwas über 205 000 Mitgliedern. Damit seien 35,1% der württembergischen Haushalte konsumgenossenschaftlich organisiert. Württemberg lag damit an zweiter Stelle im Deutschen Reich hinter Thüringen (Reich: 34,6%; Bayern: 13,2%). Zu den württembergischen Konsumvereinen vgl. auch F. Feuerstein, 1929. Zwischen 1906 und 1912 hatte der Bauernbund mehrmals von der Regierung gefordert, Staatsbeamten die Teilnahme an der Leitung und Verwaltung von Konsumvereinen zu untersagen und Empfehlungen an Beamte auszusprechen, »sich solchen Vereinen generell fernzuhalten« (Dt. Reichspost v. 31. Okt. 1912).
[184] Ch. Nonn, Verbraucherprotest, 1996, S. 319 führt sie auf die Handelsvertragspolitik ab 1925 zurück.
[185] Schw. Tagesztg. v. 25. April 1925 (zum spanischen Handelsvertrag, zur Einfuhr argentinischen Fleisches und zur »Überschwemmung mit französischem Obst«); v. 4. Nov. 1925 (gegen die Meistbegünstigungsklausel der Handelsverträge und die Erhöhung der Fleischeinfuhrkontingente) u. v. 30. August 1930 (»Die Nationalsozialisten stimmten gegen die Aufhebung der zollfreien Gefrierfleischeinfuhr und vertreten die Konsumenteninteressen. Sie treiben bewußte und konsequente Katastrophenpolitik«).

kriegskonservatismus auf. Beide Themenkomplexe waren eng mit Aggressivität und Gewalt verbunden.

Um die Deutungshegemonie des Nationalen

National zu sein hieß im Württemberg der wilhelminischen Epoche in erster Linie, sich zur Einheit des Reiches zu bekennen, sich für den Erhalt des Machtstaates auszusprechen und eine positive Haltung zu den Militärvorlagen einzunehmen. Nationalismus in diesem Sinne war eine diffuse und nur selten explizit mit konkreten politischen Inhalten ausgestatte Integrationsideologie des protestantischen Bürgertums, vor allem der Deutschen Partei und der beiden konservativen Parteien. Er war einer der zentralen Abgrenzungsmechanismen gegen die Sozialdemokratie, gegen den Ultramontanismus sowie gegen die demokratischen ›Preußenfeinde‹ und ›Antimilitaristen‹. Durch die Bestrebungen einer gesamtliberalen Einigung und Erneuerung, auch unter dem Einfluß Friedrich Naumanns, vollzog sich bis 1914 ein Umdenken der Volkspartei in nationalen und Militärfragen.[186] Partikularstaatliche Traditionen und landeskirchlich-pietistische Prägung hatten den württembergischen Konservatismus hingegen erst spät national werden lassen. Nationalismus war bis dahin ein von der Deutschen Partei fast hegemonial besetztes Feld. Nationalismus und konservativ-orthodoxer Protestantismus waren dagegen erst nach der Jahrhundertwende eine Allianz eingegangen.[187]

Der deutsche Nationalismus war ein »föderativer Nationalismus«[188], der nach der Gründung des kleindeutschen Nationalstaates in dem Sinne schrittweise »entföderalisiert« wurde, als nun alle deutschen Staaten zusammengefaßt, nach außen abgegrenzt und nach innen sukzessiv homogenisiert wurden. Das heißt nicht, den föderalistischen Grundzug der deutschen Geschichte nationalstaatlich zu verzerren. Vor allem die Konservativen waren im 19. Jahrhundert auf die deutschen Einzelstaaten und auf deren Fürstenhäuser ausgerichtet. Es gehörte zu den zentralen Problemen des deutschen Konservatismus, sich auf den jungen Nationalstaat einzustellen. Das verweist auf zwei wesentliche Aspekte des Nationalismus.

Erstens waren auch die württembergischen Konservativen die Träger eines föderativen Nationalismus. In der Formel »Für König und Vaterland, Kaiser und Reich – für die Selbständigkeit und Eigenart des engeren Vaterlandes« kam dies zum Ausdruck.[189] Die Formel unterstrich das gegenseitige und spannungsreiche Verhältnis

---

[186] A. GAWATZ, Wahlkämpfe, 2001, S. 258 ff.
[187] Dt. Reichspost v. 2. Okt. 1910 zur Abgrenzung gegenüber der Deutschen Partei: »Der Deutschparteiler ist ein echter Nationalist, gleichgültig oder feindlich gegen jede Äußerung kirchlichen Lebens, voll Hohn und Spott gegen den positiven Christenglauben. [...] Der antikirchliche Nationalismus ist im Bürger- und Bauernstand nicht sehr tief eingedrungen.«
[188] Vgl. hierzu D. LANGEWIESCHE, Föderativer Nationalismus, 2000 u. ö. sowie A. CONFINO, Konzepte von Heimat, 2000.
[189] Aus zahlreichen Beispielen Dt. Reichspost v. 16. Nov. 1899 u. v. 10. Juni 1903 sowie Schw. Landmann v. 1. Nov. 1899.

von »Heimat« und »Nation« – und sie war gleichzeitig und zweitens die Grundlage eines föderativ ausgerichteten »Normalnationalismus«. Erst das Ende des Ersten Weltkrieges zerstörte nicht nur den ersten deutschen Nationalstaat, sondern entzog den Konservativen mit der Abdankung der Dynastien auch den angestammten Ort, auf den sie politisch und kulturell ausgerichtet waren. Vor allem nach 1918 wurde dieser »föderative Normalnationalismus« zum Reichsnationalismus oder integralen Radikalnationalismus umgeformt. Nun kann dieser Prozeß nicht als eingleisiger Weg gesehen werden. Gerade die Konservativen waren auch in der Weimarer Republik die Verfechter eines föderativen Staatsaufbaus gegen die zentralistischen Tendenzen aus »Berlin«. Aber mit der zunehmenden inhaltlichen und parteiorganisatorischen Ausrichtung der Bürgerpartei auf Preußen – vor allem nach der innerparteilichen Machtübernahme durch Hugenberg – wurde der Nationalismus der Konservativen nicht nur radikaler, sondern auch »reichsnationaler«. Aufgrund der andersartigen programmatischen und organisatorischen Problematik verlief diese Entwicklung beim Bauernbund geradezu entgegengesetzt: er konnte sich zwar »national«, aber eben zunehmend stärker auch föderativ und heimatbezogen positionieren und profilieren. Für beide Parteien aber gilt: Gegenüber den neuen Formen der populistischen Rechten und ihres Radikalnationalismus war der schrittweise umgeformte Nationalismus der konservativen Parteien Beharrungspotential und offenes Einfallstor zugleich.

Nation und Emotion waren immer schon Verbündete.[190] Nach 1918 wurde der Nationalismus zum emotional hochgradig aufgeladenen Kampfbegriff und diffusen Konglomerat von politischen Ordnungs- und Wertvorstellungen des Konservatismus gegen Demokratie, Revolution, ›Versailles‹ und ›Weimar‹, gespeist von tradierten Bildern der 1848er, der französischen und der russischen Revolution.[191] Nach Kriegsniederlage und Systemwandel ging es auch in Württemberg um die Deutungshegemonie der Parteien über den Begriff des Nationalen. Der Definitionskampf fand dabei in den ersten Jahren vor allem zwischen DDP, DVP und den beiden konservativen Parteien statt.[192] Die Liberalen beider Schattierungen wehrten sich vehement gegen den Versuch der Rechten, ihnen das Nationalgefühl abzusprechen. Sie operierten mit den Begriffen der »Vaterlandsliebe«, der »nationalen Demokratie« oder der »nationalen bürgerlichen Demokratie« und konnotierten diese Begriffe mit der Kooperationsbereitschaft über die Parteigrenzen hinweg.[193] Anders die Bürgerpartei: Sie war definitiv diejenige politische Kraft, die das Nationale emotionalisierte

---

[190] Vgl. die Beiträge in F. ETIENNE/H. SIGRIST/J. VOGEL, 1995.
[191] U. HEINEMANN, 1983 sowie die Beiträge in G. KRUMEICH, 2001 mit weiterer Literatur.
[192] Hierzu auch TH. MERGEL, Parlamentarische Kultur, 2002, S. 262 ff. und 450 ff.
[193] Stuttg. Neues Tagbl. v. 23. Nov. 1918 (gegen den »Unfug der nationalen Gesinnung« bei der Bürgerpartei); v. 17. April 1920 u. v. 22. April 1924 (»Die nationale Gesinnung macht jeden zum Volksgenossen. [...] Jeden aber, der in dem jetzt bevorstehenden Wahlkampf die nationale Gesinnung nur den Anhängern der Rechtsparteien oder gar nur den Propheten der alldeutschen Heilslehren zuzuerkennen sich erdreistet, soll man als gemeingefährlichen Schädling brandmarken.«); Württ. Ztg. v. 3. Mai 1924 (»Die nationale bürgerliche Demokratie«).

und erfolgreich zu monopolisieren versuchte. Auf einer Wahlversammlung im Juni 1920 wurde Bruno Roos von anwesenden Demokraten gefragt, ob er auch der DDP das Motiv der Vaterlandsliebe zugestehe. Seine Antwort war positiv, aber die Bürgerpartei besitze mehr, nämlich Nationalgefühl und den »nationalen Instinkt für die Machtstellung des Volkes«. Der *Beobachter* kommentierte: »Es geht also um Gefühl statt um Verstand!«[194]

Der nationale Gedanke als emotional aufgeladene, aggressive Integrationsideologie und Delegitimierungsstrategie wurde von der Bürgerpartei und dem Bauernbund sukzessiv besetzt. Der Topos der ›nationalen Opposition‹ diente vor allem zur Schärfung des parteioppositionellen Profils innerhalb des Systems und weniger zur Demonstration des grundsätzlich systemoppositionellen Charakters der Partei. Der plebiszitäre Rekurs auf die großen legitimierenden Kollektive Volk, Staat und Nation wurde von allen Parteien benutzt. Bei der Bürgerpartei und beim Bauernbund jedoch wurde er zum Gegen- und Abgrenzungsbegriff. Das Nationale veränderte nach 1918 den ursprünglich antinationalen Konservatismus grundlegend, indem die seit dem frühen 20. Jahrhundert sichtbare Tendenz zur Ethnisierung des Volks- und Nationsbegriffs verstärkt wurde.[195] Abgeschlossen war der Prozeß 1924 mit dem Bündnis mit den Vaterländischen Verbänden. Die Begriffe national und vaterländisch, pathetisch und hypertroph eingesetzt und affektiv aufgeladen, wurden zum diskursiven Signum des antirepublikanischen Konservatismus. Die Impulse hierzu kamen von alldeutscher Seite und von den ehemals Jungliberalen. Im Januar 1919 profilierte Bazille in der *Schwäbischen Kronik* die Unterschiede zur Demokratie:

> »Unter Demokratie verstehe ich die Sozialdemokratie, die Demokraten, Teile des Zentrums und der Nationalliberalen. Ich spreche niemandem nationale Gesinnung ab; das Wohl des Vaterlandes will schließlich jeder eben auf den Wegen, die er für richtig hält. Etwas anderes ist es mit dem nationalen Sinn, dem nationalen Instinkt, dem nationalen Verständnis. Diese sind leider kein Gemeingut des deutschen Volkes. Der nationale Sinn besteht nicht bloß im Eintreten für jene Fragen, die man früher als ›nationale Fragen‹ bezeichnet hat, also die Fragen der Reichseinheit und der Sicherheit nach außen; ich verstehe darunter das instinktive Gefühl, welches gewissermaßen mit jedem Nerv erfaßt, was dem Gesamtwohl schädlich oder nützlich ist und danach das Handeln einrichtet, insbesondere auch die Kritik an den öffentlichen Zuständen und die Opposition gegen die Regierung durch die Rücksichten auf das Gesamtwohl begrenzt. [...] Nationalen Sinn haben diejenigen, welche Sedan gefeiert haben, weil das Gefühl der völkischen Zusammengehörigkeit in den Menschen durch die Erinnerung an nationale Taten gestärkt wird.«[196]

Während Destabilisierungsmuster wie die Dolchstoß-Agitation in Württemberg eine marginale Rolle spielten[197], stand der Kampf um die Deutungshegemonie des Nationalen weiterhin im Mittelpunkt. Der Topos der Volksgemeinschaft ist hier als

---

[194] Beobachter v. 3. Juni 1920.
[195] Zur langfristigen Tendenz im Konservatismus G. ELEY, Reshaping, 1991.
[196] Schw. Kronik v. 9. Jan. 1919 M.
[197] Auf den »Dolchstoß« als »Kennzeichen der Revolution« wurde nur einmal zum Jahrestag des 9. November in der Süddt. Ztg. v. 9. Nov. 1920 kurz eingegangen. Auch in keiner der großen württembergischen Zeitungen wurden auf die »Dolchstoß-Legende« eingegangen. Vgl. insgesamt

exemplarischer Fall anzuführen. Der Volksgemeinschaftsgedanke war ein kurzfristiger Gründungskonsens der Weimarer Republik gegen die These, der Krieg sei durch die innere Zerrissenheit verloren gegangen. Als Reaktion auf den Verteilungskampf der Inflationsjahre wurde er zum Integrationsbegriff gegen wirtschaftliche und gesellschaftliche Sonderinteressen von allen Parteien benutzt.[198] Den Konservativen galt er als Grundlage zur Revision der inneren und äußeren Niederlage. Der Begriff wurde autoritär und völkisch definiert. Er erlaubte die Integration unterschiedlicher Positionen von der christlichen Bekenntnisgemeinschaft über die nationale Gesinnungsgemeinschaft bis hin zur völkischen Abstammungsgemeinschaft. Seine Kraft als Identifikations- und Integrationsangebot der konservativen Parteien in der Phase des Verlustes materieller Sicherheit und soziokultureller Gewißheit zwischen Kriegsende und Währungsstabilisierung verlor er nach 1924. Die ersehnte Volksgemeinschaft wurde nun zum Symbol bürgerlicher Zerrissenheit, mangelnder Begeisterung, Wahlmüdigkeit der Bevölkerung und einseitiger Interessenpolitik der Parteien.[199] Hier lag die Einbruchstelle für die NSDAP, die das Erbe des Volksgemeinschaftsgedankens antrat.

Mehrfachcodierung der »Judenfrage«

Öffentlichkeit und politische Kultur eines Landes umschreiben auch das, was ohne gesellschaftliche Sanktion öffentlich gesagt werden kann. Begriffe und Argumentationsmuster, die politische Eliten auf den Markt der Deutungsangebote bringen, prägen den Stil der öffentlichen Auseinandersetzung, müssen aber auf die Mentalität und den lebensweltlich geteilten Erfahrungshorizont bei den Rezipienten treffen, um als Inklusions- und Exklusionsmechanismus zu wirken.[200] Antisemitische Vorurteile und Stereotype als »kultureller Code«[201] dienten vor 1914 vor allem dem Bauernbund als Abgrenzungs- und Diffamierungsstrategie. Die negative Potenz des Antisemitismus bestand in seiner Mehrfachcodierung. Er umfaßte immer ein

---

F. Frhr. Hiller v. Gaertringen, »Dolchstoß«-Diskussion, 1963 u. D. Lehnert, Propaganda des Bürgerkriegs, 1990.
[198] Für die DVP in Württemberg galt er als Signum der Zusammenarbeit der Mittelparteien (Schw. Merkur v. 6. Juni 1919 u. v. 21. April 1920). Für die DDP verkörperte die »demokratische Volksgemeinschaft« die Solidarität der staatserhaltenden Kräfte und Sachlichkeit in der Politik (Württ. Ztg. 2. Juni 1924 u. v. 5. Mai 1928). Sie hatte aber auch geschlechterspezifische Konnotationen bei der »Politisierung der Frau« (Theodor Heuss in Stuttg. Neues Tagbl. v. 26. Mai 1920). Für die SPD war die Volksgemeinschaft ein Gegenbegriff zum exklusiven Nationsbegriff der Konservativen und diente 1921 im Görlitzer Parteiprogramm zur Legitimation der Sozialisierungspostulate. Dem Zentrum und dem Evangelischen Volksbund galt er als binnenkonfessionelles Bindemittel (Dt. Volksbl. v. 3. Mai 1920 u. Schw. Kronik. v. 21. April 1920 M). Insgesamt zum Begriff der »Volksgemeinschaft« G. Mai, »Verteidigungskrieg«, 1994 u. J. Verhey, 2000, v. a. S. 346 ff.
[199] Schw. Kronik v. 10. Sept. 1930 u. Südd. Ztg. v. 9. Okt. 1928 (»Die Bürgerpartei hat draußen viele stille, verschwiegene Anhänger, die ihren Sonnweg gehen und sich wegen der Zersplitterung und Zerstrittenheit des Bürgertums von den Wahlen fernhalten«).
[200] K. Rohe, Wahlen und Wählertraditionen, 1992, S. 18.
[201] S. Volkov, 2000 [zuerst 1978].

Konglomerat von antijüdischen Ressentiments, das aus christlich-religiösem Antijudaismus, wirtschaftlich motivierter Judenfeindschaft gegen die Moderne und rassistischem Antisemitismus gespeist war. Als Abgrenzungsideologie erfüllte die Instrumentalisierung eines vorhandenen antisemitischen Vorurteilssets Funktionen, die ihn im Kaiserreich ›modern‹ machten. Als Integrationsmechanismus ergänzte er den Nationalismus, kanalisierte die Unzufriedenheit derer, die sich selbst als Verlierer des liberal-kapitalistischen Wirtschaftssystems sahen und wurde als Patentrezept zur Heilung von den ›Übeln der Moderne‹ von Parteien und Verbänden zur Mobilisierung ihrer Anhänger benutzt.

Als Mittel der milieuinternen Kohärenzmaximierung war er in der ländlichen Mentalität genauso verankert wie er in der mittelständischen Argumentation immer mitschwang. Diese Funktionen erfüllte der Antisemitismus auf katholischer und protestantischer Seite, wenn auch mit höherem Rang in der protestantischen Werteskala, wo er stärker als im Katholizismus zum Platzhalter für die Blindstellen im auseinanderdriftenden Glaubensgebäude wurde.[202] Eine andere Frage ist die der Organisierbarkeit des Antisemitismus. Die Frage verweist auf den Zusammenhang mit sozial-ökonomischen Spannungen und weniger auf die Frage nach einer etablierten antisemitischen Subkultur. Antiliberalismus, der Zusammenbruch der tradierten Honoratiorenpolitik und der an Brisanz gewinnende Stadt-Land-Konflikt hatten in den 1890er-Jahre antisemitische Parteien entstehen lassen, die jedoch von kurzer Dauer waren. Nach dieser ersten ›Modernitätskrise‹ hatte der Antisemitismus zwar an organisatorischer Stoßkraft verloren, nicht aber an Attraktivität als beliebig einsetzbares und revitalisierbares Argumentationsmuster in politischen und ökonomischen Krisen.[203]

Die ephemere antisemitische Parteigründung um Eugen Nübling und Hans Kleemann zu Anfang der 1890er Jahre hatte gezeigt, daß der organisierte Antisemitismus als mittelständischer und ländlicher Protest in Württemberg keine Basis hatte.[204] Neben dem Zentrum wurden antisemitische Stereotype in der Folgezeit vor allem vom Bauernbund als Abgrenzungsmittel gegen Liberale und Sozialdemokratie benutzt. Dominant blieb das Argumentationsmuster gegen das »moderne jüdische Wesen« in Großkapital und Großhandel im Kampf des Mittelstandes gegen die »rote und goldene Internationale«.[205] Ein in der Bauernschaft traditionell veranker-

---

[202] Zu antisemitischen Erscheinungsformen H. BERDING, 1988; W. ALTGELD, 1992, K. NOWAK/ G. RAULET, 1994; T. v. RAHDEN, 1996; O. BLASCHKE, Katholizismus und Antisemitismus, 1997 sowie die Beiträge in G. B. GINZEL, 1991 u. in Nebeneinander – Miteinander – Gegeneinander?, 2002.

[203] R. S. LEVY, 1975; P. PULZER, 1988 und die Beiträge in W. JOCHMANN, 1991. Wenig überzeugend die Darstellung bei S. SCHEIL, bei dem judenfeindliche Äußerungen im Wahlkampf zu »antisemitischen Hochburgen« werden.

[204] Siehe hierzu oben S. 76f. O. BLASCHKE, Katholizismus und Antisemitismus, 1997, S. 135f. veranschlagt die Stärke des organisierten Antisemitismus in Württemberg bei den Reichstagswahlen 1893 auf 0,1%.

[205] Dt. Reichspost v. 29. Jan. 1895 u.v. 15. Jan. 1906. Vgl. auch H. W. SMITH, Alltag und politischer Antisemitismus, 1993.

tes Bild war der von der Stadt auf das Land kommende »Wucher- und Viehjude«. Seiner geschäftlichen »Gerissenheit« wurde die »schwäbische Einfalt« des Bauern entgegengesetzt. »Bauer bleib vom Juden weg!« wurde zum plakativen Kürzel gegen Stadt und Demokratie, das vor allem nach 1918 und im Zusammenhang mit der Krisenlage in der Landwirtschaft einen Aufschwung erlebte. In Kurzgeschichten und Fallbeispielen wurde die eigene Inferiorität zur Superiorität gegenüber dem Feindbild umgewandelt: die ›anderen‹ galten als egoistisch und materialistisch, während sich der Bauer ehrlich und christlich verhalte.[206] Dabei wurde auch die rassische Komponente des Antisemitismus instrumentalisiert. Als 1922 bei einer Bauernversammlung in Schwäbisch Hall an der Tür zu lesen war: »Juden ist der Zutritt verboten!«, bezog sich das zwar vor allem darauf, daß ein Jude Städter sei, kein Bauer sein könne und insofern in der Versammlung nichts zu suchen habe.[207] Das Beispiel belegt aber auch die diskursive Vermengung und aggressive Verknüpfung der Agitationsstrukturen mit rassenantisemitischen Konnotationen.

Das vorgefertigte und in den politischen Diskurs eingebrachte Set antisemitischer Vorurteile fand nach 1918 eine drastische Verstärkung. Agitiert wurde gegen die »verjudete Presse«, gegen das »jüdische Berlin« und gegen das »zersetzende Gift des Judentums«.[208] Die Stoßrichtung der antisemitischen Stereotype blieben dieselben und waren anwendbar gegen Demokratie und Sozialdemokratie sowie gegen die »Inflationsgewinnler«. Dennoch waren grundlegende Änderungen festzustellen. Zum einen wurde deutlich stärker als vor 1914 der antisemitische Code mit rassistischen Komponenten aufgefüttert und mit antisemitischer Hetze personalisiert. Der »Jude Heymann« und die Konnotation Erzbergers mit seinem Geburtsort Buttenhausen als »Tochtergemeinde Jerusalems« standen für ein neues Maß an Aggression und eine neue Qualität des Antisemitismus im Aufbau personalisierter Feindbilder.[209] Die ersten Monate nach dem Systemumbruch hatten gezeigt, wie der Antisemitismus auf Seiten der konservativen Rechten im öffentlichen Diskurs eingebracht wurde.

Neu war dies vor allem bei der Bürgerpartei. Im Gegensatz zu den Vorkriegskonservativen, bei denen der christlich und rassisch motivierte Antisemitismus eine deutlich geringere Rolle gespielt hatte als etwa bei ihrem sächsischen Pendant[210], wurde die Bürgerpartei zwischen 1918 und 1924 – bis zum Aufstieg der völkischen Konkurrenz – zum antisemitischen Monopolisten im Parteiensystem des Lan-

---

[206] Schw. Landmann v. 1. Nov. 1922, v. 21. Juni 1924, v. 5. Febr. 1927, v. 16. April 1927. Vor allem 1924 hatte der Bauernbund eine ständige Kolumne »Bauer bleib vom Juden weg« im Schw. Landmann eingerichtet, in der in Kurzgeschichten meist der »gerissene Jude« von einem »aufgeklärten« Bauern überführt wurde und der befriedigte Leser auf den unterlegenen Leser herabblicken konnte.
[207] Als Beispiele der Verweis der Dt. Reichspost v. 21. Jan. 1907, die SPD entsende nun den einzigen Vertreter einer »fremden Rasse in den seither judenreinen Landtag« und Dt. Reichspost v. 24. Juli 1909 mit der Bemerkung, der Hansabund nehme »neben Juden auch Christen auf, während der BdL keine Juden aufnimmt.« Zur Haller Versammlung Schw. Tagesztg. v. 8. Jan. 1922.
[208] Schw. Landmann v. 1. Jan. 1919, v. 1. Nov. 1922, v. 5. April 1924.
[209] Schw. Landmann v. 26. April 1924 u. v. 21. Juni 1924.
[210] J. Retallack, Die »liberalen« Konservativen, 1997 u. J. Retallack, Herrenmenschen, 2000.

des.[211] Vor allem in der *Süddeutschen Zeitung* wurden den Antisemiten die Kolumnen geöffnet.[212] Den Höhepunkt dieser Agitation in der Oppositionsphase der Partei bildete der Wahlkampf 1924 und das Bündnis mit den Vaterländischen Verbänden. In einem Parteiaufruf wurden die völkischen Ziele festgelegt und in einem »flammenden Aufruf« veröffentlicht:

> »Zur Freiheit einer kraftvollen Nation gelangt das deutsche Volk nur auf dem Wege der Blut- und Rassengemeinschaft. Die Stärkung und Pflege wahrhaften Deutschtums auf der Grundlage nordisch-germanischer Eigenart unter Ausscheidung aller fremdblütigen und artfremden, besonders jüdischer Einflüsse, im Leben und Wesen des deutschen Volkes ist ein Kernstück deutschnationaler Politik.«[213]

Dennoch wird man die Bürgerpartei nicht als »Partei der Antisemiten« etikettieren können.[214] Der Antisemitismus war Teil ihrer antirevolutionären Sammlungsbestrebung. Allerdings schuf er nicht milieuinterne Kohärenz, sondern schwächte im Gegenteil die Partei und führte zur internen Dissonanz. Das belegt die Trennung der ehemals Nationalliberalen von der Bürgerpartei auf der einen und die – wenn auch zahlenmäßig geringe – Abspaltung der Völkischen um den Alldeutschen Hermann Haug 1924 auf der anderen Seite.[215] Entscheidend war vielmehr dreierlei: Erstens, daß der Antisemitismus als Integrationsmuster sowie als Mittel zur Diskreditierung und Deplausibilisierung konkurrierender Deutungsangebote in Krisenlagen weiterhin und in stärkerem Ausmaß als noch vor 1914 benutzt wurde. Zur Revitalisierbarkeit eines offenen und latenten Antisemitismus hatte die Bürgerpartei einen wesentlichen Beitrag geleistet, sich damit selbst außerhalb des von allen Parteien getragenen Diskurses begeben und den Antisemitismus als Kommunikationsmöglichkeit etabliert. Zweitens war es für die Partei fatal, daß sie sich von völkisch-antisemitischen Gruppierungen und Verbänden nie wirklich distanzierte. Das öffnete die Flanke für Kritik von altkonservativer und christlich-sozialer Seite, schwächte die Partei insgesamt und machte andererseits für Teile der Partei die Option zum völkischen Original der NSDAP plausibler. Drittens, und darin lag ein entscheidender Wandel in der politischen Kultur des Landes, hatten sowohl die Bürgerpartei als

---

[211] Kurz nach der Revolution waren die antisemitischen Stereotype auch noch in der katholischen Presse zu finden (z.B. Dt. Volksbl. v. 24. Dez. 1918 u.v. 6. Juni 1920 gegen den »außerordentlich großen Einfluß von Vertretern des Judentums seit der Revolution« und das »getaufte Judentum« in der DDP).
[212] Einen ersten Höhepunkt bildete der Abdruck eines Artikels des Schutz- und Trutzbundes unter dem Titel »Der Jude im Weltkrieg«, der das Sammelsurium an antisemitischen Hetzparolen widergab (Südd. Ztg. v. 5. Jan. 1919). In einer Erklärung des Oberbürgermeisters Lautenschlager verurteilten zahlreiche prominente Stuttgarter Bürger die publizistischen Auseinandersetzungen und forderten zur »Beilegung der Streitigkeiten über Rasse- und Bekenntnisfragen« auf (Staatsanz. v. 18. Jan. 1919). Unterzeichnet hatten auch Mitglieder der Bürgerpartei. Von »verbrecherischem Antisemitismus« sprachen Schw. Tagwacht v. 8. Jan. 1919, Beobachter v. 17. Jan. 1919 und Stuttg. Neues Tagbl. v. 12. Jan. 1919.
[213] Süddt. Ztg. v. 3. April 1924.
[214] So pauschal H. P. MÜLLER, Bürgerpartei, 2002, S. 396.
[215] Zur Abgrenzung der DVP gegenüber der Bürgerpartei wegen antisemitischer Hetze Schw. Kronik v. 28. Sept. 1919 M. Zu Hermann Haug siehe oben S. 264.

auch der Bauernbund mit ihrem Agitationskonglomerat von Antisemitismus, Antibolschewismus und hypertrophem Nationalismus die Gewaltakzeptanz im württembergischen Protestantismus gesteigert. Die Morde an Matthias Erzberger und Walter Rathenau stellten hier die unrühmlichen Höhepunkte dar.[216] Nach 1924 nahm die antisemitische Agitation bei der Bürgerpartei ab, ja spielte geradezu keine Rolle mehr. Bis 1924 aber hatte sie die Partei nicht nur aus der Kooperation mit den bürgerlichen Parteien und dem Zentrum gedrängt, sondern einen wesentlichen Beitrag zur Steigerung der Aggression in der politischen Auseinandersetzung geleistet.[217]

2. Fremdbilder: Integration und Abgrenzung

Der Selbstdarstellung einer Partei entsprach das jeweils entworfene Gegenbild der Kontrahenten. Die Konkurrenten wurden charakterisiert, an ihren und an den eigenen Leitbildern gemessen und als politische Alternative diskreditiert. Das Fremdbild einer Partei förderte die Integration der eigenen Anhängerschaft, meist durch negative Abgrenzung vom konkurrierenden Deutungsangebot. Mit der Fremdbeschreibung von Konkurrenten wurden Dualismen erstellt und Feindbilder aufgebaut, aber auch Annäherung und Kooperation signalisiert.

Besonders heftig war die Auseinandersetzung dann, wenn sich zwei Parteien mit programmatischer Nähe gegenüberstanden und um dieselben Wählergruppen kämpften. Dann war die Auseinandersetzung mit dem Charakter des Gegners und die eigene Profilbildung besonders wichtig. So spielten etwa die Nationalliberalen und später die DVP in Württemberg um so weniger eine Rolle für den Bauernbund, je mehr diese sich auf ihre städtische Klientel konzentrierten. Andererseits wurde das Zentrum zum wichtigsten politischen Gegner des Bauernbundes, weil nur hier ein Stimmenzuwachs zu holen war. Für die Konservativen und die spätere Bürgerpartei hatte dagegen die Auseinandersetzung mit den Demokraten und Nationalliberalen die höchste Priorität, vor allem nach 1918, als man um das gemeinsame Erbe des Nationalliberalismus stritt. Gleiches galt ab 1928 für den Christlich-Sozialen Volksdienst. Mit ihrem Erstarken in Württemberg ab 1928/30 wurde die Auseinandersetzung mit der NSDAP für beide Parteien zum Thema, das allerdings in unterschiedlicher Intensität aufgegriffen wurde.

Gegenentwürfe und Feindbilder waren das Mittel der Negativintegration als Korrelat zur positiven Selbstdarstellung. Sie basierten auf dem Prinzip des antithetischen Kontrasts und zogen einen Großteil ihrer Erklärungskraft aus ihrer Redukti-

---

[216] Zur Hetze gegen Erzberger und die halbherzige Distanzierung von Mord und politischer Gewalt Süddt. Ztg. v. 27. Aug. 1921 u. v. 29. Aug. 1921. Der Bauernbund hatte in der Schw. Tagesztg. v. 22. Aug. 1922 ohne einen Ausdruck des Bedauerns nur kurz unter der Rublik »Meldungen vom Tage« berichtet (vgl. Pressespiegel in Dt. Volksbl. v. 30. Aug. 1921 u. v. 31. Aug. 1921). Zum Mord am »Judenkönig Rathenau« (Süddt. Ztg. v. 5. Dez. 1920) vgl. Süddt. Ztg. v. 3. Okt. 1922 u. Schw. Tagesztg. v. 30. Juni 1922. Insgesamt D. WALTER, 1999 u. M. SABROW, 1999.
[217] M. SCHERRMANN, 1997 u. M. TRAUTHIG, 1999.

onsfähigkeit auf einfache und leicht zu vermittelnde Stereotypen.[1] Die politischen Eliten und die Presse schufen diese Fremdbilder und präformierten damit Vor- und Einstellungen der Rezipienten. Die Feindbilder knüpften an Wirklichkeitserfahrungen an, die in der Mentalität der Zielgruppen verankert sein mußten. Nur so konnte der affektive Appell an Bedrohungsängste und die Legitimation des eigenen Entwurfs wirken. Ein wichtiger Faktor war dabei der Umgang der politischen Eliten miteinander. Die über einzelne Personen vermittelte Konsensfähigkeit oder Konfliktträchtigkeit prägte das gegenseitige Bild der Parteien in der Öffentlichkeit. Vor allem in der Weimarer Republik, als die Möglichkeit des personenzentrierten Konsenses auf Wahlkreisebene weggefallen war, wurde das persönliche Verhältnis und der Umgang zwischen den Spitzenpolitikern zum Symbol der Kooperationsfähigkeit der Parteien. Das parteipolitisch Plakative gewann an Gewicht. Die Spitzenpolitiker standen als Synonyme für die Parteien und ihre Anhänger: Bazille für die Bürgerpartei, Körner für den Bauernbund, Keil für die Sozialdemokratie, Bolz für das Zentrum und Haußmann oder Hieber für die Demokraten.

a) Sozialdemokratie: Eine Frage der »politischen Reinlichkeit«

Nach dem »Gesetz der kommunizierenden Röhren« funktioniere das Verhältnis zwischen Konservativen und der Sozialdemokratie, so die *Deutsche Reichspost* 1912: der Druck, der die sozialdemokratische Ziffer in die Höhe treibe, komme auch der konservativen Partei zugute.[2] Die Frontstellung zur Arbeiterpartei prägte das Selbstbild der Konservativen und war das Abgrenzungsmuster mit erster Priorität. Der bürgerlich-konservative Antisozialismus war dabei nicht nur ein permanent form- und revitalisierbares Feindbild zur Binnenintegration, sondern es prägte generell die Konsens- und Bündnisstrukturen der Parteien im Land. Wer mit der Sozialdemokratie paktierte, war für die Konservativen als Partner diskreditiert. Das Feindbild der Sozialdemokraten wurde dann auf deren Bündnispartner übertragen.

Die Elemente der antisozialistischen negativen Integration waren von langer Kontinuität und veränderten sich über den Zeitraum hinweg nur kaum. Die wichtigste Aufgabe des Konservatismus war die Bekämpfung der Sozialdemokratie: »Zwischen ihren und unseren Grundsätzen gibt es keine Brücke.«[3] Das war die immer wieder beschworene programmatische Formel, der die Dichotomie von ›wir‹ und ›die‹ zugrunde lag: Die einzelnen Punkte waren klar: wer die Sozialdemokratie stützt, fördert »sozialen Haß«.[4] Die antisozialdemokratischen Etiketten waren »eigentumsfeindlich«, »revolutionär«, »international« und »antireligiös«, eine Gefahr für die

---

[1] E. BENDIKAT, Wahlkämpfe in Europa, 1988 u. ö.; D. LEHNERT, Propaganda des Bürgerkriegs, 1990 u. H. MÜNKLER, 1994.
[2] Dt. Reichspost v. 27. Nov. 1912.
[3] Vgl. die Parteiprogramme und Aufrufe in Dt. Reichspost v. 29. Jan. 1895, v. 31. Mai 1898, v. 15. Nov. 1906 u. v. 14. Dez. 1911.
[4] Dt. Reichspost v. 11. Jan. 1895.

»höchsten Güter« also: Staat und Kirche.[5] Immer wieder wurde die Konnotation mit dem feindlichen Ausland hergestellt: wer Sozialdemokratie wählt, schändet das Ansehen der Heldenmänner von 1870, ist ein »Franzosenfreund«, begeht »Vaterlandsverrat« und treibt »Mißbrauch mit dem Wahlrecht«, weil Bismarck mit ihm die Vaterlandsliebe stärken wollte.[6] Darüber hinaus war die Sozialdemokratie die Partei der einseitigen Interessenpolitik der Konsumenten und die »Massenbewegung der Zwangsjacke gegen den Individualismus«. Der Kampf gegen den Umsturz war damit auch der Kampf gegen den »sozialdemokratischen Terrorismus« und die Abwehr gegen den Angriff auf Besitz und den Stadtsäckel, denn auch auf kommunalpolitischer Ebene, wo das Persönlichkeitselement stärker war, müsse eine »reinliche Scheidung« von Bürgerlichen und Sozialdemokraten herbeigeführt werden.[7]

Nach der Revolution sah man auf konservativer Seite dieses Vorurteilsset natürlich bestätigt. Die alleinige Alternative sei nun Sozialismus oder Nationalismus, so einer der ersten öffentlichen Aufrufe der Bürgerpartei, deren Namen schon zum Ausdruck bringen sollte, sie sei die alleinige bürgerliche Front gegen die Sozialdemokratie.[8] Die Sozialdemokratie war die Partei der Revolution, der Enteignung, des Internationalismus und der Atheisten- und Kirchenaustrittsbewegung. Und sie war der Grund für das Scheitern einer gesamtbürgerlichen Einigung. Eine Frage der »politischen Reinlichkeit« sei es, sich in aller Deutlichkeit von ihr zu distanzieren. Wer irgendeine Partei wähle, die mit der Umsturzpartei koaliere, gebe sich in »kompromittierende Seelengemeinschaft mit der Revolution« und fördere die Zersplitterung der nationalen Stimmen. Im Wahlkampf 1924 war für die Konservativen die Drohkulisse klar: wenn die SPD an die Regierung komme, werde die Revolution weitergeführt, eine neue Inflation und der Ersatz der Beamten durch SPD-Parteiangestellte stehe ins Haus.[9]

Nun war es in Württemberg nicht einfach, angesichts der gemäßigten Sozialdemokratie das Feindbild vom Revolutionär aufzubauen.[10] Vor allem in der Weimarer Zeit, als die SPD in Württemberg 1923 aus der Regierung ausgeschieden war, war eine Angriffsfläche weggefallen. Jetzt wurde versucht, die Angriffe der Sozialdemokraten mit dem Preußen-Argument zu konterkarieren. Gerade Preußen zeige, daß die SPD die »schlimmste Parteiwirtschaft« habe und für Parteibonzentum, Polizeigeist, Sozialismus und Kollektivismus, Massenbetrieb und Ausschaltung der Persönlichkeit stehe. Ziel der »satten Bourgeoispartei« sei die Aufhebung der Landesregierungen und der sozialistische Einheitsstaat.[11] Die Beispiele zeigen, wie mit

---

[5] Dt. Reichspost v. 4. Okt. 1901, v. 10. Juni 1903, v. 8. Dez. 1911.
[6] Dt. Reichspost v. 15. Juni 1903.
[7] Dt. Reichspost v. 29. Okt. 1910, v. 8. Dez. 1911 u. v. 12. Dez. 1911.
[8] Süddt. Ztg. v. 27. Nov. 1918 u. v. 19. Dez. 1918.
[9] Süddt. Ztg. v. 1. März 1919, v. 6. April 1920, v. 1. Febr. 1924 u. v. 18. Nov. 1924.
[10] Bereits 1900 warnte Schrempf in einem Erfahrungsbericht aus dem Parlament vor dem ersten sozialdemokratischen Abgeordneten von Stuttgart-Stadt: So gar nicht stelle dieser »den Typus eines Proletariers dar« und halte auch keine »sozialdemokratischen Brandreden« (Dt. Reichspost v. 2. Okt. 1900).
[11] Süddt. Ztg. v. 9. Mai 1928, v. 12. Mai 1928, v. 3. Jan. 1932, v. 19. April 1932 u. v. 15. Juli 1932.

wechselnder Konstellation die einzelnen Argumentationsstränge und Angstpotentiale verstärkt oder zurückgestellt wurden: Masse gegen Individualismus, Religion gegen Atheismus, Besitz gegen Enteignung, Nationalismus gegen Internationalismus und Föderalismus gegen Einheitsstaat.

Die Muster entsprachen der Vorgehensweise auf der Gegenseite. Perhorresziert wurde von den Sozialdemokraten der »konservative Junkerstaat«. Der Vorwurf, die württembergischen Konservativen seien nur ein Abklatsch der preußischen Junker, »seelenmäßig reinpreußisch und nur dem Leibe nach schwäbisch«, verfolgte Konservative und Bürgerpartei über den gesamten Zeitraum hinweg. Verbunden war damit natürlich auch die Drohung mit der Einführung des Dreiklassenwahlrechts in Württemberg.[12] Nach 1918 erweiterte sich das argumentative Arsenal der Sozialdemokraten. Die Bürgerparteiler seien Kriegshetzer, Vaterlandsparteiler und »Prototypen des chauvinistischen Nationalismus«, die, wenn auch »immer ziemlich gemäßigt«, das »alte Rezept der Judenfrage aus dem Sack« ließen. Außerdem war die Bürgerpartei die Partei des Großbesitzes, der »Geldsäcke«, der »Preistreiber« und des »gesellschaftlichen Terrors in Industrie- und Beamtenkreisen«. Mit dem Anschluß an die DNVP auf Reichsebene habe sie schließlich gezeigt, daß sie völlig in der alten preußisch-konservativen Partei aufgegangen sei.[13]

Die Personalisierung der bürgerparteilichen Politik auf Bazille war eines der Stilmittel der Sozialdemokraten. Bazille galt als »Henker des Proletariats« und als Mann, auf dessen »Rattenfängermelodien« die bürgerlichen Parteien hereinfielen, weil er immer wieder den Versöhnlichen spiele. Auch mit seinem »nationalen Schmierenpathos« werde der »Demosthenes der Bürgerpartei« immer wieder zum »Heiterkeitsbazillus«.[14] Und schließlich war der Vorwurf der Französennähe auch auf Bazille leicht zu übertragen, von dem das Gerücht umging, sein Vater sei ein nach 1870 in Deutschland gebliebener französischer Soldat gewesen und Bazille somit »Halbfranzose«.[15]

In den ersten Jahren der Weimarer Zeit reduzierte sich in der veröffentlichten Meinung vieles auf den persönlichen Gegensatz von Keil und Bazille. Das Verhältnis der beiden Spitzenpolitiker im Land stand symbolisch für die Beziehung ihrer beiden Parteien. Über die beiden Köpfe wurden Ekelschranken definiert. Der Vorwurf des »Halbfranzosen« von Keil war die Replik auf eine zuvor von Bazille gehaltene Rede im Reichstag, in der Bazille zur Linken als den »lieben Freunden des

---

[12] Schw. Tagwacht v. 10. Mai 1912 u. Presseberichte in Dt. Reichspost v. 26. Mai 1898, 12. Febr. 1903, v. 10. Juni 1903, v. 7. Jan. 1906 v. 18. Dez. 1911 u. v. 5. Jan. 1912; Dt. Volksbl. v. 4. Febr. 1907.
[13] Schw. Tagwacht v. 21. Jan. 1919, v. 18. Mai 1919, v. 20. Juli 1920 u. v. 15. Mai 1928.
[14] Schw. Tagwacht v. 16. April 1921, v. 21. April 1921 u. v. 23. Juni 1921; Südbt. Ztg. 3. Dez. 1924.
[15] Den Höhepunkt des ›Halbfranzosenvorwurfs‹ markierte eine Reichstagsrede von Keil zum Republikschutzgesetz (Schw. Tagesztg. v. 23./24. Juli 1922). Weitere Beispiele in Schw. Tagwacht v. 9. Mai 1928 und im Vorwärts v. 24. Sept. 1924. Die Südbt. Ztg. v. 5. Dez. 1924 brachte eine Gegendarstellung: Bazilles Vater sei kein geborener Franzose gewesen, sondern habe durch die Einverleibung Savoyens nach Frankreich die französische Staatsangehörigkeit »zwangsweise« erhalten, habe nie für im französischen Heer gedient und sei nach 1870 als »freier Mann« in Deutschland gewesen. Seine Mutter stamme aus Esslingen, wo auch er selbst geboren sei.

Alten Testaments« gesprochen hatte.[16] In derselben Debatte hatte Keil seinen Kontrahenten einen »Betrüger und moralisch verkommenen politischen Brunnenvergifter genannt« und ihn beschuldigt, er habe sich als Chef der Zivilverwaltung der belgischen Provinz Limburg in den Wochen nach dem Kriegsende bereichert und Nahrungsmittel hinterzogen.[17] Das Ergebnis der vergifteten Atmosphäre beider Politiker war der Abbruch jeglichen persönlichen Verkehrs der Fraktionsmitglieder von Bauernbund und Bürgerpartei mit den Sozialdemokraten. Die konservativen Abgeordneten legten Wert darauf, zu jeder Veranstaltung, zu der der Landtagspräsident Keil einlud oder bei der er anwesend sei, nicht eingeladen zu werden.[18] Im Gegenzug lehnte Bazille als Staatspräsident die Einladung Keils zu einem gemeinsamen Frühstück der Parteivertreter anläßlich eines Hindenburgbesuchs im November 1925 in Stuttgart ab, weil es eine »absolute Selbstverständlichkeit« sei, einen Menschen nicht an den Tisch zu laden, der einen »in ordinärster Weise« beleidigt habe.[19] Ähnlich war das Verhältnis zwischen den Repräsentanten der SPD und dem Bauernbund. Zwar bestätigte Keil dem Landtagspräsidenten Theodor Körner (alt), er habe – anders als es zu erwarten gewesen wäre – sein Amt ab 1924 mit Würde geführt, gleichzeitig lehnte Keil aber eine Ehrung durch den Landtagspräsidenten wegen dessen »früherer unfairer Kampfweise« ab.[20] Die Atmosphäre waren zwischen allen drei beteiligten Kräften auch auf persönlicher Ebene vergiftet.

Trotz der klar abgegrenzten Fronten zwischen den beiden Parteien gab es jedoch auch versöhnliche Töne. Das erklärte Ziel der Bürgerpartei nach 1918 war es, an der Regierung teilzuhaben. Nach den parlamentarischen Verhältnissen nach den Wahlen von 1919 und 1920 schien dabei kein Weg an der Sozialdemokratie vorbeizuführen. Zwischen Januar 1919 und Frühjahr 1924 hatte die Bürgerpartei mehrere Angebote gemacht, in eine Regierung auch unter Beteiligung der Sozialdemokraten einzutreten.[21] Die versöhnlichen Töne waren auf die Phase der unklaren Mehrheitsverhält-

---

[16] Verh. RT 1920/24, Sten. Berichte Bd. 356, S. 8688 ff. (Sitzung v. 18. Juli 1922).
[17] Als Konsequenz stellte Bazille Strafanzeige gegen sich selbst und forderte die Aufhebung seiner Immunität. In der Folge beschäftigte sich ein Untersuchungsausschuß des Landtags mit dem Fall, in dem letztlich Bazille Recht bekam und das Verfahren gegen ihn eingestellt wurde (HStA Stuttgart, E 130b, Bü 95). Zum folgenden Kleinkrieg zwischen Keil und Bazille mit mehreren Mißtrauensanträgen und Beleidigungsklagen J. MITTAG, Wilhelm Keil, 2001, S. 223 ff.
[18] Schw. Tagesztg. v. 24. Juli 1922.
[19] Die zwei eingeladenen Vertreter der SPD hatten daraufhin abgelehnt (Süddt. Ztg. v. 14. Nov. 1925). Dagegen wurde erwähnt, Wilhelm Blos habe »erfreulicherweise« teilgenommen.
[20] W. KEIL, Erlebnisse, Bd. II, 1948, S. 287 u. 412.
[21] Unter den zahlreichen Übeln, unter den man derzeit leide, sei die Sozialdemokratie noch das kleinste, hieß es im März 1919. Im Sinne der Schaffung von »Ordnung und Wirtschaftssinn« sei der »grundsätzliche Kampf zwischen Bürgertum und Sozialdemokratie« zu vertagen und im Zweifel auch mit der Sozialdemokratie das »Interesse des Vaterlandes« durchzufechten. Im Juni 1920 erklärte die Fraktion ihre Bereitschaft, Gespräche mit der SPD zu führen. Ein drittes Angebot erging schließlich nach der Amtsentlassung Keils als Minister im Juni 1923, als Bazille betonte, die Heranziehung der SPD zur Mitverantwortung an den Staatsgeschäften sei grundsätzlich richtig, aber dann dürfe diese nicht wie jetzt »geheime Regierungspartei« sein (Süddt. Ztg. v. 1. März 1919, v. 19. Juni 1920 u. v. 6. Juni 1923). Ähnlich die Süddt. Ztg. v. 11. Juni 1920, als betont wurde, die Bürgerpartei sei die

nisse zwischen 1920 und 1924 beschränkt. Noch bevor im Juni 1924 die schwarzblaue Koalition aus der Taufe gehoben war, gab es auffallend friedliche Töne gegenüber der Sozialdemokratie, der »anständige Opposition« bescheinigt wurde.[22] Bei aller Schärfe der Auseinandersetzung sei festzuhalten, der gehässige Ton im Halbmondsaal komme von den Nichtwürttembergern, während die einheimischen Sozialdemokraten bei aller »Schärfe und Boshaftigkeit« doch Schwaben seien. Und diese seien folgendermaßen charakterisiert:

> »Es mag in unserem Volkscharakter liegen, daß wir trotz aller Verschiedenheit in den Meinungen uns schließlich doch wieder verstehen und verständigen können.«[23]

Von großer Distanz war auch das Verhältnis von Bauernbund und Sozialdemokratie geprägt. Allerdings verlief die Auseinandersetzung in Konjunkturen, die weitgehend von den Sozialdemokraten vorgegeben wurden, denn wann immer diese sich verstärkt um die Landbevölkerung kümmerten, mußte der Bauernbund reagieren. Höhepunkte der Landagitation der SPD waren die Jahre 1912 und 1928. Die Argumente des Bauernbundes gegen die SPD waren weitgehend dieselben wie bei den Konservativen. Die Sozialdemokraten waren die »Feinde des Kreuzes Christi« und diejenigen, die die Kleinbauern umschmeichelten und aufwiegelten, auch wenn bei ihnen der Bauer nur ein »mit Scheinkultur übertünchter Barbar« sei.[24] In der Abwehr der Sozialdemokraten dominierten jedoch die ökonomischen Punkte und die Abgrenzung gegen die »satten Städter«.[25] Die Grundlinien hatte Theodor Körner 1911 in einer Broschüre mit dem Titel »Kann der Bauer Sozialdemokrat sein?« umrissen. Die SPD war demnach die Partei des »Fanatismus«, der »Eigentumsfeinde«, der »tyrannischen Masse« und der begehrlichen Konsumenten. Das Fazit war:

> »Der rechte Bauer kann seiner Art und Veranlagung nach kein Sozialdemokrat sein. Er hat das gesunde Streben nach Selbständigkeit und eigener Verantwortung und hält am freien Eigentum mit Zähigkeit und Festigkeit. Wenn er sein Eigentum nicht mehr schätzt, seine Selbständigkeit gering achtet, wenn es mit ihm äußerlich und innerlich bergabwärts geht, dann mag er den Einflüsterungen der Sozialdemokratie sein Ohr leihen, dann ist er vielleicht reif zum ›Staatstaglöhner‹, aber er ist dann auch kein Bauer mehr. Bauer sein heißt gottesfürchtig, vaterlandsliebend, selbständig und berufstüchtig sein. Wer dies ist, will, kann und wird kein Sozialdemokrat sein.«[26]

Während das Problem des Herausdrängens der Sozialdemokratie aus der Regierung für die konservativen Parteien auf der Landesebene nach 1923 nicht mehr bestand,

---

Partei, um die sich die »staatserhaltenden Kräfte« sammeln müßten, wozu in Württemberg auch die SPD zu zählen sei.
[22] Süddt. Ztg. v. 3. April 1924.
[23] Schw. Tagesztg. v. 20. März 1925.
[24] Schw. Tagesztg. v. 5. Dez. 1924 u. v. 6. Mai 1928 (»Was wollen die Roten eigentlich?«).
[25] Schw. Tagesztg. v. 10. Mai 1928, v. 30. Juni 1928; Wahlbeilage der Schw. Tagesztg. v. Mai 1928 (mit einem Bericht über den Landtag: »Wohlstand herrscht bei den Sozialdemokraten. In ihren Reihen sitzen wohlbeleibte Männer des Proletariats, allesamt mit gutbürgerlichem Eindruck.«) sowie v. 19. April 1932 (»Sozialdemokraten sind die Anwälte der großstädtischen Bevölkerung«).
[26] TH. KÖRNER, Kann der Bauer Sozialdemokrat sein, 1911, S. 28.

fand in den folgenden Jahren die Auseinandersetzung mit ihr hauptsächlich im reichspolitischen Bezugsrahmen statt. Vor allem die Agitation mit der SPD-tolerierten Regierung Brüning und der preußischen Regierung dominierte die Wahlkämpfe ab 1930. Beide Parteien, vor allem aber die Bürgerpartei, griffen das Thema auf und gaben den reichs- und preußenpolitischen Konfliktlinien breiten Raum in ihrer Agitation.

b) Volkspartei und DDP: »Hofdemokraten« und »Internationalisten«

Die beiden konservativen Parteien hatten das ursprünglich bipolare Parteiensystem Württembergs zwischen Deutscher Partei und Volkspartei erweitert. Insofern waren die Demokraten von Anfang an auch ihre Hauptgegner. Sie galten den Konservativen als Wegbereiter der Revolution und nach 1918 als deren Sachwalter in der Kooperation mit der SPD. Die Demokraten hatten vor 1914 ihr Selbstverständnis als Volkspartei ernstgenommen und kultiviert. Die Partei war die demokratische Bewegung der einfachen Leute, des volkstümlichen Auftretens, der Volksrechte und der antipreußischen Schwaben. Sie stand an der Spitze der Reformbewegungen im Land: bei der Verfassungs- und Verwaltungsreform, in der Steuerthematik und in der Frage der Volksschulreform. Anti-Bismarcktum, Antimilitarismus und Preußenhaß verloren erst gegen Ende der wilhelminischen Periode in der Partei an Bedeutung. Aus dem einstigen Bannerträger der demokratischen Opposition und der Frontstellung gegen die Obrigkeit im Land war eine Staatspartei geworden. Auf dem Weg zur »Parkettboden- und Hofdemokratie« sei die »heimliche Regierungspartei«, spottete die *Deutsche Reichspost* bereits 1901.[27]

Fundamentale Unterschiede trennten die Konservativen von den Demokraten, die in der gegenseitigen Agitation zu Ekelschranken stilisiert wurden. 1907 verschärften die Konservativen die Auseinandersetzung: »Physischer Ekel« überkomme einen, wenn man sich mit solch einem Gegner im Wahlkampf herumschlagen müsse, und die Bezirke seien »seuchenfest« zu machen gegen die demokratischen Verleumdungen.[28] Die Trenngräben waren klar definiert: Monarchie gegen internationale Demokratie, Wirtschaftsliberalismus und Kapitalismus gegen Korporatismus und Protektionismus und nicht zuletzt die Scheidung entlang der innerprotestantischen Konfliktlinie beziehungsweise die Trennung entlang der Thematik Klerikalismus gegenüber dem antiklerikalen, religiös indifferenten oder atheistischen Auftreten der Volksparteiler.[29]

Die Argumentationsstränge in der gegenseitigen Abgrenzung blieben von andauernder Konstanz. In den Augen der Konservativen bildeten die Demokraten zusammen mit der SPD die »rote und goldene Internationale« gegen Landwirtschaft und

---

[27] Dt. Reichspost v. 4. April 1901.
[28] Dt. Reichspost v. 31. Jan. 1907.
[29] Beispielsweise hatte die Bürgerpartei 1919 verbreiten lassen, der DDP könne man in kirchlichen Fragen nicht trauen, weil Conrad Haußmann seine Kinder nicht habe taufen lassen (Beobachter v. 17. Jan. 1919).

Mittelstand.[30] Der sowieso schon rüde Ton verschärfte sich nach 1918 nochmals deutlich. Verfassungsfrage, Rettung der christlichen Volksschule, Zusammenarbeit mit der SPD und die besonderen Gründungsbedingungen sowohl der DDP als auch der Bürgerpartei in Württemberg heizten das gereizte Klima an. Aus den ehemaligen Parteikollegen in der Deutschen Partei waren erbitterte Gegner geworden. Vor allem die der Bürgerpartei beigetretenen Nationalliberalen wetterten gegen die »zwangsfusionierten November- und Hieberdemokraten«.[31] Im Wahlkampf zur Nationalversammlung hieß es 1919, die Sozialdemokraten hätten sich weitaus anständiger verhalten als die Herren Haußmann und Hieber – und das sollte etwas bedeuten. 1920 deklamierte die *Süddeutsche Zeitung* mit Blick auf die DDP: »Heiliger Haß ist unsere Aufgabe!«[32]

Die Demokraten waren als Symbol des Berliner Freisinns und der unitarischen Strömung aus dem »Reich der Revolution« das Hauptziel der antisemitischen Agitation der Bürgerpartei.[33] Auch dem Bauernbund, der nicht nur der Deutschen Partei, sondern auch den Demokraten auf dem Land Terrain abgenommen hatte, dienten sie als Schreckbild. Die Vertreter der DDP waren Städter, Kriegsgewinnler und reiche Fabrikanten sowie die Verkörperung des internationalen Bankkapitals, das Zollschutz für die Landwirtschaft ablehne, aber »Malaga, Port, Bordeaux und Burgunder« genieße.[34]

Auf der Gegenseite dominierten die Zerrbilder, die auch die Agitation der SPD prägten: die Konservativen waren die »Junkerpartei« des Dreiklassenwahlrechts, der Alldeutschen und Vaterlandsparteiler, der Kriegshetzer und Kriegsverlängerer, der Antisemiten sowie der Ableger der DNVP als einer Gründung »christlich-konservativer Großkapitalisten und feudaler Ritterguts- und Fideikommißbesitzer«. Der Bauernbund war die Partei des »hemmungslosen Klassenstandpunktes«.[35] Die Gräben waren tief, die Schranken hoch, und das gegenseitige Abgrenzungsbemühen von Polemik, Unversöhnlichkeit, den tradierten Schreckbildern und von der gegenseitigen Verkennung der realen Sozialstruktur des Kontrahenten gekennzeichnet.

Zum Abbruch jeglichen persönlichen Verkehrs unter den Abgeordneten kam es 1926 in der Auseinandersetzung um das württembergische Gewerbesteuergesetz, das den Demokraten mit seinen landwirtschaftsfreundlichen Komponenten erneut die städtefeindliche Politik der Regierung Bazille und Bolz vor Augen zu führen schien. Anstatt sich in Stuttgart auf einer Versammlung des Industrie- und Handelstags zu zeigen, zu dem er unter anderem von dem Demokraten Otto Henne zitiert worden war, zog Bazille es vor, auf dem Landesbauerntag in Ulm zu sprechen und

---

[30] Dt. Reichspost v. 24. Mai 1898 u. v. 15. Jan. 1906.
[31] Süddt. Ztg. v. 16. Jan. 1919.
[32] Süddt. Ztg. v. 21. Jan. 1919, v. 26. Sept. 1920 u. Schw. Kronik v. 15. Jan. 1919.
[33] Süddt. Ztg. v. 18. Jan. 1919.
[34] Schw. Tagesztg. v. 14. Jan. 1919 u. v. 6. Nov. 1924.
[35] Beobachter v. 12. Okt. 1900, v. 31. Dez. 1900, v. 5. Jan. 1912, v. 17. Jan. 1919, v. 18. Jan. 1919 u. v. 7. Juni 1920.

dort für die Zustimmung des Bauernbundes zum Steuergesetz zu werben.[36] In der Folge vertieften sich die persönlichen Gräben zwischen den Demokraten und den Konservativen weiter. Eine Kooperation auf parlamentarischer Ebene kam erst in der Weltwirtschaftskrise mit dem Regierungseintritt des Wirtschaftsministers Reinhold Maier 1930 zustande, der ähnlich wie bei der DVP mit einer Halbierung des Stimmenanteils von der Wählerschaft abgestraft wurde. Die DDP war zur Splitterpartei geworden und innerlich zerstritten über die Frage der Regierungsbeteiligung. Symptomatisch und von hoher Symbolkraft im Land war der Austritt des Parteiseniors Payer, der wegen der Regierungsbeteiligung mit den Konservativen voller Zorn den Hut nahm.[37]

c) Nationalliberale und DVP: »Jonglieren mit Glaskugeln«

Das grundsätzlich freundschaftliche Verhältnis zwischen den beiden konservativen Parteien und der Deutschen Partei im Württemberg der wilhelminischen Epoche basierte auf gemeinsamen nationalen und preußenfreundlichen Vorstellungen. Die Deutsche Partei war die Partei des württembergischen protestantischen Establishments. Sie war eine nationale Integrations- und ›Bismarckpartei‹ sowie eine Partei des staatsmännischen Auftretens.[38] Die Konservativen und der Bauernbund waren aus der Deutschen Partei hervorgegangen. Insofern war das Verhältnis der Parteien untereinander auch vom Charakter des Bruderkrieges geprägt.

Das Integrationspotential der Deutschen Partei hatte vor allem der Bauernbund mit seinem populistischen Ansatz gegen die liberale Honoratiorenpolitik unterlaufen. Um 1910 vertieften sich die Gräben zwischen den Parteien. Die Deutsche Partei wurde nationalliberal, weniger konservativ und städtischer. Konfliktpunkte waren die Reichsfinanzreform von 1909, das Erstarken der »jungliberalen Jagdhunde«[39] gegen die programmatische Stagnation in der Deutschen Partei und die zunehmenden Wahlbündnisse der Nationalliberalen mit der Volkspartei seit 1906. Hinzu kamen kirchliche Dissenspunkte, in denen sich das liberale Programm, auch in der Schulfrage, deutlich von den Konservativen unterscheide. Spätestens seit 1910, so die *Deutsche Reichspost*, beteiligten sich die Nationalliberalen am »Kesseltreiben gegen die Konservativen«.[40]

Für den Bauernbund spielte die Auseinandersetzung mit der Deutschen Volkspartei ab 1919/20 praktisch keine Rolle mehr. Die DVP hatte das dörfliche Terrain verlassen und war zur städtischen Partei geworden. Unvereinbar waren die Positionen in der Frage der Zwangsbewirtschaftung, beim Reichsschulgesetz und bei der

---

[36] Schw. Tagesztg. v. 29. Nov. 1926, v. 30. Nov. 1926 u. v. 8. Dez. 1926.
[37] Zu den Auseinandersetzungen innerhalb der DDP über den Regierungseintritt v. a. L. ALBERTIN/ K. WEGNER, 1980, S. 525 ff. Zum Austritt Payers H.-O. ROMMEL, 1979, S. 157.
[38] Im Folgenden, auch zu den anderen Parteien vor 1914, A. GAWATZ, Wahlkämpfe, 2001, v. a. S. 279 ff.
[39] Dt. Reichspost v. 19. Dez. 1906.
[40] Dt. Reichspost v. 27. Nov. 1912.

Einführung des achten Schuljahres in Württemberg.[41] Die hauptsächliche Auseinandersetzung fand zwischen der Bürgerpartei und der DVP statt, die mit ihrer späten Gründung das Sammlungsprojekt der Bürgerpartei zu unterlaufen drohte. Angesichts der inhaltlichen Übereinstimmung mit der Bürgerpartei im Gründungsaufruf der DVP sprach die *Süddeutsche Zeitung* vom »Jonglieren mit Glaskugeln«.[42] In der Tat war die inhaltliche Distanz zwischen den rechtsliberal-konservativen Parteien von beiden Seiten schwer zu definieren. In grundsätzlichen staats- und verfassungspolitischen Fragen, so die Bürgerpartei, herrsche Einigkeit, einziger Trennungspunkt sei die Stellung zur »Judenfrage«. Während die DVP »nur die Ostjuden« bekämpfe, habe die DNVP die Bekämpfung des Judentums offen in ihr Programm aufgenommen. Für die Bürgerpartei war die DVP nichts anderes als die Spaltung des »nationalen Bürgertums«.[43]

Die Abgrenzung auf der anderen Seite war leichter. Die Kernpunkte der DVP waren das enge Verhältnis der Bürgerpartei zum Bauernbund, während die DVP die Interessen von städtischer Industrie, Handel und Gewerbe vertrat. Hinzu kam die zumindest partiell fundamentaloppositionelle Haltung der Bürgerpartei und ihr Aufgehen in der Reichs-DNVP, die Kooperation mit den völkischen Verbänden und nicht zuletzt die Haltung der Partei während der Tage des Kapp-Lüttwitz-Putsches.[44] Unterschiede in der Wirtschafts-, Steuer- und vor allem in der Kulturpolitik des Landes kamen in den 1920er Jahren hinzu. Die DVP lehnte vehement die Einführung des achten Volksschuljahres ab und machte die Politik Bazilles als Kultminister für ihre Weigerung verantwortlich, 1928 in eine Regierungskoalition mit der Bürgerpartei einzutreten. Allerdings stand im Hintergrund auch die Tatsache, daß ein solcher Regierungseintritt aufgrund der besonderen Gründungsbedingungen von Bürgerpartei und DVP in Württemberg die Selbständigkeit der DVP geradezu ad absurdum geführt und Bestrebungen zu einer erneuten Fusion der beiden Parteien genährt hätte. Die DVP war in einem Dilemma, denn trotz der inhaltlichen Differenzen wollte sie durch ihr Verhalten »keinen Anlaß zu einer Linksregierung geben«.[45]

Den Eintritt des DVP-Landesvorsitzenden Johannes Rath 1930 als Staatsrat in die Landesregierung honorierte die Wählerschaft 1932 mit einer vernichtenden Wahlniederlage und einem Stimmenanteil von gerade noch 1,6 Prozent. Spätestens ab diesem Zeitpunkt war die DVP als politische Kraft im Land vollständig marginalisiert. Dennoch scheiterten Fusionsbemühungen mit der Bürgerpartei unter der Führung Widers sowie mit der Volksrechtpartei an dem Punkt ›Hugenberg‹ und dem engen Verhältnis der Bürgerpartei zum Stahlhelm, auch wenn in beiden Parteien ehemalige Jungliberale und »nationalliberale Parteifreunde« waren.[46] An der Bür-

---

[41] Schw. Tagesztg. v. 17. Febr. 1928.
[42] Süddt. Ztg. v. 29. Sept. 1919.
[43] Süddt. Ztg. v. 3. Okt. 1919 u. v. 2. Juni 1920.
[44] Schw. Kronik v. 9. Sept. 1919, v. 4. Juni 1920 u. v. 14. Nov. 1920 M.
[45] Süddt. Ztg. v. 18. Juni 1928 u. v. 17. Sept. 1928 (Stellungnahme der Landesleitung der DVP).
[46] Süddt. Ztg. v. 25. April 1932, v. 27. April 1932 u. v. 6. Mai 1932.

gerpartei und der DVP wurde die Spaltung des Bürgertums im Land besonders deutlich wahrgenommen. Insofern prägte der gegenseitige Vorwurf, Ursache dieser Spaltung zu sein, das Verhältnis in den 1920er und frühen 1930er Jahren und schwächte im Endeffekt beide bürgerlichen Kräfte zwischen Liberalismus und Nationalismus.

d) Zentrum: Zwischen Modus vivendi und Ablehnung

Das Verhältnis der konservativen Parteien zum Zentrum war der Dreh- und Angelpunkt der württembergischen Politik, vor allem in der Phase ab 1924. Die Annäherung der Gruppierungen erfolgte schrittweise. Ab 1906 war sie auf lokaler Wahlkreisebene zaghaft vorbereitet und vermittelt worden.[47] In der Weimarer Republik prägte sie die gesamtpolitische Konstellation im Land. Die grundsätzlichen Übereinstimmungen beider Parteien lagen auf der Hand: in der Wirtschafts- und Steuerpolitik die Förderung von Landwirtschaft und Mittelstand, die gemeinsame Frontstellung gegen den Berliner Unitarismus – im Zentrum vor allem unter Eugen Bolz vertreten –, das geteilte Unbehagen gegen eine SPD-Regierung und vor allem die gemeinsamen christlichen Wertvorstellungen in den landespolitisch zentralen Fragen der Kultur- und Schulpolitik.[48] Das Credo war: »Im Kampf um die überkommenen kulturellen und religiösen Güter unseres Volkes gehören Katholiken und Protestanten eng zusammen.«[49]

Die Kooperation hatte handfeste politische Gründe. Die Diskussion über die Reduzierung der Oberämter und der Druck, den der Bauernbund auf die katholischen Wahlkreise in Oberschwaben aufbauen konnte, hatten dies gezeigt. Möglich geworden war sie auch erst, als das Zentrum nach der Ära Erzberger nach rechts tendierte und die Arbeitervertreter in der Partei um Josef Andre an Einfluß verloren. An der ländlichen Bevölkerung ging bei den Mehrheitsverhältnissen und der Parteikonstellation im Land kein Weg vorbei. Der »Schlüssel zum Rätsel liegt in Oberschwaben«, so analysierte das *Stuttgarter Neue Tagblatt* die gescheiterten Koalitionsverhandlungen zwischen den bürgerlichen Parteien 1928 und die erneute Auflage der schwarzblauen Regierung.[50] Und schließlich hatte die Koalition zwischen 1924 und 1928 zählbare Erfolge nachzuweisen: die geringste Arbeitslosigkeit im Reich, geordnete Finanzen sowie eine deutliche Senkung der Steuerlast. Auch wenn Großreformprojekte wie die Verwaltungs- und Schulreform steckengeblieben waren und auch die Einführung

---

[47] Siehe hierzu die Ausführungen zu den Wahlbündnissen in Kap. 9 dieser Arbeit.
[48] Zu den einzelnen Themenbereichen aus zahlreichen Beispielen Süddt. Ztg. v. 13. Okt. 1922 (zum Landeskirchengesetz), v. 12. Dez. 1923 (Absage des Zentrums an eine nur an Verbraucherinteressen orientierte Politik), v. 6. Dez. 1926 (gemeinsame Durchsetzung des Gewerbesteuergesetzes), v. 28. Jan. 1928 (zur Einigkeit von Bazille und Bolz in der Unitarismus-Frage), v. 14. Juni 1928 (zur Regierungsbildung mit den konservativen Parteien wegen des unüberbrückbaren Gegensatzes zwischen Zentrum und SPD) sowie Schw. Tageszeitg. v. 18. Okt. 1922 (Würdigung des Bauernbundes an Bolz und Beyerle wegen deren Abrücken von der Politik Erzbergers).
[49] Süddt. Ztg. v. 23. April 1920.
[50] Stuttg. Neues Tagbl. v. 9. Juni 1928.

von Landkrankenkassen gegen die städtischen Interessen in der Bürgerpartei nicht durchzusetzen war, konnte die Regierung insgesamt doch eine positive Bilanz vorlegen.[51]

Die Legitimierung der Zusammenarbeit mußte schrittweise vermittelt werden. Bereits vor 1924 wurde sie in der Presse von beiden Seiten mehrfach angedeutet. Die auf Reichsebene etablierte »Arbeitsgemeinschaft der Mitte« sei nicht auf Stuttgart zu übertragen, so das württembergische Zentrum 1922, und die Forderung der DDP nach Ausschluß der Bürgerpartei aus der Regierungsarbeit sei »Parteigestammel«. Als »Kompliment nach rechts« wurde Anfang 1924 die Verlautbarung der Zentrumsmänner Baur und Beyerle gewertet, man könne die Volkskreise, die hinter der Rechten stehen, nicht »dauernd ausschließen«.[52] Auch der politisch-konfessionelle Burgfrieden ab 1924 wurde durch symbolische Handlungen untermauert. 1925 etwa fand zum ersten Mal überhaupt ein Katholikentag in Stuttgart statt, auf dem Bazille auftrat und die gegenseitige Achtung der Konfession betonte.[53] Ein weiteres Beispiel ist die Charakterisierung führender Persönlichkeiten. Während das liberale *Stuttgarter Neue Tagblatt* 1928 klagte, Württemberg habe nun einen katholischen Staatspräsidenten, der »kurioserweise« auch noch vom Christlich-Sozialen Volksdienst mitgewählt sei und der bei der konfessionellen Mischung des Landes als Belastung empfunden werden könne, charakterisierte die konservative Presse Bolz als »klugen Mann mit ruhigem und ausgeglichenem Wesen«. Im Gegenzug hatte das Stimmverhalten von Bolz bei der Wahl des Staatspräsidenten im Landtag symbolische Bedeutung, als er die einzige auf den Bauernbündler Ströbel entfallene Stimme abgab.[54]

In der Krise der Weimarer Republik wurde das konfessionelle Friedensübereinkommen von der Bürgerpartei unter Hugenberg-Einfluß aufgekündigt. Die eingegrabenen konfessionellen Vorurteilsmuster erwiesen sich als revitalisier- und abrufbar. Vorbehalte gegen die interkonfessionelle Zusammenarbeit hatte es innerhalb der Bürgerpartei immer gegeben. Bereits die Rechtskoalitionen von 1924 und 1928 hatten »Mißbehagen in manchen Kreisen« aller beteiligten Gruppen ausgelöst.[55] Der Kampf gegen Brüning und seine Tolerierung durch die SPD nährte die Bestrebungen innerhalb der Konservativen, aus der »Diktatur des Zentrums« mit seiner »Kuhhandelspolitik gegenüber der SPD« auszubrechen.[56] Die lautesten antiultramontanen Rufe kamen aus den ehemals (jung-)liberalen Teilen der Bürgerpartei, den nahestehenden völkischen Verbänden und den Restbeständen des Evangelischen Bundes.[57]

---

51 Süddt. Ztg. v. 5. Mai 1928 u.v. 22. März 1928 (zum Scheitern der Landkrankenkassen an der BP).
52 Mit Zitaten aus der Zentrumspresse: Süddt. Ztg. v. 30. Nov. 1922 u.v. 8. Jan. 1924.
53 Süddt. Ztg. v. 28. Aug. 1925 (Bazille: »Das württembergische Volk ist ein Volk von tiefster Innerlichkeit des Lebens, fest an seinem Glauben hängend, aber duldsam gegen ein anderes Bekenntnis.«)
54 Stuttg. Neues Tagbl. v. 9. Juni 1928; Schw. Tagesztg. v. 10. Juni 1928 u. Süddt. Ztg. v. 9. Juni 1928.
55 Süddt. Ztg. v. 4. Juni 1924, v. 1. Okt. 1924 u.v. 9. Okt. 1928 u. Schw. Tagesztg. v. 5. Juni 1924.
56 Schw. Tagesztg. v. 28./29. Juli 1930 u.v. 6. Sept. 1930.
57 Vgl. z.B. die Polemik des Bürgerparteivorsitzenden Hirzel gegen Brüning und Kaas in Süddt. Ztg. v. 17. Febr. 1932 (»Ein Bruder Brünings ist Jesuit!«).

Erstmals, so die *Süddeutsche Zeitung* nach der Landtagswahl 1932, sei eine gesamtbürgerliche Regierung ohne das Zentrum möglich, die allerdings an der DDP scheiterte.[58] Harsch antiultramontan gab sich die Bürgerpartei in den Wahlkämpfen 1932 in ihrem Kampf gegen die schwarz-rote Koalition in Preußen: gefordert sei nun »gebührender Raum für deutsches protestantisches Denken« gegen »Freidenkertum, Atheismus, marxistische Revolution und die Vorherrschaft des Zentrums«.[59] Das phraseologische Verhalten der inhaltlich ausgedünnten Bürgerpartei zielte auf zwei in der Partei ventilierte Optionen: die erste spekulierte mit einer Minderheitsregierung aus Bürgerpartei, Bauernbund, CSVD und NSDAP – was von der Landtagsgeschäftsordnung nicht vorgesehen war –, oder mit einem Staatspräsidenten Dehlinger und einem Innenminister Bolz, beide toleriert von der NSDAP. Die zweite Variante scheiterte an der ultimativen Ablehnung des Zentrums, der NSDAP das Innenministerium zu überlassen. Aus der gegenseitigen Blockade ging die geschäftsführende und mit Notverordnungen regierende Bolz hervor.[60]

Verhaltener kamen die zentrumskritischen Stimmen aus dem Bauernbund, der mit seiner stärker landes- und wirtschaftspolitischen Fixierung mit dem Modus vivendi zwischen politischem Katholizismus und protestantischer Bauernschaft besser leben konnte als die Bürgerpartei. Aber die Kritik am Zentrum war auch hier vorhanden und wurde am lautesten ausgerechnet von einem Katholiken vorgebracht. Bereits 1924 hatte der Reichstagsabgeordnete Stauffenberg das Zentrum und seine Haltung zum Völkerbund kritisiert.[61] Für Aufsehen sorgte der ›Stauffenberg-Brief‹ im Winter 1931, in dem dieser nach der endgültigen Abkehr des Bauernbundes von Brüning auch die landespolitische Kooperation mit dem Zentrum aufzukündigen und den Schwenk zur NSDAP vorzubereiten gedachte.[62] Der Angriff von Stauffenbergs auf das Zentrum erregte auf katholischer Seite landesweit Aufsehen. Der in vielerlei Hinsicht als Ausnahmekatholik zu bezeichnende ehemalige ritterschaftliche Abgeordnete der Ersten Kammer Württembergs und Weltkriegverwundeter hatte sich vom einstigen Vertreter konfessionsübergreifender Konsenspositionen zum rüden Kritiker der Vertreter seiner Konfession gewandelt. Als Inhaber wichtiger landwirtschaftlicher Ämter – unter anderem war er kooptiertes Mitglied der württembergischen Landwirtschaftskammer, Gauverbandsvorsitzender des Landwirtschaftlichen

---

[58] Süddt. Ztg. v. 25. April 1932 u. v. 6. Juni 1932.
[59] Süddt. Ztg. v. 1. Juli 1932. Ähnlich der Wahlaufruf der Partei im Sommer 1932 (Süddt. Ztg. v. 15. Juli 1932).
[60] Süddt. Ztg. v. 24. Mai 1932. Vgl. hierzu v. a. W. BESSON, S. 253 ff.
[61] Süddt. Ztg. v. 25. Nov. 1924.
[62] Schw. Tageztg. v. 26. Nov. 1931 u. v. 6. Dez. 1931: »Gegen die Heuchelei und Feigheit der katholischen Zentrumsherrschaft! [...] Bewußt national einseitig, brutal nur deutsch denken ist jetzt gefordert!« Der Stauffenberg-Brief ging auf ein Schreiben Stauffenbergs an Bazille von 1925 zurück, in dem er geklagt hatte, die nationalen Katholiken seien das vom Zentrum verlangte Opfer der Koalition, während die »eigentliche Gefahr für Deutschland« das Zentrum sei. Zur überregionalen Resonanz und zur Datierung der Briefe die Artikel im Vorwärts, in der Vossischen Zeitung v. 29. Jan. 1927 und in der Germania v. 29. Jan. 1927 sowie die Bestände in BA Berlin, R 8034 III/453, Pressearchiv des RLB.

Hauptvereins und Präsident der Landwirtschaftlichen Genossenschaften Württembergs – mußte sich Stauffenberg nach den Attacken gegen das Zentrum bei den katholischen Bauern entschuldigen, die den Rücktritt von seinen landwirtschaftlichen Ämtern gefordert hatten. Erneut konnte Stauffenberg seine Angriffe erst im Februar 1933 öffentlich formulieren, nachdem er den Übertritt zur NSDAP vollzogen hatte.[63] Aber auch der Bauernbund war aus einer Mischung antisozialistischer und konfessioneller Motive über die Kooperation mit dem Zentrum gespalten und suchte ab 1932 den Anschluß zur nationalen Opposition mit der NSDAP.

e) CSVD und Interessenparteien: Unheilvolle Zersplitterung des Bürgertums

Die ökonomisch definierten »Single-issue«-Parteien, allen voran die Volksrechtpartei und die Wirtschaftspartei, waren ein Ergebnis der tiefgreifenden materiellen Verunsicherungen durch die Hyperinflation. Auf das parteipolitische Parkett traten sie in Württemberg wie auf Reichsebene auch 1924. 1928 hatten sie ihren Höhepunkt erreicht und verschwanden vier Jahre später weitgehend in der Versenkung. Sie waren eine städtische Angelegenheiten und insofern für den Bauernbund kein Thema. Schlichtweg verschweigen solle man sie, lautete der Ratschlag der Bundesleitung. Sie hätten keine Bedeutung, verlängerten im Landtag nur die Debatten und deshalb hätten die »Schwätzergruppen« im Sinne der Parlamentsvereinfachung zu verschwinden.[64] In der Presse des Bauernbundes spielten sie keine Rolle.

Für die Bürgerpartei waren sie zwar 1924 auch wegen ihrer Benachteiligung durch das Landeswahlrecht keine ernsthafte Konkurrenz, aber ein deutliches Alarmzeichen der »unheilvollen Zersplitterung des Bürgertums«.[65] Die Abgrenzung fiel schwer, denn zumindest bei den zentralen wirtschafts- und steuerpolitischen Fragen, vor allem der Aufwertungsfrage, vertraten Bürgerpartei und Volksrechtpartei deckungsgleiche Positionen. Zudem traten etwa für die Volksrechtpartei zur Reichstagswahl im Dezember 1924 mit dem Stuttgarter Professor Hermann Haug und dem Darmstädter Georg Best ein ehemaliger Bürgerparteiler und ein reichsweit prominenter Vorkämpfer der Aufwertungsgesetzgebung und ehemaliger Deutschnationaler an. Da half nur der Hinweis, der Landesparteivorsitzende Adolf Bauser sei ein ehemaliger Demokrat, der die um ihren Besitz Betrogenen um sich sammeln wolle. Einseitig und politisch ziellos seien die Splitterparteien, »Sondertümelei« und »Eigenbrötelei«, damit eine Stärkung des Marxismus und eine Schwächung des »nationalen Bürgertums«.[66]

---

[63] Schw. Tagesztg. v. 24. Febr. 1933 (»Für die Schwaben ist eine Dynastie Bolz oder Beyerle auf die Dauer nicht mehr erträglich. [...] Das Zentrum stand mit den Marxisten im Bunde, dann mit dem Brei der Mitte, dem sich auch der CSDV, jenes linksorientierte evangelische Zentrum anschloß. [...] Die wirklichen Führer und Retter des deutschen Volkes kennen jetzt den Weg«).
[64] Schw. Tagesztg. v. 4. April 1924 u. Schw. Landmann v. 12. Mai 1928.
[65] Süddt. Ztg. v. 21. Mai 1928.
[66] Süddt. Ztg. v. 24. April 1924, v. 13. Mai 1924, v. 24. Nov. 1924 u. v. 15. April 1928.

Die Parteien waren ein Angriff auf das bürgerliche Integrationspostulat der Bürgerpartei, die hier eine offene Flanke bot, weil sie argumentativ kaum gegenhalten konnte. Die Volksrechtpartei als größte unter ihnen konnte ganze Gruppierungen wie den Württembergischen Hypothekengläubiger- und Sparerschutzverein von der Bürgerpartei abziehen. Unumwunden mußten die Konservativen 1928 zugestehen, der Wahlerfolg der Bauserschen Partei sei letztlich nur dem Versagen der DNVP in der Aufwertungsfrage zuzuschreiben.[67] 1932 spielte die Auseinandersetzung mit den Splitterparteien nur noch eine marginale Rolle. Die von Wider angestrebte organisatorische Fusion von Bürgerpartei und Volksrechtpartei war zwar gescheitert, die Volksrechtpartei allerdings auch zur Quantité négligeable geworden.[68] Die Wirtschaftspartei hatte in Württemberg eine weniger wichtige Rolle als in anderen deutschen Ländern gespielt. Schon 1928 hatte ein Vertretertag der Bürgerpartei es gar nicht für notwendig erachtet, die Partei überhaupt zum Thema des Wahlkampfes zu machen.[69] Die Sammlung der Splitterparteien – Volksrechtpartei, Wirtschaftspartei, Nationale Volksgemeinschaft und auch die geschrumpfte DVP –, die auf lokaler Ebene in Ludwigsburg vorbereitet worden war, scheiterte vor den Landtagswahlen von 1932.[70]

Anders sah es hingegen mit dem Christlich-Sozialen Volksdienst aus: Mit ihm war beiden konservativen Parteien eine innerprotestantische Konkurrenz erwachsen. Erstmals war der CSVD 1925 bei Gemeinderatswahlen im Land angetreten.[71] 1928 war er einer der ernstzunehmenden Kontrahenten im selben Wählersegment. Zwar baue die neue Partei der Zersplitterung ein Haus und fange dabei zuerst mit dem Dach an, so der Bauernbund, aber bereits nach den Wahlen von 1928 mußte er eingestehen, daß ihm der CSVD aufgrund der starken Agitation von Pfarrern und der Tatsache, daß seine Führung in Gemeinschafts- und Stundenkreisen lag, Stimmen abgenommen hatte.[72]

Der Christlich-Soziale Volksdienst war als Partei der Versöhnung zwischen den Ständen angetreten, gegen den »nackten Interessenstandpunkt« des Bauernbundes und für die evangelischen Arbeiter, die in den Gewerkschaften keine Heimat gefunden hatten. Mit dem Bekenntnis zur sachlichen Mitarbeit ohne Rücksicht auf Personalfragen und mit dem Ausweis zur Kooperationsbereitschaft mit allen Parteien bis hin zur SPD vertrat die Partei Positionen, die in den vergangenen Wahlkämpfen nur selten zu hören gewesen waren. Das Angebot der Fraktionsgemeinschaft mit den beiden konservativen Parteien hatte der CSVD nach seinem Wahlerfolg von 1928 abgelehnt. Im Parlament sprachen sich seine Vertreter für einen sozialdemokratischen Landtagspräsidenten aus, ganz nach dem Brauch, wonach dieser von der stärk-

---

[67] Süddt. Ztg. v. 9. Okt. 1928.
[68] Süddt. Ztg. v. 27. April 1932 (»Ein Wort zur Sammlung!«).
[69] Bericht über Vertretertag der Bürgerpartei v. 31. März 1928 (NL Hiller).
[70] Korrespondenz zwischen Wilhelm Kohlhaas, Berthold Frhr. Hiller v. Gaertringen, Adolf Bauser und Johannes Rath 1931/32 (NL Hiller).
[71] Schw. Tagesztg. v. 2. Dez. 1925.
[72] Schw. Tagesztg. v. 11. Febr. 1928 u. v. 16. Sept. 1928.

sten Fraktion zu stellen sei.[73] Kurz gesagt, die neue evangelische Partei brachte Verwirrung in die Parteienlandschaft mit ihren festgezurrten Positionen: konservative Haltung in Fragen der Schul- und Kulturpolitik, wo sie mit ›rechts‹ ging, sozial ausgleichende Haltung in Fragen der Sozial- und Wirtschaftspolitik, wo sie sich nach ›links‹ offen hielt.

An ein schwankendes Rohr im Wind klammere sich, wer Volksdienst wähle, so der Bauernbund, dessen Argumente sich auf drei Stränge bezogen: Erstens habe der CSVD kein Programm; sein Ziel sei das Regieren mit wechselnden Mehrheiten. Politik aber sei praktische Tat, »Hochkrempeln der Ärmel« und mehr als »Bibelsprüche und Gesangbuchverse«. Zweitens wurde das tradierte Argument der städtischen Interessen angeführt. Eine Splitterpartei der Beamten, Lehrer und Pfarrer sei der CSVD. Wieder einmal solle der Landbevölkerung Sand in die Augen gestreut und den Beamten mehr Einfluß im Landtag verschafft werden. Und drittens sei der Volksdienst das Gegenstück zum Zentrum, der aus den konfessionellen Gegensätzen Kapital für Parteizwecke schlage. Christlich aber sei es, dafür zu sorgen, daß mehr christliche und evangelische Männer in den großen Parteien vertreten seien.[74]

»Ist es christlich, die Einigkeit der Ordnungsparteien zu zerstören?« fragte die Bürgerpartei ihre Wähler.[75] Die Problemlage in der Auseinandersetzung mit dem Volksdienst war in der Stadt eine andere. Wir haben bereits gesehen, daß der Volksdienst als Konkurrent der Bürgerpartei um die Wahrung der öffentlichen Moral aufgetreten war und am Image der Partei als Sachwalterin der protestantischen Interessen kratzen konnte.[76] Die Bürgerpartei war im argumentativen Notstand, schon allein, weil der Volksdienst dieselben Wählergruppen ansprach: die »gebildeten Elemente« im Volk[77], Angestellte und auch Arbeiter. Die Arbeiterbelange seien schon immer im christlich-sozialen Flügel der DNVP vertreten gewesen, so die *Süddeutsche Zeitung*, was angesichts der kaum vorhandenen Arbeitervertretung in der Bürgerpartei ein dürftiges Argument war.[78] Der Verweis auf die Reichs-DNVP half hier vor allem nach der Abspaltung des Arbeiternehmerflügels um Lambach und dessen Übertritt zum CSVD kaum weiter. Hier konnte nur die Weltanschauung weiterhelfen: Um »rechts oder links« gehe es und nicht um »Halbsozialismus oder Halbdemokratie«.[79]

---

[73] Christl. Volksdienst v. 30. April 1927, v. 16. Juli 1927, v. 9. Juni 1928 u.v. 16. Juni 1928.
[74] Wahlsonderbeilage der Schw. Tageszeitung. v. Mai 1928 u. Schw. Landmann v. 21. April 1928, v. 28. April 1928 u.v. 12. Mai 1928. Die Argumentation zusammengefaßt auch in TH. KÖRNER, Der Bauer und der Christlich-Soziale Volksdienst, 1932.
[75] Süddt. Ztg. v. 15. Mai 1928.
[76] Siehe hierzu die Ausführungen oben S. 388.
[77] So war z.B. der prominente Tübinger Theologe Adolf Schlatter 1927/28 als Kolumnist im Christl. Volksdienst hervorgetreten und hatte dort mit Theophil Wurm und Wilhelm Simpfendörfer eine Diskussion über die Berechtigung des CSVD geführt. Zur Stellungnahme Wurms gegen den CSVD siehe oben S. 239.
[78] Süddt. Ztg. v. 15. Mai 1928.
[79] Süddt. Ztg. v. 22. April 1928 u.v. 2. Mai 1928.

Das Argument der innerprotestantischen Desintegration kam hinzu: Unruhe und Unfrieden bringe der Volksdienst in die christliche Gemeinschaft und in die Familie, aber gerade hier konnte der Konkurrent mit dem Hinweis auf die mangelnde Interessenvertretung des protestantischen Glaubens in der Hugenberg-DNVP parieren.[80] 1932 verkürzten sich die Standpunkte der Bürgerpartei auf die ideologischen Standardphrasen: Eine Synthese von Zentrum und Sozialismus sei der Volksdienst und eine »Irreleitung evangelischer Wählerstimmen« hin zu den »Schleppenträgern von Marxismus und Zentrum«.[81] Die Abgrenzung war schwer, vor allem weil der Volksdienst die zentralen Punkte vertrat, die im öffentlichen Erscheinungsbild der Bürgerpartei zunehmend schwächer wurden: protestantische Werthaltung als Ordnungsprinzip der Politik, Kooperationsbereitschaft zwischen den Parteien und den Berufsständen sowie die Abgrenzung gegenüber der NSDAP. Beide Parteien, Bauernbund und Bürgerpartei, mußten dem Volksdienst als protestantischer Reformpartei ihren Tribut zollen.

f) NSDAP: Zwischen Distanz und Annäherung

Die NSDAP war eine völlig neue Kraft im Ensemble der Parteien. Als Völkisch-Sozialer Block bewegte sie sich anfangs im Dunstkreis der völkischen Verbände. Die Haltung der beiden konservativen Parteien war entsprechend schwankend zwischen Befremden, Erstaunen und Annäherung. Von einer »Notwendigkeit der NS-Partei« sprach der bürgerparteiliche Geschäftsführer Kaltenboeck, der damit aber sicherlich die Minderheit in der Partei vertrat.[82] Teilweise wurden anfangs auch gemeinsame Wahlveranstaltungen abgehalten, bei denen aber recht schnell deutlich wurde, daß man sich gegen die »Anrempelungen« der Nationalsozialisten wehren müsse.[83]

Das Problem lag auf der Hand: die Geister, die man mit der antisemitischen Agitation gerufen hatte, wurde man so schnell nicht los. Die Abgrenzung im Ausmaß der Radikalität gegenüber den völkischen Verbänden war eine Gratwanderung. Hinzu kam eine gewisse Attraktivität der ›nationalen Arbeiterpartei‹, die zu verwirklichen schien, was der Bürgerpartei nicht gelungen war, nämlich die Arbeiter an den nationalen Gedanken heranzuführen. Den argumentativen Krebsgang verdeutlichte Fritz Wider: Ein ausgesprochener Vertreter des völkischen Gedanken und der Blutgemeinschaft sei er, und auch wenn die »Blutsgleichheit« wissenschaftlich nicht zu beweisen sei, müsse sie dem Volk doch immer wieder vor Augen geführt werden. Aber: »Den manchmal an den Kommunismus grenzenden Gedankengängen der Radikal-Völkischen und ihrer kapitalismusfeindlichen Einstellung kann ich nicht folgen.«[84]

---

[80] Süddt. Ztg. 18. Mai 1928 u. 16. Juli 1930 sowie Christl. Volksdienst v. 2. Okt. 1930.
[81] Süddt. Ztg. v. 22. April 1932 u. v. 15. Juli 1932.
[82] Süddt. Ztg. v. 29. Sept. 1923.
[83] Bericht über gemeinsame Wahlversammlung von NSDAP und Bürgerpartei in Balingen in Süddt. Ztg. v. 5. Dez. 1924.
[84] Süddt. Ztg. v. 13. Mai 1924.

Ähnlich war die Haltung des Bauernbundes zu den Anfängen der ›Bewegung‹. Man freue sich, daß »die Arbeiter wieder deutsch denken und Ehrbewußtsein gegen den Internationalismus zeigen«, war der Tenor einer Artikelserie im Frühjahr 1923.[85] Man sei bemüht, sich sachlich mit den »neuen Theorien« auseinanderzusetzen. Bislang sei man noch zu keinem klaren Beschluß gekommen, aber der Berührungspunkt sei die gemeinsame Abneigung gegen das Judentum. Deutlicher noch als bei der Bürgerpartei trat im Bauernbund eine generationsspezifische Trennung auf. Während sich Theodor Körner (alt) von Anfang an kritisch gegen die neue Partei äußerte, zeigte sich sein Sohn angezogen von der Dynamik der Bewegung. Als Mitglied mehrerer nationaler Verbände, darunter des Verbandes national gesinnter Soldaten und dem Wikingbund, stand er den Völkischen näher.[86] Im Landtagswahlkampf 1924 ging das Gerücht um, der Familienjunior habe in der Körnerschen Druckerei 100 000 Flugblätter verbilligt für die NSDAP herstellen lassen. Von einer »diabolischen Gemeinschaft« von »Hochzucht, Rassenreinheit und Nacktkultur« eines »politischen Hanswurst« mit den »Neuheiden« sprach Eugen Bolz.[87] Das Thema NSDAP verlor nach einer Hochphase zwischen Hitler-Putsch und Wahlkampf 1924 an Brisanz. In den 1928er Wahlkampf zog der Bauernbund mit der sicheren Erkenntnis, die Nationalsozialisten seien wie der CSVD auch zur einflußlosen Splittergruppe verdammt.[88] Organisatorischer Stillstand und interne Streitereien hatten die NSDAP geschwächt. Mit einem Stimmenanteil von 1,8 Prozent und einem einzigen – dazu noch durch Gerichtsurteil erzwungenen Mandat ab 1929 – war sie kein Faktor in der Landespolitik.

Die Kräfteverhältnisse verschoben sich erst in den Jahren 1929 und 1930 grundsätzlich. Fassen wir zusammen: Mit ihrem Eintritt in den Landesausschuß für das Volksbegehren gegen den Young-Plan hatte die Bürgerpartei die NSDAP in Württemberg salonfähig gemacht. Das Volksbegehren war das Vorspiel zur Spaltung der Partei und der Einzug in die nationale Opposition unter der Führung von Hugenberg und Hitler.[89] Mit 6,4 Prozent gültigen Eintragungen und 11,6 Prozent der gültigen Stimmen war das Volksbegehren ein glatter Fehlschlag im Land.[90] Wägen solle man die Stimmen, anstatt sie zu zählen, war der magere Schluß der *Süddeutschen Zeitung*.[91] Die Bürgerpartei war im Dilemma. Sie hatte sich in die Arme der

---

[85] Schw. Tagesztg. v. 8. Mai 1923, v. 10. Mai 1923 u. v. 16. Mai 1923.
[86] Zu den Mitgliedschaften Körners: HStA Stuttgart, E 151/03, Lagebericht über die rechten Verbände in Württemberg v. 3. Aug. 1922. Erst 1932/33 distanzierte sich Körner (jg.) wegen der persönlichen Verunglimpfungen seines Vaters von der NSDAP (Schw. Tagesztg. v. 1. März 1933: »Warum ich kein Nationalsozialist wurde«: »Mein Vater und Muschler wurden von den Nationalsozialisten in den Dreck gezogen.«).
[87] Schw. Tagesztg. v. 3. April 1924 u. v. 9. Mai 1924.
[88] Schw. Landmann v. 21. April 1928.
[89] Th. Schnabel, Württemberg, 1986, S. 57 ff. u. W. Besson, 1959, 65 ff. Den Vorsitz im Landesausschuß gegen das Volksbegehren führte Hirzel als Vorsitzender der Bürgerpartei (NL Hiller).
[90] Die Ergebnisse auf Wahlkreisebene bei J. Falter/Th. Lindenberger/S. Schumann, 1986, S. 80.
[91] Süddt. Ztg. v. 23. Dez. 1929.

Politikfelder, Selbstbild und Abgrenzung

NSDAP begeben, die letztlich als Sieger hervorging. Im Reichstagswahlkampf 1930 fand in der bürgerparteilichen Presse überhaupt keine Auseinandersetzung mit der NSDAP statt, aber wie hätte man sich auch von einer Partei absetzen sollen, mit der man kurz zuvor noch eine agitatorische Kampagne quer durch das Land organisiert hatte.

Zur Reichspräsidentenwahl von 1932 war die Partei erneut in der Zwickmühle, nachdem der von Anfang an aussichtslose Stahlhelm-Kandidat Theodor Duesterberg im zweiten Wahlgang nicht mehr antrat und sich die Partei zwischen Hindenburg und Hitler entscheiden mußte. Sie tat dies nicht. In den Tagen vor dem zweiten Wahlgang zur Reichspräsidentenwahl war in der *Süddeutschen Zeitung* keinerlei Äußerung zu einem der beiden Kandidaten zu lesen. Am Tag nach der Wahl präsentierte die Zeitung statt eines Wahlberichts ihren Aufruf zur anstehenden Landtagswahl, die in der Zeitung bereits den gesamten Reichspräsidentschaftswahlkampf dominiert hatte.[92] Die Parolen des Landtagswahlkampfs – in Preußen müsse die DNVP mit der NSDAP die Mehrheit gewinnen und gerne sei man »Hugenbergianer«, weil dieser den Aufstieg der NS-Bewegung ermöglicht habe – signalisierten den inhaltlichen Ausverkauf der Partei.[93] Symptomatisch war der Kommentar zum Ausgang der Landtagswahl: von einem »grandiosen Wahlerfolg« der NSDAP war zu lesen, die vor allem von den Fehlern der Bürgerpartei und der »angesammelten Reaktion in der bürgerlichen Jugend« profitiert habe. Aber herausgeschält habe sich angesichts der vernichtenden Wahlschlappe der anderen bürgerlichen Parteien die »nationale Kerntruppe des Bürgertums«.[94]

Diametral entgegengesetzt war die Haltung des Bauernbundes. Seit 1930 waren seine Wahlkämpfe von der Abgrenzung gegen die NSDAP dominiert. Schon 1928 hatte er das Eindringen der Partei auf das Land verhindern können. Die Argumentation war einfach: die NSDAP war eine Beamten- und Professorenpartei, eine Angelegenheit der Städter und in elementaren Fragen von landwirtschaftlichem Interesse stand sie gegen den Bauernbund.[95] Die Abgrenzung funktionierte bis 1932 mit den tradierten Argumentationsmustern der berufsständischen Vertretung und des Eindringlings. Gewissenlose Hetzer seien bei der NSDAP am Werk, Professoren und Beamte, die »reden und reden, aber nichts denken«, Konsumenteninteressen vertreten und nicht in der Lage seien, Bauern auf den Wahllisten zu präsentieren. Aufrütteln müsse den Bauern außerdem der Enteignungsparagraph im NSDAP-Parteiprogramm und die Tatsache, daß die Partei selbstherrlich von Österreich aus gelenkt werde.[96] »Dilettantische Aufrufe und kindliche Theorien« präsentiere die

---

[92] Süddt. Ztg. v. 11. April 1932. Lapidarer Kommentar zur Reichspräsidentenwahl: »Das Ergebnis, das zu erwarten war.«
[93] Süddt. Ztg. v. 16. März 1932 u. 7. April 1932.
[94] Süddt. Ztg. v. 25. April 1932 u. v. 26. April 1932.
[95] Schw. Landmann v. 28. April 1928; Besondere Wahlbeilage der Schw. Tagesztg. v. Mai 1928. Immer wieder wurden die Dissenspunkte zwischen Bauernbund und NSDAP herausgearbeitet: Schutzzollpolitik, Einführung des achten Volksschuljahres und Einführung von Landkrankenkassen.
[96] Schw. Tagesztg. v. 25. Mai 1930, v. 30. Aug. 1930 u. v. 12. Sept. 1930.

NSDAP, »blinde Begeisterung, Rausch und hemmungslose Leidenschaften« verstehe sie mit »Trompetenblasen, Aufmärschen und Paraden« zu wecken. Der Bauernbund hingegen stehe für praktische Politik:

> »Wir müssen uns, so hart es uns ankommen mag, dazu entschließen, Politik als Politik zu treiben, wie man sie von jeher verstanden hat, als eine lange, schwere, einsame und wenig volkstümliche Kunst und nicht als Rausch oder militärisches Schauspiel.«[97]

Die landwirtschaftliche Front, zusammengehalten von der bäuerlichen Eigentumsethik, der christlichen Weltanschauung gegen das »Neuheidentum«, der Standessolidarität und der gemeinsamen Abwehr gegen die Stadt, bröckelte erst im Sommer 1932.[98] Mehrere Gründe liefen dabei zusammen. Die NSDAP kam in den Wahlkämpfen von 1932 ›protestantischer‹ und landwirtschaftsfreundlicher daher. Ihre Agitation gegen die Schlachtsteuer und das gemeinsame Eintreten von Bauernbund und NSDAP im Parlament für die Kürzung der Beamtenbezüge im höheren Dienst bezeugten die inhaltliche Annäherung.[99] Hinzu kam, daß die NSDAP mit mindestens fünf prominenten Bauernbund-Abtrünnigen milieueigene Kandidaten präsentieren konnte: die Fälle des Bauernanwalts Glaser, des Bauernbundsangestellten Kimmerle, des Gutsbesitzers Arnold, des Landwirts Albert Schüle und des Bürgermeisters Kohler sorgten für landesweites Aufsehen.[100] Der Bauernbund war an der Basis gespalten. Körner (alt), der gegen die Überläufer im Bauernbundorgan wetterte, wandte sich an die Mitglieder:

> »Zahlreiche Briefe von erfreulichem und unerfreulichem Inhalt sind eingegangen, aber Drohungen sollte ein aufrechter Bauer unterlassen. […] Wer nicht mehr Mitglied des Bauernbundes sein will oder die *Tageszeitung* abbestellen will, kann zu nichts gezwungen werden. […] Aber mit Haß, Leidenschaft und Fanatismus haben wir nie Politik getrieben und werden auch keine Politik treiben, sondern mit Zähigkeit, Fleiß und Gottvertrauen.«[101]

Weitere fundamentale Dissenspunkte kamen hinzu. Die parallel zum Landtagswahlkampf stattfindende Reichspräsidentenwahl hatte den Bauernbund gespalten. Der Riß ging quer durch die Partei entlang einer generationsbedingten Linie und mitten durch die politische Führung. Der Jungbauernbund war ausgeschert und hatte sich für den Stahlhelm-Kandidaten Duesterberg, im zweiten Wahlgang dann für Hitler ausgesprochen. Die ›Alten‹ im Bauernbund mußten anerkennen, der Nationalsozia-

---

[97] Schw. Tagesztg. v. 23. Aug. 1930.
[98] Zusammengefaßt die Argumentationsstränge in der Flugschrift TH. KÖRNER, Was hat das Landvolk von der Nationalsozialistischen Deutschen Arbeiterpartei zu erwarten?, 1932.
[99] Schw. Tagesztg. v. 10./11. Okt. 1932 u. 13. Okt. 1932.
[100] Zu den ›Überläufern‹ Glaser, Arnold, Kohler und Schüle siehe oben S. 112 u. 250f. sowie Schw. Tagesztg. v. 1. April 1932, v. 2. April 1932, v. 14. April 1932 u.v. 22. April 1932. Albert Schüle war mitten im Landtagswahlkampf 1932 vom Bauernbund zur NSDAP gewechselt (Schw. Tagesztg. v. 22. April 1932). Der ehemalige Bauernbundsangestellte Ernst Kimmerle war bereits 1928 ausgetreten und hatte versucht, eine »nationalsozialistische Bauernschaft mit Anschluß an Hitler« zu gründen (Schw. Tagesztg. v. 7. März 1928 u. Schw. Kronik v. 9. März 1928).
[101] Schw. Tagesztg. v. 2. April 1932.

lismus finde vor allem bei den jugendlichen Bauern Anklang.[102] Die Frage um den Reichspräsidentschaftskandidaten spaltete die oberste Führung. Während sich die Reichstagsabgeordneten Stauffenberg und Heinrich Haag vehement für Hitler aussprachen[103], plädierte die Landesleitung um Dingler und Muschler für Hindenburg. Von schwerer Krankheit gezeichnet schaltete sich nochmals Theodor Körner (alt) ein, der gegen die Anweisung des Reichslandbundes den Westarpschen Aufruf für Hindenburg unterzeichnete und sich in der *Schwäbischen Tageszeitung* für Hindenburg aussprach.[104] Nach einer turbulenten Sitzung der Gremien gab der Bauernbund die Wahl frei.[105] Das *Deutsche Volksblatt* kommentierte, die Verwirrung in den bäuerlichen Kreisen sei perfekt. Das eine Dorf sei für Hitler, das andere für Duesterberg und ein drittes für Hindenburg. Der Riß gehe quer durch das Land, durch die Dörfer und mitten durch ganze Familien.[106] Auch der Bauernbund mußte eingestehen, daß die Bauern zur NSDAP überliefen. Man sei »geschwächt, aber nicht vernichtet«.[107] Die Reichstagswahlen im November 1932 unter verbesserten ökonomischen Rahmendaten bestärkten kurzfristig die Hoffnung, die NSDAP habe ihren Höhepunkt überschritten, bevor bei der Reichstagswahl im März 1933 die Dämme endgültig brachen.

g) Konservative und Bauernbund: Das Bündnis von Stadt und Land

Das konservative Bündnis von Stadt und Land funktionierte. Es war Existenzbedingung beider Parteien und diente anfangs den Deutschkonservativen dazu, überhaupt im Land Fuß zu fassen. Die schrittweise organisatorische und publizistische Trennung war wiederum Bedingung der jeweiligen Bestandssicherung. Die Unterschiede in den Organisationsbedingungen entsprachen den Zielgruppen beider Parteien. Die organisatorische Trennung bot Vorteile, denn mit dem Ausweis der Eigenständigkeit war die eigene Klientel und die Vertretung ihrer Interessen authentischer zu repräsentieren. Insgesamt gesehen waren beide Parteien sicherlich ein versöhnender Faktor zwischen Stadt und Land. Bei beiden Partnern wurde auf diese Tatsache auch entsprechend Wert gelegt. Zunehmend verlagerte sich aber vor allem in den Weimarer Jahren das Schwergewicht der Achse auf den Bauernbund. Das hatten die Verwaltungsreform und vor allem die Einführung des achten Volksschuljahres gezeigt. Am Bauernbund ging in der Landespolitik und in der Koalitionsarithmetik kein Weg vorbei. Zu fragen ist jedoch, wo und wann die Kooperation Risse zeigte.

---

[102] Süddt. Ztg. v. 6. März 1932 u. Schw. Tagesztg. v. 16. Sept. 1932.
[103] Schw. Tagesztg. v. 29. Febr./1. März 1932 mit einem Aufsatz Stauffenbergs unter dem Titel »Die große Täuschung«. Hindenburg sei der »glückliche Kandidat der Mosse, Ullstein und in Württemberg des Herren Bosch«. Es gehe aber nicht um Hindenburg, sondern um das Kabinett Brüning und die von der SPD geduldete Zentrumsregierung (vgl. hierzu auch TH. SCHNABEL, Württemberg, 1986, S. 105 ff.).
[104] Süddt. Ztg. v. 24. Febr. 1932 u. Schw. Tagesztg. 3. April 1932.
[105] Süddt. Ztg. v. 6. März 1932.
[106] Dt. Volksbl. v. 7. April 1932.
[107] Schw. Tagesztg. v. 25. April 1932, v. 26. April 1932 u. v. 2. Aug. 1932.

Das Bündnis der beiden Parteien und die Fraktionsgemeinschaft im Landtag sowie anfangs auch im Reichstag brachte auch Nachteile mit sich. Es mußte immer wieder verteidigt werden. Zum einen stellte sich das Problem des Anschlusses an die DNVP im Reichstag. Das war vor allem für die Bauernbündler ein Problem, die in mancherlei Hinsicht in Berlin heimatlos waren. Eigenständigkeit habe man in der Fraktion und angeschlossen habe man sich ihr nur, weil es im Reichstag keine Bauernpartei gebe, hieß es immer wieder zwischen 1919 und 1924.[108] Noch problematischer war die Rechtfertigung der Fraktionszugehörigkeit in Berlin nach der Spaltung der Bürgerpartei, als die Reichstagsabgeordneten des Bauernbundes der Fraktion ›Deutsches Landvolk‹ beitraten.[109] Aber auch auf Landesebene mußte die Fraktionsgemeinschaft gerechtfertigt werden. Von den Gegnern wurde sie immer wieder dazu benutzt, die eine Partei mit den Argumenten gegen die andere anzugreifen. Nach den Wahlen zur Nationalversammlung, als man mit einer gemeinsamen Liste angetreten war, gab es Stimmen innerhalb beider Parteien, die sich kritisch äußerten. Mit getrennten Listen wäre wohl besser zu mobilisieren gewesen, die Gegner hätten die Bürgerpartei mit dem Bauerbund ausgespielt und umgekehrt, und manchem Wähler habe die gemeinsame Liste wohl falsche Stärke vermittelt und ihn bewogen, zuhause zu bleiben.[110]

Die schwersten Belastungen des Bündnisses lagen auf wirtschafts- und steuerpolitischem Gebiet. In erster Linie ist die Frage der Lebensmittelteuerung und der Zwangswirtschaft anzuführen. Hier prallten die Interessen von städtischer und ländlicher Wählerschaft aufeinander. Vor allem die Bürgerpartei mußte lavieren und immer wieder die »mittlere Linie« bemühen, wo andere Parteien Maximalforderungen stellen konnten.[111] Entsprechend scharf wurden vom Bauernbund die Äußerungen aus bürgerparteilichen Kreisen beobachtet und kritisiert – und entsprechend schadenfroh war die gegnerische Presse, wenn ein Bürgerparteiler in der Stadt den schrittweisen Abbau der Zwangswirtschaft forderte, während der Bauernbund vehement für den sofortigen eintrat.[112] Die Lebensmittelteuerung belastete das Verhältnis der Partner. Es gab Stimmen aus der Bürgerpartei, der Anschluß an die Reichs-DNVP sei auch als Verselbständigung vom Bauernbund zu legitimieren.[113] Zu den

---

[108] Schw. Tagesztg. v. 29. August 1923 u. v. 2. Juli 1924 (»Der Bauernbund gehört nicht zur DNVP!«). Von einer gewissen Heimatlosigkeit der württembergischen Bauernbundsabgeordneten in der DNVP-Fraktion im Reichstag berichtet auch der sächsische Abgeordnete Albrecht Philipp in seinen unveröffentlichten Memoiren aus den 1950er Jahren (aufbewahrt im StA Dresden, Kopie im NL Hiller). Die Abgeordneten des Bauernbundes hätten in der Fraktion zwar immer für guten Wein gesorgt, seien dort aber abgesehen von Theodor Körner (alt) als Wortführer der süddeutschen Bauern weitgehend unberücksichtigt und einflußlos gewesen (A. PHLIPP, 1952, S. 97 ff.).
[109] Schw. Tagesztg. v. 28. Sept. 1930. Insgesamt wurde darüber in der Presse des Bauernbundes kaum berichtet. Siehe hierzu auch unten S. 468.
[110] Süddt. Ztg. v. 20. Jan. 1919 und im Rückblick Schw. Tagesztg. v. 9. Nov. 1920.
[111] Schw. Tagesztg. v. 4. Dez. 1920.
[112] Beobachter v. 2. Juni 1920. In einer Wahlversammlung hatte Wider für den »langsamen Abbau« der staatlichen Bewirtschaftung plädiert und mußte dies auf Druck des Bauernbundes kurz darauf dementieren (Schw. Tagesztg. v. 24. Mai 1920 u. v. 18. Mai 1920).
[113] Nationale Blätter v. 24. Okt. 1920.

Gemeinderatswahlen 1922 wies eine interne Anweisung der Partei darauf hin, in stadtnahen Gemeinden mit Rücksicht auf die Verbraucherkreise von gemeinsamen Listen mit dem Bauernbund besser abzusehen.[114]

Eine ernsthafte Belastungsprobe für die Koalition war das Gewerbesteuergesetz. Es war eine Überlebensfrage für Bazille und die junge schwarzblaue Regierung, bei der der Bauernbund zeigte, wer für die ›Blauen‹ der Mehrheitsbeschaffer war. In der zweiten Lesung stimmten zwar die bäuerlichen Abgeordneten des Zentrums zu, die Bauernbündler jedoch ließen das Gesetz schlichtweg durchfallen, bis ihre Verbesserungen berücksichtigt waren. Porzellan sei zerschlagen worden, titelte die *Süddeutsche Zeitung*, aber man sei weiterhin bemüht, die Fäden zum Bauernbund zu knüpfen.[115] Hinzu kam der Dissens innerhalb des Bauernbundes über die Beamtenbesoldungsreform, die noch vor den Wahlen von 1928 verabschiedet werden sollte und natürlich für die Bürgerpartei ein wichtiges Thema war. Der Bauernbund war über die Grundsatzfrage der Regierungskoalition gespalten, zumal sein Profil als ländliche und gegen die städtischen Beamten gerichtete Partei auf dem Spiel stand. Letztendlich konnte die Fraktionsdisziplin nur mit Mühe aufrechterhalten und das Gesetz verabschiedet werden. Der Bauernbund befand sich im Rechtfertigungsnotstand: Für eine Herabsetzung der höheren Besoldungsgruppen habe man sich eingesetzt, aber eine Verabschiedung sei nur mit den Koalitionspartnern möglich gewesen. Letztlich habe man wegen der insgesamt landwirtschaftsfreundlichen Haltung der Regierung zugestimmt.[116]

Die Dissenspunkte vermehrten sich in der Agrarkrise ab 1928 und mit der innerparteilichen Machtübernahme Hugenbergs bei der DNVP. Die beschriebenen Beispiele – gescheiterte Landkrankenkassen, Beamtenbesoldungsreform und vor allem die Schlachtsteuer von 1932 – waren die Markstein auf dem Weg zur informellen Aufkündigung des Bündnisses. Die Bürgerpartei wurde in der nationalen Opposition städtischer, der Bauernbund in der Agrarkrise ländlicher, noch stärker interessenfixiert und kompromißunwilliger. Wie alle anderen Parteien auch wurden Bürgerpartei und Bauernbund selbstbezogener und gruppenegoistischer. Für beide wurde es schwieriger, ihre Grundsätze im Parlament ohne Abstriche durchzusetzen und Kompromisse in der Wählerschaft zu legitimieren. Die politischen Konflikte wurden an der Basis ausgetragen. Darüber konnten weder Beteuerungen der Parteieliten noch ihr gutes Verhältnis im Parlament hinwegtäuschen.

---

[114] Bürgerpartei an Ortsgruppen v. 11. Mai 1922 (NL Hiller).
[115] Schw. Tagesztg. v. 9. Dez. 1924 u. v. 21. Dez. 1924; Südd. Ztg. v. 6. Dez. 1924.
[116] Schw. Tagesztg. v. 25 März 1928 u. Südd. Ztg. v. 31. März 1928. Bis auf die beiden Abgeordneten Zentler und Heege (siehe oben S. 287) stimmten die Bauernbündler mit der Bürgerpartei, dem Zentrum, der DVP, der DDP und den Deutschvölkischen dem Gesetz zu. Die Schw. Tagwacht v. 14. April 1928 sprach vom »Umfall des Bauernbundes«, der nun auf dem Land nicht mehr gegen die Beamten agitieren könne: »Auch mit den Kotelettes so groß wie Abtrittdeckel, die auf den Tischen der Beamten liegen sollen, ist nun kein rechtes Geschäft mehr zu machen.« Körner (jg.) hatte die Ablehnung der Besoldungsreform gefordert, konnte sich aber nicht gegen die Fraktion durchsetzen. Er hatte die Frage mit seiner Amtsführung als Bundesgeschäftsführer verknüpft und war dann zurückgetreten (siehe oben S. 110).

3. Resümee: Kontinuität und Wandel im Konservatismus

Eine Analyse und Zusammenschau der Freund-Feind-Schemata in der württembergischen Parteienlandschaft und aus der Perspektive der beiden konservativen Parteien zeigt die folgenden zentralen Grundlinien. Das dominierende Moment über den gesamten Zeitraum hinweg war der Gegensatz zur Sozialdemokratie, der sich nach dem Ersten Weltkrieg nochmals deutlich verschärft hatte, als man auf konservativer Seite die lange beschworene Revolutionsgefahr mit all ihren Implikationen bestätigt sah. Die Rollen beider Kontrahenten hatten sich vertauscht: Aus der staatstragenden konservativen Partei im Kaiserreich war eine systemkritische Partei geworden, die zwar nicht fundamentaloppositionell, wohl aber auf plebiszitär-gesetzlichem Wege die Umformung der Republik zu einem wie auch immer im Detail gearteten staatsautoritären System anstrebte, vor allem aber als erstrangiges Ziel die Beseitigung der SPD aus der Regierungsverantwortung anstrebte. Ab 1923 beziehungsweise 1924 war ihr dies gelungen. Der Konflikt wurde nun auf die Reichsebene übertragen, wo man mit antisozialistischem Impetus eher bereit war, mit der NSDAP zu kooperieren, statt eine SPD-Regierungsbeteiligung zu akzeptieren.

Der antisozialistische Grundkonsens bestimmte aber nicht nur die Inhalte und Agitationsformen der beiden konservativen Parteien, sondern definierte auch die Kooperations- und Koalitionsmöglichkeiten innerhalb des Parteienspektrums. Er war ein zentraler Faktor der weltanschaulichen Vereinheitlichung über die Parteigrenzen hinweg, vor allem hin zum Rechtsliberalismus und zum Zentrum. Aber der Basiskonsens prägte auch das Verhältnis zum Linksliberalismus. Neben ökonomischen und weltanschaulich-kulturellen Dissenspunkten wie der Kirchen- und Schulpolitik war er einer der konstanten Faktoren, der den Gegensatz zur Volkspartei und späteren DDP bestimmte und die »Ekelschranken« zwischen beiden Gruppierungen nach 1918 noch höher legte, als sie es vor 1914 schon waren. Die Gegensätze zur DDP hatten sich nochmals deutlich verschärft und wurden in der Auseinandersetzung prägnanter und aggressiver herausgestellt. Auch die besonderen Gründungsbedingungen der beiden liberalen Parteien DDP und DVP in Württemberg, die aus ehemaligen Parteikollegen erbitterte Kontrahenten machten, hatten dazu beigetragen.

Diese Problematik bestimmte auch das Verhältnis der Konservativen zur spät gegründeten DVP im Land. Ein großer Teil des Rechtsliberalismus war schon vor 1914 peripherer Teil einer konservativ-nationalistischen Lebenswelt gewesen, der im selben politisch-kulturellen Umfeld und gemeinsam mit den Parteikonservativen agiert hatte. Nach 1918 war dieser Rechtsliberalismus im Erscheinungsbild der Bürgerpartei zum dominierenden Faktor geworden. Den Gegensatz zur DVP bestimmten dann vor allem ökonomische und kulturelle Konfliktpunkte, die auf dem Stadt-Land-Gegensatz und dem engen Verhältnis der Bürgerpartei zum Bauernbund basierten. Hinzu kamen die ideologischen Punkte des aggressiven Nationalismus und Antisemitismus, die letztlich für das Maß der Kooperationsbereitschaft mit den demokratischen Parteien der Mitte beziehungsweise für die Nähe zur Fundamentalopposition der NSDAP standen. Das Einschwenken der Bürgerpartei auf Hugenberg-Kurs bestimmte auch in diesem Punkt das gegenseitige Verhältnis der Parteien auf Landesebene.

Als Kooperationsalternative stand der politische Katholizismus im Zentrum zur Verfügung. Das schwarzblaue Modell hatte sich bereits seit der Jahrhundertwende angedeutet und basierte auf jenem antisozialistischen Konsens sowie auf den Gemeinsamkeiten in gesamtchristlichen Wertvorstellungen in der Kultur- und Bildungspolitik. Hinzu kamen gemeinsame ökonomische, vor allem mittelständische und landwirtschaftliche Interessen, die aufgrund der sozialen Basis beider Parteien den Bauernbund und das Zentrum zur zentralen Achse der Kooperation machten. Umstritten war das Bündnis auf beiden Seiten, vor allem aber bei der Bürgerpartei, von der es mit dem Einschwenken auf Hugenberg-Linie auch zuerst aufgekündigt wurde. Hier erwiesen sich die tiefsitzenden konfessionellen Gegensätze als revitalisierbar, die letztlich als Begründung dafür dienten, eine Partei wie das Zentrum nicht zu akzeptieren, die sich im Reich von der SPD tolerieren ließ.

Neben die Aufkündigung der Kooperationsbereitschaft mit dem Zentrum als Indikator der Kompromißbereitschaft der politischen Rechten trat der Verlust des protestantischen Werteprofils der Bürgerpartei, das den Erfolg des CSVD im Land erst möglich machte. Hinzu kamen die ökonomischen Sonderinteressen der Splitterparteien, die die maximalistischen Forderungen vor allem in der Problematik der Inflationsbewältigung übernommen hatten, die die Bürgerpartei als Regierungspartei aufgeben mußte, weil sie parlamentarisch und gesetzlich nicht umzusetzen waren.

In der Konsequenz der schwindenden Interessenintegration stand die frühe Kooperation mit der NSDAP, in der man auf konservativer Seite lange einen Partner sah, bevor diese sich als der stärkere Konkurrent entpuppte. Vor allem mit dem Volksbegehren gegen den Young-Plan hatte man die Partei zur bürgerlichen Option gemacht und sich neben ihr als radikal-nationalistische bürgerliche Variante positioniert, um zum Sturmangriff auf die letzten Machtbastionen der SPD im Reich zu blasen. Im Gegenzug stand die inhaltliche Ausdünnung der Bürgerpartei und der Verlust ihres spezifisch landespolitischen Profils. Der Bauernbund hingegen konnte sich länger gegen die ›Attraktivität‹ der neuen nationalsozialistischen ›Volkspartei‹ abgrenzen, weil er die landwirtschaftliche Thematik länger monopolisieren konnte und die Reichweite seines weltanschaulichen Anspruchs sowie der Verdichtungsgrad seines Organisationswesens größer war. Seine Abgrenzungsmechanismen, die vor allem auf der Stadt-Land-Distinktion beruhten, konnten so lange funktionieren, bis die NSDAP nicht mehr als milieufremde Kraft ›von außen‹ auftrat, sondern mit der Übernahme originär landwirtschaftlicher Themen und der Präsentation authentischer Milieurepräsentanten zur ernsthaften Konkurrenz werden konnte.

Ein Überblick über die inhaltlichen Standpunkte der beiden konservativen Parteien zeigt Elemente von Kontinuität und von tiefgreifendem Wandel. Verfassungspolitisch agierten die Konservativen in der wilhelminischen Epoche im Rahmen des

»kooperativen Konstitutionalismus« in Württemberg.[1] Das steckte den gesamtpolitischen Rahmen ab, zwang sie geradezu zur Zustimmung zu behutsamen Reformen und erwies sie als anpassungsfähig. Minderheitspositionen wurden formuliert, nur selten aber zur Maximalforderung stilisiert. Im entscheidenden Moment fügte man sich der ›Macht der Verhältnisse‹. Allerdings gab es auch weniger an tatsächlichen oder vermeintlichen Besitzständen zu verlieren als etwa in Preußen.

Die verfassungspolitische Kompromißlinie zeigte sich auch in der Weimarer Republik. Die Bürgerpartei verkörperte in Württemberg als Partei der ehemals Nationalliberalen und Konservativen eher den Stil von Tory-Konservativen, die unter dem Primat der Staatsorientierung und der Staatsloyalität das Wechselspiel von Opposition und Regierung anerkannten und innerhalb der vorgegebenen Regeln mitspielten. Fundamentalopposition war trotz der Formulierung grundsätzlicher Vorbehalte keine Option für die Partei. Sie trat als systemintegrierter Konservatismus mit pragmatischem Republikanismus auf. Ein pragmatisches Verhandlungsdenken stand im Zweifel über der Formulierung grundsatzpolitischer Maximalforderungen. Mit der Verfassungsfrage wurde agitiert, aber insgesamt spielte der ›Kampf gegen das System‹ eine deutlich weniger große Rolle als auf Reichsebene. Daraus kann sicherlich kein Systemkonsens unter den Parteilagern geschlossen werden. Die politische und mentale Reserviertheit der Konservativen gegen die Republik war unbestritten, aber im Vordergrund stand der württembergische Etatismus sowie das pragmatische und ergebnisorientierte Arbeiten. In den Hintergrund rückte dagegen der Maximalismus der inhaltlichen Zielbeschreibung. Allerdings waren die Landesverhältnisse insgesamt günstiger: die Sozialdemokratie war weniger ›links‹, das Zentrum deutlich ›konservativer‹ als im Reich und die innerbürgerliche Konkurrenz schwächer. Ein ›Weimarer System‹ gab es in Württemberg nicht, insofern konnten sich die Konservativen in der Koalition mit dem Zentrum als eine der Ordnungszellen im Reich verstehen. Es war im Land leichter, die Sozialdemokratie und den Linksliberalismus aus der Regierung zu drängen. Den Zwang zum Kompromiß gab es insofern für beide Seiten nicht. Die SPD konnte insgesamt, die DDP zumindest bis zu ihrem Regierungseintritt 1930 darauf verzichten, den Weg der Konservativen in die Republik zu honorieren. Andererseits blieb es den Konservativen erspart, ihrem Hang zum Gouvernementalen und dem Druck ihrer Klientel nach der Umsetzung ihrer Interessen auch in einer Regierung mit der SPD nachzugeben.

Auch in der Vertretung ökonomischer Interessen stellten sich der Bürgerpartei andere Probleme als ihrer Mutterpartei auf Reichsebene. Die Interessen waren gebündelter und leichter zu vereinen. Eine zahlenmäßig bedeutende Arbeiter- oder Angestelltenschaft mußte nicht in die Partei integriert werden. In der Repräsentation kultureller, vor allem christlicher Positionen galt dasselbe. Hier konnte das Monopol auf die protestantischen Interessen gehalten werden, bis sich die Partei unter reichspolitischen Einflüssen grundlegend veränderte. Andererseits mußte diese Interessenkonzentration die Partei in dem Moment anfällig gegen die Splitterparteien

---

[1] TH. NIPPERDEY, Deutsche Geschichte 1866–1918, Bd. II, S. 614.

machen, als sie in der Regierungsverantwortung gezwungen war, im Sinne einer Kompromißfindung Abstriche an den selbstformulierten Maximalforderungen vorzunehmen. Hier litt sie unter dem Zwiespalt von programmatischem Grundsatz und parlamentarisch umzusetzender Realität und verlor ihr in der Opposition kultiviertes Integrationspotential. Als langfristiges Kontinuum erweist sich die interkonfessionelle Zusammenarbeit mit dem Zentrum, die die innerprotestantischen Trennlinien zwischen Liberalen und Orthodoxen partiell überdecken konnte. Die grundsätzliche Übereinstimmung in zentralen Politikfeldern verweist auf die Möglichkeit der Parallelität von Konfessionskonflikt und -symbiose, von Abgrenzung und gegenseitigem Austausch.

Was die Kompromißfähigkeit des Konservatismus grundlegend veränderte, waren Nationalismus und Antisemitismus in ihrer aufpeitschenden Form nach der Niederlage im Ersten Weltkrieg. Was kurzfristig als Integrationsmittel gegen den wahrgenommenen Verlust innerbürgerlicher Einheit instrumentalisiert wurde, erwies sich in der Stabilitätskrise nach 1924 als destabilisierend. Aber beide Punkte hatten den Konservatismus gegenüber der Vorkriegszeit fundamental verändert. Mit ihrer antisemitischen Agitation hatte sich die Bürgerpartei nach 1918/19 selbst aus dem Rahmen der konsensfähigen Parteien gebracht. Sie hatte mit dem Antisemitismus in der politischen Auseinandersetzung neue Kommunikationsmittel geschaffen und den öffentlichen Diskurs verändert. In der Phase der Regierungsbeteiligung verlor der Antisemitismus an Attraktivität für die Partei. Aber er war revitalisierbar in der NSDAP. Gepaart mit der reichspolitisch legitimierten Systemopposition in der Hugenberg-Phase ab 1930 machte dies den Konservatismus zunehmend zur ununterscheidbaren bürgerlichen Imitation der NSDAP, der man sich auch angenähert hatte, weil die innerkonservativen Differenzen zwischen Bürgerpartei und Bauernbund – schrittweise festzumachen an den Punkten Landessteuergesetz, Beamtenbesoldungsreform und Schlachtsteuer – die anfangs städtische NSDAP als Bündnisalternative erscheinen ließ.

Die Kontinuität in der Themenbesetzung war beim Bauernbund noch stärker. Überblickt man die annähernd vier Jahrzehnte seiner Tätigkeit, so zeigt sich als Kernpunkt die Besetzung der landwirtschaftlichen Thematik im protestantischen Bereich. Sein Pendant auf katholischer Seite war das Zentrum. Der Bauernbund war Dreh- und Angelpunkt der Landespolitik. Für die Konservativen war er Mehrheitsbeschaffer auf der einen und beachtenswert starker Partner auf der anderen Seite, dessen Interessen berücksichtigt werden mußten. Der Bauernbund konnte das Zentrum mit der agrarökonomischen und ländlichen Interessenvertretung so stark unter Druck setzen, daß es auf seine Linie einschwenken und aus der Weimarer Koalition austreten mußte. Das württembergische Beispiel zeigt dabei auch, daß die Republik jenseits grundsätzlicher Verfassungsfragen dort systemstabilisierend und konservativ aus der Mitte heraus regiert werden konnte, wo einem starken politischen Katholizismus ein gleichwertiger Konservatismus entgegenstand und über die Konfessionsgrenzen hinweg pragmatisch regiert wurde. Konfessionelle und mentale Hemmnisse und Vorbehalte gegen die Zusammenarbeit hatte es gegeben, aber sie konnten unter dem Vorzeichen eines politischen Pragmatismus sowie gemeinsamer wirtschafts- und kulturpolitischer Vorstellungen abgebaut werden. In der Wirtschaftskrise gewannen die gegenseitigen Aversionen erneut an Gewicht, vor allem weil die Bürgerpartei in ihrem Dilemma zwischen landes- und reichspolitischer Entwicklung den Schwerpunkt nicht – wie das württembergische Zentrum und auch der Bauernbund – auf die landespolitische Perspektive legen wollte.

Dem Bauernbund gelang es vor allem nach 1918 und länger als vergleichbaren Landbünden in anderen Regionen des Reiches, die Interessen der ländlichen Bevölkerung an sich zu binden. Das Eindringen der NSDAP auf das Land konnte dadurch zumindest verzögert werden. Der Bauernbund profitierte von einem real vorhandenen, dramatisierbaren und plausibel zu vermittelnden Stadt-Land-Gegensatz. In mehrerlei Hinsicht war er ›populistische‹ Partei: nicht in dem Sinne, daß ein konservativer Illiberalismus als mobilisierende ›Superwaffe‹ den permanenten Erfolg garantiert hätte, sondern insofern, als er die Mentalität und Lebensweise seiner Wähler deckungsgleich in die Politik umzusetzen schien. Er kultivierte »fairness issues«, also Themen, die auf ökonomische, soziokulturelle und politische Gerechtigkeit abzielten. Und er war eine populistische »Graswurzelbewegung«: von Anfang an war er angetreten, um das allgemeine Wahlrecht zur Mobilisierung und Massenintegration zu nutzen, einen bäuerlichen und dörflichen Anti-Elitismus gegen das Establishment und die Stadt zu kultivieren und seine ökonomischen, sozialen und auch regionalen Interessen durchzusetzen.[2] Populistisch in diesem Sinne von volkstümlich waren auch Volkspartei, Zentrum und Sozialdemokratie der Vorkriegszeit im Gegensatz zu den Nationalliberalen und Deutschkonservativen, die hier länger honoratiorenpolitisch blieben. Die Unterschiede kennzeichneten den jeweiligen Weg der Parteien in den politischen Massenmarkt.

Die Kehrseite der populistischen Medaille war der schmale Grat, auf dessen anderer Seite das Abdriften in die eskalierende Spirale der Demagogie stand. Die Veränderungen in der politischen Auseinandersetzung markieren einen fundamentalen Wandel im Übergang vom Kaiserreich zur Weimarer Republik. Demagogentum warfen sich vor allem nach 1918 alle Parteien gegenseitig vor. In der Weimarer Republik wurden alle politischen Kräfte selbstfixierter und gruppenegoistischer. Die unterschiedlichen Positionen wurden nun unter verschärfter Konflikt- und Krisenlage – etwa der Stadt-Land-Gegensatz beziehungsweise der Interessenkonflikt zwischen Konsumenten und Produzenten in der Inflation und in der Weltwirtschaftskrise – fundamentaler und maximalistischer vorgetragen. Es wurde emotionaler diskutiert, aggressiver polarisiert und die Faktoren der jeweiligen Kohärenzsicherung verstärkt: beim Zentrum der Katholizismus, beim Bauernbund die landwirtschaftlichen Primärinteressen, bei der Bürgerpartei das aggressiv nationalistische und systemverändernde Moment. Das veränderte die Formen der Auseinandersetzung. Kompromiß wurde stärker noch zum Negativum als zuvor, Grundsatztreue dagegen zum

---

[2] Zur Definition der »fairness issues« und zur Populismus-Diskussion B. FAIRBAIRN, Democracy in the Undemocratic State, 1997 sowie v. a. J. RETALLACK, Demagogentum, 2000 u. ö.

Hoch-Wert stilisiert. Die Abgrenzungsstrategien und die Delegitimierungsmuster wurden aggressiver. Spürbar wurde dies vor allem dort, wo einzelne Akteure die Grenze zum ›guten Geschmack‹ überschritten und bewußt gegen die geltenden Regeln verstießen. Der aggressive Nationalismus und vor allem die antisemitische Agitation beider Parteien nach 1918 waren hierfür maßgebend. Sie veränderten den öffentlichen Diskurs und machten Aussagen salonfähig, die wenige Jahre zuvor noch aufgrund einer gemeinsamen Wertebasis öffentlich abgestraft worden wären. Beide Parteien trugen hier einen wesentlichen Teil zu der gesteigerten Aggressivität in den Auseinandersetzungen bei. Dadurch wurden Wahlen und das Parlament als Orte der Konfliktregelung und eines gesellschaftlichen Konsenses entwertet. Politik delegitimierte sich dadurch selbst, auch in der zunehmenden Verkürzung von Inhalten auf Personen und Phrasen. Aber die Konflikte wurden auch vor Ort und im Alltag der politischen Auseinandersetzung affektiver, aggressiver und gewaltsamer geführt. Erinnert sei an die Tendenz der Parteien, ihre Veranstaltungen abgeschlossen durchzuführen, an die Verlagerung der Auseinandersetzungen auf die Straße und an die ›kleinen‹ gewaltsamen Auseinandersetzungen bei Parteiversammlungen.

Aber auch der ›veröffentlichte‹ Umgang zwischen den Parteiführern unterlag mit der Personalisierung und der Lenkung von Aggressivität auf Personen einem grundlegenden Wandel. Die Umgangsformen der Eliten untereinander standen für die Konfliktverschärfung. Sie hatten symbolischen Charakter, weil sie für das Maß der Konsensfähigkeit der Parteien standen. Die angeführten Beispiele des Abbruchs jeglichen persönlichen Verkehrs zwischen den konservativen Parteien einerseits und der SPD sowie der DDP andererseits haben die Veränderungen gezeigt. Der öffentlich vermittelbare Kompromiß wurde zunehmend schwerer. Die Attentate auf Erzberger und Rathenau waren die prominenten Beispiele und die Höhepunkte politischer Aggression, deren Behandlung in der Presse gezeigt hat, wie auf der Seite des protestantischen Konservatismus politische Gewalt zumindest in der kalkulierten Anwendung und in der gezielten Provokation eingesetzt, letztlich aber auf jeden Fall billigend in Kauf genommen wurde. Insgesamt scheint es gerechtfertigt, die Tatsache der fragmentierten politischen Öffentlichkeit für die Weimarer Jahre zu unterstreichen, aber sie verführt auch dazu, die Gemeinsamkeiten zu übersehen. Erinnert sei daran, daß es den konservativen Parteien zumindest zeitweise leichter fiel, einen katholischen Staatspräsidenten zu akzeptieren als den Linksliberalen.

Neuntes Kapitel

Konservative Wahlbündnisse

Die Geschichte des Parteienwettbewerbs in Deutschland steht unter dem Vorzeichen einer zerklüfteten Gesellschaft. In diesem Zusammenhang sind die Begriffe von Fragmentierung und Segmentierung anzuführen. Segmentierung bezeichnet in der Folge des Milieu-Konzepts die hermetische Abschottung von in sich geschlossenen Bevölkerungsgruppen. Die Parteien als politische Aktionsausschüsse dieser Milieus waren demnach in erster Linie auf Selbsterhaltung ausgerichtet und »in ihrer politischen Aktivität in der Komplexität der Interessen ihres Milieus verfangen«.[1] Die Verteidigung der Autonomie der eigenen Subkultur habe die Integration großer Bevölkerungsteile in die Gesamtgesellschaft verzögert, die Entwicklung der Parteien zu Volksparteien verhindert und ihre Koalitionsfähigkeit gehemmt. Für die Weimarer Zeit wird allgemein eine weitergehende Betonierung dieser subkulturellen Abschottung und eine Verstärkung der milieuegoistischen Selbstfixierung der Parteien konstatiert, als deren Konsequenz eine gespaltene Gesellschaft mit scharf voneinander getrennten Teilkulturen steht.[2] Die Lepsiussche These wurde von Karl Rohe modifiziert, der in der deutschen Gesellschaft drei stabile politische »Lager« sieht, die sich vor allem in der gegenseitigen Abgrenzung blockiert haben und zwischen denen es keinen Wähleraustausch gegeben habe. Vor allem im »nationalen Lager«, dessen Rahmenlinien von den Konservativen aller Schattierungen bis hin zu den Linksliberalen gezogen werden, habe es jedoch milieuübergreifende Koalitionen und individuellen Wählerwechsel gegeben.[3]

Der Begriff der Fragmentierung bezieht sich auf die Zersplitterung des Parteiensystems und den Beitrag, den die politischen Eliten dazu leisteten. Die Eliten in Deutschland gelten mit ihrer Prinzipienfixierung und ihrer Abhängigkeit von den gesellschaftlichen Teilkulturen als ein Faktor nicht zustande gekommener aktionsfähiger parlamentarischer Mehrheiten.[4] Hinzu kommt der im monarchischen Konstitutionalismus fehlende Zwang zur regierungsfähigen Koalitionsbildung. Insgesamt gilt der Weg in den »politischen Massenmarkt« als weiterer Schritt weg von einer konsensorientierten und hin zu einer konfliktgeprägten Politikstruktur, als deren Ergebnis die Zersplitterung des Parteiensystems steht. Als äußerliches

---

[1] M. R. Lepsius, Parteiensystem und Sozialstruktur, 1993, S. 37 [zuerst 1966].
[2] D. Lehnert/K. Megerle, Politische Teilkulturen, 1990 u. ö. sowie die Forschungsüberblicke bei F. Walter, Milieus und Parteien, 1995 u. P. Lösche/ F. Walter, 2000.
[3] K. Rohe, Wahlen und Wählertraditionen, 1992 u. ö.
[4] Hierzu für die Zeit vor 1914 B. Fairbairn, Democracy in the Undemocratic State, 1997, v. a. S. 259 ff. sowie E. Kolb, Weimarer Republik, 1998, S. 172 ff. zur Weimarer Zeit.

Konservative Wahlbündnisse

Zeichen dieser Entwicklung wird die Zunahme von Kandidaturen und Stichwahlen im Wahlsystem des Kaiserreichs angeführt.[5]

Die bislang unzureichende Untersuchung des Bündnisverhaltens auf Wahlkreisebene ist erstaunlich, weil gerade das Ausmaß der auf Wahlkreisebene getroffenen Absprachen als Maß der Koalitions- und Kompromißfähigkeit der Parteien und der Demokratisierungschancen im Kaiserreich gewertet werden.[6] Untersuchungen haben gezeigt, daß diese Wahlabsprachen im Deutschen Reich nicht nur bei den Stichwahlen, sondern bereits im ersten Wahlgang annähernd zur Regel wurden.[7] Die Bündnisse waren Kooperationspraxis zwischen verschiedenen Parteien: bei der Aufstellung von Kandidaten, in der Hauptwahl und bei Vereinbarungen für die Stichwahlen.

In diesem Kapitel wird das Bündnisverhalten der konservativen Parteien untersucht. Wie konsensfähig verhielten sich die Eliten beider Parteien bei Wahlabsprachen im Kaiserreich und wo stießen sie an die Grenzen ihrer parteiübergreifenden Kooperationsfähigkeit? Die Frage, inwiefern die auf Elitenebene geschlossenen Wahlabsprachen von den Wählern nachvollzogen wurden, zeigt die von der Basis akzeptierten oder abgeblockten Möglichkeiten der Koalitionsbildung. Die Frage nach der Bündnisfähigkeit der Parteien steht auch im Zusammenhang mit dem Maß der milieubedingten Segmentierung der württembergischen Gesellschaft und nach milieuabweichendem Wahlverhalten. Nicht zuletzt ist die These des »nationalen Lagers« zu überprüfen, das sich vor allem in der Bündnisstruktur der konservativen Parteien einerseits und der rechts- und linksliberalen Gruppierungen andererseits niederschlagen müßte.

Grundlegende Ergebnisse für das württembergische Parteiensystem im Kaiserreich liegen vor, an die angeknüpft werden kann.[8] Ob und inwieweit die Kooperationsmuster die Bildung der Koalitionsregierungen der 1920er Jahre vorbereitet haben, wurde bislang auch auf Reichsebene kaum erforscht. Sind also die koalitionspolitischen Wurzeln im Württemberg der Weimarer Zeit bereits im Kaiserreich zu verorten? Darüber hinaus ist nach dem Konsensverhalten der konservativen Parteien in der Weimarer Republik zu fragen. Die Koalitionsbildung ab 1918 war eine Angelegenheit der parlamentarischen Eliten und der öffentlichen Legitimierung in den Medien. Die Muster der Abgrenzung und Annäherung der Parteien wurden vorwiegend über die diskursive Auseinandersetzung vermittelt und im vorhergehenden Kapitel behandelt. In entsprechender Kürze kann hier der Themenbereich der zu-

---

[5] G. A. RITTER, Die deutschen Parteien 1830–1914, 1985 u. ö.; TH. NIPPERDEY, Grundprobleme der deutschen Parteiengeschichte, 1973 sowie S. IMMERFALL, Wahlverhalten und Parteiensystem, 1989.
[6] TH. KÜHNE, Dreiklassenwahlrecht, 1994, v.a. S. 213 sowie der Überblick bei G. A. RITTER, Reichstagswahlen und die Wurzeln der deutschen Demokratie, 2002.
[7] H. FENSKE, Wahlrecht und Parteiensystem, 1972, S. 108 ff.; G. A. RITTER/M. NIEHUSS, 1980. Für die Freikonservativen etwa gilt ihr Bündnisverhalten als Ausweis ihres »gemäßigten Konservatismus« (M. ALEXANDER, 2000, v.a. S. 70 ff.). Die Kommission für die Geschichte des Parlamentarismus und der politischen Parteien (Bonn) bereitet eine Dokumentation der Reichstagswahlen mit der Einbeziehung der Wahlbündnisse vor, wie sie TH. KÜHNE, Handbuch, 1994 für Preußen vorgelegt hat.
[8] A. GAWATZ, Wahlkämpfe, 2001, S. 327–367. Bei der Zusammenfassung der Ergebnisse zum Kaiserreich wird im Verlauf des Kapitels darauf zurückgegriffen.

stande gekommenen, meist jedoch gescheiterten Listenverbindungen und die Diskussion darüber dargestellt werden.

1. Konservatismus als kompetitiver Faktor vor 1914

Die grundlegenden Entwicklungen des württembergischen Parteiensystems im wilhelminischen Zeitalter waren die Ausdifferenzierung der Parteien in ein Fünfparteiensystem und die Ausbildung stabiler Wählergruppen. In der Phase nach 1895 zeigte sich auch ein rapider Anstieg der Wahlbeteiligung[1] und eine steigende Anzahl der Kandidaturen. Wahlkämpfe wurden intensiver geführt, die Konfliktkonstellationen wurden pluralistischer, die einzelnen Entscheidungen in den Wahlkreisen fielen knapper aus, und das Prinzip der Stimmenmaximierung wurde von allen Parteien anerkannt. Ausdruck dessen waren die zunehmenden Zählkandidaturen. Auch hier präsentierte man sich nun verstärkt einer Wählerschaft, die die Stimmabgabe als demonstratives Bekenntnis zu einer sozialen Großgruppe verstand.[2]

Die Trendsetter der Entwicklung waren die Reichstagswahlen. Hier waren die Parteien früher dazu übergegangen, flächendeckend anzutreten. Die Landtagswahlen hinkten in den 1890er Jahre noch hinterher, glichen sich dann aber an. Die Ausweitung der Kandidaturen hatte 1903 ihren Höhepunkt erreicht, als in fast jedem Wahlkreis mindestens vier Kandidaten antraten. Als Folge der verstärkten Wahlabsprachen ging die Zahl der Kandidaturen dann zurück. Die dynamischen Kräfte dieser Ausdifferenzierung waren die Sozialdemokratie und die beiden konservativen Parteien. Allerdings schlug sich das auf Landesebene etablierte Fünfparteiensystem deutlich schwächer auf der Wahlkreisebene nieder. Hier wurde die tradierte Konstellation von Volkspartei und Deutscher Partei meist nur zu einer Dreier- oder maximal zu einer Viererkonstellation erweitert. Teilweise wurde sie lediglich durch eine neue zweipolige Struktur ersetzt. An die Stelle der ehemals dominierenden Kräfte traten hier die Neulinge in der Parteienlandschaft. Die Entwicklung und die Unterschiede zwischen den Landtags- und Reichstagswahlen zeigt Tab. 15. Die Kompetitivität der Wahlen war insgesamt gestiegen. Allerdings blieb die Fragmentierung des Parteiensystems auf der Wahlkreisebene begrenzt. Der Zwang der Parteien zu Bündnissen blieb dadurch eingeschränkt, auch wenn die Entwicklung die gestiegene Bedeutung der Wahlabsprachen widerspiegelt.

a) Bündnisformen und Zählkandidaturen

Den Parteien boten sich unter den Bedingungen des Mehrheitswahlrechts verschiedene Möglichkeiten zur Zusammenarbeit.[3] Der Extremfall war ein gemeinsames

---

[1] Siehe hierzu die Ausführungen zur Entwicklung der Wahlbeteiligung unten S. 488 ff.
[2] Zum »affirmative voting« mit gruppenbekennendem Charakter S. SUVAL, 1985, S. 55–119.
[3] Zur Typologie der Wahlbündnisse TH. KÜHNE, Dreiklassenwahlrecht, 1994, S. 225 ff.

Tabelle 15: Fragmentierung des württembergischen Parteiensystems
auf Wahlkreisebene 1889–1912

	Anzahl der Kandidaturen pro Wahlkreis absolut und als Anteil aller Einerwahlkreise (in %)								
	1		2		3		4		5
LT 1889	27	38,6	33	47,1	9	12,9	1	1,4	– –
LT 1895	5	7,1	24	34,3	28	40,0	11	15,7	2 2,9
LT 1900	10	14,3	9	12,9	36	51,4	15	21,4	– –
LT 1906	6	8,7	11	15,9	30	43,5	22	31,9	– –
LT 1912	4	5,8	9	13,0	47	68,1	9	13,0	– –
RT 1893	–	–	1	5,9	12	70,6	4	23,5	– –
RT 1898	–	–	1	5,9	4	23,5	12	70,6	– –
RT 1903	–	–	–	–	2	11,8	9	52,9	6 35,3
RT 1907	–	–	2	11,8	9	52,9	6	35,3	– –
RT 1912	–	–	–	–	14	82,4	3	17,6	– –

Quelle: Wahldatensatz. Zur Operationalisierung der Kandidaturen siehe Tab. 10, oben S. 298. Die Fallzahlen betragen für die Landtagswahlen 70 (1889–1900) bzw. 69 (1906–1912) und für die Reichstagswahlen 17. Die Bezugsebene für die Reichstagswahlen sind die Reichstagswahlkreise. Zur Verdeutlichung des Wandels um 1895 wurden hier die Landtagswahlen von 1889 und die Reichstagswahlen von 1893 aufgenommen.

Wahlkomitee zweier Parteien und die Festlegung auf einen gemeinsamen Kandidaten. In der Perfektion wurde dies zwischen dem Bauernbund und den Deutschkonservativen betrieben. Die treibende Kraft war dabei der Bauernbund. Zu den Landtagswahlen 1900 wurde erstmals eine gemeinsame Kandidatenaufstellung vorgenommen, wobei der Bauernbund mit 14 von 19 gemeinsamen Kandidaten das Gros stellte. Auch in der Folgezeit blieben die Verhältnisse so, daß der Bauernbund rund drei Viertel des gemeinsamen Kandidatenpools stellte.[4] Zwischen den beiden konservativen Parteien und der Deutschen Partei wurde dieses Vorgehen vor allem anfangs, dann aber mit abnehmender Tendenz praktiziert. Darauf ist noch zurückzukommen.

Die zweite Form der Zusammenarbeit war das auf Wahlkreisebene geschlossene Plattformabkommen, also die Einigung zweier oder mehrerer Parteien auf einen gemeinsamen Kompromißkandidaten. Diese Bündnisse konnten dezentral geschlossen werden und waren damit weitgehend unabhängig von den Parteileitungen. Als dritte Form der Bündnisse kam das landesweite Aussparungsabkommen in Frage. Es galt dann, wenn sich Parteien darauf einigten, bereits im ersten Wahlgang nicht gegeneinander zu kandidieren. Diese Abkommen wurden zwischen den Parteileitungen verhandelt und war damit auch eine Frage der Durchsetzungskraft der Parteizentralen gegenüber dem Autonomieanspruch der lokalen Organisationen. Mit den Proportionalwahlen ab 1906/07 bot sich außerdem noch die Möglichkeit, die Listen

---

[4] Wegen Doppelmitgliedschaften sind nicht alle Kandidaten der beiden Parteien trennscharf zu unterscheiden. 1906 waren es zu den Einerwahlen 28 gemeinsame Kandidaturen, wovon nur vier von Deutschkonservativen bestritten wurden. Bei den Landtagswahlen 1912 waren es 29 Kandidaten des Bauernbundes und zehn deutschkonservative bzw. nicht eindeutig zuzuordnende Kandidaten (Quelle: Wahldatensatz).

Tabelle 16: Zählkandidaturen der württembergischen Parteien 1895–1912

	BK	N	VP	SPD	Z
LT 1895	–	–	7	52	28
LT 1900	2	1	7	27	35
LT 1906	5	8	12	16	31
LT 1912	11	–	–	–	10
RT 1898	–	1	3	4	7
RT 1903	2	4	4	–	10
RT 1907	3	–	2	8	–
RT 1912	1	–	–	–	5

Quelle: Wahldatensatz. Analog zur Operationalisierung der Kandidaten (siehe die Anmerkungen zu Tab. 10, oben S. 298) gilt als Zählkandidatur ein Bewerber, der weniger als 3% der Wahlberechtigten an Stimmen erhalten hat.

zweier oder auch mehrerer Parteien zu verbinden. Auch dies wurde von den Parteiführungen ausgehandelt.

Schließlich sind die Zählkandidaturen zu nennen. Neben ihrer Funktion, dem Wähler landesweit als Angebot zur Verfügung zu stehen und damit die gruppenbekennende Funktion des Wählens zu stärken, boten sie sich als Verhandlungsmasse für die Stichwahlen an. Die Ausweitung der Zählkandidaturen fand zuerst bei den Reichstagswahlen statt, zu denen sich die Parteien auch in wenig aussichtsreichen Wahlkreisen präsentierten. Außerdem war in den größeren Reichstagswahlkreisen, die teilweise sozialstrukturell unterschiedliche Oberämter zusammenfaßten, ein Kandidat bei einem Teil der Wählerschaft sowieso orts- und milieufremd.

Die Spitzenreiter bei den Zählkandidaturen waren vor allem die Sozialdemokratie und das Zentrum. Schwer taten sich hingegen die Deutschkonservativen mit Zählkandidaturen. Anfangs und vor allem bei den Reichstagswahlen wurde darauf geachtet, die nationalen Stimmen nicht zu zersplittern. Anders dagegen der Bauernbund, der seine Prominenz bereits 1900 in die Zählkandidaturen entsandte. Die Deutschkonservativen konnten erst für die Landtagswahlen von 1906 und 1912 ihren Parteiführer Kraut überreden, als Zählkandidat aufzutreten. Das aussichtslose Auftreten stieß hier länger auf Widerstand, der vor allem mit dem Prestigeverlust der Person begründet wurde.[5]

Tab. 16 verdeutlicht die Entwicklung der Zählkandidaturen. Insgesamt nahmen sie durch die wachsende Stabilität der Wählergruppen ab, aber auch wegen der Zunahme der überlokalen Aussparungsabkommen und der komplementären Kandidatenaufstellung der verbündeten Parteien. Dagegen blieb die Zahl bei beiden konservativen Parteien und beim Zentrum als den ›Parias‹ im Parteiensystem relativ hoch, weil sie sich auch 1912 nicht flächendeckend geeinigt hatten. Eine weitere Ursache

---

[5] Dt. Reichspost v. 2. Nov. 1912. Als weitere Gründe sind eine Abneigung auf konservativer Seite gegen die Popularisierung einer Person anzuführen und die Tatsache, daß ein deutschkonservativer Kandidat als Städter in den ländlichen Bezirken nur schwer zu präsentieren gewesen wäre. Zu den Landtagswahlen 1906 wurden fünf Zählkandidaturen von Schmid (3), Beißwanger und Kraut bestritten, 1912 elf Zählkandidaturen von Ströbel (1), Hiller (2), Körner (4) und Kraut (4).

der Abnahme waren die Proportionalwahlen, die nun allen Parteien die Gelegenheit boten, ihre Stärke im Land ›authentisch‹ zu messen. Die Proporzergebnisse wurden von allen Parteien als Basis der Bewertung der Kräfteverhältnisse und zum Vergleich aufeinanderfolgender Wahlen herangezogen.[6] Die Konservativen forderten sogar ein Verbot der Zählkandidaturen, auch wenn sie selbst die Praxis 1912 am häufigsten übten.[7]

b) Zwischen »Kartell« und »Bülow-Block«

Wie wurden nun die unterschiedlichen Bündnisformen angewandt und wie zeigten sich die Bündnisstrukturen, an denen die beiden konservativen Parteien beteiligt waren? Vor allem in den 1890er Jahren und bei den Reichstagswahlen funktionierte das »Kartell« zwischen Bauernbund und Konservativen sowie der Deutschen Partei respektive denjenigen Kandidaten, die angekündigt hatten, sich im Falle eines Mandatsgewinns im Reichstag den Freikonservativen anzuschließen. In Württemberg war das »Kartell« ein geschlossener Block gegen die Volkspartei, als Konfession und Berufsstruktur in Form des Zentrums und der Sozialdemokratie noch keine maßgeblichen Faktoren des Parteiensystems waren. Von großem Einvernehmen der Parteileitungen sprach die *Deutsche Reichspost*, als 1898 in 15 von 17 Reichstagswahlkreisen nationale Kandidaten präsentiert wurden, die komplementär aufgestellt worden waren.[8] Allerdings zeigten sich auch hier bereits diejenigen Phänomene, die sich dann bei den Landtagswahlen schneller durchsetzten. Die Deutsche Partei mußte vor allem gegenüber dem Bauernbund Konzessionen machen, der die dynamische Kraft war und die Deutsche Partei in die Defensive zwang.[9] Erster Grundsatz zwischen beiden Parteien war: Wer zuerst kommt, mahlt zuerst. Bei zahlreichen Beispielen gab es geradezu ein Wettrennen um die Präsentation eines Kandidaten, der dann das ›nationale Feld‹ besetzte.[10] Die Deutsche Partei versuchte mit Kandidaten zu kontern, die ein entsprechendes landwirtschaftliches Profil aufwiesen. Aber auch dies konnte der Bauernbund erfolgreich parieren. Mit den beiden Kandidaten Fried-

---

[6] Berichte in Dt. Reichspost v. 8. Mai 1911 u. v. 12. Nov. 1911.
[7] Dt. Reichspost v. 19. Okt. 1912. Der Vorteil der Ergänzung der Einerwahlen durch die Proporzwahlen liege darin, daß ein Wähler in der Einerwahl zwar bisweilen einen »fremden Kandidaten« wählen müsse, in der Proporzwahl aber »seine Partei bekennen« könne und mit der Proporzwahl als »Stimmungsbarometer« die Zählkandidaturen unnötig würden.
[8] Dt. Reichspost v. 2. Juni 1898. Als Beispiel die Betonung der DP, in Herrenberg »rückhaltlos« für den Konservativen Schrempf einzutreten (Dt. Reichspost v. 13. Juni 1898).
[9] Den Bauernbundskandidaten Michael Franck beispielsweise mußte man unterstützen, weil er ehemaliges Mitglied der DP war und schließlich sei man »immer schon« für den Schutz der Landwirtschaft gewesen, wenn auch »ohne extreme Maßregeln« (Dt. Reichspost v. 13. Juni 1898).
[10] Im Wahlkreis Heilbronn-Stadt setzte sich der Kandidat der DP gegen den 1895 noch als ›Wilden‹ antretenden Oberbürgermeister Paul Hegelmaier durch, der zuvor in einem Brief kundgetan hatte, die Deutsche Partei brauche gar keinen Kandidaten zu suchen, weil er diese Aufgabe übernehme (Dt. Reichspost v. 7. Juli 1900). In Künzelsau kam es zu keiner Einigung, nachdem beide Parteien am gleichen Tag ihren Kandidaten aufgestellt hatten (Dt. Reichspost v. 8. Okt. 1900).

rich Gebert in Öhringen und Karl Förstner in Schwäbisch Hall gelang es ihm, zwei ehemalige Deutschparteiler auf seine Seite zu ziehen.[11] Trotz eines landesweit geschlossenen Bündnisses zeigte das »Kartell« bei den Landtagswahlen von 1900 bereits erste Risse. In 27 Wahlkreisen, in denen zwei Kandidaten beider Gruppierungen antraten, enthielt sich die jeweils andere Seite im ersten Wahlgang einer Wahlaussage.[12]

Die Tendenz verschärfte sich zwischen 1900 und 1903. Vor allem die Ersatzwahlen in diesem Zeitraum wurden als Stimmungsbarometer gewertet. Sie zeigten den Rückzug der Deutschen Partei. 1902 sprach die *Deutsche Reichspost* im Zusammenhang mit den erneuten Zolltarifdiskussionen von einer »bis zur Verfeindung gesteigerten Entfremdung der nationalen Parteien.«[13] Zu den Reichstagswahlen 1903 kam es zu keiner Wahlabsprache mehr. Die Deutsche Partei hatte sich freie Hand vorbehalten und ihre Kandidaten »ohne Fühlungnahme« nach rechts aufgestellt. Die Konservativen bedauerten dies und machten dafür die starre Haltung des Bauernbundes in der Zollfrage verantwortlich.[14] Zur Unterstützung durch beide konservativen Parteien kam es noch in einem Wahlkreis, wo Johannes Hieber von der Deutschen Partei im ersten Wahlgang durchgebracht wurde. In Stuttgart hingegen, wo die Deutschkonservativen die Deutsche Partei unterstützten, trat der Bauernbund mit einer Zählkandidatur an.[15] Zu den Landtagswahlen von 1906 kam es zum letzten Mal zu einer Kooperation im »Kartell«, die aber nur noch halbherzig zu nennen war. Der Bauernbund hatte spätestens seit 1903 bewiesen, daß er sich vor allem gegenüber der Deutschen Partei als eigenständige Kraft etabliert hatte, an der sich auch die Deutschkonservativen orientieren mußten.

Auf der anderen Seite hatte sich das gesamtliberale Bündnis noch nicht durchgesetzt.[16] Auch hier setzte eine Ersatzwahl den Markstein. Im Mai 1906 errang der Bauernbündler Wolff in Marbach bereits im ersten Wahlgang einen fulminanten Sieg gegen den Mundelsheimer Schultheißen, der als gesamtliberaler Kandidat an-

---

[11] Gebert hatte 1895 noch als ›Wilder‹ mit Unterstützung der DP und der VP kandidiert, 1900 dann für den Bauernbund. Förstner hingegen kandidierte zwar für die DP, hatte aber angekündigt, sich im Landtag dem Bauernbund anzuschließen (siehe oben S. 280f.)

[12] Im Wahlkreis Ulm-Stadt hingegen war es zu einer »antisemitischen Zählkandidatur« von Eugen Nübling gegen den örtlichen Oberbürgermeister von der Deutschen Partei gekommen, die als Protestkandidatur des Bauernbundes galt (Dt. Reichspost v. 4. Dez. 1900).

[13] Dt. Reichspost v. 10. Okt. 1902. Bei der Ersatzwahl in Leonberg hatte die DP zugunsten des Bauernbundes verzichten müssen (Dt. Reichspost v. 5. März 1902). Es folgten die Ersatzwahlen in Heilbronn-Amt (mit Betonung des »grundsätzlichen Dissenses«) und in Münsingen, wo die DP ebenfalls dem Bauernbund das Feld überließ (Dt. Reichspost v. 11. Okt. 1902 u.v. 22. Febr. 1903).

[14] Dt. Reichspost v. 1. Juli 1903. Im Schw. Landmann v. 1. März 1903 hatte der Bauernbund seine Vertrauensmänner davor »gewarnt«, Bündnisse mit der DP auszuhandeln, bevor die Landesleitung über die Bündnisse zu den Reichstagswahlen getagt habe.

[15] Dt. Reichspost v. 26. Juni 1903. Der Bauernbund hatte sich »mit Rücksicht auf die Person« der Kandidatur Hiebers »gebeugt« (Dt. Reichspost v. 18. Mai 1903), betonte dann aber mit entsprechendem Selbstbewußtsein, Hieber habe seine Wahl »gut organisierten Freunden des Bauernbundes« zu verdanken (Schw. Landmann v. 1. Juli 1903).

[16] Hierzu sowie zum »Antikartell« A. GAWATZ, Wahlkämpfe, 2001, S. 333 ff. und 341 ff.

Tabelle 17: Kandidaturen und Wahlaussagen von Bauernbund und Deutschkonservativen im ersten Wahlgang 1895–1912

		Wahlkreise mit Gegenkandidaten von:				Unterstützung von:	
		N	VP	SPD	Z	N	Z
LT 1895	6	5	6	4	2	3	–
LT 1900	19	1	14	13	7	11	–
LT 1906	28	10	26	26	9	22	–
LT 1912	39	16	24	38	7	–	7
RT 1898	5	–	5	4	2	9	–
RT 1903	10	7	9	10	6	2	–
RT 1907	7	–	7	7	3	3	1
RT 1912	11	4	7	11	1	1	8

Quelle: Wahldatensatz. Zur Operationalisierung der Kandidaturen siehe die Anmerkungen zu Tab. 10, oben S. 298.
Als Lesebeispiel: Bei der Landtagswahl 1900 traten die konservativen Parteien in 19 Wahlkreisen an. Gegen die DP kandidierten sie in einem, gegen die VP in 14, gegen die SPD in 13 und gegen das Zentrum in sieben Wahlkreisen. In elf Wahlkreisen unterstützten die Konservativen bereits im ersten Wahlgang die DP.

getreten war.[17] Zu den Landtagswahlen von 1906 koalierte die Deutsche Partei dann nach beiden Seiten in einer vom Bauernbund kritisierten »Schaukelpolitik«. Vor allem am Bauernbund aber war eine Einigung der »Kartellparteien« gescheitert. Dieser trat in dreißig Wahlkreisen mit partieller Unterstützung der Deutschen Partei an, hatte sich aber ausbedungen, diese nur akzeptieren zu können, wenn die Deutsche Partei seine Bekämpfung in den anderen Bezirken unterlasse. Und die Bauernpartei betonte, dort wo es zur Einigung gekommen sei, sei dies nicht aufgrund der Partei, sondern der Personen wegen geschehen – oder aber, weil das Bündnis von den örtlichen Vertrauensmännern ausgehandelt worden sei und die Landesleitung darauf Rücksicht nehme.[18]

Tab. 17 und 18 verdeutlichen die Entwicklung.[19] Der Bauernbund spielte den aktiven Part in der schrittweisen Zurückdrängung der Deutschen Partei. Die Deutschkonservativen mußten ihm folgen, je mehr sich die innerliberale Zusammenarbeit abzeichnete, denn eine wie auch immer geartete Zusammenarbeit mit den Demokraten hatten die Konservativen kategorisch abgelehnt.[20] Der anfänglichen Zunahme der Bauernbundskandidaturen entsprach die Abnahme auf der Seite der Deutschen Partei, die in zahlreichen Wahlkreisen vom Bauernbund ersetzt wurde. 1900 konnte die Tendenz noch durch die bessere Koordination in einem landesweiten Abkommen abgebremst werden, 1906 zeigte sich dann die Umorientierung, die 1912 zum Abschluß kam.

Mitten in diese Umorientierungsphase fiel Anfang 1907 die von Reichskanzler Bülow veranlaßte Neuwahl des Reichstags. Der Brief des Reichskanzlers, in dem er

---

[17] Schw. Landmann v. 1. Mai 1906. Auf den liberalen Kandidaten entfielen 1 475 Stimmen, auf Wolff dagegen 2 811. Unbedeutend war im Wahlkreis die SPD.
[18] Schw. Landmann v. 15. Oktober 1906 u. v. 15. Nov. 1906.
[19] Zum Vergleich die Zahlen für die anderen Parteien bei A. GAWATZ, Wahlkämpfe, 2001, S. 334.
[20] Dt. Reichspost v. 28. Nov. 1906.

die seit 1903 bestehende Abhängigkeit vom Zentrum beklagte und von »Fall zu Fall« zur Mehrheitsbildung zwischen Konservativen, Nationalliberalen und »weiter links stehenden Liberalen« sowie zum Kampf gegen SPD, Polen, Welfen und das Zentrum aufrief[21], konterkarierte die Bündnisstrukturen im Land. Auf der einen Seite hatten sich Sozialdemokratie und Volkspartei bereits angenähert, auf der anderen Seite war es zu ersten Kooperationen zwischen dem Zentrum und den Konservativen gekommen.

Der Wahlkampf zeigte die Problematik in aller Deutlichkeit, von der in erster Linie die Deutsche Partei betroffen war. Gesamtbürgerliche Verhandlungen nach der Bülowschen Vorgabe eines Blocks von »Wolff bis Haußmann« scheiterten an der Weigerung der Volkspartei, ein Bündnis nach rechts einzugehen. Aber auch die Konservativen hatten klar signalisiert, ein derartiges Abkommen komme für sie nicht in Frage. Eine »Zumutung für nationale Wähler« sei dies und im Hinblick auf die Volkspartei hieß es, man könne nicht zwangsweise Parteien zusammenspannen, die »innerlich weit voneinander entfernt« seien. Hinzu kam die Uneinigkeit unter den Kartellparteien über die Frage, wie die Sozialdemokratie zu bekämpfen sei.[22] Die Deutsche Partei behielt sich vor, mit allen Parteien in allen Kreisen zu verhandeln.[23] Aber sie war gespalten, und dies vor allem in die Ortsvereine und in die Landesleitung. Die Kandidatur von Friedrich Naumann im Heilbronner Wahlkreis dominierte dann nicht nur wegen der Heftigkeit der Auseinandersetzungen und der ›Modernität‹ der national-sozialen Wahlkampfführung den landesweiten Wahlkampf. Sie zeigte auch in vollem Ausmaß das Dilemma der Deutschen Partei. Der zwar national, aber in der Haltung zur Sozialdemokratie nicht zuverlässige Naumann wurde vom Ortsverein der Deutschen Partei unterstützt, während die Landesleitung vorerst die Wahl zwischen dem Bauernbündler Wolff und Naumann freigab. Als der Bauernbund drohte, bei ausbleibender Unterstützung im Gegenzug im II. Wahlkreis einen eigenen Mann gegen den Integrationskandidaten Johannes Hieber aufzustellen, entschied sich die Landesleitung der Deutschen Partei für Wolff. Der Heilbronner Ortsverein war gespalten und gab die Wahl frei.[24]

Die Naumann-Kandidatur polarisierte weit über Heilbronn hinaus.[25] Sie stand symbolisch für die Tatsache, daß es in Württemberg keinen »Bülow-Block« gab.

---

[21] Der Brief war die veröffentlichte Version eines Schreibens an den Reichsverband gegen die Sozialdemokratie, abgedr. in Dt. Reichspost v. 3. Jan. 1907.

[22] Dt. Reichspost v. 23. Jan. 1907. Im Ergebnis kandidierte die DP in keinem Wahlkreis gegen den Bauernbund oder die VP. Dort wo sie nicht kandidierte, sprach sie sich wechselnd für eine der beiden Parteien aus (vgl. Tab. 18). Die VP hingegen kandidierte bis auf eine Ausnahme in jedem Wahlkreis, in dem auch die konservativen Parteien antraten.

[23] Schw. Kronik v. 27. Jan. 1907 A.

[24] Dt. Reichspost v. 7. Jan. 1907, v. 19. Jan. 1907 u. v. 23. Jan. 1907.

[25] In Nürtingen etwa drohte eine Versammlung des Bauernbundes mit einer Sonderkandidatur in letzter Minute, sollte sich die Landesleitung der Deutschen Partei für Naumann aussprechen (Dt. Reichspost v. 7. Jan. 1907). In Calw hingegen war der örtliche Verein der Deutschen Partei gespalten, weil sich die Jungliberalen für den Volksparteiler, die ›alten‹ Nationalliberalen aber für den Bauernbündler Adlung ausgesprochen hatten. Auch hier mußte die Wahl freigegeben werden (Dt. Reichspost v. 21. Jan. 1907).

Tabelle 18: Kandidaturen und Wahlaussagen der Deutschen Partei
im ersten Wahlgang 1895–1912

	Wahlkreise mit Gegenkandidaten von:				Unterstützung von:	
	BK	VP	SPD	Z	BK	VP
LT 1895	46	5	42	24	18	1	3
LT 1900	35	1	30	28	17	9	–
LT 1906	36	10	28	33	16	15	4
LT 1912	28	16	3	26	11	1	37
RT 1898	11	–	11	9	8	5	–
RT 1903	13	7	11	12	10	–	1
RT 1907	7	–	–	6	5	5	1
RT 1912	7	4	–	7	2	–	10

Quelle: Wahldatensatz. Zur Erklärung und Operationalisierung siehe Tab. 17, oben S. 439.

Auch der Reutlinger Wahlkreis belegte dies: Hier trat der Bauernbund mit einer Sonderkandidatur an, weil die Deutsche Partei mit ihrem Beschluß, bereits im ersten Wahlgang für den Demokraten Payer zu votieren, »politischen Selbstmord« begehe.[26] Insgesamt hatten die Reichstagwahlen von 1907 die Entwicklung verstärkt, die sich bereits abgezeichnet hatte, aber noch nicht abgeschlossen war. Die konservative Presse resümierte, zusammengelegte Kandidaturen seien der Zug der Zeit, aber diese basierten nicht auf gemeinsamen positiven Forderungen, sondern auf der Abwehrhaltung gegen Dritte. In der Konsequenz bedeute dies das Auseinandergehen von Parteileitungen und Wählern sowie die Stärkung der Partei der Nichtwähler.[27] Auch der Bauernbund sinnierte: Der Kampf gegen das Zentrum habe die Wahlen dominiert, aber seltsamerweise habe dieser Kampf nur in den evangelischen Bezirken stattgefunden. Außerdem sollte den liberalen Parteien die Stabilität des Zentrums zu denken geben.[28] Übersetzt bedeutete dies: Die konservativen Parteien machten sich auf die Suche nach einem Partner.

c) Der schwarzblaue Block in Württemberg: Die »gutgesinnten« Wähler

Bereits um 1900 hatten sich erste Annäherungen zwischen den Konservativen und dem Zentrum gezeigt. Zur Reichstagswahl 1898 hatten die Konservativen das Verhalten des Zentrums zu den Stichwahlen gewürdigt, das bis auf einen Wahlkreis überall dort die Parole der Wahlenthaltung ausgegeben hatte, wo sich auf der einen

---

[26] Dt. Reichspost v. 7. Jan. 1907 u. v. 16. Jan. 1907. Entsprechend kritisch war die Reaktion der DP, die dem Bauernbund »unpatriotische Haltung« vorwarf (Dt. Reichspost v. 29. Jan. 1907).
[27] Im Wahlkreis X (Gmünd, Göppingen, Schorndorf, Welzheim), wo es zu keiner Einigung zwischen dem Zentrum und dem Bauernbund gekommen war, die DP aber die VP gegen die SPD unterstützte und der Bauernbund gegen den Willen der örtlichen Vertrauensmänner eine mißlungene Kandidatur aufrechterhielt (vgl. Dt. Reichspost v. 22. Jan. 1907 und die Ausführungen zu dem Vorgang um Andreas Lemppenau oben S. 281), sah sich die Wählerschaft mit einer Zweiparteienkonstellation konfrontiert. Die Zentrums- und Bauernbundwähler blieben abstinent mit dem Ergebnis eines Rückgangs der Wahlbeteiligung im Vergleich zu 1903 um 25% (Dt. Reichspost v. 23. Jan. 1907).
[28] Schw. Landmann v. 1. Febr. 1907.

Seite Deutsche Partei und Konservative und auf der anderen Seite Volkspartei oder SPD gegenüberstanden. In einem weiteren Wahlkreis, in Heilbronn, hatte das Zentrum in der Stichwahl die parteilose, aber von den Konservativen und der Deutschen Partei getragene Kandidatur des Oberbürgermeisters Hegelmaier unterstützt.[29] Das Beispiel zeige, so die *Deutsche Reichspost*, das Bündnis der »gutgesinnten Wähler« gegen Demokratie und Sozialdemokratie.[30] Zu den Landtagswahlen von 1900 folgte ein weiterer Fall im konfessionell annähernd paritätischen Wahlkreis Mergentheim, wo sich das Zentrum in der Stichwahl für den ehemaligen Ministerpräsidenten Mittnacht aussprach, der vom Bauernbund gegen einen Deutschparteiler unterstützt wurde.[31] In den folgenden Jahren sorgten zwei Ersatzwahlen für Aufsehen. Sie hatten Signalcharakter für die Landtagswahlen von 1906 und gingen als »Münsinger« und »Mergentheimer Vertrag« in die Wahlgeschichte des Landes ein.

In Münsingen, einem Wahlkreis mit rund 40 Prozent katholischem Bevölkerungsanteil und einer schwachen Organisation des Bauernbundes[32], waren Bauernbund und Deutsche Partei zu den Wahlen von 1900 noch mit einem gemeinsamen Kandidaten angetreten. 1903 trat der Bauernbund dann mit einem Landwirt und Gemeindepfleger als eigenem Kandidaten an und sprach sich in der Stichwahl zwischen Volkspartei und Zentrum für den katholischen Kandidaten aus. Die Deutsche Partei hingegen unterstützte die Volkspartei und thematisierte im Wahlkampf vor allem die Jesuitenfrage.[33] Letztlich siegte jedoch der Demokrat, weil das schwarzblaue Bündnis nur sehr eingeschränkt gewirkt hatte.[34] Aber vor allem für die Gegner war der »Münsinger Vertrag« ein willkommener Agitationspunkt.[35] In der Folgezeit rückten zwar sowohl das Zentrum als auch der Bauernbund von der Zusammenarbeit wieder ab, aber als zukünftige Option hatte sich das Bündnis angedeutet.[36]

---

[29] Dt. Reichspost v. 21. Juni 1898: »Es ist ein entscheidener Fortschritt darin zu erblicken, daß das Zentrum nur noch in einem Wahlkreis seiner alten Liebe zur Volkspartei treugeblieben ist und in den übrigen Wahlkreisen mit der Parole ›Wahlenthaltung‹ den radikalen Parteien nicht offen Vorspann leistet.«

[30] Dt. Reichspost v. 29. Juni 1898.

[31] Dt. Reichspost v. 15. Dez. 1900.

[32] Dt. Reichspost v. 23. Febr. 1903.

[33] Dt. Reichspost v. 2. März 1903: »Ist es ein Wunder, wenn die politische Moral immer tiefer sinkt und dementsprechend gewertet wird? Was sollen die katholischen Wähler im Bezirk dazu sagen?«

[34] Nach dem Beobachter v. 9. März 1903 u. v. 10. März 1903 hatte der Zentrumskandidat im zweiten Wahlgang weniger Stimmenzuwachs erhalten, als der Bauernbund eingetragene Mitglieder hatte. Das Blatt sprach von maximal 200 bis 300 Bauernbündlern, die der Parole gefolgt seien. Ähnlich der Schw. Landmann v. 15. März 1903.

[35] Beispielsweise die Klage der Dt. Reichspost v. 2. Juni 1903, die Ersatzwahl in Backnang sei völlig von der »Münsinger Parole« dominiert gewesen. Das Dt. Volksbl. v. 7. März 1903 klagte: »Der Volkspartei bleibt für alle Zeiten der ›Ruhm‹, die konfessionelle Hetze im Oberamt Münsingen entfacht zu haben in dem Augenblick, wo gläubige Katholiken und Protestanten einander die Hand reichten.« Zur Agitation der VP zu den Landtagswahlen 1906 mit der »Münsinger Parole« der Beobachter v. 6. Dez. 1906.

[36] Das Zentrum bestritt jegliche »mündlich getroffene Absprache«, während der Bauernbund betonte, man habe sich lediglich von wirtschaftlichen Gesichtspunkten leiten lassen, wolle aber auch weiterhin die konfessionelle Hetze der Liberalen nicht mitmachen (Dt. Volksbl. v. 5. März 1903 u. Schw.

Nachdem es zur Reichstagswahl 1903 in einem Wahlkreis zur Stichwahlunterstützung des Bauernbundes für das Zentrum und gegen die SPD gekommen war[37], wurde die schwarzblaue Thematik im nächsten Jahr bei der Mergentheimer Landtagsersatzwahl erneut aktuell. In der Stichwahl standen sich zwei landwirtschaftliche Kandidaten gegenüber: ein deutschparteilicher und evangelischer Forstrat auf der einen und mit Valentin Mittnacht ein katholischer Bauernbündler auf der anderen Seite.[38] Das Zentrum sprach sich in der Stichwahl für den konservativen Katholiken aus, der in einem Kopf-an-Kopf-Rennen mit einem Vorsprung von 36 Stimmen siegte.[39] Für die Konkurrenten war mit dem »Mergentheimer Vertrag« ein neues konservativ-katholisches Bündnis geschlossen, von dem sich beide Partner nun auch schwächer distanzierten.[40]

Einen weiteren Markstein setzten dann die Landtagswahlen von 1906. Das neue Proportionalwahlrecht gab den Parteien die Möglichkeit, mit einer Listenverbindung die Stimmenverluste zu minimieren. Vor allem der Stuttgarter Proportionalwahlbezirk stand im Fokus der Aufmerksamkeit.[41] Ein von der Deutschen Partei initiierter bürgerlicher Sammlungsversuch war an der Volkspartei gescheitert, die ihre Listen mit der Sozialdemokratie verband. Auf der anderen Seite hatten die Konservativen ein Bündnis mit den Demokraten schon von vornherein abgelehnt. Im Gegenzug hatten sie jedoch ein nationales Bündnis mit der Deutschen Partei

---

Landmann v. 1. April 1903). Auch Schw. Landmann v. 15. März 1903: »Es dreht sich heute um den Kampf zwischen Christentum und Unglaube und nicht mehr zwischen Katholiken und Protestanten.«
[37] Dt. Reichspost v. 19. Juni 1903. Abgesehen von Zählkandidaturen hatte der Bauernbund nur in drei Wahlkreisen gegen das Zentrum kandidiert.
[38] Zur Aufstellung von Valentin Mittnacht siehe oben S. 282.
[39] Der Bauernbund sprach von einer beispiellosen Hetze der DP, aber dennoch von schönen Mehrheiten des Katholiken Mittnacht in den evangelischen Orten wie auch unter den Katholiken selbst, obwohl der Bauernbund im Wahlkreis unter rund 800 eingeschriebenen Mitgliedern nur etwa 50 Katholiken habe. Den Ausschlag habe aber die paritätische Gemeinde Markelsheim gegeben, wo die DP 17 Stimmen, der Bauernbund aber 255 erhalten habe (Dt. Reichspost v. 3. Dez. 1904).
[40] Der Bauernbund betonte, ein förmliches Abkommen habe es nicht gegeben, aber die »widerlichsten konfessionellen Vorwürfe« von liberaler Seite gäben der Wahl »hervorragende politische Bedeutung«: sie habe gezeigt, daß das vereinte Vorgehen der Liberalen mit »Protestphrasen und Kulturkampfmanieren« an der »Mauer der treuen Bauernbündler und der katholischen Bauern« gescheitert sei. Dt. Reichspost v. 6. Dez. 1904. Nach der erfolgreichen Wahlanfechtung durch das liberale Wahlkomitee bereits acht Monate später (Dt. Reichspost v. 22. Juni 1906) präsentierte der Bauernbund in der erneuten Nachwahl wegen der konfessionell erhitzten Atmosphäre im Kreis nun einen evangelischen Landwirt, dem vom Zentrum »tatkräftige Unterstützung« zugesagt wurde. Dieser unterlag aber im ersten Wahlgang einem gesamtliberalen Kandidaten (Dt. Reichspost v. 31. Aug. 1905).
[41] Hier hatte sich bereits bei den Gemeinderatswahlen vom Dez. 1901 neben der Ausdifferenzierung der politischen Landschaft nach Parteien gezeigt, daß die konservativ-katholische Zusammenarbeit gegen die SPD funktionierte. Während auf der einen Seite die VP und die SPD mit gemeinsamen Wahlzetteln aufgetreten waren, präsentierten die anderen bürgerlichen Gruppierungen einen gemeinsamen Wahlvorschlag von Konservativen, DP, Katholiken und Bürgervereinen (Dt. Reichspost v. 5. Dez. 1901: »Der Kampf des Bürgertums gegen die drohende Sozialisierung ist von der Demokratie verlassen worden«). Auf der Stuttgarter lokalpolitischen Ebene setzte sich die Kooperation von Konservativen und Zentrum in der Folgezeit fort (Dt. Reichspost v. 3. Jan. 1908, v. 13. Dez. 1909 u.v. 4. Dez. 1911).

einschließlich des Zentrums vorgeschlagen, das wiederum an der Weigerung der Deutschen Partei scheiterte, mit den Katholiken zu kooperieren. Als Ergebnis blieb die Listenverbindung von Zentrum und Deutschkonservativen, die betonten, der Leitstern ihrer Bündnistaktik sei lediglich die Erwägung gewesen, wie man am leichtesten an ein Mandat komme. Dabei habe sich das Bündnis der zwei kleinsten Parteien in Stuttgart angeboten.[42]

In den Einerwahlkreisen dominierte weiterhin die gegenseitige Unterstützung der konservativen Parteien und der Deutschen Partei. Die Umorientierung der Gruppierungen zeigte sich hier vor allem im Anwachsen der Kandidaturen.[43] Allerdings zeichnete sich für die schwarzblaue Kooperation eine Tendenz ab, die auch in den zukünftigen Jahren bestimmend blieb. Zwar kam es noch zu keiner offenen Unterstützung beider Gruppen im ersten Wahlgang, aber unausgesprochen wurden die gegenseitigen Sphären respektiert und damit offizielle Verhandlungen und Absprachen unnötig gemacht.[44] Zurückhaltung bedeutete hier unausgesprochene Unterstützung und vor allem die Überlassung des jeweiligen Feldes. Der *Beobachter* sprach von einer »Doppelzüngigkeit und Unzuverlässigkeit« des Bauernbundes, der mit der Deutschen Partei kooperiere, sich aber überall vom Zentrum unterstützen lasse.[45] Die Bemerkung war allerdings weniger an den Bauernbund als etwaigen Partner, sondern vielmehr als Aufforderung an die Deutsche Partei gerichtet, sich aus dem nationalen Bündnis zu lösen.

Zusammenfassend zeigten sich nach der Landtagswahl von 1906 also folgende Bündniskonstellationen: Die Deutsche Partei hatte nach beiden Seiten hin – mit den Deutschkonservativen und dem Bauernbund sowie mit der Volkspartei – kooperiert. Einem umfassenden Bündnis zwischen den beiden liberalen Parteien stand die Zusammenarbeit der Volkspartei mit der Sozialdemokratie entgegen. Für die Demokraten tauchte als weitere Alternative der nach badischem Vorbild zu bildende »Großblock« am Horizont auf, also die Chance, eine Koalition der fortschrittlichen Kräfte von Hieber über Payer bis zur Sozialdemokratie zu schmieden. Das Zentrum und die Konservativen agierten weitgehend eigenständig unter der Respektierung der gegenseitigen Mandatspfründen, kooperierten aber dort, wo es die lokalen Bedingungen nahelegten.

---

[42] Dt. Reichspost v. 28. Nov. 1906. In den beiden Landesproportionalwahlkreisen hingegen kam es zu Listenverbindungen der beiden konservativen Parteien und der DP einerseits, der VP und der SPD andererseits (Dt. Reichspost v. 15. Dez. 1906).
[43] Vgl. die Angaben in Tab. 17 und 18, oben S. 439 u. 441.
[44] Nur in drei Wahlkreisen kam es zu ernsthaften Kandidaturen von Bauernbund und Zentrum gegeneinander. Mit Münsingen, Künzelsau und Neckarsulm waren dies drei konfessionell annähernd paritätische Kreise, in denen mit den beiden ›Vögten‹ Friedrich und Wilhelm zwei prominente Reichstagsabgeordnete des Bauernbundes kandidierten. In insgesamt 16 Wahlkreisen, in denen das Zentrum kandidierte, enthielt sich der Bauernbund einer Aussage. Dies waren durchweg katholisch dominierte Wahlkreise. Auf der anderen Seite übte das Zentrum Enthaltsamkeit in acht Wahlkreisen, in denen ein konservativer Kandidat antrat. Dies wiederum waren allesamt mehrheitlich protestantische Bezirke im Altwürttembergischen.
[45] Zitiert in Dt. Reichspost v. 22. Dez. 1906.

Bei den lange vorbereiteten Reichstagswahlen von 1912 zeigte sich der Abschluß der Umorientierung. Die liberalen Parteien schlossen ein landesweites Abkommen und stellten ihre Kandidaten komplementär auf. Die Deutsche Partei überließ dabei alle weiteren Entscheidungen den örtlichen Organisationen. Die Volkspartei rief im ersten Wahlgang überall dort, wo sie nicht kandidierte, zur Wahl eines Nationalliberalen und gegen die Konservativen und das Zentrum auf. Die Sozialdemokratie wiederum trat in jedem der 17 Wahlkreise im ersten Wahlgang mit einem eigenen Kandidaten an.

Auf der anderen Seite des Spektrums unterstützte das Zentrum die Konservativen durch die Reduzierung seiner Kandidaturen. Es trat nur noch in fünf Wahlkreisen mit einer aussichtsreichen Kandidatur an und reduzierte seine Zählkandidaturen deutlich. In vier Wahlkreisen, in denen sich die Deutsche Partei auf einen Volksparteiler verpflichtet hatte, sprach sich das Zentrum für den konservativen Kandidaten aus.[46] Der Bauernbund und Deutschkonservative gingen mit einer fast verschämt verklausulierten Aussage in das Rennen. Auf der einen Seite betonten sie ihr eigenständiges Auftreten, das mit elf Kandidaturen in allen protestantischen Wahlkreisen auch den Höhepunkt bei den Reichstagswahlen erreichte. Die Zusammenarbeit mit dem Zentrum versteckte sich hinter der Aussage: »Keine Stimme für die Volkspartei, die Nationalliberalen und die Sozialdemokratie.« Im Ergebnis bedeutete dies, daß die Konservativen in vier neuwürttembergischen Wahlkreisen, in denen sich die Deutsche Partei auf einen Volksparteiler festgelegt hatte, unausgesprochen das Zentrum unterstützten. Die Form der Unterstützung der Katholikenpartei zeigte dabei vor allem das Auseinanderdriften der Absichtserklärungen der Parteileitung und der Praxis vor Ort. Die Wahlaussage war nicht offensiv für das Zentrum, sondern negativ gegen gemeinsame Gegner formuliert, auch wenn dann kurz vor der Wahl im konservativen Organ doch noch Farbe bekannt wurde, indem der Brief eines Katholiken abgedruckt wurde, der sich für eine Kooperation von Zentrum und Konservativen »für die Sache des Herrn« aussprach.[47]

Die schwarzblaue Kooperation war weder auf katholischer noch auf protestantischer Seite unumstritten. Bei der Suche nach Bündnispartnern wurden auch unorthodoxe Wege eingeschlagen. Das prominenteste Beispiel war die weit über Württemberg hinaus aufsehenerregende ›Affäre Vogt‹. Für nachhaltige Resonanz sorgte sie nicht nur, weil der Bauernbündler Wilhelm Vogt einen Weg gegen das Zentrum gesucht, sondern vor allem auch, weil er versucht hatte, quer zu den Bündniskonstellationen den Kontakt zur SPD zu finden.[48] Aber die Vogtsche Strategie, mit allen

---

[46] Dt. Reichspost v. 8. Jan. 1912.
[47] Dt. Reichspost v. 10. Jan. 1912.
[48] Bereits im Juni 1906 berichtete die *Schwäbische Tagwacht*, ein konservativer Abgeordneter habe sich mit ausdrücklicher Aufforderung seiner Partei mit dem Angebot an einen Sozialdemokraten gewandt, er werde im Wahlkreis des Sozialdemokraten die Stimmen des Bauernbundes nach links führen, sofern der Sozialdemokrat wiederum im Wahlkreis des Bauernbündlers seine Stimmen nach rechts bringe (Dt. Reichspost v. 23. Juni 1906). Es handelte sich um den Mandatsgewinn des Sozialdemokraten im Wahlkreis XIV (Geislingen, Heidenheim, Ulm) und um die Wiederwahl des Konservativen

Parteien zu verhandeln, ging weiter. Zu den Landtagswahlen von 1906 rauschte durch den Blätterwald, Vogt habe in seinem Wahlkreis Neckarsulm die Unterstützung der Volkspartei gegen das Zentrum erbeten, im Gegenzug aber im Wahlkreis Sulz die Unterstützung der Volkspartei gegen die Deutsche Partei angeboten. Als dieser Vermittlungsversuch gescheitert sei, habe er sich an den Sozialdemokraten Lindemann gewandt und ihm das gleiche Geschäft mit dem Wahlkreis Göppingen angeboten.[49]

Die ›Affäre‹, von der gegnerischen Presse als »Triolenpolitik« und als »Verstoß gegen die politische Moral« gebrandmarkt[50], holte Vogt ein, als das Bündnis mit dem Zentrum in der Verhandlung stand. Im Winter 1910 mußte er sich öffentlich für sein Verhandeln mit der Volkspartei gegen das Zentrum und mit der SPD rechtfertigen: seine Parteileitung habe nichts davon gewußt und letztendlich seien die Verhandlungen ja gescheitert. Er bedaure aber, überhaupt den »Kuhhandel« angefangen zu haben, aber noch vor vier Jahren habe die gemeinsame Stellung gegen das Zentrum den Rang eines politischen Faktors gehabt.[51] Für die Landtagswahlen 1912 kandidierte Vogt nicht mehr gegen das Zentrum in seinem angestammten Wahlkreis Neckarsulm, wo die Rede umgegangen war, er sei dort so mächtig, daß »alle Ochsen den Vogt aus Gochsen« wählten, sondern demonstrativ gegen einen Sozialdemokraten in Weinsberg.[52]

Die Zeiten hatten sich geändert, denn die Landtagswahlen von 1912 sahen den Abschluß des schwarzblauen Bündnisses auf der Basis der skizzierten Entwicklungen. Zu den Proporzwahlen in Stuttgart und in den beiden Landeswahlkreisen verbanden Konservative und Zentrum auf der einen sowie Nationalliberale und Volkspartei auf der anderen Seite ihre Wahllisten.[53] In den Einerwahlkreisen kam es zu vier offenen Unterstützungen der Konservativen durch das Zentrum und zu drei Wahlaussagen der Konservativen für das Zentrum. Entscheidend blieb aber die unausgesprochene Unterstützung in einem Aussparungsabkommen. Wiederum kam es, abgesehen von den deutlich reduzierten Zählkandidaten, nur in sechs konfessionell paritätischen Wahlkreisen zu ernsthaften Kandidaturen gegeneinander. In 22 Wahlkreisen verzichtete das Zentrum auf einen Kandidaten zugunsten der Kon-

---

Schrempf im Wahlkreis VII (Calw, Herrenberg, Nagold, Neuenbürg). Die *Deutsche Reichspost* dementierte: Man habe nichts davon gewußt und überhaupt könne es bei dem Geschäft nur um Wahlenthaltung, nicht aber um das »Zuführen« sozialdemokratischer Stimmen an den Bauernbund gegangen sein. Außerdem habe es bislang als nicht anständig gegolten, Äußerungen solcher Art an die Öffentlichkeit zu bringen. Wenn aber überhaupt eine Absprache zustande gekommen sei, dann nur, weil es im XIV. Wahlkreis gleichgültig sei, ob ein Sozialdemokrat oder ein Demokrat gewählt werde.
[49] Beobachter v. 20. Dez. 1906 u. Dt. Reichspost v. 22. Dez. 1906.
[50] Zur überregionalen Resonanz die Zeitungsartikel im Vorwärts und im Berliner Tageblatt in BA Berlin, R 8034 III/480, Pressearchiv des RLB. Dort auch der Begriff der »Triolenpolitik«.
[51] Dt. Reichspost v. 30. Nov. 1910 u.v. 2. Dez. 1910.
[52] Dt. Reichspost v. 29. Okt. 1912. In der Begründung hieß es, Vogt habe die Kandidatur in Weinsberg für den erkrankten lokalen Kandidaten übernommen. Die Schw. Kronik v. 29. Dez. 1912 A wertete den Rückzug in Neckarsulm als Geschenk an das Zentrum, das den Wahlkreis dann auch tatsächlich gewann.
[53] Staatsanz. v. 10. Dez. 1912 u. Dt. Reichspost v. 7. Dez. 1912.

servativen und gab die Wahl frei. Im Gegenzug verzichteten die Konservativen in 17 Wahlkreisen auf eine eigene Kandidatur.[54] Auf der anderen Seite des Spektrums hatten sich die beiden liberalen Parteien bis auf wenige Ausnahmen zu einer umfassenden Zusammenarbeit zusammengeschlossen.[55] Was auf liberaler Seite als komplementäre Kandidatenpräsentation praktiziert wurde, entsprach auf der konservativ-katholischen Seite einer stillen Komplementierung. Weiter ging der Zwang zur Kooperation zwischen den beiden Gruppierungen, die im jeweiligen Terrain über stabile Wählergruppen verfügten, im ersten Wahlgang nicht.

2. Stichwahlen, Wahlparolen und ihre Befolgung

Alle Parteien hatten unter den Bedingungen des politischen Massenmarktes die Logik der Stimmenmaximierung akzeptiert. Für die ersten Wahlgänge bedeutete dies, daß alle Kräfte bemüht waren, in möglichst zahlreichen Wahlkreisen mit einem eigenen Kandidaten anzutreten. Ausdruck dessen war auch die gestiegenen Zahl der Zählkandidaturen. Lediglich die Deutsche Partei und ihre jeweiligen Verbündeten waren hier noch eine Ausnahme, teilweise auch die Bündnisse des »Antikartells« im ersten Wahlgang. Wie gezeigt wurde, waren die beiden konservativen Parteien – vor allem die Deutschkonservativen – spät zur Taktik der Zählkandidaturen übergegangen. Im Gegensatz zur Volkspartei und zur Sozialdemokratie, eingeschränkt auch zum Zentrum, kandidierten sie nie flächendeckend. Einer der Gründe hierfür lag auch in den Wahlabsprachen mit dem Zentrum ab 1906, die im ersten Wahlgang hauptsächlich darin bestanden, im jeweils gegenkonfessionellen Terrain auf eine Zählkandidatur zu verzichten. Wie gestalteten sich diese Bündniskonstellationen aber in den Stichwahlen und wie wurden sie von den Wählern nachvollzogen?

a) Stichwahlen und Bündniskonstellationen

Wenn in einem Wahlkreis ein zweiter Wahlgang nötig wurde, mußten die Parteien Farbe bekennen. Die im ersten Wahlgang jeweils unterlegene Gruppierung hatte sich dann zu entscheiden, ob sie die Stimmabgabe für einen der übriggebliebenen Kandidaten empfehlen, die Wahl freigeben oder die Parole ›Wahlenthaltung‹ aussprechen sollte. Kam ein politisch nahestehender Kandidat in die Stichwahl, war die Entscheidung leicht. Besser zu vermitteln waren auch Stichwahlaussagen, in denen es um die Bildung einer Front gegen einen gemeinsamen Gegner ging. Meist war dies bei der Sozialdemokratie, eingeschränkt auch beim Zentrum der Fall. Komplizierter wurde es dann, wenn Bündnisse oder Kompensationsgeschäfte zwischen zwei Wahlkreisen von den Parteileitungen vereinbart wurden. Dann galt es, diese Ent-

---

[54] Quelle: Wahldatensatz. Zur Wirkung des Aussparungsabkommens siehe unten S. 454 ff.
[55] Nur im Wahlkreis Leonberg kam es noch zu einer Unterstützung der beiden konservativen Parteien durch die Nationalliberalen.

Tabelle 19: Anzahl der Stichwahlen, der Stichwahlbeteiligungen und der Stichwahlgewinne der württembergischen Parteien 1895–1912

	Stichwahlen	Stichwahlbeteiligungen mit eigenen Kandidaten / davon gewonnen					Anteil der durch Stichwahl gewonnenen Mandate an der Gesamtzahl der Mandate in den Einerwahlkreisen (in %)				
		BK	N	VP	SPD	Z	BK	N	VP	SPD	Z
LT 1895	26	3/1	14/4	19/14	5/2	6/2	100	33,3	45,2	100	11,1
LT 1900	33	6/2	17/6	21/19	10/3	9/0	33,3	54,5	70,4	60,0	0,0
LT 1906	27	12/4	13/3	20/12	10/6	5/2	36,4	30,0	63,2	75,0	9,5
LT 1912	24	17/6	7/5	14/8	16/3	4/2	37,5	62,5	57,1	30,0	9,5
RT 1898	11	4/1	6/3	8/7	3/0	1/0	100	100	100	0,0	0,0
RT 1903	11	5/2	2/1	6/5	7/3	2/0	66,7	100	100	75,0	0,0
RT 1907	7	3/2	2/0	7/5	1/0	4/0	66,7	0,0	71,4	0,0	0,0
RT 1912	10	4/1	2/2	7/6	7/1	0/0	50,0	100	100	33,3	0,0

Quelle. Wahldatensatz. Bei den Landtagswahlen von 1895, die aufgrund der noch nicht gefestigten Parteizuordnungen der Kandidaten insgesamt mit Vorsicht zu betrachten sind, sind ›wilde‹ Kandidaten und Kandidaten der Landespartei ausgenommen. Bei den Landtagswahlen von 1900 trat das Zentrum in zwei Stichwahlen auf, bei denen sich allerdings jeweils zwei Kandidaten des Zentrums gegenüberstanden. Insofern wurden diese beiden Sonderfälle hier nicht gewertet. Lesebeispiel für die Tabelle: Bei den Landtagswahlen von 1906 waren in den Einerwahlkreisen insgesamt 27 Stichwahlen nötig. Die beiden konservativen Parteien traten in 12 dieser Stichwahlen mit einem eigenen Kandidaten auf. Von diesen 12 Stichwahlen gewannen sie vier. Das entsprach einem Anteil von 36,4 Prozent aller Mandate, die sie in den Einerwahlkreisen gewonnen hatten. Zu den Bündnisstrukturen in den Stichwahlen siehe Tab. 20, unten S. 451.

scheidungen nicht nur den Lokalorganisationen, sondern auch den Wählern zu vermitteln.

Die Stichwahlkonstellationen zeigen deutlicher noch als die Absprachen im ersten Wahlgang die Entwicklung der Wahlbündnisse. Vor allem das nationalliberal-konservative »Kartell« und das »Antikartell« der Fortschrittlichen[1] funktionierten nach dem Gesetz der abstoßenden Kräfte. Hier wurden die Eke lgrenzen noch profilierter abgesteckt, wobei es meist weniger um Gemeinsamkeiten der Bündnispartner ging als vielmehr um die Abwehr eines inakzeptablen Gegenkandidaten. Auf der anderen Seite gab es nur in ausgesprochen wenigen Fällen einen protestantischen Großblock gegen das Zentrum. Vor allem die schwarzblaue Kooperation seit 1906 stand einem solchen Vorhaben entgegen. Zumindest in Ansätzen konnten hier die vor allem konfessionell definierten Grenzen aufgebrochen werden.[2]

Die Stichwahlen nahmen vor allem in der Phase der Umorientierung der Parteien um die Jahrhundertwende deutlich zu. Mit der Ausnahme der Reichstagswahlen von 1907 wurden sie in rund der Hälfte der Wahlkreise zur Regel.[3] Einen Höhepunkt

---

[1] Das Zentrum war in Württemberg nie maßgeblicher Teil des »Antikartells«. Siehe dazu auch die folgenden Ausführungen.
[2] Hierzu am Beispiel Preußens auch TH. KÜHNE, Dreiklassenwahlrecht, 1994, Kap. 4 u. 5.
[3] Während bei den Landtagswahlen von 1889 nur in vier Wahlkreisen (6,3 %) eine Stichwahl nötig gewesen war, lag der Anteil der Stichwahlen ab 1895 bei rund 40 %. Bei den Reichstagswahlen lag der Anteil bereits 1890 bei 51,6 % und erreichte mit 59,4 % zu den Wahlen von 1903 sowie 1912 den Höchststand (Quelle: Wahldatensatz).

Konservative Wahlbündnisse

erreichten sie bei den Landtagswahlen von 1900. Danach ging die Zahl zurück, weil sich die Bündnisse im ersten Wahlgang abzeichneten und weil sich die Wählergruppen stabilisierten. Tab. 19 zeigt neben dieser Tendenz auch die Bedeutung der Stichwahlen für die einzelnen Parteien. Vor allem die Sozialdemokratie, das Zentrum und auch die beiden konservativen Parteien gewannen mehr Mandate bereits im ersten Wahlgang. Auch bei den Reichstagswahlen war diese Tendenz trotz eingeschränkter Signifikanz aufgrund der geringeren Fallzahl zu sehen. Die Tabelle verdeutlicht auch, wie wichtig es für die beiden liberalen Parteien war, in den Stichwahlen verläßliche Bündnispartner zu haben. Hier blieb der Anteil der durch Stichwahlen gewonnenen Mandate an der Gesamtzahl ihrer Mandate deutlich höher.

Eine Zusammenfassung der Stichwahlkonstellationen der Parteien zeigt die folgenden Grundlinien. Bis zur Jahrhundertwende waren die Strukturen noch vom Rechts-links-Gegensatz zwischen nationalem »Kartell« und demokratischen »Antikartell« geprägt. Bis 1900 war diese Kooperation ein sicherer Faktor der Bündnispolitik, der vor allem Unterstützung der Volkspartei durch die SPD bedeutete, weil die Demokraten der Spitzenreiter bei der Stichwahlbeteiligung waren. Wechselnd reagierte das Zentrum. Meist trat es dem »Kartell« der nationalen Parteien gegen die Sozialdemokratie und die Volkspartei bei. Vor allem zu Beginn der 1890er Jahre hatte es sich in Stichwahlen noch für die Volkspartei ausgesprochen, vor allem wenn diese einen katholischen Kandidaten präsentierte. Das württembergische »Antikartell« bestand also weitestgehend aus Demokraten und Sozialdemokraten. Nur selten kam es zu einer gesamtbürgerlichen Kooperation gegen die Sozialdemokratie oder gegen das Zentrum.[4]

Nach 1900 zeichneten sich noch deutlicher die für die ersten Wahlgänge skizzierten Entwicklungen ab. Die liberale Annäherung ab 1906 gewann nur langsam an Relevanz. Die Deutsche Partei tat sich schwer, bei der Wahl zwischen einem Konservativen und einem Demokraten den letzteren zu favorisieren. Vor allem die Lokalorganisationen opponierten hiergegen, so daß die Landesleitung der Partei die Wahl entweder freigab oder die Ortsvereine entscheiden ließ. Auf der anderen Seite blieb die Volkspartei ihrem sozialdemokratischen Bündnispartner treu, zumindest dann, wenn dies nicht mit einem Nachteil für die Deutsche Partei verbunden war. Den beiden konservativen Parteien gab das Bündnis der Deutschen Partei mit der Volkspartei Agitationsfutter, denn schließlich stand hinter der Volkspartei die SPD. Auch deshalb löste sich die Deutsche Partei nie vollständig aus der Verbindung mit den beiden konservativen Parteien.[5]

Die Sozialdemokratie blieb der Unterstützung der Volkspartei treu, auch wenn das gesamtliberale Bündnis die Kooperation zunehmend belastete. Zwei Beispiele belegen dies. Erstens profitierte die Volkspartei bis 1906 deutlich stärker von dem

---

[4] Vgl. hierzu und auch zum folgenden Absatz A. GAWATZ, Wahlkämpfe, 2001, S. 336 ff. u. 346 ff.
[5] Dt. Reichspost v. 30. Nov. 1906 u. v. 2. Nov. 1912. Z. B. verzichteten die konservativen Parteien bei den Landtagswahlen 1906 in fünf Wahlkreisen und 1912 in drei Wahlkreisen auf eine Stichwahl zugunsten der DP. Andersherum waren es 1906 drei und 1912 zwei Wahlkreise, in denen die DP für die Konservativen verzichtete.

Bündnis. Dafür sprachen auch die Stichwahlverzichte der Sozialdemokraten für die Volkspartei. Bei den Landtagswahlen von 1912 war dies nur abgeschwächt der Fall.[6] Daß die Verbindung zwischen Volkspartei und Sozialdemokratie litt, zeigt auch die Tatsache, daß es nur dreimal zu einem »Großblock« nach badischem Beispiel kam.[7] Erfolgreich war dieser nur dort, wo er sich gegen den Bauernbund richtete. Stand ein städtischer Konservativer zur Wahl, scherte die Deutsche Partei aus. Dies belegen wiederum die Beispiele, in denen die Parteien nach 1906 die neue Möglichkeit des Landtagswahlgesetzes nutzten und als im ersten Wahlgang Unterlegene erneut in der Stichwahl antraten. Der Großblock scheiterte bei den Landtagswahlen von 1912 auf diese Weise in vier Wahlkreisen, in denen mit der SPD, der Volkspartei und den Konservativen im zweiten Wahlgang drei Parteien antraten und die Deutsche Partei jeweils Stimmenthaltung verordnete.[8] Die weiteren Beispiele einer Dreierkonstellation in der Stichwahl belegen wiederum, daß einerseits das gesamtliberale Bündnis nicht durchgehend funktionierte und andererseits die SPD das Zusammengehen der liberalen Parteien zur eigenständigen Kandidatur nutzte, hier also die Volkspartei als Partner abgelehnt wurde.[9]

Das Zentrum hatte sich bereits um die Jahrhundertwende in Stichwahlen, bei denen ein bürgerlicher Kandidat gegen die SPD stand, meist für den Bürgerlichen

---

[6] Bei den Landtagswahlen von 1906 verzichtete die SPD in 15 Wahlkreisen auf eine Stichwahlkandidatur zugunsten der VP. Andersherum verzichtete die VP nur in fünf Wahlkreisen. Bei den Landtagswahlen von 1912 verzichtete die SPD nur noch in fünf und die VP in zwei Wahlkreisen zugunsten des Partners.
[7] Bei der Ersatzwahl in Crailsheim 1911 war der Großblock gegen den Bauernbündler Karl Lang zustande gekommen. Die SPD zog sich in der Stichwahl zurück und gab die Parole »Keine Stimme dem Bauernbündler!« aus (Dt. Reichspost v. 30. Nov. 1911). Die Dt. Reichspost v. 13.12.1911 perhorreszierte mit dem Crailsheimer Beispiel die Errichtung des Großblocks für ganz Württemberg zu den anstehenden Reichstags- und Landtagswahlen. In der Folge kam es aber lediglich bei den Reichstagswahlen im Wahlkreis XIV (Geislingen, Heidenheim, Ulm) zu einem erfolgreichen Großblock gegen den Bauernbund. Erfolglos war der Versuch bei den Landtagswahlen 1912 in Backnang gegen den Konservativen Friedrich Stroh. Bei den Reichstagswahlen 1912 kam es im Wahlkreis XI (Backnang, Hall, Öhringen, Weinsberg) zu keiner Einigung zwischen DP und Konservativen, die darauf einen eigenen Kandidaten präsentierten, dem wiederum die Unterstützung des Zentrums sicher schien. Ein Großblock wurde hier von der DP verhindert, indem sie einen ausgewiesenen Großblockgegner präsentierte, dem dann die Konservativen beitraten (Dt. Reichspost v. 8. Dez. 1912: »Auf zur Wahl des Großblockgegners!«).
[8] Die vier Wahlkreise waren Heidenheim, Kirchheim, Schorndorf und Urach. In Heidenheim, Kirchheim und Schorndorf gewann jeweils ein städtischer Konservativer das Mandat, während in Urach der Bauernbündler August Mändle unterlag. Hier war es also doch zu einem inoffiziellen Großblock gegen einen landwirtschaftlichen Kandidaten gekommen.
[9] Bei den Landtagswahlen von 1906 kam es in zwei Wahlkreisen (Neuenbürg und Reutlingen-Amt) zu einer Dreierkonstellation zwischen SPD, VP und DP, wobei beide Male die SPD gewann. Bei den Landtagswahlen von 1912 kam es in Besigheim zu dieser Konstellation, wo allerdings der Deutschparteiler gewann, weil ihm in letzter Minute noch der Bauernbund beigesprungen war. In drei weiteren Wahlkreisen (Böblingen, Sulz und Geislingen) kam es zu einer gesamtliberalen Einigung, auf die die SPD mit einer eigenständigen Kandidatur in der Stichwahl reagiert hatte. Hier standen sich in einer Dreierkonstellation SPD, Gesamtliberalismus sowie Konservative oder Zentrum mit jeweiliger Unterstützung gegenüber.

Konservative Wahlbündnisse 451

Tabelle 20: Bündnisstrukturen und Konfliktkonstellationen
der württembergischen Parteien bei Stichwahlen 1895–1912

	Stichwahlbündnisse / davon erfolgreich						
	LT 95	LT 00	LT 06	LT 12	RT 98	RT 03	RT 07	RT 12
Konservativ-nationalliberales »Kartell«								
gegen »Antikartell«*	22/7	20/5	18/6	2/2	9/2	6/2	2/1	1/1
gegen Linksliberale	–	2/0	–	–	–	–	–	–
gegen SPD	1/1	–	–	–	1/1	1/0	–	–
gegen Zentrum	2/2	3/3	1/1	–	–	–	–	–
»Schwarzblauer Block«								
gegen »Antikartell«	–	–	3/0	3/2	–	–	2/1	2/1
gegen Gesamtliberalismus	–	–	–	6/3	–	1/1	–	–
gegen Gesamtliberalismus und SPD	–	–	–	5/1	–	–	–	–
gegen »Großblock«	–	–	–	–	–	–	–	1/0
Protestantisches Bürgertum								
gegen Sozialdemokratie**	1/1	4/4	1/0	–	–	1/1	–	2/2
gegen Zentrum	–	–	–	2/1	–	–	–	–
Andere Konstellationen	–	–	–	–	–	–	–	–
»Antikartell« gegen Zentrum	–	1/1	–	–	1/0	1/1	–	–
Gesamtliberalismus gegen SPD	–	–	2/0	5/1	–	1/1	1/1	4/4
Gesamtliberalismus gegen Zentrum	–	–	–	–	–	–	2/2	–
Sonstige***	–	3	2	1	–	–	–	–
Summe:	26	33	27	24	11	11	7	10

Quelle: Wahldatensatz. Als konservativ-nationalliberales »Kartell« gelten Bündnisse der Konservativen und der DP. Als »Antikartell« werden Bündnisse von VP und SPD bezeichnet. Als »schwarzblauer Block« gelten Vereinbarungen zwischen den Konservativen und dem Zentrum. Die Bezeichnung »Großblock« steht für Bündnisse zwischen DP, VP und SPD. Als »protestantisches Bürgertum« werden Bündnisse von Konservativen, DP und VP bezeichnet. *) Bei den Landtagswahlen von 1895 sind hier ›wilde‹ und parteilose Kandidaturen‹ einbezogen, die vom »Kartell« unterstützt wurden. **) Den Bündnissen der protestantisch-bürgerlichen Parteien gegen die SPD ist meist das Zentrum beigetreten. ***) Sonstige Bündnisse sind z.B. Kandidaturen von ›Wilden‹, Stichwahlkonstellationen zwischen VP und SPD, bei denen die Konservativen, die DP und das Zentrum die Parole Wahlenthaltung ausgegeben hatten oder eine Stichwahl, bei der sich in einer Dreierkonstellation Zentrum, DP und VP bei der Wahlenthaltung der Konservativen und der SPD gegenüberstanden. Insgesamt wurden der Zusammenstellung der Konstellationen die Wahlaussagen der Landesleitungen der Parteien zugrunde gelegt.

ausgesprochen. Spätestens seit 1903 gehörten auch Stichwahlaussagen für die Volkspartei der Vergangenheit an.[10] Seit den Landtagswahlen von 1906 dominierte der »Kampf gegen das rote Kartell« die Haltung des Zentrums. Zu den Reichstags- und Landtagswahlen von 1912 war die Position ebenfalls eindeutig: entweder Unterstützung eines konservativen Kandidaten oder strikte Wahlenthaltung.[11] Die beiden konservativen Parteien gingen bei den Landtagswahlen bis 1906 mit der Parole der Unterstützung der deutschparteilichen Kandidaten in die Stichwahlen. Nur in Ausnahmefällen, in denen man selbst oder die Deutsche Partei nicht beteiligt war und die Volkspartei der Sozialdemokratie gegenüberstand, kam es zur antisozialistisch legitimierten Unterstützung eines Linksliberalen.[12] 1912 standen für die Landtags-

---

[10] Lobend dazu die Dt. Reichspost v. 21. Juni 1898, v. 23. Juni 1898 u.v. 21. Juni 1903.
[11] Dt. Reichspost v. 15. Dez. 1906, v. 8. Jan. 1912 u.v. 25. Nov. 1912.
[12] Dt. Reichspost v. 4. Febr. 1895, v. 15. Dez. 1900 u.v. 8. Dez. 1906.

wahlen Entscheidungen an, die auf die jeweilige Wahlkreislogik abgestimmt waren. Die Wahlaussage für das Zentrum, die man im ersten Wahlgang in vier Wahlkreisen ausgegeben hatte, erledigte sich, weil das Zentrum die Mandate sofort gewonnen hatte. Nur in Geislingen mußte man ihm noch beispringen, wo es allerdings erfolglos gegen den vereinigten Liberalismus und gegen die SPD in einer Dreierkonstellation wetteiferte. Ansonsten sprach man sich für einen Deutschparteiler aus oder erhielt die eigene Kandidatur in der Stichwahl aufrecht.[13]

Bei den Reichstagswahlen zeigte sich mit graduellen Unterschieden ein ähnliches Bild (vgl. Tab. 20). Das Bündnis im »Kartell« dominierte hier zwar bis 1903, war aber bereits zu den Reichstagswahlen von 1898 und 1903 mit jeweils einer Aussage für das Zentrum durchbrochen worden.[14] Bereits 1907 verkündete die konservative Presse, die Deutsche Partei stelle in den Stichwahlen nun keine Kandidaten mehr auf, die vom Bauernbund oder den Deutschkonservativen unterstützt würden. In vier Wahlkreisen war es vielmehr so, daß die Konservativen von einem Deutschparteiler unterstützt wurden. Andererseits gaben die Konservativen in drei Wahlkreisen eine Enthaltungsparole aus, in denen die Volkspartei dem Zentrum oder der SPD gegenüberstand.[15]

Zur Reichstagswahl 1912 unterstützten die Konservativen in zwei Wahlkreisen die vereinigten liberalen Parteien gegen die Sozialdemokratie. Allerdings stand hier ein Deutschparteiler zur Wahl.[16] In vier Wahlkreisen, in denen der vereinigte Liberalismus mit einem linksliberalen Kandidaten gegen die Sozialdemokratie antrat, gaben die konservativen Parteien die strikte Wahlenthaltung aus. Hier wurden die Ekelgrenzen zur Volkspartei noch höher gezogen, als sie sowieso schon waren, denn für die Konservativen ging es nun um die Wahl zwischen zwei »gleich großen Übeln«.[17] Auch bei diesen Wahlen war die Unterstützung des Zentrums in einer Stichwahl nicht mehr nötig, das alle seine Mandate bereits im ersten Wahlgang gewonnen hatte. Allerdings sprach sich das Zentrum in vier Wahlkreisen für die konservativen Parteien aus, wo diese gegen das »rote Kartell« oder gegen einen Großblock auftraten.

Die Erfolgsquoten der jeweiligen Wahlbündnisse untermauern die bislang erarbeiteten Ergebnisse (vgl. Tab. 21). Das »Kartell« funktionierte und war für die beteiligten Kräfte von existentieller Bedeutung. Annähernd 70 Prozent der Mandate, die es in Landtagseinerwahlkreisen gewann, resultierten 1900 aus der Kooperation in

---

[13] Dt. Reichspost v. 25. Nov. 1912.
[14] Dt. Reichspost v. 21. Juni 1898 u. v. 1. Juli 1903.
[15] Dt. Reichspost v. 29. Jan. 1907.
[16] Die »Sonderabkommen« mit der DP hatten die konservativen Parteileitungen nur auf der Basis »völlig ausreichender Gegenleistungen« toleriert (Dt. Reichspost v. 15. Dez. 1911 u. v. 18. Jan. 1912).
[17] Dt. Reichspost v. 19. Jan. 1912. Ähnlich bereits 1906 bei der Landtagsersatzwahl in Böblingen (Schw. Landmann v. 1. Juni 1906). Anders wurde dies bereits bei der Landtagsersatzwahl 1910 im Wahlkreis Freudenstadt praktiziert, als die DP in der Stichwahl zurückzog und die VP gegen die SPD unterstützte. Als der Rückzug bekannt wurde, stellte die *Deutsche Reichspost* die Berichterstattung ein und enthielt sich einer Aussage (Bericht in Dt. Reichspost v. 26. Febr. 1910 erst sieben Tage nach der Wahl).

Tabelle 21: Erfolgsquoten der Bündnisblöcke in Stichwahlen 1895–1912

	Mandate der Bündnisblöcke insgesamt und Anteil der davon in Stichwahlen gewonnenen Mandate (in %)							
	»Kartell«		»Schwarzblauer Block«		»Antikartell«		Gesamtliberalismus	
LT 1895	13	69,2	–	–	33	45,5	–	–
LT 1900	17	47,1	–	–	32	50,0	–	–
LT 1906	21	33,3	32	0,0	27	55,6	29	0,0
LT 1912	24	8,3	37	16,2	24	4,2	22	27,3
RT 1898	4	75,0	–	–	8	87,5	–	–
RT 1903	4	50,0	7	14,3	9	55,6	–	–
RT 1907	5	20,0	7	14,3	8	25,0	9	0,0
RT 1912	4	25,0	6	16,7	9	11,1	8	50,0

Quelle: Wahldatensatz. Zur Bezeichnung der Blöcke siehe die Anmerkungen in Tab. 20, oben S. 451. Lesebeispiel: Bei den Landtagswahlen von 1900 errangen die Parteien des nationalliberal-konservativen »Kartells« insgesamt 17 Mandate in den Einerwahlkreisen. 47,1 % davon errangen sie in Stichwahlen, bei denen sie kooperierten.

Stichwahlen. Danach nahm seine Bedeutung schrittweise ab. Zu einer gänzlichen Trennung der nationalliberal-konservativen Parteien kam es aber nie, auch wenn die Kooperation 1912 fast keine Rolle mehr spielte. Von etwas geringerer Bedeutung im Sinne der Mandatsmaximierung war das entsprechende Bündnis zwischen der Volkspartei und der SPD im »Antikartell«. Auch hier kam es nie zu einer völligen Trennung, aber 1912 hatte sich die Wirkkraft weitgehend verflüchtigt. Als Ersatz stand das Modell des vereinigten Liberalismus parat. Die Annäherung der beiden liberalen Parteien in den Kernbereichen Ökonomie, Nation und Verfassungsreform um 1906 hatte es ermöglicht. Aber weder bei den Landtags- noch bei den Reichstagswahlen konnte damit eine Stichwahl gewonnen werden. Es wirkte sich erst 1912 aus, dann allerdings mit weniger Bedeutung als die früheren Bündnisse, in die die beiden Partner eingebunden gewesen waren. Teilweise ging die geringere Erfolgsquote in den Stichwahlen vor allem 1912 auf das umfassende Abkommen bereits im ersten Wahlgang zurück. Zum andern Teil aber scheiterte das gesamtliberale Kooperationsmodell am neuen schwarzblauen Block, der ihm nun gegenüberstand.

Auch für dieses Bündnis der überkonfessionell-konservativen Gruppen galt: es wirkte nie flächendeckend und hatte weniger mandatsmaximierende Bedeutung als das alte »Kartellbündnis«. Gleichwohl war die überkonfessionelle Kooperation von hoher Symbolik. Sie basierte auf der gemeinsamen Abgrenzung gegen Dritte – vor allem gegen die SPD und die Linksliberalen –, aber auch auf gemeinsamen ökonomischen und christlichen Wertorientierungen. Seine geringere Bedeutung für die Mandatsmaximierung lag darin begründet, daß die Partner – vor allem aber das Zentrum und der Bauernbund – stabile Wählergruppen ausbilden und den Großteil ihrer Mandate bereits im ersten Wahlgang gewinnen konnten. Für die beiden konservativen Parteien blieben die Stichwahlen jedoch wichtiger. In dem Maße aber, wie sich beide Gruppierungen in der Wählerschaft stabilisierten, versuchten sie auch, das Bündnisverhalten der Gegner zu delegitimieren. Seit 1906 waren alle Parteien dazu übergegangen, ihre Stärke anhand der Proporzergebnisse zu messen und die

›artfremden‹ Leihstimmen aus Wahlbündnissen herauszurechnen. Immer stolzer wurden die Kandidaten präsentiert, die aus eigener Kraft erfolgreich waren. Dem entsprach die Tendenz, gegnerische Abgeordnete zu delegitimieren, die auf ein Bündnis angewiesen waren und der Hang, die eigenen Bündnisse nur noch mit Kompensationen zu legitimieren.[18] Trotz der Anzeichen milieuübergreifender Kooperationen zeichnete sich mit der Abneigung gegen ›widernatürliche‹ Bündnisse die weitergehende Verfestigung der sozialen Gruppierungen ab.

b) Wahlparolen und ihre Einhaltung

Wie entschieden sich nun die Wähler in den Wahlkreisen, wenn entweder von einer lokalen Parteiorganisation oder von einer Parteileitung eine Wahlparole ausgegeben wurde? Diese Frage war für alle Parteien von Relevanz, weil sie die getroffenen Bündnisse legitimieren und im Bündnisverhalten auf ihre Wählerschaft Rücksicht nehmen mußten. Die Einhaltung der Wahlparolen war in den ersten Wahlgängen von geringerer Bedeutung. In der Logik der Stimmenmaximierung waren alle Parteien dazu übergegangen, wenn nicht flächendeckend, so doch auf jeden Fall überall dort zu kandidieren, wo sie glaubten, einen einigermaßen respektablen Erfolg erzielen zu können.

Vor allem die Absprachen zwischen den Konservativen und der Deutschen Partei wurden in sehr hohem Maße nachvollzogen. Ausnahmen bestätigten hier eher die Regel.[19] Die Bündnisse zwischen den Konservativen und dem Zentrum im ersten

---

[18] Nach den Landtagswahlen 1906 im Wahlkreis Backnang hieß es zum Demokraten Robert Käß, der durch die Unterstützung der SPD in der Stichwahl gewonnen hatte: »Auf den Krücken der Sozialdemokratie muß der protzige Schulzenhäute-Gerber Käß in den Landtag humpeln« (Dt. Reichspost v. 18. Dez. 1906. Käß war Lederfabrikant in Backnang). Ähnlich auch bei der Landtagsersatzwahl 1911 in Crailsheim, als ein Demokrat mit einem Großblockbündnis in der Stichwahl gewann (Dt. Reichspost v. 13. Dez. 1911). Zu den Kompensationsforderungen z.B. die Parole der beiden konservativen Parteien zur Landtagswahl 1912: »Keine Leistung ohne Gegenleistung« (Dt. Reichspost v. 19. Nov. 1912).

[19] Die prominentesten Beispiele bei den konservativen Parteien waren Andreas Lemppenau bei der Reichstagswahl 1907, der gegen den Willen der Bundesleitung seine Kandidatur zurückzog und den Bauernbündlern in seinem Bezirk somit die Wahl der VP freigab, der wiederum ein fulminanter Wahlsieg im ersten Wahlgang gelang. Im Wahlkreis X (Gmünd, Göppingen, Schorndorf, Welzheim) lag die Wahlbeteiligung bis auf das katholische Gmünd (50,5%) deutlich über 80%. In Gmünd hatten die Wähler des Zentrums die Parole Wahlenthaltung strikt befolgt. In Schorndorf jedoch, wo bei den Landtagswahlen zuvor die beiden konservativen Parteien noch 41,5% Wähleranteil erreicht hatten, gelang dem demokratischen Schreinermeister Wieland bei 85,7% Wahlbeteiligung ein hoher Sieg gegen den Sozialdemokraten. Hier muß also ein Großteil der konservativen Wähler den Demokraten gewählt haben. Auch als Theodor Körner (alt) bei derselben Wahl mit einer Zählkandidatur im Wahlkreis Reutlingen auftrat, erreichte er gerade rund 3% der Wahlberechtigten. Das Beispiel belegte also: Wo weder eine Parteiorganisation bestand noch Wahlversammlungen abgehalten wurden, konnten auch keine Stimmen gewonnen werden. Vgl. Dt. Reichspost v. 16. Jan. 1907 u.v. 29. Jan. 1907 mit der Bemerkung, viele Bauernbündler hätten bereits im ersten Wahlgang die DP gewählt. Dazu entschuldigend das Blatt, Körner habe wegen seiner Arbeitsüberlastung auch keine Versammlungen im Wahlbezirk abhalten können.

Konservative Wahlbündnisse

Wahlgang bestanden aus der Sicht der Konservativen weitgehend aus einem passiven Bündnis, das heißt Kandidaturverzicht. Zwischen 1906 und 1912 hatten die beiden konservativen Parteien bei Landtags- und Reichstagswahlen in den katholisch dominierten Oberämtern Neuwürttembergs auf eine eigene Kandidatur verzichtet und sich einer Wahlaussage enthalten. Auch bei der Reichstagswahl 1912 hatte man sich zwar in vier Wahlkreisen bereits im ersten Wahlgang offen für den Zentrumskandidaten ausgesprochen, allerdings betraf dies Wahlkreise, wo der Anteil der Protestanten sehr gering war und das Zentrum das Mandat aus eigener Kraft im ersten Wahlgang sicher hatte. Falls unter den teilweise sozialstrukturell inhomogenen Reichstagswahlkreisen ein dominant protestantisches Oberamt war, wurde die Aussage für das Zentrum von der Wählerschaft nicht nachvollzogen. Ausnahmen bei den beschriebenen Bündnisformen gab es nur ausgesprochen selten.[20]

Auf der anderen Seite leistete das Zentrum im ersten Wahlgang eine deutlich stärkere Unterstützung für die beiden konservativen Parteien. Bei den Wahlen von 1906 bis 1912 verzichtete es nicht nur in dominant protestantischen Wahlkreisen, sondern auch im Wahlkreis Mergentheim mit einem Katholikenanteil von rund 40 Prozent auf eine eigene Kandidatur zugunsten eines Bauernbündlers.[21] Bei den Reichstagswahlen von 1907 hatte sich das Zentrum in Heilbronn bereits im ersten Wahlgang offen für den Bauernbündler Wolff ausgesprochen. Auch bei der Reichstagswahl 1912 gab es eine offene Wahlaussage für einen konservativen Kandidaten in vier Wahlkreisen und einen Kandidaturverzicht zugunsten der Konservativen in weiteren drei Wahlkreisen.

Wichtiger jedoch als bei den ersten Wahlgängen war die Frage der Parolenbefolgung in den Stichwahlen. Der Anteil der Wähler, die sich nach erfolglosem Auftreten ihres Kandidaten im ersten Wahlgang in der Stichwahl für einen anderen Kandidaten entschieden, wird auf rund die Hälfte geschätzt.[22] Vor allem zwischen 1895 und 1903 funktionierte die individuelle Wechselwahl innerhalb des »Kartells« weitgehend reibungslos. Entsprechend waren in der konservativen Presse bis 1906 so gut wie keine Klagen über eine mangelnde Folgeleistung zu lesen. Auch bei den Landtagswahlen von 1906 funktionierte das »Kartell« noch, auch wenn es in einer Dreierkonstellation gegen das Zentrum konkurrierte.[23] Aber schon bei den Reichstagswahlen 1907 und bei den folgenden Wahlen war der Erfolg nur noch dort gesichert,

---

[20] Im Oberamt Gaildorf (Wahlkreis XIII) etwa, wo der Protestantenanteil bei rund 93% lag, erreichte der katholische Kandidat gerade einmal 3,9% Wähleranteil. Hier gingen die konservativen Wähler schlichtweg nicht zur Wahl. Die Wahlbeteiligung lag bei nur 21,1%.
[21] In Mergentheim gewann 1912 der Bauernbündler Friedrich Vogt bei rund 80% Wahlbeteiligung bereits im ersten Wahlgang mit der Unterstützung des Zentrums das Mandat gegen einen Nationalliberalen.
[22] A. GAWATZ, Wahlkämpfe, 2001, S. 351 ff. Hier auch zur Entwicklung der Wahlbeteiligungen bei den ersten und zweiten Wahlgängen.
[23] In Geislingen standen sich in der Stichwahl die drei Gruppierungen Zentrum, DP und Konservative sowie VP und SPD gegenüber. Hier bekam der Kandidat der DP, der Ökonomierat Nikolaus Bantleon, im zweiten Wahlgang geschlossen die Stimmen der Konservativen, unterlag aber dennoch gegen das Zentrum.

wo das Zentrum bedeutungslos oder der Konkurrent die allein antretende Sozialdemokratie war und die Volkspartei unterstützend dem »Kartell« beitrat.[24]

Seit 1906 waren massive Aufforderungen der konservativen Parteileitungen zu lesen, die Wahlparolen seien »strengstens« einzuhalten.[25] Beginnen wir mit der Problematik bei einer Konstellation, die bei den Reichstagswahlen von 1912 relevant war. Hier kam es in vier Wahlkreisen zu einer Stichwahl zwischen Volkspartei und Sozialdemokratie, bei der die Konservativen und das Zentrum die Parole der strengsten Wahlenthaltung ausgaben. In den katholischen Oberämtern der Wahlkreise gehorchte die Wählerschaft des Zentrums, abzulesen am dem drastischen Rückgang der Wahlbeteiligung im zweiten Wahlgang.[26] Anders dagegen die konservativen Wähler: In allen betroffenen Oberämtern mit überwiegend protestantischer Bevölkerung, die größtenteils auch noch Hochburgen der beiden konservativen Parteien waren, ging die Wahlbeteiligung im zweiten Wahlgang nur unwesentlich zurück oder stieg sogar an. In allen Oberämtern konnte die Volkspartei auch ihren Stimmenanteil deutlich erhöhen. Die Wählerschaft hatte die Parole der Parteileitungen, bei der Wahl zwischen den zwei Übeln Volkspartei und SPD zuhause zu bleiben, nicht befolgt. Wenn es also zum Schwur kam, entschieden sich die konservativen Wähler auch für einen Demokraten.[27]

Wie stand es mit der Zusammenarbeit der beiden konservativen Parteien mit dem Zentrum? Das Verhältnis zeigte eine deutliche Asymmetrie zugunsten der konservativen Parteien. Bei den Landtagswahlen von 1906 hatte das Zentrum in zwölf Wahlkreisen in der Stichwahl die Parole für einen konservativen Kandidaten ausgegeben, wo dieser dem »roten Kartell« gegenüberstand. In drei davon hatte es schon im ersten Wahlgang auf eine Zählkandidatur verzichtet. In neun von diesen zwölf Wahlkreisen lag allerdings der Wähleranteil des Zentrums im ersten Wahlgang bei maximal drei Prozent, meist noch deutlich darunter. Dort aber, wo der Katholikenanteil höher war, befolgten die katholischen Wähler die Parole auch und gaben im zweiten Wahlgang ihre Stimme einem konservativen Kandidaten. Bedeutend war der Fall vor allem in Münsingen, wo der Bauernbündler Eugen Nübling sein Mandat

---

[24] Beispielsweise bei den Reichstagswahlen 1907 im Wahlkreis III (Besigheim, Brackenheim, Heilbronn, Neckarsulm), bei den Reichstagswahlen 1912 in den Wahlkreisen IV (Böblingen, Leonberg, Maulbronn, Vaihingen) und V (Esslingen, Kirchheim, Nürtingen, Urach) sowie bei den Landtagswahlen 1912 in den Wahlkreisen Besigheim und Leonberg.
[25] Dt. Reichspost v. 19. Nov. 1906 und in der Folge v. 19. Nov. 1912.
[26] Betroffen waren die Wahlkreise VI (Reutlingen, Rottenburg, Tübingen), VII (Calw, Herrenberg, Nagold, Neuenbürg), IX (Balingen, Rottweil, Spaichingen, Tuttlingen) und X (Gmünd, Göppingen, Schorndorf, Welzheim). Im Oberamt Rottenburg ging die Wahlbeteiligung von 88,4% auf 36,6% und in Spaichingen von 86,8% auf 37,5% zurück.
[27] Wahlbeteiligung im 1. Wahlgang/2. Wahlgang (Wähleranteil der VP im 1. Wahlgang/im 2. Wahlgang): Calw: 83,5%/75,7% (34,4%/48,9%); Herrenberg: 79,9%/60,5% (24,9%/42,7%); Nagold: 84,3%/74,6% (34,0%/53,1%); Neuenbürg: 82,8%/84,2% (31,6%/42,4%); Schorndorf: 86,7%/92,1% (41,5%/58,4%); Welzheim: 75,5%/82,2% (30,3%/52,2%). Besonders deutlich war der Wählerwechsel zur Volkspartei dort, wo die Konservativen im ersten Wahlgang beträchtliche Wähleranteile hatten: Calw: 25,2%; Herrenberg: 41,0%; Nagold: 30,2%.

mit massiver Unterstützung des Zentrums gewann.[28] Nur im Wahlkreis Neckarsulm kam es noch zur direkten Konfrontation zwischen Konservativen und Zentrum in einer Stichwahl. Ähnlich sahen die Verhältnisse bei den Landtagswahlen von 1912 aus, wo sich das Zentrum bereits im ersten Wahlgang in vier Wahlkreisen für einen Bauernbündler ausgeprochen hatte. Profitiert hatte davon Friedrich Vogt im Wahlkreis Mergentheim.[29] Allerdings bildete der Wahlkreis Tuttlingen hier eine Ausnahme. In der Stichwahl hatte Theodor Körner seine Kandidatur aufrechterhalten und das Zentrum trotz eines Wähleranteils von 15,8 Prozent im ersten Wahlgang verzichtet. Hier, wo es um die Unterstützung der Volkspartei gegen die SPD und um die Mandatsmaximierung statt der symbolischen Unterstützung einer Zählkandidatur ging, wechselten die Zentrumswähler fast geschlossen zur Volkspartei.[30]

Auch die Reichstagswahlen bestätigen die Ergebnisse: 1907 verzichtete das Zentrum, nachdem es sich im ersten Wahlgang bereits für den Bauernbündler Wolff im III. Wahlkreis ausgesprochen hatte, nur in zwei weiteren Wahlkreisen auf eine Stichwahlbeteiligung, wo sein Wähleranteil im ersten Wahlgang irrelevant gering gewesen war.[31] Massiver war die Unterstützung bei den Reichstagswahlen 1912. In vier Wahlkreisen, in denen ein konservativer Kandidat gegen das »rote Kartell« antrat, sprach sich das Zentrum für den Konservativen aus.[32] Vor allem im VIII. Wahlkreis, wo wiederum der Bauernbündler Nübling antrat, sowie im XIV. Wahlkreis mit dem Bauernbündler Andreas Graf, wurde von den katholischen Wählern die Parole eingehalten.[33] Allerdings konnte mit der Unterstützung kein Mandat gewonnen werden. Die einzige erfolgreiche Stichwahl im XI. Wahlkreis mußte der Bauernbündler Wil-

---

[28] In Münsingen hatte Nübling bei fast gleichbleibender Wahlbeteiligung im zweiten Wahlgang mehr als das zweieinhalbfache an Stimmen gegen die VP erhalten, die gerade einmal fünfzig Stimmen zulegen konnte. Die weiteren Beispiele waren Heilbronn-Amt, wo die SPD gewann, und Crailsheim, wo der Bauernbündler Berroth sein Mandat mit der Unterstützung der DP und des Zentrums behaupten konnte.
[29] In der Stichwahl sprach sich das Zentrum in 14 Wahlkreisen für den Bauernbund aus. In fünf davon war es allerdings schon im ersten Wahlgang nicht angetreten, die restlichen waren bis auf Tuttlingen Wahlkreise, in denen das Zentrum im ersten Wahlgang nur selten mehr als drei Prozent Wähleranteil erreicht hatte: Backnang, Böblingen, Brackenheim, Vaihingen, Waiblingen, Calw, Sulz, Tübingen-Amt, Gerabronn, Heidenheim, Schorndorf und Kirchheim.
[30] Bei nur geringem Rückgang der Wahlbeteiligung von 2,6% sank Theodor Körner von 347 Stimmen im ersten Wahlgang auf 168 im zweiten Wahlgang ab. Weiteres Beispiel: Bei der Landtagsersatzwahl in Nürtingen im Mai 1908, als der Bauernbündler Jakob Knapp in der Stichwahl einem Sozialdemokraten unterlag, mußte man auf konservativer Seite dem Zentrum vorhalten, die Hälfte seiner Wählerschaft sei bei der Stichwahl zuhause geblieben. Von einem »Nürtinger Vertrag« könne also also der Gegner hier kaum sprechen (Dt. Reichspost v. 12. Mai 1908).
[31] Wahlkreis IV (Böblingen, Leonberg, Maulbronn, Vaihingen) und Wahlkreis VII (Calw, Herrenberg, Nagold, Neuenbürg).
[32] Wahlkreis III (Besigheim, Brackenheim, Heilbronn, Neckarsulm), Wahlkreis VIII (Calw, Herrenberg, Nagold, Neuenbürg), Wahlkreis XI (Backnang, Hall, Öhringen, Weinsberg) und Wahlkreis XIV (Geislingen, Heidenheim, Ulm).
[33] Am deutlichsten war der Fall im Oberamt Horb (Wahlkreis VIII), wo bei einem Katholikenanteil von fast 85% der Bauernbündler Nübling im ersten Wahlgang schon 67,9% Wähleranteil errang und diesen im zweiten Durchgang noch steigern konnte.

helm Vogt aus eigener Kraft gewinnen, weil das Zentrum nur über minimale Wähleranteile verfügte.

Während die konservative Presse dem Zentrum immer wieder eine »wohlgeschulte Wählerschaft« bescheinigte[34], mußte man zugestehen, daß die eigene Wählerschaft nur in geringem Ausmaß bereit war, über die konfessionelle Grenze hinwegzuspringen. Bereits das Bündnis bei der Münsinger Landtagsersatzwahl von 1903 hatte gezeigt, daß die Wähler des Bauernbundes der Parole ihrer Bundesleitung nicht gefolgt waren. Bei den Landtagswahlen von 1906 war in keiner der Stichwahlen, in denen das Zentrum stand, eine Wahlaussage der konservativen Parteien für die Katholiken ausgesprochen worden. In drei Wahlkreisen waren dagegen die Konservativen in der Stichwahl der Deutschen Partei gegen das Zentrum beigesprungen. Das schwarzblaue Bündnis hatte hier noch keine Bedeutung.

Bei den Landtagswahlen von 1912 kam es wiederum im heftig bekämpften Wahlkreis Neckarsulm zu einer Stichwahl zwischen Bauernbund und Zentrum. Nachdem 1906 der Bauernbund gewonnen hatte, siegte nun das Zentrum. In Künzelsau kam es zur gleichen Konstellation, wo allerdings der Bauernbund die Oberhand behielt. Neben diesen beiden Fällen war das Zentrum nur noch in zwei Wahlkreisen in einer Stichwahl vertreten. Die Unterstützung durch die konservativen Parteien war dabei im Wahlkreis Oberndorf irrelevant, weil sie im ersten Wahlgang bei 88,5 Prozent Wahlbeteiligung gerade 30 Stimmen bekommen hatten. Zudem war der Kandidat des Zentrums der Arbeitersekretär Josef Andre, der sowohl ländlichen auch als städtischen konservativen Wählern nur schwer zu vermitteln gewesen wäre. Anders hingegen im Oberamt Geislingen, wo immerhin mehr als 700 konservative Stimmen zu lenken waren und in der Stichwahl ein nationalliberaler Regierungsrat einem Schuhmachermeister vom Zentrum gegenüberstand. Das Wahlergebnis läßt hier zumindest vermuten, daß sich ein Großteil der konservativen Wähler im zweiten Wahlgang für den katholischen Mittelständler und gegen den Regierungsrat entschied.[35]

Bei den Reichstagswahlen kam es 1907 in zwei Wahlkreisen zu einer Stichwahl zwischen dem Zentrum und einem gesamtliberalen Kandidaten. Die konservativen Parteien hatten für beide Entscheidungen von ihrer Wählerschaft die Stimmenthaltung gefordert. Im Wahlkreis IV, wo sie sowohl organisatorisch als auch nach der Stimmenzahl völlig unbedeutend waren, war die Frage von keiner Bedeutung. Im VIII. Wahlkreis hingegen hatte der Bauernbundskandidat wenigstens in einem der vier zugehörigen Oberämter mit 7,5% der Wahlberechtigten einen Achtungserfolg erringen können. Hier ging die Wahlbeteiligung geringfügig zurück, aber ein Teil der konservativen Wähler hatte trotzdem für den Zentrumskandidaten gestimmt, der gegen einen demokratischen Fabrikanten angetreten war.[36] Bei den Reichstags-

---

[34] Dt. Reichspost v. 22. Dez. 1906.
[35] Die Wahlbeteiligung war im zweiten Wahlgang von 81,9% auf 88,6% angestiegen. Die Wähleranteile der Kandidaten im ersten und zweiten Wahlgang: N: 27,1%/36,0%; Zentrum: 23,7%/33,5%; SPD: 23,0%/ 19,2%; BK: 8,0%.
[36] Die Wahlbeteiligung war von 80,6% im ersten auf 76,2% im zweiten Wahlgang zurückgegangen. Die Wähleranteile der Kandidaten im ersten und zweiten Wahlgang: VP: 40,4%/65,9%; Z: 7,5%/

wahlen von 1912 stand das Zentrum in keiner einzigen Stichwahl mehr. Hier waren die Bündnisse durch die Abstinenz der konservativen Parteien im ersten Wahlgang geschlossen worden, wo sie in den vier neuwürttembergischen Wahlkreisen auf eine Kandidatur verzichtet und das Zentrum offen unterstützt hatten. Profitiert hatte das Zentrum dabei nur in ausgesprochen wenigen Fällen.[37]

Die Beispiele zeigen, daß die konservativen Parteien deutlich stärker von der schwarzblauen Kooperation profitierten als das Zentrum. Genauer gesagt profitierte vor allem der Bauernbund, denn alle Kandidaten, die das Zentrum unterstützt hatte, waren explizite Bewerber des Bauernbundes. Diese Erscheinung korrespondierte mit der generellen Entwicklung der Parteien, die sich auch in der Weimarer Zeit fortsetzte. Eine politische Kraft, die wie der Bauernbund in ihrer thematischen Dominanz ein soziales Merkmal wie die landwirtschaftliche Erwerbstätigkeit vertrat, konnte bei Wählergruppen gewinnen, die ›cross-pressure‹-Strukturen ausgesetzt waren. In der Praxis bedeutete dies, daß ein katholischer Bauer eher den Bauernbund wählen konnte, als ein protestantischer Bauer das Zentrum. Andererseits machte es dies den Wählern einer Partei, die ein Ausschließlichkeitsmerkmal vertrat, wie beispielsweise die SPD das der Arbeiter, unmöglich, eine Partei zu wählen, die dieses Merkmal nicht repräsentierte. Die Zusammenarbeit zwischen den konservativen Parteien und dem Zentrum funktionierte also dort über die konfessionellen Grenzen hinweg, wo ein landwirtschaftlicher Kandidat zur Wahl stand. Allerdings hatte für die Wähler des Bauernbundes nur selten der Zwang bestanden, einer Aufforderung ihrer Parteileitung zur Wahl des Zentrums zu folgen. Die beschriebenen Fälle zeichnen also eher die Entscheidung der Bauernbundleitung nach. Und diese bedankte sich bei den katholischen Wählern und der Zentrumsführung.[38] Allerdings sollte es zu einer Wiedergutmachung so schnell nicht kommen, denn die nächsten Wahlen standen erst sechs Jahre später unter veränderten Umständen an.

10,3%; SPD: 25,1%; BK: 7,5%. Auch in den anderen Oberämtern (Freudenstadt, Horb und Oberndorf) muß wenigstens ein Teil der konservativen Wähler im zweiten Wahlgang für das Zentrum gestimmt haben.

[37] Im Wahlkreis XIII (Aalen, Ellwangen, Gaildorf, Neresheim), Wahlkreis XV (Blaubeuren, Ehingen, Laupheim, Münsingen); Wahlkreis XVI (Biberach, Leutkirch, Waldsee, Wangen) und im Wahlkreis XVII (Ravensburg, Riedlingen, Saulgau, Tettnang). In den katholischen Oberämtern war die Aussage für das Zentrum irrelevant. In den dominant evangelischen Oberämtern blieb sie weitgehend unbefolgt. In Gaildorf z. B. errang Eugen Bolz bei einem Katholikenanteil von 6,2% einen Wähleranteil von 7,4%. Hier kann also nur ein Bruchteil der evangelischen Wahlberechtigten für den Katholiken gestimmt haben. Im annähernd paritätischen Oberamt Münsingen hingegen profitierte der Kandidat Gröber nur marginal von der Aussage der Konservativen für das Zentrum. Bei einem Katholikenanteil von 37,4% im Oberamt gewann er 39,6% der Wahlberechtigten bei einer Wahlbeteiligung von 85,5%. Die beiden evangelischen Gegenkandidaten von der VP und der SPD errangen zusammen einen Wähleranteil von 60,3%. Hier, wo bei der letzten Landtagswahl der Bauernbund mit Eugen Nübling noch 19,3% im ersten Wahlgang erreicht hatte, kann nur ein minimaler Bruchteil der konservativen Wähler für das Zentrum gestimmt haben.

[38] Danksagungen des Bauernbundes an die »teilweise uneigennützige Unterstützung« durch das Zentrum in Schw. Landmann v. 15. Jan. 1912 u. v. 1. Febr. 1912: »In Zukunft wollen wir nicht mehr das hervorkehren, was trennt, sondern das, was uns gemeinsam ist für den konfessionellen Frieden.«

3. Gescheiterte Listenverbindungen und zersplittertes Bürgertum nach 1918

Mit dem neuen Wahlrecht entfiel ab 1918 die lokale und personenorientierte Kompromißlinie der früheren Wahlen. Bündnisse wurden nun nicht mehr in Form von lokal differenzierten Wahlabsprachen, sondern entweder zwischen Parteiführungen über von Listenverbindungen oder aber als parlamentarische Koalitionen geschlossen. Vor allem die bürgerlichen Kritiker waren sich einig, daß mit dem neuen Wahlrecht zwei Faktoren der Wahlen aus dem Kaiserreich verschwunden waren: die Persönlichkeit und die Versöhnlichkeit. Denn fortan müsse der Wähler Männer und Frauen wählen, die »ihm eine fürsorgliche, in der Residenzstadt unter Ausschluß der Öffentlichkeit tagende Parteileitung in ihren mitunter unerforschlichen Ratschlüssen vorzuschreiben für gut befand«.[1] Die Entpersonalisierung durch das Listenprinzip war ein allgemein beklagter Zustand, der in Württemberg mit seiner Tradition des Kumulierens und Panaschierens bei Kommunalwahlen und bei den Proporzwahlen seit 1906 stark moniert wurde.[2]

Als eine der Ursachen für die Zersplitterung des Parteiensystems in der Weimarer Republik sind neben der sozialstrukturell bedingten Segmentierung der Gesellschaft institutionelle Faktoren zu nennen. Vor allem das Wahlsystem gilt als eines der Funktionsdefizite des Weimarer Parlamentarismus. Das Reichswahlgesetz von 1920 basierte auf dem nahezu reinen Proporzprinzip und begünstigte kleine Parteien. Auch das Verbinden von Parteilisten war nun untersagt.[3] Es gab lediglich die Möglichkeit, die Listen innerhalb eines Wahlkreisverbandes – für Württemberg war dies Baden – zu verbinden, sofern die Listen einem gemeinsamen Reichswahlvorschlag angeschlossen waren. Anders dagegen das württembergische Landeswahlgesetz. Neben seinen diversen Abweichungen von der Reichsregelung[4] gab es die

---

[1] Schw. Kronik v. 22. Jan. 1919 A.
[2] Von 1919 bis 1922 wurden in Gemeinden über 500 Einwohnern und seit 1922 in allen Gemeinden die Gemeinderäte nach dem Verhältniswahlsystem gewählt, bei dem das Kumulierens bis zu drei Stimmen und das Panaschieren erlaubt war (B. Mann/G. Nüske, Württemberg, 1985, S. 574). Ausgenommen waren die Großstädte Stuttgart und Ulm, für die bis 1928 erfolglos diskutiert wurde, das Kumulieren und Panaschieren einzuführen, weil man sich davon eine höhere Wahlbeteiligung versprach (Süddt. Ztg. v. 10. Juli 1928). Entsprechend mußten die Parteien immer wieder darauf hinweisen, daß beide Möglichkeiten bei den Reichs- und Landtagswahlen nicht gegeben waren (z.B. Schw. Tagesztg. v. 5. Juni 1920). Gegen das Kumulieren und Panaschieren bei Gemeinderatswahlen wandte sich 1926 die Bürgerpartei, die der Meinung war, die Verhältniswahl habe auf dem Lande ein Fiasko erlebt, weil sich die parteipolitische Einstellung der Bevölkerung nicht entsprechend ihrer »wirtschaftlichen und sozialen Mischung« durchgesetzt habe. Mit dem Panaschieren verkomme die Verhältniswahl zur »Verwandtschaftswahl« und durch das Kumulieren zur »Sippenwahl aus kleinlichem Neid heraus« (Süddt. Ztg. v. 23. Febr. 1926).
[3] Die Regelungen waren in § 16 und § 19 des Reichswahlgesetzes festgelegt, abgedr. bei A. Milatz, 1965, S. 41 ff. Zur Diskussion über das neue Reichswahlgesetz z.B. Schw. Kronik v. 18./19. April 1920 M.
[4] Zur Erklärung beider Wahlgesetze siehe oben S. 45 f.

Schaubild 3: Anzahl der kandidierenden Parteien in Württemberg und im Deutschen Reich 1919–1933

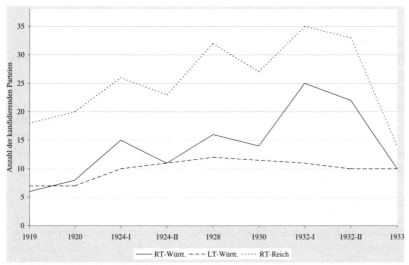

Quelle: Wahldatensatz u. Dt. Reichsanzeiger. Für die Reichstagswahlen auf Reichsebene sind nur die Reichswahlvorschläge und solche Kreiswahlvorschläge aufgenommen, die in mehr als einem Wahlkreisverband kandidierten. Nicht aufgenommen sind die regionalen Sonderparteigründungen, die die Werte für die Reichsebene deutlich erhöht hätten.

Möglichkeit, Parteilisten zu verbinden.[5] Darüber hinaus benachteiligte es Splitterparteien, was diese teilweise davon abhielt, bei Landtagswahlen anzutreten. Schaubild 3 zeigt den Unterschied in der Zahl der kandidierenden Parteien zwischen Württemberg und dem Reich, die die Fragmentierung des Parteiensystems zeigt und als Indikator für die Fragmentierung der Wählerschaft gesehen werden kann, wenn sie auch nicht mit ihr gleichzusetzen ist.[6]

Neben der tradierten Fragmentierung des Parteiensystems wird der Wahlgesetzgebung in der Weimarer Republik ein Anteil an der weitergehenden Parteienzersplitterung zuzurechnen sein. Dennoch ist der ältere Erklärungsansatz, wonach bestimmte Wahlsysteme auch gewisse Parteiensysteme generieren – in diesem Falle das Verhältniswahlrecht ein Mehr- oder Vielparteisystem mit starren Fronten –, multikausalen Erklärungen gewichen.[7] Betont wird, daß die Veränderung einer Va-

---

[5] Lobend dazu die Schw. Kronik v. 18./19. April 1920 M: »Die Bedeutung der Listenverbindung besteht nicht nur in der Verwertung der Reststimmen, sondern darin, daß unter den verbundenen Gruppen das Gemeinsame, Verbindende bei aller Wahrung der Selbständigkeit der einzelnen Gruppe gepflegt, das Trennende zurückgestellt, dadurch dem Wahlkampf die Schärfe genommen und eine Koalition der Parteien, auf die ja die politische Entwicklung hindrängt, schon bei den Wahlen angebahnt wird.«
[6] Bei zahlreichen Parteien mit geringem Stimmanteil kann kaum von einer Fragmentierung des Elektorats gesprochen werden.
[7] F. A. HERMENS, 1933 u. M. DUVERGER, 1983. Frühzeitig gegen die These: H. FENSKE, Wahlrecht und Parteiensystem, 1972, v. a. S. 34.

riable nicht zwangsläufig zur Veränderung des Gesamtsystems führen muß und daß ein wahlsystemimmanenter Blick die politisch-kulturellen Faktoren der Wahlpraxis ausblendet.[8]

Wie waren also die jeweiligen Varianten des Verhältniswahlrechts auf Landes- und Reichsebene in der Mentalität der Wählerschaft akzeptiert und verankert? In welcher Kontinuität zu den Bündnisstrukturen im Kaiserreich standen die Wahlen in der Weimarer Republik und mit welchen Erblasten hatten sie zu kämpfen? Zu fragen ist aber auch nach positiven Kontinuitäten, denn allein die Tatsache, daß für die württembergischen Landtagswahlen die Frage der Listenverbindungen einer der meistdiskutierten Punkte im Vorfeld der Wahlen war, zeigt eine Tradition der Ko- operation. Sie war durch die Proporzwahlen seit 1906 vorbereitet und hätte zumin- dest partiell einen Ersatz für die im Kaiserreich praktizierten Formen der Wahl- bündnisse bilden können.

a) Fragmentierung des Parteiensystems durch »Listenfanatiker«

Vor allem auf bürgerlicher Seite wurde anhand der Listenproblematik und der Klein- parteien die Fragmentierung des Parteiensystems als verhängnisvolle Zersplitterung interpretiert. Konzentrieren wir uns zunächst auf die Landesebene. Hier war noch Ende November 1918 das Zentrum in der parteipolitischen ›Stunde Null‹ und un- geachtet aller Unterschiede in der Kriegszielpolitik mit einer Initiative zur Verbin- dung aller bürgerlichen Listen gegen den Sozialismus vorgeprescht.[9] Daraufhin wurde in der Presse eine rege Diskussion über die Gruppierung der Parteiblöcke geführt, die rasch wieder in den tradierten Bahnen verlief. Die DDP lehnte eine über- konfessionell-gesamtbürgerliche Einigung ab, woraufhin auch das Zentrum von ei- ner alleinigen Verbindung mit der Bürgerpartei Abstand nahm.[10] Die Verantwor- tung für die Zersplitterung des Bürgertums sahen Zentrum und Bürgerpartei bei der DDP.[11] Im Endeffekt verband die Bürgerpartei im alten Vorkriegsbündnis ihre Liste mit dem Bauernbund, der sich aus der gesamten Diskussion herausgehalten hatte und statt dessen die Möglichkeit nutzte, auf Landesebene verbundene regiona- le Listen anzufertigen. Er trat in drei Gruppierungen an: als »Württembergischer Bauernbund« für Altwürttemberg, als »Württembergische Weingärtner und Klein- bauern« für den fränkisch-hohenlohischen Landesteil und als »Vereinigung der Landwirte« in Oberschwaben.[12]

---

[8] Zur Diskussion TH. KÜHNE, Wahlrecht – Wahlverhalten – Wahlkultur, 1993, v.a. S. 482ff.
[9] Schw. Kronik v. 4. Jan. 1919 M.
[10] Schw. Kronik v. 5. Jan. 1919 M u.v. 7. Jan. 1919 M. Andererseits wurde offensichtlich in Teilen der DDP ein Listenbündnis mit der Mehrheitssozialdemokratie ventiliert, das wiederum an den ehemali- gen Nationalliberalen in der neuen Fusionspartei scheiterte (Schw. Kronik v. 15. Jan. 1919 M).
[11] Süddt. Ztg. v. 21. Jan. 1919 u. Dt. Volksbl. v. 20. Jan. 1919.
[12] Vor allem die DDP brandmarkte dies als »Wahlschwindel« und als Beleg dafür, daß die Bürger- partei vollends am Rockzipfel des Bauernbundes hänge (Beobachter v. 15. Jan. 1919).

Anders sahen die Verhältnisse auf der kommunalen Ebene aus, aber auch hier schlug sich sukzessiv das Muster nieder, das die Reichsverhältnisse widerspiegelte. Besonderes Augenmerk bei den Kommunalwahlen wurde auf die Landeshauptstadt gelegt. Im Sommer 1919 war hier eine gesamtbürgerliche Liste noch an der DDP gescheitert, die Wert darauf gelegt hatte, völlig allein zu marschieren.[13] Angesichts der Notlage bei den nächsten Kommunalwahlen im Dezember 1922 kam es dann jedoch zur gesamtbürgerlichen Einigung. Dem »natürlichen Empfinden ihrer Wählerschaft« seien die Parteidemokraten erlegen, betonte die *Süddeutsche Zeitung*, die immer wieder auf die bedingungslose Bereitschaft der Bürgerpartei zur Kooperation verwies.[14] Gleichzeitig wurde das Ergebnis der Stuttgarter Wahl als landespolitischer Wegweiser gewertet, weil hier erstmals in einer deutschen Großstadt eine deutschnationale Partei nicht nur an der Spitze der bürgerlichen, sondern an der Spitze aller Parteien stand.[15]

Die Phase der Kooperation auf kommunaler Stuttgarter Ebene war damit aber auch schon beendet. Im Winter 1925 lehnten sowohl das Zentrum als auch die DDP eine erneute Listenverbindung ab. Beim Zentrum war die Absage besonders prekär, denn schließlich befand man sich seit mehr als einem Jahr in einer landespolitischen Koalition mit der Bürgerpartei.[16] Obwohl in der Presse immer wieder betont wurde, in den meisten Gemeinden des Landes stünden sich mit den sozialistischen und den bürgerlichen Parteien zwei feste Blöcke gegenüber, kam es in Stuttgart auch bei den folgenden Kommunalwahlen zu keiner Einigung mehr.[17] 1928 lehnte der Parteisekretär der DDP im Namen seiner Partei die Kooperation mit der

---

[13] Südd. Ztg. v. 16. Mai 1919.
[14] Südd. Ztg. v. 17. Nov. 1922, v. 28. Nov. 1922 u. v. 1. Dez. 1922; Schw. Kronik v. 8. Dez. 1922. Vgl. auch Parteileitung Bürgerpartei an Ortsgruppen v. Nov. 1922 (NL Hiller) mit der Aufforderung, in möglichst allen großen Gemeinden bürgerliche Einheitslisten zu initiieren.
[15] Südd. Ztg. v. 12. Dez. 1922 mit dem Ergebnis der Kommunalwahlen.
[16] Schw. Kronik v. 28. Nov. 1925 u. Südd. Ztg. v. 2. Dez. 1925 u. v. 10. Dez. 1925.
[17] Für die Kommunalwahlen in der Weimarer Zeit liegt keine Untersuchung vor. Die Verhältnisse in den Städten waren sehr unterschiedlich. Für 1925 und 1928 konstatierte die Schw. Kronik v. 2. Dez. 1925 u. v. 24. Nov. 1928 eine Mehrheit der Gemeinden, in denen ein sozialistischer einem bürgerlichen Block entgegenstehe. Dennoch dürfte das Bild vielfältiger gewesen sein. In Tübingen z. B. traten außer BP und DVP, die ihre Listen verbunden hatten, alle Parteien auf. In Heidenheim hingegen traten alle bürgerlichen Parteien mit dem Zentrum geschlossen auf. In Heilbronn hatten sich BP, BB und DVP verbunden. In Ulm hingegen scheiterte eine gesamtbürgerliche Liste an zwei alldeutschen Kandidaten der BP, die für die anderen Parteien und den Oberbürgermeister inakzeptabel waren (Südd. Ztg. v. 10. Dez. 1925). Anders waren die Verhältnisse in den kleinen Gemeinden. In Gaildorf etwa standen sich zwei Gruppen gegenüber: eine Vereinigung der bürgerlichen Parteien und der Wirtschaftsgruppen einerseits und die »Vereinigten Verbraucher« andererseits (Schw. Kronik v. 3. Dez. 1928). In Waiblingen kandidierten überparteiliche Bürgerblöcke: ein Bürgerblock I aus BP, WBW, DVP, CSVD und VRP sowie ein Bürgerblock II aus der DDP, dem Gewerbeverein und einer Vereinigung Industrieller (Südd. Ztg. v. 27. Nov. 1928). In zahlreichen kleinen Ortschaften traten »Wirtschaftliche Vereinigungen« oder »Beamtenbünde« gegen Listen der »Arbeiter und fortschrittlich gerichteten Handwerker« an. Auf dem Land wiederum kandidierten »Landwirtschaftliche Ortsvereine«, hinter denen meist der Bauernbund stand, der nur in Neckarsulm und in Brackenheim eine reine Parteikandidatur aufgestellt hatte (Schw. Tageszg. v. 9. Dez. 1925).

Bürgerpartei ab, weil sie nicht der politischen Lage im Reich und in Württemberg entspreche. Auch das Zentrum und der Christliche Volksdienst gaben dem Initiativantrag der Bürgerpartei eine Absage. Die *Schwäbische Kronik* resümierte fast resigniert: »Das Elementare der Selbsterhaltung der bürgerlichen Parteien, die Listenverbindung, ist an der DDP gescheitert.«[18]

Was in den großen Städten – wo die Unterschiede in der »hohen inneren und äußeren Politik« als weniger wichtig gewertet wurden[19] – nicht umgesetzt werden konnte, kam auch auf Landesebene nicht zustande. Zum gängigen verbalen Schlagabtausch vor den Wahlen wurde die gegenseitige Schuldzuweisung, »Spaltkeim der bürgerlichen Zersplitterung« zu sein.[20] Das selbstreferentielle Sinnieren über den Verlust der bürgerlichen Einheit nahm zusehends Raum ein. Für die großen Parteien wurde es wichtiger, den »Listenfanatikern« und ihren Splitterparteien die Berechtigung abzusprechen.[21] Immer wieder wurde die »ins Groteske gehende Listenhäufung« moniert und der dadurch bedingte Selbstdelegitimierungsprozeß der Politik beklagt. Demgegenüber waren die Splitterparteien bemüht, ihre Existenzberechtigung zu demonstrieren.[22]

Die Quintessenz der Diskussion war: je kleiner eine neu auftretende Partei war, desto hochtönender war ihr Sammlungspathos und ihre deklamierte Absicht, als gänzlich neue Kraft die Zersplitterung des Parteiwesens überwinden zu wollen. Die Kommentatoren in der Presse hingegen waren sich unklar darüber, ob der Rückgang der Wahlbeteiligung – vor allem der dramatische Abfall 1928 – nun an der Verschärfung der Wahlkämpfe, am nachlassenden Integrationspotential der großen Parteien oder aber daran liege, daß der Wähler den Wahlzettel kaum mehr überschauen könne.[23]

Zu Listenverbindungen einzelner Parteien kam es in den Weimarer Jahren nur noch ausgesprochen selten. Die wichtigsten davon waren die »Völkisch-Vaterländische Einheitsliste« zwischen der Bürgerpartei und den Vaterländischen Verbänden, die allerdings eher einer drohenden Parteiabspaltung zuvorkam, als daß sie eine Kooperation zweier Parteien gewesen wäre. Zu den Landtagswahlen 1932 wurde dann von den Volkskonservativen ein frühzeitig geplanter letzter Versuch unternommen, mit einer Einheitsliste die gemäßigte Rechte unter einem Dach zusammenzuführen. Allerdings wurde hier schon von Anfang an Zweifel über die Anbindung zur DVP geäußert. Die gut ein Jahr dauernden Verhandlungen zwischen dem Bauernbund, den Volkskonservativen um Bazille, der DVP, der Deutschen Staatspartei,

---

[18] Schw. Kronik v. 27. Nov. 1928 A u. v. 7. Dez. 1928 M.
[19] Süddt. Ztg. v. 10. Juli 1928.
[20] Süddt. Ztg. v. 7. Mai 1928 u. Schw. Kronik v. 28. April 1928.
[21] Süddt. Ztg. v. 15. April 1924 u. v. 30. April 1924.
[22] Süddt. Ztg. v. 9. Mai 1928. Auch der CSVD, der ja als schicht- und parteiübergreifende Gruppe des gelebten Christentums gegen die Zersplitterung angetreten war, rechtfertige seine Kandidatur 1928 mit der »Wahlnot der Christen in der derzeitigen Parteilage« (Christl. Volksdienst v. 21. April 1928).
[23] Schw. Kronik v. 22. Mai 1928 u. Stuttg. Neues Tagbl. v. 24. Mai 1928.

der Wirtschaftspartei und der Volksrechtpartei scheiterten im März 1932 vor allem an personellen Fragen und an der Auseinandersetzung darüber, wie ein gemeinsamer Wahlkampf durchzuführen sei. Im Ergebnis stand eine mühsam ausgehandelte Einheitsliste von DVP und Bazilles Volkskonservativen, mit der man »endlich etwas gegen den Radikalismus« tun wolle.[24] Mit 1,6 Prozent der gültigen Stimmen war das Ergebnis ausgesprochen dürftig.

b) Zwischen föderaler Eigenständigkeit und reichspolitischem Sog

Für die Reichstagswahlen zeigen sich zwei wesentliche Aspekte. Zum einen war die Fragmentierung hier noch größer als bei den Landtagswahlen, weil die Chancen der kleinen Parteien auf ein Mandat höher waren. Allerdings mußten die Parteien kooperieren, wenn sie nicht nur ein Mandat über den gemeinsamen Anschluß an einen Reichswahlvorschlag, sondern im Wahlkreis direkt gewinnen wollten. Denn nach der automatischen Methode mit der fixierten Wahlzahl mußten hierzu mindestens 60 000 Stimmen errungen werden. Zum zweiten stellte sich bei den Reichstagswahlen eine andere Problematik mit der ab 1920 notwendigen Anschlußerklärung an einen Reichswahlvorschlag. Dies erforderte die Erklärung für eine Partei auf Reichsebene und sprach zumindest in der Umgruppierungsphase nach 1918 gegen die regionalspezifische Struktur des württembergischen Parteiensystems. Hiervon war vor allem die Bürgerpartei mit ihrem beachtlichen Anteil ehemaliger Nationalliberaler betroffen. Für den Bauernbund sahen die Verhältnisse anders aus. Das Problem der Anschlußerklärung offenbarte hier zunehmend seine reichspolitische Isolierung.

Beginnen wir mit dem ersten Aspekt. Die Zahl der zu den Reichstagswahlen im Wahlkreis Württemberg antretenden Parteien war deutlich höher als bei den Landtagswahlen. Hier fanden die Vertreter der Splitterparteien einen erfolgversprechenderen Ansatzpunkt, ihre meist ökonomisch definierten Maximalforderungen zu vertreten.[25] Dennoch traten im Reichstagswahlkreis Württemberg deutlich weniger Parteien an, als es Reichswahlvorschläge gab.[26] Im Dezember 1924 hatte etwa der Hypothekengläubiger- und Sparerschutzverband trotz seines Protests gegen die

---

[24] Vgl. hierzu die Korrespondenz zwischen Theodor Körner (alt) und Berthold Frhr. Hiller v. Gaertringen zwischen April 1931 u. April 1932 sowie die Denkschrift von Wilhelm Kohlhaas: »Darstellung der Verhandlungen über das Abkommen der Volkskonservativen Vereinigung mit der DVP in Stuttgart« v. März 1932 (NL Hiller). Der Hauptdissenspunkt in personellen Fragen waren Bazille und Kaltenboeck von den Volkskonservativen, die Johannes Rath von der DVP nicht akzeptieren wollte. In organisatorischen Fragen hatte Bazille es abgelehnt, überhaupt Wahlversammlungen abzuhalten.

[25] Zwei prominente Beispiele: Zu beiden Reichstagswahlen von 1924 war der ehemalige Kreisgeschäftsführer der BP, Jakob Reiner, für die Wirtschaftliche Vereinigung des Württembergischen Mittelstandes angetreten, die sich wiederum dem Reichswahlvorschlag der Wirtschaftspartei angeschlossen hatte. Zu den Landtagswahlen 1928 kandidierte er wiederum für die BP (siehe hierzu oben S. 291). Der Reichstagsabgeordnete der BP, Friedrich Siller, kandidierte aus Protest gegen die Mittelstandspolitik der DNVP bei den Reichstagswahlen 1930 für die Wirtschaftspartei. Bei den Landtagswahlen 1932 war er nicht mehr angetreten, hatte sich aber den Volkskonservativen angeschlossen (siehe hierzu oben S. 145).

[26] Siehe hierzu Schaubild 3, oben S. 461

mangelnde Vertretung auf den Listen der Bürgerpartei mit »Rücksicht auf die verworrene politische Lage und die innere Zerrissenheit« auf eine Kandidatur verzichtet. Begründet wurde die Zurückhaltung mit den »Fortschritten in der Aufwertungsfrage« und dem eigenen schwachen Wahlergebnis bei den vorangegangenen Landtagswahlen.[27] Mit ihrer maximalistischen Haltung zur Aufwertung hatte die Bürgerpartei hier noch den Protest der Interessenpartei integrieren können. Bereits zu den Reichstagswahlen von 1928 waren es jedoch 16 Parteien, die in Württemberg antraten. Dennoch wurde festgestellt, man stehe damit noch deutlich besser da als das »listengesegnete Reich« mit deutlich über 30 Gruppierungen.[28] Den Höhepunkt der Parteienfragmentierung bildete wie im Reich auch die Wahl im Juli 1932 mit 25 Listen in Württemberg.

Zur Erklärung der insgesamt schwächeren Zersplitterung ist ein ganzes Ursachenbündel anzuführen. Durch die Parallelität der Landtags- und Reichstagswahlen wurden zwar die Landtagswahlen inhaltlich von den Reichsthemen dominiert, gleichzeitig dürfte es aber für die Wähler plausibler gewesen sein, einer Partei beide Stimmen zu geben, die auch zu beiden Wahlen antrat. Den Vorrang hatten dabei die etablierten Parteien im Land. Hier konnte also die landespolitische Ebene auch Rückwirkungen auf die Reichspolitik haben.[29] Hinzu kamen Gründe, die nur mit der Mentalität der Wähler zu begründen sind. Schon von Zeitgenossen wurde der »Volkscharakter« der Württemberger angeführt. Genannt wurde die Organisationsunwilligkeit der Bevölkerung, die es neuen Parteien schwer mache, sich zu etablieren, die grundsätzliche Zurückhaltung gegenüber Neuerungen aus dem Reich und eine gewisse Aversion gegen eine parteipolitische Sondertümelei, die sich gegen die angestammten Parteivertretungen wandte.[30]

Zur Bildung einer Einheitsliste zweier oder mehrerer Parteien kam es jedoch auch zu den Reichstagswahlen nur selten. Wie auch bei den Landtagswahlen waren hierbei die bürgerlichen Parteien vor allem der gemäßigten Rechten beteiligt. Zur Wahl zur Nationalversammlung hatten Bauernbund und Bürgerpartei eine Einheitsliste gebildet. Sie war sowohl intern umstritten als auch in ihrer Wirksamkeit fraglich, vor allem aber hatte sie den politischen Gegnern Agitationsstoff geliefert.[31] Zu zwei weiteren Einheitslisten kam es erst 1930 wieder. Auf liberaler Seite hatte sich die Deutsche Staatspartei (DDP) mit der DVP verbunden, nachdem Verhandlungen über eine gesamtbürgerliche Liste gescheitert waren. Zwar war Württemberg das einzige Land, in dem diese Verbindung zustande kam, aber der Niedergang der Liberalen war dadurch nicht aufzuhalten. Für das schlechte Ergebnis wurden zwei Ursachen angeführt. Zum einen die landespolitischen Auswirkungen, wo man seit

---

[27] Süddt. Ztg. v. 15. Nov. 1924.
[28] Süddt. Ztg. v. 9. Mai 1928.
[29] Aus diesem Grund glich sich beispielsweise die Zahl der Parteien zur Reichstagswahl im Dezember 1924 wieder der Zahl der Parteien zur Landtagswahl im Mai 1924 an.
[30] J. GRIESMEIER, Reichswahlen, 1930/31, S. 80 u. 103f.
[31] Siehe oben S. 424. Vor allem der DDP und der SPD diente die Einheitsliste als Vorwurf der Wählertäuschung in Stadt und Land (Beobachter v. 13. Jan. 1919 u. Schw. Tagwacht v. 15. Jan. 1919).

März 1930 in der Regierungskoalition eingebunden war. Dies bestätigte die Regel der Weimarer Jahre, daß es keinen Regierungsbonus, sondern vielmehr einen Regierungs- und Kooperationsmalus gab. Als zweiter wesentlicher Grund wurde das Scheitern der Einbeziehung der Wirtschaftspartei angeführt, deren Reichsleitung eine Kooperation in Württemberg untersagt hatte.[32]

Das zweite Beispiel einer praktizierten Einheitsliste betraf das konservative Spektrum, das sich nach der Westarp-Abspaltung von der DNVP nochmals ausdifferenziert hatte. Die Initiative ging von Westarp aus, dem die Bildung einer gemeinsamen Reichsvorschlagsliste zwischen den Volkskonservativen und den im Landvolk zusammengefaßten Landbünden vorschwebte.[33] In Württemberg präsentierten der Bauernbund und die Volkskonservativen zur Reichstagswahl 1930 einen gemeinsamen Wahlvorschlag als »Partei der nationalen Sammlung«, an dessen Spitze Stauffenberg und hinter ihm Bazille als Vertrauensmann des Bauernbundes standen. Die Einheitsliste war der letzte Versuch eines Wahlbündnisses des städtischen und ländlichen Konservatismus, das allerdings von den Wählern nicht honoriert wurde.[34]

Wie sah es nun mit der Problematik der Anschlußerklärung an einen Reichswahlvorschlag aus? Für die Bürgerpartei stellte sich das Problem nur bis zu ihrer organisatorischen Eingliederung in die Reichs-DNVP im Herbst 1920. Bis dahin gab es den politischen Gegnern noch Anlaß, das landespolitische Profil der Partei anzugreifen. Vor allem der SPD diente es als Beleg dafür, die Bürgerpartei sei nur ein »Ableger der preußischen Junker- und Großagrarierclique«, während man im Lande den Wählern vorgaukle, eine eigenständige Partei zu sein.[35] Die Bürgerpartei wiederum mußte ihren Anschluß an die DNVP vor allem gegenüber den ehemaligen Nationalliberalen in den eigenen Reihen rechtfertigen. Während dies zur Wahl zur Nationalversammlung noch unproblematischer war, weil sich auch die Stresemann-Gruppe der Reichs-DVP der Reichsliste der DNVP angeschlossen hatte, war es 1920 ein Dissenspunkt, zumal nun auch die DVP im Land kandidierte.[36] In der Folgezeit war die Anschlußerklärung an die DNVP, vor allem nach der Führungsübernahme durch Hugenberg und Wider, keine Frage mehr. Auch die gemeinsame Reststimmenverwertung über den Wahlkreisverband mit der Christlichen Volkspartei (DNVP) in Baden war unumstritten.

---

[32] Schw. Kronik v. 7. Aug. 1930, v. 26. Aug. 1930, v. 6. Sept. 1930 u. v. 15. Sept. 1930. Vgl. auch D. LANGEWIESCHE, Liberalismus in Deutschland, 1988, S. 250 f.
[33] Westarp an Hiller v. 28. Juli 1930 (NL Hiller); Korrespondenz Westarp mit Vertretern der Bauernparteien in NL Westarp, VN 1, Nr. 1. Westarp schwebte eine Fraktionsbildung im Reichstag aus Landvolk, Württembergern, Welfen und fünf weiteren kleineren konservativen Gruppierungen vor.
[34] Schw. Tageszeitg. v. 30. Aug. 1930. Dazu die Kritik der Schw. Kronik v. 30. Aug. 1930, v. 31. Aug. 1930 u. v. 10. Sept. 1930, das Bündnis mit dem Bauernbund diskreditiere Bazille.
[35] Schw. Tagwacht v. 29. Mai 1920.
[36] Süddt. Ztg. v. 15. Jan. 1919 u. Schw. Kronik v. 9. Jan. 1919 M. Nach der Wahl zur Nationalversammlung wurde noch gemeldet, die Bürgerparteiler seien in der Nationalversammlung als »fraktionslos« anzusehen (Süddt. Ztg. v. 23. Jan. 1919). 1920 hatte man bereits vor der Wahl angekündigt, sich höchstwahrscheinlich der Fraktion der DNVP anzuschließen (Süddt. Ztg. v. 8. Juni 1920).

Beim Bauernbund dagegen entwickelte sich die Anschlußfrage zum ernsthaften Problem. Die drei Phasen seiner Verbindungstaktik spiegeln die Entwicklung der Partei und der Zerfall der bauernständischen Parteien wider. Bis zur Reichstagswahl 1920 hatte man sich zusammen mit der Bürgerpartei dem Reichswahlvorschlag der DNVP angeschlossen. 1924 kam an dem Bündnis mit den städtischen Konservativen ernsthafte Kritik auf, die sich auch um die Dawes-Plan-Frage rankte.[37] Hinzu kam, daß der Bauernbund auf reichspolitischer Ebene keinen Anknüpfungspunkt hatte, weil der Reichslandbund keinen eigenständigen Reichswahlvorschlag aufstellte. Die Wahlen von 1924 und 1928 markieren die zweite Phase der bauernständischen Kooperation. Zu allen drei Wahlen hatte sich der Bauernbund in einem Wahlkreisverband mit dem Badischen Landbund zusammengeschlossen. Die Landbünde von Hessen, Thüringen, Baden, Württemberg und Koblenz-Trier (Hohenzollern) bildeten einen gemeinsamen Reichswahlvorschlag, den Theodor Körner anführte, weil die Württemberger die stärkste Kraft in dem Bündnis waren.[38] Nach 1928 löste sich die Kooperation der regionalen Bauernparteien auf. Auch organisatorisch war die Bildung einer gesamtdeutschen bauernständischen Partei gescheitert.[39] Seit 1930 ließ der Bauernbund neben seiner Landesliste einen eigenen und zusätzlichen Reichswahlvorschlag neben der Landvolkpartei laufen.[40] Ihm verdankte Stauffenberg seit 1930 und bis 1933 sein Mandat. Bei der ersten Reichstagswahl des Jahres 1932 war an der Liste des Landvolks noch der thüringische und der württembergische Bauernbund beteiligt. Bei den Reichstagswahlen im November 1932 und im März 1933 war es nur noch der württembergische Bauernbund, der einen eigenständigen Reichswahlvorschlag präsentierte.[41]

Die Separationstendenzen in der Landvolkpartei waren offensichtlich. Der Bauernbund war auf Reichsebene zunehmend isoliert, vor allem nach dem Austritt seiner Reichstagsabgeordneten aus der Fraktion des Deutschen Landvolks, wo diese auch nie wirklich eingebunden waren.[42] Gespalten war der Bauernbund auch über die Frage, wie eng man sich an die DNVP Hugenbergs oder aber an die NSDAP anlehnen solle. Zu belegen ist, daß ein Teil der Wählerschaft des Bauernbundes bei den Reichstagswahlen nicht den Bauernbund wählte, bei den Landtagswahlen aller-

---

[37] Schw. Landmann v. 5. April 1924.
[38] Schw. Tagesztg. v. 2. Dez. 1924 u. v. 11. Dez. 1924. Der Reststimmenverwertung über die Landbundliste verdankte der Bauernbund bei der Wahl im Dez. 1924 sein viertes Reichstagsmandat. Um den parteiinternen Regionalproporz zu wahren, nahm Theodor Körner (alt), der auf der Landesliste und auf der Reichsvorschlagsliste gewählt war, das Mandat der Reichsliste an. Somit rückte Stauffenberg auf der Landesliste vor und bekam als Vertreter der oberschwäbischen Bauern ein Mandat der Landesliste.
[39] Hierzu v. a. die Studie zur Christlich-Nationalen Bauern- und Landvolkpartei von M. MÜLLER, 2001 u. L. E. JONES, Crisis and Realignment, 1986.
[40] Quelle: Wahldatensatz. Vgl. auch Schw. Tagesztg. v. 19. März 1933.
[41] Quelle: Wahldatensatz. Vgl. auch Schw. Tagesztg. v. 19. März 1933.
[42] M. MÜLLER, 2001, S. 170 ff. u. 230 ff. Auch: Denkschrift Stauffenbergs an die Vorstandsmitglieder des Württembergischen Bauern- und Weingärtnerbundes zur Abkehr von der Hugenberg-DNVP und zur Hinwendung an die Landvolkpartei, undatiert [Ende 1930], (NL Hiller).

dings der Regionalpartei treu blieb. Bei der Bürgerpartei hingegen näherten sich die Wahlergebnisse zu den Reichstags- und Landtagswahlen zunehmend an und erreichten 1932 den Gleichstand. Die Partei hatte ihren Unterschied zwischen landes- und reichspolitischem Profil seit der Machtübernahme Hugenbergs verloren. Anders dagegen der Bauernbund. Über die gesamte Weimarer Republik lag sein Wähleranteil bei Landtagswahlen über dem der parallel stattfindenden Reichstagswahlen. Seit 1928 ging die Schere noch auf.[43] Als landespolitische Option behielt er seine Attraktivität, während er sie auf reichspolitischer Ebene durch seine Isolierung im System der Reichstagsfraktionen zunehmend verlor. Zu vermuten ist, daß auch dadurch einem Wechsel der Wählerschaft vom Bauernbund zur NSDAP bei den Reichstagswahlen vorgearbeitet wurde.[44]

4. Resümee: Konservatismus zwischen Fragmentierung und Einheitssehnsucht

Die Bündnisstrukturen im Kaiserreich haben drei grundlegende Entwicklungen aufgezeigt. Erstens ist die Ausdifferenzierung des Parteiensystems auch auf Wahlkreisebene zu nennen. Hieran waren vor allem die neuen Kräfte nach 1895 beteiligt: die Sozialdemokratie, das Zentrum und die beiden konservativen Parteien. Vor allem der Bauernbund konnte der Deutschen Partei Terrain abnehmen und sie in zahlreichen Wahlkreisen schlichtweg ersetzen. Dadurch und aufgrund der Kooperation im »Antikartell« kam es auf Wahlkreisebene meist nur zur Ausdifferenzierung in ein Drei- oder Vierparteiensystem. Die Fragmentierung des Parteiensystems war dadurch geringer als es das auf Landesebene etablierte Fünfparteiensystem annehmen ließ.

Zweitens ist die Stabilisierung der Wählergruppen zu nennen. Sie zeichnete sich vor allem bei den milieugestützten Parteien ab: beim Zentrum, bei der Sozialdemokratie und beim Bauernbund. Trotz der insgesamt flüssigeren Milieugrenzen und der schwächer ausgeprägten sozialkulturellen Segmentierung der württembergischen Gesellschaft – die beschriebenen Strukturen hatten gezeigt, daß es milieuübergreifende Kooperationen und Wählerwechsel zwischen dem Zentrum und den konservativen Parteien, zwischen dem Linksliberalismus und der SPD und in Ausnahmefällen, die mit dem politischen Personal begründet wurden, auch zwischen Konservativen und Linksliberalen gab – gewannen vor allem die Milieuparteien einen zunehmend größer werdenden Teil ihrer Mandate bereits im ersten Wahlgang. Dadurch verloren Absprachen in der Hauptwahl an Bedeutung. Die liberalen Parteien mußten sich dagegen stärker an einem Bündnispartner orientieren. Die Stichwahlen verloren jedoch nicht an Bedeutung. Das Mehrheitswahlrecht zwang

---

[43] Die Prozentpunktdifferenzen der Wähleranteile zwischen den Reichstags- und Landtagswahlen waren für die Bürgerpartei: 1924: −0,2; 1928: −0,3; 1928: +0,3; 1932: 0. Die entsprechenden Werte für den Bauernbund: 1920: 0; 1924: −0,5; 1928: −0,4; 1932: −2,1.
[44] Das Wahlergebnis der ersten Reichstagswahl von 1932 spricht dafür, als die NSDAP bei den kurz zuvor abgehaltenen Landtagswahlen 18,5% Wähleranteil hatte, bei den Reichstagswahlen aber 23,4%.

die Parteien und die Wähler bei wechselnder Konstellation in den Wahlkreisen zur Umorientierung, die in großem Ausmaß auch stattfand. Drittens zeigte das Bündnisverhalten sowohl die Ausbildung der konkurrierenden Blöcke als auch deren Veränderung. Zumindest bis 1903 verlief diese Entwicklung parallel zu den Verhältnissen auf der Reichsebene. Die effektivsten Bündnisse waren das nationale »Kartell« einerseits und das »Antikartell« andererseits. Anfangs war die umspannende Kraft des »Kartells« die Deutsche Partei. Mit der zunehmenden Entfremdung zwischen der Deutschen Partei und dem Bauernbund zeigten sich die Risse. Die Zusammenarbeit wurde zwar nie vollständig aufgegeben, aber bei den letzten Wahlen des Kaiserreichs 1912 spielte sie nur noch eine marginale Rolle. Die Deutschkonservativen blieben länger im »Kartell«, vor allem dort, wo sie bei einem antisozialistischen Grundkonsens mit der Deutschen Partei kooperieren mußten – also in den städtischen Wahlkreisen. Die positive, ordnungspolitische Basis des »Kartells« war der negativen Abgrenzung gegen eine dritte Kraft gewichen. Von großer Bedeutung, aber weniger effizient als sein nationales Pendant, war das »Antikartell«, in das der politische Katholizismus in Württemberg nie wirklich integriert war. Wenn es um die Wahl zwischen einem protestantischen Nationalen und einem Sozialdemokraten ging, stand die Katholikenpartei meist auf der Seite der Antisozialisten.

Seit 1900 und vor allem ab 1906 zeichnete sich eine Umorientierung bei den Koalitionen ab. Auf der einen Seite wurde durch die Positionsveränderung der Volkspartei in nationalen Fragen und durch die sukzessive Verstädterung der Deutschen Partei ein gesamtliberales Bündnis attraktiver. Allerdings besaß es für die Volkspartei nicht die Wirkkraft des alten »Antikartells«, das auch nie vollständig aufgegeben wurde. Die Auseinandersetzung über die Kooperation mit der SPD war der Dreh- und Angelpunkt des gesamtliberalen Bündnisses. Andererseits zeigt die frühzeitige Bündnispolitik der liberalen mit der sozialen Demokratie das geringere Ausmaß und die regionale Verzögerung der sozialkulturellen Segmentierung des Parteiensystems in Württemberg. Die Polarisierung in ein Reichsfreund-/Reichsfeind-Schema war in Württemberg von geringerer Bedeutung als im Reich. Die bündnispolitische Isolierung der SPD war schon um die Jahrhundertwende aufgehoben. Vor allem die Volkspartei profitierte davon.

Auf der anderen Seite zeichnete sich die Annäherung der konservativen Parteien und des Zentrums ab. Sie basierte auf der gemeinsamen christlichen Basis und der Abwehr gegen Dritte: gegen Kirchenfeinde, Städter und Sozialdemokraten. Das Bündnis funktionierte vor allem dann, wenn der Bauernbund einen katholischen Kandidaten präsentierte oder die sekundäre Interessenpräferenz der katholischen Landwirte ansprechen konnte, die dann die konfessionelle Barriere überschritten. Insofern profitierte vor allem der Bauernbund von dem schwarzblauen Bündnis, das 1912 als Ersatz für das alte »Kartellbündnis« etabliert war. In den ersten Wahlgängen war die Basis der konservativ-katholischen Kooperation ein Aussparungsabkommen, das in aller Regel keinem der Bündnispartner Schaden zufügte, weil man meist nur im milieufremden Raum auf eine Kandidatur verzichtete. Hier zeichnete sich eine in der konfessionellen Struktur des Landes begründete Proporzkultur auf der Basis einer wahltaktischen Passivität ab. In den Stichwahlen war ein Bündnis nur selten notwendig, weil beide Parteien – vor allem das Zentrum – ihre Mandatspfründen sicher hatten. In den konfessionell paritätischen Wahlkreisen profitierte entweder der Bauernbund vom Zentrum oder man konkurrierte weiterhin gegeneinander.

Zu keiner Zeit war ein bürgerlich-protestantischer Block gegen das Zentrum eine tragfähige Bündnisalternative in Württemberg. Sie scheiterte an der regionalspezifischen Differenzierung des Landes und an der schwarzblauen Zusammenarbeit. Dasselbe galt für einen gesamtbürgerlich-überkonfessionellen Block gegen die Sozialdemokratie. Er wurde nur selten praktiziert und scheiterte an der Kooperation zwischen der Volkspartei und der SPD.[1] Diese beiden Grundkonstanten der Bündnisstrukturen zeichnen verantwortlich für die Tatsache, daß es im Land keinen »Bülow-Block« gegen die »Reichsfeinde« Zentrum und Sozialdemokratie gab. Aber auch ein Großblock nach badischer Vorgabe war nur in Ausnahmefällen zu realisieren. Er funktionierte nur dort, wo es eine städtische liberal-konservative Koalition gegen einen Bauernbündler gab, scheiterte aber dann, wenn die Deutsche Partei sich am alten »Kartell« orientierte.

Die Einhaltung der Stichwahlparolen und die Parteidisziplin der Wählerschaft funktionierte vor allem bei der SPD und beim Zentrum. Bei den konservativen Parteien war sie problematisch. Die sozialmoralischen Hemmschwellen waren hier höher, einen gegenkonfessionellen Kandidaten oder einen Demokraten zu wählen. Beide Alternativen standen allerdings auch so gut wie nie zur Wahl, weil sie durch das Bündnisverhalten der Parteien verhindert oder durch das Wahlergebnis im ersten Wahlgang obsolet geworden waren. Die Ekelschranken zwischen den konservativen Gruppierungen einerseits sowie der Volkspartei und der Sozialdemokratie waren hoch. Das hatte in aller Deutlichkeit die ›Affäre Vogt‹ gezeigt. Ein Optionswechsel der konservativen Wähler über die sozialmoralischen Grenzen hinweg fand weitestgehend nur mit der Deutschen Partei statt und bedingt im überkonfessionellen Rahmen mit dem Zentrum.

Die Bündnisstrukturen und die Präferenzen der Wählerschaft in den Stichwahlen machen die These von der Existenz eines »nationalen Lagers« in Württemberg fragwürdig. Zum einen war die Volkspartei nie Teil dieses »Lagers«, schon wegen ihrer Kooperation mit der SPD, aber auch wegen der alten bipolaren Parteienstruktur aus der Reichsgründungszeit. Die Zusammenarbeit im »nationalen Lager« reichte wenn überhaupt, dann nur von den konservativen Parteien zur Deutschen Partei, wurde aber auch hier von der schwarzblauen Kooperation unterbrochen. Auch auf der Elitenebene gehörte der Linksliberalismus nie – auch nicht bei den »Bülow-Block-Wahlen« von 1907 – »unzweideutig« dem »nationalen Lager« an, so wie die sozialstrukturelle Distanz der Volkspartei zur SPD nie so hoch war, daß die Parteiführung der Demokraten trotz aller Bemühungen nicht in der Lage gewesen wäre, ihre Anhänger

---

[1] Vgl. hierzu Tab. 20, oben S. 451.

für die Sozialdemokratie zu mobilisieren. Auch ein »latentes« nationales Lager, das nur dort »manifest« werde, wo es auf einen mehrheitsfähigen Katholizismus oder ein dominantes sozialistisches Lager trifft, ist für Württemberg nicht zu bestätigen.[2]

Die erarbeiteten Befunde zeigen, daß das Rohesche Modell nur Gebiete erfaßt, in denen der Stadt-Land-Konflikt zwischen Liberalismus und Konservatismus unbedeutend oder durch einen konfessionellen Konflikt in den Hintergrund gedrängt war. In Württemberg zeigt sich ein »nationales Lager« weder auf der Ebene der Parteieliten noch bei den Wahlbündnissen. Die Volkspartei und auch die DDP waren nie integrierter Teil dieses Lagers. Vor allem aber die schwarzblauen Annäherungen im Bereich der ländlich-agrarischen Interessen und der christlich definierten Standpunkte in der Kultur- und Schulpolitik sprechen dagegen. In einer Region mit einem starken politischen Katholizismus einerseits und einem protestantischen Konservatismus andererseits – mit separierten Sphären, aber dennoch deutlichen Überlappungen im Bereich der ländlichen Interessenvertretung – sowie einem städtisch verankerten Liberalismus und einer reformorientierten Sozialdemokratie konnte das nationale Lager nicht kohärent funktionieren. Daß es auch in den Weimarer Jahren zu keiner Zusammenarbeit zwischen den Flügelparteien des nationalen Lagers, den Linksliberalen und den konservativen Parteien kam, zeigte die Diskussion der Listenverbindungsproblematik zu den Landtagswahlen. Der Eintritt der DDP in die Regierungskoalition 1930 war ein von Eliten geschlossenes Zweckbündnis, das zwar mit der Orientierung am Staatswohl deren Kooperationsbereitschaft in einer Krisenlage zeigte, aber von der Wählerschaft abgestraft wurde.

Es gab positive Traditionslinien, die hervorzuheben sind. In den Bündniskonstellationen von 1912 lagen Entwicklungschancen, die auf den konservativen Ausgleich über die konfessionell definierte Fragmentierung hinweg in der CDU nach 1945 hinweisen. Aber es gab auch Kontinuitäten in die Weimarer Zeit hinein. Die landespolitische Koalition zwischen den beiden konservativen Parteien und dem Zentrum hatte ihre Wurzeln in der Bündnispolitik vor 1914. Die Diskussion der Listenverbindungen und die Initiative, die das Zentrum 1918 ergriffen hatte, belegt die verankerte Kooperationskultur der Parteien, die in dem Bündniszwang des Mehrheitswahlrechts im Kaiserreich angelegt war.

---

[2] K. ROHE, Wahlen und Wählertraditionen, 1992, S. 67 u. 118 (mit Rückgriff auf W. SCHULTE, Struktur und Entwicklung, 1970, S. 160). Im Mittelpunkt der Kritik der These der drei »Lager« steht vor allem die Zusammenfassung der liberalen und konservativen Parteien zu einem »nationalen Lager«, in dem Rohe im Gegensatz zu Lepsius das protestantisch-agarische und das städtisch-liberale Milieu zusammenfaßt. Das nationale Lager wird so zum Testfall des gesamten Lagermodells. Zum einen, weil es gegenüber den beiden anderen Lagern einen wesentlich kleineren Haushalt an gemeinsamen politisch-kulturellen Deutungscodes hat. Zum andern, weil es eben zwei der traditionellen Lepsiusschen Milieus zusammenfaßt und die anderen zwei als Lager übernimmt. Die Kritiker des Modells haben immer wieder betont, ihm lägen regionale, am Fallbeispiel des Ruhrgebietes erarbeitete Befunde mit wenig Erklärungskraft für andere Regionen zugrunde (zusammenfassend: TH. KÜHNE, Wahlrecht – Wahlverhalten – Wahlkultur, 1993, S. 518–522). Rohe selbst hat zugestanden, man müsse »ähnlich wie beim Milieukonzept genauer hinsehen, welche Realitäten mit Hilfe des Lagerkonzepts besser beleuchtet und welche gegebenenfalls ausgeblendet werden« (K. ROHE, Politische Kultur – politische Milieus, 1997, S. 189).

Geschitert ist diese Kooperationskultur an drei Faktoren. Erstens an den sozialkulturellen Differenzen zwischen den Flügelparteien des »nationalen Lagers«. Die Fälle, in denen konservative Wähler gezwungen waren, sich bei der Wahl zwischen einem Sozialdemokraten und einem Demokraten für den letzteren zu entscheiden, waren die absoluten Ausnahmen. Sowohl die Bündnispolitik vor 1914 als auch die regionalspezifische Parteienumgruppierung nach 1918 zeigten, daß die Grenze im »nationalen Lager« mitten durch die Deutsche Partei verlief. Diese Grenze zeigte sich selbst auf der kommunalen Ebene, wo der antisozialistische Grundkonsens der bürgerlichen Parteien und das Fehlen der polarisierenden reichspolitischen Großprobleme eine Kooperation von der DDP bis zur Bürgerpartei zwar partiell ermöglicht hatte, aber eben auch an diesen verhärteten Konfliktlinien scheiterte. Vor allem das Beispiel der Bürgerpartei hat gezeigt, daß die bürgerliche Einheitsfront dort scheiterte, wo sie – wie etwa in Ulm und Stuttgart – kompromißfeindlicher und stärker an Hugenberg orientiert auftrat.

Zweitens ist der institutionelle Faktor der Wahlgesetze zu nennen. Mit dem System starrer Listen und der Verhältniswahl war der Zwang zur Kooperation weggefallen, die selbst bei den Proportionalwahlen im Kaiserreich noch praktiziert worden war. Der Anreiz zum Bündnis über Milieugrenzen hinweg wurde unattraktiver. Die Orientierung an der Eigenlogik der Wahlkreise und die Zweckrationalität des Mandatserwerbs im Kaiserreich war dem Kampf aller gegen alle gewichen. Bündnisse und Koalitionen wurden entpersonalisiert und zentral geschlossen. Das war auch bei der Koalition von Zentrum und Konservativen der Fall, auch wenn diese noch stärker auf gemeinsamen Wertvorstellungen und Interessen basierte.

Die institutionell und mentalitätsbedingten Auswirkungen der Wahlrechtsgesetzgebung zeigten die Unterschiede der Fragmentierung des Parteiensystems auf Landes- und Reichsebene. Das württembergische Parteiensystem war davon weniger betroffen, aber dennoch stärker fragmentiert als vor 1914. Das Verhältniswahlrecht war in der Wählerschaft verankert – nicht zuletzt, weil es seit 1906 eingeübt worden war. Die regionalspezifische Adaption des reinen Proporzes im württembergischen Landeswahlgesetz der Weimarer Zeit hatte mit der Möglichkeit der Listenverbindung der tradierten Konsenskultur Rechnung getragen. Durch die vom Reichswahlgesetz abweichenden Regelungen hatte es die Fragmentierung der Parteien zumindest gehemmt. Dennoch gab es Rückwirkungen der reichspolitischen Zersplitterung auf das Land. Betroffen waren hiervon vor allem die liberalen Mittelparteien und das rechte Parteienspektrum. Allerdings kam es – mit der Ausnahme des Christlich-Sozialen Volksdienstes – nur sehr eingeschränkt zu einer parteipolitischen Zersplitterung im protestantisch-ländlichen Raum.[3] Die Sonderparteien waren weitgehend eine Angelegenheit der Städte, während der Bauernbund bis mindestens 1930 die Hegemonialmacht auf dem Land blieb. Die Zersplitterung wurde dagegen vor allem im städtischen Bürgertum wahrgenommen und beklagt. Diese Wahrnehmung der

---

[3] Als wichtigster Grund für den Aufstieg der NSDAP wird dies für andere Regionen angeführt, z.B. F. BÖSCH, 2002.

Uneinigkeit kann zum einen als einer der Gründe für das beklagte Mobilisierungsdefizit im Bürgertum und zum andern als eines der wesentlichen Einfallstore der NSDAP gelten. Die nationale Sammlung unter dem unterschiedlich definierten Volksgemeinschaftsgedanken war das Postulat einer jeden Splittergruppe – je kleiner sie war, desto lauter wurde es beschworen. Erfolgreich umgesetzt wurde es, wenn auch in Württemberg mit Verzögerung, von der NSDAP.

Dennoch ist die Rolle der Splitterparteien nicht überzubewerten. Die Funktionsfähigkeit des parlamentarischen Systems wurde auch in Württemberg weniger von ihnen als vielmehr von den Koalitionsproblemen der großen Parteien beeinträchtigt. Hier zeigt sich im Vergleich zur Reichsebene ein fundamentaler Unterschied. Spätestens seit 1924 war die SPD als Koalitionsfaktor weggefallen. Damit wurde sowohl die schwarzblaue Koalition als auch die gesamtbürgerlich-überkonfessionelle Kooperation von 1930 erleichtert. Im Reich war die SPD der entscheidende Faktor, der die Koalitionsfähigkeit der bürgerlichen Parteien bestimmte. Die Bereitschaft zur Zusammenarbeit und zu fairen Kompromissen mit ihr nahm bei den bürgerlichen Parteien hier immer mehr ab. In welchem Ausmaß diese Frage polarisierte und auf die landespolitische Ebene durchschlug, hatte die von der SPD tolerierte Regierung Brüning gezeigt.

Damit ist drittens der deutlich gestiegene Einfluß der reichspolitischen Fragen anzuführen. Trotz der Bewahrung einer regional-föderalen Eigenständigkeit schlugen die reichspolitischen Entwicklungen über die Landesebene bis auf die kommunale Ebene durch. Unter dem Ausmaß der zu lösenden Probleme in der Weimarer Zeit wich die dezentrale Ausrichtung der Politik der nationalen Einebnung. Das zeigte das Listenverbindungsverhalten der Parteien, das zunehmend stärker von den Reichsparteileitungen und den reichspolitischen Animositäten beeinflußt wurde – bis auf die kommunale Ebene hinunter. In unterschiedlicher Weise litten darunter die beiden konservativen Parteien. Die Bürgerpartei, weil es sie analog zu den Vorgängen in der Reichs-DNVP spaltete. Zwar wurde sie dadurch auf eine einheitliche Linie gebracht, aber sie verlor an landespolitischem Profil und an Integrationsvermögen. Als Rumpf-Bürgerpartei war sie spätestens ab 1930 zur reichs- und preußenthematisch dominierten Splitterpartei geworden. Beim Bauernbund verlief die Entwicklung in entgegengesetzter Richtung. Nicht nur durch die Auswirkungen des Reichswahlgesetzes wurde er reichspolitisch zunehmend isolierter. Zwar behielt er sein landespolitisches Profil länger und konnte dadurch sicherlich den Aufstieg der NSDAP im Land verzögern, aber die Problematik der Reichspräsidentenwahl von 1932 und die Orientierungslosigkeit des Bauernbundes in der Frage an die Anbindung einer Partei im Reichstag konnte die Option der Wähler für die NSDAP bei den Reichstagswahlen zunehmend attraktiver machen.

Die Entscheidung für einen der zwei großen Erklärungsansätze fällt schwer. Zum einen wäre es Aufgabe der parteipolitischen Eliten gewesen, pragmatisch orientierte Bündnisse voranzutreiben und der Wählerschaft zu vermitteln, die diese wohl auch nachvollzogen hätte, schon weil die sozialkulturellen Schranken im Land schwächer ausgeprägt waren. In Württemberg wurde dies nicht nur versucht, sondern auch in der landespolitischen Koalitionsstruktur sowohl ab 1924 zwischen den konservativen Parteien und dem Zentrum als auch ab 1930 mit dem Regierungseintritt von DDP und DVP erfolgreich umgesetzt. Auf der anderen Seite steht der Verweis auf die These von Lepsius und die fortschreitende Fragmentierung und Segmentierung der Parteienlandschaft und der deutschen Gesellschaft in den Weimarer Jahren, die das Bündnisbemühen der Eliten untergraben habe. Den relevanten Kern dieser These belegt die Tatsache, daß sowohl die wenigen geschlossenen Bündnisse in Form von Listenverbindungen als auch die parlamentarischen Koalitionen von der Wählerschaft nicht honoriert wurden. Vor allem in den Weimarer Jahren hatte die milieuegoistische Verengung der Parteieliten und der Wählerschaft zugenommen und bei den Wählern eben auch die Vorstellung verankert, daß Kompromisse eine Charakterschwäche und ein Prinzipienverrat seien. Vor allem die beiden konservativen Parteien hatten dazu ihren Beitrag geleistet. Einer Kompromißkultur war so der Boden entzogen. Ob sie unter ›normalen Bedingungen‹ in der Weimarer Zeit eine realistische Chance zur Entwicklung zu einer demokratischen Konsenskultur hin gehabt hätte, kann nur vermutet werden. Am Ende des Kaiserreichs hatte vieles darauf hingewiesen.

Zehntes Kapitel

Konservative Wähler

Im Zentrum des letzten Kapitels stehen die Wähler und ihr Abstimmungsverhalten. Gefragt wird dabei in erster Linie nach den sozialstrukturellen Faktoren des Wahlverhaltens. Dennoch kann dies nicht bedeuten, das Pferd gewissermaßen von hinten aufzuzäumen. Die gesamte Untersuchung hat bisher versucht, die ›harten‹ empirischen Daten der Sozialstruktur und ihre Meßbarkeit mit den ›weichen‹ Aspekten und der politischen Organisations- und Wahlkulturforschung zu verknüpfen. Das Wählerverhalten ist also weder als bloßes Epiphänomen einer meßbaren Sozialstruktur zu sehen, noch ist die Existenz von Milieus aus dem Wahlverhalten abzuleiten. Ganz im Gegenteil: Immer wieder wurde auf den Unterschied von sozialmoralischem und politischem Milieu sowie auf den prozessualen Charakter der Ausbildung festgefügter Wählergruppen hingewiesen.[1] Die Tatsache, daß Milieus nicht durch Politik geschaffen werden, sondern vorhandene Sozialgruppierungen beispielsweise durch kulturell umgeformte Interessenlagen anpolitisiert werden, daß diese Primärkonflikte gespeichert, intergenerationell vererbt und organisatorisch verfestigt werden, zeigten in Württemberg neben dem Zentrum der Bauernbund und bedingt auch die Deutschkonservativen. Eine ländlich-protestantische und eine pietistisch-orthodox-konservative Sozialgruppierung gab es schon, bevor beide als Parteien auftraten. Beide Sozialgruppierungen waren unter den regionalspezifischen Bedingungen in der Deutschen Partei integriert, bevor die vorhandenen Konflikte und Mentalitäten in neuem organisatorischen Rahmen kultiviert wurden. Dennoch ist die fortschreitende Ausbildung eines stabilen Wählerverhaltens und die zunehmende Linearisierung des Zusammenhangs von Sozialstruktur und Wahlverhalten nicht von der Hand zu weisen. Vor allem die Konfession und die Erwerbsstruktur erweisen sich als besonders wichtige Faktoren des Wählerverhaltens. Aber erst zusammen mit den inhaltlich erarbeiteten Erkenntnissen gewinnen die statistisch nachweisbaren Ergebnisse an Erklärungskraft. Auch deshalb steht das Kapitel mit statistischen Untersuchungen am Ende dieser Arbeit.

Die Kernfragen der statistischen Analysen beschränken sich auf die beiden konservativen Parteien. Teilweise kann an die vorliegenden Ergebnisse auf reichs- und landesspezifischer Ebene angeknüpft werden.[2] Mehrere Fragen stehen im Zentrum

---

[1] K. ROHE, Regionale (politische) Kultur, 1991; K. ROHE, Politische Kultur – politische Milieus, 1997 u. K. TENFELDE, Historische Milieus, 1996.
[2] Zum Kaiserreich J. SCHMÄDEKE, 1995; J. Sperber, 1997 u. J. R. WINKLER, Sozialstruktur, politische Traditionen und Liberalismus, 1995 u. ö. Zu Württemberg: A. GAWATZ, Wahlkämpfe, 2001, S. 368 ff. Zur Weimarer Zeit steht die Wahlverhaltensforschung unter dem Primat der Frage, wer Hitler wählte: J. FALTER/TH. LINDENBERGER/S. SCHUMANN, 1986; J. FALTER, Hitlers Wähler, 1991; D. HÄNISCH, 1983 sowie der Forschungsüberblick bei TH. KÜHNE, Wahlrecht – Wahlverhalten – Wahlkultur, 1998,

des folgenden Kapitels, deren Beantwortung auf der statistischen Auswertung des Wahl- und Sozialdatensatzes zu Württemberg zwischen 1895 und 1933 basieren.[3] In einem ersten Unterkapitel werden die sozialstrukturellen Grundlagen beider Parteien benannt und eine Gewichtung der Einflußfaktoren vorgenommen. Wie sind die Wählergruppen beider Parteien am besten zu umschreiben? Wo können sie Hochburgen ausbauen und inwiefern korrespondieren diese mit den sozialstrukturellen Variablen? Soweit es die Datengrundlage zuläßt, ist auch die Frage nach dem geschlechtsspezifischen Wahlverhalten zu beantworten. Aufgrund fehlender Daten muß auf die Kategorie Generation verzichtet werden.[4]

Im Zentrum des zweiten Abschnittes stehen die sogenannten stabilen Jahre Weimars und die Schockwahl von 1928, die durch den dramatischen Abfall der Wahlbeteiligung und durch den Beginn der Erosion der bürgerlichen Parteien gekennzeichnet ist. Zuerst ist nach der Entwicklung des Partizipationsverhaltens der württembergischen Wähler und nach eventuellen Unterschieden zur Reichsebene zu fragen. Beide Wahlen des Jahres 1928 waren nicht nur in ihrem Ergebnis für die beiden konservativen Parteien ein Einbruch, sondern auch der historische Tiefstand der Partizipation in den Weimarer Jahren. Ursachen und Konsequenzen dieser Partizipationsverweigerung sind bislang sowohl auf Reichs- als auch auf Landesebene unerforscht. Gerade im Hinblick auf diese Wahlen ist aber zu fragen, ob sich anhand statistischer Befunde Erklärungsansätze abzeichnen, die eine Antwort auf zwei wesentliche Fragen liefern: Erstens, inwiefern beide konservative Parteien unter der sinkenden Wahlbeteiligung gelitten haben und zweitens, an welche politischen Kräfte sie Wähleranteile abgeben mußten.

Gerade für Württemberg und für die beiden konservativen Parteien ist die Auseinandersetzung mit dem Aufstieg der NSDAP wegen der regionalspezifischen Abweichungen vom Reichsdurchschnitt von besonderem Interesse. Die Frage nach der parteipolitischen Herkunft der NSDAP-Wähler steht dabei naturgemäß im Mittelpunkt. Die größere Anfälligkeit der Wähler des rechten Parteispektrums gegenüber der NSDAP ist dabei sicherlich keine neue Erkenntnis, aber in der Analyse der Verankerung beider Parteien im württembergischen Elektorat – vor allem des Bauern-

---

S. 494 ff. Zu Württemberg liegt für die Weimarer Zeit keine Monographie zum Wahlverhalten über den gesamten Zeitraum hinweg vor. Für die Endphase und den Aufstieg der NSDAP die Beiträge in TH. SCHNABEL, Machtergreifung in Südwestdeutschland, 1982; TH. SCHNABEL, Württemberg, 1986 u. TH. SCHNABEL, Wahlverhalten der Katholiken, 1983. Zeitgenössisch und nur bis 1930 reichend, aber wertvoll: J. GRIESMEIER, Reichswahlen, 1930/31.

[3] Vorwiegend aus arbeitsökonomischen Gründen wurden die Daten auf der Aggregatebene der Oberämter erhoben. Vor allem aber für die Weimarer Zeit liegen die Wahlergebnisse auf Gemeinde- oder Stimmbezirksebene auch nicht geschlossen vor. Die Weimarer Reichstagswahlergebnisse für Württemberg bezeichnen wegen der besseren Vergleichbarkeit mit dem Kaiserreich, mit den Landtagswahlen und mit den sozialstrukturellen Daten immer die Wahlergebnisse ohne den preußischen Regierungsbezirk Sigmaringen (Hohenzollern). Mit anderer Datenbasis (inklusive Hohenzollern und auf Gemeindeebene, die allerdings nicht durchgehend erfaßt ist) arbeiten J. FALTER/H. BÖMERMANN, 1991, S. 283 u. 286.

[4] Vgl. J. FALTER/TH. LINDENBERGER/S. SCHUMANN, 1986, S. 81 f. u. J. FALTER, Hitlers Wähler, 1991, S. 146 ff.).

Schaubild 4: Wähleranteile der Parteien in Württemberg 1919–1933

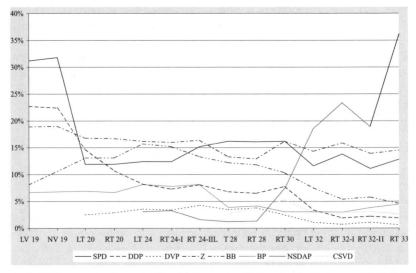

Quelle: Wahldatensatz. Aus Gründen der Übersichtlichkeit wurde auf die Darstellung der Ergebnisse von USPD, KPD und der kleinen Splittergruppen (v. a. Wirtschaftspartei und Volksrechtpartei) verzichtet.

bundes – liegt einer der Schlüssel zum Verständnis des ›widernatürlichen‹ Wahlverhaltens in Württemberg am Ende der Weimarer Republik. Hier ist also zu fragen, wie stark der Bauernbund als berufsständische Regionalpartei in dieser Phase zwischen 1930 und 1932/33 als Puffer wirken konnte und das eigentliche Geheimnis dieser Anomalie im Wahlverhalten war. Von Interesse ist aber auch, wann, ob und inwiefern hier eine Milieuerosion oder ein Repräsentationswechsel zwischen dem Bauernbund und der NSDAP stattgefunden hat.

1. Konservativer Protestantismus in Stadt und Land: Sozialstrukturelle Faktoren

Als Idealtypus von Parteien, die durch den engen Zusammenhang von Sozialstrukturmerkmalen und Wählerverhalten gekennzeichnet sind, gelten die SPD und das Zentrum. Während die Sozialdemokratie durch den negativen Bezug zum Katholikenanteil und durch den positiven Bezug zum Anteil der Erwerbstätigen im sekundären Sektor geprägt war, zeigte das Zentrum das komplementäre sozialstrukturelle Profil: Begrenzung auf den katholischen Bevölkerungsteil und höhere Bindung an die Partei des Katholizismus in ländlich geprägten Gebieten als in Gegenden mit stärker gewerblicher Berufsstruktur. Regelmäßig und nicht unberechtigt verknüpfte das Zentrum seine Wahlergebniserwartung an den Katholikenanteil, der in aller Regel das Maximum dessen bezifferte, was für die Partei an Stimmen zu holen war.

Tabelle 22: Korrelation der Wähleranteile ausgewählter Parteien mit dem Anteil der dörflichen Bevölkerung in Gemeinden bis 2 000 Einwohner

	SPD	DDP	DVP	Z	BB	BP	NSDAP
LV 19	-,550	-,320	–	,369	,576	-,370	–
RT 20	-,557	-,677	-,675	,373	,588	-,679	–
RT 24-I	-,522	-,765	-,687	,357	,650	-,630	-,422
RT 24-II	-,595	-,722	-,628	,346	,636	-,621	-,288
RT 28	-,752	-,745	-,749	,381	,671	-,563	-,313
RT 30	-,683	-,818	,366	,629	-,676	-,196	
RT 32-I	-,788	-,546	-,644	,353	,596	-,659	,181
RT 32-II	-,775	-,632	-,730	,353	,588	-,735	,131
RT 33	-,802	-,574	-,723	,335	,530	-,657	,523

Quelle: Wahldatensatz. Nichtkandidaturen oder keine Stimmen gelten als gültige Fälle. Die Fallzahl entspricht der Anzahl der Oberämter (Wahlkreise) und beträgt 64 (1919–1920), 63 (1924) bzw. 62 (1928–1933). Alle Fälle wurden vorab mit der Anzahl der Wahlberechtigten gewichtet. Dem Anteil der Bevölkerung in der Gemeindeklasse bis 2000 Einwohner (Definition ›Dorf‹) liegt die zeitlich jeweils nächstliegende Volkszählung zugrunde (vgl. auch die Bemerkungen zur Operationalisierung der quantitativen Daten im Anhang, unten S. 529). Aus Gründen der Übersichtlichkeit wurde bis auf die Ausnahme der Wahlen zur Landesversammlung auf die Landtagswahlen verzichtet, weil sich die Werte nur unwesentlich von denen der Reichstagswahlen unterscheiden. Für 1919 wurde die Wahl zur Landesversammlung herangezogen, weil zur Nationalversammlung Bauernbund und Bürgerpartei mit einer Einheitsliste angetreten waren. Zur Reichstagswahl 1930 waren DDP/Deutsche Staatspartei und DVP mit einer Einheitsliste angetreten.

Beide Parteien waren auch von der zunehmenden Schärfung ihrer sozialstrukturellen Prägnanz und einem hohen Ausschöpfungspotential in ihrem jeweiligen Wählersegment geprägt.

Als Verlierer dieser Entwicklung – der zunehmenden Ausdifferenzierung des Parteienspektrums entlang sozialstruktureller Faktoren – gelten die liberalen Parteien.[1] Die Stabilität der sozialstrukturell eng definierten Gruppen und der kontinuierliche Rückgang des Liberalismus setzten sich bis in die Weimarer Zeit hinein fort. Schaubild 4 visualisiert diese Entwicklung, die 1928/30 einsetzende Erosion der Mitte und den verzögerten Aufstieg der NSDAP. Wodurch zeichneten sich nun aber die beiden konservativen Parteien aus? In welchen Bevölkerungsgruppen waren sie besonders stark verankert? Welche sozialstrukturellen Faktoren erwiesen sich als die wichtigsten Prädispositionen, konservativ zu wählen? Und nicht zuletzt: Wie sehr gelang es beiden Parteien, in sozialstrukturell – vor allem konfessionell – fremde Segmente einzudringen?

Beide konservative Parteien waren von ihrem Selbstverständnis und von der Sozialstruktur ihrer Mitglieder her protestantische Parteien. Angesichts der deutlichen Dominanz des Bauernbundes bei den gesamtkonservativen Kandidaturen vor 1914 ist eine Differenzierung zwischen beiden Parteien für diese Zeit kaum möglich. Ab 1918, als beide Parteien getrennt antraten, werden die Entwicklungen deutlicher. Tab. 22 zeigt, wie stark die Sphärentrennung zwischen Stadt und Land bei beiden

---

[1] Diese Ergebnisse für das Kaiserreich zusammengefaßt nach A. GAWATZ, Wahlkämpfe, 2001, S. 373 ff.

konservativen Parteien ausgeprägt war, aber auch, wie der Bauernbund gegenüber den anderen Parteien zur hegemonialen Kraft auf dem Land wurde.

Der deutlich negative Bezug der SPD zum Anteil der dörflichen Bevölkerung kann nicht verwundern. Der städtischen Arbeiterpartei gelang es auch bei verstärkter Wahlwerbung im ländlichen Bereich – etwa 1928 – nicht, in dieses Wählersegment einzudringen. Die Werte für das Zentrum sind deshalb relativ niedrig, weil die Partei auf das kompakte katholische Wählersegment in den neuwürttembergischen Landesteilen beschränkt war und auf der landesweiten Basis in rund 70 Prozent der Dörfer gar nicht vertreten war. Der Befund für das Zentrum belegt aber auch, daß die Partei zwar schon aufgrund der Konfessions- und Siedlungsstruktur Württembergs ländlich verankert war, aber eben auch im städtischen Bereich die erstrangige Option für Katholiken darstellte. Die Werte für die liberalen Parteien zeigen deren Terrainverlust nach 1918 auf dem Land und ihre zunehmende Verstädterung. Erstaunlich ist dies vor allem, weil die alte Volkspartei in den 1890er Jahren noch eine Partei des ländlichen Protestpotentials gewesen war. Auch die Werte für die NSDAP bestätigen die bislang erarbeiteten inhaltlichen Ergebnisse. Sie war vor allem bis 1930 eine städtische Partei, der es erst danach und in langsamen Schritten gelang, diesen Trend umzukehren beziehungsweise zur Stadt und Land umgreifenden Kraft zu werden. Erst bei den Märzwahlen 1933 zeigt sich ein ausgeprägt positiver Bezug zur ländlichen Bevölkerung.

Die Zusammenstellung verdeutlicht auch die sozialstrukturelle Trennung der beiden konservativen Parteien zwischen Stadt und Land. Der negative Bezug der Bürgerpartei zum Anteil der in dörflichem Zusammenhang lebenden Bevölkerung war annähernd gleich hoch wie bei der DDP und der DVP. Beim Bauernbund kann der positive Bezug kaum überraschen. Das Ausbleiben höherer Werte zeigt hier neben der Tatsache, daß analog zu den Werten beim Zentrum hier auch die katholischen Dörfer eingeschlossen sind, daß die Bauernpartei bis in den klein- und mittelstädtischen Bereich hinein Fuß fassen konnte. Erst ab einer Gemeindegröße von 10 000 Einwohnern zeigt sich hier ein deutlich negativer Bezug.[2] Tab. 23 stellt anhand der Variable Erwerbstätigkeit in der Landwirtschaft, die sich weitgehend mit der Siedlungsstruktur deckt, die innerkonservative Stadt-Land-Trennung dar. Die Bürgerpartei hatte bei der landwirtschaftlich erwerbstätigen Bevölkerung kein Standbein. In der Hugenberg-Phase und mit der Schrumpfung der Partei ist sogar noch eine rückläufige Tendenz zu konstatieren. Der Bauernbund hingegen fand hier natürlich sein dominantes Rekrutierungsfeld.

Tab. 23 thematisiert auch das Ausmaß der Erfolge beider Parteien bei einem ihrer erstrangigen Bemühen der 1920er Jahre – der Gewinnung katholischer Wählerstimmen. Der Zusammenhang mit dem Katholikenanteil zeigt, daß die Versuche beider Parteien trotz intensivierter Wahlwerbung bei den Katholiken nur bedingt von Er-

---

[2] Über den gesamten Zeitraum der Weimarer Jahre hinweg weisen die Korrelationswerte des Bauernbundes mit den Gemeindegrößenklassen bis 10 000 Einwohner nur geringfügige Abweichungen auf. Erst für die großen Städte des Landes liegen die Werte um r = –,800 (Quelle: Wahldatensatz).

Tabelle 23: Korrelation der Wähleranteile von Bauernbund und Bürgerpartei mit dem Anteil der Erwerbstätigen im primären Sektor und dem Katholikenanteil

	Anteil der Erwerbstätigen im Sektor A		Katholikenanteil	
	BB	BP	BB	BP
LV 19	,590	-,371	-,333	-,686
RT 20	,614	-,696	-,459	-,582
RT 24-I	,671	-,641	-,438	-,612
RT 24-II	,657	-,638	-,429	-,605
RT 28	,694	-,592	-,348	-,461
RT 30	,643	-,727	-,381	-,379
RT 32-I	,607	-,723	-,414	-,457
RT 32-II	,598	-,781	-,427	-,399
RT 33	,544	-,703	-,458	-,497

Quelle: Wahldatensatz. Zu Fallzahl, Gewichtung und Operationalisierung der Datenbasis sowie zur Eingrenzung der Wahlen vgl. die Anmerkungen zu Tab. 22, oben S. 479.

folg gekrönt waren. Die konfessionellen Grenzen erwiesen sich als weitgehend geschlossen. Besser schnitt dabei noch der Bauernbund ab, vor allem in den annähernd paritätischen Oberämtern an der Landesgrenze nach Bayern und an der innerwürttembergischen Konfessionsgrenze nach Oberschwaben und zum Schwarzwald hin. Dort, wo er katholische Landwirte präsentierte, konnte er unter der Präponderanz der landwirtschaftlichen Interessen katholische Stimmen erobern.[3] Diese Entwicklung hatte sich bereits im Kaiserreich angedeutet und setzte sich nach 1918 fort. Als gescheitert ist der Versuch der Bürgerpartei zu werten, auch im überkonfessionellen Sinne zur Volkspartei zu werden. Die rasch wieder aufgegebenen Versuche, den parteiinternen Katholikenausschuß nach seinem kurzfristigen Erblühen zwischen 1920 und 1924 zu revitalisieren, korrespondieren mit diesem Befund.

a) Der Bauernbund: Protestantische Bauernschaft

Bei den Schlüsselkategorien Landwirtschaft und protestantische Konfession enden alle weitergehenden sozialstrukturellen Differenzierungsversuche des Bauernbundes. Diese beiden Primärfaktoren charakterisieren die Basis der Stabilität des Bauernbundes. Die Partei war von ihren Wählern, von ihrer Mitgliederstruktur und von ihrem inhaltlich vermittelten Selbstverständnis her eine berufsständische Partei der protestantischen Klein- und Mittelbauern im Land. Weitere Variablen – etwa die innerwürttembergischen Unterschiede in der Betriebsgrößenstruktur zwischen dem eher großbäuerlichen Hohenlohe oder den kleinbäuerlichen altwürttembergischen Realteilungsgebieten zeigen keine weitere Bedeutung, schon weil sich die Hofgröße weitgehend mit dem Faktor Konfession deckt beziehungsweise von diesem überlagert wird. Dasselbe Phänomen zeigt sich aber auch bei den Unterschieden im

---

[3] Beispielsweise erreichte der Katholik Peter Schweizer bei den Landtagswahlen von 1924 in Horb bei einem Protestantenanteil von 12,8 % einen Wähleranteil von 21,4 %. Siehe auch die Anm. zu Schaubild 6, unten S. 484.

Anteil der Selbständigen in der Landwirtschaft, bei der Differenzierung zwischen Viehzucht und Getreideanbau sowie bei der sektoralen Differenzierung der landwirtschaftlich-ökonomischen Situation in der Agrarkrise nach 1928. Der Bauernbund erzielte dort Ausschöpfungsquoten, die sich mit den hohen Werten des Zentrums und der Sozialdemokratie in ihrem jeweils sozialstrukturell definierten Bereich vergleichen lassen, wo die beiden Schlüsselvariablen Landwirtschaft und Protestantismus dominierten: in den altwürttembergischen Kernlanden und in den protestantisch geprägten neuwürttembergischen Landesteilen.

Als potentielle Wählerklientel des Bauernbundes erweist sich also die protestantische Bauernschaft. Die Werte in Schaubild 5 verstehen sich als Anhaltspunkte für den Zusammenhang der Sozialstrukturmerkmale primärer Sektor und protestantische Konfession mit dem Wähleranteil der Partei. Sie zeigen das kontinuierlich steigende Rekrutierungsvermögen des Bauernbundes in der protestantischen Bauernschaft vor allem seit 1903, eine Verzögerung bei den Reichstagswahlen von 1907, als es nochmals zur Kooperation mit der Deutschen Partei gekommen war, den kurzfristigen Einbruch bei den Ausnahmewahlen von 1919 und die dann einsetzende Aufwärtsentwicklung. Der deutlichste statistische Zusammenhang dieser Entwicklung und parallel dazu der Hochburgenbildung des Bauernbundes war 1924 erreicht, als bei den Landtagswahlen schätzungsweise rund 60 Prozent der protestantischen Bauern für den Bauernbund votierten und er in 29 der 63 württembergischen Oberämter die mit Abstand hegemoniale Kraft war. Diese Hochburgenentwicklung hatte sich bereits seit den Proporzwahlen von 1906 abgezeichnet und fand seit 1920 einen stetigen Aufschwung.[4] Den offensichtlichen Zusammenhang zwischen den Wähleranteilen des Bauernbundes und dem Faktor ›protestantischer Landwirt‹ visualisiert Schaubild 6 anhand der Landtagswahlen von 1924. Die von diesem Trend abweichenden Wahlkreise verdeutlichen aber auch nochmals das Vermögen der bäuerlichen Standespartei, zumindest partiell in den gegenkonfessionellen, aber vom Primärfaktor Landwirtschaft gekennzeichneten Bereich einzudringen und Unterstützung aus der Wählerklientel des Zentrums zu gewinnen. Die Ausnahmen belegen aber auch das Vermögen des Bauernbundes, in einer weniger stark ausgeprägten Hegemonialsituation der protestantischen Bauernschaft diese besonders stark zu mobilisieren und an sich zu binden.

Nach 1928 ließ die Bindekraft dieser Faktoren zwar nach, zeigte aber bis 1932 noch bemerkenswert hohe Werte (vgl. Schaubild 5). Der Zusammenhang mit der in Württemberg um 1931 kulminierenden Krisenphase in der Landwirtschaft und dem Aufstieg der NSDAP liegt dabei auf Hand. Statistisch läßt sich jedoch kein Bezug zwischen dem Ausmaß der Krise in den einzelnen Sektoren der Landwirtschaft und der schwindenden Verankerung des Bauernbunds in der protestantischen Bauernschaft nachweisen. Dies läßt eher darauf schließen, daß der Bauernbund seine Kohäsionskraft dort verlor, wo sein eigenes Kandidatenpersonal zur NSDAP abgewandert war.

---

[4] Vgl. hierzu die Visualisierung im Kartenmaterial auf der beiliegenden CD-ROM.

Konservative Wähler

Schaubild 5: Verhältnis der Wähleranteile des Bauernbundes zum Anteil der Erwerbstätigen im primären Sektor

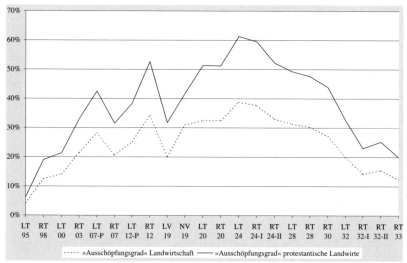

····· »Ausschöpfungsgrad« Landwirtschaft ——— »Ausschöpfungsgrad« protestantische Landwirte

Quelle: Wahldatensatz. Der Mittelwert des jeweiligen »Ausschöpfungsgrades« wurde gewichtet mit dem Produkt aus der Anzahl der Wahlberechtigten und dem Anteil der Erwerbstätigen im Sektor A bzw. dem geschätzten Anteil der protestantischen Landwirte. Der allgemeine »Ausschöpfungsgrad« ist der Quotient des Wähleranteils und des Anteils der Landwirte an der erwerbstätigen Bevölkerung. Der Anteil der protestantischen Bauern wurde als Produkt des Anteils der Erwerbstätigen in der Landwirtschaft und dem Protestantenanteil geschätzt. Hierauf basiert der »Ausschöpfungsgrad« in der protestantischen Bauernschaft. Bis 1912 und für die Wahl zur Nationalversammlung basieren die Werte auf den gemeinsamen Kandidaturen beider Parteien. Der abweichende Wert für die Reichstagswahl 1912 resultiert aus der Wahlhilfe des Zentrums. Zu Fallzahl, Gewichtung und Operationalisierung der Daten vgl. Tab. 15, oben S. 435 u. Tab. 22, oben S. 479. 1906 und 1912 wurden bei den Landtagswahlen zur besseren Vergleichbarkeit mit den Wahlen nach 1918 die Proportionalwahlen zugrunde gelegt. Als Lese- und Interpretationsbeispiel: Bei den Landtagswahlen von 1920 haben maximal 51,3 % der protestantischen Landwirte für den Bauernbund gestimmt.

Anders als das Image seiner Mutterorganisation und anders als die plakativen Stempel, die ihm von den Gegnern aufgedrückt wurden, war der Bauernbund keine Partei der Großbauern – weder in der Führung oder in der Mitgliederschaft, noch in der Wählerschaft. Aufgrund der Schwäche der städtischen Konservativen und durch die organisatorische Trennung von ihnen konnte sich die bäuerliche Standespartei konstant entlang der sozialstrukturellen Konfliktlinien Landwirtschaft und Protestantismus etablieren. Der Bauernbund war eine stark regional verankerte und regionalistisch definierte Partei, die sich als milieurepräsentierende Kraft der protestantischen Bauernschaft erwies. Während dies für das Pendant auf Reichsebene den Rückzug auf die großagrarisch geprägten ostelbischen Kerngebiete bedeutete, konnte der Bauernbund in Württemberg seine Basis sukzessiv entlang der Konfliktlinien ausbauen, die er zumindest partiell auch in den gegenkonfessionellen Bereich hinein transformieren und in Wählerstimmen umsetzen konnte.[5] In den Weimarer

---

[5] Zur Entwicklung auf Reichsebene J. SCHMÄDEKE, 1995, S. 417 ff.

Schaubild 6: Geschätzter Anteil der protestantischen Landwirte und Wähleranteil des Bauernbundes bei den Landtagswahlen 1924

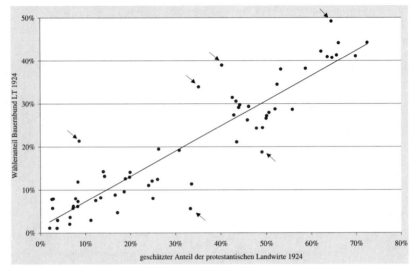

Quelle: Wahldatensatz. Abgebildet sind die Wahlkreise zur Landtagswahl 1924. Die Abszisse stellt den geschätzten Anteil der protestantischen Bauern dar (vgl. die Anmerkungen zu Schaubild 5, oben S. 483), die Ordinate die Wähleranteile des Bauernbundes. Die Trendlinie bezeichnet die lineare Regressionsgerade (R^2 = 0,846). Zu Fallzahl, Gewichtung und Operationalisierung der Daten vgl. Tab. 22, oben S. 479. Die vier mit einem Pfeil gekennzeichneten abweichenden Punkte oberhalb der Trendlinie stehen für die Oberämter Mergentheim, Blaubeuren, Horb und Marbach. Der Bauernbund war hier in das dominant katholisch Horb eingedrungen bzw. wies in den annähernd paritätischen Oberämtern Mergentheim und Blaubeuren eine besonders hohe Ausschöpfungsquote auf. Dasselbe gilt für das dominant protestantische Marbach, das hier eher als überdurchschnittliche Hochburg zu werten ist. Die unterhalb der Trendlinie abweichenden Datenpunkte stehen für die Oberämter Freudenstadt und Neuenbürg, wo der Bauernbund deutlich unter seinen Erwartungen blieb.

Jahren verstärkten sich diese Tendenzen noch. Während in kaum einem deutschen Land eine Bauernpartei eine wichtige Rolle in der Landespolitik spielte, wurde der Bauernbund in Württemberg zur maßgeblichen politischen Kraft und blieb dies deutlich länger als im reichsweiten Vergleich.

b) Konservative und Bürgerpartei: Protestantismus, Urbanität und Mittelstand

Konservative lassen sich anhand von Volkszählungsdaten nicht vermessen. Dieses Faktum erweist sich als eine grundlegende Gemeinsamkeit der deutschkonservativen Partei mit den liberalen Parteien. Für die württembergischen Deutschkonservativen im Kaiserreich ist aufgrund der gemeinsamen Kandidaturen mit dem Bauernbund eine statistische Analyse kaum möglich. Für die Weimarer Jahre sind zumindest mit deutlicher Tendenz Aussagen zu treffen.

Als statistisch nachweisbarer sozialstruktureller Einflußfaktor erweist sich für die Bürgerpartei der Anteil der Erwerbstätigen in Handel und Verkehr. Weitere Tests in

Tabelle 24: Partielle Korrelation der Wähleranteile der Bürgerpartei
mit ausgewählten Variablen, kontrolliert durch die Gemeindegröße

	Anteil der Protestanten	Anteil der Erwerbstätigen im sekundären Sektor	Anteil der Erwerbstätigen in Handel und Verkehr
LV 19	,653	-,070	,132
RT 20	,559	-,299	,485
RT 24-I	,590	-,289	,440
RT 24-II	,577	-,266	,445
RT 28	,379	-,372	,542
RT 30	,271	-,367	,621
RT 32-I	,381	-,379	,632
RT 32-II	,294	-,428	,681
RT 33	,429	-,442	,694

Quelle: Wahldatensatz. Die partielle Korrelation ist kontrolliert durch den Anteil der Bevölkerung in Gemeinden bis 2 000 Einwohner (›Dorf‹). Zu Fallzahl, Gewichtung und Operationalisierung der Daten sowie zur Eingrenzung der Wahlen vgl. die Anmerkungen zu Tab. 22, oben S. 479.

einem Regressionsmodell ergaben keinen weiteren Beitrag zur Klärung eines eindeutig definierbaren sozialstrukturellen Zusammenhangs – weder der Anteil der Beschäftigten in der Verwaltung noch der Anteil der Selbständigen in den jeweiligen Sektoren. Tab. 24 verdeutlicht die auch inhaltlich herausgearbeiteten Strukturen in einer partiellen Korrelation, die sich mit der Kontrolle der Gemeindegröße über 2 000 Einwohner auf den klein-, mittel- und großstädtischen Bereich konzentriert. Der Zusammenhang mit dem Protestantenanteil ist deutlich und vor allem in den ersten Wahlen nach 1918 – bedingt durch die kirchenpolitisch motivierte Mobilisierung – überdurchschnittlich ausgeprägt. Der Bezug blieb aber auch danach hoch, wenn auch durch die schwachen Wahlergebnisse der Partei ab 1928 geringer ausgeprägt. Deutlich wird der negative Bezug zum Anteil der Beschäftigten im sekundären Sektor, der durch die weitgehende Deckungsgleichheit mit dem Faktor Stadt zwar abgeschwächt ist, aber mit der Tatsache der fehlenden Arbeitervertretung innerhalb der Partei korrespondiert. Die Wählerklientel der Partei wurde zunehmend und mit wachsender Prägnanz mittelständisch-gewerblich und städtisch. Ein traditionell und weiterhin hoher Anteil der Beamten in der Wählerschaft kann hier nur aufgrund der inhaltlichen Befunde zur Mitglieder- und Führungsstruktur angenommen werden.

Die bisherigen Ausführungen haben gezeigt, daß es der Bürgerpartei nach 1918 nicht gelungen war, in den katholischen und in den ländlichen Bereich einzudringen. Entsprechend ihrer Tradition aus dem Kaiserreich blieb die Partei auf die mittleren und größeren Städte des Landes beschränkt. Die Partei wurde in zwei erkennbaren Schritten noch städtischer, mittelständischer und protestantischer: 1918/19 mit dem Beitritt der vormals Nationalliberalen und 1930 mit der Spaltung der Partei.[6] Analog zeigte sich die relative Hochburgenausbildung der Partei. Zur hegemonialen Kraft

---

[6] Siehe hierzu Tab. 23, oben S. 481 u. Tab. 24.

wurde sie auf Wahlkreisebene nie, auch wenn sie zur Reichstags- und Landtagswahl im Mai 1924 im Stadtdirektionsbezirk Stuttgart knapp vor der SPD beziehungsweise der DDP die stärkste Partei geworden war. Die Schwerpunkte der Partei lagen weiterhin in den dominant protestantischen und pietistisch geprägten Mittelzentren im altwürttembergischen Kernland, im nördlichen Schwarzwald und im hohenlohischen Landesteil.[7] Vor allem dort aber, wo der Pietismus stark verankert war, brach die Partei zwischen 1924 und 1928 ein.[8] Darauf wird noch zurückzukommen sein. Die zweite Schwerpunktbildung der Partei lag aber in den großen Städten des Landes, die durch einen hohen Verwaltungsanteil, universitäre Prägung, als Garnisonstädte oder durch besonders ausgeprägte Konfliktstrukturen zur Arbeiterschaft gekennzeichnet waren: Stuttgart, Ulm, Ludwigsburg, Tübingen, Heilbronn und Esslingen.[9]

c) Frauen bevorzugen konservative und religiös orientierte Parteien

Mit großer Spannung sah man den Auswirkungen des Frauenwahlrechts als einer der grundlegenden Neuerungen nach 1918 entgegen und ergriff auch entsprechende rechtliche Maßnahmen.[10] Von Interesse waren zwei Bereiche: die Unterschiede im Partizipationsverhalten der Geschlechter und die geschlechterspezifischen Parteipräferenzen. Fassen wir die Ergebnisse der zeitgenössischen Statistik und der modernen Forschung zum ›Weimarer Muster‹ des Wahlverhaltens zusammen. Frauen wählten in deutlich geringerem Ausmaß als Männer. In aller Regel betrug der Abstand 10 bis 15 Prozentpunkte. Interessant sind dabei die Entwicklungen im zeitlichen Verlauf und die Unterschiede in den Altersklassen. In ganz Deutschland und auch in Württemberg waren die Beteiligungsquoten bei den ersten Wahlen von 1919 noch annähernd gleich. Meist wurde dies mit dem »Reiz des Neuen« begründet.[11] Eine maßgebliche Rolle dürfte dabei aber auch die kirchenpolitisch bedingte Mobi-

---

[7] Siehe hierzu das Kartenmaterial auf der beiliegenden CD-ROM.
[8] Die Bürgerpartei verlor z.B. in den Wahlkreisen Leonberg und Schorndorf zwischen 1924 und 1928 bei den Landtagswahlen deutlich mehr als die Hälfte ihrer Wähleranteile.
[9] Vgl. die Zusammenstellung der Stimmenanteile der Parteien zu den Reichstagswahlen von 1919–1930 nach den verschiedenen Gemeindegrößenklassen bei J. GRIESMEIER, Reichswahlen, 1930/31, S. 105 und 155 ff. sowie die Ergebnisse der Landtagswahl vom April 1932 auf Gemeindeebene in Mittlg. d. Württ. Stat. Landesamts 1932, S. 181–240.
[10] Schon nach der Wahlordnung zur Verfassunggebenden Nationalversammlung war die Aufstellung von geschlechtergetrennten Wählerlisten erlaubt, die das Ermitteln der weiblichen Partizipation erleichterten. Diese Regelung wurde auch in das Reichswahlgesetz von 1920 und 1924 übernommen. Gleichzeitig wurde als Kannvorschrift erlaubt, die Wahlen in getrennten Räumen abzuhalten, um nicht nur die Partizipationsquote, sondern auch das Ergebnis nach Geschlecht ermitteln zu können. Beide Möglichkeiten wurden jedoch nur selten genutzt (J. HARTWIG, Wie die Frauen, 1928, S. 498 f.).
[11] An der Wahl zur Nationalversammlung im Januar 1919 beteiligten sich in Württemberg 89,1 % der wahlberechtigten Männer und 88,4 % der Frauen (Mittlg. d. Württ. Stat. Landesamts 1919, S. 58 ff.). Zum ›Reiz des Neuen‹ z.B. Mittlg. d. Württ. Stat. Landesamts 1928, S. 70. Ein wesentlicher Grund für das beinahe gleich starke Abstimmungsverhalten von Frauen und Männer – vor allem in den jüngeren Altersklassen – bei den Wahlen zu den verfassunggebenden Versammlungen lag vor allem darin begründet, daß viele der jüngeren Männer wegen des Militärdienstes an der Ausübung ihres Wahlrechts verhindert waren.

Tabelle 25: Nach Geschlecht erfaßte Stimmenanteile der Parteien bei den Landtags- und Reichstagswahlen 1928 in Stuttgart, Ulm und Heilbronn

	Reichstagswahlen 1928						Landtagswahlen 1928					
	Stuttgart		*Ulm*		*Heilbronn*		*Stuttgart*		*Ulm*		*Heilbronn*	
	m	w	m	w	m	w	m	w	m	w	m	w
Wahlbet.	80,3	71,1	79,5	71,1	85,1	77,8	79,5	70,7	79,2	70,9	84,6	77,3
SPD	33,3	28,4	32,9	23,6	50,8	44,7	33,6	28,6	32,8	23,5	50,8	44,4
KPD	17,7	11,8	2,6	1,2	4,7	2,6	18,0	11,9	2,6	1,2	4,8	2,8
DDP	13,0	13,2	10,5	9,6	18,1	19,5	14,0	14,0	9,9	8,9	18,7	19,9
DVP	9,3	10,2	11,2	11,5	6,7	7,3	8,2	9,4	12,2	12,1	5,6	6,2
Z	5,9	9,3	15,4	22,4	4,9	7,1	6,0	9,5	15,9	23,1	5,2	7,7
BP	8,2	12,3	15,3	20,2	5,6	8,2	8,3	11,7	14,8	19,3	6,0	8,3
BB	1,1	1,4	1,2	1,0	2,4	2,7	1,2	1,5	1,4	1,1	2,4	2,6
CSVD	–	–	–	–	–	–	2,4	4,5	2,4	3,8	1,7	4,2
NSDAP	2,9	2,1	3,6	2,5	2,3	1,4	2,8	2,0	3,5	2,4	2,1	1,2

Quelle: Mittlg. des Württ. Stat. Landesamts 1928, S. 81ff. u. Staatsanz. v. 23. Mai 1928. Veröffentlicht wurden nur die vorläufigen Ergebnisse. ›m‹ steht für die Stimmenanteile der männlichen Wähler, ›w‹ entsprechend für die weiblichen Wähler.

lisierung der Frauen gespielt haben. Seit 1920 öffnete sich die Schere, wobei vor allem die Frauen auf dem Land ihren Geschlechtsgenossinnen in der Stadt hinterherhinkten. Erst zu den Reichstagswahlen von 1930 holten die Frauen wieder auf. Generell aber wurden, sofern man Wahlenthaltung als Entpolitisierung interpretiert, die Frauen schneller entpolitisiert als die Männer. Insgesamt aber wird für die ersten Wahlen nach dem Verfassungsumbruch eher von einer Ausnahmesituation zu sprechen sein. Als zweite grundsätzliche Tendenz zeigte sich die Tatsache, daß Frauen mit zunehmendem Alter und absteigender Ausbildung immer seltener an den Wahlen teilnahmen.[12]

Der zweite Aspekt des ›Weimarer Musters‹ war die Parteipräferenz der Frauen. Die Erwartung der Sozialdemokraten, das Frauenwahlrecht würde sich zu ihren Gunsten auswirken, wich recht schnell der Ernüchterung. Frauen votierten – auch für manch konservativen Politiker überraschend –[13] vor allem für die religiös definierten Parteien Zentrum und DNVP. Die zeitgenössischen Ergebnisse hat auch die moderne Forschung bestätigt. Weiterhin umstritten ist aber – vor allem aufgrund der unklaren Datenlage – das Verhältnis der Frauen zur NSDAP. Überholt scheint die ältere These, vorwiegend Frauen hätten die NSDAP gewählt. Konsensfähig scheint die Aussage zu sein, daß protestantische Frauen stärker die NSDAP bevorzugten als ihre katholischen Geschlechtsgenossinnen. Innerhalb der protestantischen Bevölkerung tendierten Frauen 1932 etwas stärker und im März 1933 dann deutlich stärker zur NSDAP als Männer.[14]

---

[12] Hierzu und auch zum folgenden Abschnitt zeitgenössisch J. HARTWIG, Wie die Frauen, 1928 sowie H. BEYER, 1978; J. FALTER, Hitlers Wähler, 1991, S. 136ff. u. J. HOFMANN-GÖTTIG, 1986.
[13] Vgl. die Einschätzung in K. GRAF V. WESTARP, Konservative Politik im Übergang, 2001, S. 114.
[14] J. FALTER, Hitlers Wähler, 1991, S. 136ff. u. in der Zusammenschau G. A. RITTER, Frauen als Wähler, 1988, v.a. S. 444f.

Für die beiden Wahlen von 1928 ordnete auch das württembergische Innenministerium gegen manchen Protest eine nach Geschlecht getrennte Abstimmung an, allerdings nur in den drei städtischen Wahlbezirken Stuttgart, Ulm und Heilbronn.[15] Während sich also für alle anderen Parteien die Verhältnisse in Württemberg zumindest anhand eines Wahljahres konkretisieren lassen, sind keine genaueren Aussagen für die weibliche Wählerschaft auf dem Land möglich. Die Problematik für den Bauernbund wurde bereits angesprochen. Auch den männlichen Bauern war klar, daß es den Städtern und vor allem den Sozialdemokraten besser gelang, die Frauen zur Wahl zu mobilisieren. Entsprechend waren die Aufforderungen an die Landfrauen intensiviert worden. Die Erfolge können jedoch als dürftig bewertet werden. Die Klagen über die wahlabstinenten Landfrauen nahmen zu.[16]

Tab. 25 faßt die Ergebnisse auf der Basis der für Württemberg vorliegenden Zahlen zusammen und belegt die höhere Wahlbeteiligung in den drei Städten gegenüber dem Landesdurchschnitt beider Wahlen von knapp über 68 Prozent[17] sowie die Differenz in der Wahlbeteiligung der Geschlechter von rund sieben bis zehn Prozent. Darüber hinaus zeigt sie, daß auch in Württemberg die Wählerinnen schwächer für die Sozialdemokratie und für die KPD votierten. Die Zahlen zur NSDAP sind wegen des geringen Stimmenanteils der Partei bei diesen Wahlen kaum verläßlich zu interpretieren, tendieren aber in dieselbe Richtung. Bei den liberalen Parteien war das Abstimmungsverhalten der Geschlechter weitgehend gleich, wenn auch eher mehr Frauen als Männer für die DVP stimmten. Derselbe Befund gilt, wenn auch aufgrund der städtischen Prägnanz der Wahlbezirke nur eingeschränkt, auch für den Bauernbund. Sehr deutlich ist dagegen die weibliche Präferenz für die explizit religiös auftretenden Parteien – das Zentrum, die Bürgerpartei und den CSVD.

2. Bürgertum zwischen Partizipationsverweigerung und Zersplitterung

Der »rush to the polls« war eines der wesentlichen Merkmale des politischen Massenmarktes seit den 1890er Jahren.[1] Mit kontinuierlichem Zuwachs gingen immer mehr Wahlberechtigte zur Urne und maßen damit der Partizipationsform Wahlen eine wichtige Bedeutung zu. Analog zur Entwicklung in ganz Deutschland stiegen auch in Württemberg die Beteiligungsraten kräftig an und erreichten einen Stan-

---

[15] Mittlg. d. Württ. Stat. Landesamts 1928, S. 70.
[16] Siehe hierzu die Ausführungen oben S. 351. Vgl. auch ein Flugblatt des Bauernbundes zu den Wahlen von 1928 an die Landfrauen (NL Hiller): »Politik ist Sache der Männer und nicht der Frauen, aber wir haben das Wahlrecht und müssen unserer Pflicht gegenüber Familie und Volk nachkommen.« Dem Aufruf folgte der Hinweis, die Frau solle bei der Wahl gemeinsam mit Mann, Vater oder Brüdern stimmen.
[17] Zur Tradition stärkerer Partizipation in den württembergischen Städten, vor allem in den ehemaligen Reichsstädten, vgl. S. GREIFFENHAGEN, Isny, 1988, S. 272.
[1] S. SUVAL, 1985, S. 21 ff.

Schaubild 7: Wahlbeteiligung in Württemberg und im Reich 1893–1933

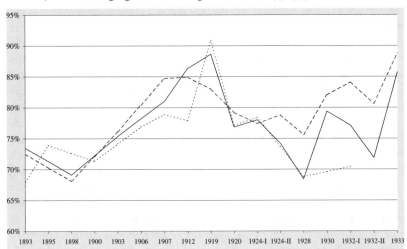

Quelle: Wahldatensatz; G. A. RITTER, *Wahlgeschichtliches Arbeitsbuch, 1980, S. 38 ff. u.* J. FALTER/TH. LINDENBERGER/S. SCHUMANN, *1986, S. 44.*

dard, der heutigen Betrachtern fast utopisch erscheint. Obwohl die Wahlbeteiligung unter dem Mehrheitswahlrecht des Kaiserreichs von den Kräftekonstellationen in den Einerwahlkreisen abhing und es gegebenenfalls für einen guten Teil der Wählerschaft handfeste Gründe gab, bei der Wahl zuhause zu bleiben, kam es zu einer kontinuierlichen Aufwärtsentwicklung der mit dem Stimmzettel partizipierenden Wahlberechtigten.

a) Partizipationspostulat und Wahlverweigerung

Am Ende des Kaiserreichs lagen die Wahlbeteiligungsraten bei annähernd 90 Prozent. In der Entwicklung waren dabei die Reichstagswahlen vorangegangen. Trotz einer langsam stattfindenden Nationalisierung der Themenspektren und eines dadurch bedingten partiellen Bedeutungsverlustes der Landtagswahlen blieben aber auch diese auf einem hohen Niveau. Erst seit 1903 lag in Württemberg die Wahlbeteiligung bei den Reichstagswahlen über der bei den Landtagswahlen, die den weiteren Mobilisierungsschub nach 1906 nicht mehr nachvollzogen (vgl. Schaubild 7). Mit dem Umbruch von 1918 stellte sich dieses Verhältnis kurzfristig auf den Kopf. Bei den Wahlen zur Verfassunggebenden Landesversammlung wurde erstmals die 90 Prozent-Marke bei einem deutlich erweiterten Elektorat überschritten. Die Beteiligung lag hier bei der Wahl zur Landeskonstituante auch über der zur Nationalversammlung. In erster Linie dürfte hierfür der frühe Termin der Wahl zur Landesversammlung verantwortlich gewesen sein. Die Tendenz belegt aber auch die inhaltlich erarbeitete hohe Mobilisierung in der Umbruchphase in allen Bevölkerungsgruppen und die Tatsache, daß die Revolution und die ›Gegenrevolution‹ mit dem Stimmzettel vor allem aus der föderalen Perspektive geführt wurde. Generell aber verloren auch danach die Landtagswahlen für die württembergischen Wähler nicht an Bedeutung. Bis 1928 lag die Wahlbeteiligung bei den Landtagswahlen, selbst wenn diese parallel zu den Reichstagswahlen stattfanden, knapp über der Rate bei den Reichstagswahlen. Ein deutlicher »drop-off« zwischen landes- und reichspolitischen Wahlen zeigt sich erst ab 1932.

Eine signifikante Veränderung zeigte im Vergleich der Wahlbeteiligung auch die Entwicklung bei den Reichstagswahlen. Seit der Wende zum 20. Jahrhundert lag die Wahlbeteiligung im Reich über der in Württemberg. Zu den Wahlen von 1912 wurde dieser Trend umgekehrt. Bei den folgenden Wahlen bis 1920 ging in Württemberg ein größerer Anteil der württembergischen Wählerschaft bei den Reichstagswahlen an die Urne als im Reichsdurchschnitt. Von einem zeitgenössischen Kenner wurde angeführt, nur außergewöhnliche Umstände brächten das württembergische Volk zum Handeln, während es in ruhigeren Zeiten darauf verzichte, mit dem Stimmzettel mitzusprechen.[2] Das bürgerliche Ordnungsbestreben auf der einen und der Wille zum Fortführen der Revolution auf der anderen Seite waren 1919 sicherlich die hauptsächlichen Mobilisierungsfaktoren. Das Absinken der Wahlbeteiligung bei den Reichstagswahlen von 1920 und vom Dezember 1924 gegenüber dem Reichsdurchschnitt zeigt andererseits die geringere Bedeutung des Kapp-Lüttwitz-Putsches und der Reichstagsauflösung im Spätsommer 1924 für die Mobilisierung der württembergischen Wählerschaft. Diesen beiden reichspolitisch wichtigen Ereignissen wurde in Württemberg weniger Bedeutung zugemessen. Für die Wahl von 1920 ist hier sicherlich die erheblich ruhigere politische Lage im Land anzuführen, für den Dezember 1924 dagegen die Tatsache, daß die reichspolitische Konfliktstruktur den württembergischen Regierungs- und Parteiverhältnissen widersprach. Erst mit der einsetzenden Weltwirtschaftskrise stieg die Wahlbeteiligung im Land wieder an, lag aber bis 1933 weiterhin deutlich unter dem Reichsdurchschnitt. Ob darin ein generelles Mobilisierungsproblem oder eine Mobilisierungsschwäche der NSDAP beziehungsweise eine geringer ausgeprägte parteipolitische Polarisierung in Württemberg als im Reich zu sehen ist, läßt sich nicht sagen.

Die nach 1919 und bis 1928 permanent zunehmende Zahl der Nichtwähler beschäftigte alle Parteien. Diese Entwicklung hatte komplexe Ursachen. Wahlenthaltung resultierte aus Partizipationsverweigerung und Partizipationsverhinderung, konnte aber auch Ausdruck negativer Partizipation sein.[3] Der Großteil der Wahlenthaltung in den Weimarer Jahren war in der Partizipationsverweigerung begründet. Sie konnte Desinteresse am politischen Interessenausgleich bedeuten, aber auch

---

[2] J. GRIESMEIER, Reichswahlen, 1930/31, S. 89.
[3] R.-R. LAVIES, 1973; M. EILFORT, 1994 u. J. FALTER/S. SCHUMANN, 1994.

Demonstration der Gegnerschaft zum politischen System.[4] Eine klassische Form der Partizipationsverhinderung war das den Frauen bis 1918 vorenthaltene Wahlrecht. Sie konnte aber neben wahlrechtlichen Ursachen auch sozialtopographisch oder anthropologisch bedingt sein. Der Wahlgang auf dem Land war beschwerlicher und zeitaufwendiger als in der Stadt. Neben den sozialkulturellen Bedingungen des Dorfes und der bäuerlich-ökonomischen Sozialmoral lag hierin einer der wesentlichen Gründe für die deutlich schwächere Wahlbeteiligung in ländlichen Gebieten. Immer wieder wurde auch das Alter der Wählerschaft und die abnehmende Wahlbeteiligung ab einer gewissen Gebrechlichkeitsgrenze angeführt.[5]

Schließlich gab es den Aspekt der negativen Partizipation, also die bewußte Veränderung der Stimmzettel zur Ungültigkeit. Das Ausmaß dieser Praxis ist schwer zu bestimmen, weil es mit anderen gewichtigen Faktoren zusammenhing. Ein Großteil der ungültigen Stimmen in Württemberg war der Tatsache des gleichen Wahltermins von Landtags- und Reichstagswahlen geschuldet. 1920 etwa, als nicht nur beide Wahlen gleichzeitig abgehalten wurden, sondern auch große Änderungen der Wahlgesetze durchgeführt worden waren, mußten bei beiden Wahlen jeweils mehr als 40 000 Stimmen oder rund 3,5 Prozent der abgegebenen Stimmen für ungültig erklärt werden, weil die Stimmzettel falsch ausgefüllt, in den falschen Umschlag oder in die falsche Urne gesteckt worden waren.[6] Zumindest ein kleiner Anteil dieser hohen Zahl resultierte jedoch aus einem Protest gegen die Veränderungen der Wahlgesetze, speziell bei den Landtagswahlen gegen den Verlust des Persönlichkeitsfaktors durch die starren Listen und gegen das Verbot des Panaschierens und Kumulierens.[7]

---

[4] Als positive Systemintegration und -zustimmung werten S. SUVAL, 1985, S. 21 ff. u. B. FAIRBAIRN, Democracy in the Undemocratic State, 1997 die steigende Wahlbeteiligung im Kaiserreich. Vgl. auch R.-O. SCHULTZE, Wahlanalyse, 1980.
[5] J. GRIESMEIER, Reichswahlen, 1930/31, S. 88 ff.
[6] Vgl. die Anteilswerte der ungültigen Stimmen an den insgesamt abgegebenen Stimmen für die einzelnen Wahlen: LV 19: 0,2%; NV 19: 0,3%; LT 20: 3,6%; RT 20: 3,5%; LT 24: 1,0%; RT 24-I: 0,9%; RT 24-II: 0,6%; LT 28: 1,5%; RT 28: 1,7%; RT 30: 0,6%; LT 32: 0,4%; RT 32-I: 0,6%; RT 32-II: 0,6%; RT 33: 0,4% (siehe auch die Übersicht über die Wahlergebnisse im Anhang dieser Arbeit, unten S. 537ff. Bei den nach Geschlecht getrennt ausgezählten Wahlen von 1928 war der Anteil der ungültigen Stimmen bei den Frauen doppelt, teilweise dreimal so hoch wie bei den Männern, was dem Statistischen Landesamt Anlaß zu der Bemerkung gab, dieser Umstand sei »wenig schmeichelhaft« für die Frauen (Mittlg. d. Württ. Stat. Landesamts 1928, S. 82). Allerdings war dies reichsweit gesehen neben Württemberg nur noch in Bayern der Fall. Die Interpretation hierzu ist offen: Die Tatsache kann auf eine geringere Politisierung und eine größere Unerfahrenheit der Frauen in ländlich geprägten Regionen hinweisen, sie kann aber auch eine Form des Protests sein, wenn z.B. die Namen auf den Listen verändert wurden, weil zu wenige weibliche Kandidaten aufgestellt waren. Implizit wurde auch auf das katholische Bildungsdefizit aufmerksam gemacht, weil der Anteil der ungültigen Stimmen in Württemberg in den katholischen Oberämtern immer deutlich über dem in evangelischen Oberämtern lag (J. GRIESMEIER, Reichswahlen, 1930/31, S. 93 ff.). Generell aber zeigen die Werte einen Lerneffekt im Umgang mit den unterschiedlichen Wahlverfahren, aber auch die Tatsache, daß in den parallelen Wahlterminen die Hauptursache der ungültigen Stimmen zu sehen ist, denn bei denjenigen Wahlen, die allein abgehalten wurden, war die Zahl der ungültigen Stimmscheine deutlich niedriger (J. HARTWIG, Frauenwahlrecht in der Statistik, 1931, S. 172).
[7] Von 1920 bis 1928 wurde bei der Auszählung immer wieder davon berichtet, Stimmzettel seien verändert und damit ungültig gemacht worden (vgl. StA Ludwigsburg, F 192 II, Bü 329).

Schaubild 8: Entwicklung der Stimmenanteile von Bauernbund, Bürgerpartei und NSDAP sowie der Wahlbeteiligung 1919–1933

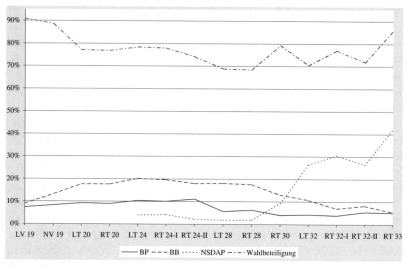

Quelle: Wahldatensatz.

Neben der generell höheren Wahlbeteiligung in den Städten und bei den Männern sind zwei weitere Grundbefunde zum Partizipationsverhalten anzuführen. Erstens erwies sich die Organisationstätigkeit der Parteien auch als wichtiger Faktor der Wahlbeteiligung. Sie war grundsätzlich dort höher, wo es in einem Wahlbezirk gut organisierte Parteien gab. Eine schwächere Bindung an eine Partei machte offensichtlich dem einzelnen Wähler nicht nur einen Parteiwechsel, sondern auch die Stimmenthaltung leichter. Zweitens war die Wahlbeteiligung auch und gerade in der Endphase der Weimarer Republik dort deutlich höher, wo eine Hegemonialpartei in einem sozialstrukturell klar definierten Wahlkreis antrat. Davon profitierten vor allem das Zentrum, die Sozialdemokratie und partiell auch der Bauernbund.[8] Wie verhielten sich nun die Wahlergebnisse der konservativen Parteien zur Wahlbeteiligung? Folgende Tendenzen sind zu erkennen (vgl. Schaubild 8): Die Wähleranteile der Bürgerpartei entwickelten sich annähernd unabhängig von der Wahlbeteiligung oder aber in umgekehrtem Verhältnis. Zur Reichstagswahl im Dezember 1924 etwa, als die Partei den Höchststand ihres Wähleranteils verzeichnen konnte, war die Wahlbeteiligung gefallen. Als Mobilisierungsfaktor für die Wähler der Bür-

---

[8] Beispielsweise wiesen die katholischen oberschwäbischen Oberämter über die gesamten Weimarer Jahre hinweg die höchsten Wahlbeteiligungsquoten auf (J. GRIESMEIER, Reichswahlen 1930/31, S. 89 ff.). Zur Mobilisierungskraft des Zentrums in der Endphase der Weimarer Republik auch TH. SCHNABEL, Wahlverhalten der Katholiken, 1983. Die Präsenz einer Hegemonialpartei animierte also nicht zur Wahlenthaltung, sondern förderte vor allem in der katholischen Bevölkerung die milieuorientierte Stimmabgabe.

gerpartei und der Wechselwähler dürfte sich hier vor allem die Diskussion um die Aufwertungsgesetzgebung erwiesen haben. Der ab 1928 und vor allem 1930 deutlich gesunkene Wähleranteil der Rumpf-Bürgerpartei blieb weitgehend unabhängig von den Schwankungen der Wahlbeteiligung.

Die Tendenz beim Bauernbund entsprach den Phasen seiner inhaltlich-thematischen Entwicklung. Auch hier verlief die Entwicklung der Wähleranteile umgekehrt zur Wahlbeteiligung. Bei sinkender Partizipation bei den Wahlen von 1920 konnte der Bauernbund durch die Mobilisierung mit dem Konfliktpunkt Zwangswirtschaft dazugewinnen, seinen Ausschöpfungsgrad deutlich verbessern und eine Wählerzuwanderung von den anderen Parteien herbeiführen. Die Schwankungen in der Wahlbeteiligung nach 1928 blieben ohne signifikante Auswirkung auf das Wahlergebnis des Bauernbundes. Seit 1928, vor allem aber nach 1930 befanden sich seine Wähleranteile im kontinuierlichen Sinken. Die ab 1932 parallel verlaufenden Linien der NSDAP und der Wahlbeteiligung verdeutlichen, wie stark die Ergebnisse der Partei von der Veränderung in der Wahlbeteiligung abhängig war und wie stark sie von der Mobilisierung der Wählerschaft im Juli 1932 und im März 1933 profitieren konnte.[9]

b) Erosion im bürgerlichen Parteienspektrum: Die Schockwahl von 1928

Die Verlierer der sinkenden Wahlbeteiligung in der Mitte der 1920er Jahre waren alle bürgerlichen Parteien. Vor allem die ersten und zugleich letzten ›normalen‹ Wahlen von 1928 zwischen Hyperinflation und Weltwirtschaftskrise waren im Land von einer allseits beklagten Wahlfaulheit geprägt. Der Rückgang der Wahlbeteiligungsraten bei beiden Wahlen des Jahres war dramatisch und lag auch bei den Reichstagswahlen deutlich über dem Reichsschnitt.[10] Als Verlierer wurde vor allem die Bürgerpartei gewertet.[11] Die Gründe für das steigende Maß der Wahlenthaltung sind nur inhaltlich zu erklären und nicht auf einen Nenner zu bringen. Neben dem Fehlen der großen polarisierenden Auseinandersetzungen, der gescheiterten oder umstrittenen Reformvorhaben auf Reichs- und Landesebene im schul- und steuerpolitischen Bereich sowie der Unzufriedenheit großer Bevölkerungsteile mit der Abwicklung der Inflationsproblematik ist die Parteienzersplitterung im bürgerlichen Lager anzuführen. Zu den Landtagswahlen 1928 war mit 12 kandidierenden Parteien der Höhepunkt der Fragmentierung erreicht, bei den Reichstagswahlen mit 16 Parteien erst ein vorläufiger Höchststand. Als weitere Faktoren sind die generelle Verschlechterung der politischen Umgangsformen und auf Landesebene die von großen Bevölkerungsgruppen geforderte, aber nicht realisierte Reform des Landeswahlgesetzes hin zu einer stärkeren personen- und lokalorientierten Ausrichtung der Wahlen zu nennen, die einen Teil der Bürger vom Urnengang abgehalten haben mögen.

---

[9] Siehe hierzu die Ausführungen zu Tab. 28, unten S. 501.
[10] Vgl. Schaubild 7, oben S. 489.
[11] Süddt. Ztg. v. 21. Mai 1928; Schw. Tagesztg. v. 22. Mai 1928.

Tabelle 26: Korrelation der Differenzen der Wähleranteile der Parteien
der Landtagswahlen 1924 und 1928 mit ausgewählten Variablen

	Wahlbet.	SPD (+3,8)	DDP (-1,6)	BB (-3,5)	BP (-4,2)
Wahlbeteiligung (-9,6)	–	,458	,008	,543	,475
Wähleranteil CSVD (+2,6)	-,223	,274	-,331	-,545	-,507
Wähleranteil Splitterparteien (+1,8)	,181	-,007	-,206	,243	,223
Anteil der Protestanten	-,236	,209	-,318	-,590	-,672
Anteil der Erwerbstätigen Sektor A	-,529	-,806	,262	-,366	,509
Anteil der Erwerbstätigen Sektor C	,565	,637	-,179	,440	-,511
Anteil der dörflichen Bevölkerung	-,482	-,472	,152	-,374	,431

Quelle: Wahldatensatz. Zu Fallzahl, Gewichtung und Operationalisierung der Datenbasis vgl. die Anmerkungen zu Tab. 22, oben S. 479. Der Anteil der dörflichen Bevölkerung versteht sich als Anteil der in Gemeinden bis 2 000 Einwohner lebenden Bevölkerung an der Gesamtbevölkerung. Der Wähleranteil der Splittergruppen faßt die vorwiegend mit ökonomischen Themen auftretenden Parteien, v. a. die Wirtschaftspartei und die Volksrechtpartei, zusammen. Die Werte in Klammern geben die jeweiligen Veränderungen in Prozentpunkten an.

Eine zentrale Frage, die alle beteiligten Kräfte beschäftigte, war die, wer unter der flauen Wahlbeteiligung am meisten gelitten habe und an welche der neu angetretenen Parteien die Stimmen abgeflossen seien. Die Frage ist von bleibendem Interesse, vor allem weil die Erosion der bürgerlichen Mitte eben 1928 in der sogenannten stabilen Phase einsetzte und damit vor dem Ausbruch der Weltwirtschafts- und Staatskrise der Weimarer Republik. Auch wenn die liberalen Parteien DDP und DVP in Württemberg deutlich stabiler blieben als im Reichsdurchschnitt, befanden sich spätestens seit 1924 große Teile der liberalen Wähler und der Mittelschichten auf der Suche nach einer neuen parteipolitischen Heimat.[12] Für die beiden konservativen Parteien ist also nach der regionalspezifischen Ausprägung dieser Wählerwanderung in die Partizipationsverweigerung beziehungsweise zu anderen Parteien zu fragen.

Tab. 26 faßt die statistischen Befunde in einer Gegenüberstellung der Landtagswahlen von 1924 und 1928 zusammen. Sie zeigt mit deutlichen Zusammenhängen vor allem den Rückgang der Wahlbeteiligung auf dem Land und die stärkere Mobilisierung der Wählerschaft in den Städten. Der positive Zusammenhang der SPD mit der Wahlbeteiligung und den städtischen Indikatoren zeigt, daß davon vor allem die SPD profitierte. Die Werte für die DDP sind aufgrund ihres fast unveränderten Wahlergebnisses und wegen der inhomogenen Sozialstruktur der Partei eher als Beispiel für statistisch nicht belegbare Zusammenhänge zu sehen.[13] Die Zusammenhänge zwischen den Splitterparteien – vorwiegend der Volksrechtpartei und der Wirtschaftspartei – und den anderen Parteien sind nicht klar ausgeprägt und offensichtlich auf dieser Aggregatebene nicht nachzuweisen. Auch hier kann ein Zusam-

---

[12] P. FRITZSCHE, 1990; L. E. JONES, German Liberalism, 1988 u. ö. sowie L. ALBERTIN, Auflösung der bürgerlichen Mitte, 1997.
[13] Ähnliches ist für das Zentrum zu konstatieren, das hier ausgespart wurde.

Konservative Wähler 495

Schaubild 9: Gegenüberstellung der Gewinne des CSVD bei den Landtagswahlen 1924 und der Differenz der Wähleranteile der Bürgerpartei bei den Landtagswahlen 1924 und 1928 in ausgewählten Wahlkreisen

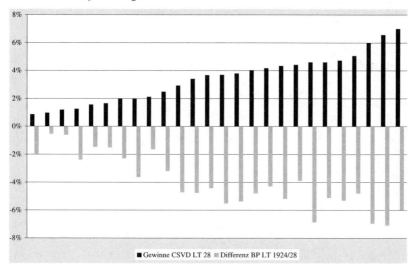

Quelle: Wahldatensatz. Ausgewählt wurden 26 Wahlkreise (Oberämter), in denen der CSVD 1928 erfolgreich angetreten war. Die Werte stehen für die Prozentpunktdifferenzen der Wähleranteile der Bürgerpartei bzw. für die Wähleranteile des CSVD. Das Bestimmtheitsmaß der linearen Regressionsgeraden (R^2) beträgt 0,800. Das bedeutet, dem jeweiligen Gewinn des CSVD steht der annähernd entsprechende prozentweise Verlust der Bürgerpartei gegenüber. Für den Bauernbund betragen die Werte in einem Sample von 24 Wahlkreisen für das R^2 der linearen Regressionsgeraden 0,705.

menhang mit der Bürgerpartei nur aufgrund der übergelaufenen Kandidaten zur Volksrechtpartei vermutet werden.[14]

Ihrem sozialstrukturellen Profil entsprechend verloren der Bauernbund und die Bürgerpartei vor allem dort, wo der Anteil der Protestanten und die jeweils dominante Erwerbsstruktur ihrer Anhängerschaft hoch war.[15] Zwei Faktoren erweisen sich dabei als die wichtigsten Parameter für beide konservative Parteien: der Anstieg der Nichtwähler und die Gewinne des erstmals kandidierenden CSVD. Die positiven Werte bei sinkender Wahlbeteiligung belegen, daß beide Parteien darunter litten. Für beide Parteien galt: Dort wo der aufgrund von Sozialstrukturdaten kaum meßbare und lokal massiert auftretende CSVD kandidierte, fanden die konservativen Wähler eine Alternative in ihm. Die korrelativen Daten deuten hier nur eine Tendenz an, die sich in den inhaltlichen Auseinandersetzungen zwischen den dezi-

---

[14] Siehe hierzu die Ausführungen oben S. 145 u. 291.
[15] Entsprechend sind in Tab. 26 die Werte für den Bauernbund beim Protestantenanteil, bei den Erwerbstätigen im Sektor A und im ›Dorf‹ negativ, weil sie sich im Trend der abnehmenden Wähleranteile bewegen. Für die Bürgerpartei gilt dies entsprechend für den Anteil der Erwerbstätigen im Sektor C. Umgekehrt sind die Korrelationswerte dort positiv, wo beide Parteien schwach verankert waren.

Schaubild 10: Differenz der Wähleranteile des Bauernbundes bei der Landtagswahl 1924 und Differenz der Wähleranteile des Bauernbundes bei den Landtagswahlen 1924 und 1928

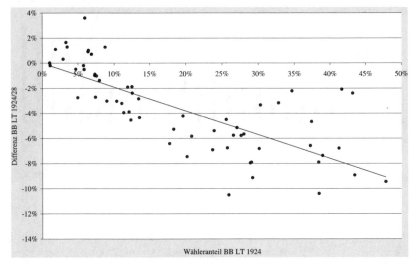

Quelle: Wahldatensatz. Die Abszisse stellt die Wähleranteile des Bauernbundes bei der Landtagswahl 1924 dar, die Ordinate die Prozentpunktdifferenz der Wähleranteile des Bauernbundes bei den Landtagswahlen 1924 und 1928. Die Trendlinie ist die lineare Regressionsgerade (R^2 = ,752). Zu Fallzahl, Gewichtung und Operationalisierung der Datenbasis vgl. die Anmerkungen zu Tab. 22, oben S. 479.

diert protestantischen Parteien schon abgezeichnet hatte.[16] Dort jedoch, wo der CSVD nicht antrat, reagierte ein guter Teil der konservativer Wähler mit Wahlabstinenz.

Dieser Zusammenhang gilt für beide konservative Parteien, soll aber anhand der Bürgerpartei nochmals verdeutlicht werden. Aus den korrelativen Daten ist nicht direkt ersichtlich, in welchem Maße der prozentweise Verlust der Bürgerpartei mit dem Gewinn des CSVD zusammenhängt. In einem Testmodell wurden 26 Wahlkreise ausgesucht, in denen der CSVD erfolgreich angetreten war. Die Gegenüberstellung mit den Verlusten der Bürgerpartei zeigt die offensichtliche Austauschbeziehung beider Parteien in Wahlkreisen, wo sie im selben Wählersegment konkurrierten (vgl. Schaubild 9).

Derselbe Test mit dem Bauernbund ergab ein vergleichbares Ergebnis. In beiden Modellen entsprechen die Verluste der konservativen Parteien fast deckungsgleich

---

[16] Symptomatisch für die Bürgerpartei war der Bericht der Süddt. Ztg. v. 11. Dez. 1928 über das Wahlergebnis in Esslingen, wo Anna Grün als Gemeinderätin und prominente Frauenvertreterin der Partei nicht wiedergewählt wurde, wofür die Zeitung das Auftreten des CSVD und die Bezeichnung ›christlich‹ in seinem Namen verantwortlich machte. 1928 hatte die Bürgerpartei hier nur noch etwas mehr als 40% der Stimmen von 1924 erhalten, der CSVD dagegen auf Anhieb fast deckungsgleich die Differenz von knapp 2 000 Stimmen erhalten.

den Gewinnen des CSVD und der Zunahme der Nichtwähler. Diese Befunde legen die Interpretation nahe, daß ein Teil des unzufriedenen, aber kooperationswilligen Wähleranteils der Bürgerpartei und des Bauernbundes dort den CSVD bevorzugte, wo dieser auch als Alternative zur Wahl stand, während ein anderer, stärker systemfeindlicher Teil der Wählerschaft beider Parteien in die Wahlabstinenz abwanderte, zumal die radikale NSDAP im Land noch keine Alternative darstellte.

Für den Bauernbund ist neben dem Zusammenhang mit dem CSVD ein weiteres Phänomen von Interesse. Schaubild 10 zeigt, inwiefern der Bauernbund unter dem Rückgang der Wahlbeteiligung litt. Konstant blieben seine Milieuhochburgen vor allem in Hohenlohe und im altwürttembergischen Neckar- und Remsraum, wo er über mehr als 25 Prozent der Wähleranteile verfügte, und diejenigen Wahlkreise, wo er eine starke Minderheit von fünf bis zehn Prozent des Wähleranteils vertrat. Hier erwies sich ein Kernmilieu des Bauernbundes in hegemonialer Situation oder in einer Diaspora-Lage als stabil.[17] Besonders interessant aber sind die ›Mittelhochburgen‹ mit einem Wähleranteil von 20 bis 25 Prozent. Dies waren vor allem Wahlkreise, in denen der Bauernbund 1924 kräftig dazugewonnen hatte. Teilweise waren dies Bezirke mit nennenswertem Katholikenanteil oder sogar einer katholischen Mehrheit (z. B. Horb), teilweise waren es Wahlkreise um ein ausgeprägtes mittelstädtisches Zentrum herum (z. B. Böblingen und Heidenheim). Hier hatte der Bauernbund die größten Verluste zu verzeichnen, was auf eine Rückfuhr früherer Leihstimmen an ihre angestammte Partei schließen läßt und auf die Tatsache zurückzuführen ist, daß alle Parteien, vor allem auch das Zentrum, seit 1928 verstärkt mit landwirtschaftlichen Kandidaten angetreten waren. Dennoch: Die Zersplitterung des Parteiensystems hatte mit der Ausnahme des CSVD im ländlichprotestantischen Bereich nicht stattgefunden. Trotz der Verluste des Bauernbundes bei der Landtagswahl von 1928 war seine Stabilität bemerkenswert.

3. Anomalie des Wählerverhaltens: Der späte Aufstieg der NSDAP

Zu einer der Besonderheiten der württembergischen Wahl- und Parteiengeschichte gehört der verzögerte und gehemmte Aufstieg der NSDAP im Land. Fassen wir die Befunde kurz zusammen: Zwischen 1928 und 1933 erzielte die NSDAP in den heute in einem Bundesland vereinigten Reichsländern Baden und Württemberg signifikant unterschiedliche Wahlergebnisse. Bis 1933 lagen die Wahlergebnisse der Partei in Baden über dem Reichsdurchschnitt, während sie sich in Württemberg deutlich darunter bewegten. Erst im März 1933 gelang es der NSDAP in Württemberg, annähernd an den Reichsdurchschnitt anzuschließen (vgl. Tab. 27). In einer Unter-

---

[17] Der Bauernbund konnte z. B. im dominant katholischen OA Laupheim mit einer protestantischen Minderheit von rund 12% deutlich zulegen (siehe hierzu die Datenpunkte im linken oberen Eck in Schaubild 10).

Tabelle 27: Stimmenanteile der NSDAP bei den Reichstagswahlen 1928–1933 in Württemberg, Baden und im Reich

	RT 1928	RT 1930	RT 1932-I	RT 1932-II	RT 1933
Württemberg	1,9	9,4	30,5	26,5	42,0
Baden	3,4	19,2	36,9	34,1	45,4
Deutsches Reich	2,6	18,3	37,3	33,1	43,9

Quelle: Wahldatensatz u. J. FALTER/TH. LINDENBERGER/S. SCHUMANN, *1986, S. 71ff. Die Stimmenanteile für Württemberg sind ohne den preußischen Regierungsbezirk Sigmaringen (Hohenzollern) ausgewiesen.*

suchung aus dem Jahre 1991 wurde das Wahlverhalten in den beiden Ländern als gewissermaßen widernatürlich bewertet. Allein die sozialstrukturelle Beschaffenheit beider Länder hätte genau das Gegenteil erwarten lassen: Aufgrund der Sozialstruktur des Landes – der vorwiegend protestantischen und ländlich-agrarischen Prägung – schien vor allem den Württembergern ein hoher Wahlerfolg der NSDAP ins sozialstrukturelle Stammbuch geschrieben. Im Gegenteil aber wies Württemberg bei den Reichstagswahlen von 1930 den reichsweit niedrigsten NSDAP-Anteil auf. Erst bei der letzten, unter den besonderen Bedingungen nach dem Reichstagsbrand stattfindenden und vom Terror der SA beeinflußten ›halbfreien‹ Reichstagswahl vom März 1933 gelang der NSDAP ein Ergebnis, das nur knapp unter dem Reichsdurchschnitt lag. Selbst anhand zweier deutlicher Unterschiede – dem höheren Katholikenanteil und der höheren Arbeitslosigkeit in Baden –, die sich beide im Reichsdurchschnitt eher hemmend für einen Wahlerfolg der NSDAP auswirkten, ließ sich kein stringenter Erklärungsansatz für diese Anomalie im Wahlverhalten erarbeiten. Im Ergebnis stand ein quantitativ nicht näher zu beschreibendes »Regionalresiduum«, dessen nähere Untersuchung dem qualitativ arbeitenden Regionalhistoriker überlassen bleiben müsse.[1]

Seither wurde kein neuer Versuch unternommen, den Aufstieg der NSDAP in Württemberg quantifizierend zu erklären und die Frage nach den Wählerwanderungen der tradierten Parteien zur NSDAP zu klären. Auch die vorliegende Arbeit muß sich weitgehend auf die beiden konservativen Parteien beschränken. Die regionalspezifischen und letztlich nur aus der historisch-politischen Kultur des Landes zu erklärenden Faktoren dieses nicht quantifizierbaren Residuums liegen auf der Hand. Zum einen sind die ökonomischen und sozialstrukturellen Rahmendaten zu nennen: die verzögerte und abgeschwächte Weltwirtschaftskrise in Württemberg sowie die Praxis der Unternehmen, statt Entlassungen Kurzarbeit einzuführen und der dabei moderierende Einfluß des hohen Anteils der Arbeiterbauern. Historisch-kulturell definierte Faktoren kommen hinzu: eine generell stärkere Verankerung des Liberalismus im Land, der eine deutlich höhere Stabilität als im Reichsdurchschnitt aufweist, die höhere Kirchenbindung im Land sowie der Einfluß einzelner Personen

---

[1] Vgl. J. FALTER/H. BÖMERMANN, 1991 (Zitat S. 197). Beispielgebend zum Zusammenhang von protestantischer Landbevölkerung, Wirtschaftskrise und NSDAP-Erfolg immer noch R. HEBERLE, 1963 u. ö.

und Institutionen wie etwa der Kirchenführer und der Landeskirche, und nicht zuletzt das kompakte katholische Wählersegment in peripherer Diasporalage, das dem Zentrum auch in der Endphase der Weimarer Republik Ausschöpfungsquoten im katholischen Bevölkerungsteil sicherte, die deutlich über den Werten für Baden und das Reich lagen.[2] Nicht zuletzt ist auch das pietisierende Moment im württembergischen Protestantismus zu nennen, das dem CSVD eine überdurchschnittliche und regionalspezifische Präsenz sicherte. Die bereits öfter schon erwähnte Abneigung in Württemberg gegen eine forcierte Parteien- und Organisationstätigkeit vor allem im protestantischen Bevölkerungsteil und die Abneigung gegen Neues und Landesfremdes kommt sicherlich hinzu. Neben den internen Streitigkeiten in der NSDAP kann sie als eines der wesentlichen Momente des verspäteten Organisationserfolgs der Partei im Land gesehen werden.[3] Die bisherigen Befunde haben gezeigt, daß die organisatorische Verankerung von Parteien vor Ort eine wesentliche Voraussetzung für einen Erfolg an der Urne waren. Neben der gemessen an den reichsweiten Verhältnissen schwächer ausgeprägten Polarisierung der Auseinandersetzungen und der geringeren Aggressivität im Konfliktverhalten sind nicht zuletzt genuin politische Faktoren zu nennen. Das Land wurde schwarzblau-konservativ, seit 1930 unter Einschluß der beiden liberalen Parteien, mittelstands- und landwirtschaftsfreundlich sowie mit stark eigenstaatlich-föderaler Fokussierung regiert. Alles in allem also Faktoren, die für die Wählerschaft eine Option für die NSDAP als Volkspartei des Protestes unattraktiver erscheinen lassen konnten als in anderen Regionen.

a) Anfälligkeit im rechten Parteienspektrum

Wer wählte die NSDAP? Zwei kontroverse Erklärungsansätze stehen sich weiterhin gegenüber: Während Seymour M. Lipset für den Aufstieg des Nationalsozialismus die Erosion im bürgerlich-liberalen Lager und den »Extremismus der Mitte« verantwortlich sah, ersetzte Reinhard Bendix diesen schichtenbezogenen Ansatz durch eine massenhistorische Betrachtungsweise. Demnach wurde die NSDAP im wesentlichen von Jung- und ehemaligen Nichtwählern sowie von traditionellen Wählern der rechten Parteien gewählt.[4] Die bisherige Untersuchung hat gezeigt, daß die NSDAP auch in Württemberg von der Zunahme der Wahlbeteiligung profitierte, vor allem zu den Reichstagswahlen von 1933. Allerdings zeigen die statistischen Ergebnisse, daß in Württemberg nur schätzungsweise jeder dritte NSDAP-Wähler von 1930 bei der Wahl von 1928 nicht gewählt hatte, während es in Baden jeder zweite NSDAP-Wähler war.[5] Im Hinblick auf die Wahl vom März 1933 relativiert dies die Nichtwählerthese und bestätigt eher einen ›bandwagon-Effekt‹, wonach sich chro-

---

[2] J. FALTER/H. BÖMERMANN, 1991, S. 290.
[3] C. ARBOGAST, 1998 und TH. SCHNABEL, Machtergreifung in Südwestdeutschland, 1982.
[4] S. M. LIPSET, 1962 mit Rückgriff auf die These des Extremismus der Mitte von TH. GEIGER, 1930; R. BENDIX, 1952. Zur Diskussion beider Thesen: J. FALTER, Radikalisierung des Mittelstandes, 1982 u.ö.
[5] J. FALTER/H. BÖMERMANN, 1991, S. 286.

nische Nichtwähler einer Massenbewegung erst anschließen, wenn sich diese bereits etabliert hat.[6]

Ungeachtet aller Probleme einer rein quantifizierenden Herangehensweise hat Jürgen Falter die komplexen Wählerbewegungen zwischen 1928 und 1933 gegen die ältere Gleichsetzung der NSDAP mit dem alten und neuen Mittelstand zur These der ersten modernen Volkspartei in Deutschland verdichtet. Auch wenn sie als »Volkspartei des Protests« einen »Mittelstandsbauch« im Segment der protestantischen Selbständigen in Gewerbe und Landwirtschaft gehabt habe, sei es ihr gelungen, auch Arbeiter zu gewinnen.[7] Von einer klar zu definierenden Sozialstruktur der NSDAP-Wähler ist auch in Württemberg kaum zu reden. Zwischen 1928 und 1933 unterlag ihre Zusammensetzung einer signifikanten Umschichtung. Vor allem bis 1930 war die Partei im Land deutlich städtisch akzentuiert und hatte eine Anhängerschaft, die stärker im Mittelstand und in der Angestelltenschaft verankert war. Tab. 28 faßt im Vergleich aufeinanderfolgender Wahlen »gleicher Art«, also jeweils der Reichstags- und Landtagswahlen, den zeitlichen Verlauf der Entwicklung zusammen. Bis 1930 mußten alle Kräfte, vorwiegend aber die städtisch verankerten Parteien an die NSDAP abgeben – mit Ausnahme der SPD. Deutlicher war der Zusammenhang allerdings bei den Parteien des mittleren und rechten Spektrums. Sichtbar wird auch, daß die NSDAP von den Veränderungen der Wahlbeteiligung erst bei den Reichstagswahlen vom März 1933 deutlich profitierte.[8]

Für die Bürgerpartei bedeuteten die Tendenzen jedoch mehrerlei. Die Anfälligkeit der rechtskonservativen Wählerschaft für die NSDAP war deutlich und schlägt sich vor allem zwischen den Reichstagswahlen von 1928 und 1930 nieder. Das gemeinsame Vorgehen im Volksbegehren gegen den Young-Plan, die inhaltliche Annäherung beider Parteien in weiteren Themen, vor allem im antikatholischen und antisozialistischen Affekt gegen die SPD-tolerierte Regierung Brüning, und nicht zuletzt der Verlust des landespolitischen Profils der Bürgerpartei hatte den Wählerwechsel zur NSDAP plausibler gemacht. Allerdings muß hinzugefügt werden, daß die eigentliche Erosion der Basis der Partei schon zu den Wahlen von 1928 sowie 1930 mit der volkskonservativen Abspaltung der Nationalen Volksgemeinschaft stattgefunden hatte. Insofern konnte nach 1930 gar kein grundlegender Wählerwechsel mehr stattfinden, weil die Partei schon zur Splitterpartei geschrumpft war. Erstaunlich ist demgegenüber die relative Stabilität der Partei auf dem Niveau von 1930 und die Tatsache, daß sie bei den Reichstagswahlen im November 1932 und im März 1933 sogar noch leicht dazugewinnen konnte. In dieser Phase hatte die ›entschlackte‹ Partei ihr rechtskonservativ-protestantisches Profil noch schärfen und ihre – wenn auch geringe – Basis in diesem Kernsegment behalten können. Deutlich wird dar-

---

[6] D. Hänisch, 1983, S. 16 ff. mit Rückgriff auf S. M. Lipset, 1962, S. 156.
[7] J. Falter, Hitlers Wähler, S. 13. Weitere grundlegende Arbeiten über die Kontroverse um die Sozialstruktur der Wähler- und Mitgliederschaft der NSDAP: Th. Childers, The Nazi Voter, 1983 u. ö.; R. F. Hamilton, 1982 u. zusammenfassend P. Manstein, 1988.
[8] E. Schanbacher, Wählervotum und »Machtergreifung«, 1982 sowie auch die statistischen Werte bei J. Falter/H. Bömermann, 1991, S. 286 ff.

Tabelle 28: Korrelation der Differenzen der Wähleranteile der NSDAP und der Wahlbeteiligung mit den Differenzen der Wähleranteile anderer Parteien bei aufeinanderfolgenden Wahlen

	Wahlbet.	BB	BP	DVP	DDP	Z	SPD
LT 28/LT 32							
Wahlbet. (+1,6)		,181	-,045	,116	,261	,347	,618
NSDAP (+17,3)	,051	-,629	-,459	-,416	-,147	-,377	,108
RT 28/RT 30							
Wahlbet. (+11,0)		,169	,229	,024	,433		,070
NSDAP (+6,1)	,076	,033	-,517	-,225	-,291		-,151
RT 30/RT 32-I							
Wahlbet. (-2,3)		-,206	,243	,138	,283		-,156
NSDAP (+16,0)	,351	-,796	,254	,121	,248		-,110
RT 32-I/RT 32-II							
Wahlbet. (-5,3)		,139	,669	,546	,666	,449	-,416
NSDAP (-4,5)	,179	-,672	,027	-,015	,040	-,548	-,057
RT 32-II/RT 33							
Wahlbet. (+13,9)		-,501	,366	,570	,342	-,129	-,156
NSDAP (+17,0)	,874	-,705	,406	,462	,215	-,375	-,417

Quelle: Wahldatensatz. Zu Fallzahl, Gewichtung und Operationalisierung der Datenbasis vgl. die Anmerkungen zu Tab. 22, oben S. 479. Es wurden jeweils Wahlen »gleicher Art« miteinander verglichen. Die Werte in Klammern in der linken Spalte geben die jeweiligen Veränderungen in Prozentpunkten an. Für die Reichstagswahlen von 1930 waren DDP/Deutsche Staatspartei und DVP mit einer Einheitsliste angetreten.

über hinaus auch die Umschichtung der NSDAP-Wählerschaft seit dem Sommer 1932 und ihr Eindringen in die protestantische Landbevölkerung. In erster Linie betraf dies den Bauernbund.

b) Der Bauernbund als regionaler Puffer

Die Untersuchung von Falter und Bömermann schätzte, daß rund ein Drittel der württembergischen NSDAP-Wähler bei den Reichstagswahlen von 1933 aus dem Segment der ›Sonstigen‹ stammen müsse. Unter diesen sonstigen Parteigruppierungen läuft dabei auch der Bauernbund.[9] In der Tat scheint beim Bauernbund neben den angeführten regionalspezifischen Faktoren der Schlüssel zur Frage nach dem späten und abgeschwächten Erfolg der NSDAP zu liegen. Daß stark regional definierte Parteien in kritischen Zeiten als Puffer wirken und das »eigentliche Geheimnis einer dauerhaften und affektiv verankerten regionalen Verwurzelung« darstellen, darauf hat Karl Rohe zur Erklärung historisch-kultureller Residualkategorien in der politischen Kultur einzelner Regionen bereits hingewiesen.[10] Die inhaltlich erarbeiteten Befunde erhärten die Vermutung, daß das frühe und der Entwicklung im Reich entsprechende Eindringen der NSDAP in die protestantische und ländliche Bevölkerung auch und vor allem am Bauernbund scheiterte. Der Bauernbund war

---

[9] J. FALTER/H. BÖMERMANN, 1991, S. 286.
[10] K. ROHE, Regionale (politische) Kultur, 1991, S. 34.

eine fest verankerte, lebensweltlich abgesicherte und im landwirtschaftlichen Vereins- und Verbandswesen dicht vernetzte Milieuorganisation. Das hatte der vehement gegen die NSDAP geführte Wahlkampf zu den Reichstagswahlen von 1930 und die erfolgreiche Abwehr der NSDAP gezeigt, nicht zuletzt aber auch die Wahlen zur Landwirtschaftskammer anfangs des Jahres 1932. Ein deutlicher Einbruch zeigt sich bei der Juliwahl 1932. Der Bauernbund war in der Reichspräsidentenfrage gespalten. Hinzu kamen weitere Punkte: Die reichspolitische Heimatlosigkeit der Bauernbundsabgeordneten im Reichstag, die Übernahme zentraler inhaltlicher und ökonomischer Positionen des Bauernbundes durch die NSDAP – erinnert sei an die Auseinandersetzung um die Schlachtsteuer – und nicht zuletzt der Übertritt einiger prominenter und lokal verankerter Bauernbündler zur NSDAP. Seit Ende des Jahres 1932 hatte der Bauernbund praktisch keine Führung mehr: Theodor Körner (alt), die Inkarnation der langjährigen Stabilität des Bauernbundes, lag im Sterben, der zweite große Mann des Bauernbundes, Wilhelm Dingler, war im Dezember 1932 gestorben. Für die Märzwahlen von 1933 kam hinzu, daß die Gleichschaltung der landwirtschaftlichen Organe schon weitgehend abgeschlossen war.

Die langanhaltende Stabilität des Bauernbundes kann nur aus dieser milieuhaften Verdichtung und Abstützung heraus erklärt werden. Noch für das Jahr 1932 konnte er Ausschöpfungsquoten in der protestantischen Bauernschaft aufweisen, die zwar deutlich unter denen des Zentrums im katholischen Bevölkerungsteil lagen, aber immer noch beachtlich waren.[11] Auch dieser Befund erhärtet neben den qualitativen Erkenntnissen die These, daß das ländlich-agrarische und protestantische Milieu auch über die Agrarkrise hinweg nicht vollständig erodierte und dem Bauernbund in weitaus größerem Maße treu blieb als in anderen deutschen Regionen. Die kurzfristige Erholung des Bauernbundes bei den Reichstagswahlen im November 1932, als die Krise überwunden schien und die Zeitgenossen glaubten, die NSDAP habe ihren Zenit bereits überschritten, sprechen ebenfalls dafür.

Die Zusammenstellung der korrelativen Werte in Tab. 28 hat gezeigt, daß die Entwicklung der Wahlergebnisse der NSDAP seit 1930 maßgeblich von der Entwicklung der Wahlbeteiligung und den Ergebnissen des Bauernbundes bestimmt war. Für den Bauernbund ist hier eine Mischung aus bemerkenswerter Stabilität und fundamentalem Wandel zu konstatieren. Schaubild 11 visualisiert anhand der absoluten Stimmenzahlen die Konstanz des Bauernbundes bis 1930, den folgenden Einbruch zur Reichstagswahl im Juli 1932 und die dann andauernde relative Konstanz bis 1933. Hier wird deutlich, daß es trotz der Übergänge vom Bauernbund zur NSDAP eine bemerkenswerte Stammklientel des Bauernbundes gab, die auch bei den Wahlen von 1932 und 1933 noch ihre tradierte Partei bevorzugte.

Der fundamentale Wandel und der Zusammenhang zwischen der NSDAP und dem Bauernbund wird im Vergleich der beiden Landtagswahlen von 1928 und 1932 deutlich. Interessant im Hinblick auf den verzögerten Wahlerfolg der NSDAP im Land ist aber ein Blick auf die zeitliche Entwicklung bei den dichter aufeinander-

---

[11] Siehe hierzu die Anmerkungen zu Schaubild 5, oben S. 483.

Schaubild 11: Absolute Stimmenzahlen des Bauernbundes und der NSDAP sowie die Zahl der Nichtwähler bei den Reichstagswahlen 1928–1933 in Württemberg

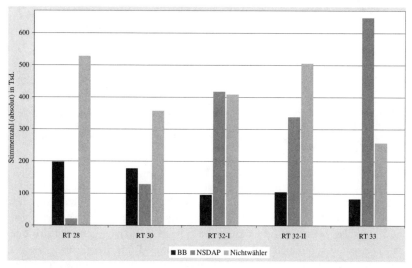

Quelle: Wahldatensatz.

folgenden Reichstagswahlen. Zwischen 1928 und 1930 erwies sich der Bauernbund als ausgesprochen stabil gegenüber der NSDAP. Eine grundlegende Umkehr dieses Verhältnisses zeigte sich zwischen 1930 und 1932, die sich mit den inhaltlichen Punkten – Hochphase der Agrarkrise und Reichspräsidentenwahl – deckt. Hier setzte eine deutliche Wählerwanderung vom Bauernbund zur NSDAP ein, die bei der Reichstagswahl im November 1932, als sich die Krisensymptome in der Landwirtschaft abschwächten, nochmals gebremst werden konnte. Zu dieser Wahl konnte der Bauernbund seine Stammklientel bei sinkender Wahlbeteiligung nochmals mobilisieren, bevor im März 1933 unter den besonderen Bedingungen der Wahl ein erneuter Übergang der Bauernbundwähler zur NSDAP zu verzeichnen war. Tab. 29 unterstreicht anhand einer multiplen Regression diese Zusammenhänge zwischen NSDAP-Erfolg und den Faktoren Bauernbund und Wahlbeteiligung. Sie zeigt, daß der Bauernbund bis auf die Novemberwahl 1932 kontinuierlich und mit einer deutlichen Spitze zur Juliwahl 1932 Wähler an die NSDAP abgeben mußte. Der Wahlerfolg der NSDAP vom März 1933 war aber nur noch bedingt vom Bauernbund, sondern vorwiegend von der Mobilisierung der Nichtwähler abhängig.

Zusammenfassend bedeutet dies unter dem Vorbehalt ökologischer Fehlschlüsse, der individuellen Wählerentscheidungen und der generationsbedingten Veränderungen im Elektorat zwar die Unterstreichung der Falterschen Thesen, mit einer deutlichen Tendenz aber auch deren zeitliche Differenzierung.[12] Die Erosion im städtisch-

---

[12] Diese zeitliche Differenzierung der These kann vor allem deswegen vorgenommen werden, weil die Falterschen Ergebnisse auf dem nicht durchgehenden Wahldatensatz auf Gemeindeebene basieren

Tabelle 29: Multiple Regression der Differenz der Wähleranteile der NSDAP mit der Differenz der Wähleranteile des Bauernbundes und der Wahlbeteiligung bei aufeinanderfolgenden Wahlen 1928–1933

Wahlpaar	R^2	BB (Beta-Wert)	Wahlbet. (Beta-Wert)
LT 28/LT 32	,424	–,660	,171
RT 28/RT 30	,008	–,048	–,086
RT 30/RT 32-I	,671	–,755	,195
RT 32-I/RT 32-II	,528	–,711	,278
RT 32-II/RT 33	,860	–,357	,700

Quelle: Wahldatensatz. Die Werte in den zwei rechten Spalten bezeichnen die standardisierten Regressionskoeffizienten (»Beta-Werte«), die Auskunft über die Stärke eines Zusammenhangs geben. Das Vorzeichen läßt erkennen, ob es sich um eine positive oder negative Beziehung handelt. Zu Fallzahl, Gewichtung und Operationalisierung der Daten vgl. die Anm. zu Tab. 22, oben S. 479.

konservativen Bereich war 1930 bereits weitgehend abgeschlossen: zum einen durch die Konkurrenz des CSVD und zum andern durch die Wählerabwanderung von der Bürgerpartei zur NSDAP in der Phase ihrer Kooperation im Volksbegehren gegen den Young-Plan zwischen 1928 und 1930. Beim Bauernbund hingegen zeigt sich eine schrittweise und kontinuierliche Abgabe an die NSDAP, gleichzeitig aber eine bemerkenswerte Stabilität bis 1930 und auf niedrigerem Niveau dann nach 1932. Die deutlichen Spitzen der Wählerabwanderung lagen zwischen 1930 und der Juliwahl 1932, als er über 46 Prozent seiner absoluten Stimmen verlor. Ein zweiter und in schwächerem Ausmaß zu verzeichnender Schub fand dann erst zur Märzwahl 1933 statt, als die Bauernpartei nochmals über 20 Prozent ihrer absoluten Stimmen verlor. Insgesamt aber konnte der Bauernbund rund 5 Prozent der Wähleranteile als Puffer zurückhalten. Darin dürfte sicherlich einer der wesentlichen Gründe für das Hinterherhinken der württembergischen NSDAP zum Reichsdurchschnitt zu sehen sein. Andererseits ist Falters These dahingehend zu differenzieren, daß der Anteil der Nichtwähler am NSDAP-Erfolg vom März 1933 deutlich höher gelegen haben muß und weniger vom Bauernbund abhing. Trotz dessen relativer Stabilität waren die Dämme also nicht erst zum März 1933 gebrochen, sondern ein erstes Mal schon im Sommer 1932 auf dem Höhepunkt der ökonomischen Krise in Württemberg und zwischen den Reichspräsidenten-, Landtags- und Reichstagswahlen.

4. Resümee: Sozialstrukturelle Segmentierung und kompakte Wählersegmente

Drei grundlegende Faktoren prägen den gesamten Untersuchungszeitraum: die Schärfung der sozialstrukturellen Prägnanz der Parteien, die Tendenz zur möglichst umfassenden Ausschöpfung der jeweiligen Wählerpotentiale und die zunehmende

---

(J. FALTER/H. BÖMERMANN, 1991, S. 286) und der Untersuchung deshalb bei Überspringen der 1932er-Wahlen die Vergleichspaare der Reichstagswahlen 1928 und 1930 sowie 1930 und 1933 zugrundelegt wurden.

Bedeutung des Mobilisierungsvermögens für alle Parteien. Bei allen drei Aspekten zeigt sich ein deutlicher Unterschied zwischen dem Bauernbund und den Deutschkonservativen respektive der Bürgerpartei. Die Bauernpartei konnte mit dem Prozeß der sozialstrukturellen Ausdifferenzierung des Parteiensystems und des Wählerverhaltens Schritt halten. Seit der Wende zum 20. Jahrhundert gelang es dem Bauernbund, sich entlang der landwirtschaftlich-ökonomischen Konfliktlinie, dem konfessionellen Konflikt und dem kulturellen Stadt-Land-Konflikt einzugraben. Mit der Kultivierung dieser Konflikte im politischen Raum gelang ihm der Ausbau seiner Wählerbasis und die sukzessive Linearisierung des Zusammenhangs von sozialstruktureller Basis und Wahlerfolg. Auf der Grundlage der idealtypischen Unterscheidung zwischen einer primär machtorientierten, mit kurzfristigen Machterhaltungsstrategien arbeitenden und an den Wählern orientierten »Anpasser-Partei« und einer primär kulturorientierten, langfristig auf die Mentalität und Interessenlage der Wähler einwirkenden »Kultivierer-Partei« entspricht der Bauernbund mit seiner spezifischen Organisationsform, seiner inhaltlichen Vermittlungskraft und seinem Ausschöpfungspotential dem zweiten Typus.[1] Im säkularen Paradigmenwechsel der staatlichen Agrarpolitik von einer an Produzenten zu einer an Konsumenten orientierten Politik mit allen ökonomischen und kulturellen Implikationen konnte der Bauerbund seine klar definierten Konfliktlinien mit einer langfristigen Mitglieder- und Wählerbindung kultivieren, weil sich der dörfliche Zusammenhang durch die Paßgenauigkeit von Sozialstruktur und Lebenswelt auszeichnete.

Mit einem deutlichen Kulminationspunkt in der Mitte der 1920er Jahre wurde der Bauernbund zur hegemonialen Kraft in den protestantisch und ländlich geprägten Landesteilen, nachdem die Primärkonflikte zwischen Stadt und Land sowie Konsumenten und Produzenten nach dem Ersten Weltkrieg und der Inflation eine erneute Verschärfung erfahren hatten. Strukturell und in der Ausschöpfung seines Wählerpotentials glich der Bauernbund hierin der Sozialdemokratie und dem Zentrum als idealtypischen Parteien mit sozialstrukturell exakt definierten Wählergruppen.

Aufgrund dieser Tatsache sowie seiner milieuhaften Unterfütterung konnte der Bauernbund diese Stabilität trotz zu verzeichnender Verluste auch ab 1928 halten. Die parteipolitische Zersplitterung in der Stabilitätskrise der Weimarer Republik war weitgehend ein städtisches Phänomen, das den Bauernbund nur unwesentlich angriff. Abgeben mußte er an den Christlich-Sozialen Volksdienst als innerprotestantische Konkurrenzpartei. Substanz verlor er aber auch in den Wählersegmenten, in die er 1924 noch mit dem Primärkonflikt Landwirtschaft hatte eindringen können – vor allem im gegenkonfessionellen Bereich. 1928 und 1930 wurde der Bauernbund, wenn auch mit bemerkenswerter Stabilität, auf seine Stammklientel zurückgeworfen – die protestantischen Landwirte in den tradierten Milieuhochburgen der bauernständischen Partei.

---

[1] K. ROHE, Wahlen und Wählertraditionen, 1992, S. 27 f. mit der SPD des deutschen Kaiserreichs als Musterbeispiel einer Partei ohne Regierungsmacht, aber erheblichem kulturbildenden Einfluß.

Die Frage nach dem nicht quantifizierbaren und für den verzögerten NSDAP-Erfolg in Württemberg verantwortlichen Regionalresiduum konnte mit dem Bauernbund als wesentlichem Faktor beantwortet werden. Bemerkenswert war seine Stabilität bis 1930 und auf geschwächter Basis zwischen 1932 und der Märzwahl 1933. Die älteren Befunde konnten darüber hinaus dahingehend zeitlich differenziert werden, daß ein erster massiver Abwanderungsschub zur NSDAP bereits im Sommer 1932 stattfand und von einem zweiten, aber schwächeren Schub im März 1933 gefolgt wurde. Der durchschlagende Erfolg der NSDAP bei der Märzwahl 1933 hing aber sehr viel stärker als bisher angenommen von der Mobilisierung der Nichtwähler ab. Selbst bei dieser letzten Wahl konnte der Bauernbund als regionaler Puffer einen bemerkenswerten Wähleranteil zurückstauen, der die Unterschiede der NSDAP-Ergebnisse zwischen dem Reichsdurchschnitt und Württemberg zumindest weitgehend erklärt.

Der Auszehrungsprozeß des Bauernbundes als Repräsentation der protestantischen Bauernschaft war ein kumulativer Prozeß, der am Ende der Weimarer Republik vor allem mit der mangelnden Mobilisierung der ländlichen Wählerschaft und dem Aufstieg der NSDAP zusammenhing. Strukturell glich diese Entwicklung dem Prozeß in den 1890er Jahren, als der Bauernbund schrittweise die Ergebnisse der Deutschen Partei auf der Basis derselben Wählerschaft zu reproduzieren begonnen hatte. Auf die Tatsache, daß aus dem Stimmenverlust einer Partei in bestimmten Wählersegmenten nicht zwingend eine Erosion diese Milieus resultieren muß, sondern daß ein Milieu zunächst auch nur den Repräsentanten wechseln kann, wurde mit dem Begriff des ›Wirtswechsel‹ hingewiesen – auch um Modell von Lepsius gegenüber dem Wandel von Parteiensystemen zu bestimmten historischen Situationen offener zu gestalten.[2]

Auf der Basis der beiden Reichstagswahlen vom Mai 1924 – als der Bauernbund auf seinem Höchststand bei Reichstagswahlen war – und vom Juli 1932 – als die NSDAP den deutlichsten Zuwachs und der Bauernbund den dramatischsten Einbruch zu verzeichnen hatte – verdeutlicht Schaubild 12 die Übergangswahrscheinlichkeit vom Bauernbund auf die NSDAP auf der Ebene der Oberämter. Die Abbildung zeigt, wie die NSDAP fast deckungsgleich die Wahlergebnisse des Bauernbundes von 1924 reproduzierte. Vor dem Hintergrund der inhaltlichen Ergebnisse – der Übernahme wesentlicher thematischer Punkte des Bauernbundes durch die NSDAP und eines zumindest partiell nachweisbaren Parteienwechsels von dörflichen Meinungsführern – wird hier der Repräsentationswechsel ersichtlich. Deutlich wird aber auch, daß die NSDAP bei den Reichstagswahlen im Juli 1932 gewissermaßen bei einem Eigenpotential beziehungsweise bei von anderen Parteien übergegangenen Wähleranteilen von rund 10 Prozent einsetzte und den Rest vom Bauernbund holen konnte.

Während vor allem die sozialstrukturell klar definierten politischen Gruppierungen einen deutlichen Zuwachs an innerer Kohärenz gewannen und gerade bei ihnen

---

[2] K.-H. NASSMACHER, 1979.

Schaubild 12: Differenz der Wähleranteile von Bauernbund und NSDAP bei den Reichstagswahlen 1924-I und 1932-I

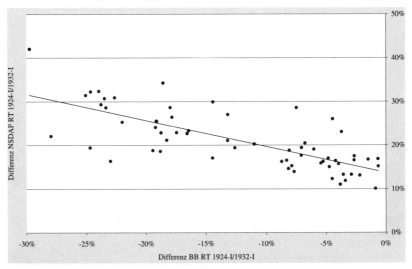

Quelle: Wahldatensatz. Dargestellt sind die Prozentwertdifferenzen der Wähleranteile. Zu Fallzahl, Gewichtung und Operationalisierung der Daten vgl. Tab. 22, oben S. 479. Die Trendlinie ist die lineare Regressionsgerade (R^2 = ,588). Die deutlichen Abweichungen oberhalb der Trendlinie stehen für die Oberämter Gerabronn, Calw, Urach, Ulm und Neuenbürg, wo die NSDAP deutlich mehr zulegte, als der Bauernbund verlor. Umgekehrt stehen die Abweichungen unterhalb der Trendlinie für die Oberämter Marbach, Brackenheim und Vaihingen, wo die NSDAP den Verlust des Bauernbundes nicht ersetzte. Dasselbe Modell mit dem Vergleichspaar der Reichstagswahlen 1924-I und 1933 erbrachte dasselbe Bild (R^2 = ,694).

der Zusammenhang zwischen konsequenter Organisationstätigkeit und der Linearisierung von Sozialstruktur und Wahlerfolg zu sehen war, sind die liberalen Parteien und mit ihnen die städtischen Konservativen als Verlierer dieser Entwicklung anzusehen, auch wenn die Konservativen ihre Wähleranteile auf schwacher Basis länger halten konnte als ihre liberalen Pendants. Schaubild 13 visualisiert die langfristigen Veränderungen auf der Basis der vier sozialmoralischen Milieus, die sich als Grundlage der württembergischen Parteienlandschaft besser eignen als das »Lager«-Modell. Deutlich wird die Stabilität des katholischen Milieus und seine weitgehende Imprägnierung gegen die Herausforderung in Form der NSDAP. Die Dynamik der Entwicklung und den spezifisch modernen Charakter des sozialistischen Arbeitermilieus verdeutlicht dessen Aufstieg seit Anfang der 1890er Jahre und die andauernde Stabilität mit Ausnahme der Revolutionsjahre 1918/19. Diesen beiden Entwicklungen steht der langfristig gesehen dramatische Integrationsverlust der beiden liberalen Parteien gegenüber, die sich gegenüber der NSDAP als milieuübergreifender Volkspartei schwächer behaupten konnten als ein den städtischen und ländlichen Bereich übergreifendes konservativ-protestantisches Milieu, in dem die protestantische Bauernschaft den Schwerpunkt bildete.

Schaubild 13: Entwicklung der Wähleranteile der Parteien der sozialmoralischen Milieus und der NSDAP in Württemberg 1893–1933

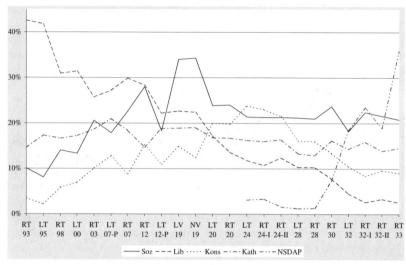

Quelle: Wahldatensatz.

In der Zusammenschau zeigen die Ergebnisse für die städtischen Konservativen Grundtendenzen, aber auch offene Fragen. Die organisatorischen Defizite der Deutschkonservativen und auch der Bürgerpartei waren nur inhaltlich zu erklären. Sie hatten Auswirkungen auf die Mobilisierung des eigenen Wählerpotentials. Hinzu kam, daß weder die alten Deutschkonservativen noch die Bürgerpartei über einen Gründungsmythos und kultivierbaren Basiskonflikt verfügten, wie sie dem Bauernbund oder dem Zentrum gegeben waren. Die sozialstrukturelle Prägnanz der Partei war schwächer ausgeprägt und die Stammklientel insgesamt heterogener. Bei den liberalen Parteien und bei den Konservativen hat dies die Tatsache gezeigt, daß sie mit Sozialstrukturvariablen nicht zu vermessen und stärker nach inhaltlichen Kriterien zu bestimmen sind. Einen Ansatz gegenkultureller Bindekraft und inhärenter Kohäsion erhielt die Bürgerpartei nach 1918 durch den Verfassungsumbruch und die kirchenpolitisch motivierte Mobilisierung. Zur stabilen, milieuartigen Unterfütterung genügte dies jedoch nicht. Ganz im Gegenteil: Die Partei war mit dem Zuzug der Nationalliberalen im Grunde eine neue Partei und hatte mit den alten Deutschkonservativen nicht mehr viel gemeinsam. Zwar konnte sie bis 1924 einen gewissen Saugeffekt initiieren, der auf diese Tatsache und die verbreiterte soziale Basis zurückzuführen war. Allerdings verlor sie diesen Integrationseffekt rasch wieder, weil sie durch die Veränderung heterogener geworden war und sich an mehreren sich überschneidenden Konfliktlinien ausrichtete.

Die Erosion in der bürgerparteilichen Wählerschaft setzte in der Mitte der Weimarer Jahre und vor dem Aufstieg der NSDAP ein. Seit den Wahlen von 1924 hatte die Partei kontinuierlich an Integrationspotential verloren. Unter der ökonomischen Thematik dürfte sie dadurch an die ökonomisch definierten Splitterparteien verloren haben, auch wenn hier der statistische Zusammenhang nicht allzu ausgeprägt war. Deutlich wurde die Wählerabgabe an den protestantischen Konkurrenten in Gestalt des CSVD. Mit dem Einsetzen der wirtschaftlichen Krisenphänomene und der Parteiabspaltung 1930 fand dieser Prozeß seine Beschleunigung. Thematisch und im Elektorat war die Partei aber bereits schon zuvor ausgehöhlt und auf ein Kernsegment geschrumpft. In der Phase der engen Kooperation mit der NSDAP wurde diese zumindest für einen Teil der Stammklientel der Bürgerpartei zur austauschbaren Option. Für die Bürgerpartei und mit Verzögerung auch für den Bauernbund ist aber festzuhalten, daß sich das Vereins- und Verbandsumfeld beider Parteien in der Weltwirtschaftskrise nicht auflöste. Bei der Bürgerpartei begann es sich vor allem mit dem Stahlhelm erst zu straffen. Die bindungslosen Bürger am »verlassenen Stammtisch« wurden insofern weder im städtischen noch im ländlichen Rahmen von der NSDAP aufgesammelt.[3] Vielmehr zeigte die Phase zwischen 1928 und 1930, daß der springende Punkt darin lag, daß die NSDAP in die vormals ›bürgerlich‹ definierten nationalen Kreise integriert wurde, dadurch hoffähig und zur Alternative bei Wahlen wurde.

Die offenen Fragen beziehen sich auf das Mobilisierungsproblem, das im ländlichen Bereich den Bauernbund betraf, unter dem aber im städtischen Bereich vor allem die bürgerlichen Parteien litten. Zumindest teilweise war es als spezifisch württembergische Mobilisierungsschwäche auf mentalitätsbedingte Faktoren zurückzuführen, aber auch auf die Unterschiede zwischen den reichsrechtlichen Wahlvorgaben und der spezifischen Ausprägung des Proportionalwahlrechts in der eigenstaatlichen Tradition des Landes. Offen sind hier weitergehende Fragen nach den Ursachen für die Abwanderung eines guten Teils der Wählerschaft in die Partizipationsverweigerung und nach den Austauschprozessen zwischen den liberalen Parteien, den städtischen Konservativen und der NSDAP in der Phase der dramatischen Erosion der bürgerlichen Wähleranteile zwischen 1928 und 1932. Auf der Basis deutlicher Hinweise ist es keineswegs auszuschließen, wenn auch aufgrund der Datenlage nicht schlüssig zu beweisen, daß das Gros der liberalen Wähler in einem ersten Schritt in der Wahlenthaltung ausharrte, bevor es im März 1933 für die NSDAP votierte.

Die Frage nach der weitergehenden Verfestigung der sozialkulturellen Segmentierung der württembergischen Gesellschaft nach dem Ersten Weltkrieg ist quantitativ nicht eindeutig zu beantworten. Die Ekelgrenzen zwischen den Sozialgruppierungen hatten sich erhöht – daran kann kein Zweifel sein, auch wenn dies statistisch nicht nachzuweisen ist. Im konfessionellen Bereich aber wurden sie zumindest teilweise überwunden. Durch die landesweite Brille gesehen war das Eindringen der beiden konservativen und dezidiert protestantischen Parteien begrenzt, in manchen Wahlkreisen und unter spezifischen Konstellationen war es allerdings vor allem beim

---

[3] Mit dieser These O. HEILBRONNER, 1998 u. ö.

Bauernbund deutlich ausgeprägt. Mit der Dominanz der landwirtschaftlichen Thematik und in den konfessionellen Grenzbereichen des Landes konnte der Bauernbund Stimmen aus dem katholischen Wählersegment gewinnen. Ab 1928 verlor er in diesem gegenkonfessionellen Segment wieder, weil das Zentrum am Ende der Weimarer Republik angesichts der nationalsozialistischen Herausforderung seine katholisch definierte milieuorientierte Prägnanz erneut schärfen konnte. Dennoch liegen in den stabilen Jahren der Republik die zukunftsweisenden Traditionslinien im Hinblick auf einen überkonfessionellen Konservatismus nach 1945.

Schlußbetrachtung

In den annähernd vier Jahrzehnten von der Mitte der 1890er Jahre bis 1933 wandelten sich sowohl die Gesellschaft als auch die Rahmenbedingungen von Politik tiefgreifend. Diesem Wandel unterlagen auch die beiden konservativen Parteien in Württemberg. Wie alle anderen politischen Kräfte waren sie gezwungen, Anpassungsleistungen an die veränderten Bedingungen zu erbringen, um auf dem »politischen Massenmarkt« zu bestehen. Beide Parteien bewerkstelligten diese Aufgabe in unterschiedlicher Art und Weise. Ihre Reaktionen, Strategien und Erfolge in diesem dynamischen Veränderungsprozeß waren vielschichtiger Art. In einem abschließenden Resümee sollen auf die eingangs formulierten Fragen Antworten gegeben werden. Dabei wird auf die zentralen Achsen zurückgegriffen, die der Konzeption dieser Arbeit zugrunde liegen: der Vergleich zwischen ländlichem und städtischem Konservatismus von Bauernbund und Deutschkonservativen respektive Bürgerpartei und der diachrone Zugriff unter der Fragestellung der Kontinuität und des Wandels.

Eines der Kernprobleme der Untersuchung ist die Frage nach der Existenz eines konservativen Milieus in Württemberg. Die Frage hat an Brisanz gewonnen. Zum einen ist die These eines ›nationalen Lagers‹ – dem die Linksliberalen nie und der Rechtsliberalismus nur eingeschränkt zuzurechnen waren – für Württemberg stark anzuzweifeln. Das stellt die Frage nach den besonderen Charakteristika eines abgegrenzten konservativen Milieus. Zum andern kann gerade mit der organisatorischen Trennung zwischen städtischem und ländlichem Konservatismus in Württemberg ein substantieller Beitrag zur Differenzierung des konservativen Milieus geleistet werden.

Gemessen an den Lepsiusschen Kriterien eines politisch wirksamen sozialmoralischen Milieus war der Bauernbund eine ländliche, protestantisch-konservative Milieupartei. Nur aus diesem Ansatz heraus ist sein Erfolg, seine Konstanz und seine auch gegenüber dem Nationalsozialismus bemerkenswerte Stabilität zu erklären. Der Bauernbund war eine lebensweltlich verankerte Solidar- und Milieuorganisation, die – gemessen an den Erfordernissen der Massendemokratie – in jeglicher Hinsicht ›modern‹ war und mit ihrer organisatorisch-kommunikativen Verdichtung und weltanschaulichen Vereinheitlichung strukturelle Parallelitäten zu den Milieustrukturen der Parteien der Katholiken und der Arbeiterschaft zeigte. Der Bauernbund verfügte über einen tradierbaren Gründungsmythos und einen revitalisierbaren gesellschaftlichen Basiskonflikt zwischen Produzenten und Konsumenten als zentralen Teil des Gegensatzes von Stadt und Land, den er gegenüber den konkurrierenden Kräften thematisch monopolisieren konnte. Die Caprivische Handelsvertragspolitik war die Initialzündung zur Sammlung der protestantischen Bauern im Land in einer »Graswurzelorganisation«, die in erster Linie das Integrationspotential der honoratiorenpolitischen Deutschen Partei unterwanderte. Das Geheimnis des wachsenden

Erfolgs des Bauernbundes war seine effiziente Organisationsform mit dem Prinzip der Masse und der selbstorganisierten Solidarität auf berufsständischer Basis. Die erfolgreiche Mischung aus zentraler Organisation und dezentraler Rückbindung trug zur weiteren Stabilisierung bei. Die organisatorische Effizienz der Partei resultierte vor allem aus der lebensweltlichen Verankerung im protestantisch-bäuerlichen Milieu sowie aus der Rückbindung an das landwirtschaftliche Vereins- und Genossenschaftswesen. In der Milieuorganisation des Bauernbundes flossen Lebensweise, Interessensphären, Wertvorstellungen und praktizierte Politik bis zur Deckungsgleichheit zusammen.

Weitere zentrale Punkte kamen hinzu: Neben den milieuspezifischen Versammlungs- und Kommunikationsformen spielten die soziale Homogenität zwischen Basis und Führung, die gepflegten Sozial- und Regionalproporzsysteme und die interne Elitenbildung auf der Basis der Dorfgemeinschaft im Lokalen und auf Landesebene eine wichtige Rolle. Diese Faktoren garantierten dem Bauernbund langanhaltende organisatorische Bestandssicherung und Rückhalt in der Wählerschaft. Die bestehenden gemeinsamen Lebenswelten und Wertvorstellungen waren die Basis des Erfolgs der Bauernpartei, mit der wachsenden Linearisierung des Zusammenhangs von Sozialstruktur und Wahlergebnis zur milieurepräsentierenden Kraft zu werden. Dies gelang dem Bauernbund nur, weil er die Faktoren ökonomische Interessenlage, Religionszugehörigkeit und kulturelle Orientierung auf der Basis einer geteilten Sozialmoral ausdeuten, vermitteln und an der Wahlurne in Stimmen umsetzen konnte. Ein wesentlicher Faktor dieser Vermittlungskraft war die regionale Tradition als ›Heimatpolitik‹ in zweierlei Hinsicht: Zum einen in der regionalistischen Abgrenzung gegen das ›Preußische‹ und in der Betonung der eigenstaatlichen und eigenkulturellen Tradition des Landes. Zum andern aber kam der Faktor der regionalen Tradition in der innerwürttembergischen Differenzierung zum Tragen, die von den maßgeblichen Komponenten der Sozialstruktur des Landes – dem Gegensatz zwischen traditionell-ländlicher und modern-städtischer Lebenswelt sowie dem konfessionellen Konflikt – geprägt waren. Der Bauernbund paßte sich an die regional unterschiedlich vorgefundenen politischen Kulturen an und bildete diese ländlichen und peripheren Mikrokosmen, die sich überwiegend lebensweltlich reproduzierten, auf Landesebene ab. Ihm gelang es, diese Ausformungen lokal verankerter bäuerlich-protestantischer Sozialgruppen in einer Milieuorganisation zu sammeln und einen Regionalismus zu kultivieren, der politische Identität prägte.[1]

---

[1] Von besonderem Interesse wäre eine Untersuchung über die Kontinuität dieses innerwürttembergischen Regionalismus über die Zeit nach 1945 hinaus, in dem G. MIELKE, 1991 einen der Gründe für die politische Monokultur mit der Dominanz der CDU im heutigen Baden-Württemberg sieht. Die Frage, wer nach 1945 das Milieuerbe des Bauernbundes übernommen hat, kann hier nicht beantwortet werden. Zu vermuten ist aber, daß neben der CDU auch die DVP/FDP in Württemberg vor allem im hohenlohischen Landesteil diesen innerwürttembergischen Regionalismus übernommen hat.

Mit diesen Faktoren füllte der Bauernbund für das protestantische Bauerntum eine Leerstelle im Parteiensystem des Landes. Der säkulare Prozeß des Wandels vom Agrar- zum Industrieland schuf dabei die subjektiv empfundene Bedrohungssituation, die im Übergang zur Weimarer Republik und vor dem Hintergrund von Zwangswirtschaft und Inflation an Schärfe gewann und aus welcher Kohäsion und milieuhafte Verdichtung resultierte. Als Partei auf berufsständischer Basis dominierte das agrarökonomische Interessenmoment, wenngleich es immer regionalistisch und lokalistisch sowie konfessionell unterfüttert war. In der Dominanz der landwirtschaftlichen Thematik lag allerdings das Potential des Bauernbundes, auch in den gegenkonfessionellen Bereich hinein Sogkraft zu entwickeln. Der Höhepunkt der Entwicklung war in der Mitte der 1920er Jahre erreicht. Die Grundlage der Parteistabilität war aber die fest verankerte Rückbindung an ein ländlich-protestantisches konservatives Milieu, das an Kohärenz nicht verloren hatte, aber mit der Übernahme der landwirtschaftlichen Thematik und dem Parteiwechsel von dörflichen Meinungsführern zur NSDAP seine Repräsentation wechselte.

Anders zeigen sich dagegen die Verhältnisse beim städtischen Konservatismus. Die Existenz eines organisatorisch verdichteten und komplex strukturierten städtisch-konservativen Milieus konnte nicht bestätigt werden. Vor allem hatte es nie einen Primat einer konservativen Partei als ›Aktionsausschuß‹ einer solchen Sozialgruppierung gegeben. Als Grundlage einer städtisch-konservativen Milieubildung im Sinne des Theorems von Lepsius gilt eine als existentiell empfundene Bedrohungssituation, aus der heraus gegenkulturelle Kohäsionskraft und damit milieuhafte Verdichtung resultiert. Angeführt werden für die Milieubildung im Konservatismus vor allem der Untergang der Monarchie und damit das Ende der mit dieser Verfassungsform konnotierten ständischen und verfassungsmäßigen Vorrechte, das Ende des landesherrlichen Summepiskopats sowie die Basiskonflikte im schul- und kulturpolitischen Bereich. Erst dadurch – so die These – wurde der Konservatismus infrastrukturell und weltanschaulich zusammengeschweißt und konnte auf der Basis nationaler Vergemeinschaftungen zu einem »hochorganisierten, dynamischen und aktionsfähigen« Milieuphänomen werden.[2]

Der Milieubegriff setzt innere Geschlossenheit und ein hohes Maß an Homogenität auf der Basis eines eigenkulturellen Subsystems voraus. Gerade das aber scheint für den württembergischen Konservatismus nicht der Fall zu sein. Mehrere Begründungen sind hierfür anzuführen. Wesentliche Aspekte der Basiskonflikte, die gegenkulturelle und kohäsionsstiftende Kraft zu entwickeln in der Lage gewesen wären, waren in Württemberg abgeschwächt, ein konstant revitalisierbarer Basiskonflikt fehlte dem städtischen Konservatismus in Württemberg überhaupt. In der wilhelminischen Ära des Kaiserreichs und in den Anfangsjahren eines parteipolitisch organisierten Konservatismus im Land führte zwar der Wertekonflikt zwischen konservativ-orthodoxen gesellschaftspolitischen und theologischen Positionen sowie

---

[2] So P. LÖSCHE/F. WALTER, 2000 (Zitat S. 478); F. WALTER, Milieus und Parteien, 1995; H. MATTHIESEN, Greifswald, 2000 u. F. BÖSCH, 2002.

den theologisch liberalen, modern-kapitalistischen und nationalen Standpunkten der Deutschen Partei die Konservativen aus der gemeinsamen nationalliberal-konservativen Sammlungspartei heraus. Eine milieuhafte Vernetzung mit Vereinen und Verbänden im gesellschaftlichen Umfeld der Partei war aber vor 1918 gar nicht nötig, weil sich die Konservativen trotz aller demokratisierenden Tendenzen im Rahmen einer kontrollierten Modernisierung im Land als Bestandteil einer durch die staatlichen und gesellschaftlichen Institutionen – durch Monarchie und Landeskirche – abgesicherten dominanten Mehrheitskultur verstanden. Einzig die Verbindung zu den mittelständischen Interessenvertretern und ihren Verbänden war ein Ansatz zum Ausbau ›moderner‹ Netzwerke im parteipolitischen Umfeld, der den Deutschkonservativen Unterstützung auf dem Markt der konkurrierenden Parteien verlieh.

Nach 1918 mußte sich der Konservatismus in der Bürgerpartei schon durch den Zuzug der ehemaligen Nationalliberalen verändern. Er mußte stärker noch egalitär und partizipatorisch werden, als er es vor 1914 schon war. Dazu mußte er eine sozialmoralisch qualifizierte Führungsrolle im Wirtschaftsbürgertum und in der Verwaltungselite des Landes übernehmen, gleichzeitig aber auch für die ›unteren‹ Schichten‹ der Angestellten und Arbeiter zur politischen Option werden. Die gegenkulturelle Anziehungskraft, mit der die Bürgerpartei nun eine Sogwirkung vor allem im protestantischen Bürgertum ausüben konnte, war stärker an der Kirchenpolitik und am sozialen Ordnungsprinzip Eigentum orientiert als an verfassungspolitischen Fragen. Die Monarchie war kein politisch perpetuierbares Distinktionsmerkmal der Konservativen. Ihr Untergang war in Württemberg zudem mit keinem Verlust von verfassungs- oder wahlrechtlichen Vorrechten für Konservative verbunden. Hinzu kam die administrative und personelle Kontinuität über den Umbruch von 1918 hinweg. Gleiches ist für den Kirchen- und Schulbereich anzuführen, wo Grundsatzkonflikte bereits kurz nach dem Umbruch entschärft worden waren. Vor allem in den landeskirchlichen Strukturen waren konservative Positionen gesichert und die Dominanz des in der Bevölkerung verankerten theologischen Konservatismus unangefochten. In Württemberg als einem der ›Zustimmungsländer‹, in denen die deutschnationalen Parlamentarier mehrheitlich für die früh verabschiedeten republikanischen Landesverfassungen votierten, agierten die Konservativen mit großer Kooperationsbereitschaft und entlang einer verfassungspolitischen Kompromißlinie, deren Wurzeln bis auf den Frühkonstitutionalismus zurückgehen.[3] Von geringerer kohäsionsbildender Kraft war auch der Kampf gegen das ›System‹, weil es dieses in Württemberg mit der Kontinuität in der Verwaltungselite jenseits der Diskussion um Monarchie oder Republik und vor allem nach 1923 mit einer regierungsabstinenten Sozialdemokratie gar nicht gab. Ganz im Gegenteil: Auf Landesebene war man in der Koalition mit dem Zentrum selbst das ›System‹.

Die Bürgerpartei befand sich nach 1918/19 nicht in einer »deutschnationalen Verweigerungshaltung« und auch nicht in der ›Schmollecke‹ einer »freiwillig gewählten

---

[3] C. F. Trippe, 1995.

negativen Integration«.⁴ Das heißt natürlich nicht, sie sei eine verfassungstragende Partei der neuen demokratischen Republik gewesen. Aber sie war in den Jahren nach dem Umsturz die gesellschaftliche Sammlung des kooperationsbereiten Bürgertums, das seine Interessen im Rahmen der vorgegebenen ›Spielregeln‹ durchzusetzen versuchte. Diese Interessen lagen vor allem im wirtschafts- und kulturpolitischen Bereich. Die Bürgerpartei war in dieser Phase bis zur Stabilisierungskrise nach der Währungsreform die Gesamtpartei des protestantischen und nationalen städtischen Mittelstandes und des akademischen Bürgertums. Dabei blieb es immer bei schwach ausgeprägten Parteiloyalitäten. Einen Primat der Partei hatte es vor 1918 und auch danach nicht gegeben. Das belegen unter anderem die im Verhältnis zu den Wählerstimmen schwachen Mitgliederzahlen. Gegen die Ausbildung organisatorisch professionalisierter und verdichteter Milieustrukturen sprachen mehrere Gründe: die starke lokale Orientierung, die Beibehaltung von persönlich strukturierten Kommunikationswegen und eine starke korporative Vergemeinschaftung in gesellschaftlichen Teilbereichen wie der Landeskirche und in der staatlichen Verwaltung.

Die Konservativen basierten auf mehreren Milieuzusammenhängen. Bis 1918 dominierte ein theologisch orthodoxes und pietistisch geprägtes konservatives Kernmilieu der Mittelzentren und größeren Städte des Landes. Mit dem Übergang zur Weimarer Republik fand dieser ältere Konservatismus, bei dem die Widerstände gegen eine neue Massenpartei am größten blieben, sein eigentliches Ende. Das altkonservative Kernmilieu blieb zwar an die Bürgerpartei gebunden, stellte aber die Minderheit in ihr dar. Zur Bildung ausgeprägter Milieustrukturen mit organisatorischer Verlängerung in die Partei hinein war das soziale Vorfeld zu heterogen. Die Suche nach personell und organisatorisch vernetzten Kontakten mit den unterschiedlichen gesellschaftlichen Gruppen und ihren Vereinen wurde zwar unternommen, mißlang aber weitgehend. Sie war erfolglos bei den konfessionell gebundenen Arbeitern, verpuffte bei den Angestellten im Deutschnationalen Handlungsgehilfenverband und war ein Fehlschlag bei den ›nationalen‹ Katholiken. Ein in der Tradition der alten konservativen Partei liegendes Anknüpfen gelang lediglich beim selbständigen Mittelstand. Der wichtigste Träger der Bürgerpartei nach 1918 war aber das ehemals nationalliberale und organisatorisch nicht parteigebundene protestantische Wirtschafts- und Bildungsbürgertum, das einerseits dafür verantwortlich war, daß die Bürgerpartei ›bürgerlicher‹ und konsensorientierter auftrat als etwa ihr preußisches Pendant, sich andererseits aber den ›modernen‹ und dynamischen Ideen der nationalistischen und völkischen Gruppierungen annäherte. Die kleinen vaterländischen und völkischen Verbände in Württemberg sind allerdings eher als Kontaktgruppen zu bezeichnen, die nur vorübergehend an die Partei gebunden werden konnten. Auch der im Land erst spät etablierte Stahlhelm konnte hier keinen Ersatz für einen subkulturellen Unterbau bilden.

---

⁴ H. MATTHIESEN, Greifswald, 2000, S. 109 ff. mit Rückgriff auf den für die Sozialdemokratie des Kaiserreichs geprägten Begriff der »negativen Integration« von D. GROH, 1973, S. 36 ff.

Insgesamt war der ländlich-protestantische Konservatismus von größerer milieubildender Kraft als sein städtisches Pendant. Das soll keineswegs die inhaltlichen Gemeinsamkeiten beider konservativen Spielarten überdecken, aber dennoch die Unterschiede in ihren Organisationsformen, ihrer lebensweltlichen Basis und ihrer Interessenlagen betonen. Zumindest für Württemberg ist von einem ländlichen, protestantisch-konservativen Milieu mit allen relevanten Faktoren für Begründung und Stabilität einer solchen sozialen Gruppierung zu sprechen. Nur mit großer Einschränkung gilt dies für ein städtisches protestantisch-konservatives Milieu. Inwiefern also der Begriff eines beide Erscheinungsformen umfassenden konservativen Milieus in protestantischer ländlicher und städtischer Umwelt über diesen Befund hinaus auszudifferenzieren ist, müssen weitere Lokal- und Regionalstudien zeigen.[5]

Mit der Diskussion der unterschiedlichen konservativen Milieubedingungen in Stadt und Land ist eine der vier eingangs formulierten zentralen Fragen nach der regionalspezifischen und dauerhaften organisatorischen Trennung von Bauernbund und konservativer Partei beantwortet. Die Trennung war die grundlegende Bedingung für den Bestand beider Parteien und eines parteipolitischen Konservatismus überhaupt. Denn im Unterschied etwa zu Preußen, wo die Deutschkonservativen weitestgehend überhaupt nur ländlich verankert waren und im großagrarischen preußischen Ostelbien unter andersartigen sozialstrukturellen, agrarökonomischen und sozialen Rahmenbedingungen agierten, gab es in Württemberg erstens einen städtischen Deutschkonservatismus und zweitens eine ländliche konservative Bauernpartei, die auf der selbstorganisierten und partizipatorisch orientierten klein- und mittelbäuerlichen Schicht mit langer lokaler, anti-städtischer und anti-elitärer Tradition basierte. Vielleicht bedingten gerade die fließenden Übergänge zwischen (Klein-)Stadt und Dorf sowie die Überlappungen in der Erwerbstätigkeit – vor allem bei Nebenerwerbsbauern – die organisatorische Trennung beider Konservatismen, die gegenseitige Abgrenzung und die Vermittlung eigenkultureller Authentizität gewährleisteten.

Kehren wir aber zu den weiteren zentralen Fragen zurück: der Frage nach der späten Konstituierung des parteipolitischen Konservatismus in Württemberg, der regionalspezifischen Besonderheit im Parteiensystem des Landes nach 1918, die sich neben dem Bauernbund vor allem auch in der Bürgerpartei ausdrückte, sowie zu der Frage nach dem späten und abgeschwächten Erfolg der NSDAP im Land.

Das verspätete Auftreten konservativer Parteien in Württemberg hatte zahlreiche Gründe. In erster Linie ist der in der Mitte der 1890er Jahre einsetzende Prozeß zu sehen, der das Land in den »politischen Massenmarkt« führte. Politik wurde partizipativer, kompetitiver, populärer und zunehmend von modernen Parteiapparaten sowie von Vereinen und Verbänden statt von Honoratioren getragen. Gleichermaßen begann mit der Konfessionalisierung und Ökonomisierung von Politik der Prozeß, der bis zum Ende des Kaiserreichs – und verstärkt noch in der Weimarer Zeit – die

---

[5] Vgl. hierzu auch die Bemerkungen von W. Pyta in einer Rezension der Arbeit von H. Matthiesen, Greifswald, 2000 in HZ 274 (2002), S. 247.

Schlußbetrachtung

Wähler als Mitglieder einer relativ geschlossenen sozialen Gruppe zur Wahl gehen ließ und die Wahlergebnisse der Parteien immer eindeutiger der Sozialstruktur ihrer Wählerschaft zuordenbar machte. Das erstmalige Auftreten des Zentrums bei der Landtagswahl von 1895 und die ersten Mandatsgewinne von Sozialdemokraten stehen symptomatisch für diese Entwicklung, in der sozialstrukturelle Merkmale und kulturelle Konflikte politisiert wurden. Wie die statistischen Analysen belegt haben, konnte vor allem der Bauernbund mit dieser langfristigen Entwicklung Schritt halten. Hinzu kamen spezifisch landespolitische Veränderungen – vor allem die Tatsache, daß der alte Gegensatz zwischen ›Preußen‹ und ›Anti-Preußen‹, der das Parteiensystem des Landes mit Deutscher Partei und Volkspartei lange geprägt hatte – an Bedeutung verlor. Aber auch reichspolitische Einflüsse und die wachsende Nationalisierung der Themeninhalte spielten eine Rolle, auch wenn die Landespolitik eine wichtige und eigenständige Bedeutung in der politischen Auseinandersetzung behielt.

Beide konservative Parteien waren das Ergebnis von parteikonstituierenden Werte- und Interessenkonflikten, die zuvor innerhalb des Integrationspotentials der nationalliberal-konservativen Deutschen Partei aufgefangen werden konnten. Man könnte auch sagen, daß die Deutsche Partei so wenig nationalliberal und dagegen so stark konservativ war, daß es zuvor gar keines eigenständigen parteipolitischen Konservatismus bedurfte. Erst die Agrarkrise der 1890er Jahre und die Brisanz der landwirtschaftlichen Thematik im Zuge der fortschreitenden Industrialisierung machten einen eigenständigen Bauernbund notwendig, dem es als populärer Massenpartei gegen das landwirtschaftliche Establishment in der Deutschen Partei gelang, die schon zuvor existente Sozialgruppierung der protestantischen Bauern organisatorisch zu binden. Der konfessionelle Konflikt mit dem parteipolitisch organisierten Katholizismus war dabei auch ein Faktor der Gründung des Bauernbundes, wenn auch mit weniger Bedeutung als bei den Deutschkonservativen.

Bei den Deutschkonservativen wurde ein vorwiegend anhand unterschiedlicher gesellschaftspolitischer Orientierungen definierter Wertekonflikt zur Initialzündung einer parteipolitischen Auskristallisierung, die auf drei Ebenen politisch-kultureller Vergemeinschaftung basierte: Erstens eben jenem konfessionellen Gegensatz zum Zentrum, der allerdings früh schon der Erkenntnis wich, daß aufgrund der Konfessionsstruktur des Landes christliche Werte nur gemeinsam mit dem Katholizismus politisch umzusetzen waren. Zweitens ist die innerprotestantische Ausdifferenzierung in orthodox-konservative Protestanten und theologisch Liberale zu nennen, die über den gesamten Zeitraum hinweg ein zentraler Abgrenzungspunkt gegenüber dem politischen Liberalismus war und den Konservatismus als religiös motivierte innerbürgerliche Protestpartei etablierte. Und drittens ist der Aufstieg der Sozialdemokratie anzuführen, der subjektiv als höchste Gefahr für die gesellschafts- und ordnungspolitischen Vorstellungen der Konservativen empfunden wurde. Als Verlierer dieser von beiden konservativen Parteien vorangetriebenen Entwicklung ging langfristig der Liberalismus aus dem Rennen, während sich der

Konservatismus bei langanhaltender Kontinuität seiner thematischen Inhalte zunehmend stabilisieren konnte.

Der regionalspezifische Sonderfall der Bürgerpartei nach 1918 verweist auf die Vielgestaltigkeit des Konservatismus in Deutschland und seine Konstellationsabhängigkeit. In der Tat ist hier die Konzeptionalisierung zugrunde zu legen, wonach konservativ ist, wer sich konservativ nennt. Die Unterschiede liegen auf der Hand: Während in anderen Ländern – vor allem in Preußen – nach 1918 vehement darüber diskutiert wurde, inwiefern die DNVP lediglich die Nachfolgeorganisation der deutschkonservativen ›Junkerpartei‹ sei, ist für Württemberg eher zu fragen, inwiefern die Bürgerpartei die Fortführung der alten Nationalliberalen war und wieviel die Bürgerpartei überhaupt noch mit dem ›alten‹ Konservatismus vor 1914 zu tun hatte. Der Zuzug der Nationalliberalen und der bislang Parteilosen, die sich durch den Umbruch von 1918 zur parteipolitischen Organisation gedrängt sahen, veränderte eine konservative Partei, die nun ihre soziale Basis deutlich erweiterte, sich neue Organisationsformen schuf und jetzt erst zur Mitgliederpartei wurde. Bis zur späten Gründung der DVP in Württemberg war sie der Monopolist auf die Stimmen des konservativ-rechtsliberalen protestantischen Bürgertums im Land, für das sie vor allem in der kirchenpolitisch unsicheren Phase nach dem November 1918 und während der Inflation integratives Potential entwickeln konnte, das sie in der Stabilisierungskrise und angesichts der Konkurrenz der ökonomisch definierten Splitterparteien und des CSVD wieder verlor.

Aus dem Ursachenbündel für die Erosion des bürgerparteilichen städtischen Konservatismus ragen zwei zentrale Punkte heraus: die Organisationsfrage und die völkische Thematik. Die Organisationsproblematik greift dabei weit über die rein formalen Organisationsstrukturen hinaus und umfaßt die mentalen Bedingungen der Organisation von Politik. Vor 1914 hatten sich die Konservativen zwar um ihre organisatorische Festigung bemüht, dabei aber letztlich wenig Erfolge verzeichnen können, weil der Vorkriegskonservatismus auch ohne Parteiapparate und -strukturen funktionierte beziehungsweise gerade durch die Dominanz des Honoratiorenpolitischen gegenüber dem Professionellen sowie des Lokalen gegenüber dem Zentralen die Einheit der unterschiedlichen Strömungen garantierte. Die mangelnden Organisationserfolge vor 1914 sind letztlich nur auf die mentalen Widerstände gegen eine organisierte Massenpolitik und gegen die moderne Vernetzung von Parteipolitik und vorpolitischem Umfeld zurückzuführen. Bis dahin hatte es genügt, sich auf die informellen Verkehrskreise innerhalb von lokalen Familienstrukturen, städtischem Bürgertum sowie dem selbständigen Wirtschaftsbürgertum und seinen Interessenorganisationen zu verlassen.

Die organisatorischen Defizite wirkten in die Weimarer Zeit hinein fort und hemmten das Bestreben vor allem der ehemals nationalliberalen Bürgerparteiler, die Partei nun auf straffe organisatorische Füße zu stellen. Dennoch: Die organisatorischen Defizite garantierten der Partei letztlich die Integration ihrer unterschiedlichen Gruppierungen. Gleichzeitig bildeten sie aber auch das Einfallstor des Hugenbergschen organisatorischen und personellen Revirements. Nur aufgrund der strukturellen Defizite der Partei konnte Hugenberg mit seiner Parole ›Block statt Brei‹ so stark in die Landesverbände hineinwirken und in der gesamten DNVP einen grundlegenden Gestaltungswandel durchsetzen. Aus einem heterogenen Sammelbecken von Nationalliberalen, Konservativen, Christlich-Sozialen und Völkischen wurde eine organisatorisch gestraffte völkisch-nationale Bewegung, in der sich aufgrund der mentalen Hemmnisse in einem Großteil der Partei gegen diese organisatorische und inhaltliche Vereinheitlichung ein zentripetaler Sog entwickelte, der zur Erosion der Partei führte. Mit der Hugenbergschen Macht- beziehungsweise in Württemberg mit der Widerschen Führungsübernahme war ein Umschwung der Partei vollzogen, der die letztendliche Abkehr von der alten honoratiorenpolitisch organisierten Partei zugunsten einer plebiszitär begründeten nationalen Bewegung kennzeichnete.

Der tiefgreifende Wandel der Partei hatte existentielle Konsequenzen. Er stand für die Aufgabe des Dezentralismus in der Partei, für die Aufgabe der Vielfalt des Lokalen und für den Sieg des Zentralismus, der sich in Württemberg mit der Dominanz der Stuttgarter Ortsgruppe durchsetzte. Die Übernahme einer völkisch-nationalen Utopie vom kommenden Reich der Volksgemeinschaft stand für die Ablösung eines älteren utopielosen Konservatismus. Symbolisiert wurde sie durch den Sieg einer intransigenten Parteibasis über eine kooperationswillige Fraktion, der das Ende der Selbständigkeit des Parlamentariers und seiner Unabhängigkeit von den ›Stimmungen der Masse‹ als einer der konservativen Parteitraditionen bedeutete. Verbunden war damit die Aufgabe pragmatischen Verhandlungsdenkens zugunsten eines politischen Maximalismus mit entsprechender Konfliktdramatisierung. Und nicht zuletzt ging mit dem Wandel zur zentralistischen Bewegung eine inhaltliche ›Borussifizierung‹ einher, die die regionalspezifische Identität der Partei verblassen ließ. In dem allgemeinen Trend der zunehmenden Dominanz reichspolitischer Fragen hatte die Bürgerpartei, die 1918 noch als prägnant regionalspezifische Partei angetreten war, ihr landespolitisches Profil aufgegeben und sich mit ihrer reichs- und preußenpolitischen Fokussierung in eine ›nationale Gegenkultur‹ eingereiht. Kurz gesagt: Die Partei hatte zwei wesentliche konservativen Prinzipien aufgegeben – das dezentrale Organisationsprinzip von Politik und den inhaltlichen Regionalismus.

Als zweiter zentraler Punkt kam die Nähe zur völkischen Bewegung hinzu. Aggressiver Nationalismus und Antisemitismus standen für einen tiefgreifenden Wandel des ehemals antinationalen Konservatismus. Von beiden Integrationsideologien ging große Anziehungskraft aus, weil man sich davon versprach, diejenigen Bevölkerungsgruppen ansprechen zu können, die der Partei verschlossen geblieben waren – Angestellte und Arbeiter. Das Bündnis mit dem völkischen Nationalismus war einer der zentralen Gründe für die nachlassende Integrationskraft des städtischen Konservatismus. In seiner sozialen Basis wurde er nun auf wenige städtische Zentren des Landes zurückgeworfen, wo es eine hypertroph nationale und militaristische politische Kultur gab. Hier war die Partei nun vor allem vom Stahlhelm organisatorisch unterfüttert und wurde bis zur Ununterscheidbarkeit zum bürgerlichehrbaren Pendant der NSDAP. Vor allem aber aufgrund seiner religiösen und wertorientierten Wurzeln konnte der Konservatismus mit der letztlich nihilistischen völkischen Bewegung nicht wirklich konkurrieren. In der Phase der engsten Kooperation mit der NSDAP im Zuge des Volksbegehrens gegen den Young-Plan war vielmehr deutlich geworden, daß man damit eine Konkurrenz salonfähig gemacht hatte, die man lange Zeit gar nicht als solche, sondern als Partner zur ›nationalen Wiedergenesung‹ und vor allem zur Schleifung der letzten Machtbastionen der Sozialdemokratie begriffen hatte. Auch dadurch mußte der Konservatismus gegenüber neuen Konkurrenten wie dem CSVD verlieren, der das protestantische und moralpolitische Profil der Bürgerpartei übernommen hatte.

Vor allem aber wurde deutlich: Der agrarisch geprägte Konservatismus des Bauernbundes konnte beim Nationalismus und beim Antisemitismus Anleihen machen, die seiner Kohäsion in den traditionalen dörflichen Strukturen im Sinne der Abwehr gegen Moderne, Liberalismus und städtische Kultur dienlich waren, ohne dabei seiner Identität zu schaden. Schließlich war der Bauernbund auch ein Partner im Volksbegehren, der aber seine Primärthematik der landwirtschaftlichen Interessenvertretung nie aufgab, sondern diese durch die nationale Thematik ergänzte und profilierte. Der städtisch-protestantische Konservatismus hingegen ersetzte sein Interessen- und Werteprofil durch eine nationale Vision und schrumpfte auf eine Bewegung zusammen, die mit dem tradierten religions- und werteorientierten Konservatismus nicht mehr viel gemeinsam hatte. Durch die Nationalisierung der Religion und die Sakralisierung der Nation wurde letztlich die Religion als Kern einer konservativen Sozialmoral ausgehöhlt. Dadurch gab der Konservatismus in der Endphase der Weimarer Republik seine Identität preis und machte die ›schlagkräftigere‹ völkische Alternative in Form der NSDAP zur austauschbaren Option. Neben dem Dezentralen und dem Regionalen hatte der Konservatismus mit der Religion ein weiteres seiner grundlegenden Prinzipien aufgegeben.

Der Themenkomplex führt zu der Frage nach den Ursachen für den verzögerten und relativ schwachen Wahlerfolg der NSDAP im Land. Ein komplexes Ursachengeflecht ist hierfür außerhalb der beiden konservativen Parteien zu sehen: die gemilderten Krisensymptome der Weltwirtschaftskrise im Land, das gebremste Protestpotential durch eine landwirtschaftsfreundlich-mittelständische, konservativ-katholische Regierung in Württemberg, die liberalen Traditionen des Landes mit einer im Reichsvergleich länger anhaltenden Stabilität des politischen Liberalismus und die Neigung in einem Gutteil der Wählerschaft, Wahlenthaltung zu praktizieren statt der NSDAP als neuer, ›landesfremder‹ und die tradierten politisch-kulturellen Werte des Landes aggressiv angreifender Partei die Stimme zu geben. Die Zerstrittenheit in der Führung und die organisatorische Schwäche der NSDAP kamen hinzu, aber gerade letztere war ja eine Konsequenz der Verhältnisse im Land.

Weitere Faktoren sind bei den beiden konservativen Parteien zu suchen. Die Anfälligkeit der Wähler der Parteien im rechten Spektrum für den Nationalsozialismus ist unbestritten, aber sie verlief in Württemberg zeitlich differenziert. Die Bürgerpartei hatte sich früh schon – ab 1929 – in die Kooperation mit der NSDAP begeben.

Dabei hatte sie vor allem ihr landesspezifisches Profil aufgegeben und war zur württembergischen Variante der nationalen Hugenberg-Bewegung geworden. Nach einem ersten, durch das Auftreten der ökonomischen Interessen- und Splitterparteien und vor allem des Christlich-Sozialen Volksdienstes bedingten Erosion in der bürgerparteilichen Wählerschaft fand der zweite große Abwanderungsschub zur NSDAP bei den Reichstagswahlen von 1930 statt. Zurück blieb ein zur Splitterpartei geschrumpftes, aber sich auf diesem Niveau bis zum März 1933 haltendes bürgerliches Pendant zur NSDAP, welches das ›Zähmungs‹- und ›Einrahmungskonzept‹ der Reichs-DNVP und Papens zwischen Illusion und Anpassung übernommen hatte.

Der zentrale Grund für den späten und abgeschwächten Wahlerfolg der NSDAP und die im Reichsvergleich zu konstatierende Anomalie im Wahlverhalten der Württemberger lag beim Bauernbund. Bis zu den Landtags- und Reichstagswahlen im Sommer 1932 hatte er das Eindringen der NSDAP in die ländlich-protestantische Wählerschaft in Württemberg verhindern können. In erster Linie war dafür sein erfolgreich praktizierter inhaltlicher Spagat zwischen landespolitisch orientierter und berufsständisch organisierter Interessen- und gleichzeitig Regierungspartei einerseits sowie der gleichzeitigen Kultivierung nationaler Protestformen andererseits verantwortlich. Der Bauernbund hatte als Milieuorganisation das protestantisch-konservative Bauerntum gebunden, die Interessenvertretung einer nationalen Bauernschaft gewährleistet und sowohl in seiner Terminologie als auch in seinen Organisationsformen die NSDAP parallelisiert oder vorweggenommen, bevor diese als Protestpartei auf dem Land auftrat. Exemplarisch dafür stand das Vermögen des Bauernbundes, mit der Kultivierung des eigenkulturellen Lebenszusammenhangs des Dorfes auch die Bauernjugend gegenüber der ›dynamischen‹ NS-Bewegung an sich zu binden. Der Bauernbund konnte als Puffer wirken und seine Wählerschaft bis zum Sommer 1932 dauerhaft auf sich verpflichten.

Allerdings konnten sowohl die inhaltlichen als auch die statistischen Analysen zeigen, daß ein erster großer Wählerwechsel vom Bauernbund zur NSDAP nach den Reichspräsidentschaftswahlen und zwischen den Landtags- und Reichstagswahlen von 1932 stattgefunden hatte, nachdem der Bauernbund in der Reichspräsidentenfrage gespalten, im Führungspersonal geschwächt und reichspolitisch orientierungslos geworden war. Hinzu kam im Zuge der zielgruppenorientierten interessenpolitischen Verengung der Parteien in der Weltwirtschaftskrise die informelle Aufkündigung der innerkonservativen Kooperation zwischen Bauernbund und Bürgerpartei, die vor allem an der Einführung der Schlachtsteuer im Land festgemacht wurde. Erst jetzt konnte die NSDAP personelle Führerschaft und landwirtschaftliche Protestthematik des Bauernbundes übernehmen und damit die Repräsentation des ländlich-protestantischen und konservativen Bauerntums. Festzuhalten war demgegenüber dennoch die bemerkenswerte Stabilität des Bauernbundes bis zum März 1933, wenn auch auf deutlich geschwächter Basis. In dieser Tatsache ist die wesentliche Ursache für das generelle Hinterherhinken der Wahlerfolge der württembergischen NSDAP zum Reichsdurchschnitt zu sehen. Gleichzeitig konnte damit aber auch belegt werden, daß der erdrutschartige Wahlsieg der NSDAP im März 1933 vorwiegend auf die Mobilisierung der ehemaligen Nichtwähler zurückzuführen war. Zur Milieupartei wurde die NSDAP auf dem Land nicht. Vielmehr übernahm sie mit großer personeller Kontinuität die auf dem protestantischen Land vorgefundene politisch-kulturelle und organisatorische Struktur.

Die diskutierten zentralen Frage haben immer auch die diachrone Achse umfaßt. Die Fragestellung von Kontinuität und Wandel beinhaltet jedoch weitere Aspekte der württembergischen Parteien- und Wahlgeschichte zwischen den 1890er Jahren und dem Ende der Weimarer Republik. Was hatte sich also mit dem Übergang von der Monarchie zur Republik grundlegend verändert und wo waren Kontinuitätsstrukturen zu erkennen? Elemente der Konstanz zeigten über den Verfassungsumbruch und den gesellschaftlichen Wandel hinweg die thematischen Inhalte der politischen Auseinandersetzungen und die im Kaiserreich bereits akzentuierten Freund-Feind-Bezüge und politischen Selbst- und Fremdidentifikationen der Parteien. Beim Bauernbund war das vor allem das landwirtschaftliche Themenfeld, bei der Bürgerpartei das mittelständisch-ökonomische und christlich definierte Themenspektrum. Tiefgreifende Veränderungen zeigten sich aber in mehrerlei Hinsicht: Die ›alten‹ Themen wurden emotionaler und aggressiver in die politische Auseinandersetzung eingebracht und waren unter dem Ausmaß der zu lösenden sozial-, innen- und außenpolitischen Probleme der Spirale von ökonomischer Deprivation und politischer Radikalisierung ausgesetzt. Hinzu kamen unter den Bedingungen der Kriegsfolgengesellschaft und der sozialen Erschütterung durch die Inflation neue thematische Inhalte und die Aufpeitschung nationalistischer Ressentiments nach der Niederlage im Ersten Weltkrieg.

Schließlich war in den Weimarer Jahren eine weitergehende Nationalisierung der Themen festzustellen. Zwar verlor die landespolitische Dimension ihre Bedeutung nie völlig und war vor allem in der Umbruchphase nach 1918 ein entscheidender Orientierungsrahmen, aber es vollzog sich eine deutliche Entregionalisierung der politischen Landschaft. Grundlegenden Veränderungen unterlagen auch die Auseinandersetzungsformen der politischen Akteure. Der Ton zwischen den Konkurrenten wurden ruppiger, und gehässiger, die Auseinandersetzung gewaltbereiter. Ein völlig neuartiges Phänomen wurde Gewalt in der Politik sowie Gewaltbereitschaft und -akzeptanz bei politischen Eliten und Wählern. Wenn dies auch in Württemberg in sicherlich deutlich geringerem Ausmaß als im Reichsdurchschnitt der Fall war, so war in der Brutalisierung der Konfliktformen dennoch eine der fundamentalen Veränderungen von Politik und politischer Kultur in der Weimarer Zeit zu sehen, die dazu beitrug, der Weimarer Demokratie Legitimität zu entziehen und der NSDAP den Weg zu ebnen.

Verändert hatten sich auch die ›Spielregeln‹ sowie die institutionellen und gesellschaftlichen Rahmenbedingungen von Parteien und Wahlen. Politik wurde auch im lokalen Rahmen stärker von Parteien statt von Persönlichkeiten organisiert und gemacht. Das schlug sich in allen Aspekten des Wahlgeschäftes nieder – von der Kandidatenrekrutierung über die Wahlkampforganisation bis zur thematischen Gestaltung der Wahlkämpfe. Gleichzeitig wurde Politik in der öffentlichen Vermittlung entthematisiert und auf die landesweit führenden Köpfe der Parteien personalisiert. Die Themen wurden zunehmend auf Namen verkürzt und über diese auch die Ekelschranken zwischen den Parteien und den Wählergruppen definiert. Auch dadurch wurde Politik entrationalisiert und emotional überfrachtet.

Den neuen Herausforderungen von Politik begegneten die beiden konservativen Parteien in unterschiedlicher Art und Weise. Der wachsenden Bedeutung der Organisation von Politik durch Parteien konnte der Bauernbund standhalten, weil er die strukturellen Anforderungen an eine moderne Partei erfüllte, gleichzeitig aber nicht als solche, sondern als solidarischer Bund zur Interessenvertretung einer eng definierten Sozialgruppe auftrat. Unter anderem machte ihn dies resistent gegen den Anti-Parteien-Effekt der Weimarer Zeit. Für die Deutschkonservativen respektive die Bürgerpartei war die Organisationsproblematik eine Kernfrage ihrer Legitimität, weil die Organisationsprinzipien einer Partei dem konservativen Denken von organischem und berufsständischem Korporatismus und überparteilicher Staatsautorität widersprachen. In dem Moment, als die Bürgerpartei mit dem Hugenbergschen Revirement diese Parteiprinzipien umzusetzen gedachte, war sie zu einer der Parteien geworden, die sie in ihrer Wendung gegen Parlamentarismus und Parteienstaat selbst bekämpfte. Den größten Beitrag zum Untergang der Weimarer Republik leistete die Bürgerpartei, indem sie gerade als bürgerliche Partei die parlamentarische Parteiendemokratie delegitimierte.

Die organisatorische Morphologie einer städtischen konservativen Partei in Württemberg steht damit stellvertretend für die Konstellationsabhängigkeit und den Wandel des Konservatismus, der sich in drei Phasen und Ausformungen festmachen läßt: Erstens in einem im Kern christlich definierten, die vermeintliche göttliche (monarchische) Ordnung und die Einheit von Staat und Christentum verteidigenden und dezentral organisierten ›Altkonservatismus‹ vor 1914. Zweitens in einem egalitären, am Ideal einer schichtenübergreifenden Volkspartei orientierten, pragmatischen und kooperationswilligen ›Sammlungskonservatismus‹ nach 1918, der trotz aller Affinitäten zu aggressivem Nationalismus und Rassenantisemitismus eben auch deutliche Tendenzen zum demokratischen Parlamentarismus hin aufwies. Diese Form von Konservatismus ließ sich in der »Gesäßgeographie« des Rechts-Links-Schemas kaum mehr eindeutig verorten und machte den Begriff ›konservativ‹ zu jenem Attribut, das stets weiterer Erklärungen bedurfte. In dieser Phase zeigte dieser Konservatismus sein größtes Potential, über seine protestantische Verengung hinauszugehen und zur systemstützenden Alternative in der parlamentarischen Demokratie zu werden. Der deutschnationale, strikt antirepublikanische und intransigente Konservatismus der Hugenberg-DNVP hatte mit all dem nicht mehr viel gemeinsam und mußte den Verlockungen einer totalitären Massenpartei erliegen.

Insgesamt ist aber nochmals der Blick auf die Kontinuitäten und die positiven Traditionslinien zu lenken. In den Kooperationsstrukturen mit dem politischen Katholizismus im Kaiserreich und in der Weimarer Republik – gerade die Bündnisstrukturen bei den Wahlen der wilhelminischen Epoche und ihre Fortführung in der Mitte der Weimarer Republik hatten dies gezeigt – liegt eine langfristige Entwicklungslinie hin zu einem demokratischen Konservatismus und zur Wiederbegründung einer Demokratie nach 1945. Diese überkonfessionelle Kooperation unter gemeinsamem Interessen- und christlichen Wertehorizont ließ die Trennlinien zwischen Protestantismus und Katholizismus gegenüber einer Konfessionssymbiose zurücktreten. Erst nach den existentiellen Erfahrungen von Diktatur und Zweitem Weltkrieg aber konnte ein von seinen totalitären Schlacken befreiter und überkonfessionell orientierter demokratischer Konservatismus daran anknüpfen, der in der CDU als Sammelpartei regionaler Milieus die konservativen Kernprinzipien Christentum, sozialer Gedanke auf der Basis des Eigentums als gesellschaftlichem Ordnungsprinzip, Regionalismus und dezentrale Orientierung vereinen konnte. Der Weg zu einer ›konservativen‹, besser gesagt christlich-demokratischen Partei, in der es weder einen ›alten‹ Konservatismus der Zeit vor 1914 gab und in der ein Konservatismus der Endphase der Weimarer Republik keine Bedeutung mehr hatte, war lang. Neben den konfessionellen Gegensätzen mußte dazu auch der tief verankerte antisozialistische Affekt abgebaut werden. In Form einer Kooperation von Vertretern aller bürgerlichen Parteien wurde der Weg erst dann beschritten, als es im Nachhinein zu spät erschien. Aus der Perspektive von 1945 kann darin jedoch ein erster rudimentärer Kristallisationspunkt zur Zusammenarbeit in der Nachkriegs-CDU gesehen werden[6], der man zwei grundsätzliche Verdienste wird zusprechen müssen: den Konservatismus in seiner neuen christlich-demokratischen Form in die Demokratie geführt und die konfessionelle Trennung des Konservatismus aufgehoben zu haben.

---

[6] Im NL Hiller ist die Korrespondenz des ›Jungliberalen Klubs der Staatspolitischen Arbeitsgemeinschaft‹ erhalten, die zwar schon im Frühjahr 1929 gegründet worden war, aber erst 1932 zu einer eigentlichen Tätigkeit zusammenfand. In einem Schreiben vom 15. Febr. 1932 an Berthold Hiller v. Gaertringen hieß es, nun seien alle Parteien von der DDP bis zur DNVP mit führenden Persönlichkeiten vertreten. Die Aufstellung der Zusammensetzung des Ausschusses verzeichnete je einen Vertreter von DDP, DVP, CSVD, Wirtschaftspartei, Volksrechtpartei, Nationaler Volksgemeinschaft (Volkskonservativen), Zentrum, Bauernbund, Bürgerpartei, Evangelischem Volksbund, Deutschnationalem Handlungsgehilfenverband und Jungdeutschem Orden. Die Korrespondenz endet im Mai 1933.

Verzeichnisse

a) Schaubilder

1. Stimmenanteile der Parteien in Württemberg 1919–1933 48
2. Gremien der Bürgerpartei und ihre Zusammensetzung 1920–1932/33 138
3. Anzahl der kandidierenden Parteien in Württemberg und im Deutschen Reich 1919–1933 461
4. Wähleranteile der Parteien in Württemberg 1919–1933 478
5. Verhältnis der Wähleranteile des Bauernbundes zum Anteil der Erwerbstätigen im primären Sektor 483
6. Geschätzter Anteil der protestantischen Landwirte und Wähleranteil des Bauernbundes bei den Landtagswahlen 1924 484
7. Wahlbeteiligung in Württemberg und im Reich 1893–1933 489
8. Entwicklung der Stimmenanteile von Bauernbund, Bürgerpartei und NSDAP sowie der Wahlbeteiligung 1919–1933 492
9. Gegenüberstellung der Gewinne des CSVD bei den Landtagswahlen 1924 und der Differenz der Wähleranteile der Bürgerpartei bei den Landtagswahlen 1924 und 1928 in ausgewählten Wahlkreisen 495
10. Differenz der Wähleranteile des Bauernbundes bei der Landtagswahl 1924 und Differenz der Wähleranteile des Bauernbundes bei den Landtagswahlen 1924 und 1928 496
11. Absolute Stimmenzahlen des Bauernbundes und der NSDAP sowie die Zahl der Nichtwähler bei den Reichstagswahlen 1928–1933 in Württemberg . . 503
12. Differenz der Wähleranteile von Bauernbund und NSDAP bei den Reichstagswahlen 1924-I und 1932-I 507
13. Entwicklung der Wähleranteile der Parteien der sozialmoralischen Milieus und der NSDAP in Württemberg 1893–1933 508

b) Tabellen

1. Erwerbsstruktur in Württemberg 1895–1933 37
2. Betriebsgrößenstruktur der württembergischen Landwirtschaft 81
3. Bevölkerungsentwicklung in Württemberg 1890–1933 85
4. Mitglieder des Bauernbundes nach Sozial- und Berufsgruppen 106
5. Sozialstruktur der Ortsgruppe Herrenberg der Bürgerpartei 135
6. Mitglieder der Bürgerpartei nach Sozial- und Berufsgruppen 136
7. Sozialstruktur der Führungsgremien der Bürgerpartei 146
8. Zeitungen in Württemberg nach Gemeindegrößenklassen 1909/11 204
9. Bauernbund und Landwirtschaftskammerwahlen 1920–1932 251
10. Lokalismus und Kontinuität bei Kandidaten und Mandatsträgern 298
11. Geschlecht, Konfession, Alter, Mandatsdauer und Sozialprofil der Kandidaten und Abgeordneten des Bauernbundes 303
12. Geschlecht, Konfession, Alter, Mandatsdauer und Sozialprofil der Kandidaten und Abgeordneten der Konservativen 305
13. Versammlungshäufigkeit der Parteien in Württemberg 1931/32 332

14. Regionale Verteilung der Parteiversammlungen in Württemberg 1931/32 333
15. Fragmentierung des württembergischen Parteiensystems auf
    Wahlkreisebene 1889–1912 435
16. Zählkandidaturen der württembergischen Parteien 1895–1912 436
17. Kandidaturen und Wahlaussagen von Bauernbund und Deutschkonservativen
    im ersten Wahlgang 1895–1912 439
18. Kandidaturen und Wahlaussagen der Deutschen Partei im ersten
    Wahlgang 1895–1912 441
19. Anzahl der Stichwahlen, der Stichwahlbeteiligungen und der Stichwahlgewinne
    der württembergischen Parteien 1895–1912 448
20. Bündnisstrukturen und Konfliktkonstellationen der württembergischen Parteien
    bei Stichwahlen 1895–1912 451
21. Erfolgsquoten der Bündnisblöcke in Stichwahlen 1895–1912 453
22. Korrelation der Wähleranteile ausgewählter Parteien mit dem Anteil
    der dörflichen Bevölkerung in Gemeinden bis 2000 Einwohner 479
23. Korrelation der Wähleranteile von Bauernbund und Bürgerpartei mit dem Anteil
    der Erwerbstätigen im primären Sektor und dem Katholikenanteil 481
24. Partielle Korrelation der Wähleranteile der Bürgerpartei mit ausgewählten
    Variablen, kontrolliert durch die Gemeindegröße 485
25. Nach Geschlecht erfaßte Stimmenanteile der Parteien bei den Landtags- und
    Reichstagswahlen 1928 in Stuttgart, Ulm und Heilbronn 487
26. Korrelation der Differenzen der Wähleranteile der Parteien der
    Landtagswahlen 1924 und 1928 mit ausgewählten Variablen 494
27. Stimmenanteile der NSDAP bei den Reichstagswahlen 1928–1933 in
    Württemberg, Baden und im Reich 498
28. Korrelation der Differenzen der Wähleranteile der NSDAP und der
    Wahlbeteiligung mit den Differenzen der Wähleranteile anderer Parteien
    bei aufeinanderfolgenden Wahlen 501
29. Multiple Regression der Differenz der Wähleranteile der NSDAP mit der
    Differenz der Wähleranteile des Bauernbundes und der Wahlbeteiligung bei
    aufeinanderfolgenden Wahlen 1928–1933 504

c) Abbildungsnachweis

Nachlaß Berthold Freiherr Hiller von Gaertringen, Gärtingen ..... Schutzumschlag,
                                                        Vor- und Nachsatz, 326
Nachlaß Theodor Körner 12
Landesmedienzentrum Baden-Württemberg 54
Stadtarchiv Ulm 323

d) Abkürzungen

Abb.   Abbildung
AfS   Archiv für Sozialgeschichte
AHR   American Historical Review
Anm.   Anmerkung
APuZ   Aus Politik und Zeitgeschichte (Beilage zu »Das Parlament«)
BA   Bundesarchiv

BB	Bauernbund
BBKL	Biographisch-Bibliographisches Kirchenlexikon
BdL	Bund der Landwirte
Beil.Bd.	Beilagenband
BK	Bauernbund und Konservative
BWKG	Blätter für württembergische Kirchengeschichte
CEH	Central European History
CSVD	Christlich-Sozialer Volksdienst
DDP	Deutsche Demokratische Partei
DHV	Deutschnationaler Handlungsgehilfenverband
DP	Deutsche Partei
DVP	Deutsche Volkspartei
EHQ	European History Quarterly
GG	Geschichte und Gesellschaft
GR	Gemeinderat
GSR	German Studies Review
GWU	Geschichte in Wissenschaft und Unterricht
HJb	Historisches Jahrbuch
HMRG	Historische Mitteilungen der Ranke-Gesellschaft
HSR	Historical Social Research
HStA	Hauptstaatsarchiv
HZ	Historische Zeitschrift
IASL	Internationales Archiv für Sozialgeschichte der deutschen Literatur
IWK	Internationale Wissenschaftliche Korrespondenz zur Geschichte der deutschen Arbeiterbewegung
Jb., Jbb.	Jahrbuch, Jahrbücher
JCH	Journal of Contemporary History
JMH	Journal of Modern History
K	Konservative
KPD	Kommunistische Partei Deutschlands
KZfSS	Kölner Zeitschrift für Soziologie und Sozialwissenschaft
LT	Landtag
MdL	Mitglied des Landtags
MdLV	Mitglied der Verfassunggebenden Landesversammlung
MdNV	Mitglied der Verfassunggebenden Nationalversammlung
MdR	Mitglied des Reichstags
MPTh	Monatsschrift für Pastoraltheologie
MGM	Militärgeschichtliche Mitteilungen
N	Nationalliberale (Partei)
NDB	Neue Deutsche Biographie
NL	Nachlaß
NPL	Neue politische Literatur
NSDAP	Nationalsozialistische Deutsche Arbeiterpartei
OA	Oberamt
OG	Ortsgruppe
Prot.	Protestanten, protestantisch
Prot.Bd.	Protokollband
PVS	Politische Vierteljahresschrift
Reg.Bl.	Regierungsblatt für (das Königreich) Württemberg
RGBl.	Reichs-Gesetzblatt

RGG	Religion in Geschichte und Gegenwart
RLB	Reichslandbund
RT	Reichstag
SPD	Sozialdemokratische Partei
StA	Staatsarchiv
StadtA	Stadtarchiv
Tab.	Tabelle
USPD	Unabhängige Sozialdemokratische Partei Deutschlands
V, VP	Volkspartei
Verh. LT	Verhandlungen der Württembergischen Kammer der Abgeordneten/Verhandlungen der Verfassunggebenden Landesversammlung bzw. des Landtags des freien Volksstaates Württemberg
Verh. RT	Verhandlungen der Verfassunggebenden Deutschen Nationalversammlung und des Deutschen Reichstags
VfZG	Vierteljahrshefte für Zeitgeschichte
VN	Vorläufige Nummer (im Nachlaß Westarp, Teil Gärtringen)
VRP	Volksrechtpartei
VSWG	Vierteljahrschrift für Sozial- und Wirtschaftsgeschichte
W	»wild« (parteilos bzw. bei keiner Fraktion)
WJb	Württembergische Jahrbücher für Statistik und Landeskunde (Jahrbücher für Statistik und Landeskunde von Baden-Württemberg)
WK	Wahlkreis
WLB	Württembergische Landesbibliothek (Stuttgart)
WP	Wirtschaftspartei
X	Sonderkandidatur (Bezeichnung in Tabellen)
Z	Zentrum
ZBLG	Zeitschrift für bayerische Landesgeschichte
ZfG	Zeitschrift für Geschichtswissenschaft
ZThK	Zeitschrift für Theologie und Kirche
ZWLG	Zeitschrift für württembergische Landesgeschichte

Anhang

1. Grundlage und Operationalisierung der quantitativen Daten

Die Anmerkungen zur Operationalisierung der quantitativen Daten befinden sich im Text an den jeweiligen Tabellen und Schaubildern zu statistischen Analysen. Die Wahlergebnisse werden als absolute Stimmen, als Stimmenanteile und als Wähleranteile ausgewiesen. Denjenigen Teilen der Arbeit, die sich auf die Mandatsverteilung und die parlamentarischen Machtverhältnisse beziehen, liegen die Stimmenanteile zugrunde, die den Anteil der jeweiligen Parteien an den abgegebenen gültigen Stimmen ausweisen. Den Wahlergebnissen in den Karten auf der beiliegenden CD-ROM hingegen liegt der Wähleranteil zugrunde, der die Verhältniszahlen auf der Basis der Wahlberechtigten angibt. Der Wähleranteil ist in aller Regel auch die Grundlage der statistischen Analysen im Zusammenhang mit den Wahlergebnissen und den Sozialstrukturdaten. Dadurch wird bei Wahlergebnissen auch das Verhalten der Nichtwähler berücksichtigt. Bei Korrelations- und Regressionsanalysen wurden die Fälle vorab mit der Anzahl der Wahlberechtigten gewichtet, um Verzerrungen auszugleichen, die aus der unterschiedlichen Größe der Untersuchungseinheiten resultieren.

Die Wahldaten basieren auf den Wahlprotokollen des württembergischen Ministeriums des Innern und den amtlichen Statistiken des Württembergischen Statistischen Landesamtes sowie des Statistischen Reichsamts.[1] Die sozialstrukturellen Daten der Gebietseinheiten sind aus den amtlichen statistischen Publikationen der Volkszählungen von 1895, 1900, 1905, 1910, der kleinen Volkszählung von 1919 sowie von 1925 und 1933 erarbeitet. Der Berufs- und Betriebsstatistik liegen die Berufs-

---

[1] HStA Stuttgart, E 150, Bü 239–245, Bü 860–879 sowie E 151/02, Nr. 57–81 und 154–162. Die Ergebnisse der Reichstagswahlen der Weimarer Zeit sind nur auf Oberamtsebene dokumentiert in der Statistik des Dt. Reiches Bd. 291 I, 1920; Bd. 315 II u. IV, 1925; Bd. 372 II, 1930, Bd. 382 I, 1932 sowie Bd. 434, 1932/33. Die Reichspräsidentenwahlen sind dokumentiert in der Statistik des Dt. Reiches Bd. 321, 1925 sowie Bd. 427, 1932.

[2] Für Einwohnerzahlen, Ortsgröße und Konfession wurden erfaßt: Ergebnisse der Volkszählung v. 1. Dez. 1890 im Königreich Württ., in: WJb 1893, Heft II, S. 1–79; Ergebnisse der Volkszählung v. 2. Dez. 1895 für das Königreich Württ., in: WJb 1896, Heft II, S. 65–116; Ergebnisse der Volkszählung v. 1. Dez. 1900 für das Königreich Württ., in: WJb 1902, S. 45–186; Ergebnisse der Volkszählung v. 1. Dez. 1905 für das Königreich Württ., in: WJb 1907, Heft I, S. 1–141. Die Volkszählung v. 1. Dez. 1910, in: WJb 1912, Heft II, S. 175–426; Das Ergebnis der Volkszählung v. 3. Okt. 1919 für Württ., in: Mittlg. d. Württ. Stat. Landesamts Nr. 3, 1920, S. 41–48 u. Nr. 11, S. 1–19; Württembergs Bevölkerung nach der Volkszählung am 16. Juni 1925, in: WJb 1927, S. 61–95; Die Ergebnisse der Volkszählung v. 1933 [16. Juni] in Württ., in: WJb 1936/37, S. 166–249. Für die Berufsstruktur und die landwirtschaftliche Statistik wurden herangezogen: Ergebnisse der Berufs- und Gewerbezählung v. 1895 in Württ., in: WJb Ergänzungsband I–III, 1898; Ergebnisse der Berufs- und Gewerbezählung von 1907 in Württ. Gemeindestatistik, 2. Ausg. nach dem Stand von 1907, 1910; Die berufliche Glie-

zählungen von 1895, 1907, 1925 und 1933 zugrunde.[2] Für die Korrelations- und Regressionsanalysen wurden den einzelnen Wahlen jeweils die sozialstrukturellem Daten der nächstliegenden Erhebungsjahre zugeordnet.[3] Eine Zusammenstellung der Wahl- und sozialstrukturellen Daten ist auf der beiliegenden CD-ROM dokumentiert.

Bei den Wahlkarten auf der beiliegenden CD-ROM wurde eine Auswahl getroffen.[4] Wegen der besseren Vergleichbarkeit mit den Wahlen der Weimarer Zeit wurden für das Kaiserreich neben den Einerwahlen von 1895 und 1900 die Landesproporzwahlen von 1907 und 1912 aufgenommen. Für die Weimarer Zeit wurden jeweils die Landtagswahlen ausgewählt. Zur besseren Darstellung der Entwicklung der NSDAP in Württemberg und zur Kontrastierung mit dem Bauernbund wurden allerdings die Reichstagswahlen von 1930 und vom Juli 1932 ausgewählt.

Eine grundsätzliche Bemerkung ist noch zu den Karten anzuführen. Im Zuge der Verwaltungsvereinfachung in Württemberg wurde zum Oktober 1923 das Oberamt Cannstatt aufgelöst, das durch die umfangreichen Eingemeindungen von Amtsorten in die Stadtdirektion Stuttgart bereits stark ausgezehrt worden war. Die Orte des Oberamtes wurden den Oberämtern Stuttgart, Esslingen und Waiblingen zugewiesen. In den Karten ab 1924 bildet Cannstatt zusammen mit dem Stadtbezirk Stuttgart das Oberamt Stuttgart-Stadt. Zum April 1926 wurde darüber hinaus das Oberamt Weinsberg aufgelöst und seine Orte neben Öhringen und Hall vor allem dem Oberamt Heilbronn zugewiesen.[5]

---

derung der Bevölkerung Württembergs am 16. Juni 1925, in: WJb 1927, S. 135–239; Volks-, Berufs- und Betriebszählung v. 16. Juni 1925. Die berufliche und soziale Gliederung der Bevölkerung in den Ländern und Landesteilen. Süddeutschland und Hessen, Statistik des Dt. Reiches, Bd. 405, Berlin 1928; Volks-, Berufs- und Betriebszählung v. 16. Juni 1933. Die berufliche und soziale Gliederung der Bevölkerung in den Ländern und Landesteilen. Süddeutschland und Hessen, Statistik des Dt. Reiches, Bd. 453 u. 456, Berlin 1936. Weitere Angaben zur Gemeindestatistik, landwirtschaftlichen Betriebsgröße und Oberamtseinteilung entstammen: Grundlagen einer württ. Gemeindestatistik, in: Ergänzungsband II zum WJb 1898; Württ. Gemeindestatistik. 2. Ausg. nach dem Stand v. Jahre 1907, Stuttgart 1910, den jeweiligen Bänden der Mittlg. d. Württ. Stat. Landesamts, Stat. Handb. f. Württ., 23. Ausg. 1914–1921, 1923; 24. Ausg. 1922–1926, 1928 sowie Württ. in Wort u. Zahl, hrsg. v. Statistischen Landesamt, 1930 und 2. Auflage 1937; M. Holzmann, 1979 sowie den jeweiligen Jahrgängen des Hof- und Staatshandbuch des Königreichs Württemberg.
[3] Auf eine Interpolation der Sozialdaten wurde aufgrund der geringfügigen Veränderungen und der weitgehenden Deckungsgleichheit von Wahl- und Erhebungsjahr verzichtet. Die Ergebnisse der Berufszählungen wurden folgendermaßen zugeordnet: Erhebungsjahr 1895: Wahlen 1895–1903; Erhebungsjahr 1907: Wahlen 1906–1912; Erhebungsjahr 1925: Wahlen 1919–1928; Erhebungsjahr 1933: Wahlen 1930–1933. Die Volkszählungen (und damit die konfessionellen Anteile) wurden zugeordnet: Erhebungsjahr 1895: Wahlen 1895; Erhebungsjahr 1900: Wahlen 1898–1900; Erhebungsjahr 1905: Wahlen 1903–1912; Erhebungsjahr 1925: Wahlen 1919–1928; Erhebungsjahr 1933: Wahlen 1930–1933. Eine Ausnahme bildet das 1923 aufgelöste Oberamt Cannstatt. Ihm wurden für die Jahre 1919–1920 die Daten von 1907 zugrundegelegt.
[4] Die Karten basieren auf der Vorlage von A. Gawatz, Wahlkämpfe, 2001, S. 436 ff.
[5] Vgl. M. Holzmann, 1979 sowie U. Redecker/W. Schöntag, 1976.

Anhang

2. Einteilung der Reichstagswahlkreise bis 1914, der Landtagswahlkreise 1920 und der Wahlbezirksverbände von Bauernbund und Bürgerpartei bei den Landtagswahlen 1924–1932

Reichstagswahlkreise in Württemberg bis 1914

Wahlkreis I	Stadtdirektionsbezirk und Amtsoberamt Stuttgart[1]
Wahlkreis II	Cannstatt, Ludwigsburg, Marbach, Waiblingen
Wahlkreis III	Besigheim, Brackenheim, Heilbronn, Neckarsulm
Wahlkreis IV	Böblingen, Leonberg, Maulbronn, Vaihingen
Wahlkreis V	Esslingen, Kirchheim, Nürtingen, Urach
Wahlkreis VI	Reutlingen, Rottenburg, Tübingen
Wahlkreis VII	Calw, Herrenberg, Nagold, Neuenbürg
Wahlkreis VIII	Freudenstadt, Horb, Oberndorf, Sulz
Wahlkreis IX	Balingen, Rottweil, Spaichingen, Tuttlingen
Wahlkreis X	Gmünd, Göppingen, Schorndorf, Welzheim
Wahlkreis XI	Backnang, Hall, Öhringen, Weinsberg
Wahlkreis XII	Crailsheim, Gerabronn, Künzelsau, Mergentheim
Wahlkreis XIII	Aalen, Ellwangen, Gaildorf, Neresheim
Wahlkreis XIV	Geislingen, Heidenheim, Ulm
Wahlkreis XV	Blaubeuren, Ehingen, Laupheim, Münsingen
Wahlkreis XVI	Biberach, Leutkirch, Waldsee, Wangen
Wahlkreis XVII	Ravensburg, Riedlingen, Saulgau, Tettnang

---

[1] Die 1904 in den Stadtdirektionsbezirk Stuttgart eingemeindeten Teilorte Cannstatt, Untertürkheim und Wangen, davor zum Oberamt Cannstatt gehörend, verblieben beim Wahlkreis II.

Württembergische Landtagswahlkreise 1920[2]

Wahlkreis I	Stadtdirektionsbezirk Stuttgart
Wahlkreis II	Esslingen, Cannstatt
Wahlkreis III	Amtsoberamt Stuttgart, Leonberg
Wahlkreis IV	Ludwigsburg, Marbach
Wahlkreis V	Besigheim, Brackenheim, Maulbronn, Vaihingen
Wahlkreis VI	Heilbronn, Neckarsulm
Wahlkreis VII	Hall, Künzelsau, Öhringen, Weinsberg
Wahlkreis VIII	Crailsheim, Gerabronn, Mergentheim
Wahlkreis IX	Backnang, Gaildorf, Waiblingen
Wahlkreis X	Aalen, Ellwangen, Neresheim
Wahlkreis XI	Gmünd, Schorndorf, Welzheim
Wahlkreis XII	Göppingen, Geislingen
Wahlkreis XIII	Nürtingen, Kirchheim, Urach
Wahlkreis XIV	Reutlingen, Münsingen
Wahlkreis XV	Tübingen, Herrenberg, Böblingen
Wahlkreis XVI	Calw, Nagold, Neuenbürg
Wahlkreis XVII	Oberndorf, Freudenstadt, Sulz
Wahlkreis XVIII	Rottenburg, Balingen, Horb
Wahlkreis XIX	Rottweil, Tuttlingen, Spaichingen
Wahlkreis XX	Ulm, Heidenheim
Wahlkreis XXI	Ehingen, Blaubeuren, Laupheim
Wahlkreis XXII	Biberach, Saulgau, Riedlingen
Wahlkreis XXIII	Ravensburg, Tettnang
Wahlkreis XXIV	Waldsee, Leutkirch, Wangen

---

[2] Staatsanz. v. 17. Mai 1920.

Anhang 533

*Wahlbezirksverbände von Bauernbund und Bürgerpartei
bei den Landtagswahlen 1924-1932*[3]

Landtagswahl 1924

Bauernbund:

I   Aalen, Crailsheim, Ellwangen, Gaildorf, Gmünd, Neresheim
II   Backnang, Ludwigsburg, Marbach, Schorndorf, Waiblingen, Welzheim
III   Balingen, Münsingen, Reutlingen, Spaichingen, Urach
IV   Besigheim, Böblingen, Brackenheim, Leonberg, Maulbronn, Vaihingen
V   Biberach, Ehingen, Laupheim, Riedlingen, Saulgau, Waldsee
VI   Blaubeuren, Heidenheim, Geislingen, Göppingen, Ulm
VII   Calw, Herrenberg, Freudenstadt, Nagold, Neuenbürg, Tübingen
VIII Esslingen, Kirchheim, Nürtingen, Stuttgart-Amt, Stuttgart-Stadt
IX   Gerabronn, Hall, Künzelsau, Mergentheim
X   Heilbronn, Neckarsulm, Öhringen, Weinsberg
XI   Horb, Oberndorf, Rottenburg, Rottweil, Sulz, Tuttlingen
XII   Leutkirch, Ravensburg, Wangen Tettnang

Bürgerpartei:

I   Leutkirch, Ravensburg, Saulgau, Wangen, Tettnang, Waldsee
II   Horb, Oberndorf, Rottweil, Spaichingen, Sulz, Tuttlingen
III   Biberach, Blaubeuren, Ehingen, Laupheim, Riedlingen, Ulm
IV   Böblingen, Calw, Freudenstadt, Maulbronn, Nagold, Neuenbürg
V   Balingen, Herrenberg, Reutlingen, Rottenburg, Tübingen, Urach
VI   Geislingen, Göppingen, Kirchheim, Münsingen, Nürtingen
VII   Aalen, Ellwangen, Heidenheim, Neresheim
VIII Esslingen, Leonberg, Ludwigsburg, Marbach, Stuttgart-Amt
IX   Backnang, Gaildorf, Gmünd, Schorndorf, Waiblingen, Welzheim
X   Besigheim, Brackenheim, Heilbronn, Neckarsulm, Vaihingen, Weinsberg
XI   Crailsheim, Gerabronn, Hall, Künzelsau, Mergentheim, Öhringen

[3] Staatsanz. v. 26. April 1924, v. 11. Mai 1928 u. v. 14. April 1932.

Landtagswahl 1928

Bauernbund:

I	Aalen, Crailsheim, Ellwangen, Gaildorf, Neresheim
II	Backnang, Ludwigsburg, Marbach
III	Balingen, Reutlingen, Spaichingen, Tübingen, Urach
IV	Besigheim, Brackenheim, Heilbronn
V	Biberach, Gmünd, Göppingen, Heidenheim, Laupheim, Ulm
VI	Blaubeuren, Ehingen, Geislingen, Münsingen, Riedlingen
VII	Böblingen, Leonberg, Maulbronn, Vaihingen
VIII	Calw, Freudenstadt, Herrenberg, Nagold, Neuenbürg
IX	Esslingen, Nürtingen
X	Gerabronn, Künzelsau, Mergentheim
XI	Hall, Neckarsulm, Öhringen
XII	Horb, Oberndorf, Rottenburg, Rottweil, Sulz, Tuttlingen
XIII	Leutkirch, Ravensburg, Saulgau, Tettnang, Waldsee, Wangen
XIV	Schorndorf, Waiblingen, Welzheim

Bürgerpartei:

I	Aalen, Crailsheim, Ellwangen, Gerabronn, Mergentheim, Neresheim
II	Backnang, Besigheim, Leonberg, Ludwigsburg, Marbach, Vaihingen
III	Balingen, Herrenberg, Kirchheim, Reutlingen, Tübingen, Urach
IV	Biberach, Ehingen, Laupheim, Riedlingen, Saulgau
V	Blaubeuren, Geislingen, Gmünd, Heidenheim, Münsingen, Ulm
VI	Böblingen, Calw, Freudenstadt, Maulbronn, Nagold, Neuenbürg
VII	Esslingen, Göppingen, Nürtingen, Schorndorf, Stuttgart-Amt, Waiblingen
VIII	Gaildorf, Hall, Heilbronn, Künzelsau, Öhringen, Welzheim
IX	Horb, Oberndorf, Rottweil, Spaichingen, Sulz, Tuttlingen
X	Leutkirch, Ravensburg, Wangen, Tettnang, Waldsee

Anhang

Landtagswahl 1932

Bauernbund:

I	Calw, Herrenberg, Rottenburg, Freudenstadt, Neuenbürg, Nagold
II	Crailsheim, Gaildorf, Ellwangen, Aalen, Neresheim, Hall
III	Horb, Oberndorf, Rottweil, Sulz, Balingen, Tuttlingen
IV	Leonberg, Böblingen, Maulbronn, Vaihingen, Stuttgart-Amt
V	Marbach, Backnang, Ludwigsburg, Besigheim
VI	Mergentheim, Gerabronn, Künzelsau, Neckarsulm
VII	Öhringen, Heilbronn, Brackenheim
VIII	Reutlingen, Urach, Tübingen, Nürtingen, Kirchheim, Münsingen
IX	Riedlingen, Biberach, Laupheim
X	Ulm, Blaubeuren, Ehingen, Geislingen, Göppingen, Heidenheim
XI	Waiblingen, Schorndorf, Welzheim, Stuttgart-Stadt, Gmünd, Esslingen
XII	Waldsee, Leutkirch, Ravensburg, Wangen, Tettnang, Saulgau

Bürgerpartei:

unverbunden: Stuttgart-Stadt
unverbunden: Rottenburg

I	Tuttlingen, Spaichingen, Rottweil, Oberndorf, Sulz, Horb
II	Freudenstadt, Nagold, Calw, Böblingen, Neuenbürg, Maulbronn
III	Balingen, Reutlingen, Urach, Kirchheim, Tübingen, Herrenberg
IV	Nürtingen, Stuttgart-Amt, Esslingen, Göppingen, Schorndorf, Waiblingen
V	Leonberg, Ludwigsburg, Marbach, Backnang, Gaildorf, Welzheim
VI	Vaihingen, Besigheim, Brackenheim
VII	Heilbronn, Öhringen, Hall, Crailsheim, Gerabronn, Mergentheim
VIII	Neckarsulm, Künzelsau
IX	Ellwangen, Neresheim
X	Aalen, Gmünd, Heidenheim, Geislingen, Ulm, Blaubeuren
XI	Münsingen, Ehingen, Laupheim, Biberach, Riedlingen, Saulgau
XII	Waldsee, Leutkirch, Ravensburg, Wangen, Tettnang

3. Wahltermine und Wahlergebnisse

Wahltermine

15. Juni 1893	Reichstagswahlen[1]
1. Febr. 1895	Landtagswahlen
16. Juni 1898	Reichstagswahlen
5. Dez. 1900	Landtagswahlen
16. Juni 1903	Reichstagswahlen
5. Dez. 1906	Landtagswahlen (Einerwahlen) und Proporzwahlen des Stadtbezirks Stuttgart
9. Jan. 1907	Proporzwahlen der Landeswahlkreise
25. Jan. 1907	Reichstagswahlen
12. Jan. 1912	Reichstagswahlen
16. Nov. 1912	Landtagswahlen (Einerwahlen) und Proporzwahlen des Stadtbezirks Stuttgart
18. Dez. 1912	Proporzwahlen der Landeswahlkreise
12. Jan. 1919	Wahlen zur Verfassunggebenden Landesversammlung
19. Jan. 1919	Wahlen zur Verfassunggebenden Nationalversammlung
6. Juni 1920	Reichstagswahlen und Landtagswahlen
4. Mai 1924	Reichstagswahlen und Landtagswahlen
7. Dez. 1924	Reichstagswahlen
20. Mai 1928	Reichstagswahlen und Landtagswahlen
14. Sept. 1930	Reichstagswahlen
24. April 1932	Landtagswahlen
31. Juli 1932	Reichstagswahlen
6. Nov. 1932	Reichstagswahlen
5. März 1933	Reichstagswahlen
29. März 1925	Reichspräsidentenwahlen[2]
13. März 1932	Reichspräsidentenwahlen

---

[1] Angegeben ist der Termin des ersten Wahlgangs.
[2] Die Termine des zweiten Wahlgangs waren der 26. April 1925 und der 10. April 1932.

Anhang

Übersicht über die Reichstagswahlen

Kaiserreich

absolute Stimmen[3]

Wahlber.	gült. St.	ungült. St.	BK	N	VP	SPD	Z	R	andere u. zerspl.
RT 1893 421743	308918	737	14780	74029	105617	42801	61604	9082	1005
RT 1898 445352	307140	615	26128	62281	75105	62452	73816	7018	340
RT 1903 483360	363387	813	49012	61403	62609	99743	89979		641
RT 1907 513174	414685	1047	44930	64440	88802	115724	94385		6404
RT 1912 548404	472415	1405	83120	72794	82427	153335	80372		367

Stimmenanteile (v. H.)

	BK	N	VP	SPD	Z	R
RT 1893	4,8	24,0	34,2	13,9	19,9	2,9
RT 1898	8,5	20,3	24,5	20,3	24,0	2,3
RT 1903	13,5	16,9	17,2	27,4	24,8	–
RT 1907	10,8	15,5	21,4	27,9	22,8	–
RT 1912	17,6	15,4	17,4	32,5	17,0	–

Wähleranteile (v. H.)

	BK	N	VP	SPD	Z	R
RT 1893	3,5	17,6	25,0	10,1	14,6	2,2
RT 1898	5,9	14,0	16,9	14,0	16,6	1,6
RT 1903	10,1	12,7	13,0	20,6	18,6	–
RT 1907	8,8	12,6	17,3	22,6	18,4	–
RT 1912	15,2	13,3	15,0	28,0	14,7	–

Reichstagsmandate[4]

	BK	N	VP	SPD	Z	R	Summe
RT 1893	0	2	10	0	4	1	17
RT 1898	1	3	7	1	4	1	17
RT 1903	3	1	5	4	4	–	17
RT 1907	3	2	7	1	4	–	17
RT 1912	2	2	6	3	4	–	17

---

[3] Stat. Handb. f. d. Königreich Württ., 1912/13, S. 211. Hier kommt es zu geringfügigen Abweichungen zwischen den Summen aus dem erarbeiteten Wahldatensatz und dieser Gesamtübersicht, die aus der unterschiedlichen Behandlung der zersplitterten Stimmen und der vereinzelt anderen Parteizuordnung von Kandidaten resultieren.
[4] Nicht aufgenommen sind die Ersatzwahlen in der jeweiligen Legislaturperiode. Bei diesen ergaben sich folgende Veränderungen in der Mandatszahl (Quelle: Wahldatensatz u. im jeweiligen Anhang an die Literarische Beilage des Staatsanz.): 1893–1898: VP: +1; N: –1; 1898–1903: SPD: +1, VP: –1; 1907–1912: SPD: +1; N: –1. Während des Ersten Weltkrieges wurden keine Ersatzwahlen abgehalten.

Weimarer Republik[5]

absolute Stimmen

	NV 19	RT 20	RT 24-I	RT 24-II	RT 28	RT 30	RT 32-I	RT 32-II	RT 33
Wahlber.	1 460 194	1 486 324	1 544 754	1 571 671	1 671 498	1 737 008	1 788 113	1 795 384	1 807 046
gült St	1 290 977	1 101 660	1 194 571	1 158 856	1 124 661	1 371 493	1 370 620	1 282 248	1 542 693
ungült. St.	3 600	40 473	10 635	6 959	19 004	7 526	8 158	7 561	6 667
SPD	463 844	176 871	191 153	238 752	269 349	280 720	246 101	198 835	231 863
USPD	36 241	143 789	–	–	–	–	–	–	–
KPD	–	35 794	137 117	95 383	82 449	130 073	153 284	187 693	143 880
DDP	327 534	159 659	113 232	126 604	108 650	135 414	33 602	39 098	33 450
DVP	–	42 704	52 905	67 168				19 408	10 873
Z	278 052	248 172	246 398	258 509	215 941	281 556	283 683	249 641	261 364
BP	181 944	99 694	120 604	128 387	70 926	54 454	53 380	68 961	79 719
BB		194 977	234 854	208 832	197 734	178 372	96 078	104 530	83 004
NSDAP	–	–	50 502	25 087	21 280	128 659	418 456	339 240	647 883
CSVD	–	–	–	–	–	91 425	50 264	55 769	49 066
VRP	–	–	–	–	41 652	28 946	8 315	7 293	–
WP	–	–	8 097	5 994	14 745	38 806	2 532	1 255	–
Sonstige	3 362	–	39 709	4 140	38 879	23 068	11 784	10 525	1 591

Stimmenanteile (v. H.)

	NV 19	RT 20	RT 24-I	RT 24-II	RT 28	RT 30	RT 32-I	RT 32-II	RT 33
SPD	35,9	16,1	16,0	20,6	23,9	20,5	18,0	15,5	15,0
USPD	2,8	13,1	–	–	–	–	–	–	–
KPD	–	3,2	11,5	8,2	7,3	9,5	11,2	14,6	9,3
DDP	25,4	14,5	9,5	10,9	9,7	9,9	2,5	3,0	2,2
DVP	–	3,9	4,4	5,8	5,6		1,0	1,5	0,7
Z	21,5	22,5	20,6	22,3	19,2	20,5	20,7	19,5	16,9
BP	14,1	9.0	10,1	11,1	6,3	4,0	3,9	5,4	5,2
BB		17,7	19,7	18,0	17,6	13,0	7,0	8,2	5,4
NSDAP	–	–	4,2	2,2	1,9	9,4	30,5	26,5	42,0
CSVD	–	–	–	–	–	6,7	3,7	4,3	3,2
VRP	–	–	–	–	3,7	2,1	0,6	0,6	–
WP	–	–	0,7	0,5	1,3	2,8	0,2	0,1	–
Sonstige	0,3	–	3,3	0,4	3,5	1,6	0,7	0,8	0,1

---

[5] Zur Erklärung: Die Wahlergebnisse zu den Reichstagswahlen der Weimarer Zeit beziehen sich aus Gründen der besseren Vergleichbarkeit von Reichstags- und Landtagswahlen auf den Wahlkreis Württemberg ohne Hohenzollern. Während zu den Reichstagswahlen der preußische Regierungsbezirk Sigmaringen (Hohenzollern) zum Wahlkreis Württemberg gehörte, gehörte er bei den Wahlen zum Preußischen Landtag zum Wahlkreis Koblenz-Trier (vgl. F. KALLENBERG, 1996, 181 ff.). Zur NV 1919 waren Bürgerpartei und Bauernbund mit einer gemeinsamen Liste angetreten. Zum RT 1924-I bezieht sich die Angabe der NSDAP auf die Deutschvölkische Freiheitspartei (Völkisch-Sozialer Block). Zum RT 1930 traten Deutsche Volkspartei und DDP/Staatspartei mit einer gemeinsamen Liste an.

Anhang

Wähleranteile (v. H.)

	NV 19	RT 20	RT 24-I	RT 24-II	RT 28	RT 30	RT 32-I	RT 32-II	RT 33
SPD	31,8	11,9	12,4	15,2	16,1	16,2	13,8	11,1	12,8
USPD	2,5	9,8	9,7	–	–	–	–	–	–
KPD	–	2,4	8,9	6,1	4,9	7,5	8,6	10,5	8,0
DDP	22,4	10,7	7,3	8,1	6,5	7,8	1,9	2,2	1,9
DVP	–	2,9	3,4	4,3	3,8		0,7	1,1	0,6
Z	19,0	16,7	16,0	16,4	12,9	16,2	15,9	13,9	14,5%
BP	12,5	6,7	7,8	8,2	4,2	3,1	3,0	3,8	4,4
BB		13,1	15,2	13,3	11,8	10,3	5,4	5,8	4,6
NSDAP	–	–	3,3	1,6	1,3	7,4	23,4	18,9	35,9
CSVD	–	–		–	–	5,3	2,8	3,1	2,7
VRP	–	–		–	2,5	1,7	0,5	0,4	–
WP	–	–	0,5	0,4	0,9	2,2	0,1	0,1	–
Sonstige	0,2	–	2,6	0,3	2,3	1,3	0,6	0,6	0,1

Reichstagsmandate[6]

	NV 19	RT 20	RT 24-I	RT 24-II	RT 28	RT 30	RT 32-I	RT 32-II	RT 33
SPD	7	2	3	4	4	5	4	3	4
USPD	0	2	0	–	–	–	–	–	–
KPD	–	0	2	1	1	2	2	3	2
DDP	4	2	2	2	1	2	1	1	0
DVP		0	1	1	1	2	0	0	0
Z	4	4	4	4	3	5	5	4	4
BP	1	1	2	2	1	1	1	1	1
BB	1	3	4	3	3	3	2	2	2
NSDAP	–	–	1	0	0	2	7	5	11
CSVD	–	–	–	–	–	1	1	1	1
WP	–	–	0	0	0	1	1	1	–
Summe	17	14	19	17	14	24	24	21	25

---

[6] Zur Erklärung: Zum RT 1924-I bezieht sich die Angabe der NSDAP auf die Deutschvölkische Freiheitspartei (Völkisch-Sozialer Block). Hier sind auch Mandate aufgenommen, die im Wahlkreis Württemberg über die Reststimmenverwertung der Wahlkreisverbände und Reichswahlvorschläge errungen wurden. Bei der Reichstagswahl im Dez. 1924 hatte der Bauernbund beispielsweise vier Mandate, wovon eines über die Reststimmenverwertung der Landbundliste erzielt worden war. Bei allen folgenden Wahlen hatte der Bauernbund ein Mandat über seinen Reichswahlvorschlag. Dasselbe galt 1930 für die Wirtschaftspartei.

Übersicht über die Landtagswahlen

Kaiserreich

absolute Stimmen[7]

	Wahlber.	gült. St.	BK	N	VP	SPD	Z	W
LT 1895	399775	295445	8393	70990	96040	32257	69252	16693
LT 1900	443027	314705	30515	61659	77523	58721	76036	9564
LT 1906	434826	331632	49154	48158	73998	72136	87434	
LT 1906-S	50973	243610	16527	59315	36081	117136	14551	
LT 1907-P	485799	3264802	530321	355700	769942	738751	870088	
LT 1912	464488	360324	60618	50702	64114	96077	88114	
LT 1912-S	63219	298039	29094	72491	38669	139270	18515	
LT 1912-P	527758	3169.485	495783	382749	617910	823797	849246	

Stimmenanteile (v. H.)

	BK	N	VP	SPD	Z	X
LT 1895	2,8	24,0	32,5	10,9	23,4	5,7
LT 1900	9,7	19,6	24,6	18,7	24,2	3,0
LT 1906	14,8	14,5	22,3	21,8	26,4	0,0
LT 1906-S	6,8	24,3	14,8	48,1	6,0	0,0
LT 1907-P	16,2	10,9	23,6	22,6	26,7	0,0
LT 1912	16,8	14,1	17,8	26,7	24,5	0,0
LT 1912-S	9,8	24,3	13,0	46,7	6,2	0,0
LT 1912-P	15,6	12,1	19,5	26,0	26,8	0,0

Wähleranteile (v. H.)

	BK	N	VP	SPD	Z	X
LT 1895	2,1	17,8	24,0	8,1	17,3	4,2
LT 1900	6,9	13,9	17,5	13,3	17,2	2,2
LT 1906	11,3	11,1	17,0	16,6	20,1	0,0
LT 1906-S	5,4	19,4	11,8	38,3	4,8	0,0
LT 1907-P	12,8	8,6	18,6	17,8	21,0	0,0
LT 1912	13,1	10,9	13,8	20,7	19,0	0,0
LT 1912-S	7,7	19,1	10,2	36,7	4,9	0,0
LT 1912-P	11,0	8,5	13,7	18,3	18,8	0,0

---

[7] Stat. Handb. f.d. Königreich Württ., 1912/13, S. 210. Hier kommt es zu geringfügigen Abweichungen zwischen den Summen aus dem erarbeiteten Wahldatensatz und dieser Gesamtübersicht, die aus der unterschiedlichen Behandlung der zersplitterten Stimmen und der vereinzelt anderen Parteizuordnung von Kandidaten resultieren.

Anhang

Landtagsmandate in der Kammer der Abgeordneten (Volkskammer)[8]

	BK	N	VP	SPD	Z	LP	W	Summe
LT 1895	1	12	31	2	18	2	4	70
LT 1900	6	11	27	5	18	0	3	70
LT 1906	15	13	24	15	25	–	0	92
LT 1912	20	10	19	17	26	–	0	92

---

[8] Teilweise sind ›wilde‹ Kandidaten nicht trennscharf vom Bauernbund zu unterscheiden. Nicht aufgenommen sind die Ersatzwahlen in der jeweiligen Legislaturperiode. Bei diesen ergaben sich folgende Veränderungen in der Mandatszahl (Quelle: Wahldatensatz u. im jeweiligen Anhang an die Literarische Beilage des Staatsanz.): 1895–1900: BK: +2; N: +2, VP: –3; SPD: –1; 1900–1906: BK: +3, N: –2, VP: –1; SPD: +2, W: –2; 1906–1912: BK: +1; N: –1; VP: –1; SPD: +1; 1912–1914: VP: +1; Z: –1. Während des Ersten Weltkrieges wurden keine Ersatzwahlen abgehalten.

Weimarer Republik[9]

absolute Stimmen

	LV 19	LT 20	LT 24	LT 28	LT 32
Wahlberechtigte	1 449 216	1 475 196	1 533 236	1 653 216	1 775 154
gült Stimmen	1 314 234	1 096 286	1 189 757	1 121 093	1 244 776
ungült. Stimmen	2 817	41 090	11 947	17 145	5 365
SPD	452 699	176 009	190 285	267 077	206 574
USPD	40 634	145 233	–	–	–
KPD	–	33 147	138 683	82 525	116 652
DDP	328 689	161 595	125 545	113 196	59 677
DVP	–	37 199	55 096	57 758	19 312
Z	273 200	247 113	248 748	219 846	254 680
BP	97 840	102 319	124 207	64 131	53 415
BB	117 138	193 671	240 453	202 481	133 545
NSDAP	–	–	47 301	20 342	328 320
CSVD	–	–	–	43 440	52 355
VRP	–	–	–	37 098	16 344
Sonstige	4 034	–	19 439	13 199	3 902

Stimmenanteile (v. H.)

	LV 19	LT 20	LT 24	LT 28	LT 32
SPD	34,4	16,1	16,0	23,8	16,6
USPD	3,1	13,2	–	–	–
KPD	–	3,0	11,7	7,4	9,4
DDP	25,0	14,7	10,6	10,1	4,8
DVP	–	3,4	4,6	5,2	1,6
Z	20,8	22,5	20,9	19,6	20,5
BP	7,4	9,3	10,4	5,7	4,3
BB	8,9	17,7	20,2	18,1	10,7
NSDAP	–	–	4,0	1,8	26,4
CSVD	–	–	–	3,9	4,2
VRP	–	–	–	3,3	1,3
Sonstige	0,3	–	1,7	1,2	0,3

---

[9] Bei der Neubildung des württembergischen Landtags 1933 wurden die Mandate nach dem Ergebnis der Reichstagswahlen vom 5. März 1933 auf die von den Parteileitungen erstellten Listen verteilt (Gesetz des Staatsministeriums über die Neubildung des Landtags v. 7. April 1933, HStA Stuttgart, E 151/02, Bü 156 und Reg.Bl. 1933, S. 83 ff.).

Anhang

Wähleranteile (v. H.)

	LV 19	LT 20	LT 24	LT 28	LT 32
SPD	31,2	11,9	12,4	16,2	11,6
USPD	2,8	9,8	–	–	–
KPD	–	2,2	9,0	5,0	6,6
DDP	22,7	14,7	8,2	6,8	3,4
DVP	–	2,5	3,6	3,5	1,1
Z	18,9	16,8	16,2	13,3	14,3
BP	6,8	6,9	8,1	3,9	3,0
BB	8,1	13,1	15,7	12,2	7,5
NSDAP	–	–	3,1	1,2	18,5
CSVD	–	–	–	2,6	2,9
VRP	–	–	–	2,2	0,9
Sonstige	0,3	–	1,2	0,8	0,2

Landtagsmandate[10]

	LV 19	LT 20	LT 24	LT 28	LT 32
SPD	52	17	13	22 (21)	14
USPD	4	0	–	–	–
KPD	–	14	10	6	7
DDP	38	15	9	8	4
DVP	–	4	3	4	0
Z	31	23	17	17 (16)	17
BP	11	10	8	4	3
BB	14	18	17	16 (15)	9
NSDAP	–	–	3	(1)	23
CSVD	–	–	–	3	3
VRP	–	–	–	(2)	0
Summe	150	101	80	80	80

[10] Zur Erklärung: Zum LT 1932 trat die DVP gemeinsam mit der Volkskonservativen Vereinigung an, konnte jedoch kein Mandat gewinnen. Zum LT 1924 trat statt der NSDAP der Völkisch-Soziale Block an. Die Zahlen in Klammern geben den Stand der Sitzverteilung nach dem 6. Juni 1929 an, nachdem Volksrechtpartei und NSDAP das Wahlergebnis angefochten hatten und der Leipziger Staatsgerichtshof sein Urteil gefällt hatte. Demnach erhielt die VRP zwei Mandate und die NSDAP ein Mandat. Je ein Mandat mußten SPD, Zentrum und Bauernbund abgeben (Staatsanz. v. 11. Juni 1929).

Übersicht über die Reichspräsidentenwahlen[11]

absolute Stimmen

	1925		1932	
	WG 1	WG 2	WG 1	WG 2
Wahlberechtigte	1 579 627	1 586 068	1 770 847	1 775 152
gült. Stimmen	978 786	1 157 080	1 416 536	1 384 960
ungültige Stimmen	4 088	6 419	6 760	7 925
Braun	204 277	–	–	–
Thälmann	56 284	56 715	142 861	106 453
Hellpach	135 722	–	–	–
Held	3 774	–	–	–
Marx	223 153	560 379	–	–
Jarres	345 906	–	–	–
Ludendorff	8 854	–	–	–
Hindenburg	–	539 374	824 171	869 806
Duesterberg	–	–	83 009	–
Hitler	–	–	362 638	408 503
Winter	–	–	3 654	–

Stimmenanteile (v. H.)

	1925		1932	
	WG 1	WG 2	WG 1	WG 2
Braun	20,9	–	–	–
Thälmann	5,8	4,9	10,1	7,7
Hellpach	13,9	–	–	–
Held	0,4	–	–	–
Marx	22,8	48,4	–	–
Jarres	35,3	–	–	–
Ludendorff	0,9	–	–	–
Hindenburg	–	46,6	58,2	62,8
Duesterberg	–	–	5,9	–
Hitler	–	–	25,6	29,5
Winter	–	–	0,3	–

---

[11] Nicht berücksichtigt sind die zu vernachlässigenden zersplitterten Stimmen. Die Zahlen beziehen sich auf den Wahlkreis Württemberg ohne Hohenzollern (siehe hierzu die Anmerkungen oben S. 539).

Wähleranteile (v. H.)

	1925		1932	
	WG 1	WG 2	WG 1	WG 2
Braun	12,9	–	–	–
Thälmann	3,6	3,6	8,1	6,0
Hellpach	8,6	–	–	–
Held	0,2	–	–	–
Marx	14,1	35,3	–	–
Jarres	21,9	–	–	–
Ludendorff	0,6	–	–	–
Hindenburg	–	34,0	46,5	49,0
Duesterberg	–	–	4,7	–
Hitler	–	–	20,5	23,0
Winter	–	–	0,2	–

4. Karten

Übersicht

1. Landtag Einerwahlen 1895 Bauernbund und Konservative[1]
2. Landtag Einerwahlen 1900 Bauernbund und Konservative
3. Landtag Proporzwahl 1907 Bauernbund und Konservative
4. Landtag Proporzwahl 1912 Bauernbund und Konservative
5. Landtagswahl 1920 Bürgerpartei
6. Landtagswahl 1924 Bürgerpartei
7. Landtagswahl 1928 Bürgerpartei
8. Landtagswahl 1932 Bürgerpartei
9. Landtagswahl 1920 Bauernbund
10. Landtagswahl 1924 Bauernbund
11. Landtagswahl 1928 Bauernbund
12. Landtagswahl 1932 Bauernbund
13. Reichstagswahl 1932-I Bauernbund
14. Reichstagswahl 1930 NSDAP
15. Landtagswahl 1932 NSDAP
16. Reichstagswahl 1932-I NSDAP
17. Reichstagswahlen 1933 NSDPA
18. Anteil der Protestanten 1925
19. Anteil der Erwerbstätigen in der Land- und Forstwirtschaft 1925
20. Anteil der klein- und mittelbäuerlichen Betriebe bis 5 ha 1925
21. Anteil der Bevölkerung in Gemeinden bis 2000 Einwohner 1925

---

[1] Die Karten befinden sich auf der beiligenden CD-ROM. Bei den Wahlergebnissen sind jeweils die Wähleranteile der Parteien verzeichnet.

5. Abgeordnete[1]

Bauernbund

Barth, Albert (1856–1924)	Landwirt, Willsbach (OA Weinsberg); MdL 1907–1912
Bauer, Adolf (1873–?)	Gutsverwalter, Beilstein (OA Marbach); MdL 1928–April 1933
Baumgärtner, Gottlob (1871–1926)	Fabrikant und Landwirt, Herzogenau (OA Kirchheim)/Stuttgart; MdL 1920–1926
Beißwanger, Heinrich (1867–1912)	Schultheiß, Geradstetten (OA Schorndorf); MdL 1906–1912
Beißwenger, Wilhelm (1871–1942)	Guts- und Mühlenbesitzer, Leinzell (OA Gmünd); MdL 1920–1924
Berroth, Ernst (1841–1911)	Landwirt, Jagstheim (OA Crailsheim); MdL 1899–1911
Berroth, Karl (1880–1920)	Landwirt, Jagstheim (OA Crailsheim); MdL/MdLV 1912–1920
Dingler, Wilhelm (1869–1932)	Landwirt und Gutsbesitzer, Calw; MdL 1920–1932, MdR 1928–Juli 1932
Ellinger, Rudolf (1876–1950)	Landwirt, Mettelberg (OA Backnang); MdL Mai 1930–1932
Gebert, Friedrich (1836–1910)	Ökonom, Möhring (OA Öhringen); MdL 1895–1906
Göz, Hans (1884–1961)	Dr. jur., Rechtsanwalt, Stuttgart; MdL 1928–1932
Graf, Andreas (1864–1920)	Gutsbesitzer, Seegartenhof (OA Heidenheim); MdL 1906–1912
Haag, Heinrich (1879–1947)	Weingärtner, Heilbronn; MdR Mai 1924–Nov. 1933
Haag, Wilhelm (1851–1926)	Weingärtner, Heilbronn; MdL/MdLV 1912–1920, MdR 1920–1924
Häcker, Friedrich (1896–1960)	Dr. rer.pol., Steuerfachmann u. Schriftleiter, Stuttgart/Leonberg; MdL 1926–April 1933
Haug, Gottlieb (1844–1908)	Stadtschultheiß, Langenau (OA Ulm); MdL 1900–1908
Haug, Johann Friedrich (1827–1900)	Stadtschultheiß, Langenau (OA Ulm); MdL 1876–1900
Häußermann, Gotthold (1877–1958)	Landwirt, Heidenhof (OA Marbach); MdL Jan.–Mai 1928

---

[1] Angegeben sind jeweils Berufsangabe und Wohnort zum Zeitpunkt der Kandidatur. Die angegebenen Mandatszeiten beziehen sich nur auf die Abgeordnetentätigkeit für die beiden konservativen Parteien.

Heege, Tobias (1864–1937)	Landwirt und Gemeindepfleger, Hausen a. d. Zaber (OA Brackenheim); MdL Juni 1927–1928
Herrmann, Friedrich (1892–1954)	Landwirt, Neureuth (OA Öhringen); MdL 1928–1932
Hornung, Ernst (1872–1927)	Gutsbesitzer, Kleinbottwar (OA Marbach); MdL 1920–Dez. 1927
Immendörfer, Karl (1849–1911)	Landwirt, Heimerdingen (OA Leonberg); MdL 1902–März 1911
Karges, Heinrich (1858–1931)	Landwirt und Weingärtner, Belsenberg (OA Künzelsau); MdL/MdLV 1912–1920
Karle, Johann (1853–1931)	Landwirt und Schultheiß, Westernach (OA Öhringen); MdL/MdLV 1912–1920
Klein, Johannes (1874–1956)	Landwirt und Weingärtner, Vorbachzimmern (OA Mergentheim); MdL 1920–1932
Körner, Theodor (1863–1933)	Verlagsbesitzer, Stuttgart/Herrenberg; MdL/MdLV 1906–April 1933, MdR 1920–1928
Kugler, Johannes (1884–1976)	Weingärtner, Fellbach; MdL 1932–Juli 1933
Luckert, Ernst (1863–1950)	Landwirt und Weingärtner, Winnenden; MdL 1928–Juni 1929
Melchinger, Jakob (1867–1946)	Landwirt, Unterensingen (OA Nürtingen); MdL 1920–1928
Müller, August (1879–1928)	Schultheiß, Großaspach (OA Backnang); MdL 1920–1928
Muschler, Gottlob (1891–1975)	Landwirt, Walxheim (OA Ellwangen)/Crailsheim; MdL 1928–1932 u. April 1933–Okt. 1933
Naser, Rudolf (1862–1934)	Kaufmann, Redakteur und Parteisekretär, Hedelfingen (OA Cannstatt); MdL 1920–1924
Nübling, Eugen (1856–1946)	Dr. phil., Verleger, Gutsbesitzer, Ulm/Neusteußlingen (OA Münsingen); MdL 1906–1918
Obenland, Gottlob (1871–1966)	Landwirt, Ilsfeld (OA Besigheim); MdL 1922–1932
Pergler von Perglas, Wilhelm (1857–1936)	Gutsbesitzer, Oberkolbenhof (OA Aalen)/Cannstatt; MdL 1906–1918
Rapp, Albert (1883–1943)	Schultheiß und Landwirt, Kleingartach (OA Brackenheim); MdL/MdLV 1919–Dez. 1922
Reichert, Christoph (1842–1916)	Ökonom und Schultheiß, Hochdorf (OA Vaihingen); MdL Okt. 1902–1906

Anhang

Roth, Jonathan (1873–1924) Dr. jur., Rechtsanwalt, Leonberg;
MdR 1907–1912, MdL/MdLV Mai 1911–1924
Schmid, Gottlieb (1868–1937) Gutsbesitzer, Schöckingen (OA Leonberg);
MdL 1920–April 1933
Schmid, Jakob (1858–1921) Landwirt und Schultheiß, Tailfingen
(OA Herrenberg);
MdL/MdLV Nov. 1909–1920
Schnebele, Jakob (1861–1936) Landwirt, Hohenholz (OA Hall);
MdL 1920–1924
Schweizer, Peter (1865–1952) Landwirt, Rohrdorf (OA Horb);
MdL 1924–1932
Seifried, Wilhelm (1855–1927) Landwirt und Schultheiß, Lindorf
(OA Kirchheim);
MdL/MdLV 1912–1920
Spröhnle, Hermann (1896–1926) Landwirt, Kirchhausen (OA Heilbronn);
MdL 1924–März 1926
Stauffenberg, Franz Schenk Frhr. von Dr. h.c., Gutsbesitzer, Rißtissen
(1878–1950) (OA Ehingen);
ritterschaftliches Mitglied der Ersten württ. Kammer 1906–1912, MdR 1924–März 1933 u. Nov. 1933–1943/Febr. 1945
Stiefel, Karl (1860–1921) Schultheiß und Verwaltungsaktuar,
Wolpertshausen (OA Calw);
MdL/MdLV 1912–1920
Stooß, Heinrich (1896–1971) Landwirt, Radelstetten (OA Blaubeuren);
MdL Nov. 1926–Okt. 1933
Ströbel, Wilhelm (1870–1952) Dr. h.c., Landwirtschaftsinspektor, Direktor der württ. Landwirtschaftskammer, Ulm/Stuttgart;
MdL/MdLV März 1908–April 1933
Ströbele, Gustav (1878–1930) Landwirt und Mühlenbesitzer, Appendorf (OA Waldsee);
MdL 1924–Mai 1930
Taxis, Wilhelm (1873–1931) Landwirt und Schultheiß, Oberrot
(OA Gaildorf);
MdL 1920–1928
Vogt, Friedrich (1852–1935) Landwirt und Schultheiß, Büttelbronn (OA Künzelsau);
MdR 1903–1918, MdL/MdLV 1912–1924
Vogt, Wilhelm (1854–1938) Landwirt, Gochsen (OA Neckarsulm),
MdL/MdLV 1900–1920, MdR/MdNV 1903–Juli 1932
Vollert, Gottlieb (1868–1938) Landwirt und Weingärtner, Willsbach
(OA Heilbronn);
MdL 1932–April 1933
Wernwag, Jakob (1887–1961) Landwirt, Betzingen (OA Reutlingen);
MdL 1924–April 1933

Wolff, Theodor (1867–1927) Dr. phil., Pfarrer, Schriftleiter und Redakteur, Stuttgart;
MdR 1903–1907, MdL/MdLV April 1906–Juni 1927

Zentler, Christian (1860–1938) Landwirt und Schultheiß, Großhirschbach (OA Öhringen);
MdL 1920–1928

Anhang

Deutschkonservative Partei / Bürgerpartei

Bazille, Wilhelm (1874–1934)	Dr. h. c., Verwaltungsjurist, Oberamtmann, Staatspräsident, Stuttgart; MdL/MdLV 1919–1932, MdR 1920–1930
Beißwänger, Gustav (1875–1946)	Pfarrer, Schriftleiter, Regierungsrat, Ministerialrat, Stuttgart; MdL/MdLV 1919–1928
Benkert, Wilhelm (1877–1929)	Zugführer, Backnang; MdLV 1919–1920
Fischer, Theodor (1870–1935)	Tapeziermeister und Dekorateur, Stuttgart; MdLV 1919–1920, MdL Okt. 1920–1928
Fürst, Joseph (1870–1942)	Studienprofessor, Rottweil/Ravensburg/Ellwangen; MdL 1920–1924
Goller, Johannes (1860–1939)	Bezirksschulinspektor und Schulrat, Heilbronn; MdLV Mai 1919–1920
Herbst, Emil (1854–1939)	Fabrikant, Ulm; MdLV 1919–1920
Hiller, Hermann (1867–1931)	Stadtgartenverwalter, Verbandsgeschäftsführer, Stuttgart; MdL/MdLV 1906–Aug. 1931
Hirzel, Walter (1881–1943)	Polizeirat, städtischer Rechtsrat, Stuttgart; MdL Okt. 1932–Okt. 1933
Hölscher, Walter (1872–1953)	Dr. med., Medizinalrat, Ulm; MdL 1924–1932
Kächele, Gotthilf (1888–1969)	Bäckermeister, Stuttgart; MdL April 1933–Okt. 1933
Klotz, Klara (1878–1965)	Oberstengattin, Hausfrau, Buoch (OA Waiblingen); MdL 1920–1924 u. Sept. 1931–1932
Kraut, Heinrich (von) (1857–1935)	Rechtsanwalt und Notar, Stuttgart; MdL 1900–1918, MdNV 1919–1920
Kreh, Wilhelm (1850–?)	Seifensieder, Winnenden; MdL 1912–1918
Müller, Friedrich (1862–1938)	Stadtschultheiß, Neubulach (OA Calw); MdL 1920–1924
Roos, Bruno (1891–1944)	Studienassessor, Studienrat, Stuttgart; MdL 1924–1928
Schaible, Stefan (1853–1920)	Fabrikant, Nagold; MdL/MdLV 1899–Mai 1920
Schott, Ernst (1877–1961)	Rechtsanwalt, Stuttgart; MdL/MdLV 1919–April 1933
Schrempf, Friedrich (1858–1913)	Lehrer, Schriftleiter und Parteisekretär, Stuttgart; MdL 1895–1900 u. 1906–1911, MdR 1898–1903
Siller, Friedrich (1873–1942)	Schreinermeister, Ludwigsburg; MdL 1920–1924, MdR Mai 1924–1928 (1930–Juli 1932 für die Wirtschaftspartei)

Stroh, Friedrich (1848–1929)	Buchdruckereibesitzer u. Verleger, Backnang; MdL 1912–1918
Weigand, Paul (1889–1940)	Studienrat, Ludwigsburg; MdL April 1933–Okt. 1933
Wider, Fritz (1877–1965)	Dr. rer.nat., Fabrikant, Ludwigsburg; MdL/MdLV 1919–April 1933, MdR 1930–März 1933
Wurm, Theophil (1868–1953)	Stadtpfarrer, Dekan, Prälat, Kirchenpräsident, Ravensburg/Heilbronn/Reutlingen/ Stuttgart; MdL/MdLV 1919–Okt. 1920
Wurster, Paul (von) (1860–1923)	Theologieprofessor, Tübingen; MdLV Jan.–Mai 1919

Quellen und Literatur

A. Ungedruckte Quellen

Staatliche Archive und Sammlungen, private Sammlungen, Nachlässe

Hauptstaatsarchiv Stuttgart (HStAS)
E 14	Königliches Kabinett II 1805–1918
E 130a	Staatsministerium 1876–1935
E 130b	Staatsministerium 1876–1945
E 130c	Staatsministerium, Personalakten
E 131	Pressestelle des Staatsministeriums 1919–1933
E 135	Revolutionsarchiv 1918–1920
E 146	Ministerium des Innern III 1806–1906
E 150	Ministerium des Innern IV 1807–1920
E 151a	Ministerium des Innern V, Abt. I 1808–1955
E 151b	Ministerium des Innern V, Abt. II 1909–1955
J 53/25	Familienpapiere württembergischer Beamter, NL Wilhelm Bazille
J 150	Druck- und Flugschriften bis 1945
J 155	Zeitungen und Zeitschriften bis 1950
J 191	Zeitungsausschnittssammlungen: Sammlung zur Personengeschichte
J 192	Zeitungsausschnittssammlungen: Sammlung zur allgemeinen Landeskunde
P 1	Heinrich Stooß
Q 1/2	NL Conrad Haußmann
Q 1/12	NL Friedrich Payer

Staatsarchiv Ludwigsburg (StAL)
E 173 I	Kreisregierung Ludwigsburg I, Generalia 1817–1924
E 173 III	Kreisregierung Ludwigsburg III, Specialia 1817–1902
E 173 IV	Kreisregierung Ludwigsburg IV, Specialia 1817–1924
E 175 I	Kreisregierung Ellwangen I, Akten 1817–1924
E 177 I	Kreisregierung Reutlingen I, Akten 1817–1924
E 179 II	Kreisregierung Ulm II, Generalia 1818–1924
E 180 I	Ministerialabteilung für Bezirks- und Körperschaftsverwaltung I 1924–1940
E 180/II	Ministerialabteilung für Bezirks- und Körperschaftsverwaltung II 1924–1945
F 151–215a	Untere Verwaltungsbehörden, Oberämter
F 215	Polizeipräsidium Stuttgart

Staatsarchiv Sigmaringen (StAS)
Wü 33–65	Südwürttembergische Bestände

Bundesarchiv Berlin (Lichterfelde) (BA Berlin)
N 2118/1	NL Walter Hölscher
N 2244	NL Gustav Roesicke

N 2329 NL Kuno Graf von Westarp
N 3001 NL Friedrich Naumann
60 Vo 20 Deutschnationale Volkspartei
61 Re I Reichslandbund Generalarchiv
R 8034 I u. II Reichslandbund Pressearchiv, Generalia
R 8034 III Reichslandbund Pressearchiv, Personalia
R 1507, 243/2 Reichskommissar für die Überwachung der öffentlichen Ordnung, Wahlen in Württemberg

Stadtarchiv Ulm (StadtA Ulm)
G 2 NL Eugen Nübling

Stadtarchiv Crailsheim (StadtA Crailsheim)
N 16 NL Hans Sachs

Württembergische Landesbibliothek
Kleine Württembergische Drucksachen

Privatarchiv Freiherr Hiller von Gaertringen
NL Kuno Graf von Westarp
NL Berthold Freiherr Hiller von Gaertringen
Sammlung Gaertringen
Philipp, Albrecht: Mein Weg. Rückschau eines Siebzigjährigen auf allerlei Geschehnisse und Menschen, 3. Teil, Borna 1952 (Kopie des Originals aus dem Staatsarchiv Dresden)
Philipp, Albrecht: Deutschnationale Volkspartei 1918–1933. Versuch einer parteipolitischen Bilanz, Borna 1959 (Kopie eines maschinenschriftl. Manuskripts)

Privatnachlaß Theodor Körner (Familie Körner, Stuttgart)
NL Theodor Körner alt

B. Gedruckte Quellen und Literatur

a) Parlamentsprotokolle, Zeitungen und Periodika[1]

Der (württembergische) Bauernfreund
Der Beobachter
Der Christenbote
Der Christliche Volksdienst
Chronik der (Königlichen) Haupt- und Residenzstadt Stuttgart (Chronik der Stadt Stuttgart)Deutsche Reichspost
Deutscher Reichsanzeiger
Deutsches Volksblatt
Der Deutschnationale. Mitgliederblatt der Württembergischen Bürgerpartei
Erbauliche Mitteilungen
Evangelisches Kirchenblatt für Württemberg
Gäu- und Ammertalbote Herrenberg
Hof- und Staatshandbuch des Königreichs Württemberg

---

[1] Aufgeführt werden nur laufend benutzte Zeitungen und Periodika.

Jungdeutschland. Monatsschrift des Landesverbands Württemberg Jungdeutschland
Kalender für die Württembergische Landwirtschaft
Mitteilungen des Königlichen Statistischen Landesamts Württemberg/Mitteilungen des Württembergischen Statistischen Landesamts
Nationale Blätter der Württembergischen Bürgerpartei (Vorgänger: Mitteilungen der Württ. Bürgerpartei/Blätter der Württ. Bürgerpartei)
Regierungsblatt für das Königreich Württemberg/Regierungsblatt für Württemberg
Reichs-Gesetzblatt
Schwabenwarte. Wochenschrift für nationale und liberale Politik (NL/DVP)
Schwäbische Landjugend
Der Schwäbische Landmann
Schwäbische Tageszeitung
Schwäbische Tagwacht
Schwäbischer Merkur/Schwäbische Kronik
Staatsanzeiger für Württemberg
Statistik des Deutschen Reiches
Statistisches Handbuch für das Königreich Württemberg
Sperlings Zeitschriften- und Zeitungs-Adreßbuch. Handbuch der Deutschen Presse
Stuttgarter Neues Tagblatt
Süddeutsche Zeitung
Ulmer Schnellpost
Ulmer Tagblatt
Verhandlungen des Reichstags
Verhandlungen der Verfassunggebenden Deutschen Nationalversammlung und des Deutschen Reichstags
Verhandlungen der Verfassunggebenden Landesversammlung bzw. des Landtags des freien Volksstaates Württemberg
Verhandlungen der Württembergischen Kammer der Abgeordneten (der Württembergischen Zweiten Kammer)
Verhandlungen der Württembergischen Kammer der Standesherren (der Württembergischen Ersten Kammer)
Württemberg in Wort und Zahl
Württemberger Zeitung
Württembergische Jahrbücher für Statistik und Landeskunde/Jahrbücher für Statistik und Landeskunde von Baden-Württemberg
Württembergischer Kriegerkalender
Württembergische Volkszeitung
Württembergischer Nekrolog
Württembergisches Wochenblatt für Landwirtschaft

b) Parteipublikationen und -flugschriften[2]

Bauernbund/BdL: Broschüren und Flugschriften

Körner, Theodor: Der Brotgetreidezoll und Württemberg. Eine Streitschrift gegen den Handelsvertragsverein, Stuttgart 1902.

Kiesenwetter, Otto v.: Zehn Jahre wirtschaftspolitischen Kampfes. Zum 18. Februar 1903, Berlin 1903.

Körner, Theodor (Hrsg.): Wahl-Handbuch für die Vertrauensmänner und Mitglieder des Bundes der Landwirte. Hrsg. für die Landtagswahlen 1906, Stuttgart 1906.

Körner, Theodor: Kann der Bauer Sozialdemokrat sein?, Volkswirtschaftl. Flugschr. Nr. 1, Stuttgart 1911.

Körner, Theodor: Zur Aufklärung über die Reichsfinanzreform, Volkswirtschaftl. Flugschr. Nr. 2, Stuttgart 1911.

Körner, Theodor: Die Zollfrage, Volkswirtschaftl. Flugschr. Nr. 3, Stuttgart 1911.

Körner, Theodor: Die Einfuhrscheine. Die Liebesgabe, Volkswirtschaftl. Flugschr. Nr. 4, Stuttgart 1911.

Körner, Theodor: Das Submissionswesen in der württembergischen Abgeordnetenkammer, Volkswirtschaftl. Flugschr. Nr. 5, Stuttgart 1912.

Körner, Theodor: Wahl-Handbuch. Zum Gebrauch und zur Orientierung bei Landtagswahlen für die württembergischen Wähler, Stuttgart 1912.

Wahlhandbuch für die Wahl zur Landesversammlung und National(Reichs-)Versammlung Januar 1919, hrsg. v. Bund der Landwirte, Württ. Bauern- und Weingärtnerbund, Stuttgart 1919.

Württ. Bauern- und Weingärtnerbund (Hrsg.): Richtlinien der württembergischen Bauernpolitik. Politische Bemerkungen zu den Richtlinien/Zweck, Ziel und Aufgaben des Bundes der Landwirte – Württembergischer Bauern- und Weingärtnerbund/Die landwirtschaftlichen Organisationen Württembergs. Schriften zur Wahlbewegung Nr. 2, Stuttgart 1920.

Körner, Theodor [jg.]: Der Landwirt, das bäuerliche Einkommen und die neue Reichseinkommensteuer. Die Lohnsteuer und die bäuerliche Wirtschaft,Volkswirtschaftl. Flugschr. Nr. 6, Stuttgart 1921.

Körner, Theodor: Württembergische Landespolitik. Aus der Rede des Abgeordneten Th. Körner zum Württembergischen Haushaltsplan für 1920 in der Landtagssitzung vom 20. Oktober 1920; Offener Brief an eine Stuttgarter Hausfrau über die Ernährungsschwierigkeiten, Volkswirtschaftl. Flugschr. Nr. 7, Stuttgart 1921.

Körner, Theodor [jg.] (Hrsg.): Der Landwirt, das bäuerliche Einkommen und die neue Reichseinkommen-steuer, Stuttgart 1921.

Körner, Theodor [jg.]: Der Landwirt, das bäuerliche Einkommen und die neue Reichseinkommensteuer. Leichtverständlicher Einkommensteuerberater mit sämtlichen neuen Ergänzungen sowie Einkommensteuertarif nebst Anleitung zur Ausfertigung der Steuererklärung, Volkswirtschaftl. Flugschr. Nr. 8, Stuttgart 1921.

Körner Theodor [jg.]: Erbrecht, Eheverträge und Eheliche Güterstände unter besonderer Berücksichtigung der Steuergesetze. In gemeinverständlicher Weise dargestellt und mit zahlreichen praktischen Beispielen erläutert, Volkswirtschaftl. Flugschr. Nr. 9, Stuttgart 1922.

Körner, Theodor [jg.] (Hrsg.): H. Stoltze: Das Erbschaftsteuergesetz vom 20. Juli 1922, Volkswirtschaftl. Flugschr. Nr. 10, Stuttgart 1922.

Württ. Bauern- und Weingärtnerbund (Hrsg.): Was wir wollen und müssen! Bericht über die Bundesarbeit und Bundesaufgaben, Stuttgart 1924.

---

[2] Die Verzeichnisse der Parteipublikationen und -flugschriften von Bauernbund/BdL sowie Deutschkonservativen/Bürgerpartei/DNVP sind chronologisch geordnet.

Körner, Theodor: Wahlhandbuch zu den Reichs- und Landtagswahlen 1924. Zum Gebrauch und zur Aufklärung für die württembergischen Wähler, Stuttgart 1924.
Körner, Theodor: Wahlhandbuch für das Wahljahr 1928. Zum Gebrauch und zur Aufklärung für die württembergischen Wähler, Stuttgart 1928.
Stauffenberg, Franz Schenk Frhr. v.: Bauernnot! Ein Mahnruf. Wirtschaftsfragen der Zeit Heft 4/5, Berlin o.J. [1928].
Organisationsbuch des Reichs-Landbundes. Bearbeitet und zusammengestellt von der Organisation des Reichslandbundes, Berlin 1930.
Körner, Theodor: Marxismus – Sozialismus – Kommunismus. Eine kurze Darlegung des Wesens und der Ziele der sozialistischen Parteien, Stuttgart 1931.
Körner, Theodor: Das grüne Buch der Bauernpolitik. Ein politisches Handbuch für Wähler in Stadt und Land, Stuttgart 1932.
Körner, Theodor: Bauernpolitik oder Bauernkrieg? Eine Darlegung der Ziele und Aufgaben des Württembergischen Bauern- und Weingärtnerbundes, Stuttgart o.J. [1932].
Körner, Theodor: Der Bauer und der Christlich-Soziale Volksdienst. Eine Auseinandersetzung des Bauernbundes mit dem Christlich-Sozialen Volksdienst zur Aufklärung aller christlich gesinnten Landvolkfamilien, Stuttgart o.J. [1932].
Körner, Theodor: Was hat das Landvolk von der Nationalsozialistischen Deutschen Arbeiterpartei zu erwarten? Fragen und Antworten zur nationalen Bewegung, Stuttgart o.J. [1932].
Körner, Theodor: Furchtbar enttäuscht! Ein Bericht und eine Aufklärung über Landtagsverhandlungen im Juni 1932, Stuttgart o.J. [1932].

Deutschkonservative Partei/Bürgerpartei/DNVP: Broschüren und Flugschriften
Handbuch der Deutsch-Konservativen Partei, 4. Aufl. Berlin 1911.
Hauptverein der Deutsch-Konservativen (Hrsg.): Vademecum zur Reichstagswahl 1912, Berlin 1912.
Bazille, Wilhelm: Demokratischer Parlamentarismus und soziale Monarchie. Rede gehalten am 25. September 1919 bei der Verabschiedung der Verfassung im württembergischen Landtag, Stuttgart 1919.
Jahrbuch der Württembergischen Bürgerpartei 1921, Ludwigsburg 1921.
Jahrbuch der Württembergischen Bürgerpartei 1922, Ludwigsburg 1922.
Arnim, Hans v./Below, Georg v. (Hrsg.): Deutscher Aufstieg. Bilder aus der Vergangenheit und Gegenwart der rechtsstehenden Parteien, Berlin u.a. 1925.
Bazille, Wilhelm: Vier Jahre Württembergischer Regierungspolitik 1924–1928, Stuttgart 1928.
Dehlinger, Alfred: Vier Jahre Württembergische Finanzpolitik. Aus den Landtagsreden von Finanzminister Dr. Dehlinger, hrsg. v. Landesverband Württemberg der Deutschnationalen Volkspartei (Württ. Bürgerpartei), Stuttgart 1928.
Grabert, Heinrich: Das Reichsschulgesetz und wir, o.O. [1928].
Weiß, Max (Hrsg.): Der nationale Wille: Werden und Wirken der Deutschnationalen Volkspartei 1918–1928, Berlin/Leipzig 1928.
Weiß, Max (Hrsg.): Politisches Handwörterbuch (Führer-ABC), DNVP-Schriftenvertriebsstelle, Berlin 1928.
Taschenmerkbuch 1932 der Deutschnationalen Volkspartei Landesverband Württemberg (Württembergische Bürgerpartei), Stuttgart 1931.

Andere Parteien, Vereine und Verbände: Broschüren und Flugschriften
Alldeutscher Verband (Hrsg.): 4. Jahresbericht der Ortsgruppe Stuttgart des Alldeutschen Verbandes 1901, nebst Mitgliederliste, Stuttgart 1902.
D.D.P. (Hrsg.): Materialien zur württembergischen Politik. Die Landtagswahl 1928, Stuttgart 1928.

Deutschnationaler Handlungsgehilfenverband (Hrsg.): Der Deutschnationale Handlungsgehilfen-Verband im Jahre 1928. Rechenschaftsbericht erstattet von seiner Verwaltung, Hamburg 1929.
Geschäfts- und Rechenschaftsbericht des unter dem Protektorat Seiner Majestät des Königs stehenden Württembergischen Kriegerbundes 1908–1912.
Handbuch des Alldeutschen Verbandes, Mainz 1911.
Rechenschaftsbericht für das Jahr 1903 des unter dem Protektorat Seiner Majestät des Königs von Württemberg stehenden Württ. Landesverbands des Deutschen Flottenvereins, Stuttgart 1903.
Rechenschaftsbericht für das Jahr 1912 des unter dem Protektorat Seiner Majestät des Königs von Württemberg stehenden Württ. Landesverbands des Deutschen Flottenvereins, Stuttgart 1912.
Rechenschaftsbericht für die Jahre 1914/17 des unter dem Protektorat Seiner Majestät des Königs von Württemberg stehenden Württ. Landesverbands des Deutschen Flottenvereins, Stuttgart 1917.

c) Sonstige gedruckte Quellen und Literatur[3]

Abelshauser, Werner (Hrsg.): Die Weimarer Republik als Wohlfahrtsstaat. Zum Verhältnis von Wirtschafts- und Sozialpolitik in der Industriegesellschaft, Stuttgart 1987.
Abendroth, Wolfgang: Aufgaben und Methoden einer deutschen historischen Wahlsoziologie, in: Büsch, Wählerbewegung in der deutschen Geschichte, 1978, S. 119–124 [zuerst in VfZG 5 (1957), S. 300–306].
Adam, Albert Eugen: Ein Jahrhundert Württembergischer Verfassung, Stuttgart 1919.
Albertin, Lothar: Liberalismus und Demokratie am Anfang der Weimarer Republik. Eine vergleichende Analyse der Deutschen Demokratischen Partei und Deutschen Volkspartei, Düsseldorf 1972.
Albertin, Lothar/Wegner, Konstanze (Bearb.): Linksliberalismus in der Weimarer Republik. Die Führungsgremien der Deutschen Demokratischen Partei und der Deutschen Staatspartei 1918–1933, Düsseldorf 1980.
Albertin, Lothar: Die Auflösung der bürgerlichen Mitte und die Krise des parlamentarischen Systems von Weimar, in: Eberhard Kolb/Walter Mühlhausen, Demokratie in der Krise. Parteien im Verfassungssystem der Weimarer Republik, München 1997, S. 59–111.
Alemann, Ulrich von: Parteiensysteme im Parlamentarismus. Eine Einführung und Kritik von Parlamentarismustheorien, Düsseldorf 1973.
Alexander, Matthias: Die Freikonservative Partei 1890–1918. Gemäßigter Konservatismus in der konstitutionellen Monarchie, Düsseldorf 2000.
Alter, Peter: Nationalismus, Frankfurt/M. 1985.
Altgeld, Wolfgang: Katholizismus, Protestantismus, Judentum. Über religiös begründete Gegensätze und national religiöse Ideen in der Geschichte des deutschen Nationalismus, Mainz 1992.
Anderson, Benedict: Die Erfindung der Nation: Zur Karriere eines folgenreichen Konzepts, 2. Aufl. Frankfurt/M. 1993 [i. O. 1985].
Anderson, Margaret Lavinia: Practicing Democracy. Elections and Political Culture in Imperial Germany, Princeton 2000.
Anschläge. Deutsche Politik an der Litfaßsäule 1900–1971. 166 Plakate, hrsg. und kommentiert von Friedrich Arnold, München 1972.

---

[3] Das Literaturverzeichnis weist alle in der Arbeit zitierten Titel aus. Darüber hinaus wurden weitere partei- und wahlhistorisch sowie für die württembergische Geschichte relevante Titel aufgenommen.

Anschläge. 220 politische Plakate als Dokumente der deutschen Geschichte 1900-1980, ausgewählt und kommentiert von Friedrich Arnold, München 1985.
Apelt, Willibald: Geschichte der Weimarer Verfassung, München 1946.
Applegate, Celia: A Nation of Provincials. The German Idea of Heimat. Berkeley u.a. 1990.
Arbogast, Christine: Herrschaftsinstanzen der württembergischen NSDAP. Funktion, Sozialprofil und Lebenswege einer regionalen NS-Elite 1920-1960, München 1998.
Ariadne. Almanach des Archivs der deutschen Frauenbewegung 35 (Mai 1999): Im Namen des HERRN? Konfessionelle Frauenverbände 1890-1933.
Bachem, Karl: Vorgeschichte, Geschichte und Politik der deutschen Zentrumspartei. Zugleich ein Beitrag zur Geschichte der katholischen Bewegung, sowie zur allgemeinen Geschichte des neueren und neuesten Deutschland 1815-1914, 9 Bde., Köln 1927-1931 [ND Aalen 1967].
Bachem, Karl: Die Zentrumsbewegung in Württemberg, 1887-1914. Das Werk Adolf Gröbers, in: Bachem: Vorgeschichte, Geschichte und Politik der deutschen Zentrumspartei, 1931, Bd. 8, S. 57-97.
Back, Nikolaus: »Zeitgemäßer Fortschritt«. Die Weimarer Republik in der Provinz. Modernisierung im Widerstreit am Beispiel der Filder, Frankfurt/M. 1998.
Baier, Ernst: Die Entwicklung des württembergischen Landesverbandes landwirtschaftlicher Genossenschaften e.V. (1881-1931), Stuttgart 1931.
Bajohr, Frank/Johe, Werner/Lohalm, Uwe (Hrsg.): Zivilisation und Barbarei. Die widersprüchlichen Potentiale der Moderne, Hamburg 1991.
Bartens, Albert: Die wirtschaftliche Entwicklung des Königreichs Württemberg mit besonderer Berücksichtigung der Handelsverträge, Frankfurt/M. 1901.
Bauer, Ernst Carl: Das politische Gesicht der Straße, in: Das Plakat (1919), S. 164-166.
Baumann, Reinhard/Hoser, Paul (Hrsg.): Die Revolution von 1918/19 in der Provinz, Konstanz 1996.
Baumann, Ursula: Protestantismus und Frauenemanzipation in Deutschland 1850-1920, Frankfurt/M. u.a. 1992.
Baumann, Ursula: Religion und Emanzipation: Konfessionelle Frauenbewegungen in Deutschland 1900-1933, in: Tel Aviver Jb. f. deutsche Geschichte 21 (1992), S. 171-206.
Baumeister, Martin: Parität und katholische Inferiorität. Untersuchungen zur Stellung des Katholizismus im Deutschen Kaiserreich, Paderborn 1987.
Bausch, Paul: Lebenserinnerungen und Erkenntnisse eines schwäbischen Abgeordneten, Korntal 1969.
Bauschert, Otto (Hrsg.): Hohenlohe, Stuttgart 1993.
Bausinger, Hermann/Moser-Rath, Elfriede (Hrsg.): Direkte Kommunikation und Massenkommunikation, Tübingen 1976.
Bausinger, Hermann: Zur politischen Kultur Baden-Württembergs, in: Ders./Theodor Eschenburg u.a. (Hrsg.): Baden-Württemberg. Eine politische Landeskunde, 4. Aufl. Stuttgart 1996, S. 14-42.
Bazille, Wilhelm: Das Staats- und Verwaltungsrecht des Königreichs Württemberg. Bibliothek des Öffentlichen Rechts, Bd. 2, Hannover 1908 [2. Aufl. Leipzig 1912].
Bazille, Wilhelm: Die Verfassung Württembergs vom 25. September 1919. Textausgabe mit Einleitung und Anmerkungen, Stuttgart 1919 [4. Aufl. Stuttgart 1922].
Becker, Heinrich: Handlungsspielräume der Agrarpolitik in der Weimarer Republik zwischen 1923 und 1929, Stuttgart 1990.
Behrens, Reinhard: Die Deutschnationalen in Hamburg 1918-1933, Phil. Diss. Hamburg 1973.
Bendach, Bärbel: Die württembergische Sektion des Bundes der Landwirte 1893-1918. Ein Beitrag zur agrarischen Bewegung im Zeitalter Wilhelms II, MS Magisterarbeit Göttingen, 1975.

Bendikat, Elfi: Wahlkämpfe in Europa 1884 bis 1889. Parteiensysteme und Politikstile in Deutschland, Frankreich und Großbritannien, Wiesbaden 1988.
Bendikat, Elfi: Politikstile, Konfliktlinien und Lagerstrukturen im deutschen, britischen und französischen Parteiensystem des späten 19. Jahrhunderts, in: PVS 30 (1989), S. 482–502.
Bendix, Reinhard: Social Stratification and Political Power, in: American Political Science Review 46 (1952), S. 357–375.
Benrath, Gustav Adolf: Die Erweckung innerhalb der deutschen Landeskirchen 1815–1888. Ein Überblick, in: Gäbler, Pietismus, 2000, S. 150–271.
Berding, Helmut: Moderner Antisemitismus in Deutschland, Frankfurt/M. 1988.
Berelson, Bernard R./Lazarsfeld, Paul F./McPhee, William N.: Voting. A Study of Opinion Formation in a Presidential Campaign, Chicago u. a. 1954.
Berger, Peter L./Luckmann, Thomas: Die gesellschaftliche Konstruktion der Wirklichkeit. Eine Theorie der Wissenssoziologie. Frankfurt/M. 1980 [zuerst i. O. 1966].
Berghahn, Volker R.: Der Stahlhelm: Bund der Frontsoldaten 1918–1935, Düsseldorf 1966.
Berghahn, Volker R. (Hrsg.): Militarismus, Köln 1975.
Berghoff, Hartmut: Zwischen Kleinstadt und Weltmarkt. Hohner und die Harmonika 1857–1961. Unternehmensgeschichte als Gesellschaftsgeschichte, Paderborn u.a. 1997.
Berghoff, Hartmut (Hrsg.): Konsumpolitik. Die Regulierung des privaten Verbrauchs im 20. Jahrhundert, Göttingen 1999.
Bergmann, Jürgen/Megerle, Klaus: Protest und Aufruhr der Landwirtschaft in der Weimarer Republik (1924–1933). Formen und Typen der politischen Agrarbewegung im regionalen Vergleich, in: Jürgen Bergmann u. a. (Hrsg.): Regionen im historischen Vergleich. Studien zu Deutschland im 19. und 20. Jahrhundert, Opladen 1989, S. 200–287.
Berg-Schlosser, Dirk/Schissler, Jakob (Hrsg.): Politische Kultur in Deutschland. Bilanz und Perspektiven der Forschung, Opladen 1987.
Berg-Schlosser, Dirk/Rytlewski, Ralf (Hrsg.): Political Culture in Germany, London 1993.
Bergsdorf, Wolfgang: Die sanfte Gewalt. Sprache – Denken – Politik, in: APuZ 24/1977, S. 39–47.
Bergsträsser, Ludwig: Geschichte der politischen Parteien in Deutschland, 8./9. Aufl. München 1955 [zuerst 1921].
Bernstein, Eduard: Die deutsche Revolution von 1918/19. Geschichte der Entstehung und ersten Arbeitsperiode der deutschen Republik. Hrsg. v. Heinrich August Winkler, Bonn 1998 [zuerst 1921].
Bertram, Jürgen: Die Wahlen zum Deutschen Reichstag vom Jahre 1912. Parteien und Verbände in der Innenpolitik des Wilhelminischen Reiches, Düsseldorf 1964.
Bessel, Richard: Militarismus im innenpolitischen Leben der Weimarer Republik: Von den Freikorps zur SA, in: Klaus-Jürgen Müller (Hrsg.): Militär und Militarismus in der Weimarer Republik, Düsseldorf 1978, S. 193–222.
Bessel, Richard: Die Krise der Weimarer Republik als Erblast des verlorenen Krieges, in: Bajohr/Johe/Lohalm, Zivilisation und Barbarei, 1991, S. 98–114.
Besson, Waldemar: Württemberg und die deutsche Staatskrise 1928–1933. Eine Studie zur Auflösung der Weimarer Republik, Stuttgart 1959.
Best, Heinrich: Politische Modernisierung und parlamentarische Führungsgruppen in Deutschland 1867–1918, in: HSR 13 (1988), S. 5–74.
Best, Heinrich: Sozialstruktur und politische Konflikte in Deutschland. Perspektiven einer Analyse von Massendaten der historischen Eliten- und Wahlforschung, in: PVS 29 (1988), S. 469–473.
Best, Heinrich (Hrsg.): Politik und Milieu. Wahl- und Elitenforschung im historischen und interkulturellen Vergleich, St. Katharinen 1989.

Best, Heinrich (Hrsg.): Vereine in Deutschland. Vom Geheimbund zur freien gesellschaftlichen Organisation, Bonn 1993.
Beyer, Hans: Die Frau in der politischen Entscheidung, in: Büsch, Wählerbewegung in der deutschen Geschichte, 1978, S. 298-309.
Beyerle, P.: Das Eisenbahnwesen, in: Bruns: Württemberg, 1916, S. 751-782.
Biastoch, Martin: Tübinger Studenten im Kaiserreich. Eine sozialgeschichtliche Untersuchung, Sigmaringen 1996.
Bidlingmaier, Maria: Die Bäuerin in zwei Gemeinden Württembergs. ND der Ausg. von 1918 mit einem Vorwort von Carl Johannes Fuchs, Nachwort, Anmerkungen und Literaturhinweisen von Christel Köhle-Hezinger sowie einem dokumentarischen Anhang, 2. Aufl. Kirchheim/T. 1993.
Bieber, Hans-Joachim: Bürgertum in der Revolution. Bürgerräte und Bürgerstreiks in Deutschland 1918-1920, Hamburg 1992.
Biefang, Andreas: Politisches Bürgertum in Deutschland 1857-1868. Nationale Organisationen und Eliten, Düsseldorf 1994.
Biland, Stefan: Die Deutsch-Konservative Partei und der Bund der Landwirte in Württemberg vor 1914. Ein Beitrag zur Geschichte der politischen Parteien in Württemberg, Stuttgart 2002.
Binder, Hans-Otto: Von der sozialen zur nationalen Heimat: Die Staatsangehörigkeit aus württembergischer Sicht, in: Kühne/Rauh-Kühne, Raum und Geschichte, 2001, S. 105-127.
Blackbourn, David/Eley, Geoff: Mythen deutscher Geschichtsschreibung. Die gescheiterte bürgerliche Revolution von 1848, Frankfurt/M. u. a. 1980.
Blackbourn, David: Class, Religion and Local Politics in Wilhelmine Germany. The Centre Party in Württemberg before 1914, New Haven u. a. 1980.
Blackbourn, David: The Politics of Demagogy in Imperial Germany, in: Past & Present 113 (1986), S. 152-184.
Blackbourn, David: Peasants and Politics in Germany, 1871-1914, in: ders., Populists and Patricians. Essays in Modern German History, Boston 1987, S. 114-139.
Blackbourn, David: Mittelstandspolitik im Deutschen Kaiserreich, in: Deutschland und Europa in der Neuzeit, hrsg. v. Ralph Melville u. a., 2. Halbbd., Stuttgart 1988, S. 555-774.
Blaschke, Olaf: Katholizismus und Antisemitismus im Deutschen Kaiserreich, Göttingen 1997.
Blaschke, Olaf/Kuhlemann, Frank-Michael (Hrsg.): Religion im Kaiserreich. Milieus – Mentalitäten – Krisen, 2. Aufl. Gütersloh 2000 [zuerst 1996].
Blaschke, Olaf/Kuhlemann, Frank-Michael: Religion in Geschichte und Gesellschaft. Sozialhistorische Perspektiven für die vergleichende Erforschung religiöser Mentalitäten und Milieus, in: Blaschke/Kuhlemann, Religion im Kaiserreich, 2000, S. 7-56.
Blaschke, Olaf: Das 19. Jahrhundert: Ein Zweites Konfessionelles Zeitalter?, in: GG 26 (2000), S. 38-75.
Blaschke, Olaf (Hrsg.): Konfessionen im Konflikt. Deutschland zwischen 1800 und 1970: ein zweites konfessionelles Zeitalter, Göttingen 2002.
Blickle, Peter: Katholizismus, Aristokratie und Bürokratie im Württemberg des Vormärz, in: HJb 88 (1968), S. 369-406.
Blickle, Peter (Hrsg.): Politische Kultur in Oberschwaben, Tübingen 1993.
Blickle, Peter: Kommunalismus, Bd. 1: Oberdeutschland, München 2000.
Blos, Wilhelm: Denkwürdigkeiten eines Sozialdemokraten. 2 Bde., München 1914/19.
Blos, Wilhelm: Von der Monarchie zum Volksstaat. Zur Geschichte der Revolution in Deutschland insbesondere in Württemberg. 2 Bde., Stuttgart 1922/23.
Boelcke, Willi A.: Wirtschaftsgeschichte Baden-Württembergs von den Römern bis heute, Stuttgart 1987.

Boelcke, Willi A.: Sozialgeschichte Baden-Württembergs 1800–1989. Politik, Gesellschaft, Wirtschaft, Stuttgart 1989.
Bohrmann, Hans (Hrsg.): Politische Plakate, 2. Aufl. Dortmund 1984.
Bollenbeck, Georg: Tradition, Avantgarde, Reaktion. Deutsche Kontroversen um die kulturelle Moderne 1880–1945, Frankfurt/M. 1999.
Booms, Hans: Die Deutsch-Konservative Partei. Preußischer Charakter, Reichsauffassung, Nationalbegriff, Düsseldorf 1954,
Borcherdt, Christoph: Die Landwirtschaft in Baden und Württemberg. Veränderungen von Anbau, Viehhaltung und landwirtschaftlichen Betriebsgrößen 1850–1980, Stuttgart 1985.
Bösch, Frank: Das konservative Milieu. Vereinskultur und lokale Sammlungspolitik in ost- und westdeutschen Regionen (1900–1960), Göttingen 2002.
Brandt, Hartwig: Parlamentarismus in Württemberg 1819–1870. Anatomie eines deutschen Landtags, Düsseldorf 1987.
Breitsohl, Theo M.: Die Kirchen- und Schulpolitik der Weimarer Parteien 1918/19. Ein Beitrag zur Parteiengeschichte der Weimarer Republik, Stuttgart 1978.
Breuer, Stefan: Grundpositionen der deutschen Rechten (1871–1945), Tübingen 1999.
Breuer, Stefan: Ordnungen der Ungleichheit – die deutsche Rechte im Widerstreit ihrer Ideen 1871–1945, Darmstadt 2001.
Bridenthal, Renate: Organized Rural Women and the Conservative Mobilization of the German Countryside in the Weimar Republic, in: Jones/Retallack, Between Reform, Reaction and Resistance, 1993, S. 375–406.
Bruns, Viktor (Hrsg.): Württemberg unter der Regierung König Wilhelms II., Stuttgart 1916.
Buchner, Bernd: Um nationale und republikanische Identität. Die deutsche Sozialdemokratie und der Kampf um die politischen Symbole in der Weimarer Republik, Bonn 2001.
Burkard, Dominik: Kein Kulturkampf in Württemberg? Zur Problematik eines Klischees, in: Rottenburger Jb. für Kirchengeschichte 15 (1996), S. 81–98.
Burkart, Odi: Die Zusammensetzung des württembergischen Landtags in der geschichtlichen Entwicklung, Phil. Diss. Würzburg 1922.
Büsch, Otto/Wölk, Monika/Wölk, Wolfgang (Hrsg.): Wählerbewegung in der deutschen Geschichte. Analysen und Berichte zu den Reichstagswahlen 1871–1933, Berlin 1978.
Büsch, Otto/Feldman, Gerald D. (Bearb./Hrsg.): Historische Prozesse der deutschen Inflation 1914 bis 1924. Ein Tagungsbericht, Berlin 1978.
Büsch, Otto (Hrsg.): Wählerbewegung in der europäischen Geschichte. Ergebnisse einer Konferenz, Berlin 1980.
Büsch, Otto/Steinbach, Peter (Hrsg.): Vergleichende europäische Wahlgeschichte. Eine Anthologie. Beiträge zur historischen Wahlforschung vornehmlich Nord- und Westeuropas, Berlin 1983.
Bussche, Raimund von dem: Konservatismus in der Weimarer Republik. Die Politisierung des Unpolitischen, Heidelberg 1998.
Busse, Dietrich: Historische Semantik. Analyse eines Programms, Stuttgart 1987.
Busse, Dietrich/Hermanns, Fritz/Teubert, Wolfgang (Hrsg.): Begriffsgeschichte und Diskursgeschichte. Methodenfragen und Forschungsergebnisse der historischen Semantik, Opladen 1994.
Butzer, Hermann: Diäten und Freifahrt im Deutschen Reichstag. Der Weg zum Entschädigungsgesetz von 1906 und die Nachwirkung dieser Regelung bis in die Zeit des Grundgesetzes, Düsseldorf 1999.
Chanady, Attila: The Disintegration of the German National Peoples' Party 1924–1930, in: JMH 39 (1967), S. 65–91.
Chickering, Roger: Der »Deutsche Wehrverein« und die Reform der deutschen Armee 1912–1914, in: MGM 25 (1979), S. 7–33.

Chickering, Roger: We Men Who Feel Most German. A Cultural Study of the Pan-German League, 1886–1914, Boston 1984.
Chickering, Roger: Drei Gesichter des Kaiserreiches. Zu den großen Synthesen von Wolfgang J. Mommsen, Hans-Ulrich Wehler und Thomas Nipperdey, in: NPL 41 (1996), S. 364–375.
Childers, Thomas: The Nazi Voter. The Social Foundation of Fascism in Germany, 1919–1933, Chapel Hill u.a. 1983.
Childers, Thomas (Hrsg.): The Formation of the Nazi Constituency 1919–1933, London u.a. 1986.
Childers, Thomas: Languages of Liberalism: Liberal Political Discourse in the Weimar Republic, Jarausch/Jones, In Search of a Liberal Germany, 1990, S. 323–360.
Childers, Thomas: The Social Language of Politics in Germany: The Sociology of Political Discourse in the Weimar Republic, in: AHR 95 (1990), S. 331–358.
Christ-Gmelin, Maja: Die württembergische Sozialdemokratie 1890–1914. Ein Beitrag zur Geschichte des Reformismus und Revisionismus in der deutschen Sozialdemokratie, Phil. Diss. Stuttgart 1976.
Christ-Gmelin, Maja: Die württembergische Sozialdemokratie 1890–1914, in: Schadt/Schmierer, Die SPD in Baden-Württemberg, 1979, S. 107–131.
Clemens, Gabriele: Martin Spahn und der Rechtskatholizismus in der Weimarer Republik, Mainz 1983.
Coetzee, Frans/Shevin-Coetzee, Marilyn: Rethinking the Radical Right in Germany and Britain before 1914, in: JCH 21 (1986), S. 515–537.
Confino, Alon: The Nation as a Local Metaphor: Württemberg, Imperial Germany, and National Memory, 1871–1918, Chapel Hill 1997.
Confino, Alon: Konzepte von Heimat, Region, Nation und Staat in Württemberg von der Reichsgründungszeit bis zum Ersten Weltkrieg, in: Langewiesche/Schmidt, Föderative Nation, 2000, S. 345–359.
Cordes, Günter (Bearb.): Krieg – Revolution – Republik. Die Jahre 1918 bis 1920 in Baden und Württemberg. Eine Dokumentation, Ulm 1978.
Daniel, Ute: Arbeiterfrauen in der Kriegsgesellschaft. Beruf, Familie und Politik im Ersten Weltkrieg, Göttingen 1989.
Daniel, Ute: »Kultur« und »Gesellschaft«. Überlegungen zum Gegenstandsbereich der Sozialgeschichte, in: GG 19 (1993), S. 69–99.
Daniel, Ute: Kompendium Kulturgeschichte. Theorien, Praxis, Schlüsselwörter, Frankfurt/M. 2001.
Dann, Otto: Nation und Nationalismus in Deutschland 1770–1990, 3. Aufl. München 1996.
Davis, Bellinda: Geschlecht und Konsum. Rolle und Bild der Konsumentin in den Verbraucherprotesten des Ersten Weltkrieges, in: AfS 38 (1998), S. 119–139.
Dehlinger, Alfred: Württembergs Staatswesen in seiner geschichtlichen Entwicklung bis heute. 2 Bde., Stuttgart 1951/53.
Dehlinger, Gustav: Der Wucher auf dem Lande im Königreich Württemberg, in: Schriften des Vereins für Socialpolitik 35 (1887), S. 53–61.
Diehl, James N.: Paramilitary Politics in Weimar Germany, Bloomington 1977.
Diehl, James N.: Von der »Vaterlandspartei« zur »Nationalen Revolution«: Die »Vereinigten Vaterländischen Verbände Deutschlands (VVVD)« 1922–1932, in: VfZG 33 (1985), S. 617–639.
Diephouse, David James: The Protestant Church in Württemberg 1918–1925. Church, State and Society in the Weimar Republic, Princeton 1974.
Diephouse, David J.: Pastors and Pluralism in Württemberg 1918–1933, Princeton 1987.

Diephouse, David J.: Between Mobilization and Marginality: The Württemberg Evangelical Volksbund and the Quest for a »Living Parish«, 1919-1934, in: Fides et Historia 21 (1989), S. 49-67.

Dietrich, Tobias: Konfessionelle Gegnerschaft im Dorf im 19. Jahrhundert, in: Blaschke, Konfessioneller Konflikt, 2002, S. 181-213.

Ditt, Karl: Konservative Kulturvorstellungen und Kulturpolitik vom Kaiserreich bis zum Dritten Reich, in: NPL 41 (1996), S. 230-259.

Dörner, Andreas: Politischer Mythos und symbolische Politik. Sinnstiftung durch symbolische Formen am Beispiel des Hermannsmythos, Opladen 1995.

Dörner, Andreas/Vogt, Ludgera (Hrsg.): Wahl-Kämpfe. Betrachtungen über ein demokratisches Ritual, Frankfurt/M. 2002.

Dörr, Manfred: Die Deutschnationale Volkspartei 1925-1928. Phil. Diss. Marburg/L. 1964.

Dornheim, Andreas/Greiffenhagen, Sylvia (Hrsg.): Identität und politische Kultur, Stuttgart 2003.

Dowe, Dieter/Kocka, Jürgen/Winkler, Heinrich August (Hrsg.): Parteien im Wandel vom Kaiserreich zur Weimarer Republik. Rekrutierung - Qualifizierung - Karrieren, München 1999.

Düding, Dieter: Die Kriegervereine im wilhelminischen Reich und ihr Beitrag zur Militarisierung der deutschen Gesellschaft, in: Jost Dülffer/Karl Holl (Hrsg.): Bereit zum Krieg. Kriegsmentalität im wilhelminischen Deutschland 1890-1914, Göttingen 1986, S. 99-121.

Düding, Dieter/Friedemann, Peter/Münch, Paul (Hrsg.): Öffentliche Festkultur. Politische Feste in Deutschland von der Aufklärung bis zum Ersten Weltkrieg, Hamburg 1988.

Düding, Dieter: Antisemitismus als Parteidoktrin. Die ersten antisemitischen Parteien in Deutschland (1879-1894), in: Harm Klueting (Hrsg.): Nation, Nationalismus, Postnation. Beiträge zur Identitätsfindung der Deutschen im 19. und 20. Jahrhundert, Köln 1992, S. 59-70.

Duppler, Jörg/Groß, Gerhard P. (Hrsg.): Kriegsende 1918. Ereignis, Wirkung, Nachwirkung, München 1999.

Dussel, Konrad/Frese, Matthias: Von traditioneller Vereinskultur zur modernen Massenkultur? Vereins- und Freizeitangebote in einer südwestdeutschen Kleinstadt 1920-1960, in: AfS 33 (1993), S. 59-106.

Dutt, W.: Studien über die landwirtschaftlichen Verhältnisse und den Getreidehandel in Württemberg. Die städtischen Fruchtschrannen (Kornhäuser). Die ersten genossenschaftlichen Lagerhäuser mit automatischem Betrieb in Württemberg und zwar in Kupferzell 1896/1897 und Öhringen 1900/1901, Böblingen 1926.

Duverger, Maurice: Der Einfluß der Wahlsysteme auf das politische Leben, in: Büsch/Steinbach, Vergleichende europäische Wahlgeschichte, 1983, S. 30-84.

Ebbinghaus, Christof von: Die Memoiren des Generals von Ebbinghaus. Anhang: Der Sturm auf das Wilhelmspalais, von Gustav Esterle und Eugen von Schneider, Stuttgart 1928.

Eckert, Wilhelm: Reichs- und Landeswahlen in Württemberg nach Oberämtern, Stuttgart 1928.

Edelman, Murray: Politik als Ritual. Die symbolische Funktion staatlicher Institutionen und politischen Handelns, Frankfurt/M. u.a. 1976.

Egelhaaf, Gottlob: Lebens-Erinnerungen, bearb. v. Adolf Rapp, Stuttgart 1960.

Ehmer, Hermann u.a. (Hrsg.): Gott und Welt in Württemberg. Eine Kirchengeschichte, Stuttgart 2000.

Eilfort, Michael: Nichtwähler. Wahlenthaltung als Form des Wahlverhaltens, Paderborn u.a. 1994.

150 Jahre Zeitung im Gäu 1838-1988. Der Gäubote. Eine Dokumentation, hrsg. v. der Theodor Körner KG, Text: Dr. Roman Janssen, Herrenberg 1988.

Eley, Geoff: Some Thoughts on the Nationalist Pressure Groups in Imperial Germany, in: Paul Kennedy/Anthony Nicholls (Hrsg.): Nationalist and Racialist Movements in Britain and Germany before 1914, Oxford 1981, S. 40–67.

Eley, Geoff: Conservatives and Radical Nationalists in Germany: The Production of Fascist Potentials, 1912–1928, in: Martin Blinkhorn (Hrsg.): Fascists and Conservatives. The Radical Right and the Establishment in Twentieth-Century Europe, London 1990, S. 50–70.

Eley, Geoff: Reshaping the German Right. Radical Nationalism and Political Change after Bismarck, 2. Aufl. Ann Arbor 1991 [zuerst 1980].

Elliott, C. J.: The Kriegervereine and the Weimar Republic, in: JCH 10 (1975), S. 109–130.

Elsas, Fritz: Auf dem Stuttgarter Rathaus 1915–1922. Erinnerungen von Fritz Elsas (1890–1945), hrsg. v. Manfred Schmid, Stuttgart 1990.

Emig, Dieter/Hüttig, Christoph/Raphael, Lutz (Hrsg.): Sprache und Politische Kultur in der Demokratie, Frankfurt/M. 1992.

Engelhardt, Ulrich: »Bildungsbürgertum«. Begriffs- und Dogmengeschichte eines Etiketts, Stuttgart 1986.

Epstein, Klaus: Die Ursprünge des Konservativismus in Deutschland. Der Ausgangspunkt: Die Herausforderung durch die Französische Revolution 1770–1806, Frankfurt/M. 1973 [zuerst 1966].

Erger, Johannes: Der Kapp-Lüttwitz-Putsch. Ein Beitrag zur deutschen Innenpolitik 1919/20, Düsseldorf 1967.

Evans, Richard J.: The Feminist Movement in Germany 1894–1933, London u.a. 1976.

Evans, Richard J. (Hrsg.): Society and Politics in Wilhelmine Germany, London 1978.

Evans, Richard J.: Sozialdemokratie und Frauenemanzipation im deutschen Kaiserreich, Berlin u.a. 1979.

Evans, Richard J./Lee, William Robert (Hrsg.): The German Peasantry. Conflict and Community in Rural Society from the Eighteenth to the Twentieth Centuries, London 1986.

Evans, Richard J.: Rereading German History. From unification to reunification 1800–1996, London u.a. 1997.

Exner, Peter: Ländliche Gesellschaft und Landwirtschaft in Westfalen 1919–1969, Paderborn 1997.

Facius, Friedrich: Staat und Landwirtschaft in Württemberg 1780–1920. Zur Entstehung und Entwicklung der agrarischen Interessenvertretung, Berufsorganisation und Selbstverwaltung, in: Wege und Forschungen der Agrargeschichte, hrsg. v. Heinz Haushofer und Willi A. Boelcke, Frankfurt/M. 1967, S. 288–313.

Fairbairn, Brett: Interpreting Wilhelmine Elections: National Issues, Fairness Issues, and Electoral Mobilization, in: Jones/Retallack, Elections, Mass Politics, and Social Change, 1992, S. 17–48.

Fairbairn, Brett: Democracy in the Undemocratic State: The German Reichstag Elections of 1898 and 1903, Toronto 1997.

Falter, Jürgen W.: Radikalisierung des Mittelstandes oder Mobilisierung der Unpolitischen? Die Theorien von Seymour Martin Lipset und Reinhard Bendix über die Wählerschaft der NSDAP im Lichte neuerer Forschungsergebnisse, in: Steinbach, Probleme politischer Partizipation, 1982, S. 438–469.

Falter, Jürgen W./Lindenberger, Thomas/Schumann, Siegfried: Wahlen und Abstimmungen in der Weimarer Republik. Materialen zum Wahlverhalten 1919–1933, München 1986.

Falter, Jürgen W.: The Two Hindenburg Elections of 1925 and 1932: A Total Reversal of Voter Coalitions, in: CEH 23 (1990), S. 225–241.

Falter, Jürgen W./Bömermann, Hartmut: Die unterschiedlichen Wahlerfolge der NSDAP in Baden und Württemberg: Ergebnis differierender Sozialstruktur oder regionalspezifischer

Faktoren?, in: Oberndörfer/Schmitt, Parteien und regionale politische Traditionen, 1991, S. 283–298.
Falter, Jürgen W.: Hitlers Wähler, München 1991.
Falter, Jürgen W.: Die Jungmitglieder der NSDAP zwischen 1925 und 1933. Ein demographisches und soziales Profil, in: Krabbe, Politische Jugend, 1993, S. 202–221.
Falter, Jürgen W./Schumann, Siegfried: Der Nichtwähler – das unbekannte Wesen, in: Hans-Dieter Klingemann/Max Kaase (Hrsg.): Wahlen und Wähler. Analysen aus Anlaß der Bundestagswahl 1990, Opladen 1994, S. 161–213.
Feldman, Gerald D. / Holtfrerich Carl-Ludwig / Ritter, Gerhard A. / Witt, Peter-Christian (Hrsg.): Die deutsche Inflation. Eine Zwischenbilanz, Berlin u. a. 1982.
Feldman, Gerald D.: The Great Disorder. Politics, Economics, and Society in the German Inflation, 1914–1924, New York u. a. 1993.
Fenske, Hans: Wahlrecht und Parteiensystem. Ein Beitrag zur deutschen Parteiengeschichte, Frankfurt/M. 1972.
Fenske, Hans: Strukturprobleme der deutschen Parteiengeschichte. Wahlrecht und Parteiensystem vom Vormärz bis heute, Frankfurt/M. 1974.
Fenske, Hans: Der liberale Südwesten. Freiheitliche und demokratische Traditionen in Baden und Württemberg 1790–1933, Stuttgart 1981.
Fenske, Hans: Baden 1860 bis 1918, in: Handbuch der baden-württembergischen Geschichte, Bd. 3, 1992, S. 133–233.
Fenske, Hans: Deutsche Parteiengeschichte. Von den Anfängen bis zur Gegenwart, Paderborn 1994.
Fenske, Hans: Endlich auf neuen Wegen. Die Verfassungsreformen von 1904 und 1906, in: Otto Borst (Hrsg.): Ein Jahrhundert beginnt. Baden und Württemberg 1900 bis 1914, Stuttgart 1996, S. 55–68.
Feuerstein, Franz: Geschichte des Verbandes württembergischer Konsumvereine 1904–1929, Stuttgart 1929.
Fiedler, Emil: Die Vielgestaltigkeit religiösen Lebens in Baden-Württemberg seit der Jahrhundertwende (1900 bis 1950). Insbesondere Wesen, Eigenart und Verbreitung der verschiedenen Freikirchen und religiösen Gemeinschaften, in: WJb 1954/55, S. 295–323.
Fiedler, Gudrun: Jugend im Krieg: bürgerliche Jugendbewegung, Erster Weltkrieg und sozialer Wandel 1914–1923, Köln 1989.
Fischer, Wolfram: Unternehmerschaft, Selbstverwaltung und Staat. Die Handelskammern in der deutschen Wirtschafts- und Staatsverfassung des 19. Jahrhunderts, Berlin 1964.
Fleischmann-Bisten, Walter/Grote, Heiner: Protestanten auf dem Wege. Geschichte des Evangelischen Bundes, Göttingen 1986.
Fleischmann-Bisten, Walter: Der Evangelische Bund in der Weimarer Republik und im sogenannten Dritten Reich, Frankfurt/M. u. a. 1989.
Flemming, Jens: Landwirtschaftliche Interessen und Demokratie. Ländliche Gesellschaft, Agrarverbände und Staat 1890–1925, Bonn 1978.
Flemming, Jens: Konservatismus als »nationalrevolutionäre Bewegung«. Konservative Kritik an der Deutschnationalen Volkspartei 1918–1933, in: Stegmann/Wendt/Witt, Deutscher Konservatismus, 1983, S. 295–332.
Flora, Peter: Indikatoren der Modernisierung. Ein historisches Datenhandbuch, Opladen 1975.
Föllmer, Moritz: »Der kranke Volkskörper«. Industrielle, hohe Beamte und der Diskurs der nationalen Regeneration in der Weimarer Republik, in: GG 27 (2001), S. 41–67.
François, Etienne/Siegrist, Hannes/Vogel, Jakob (Hrsg.): Nation und Emotion: Deutschland und Frankreich im Vergleich. 19. und 20. Jahrhundert, Göttingen 1995.
Frauen und Nation, hrsg. v. »Frauen & Geschichte Baden-Württemberg«, Tübingen 1996.

Frevert, Ute: Frauen-Geschichte. Zwischen Bürgerlicher Verbesserung und Neuer Weiblichkeit, Frankfurt/M. 1986.
Frevert, Ute: »Mann und Weib, und Weib und Mann«. Geschlechter-Differenzen in der Moderne, München 1995.
Frevert, Ute (Hrsg.): Militär und Gesellschaft im 19. und 20. Jahrhundert, Stuttgart 1997.
Fricke, Dieter (Hrsg.): Lexikon zur Parteiengeschichte 1789-1945. Die bürgerlichen und kleinbürgerlichen Parteien und Verbände in Deutschland. 4 Bde., Leipzig 1983-1986.
Friedeburg, Robert von: Dörfliche Gesellschaft und die Integration sozialen Protests durch Liberale und Konservative im 19. Jahrhundert. Desiderate und Perspektiven der Forschung im deutsch-englischen Vergleich, in: GG 17 (1991), S. 311-343.
Friedeburg, Robert von: Ländliche Gesellschaft und Obrigkeit. Gemeindeprotest und politische Mobilisierung im 18. und 19. Jahrhundert, Göttingen 1997.
Friederich, Gerd: Die Volksschule in Württemberg im 19. Jahrhundert, Weinheim 1978.
Friedrich, Norbert: »Die christlich-soziale Fahne empor!« Reinhard Mumm und die christlich-soziale Bewegung, Stuttgart 1997.
Fritz, Eberhard: Die Hofdomänenkammer im Königreich Württemberg. Zur Vermögensverwaltung des Hauses Württemberg, in: ZWLG 56 (1997), S. 127-180.
Fritzsche, Klaus: Konservatismus im gesellschaftlich-geschichtlichen Prozeß, in: NPL 24 (1979), S. 1-23, 295-317 und in: NPL 25 (1980), S. 150-169.
Fritzsche, Peter: Rehearsal for Fascism. Populism and Political Mobilization in Weimar Germany, New York u. a. 1990.
Führer, Karl Christian: Für das Wirtschaftsleben »mehr oder weniger wertlose Personen«. Zur Lage von Invaliden- und Kleinrentnern in den Inflationsjahren 1918-1924, in: AfS 30 (1990), S. 145-180.
Gäbler, Ulrich (Hrsg.): Der Pietismus im neunzehnten und zwanzigsten Jahrhundert. Geschichte des Pietismus Bd. 3, hrsg. v. Martin Brecht/Klaus Deppermann/Ulrich Gäbler/Hartmut Lehmann, Göttingen 2000.
Gailus, Manfred/Volkmann, Heinrich (Hrsg.): Der Kampf um das tägliche Brot. Nahrungsmittel, Versorgungspolitik und Protest 1770-1990, Opladen 1994.
Gall, Lothar (Hrsg.): Bürgertum und bürgerlich-liberale Bewegung in Mitteleuropa seit dem 18. Jahrhundert. HZ Sonderheft Bd. 17, München 1997.
Gawatz, Andreas: Wahlkämpfe in Württemberg. Landtags- und Reichstagswahlen beim Übergang zum politischen Massenmarkt (1889-1912), Düsseldorf 2001.
Gawatz, Andreas: Das württembergische Parteiensystem zwischen Nationalisierung und regionaler Eigenständigkeit 1867-1933, in: Kühne/Rauh-Kühne, Raum und Geschichte, 2001, S. 198-221.
Geiger, Theodor: Panik im Mittelstand, in: Die Arbeit. Zeitschrift für Gewerkschaftspolitik und Wirtschaftskunde 1930, Heft 10, S. 638-654.
Geisler, Alexander/Sarcinelli, Ulrich: Modernisierung von Wahlkämpfen und Modernisierung von Demokratie?, in: Dörner, Wahl-Kämpfe, 2002, S. 43-68.
Gellately, Robert: The Politics of Economic Despair: Shopkeepers and German Politics 1890-1914, London u. a. 1974.
Gemein, Gisbert Jörg: Die DNVP in Düsseldorf 1918-1933, Phil. Diss. Köln 1969.
Genuneit, Jürgen: Stuttgart im Dritten Reich. Bd. 2: Völkische Radikale in Stuttgart. Zur Vorgeschichte und Frühphase der NSDAP 1890-1925. Ausstellungsreihe Politische Plakate der späten Weimarer Republik, Stuttgart 1982.
Gerhard, Ute: Unerhört. Die Geschichte der deutschen Frauenbewegung, Hamburg 1996.
Gerhardt, F.: Gewerbe und Handwerk, in: Bruns, Württemberg, 1916, S. 863-882.
Gerok, Eduard: Johannes Hieber. Theologe, Kultusminister und Staatspräsident, 1862-1951, in: Lebensbilder aus Schwaben und Franken, Bd. 13, Stuttgart 1977, S. 375-407.

Gerster, Matthäus: Die Zeitungen und die Zeitschriften Württembergs im Jahre 1909, in: WJb 1910, S. 251–340.
Gessner, Dieter: Agrarverbände in der Weimarer Republik. Wirtschaftliche und soziale Voraussetzungen agrarkonservativer Politik vor 1933, Düsseldorf 1976.
Gestrich, Andreas: Traditionelle Jugendkultur und Industrialisierung. Sozialgeschichte der Jugend in einer ländlichen Arbeitergemeinde Württembergs, 1800–1920, Göttingen 1986.
Gestrich, Andreas: Vergesellschaftungen des Menschen. Einführung in die Historische Sozialisationsforschung. Tübingen 1999.
Geyer, Martin H.: Verkehrte Welt. Revolution, Inflation und Moderne: München 1914–1924, Göttingen 1998.
Geyer, Martin H.: Teuerungsprotest, Konsumentenpolitik und soziale Gerechtigkeit während der Inflation: München 1920–1923, in: AfS 30 (1990), S. 181–215.
Ginzel, Günther B. (Hrsg.): Antisemitismus. Erscheinungsformen der Judenfeindschaft gestern und heute, Bielefeld 1991.
Glück, Horst: Politische Kultur und Parteipräferenz. Eine Fallstudie am Beispiel der Stadt Esslingen, in: Der Bürger im Staat 39 (1989) Heft 4, S. 264–270.
Glück, Horst: Parteien, Wahlen und politische Kultur in einer württembergischen Industrieregion. Die Stadt Esslingen und der Mittlere Neckarraum, Esslingen 1991.
Goltermann, Svenja: Körper der Nation. Habitusformierung und die Politik des Turnens 1860–1890, Göttingen 1998.
Götz v. Olenhusen: Jugendreich – Gottesreich – Deutsches Reich. Junge Generation, Reich und Politik 1928–1933, Köln 1987.
Götz v. Olenhusen, Irmtraud: Vom Jungstahlhelm zur SA: Die junge Nachkriegsgeneration in den paramilitärischen Verbänden der Weimarer Republik, in: Krabbe, Politische Jugend, 1993, S. 146–182.
Göz, Paula von: Frauenbestrebungen, in: Bruns, Württemberg, 1916, S. 325–338.
Grabherr, Karl: Die Entwicklung des landwirtschaftlichen Genossenschaftswesens in Württemberg, Diss. Köln 1935.
Gräter, Hans: Die Güterzertrümmerung in Württemberg, ihre Bekämpfung und die Frage der Einführung des Anerbenrechts, Weimar 1913.
Graf, Friedrich Wilhelm: Konservatives Kulturluthertum. Ein theologiegeschichtlicher Prospekt, in: ZThK 85 (1988), S. 31–76.
Grebing, Helga: Der »deutsche Sonderweg« in Europa 1806–1945. Eine Kritik, Stuttgart u. a. 1986.
Greiffenhagen, Martin: Das Dilemma des Konservatismus in Deutschland, Frankfurt/M. 1986 [zuerst 1971].
Greiffenhagen, Sylvia: Die württembergischen Sozialdemokraten im Ersten Weltkrieg und in der Weimarer Republik (1914–1933), in: Schadt/Schmierer, Die SPD in Baden-Württemberg, 1979, S. 160–191.
Greiffenhagen, Sylvia: Politische Kultur Isnys im Allgäu: Auf den Spuren einer freien Reichsstadt, Kehl a. Rhein 1988.
Greschat, Martin (Hrsg.): Zur Neueren Pietismusforschung. Darmstadt 1977.
Greven-Aschoff, Barbara: Die bürgerliche Frauenbewegung in Deutschland 1894–1933, Göttingen 1981.
Griesmeier, Josef: Die Pendelwanderung in Württemberg, in: WJb 1929, S. 60–119.
Griesmeier, Josef: Die Reichswahlen im Wahlkreis Württemberg von 1919–1930, in: WJb 1930/31, S. 77–158.
Griesmeier, Josef: Die Entwicklung der Wirtschaft und Bevölkerung von Baden und Württemberg im 19. und 20. Jahrhundert. Ein statistischer Rückblick auf die Zeit des Bestehens der Länder Baden und Württemberg, in: WJb 1954/55, S. 121–242.

Grießmer, Axel: Massenverbände und Massenparteien im wilhelminischen Reich. Zum Wandel der Wahlkultur 1903–1912, Düsseldorf 2000.

Groh, Dieter: Negative Integration und revolutionärer Attentismus. Die deutsche Sozialdemokratie am Vorabend des Ersten Weltkriegs, Frankfurt/M. u. a. 1973.

Große, Carl/ Raith, Carl: Beiträge zur Geschichte und Statistik der Reichstags- und Landtagswahlen in Württemberg seit 1871. Nebst einem Anhang enthaltend die Ergebnisse der Reichstagswahlen 1912 und der Landtagswahlen 1906 nach einzelnen Gemeinden, Stuttgart 1912.

Groth, Otto: Die politische Presse Württembergs, Phil. Diss. Tübingen 1915.

Grube, Sibylle: Die staatliche Programmüberwachung bei der Süddeutschen Rundfunk AG 1926–1933, in: Lerg/Steininger, Rundfunk und Politik, 1975, S. 19–37.

Grube, Sibylle: Rundfunkpolitik in Baden und Württemberg 1924–1933, Berlin 1976.

Grube, Walter: Der Stuttgarter Landtag 1457–1957. Von den Landständen zum demokratischen Parlament, Stuttgart 1957.

Grube, Walter: Vogteien, Ämter, Landkreise in der Geschichte Südwestdeutschlands, 2. Aufl. Stuttgart 1960.

Grünthal, Günther: Reichsschulgesetz und Zentrumspartei in der Weimarer Republik, Düsseldorf 1968.

Guratzsch, Dankwart: Macht durch Organisation. Die Grundlegung des Hugenbergschen Presseimperiums, Düsseldorf 1974.

Gusy, Christoph: Weimar – eine wehrlose Republik? Verfassungsschutzrecht und Verfassungsschutz in der Weimarer Republik, Tübingen 1991.

Guttmann, Barbara: Weibliche Heimarmee. Frauen in Deutschland 1914–1918, Weinheim 1989.

Haag, Karl: Gedenkschrift der ehemaligen Ortsgruppe Heilbronn des württembergischen Bauern- und Weingärtnerbundes 1901–1933. 32 Jahre Kampf für deutsches Volk und Bauerntum, Heilbronn 1935.

Habermas, Jürgen: Strukturwandel der Öffentlichkeit. Untersuchungen zu einer Kategorie der bürgerlichen Gesellschaft, Frankfurt/M. 1990 [zuerst 1962].

Habermas, Jürgen: Theorie des kommunikativen Handelns. Band I: Handlungsrationalität und gesellschaftliche Rationalisierung. Band II: Zur Kritik der funktionalistischen Vernunft, 3. Aufl. Frankfurt/M. 1999.

Hagemann, Karen/Schüler-Springorum, Stefanie (Hrsg.): Heimat-Front. Militär und Geschlechterverhältnisse im Zeitalter der Weltkriege, Frankfurt/M. u. a. 2002.

Hagen, Manfred: Das politische Plakat als zeitgeschichtliche Quelle, in: GG 4 (1978), S. 412–436.

Hagenlücke, Heinz: Deutsche Vaterlandspartei. Die nationale Rechte am Ende des Kaiserreichs, Düsseldorf 1997.

Hagenlücke, Heinz: Formverwandlungen der Politik in Deutschland im Übergang vom Kaiserreich zur Weimarer Republik, in: H. Mommsen, Der Erste Weltkrieg, 2000, S. 107–124.

Hahn, Paul: Erinnerungen aus der Revolution in Württemberg. »Der rote Hahn, eine Revolutionserscheinung«, Stuttgart 1923.

Hamel, Iris G.: Völkischer Verband und nationale Gewerkschaft. Der Deutschnationale Handlungsgehilfenverband 1893–1933, Frankfurt/M. 1967.

Hamilton, Richard F.: Who Voted for Hitler?, Princeton 1982.

Handbuch der baden-württembergischen Geschichte, hrsg. v. Hansmartin Schwarzmaier in Verbindung mit Hans Fenske, Bernhard Kirchgässner, Paul Sauer und Meinrad Schaab. Bd. 3: Vom Ende des Alten Reiches bis zum Ende der Monarchien, Stuttgart 1992.

Handbuch der deutschen Bildungsgeschichte. Bd. IV, 1870–1918: Von der Reichsgründung bis zum Ende des Ersten Weltkriegs, hrsg. v. Christa Berg, München 1991.

Handbuch der deutschen Bildungsgeschichte. Bd. V, 1918–1945: Die Weimarer Republik und die nationalsozialistische Diktatur, hrsg. v. Dieter Langewiesche und Heinz-Elmar Tenorth, München 1989.
Handbuch für den Württembergischen Landtag, Stuttgart 1927.
Handbuch für den Württembergischen Landtag, Stuttgart 1931.
Handwerkskammer Reutlingen: Bericht über die wirtschaftlichen Verhältnisse des Handwerks im Kammerbezirk Reutlingen in der Zeit vom 1. April 1927 bis Ende 1928 unter Beifügung von verschiedenen statistischen Unterlagen und des letzten Versammlungsberichts, o. O. 1928.
Hänisch, Dirk: Sozialstrukturelle Bestimmungsgründe des Wahlverhaltens in der Weimarer Republik. Eine Aggregatdatenanalyse der Ergebnisse der Reichstagswahlen 1924 bis 1933, Duisburg 1983.
Hardtwig, Wolfgang/Tenfelde, Klaus (Hrsg.): Soziale Räume in der Urbanisierung. Studien zur Geschichte Münchens im Vergleich 1850 bis 1933, München 1990.
Hardtwig, Wolfgang/Wehler, Hans-Ulrich (Hrsg.): Kulturgeschichte heute. GG Sonderheft 16, Göttingen 1996.
Häring, Theodor von: Das religiöse Leben in der evangelischen Kirche, in: Bruns, Württemberg, 1916, S. 359–378.
Härlin, Alfred: Der Württembergische Bauern- und Weingärtnerbund als Landesabteilung des Bundes der Landwirte bis 1919. Ein Beitrag zum Phänomen der berufsständischen Partei. Ms. Staatsexamensarbeit Tübingen 1960.
Hartenstein, Wolfgang: Die Anfänge der Deutschen Volkspartei 1918–1920, Düsseldorf 1962.
Hartwig [Julius]: Das Frauenwahlrecht in der Statistik, in: Allg. Statistisches Archiv 21 (1931), S. 167–182.
Hartwig [Julius]: Wie die Frauen im Deutschen Reich von ihrem politischen Wahlrecht Gebrauch machen, in: Allg. Statistisches Archiv 17 (1928), S. 497–513.
Haupt, Heinz-Gerhard: Bedingungsfaktoren des Kleinbürgertums in Deutschland und in Frankreich im 20. Jahrhundert, in: Pyta/Richter, Gestaltungskraft, 1998, S. 221–238.
Hausen, Karin: Die Polarisierung der »Geschlechtscharaktere« – Eine Spiegelung der Dissoziation von Erwerbs- und Familienleben, in: Werner Conze (Hrsg.): Sozialgeschichte der Familie in der Neuzeit Europas, Stuttgart 1976, S. 363–393.
Heberle, Rudolf: Landbevölkerung und Nationalsozialismus. Eine soziologische Untersuchung der politischen Willensbildung in Schleswig-Holstein 1918 – 1932, Stuttgart 1963.
Heberle, Rudolf: Bestimmungsgründe für die Wahlerfolge der NSDAP in Schleswig-Holstein 1924 bis 1932, in: Büsch/Wölk/Wölk, Wählerbewegung in der deutschen Geschichte, 1978, S. 261–298.
Hegelmaier, Leopold: Die württembergische Staatsvereinfachung des Jahres 1924, in: Württembergische Zeitschrift für Rechtspflege und Verwaltung 21 (1928), S. 33–38 u. S. 65–74.
Hegelmaier, Leopold: Beamter und Soldat 1884–1936. Lebenserinnerungen von Dr. Leopold Hegelmaier, Stuttgart 1937.
Heger, Klaus: Die Deutsche Demokratische Partei in Württemberg und ihre Organisation, Leipzig 1927.
Heideking, Jürgen: Volksstaat oder Reichsprovinz? Die württembergischen Sozialdemokraten und das Reich-Länder-Problem in der Revolution von 1918/19, in: ZWLG 40 (1981), S. 603–618.
Heilbronner, Oded: Catholicism, Political Culture, and the Countryside. A Social History of the Nazi Party in South Germany, Ann Arbor 1998.
Heilbronner, Oded: Der verlassene Stammtisch. Vom Verfall der bürgerlichen Infrastruktur und dem Aufstieg der NSDAP am Beispiel der Region Schwarzwald, in: GG 19 (1993), S. 178–201.

Heinemann, Ulrich: Die verdrängte Niederlage. Politische Öffentlichkeit und Kriegsschuldfrage in der Weimarer Republik, Göttingen 1983.
Heinsohn, Kirsten: Im Dienste der deutschen Volksgemeinschaft: Die »Frauenfrage« und konservative Parteien vor und nach dem Ersten Weltkrieg, in: Planert, Nation, Politik und Geschlecht, 2000, S. 215–233.
Henning, Friedrich-Wilhelm: Landwirtschaft und ländliche Gesellschaft in Deutschland. Bd. 2: 1750–1976, Paderborn 1978.
Hentschel, Volker: Prosperität und Krise in der württembergischen Wirtschaft 1871–1879. Methodische Überlegungen und deskriptive Untersuchung, in: VSWG 63 (1976), S. 339–389.
Hermelink, Heinrich: Geschichte der Evangelischen Kirche in Württemberg von der Reformation bis zur Gegenwart. Das Reich Gottes in Wirtemberg, Stuttgart u.a. 1949.
Hermelink, Heinrich: Das Christentum in der Menschheitsgeschichte von der Französischen Revolution bis zur Gegenwart, Bd. 3: Nationalismus und Sozialismus 1871–1914, Stuttgart u.a. 1955.
Hermens, Ferdinand A.: Demokratie und Wahlrecht. Eine wahlrechtssoziologische Untersuchung zur Krise der parlamentarischen Regierungsbildung, Paderborn 1933.
Hermle, Siegfried: Kirchenleitung und Landessynode. Geschichte und Bedeutung der Landessynode in der württembergischen Landeskirchenverfassung im 19. und 20. Jahrhundert, Stuttgart 1995.
Hertzmann, Lewis: DNVP. Right-Wing Opposition in the Weimar Republic, 1918–1924, Lincoln 1963.
Herzog, Dietrich: Politische Führungsgruppen. Probleme und Ergebnisse der modernen Elitenforschung, Darmstadt 1982.
Hess, Christel: Nation – Arbeit – Frauen. Frauenarbeit aus der Sicht des Deutsch-Nationalen Handlungsgehilfen-Verbandes, in: Frauen und Nation, 1996, S. 178–189.
Hettling, Manfred: Reform ohne Revolution. Bürgertum, Bürokratie und kommunale Selbstverwaltung in Württemberg von 1800 bis 1850, Göttingen 1990.
Hettling, Manfred/Nolte, Paul (Hrsg.): Bürgerliche Feste. Symbolische Formen politischen Handelns im 19. Jahrhundert, Göttingen 1993.
Hettling, Manfred: Partei ohne Parteibeamte. Parteisekretäre im Linksliberalismus von 1900 bis 1933, in: Dowe/Kocka/Winkler, Parteien im Wandel, 1999, S. 109–134.
Heuss, Theodor: Friedrich Naumann. Der Mann, das Werk, die Zeit, 2. neubearb. Aufl., Stuttgart 1949 [zuerst 1937].
Heuss, Theodor: Weinbau und Weingärtnerstand in Heilbronn a.N., Neustadt/Haardt 1950 [ND des Originals der Diss. von 1905].
Heuss, Theodor: Erinnerungen 1905–1933, Tübingen 1963.
Heydt, Fritz von der: Gute Wehr. Werden, Wirken und Wollen des Evangelischen Bundes, Berlin 1936.
Heymann, Berthold: Die Verfassungsreform und die Neuwahlen in Württemberg, in: SozMhh 10 (1906), S. 1020–1025.
Hieber, Johannes: Die württembergische Verfassungsreform von 1906, Stuttgart 1906.
Hieber, Johannes/Bazille, Wilhelm: Das Vereinsgesetz vom 19. April 1908, Stuttgart 1908.
Hiller v. Gaertringen, Friedrich Frhr.: Die Deutschnationale Volkspartei, in: Das Ende der Parteien 1933, hrsg. v. Erich Matthias u. Rudolf Morsey, Düsseldorf 1960, S. 543–652.
Hiller v. Gaertringen, Friedrich Frhr.: »Dolchstoß«-Diskussion und »Dolchstoß-Legende« im Wandel von vier Jahrzehnten, in: Waldemar Besson/Friedrich Frhr. Hiller v. Gaertringen (Hrsg.): Geschichte und Gegenwartsbewußtsein: Historische Betrachtungen und Untersuchungen, Göttingen 1963, S. 122–160.

Hiller v. Gaertringen, Friedrich Frhr.: Zur Beurteilung des »Monarchismus« in der Weimarer Republik, in: Gotthard Jasper (Hrsg.): Tradition und Reform in der deutschen Republik, Berlin 1976, S. 138–186.
Hiller v. Gaertringen, Friedrich Frhr.: Monarchismus in der deutschen Republik, in: Michael Stürmer (Hrsg.): Die Weimarer Republik: Belagerte Civitas, Königstein/Ts. 1980, S. 254–271.
Hiller v. Gaertringen, Friedrich Frhr.: Theodor Körner, in: NDB Bd. 12, Berlin 1980, S. 389.
Hiller v. Gaertringen, Friedrich Frhr.: Die Deutschnationale Volkspartei in der Weimarer Republik, in: HMRG 9 (1996), S. 169–188.
Hilligardt, Adolf: Württemberg in der Krise. Ein Beitrag zur Regionalstatistik, Phil. Diss. Berlin 1934.
Hinkelmann, Christoph: Elisabeth Boehm und die Landfrauenbewegung, Husum 1998.
Hinsche, Andrea: »Über den Parteien« und »neben den Gewerkschaften« – Der württembergische Landesverband evangelischer Arbeitervereine (1891–1918), Frankfurt/M. 1989.
Hippel, Wolfgang von: Industrieller Wandel im ländlichen Raum. Untersuchungen im Gebiet des Mittleren Neckar 1850–1914, in: AfS 19 (1979), S. 43–122.
Hippel, Wolfgang von: Wirtschafts- und Sozialgeschichte 1800–1918, in: Handbuch der baden-württembergischen Geschichte, Bd. 3, 1992, S. 477–784.
Hirschfeld, Gerhard/Krumeich, Gerd/Langewiesche, Dieter/Ullmann, Hans-Peter (Hrsg.): Kriegserfahrungen. Studien zur Sozial- und Mentalitätsgeschichte des Ersten Weltkriegs, Essen 1997.
Hochreuther, Ina: Frauen im Parlament. Südwestdeutsche Abgeordnete seit 1919, Stuttgart 1992.
Höckele, Simone: August Hinderer. Weg und Wirken eines Pioniers Evangelischer Publizistik, Erlangen 2001.
Hoffmann, Hildegard: Landwirtschaft und Industrie in Württemberg insbesondere im Industriegebiet der Schwäbischen Alb, Berlin 1935.
Hoffmann, Robert: Geschichte der deutschen Parteien. Von der Kaiserzeit bis zur Gegenwart, München u. a. 1993.
Hofmann-Göttig, Joachim: Emanzipation mit dem Stimmzettel. 70 Jahre Frauenwahlrecht in Deutschland, Bonn 1986.
Hohlwein H.: ›Schrempf, Christian‹, in: RGG Bd. V, 3. Aufl. Tübingen 1961, Sp. 1511–1513.
Holl, Karl: Konfessionalität, Konfessionalismus und demokratische Republik – zu einigen Aspekten der Reichspräsidentenwahl von 1925, in: VfZG 17 (1969), S. 254–275.
Hölscher, Lucian u. a. (Hrsg.): Datenatlas zur religiösen Geographie im protestantischen Deutschland. Von der Mitte des 19. Jahrhunderts bis zum Zweiten Weltkrieg. Bd. 3: Süden, Berlin u. a. 2001.
Holzmann, Michael: Die Gliederung der Oberämter im Königreich Württemberg, in: ZWLG 38 (1979), S. 164–187.
Hönig, Klaus: Der Bund Deutscher Frauenvereine in der Weimarer Republik 1919–1933, Egelsbach 1995.
Huber, Ernst Rudolf/Huber, Wolfgang: Staat und Kirche im 19. und 20. Jahrhundert. Dokumente zur Geschichte des deutschen Staatskirchenrechts. Bd. II–IV, Berlin 1976–1988.
Huber, Ernst Rudolf (Hrsg.): Dokumente zur deutschen Verfassungsgeschichte. Bd. I: Deutsche Verfassungsdokumente 1803–1850, 2. Aufl. Stuttgart u. a. 1961.
Hübinger, Gangolf: Kulturprotestantismus, Bürgerkirche und liberaler Revisionismus im wilhelminischen Deutschland, in: W. Schieder, Religion und Gesellschaft, 1993, S. 272–299.
Hübinger, Gangolf: Kulturprotestantismus und Politik. Zum Verhältnis von Liberalismus und Protestantismus im wilhelminischen Deutschland, Tübingen 1994.

Hunt, James C.: Peasants, Grain Tariffs, and Meat Quotas: Imperial German Protectionism Reexamined, in: CEH 7 (1974), S. 311-331.
Hunt, James C.: The People's Party in Württemberg and Southern Germany, 1890-1914. The Possibilities of Democratic Politics, Stuttgart 1975.
Hunt, James C.: The »Egalitarianism« of the Right: The Agrarian League in Southwest Germany, 1893-1914, in: JCH 10 (1975), S. 513-530.
Huntington, Samuel: Konservatismus als Ideologie, in: Schumann, Konservativismus, 1984, S. 89-111.
Hürten, Heinz: Die Kirchen in der Novemberrevolution, Regensburg 1984.
Hüttenrauch, Hermann: Der Evangelische Bund. Sein Werden, Wachsen und Wirken, Hamburg 1911.
Ihme, Heinrich (Bearb.): Südwestdeutsche Persönlichkeiten. Ein Wegweiser zu Bibliographien und biographischen Sammelwerken, 2 Teile, Stuttgart 1988, Erg.bd. Stuttgart 1997.
Illig, Stefan: Zwischen Körperertüchtigung und nationaler Bewegung. Turnvereine in Bayern 1860-1890, Köln 1998.
Immerfall, Stefan: Wahlverhalten und Parteiensystem im Kaiserreich. Einige quantitative Befunde, in: Best, Politik und Milieu, 1989, S. 34-59.
Immerfall, Stefan: Territorium und Wahlverhalten. Zur Modellierung geopolitischer und geoökonomischer Prozesse, Opladen 1992.
Jacke, Jochen: Kirche zwischen Monarchie und Republik. Der preußische Protestantismus nach dem Zusammenbruch von 1918, Hamburg 1976.
Jans, Hans-Peter: Sozialpolitik und Wohlfahrtspflege in Ulm 1870-1930. Stadt, Verbände und Parteien auf dem Weg zur modernen Sozialstaatlichkeit, Ulm u. a. 1994.
Jansen, Christian: Selbstbewußtes oder gefügiges Parlament? Abgeordnetendiäten und Berufspolitiker in den deutschen Staaten des 19. Jahrhunderts, in: GG 25 (1999), S. 33-65.
Janssen, Roman: Politik und Presse - Theodor Körner (1863-1933), in: Herrenberger Persönlichkeiten aus acht Jahrhunderten, ausgewählt u. vorgestellt v. Roman Janssen und Oliver Auge, hrsg. v. der Stadt Herrenberg, Herrenberg 1999, S. 373-376.
Janusch, Daniela: Die plakative Propaganda der Sozialdemokratischen Partei Deutschlands zu den Reichstagswahlen 1928 bis 1932, Bochum 1989.
Janzen, Birgit: König Wilhelm II. als Mäzen. Kulturförderung in Württemberg um 1900, Frankfurt/M. 1995.
Jarausch, Konrad H.: The Crisis of German Professions 1918-1933, in: JCH 20 (1985), S. 379-398.
Jarausch, Konrad H./Jones, Larry Eugene (Hrsg.): In Search of a Liberal Germany. Studies in the History of German Liberalism from 1789 to the Present, New York 1990.
Jarausch, Konrad H.: The Unfree Profession: German Lawyers, Teachers, and Engineers, 1990-1950, New York 1990.
Jaschke, Hans-Gerd: Zur politischen Orientierung von Frauen und Frauenverbänden in der Weimarer Republik, in: Lehnert/Megerle, Politische Teilkulturen, 1990, S. 143-160.
Jasper, Gotthard: Der Schutz der Republik. Studien zur staatlichen Sicherung der Demokratie in der Weimarer Republik 1922-1930, Tübingen 1963.
Jochmann, Werner: Gesellschaftskrise und Judenfeindschaft in Deutschland 1870-1945, 2. Aufl. Hamburg 1991.
Jones, Larry Eugene: »The Dying Middle«: Weimar Germany and the Fragmentation of Bourgeois Politics, in: CEH 5 (1972), S. 23-54.
Jones, Larry E.: Die Rückwirkungen der Inflation auf die Entwicklung des deutschen Parteiensystems in der Weimarer Republik, Büsch/Feldman, Historische Prozesse, 1978, S. 288-294.

Jones, Larry Eugene: Crisis and Realignment: Agrarian Splinter Parties in the Late Weimar Republic, 1928–1933, in: Moeller, Peasants and Lords, 1986, S. 198–232.
Jones, Larry Eugene: German Liberalism and the Dissolution of the Weimar Party System 1918–1933, Chapel Hill 1988.
Jones, Larry Eugene: German Liberalism and the Alienation of the Younger Generation in the Weimar Republic, Jarausch/Jones, In Search of a Liberal Germany, 1990, S. 287–322.
Jones, Larry Eugene/Retallack, James (Hrsg.): Elections, Mass Politics, and Social Change in Modern Germany. New Perspectives, Cambridge 1992.
Jones, Larry Eugene: Generational Conflict and the Problem of Political Mobilization in the Weimar Republic, in: Jones/Retallack, Elections, Mass Politics, and Social Change, 1992, S. 347–369.
Jones, Larry Eugene/Retallack, James N. (Hrsg.): Between Reform, Reaction, and Resistance. Studies in the History of German Conservatism from 1789 to 1945, Oxford 1993.
Jones, Larry E.: Catholic Conservatives in the Weimar Republic. The Politics of the Rhenish Westphalian Aristocracy, 1918–1933, in: German History 18 (2000), S. 60–85.
Jung, Otmar: Direkte Demokratie in der Weimarer Republik. Die Fälle »Aufwertung«, »Fürstenenteignung«, »Panzerkreuzerverbot« und »Youngplan«, Frankfurt/M. 1989.
Kaack, Heino: Geschichte und Struktur des deutschen Parteiensystems, Opladen 1971.
Kaase, Max: Sinn oder Unsinn des Konzepts der »Politische Kultur« für die Vergleichende Politikforschung, oder auch: Der Versuch, einen Pudding an die Wand zu nageln, in: Wahlen und politisches System. Analysen aus Anlaß der Bundestagswahl 1980, hrsg. v. Max Kaase und Hans-Dieter Klingemann, Opladen 1983, S. 144–171.
Kaiser, Jochen-Christoph: Frauen in der Kirche. Evangelische Frauenarbeit im Spannungsfeld von Kirche und Gesellschaft 1890–1945, Düsseldorf 1985.
Kaiser, Jochen-Christoph: Der Evangelische Bund und die Politik 1918–1933, in: Maron, Evangelisch und ökumenisch, 1986, S. 174–191.
Kaiser, Jochen-Christoph: Sozialer Protestantismus im 20. Jahrhundert. Beiträge zur Geschichte der Inneren Mission 1914–1945, München 1989.
Kaiser, Jochen-Christoph: Konfessionelle Verbände im 19. Jahrhundert. Versuch einer Typologie, in: Helmut Baier (Hrsg.): Kirche in Stadt und Gesellschaft im 19. Jahrhundert, Neustadt/Aisch 1992, S. 187–209.
Kaiser, Jochen-Christoph/Greschat, Martin (Hrsg.): Sozialer Protestantismus und Sozialstaat. Diakonie und Wohlfahrtspflege in Deutschland 1890–1938, Stuttgart u.a. 1996.
Kallenberg, Fritz (Hrsg.): Hohenzollern, Stuttgart 1996.
Kämpfer, Frank: »Der rote Keil«. Das politische Plakat. Theorie und Geschichte, Berlin 1985.
Kamps, Johannes: Plakat, Tübingen 1999.
Katein, Werner: Das Verhältnis von Staat, Kirche und Volksschule im Königreich Württemberg, in: ZWLG 15 (1956), S. 53–117.
Kater, Michael H.: Generationskonflikt als Entwicklungsfaktor in der NS-Bewegung vor 1933, in: GG 11 (1985), S. 217–174.
Kaufmann, Doris: Frauen zwischen Aufbruch und Reaktion. Protestantische Frauenbewegung in der ersten Hälfte des 20. Jahrhunderts, München 1988.
Kaufmann, Walter, H.: Monarchism in the Weimar Republic, New York 1953.
Keil, Wilhelm: Erlebnisse eines Sozialdemokraten, 2 Bde., Stuttgart 1947/48.
Keim, August Justus Alexander: Erlebtes und Erstrebtes. Lebenserinnerungen von Generalleutnant Keim, Hannover 1925.
Keim, Fritz: Die ländlichen Arbeiterverhältnisse in Württemberg, Phil. Diss. Giessen 1930.
Kellner, Roman: Strukturveränderungen in der württembergischen Landwirtschaft besonders seit dem Ausgang des 19. Jahrhunderts, Leipzig 1941.

Kerchner, Brigitte: Beruf und Geschlecht: Frauenberufsverbände in Deutschland 1848–1908, Göttingen 1992.
Kircher, Walter-Siegfried: Adel, Kirche und Politik in Württemberg 1830–1851, Göppingen 1973.
Kißener, Michael/Scholtyseck, Joachim (Hrsg.): Die Führer der Provinz. NS-Biographien aus Baden und Württemberg, 2. Aufl. Konstanz 1999.
Kittel, Manfred: Zwischen völkischem Fundamentalismus und gouvernementaler Taktik. DNVP-Vorsitzender Hans Hilpert und die bayerischen Deutschnationalen, in: ZBLG 59 (1996), S. 849–901.
Kittel, Manfred: Kulturkampf und »Große Depression«. Zum Aufbruch der Bayerischen Nationalkonservativen in der antiliberalen Strömung der 1870er Jahre, in: HJb 118 (1998), S. 131–200.
Kittel, Manfred: Provinz zwischen Reich und Republik. Politische Mentalitäten in Deutschland und Frankreich 1918–1933/36, München 2000.
Kittel, Manfred: Konfessioneller Konflikt und politische Kultur in der Weimarer Republik, in: Blaschke, Konfessioneller Konflikt, 2002, S. 243–297.
Klaiber, Th.: Die Presse, in: Bruns, Württemberg, 1916, S. 339–356.
Kleine, Georg H.: Der württembergische Ministerpräsident Frhr. Hermann v. Mittnacht (1825–1909), Stuttgart 1969.
Klingemann, Hans-Dieter/Voltmer, Katrin: Politische Kommunikation als Wahlkampfkommunikation, in: Ottfried Jarren u. a. (Hrsg.): Politische Kommunikation in der demokratischen Gesellschaft. Ein Handbuch, Opladen 1998, S. 396–405.
Kluck, Thomas: Protestantismus und Protest in der Weimarer Republik. Die Auseinandersetzungen um Fürstenenteignung und Aufwertung im Spiegel des deutschen Protestantismus, Frankfurt/M. 1996.
Kluge, Ulrich: Das »württembergische Volksheer« 1918/19. Zum Problem der bewaffneten Macht in der deutschen Revolution, in: Günther Doeker/Winfried Steffani (Hrsg.): Klassenjustiz und Pluralismus, Hamburg 1973, S. 92–130.
Koch, Elke: Frauen – Männer – Stadtgesellschaft. Heilbronn und die »Frauenfrage« von 1900 bis 1918, Heilbronn 2002.
Kocka, Jürgen (Hrsg.): Bürgertum im 19. Jahrhundert. Deutschland im europäischen Vergleich, 3 Bde., Göttingen 1988.
Kocka, Jürgen (Hrsg.): Bildungsbürgertum im 19. Jahrhundert. Teil IV: Politischer Einfluß und gesellschaftliche Formation, Stuttgart 1989.
Koebner, Thomas (Hrsg.): »Mit uns zieht die neue Zeit«. Der Mythos der Jugend, Frankfurt/M. 1985.
Köhle-Hezinger, Christel: Evangelisch – Katholisch. Untersuchungen zu konfessionellem Vorurteil und Konflikt im 19. und 20. Jahrhundert vornehmlich am Beispiel Württembergs, Tübingen 1976.
Köhle-Hezinger, Christel: Konfessionelle Vorurteile und Stereotypen. Ausprägungen – Ursprünge – Funktionen, in: Hans-Georg Wehling (Hrsg.): Konfession – eine Nebensache? Politische, soziale und kulturelle Ausprägungen religiöser Unterschiede in Deutschland, Stuttgart 1984, S. 148–162.
Köhle-Hezinger, Christel: »Weibliche Wohltätigkeit« im 19. Jahrhundert, in: Helga Merkel (Hrsg.): Zwischen Ärgernis und Anerkennung. Mathilde Weber 1829–1901, Tübingen 1993, S. 43–52.
Köhler, Ludwig v.: Zur Geschichte der Revolution in Württemberg. Ein Bericht, Stuttgart 1930.
Kohlhaas, Wilhelm: Eberhard Wildermuth. Ein aufrechter Bürger. Ein Lebensbild, Bonn 1960.
Kohlhaas, Wilhelm: Chronik der Stadt Stuttgart 1918–1933, Stuttgart 1964.

Kohlhaas, Wilhelm: Macht und Grenzen der Soldatenräte in Württemberg 1918/19, in: ZWLG 32 (1973), S. 537–543.
Kohlhaas, Wilhelm: Der 9. November 1918 im Stuttgarter Wilhelmpalais. Die Geschichte einer Legende, in: ZWLG 37 (1978), S. 307–361.
Kolb, Eberhard/Schönhoven, Klaus (Bearb.): Regionale und lokale Räteorganisationen in Württemberg 1918/19, Düsseldorf 1976.
Kolb, Eberhard: Die Weimarer Republik. 4., durchgesehene und ergänzte Aufl. München 1998.
Kolb, Eberhard/Richter, Ludwig (Bearb.): Nationalliberalismus in der Weimarer Republik. Die Führungsgremien der Deutschen Volkspartei 1918–1933, Düsseldorf 1999.
Kollmer, Gert: Tendenzen wirtschaftlichen Wachstums in Südwestdeutschland zwischen 1918–1945, in: ZWLG 38 (1979), S. 188–216.
Kondylis, Panajotis: Konservativismus. Geschichtlicher Gehalt und Untergang, Stuttgart 1986.
Koshar, Rudy: Two »Nazims«: The Social Context of Nazi Mobilization in Marburg and Tübingen, in: Social History 7 (1982), S. 27–42.
Koshar, Rudy: Contentious Citadel: Bourgeois Crisis and Nazism in Marburg/Lahn, 1880–1933, in: Childers, Formation of the Nazi Constituency, 1986, S. 11–36.
Koshar, Rudy: Social Life, Local Politics, and Nazism, Marburg 1880–1935, Chapel Hill 1986.
Koszyk, Kurt: Deutsche Presse im 19. Jahrhundert. Geschichte der deutschen Presse Teil II, Berlin 1966.
Koszyk, Kurt: Deutsche Pressepolitik im Ersten Weltkrieg, Düsseldorf 1968.
Koszyk, Kurt: Deutsche Presse 1914–1945. Geschichte der deutschen Presse Teil III, Berlin 1972.
Krabbe, Wolfgang R. (Hrsg.): Politische Jugend in der Weimarer Republik, Bochum 1993.
Krabbe, Wolfgang: Die Bismarckjugend der Deutschnationalen Volkspartei, in: GSR 17 (1994), S. 9–32.
Krabbe, Wolfgang: Die gescheiterte Zukunft der Ersten Republik. Jugendorganisationen bürgerlicher Parteien im Weimarer Staat (1918–1933), Opladen 1995.
Krabbe, Wolfgang R.: »Rekrutendepot« oder politische Alternative? Funktion und Selbstverständnis der Partei-Jugendverbände, in: GG 27 (2001), S. 274–307.
Krämer, Heinz: Wilhelm Bazille. Staatspräsident von 1924–1928, in: Kurt Gayer/Heinz Krämer/Georg F. Kempter, Die Villa Reitzenstein und ihre Herren. Die Geschichte des baden-württembergischen Regierungssitzes, Stuttgart 1988, S. 81–100.
Kraus, Hans-Christof: Konservatismus im Widerstreit. Zur neueren Literatur über seine Geschichte und Theorie, in: Der Staat 28 (1989), S. 225–249.
Kreisler, Robert: Die staatliche Förderung der Landwirtschaft im Königreich Württemberg, Phil. Diss. Hohenheim 1971.
Kruck, Alfred: Geschichte des Alldeutschen Verbandes 1890–1933, Wiesbaden 1954.
Krumeich, Gerd/Lehmann, Hartmut (Hrsg.): »Gott mit uns«. Nation, Religion und Gewalt im 19. und frühen 20. Jahrhundert, Göttingen 2000.
Krumeich, Gerd (Hrsg.): Versailles 1919. Ziele – Wirkung – Wahrnehmung, Essen 2001.
Kuhlemann, Frank-Michael: Religion, Bildung und bürgerliche Kommunikation. Zur Vergesellschaftung evangelischer Pfarrer und des protestantischen Bürgertums in Baden 1860–1918, in: Tenfelde/Wehler, Wege zur Geschichte des Bürgertums, 1994, S. 149–170.
Kuhlemann, Frank-Michael: Protestantisches Milieu in Baden. Konfessionelle Vergesellschaftung und Mentalität im Umbruch zur Moderne, in: Blaschke/Kuhlemann, Religion im Kaiserreich, 2000, S. 316–349.
Kuhlemann, Frank-Michael: Bürgerlichkeit und Religion. Zur Sozial- und Mentalitätsgeschichte der evangelischen Pfarrer in Baden 1860–1914, Göttingen 2001.

Kuhn, Elmar L.: Rote Fahnen über Oberschwaben. Revolution und Räte 1918/19, in: ZWLG 56 (1997), S. 241–317.
Kühne, Thomas: Wahlrecht – Wahlverhalten – Wahlkultur. Tradition und Innovation in der historischen Wahlforschung, in: AfS 33 (1993), S. 481–547.
Kühne, Thomas: Dreiklassenwahlrecht und Wahlkultur in Preußen 1867–1914. Landtagswahlen zwischen korporativer Tradition und politischem Massenmarkt, Düsseldorf 1994.
Kühne, Thomas: Handbuch der Wahlen zum preußischen Abgeordnetenhaus 1867–1918. Wahlergebnisse, Wahlbündnisse und Wahlkandidaten, Düsseldorf 1994.
Kühne, Thomas: Historische Wahlforschung in der Erweiterung, in: Lässig/Pohl/Retallack, Modernisierung und Region, 1995, 39–67.
Kühne, Thomas: Zur Genese der deutschen Proporzkultur im wilhelminischen Preußen, in: PVS 36 (1995), S. 220–242.
Kühne, Thomas: Das Deutsche Kaiserreich 1871–1918 und seine politische Kultur: Demokratisierung, Segmentierung, Militarisierung, in: NPL 43 (1998), S. 206–263.
Kühne, Thomas: Die Region als Konstrukt. Regionalgeschichte als Kulturgeschichte, in: Retallack, Sachsen in Deutschland, 2000, S. 253–263.
Kühne, Thomas/Rauh-Kühne, Cornelia (Hrsg.): Raum und Geschichte. Regionale Traditionen und föderative Ordnungen von der Frühen Neuzeit bis zur Gegenwart, Leinfelden-Echterdingen 2001.
Kundrus, Birthe: Geschlechterkriege. Der Erste Weltkrieg und die Deutung der Geschlechterverhältnisse in der Weimarer Republik, in: Hagemann/Schüler-Springorum, 2002, S. 171–187.
Kurz, Thomas: Feindliche Brüder im deutschen Südwesten. Sozialdemokraten und Kommunisten in Baden und Württemberg von 1928 bis 1933, Berlin 1996.
Lächele, Rainer: Ein Volk, ein Reich, ein Glaube. Die »Deutschen Christen« in Württemberg 1925–1960, Stuttgart 1994.
Lächele, Rainer/Thierfelder, Jörg (Hrsg.): Das evangelische Württemberg zwischen Weltkrieg und Wiederaufbau, Stuttgart 1995.
Die Landwirtschaft in Württemberg. Denkschrift mit Ermächtigung der Königl. Ministerien des Inneren und des Kirchen- und Schulwesens, hrsg. v. der Königl. Zentralstelle für die Landwirtschaft, Stuttgart 1902.
Die Landwirtschaft und die Landwirtschaftspflege in Württemberg. Denkschrift mit Ermächtigung der Königl. Ministerien des Inneren und des Kirchen- und Schulwesens, hrsg. v. der Königl. Zentralstelle für die Landwirtschaft, Stuttgart 1908.
Lang, Klaus: Die württembergische Landwirtschaftsverwaltung im 19. Jahrhundert bis zum Ende des Ersten Weltkriegs, Phil. Diss. Hohenheim 1970.
Langewiesche, Dieter: Liberalismus und Demokratie in Württemberg zwischen Revolution und Reichsgründung, Düsseldorf 1974.
Langewiesche, Dieter (Hrsg.): Das Tagebuch Julius Hölders 1877–1880. Zum Verfall des politischen Liberalismus in Württemberg und im Deutschen Reich, Stuttgart 1977.
Langewiesche, Dieter: Württembergische Liberale und Demokraten im 19. Jahrhundert, in: liberal 22 (1980), H. 7/8, S. 513–522.
Langewiesche, Dieter: Freizeit und »Massenbildung«. Zur Ideologie und Praxis der Volksbildung in der Weimarer Zeit, in: Gerhard Huck (Hrsg.): Sozialgeschichte der Freizeit. Untersuchungen zum Wandel der Alltagskultur in Deutschland, Wuppertal 1980, S. 223–247.
Langewiesche, Dieter: Entmythologisierung des »deutschen Sonderweges«, oder auf dem Weg zu neuen Mythen?, in: AfS 21 (1981), S. 527–532.
Langewiesche, Dieter: Liberalismus in Deutschland, Frankfurt/M. 1988.
Langewiesche, Dieter: »Volksbildung« und »Leserlenkung« in Deutschland von der wilhelminischen Ära bis zur nationalsozialistischen Diktatur, in: IASL 14 (1989), S. 108–125.

Langewiesche, Dieter: Bildungsbürgertum und Liberalismus im 19. Jahrhundert, in: Kocka, Bildungsbürgertum, 1989, S. 95–121.
Langewiesche, Dieter: Das neue Massenmedium Film und die deutsche Arbeiterbewegung in der Weimarer Republik, in: Jürgen Kocka/Hans-Jürgen Puhle/Klaus Tenfelde (Hrsg.): Von der Arbeiterbewegung zum modernen Sozialstaat, München 1994, S. 114–130.
Langewiesche, Dieter: Nationalismus im 19. und 20. Jahrhundert: zwischen Partizipation und Aggression, Bonn 1994.
Langewiesche, Dieter: Nation, Nationalismus, Nationalstaat. Forschungsstand und Forschungsperspektiven, in: NPL 40 (1995), S. 190–236.
Langewiesche, Dieter: Von Herzog Friedrich Eugen bis zu König Wilhelm II. (1797–1918), in: Das Haus Württemberg. Ein biographisches Lexikon, hrsg. v. Sönke Lorenz/Dieter Mertens/Volker Press, Stuttgart u. a. 1997, S. 273–339.
Langewiesche, Dieter: 1848 und 1918 – zwei deutsche Revolutionen, Bonn 1998.
Langewiesche, Dieter: Die politische Klasse im Kaiserreich und in der Weimarer Republik, in: Dowe/Kocka/Winkler, Parteien im Wandel, 1999, S. 11–26.
Langewiesche, Dieter: Nation, Nationalismus, Nationalstaat in Deutschland und Europa, München 2000.
Langewiesche, Dieter: Föderativer Nationalismus als Erbe der deutschen Reichsnation. Über Föderalismus und Zentralismus in der deutschen Nationalgeschichte, in: Langewiesche, Nation, Nationalismus, Nationalstaat in Deutschland und Europa, 2000, S. 55–79.
Langewiesche, Dieter/Schmidt, Georg (Hrsg.): Föderative Nation. Deutschlandskonzepte von der Reformation bis zum Ersten Weltkrieg, München 2000.
Langewiesche, Dieter: »Volldampf voraus!« – Jahrhundertwendebilanzen 1900 in Deutschland: Berlin und schwäbische Provinz. Geschichtssicherheit und Zukunftsblindheit, in: Kühne/Rauh-Kühne, Raum und Geschichte, 2001, S. 137–158.
Lässig, Simone/Pohl, Karl Heinrich/Retallack, James (Hrsg.): Modernisierung und Region im wilhelminischen Deutschland. Wahlen, Wahlrecht und Politische Kultur, Bielefeld 1995.
Lässig, Simone/Pohl Karl Heinrich (Hrsg.): Sachsen im Kaiserreich. Politik, Wirtschaft und Gesellschaft im Umbruch. Weimar u. a. 1997.
Lau, Dirk: Wahlkämpfe der Weimarer Republik. Propaganda und Programme der politischen Parteien bei den Wahlen zum Deutschen Reichstag von 1924 bis 1930, Mainz 1995.
Lavies, Ralf-Rainer: Nichtwählen als Kategorie des Wahlverhaltens. Empirische Untersuchung zur Wahlenthaltung in historischer, politischer und statistischer Sicht, Düsseldorf 1973.
Lazarsfeld, Paul F. u. a.: The People's Choice. How the Voter Makes up His Mind in a Presidential Campaign, New York u. a. 1944.
Lehmann, Hartmut: Pietismus und weltliche Ordnung in Württemberg vom 17. bis zum 20. Jahrhundert, Stuttgart 1969.
Lehmann, Hartmut: Probleme einer Sozialgeschichte des württembergischen Pietismus, in: BWKG 75 (1975), S. 166–181.
Lehmann, Hartmut: Die neue Lage, in: Gäbler, Pietismus, 2000, S. 2–26.
Lehnert, Detlef/Megerle, Klaus (Hrsg.): Politische Identität und nationale Gedenktage. Zur politischen Kultur in der Weimarer Republik, Opladen 1989.
Lehnert, Detlef/Megerle Klaus (Hrsg.): Politische Teilkulturen zwischen Integration und Polarisierung. Zur politischen Kultur in der Weimarer Republik, Opladen 1990.
Lehnert, Detlef: Propaganda des Bürgerkriegs? Politische Feindbilder in der Novemberrevolution als mentale Destabilisierung der Weimarer Demokratie, in: Lehnert/Megerle, Politische Teilkulturen, 1990, S. 61–101.
Lehnert, Detlef/Megerle, Klaus (Hrsg.): Pluralismus als Verfassungs- und Gesellschaftsmodell. Zur politischen Kultur in der Weimarer Republik, Opladen 1993.

Lempp, Wilhelm: Der Württembergische Synodus 1553–1924. Ein Beitrag zur Geschichte der Württembergischen Evangelischen Landeskirche, Stuttgart 1959.
Lenger, Friedrich: Sozialgeschichte der deutschen Handwerker seit 1800, Frankfurt/M. 1988.
Leopold, John A.: Alfred Hugenberg. The Radical Nationalist Campaign against the Weimar Republic, New Haven 1977.
Lepsius, M. Rainer: Extremer Nationalismus. Strukturbedingungen vor der nationalsozialistischen Machtergreifung, Stuttgart 1966.
Lepsius, M. Rainer: Parteiensystem, Wählerbewegung und sozialer Wandel in Westeuropa, in: Büsch, Wählerbewegung in der europäischen Geschichte, 1980, S. 539–546.
Lepsius, M. Rainer (Hrsg.): Bildungsbürgertum im 19. Jahrhundert. Teil III: Lebensführung und ständische Vergesellschaftung, Stuttgart 1992.
Lepsius, M. Rainer: Parteiensystem und Sozialstruktur. Zum Problem der Demokratisierung der deutschen Gesellschaft, in: Ders.: Demokratie in Deutschland. Soziologisch-historische Konstellationsanalysen. Ausgewählte Aufsätze, Göttingen 1993, S. 25–50 [zuerst in: W. Abel u. a.: Wirtschaft, Geschichte, Wirtschaftsgeschichte, Stuttgart 1966].
Lerg, Winfried B./Steininger, Rolf (Hrsg.): Rundfunk und Politik 1923 bis 1973. Beiträge zur Rundfunkforschung, Berlin 1975.
Lerg, Winfried B.: Rundfunkpolitik in der Weimarer Republik. Rundfunk in Deutschland Bd. 1, München 1980.
Lersner, Dieter Freiherr v.: Die evangelischen Jugendverbände Württembergs und die Hitler-Jugend 1933/34, Göttingen 1958.
Levi, Giovanni/Schmitt, Jean-Claude (Hrsg.): Geschichte der Jugend, 2 Bde., Frankfurt/M. 1996.
Levy, Richard S.: The Downfall of the Anti-Semitic Political Parties in Imperial Germany, New Haven u. a. 1975.
Liebe, Werner: Die Deutschnationale Volkspartei 1918–1924, Düsseldorf 1956.
Liesching, Theodor: Zur Geschichte der württembergischen Verfassungsreform im Landtag 1901–1906, Tübingen 1906.
Lindt, Andreas: Protestanten, Katholiken, Kulturkampf. Studien zur Kirchen- und Geistesgeschichte des 19. Jahrhunderts, Zürich 1963.
Link, Jürgen/Wülfing, Wulf (Hrsg.): Nationale Mythen und Symbole in der zweiten Hälfte des 19. Jahrhunderts. Strukturen und Funktionen von Konzepten nationaler Identität, Stuttgart 1991.
Lipset, Seymour M.: Soziologie der Demokratie, Neuwied u. a. 1962.
Lohalm, Uwe: Völkischer Radikalismus. Die Geschichte des Deutschvölkischen Schutz- und Trutz-Bundes 1919–1923, Hamburg 1970.
Lönne, Karl-Egon: Politischer Katholizismus im 19. und 20. Jahrhundert, Frankfurt/M. 1986.
Lönne, Karl-Egon: Katholizismus-Forschung, in: GG 26 (2000), S. 128–170.
Loreth, Hans: Das Wachstum der württembergischen Wirtschaft von 1818 bis 1918, in: WJb 1974 [zugleich Phil. Diss. Heidelberg], S. 1–116.
Lösche, Peter: Kleine Geschichte der deutschen Parteien, Stuttgart 1993.
Lösche Peter/Walter, Franz: Katholiken, Konservative und Liberale: Milieus und Lebenswelten bürgerlicher Parteien in Deutschland während des 20. Jahrhunderts, in: GG 26 (2000), S. 471–492.
Loth, Wilfried: Katholiken im Kaiserreich. Der politische Katholizismus in der Krise des wilhelminischen Deutschland, Düsseldorf 1984.
Loth, Wilfried: Soziale Bewegungen im Katholizismus des Kaiserreichs, in: GG 17 (1991), S. 279–310.
Loth, Wilfried: Das Kaiserreich. Obrigkeitsstaat und politische Modernisierung, München 1995.

Löwenthal, Richard: Bonn und Weimar. Zwei deutsche Demokratien, in: Politische Weichenstellungen im Nachkriegsdeutschland 1945–1953, hrsg. v. Heinrich August Winkler, Göttingen 1979, S. 9–25.

Luhmann, Niklas: Komplexität und Demokratie. Zu Frieder Naschold: ›Demokratie und Komplexität‹, in: PVS 10 (1969), S. 314–327.

Lundgreen, Peter/Kraul, Margret/Ditt, Karl: Bildungschancen und soziale Mobilität in der städtischen Gesellschaft des 19. Jahrhunderts, Göttingen 1988.

Lundgreen, Peter (Hrsg.): Sozial- und Kulturgeschichte des Bürgertums. Eine Bilanz des Bielefelder Sonderforschungsbereichs (1986–1997), Göttingen 2000.

Maase, Kaspar: Grenzenloses Vergnügen. Der Aufstieg der Massenkultur 1850–1970, Frankfurt/M. 1997.

Maase, Kaspar/Kaschuba, Wolfgang (Hrsg.): Schund und Schönheit. Populäre Kultur um 1900, Köln 2001.

Mai, Gunther: »Verteidigungskrieg« und »Volksgemeinschaft«. Staatliche Selbstbehauptung, nationale Solidarität und soziale Befreiung in Deutschland in der Zeit des Ersten Weltkrieges (1900–1925), in: Wolfgang Michalka (Hrsg.): Der Erste Weltkrieg. Wirkung, Wahrnehmung, Analyse, München 1994, S. 583–602.

Mai, Gunther: Die Sozialstruktur der württembergischen Arbeiter- und Bauernräte 1918/19, in: IWK 14 (1978), S. 2–28 und 15 (1979), S. 375–404.

Mai, Gunther: Kriegswirtschaft und Arbeiterbewegung in Württemberg 1914–1918, Stuttgart 1983.

Maier, Charles S.: Recasting Bourgeois Europe. Stabilization in France, Germany, and Italy in the Decade after World War I, Princeton 1975.

Maier, Kurt: Das Zeitungswesen in Württemberg. Seine Entstehung und seine Entwicklung, Phil. Diss. Tübingen 1921.

Mann, Bernhard: Die Württemberger und die deutsche Nationalversammlung 1848/49, Düsseldorf 1975.

Mann, Bernhard: Das Königreich Württemberg 1816–1918, in: Klaus Schwabe (Hrsg.): Die Regierungen der deutschen Mittel- und Kleinstaaten 1815–1933, Boppard a. Rhein 1980, S. 31–46.

Mann, Bernhard/Nüske, Gerd Friedrich: Königreich Württemberg 1864–1914, in: Deutsche Verwaltungsgeschichte, Bd. III, Das Deutsche Reich bis zum Ende der Monarchie, hrsg. v. Kurt G. A. Jeserich u. a., Stuttgart 1984, S. 733–753.

Mann, Bernhard/Nüske, Gerd Friedrich: Württemberg, in: Deutsche Verwaltungsgeschichte, Bd. IV: Das Reich als Republik und in der Zeit des Nationalsozialismus, hrsg. v. Kurt G. A. Jeserich u. a., Stuttgart 1985, S. 567–576.

Mann, Bernhard: Stuttgart und die Neuwürttemberger. Betrachtungen eines Historikers zu einem aktuellen Thema, in: Württembergisch Franken 72 (1988), S. 77–90.

Mann, Bernhard: Ein parlamentarisches »Musterländle«? Zur Geschichte des Parlamentarismus in Südwestdeutschland, in: Hans-Georg Wehling/Dieter Langewiesche u. a. (Hrsg.): Baden-Württemberg. Eine politische Landeskunde Teil II, Stuttgart 1991, S. 43–57.

Mannheim, Karl: Konservatismus. Ein Beitrag zur Soziologie des Wissens, hrsg. v. David Kettler, Volker Meja und Nico Stehr, Frankfurt/M. 1984 [zuerst 1925].

Mannheim, Karl: Mensch und Gesellschaft im Zeitalter des Umbaus, 2. Aufl. Berlin u. a. 1967 [zuerst 1935].

Manstein, Peter: Die Mitglieder und Wähler der NSDAP 1919–1933. Untersuchungen zu ihrer schichtmäßigen Zusammensetzung, 3. Aufl. Frankfurt/M. 1990.

Maron, Gottfried (Hrsg.): Evangelisch und ökumenisch. Beiträge zum 100jährigen Bestehen des Evangelischen Bundes, Göttingen 1986.

Marquardt, Ernst: Kämpfer für Deutschlands Zukunft und Ehre: Umrißzeichnungen aus der Geschichte der deutschnationalen Volkspartei Württembergs, Stuttgart 1934 (MS Württ. Landesbibliothek Stuttgart).

Matthiesen, Helge: Bürgertum und Nationalsozialismus in Thüringen. Das bürgerliche Gotha von 1918 bis 1930, Jena 1994.

Matthiesen, Helge: Weder konservativ noch Milieu?, in: Thomas Adam/Werner Bramke (Hrsg.), Milieukonzept und empirische Forschung, Comparativ 9 (1999), S. 78–88.

Matthiesen, Helge: Greifswald in Vorpommern. Konservatives Milieu im Kaiserreich, in Demokratie und Diktatur 1900–1990, Düsseldorf 2000.

Matz, Klaus-Jürgen: Reinhold Maier (1889–1971). Eine politische Biographie, Düsseldorf 1989.

Mauch, Hans-Joachim: Nationalistische Wehrorganisationen in der Weimarer Republik. Zur Entwicklung und Ideologie des »Paramilitarismus«, Frankfurt/M. 1982.

Maurer, Heinrich: Der bäuerliche Berufsstand im Wandel der Zeit, in: Württembergisches Wochenblatt für Landwirtschaft v. 10. März 1984, S. 14–18.

M.d.L. Das Ende der Parlamente 1933 und die Abgeordneten der Landtage und Bürgerschaften der Weimarer Republik in der Zeit des Nationalsozialismus. Politische Verfolgung, Emigration und Ausbürgerung 1933–1945. Ein biographischer Index, hrsg. v. Martin Schumacher, Düsseldorf 1995.

M.d.R. Die Reichstagsabgeordneten der Weimarer Republik in der Zeit des Nationalsozialismus. Politische Verfolgung, Emigration und Ausbürgerung 1933–1945. Eine biographische Dokumentation. Hrsg. und eingel. v. Martin Schumacher, 3. erw. Aufl. Düsseldorf 1994.

Megerle, Klaus: Regionale Differenzierung des Industrialisierungsprozesses: Überlegungen am Beispiel Württembergs, in: Rainer Fremdling/Richard H. Tilly, Industrialisierung und Raum. Studien zur Differenzierung im Deutschland des 19. Jahrhunderts, Stuttgart 1979, S. 105–131.

Megerle, Klaus: Württemberg im Industrialisierungsprozeß Deutschlands. Ein Beitrag zur regionalen Differenzierung der Industrialisierung, Stuttgart 1982.

Mehnert, Gottfried: Evangelische Kirche und Politik 1917 – 1919. Die politischen Strömungen im deutschen Protestantismus von der Julikrise 1917 bis zum Herbst 1919, Düsseldorf 1959.

Mende, Dietrich: Kulturkonservatismus und konservative Erneuerungsbestrebungen, in: Adolf Grabowsky: Leben und Werk, hrsg. v. Hans Thierbach, Köln 1963, S. 87–129.

Menzinger, Rosemarie: Verfassungsrevision und Demokratisierungsprozeß im Königreich Württemberg. Ein Beitrag zur Entstehungsgeschichte des Parlamentarischen Regierungssystems in Deutschland, Stuttgart 1969.

Mergel, Thomas/Welskopp, Thomas (Hrsg.): Geschichte zwischen Kultur und Gesellschaft. Beiträge zur Theoriedebatte, München 1997.

Mergel, Thomas: Milieu und Region. Überlegungen zur Ver-Ortung kollektiver Identitäten, in: Retallack, Sachsen in Deutschland, 2000, S. 265–279.

Mergel, Thomas: Die Bürgertumsforschung nach 15 Jahren, in: AfS 41 (2001), S. 515–538.

Mergel, Thomas: Parlamentarische Kultur in der Weimar Republik. Politische Kommunikation, symbolische Politik und Öffentlichkeit im Reichstag, Düsseldorf 2002.

Mergel, Thomas: Überlegungen zur einer Kulturgeschichte der Politik, in: GG 28 (2002), S. 574–606.

Mergel, Thomas: Das Scheitern des deutschen Tory-Konservatismus. Die Umformung der DNVP zu einer rechtsradikalen Partei 1928–1932, in: HZ 276 (2003), S. 323–368.

Merkenich, Stephanie: Grüne Front gegen Weimar. Reichs-Landbund und agrarischer Lobbyismus 1918–1933, Düsseldorf 1998.

Merten, Klaus: Aufstieg und Fall des »Two-Step Flow of Communication«. Kritik einer sozialwissenschaftlichen Hypothese, in: PVS 19 (1988), S. 610–635.

Michel, Wolf-Rüdiger: Das württembergische Gesetz über die Kirchen vom 3. März 1924. Entstehung und Entwicklung, Pfaffenweiler 1993.

Mielke, Gerd: Alter und neuer Regionalismus: Sozialstruktur, politische Traditionen und Parteiensystem in Baden-Württemberg, in: Oberndörfer/Schmitt, Parteien und regionale politische Traditionen, 1991, S. 299–314.

Milatz, Alfred: Wähler und Wahlen in der Weimarer Republik, Bonn 1965.

Miller, Max: Eugen Bolz. Staatsmann und Bekenner, Stuttgart 1951.

Mittag, Jürgen: Die württembergische SPD in der Weimarer Republik. Eine sozialdemokratische Landtagsfraktion zwischen Revolution und Nationalsozialismus, Vierow 1997.

Mittag, Jürgen: Wilhelm Keil (1870–1968). Sozialdemokratischer Parlamentarier zwischen Kaiserreich und Bundesrepublik, Düsseldorf 2001.

Mitterauer, Michael: Sozialgeschichte der Jugend, Frankfurt/M. 1986.

Mock, Wolfgang: ›Manipulation von oben‹ oder Selbstorganisation an der Basis? Einige neuere Ansätze in der englischen Historiographie zur Geschichte des deutschen Kaiserreichs, in: HZ 232 (1981), S. 358–375.

Moeller, Robert G.: Winners as Losers in the German Inflation: Peasant Protest over the Controlled Economy 1920–1923, in: Feldman/Holtfrerich/Ritter/Witt, Die deutsche Inflation, 1982, S. 255–288.

Moeller, Robert G. (Hrsg.): Peasants and Lords in Modern Germany. Recent Studies in Agricultural History, Boston 1986.

Moeller: Economic Dimensions of Peasant Protest in the Transition from Kaiserreich to Weimar, in: Moeller, Peasants and Lords, 1986, S. 140–167.

Möller, Horst/Kittel, Manfred (Hrsg.): Demokratie in Deutschland und Frankreich 1918–1933/40, München 2002.

Mommsen, Hans: Generationskonflikt und Jugendrevolte in der Weimarer Republik, in: Thomas Koebner (Hrsg.): »Mit uns zieht die neue Zeit«. Der Mythos der Jugend, Frankfurt/M. 1985, S. 50–67.

Mommsen, Hans: Aufstieg und Untergang der Republik von Weimar 1918–1933, Berlin 1998.

Mommsen, Hans (Hrsg.): Der Erste Weltkrieg und die europäische Nachkriegsordnung. Sozialer Wandel und Formveränderung der Politik, Köln u. a. 2000.

Mommsen, Wilhelm: Deutsche Parteiprogramme. Deutsches Handbuch der Politik, Bd. 1, München 1960.

Mommsen, Wolfgang J.: Das Ringen um den nationalen Staat. Die Gründung und der innere Ausbau des Deutschen Reiches unter Otto von Bismarck 1850 bis 1890, Berlin 1993.

Mommsen, Wolfgang J.: Bürgerstolz und Weltmachtstreben. Deutschland unter Wilhelm II. 1890 bis 1918, Berlin 1995.

Morsey, Rudolf: Die Deutsche Zentrumspartei 1917–1923, Düsseldorf 1966.

Mosthaf, Walther: Die württembergischen Industrie- und Handelskammern Stuttgart, Heilbronn, Reutlingen, Ulm 1855–1955. Festschrift zum 100jährigen Bestehen der Industrie- und Handelskammern Stuttgart, Heilbronn, Reutlingen, Ulm. 3 Bde., Stuttgart 1955.

Müller, Armin: Zwischen Tugend und Gewalt. Die Haller Rechtsparteien in den Anfangsjahren der Weimarer Republik bis 1924/25, in: Württembergisch Franken 77 (1993), S. 445–473.

Müller, Gerd: Das Wahlplakat. Pragmatische Untersuchungen in der Politik am Beispiel von Wahlplakaten aus der Weimarer Republik und der Bundesrepublik, Tübingen 1978.

Müller, Hans Martin: Persönliches Glaubensbezeugnis und das Bekenntnis der Kirche. Der »Fall Schrempf«, in: Friedrich Wilhelm Graf/Hans Martin Müller: Der deutsche Protestantismus um 1900, Gütersloh 1996, S. 223–237.

Müller, Hans Peter: Landwirtschaftliche Interessenvertretung und völkisch-antisemitische Ideologie. Der Bund der Landwirte/Bauernbund in Württemberg 1893–1918, in: ZWLG 53 (1994), S. 263–300.
Müller, Hans Peter: Wilhelm Vogt. Württembergischer Bauernbundpolitiker und bäuerlicher Standesvertreter im Kaiserreich und in der Weimarer Republik, in: Lebensbilder aus Baden-Württemberg Bd. 18, Stuttgart 1994, S. 395–417.
Müller, Hans Peter: Die Landarbeiterfrage in Württemberg 1871–1933. Eine Skizze, in: Hermann Heidrich (Hrsg.): Mägde, Knechte, Landarbeiter. Arbeitskräfte in der Landwirtschaft in Süddeutschland, Neustadt a.d. Aisch 1997.
Müller, Hans Peter: Die Deutsche Vaterlandspartei in Württemberg 1917/18 und ihr Erbe. Besorgte Patrioten oder rechte Ideologen?, in: ZWLG 59 (2000), S. 217–245.
Müller, Hans Peter: Die Bürgerpartei/Deutschnationale Volkspartei (DNVP) in Württemberg 1918–1933, in: ZWLG 61 (2002), S. 375–433.
Müller, Marion, G.: Wahlkampf à l'américain, in: Dörner, Wahl-Kämpfe, 2002, S. 187–210.
Müller, Markus: Die Christlich-Nationale Bauern- und Landvolkpartei 1928–1933, Düsseldorf 2001.
Müller-Dreier, Armin: Konfession in Politik, Gesellschaft und Kultur des Kaiserreichs. Der Evangelische Bund 1886–1914, Gütersloh 1998.
Müller-Rolli, Sebastian: Evangelische Schulpolitik in Deutschland 1918–1958. Dokumente und Darstellung, Göttingen 1999.
Münkel, Daniela (Hrsg.): Der lange Abschied vom Agrarland. Agrarpolitik, Landwirtschaft und ländliche Gesellschaft zwischen Weimar und Bonn, Göttingen 2000.
Münkel, Daniela: »Der Rundfunk geht auf die Dörfer«. Der Einzug der Massenmedien auf dem Lande von den zwanziger bis zu den sechziger Jahren, in: Münkel, Abschied vom Agrarland, 2000, S. 177–198.
Münkler, Herfried: Politische Bilder, Politik der Metaphern, Frankfurt/M. 1994.
Nachtmann, Walter: Karl Strölin – Stuttgarter Oberbürgermeister im »Führerstaat«, Stuttgart 1995.
Narr, Dieter: Zur Stellung des Pietismus in der Volkskultur Württembergs, in: Württembergisches Jahrbuch für Volkskunde 1957/58, Stuttgart 1958, S. 9–33.
Naßmacher, Karl-Heinz: Zerfall einer liberalen Subkultur. Kontinuität und Wandel des Parteiensystems in der Region Oldenburg, in: Herbert Kühr (Hrsg.): Vom Milieu zur Volkspartei. Funktionen und Wandlungen der Parteien im kommunalen und regionalen Bereich, Königstein/Ts. 1979, S. 30–134.
Naujoks, Eberhard: Württemberg 1864 bis 1918, in: Handbuch der baden-württembergischen Geschichte, Bd. 3, 1992, S. 333–432.
Nebeneinander – Miteinander – Gegeneinander? Zur Koexistenz von Juden und Katholiken in Süddeutschland im 19. und 20. Jahrhundert, hrsg. v. Haus der Geschichte Baden-Württemberg, Gerlingen 2002.
Neidhardt, Friedhelm: »Öffentlichkeit, öffentliche Meinung, soziale Bewegungen«, in: ders. (Hrsg.): Öffentlichkeit, öffentliche Meinung, soziale Bewegungen, KZfSS, Sonderheft 34, Opladen 1994, S. 7–41.
Neumann, Sigmund: Die Parteien der Weimarer Republik. Mit einer Einführung von Karl-Dietrich Bracher. Stuttgart 1965 [zuerst als: Die Parteien in Deutschland, 1932].
Niemann, Jürgen: Auftakt zur Demokratie. Der Bundestagswahlkampf 1949 zwischen Improvisation und Ideologie, Bochum 1994.
Nipperdey, Thomas: Die Organisation der deutschen Parteien vor 1918, Düsseldorf 1961.
Nipperdey, Thomas: Grundprobleme der deutschen Parteigeschichte im 19. Jahrhundert, in: Ritter: Deutsche Parteien vor 1918, 1973, S. 32–55.

Nipperdey, Thomas: Wehlers »Kaiserreich«. Eine kritische Auseinandersetzung, in: GG 1 (1975), S. 539–560 [WA in: Nipperdey, Gesellschaft, Kultur, Theorie. Gesammelte Aufsätze zur neueren Geschichte, Göttingen 1976, S. 360–389].

Nipperdey, Thomas: 1933 und die Kontinuität der deutschen Geschichte, in: Nipperdey, Nachdenken über die deutsche Geschichte, 1986, S. 225–248 [zuerst 1978].

Nipperdey, Thomas: Probleme der Modernisierung in Deutschland, in: Nipperdey, Nachdenken über die deutsche Geschichte, 1986, S. 44–59 [zuerst 1979].

Nipperdey, Thomas: Religion im Umbruch. Deutschland 1870–1918, München 1988.

Nipperdey, Thomas: Deutsche Geschichte 1866–1918. Bd. I: Arbeitswelt und Bürgergeist. 3. Aufl. München 1993.

Nipperdey, Thomas: Deutsche Geschichte 1866–1918. Bd. II: Machtstaat vor der Demokratie. 2. Aufl. München 1993.

Nohlen, Dieter: Wahlrecht und Parteiensystem. Über die politischen Auswirkungen von Wahlsystemen, Opladen 1989.

Nolte, Paul/Hettling, Manfred/Kuhlemann, Frank-Michael/Schmuhl, Hans-Walter (Hrsg.): Perspektiven der Gesellschaftsgeschichte, München 2000.

Nonn, Christoph: Arbeiter, Bürger und »Agrarier«: Stadt-Land-Gegensatz und Klassenkonflikt im Wilhelminischen Deutschland am Beispiel des Königreichs Sachsen, in: Helga Grebing/Hans Mommsen/Karsten Rudolph (Hrsg.): Demokratie und Emanzipation zwischen Saale und Elbe. Beiträge zur Geschichte der sozialdemokratischen Arbeiterbewegung bis 1933, Essen 1993, S. 101–113.

Nonn, Christoph: Parteien und Wahlen im wilhelminischen Deutschland (1890–1914), in: NPL 41 (1996) 30–42.

Nonn, Christoph: Verbraucherprotest und Parteiensystem im wilhelminischen Deutschland, Düsseldorf 1996.

Nonn, Christoph: Vom Konsumentenprotest zum Konsens. Lebensmittelverbraucher und Agrarpolitik in Deutschland 1900–1955, in: Berghoff, Konsumpolitik, 1999, S. 23–45.

Norris, Pippa: Introduction: The Rise of Postmodern Political Communications?, in: Pippa Norris (Hrsg.): Politics and the Press. The News Media and Their Influences, Boulder (Co) 1997, S. 1–21.

Nowak, Kurt/Raulet, Gérard (Hrsg.): Protestantismus und Antisemitismus in der Weimarer Republik, Frankfurt/M. 1994.

Nowak, Kurt: Evangelische Kirche und Weimarer Republik. Zum politischen Weg des deutschen Protestantismus zwischen 1918 und 1932, Göttingen 1981.

Oberndörfer, Dieter/Schmitt, Karl (Hrsg.): Parteien und regionale politische Traditionen in der Bundesrepublik Deutschland, Berlin 1991.

Oekonomierat Rudolf Schmid. Ein Lebensbild eines württembergischen Bauernführers nach seinen Aufsätzen, Worten und seinem Wirken für die Landwirtschaft. Dem Andenken seines unvergeßlichen, getreuen Freundes gewidmet von Theodor Körner alt zum 10. Todestag 11. April 1927, Stuttgart 1927.

Ohr, Dieter: War die NSDAP-Propaganda nur bei »nationalistischen« Wählern erfolgreich? Eine Aggregatdatenanalyse zur Wirkung der nationalsozialistischen Versammlungspropaganda, in: KZfSS 46 (1994), S. 646–667.

Ohr Dieter: Nationalsozialistische Propaganda und Weimarer Wahlen. Empirische Analysen zur Wirkung von NSDAP-Versammlungen, Opladen 1997.

Ohr, Dieter: Nationalsozialistische Versammlungspropaganda und Wahlerfolg der NSDAP: eine kausale Beziehung?, in: HSR 22 (1997) Heft 3/4, S. 106–127.

Opitz, Günter: Der Christlich-soziale Volksdienst. Versuch einer protestantischen Partei in der Weimarer Republik, Düsseldorf 1969.

Opp de Hipt, Manfred/Latniak, Erich (Hrsg.): Sprache statt Politik? Politikwissenschaftliche Semantik- und Rhetorikforschung, Opladen 1991.
Osmond, Jonathan: German Peasant Farmers in War and Inflation, 1914–1924: Stability or Stagnation?, in: Feldman/Holtfrerich/Ritter/Witt, Die deutsche Inflation, 1982, S. 289–307.
Osmond, Jonathan: A Second Agrarian Mobilization? Peasant Associations in South and West Germany, 1918–1924, in: Moeller, Peasants and Lords, 1986, S. 168–197.
Palmer, Boris: Das Recht zur Wahl in der Zeit des Kaiserreichs. Auswirkungen des kommunalen Wahlrechts im Königreich Württemberg auf die Zusammensetzung der Wählerschaft und die Stimmergebnisse – am Beispiel der Stadt Tübingen, in: ZWLG 59 (2000), S. 141–175.
Pappi, Franz Urban: Politische Kultur. Forschungsparadigma, Fragestellungen, Untersuchungsmöglichkeiten, in: Max Kaase (Hrsg.): Politische Wissenschaft und politische Ordnung. Analysen zu Theorie und Empirie demokratischer Regierungsweise, Opladen 1986, S. 279–291.
Die Parteien in Württemberg, in: Preußische Jbb. 54 (1884): Politische Correspondenz, S. 85–91.
Paul, Gerhard: Aufstand der Bilder. Die NS-Propaganda vor 1933, Bonn 1990.
Paul, Gerhard: Krieg der Symbole. Formen und Inhalte des symbolpublizistischen Bürgerkrieges 1932, in: Diethart Kerbs/Henrick Stahr (Hrsg.): Berlin 1932. Das letzte Jahr der ersten deutschen Republik. Politik, Symbole, Medien, Berlin 1992, S. 27–55.
Paul, Gerhard/Mallmann, Klaus-Michael: Milieus und Widerstand. Eine Verhaltensgeschichte der Gesellschaft im Nationalsozialismus. Bd. 3: Widerstand und Verweigerung im Saarland 1935 – 1945, hrsg. v. Hans-Walter Herrmann, Bonn 1995.
Penka, Thomas: »Geistzerstäuber« Rundfunk. Sozialgeschichte des Südfunkprogramms in der Weimarer Republik, Potsdam 1999.
Petersen, Klaus: Zensur in der Weimarer Republik, Stuttgart 1995.
Petzina, Dietmar/Abelshauser, Werner/Faust, Anselm: Sozialgeschichtliches Arbeitsbuch Bd. III. Materialien zur Statistik des Deutschen Reiches 1914–1945, München 1978.
Peukert, Detlev J. K.: Die Weimarer Republik. Krisenjahre der Klassischen Moderne, Frankfurt/M. 1987.
Peukert, Detlev: The Lost Generation: Youth Unemployment at the End of the Weimar Republic, in: Richard J. Evans/Dick Geary, The German Unemployed. Experiences and Consequences of Mass Unemployment from the Weimar Republic to the Third Reich, London 1987, S. 172–193.
Pfizer, Theodor: Im Schatten der Zeit. 1904–1948, Stuttgart 1979.
Pfleiderer, E.: Die außerlandeskirchlichen evangelischen Religionsgemeinschaften (Freikirchen und Sekten) in Württemberg nach den Ergebnissen der Volks- und Berufszählung vom 16. Juni 1925, in: WJb 1929, S. 145–166.
Pistorius, Theodor: Die württembergische Steuerreform, in: Finanz-Archiv. Zeitschrift für das gesamte Finanzwesen 21 (1904) Bd. 1, S. 1–114.
Pistorius, Theodor v.: Die letzten Tage des Königreichs Württemberg. Mit Lebenserinnerungen und Lebensbekenntnissen von seinem letzten Finanzminister, Stuttgart 1935.
Plakate als Spiegel der politischen Parteien in der Weimarer Republik. Eine Ausstellung des Bayerischen Hauptstaatsarchivs. Katalog bearb. von Siegfried Wenisch, München 1996.
Planert, Ute: Antifeminismus im Kaiserreich. Diskurs, soziale Formation und politische Mentalität, Göttingen 1998.
Planert, Ute (Hrsg.): Nation, Politik und Geschlecht. Frauenbewegungen und Nationalismus in der Moderne, Frankfurt/M. u. a. 2000.

Pohl, Hans (Hrsg.): Die Auswirkungen von Zöllen und anderen Handelshemmnissen auf Wirtschaft und Gesellschaft vom Mittelalter bis zur Gegenwart, Stuttgart 1987.

Politische Kommunikation durch das Plakat, hrsg. v. pro plakat e.V., Bonn–Bad Godesberg 1975.

Von der Preßfreiheit zur Pressefreiheit: Südwestdeutsche Zeitungsgeschichte von den Anfängen bis zur Gegenwart, hrsg. v.d. Württembergischen Landesbibliothek Stuttgart, Stuttgart 1983.

Prinz, Michael: Brot und Dividende. Konsumvereine in Deutschland und England vor 1914, Göttingen 1996.

Puhle, Hans-Jürgen: Agrarische Interessenpolitik und preußischer Konservatismus. Ein Beitrag zur Analyse des Nationalismus in Deutschland am Beispiel des Bundes der Landwirte und der Deutsch-Konservativen Partei, Hannover 1966.

Puhle, Hans-Jürgen: Conservatism in Modern German History, in: JCH 13 (1978), S. 689–720.

Pulzer, Peter: The Rise of Political Anti-Semitism in Germany and Austria, London 1988 [zuerst 1964].

Puschner, Uwe/Schmitz, Walter/Ulbricht, Justus H. (Hrsg.): Handbuch zur ›Völkischen Bewegung‹ 1871–1918, München u.a. 1996.

Pyta, Wolfram: Dorfgemeinschaft und Parteipolitik 1918–1933. Die Verschränkung von Milieu und Parteien in den protestantischen Landgebieten Deutschlands in der Weimarer Republik, Düsseldorf 1996.

Pyta, Wolfram: Politische Kultur und Wahlen in der Weimarer Republik, in: Gerhard A. Ritter (Hrsg.): Wahlen und Wahlkämpfe in Deutschland. Von den Anfängen im 19. Jahrhundert bis zur Bundesrepublik. Düsseldorf 1997, S. 197–239.

Pyta, Wolfram/Richter, Ludwig (Hrsg.): Gestaltungskraft des Politischen, Berlin 1998.

Raberg, Frank: Vom Bauernhof ins Ministerium. Friedrich Herrmann (1892–1954) – Annäherungen an einen »vergessenen« Politiker, in: Württembergisch Franken 80 (1996), S. 223–295.

Raberg, Frank: Ulm in den Jahren der Weimarer Republik, in: Specker, Ulmer Bürgerschaft, 1997, S. 333–381.

Raberg, Frank: Das Ende des Württembergischen Landtags 1933, in: ZWLG 58 (1999), S. 273–292.

Raberg, Frank: Heinrich Stooß (1896–1971). Ein Ulmer Politiker zwischen Landtag und Landwirtschaft. Eine »parlamentarische« Biographie, in: Ulm und Oberschwaben 51 (2000), S. 248–349.

Raberg, Frank: Biographisches Handbuch der württembergischen Landtagsabgeordneten 1815–1933, Stuttgart 2001.

Rahden, Till van: Ideologie und Gewalt. Neuerscheinungen über den Antisemitismus in der deutschen Geschichte des 19. und 20. Jahrhunderts, in: NPL 41 (1996), S. 11–29.

Raith, Carl: Die Wahlen zur Verfassunggebenden Württembergischen Landesversammlung und deutschen Nationalversammlung am 12. und 19. Januar 1919 nach Oberämtern und Gemeinden, Stuttgart 1919.

Rauh-Kühne, Cornelia: Nationalsozialismus und Kommunismus auf dem katholischen Land, in: Möller/Kittel, Demokratie in Deutschland und Frankreich, 2002, S. 57–69.

Redecker, Ulrike/Schöntag, Wilfried: Verwaltungsgliederung in Baden, Württemberg und Hohenzollern 1815–1857 und 1858–1936. Beiwort zu den Karten VII, 4–5. Historischer Atlas von Baden-Württemberg, hrsg. v. der Kommission für geschichtliche Landeskunde in Baden-Württemberg, 5. Lieferung 1976.

Reeken, Dietmar v.: Ostfriesland zwischen Weimar und Bonn. Eine Fallstudie zum Problem der historischen Kontinuität am Beispiel der Städte Aurich und Emden, Hildesheim 1991.

Reeken, Dietmar v.: Kirchen im Umbruch zur Moderne. Milieubildungsprozesse im nordwestdeutschen Protestantismus 1849–1914, Gütersloh 1999.
Reif, Heinz: Bismarck und die Konservativen, in: Lothar Gall (Hrsg.): Otto von Bismarck und die Parteien, Paderborn u. a. 2001, S. 17–42.
Reimann, Aribert: Der große Krieg der Sprachen. Untersuchung zur historischen Semantik in Deutschland und England zur Zeit des Ersten Weltkriegs, Essen 2000.
Reimann, Horst: Die politische »Affiche« in der »Weimarer Zeit«. Wahlplakate als parteipropagandistisches Mittel, Heidelberg 1961.
Reiß, Klaus Peter: Die deutschnationalen Katholiken. Der deutsche Katholizismus und die Auflösung seiner politischen Geschlossenheit in der Weimarer Republik, 1963 [MS Sammlung Gärtringen].
Retallack, James N.: Notables of the Right. The Conservative Party and Political Mobilization in Germany, 1876–1918, Boston 1988.
Retallack, James N.: Anti-Semitism, Conservative Propaganda, and Regional Politics in Late Nineteenth Century Germany, in: GSR11 (1988), S. 377–403.
Retallack, James: Politische Kultur, Wahlkultur, Regionalgeschichte. Methodologische Überlegungen am Beispiel Sachsens und des Reiches, in: Lässig/Pohl/Retallack, Modernisierung und Region, 1995, S. 15–38.
Retallack, James N.: Die »liberalen« Konservativen? Konservatismus und Antisemitismus im industrialisierten Sachsen, in: Lässig/Pohl, Sachsen im Kaiserreich, 1997, S. 133–148.
Retallack, James N.: Demagogentum, Populismus, Volkstümlichkeit. Überlegungen zur »Popularitätshascherei« auf dem politischen Massenmarkt des Kaiserreichs, in: ZfG 48 (2000), S. 309–325.
Retallack, James N.: Sachsen in Deutschland. Politik, Kultur und Gesellschaft 1830–1918, Bielefeld 2000.
Retallack, James N.: Herrenmenschen und Demagogentum. Konservative und Antisemiten in Sachsen und Baden, in: Retallack, Sachsen in Deutschland, 2000, S. 115–141.
Retallack, James: Deutsche Demagogie vor und nach dem Umbruch 1918/19, in: Dietrich Papenfuß/Wolfgang Schieder (Hrsg.): Deutsche Umbrüche im 20. Jahrhundert, Köln 2000, S. 163–172.
Reulecke, Jürgen: Geschichte der Urbanisierung in Deutschland, Frankfurt/M. 1985.
Ribhegge, Wilhelm: Konservative Politik in Deutschland: Von der Französischen Revolution bis zur Gegenwart, Darmstadt 1989.
Richter, Ludwig: Kirche und Schule in den Beratungen der Weimarer Nationalversammlung, Düsseldorf 1996.
Richter, Ludwig: Von der Nationalliberalen Partei zur Deutschen Volkspartei, in: Dowe/Kocka/Winkler, Parteien im Wandel, 1999, S. 135–160.
Richter, Ludwig: Die Deutsche Volkspartei 1918–1933, Düsseldorf 2002.
Rieber, Christof: Die württembergische Sozialdemokratie unter dem Sozialistengesetz (1878–1890), in: Schadt/Schmierer, Die SPD in Baden-Württemberg, 1979, S. 71–77.
Rieber, Christof: Das Sozialistengesetz und die Sozialdemokratie in Württemberg 1878–1890, 2 Bde., Stuttgart 1984.
Rinker, Reiner/Setzler, Wilfried (Hrsg.): Die Geschichte Baden-Württembergs. Stuttgart 1986.
Ritter, Gerhard A. (Hrsg.): Deutsche Parteien vor 1918, Köln 1973.
Ritter, Gerhard A.: Kontinuität und Umformung des deutschen Parteiensystem 1918–1920, in: Gerhard A. Ritter, Arbeiterbewegung, Parteien und Parlamentarismus. Aufsätze zur deutschen Sozial- und Verfassungsgeschichte des 19. und 20. Jahrhunderts, Göttingen 1976, S. 116–157 [zuerst in: Gerhard A. Ritter (Hrsg.): Entstehung und Wandel der modernen Gesellschaft, Berlin 1970, S. 342–376].

Ritter, Gerhard A./Merith Niehuss: Wahlgeschichtliches Arbeitsbuch. Materialien zur Statistik des Kaiserreichs 1871–1918, München 1980.
Ritter, Gerhard A.: Frauen als Wähler in Deutschland, in: Der Aquädukt 1763–1988. Ein Almanach aus dem Verlag C. H. Beck im 225. Jahr seines Bestehens, München 1988, S. 438–455.
Ritter, Gerhard A.: Die Entstehung des Räteartikels 165 der Weimarer Reichsverfassung, in: HZ 258 (1994), S. 73–112.
Ritter, Gerhard A.: Politische Repräsentation durch Berufsstände. Konzepte und Realität in Deutschland 1871–1933, in: Pyta/Richter, Gestaltungskraft, 1998, S. 261–280.
Ritter, Gerhard A.: Die Reichstagswahlen und die Wurzeln der deutschen Demokratie im Kaiserreich, in: HZ 275 (2002), S. 385–403.
Rödder, Andreas: Die radikale Herausforderung. Die politische Kultur der englischen Konservativen zwischen ländlicher Tradition und industrieller Moderne 1846–1868, München 2002.
Röder, Adam: Konservative Zukunftspolitik. Ein Mahnwort an die Konservativen Deutschlands, Karlsruhe 1918.
Röder, Adam: Der deutsche Konservatismus und die Revolution, Gotha 1920.
Röder, Adam: Reaktion und Antisemitismus. Zugleich ein Mahnwort an die akademische Jugend, Berlin 1921.
Rohe, Karl: Reichsbanner Schwarz Rot Gold. Ein Beitrag zur Geschichte und Struktur der politischen Kampfverbände zur Zeit der Weimarer Republik, Düsseldorf 1966.
Rohe, Karl: Wahlanalyse im historischen Kontext. Zu Kontinuität und Wandel von Wahlverhalten, in: HZ 234 (1982), S. 337–357.
Rohe Karl: Politische Kultur und ihre Analyse. Probleme und Perspektiven der Politischen Kulturforschung, in: HZ 250 (1990), S. 321–346.
Rohe, Karl: Regionale (politische) Kultur: Ein sinnvolles Konzept für die Wahl- und Parteienforschung?, in: Oberndörfer/Schmitt, Parteien und regionale politische Traditionen, 1991, S. 17–38.
Rohe Karl: Wahlen und Wählertraditionen in Deutschland. Kulturelle Grundlagen deutscher Parteien und Parteiensysteme im 19. und 20. Jahrhundert, Frankfurt/M. 1992.
Rohe, Karl: Politische Kultur – politische Milieus: Zur Anwendung neuerer theoretischer Konzepte in einer modernen Landesgeschichte, in: Lässig/Pohl, Sachsen im Kaiserreich, 1997, S. 177–190.
Rohkrämer, Thomas: Der Militarismus der ›kleinen Leute‹. Die Kriegervereine im Deutschen Kaiserreich 1871–1914, München 1990.
Rokkan, Stein: Staat, Nation und Demokratie in Europa. Die Theorie Stein Rokkans aus seinen gesammelten Werken, rekonstruiert und eingeleitet v. Peter Flora, Frankfurt/M. 2000.
Rommel, Hans-Otto: Aufbau und Zusammenbruch der Demokratie in Württemberg, in: Rothmund/Wiehn: F.D.P./DVP in Baden-Württemberg, 1979, S. 131–164.
Rosenberg, Arthur: Entstehung und Geschichte der Weimarer Republik, Neuausgabe, hrsg. u. eingel. von Kurt Kersten, Frankfurt/M. 1955 [Erstausgaben unter dem Titel: Die Entstehung der Deutschen Republik 1871–1918, 1928 und Geschichte der Deutschen Republik, 1934].
Rosenberg, Hans: Die Pseudodemokratisierung der Rittergutsbesitzerklasse, in: Wilhelm Berges/Carl Hinrichs (Hrsg.): Zur Geschichte und Problematik der Demokratie, Berlin 1958, S. 459–486 [überarbeitet in: ders.: Probleme der deutschen Sozialgeschichte, Frankfurt/M. 1969, S. 1–49 und in: ders.: Machteliten und Wirtschaftskonjunkturen. Studien zur neueren deutschen Sozial- und Wirtschaftsgeschichte, Göttingen 1978, S. 83–101].
Rosenberg, Hans: Große Depression und Bismarckzeit. Wirtschaftsablauf, Politik und Gesellschaft in Mitteleuropa, Berlin 1967.

Rössger, Alban: Statistik der Landtagswahlen in Württemberg vom Februar 1895, Stuttgart 1895.
Roth, Lutz: Die Erfindung des Jugendlichen, München 1983.
Roth, Walter: Die Evangelische Brüdergemeinde Korntal. Eine Gemeindemodell des Pietismus in Württemberg. Idee – Geschichte – Wirklichkeit, Stuttgart 1994.
Rothmund, Paul/Wiehn, Erhard R. (Hrsg.): Die F.D.P./DVP in Baden-Württemberg und ihre Geschichte. Liberalismus als politische Gestaltungskraft im deutschen Südwesten, Stuttgart 1979.
Ruck, Michael: Korpsgeist und Staatsbewußtsein. Beamte im deutschen Südwesten 1928 bis 1972, München 1996.
Ruppert, Karsten: Der Einfluß christlich-demokratischer wie christlich-sozialer Ideen und Parteien auf Geist und Politik in der Weimarer Zeit, in: Winfried Becker/Rudolf Morsey (Hrsg.): Christliche Demokratie in Europa. Grundlagen und Entwicklungen seit dem 19. Jahrhundert, Köln u.a. 1988, S. 129–152.
Ruppert, Karsten: Im Dienst am Staat von Weimar. Das Zentrum als regierende Partei in der Weimarer Demokratie 1923–1930, Düsseldorf 1992.
Rürup, Reinhard: Probleme der Revolution in Deutschland 1918/19, Wiesbaden 1968.
Sabrow, Martin: Die verdrängte Verschwörung. Der Rathenau-Mord und die deutsche Gegenrevolution, Frankfurt/M. 1999.
Sack, Birgit: Zwischen religiöser Bindung und moderner Gesellschaft. Katholische Frauenbewegung und politische Kultur in der Weimarer Republik (1918/19–1933), Münster 1998.
Sailer, Joachim: Eugen Bolz und die Krise des politischen Katholizismus in der Weimarer Republik, Tübingen 1994.
Sarcinelli, Ulrich: Symbolische Politik. Zur Bedeutung symbolischen Handelns in der Wahlkampfkommunikation der Bundesrepublik Deutschland, Opladen 1987.
Sarcinelli, Ulrich: Symbolische Politik und politische Kultur. Das Kommunikationsritual als politische Wirklichkeit, in: PVS 30 (1989), S. 292–309.
Sauer, Paul: Württemberg in der Zeit des Nationalsozialismus, Ulm 1975.
Sauer, Paul: Württemberg 1918–1933, in: Schwabe, Regierungen der deutschen Mittel- und Kleinstaaten, 1980, S. 163–184.
Sauer, Paul: Württembergs letzter König. Das Leben Wilhelms II., Stuttgart 1994.
Schadt, Jörg/Schmierer, Wolfgang (Hrsg.): Die SPD in Baden-Württemberg und ihre Geschichte. Von den Anfängen der Arbeiterbewegung bis heute, Stuttgart 1979.
Schäfer, Gerhard: Die württembergische Landeskirche und die deutsche Einigung 1864–1871, in: ZWLG 26 (1967), S. 421–431.
Schäfer, Gerhard: Die Evangelische Landeskirche in Württemberg und der Nationalsozialismus. Eine Dokumentation zum Kirchenkampf. Bd. 1: Um das politische Engagement der Kirche 1932–1933, Calw 1971.
Schäfer, Gerhard: Zu erbauen und zu erhalten das rechte Heil der Kirche. Eine Geschichte der Evangelischen Landeskirche in Württemberg, Stuttgart 1984.
Schäfers, Bernhard: Die ländliche Welt als Alternative. Zum Wandel des Stadt-Land-Verhältnisses, in: Hans-Georg Wehling (Hrsg.), Das Ende des alten Dorfes, Stuttgart 1980, S. 11–20.
Schanbacher, Eberhard: Parlamentarische Wahlen und Wahlsystem in der Weimarer Republik. Wahlgesetzgebung und Wahlreform im Reich und in den Ländern, Düsseldorf 1981.
Schanbacher, Eberhard: Das Wählervotum und die ›Machtergreifung‹ im deutschen Südwesten, in: Schnabel, Machtergreifung in Südwestdeutschland, 1982, S. 295–317.
Scharfe, Martin: Die Religion des Volkes. Kleine Kultur- und Sozialgeschichte des Pietismus, Gütersloh 1980.

Scheck, Manfred: Zwischen Weltkrieg und Revolution. Zur Geschichte der Arbeiterbewegung in Württemberg 1914–1920, Köln u. a. 1981.

Scheck, Raffael: German Conservatism and Female Political Activism in the Early Weimar Republic, in: German History 15/1 (1997), S. 34–55.

Scheffbuch, Rolf: Pietismus im Remstal um die Mitte des 19. Jahrhunderts, in: Heimatblätter. Jahrbuch für Schorndorf und Umgebung, Bd. 2 (1984), S. 125–141.

Scheffbuch, Rolf: Pietismus an Rems und Murr. Vortrag von Prälat Rolf Scheffbuch am 17. Mai 1990. Typisch im Rems-Murr-Kreis, Heft 3, [Waiblingen] 1990.

Scheil, Stefan: Die Entwicklung des politischen Antisemitismus in Deutschland zwischen 1881 und 1912. Eine wahlgeschichtliche Untersuchung, Berlin 1999.

Scherrmann, Michael: Feindbilder in der württembergischen Publizistik 1918–1933: Rußland, Bolschewismus und KPD im rechtliberalen »Schwäbischen Merkur«, in: Hirschfeld/Krumeich/Langewiesche/Ullmann, Kriegserfahrungen, 1997, S. 388–402.

Schieder, Theodor: Das Verhältnis von politischer und gesellschaftlicher Verfassung und die Krise des bürgerlichen Liberalismus, in: HZ 117 (1954), S. 49–74.

Schieder, Wolfgang (Hrsg.): Religion und Gesellschaft im 19. Jahrhundert, Stuttgart 1993.

Schildt, Axel: Konservatismus in Deutschland. Von den Anfängen im 18. Jahrhundert bis zur Gegenwart, München 1998.

Schildt, Axel: Von der Aufklärung zum Fernsehzeitalter. Neue Literatur zu Öffentlichkeit und Medien, in: AfS 40 (2000), S. 487–509.

Schildt, Axel: Das Jahrhundert der Massenmedien. Ansichten zu einer künftigen Geschichte der Öffentlichkeit, in: GG 27 (2001), S. 177–206.

Schirmer, Dietmar: Politisch-kulturelle Deutungsmuster: Vorstellungen von der Welt der Politik in der Weimarer Republik, in: Lehnert/Megerle, Politische Identität, 1989, S. 31–60.

Schirmer, Dietmar: Mythos – Heilshoffnung – Modernität. Politisch-kulturelle Deutungscodes in der Weimarer Republik, Opladen 1992.

Schmädeke, Jürgen: Wählerbewegung im Wilhelminischen Deutschland, Bd. 1: Die Reichstagswahlen von 1890 bis 1912: Eine historisch-statistische Untersuchung, Berlin 1995.

Schmidgall, Georg: Die Wiederaufrichtung der Nationalliberalen Partei als Deutsche Volkspartei in Württemberg, Stuttgart 1920.

Schmitz, Kurt: Konservatismus – eine ideengeschichtliche Nostalgie?, in: AfS 15 (1976), S. 536–546.

Schmoll, Friedemann: Verewigte Nation. Studien zur Erinnerungskultur von Reich und Einzelstaat im württembergischen Denkmalskult des 19. Jahrhunderts, Tübingen/Stuttgart 1995.

Schnabel, Thomas (Hrsg.): Die Machtergreifung in Südwestdeutschland. Das Ende der Weimarer Republik in Baden und Württemberg 1928–1933, Stuttgart 1982.

Schnabel, Thomas: »Warum geht es in Schwaben besser?« Württemberg in der Weltwirtschaftskrise 1928–1933, in: Schnabel, Machtergreifung in Südwestdeutschland, 1982, S. 184–218.

Schnabel, Thomas: Die NSDAP in Württemberg 1928–1933 – Die Schwäche einer regionalen Parteiorganisation, in: Schnabel, Machtergreifung in Südwestdeutschland, 1982, S. 49–81.

Schnabel, Thomas: Das Wahlverhalten der Katholiken in Württemberg 1928–1933, in: Rottenburger Jahrbuch für Kirchengeschichte 1983, Bd. 2, S. 103–114.

Schnabel, Thomas: Württemberg zwischen Weimar und Bonn 1928–1945/46, Stuttgart 1986.

Schnabel, Thomas: Geschichte von Baden und Württemberg 1900–1952, hrsg. v. Haus der Geschichte Baden-Württemberg, Stuttgart 2000.

Schneider, August: Der Württembergische Bauern- und Weingärtnerbund (Bund der Landwirte in Württemberg) in der Vorkriegszeit, MS Zulassungsarbeit Tübingen o. J. [1933].

Schneider, Werner: Die Deutsche Demokratische Partei in der Weimarer Republik, München 1978.
Schöck, Gustav: Land- und forstwirtschaftliches Verbandswesen, in: Herbert Schneider (Hrsg.): Verbände in Baden-Württemberg, Stuttgart 1987, S. 166–182.
Scholtyseck, Joachim: Deutsches Kaiserreich 1871–1918, 2 Teile, in: GWU 47 (1996), S. 693–706 u. 753–764.
Schönhoven, Klaus: Die württembergischen Soldatenräte in der Revolution von 1918/19, in: ZWLG 33 (1974), S. 236–257.
Schönhoven, Klaus: Die republikanische Revolution 1918/19 in Baden und Württemberg, in: Hans-Georg Wehling/Hauser-Hauswirth, Angelika (Hrsg.): Die großen Revolutionen im deutschen Südwesten, Stuttgart 1998, S. 99–117.
Schott, Theodor: Die Zeitungen und Zeitschriften in Württembergs im Jahr 1876 mit einem Rückblick auf die frühere periodische Presse des Landes, in: WJb 1877, S. 94–142.
Schramm, Josef: Die Entstehung der landwirtschaftlichen Kreditgenossenschaften im 19. Jahrhundert in Württemberg, Phil. Diss. Hohenheim 1963.
Schröder, Wilhelm Heinz: Politik als Beruf? Ausbildung und Karrieren von sozialdemokratischen Reichstagsabgeordneten im Kaiserreich und in der Weimarer Republik, in: Dowe/Kokka/Winkler, Parteien im Wandel, 1999, S. 27–84.
Schröder, Wilhelm Heinz/Weege, Wilhelm/Zech, Martina: Historische Parlamentarismus-, Eliten- und Biographieforschung. Forschung und Service am Zentrum für Historische Sozialforschung, HSR Supplement 11 (2000).
Schulte, Wolfgang: Struktur und Entwicklung des Parteisystems im Königreich Württemberg. Versuche zu einer quantitativen Analyse der Wahlergebnisse, Phil. Diss. Mannheim 1970.
Schulte, Wolfgang: Die ökologischen Korrelate der Parteien in den württembergischen Wahlen zur Zeit des Kaiserreichs, in: Büsch/Wölk/Wölk, Wählerbewegung in der deutschen Geschichte, 1978, S. 454–481.
Schultze, Rainer-Olaf: Wahlanalyse im historisch-politischen Kontext, in: Büsch, Wählerbewegung in der europäischen Geschichte, 1980, S. 60–94.
Schultze, Rainer-Olaf: Funktionen von Wahlen und Konstitutionsbedingungen von Wahlverhalten im deutschen Kaiserreich, in: Büsch, Wählerbewegung in der europäischen Geschichte, 1980, S. 125–158.
Schulz, Andreas: Der Aufstieg der »vierten Gewalt«. Medien, Politik und Öffentlichkeit im Zeitalter der Massenkommunikation, in: HZ 270 (2000), S. 65–97.
Schulz, Winfried: Medienwirkungen. Einflüsse von Presse, Radio und Fernsehen auf Individuum und Gesellschaft, Weinheim 1992.
Schumacher, Martin: Mittelstandsfront und Republik. Die Wirtschaftspartei – Reichspartei des deutschen Mittelstandes 1919–1933, Düsseldorf 1972.
Schumacher, Martin: Land und Politik. Eine Untersuchung über politische Parteien und agrarische Interessen 1914–1923, Düsseldorf 1978.
Schumacher, Martin: Thesen zur Lage und Entwicklung der deutschen Landwirtschaft in der Inflationszeit (1919–1923), in: Büsch/Feldman, Historische Prozesse, 1978, S. 215–219.
Schumann, Dirk: Einheitssehnsucht und Gewaltakzeptanz. Politische Grundpositionen des deutschen Bürgertums nach 1918 (mit vergleichenden Überlegungen zu den britischen middle classes), in: H. Mommsen, Der Erste Weltkrieg, 2000, S. 83–106.
Schumann, Dirk: Politische Gewalt in der Weimarer Republik 1918–1933. Kampf um die Straße und Furcht vor dem Bürgerkrieg, Essen 2001.
Schumann, Hans-Gerd (Hrsg.): Konservativismus, 2. Aufl. Königstein/Ts. 1984.
Schumann, Hans-Gerd: Politikwissenschaftliche Semantik- und Rhetorikforschung – Anmerkungen zu einer defizitären Bilanz, in: Opp de Hipt/E. Latniak, 1991, S. 14–22.

Schüren, Ulrich: Der Volksentscheid zur Fürstenenteignung 1926. Die Vermögensauseinandersetzung mit den depossedierten Landesherren als Problem der deutschen Innenpolitik unter besonderer Berücksichtigung der Verhältnisse in Preußen, Düsseldorf 1978.
Schwarz, Christina: Die Landfrauenbewegung in Deutschland. Zur Geschichte einer Frauenorganisation unter besonderer Berücksichtigung der Jahre 1898 bis 1933, Mainz 1990.
Schwentker, Wolfgang: Konservative Vereine und Revolutionen in Preußen 1848/49. Die Konstituierung des Konservatismus als Partei, Düsseldorf 1988.
Seidelmann, Wolf-Ingo: Der Neckar-Donau-Kanal. 200 Jahre Planung für eine Wasserstraße quer über die Alb, St. Katharinen 1988.
Seiterich, Clemens: 100 Jahre bäuerliche Interessenvertretung in Baden, in: Badische Bauernzeitung 38 (1985), S. 5-7.
Seufert, Hans: Arbeits- und Lebensverhältnisse der Frauen in der Landwirtschaft in Württemberg, Baden, Elsaß-Lothringen und Rheinpfalz, Jena 1914.
Sheehan, James J.: Der deutsche Liberalismus. Von den Anfängen im 18. Jahrhundert bis zum Ersten Weltkrieg 1770–1914, München 1983.
Shevin-Coetzee, Marilyn: The Mobilization of the Right? The Deutscher Wehrverein and political Activism in Württemberg, 1912–1914, in: EHQ 15 (1985), S. 431–452.
Shevin-Coetzee, Marilyn: The German Army League. Popular Nationalism in Wilhelmine Germany, New York 1990.
Sieder, Reinhard: Sozialgeschichte der Familie, Frankfurt/M. 1987.
Simon, Hermann: Geschichte der Ulmer Presse von den Anfängen bis zum Beginn des 20. Jahrhunderts, Ulm 1954.
Simon, Klaus: Die württembergischen Demokraten. Ihre Stellung und Arbeit im Parteien- und Verfassungssystem in Württemberg und im Deutschen Reich 1890–1920, Stuttgart 1969.
Simon, Klaus: Die soziale Struktur der württembergischen Volkspartei und ihre Auswirkungen auf Programm und Politik der Partei (1882–1914), in: Ritter, Deutsche Parteien vor 1918, 1973, S. 224–242.
Simon, Klaus: Württembergischer Liberalismus in der Zeit der Demokratisierung und Parlamentarisierung, in: Rothmund/Wiehn: F.D.P./DVP in Baden-Württemberg, 1979, S. 97–115.
Smith, Helmut Walser: Alltag und politischer Antisemitismus in Baden, 1890–1900, in: Zeitschrift für die Geschichte des Oberrheins 141 (1993), S. 280–303.
Smith, Helmut Walser: German Nationalism and Religious Conflict. Culture, Ideology, Politics, 1870–1914, Princeton 1995.
Smula, Hans-Jürgen: Milieus und Parteien. Eine regionale Analyse von politisch-sozialen Milieus, Parteiensystem und Wahlverhalten am Beispiel des Landkreises Lüdinghausen 1919 bis 1933, Münster 1987.
Sontheimer, Kurt: Antidemokratisches Denken in der Weimarer Republik. Die politischen Ideen des deutschen Nationalismus zwischen 1918 und 1933, München 1994 [zuerst 1962].
Specker, Hans-Eugen: Ulm im 19. Jahrhundert. Aspekte aus dem Leben der Stadt. Zum 100. Jahrestag der Vollendung des Ulmer Münsters. Begleitband zur Ausstellung, Ulm 1990.
Specker, Hans Eugen (Hrsg.): Die Ulmer Bürgerschaft auf dem Weg zur Demokratie. Zum 600. Jahrestag des Großen Schwörbriefs. Begleitband zur Ausstellung, Ulm 1997.
Speitkamp, Winfried: Jugend in der Neuzeit, Göttingen 1998.
Speitkamp, Winfried: Jugendschutz und kommerzielle Interessen. Schunddebatte und Zensur in der Weimarer Republik, in: Berghoff, Konsumpolitik, 1999, S. 47–75.
Sperber, Jonathan: The Kaiser's Voters. Electors and Elections in Imperial Germany, Cambridge 1997.

Sproll, Heinz/Thierfelder, Jörg (Hrsg.): Die Religionsgemeinschaften in Baden-Württemberg, Stuttgart 1984.
Stalmann, Volker: Die Partei Bismarcks. Die Deutsche Reichs- und Freikonservative Partei 1866–1890, Düsseldorf 2000.
Stegmann, Dirk: Die Erben Bismarcks. Parteien und Verbände in der Spätphase des Wilhelminischen Deutschland. Sammlungspolitik 1897–1918, Köln 1970.
Stegmann, Dirk: Zwischen Repression und Manipulation. Konservative Machteliten und Arbeiter- und Angestelltenbewegung 1910–1918. Ein Beitrag zur Vorgeschichte der DAP/NSDAP, in: AfS 12 (1972), S. 351–415.
Stegmann, Dirk/Wendt, Bernd-Jürgen/Witt, Peter-Christian (Hrsg.): Industrielle Gesellschaft und politisches System. Beiträge zur politischen Sozialgeschichte, Bonn 1978.
Stegmann, Dirk/Wendt, Bernd-Jürgen/Witt, Peter-Christian (Hrsg.): Deutscher Konservatismus im 19. und 20. Jahrhundert, Bonn 1983.
Stegmann, Dirk: Vom Neokonservatismus zum Proto-Faschismus: Konservative Partei, Vereine und Verbände 1893–1920, in: Stegmann/Wendt/Witt, Deutscher Konservatismus, 1983, S. 199–230.
Stegmann, Dirk: Literaturbericht: Konservatismus und nationale Verbände im Kaiserreich. Bemerkungen zu einigen neueren Veröffentlichungen, in: GG 10 (1984), S. 409–420.
Steinbach, Peter: Historische Wahlforschung und regionalspezifische Politikrezeption. Diskussionsbeitrag über einen Forschungsansatz, in: Büsch, Wählerbewegung in der europäischen Geschichte, 1980, S. 23–38.
Steinbach, Peter (Hrsg.): Probleme politischer Partizipation im Modernisierungsprozeß, Stuttgart 1982.
Steinbach, Peter: Politisierung und Nationalisierung der Region im 19. Jahrhundert. Regionalspezifische Politikrezeption im Spiegel historischer Wahlforschung, in: Steinbach, Probleme politischer Partizipation, 1982, S. 321–349.
Steinbach, Peter: Modernisierungstheorie und politische Beteiligung. Zur Analyse politischer Partizipation im langfristigen Wandel, in: Jürgen Bergmann u.a. (Hrsg.): Arbeit, Mobilität, Partizipation, Protest. Gesellschaftlicher Wandel in Deutschland im 19. und 20. Jahrhundert, Opladen 1986, S. 36–65.
Steinbach, Peter: Die Politisierung der Region. Reichs- und Landtagswahlen im Fürstentum Lippe 1866–1881, 2 Bde., Passau 1989.
Steinbach, Peter: Die Zähmung des politischen Massenmarktes. Wahlen und Wahlkämpfe im Bismarckreich im Spiegel der Hauptstadt- und Gesinnungspresse. 3 Bde., Passau 1990.
Steinbach, Peter: Nationalisierung, soziale Differenzierung und Urbanisierung als Bedingungsfaktoren des Wahlverhaltens im Kaiserreich, in: HSR 15 (1990) 2, S. 63–82.
Steinke, Ruth: Die nationale Festkultur des Kaiserreichs in der württembergischen Provinz am Beispiel Schwäbisch Halls, in: Württembergisch Franken 85 (2001), S. 359–400.
Steinkühler, Martin: Agrar- oder Industriestaat: Die Auseinandersetzungen um die Getreidehandels- und Zollpolitik des Deutschen Reiches 1879–1914, Frankfurt/M. 1992.
Steinle, Jürgen (Hrsg.): Konservatismus jenseits der Parteien. Politischer Zeitgeist in der Weimarer Republik, Köln 1994.
Steiß, Hans (Hrsg.): Unser Marsch. »Der Stahlhelm«, Bund der Frontsoldaten. Landesverband Württemberg-Hohenzollern, Stuttgart 1936.
Stephan, Werner: Aufstieg und Verfall des Linksliberalismus 1918–1933. Geschichte der Deutschen Demokratischen Partei, Göttingen 1973.
Stetter, F. J.: Anfänge einer konservativen Partei in Württemberg, in: Besondere Beilage des Staatsanzeigers für Württemberg Nr. 12, 31. Dezember 1926, S. 281–289.
Striesow, Jan: Die Deutschnationale Volkspartei und die Völkisch-Radikalen 1918–1922, 2 Bde., Frankfurt/M. 1981.

Ströle, Hermann: Vom Evangelischen Volksbund für Württemberg, in: MPTh 17 (1921), S. 288–297.
Ströle, Karl: Im Dienst der vier württembergischen Staatspräsidenten der Weimarer Zeit. Aus den Lebenserinnerungen von Karl Ströle, in: Beiträge zur Landeskunde 3/1967, Beilage zum Staatsanzeiger für Baden-Württemberg, S. 5–12.
Stupperich, Amrei: Volksgemeinschaft oder Arbeitersolidarität. Studien zur Arbeitnehmerpolitik in der Deutschnationalen Volkspartei (1918–1933), Göttingen 1982.
Stürmer, Michael: Koalition und Opposition in der Weimarer Republik 1924–1928, Düsseldorf 1967.
Stuttgart im Dritten Reich Bd. 1: Politische Plakate der späten Weimarer Republik. Ausstellungsreihe, Redaktion Karlheinz Fuchs, Stuttgart 1982.
Stuttgarter Vereins-Buch, Stuttgart 1885.
Suval, Stanley: Electoral Politics in Wilhelmine Germany, Chapel Hill/London 1985.
Tacke, Charlotte: Denkmal im sozialen Raum. Nationale Symbole in Deutschland und Frankreich im 19. Jahrhundert, Göttingen 1995.
Tautz, Joachim: Militaristische Jugendpolitik in der Weimarer Republik. Die Jugendorganisationen des Stahlhelm, Bund der Frontsoldaten: Jungstahlhelm und Scharnhorst, Bund deutscher Jungmannen, Regensburg 1998.
Tenbruck, Friedrich H.: Jugend und Gesellschaft: Soziologische Perspektiven. 2. Aufl. Freiburg 1965.
Tenfelde, Klaus: Stadt und Land in Krisenzeiten. München und das Münchener Umland zwischen Revolution und Inflation 1918 bis 1923, in: Hardtwig/Tenfelde, Soziale Räume in der Urbanisierung, 1990, S. 37–58.
Tenfelde, Klaus/Wehler, Hans-Ulrich (Hrsg.): Wege zur Geschichte des Bürgertums, Göttingen 1994.
Tenfelde, Klaus: Stadt und Bürgertum im 20. Jahrhundert, in: Tenfelde/Wehler, Wege zur Geschichte des Bürgertums, 1994, S. 317–353.
Tenfelde, Klaus: Historische Milieus – Erblichkeit und Konkurrenz, in: Nation und Gesellschaft in Deutschland. Historische Essays, hrsg. v. Manfred Hettling u. Paul Nolte, München 1996, S. 247–268.
Thierfelder, Jörg/Röhm, Eberhard: Die evangelischen Landeskirchen von Baden und Württemberg in der Spätphase der Weimarer Republik und zu Beginn des Dritten Reiches, in: Schnabel, Machtergreifung in Südwestdeutschland, 1982, S. 219–256.
Thierfelder Jörg: »Es lag wie ein Bann über uns«. Landesbischof Theophil Wurm und die nationalsozialistische Judenverfolgung. in: Jörg Thierfelder: Tradition und Erneuerung – Protestantismus in Südwestdeutschland, Weinheim 1998, S. 2–19 [zuerst in: BWKG 88 (1988), S. 446–464].
Thimme, Anneliese: Flucht in den Mythos. Die Deutschnationale Volkspartei und die Niederlage von 1918, Göttingen 1969.
Tormin, Walter: Geschichte der deutschen Parteien seit 1848, Stuttgart 1966.
Traub, Manfred: Beiträge zur württembergischen Geschichte in der Reaktionszeit (1849–1859), Phil. Diss. Tübingen 1937.
Trauthig, Michael: Im Kampf um Glauben und Kirche. Eine Studie über Gewaltakzeptanz und Krisenmentalität der württembergischen Protestanten zwischen 1918 und 1933, Leinfelden-Echterdingen 1999.
Trautwein, Joachim: Religiosität und Sozialstruktur. Untersucht anhand der Entwicklung des württembergischen Pietismus, Stuttgart 1972.
Trippe, Christian F.: Konservative Verfassungspolitik 1918–1923. Die DNVP als Opposition in Reich und Ländern, Düsseldorf 1995.

Trox, Eckhard: Bürger in Ulm: Vereine, Parteien, Geselligkeit, in: Specker, Ulm im 19. Jahrhundert, 1990, S. 169–239.

Trox, Eckhard: Heinrich Elsner: Vom Jakobinismus zum Konservativismus. Ein Beitrag zur Entstehungsgeschichte der konservativen Partei in Württemberg, in: ZWLG 52 (1993), S. 303–335.

Trüdinger, Otto: Finanzen und Steuern, in: Bruns, Württemberg, 1916, S. 187–218.

Trüdinger, Otto: Die Fideikommisse insbesondere in Württemberg, in: WJb 1923/24, S. 30–80.

Trüdinger, Otto: Die württembergische Landwirtschaft im Lichte der Statistik, in: WJb 1927, S. 240–402.

Ullmann, Hans-Peter: Interessenverbände in Deutschland, Frankfurt/M. 1988.

Ullmann, Hans-Peter: Organisierte Interessen im Deutschen Kaiserreich, in: Helmut Rumpler (Hrsg.): Innere Staatsbildung und gesellschaftliche Modernisierung in Österreich und Deutschland 1867/71 bis 1914, Wien/München 1991, S. 91–106.

Ullmann, Hans-Peter: Das Deutsche Kaiserreich 1871–1918, Frankfurt/M. 1995.

Ullrich, Volker: Die nervöse Großmacht. Aufstieg und Untergang des deutschen Kaiserreichs 1871–1918, Frankfurt/M. 1997.

Verhey, Jeffrey: Der »Geist von 1914« und die Erfindung der Volksgemeinschaft, Hamburg 2000.

Vogel, Bernhard/Nohlen, Dieter/Schultze, Rainer-Olaf: Wahlen in Deutschland. Theorie – Geschichte – Dokumente 1848–1970, Berlin 1971.

Volkov, Shulamit: Antisemitismus als kultureller Code, 2. Aufl. München 2000 [zuerst: Jüdisches Leben und Antisemitismus im 19. und 20. Jahrhundert, München 1990].

Völter, Hans: Die evangelisch-soziale Bewegung und der Bietigheimer Tag. Der evangelischsoziale Kongreß und die württembergische evangelisch-soziale Vereinigung, in: BWKG 59 (1959), S. 3–90.

Völter, Hans: Die Revolution von 1918 und ihre Auswirkung auf die württembergische evangelische Landeskirche, in: BWKG 62 (1962), S. 309–342.

Von der Ständeversammlung zum demokratischen Parlament. Die Geschichte der Volksvertretungen in Baden-Württemberg, hrsg. v. der Landeszentrale für politische Bildung Baden-Württemberg, Stuttgart 1982.

Waibel, Raimund: Stadt und Verwaltung: Das Bild des Ulmer Gemeinwesens im 19. Jahrhundert, in: Specker, Ulm im 19. Jahrhundert, 1990, S. 279–354.

Waibel, Raimund: Frühliberalismus und Gemeindewahlen in Württemberg (1817–1855). Das Beispiel Stuttgart, Stuttgart 1992.

Waibel, Raimund: Ein Jahrhundert wachsender Einflußmöglichkeiten und Partizipationsforderungen der Bevölkerung, 1810–1918, in: Specker, Ulmer Bürgerschaft, 1997, S. 276–332.

Walter, Dirk: Antisemitische Kriminalität und Gewalt. Judenfeindschaft in der Weimarer Republik, Bonn 1999.

Walter, Franz: Milieus und Parteien in der deutschen Gesellschaft. Zwischen Persistenz und Erosion, in: GWU 46 (1995), S. 479–493.

Walter, Franz/Matthiesen, Helge: Milieus in der modernen deutschen Gesellschaftsgeschichte. Ergebnisse und Perspektiven der Forschung, in: Detlef Schmiechen-Ackermann (Hrsg.): Anpassung, Verweigerung, Widerstand. Soziale Milieus, Politische Kultur und der Widerstand gegen den Nationalsozialismus in Deutschland im regionalen Vergleich, Berlin 1997, S. 46–76.

Walzer, Anke: Käthe Schirmacher. Eine deutsche Frauenrechtlerin auf dem Weg auf dem Weg vom Liberalismus zum konservativen Nationalismus, Pfaffenweiler 1991.

Weber, Max: Wirtschaft und Gesellschaft. Hrsg. v. Johannes Winckelmann, 5. Aufl. mit textkritischen Erläuterungen, Tübingen 1976.

Weber, Max, Politik als Beruf, in: Max Weber, Gesammelte politische Schriften, hrsg. v. Johannes Winckelmann, 5. Aufl. Tübingen 1988, S. 505–560.
Wehler, Hans-Ulrich: Modernisierungstheorie und Geschichte, Göttingen 1975.
Wehler, Hans-Ulrich: Das deutsche Kaiserreich 1871–1918, 3. Aufl. Göttingen 1977 [zuerst 1973].
Wehler, Hans-Ulrich: Deutsche Gesellschaftsgeschichte 1849–1914. Bd. III: Von der »Deutschen Doppelrevolution« bis zum Beginn des Ersten Weltkrieges 1849–1914, München 1995.
Wehler, Hans-Ulrich: Deutsche Gesellschaftsgeschichte 1815–1845/49. Bd. II: Von der Reformära bis zur industriellen und politischen »Deutschen Doppelrevolution« 1815–1845/49, 3. Aufl. München 1996.
Wehler, Hans-Ulrich: Zur Funktion und Struktur der nationalen Kampfverbände im Kaiserreich, in: Werner Conze (Hrsg.): Modernisierung und nationale Gesellschaft im ausgehenden 18. und im 19. Jahrhundert, Berlin 1979, S. 113–124.
Wehling, Hans-Georg (Hrsg.): Regionale Politische Kultur, Stuttgart 1985.
Wehling, Hans-Georg: Die Bedeutung regionaler Politischer-Kultur-Forschung unter besonderer Berücksichtigung Württembergs, in: Berg-Schlosser/Schissler, Politische Kultur in Deutschland, 1987, S. 259–266.
Wehling, Hans-Georg: Die Genese der politischen Kultur Baden-Württembergs, in: Landeszentrale für politische Bildung Baden-Württemberg (Hrsg.): Der Weg zum Südweststaat, Karlsruhe 1991, S. 341–348.
Wehling, Hans-Georg u.a. (Hrsg.): Baden-Württemberg. Vielfalt der Regionen, Leinfelden-Echterdingen 2002.
Weichlein, Siegfried: Sozialmilieus und politische Kultur in der Weimarer Republik. Lebenswelt, Vereinskultur, Politik in Hessen, Göttingen 1996.
Weichlein, Siegfried: Multifunktionäre und Parteieliten in Katholizismus und Sozialdemokratie zwischen Kaiserreich und Weimarer Republik, in: Dowe/Kocka/Winkler, Parteien im Wandel, 1999, S. 183–210.
Weinacht, Paul-Ludwig (Hrsg.): Die CDU in Baden-Württemberg und ihre Geschichte, Stuttgart 1978.
Weisbrod, Bernd: Gewalt in der Politik. Zur politischen Kultur in Deutschland zwischen den beiden Weltkriegen, in: GWU 43 (1992), S. 391–404.
Weisbrod, Bernd: Die Politik der Repräsentation. Das Erbe des Ersten Weltkrieges und der Formwandel der Politik in Europa, in: H. Mommsen, Der Erste Weltkrieg, 2000, S. 13–41.
Weiß, Hermann/Hoser, Paul (Hrsg.): Die Deutschnationalen und die Zerstörung der Weimarer Republik. Aus dem Tagebuch von Reinhold Quaatz 1928–1933, München 1989.
Weller, Karl: Die Staatsumwälzung in Württemberg 1918–1920, Stuttgart 1930.
Welskopp, Thomas: Das Banner der Brüderlichkeit. Die deutsche Sozialdemokratie vom Vormärz bis zum Sozialistengesetz, Bonn 2000.
Weltin, Karin: Die Ulmer Presse im Überblick, in: Specker, Ulm im 19. Jahrhundert, 1990, S. 478–501.
Wertheimer, Mildred S.: The Pan-German League 1890–1914, New York 1971 [zuerst 1924].
Westarp, Kuno Graf v.: Konservative Politik im letzten Jahrzehnt des Kaiserreichs, 2 Bde., Berlin 1935.
Westarp, Kuno Graf v.: Konservative Politik im Übergang vom Kaiserreich zur Weimarer Republik, bearb. v. Friedrich Frhr. Hiller v. Gaertringen, unter Mitwirkung von Karl J. Mayer u. Reinhold Weber, Düsseldorf 2001.
Wicki, Hans: Das Königreich Württemberg im ersten Weltkrieg. Seine wirtschaftliche, soziale, politische und kulturelle Lage, Bern u.a. 1984.

Winkel, Harald: Landwirtschaftswesen, in: Deutsche Verwaltungsgeschichte Bd. 3, hrsg. v. Kurt G. A. Jeserich u.a., Stuttgart 1984, S. 492–509.
Winkler, Heinrich August: Mittelstand, Demokratie und Nationalsozialismus. Die politische Entwicklung von Handwerk und Kleinhandel in der Weimarer Republik, Köln 1972.
Winkler, Heinrich August: Liberalismus und Antiliberalismus. Studien zur politischen Sozialgeschichte des 19. und 20. Jahrhunderts, Göttingen 1979.
Winkler, Heinrich August: Der rückversicherte Mittelstand: Die Interessenverbände von Handwerk und Kleinhandel im deutschen Kaiserreich, in: Winkler, Liberalismus und Antiliberalismus, 1979, S. 83–98.
Winkler, Heinrich August (Hrsg.): Nationalismus. 2., erw. Aufl. Königstein/Ts. 1985.
Winkler, Heinrich August: Weimar 1918–1933. Die Geschichte der ersten deutschen Demokratie, München 1993.
Winkler, Heinrich August: Die deutsche Abweichung vom Westen. Der Untergang der Weimarer Republik im Lichte der »Sonderwegs-These«, in: Pyta/Richter (Hrsg.): Gestaltungskraft, Berlin 1998, S. 127–137.
Winkler, Heinrich August: Der lange Weg nach Westen. Bd. 1: Deutsche Geschichte vom Ende des Alten Reiches bis zum Untergang der Weimarer Republik, München 2000.
Winkler, Heinrich August (Hrsg.): Weimar im Widerstreit. Deutungen der ersten deutschen Republik im geteilten Deutschland, München 2002.
Winkler, Jürgen R.: Sozialstruktur und Parteiensystem in Deutschland 1912–1924, in: HSR 17 (1992) Heft 1, S. 53–102.
Winkler, Jürgen R.: Sozialstruktur, politische Traditionen und Liberalismus. Eine empirische Längsschnittstudie zur Wahlentwicklung in Deutschland 1871–1933, Opladen 1995.
Winkler, Jürgen R: Politische Traditionen und Nationalsozialismus. Der Einfluß der Wählertraditionen des deutschen Kaiserreichs auf den Aufstieg der NSDAP in der Weimarer Republik, in: HSR 22 (1997), Heft 3/4, S. 84–105.
Wirsching, Andreas: Bäuerliches Arbeitsethos und antiliberales Denken. Ein Modell ländlicher Mentalität zur Zeit der Weimarer Republik, in: Revue d'Allemagne et des Pays de Langue Allemande 22 (1990), S. 415–425.
Wirsching, Andreas: Vom Weltkrieg zum Bürgerkrieg? Politischer Extremismus in Deutschland und Frankreich 1918–1933/39. Berlin und Paris im Vergleich, München 1999.
Wirsching, Andreas: Die Weimarer Republik. Politik und Gesellschaft, München 2000.
Wolf, Stefan Philipp: Konservativismus im liberalen Baden. Studien zur badischen Innen-, Kirchen- und Agrarpolitik sowie zur süddeutschen Parteiengeschichte 1860–1893, Karlsruhe 1990.
Wolff, Margarete: Muttel Behm. Aus einem reichen Leben, Potsdam 1930.
Wölk, Monika: Wahlbewußtsein und Wahlerfahrungen zwischen Tradition und Moderne, in: HZ 238 (1984), S. 311–352.
Wunder, Bernd: Der württembergische Personaladel (1806–1913), in: ZWLG 40 (1981), S. 494–518.
Wunder, Bernd: Adel und Verwaltung. Das Beispiel Süddeutschland (1806–1914), in: Kurt Adamy, /Kristina Hübener (Hrsg.): Adel und Staatsverwaltung in Brandenburg im 19. und 20. Jahrhundert. Ein historischer Vergleich, Berlin 1996, S. 241–266.
Wurm, Theophil: Evangelische Politik?, in: MPTh 24 (1928), S. 160–163.
Wurm, Theophil: Erinnerungen aus meinem Leben, Stuttgart 1953.
Wurster, Paul: Das kirchliche Leben der evangelischen Landeskirche in Württemberg, Tübingen 1919.
Wurster Paul: Die Not der Zeit und die Hoffnung der Kirche, in: MPTh 15 (1919), S. 33–34.
Wurster, Paul: Was nun mit unserer Kirche?, in: MPTh 15 (1919), S. 66–71.
Der Württembergische Landtag, 1912–1917, Stuttgart 1913.

Zeller, Ursula: Die Frühzeit des politischen Bildplakats in Deutschland (1848–1918), Stuttgart 1988.

Ziebura, Gilbert (Hrsg.): Beiträge zur allgemeinen Parteienlehre. Zur Theorie, Typologie und Vergleichung politischer Parteien, Darmstadt 1969.

Ziegler, Wilhelm: Die deutsche Nationalversammlung im Jahre 1919/1920 und ihr Verfassungswerk, Berlin 1932.

Ziemann, Benjamin: Front und Heimat. Ländliche Kriegserfahrungen im südlichen Bayern 1914–1923, Essen 1997.

Ziemann, Benjamin: Der deutsche Katholizismus im späten 19. und im 20. Jahrhundert. Forschungstendenzen auf dem Weg zu sozialgeschichtlicher Fundierung und Erweiterung, in: AfS 40 (2000), S. 402–422.

Zimmermann, Clemens (Hrsg.): Dorf und Stadt. Ihre Beziehungen vom Mittelalter bis zur Gegenwart, Frankfurt/M. 2001.

Zimmermann, Clemens/Reulecke, Jürgen (Hrsg.): Die Stadt als Moloch? Das Land als Kraftquell? Wahrnehmungen und Wirkungen der Großstädte um 1900, Basel u. a. 1999.

Register

Das Register enthält Personen und Orte. Die Namen von Autoren wissenschaftlicher oder anderer Werke sind nicht aufgenommen. Ortsnamen können sich bei den Oberamtstädten auf die Stadt selbst wie auf den Oberamtsbezirk beziehen. Das Stichwort »Württemberg« wurde nicht aufgenommen.

Aalen 133, 146, 177, 192, 270, 459
Adelmann, Eugen 70
Adlung (Domänenpächter, Kirchheim/OA Neresheim) 92
Adlung, Friedrich 440
Adorno, Oscar 247, 249, 253, 300
Aldinger, Wilhelm 92, 95
Altensteig/OA Nagold 335
Ansbach 270
Arnim, Otto (Pseudonym v. Alfred Roth) 265
Arnold, Alfred 112, 250, 252–253, 301, 422
Augsburg 72

Bachem, Julius 78
Backnang 115–116, 135, 145, 181, 195, 210, 240, 328, 330, 442, 450, 454, 457
Baden 15, 34, 44, 53, 61–62, 67–68, 72, 78, 86, 88, 210, 233, 269, 311, 460, 467–468, 497–499
Balingen 112, 419, 456
Bantleon, Nikolaus 455
Bär, Wilhelm 118
Barth, Albert 102
Bauer, Martin 252
Baur, Ludwig 414
Bauser, Adolf 416–417
Bayern 13, 26, 34, 67, 72, 86, 109, 255, 265, 269, 312, 392, 395, 481, 491
Bazille, Wilhelm 29, 35, 51–52, 127–128, 138–144, 147, 150, 159, 177, 194, 200, 207, 238, 242, 244, 256, 264, 276, 290, 308, 317, 324, 335, 340–341, 365, 367, 375, 383–385, 391–392, 398, 404, 406–407, 410, 412–415, 425, 464–465, 467
Beck, Julius 130
Becker, Heinrich 149
Behm, Margarethe 165
Behringer, Fritz 244

Beißwänger, Gustav 126, 128, 130, 139–142, 144, 148, 166, 197, 199, 382
Beißwanger, Heinrich 436
Beißwenger, Wilhelm 249
Benkert, Wilhelm 306
Berblinger (Fabrikant, Freudenstadt) 130
Beringer, Johanna 130, 165
Beringer, Reinhold 118, 126, 130, 240
Berlin 41, 43, 89–90, 103–104, 110, 124–125, 131, 133, 144, 147, 172–173, 191, 295, 300, 307, 316, 318–320, 324, 328, 343, 355, 366, 401, 410, 424
Berroth (Familie, Crailsheim) 296
Berroth, Ernst 102, 280, 298, 364, 457
Berroth, Karl 102
Besigheim 47, 63, 70, 119, 295, 390, 450, 456–457
Best, Georg 416
Bethmann Hollweg, Theobald v. 261
Beyerle, Josef 51–52, 413–414, 416
Biberach 78, 134, 193, 270, 378, 459
Bickes, Theodor 126, 128–133
Bienz, Sophie 174
Bietigheim 116, 235
Birk, Karl 181, 252
Bismarck, Herbert v. 173
Bismarck, Otto Fürst v. 14, 40, 67, 69, 73, 129, 175–176, 196, 198–200, 305, 354, 405, 409, 411
Blaubeuren 291, 391, 459, 484
Blos, Wilhelm 42–43, 49, 126, 226, 407
Blume, Wilhelm 44
Böblingen 63, 120, 181, 269, 291, 299, 304, 331, 450, 452, 456–457, 497
Boehm, Elisabeth 160
Bolz, Eugen 35, 49, 51–53, 109, 263, 367, 392, 404, 410, 413–416, 420, 459
Bopfingen 130, 166, 203
Bopp, Arthur v. 266, 269, 293

Bosch, Robert 423
Brackenheim 217, 286, 295, 390–391, 456–457, 463, 507
Braun, Friedrich 225
Braun, Gottlieb 300
Bräuninger, Otto 95
Bristle, Heinrich 156
Brüning, Heinrich 52, 142, 340, 368, 380, 409, 414–415, 423, 474, 500
Bückle, Christian 103
Bulling, Josef 267
Bülow, Bernhard Fürst v. 116, 227, 439–440, 471
Burkard-Schmid, Klara 130
Busse, Max 265
Buttenhausen/OA Münsingen 401

Calmbach, Christian 260, 264
Calmbach, Heinrich 260, 264, 266
Calmbach/OA Neuenbürg 139
Calw 62–63, 66, 102, 112, 269, 440, 446, 456–457, 507
Cannstatt 95, 120, 130, 132, 176, 195, 200, 233, 260–261, 390, 530–531
Caprivi, Leo Graf v. 82, 91, 190, 337, 369, 511
Chevalier, Friedrich 59–61, 65
Claß, Heinrich 259–260
Crailsheim 63, 92, 119, 192, 197, 270, 280, 296, 298, 392, 450, 454, 457
Cramer, Max 130
Crispien, Arthur 49

Darmsheim/OA Böblingen 181
de Bary (Geheimrat, Eglosheim/OA Ludwigsburg) 266
Decker, Gustav 118–119
Degenfeld, Konrad Graf v. 144
Dehlinger, Alfred 51, 141, 235, 290, 308, 321, 368, 371, 385, 415
Denkendorf/OA Esslingen 232
Dernburg, Bernhard 258
Dietlen, Karl 94, 248, 253
Dietrich, Christian 65
Dingler, Wilhelm 102, 142, 249, 285, 423, 502
Ditterich, Wilhelm 130
Dresden 119
Duesterberg, Theodor 271, 421–423
Dürr, Alfred 130
Düsseldorf 34, 136

Ebbinghaus, Christof v. 132

Ebelding, Eugen 151
Ebert, Friedrich 324
Ebingen/OA Balingen 112
Egelhaaf, Gottlob 69, 124, 126, 132, 238, 261, 265, 382
Ehingen 159, 176, 459
Ehmer, Wilhelm 211
Elben, Eduard 230
Elben, Karl 257
Elberfeld 140
Ellrichshausen, Joseph Frhr. v. 89
Ellwangen 39, 95, 134, 146, 158–159, 363, 459
Elsas, Fritz 140–141, 206
Elsner, Heinrich 57–60
Endersbach/OA Waiblingen 338
Engels, Friedrich 155
Erfurt 76, 226
Erzberger, Matthias 45, 149, 158, 207, 341, 370, 378, 395, 401, 403, 413, 431
Esenwein, Albert 306
Esslingen 63, 115, 134, 144–145, 156, 166, 168, 175–176, 200, 232–233, 261, 287, 338, 341, 390, 406, 456, 486, 496, 530

Fetzer, Karl 60–61, 67–68, 71–72
Fink, Heinrich 242
Fischer, Johannes 206, 233–234
Fischer, Theodor 156, 365
Fischer, Ulrich 49
Fleischhauer, Karl (v.) 128
Förstner, Karl 280, 438
Franck, Michael 102, 249, 252, 437
Franken 63, 137, 145, 149, 217, 229, 270, 276, 296, 462
Frankfurt a.M. 67–68, 72, 329
Freudenstadt 130, 261, 269, 300, 328, 349, 452, 459, 484
Frey, Gustav 180
Frey, Rudolf 176–177
Friedrich Wilhelm, Kronprinz von Preußen 69
Friedrichshafen 200, 206
Fürst, Joseph 142, 159, 306–307

Gaildorf 210, 291, 455, 459, 463
Gaisberg-Helfenberg, Hans Ulrich Frhr. v. 89, 91–95
Gauß, Heinrich 127
Gauger, Samuel 128
Gebert, Friedrich 280, 438
Geßler, Otto 379

Register

Geffcken, Heinrich 69
Geiger (Bauernanwalt, Ebingen/OA Balingen) 112
Geislingen 89, 93, 115, 127, 200, 229, 270, 291, 336, 445, 450, 452, 455, 457–458
Gerabronn 197, 229, 270–271, 330, 392, 457, 507
Gerok, Emil 196
Gerok, Friedrich v. 256
Giengen a. d. Brenz/OA Heidenheim 148
Giese, Josefine 130, 165, 292, 307
Glaser, Eugen 112, 422
Glatz, Julius 149
Glatzel, Frank 172
Gmünd 130, 134, 146, 176, 270, 291, 441, 454, 456
Gochsen/OA Neckarsulm 102, 446
Goeze, Hugo 77
Göller, Johanna 166
Goller, Johannes 130
Göppingen 115, 124, 164, 181, 200, 229, 259, 270, 281, 355, 441, 446, 454, 456
Göz, Arthur 266
Göz, Karl (v.) 165
Göz, Paul 130, 144, 167, 175
Göz, Paula (v.) 165–166, 196
Gräb, Friedrich 108, 110
Grabowsky, Adolf 209
Graf, Andreas 457
Graf, Eugen 49, 263, 370
Großengstingen/OA Reutlingen 112
Gröber, Adolf 226, 459
Grün, Anna 496
Grund, Heinrich 252
Gschwend/OA Gaildorf 338
Gültlingen, Wilhelm Frhr. v. 70, 330
Gundert, Gustav 118
Gundert, Gustav (Regimentsarzt, Stuttgart) 130
Guoth, Heinrich 281
Gustorff, Konrad 118

Haag (Familie, Heilbronn) 296
Haag, Heinrich 102, 138, 142, 252, 285, 423
Haag, Karl 102
Haag, Wilhelm 102, 285, 365
Häcker, Friedrich 110, 180, 288, 311
Haenisch, Konrad 234
Hahn, Carl 294
Hall 70, 102, 116, 134, 145, 197, 199–200, 261, 270–271, 280, 291, 391, 401, 438, 450, 457, 530

Haller, Johannes 261
Haller, Wilhelm 261
Hamburg 34, 69, 173, 265, 293
Hammerstein, Wilhelm Frhr. v. 228
Hannover 156, 198, 329
Hänsler, Eugen 148, 211
Harr, Fritz 145
Häußermann, Ludwig 240
Haußmann, Conrad 55, 123–124, 149, 153, 205, 336, 393, 404, 409–410, 440
Haußmann, Friedrich 55
Haußmann, Julius 55
Haug (Familie, Langenau/OA Ulm) 296
Haug, Friedrich 90
Haug, Gottlieb 90, 93–95, 103
Haug, Hermann 211, 264, 402, 416
Hävernick, Hugo 72
Heck, Philipp v. 261
Heege, Tobias 287, 425
Hegelmaier, Leopold 391
Hegelmaier, Paul 437, 442
Heidenheim 192, 230, 291, 355, 445, 450, 457, 463, 497
Heilbronn 39, 63, 69–70, 72, 76, 92, 95, 102, 130, 133–134, 137, 145, 149, 153, 166, 177–178, 192, 195, 197, 200, 204–205, 217, 229, 241, 264, 270, 274, 276, 285–286, 289, 291, 295–296, 335–338, 341, 353, 355, 390, 392, 437–438, 440, 442, 455–457, 463, 486, 488, 530
Heiligkreuztal/OA Riedlingen 256
Helldorff-Bedra, Otto v. 68
Hellpach, Willy 380
Henne, Otto 241, 410
Herbst, Emil 130, 145, 174, 240
Herbst, Martha 174
Hergt, Oskar 199
Herman, Benedikt Frhr. v. 89, 91–92
Hermann, Jakob 249
Hermann, Julius 95, 102
Herrenalb/OA Neuenbürg 256
Herrenberg 63, 95, 112, 116, 134–135, 144, 191, 217, 269, 281, 349, 373, 381, 437, 446, 456–457
Herrmann (Landrichter) 130
Herrmann, Friedrich 35
Herrmann, Hugo 249
Herrmann, Immanuel 207
Herrmann, Julius 244
Hessen 327, 392, 468
Heydebrand und der Lase, Ernst v. (seit 1920 Lasa) 115, 119, 131, 198, 210, 373

Heymann, Berthold 133, 317, 327, 392, 401
Hieber, Johannes (v.) 49–51, 124, 129, 143, 230, 256, 259, 261, 324, 356, 382, 390–392, 404, 410, 438, 440, 444
Hilferding, Rudolf 325
Hiller v. Gaertringen, Berthold Frhr. 33, 109, 131, 139, 142, 144–145, 148, 150, 159, 176, 212, 291, 293, 308, 417, 465, 467, 524
Hiller, Hermann 140, 241–242, 259, 292–293, 297, 365, 436
Hindenburg, Paul v. Beneckendorff u. v. 41, 143, 328–329, 379–380, 407, 421, 423
Hirzel, Walter 126, 130, 140–142, 414, 420
Hitler, Adolf 28, 264, 341, 420–423, 476
Hoffmann, Adolph 133, 234
Hohenlohe 38, 63, 145, 217, 229, 270–271, 276, 285, 462, 481, 486, 497, 512
Hohenlohe-Langenburg, Ernst Fürst zu 258
Hohenlohe-Langenburg, Hermann Fürst zu 89, 91–92, 230
Hohenlohe-Waldenburg, Therese Fürstin zu 160–161
Hohenzollern 253, 468, 477, 498, 538, 544
Hohl, Karl (v.) 93
Hohner, Ernst 150
Hölder, Julius 67, 69
Holleben, Theodor v. 38
Hölscher, Walter 140, 145, 177, 264, 266–267, 270–271, 290, 293
Hopf, Albert 153
Horb 92, 256, 302, 457, 459, 481, 484, 497
Horlacher, August 211–212, 265
Hornung, Ernst 109, 247, 249
Hugenberg, Alfred 28–29, 34, 137, 139–143, 145, 149, 165, 169, 173, 177, 197, 212, 222, 232, 242, 264, 272, 276, 291, 316, 321, 329, 340, 368, 388, 412, 414, 419–421, 425, 427, 429, 467–469, 473, 480, 518–519, 521, 523

Immendörfer, Karl 302, 344, 363

Jacob, Karl 130, 145
Jäger, Karl 130, 145
Jäger, Otto 252
Jagstheim/OA Crailsheim 102
Josenhans, Marie 166

Kaas, Ludwig 414
Käß, Robert 454
Kächele, Gotthilf 156, 242
Kälberer, Wilhelm 77

Kaltenboeck, Bodo 149–150, 176–178, 266, 338, 419, 465
Kanitz, Gerhard Graf v. 92, 95
Kapff, Sixt Karl (v.) 62
Kapp, Wolfgang 261, 366
Karl I., König von Württemberg 79
Karle, Johann 256
Kayh/OA Herrenberg 191
Keil, Wilhelm 35, 41, 109, 321, 326–327, 392, 404, 406–407
Kemmler (Geroldseck) 92
Keppler, Friedrich 139, 142, 150, 159, 176, 212, 263, 291, 293
Keppler, Paul Wilhelm (v.) 307, 374
Kern (Staatsrat) 144
Kern, Helene 130, 174
Kessler (Schuhmacherobermeister, Stuttgart) 118
Keudell, Walter v. 328, 382
Kiefner, Agnes 166
Kimmerle, Ernst 422
Kirchberg a. d. Jagst/OA Gerabronn 270
Kirchgeorg, Otto 145, 159
Kirchheim/OA Neresheim 92
Kirchheim/Teck 229, 261, 297, 450, 456–457
Kleemann, Hans 76–77, 93, 116, 121, 400
Klein, Johannes 111, 285
Klett, Adolf 130
Klotz, Klara 130, 165, 169, 293, 388
Knapp, Jakob 457
Kneller, Eberhard 175–176
Knittlingen/OA Maulbronn 337
Knoll, Richard 241
Köberle (Seminaroberlehrer) 261
Koblenz 468, 538
Kohler, Martin 250, 252–253, 301, 422
Kohlhaas, Wilhelm 144, 150, 417, 465
Köln 158, 198
Königsberg 329
Körner (Familie, Stuttgart) 33, 108–110, 121, 180, 209, 216, 219–220, 222, 267, 286–287, 318, 420
Körner, Hermann 110
Körner, Paul 110, 317
Körner, Theodor (alt) 51, 89, 93–95, 103, 108–112, 118, 120, 138, 143, 210, 214, 216–219, 285, 287, 300, 318, 365, 370, 404, 407–408, 420, 422–424, 436, 454, 457, 465, 468, 502
Körner, Theodor (jg.) 110–111, 180, 193, 268, 287, 318, 420, 425

Register

Körner, Wilhelm 110
Körner, Otto 110
Korntal/OA Leonberg 64–65, 118–120, 135, 206, 235
Köstlin, August 92, 95
Krauß, Otto 89–95, 103
Kraut, Heinrich (v.) 40, 115, 118–120, 126, 131, 133, 183, 210, 212, 296–297, 306, 363, 436
Kraut, Marianne 165
Kreßbach/OA Neckarsulm 102
Kroll, Hugo 266
Krug, Paul 120–121
Kube, Wilhelm 172
Kugler, Johannes 249
Künzelsau 112, 115, 133, 200, 212, 250, 291, 338, 437, 444, 458
Kuppingen/OA Herrenberg 191

Lambach, Walther 244–245, 418
Lamparter, Eduard 306
Landsberg-Vehlen, Engelbert Frhr. v. 158
Lang, Gustav 210, 217, 231, 233
Lang, Karl 450
Lang, Wilhelm 61
Langenau/OA Ulm 90, 197, 270, 296
Laupheim 161, 459, 497
Lautenschlager, Karl 402
Lauterburg/OA Aalen 89
Lechler, Karl 70
Leipzig 52, 225, 543
Lell, Christian 130
Lempp, Richard 235
Lemppenau, Andreas 281, 441, 454
Lenin, Wladimir Iljitsch 327
Leonberg 63, 69, 92, 95, 116, 120, 150, 256, 258, 296, 330, 339, 344, 438, 447, 456–457, 486
Leutkirch 267, 459
Leutrum von Ertringen, Gerhard Graf 255, 282–284
Limburg (belgische Provinz) 127, 407
Ludwigsburg 39, 69, 115, 128, 130, 134, 145, 156, 166, 168, 176, 195, 197, 200, 229, 260–261, 266, 269, 271, 276, 289, 338, 340, 382, 390, 417, 486
Ludwigsruhe/OA Gerabronn 92

Mähringen/OA Ulm 230
Maichingen/OA Böblingen 181
Maier (Apotheker, Gmünd) 130
Maier, Reinhold 35, 44, 52, 368, 371, 411

Mändle, August 450
Marbach 69, 385, 390, 438, 484, 507
Markelsheim/OA Mergentheim 443
Marokko 260
Marquardt, Ernst 35
Marx, Karl 155
Marx, Wilhelm 232, 329, 379–380, 382
Mästling, Ernst 145
Maulbronn 456–457
Maunz, Gerhard 247–249
Maur (General) 256
Mayer (Arbeitersekretär, Stuttgart) 155
Mayer, Carl 55
Mayer, Karl 92, 95
Melchinger, Jakob 249
Mergenthaler, Christian 53, 339
Mergentheim 111, 115, 127, 195, 282, 330, 442–443, 455, 457, 484
Merz, Johannes 238, 374
Metzger, Wilhelm 330
Mezger, Adolf 130, 145, 170
Michel-Lörcher, Johanna 130
Mittnacht, Hermann Frhr. v. 55, 57, 113–114, 282, 330, 442
Mittnacht, Valentin 282, 443
Möhringen a. d. Fildern/OA Stuttgart 108, 130, 246
Mosapp, Hermann 230, 233
Mosse, Rudolf 353, 423
Mosthaf, Heinrich 127, 144, 235, 306
Müller, Albert Oscar 217
Müller, August 287
Müller, Karl 233, 240
Mumm, Reinhard 233–234
München 156, 158, 198, 207
Münsingen 291, 320, 325, 438, 442, 444, 456–459
Munz, Ernst 130
Murr, Wilhelm 250
Muschler, Gottlob 110, 420, 423

Nagold 63, 79, 112, 115, 117, 120, 241, 261, 269, 446, 456–457
Naser, Rudolf 111, 287
Naumann, Friedrich 73, 121, 127, 129, 217, 233–234, 295, 336–337, 353, 396, 440
Neckarsulm 102, 192, 246, 295, 300, 390, 444, 446, 456–458, 463
Neher, Albert 244, 292
Neresheim 106, 112, 203, 221, 246, 391, 459
Neuenbürg 112, 139, 176, 232, 291, 446, 450, 456–457, 484, 507

Neufville, Georg v. 269–270
Neurath, Konstantin Frhr. v. 89, 92
Niedernau/OA Rottenburg 256
Nietzsche, Friedrich 129
Nübling, Eugen 76–77, 93–95, 101, 217, 400, 438, 456–457, 459
Nürnberg 329
Nürtingen 229, 259, 440, 456–457

Oberaspach/OA Hall 102
Oberndorf 458–459
Oberschwaben 64, 89, 135, 137, 146, 158, 188, 205, 208, 247, 267, 270–271, 333, 338, 413, 462, 468, 481, 492
Ochsenhausen/OA Biberach 92
Öhringen 63, 102, 219, 229, 256, 270, 280, 291, 438, 450, 457, 530
Ohrnberg/OA Öhringen 219
Örlingen/OA Ulm 95
Österreich 60, 89, 150, 231, 421
Ostwürttemberg 205
Ottenhausen/OA Neuenbürg 95
Otto, Heinrich 148
Ow-Wachendorf, Hans Frhr. v. 95

Papen, Franz v. 521
Payer, Friedrich (v.) 55, 411, 441, 444
Pergler von Perglas, Wilhelm Frhr. 92, 94–95, 101, 284
Perrot, Franz 73
Pfälzer, Otto 265
Pfau, Ludwig 55
Philipp, Albrecht 324, 424
Pilgrim, Ludwig 264
Pischek, Johann 258, 323, 336
Pistorius, Theodor v. 132
Plieninger, Theodor 58–59
Preuß, Hugo 367
Preußen 13–14, 19, 26, 28, 38, 41, 43–44, 56–57, 60, 68, 81, 113, 115–116, 121, 133, 160, 232, 234, 255, 263, 270, 311, 367, 405, 415, 421, 428, 433, 448, 516, 518

Rapp, Albert 47, 217, 286–287, 365
Rath, Johannes 52, 412, 417, 465
Rathenau, Walther 45, 403, 431
Rau, Edmund 51
Ravensburg 64, 106, 115, 134, 158, 189, 192, 200, 248, 252, 270, 328, 334, 338, 459
Rehm, Georg 159
Rehm, Wilhelm 339
Reiff, Eugen 239, 339

Reihlen, Hermann 129–130, 259
Reimers, Johannes 72, 209
Reiner, Jakob 241, 291, 465
Remstal 63, 291, 336
Reusten/OA Herrenberg 191
Reutlingen 39, 63, 76, 117, 142, 145, 162, 193, 241–242, 341, 450, 454, 456
Reyher (Verlagsbuchhändler, Tübingen) 145
Rheinland 34, 44, 243
Richter, Eugen 129
Riedlingen 134, 246, 270, 459
Rist, Luise 307
Röcker, Hermann 144
Röder, Adam 72, 121, 209
Roesicke, Gustav 91, 93, 103, 189
Rohm, Karl 265–266, 268
Rohrdorf/OA Horb 256
Römer, Christian 79, 237
Roos, Bruno 33, 149, 151, 155, 175–176, 212, 293, 338, 398
Rösch, Anton 211, 265
Roser, Elise 167
Roth, Alfred 138, 175, 265–266, 268, 293
Roth, Eugen 306
Roth, Jonathan 101, 120, 258, 287, 365, 373
Rothacker, Anna 180
Rottenburg 39, 134, 246, 307, 334, 456
Rottweil 115, 134, 158, 192, 456
Rueff, Paul 144
Ruff, Hermann 156, 244
Ruoff (Gutspächter, Sindlingen/OA Herrenberg) 92, 95
Ruprecht-Ransern, Alfred 88

Sachs, Alfred 264
Sachs, Hans 125, 129, 131–133, 264, 306
Sachsen 26, 34, 45, 61, 68, 255, 312, 401
Saulgau 459
Sautter, Reinhold 177
Sax, Wilhelm 130
Schall, Wilhelm 51
Scheerer (Kommerzienrat, Tuttlingen) 148
Schelling, Julius 170
Schiele, Martin 189, 340
Schirmacher, Käthe 165
Schlatter, Adolf 418
Schleicher, Karl 240
Schmid, Gottlieb 256
Schmid, Jakob 373
Schmid, Rudolf 89–90, 92–93, 95, 102–103, 436
Schmid-Sonneck (Pfarrer) 73, 226

Schmidgall, Georg 125, 131–132, 267, 306
Schöckingen/OA Leonberg 256
Schoell, Jakob 237–238
Schoffer, Heinrich 95
Schorndorf 63, 115, 117, 134, 142, 145, 194, 289, 294, 330, 441, 450, 454, 456–457, 486
Schott, Ernst 126, 128, 130, 140, 142, 207, 211, 258
Schrempf, Christoph 79–80, 119
Schrempf, Friedrich 55–56, 91, 94, 111, 114, 118–121, 163, 174, 199, 226, 233, 259, 294, 296, 330, 335–336, 338, 349, 363–364, 386, 394, 405, 437, 446
Schrempf, Luise 174
Schröder, Adolf 155
Schrozberg/OA Gerabronn 217
Schüle, Albert 252–253, 422
Schumacher, Kurt 327, 329
Schunck (Jungdeutscher Orden, Stuttgart) 265
Schwarzwald 63, 291, 481, 486
Schweiz 89
Schweizer, Adrian 302
Schweizer, Peter 256, 302, 481
Seuffer, Georg 264
Severing, Carl 199, 367
Siegle, Gustav 259
Sieveking, Otto 172–173, 177
Sigmaringen 45, 477, 538
Sigwart, Georg 144–145, 174
Siller, Friedrich 130, 138, 145, 156, 242, 465
Simpfendörfer, August 300
Simpfendörfer, Wilhelm 418
Sindelfingen 304
Sindlingen/OA Herrenberg 92
Sontheimer, Walter 151, 177
Spahn, Martin 158
Spaichingen 106, 134, 391, 456
Spröhnle, Hermann 311
Sproll, Johann Baptist 306
Stähle, Karl 69, 71, 240
Stahlecker, Reinhold 145
Stauffenberg, Franz Schenk Frhr. v. 138, 252–253, 285, 415–416, 423, 467–468
Steck, Hans 112
Steger, Karl 339
Steinbeis, Ferdinand 58
Steinkopf, Friedrich 58, 60–61, 118
Sternbeck, Max 242, 264
Stieren (Ökonomierat, Ludwigsruhe/OA Gerabronn) 92

Stoecker, Adolf 73, 120, 233
Stooß, Heinrich 35, 249, 252
Stresemann, Gustav 131, 206, 321, 467
Ströbel, Wilhelm 101–102, 115, 248–249, 253, 299, 385, 414, 436
Stroh, Friedrich 195, 450
Ströhmfeld, Gustav 129
Stübler, Adolf 240
Stuttgart 31–33, 36, 39, 43–44, 46–47, 55, 57–60, 63, 65, 67–74, 76–78, 88, 90–91, 94, 100, 103, 108–109, 111, 115, 117–120, 123, 125–135, 137–141, 144, 146–151, 154–157, 161–162, 164–168, 170, 173–177, 188–189, 191–195, 198–200, 205–207, 210–212, 218–220, 225, 229–230, 233–235, 237–238, 240–242, 244–246, 248, 257–261, 263–266, 269, 274–276, 280–281, 283, 285–287, 289, 291–293, 295–297, 299, 318, 320–321, 323, 331, 334–336, 338–341, 347, 349, 355, 384–385, 389–390, 392, 394, 402, 405, 407, 410, 414, 416, 438, 443–444, 446, 460, 463, 473, 486, 488, 519, 530–531
Sulz 291, 391, 446, 450, 457
Süskind (Pfarrer) 230

Taxis, Wilhelm 287
Tettnang 106, 270, 459
Thumm, Johannes 175
Thüringen 395, 468
Tirpitz, Alfred v. 147, 261, 328
Traub, Gottfried 366
Traub, Theodor 230, 232–234, 238, 338
Treiber, Albert 77–78, 209
Trier 468, 538
Tscherning, Walter 94, 103
Tübingen 39, 44, 50, 63, 89, 93, 117, 130, 133–134, 142, 144–145, 162, 176, 200, 212, 237, 260–261, 264, 276, 289, 327, 335, 338, 341, 418, 456–457, 463, 486
Tuttlingen 130, 148, 250, 456–457

Ulm 39, 50, 57, 63, 76–78, 90, 94, 102, 115, 123, 130, 132, 134, 137, 140, 142, 144–145, 149, 151, 162, 168, 170, 174, 189, 192, 195–198, 200, 229–230, 240, 248, 252, 259, 264, 266–267, 269–271, 274, 276, 289, 291–292, 335, 340, 375, 410, 438, 445, 450, 457, 460, 463, 473, 486, 488, 507
Ulshöfer, Karl 282
Ungarn 259
Ungern-Sternberg, Eduard v. 72

Untertürkheim/OA Cannstatt 531
Urach 341, 450, 456, 507
Urach, Carl Fürst v. 258

Vaihingen 120, 282, 330, 364, 456–457, 507
Vogt, Friedrich 246, 300, 444, 455, 457
Vogt, Wilhelm 35, 89, 102, 131, 138, 142, 249, 285, 299–300, 444–446, 458, 471
Vorbachzimmern/OA Mergentheim 111

Wächter, Oskar 60–61, 66, 68, 72
Waibel, Emil 148
Waiblingen 115, 166, 328, 338, 390, 457, 463, 530
Walcker, Karl 211
Waldburg-Zeil-Trauchburg, Wilhelm Fürst zu 89, 92–93
Waldsee 252, 459
Wallraf, Max 147, 158
Wangen 106, 134, 459
Wangen/OA Cannstatt 531
Wangenheim, Konrad Frhr. v. 189
Wankmüller (Schulrektor, Tübingen) 145
Weiß (Landwirt, Ottenhausen/OA Neuenbürg) 95
Weiß von Erlach 94
Weiß, Max 328
Weigand, Paul 270–271
Weinsberg 63, 102, 391–392, 446, 450, 457, 530
Weitbrecht, Friedrich 130, 151
Weitbrecht, Richard 230
Weitbrecht, Wilhelm 127, 156
Weizsäcker, Carl Hugo v. 261
Weller, Karl 144
Welzheim 200, 291, 338, 391, 441, 454, 456
Wendlingen/OA Esslingen 385
Wernwag, Jakob 252
Westarp, Kuno Graf v. 33, 119, 131, 142, 173, 183, 210, 212, 328, 340, 423, 467

Westernach/OA Öhringen 256
Westfalen 243
Wetzel, Albert 261
Wißmann, Karl 265
Wider, Fritz 127, 130, 139–142, 148–150, 154, 157, 159, 174, 176–177, 197, 211, 266–268, 290, 294, 412, 417, 419, 424, 467, 519
Wieland, Georg 454
Wieland, Philipp 123
Wien 150
Wiesensteig/OA Geislingen 336
Wiest, Hugo 151
Wildermuth, Adelheid 128
Wildermuth, Ottilie 128
Wilhelm II., Deutscher Kaiser und König von Preußen 38, 55, 133
Wilhelm II., König von Württemberg 38, 41–43, 91, 133, 256, 263
Wilhelmsdorf/OA Ravensburg 64, 135, 284
Willsbach/OA Weinsberg (ab 1926 OA Heilbronn) 102
Winnenden 115, 193, 200, 338
Wirsching, Eugen 244
Wolff, Theodor 47, 101, 111, 120, 210, 259, 286, 296, 300, 337, 353, 438–440, 455, 457
Wöllwarth-Hohenroden, Georg Frhr. v. 89, 92
Wulz, Otto 271
Wurm, Theophil 166, 239, 306, 338, 368, 418
Wurster, Paul 128, 306, 350
Würtingen/OA Urach 192, 337

Zeller, Hermann 144, 306, 374
Zentler, Christian 287, 425
Ziegler, Johannes 284

Bibliographische Information
Die Deutsche Bibliothek verzeichnet diese Publikation in der
Deutschen Nationalbibliografie; detaillierte bibliografische Daten
sind im Internet über http://dnb.ddb.de abrufbar.

 EX OFFICINA
2004

Schriften
Elzevir/Caspari (dtl)

Satz
SatzWeise Föhren

Papier ⊗
Geese Hamburg

Gewebe
Bamberger Kaliko

Druck und Herstellung
Verlagsdruckerei Schmidt
Neustadt/Aisch

Printed in Germany